Springer-Lehrbuch

Michael Duchstein

Zwangsvoll-
streckungsrecht

 Springer

Michael Duchstein
Heidelberg, Deutschland

Zusätzliches Material zu diesem Buch finden Sie auf. http://extras.springer.com.

ISSN 0937-7433   ISSN 2512-5214   (electronic)
Springer-Lehrbuch
ISBN 978-3-662-59443-8   ISBN 978-3-662-59444-5   (eBook)
https://doi.org/10.1007/978-3-662-59444-5

Die Deutsche Nationalbibliothek verzeichnet diese Publikation in der Deutschen Natio-
nalbibliografie; detaillierte bibliografische Daten sind im Internet über http://dnb.d-nb.de
abrufbar.

Springer

Planung: Anke Seyfried

Springer ist ein Imprint der eingetragenen Gesellschaft Springer-Verlag GmbH, DE und
ist ein Teil von Springer Nature.
Die Anschrift der Gesellschaft ist: Heidelberger Platz 3, 14197 Berlin, Germany

Vorwort

Was du mir sagst, das vergesse ich.
Was du mir zeigst, daran erinnere ich mich. Was du mich tun lässt, das verstehe ich.
Konfuzius

Ein persönliches Wort

Vielen Dank, dass Sie dieses Buch aufgeschlagen haben. Vielleicht interessiert Sie, wie es entstanden ist.

Ich habe Rechtswissenschaft in Mannheim und Straßburg studiert. Nach meiner Promotion absolvierte ich mein Referendariat in Hamburg. Im Anschluss arbeitete ich an der Universität Hamburg als akademischer Tutor. Sodann begann ich meine Tätigkeit in der Justiz. Ich war zunächst Staatsanwalt, dann Richter.

Bereits im Studium begeisterte ich mich für Prozessrecht. Im Referendariat gefiel mir besonders das Zwangsvollstreckungsrecht. Mich interessierte, wie das Gesetz die Belange von Gläubiger, Schuldner und Dritten in Einklang bringt. Nach meinem Examen ging ich direkt in die Justiz. Ich war zunächst Staatsanwalt. Zu meiner Überraschung war ich dort zuweilen mit Zwangsvollstreckungsfragen befasst. Nach zwei Jahren kam ich ans Landgericht. Erfreulicherweise hatte meine Kammer eine Spezialzuständigkeit für Zwangsvollstreckungsbeschwerden. Genauso spannend fand ich erstinstanzliche Klagen mit zwangsvollstreckungsrechtlichem Bezug. Nach meinem Wechsel an ein Amtsgericht war ich Vollstreckungsrichter.

Nach wie vor schlägt mein Herz für Zwangsvollstreckungsrecht.

Neben meiner Richtertätigkeit leite ich am Landgericht Heidelberg Arbeitsgemeinschaften für Referendare im Zwangsvollstreckungsrecht. Derzeit bilde ich als hauptamtlicher Dozent an der Hochschule für Rechtspflege in Schwetzingen Rechtspfleger und Gerichtsvollzieher aus. Ich habe mich viel damit befasst, wie man sich Lerninhalte am besten merken kann. Hunderte Klausuren habe ich bereits korrigiert. Die typischen Fehler sind mir daher bestens bekannt.

Überdies bin ich als Prüfer in beiden Staatsexamen tätig. Für das zweite Examen habe ich Klausuren und Aktenvorträge erstellt – unter anderem im Zwangsvollstreckungsrecht.

Meinen Kollegen, Studenten und Referendaren danke ich für die zahlreichen Gespräche. Oft erwuchsen hieraus Ideen für Passagen in diesem Buch. Mein besonderer Dank gilt Herrn Dr. Robert Bergmann für seine wertvollen Anregungen im Rahmen seiner Durchsicht.

Zu diesem Buch

Zielgruppe

Das Buch wendet sich an Studenten und Referendare.[1] Es möchte sie sowohl auf die juristischen Prüfungen als auch auf ihr späteres Berufsleben vorbereiten. Bei den Studenten behandelt es den Stoff des Pflicht- und des Schwerpunktbereichs. Das zivilprozessuale Erkenntnisverfahren (ZPO I) sollte wenigstens in Grundzügen bekannt sein.

Textpassagen zu Rubrum, Tatbestand, Kosten, Beweislast und Streitwert richten sich an Referendare. Studenten können sie getrost überblättern. Zur Klarstellung werden für Studenten unbeachtliche Informationen ausdrücklich im Text als Referendarsthemen benannt. Zuweilen enthält auch die Überschrift den Hinweis REF.

Einerseits behandelt das Buch sämtliche Probleme des Zwangsvollstreckungsrechts, die in Prüfungen immer wiederkehren. Dafür wurden zahlreiche Übungsklausuren und echte Examensklausuren durchgesehen. Andererseits enthält dieses Buch zahlreiche neue Fälle, die sich als Klausur eignen. Viele von ihnen lehnen sich an Gerichtsentscheidungen an.

Das Buch kann damit auch Klausurerstellern Ideen liefern. Es möchte die Zusammenarbeit zwischen Wissenschaft und Praxis fördern.

Anwaltsklausur und Anwaltspraxis liegen eng beieinander. Zuweilen sind junge Rechtsanwälte erstmals mit Zwangsvollstreckung konfrontiert. Dieses Buch möchte ihnen helfen, den Mandanten zufrieden zu stellen.

Arbeiten mit diesem Buch

Das Buch kombiniert visuelles Lernen mit Text sowie abstrakte Inhalte mit Fällen. Es ist darauf ausgelegt, von vorne nach hinten durchgearbeitet zu werden. Alle Rechtsfragen werden an den Stellen behandelt, an denen sie typischerweise in der Klausur zu erörtern sind.

---

1 Im gesamten Buch sind diese Begriffe sowie sämtliche Singular- und Pluralbezeichnungen von Menschen geschlechtsneutral gemeint, soweit die Person nicht namentlich bezeichnet ist.

In Zwangsvollstreckungsklausuren ist üblicherweise ein Rechtsbehelf zu prüfen. Deshalb erfolgt die Darstellung geordnet nach Rechtsbehelfen.

Wer sich auf die Prüfung vorbereitet, hat wenig Zeit. Es ist wichtig, den Stoff möglichst schnell zu verstehen. Deshalb enthält dieses Buch zu allen Mehrpersonenverhältnissen Zeichnungen.

Legende

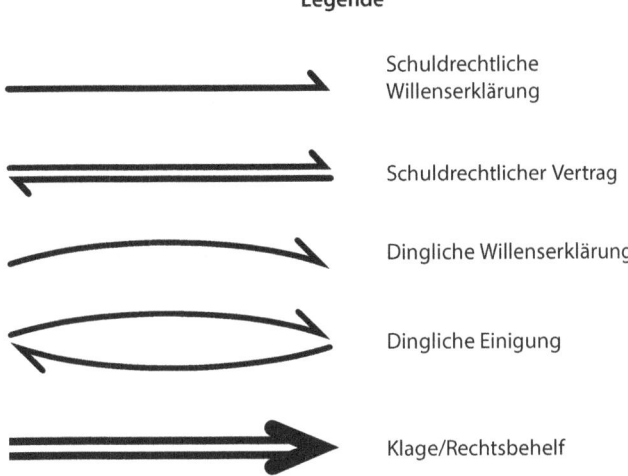

Unter folgender Internetadresse finden sich in einer PDF-Datei Mindmaps und Diagramme:

http://extras.springer.com/2019/978-3-662-59443-8

Alternativ kann man die Datei mit folgendem QR-Code erreichen:

Manch einer lernt gerne analog. Für ihn empfiehlt sich, das Dokument auszudrucken. Wer Elektronik liebt, kann die Übersichten auch auf einem Computer anschauen.

Das Buch verweist an zahlreichen Stellen auf eine dieser Übersichten. Beim jeweiligen Verweis sollte man zunächst grob die Grafik ansehen.

Beispiel

Im Buch findet sich der Hinweis:

 **Map 4.2**

Nun betrachtet man die Mindmap mit der Nummer 4.2.

Anschließend sollte man den Text zusammen mit der Mindmap lesen. Die Mindmap sollte neben dem Buch liegen. Der Blick sollte permanent zwischen Buch und Mindmap pendeln. Der Leser weiß dadurch jederzeit, zu welchem Punkt im Aufbauschema der jeweilige Text gehört. Das erleichtert es, den Text zu verstehen. Vor allem lässt sich der Lernstoff leichter merken.

Alternativ kann man auch zuerst die Mindmap in Ruhe verinnerlichen. Dann kann man sie weglegen und den zugehörigen Text im Buch lesen.

Sämtliche Fälle sollte der Bearbeiter selbst lösen. Wer möchte, kann die Mindmap als Lösungshilfe verwenden.

Die Mindmaps lassen sich auch nutzen, um den Stoff zu wiederholen. Vielfach braucht man sich die zugehörige Textpassage im Buch nicht nochmals anzuschauen.

Überdies kann man sein Wissen mit dem Buch testen. Dazu kann man zum Wiederholungszeitpunkt die Fälle erneut lösen. Diesmal möglichst ohne Mindmap.

Gesetzesvorschriften, die im Text oder auf einer Mindmap genannt sind, sollten immer nachgelesen werden. Weniger wichtig sind die Paragrafen in den Fußnoten.

Das A und O für eine gute Note ist ein sauberer Gutachten- beziehungsweise Urteilsstil. Deshalb enthält dieses Buch Formulierungsvorschläge. Wo bei Meinungsstreitigkeiten eine herrschende Meinung existiert, nennt das Buch Argumente für diese. So befindet sich der Klausurbearbeiter stets in sicherem Fahrwasser.

Inhaltsverzeichnis

Abkürzungsverzeichnis

A. A.	Andere Ansicht
a. a. O.	am angegebenen Ort
A. E.	Am Ende
AG	Amtsgericht
AGL	Anspruchsgrundlage
Alt.	Alternative
Anm.	Anmerkung
Arg.	Argument
Arg. e.	Argumentum e contrario (Umkehrschluss)
Aufl.	Auflage
BAG	Bundesarbeitsgericht
BAGE	Amtliche Sammlung der Entscheidungen des Bundesarbeitsgerichts
Beschl. v.	Beschluss vom
BFH	Bundesfinanzhof
BFHE	Amtliche Sammlung der Entscheidungen des Bundesfinanzhofs
BGH	Bundesgerichtshof
BGHZ	Amtliche Sammlung der Entscheidungen des Bundesgerichtshofs
BVerfG	Bundesverfassungsgericht
BVerfGE	Amtliche Sammlung der Entscheidungen des Bundesverfassungsgerichts
Dtn	Deuteronomium (5. Buch Mose der Bibel)
DWK	Drittwiderspruchsklage
Fn.	Fußnote
grsl.	grundsätzlich
GS	Großer Senat
GVZ	Gerichtsvollzieher
GVZ	Gerichtsvollzieher
HansOLG	Hanseatisches Oberlandesgericht
HB	Handbuch

Hrsg.	Herausgeber
i. d. R.	in der Regel
i. d. S.	in diesem Sinne
i. E.	im Ergebnis
i. S. d.	im Sinne des
i. V. m.	in Verbindung mit
KG Berlin	Kammergericht Berlin
LAG	Landesarbeitsgericht
LG	Landgericht
LK	Leistungskondiktion
m. w. N.	mit weiteren Nachweisen
NLK	Nichtleistungskondiktion
OLG	Oberlandesgericht
Pr.	Problem
RF	Rechtsfolge
Rili	Richtlinie
Rn.	Randnummer
RSB	Rechtsschutzbedürfnis
St. Rsp.	Ständige Rechtsprechung
str.	streitig
u. a.	und andere
Urt. v.	Urteil vom
VAK	Vollstreckungsabwehrklage
Var.	Variante
VG	Vollstreckungsgläubiger
VS	Vollstreckungsschuldner
Vss	Voraussetzungen
zust.	zustimmend
ZV	Zwangsvollstreckung
ZVR	Zwangsvollstreckungsrecht

Grundlagen der Zwangsvollstreckung

© Springer-Verlag GmbH Deutschland, ein Teil von Springer Nature 2020
M. Duchstein, *Zwangsvollstreckungsrecht*, Springer-Lehrbuch,
https://doi.org/10.1007/978-3-662-59444-5_1

1.1 Was ist Zwangsvollstreckungsrecht?

Recht haben und Recht bekommen sind zwei verschiedene Paar Schuhe. Diese Stamm-   1
tischweisheit hat jeder Volljährige schon einmal gehört. Die Aussage ist stark vereinfacht. Sie hat aber einen wahren Kern. So regelt das materielle Recht, wer Recht hat. Das
formelle Recht bestimmt, wie man Recht bekommt. Das BGB besteht vor allem aus
materiellen Regeln, die ZPO aus formellen. BGB und ZPO sind unterschiedliche Gesetze. Damit sind sie zwei verschiedene Paar Schuhe im Sinne des Stammtischs.

Die ZPO unterscheidet zwischen Erkenntnis- und Vollstreckungsverfahren. Im Erkenntnisverfahren sollen Worte gewechselt werden. Es heißt nicht umsonst „Rechtsstreit". Er endet oft mit einem Urteil. Der Richter befiehlt dem Verlierer etwas. Doch
was, wenn dieser den Befehl ignoriert? Dann bedarf es der Zwangsvollstreckung.

Zwangsvollstreckung bedeutet, ein Recht mit Gewalt durchzusetzen. Man unterscheidet private und staatliche Zwangsvollstreckung. Private Zwangsvollstreckung
nennt man Selbsthilfe. Sie ist überwiegend im BGB geregelt.[1] Es handelt sich um eine
Art Notwehr. Sie ist nur ausnahmsweise zulässig. Im hiesigen Buch geht es hauptsächlich um staatliche Zwangsvollstreckung. Gemeint ist das Verfahren, in dem ein Recht
gegen oder ohne den Willen des Schuldners verwirklicht wird.

In Deutschland funktioniert die Zwangsvollstreckung exzellent. Zivilrechtliche Urteile werden konsequent durchgesetzt. Gleichzeitig haben Schuldner ausreichend Gelegenheit, ihre Einwendungen prüfen zu lassen. Möglicherweise ist dies für Unternehmen ein Grund, sich für einen Sitz in Deutschland zu entscheiden.

1.2 Zur Examensrelevanz

In den Examen ist Zwangsvollstreckungsrecht eine dankbare Materie. Auf die Standard-   2
probleme kann man sich gut vorbereiten.

Andererseits ist dringend davon abzuraten, Zwangsvollstreckungsrecht auf Lücke zu
setzen. Auch im ersten Examen werden in fast jedem Examenstermin zivilprozessuale
Fragen geprüft. Oft genug sind darunter Probleme aus dem Zwangsvollstreckungsrecht.
Wer eine gehobene Note erzielen möchte, muss die Probleme vertretbar lösen. Sicherlich verlangen nicht alle Bundesländer für den staatlichen Prüfungsteil Detailkenntnisse. Über Basiswissen muss aber jeder Kandidat verfügen.

Für Prüfer ist Zwangsvollstreckungsrecht auch deshalb interessant, weil sich materiellrechtliche Probleme in vollstreckungsrechtliche Rechtsbehelfe einkleiden lassen.
Wer als Prüfling den Klausureinstieg erkennt, ist klar im Vorteil. Deshalb nehmen
zwangsvollstreckungsrechtliche Rechtsbehelfe in diesem Buch einen großen Raum ein.

Sogar in Strafrechtsklausuren lassen sich Zwangsvollstreckungskenntnisse abprüfen. Das Buch zeigt dies in einem eigenen Abschnitt.

Gehobene Noten in Zwangsvollstreckungsklausuren setzen voraus, dass man die
Gesetzessystematik verstanden hat. Deshalb stellt dieses Buch am Anfang allgemein die
Grundlagen der Zwangsvollstreckung dar. Erst wenn man sich diese erarbeitet hat,

---

1   Z. B. §§ 229; 562b; 859; 910 BGB.

sollte man sich den Rechtsbehelfen im Detail zuwenden. Die dortigen Rechtsprobleme lassen sich dann viel leichter verstehen. Zudem kann man sie sich besser merken.

1.3 Die Rechtsquellen des Zwangsvollstreckungsrechts

3   Wichtigstes Gesetz für die Zwangsvollstreckung ist die Zivilprozessordnung (ZPO). Viele andere Gesetze verweisen auf sie. Beispielsweise § 62 Abs. 2 des Arbeitsgerichtsgesetzes (ArbGG) und die Verwaltungsvollstreckungsgesetze des Bundes und der Länder.[2] Auch im FamFG finden sich wesentliche Zwangsvollstreckungsvorschriften. So kann es sein, dass ein Elternteil sich weigert, dem umgangsberechtigten anderen Teil das gemeinsame Kind zu überlassen. Die §§ 88 ff. FamFG regeln die Konsequenzen.

Das Zwangsversteigerungsgesetz (ZVG) bestimmt die Formalien und Rechtsfolgen der Zwangsversteigerung von Grundstücken. Es ist vor allem in Sachenrechtsklausuren relevant.

Auch die Insolvenzordnung enthält Prinzipien für die Zwangsvollstreckung. Insbesondere legt sie deren Grenzen bei überschuldeten Schuldnern fest. Das Anfechtungsgesetz (AnfG) normiert, wann ein Gläubiger in Gegenstände vollstrecken darf, die der Schuldner an Dritte weitergegeben hat.

4   Wer hätte das gedacht? Auch im Grundgesetz finden sich Regeln über die Zwangsvollstreckung. Im ersten Examen können sie sogar Gegenstand einer Verfassungsbeschwerde sein. So folgt aus dem Rechtsstaatsprinzip (Art. 20 Abs. 3; 28 Abs. 1 GG) das Verbot der Selbsthilfe. Man darf seine Rechte grundsätzlich nicht eigenmächtig durchsetzen. Gewalt darf prinzipiell nur der Staat ausüben. Der Einzelne darf aber durch seine Friedenspflicht nicht machtlos gestellt werden. Vielmehr muss der Staat ihm wirksame Durchsetzungsmechanismen zur Verfügung stellen.[3] Das ergibt sich aus den Grundrechten – insbesondere Art. 14 GG – in Verbindung mit dem Rechtsstaatsprinzip.[4] Der Gläubiger hat einen Anspruch auf Rechtsschutz. Der einfache Gesetzgeber kann zwar wählen, wie er die Zwangsvollstreckung gestaltet. Er darf sie aber nicht gänzlich oder weitgehend abschaffen.[5] Auch dürfen Gerichte Zwangsvollstreckungsvorschriften nicht zu restriktiv handhaben.[6]

Umgekehrt schützt das Grundgesetz auch den Schuldner. Es fordert vom Gesetzgeber, Schuldnern Rechtsschutzmöglichkeiten gegen rechtswidrige Vollstreckungsmaßnahmen zur Verfügung zu stellen.[7] Schon deshalb sind die Rechtsbehelfe des Vollstreckungsrechts so wichtig.

---

2   § 16 Abs. 3 VwVG (Bund), § 15a Abs. 3 VwVG-BaWü.
3   BVerfGE 61, 126, Rn. 28; 54, 277, Rn. 49.
4   BVerfGE 53, 352, Rn. 13; vgl. auch BVerfGE 69, 381, Rn. 12.
5   I. d. S. zu Art. 6 Abs. 1 EMRK: EGMR, Entscheidung vom 12.12.2002 – 59021/00 Kalogeropoulou u. a. ./. Griechenland und Deutschland = NJW 2004, 273.
6   Vgl. BVerfGE 53, 352, Rn. 13; 79, 80, Rn. 16; EGMR, Urt. v. 20.07.2006 – 1633/05 – Koudelka ./. Tschechische Republik = FamRZ 2008, 1059 (1062) und v. 15.01.2015 – 62198/11 = FamRZ 2015, 469 (471).
7   Z. B. in Art. 19 Abs. 4 GG.

Verfassungsrechtlich relevant sind des Weiteren die Pfändungsschutzvorschriften. Sie sollen dem Schuldner ein menschenwürdiges Dasein sichern.[8] Etwa darf der Gerichtsvollzieher grundsätzlich nicht den einzigen Fernseher einer Person pfänden. Dies verbietet die Informationsfreiheit des Art. 5 Abs. 1 GG in Verbindung mit dem Sozialstaatsprinzip.[9] Noch schlimmer wäre, den Rollator eines gehbehinderten Schuldners zu versteigern. Das würde Art. 3 Abs. 3 Satz 2 GG verletzen. Mit den Pfändungsschutzvorschriften der ZPO hat der Gesetzgeber die grundrechtliche Abwägung konkretisiert.[10] Die einfachgesetzlichen Normen haben also vielfach einen verfassungsrechtlichen Hintergrund.[11] Ihn gilt es, in der Klausur zu erkennen.

Selbst das Strafgesetzbuch enthält Regeln für die Zwangsvollstreckung. Zum Beispiel verbietet § 136 Abs. 2 StGB, ein Pfandsiegel abzulösen. § 288 StGB stellt das vorsätzliche Vereiteln der Zwangsvollstreckung unter Strafe.

5

Für den Gerichtsvollzieher bedeutsam ist die Gerichtsvollzieherordnung (GVO). Sie bestimmt grob seine Aufgaben. Detaillierte Pflichten regelt die Geschäftsanweisung für Gerichtsvollzieher (GVGA). Beide Regelungswerke sind keine formellen Gesetze. Vielmehr handelt es sich um Allgemeinverfügungen der Landesjustizminister. Anders ausgedrückt, es sind bundeseinheitliche Verwaltungsvorschriften. Die GVGA bestimmt die Amtspflichten des Gerichtsvollziehers. Verletzt er die GVGA, können Amtshaftungsansprüche entstehen (§ 839 BGB i. V. m. Art. 34 GG). Die Kosten für Handlungen des Gerichtsvollziehers sind im Gerichtsvollzieherkostengesetz (GvKostG) festgelegt.

Hochgradig praxisrelevant ist das Justizbeitreibungsgesetz (JBeitrG). Nach ihm vollstrecken die Staatskassen unter anderem Gerichtskosten und Zwangsgelder. Anwaltskosten haben damit nichts zu tun. Sie sind im Rechtsanwaltsvergütungsgesetz (RVG) geregelt. Welche Gerichtskosten bei den Zwangsvollstreckungsrechtsbehelfen entstehen, bestimmt meist das Gerichtskostengesetz – GKG.

Diese Aufzählung ist nicht abschließend. Andere Gesetze werden an der Stelle erwähnt, an der sie relevant sind.

Klausurtipp

Nicht in den zugelassenen Hilfsmitteln enthaltene Vorschriften muss kein Prüfling kennen. Sofern sie relevant sind, müssen sie im Aufgabentext abgedruckt sein.

---

8   BVerfG, Beschl. v. 16.02.1982 – 2 BvR 462/81 = NJW 1982, 1583; BGH, Beschl. v. 19.03.2004 – IXa ZB 321/03, Rn. 8.
9   BFHE 159, 421, Rn. 11.
10   Z. B. § 811 Abs. 1 ZPO.
11   BGH, Beschl. v. 28.01.2010 – VII ZB 16/09, Rn. 11.

1.4 Bei der Zwangsvollstreckung beteiligte Personen und Organe

1.4.1 Vollstreckungsgläubiger

6   Vollstreckungsgläubiger ist, wer die Zwangsvollstreckung beantragt. Einfachstes Beispiel: Der Kläger gewinnt einen Prozess. Der Richter erlässt zu seinen Gunsten ein Leistungsurteil. Damit erlaubt er dem Kläger, aus dem Urteil zu vollstrecken. Sobald der Kläger den Gerichtsvollzieher beauftragt, bezeichnet man ihn als Vollstreckungsgläubiger. Meist spricht man kurz vom Gläubiger. Trotz Wortgleichheit ist nicht der materiellrechtliche Gläubiger gemeint. Gläubiger im Sinne des BGB ist der Inhaber einer Forderung. Gläubiger im Sinne des Zwangsvollstreckungsrechts ist, wer Vollstreckungsorgane einschaltet. Personenidentität zwischen beiden kann bestehen, muss aber nicht.

1.4.2 Vollstreckungsschuldner

7   Gegner des Vollstreckungsgläubigers ist der Vollstreckungsschuldner. Ihn bezeichnet man oft nur als Schuldner. Wiederum darf man diesen Begriff nicht mit dem des Schuldners einer Forderung verwechseln. Dies ist der Schuldner im materiellen Sinne. Vollstreckungsschuldner ist, gegen wen sich die Zwangsvollstreckung richtet. Wie der Vollstreckungsgläubiger kann er eine natürliche Person, eine juristische Person oder eine rechtsfähige Personengesellschaft sein.

Der Vollstreckungsschuldner ist ein armer Tropf. Er muss Maßnahmen dulden, hat aber nichts davon. Bei Zahlungsansprüchen haftet er dem Gläubiger grundsätzlich mit seinem gesamten Vermögen. Er kann also sein Haus, sein Auto und sein Boot verlieren. Zum Glück gibt es Vorschriften, die ihn vor Kahlpfändung schützen.

1.4.3 Dritter

8   Jeder Student weiß spätestens ab dem dritten Semester: Dreipersonenverhältnisse sind in Klausuren besonders beliebt. So ist es auch im Zwangsvollstreckungsrecht.

Beispiel
Der Gerichtsvollzieher pfändet das Auto des Schuldners. Seine Ehefrau behauptet, es gehöre ihr. Sie fordert vom Gerichtsvollzieher, die Pfändung aufzuheben.

9   Bei der Forderungspfändung kann ein Dritter Schuldner des Schuldners sein. Man spricht vom sogenannten Drittschuldner.

Beispiel
Der Vollstreckungsgläubiger erstreitet ein Zahlungsurteil gegen den Vollstreckungsschuldner. Der Vollstreckungsschuldner bezahlt nicht. Er hat aber eine Forderung gegen den Drittschuldner. Vereinfacht gesprochen kann der Vollstreckungsgläubiger dem Vollstreckungsschuldner dessen Forderung wegnehmen. Dazu muss er einen sogenannten

Pfändungs- und Überweisungsbeschluss beantragen. Dadurch verpflichtet der Staat den Drittschuldner, an den Vollstreckungsgläubiger zu zahlen.

Typische Drittschuldner sind der Arbeitgeber des Schuldners bei der Gehaltspfändung oder dessen Bank bei der Kontopfändung.

Arbeitgeber

Bank

1.4.4 Verfahrensvertreter

Für die meisten Zwangsvollstreckungsmaßnahmen benötigt man keinen Rechtsanwalt.   10
So kann jedermann den Gerichtsvollzieher beauftragen. Gläubiger, Schuldner und Dritte dürfen sich aber durch Rechtsanwälte vertreten lassen.[12] Bei bestimmten zwangsvollstreckungsrechtlichen Klagen vor dem Landgericht müssen sie es.[13]

Manche Gläubiger bedienen sich für die Zwangsvollstreckung eines Inkassounterneh-   11
mens. Sie haben keine Lust, ihren Anspruch selbst durchzusetzen. Entweder treten sie ihn von vornherein an das Unternehmen ab. Es soll notfalls an ihrer Stelle klagen. Oder die Gläubiger bevollmächtigen das Inkassounternehmen nur, für sie zu vollstrecken.[14]

1.4.5 Vollstreckungsgericht

§ 764 Abs. 2 ZPO definiert allgemein das Vollstreckungsgericht. Es handelt sich um eine   12
Abteilung des Amtsgerichts. Sie ist für bestimmte Zwangsvollstreckungsaufgaben zu-
ständig. Das Vollstreckungsgericht entscheidet primär über formelle oder besonders eilbedürftige Fragen. Über welche genau, regeln ZPO und ZVG.[15]

---

12   § 79 ZPO.
13   § 78 ZPO.
14   § 79 Abs. 2 Nr. 4 ZPO.
15   Z. B. § 766 Abs. 1 ZPO.

Das Vollstreckungsgericht des § 764 Abs. 2 ZPO ist zu unterscheiden vom zentralen Vollstreckungsgericht gemäß §§ 802k; 882h ZPO. Das zentrale Vollstreckungsgericht speichert landesweit Schuldnerdaten. Ansonsten hat es für die Zwangsvollstreckung keine Relevanz.

1.4.6 Erkenntnisgericht = Prozessgericht

13   Vom Vollstreckungsgericht zu unterscheiden ist das Erkenntnisgericht. Die ZPO spricht teilweise vom Prozessgericht.[16] Es ist vor allem für materiellrechtliche Fragen zuständig. Das Erkenntnisgericht prüft, ob jemandem ein Anspruch gegen einen anderen zusteht. Lautet die Fallfrage also „Was kann A von B verlangen?", ist in der Regel das Erkenntnisgericht zuständig. Geht es hingegen um die Rechtmäßigkeit einer Maßnahme eines staatlichen Vollstreckungsorgans, ist normalerweise das Vollstreckungsgericht zuständig. Stark vereinfacht ausgedrückt prüft das Vollstreckungsgericht vor allem die ZPO, das Erkenntnisgericht vor allem das BGB.

Das Erkenntnisgericht kann im Zivilprozess ein Amts- oder Landgericht sein. Die Zuständigkeit richtet sich nach den §§ 23; 71 GVG. Ist es ein Amtsgericht, kann derselbe Richter zuständig sein, der auch für das Vollstreckungsgericht zuständig ist. Es kann aber auch ein anderer zuständig sein. Die Zuständigkeit der Richter innerhalb eines Gerichts bestimmt der sogenannte Geschäftsverteilungsplan.[17]

1.4.7 Gerichtsvollzieher

Stellung

14   Der Gerichtsvollzieher ist das Hauptorgan der Zwangsvollstreckung (§ 753 Abs. 1 ZPO). Er hat eine Doppelnatur. Einerseits ist er selbstständig.[18] Andererseits ist er Hoheitsorgan und Beamter. Er hat ein eigenes Büro.[19] Es befindet sich üblicherweise nicht im

---

16   Z. B. in § 767 Abs. 1 ZPO.
17   § 21e GVG.
18   § 154 GVG i. V. m. §§ 1 Satz 1; 29 GVO.
19   Details: § 30 GVO.

9

1

1.4 · Bei der Zwangsvollstreckung beteiligte Personen und Organe
6>

Gerichtsgebäude. Büromaterial erwirbt er in Eigeninitiative. Er teilt sich seine Arbeitszeit selbst ein. Er rechnet ab. Er darf Mitarbeiter einstellen.[20] Wurde er befördert, lautet seine Dienstbezeichnung Obergerichtsvollzieher. Erweiterte Vollstreckungsbefugnisse sind damit nicht verbunden.

Jeder Gerichtsvollzieher hat einen Bezirk. Wann und wie er einen Auftrag ausführt, entscheidet er grundsätzlich selbst.[21] Zugleich ist der Gerichtsvollzieher Organ der Rechtspflege.[22] Er nimmt hoheitliche Aufgaben wahr (§ 154 Abs. 1 GVG). Er muss ähnlich neutral wie ein Richter bleiben.

Freilich ist das Vollstreckungsverfahren einseitig. Es zielt darauf ab, das Recht des Gläubigers durchzusetzen. Der Schuldner muss Vollstreckungsmaßnahmen lediglich dulden. Gleichwohl darf der Gerichtsvollzieher die Gläubigerinteressen nur im Rahmen der schuldnerschützenden Vorschriften auszuüben. So gesehen begrenzt er die Macht des Gläubigers. Er berücksichtigt auch die gesetzlich normierten Schuldnerinteressen.

Bei bestimmten Interessenkonflikten ist der Gerichtsvollzieher von der Ausübung seines Amts ausgeschlossen (§ 155 GVG). Eine Partei kann ihn aber nicht wegen Befangenheit ablehnen.[23]   15

Beispiel

Der Gerichtsvollzieher ist mit dem Gläubiger befreundet. Der Schuldner befürchtet, der Gerichtsvollzieher werde deshalb besonders hart gegen ihn vollstrecken. Gleichwohl muss er sich mit ihm begnügen. Der Schuldner kann nicht verlangen, dass der Gerichtsvollzieher den Fall an einen Kollegen abgibt.

Der Gerichtsvollzieher ist zwar selbstständig. Dennoch muss er rechtmäßige Weisungen des Gläubigers berücksichtigen.[24] Berücksichtigen bedeutet, der Gerichtsvollzieher muss sie in sein Ermessen einbeziehen.[25] Andernfalls kann der Gläubiger gemäß § 766 Abs. 2 ZPO Erinnerung einlegen. Aus der neutralen Stellung des Gerichtsvollziehers folgt aber, dass dieser nicht Vertreter des Gläubigers ist.[26]   16

Der Gerichtsvollzieher muss fehlerfrei arbeiten. Entsteht einer Partei durch einen Fehler des Gerichtsvollziehers ein Schaden, hat sie einen Amtshaftungsanspruch.[27] So ist es etwa, wenn der Gerichtsvollzieher versehentlich eine Sache des Schuldners beschädigt.   17

Der Gerichtsvollzieher ist Vollstreckungsbeamter im Sinne von § 113 StGB.[28]   18

---

20 §§ 33 f. GVO.
21 VGH München, Beschl. v. 15.01.2009 – 3 ZB 08.818, Rn 4; AG Memmingen, Beschl. v. 09.03.1988 – M 313/88; AG Schöneberg, Beschl. v. 02.03.2016 – 31 M 8015/16, juris Rn. 20; weiche zeitliche Vorgaben: § 5 Abs. 1 und 2 GVGA.
22 BVerwGE 65, 260, juris Rn. 22.
23 BGH, Beschl. v. 24.09.2004 – IXa ZB 10/04 = NJW-RR 2005, 149 (150), nachgehend Nichtannahmebeschluss des BVerfG vom 07.12.2004 – 1 BvR 2526/04.
24 § 58 Abs. 2 GVGA; BGH, Beschl. v. 07.01.2011 – 4 StR 409/10, Rn. 5.
25 Allgemein zum Ermessen des Gerichtsvollziehers: BVerwGE 65, 278, juris Rn. 21.
26 RGZ 156, 395 (398); BGHZ 179, 298, Rn. 6; BGH, Urt. v. 18.01.1985 – V ZR 233/83 = NJW 1985, 1711 (1714) a. A. noch RGZ 16, 396 (400).
27 BGH, Urt. v. 05.02.2009 – IX ZR 36/08, Rn. 14; Glenk, NJW 2014, 2315 (2316 ff.).
28 RGSt 41, 82 (87).

Beispiel

Der Gerichtsvollzieher möchte auf dem Auto des Schuldners ein Pfandsiegel anbringen. Der Schuldner ist damit nicht einverstanden. Er schubst den Gerichtsvollzieher weg. Damit macht er sich nach § 113 Abs. 1 StGB strafbar.

19   Kenntnisse über die Stellung des Gerichtsvollziehers lassen sich auch in materiellen Zivilrechtsklausuren abfragen.

Beispiel

G erstreitet ein rechtskräftiges Urteil gegen S über 500 Euro. S erstreitet in derselben Höhe ein rechtskräftiges Urteil gegen G. G beauftragt den Gerichtsvollzieher, bei S zu pfänden. Der Gerichtsvollzieher geht zu S. S erklärt gegenüber dem Gerichtsvollzieher, er rechne in Höhe von 500 Euro auf.

Die Aufrechnung ist unwirksam. Sie erfolgte nicht gegenüber dem anderen Teil im Sinne von § 388 BGB. Der Gerichtsvollzieher war insbesondere kein Empfangsvertreter des Gläubigers im Sinne von § 164 Abs. 3 BGB. Er war nicht einmal Empfangsbote für Willenserklärungen.[29] Wenn S aufrechnen will, muss er dies unmittelbar gegenüber G erklären.

20

Fall

Gerichtsvollzieher GVZ verwendet stets einen Motorroller, um zu den Schuldnern zu fahren. Nach einigen Jahren beschließt er, aus gesundheitlichen Gründen auf ein Fahrrad umzusteigen. Er lässt den Roller zunächst einige Monate stehen. Dann verkauft er ihn an K. K gibt GVZ gegenüber an, mit dem Roller bei schönem Wetter aus Spaß ein wenig von Ort zu Ort fahren zu wollen. Eine Probefahrt hatte K nicht unternommen. Der – nicht formulармäßige – Kaufvertrag enthält den Passus, dass der Roller unter Ausschluss der Gewährleistung verkauft wird. Im Kaufvertrag bezeichnet GVZ sich ausdrücklich als Gerichtsvollzieher. K bezahlt den Kaufpreis. Er nimmt den Roller auf einem Hänger mit. Zwei Wochen später möchte K mit dem Roller erstmals fahren. K stellt fest, dass die Bremsen nicht ordnungsgemäß funktionieren. K und GVZ beauftragen gemeinsam einen Sachverständigen. Dieser stellt fest, dass die Bremsen bereits bei Übergabe nicht mehr funktioniert haben. K glaubt GVZ, dass dieser davon nichts gewusst hat.
Auszug aus der Gerichtsvollzieherordnung (GVO):
- § 1 Satz 1: Bei der ihm zugewiesenen Zwangsvollstreckung handelt der Gerichtsvollzieher selbstständig.
- § 30 Abs. 1 Der Gerichtsvollzieher muss an seinem Amtssitz ein Geschäftszimmer auf eigene Kosten halten.
- § 33 Abs. 1: Der Gerichtsvollzieher ist verpflichtet, Büroangestellte auf eigene Kosten zu beschäftigen, soweit es der Geschäftsbetrieb erfordert. Für ihre Tätigkeit ist er verantwortlich.
- § 36 Abs. 1: Den Geschäftsbedarf beschafft der Gerichtsvollzieher auf eigene Kosten.

❓ K verlangt von GVZ, die Bremsen zu reparieren. Zu Recht?

✅ **Der Gerichtsvollzieher als Unternehmer**

K kann gegen GVZ einen Anspruch auf Nachbesserung aus § 439 Abs. 1, 1. Alt. BGB haben. Nach dieser Vorschrift kann der Käufer als Nacherfüllung die Beseitigung des Mangels verlangen. Zwischen K und GVZ ist ein Kaufvertrag zustande gekommen. Die verkaufte

---

29 Gothe, DGVZ 2013, 197 (198 f.).

Sache ist auch mangelhaft. Richtigerweise liegt bereits eine stillschweigende Beschaffen-heitsvereinbarung im Sinne von § 434 Abs. 1 Satz 1 BGB vor. Jedenfalls ist der Roller aber gemäß § 434 Abs. 1 Satz 2 Nr. 1 BGB mangelhaft. Denn man kann mit ihm nicht von Ort zu Ort fahren. Zu derartigen Fahrten gehört nämlich auch, bei Bedarf anhalten zu können.

Möglicherweise steht der Gewährleistungsausschluss aber dem Anspruch entgegen. Wie sich aus § 444 BGB ergibt, ist ein Gewährleistungsausschluss grund-sätzlich erlaubt. Anders ist dies allerdings bei einem Verbrauchsgüterkauf. Dort ist der Gewährleistungsausschluss nach § 476 Abs. 1 BGB verboten. Der Begriff des Verbrauchsgüterkaufs ist in § 474 Abs. 1 BGB legaldefiniert. Danach sind Verbrauchs-güterkäufe Verträge, durch die ein Verbraucher von einem Unternehmer eine bewegliche Sache kauft. K ist Verbraucher gemäß § 13 BGB.

Fraglich ist aber, ob GVZ Unternehmer ist. Nach § 14 Abs. 1 BGB ist Unternehmer eine natürliche oder juristische Person, die bei Abschluss eines Rechtsgeschäfts in Ausübung ihrer gewerblichen oder selbständigen beruflichen Tätigkeit handelt. GVZ ist eine natürliche Person. Er hat den Roller im eigenen Namen verkauft. Er ist nicht in Vertretung seines Bundeslands aufgetreten.

Ob GVZ ein Gewerbe betreibt, kann offenbleiben. Denn zumindest verkauft GVZ den Roller in Ausübung seiner selbstständigen Tätigkeit. Er ist nämlich insoweit selbstständig, als es um seine Arbeitsmittel geht.[30] Das ergibt sich schon daraus, dass er Räume, Personal und Material in eigener Verantwortung verwaltet. Der Roller war eines seiner Arbeitsmittel. Dass es sich bei dem Verkauf um ein branchenfrem-des Nebengeschäft handelt, spielt nach dem Wortlaut des § 14 BGB keine Rolle. GVZ ist Unternehmer.[31] Es liegt ein Verbrauchsgüterkauf vor. Deshalb ist der Gewährleis-tungsausschluss unwirksam. K kann von GVZ verlangen, die Bremsen zu reparieren.

Aufgaben des Gerichtsvollziehers

Die primäre Aufgabe des Gerichtsvollziehers liegt in der Zwangsvollstreckung.[32] Seine Pflichten sind in § 802a Abs. 1 ZPO allgemein umschrieben. Danach wirkt er auf eine zügige, vollständige und Kosten sparende Beitreibung von Geldforderungen hin.   21

Daneben stellt der Gerichtsvollzieher Dokumente zu (z. B. §§ 168 Abs. 2; 192 Abs. 1 ZPO).[33] Interessant ist dies für Parteien, die außerhalb eines Prozesses den Zugang einer Willenserklärung nachweisen wollen.

Beispiel

Der Mieter will kündigen. Er will verhindern, dass der Vermieter später behauptet, die Kündigung niemals erhalten zu haben. Gemäß § 132 Abs. 1 BGB i. V. m. § 192 ff. ZPO kann er den Gerichtsvollzieher beauftragen, die Kündigung zuzustellen.

Über die Zustellung wird eine sogenannte Zustellungsurkunde erstellt (§ 182 ZPO). Sie beweist gemäß § 418 ZPO, dass und wann die Kündigung zugestellt wurde.

---

30 BVerwGE 65, 260, Rn. 22.
31 A.A. vertretbar.
32 §§ 154 GVG; 30 GVGA.
33 § 9 GVGA.

Neben Zwangsvollstreckung und Zustellung hat der Gerichtsvollzieher weitere Aufgaben.[34] Diese sind jedoch nicht examensrelevant. Sie haben in der Praxis kaum Bedeutung.

1.4.8 Rechtspfleger

22   Zwangsvollstreckungsklausuren haben fast immer einen materiellrechtlichen Schwerpunkt. Über ihn hat meist ein Richter zu entscheiden. Gleichwohl sollte man auch die anderen Personen kennen, die bei Gericht arbeiten. An erster Stelle steht der Rechtspfleger. Seine Zuständigkeit regelt das Rechtspflegergesetz (RPflG). Relevant ist vor allem § 20 Nr. 17 RPflG. Danach entscheidet der Rechtspfleger über fast alle Geschäfte des Vollstreckungsgerichts. Vor allem erlässt er Pfändungs- und Überweisungsbeschlüsse.

Woher weiß man in der Klausur, ob eine Unterschrift von einem Rechtspfleger stammt? Das ist einfach. Nur wo Rechtspfleger drunter steht, ist Rechtspfleger drin.[35] Lautet die Funktionsbezeichnung „Justizangestellte" oder „Urkundsbeamter" hat die Geschäftsstelle gehandelt. Hier liegt eine Klausurfalle, wenn der Rechtspfleger zuständig war.

1.4.9 Geschäftsstelle und Gerichtsvollzieherverteilerstelle

23   Die Geschäftsstelle unterstützt die Richter und Rechtspfleger bei ihrer täglichen Arbeit. Auf der Geschäftsstelle der Gerichte arbeiten Beamte und Angestellte des öffentlichen Dienstes.[36] Sie lagern und verwalten die Akten. Außerdem veranlassen sie, dass Gerichtsentscheidungen zugestellt werden. Neuerdings bezeichnen manche Bundesländer die Geschäftsstelle als „Serviceeinheit".

24   Eine der Geschäftsstellen ist die Gerichtsvollzieherverteilerstelle. Jedes Amtsgericht hat eine.[37] Ihr obliegen wichtige Aufgaben. Zunächst verteilt sie die Aufträge an die Gerichtsvollzieher (§ 753 Abs. 2 ZPO). Zwar kann ein Gläubiger auch einen Gerichtsvollzieher direkt beauftragen. Oft kennt er ihn aber nicht namentlich. Dann schickt er seinen Vollstreckungsauftrag einfach an das Amtsgericht, in dessen Bezirk der Schuldner wohnt. Dort leitet eine Geschäftsstelle – Gerichtsvollzieherverteilerstelle – den Auftrag an den zuständigen Gerichtsvollzieher weiter.[38]

---

34 Z. B. § 190 GVGA.
35 § 12 RPflG.
36 § 153 GVG.
37 § 33 Abs. 1 Gerichtsvollzieherordnung (GVO).
38 § 33 Abs. 2 GVO.

1.4.10 Grundbuchamt

Im mündlichen Examen kann der Prüfer bitten, sämtliche Zwangsvollstreckungsorgane   25
aufzuzählen. Möglicherweise will er zwischen 15- und 18-Punktekandidaten differenzieren.
Gut antwortet, wer Gerichtsvollzieher, Erkenntnisgericht und Vollstreckungsgericht (Richter und Rechtspfleger) nennt. Sehr gut reagiert jedoch, wer zusätzlich das Grundbuchamt aufzählt. Es trägt nämlich eine sogenannte Zwangssicherungshypothek ins Grundbuch ein (§§ 866 Abs. 1 und 3; 867 ZPO). Insoweit führt es eine Zwangsvollstreckungsmaßnahme aus. Denn eine Hypothek entsteht normalerweise nur mit Willen des Eigentümers. Das ergibt sich aus dem bekannten § 873 BGB. Bei der Zwangssicherungshypothek ersetzt das Grundbuchamt sozusagen die Willenserklärung des Eigentümers. Diese Darstellung ist zwar sehr stark vereinfacht. Detailkenntnisse sind jedoch nicht erforderlich.

1.5 Der Aufbau des achten Buchs der ZPO

1.5.1 Allgemeines zur Systematik

In der ZPO regelt das Buch 8 die Zwangsvollstreckung. Der Einstieg in das   26
Zwangsvollstreckungsrecht fällt leichter, wenn man sich zunächst das Inhaltsverzeichnis anschaut. Dabei sollte man die Überschriften der Paragrafen überfliegen.

In Abschnitt. 1 des Buchs 8 sind allgemeine Vorschriften enthalten. Er beinhaltet die klausurrelevantesten Rechtsbehelfe Vollstreckungsabwehrklage (§ 767 ZPO), Drittwiderspruchsklage (§ 771 ZPO) und Erinnerung (§ 766 ZPO).

Abschnitt. 2 regelt die Zwangsvollstreckung wegen Geldforderungen. Er ist untergliedert in mehrere Titel. Klausurrelevant sind nur die ersten drei. Der erste Titel enthält allgemeine Vorschriften. Er regelt insbesondere die Tätigkeit des Gerichtsvollziehers. Etwas missverständlich mag man die Überschrift des Titels 2 finden: Zwangsvollstreckung in das bewegliche Vermögen. Die ZPO behandelt Forderungen als Bestandteil des beweglichen Vermögens. Deshalb betreffen der zweite Untertitel die Zwangsvollstreckung in bewegliche Sachen, der dritte die Zwangsvollstreckung in Forderungen. Der erste Untertitel enthält allgemeine Vorschriften für beide Vollstreckungsarten. Will der Gläubiger beispielsweise eine Uhr versteigern lassen, ist der zweite Untertitel maßgeblich. Will er das Gehalt des Zwangsvollstreckungsschuldners pfänden, muss er in den dritten Untertitel schauen.

Abschnitt. 3 regelt die Zwangsvollstreckung zur Erwirkung der Herausgabe von Sachen und zur Erwirkung von Handlungen oder Unterlassungen. Als Beispiel sei der Fall genannt, dass V mit K einen Kaufvertrag über ein Auto geschlossen hat. K bezahlt den Kaufpreis. Gleichwohl weigert V sich, ihm das Auto zu übergeben. Auch will V nicht die nach § 929 BGB erforderliche dingliche Einigungserklärung abgeben. K möchte Eigentum und Besitz am Auto. § 883 ZPO bestimmt, wie er Besitz am Auto erhält. Der Gerichtsvollzieher muss es V wegnehmen. § 894 ZPO normiert, wie K Eigentum erhält. Er muss V auf Grundlage von § 433 Abs. 1 Satz 1 BGB verklagen. Das rechtskräftige Urteil ersetzt die dingliche Einigungserklärung des V.

Äußerlich dieselbe Handlung des Gerichtsvollziehers kann rechtlich in verschiedene Abschnitte einzuordnen sein. Beispiel: Der Gerichtsvollzieher nimmt dem Schuldner den einzigen in der Wohnung des Schuldners befindlichen Löffel weg. Wo steht, ob er das darf? Es gilt die juristisch immer korrekte Antwort: Es kommt darauf an. Maß-

gebend ist, warum der Gerichtsvollzieher den Löffel wegnimmt. Bei der Zwangsvollstreckung wegen Geldforderungen hat der Gläubiger etwa einen Anspruch aus § 433
Abs. 2 BGB. Der Richter hat den Käufer = Schuldner verurteilt, an den Gläubiger Geld
zu zahlen. Findet der Gerichtsvollzieher beim Schuldner keines, darf er bestimmte Gegenstände aus dem Schuldnervermögen zu Geld machen. Er darf sie versteigern. Dies
alles ist in Abschnitt. 2 geregelt. Danach kann die Pfändung des Löffels unzulässig sein
(§ 811 Abs. 1 Nr. 1 ZPO).[39] So ist es, wenn der Schuldner ihn zum Essen benötigt.

Abschnitt. 3 betrifft hingegen Ansprüche, die nicht auf Zahlung gerichtet sind. Dazu
gehören Herausgabeansprüche. Anspruchsgrundlage ist etwa § 985 BGB. Auf dessen
Basis verpflichtet der Richter den Schuldner, den Löffel herauszugeben. Das kommt in
Betracht, wenn der Schuldner ihn sich vom Gläubiger geliehen hatte. Dann möchte der
Gerichtsvollzieher dem Gläubiger den Löffel aushändigen. § 811 Abs. 1 Nr. 1 ZPO gilt
nach seiner systematischen Stellung nicht. Der Gerichtsvollzieher darf den Löffel mitnehmen. Ob der Schuldner ihn zum Essen benötigt, ist grundsätzlich irrelevant.

🛈 **Merke: Die Abschnitte 2 und 3 des achten Buchs muss man strikt
auseinanderhalten.**

Einen Abschnitt. 4 gibt es im achten Buch nicht. Abschnitt. 5 enthält einen Fremdkör-
per. Er regelt Arrest und einstweilige Verfügung. Der Abschnitt beinhaltet zwar auch
Spezialregelungen über die Zwangsvollstreckung von Eilentscheidungen.[40] Mehrheit-
lich bestimmen seine Vorschriften aber, wie das Erkenntnisverfahren in Eilfällen abläuft. Diese Normen passen nicht zur Überschrift des achten Buchs „Zwangsvollstreckung". Systematisch korrekt hätte ihnen die ZPO ein eigenes Buch widmen müssen.

27   Zusammenfassend kann sich der Klausurbearbeiter für die Zwangsvollstreckungsklausur
Folgendes merken: Wo ein bestimmter Fall geregelt ist, findet er am leichtesten über das Inhaltsverzeichnis heraus. Man muss sich fragen, wegen was der Gläubiger in was vollstreckt.
Vollstreckt er etwa wegen einer Geldforderung, ist Abschnitt. 2 relevant. Eine Geldforderung
ist beispielsweise der Kaufpreis, den der Gläubiger erhalten will. Möchte er hierfür eine Sache
des Schuldners pfänden, ist in Abschnitt. 2 Titel 2 und dort Untertitel 2 einschlägig.

28   Nicht vergessen darf man aber, dass das Buch 1 der ZPO allgemeine Vorschriften
enthält. Sie gelten grundsätzlich auch für das Buch 8. Zuweilen enthält das Zwangsvollstreckungsrecht zwar Spezialvorschriften. Dies betrifft beispielsweise die sachliche und
örtliche Zuständigkeit sowie die Kosten. Oft fehlen jedoch Spezialnormen. Dann sind
die allgemeinen Vorschriften des ersten Buchs anzuwenden. Das gilt unter anderem für
die Frage, ob man einen Anwalt benötigt oder nicht (§§ 78 ff. ZPO). Das Wort „Gericht"
im ersten Buch ist insoweit großzügig auszulegen. Gemeint ist in der Regel auch der
Gerichtsvollzieher. Und dies obwohl er eigentlich vom Gericht unabhängig ist. Entsprechendes gilt für Begriffe wie „Prozess" und „Rechtsstreit". Sie umfassen auch die
Zwangsvollstreckung, obgleich man dort eher von einem Verfahren spricht.

29   Auch für das achte Buch gilt die Dispositionsmaxime. Der Gläubiger entscheidet
also, wann die Vollstreckung beginnt, wie weit sie reicht und wann sie endet. Beispielsweise kann der Gläubiger den Gerichtsvollzieher allgemein beauftragen, bewegliche

---

39   Siehe näher unten Rn. 914.
40   §§ 929 ff. ZPO.

Gegenstände zu pfänden. Ebenso kann er sich darauf beschränken, die Pfändung einer Spielekonsole zu verlangen.[41] Dann darf der Gerichtsvollzieher keine Vase mitnehmen. Ebenfalls kann der Gläubiger bereits gepfändete Gegenstände freigeben.

In der Praxis außerordentlich bedeutsam ist der Beibringungsgrundsatz. Auch er findet im Zwangsvollstreckungsrecht Anwendung. So muss der Antragsteller dem Vollstreckungsorgan notwendige Urkunden vorlegen. Es ist nicht Aufgabe des Gerichtsvollziehers, von Amts wegen nachzuforschen.

30

Häufiges Praxisbeispiel

Der Gerichtsvollzieher erhält von einem Inkassounternehmen einen Pfändungsauftrag. Dem Auftrag ist ein Urteil beigefügt. Darin ist der Name des Inkassounternehmens nicht erwähnt. Das Inkassounternehmen behauptet, der Gläubiger habe es beauftragt, Zwangsvollstreckungsmaßnahmen einzuleiten. Der Gerichtsvollzieher fordert das Inkassounternehmen auf, binnen zwei Wochen eine schriftliche Vollmacht vorzulegen. Das Inkassounternehmen meldet sich nicht. Nun muss der Gerichtsvollzieher nicht etwa beim Gläubiger anrufen, ob dieser das Inkassounternehmen beauftragt hat. Vollstreckungsorgane sind keine Ermittlungsorgane. Gemäß § 80 ZPO ist die Vollmacht schriftlich zu den Gerichtsakten einzureichen. Sie kann nachgereicht werden; hierfür kann das Gericht eine Frist bestimmen. „Gericht" meint auch den Gerichtsvollzieher.

Aus der Gesetzessystematik ergibt sich, dass für die Vollstreckungsvollmacht nicht die §§ 167 ff. BGB gelten. Vielmehr ist die Vollstreckungsvollmacht eine Prozessvollmacht gemäß §§ 80 ff. ZPO. Das Unternehmen muss also eine schriftliche Prozessvollmacht vorlegen. Dies hat es unterlassen. Der Gerichtsvollzieher darf den Vollstreckungsauftrag zurückweisen.[42]

🛑 Merke: Die allgemeinen Vorschriften der ZPO gelten grundsätzlich auch für das Zwangsvollstreckungsrecht.

1.5.2 Überblick über die Vollstreckungsarten

Aufgabe　　　31

Welche sind die einschlägigen Paragrafen der nachfolgenden Zwangsvollstreckungsmaßnahmen? Wie läuft die Zwangsvollstreckung grob ab?

❓ Nach dem Urteil muss der Schuldner einen Geldbetrag zahlen. Der Gerichtsvollzieher sieht bei ihm wertvolle Sachen.

32

✅ Die Zwangsvollstreckung läuft nach §§ 803; 808 ZPO ab. Der Gerichtsvollzieher pfändet die Gegenstände. Entweder nimmt er sie nach § 808 Abs. 1 ZPO mit. Oder er lässt sie nach § 808 Abs. 2 Satz 1 ZPO beim Schuldner. Lässt er sie dort, klebt er nach

---

41　Vgl. § 25 Abs. 1 Nr. 1, 2. HS RVG.
42　AG Landau, Beschl. v. 30.05.2018 – 1 M 615/18 = DGVZ 2019, 41.

§ 808 Abs. 2 Satz 2 ZPO ein Siegel darauf. In der Alltagssprache nennt man es Kuckuck. Anschließend versteigert der Gerichtsvollzieher die Sachen (§ 814 ZPO). Den Versteigerungserlös gibt er dem Gläubiger. Man nennt dies etwas altertümlich Erlösauskehr.

33 ⓺ Nach dem Urteil muss der Schuldner einen Geldbetrag zahlen. Der Gerichtsvollzieher sieht beim Schuldner Bargeld.

ⓥ Die Zwangsvollstreckung läuft nach §§ 803; 808 ZPO ab. § 808 Abs. 2 ZPO spricht gleich zu Beginn von Geld. Hierfür erklärt er indirekt Absatz 1 für anwendbar. Das bedeutet: Der Gerichtsvollzieher nimmt das Bargeld an sich. Er versteigert es aber nicht etwa. Das wäre seltsam. Vielmehr gibt er es gemäß § 815 Abs. 1 ZPO direkt dem Gläubiger. Der Gerichtsvollzieher ist insbesondere befugt, beim Schuldner eine sogenannte Taschenpfändung durchzuführen. Trifft er ihn beispielsweise auf der Straße, darf er den Schuldner nach Bargeld durchsuchen. Dazu benötigt er keinen richterlichen Durchsuchungsbeschluss.

34 ⓺ Der Urteilstenor lautet auf Zahlung eines Geldbetrags. Der Gläubiger weiß, dass der Schuldner ein Grundstück hat.

ⓥ Die Zwangsvollstreckung läuft nach § 869 ZPO in Verbindung mit dem Zwangsversteigerungsgesetz ab. Die einzelnen Vollstreckungsmöglichkeiten nennt § 866 Abs. 1 ZPO. In der Regel empfiehlt sich für den Gläubiger, das Grundstück zwangsversteigern zu lassen.

Das bedeutet, das Vollstreckungsgericht gibt einen Versteigerungstermin bekannt (§§ 35; 36 ZVG). Zu diesem kann jeder kommen und mitsteigern – auch der Schuldner und der Gläubiger. Wer das höchste Gebot abgibt, erhält das Grundstück (§ 81 ZVG). Anschließend verteilt das Vollstreckungsgericht den Erlös (§§ 105 ff. ZVG).

ⓥ **Map 1.1**

35 ⓺ Der Urteilstenor lautet auf Zahlung eines Geldbetrags. Der Schuldner ist Inhaber einer Forderung.

ⓥ Die Zwangsvollstreckung läuft nach §§ 803; 829; 835 ZPO ab. Der Gläubiger beantragt beim Vollstreckungsgericht, die Forderung des Schuldners zu pfänden. In der Regel wird er weiter beantragen, ihm die Forderung zur Einziehung zu überweisen (§ 835 Abs. 1, 1. Alt. ZPO). Das bedeutet, der Gläubiger darf die Forderung einziehen. Er darf den Forderungsschuldner auffordern, an sich zu zahlen. Ist die Forderung fällig, muss der Forderungsschuldner dem Verlangen nachkommen.

In der Praxis pfänden Gläubiger oft Arbeitsentgelt, Kontoguthaben, Mieteinnahmen und Steuererstattungen.[43]

---

43 §§ 46 Abs. 4 Satz 2 EStG; 37 Abs. 2; 46 Abs. 1 AO.

❓ Der Urteilstenor lautet auf Zahlung eines Geldbetrags. Der Schuldner hat Gesell-   36
schaftsanteile an einer OHG oder GmbH.

✅ Die Zwangsvollstreckung beginnt gemäß § 857 ZPO ähnlich wie Forderungspfändung. Regelmäßig wird der Gesellschaftsanteil sodann mit Erlaubnis des Vollstreckungsgerichts versteigert.[44] Der Gläubiger kann aber auch nur den Gewinnauszah-
lungsanspruch pfänden.[45] Die Einzelheiten sind kompliziert.[46]

❓ Der Urteilstenor lautet auf Herausgabe einer beweglichen Sache.   37

✅ Die Zwangsvollstreckung verläuft einfach. Sie folgt aus § 883 ZPO. Der Gerichtsvollzieher nimmt dem Schuldner die Sache weg. Er gibt sie dem Gläubiger.

❓ Nach dem Urteilstenor muss der Schuldner etwas unterlassen. Zum Beispiel darf er   38
den Gläubiger nicht mehr beleidigen. Der Schuldner verstößt gegen seine Unterlassungspflicht.

✅ Gemäß § 890 ZPO verhängt das Gericht gegen den Schuldner Ordnungsgeld oder
Ordnungshaft. Nicht jeder Schuldner zahlt Ordnungsgeld freiwillig. Der Staat muss
seine Anordnung jedoch durchsetzen. Er vollstreckt den Ordnungsgeldbeschluss
nach obigen Regeln über eine Geldvollstreckung.[47] Der Schuldner riskiert unter
anderem, dass der Gerichtsvollzieher seine Sachen versteigert. Der Erlös wandert in
die Staatskasse. Bei Ordnungshaft bringt der Gerichtsvollzieher den Schuldner ins
Gefängnis. Er darf die Polizei zur Unterstützung hinzuziehen (§ 758 Abs. 3 ZPO).

❓ Der Urteilstenor lautet auf Räumung/Herausgabe einer Wohnung.   39

✅ Nach § 885 ZPO muss der Gerichtsvollzieher den Schuldner aus der Wohnung
verweisen. Manch ein Schuldner hält sich für besonders clever. Er öffnet die Haustür
nicht. Das nutzt ihm wenig. Der Gerichtsvollzieher öffnet sie nach § 758 Abs. 2 ZPO
gewaltsam. Hierfür bedient er sich meist eines Schlüsseldienstes.[48] Und wenn sich
der Schuldner weigert, zu gehen? Dann darf der Gerichtsvollzieher ihn nach dem
Wortlaut des § 885 Abs. 1 Satz 1 ZPO raustragen.
    Anschließend weist er den Gläubiger in den Besitz ein. Das bedeutet, er gibt ihm
die Schlüssel. Ob die Sachen des Schuldners in der Wohnung bleiben, entscheidet
gemäß §§ 885 Abs. 2; 885a ZPO der Gläubiger.

❓ Nach dem Urteil muss der Schuldner etwas tun, das auch ein anderer machen   40
könnte, z. B. Nachbesserungsarbeiten.

---

44 §§ 857 Abs. 5; 844 ZPO.
45 Z. B. §§ 122 Abs. 1 HGB; 29 Abs. 1 GmbHG.
46 Näher BGH, Urt. v. 16.05.1988 – II ZR 375/87 = NJW 1989, 458.
47 §§ 1 Abs. 1 Nr. 3; 2 Abs. 1 JBeitrG; 1 Nr. 3 Einforderungs- und Beitreibungsanordnung.
48 LG Weiden, Beschl. v. 27.03.2008 – 22 T 40/08, Rn. 3.

✅ Die Zwangsvollstreckung richtet sich nach § 887 ZPO. Das Gericht ermächtigt den Gläubiger, auf Kosten des Schuldners die Handlung vorzunehmen. Er darf also beispielsweise selbst Handwerker beauftragen. Gemäß § 887 Abs. 2 ZPO kann der Gläubiger sogar einen Vorschuss verlangen.

41 ❓ Nach dem Urteilstenor soll der Schuldner etwas tun, das kein anderer könnte. Klassischer Fall ist, dass er eine Auskunft erteilen muss.

✅ Erteilt der Schuldner die Auskunft nicht, verhängt das Gericht gegen ihn ein Zwangsgeld oder Zwangshaft (§ 888 ZPO). Vollstreckt wird beides im Wesentlichen wie Ordnungsgeld und Ordnungshaft.

42 ❓ Nach dem Urteil muss der Schuldner eine Willenserklärung abgeben. Er muss zum Beispiel in eine Eigentumsübertragung einwilligen.

✅ Die Zwangsvollstreckung richtet sich nach § 894 ZPO. Das rechtskräftige Urteil ersetzt die Willenserklärung des Schuldners.

1.6 Begriffe der Zwangsvollstreckung

Die nachfolgenden Begriffe sind Fachbegriffe der Zwangsvollstreckung. Es ist sehr wichtig, sie zu kennen.

1.6.1 Titel

Begriff

43 Titel hat nichts mit Doktortitel oder Adelstitel zu tun. Vielmehr ist Titel die Kurzform von Vollstreckungstitel. Titel meint eine öffentliche Urkunde. In ihr erlaubt der Staat, gegen einen anderen staatliche Machtmittel anzufordern, um einen Anspruch durchzusetzen. Auch der Schuldner kann dem Gläubiger dieses Recht einräumen. Er kann sich ans Messer liefern. Das klingt kompliziert. Es ist aber simpel.

Der einfachste Fall eines Titels ist ein Zahlungsurteil. Es gibt dem Gläubiger das Recht, staatliche Zwangsmaßnahmen gegen den Schuldner zu beantragen. Beispielsweise kann der Gläubiger den Gerichtsvollzieher beauftragen, beim Schuldner zu pfänden. Um den Hintergrund zu verstehen, muss man ausholen. Unterstellt, Verkäufer V hat gegen Käufer K einen Anspruch auf Zahlung des Kaufpreises. Dann gibt V dies noch kein Recht, den Gerichtsvollzieher zu beauftragen. Grundsätzlich muss nämlich erst eine neutrale Stelle feststellen, dass V der Anspruch zusteht. Einen Anspruch kann der Gerichtsvollzieher nämlich weder sehen noch hören oder schmecken. Der Gerichtsvollzieher müsste sich auf die Behauptung des V verlassen, diesem stehe ein Anspruch zu. Dabei bestünde die Gefahr, dass V sich irrt. Vielleicht trägt V sogar absichtlich falsche Tatsachen vor. K muss die Möglichkeit haben, sich gegen die Behauptung zu verteidigen. Bei der Vielzahl der Vollstreckungsaufträge wäre der Gerichtsvollzieher überfordert.[49] Prinzipiell muss deshalb ein Richter zum Schluss kommen, dass V gegen K einen Anspruch hat. Darauf aufbauend erlässt der Richter ein Urteil. Darin ordnet er im Namen des Volkes an, dass K an V einen bestimmten Geldbetrag zahlen muss. Man spricht davon, dass das Gericht den Anspruch des V tituliert. Mit dem Urteil in der Hand kann V den Gerichtsvollzieher beauftragen.

Wer eine gesetzliche Grundlage für das Erfordernis eines Titels sucht, wird in § 704 ZPO fündig. Danach findet die Zwangsvollstreckung aus Endurteilen statt. Weiter ergibt sich aus § 750 Abs. 1 Satz 1 ZPO, dass die Zwangsvollstreckung nur beginnen darf, wenn die Personen, für und gegen die sie stattfinden soll, in dem Urteil oder in der ihm beigefügten Vollstreckungsklausel namentlich bezeichnet sind. Ein Urteil gegen Unbekannt gibt es also nicht.

Fall

44

A, B und C sind Freunde. Sie wohnen in einer WG. Sie haben alle drei einen eigenen Mietvertrag mit V abgeschlossen. A und B zahlen ihre Miete stets pünktlich. C ist eher der Langschläfer. Er zahlt über Monate nicht. Seine Post öffnet er nie. V kündigt C. Er erstreitet ein Versäumnisurteil auf Räumung gegen ihn. V schreibt dem Gerichtsvollzieher, er solle C aus der Wohnung „rausschmeißen". V übergibt dem Gerichtsvollzieher das Urteil. Der Gerichtsvollzieher hat A, B und C noch nie gesehen. Als er klingelt, öffnet ihm eine unbekannte Person. Er zeigt ihr das Urteil vor.

? Worauf wird die Person in dem Dokument als erstes schauen?

✓ Sie wird darauf achten, ob sie in dem Urteil als Vollstreckungsschuldner genannt ist. Angenommen, der Gerichtsvollzieher fordert A oder B auf, sofort auszuziehen. Dann werden sie normalerweise sofort widersprechen. Der Gerichtsvollzieher darf nicht einfach denjenigen aus der Tür zerren, der ihm öffnet. Möglicherweise handelt es sich um C. Eventuell aber auch nicht. Der Gerichtsvollzieher muss sicherstellen, dass er gegen den Richtigen vollstreckt. Ohne das Erfordernis der namentlichen Bezeichnung wäre dies kaum möglich.

Arten

› Map 8.10

Neben Urteilen gibt es weitere Vollstreckungstitel. Sie finden sich über viele Gesetze verteilt.[50] Aus der ZPO sind die in § 794 ZPO genannten besonders klausurrelevant. Wichtig sind vor allem gerichtliche Vergleiche, Vollstreckungsbescheide, Kostenfestsetzungsbeschlüsse und notarielle Urkunden.

Weitere Titel aus der ZPO sind Entscheidungen über Arreste und einstweilige Verfügungen (Urteile und Beschlüsse). Aus ihnen findet die Zwangsvollstreckung statt. Das Gesetz spricht statt von Vollstreckung allerdings von Vollziehung (§§ 928 bis 934 und 936 ZPO).

45

---

49 LG Memmingen, Beschl. v. 29.06.2006 – 4 T 801/06 = BeckRS 2009, 06971.
50 Beispiele in §§ 35 – 37 GVGA.

Manchmal ist in Klausuren auch § 93 ZVG einschlägig. Die Vorschrift gibt demjenigen, der ein Grundstück ersteigert hat, einen Titel. Er kann gegen den Besitzer des Grundstücks direkt vollstrecken. Er braucht ihn nicht erst auf Räumung zu verklagen.

Aus der Insolvenzordnung ist § 201 Abs. 2 InsO klausurrelevant.[51] Nach dieser Vorschrift bildet ein Auszug aus der Insolvenztabelle einen Vollstreckungstitel. Um diese Vorschrift zu verstehen, muss man Grundzüge des Insolvenzverfahrens kennen. Ausgangspunkt ist, dass manche Schuldner nicht alle Verbindlichkeiten tilgen können. Ihnen fehlt das Geld.[52] Das Insolvenzverfahren soll das noch vorhandene Vermögen gerecht unter allen Gläubigern verteilen. Es sollen nicht etwa ein Gläubiger alles bekommen und die restlichen leer ausgehen. Dies würde zu einem unerwünschten Wettlauf der Gläubiger führen. Deswegen bestimmt § 89 Abs. 1 InsO, dass Zwangsvollstreckungen für einzelne Insolvenzgläubiger während der Dauer des Insolvenzverfahrens unzulässig sind. Die Zwangsvollstreckungsvorschriften der ZPO regeln die sogenannte Einzelzwangsvollstreckung.

Sie sind während der sogenannten Gesamtvollstreckung (dem Insolvenzverfahren) nicht anwendbar. Jeder Gläubiger erhält regelmäßig nur einen Teil seiner Forderung.

Beispiel

G hat gegen S unstreitig eine fällige Darlehensforderung in Höhe von 100.000 Euro. S hat aber noch weitere Gläubiger. Er ist insolvent. G sollte seine Forderung im Insolvenzverfahren gemäß § 174 Abs. 1 InsO zur Insolvenztabelle anmelden. Dann erhält G zumindest einen Teil, vielleicht 5000 Euro (196 Abs. 1 InsO). Die restlichen 95.000 Euro kann er von S nachfordern. Dies allerdings erst, wenn das Insolvenzverfahren abgeschlossen ist (§ 201 Abs. 1 InsO). Dann dürfen die Insolvenzgläubiger ihre Restforderungen gegen den Schuldner grundsätzlich wieder vollstrecken.[53] Hierzu brauchen sie bei einer unstreitigen Forderung kein Urteil. G muss S also nicht erst verklagen. Vielmehr kann G mit der vollstreckbaren Ausfertigung eines Auszugs aus der Insolvenztabelle (§ 175 Abs. 1 InsO) den Gerichtsvollzieher beauftragen. Entsprechendes gilt, wenn S die Forderung bestreitet und G erfolgreich gemäß § 184 Abs. 1 InsO auf Feststellung zur Tabelle klagt.

G kann allerdings nicht vollstrecken, soweit S von seiner Restschuld befreit ist (§ 201 Abs. 3 InsO).[54]

Eine in der Insolvenztabelle titulierte Forderung verjährt gemäß § 197 Abs. 1 Nr. 5 BGB erst in 30 Jahren. Für die Vollstreckung aus dem Tabellenauszug gelten nach § 4 InsO die normalen ZPO-Regeln.

1.6.2 **Klausel**

❯ Map 8.13

46   Nach § 750 Abs. 1 ZPO bedarf es für die Zwangsvollstreckung aus einem Urteil stets einer Klausel. Bis auf wenige Ausnahmen bedürfen auch andere Titel über den Verweis in § 795 ZPO einer Klausel.

---

51 Ferner § 308 Abs. 1 Satz 2 InsO.
52 Vgl. § 16; 17 InsO.
53 Vgl. aber § 201 Abs. 3; 286 InsO.
54 Siehe dazu insbesondere die §§ 286 ff. InsO.

Klausel meint nicht etwa Vertragsklausel. Vielmehr geht es um die sogenannte Vollstreckungsklausel. Mit der Klausel bestätigt das Gericht, dass ein Vollstreckungstitel echt und vollstreckbar ist. In manchen Fällen bescheinigt dies der Notar.[55]

Die Vollstreckungsklausel ist Bestandteil der vollstreckbaren Ausfertigung. Ausfertigungen sind Abschriften öffentlicher Urkunden.[56] Sie werden von der Behörde erstellt, von der die Urschrift (das Original) stammt. Die Ausfertigung soll im Rechtsverkehr das Original ersetzen. Normalerweise bleibt nämlich das Original eines Urteils in den Gerichtsakten. Die Parteien erhalten nur Ausfertigungen. In der Praxis läuft dies wie folgt ab: Das Computerprogramm des Gerichts hat das Original gespeichert. Der Richter druckt es aus und heftet es in die Akte. Im Computerprogramm wählt der Geschäftsstellenmitarbeiter das Urteil aus. Er klickt an „vollstreckbare Ausfertigung drucken". Er braucht nur noch zu unterschreiben und das Dienstsiegel aufzustempeln.[57]

Man unterscheidet die einfache und die qualifizierte Klausel. Die einfache Klausel ist in § 725 ZPO geregelt. Es handelt sich um den Normalfall. Nach § 725 ZPO schreibt der Urkundsbeamte der Geschäftsstelle auf die Urteilsausfertigung: „Vorstehende Ausfertigung wird dem [Bezeichnung der Partei] zum Zwecke der Zwangsvollstreckung erteilt". Hierdurch wird die einfache Ausfertigung zu einer vollstreckbaren. Der Urkundsbeamte prüft nur formelle Voraussetzungen, also im Wesentlichen ZPO-Vorschriften.

Die qualifizierte Klausel ist in den §§ 726 ff. ZPO normiert. Sie erteilt grundsätzlich der Rechtspfleger.[58] Er prüft auch materielle Normen, insbesondere solche des BGB. Eine qualifizierte Klausel ist etwa nötig, wenn jemand vollstrecken möchte, der weder als Kläger noch als Beklagter im Urteil genannt ist. Beispielsweise kann es sein, dass der Kläger einen Prozess gewinnt. Zu seinen Gunsten ergeht ein Urteil. Dann stirbt der Kläger. Erbe wird sein Sohn. Dieser möchte aus dem Urteil vollstrecken. Der Sohn kann dem Rechtspfleger einen Erbschein vorlegen. Ein Erbschein ist eine öffentliche Urkunde im Sinne von § 727 ZPO.[59] Gemäß § 2353 BGB handelt es sich um ein nachlassgerichtliches Zeugnis über das Erbrecht. Aufgrund des Erbscheins erteilt der Rechtspfleger dem Sohn eine qualifizierte Klausel. Er bestätigt, dass der Sohn befugt ist, aus dem Urteil zu vollstrecken. Man spricht von Titelumschreibung oder Rechtsnachfolgeklausel.

Der Sinn der qualifizierten Klausel leuchtet unmittelbar ein. Ein amtliches Organ soll prüfen, wer gegen wen aus dem Urteil vollstrecken darf. Welchen Sinn hat aber die einfache Klausel? Die einfache Klausel soll Auswirkungen von Fehlern und die Gefahren von Fälschungen minimieren. Sie soll verhindern, dass der Gläubiger aus einem falschen Urteil vollstreckt. Wie erwähnt, bekommen die Parteien niemals das Originalurteil zugestellt. Es bleibt bei der Akte.[60] Übersandt bekommen sie nur eine Ausfertigung. Das weiß der Gerichtsvollzieher. Auch er bekommt nicht das Originalurteil. Gemäß § 754 Abs. 1 ZPO erhält er die vollstreckbare Ausfertigung. Dies ist für ihn der Nachweis, dass ein Urteil mit dem genannten Inhalt existiert. Die vollstreckbare Aus-

47

48

49

---

55 § 797 Abs. 2 ZPO.
56 § 49 BeurkG.
57 § 317 Abs. 4 ZPO; vgl. aber für den Vollstreckungsbescheid § 703b Abs. 1 ZPO.
58 § 20 Nr. 12 RPflG.
59 Vgl. § 415 Abs. 1 ZPO.
60 Vgl. § 734 ZPO.

fertigung enthält grundsätzlich weder Tatbestand noch Entscheidungsgründe.[61] Beides interessiert den Gerichtsvollzieher prinzipiell nicht. Er muss nur wissen, wer was von wem verlangen kann. Warum kann ihm egal sein. Zuständig für die Zustellung der vollstreckbaren Ausfertigung ist die Geschäftsstelle.[62] Gemäß § 317 Abs. 2 Satz 2 ZPO prüft sie, ob das Urteil verkündet und unterschrieben ist. Fehlt eines dieser Erfordernisse, verweigert sie die vollstreckbare Ausfertigung.

Beispiel

Betrüger B erstellt auf seinem Computer ein gefälschtes Urteil zu seinen Gunsten. Als Unterlegenen nennt er seinen Nachbarn. Unter dem Urteil bringt er eine erfundene, schwungvolle Unterschrift an. Dies soll die Unterschrift des Richters sein. Mit der Fälschung beauftragt er den Gerichtsvollzieher, gegen seinen Nachbarn zu vollstrecken.

Gäbe es das Klauselerfordernis nicht, würde der Gerichtsvollzieher höchstwahrscheinlich nunmehr beim Nachbar vollstrecken. Das Klauselerfordernis schließt derartige Missbräuche zwar nicht aus. Es dämmt sie aber ein. Es ist deutlich aufwändiger, ein Gerichtssiegel zu fälschen, als eine imaginäre Unterschrift anzubringen.

50   Die Geschäftsstelle ist zudem dafür verantwortlich, dass jedem Vollstreckungsgläubiger nur eine vollstreckbare Ausfertigung erteilt wird. Zu groß wäre sonst die Missbrauchsgefahr. Nur in Ausnahmefällen erteilt sie dem Gläubiger eine zweite vollstreckbare Ausfertigung.[63] Er muss beispielsweise versichern, dass er die erste Ausfertigung verloren hat.

51   Der Besitz der vollstreckbaren Ausfertigung ermächtigt den Gerichtsvollzieher in zwei Richtungen. Einmal gegenüber dem Vollstreckungsgläubiger. Der Gerichtsvollzieher darf für den Gläubiger nach § 754 ZPO Leistungen des Schuldners entgegennehmen. Der Gerichtsvollzieher darf grundsätzlich sogar Zahlungsvereinbarungen treffen. Auf der anderen Seite ermächtigt die vollstreckbare Ausfertigung den Gerichtsvollzieher gegenüber dem Schuldner. Sie legitimiert ihn, Zwangsmaßnahmen zu ergreifen.

1.6.3 Zustellung

52   Grundsätzlich muss ein Vollstreckungstitel dem zugestellt werden, gegen den vollstreckt werden soll. Das ergibt sich aus § 750 Abs. 1 Satz 1 ZPO. Danach darf die Zwangsvollstreckung nur beginnen, wenn das Urteil bereits zugestellt ist oder gleichzeitig zugestellt wird. Zustellung meint nicht dasselbe wie Zugang. Der Zugang ist im Allgemeinen Teil des BGB geregelt. Die Vorschriften über die Zustellung finden sich in §§ 166 ff. ZPO. Der Begriff ist in § 166 Abs. 1 ZPO legaldefiniert. Danach meint Zustellung die Bekanntgabe eines Dokuments an eine Person in einer bestimmten Form. Die wichtigsten Zustellungsorgane sind gemäß § 168 ZPO die Geschäftsstelle, die Post, der Gerichtsvollzieher und Justizangestellte, insbesondere Wachtmeister.

---

61   § 317 Abs. 2 Satz 3 ZPO.
62   §§ 168 Abs. 1; 176 Abs. 1 ZPO.
63   § 733 ZPO.

Die Zustellung soll den Schuldner von der bevorstehenden Zwangsvollstreckung benachrichtigen. Immerhin wären wohl die meisten erschrocken, wenn eines Tages unerwartet der Gerichtsvollzieher vor ihrer Tür steht.

Dem Schuldner soll Gelegenheit gegeben werden, die im Urteil enthaltene Verpflichtung freiwillig zu erfüllen. Hierdurch kann er Gerichtsvollzieherkosten sparen. Außerdem soll er die Möglichkeit erhalten, Rechtsbehelfe einzulegen.

Wie immer im Recht gibt es von Grundsätzen Ausnahmen. In manchen Fällen darf der Gläubiger aus einem Titel vollstrecken, bevor dieser zugestellt ist. So ist es zum Beispiel bei einstweiligen Verfügungen, §§ 929 Abs. 3; 936 ZPO.

> **Merke:** Die Erfordernisse „Titel, Klausel, Zustellung" fasst man unter dem Oberbegriff „Allgemeine Vollstreckungsvoraussetzungen" zusammen.

1.6.4 Vorläufige Vollstreckbarkeit

Der Referendar kennt die vorläufige Vollstreckbarkeit spätestens seit der ersten Woche   53
der Zivilstation. Der Student kennt sie meist noch nicht. Beides ist in Ordnung. Vorläufige Vollstreckbarkeit bedeutet, der Gläubiger darf aus einen Urteil vollstrecken, obwohl der Schuldner noch Rechtmittel einlegen kann. Gemäß § 704 ZPO findet die Zwangsvollstreckung statt aus Endurteilen, die rechtskräftig oder für vorläufig vollstreckbar erklärt sind. Endurteile (also normale Urteile) sind Vollstreckungstitel. Dies gilt unabhängig davon ob sie in erster, zweiter oder dritter Instanz erlassen wurden. Ein Urteil ist rechtskräftig, wenn keine Seite mehr Rechtsmittel einlegen kann.[64] Klassiker ist, dass die Rechtsmittelfrist abgelaufen ist.[65] Ab diesem Zeitpunkt ist der Gläubiger auf der sicheren Seite. Er kann mit dem Urteil einen Gerichtsvollzieher beauftragen. Möglicherweise hat aber der Schuldner rechtzeitig Berufung oder Revision eingelegt. Es kann Monate bis Jahre dauern, bis in zweiter oder dritter Instanz ein rechtskräftiges Urteil ergeht. Es besteht die Gefahr, dass der Schuldner zwischen dem Urteil erster und dem zweiter Instanz sein Vermögen verschleudert. Der Gläubiger würde in die Röhre schauen. Beim Schuldner wäre nichts mehr zu holen. Und dies selbst wenn das Rechtsmittel des Schuldners unbegründet war. Das wollte der Gesetzgeber verhindern. Er erlaubt dem Gläubiger in § 704, 2. Alt. ZPO bereits vor Rechtskraft zu vollstrecken. Allerdings läuft der Gläubiger Gefahr, dass das Obergericht die Entscheidung des unteren Gerichts für falsch hält. Das Obergericht kann den Titel aufheben. Dann hat der Gläubiger zu Unrecht vollstreckt. Er muss dem Schuldner gemäß § 717 Abs. 2 ZPO Schadensersatz leisten. Hat der Gläubiger beispielsweise Geld des Schuldners gepfändet und hätte der Schuldner dieses Geld gewinnbringend anlegen können, muss der Gläubiger die entgangenen Zinsen ersetzen. Dieses Risiko nehmen manche Gläubiger in Kauf.

Vorläufige Vollstreckbarkeit bedeutet also, dass der Gläubiger bereits aus einem nicht rechtskräftigen Titel vollstrecken kann. Bei Urteilen muss die vorläufige Vollstreckbarkeit gemäß §§ 708 bis 713 ZPO ausdrücklich im Tenor angeordnet werden.

---

64   § 19 EGZPO.
65   Z. B. §§ 517; 548 ZPO.

Mehr braucht man als Student nicht zu wissen. Wer das erste Staatsexamen noch vor sich hat, kann sämtliche in diesem Buch enthaltenen Ausführungen zur vorläufigen Vollstreckbarkeit überspringen. Für Referendare kommt es hingegen auf Details an. So erklärten in einer Assessorklausur zahlreiche Bearbeiter einen Beschluss für vorläufig vollstreckbar. Das ist falsch. Ob Zivil-, Arbeits- oder Familienprozess: Niemals darf man einen Beschluss für vorläufig vollstreckbar erklären. Die §§ 704; 708 und 709 ZPO sprechen nur von Urteilen.

Urteile im Arbeitsgerichtsprozess sind gemäß § 62 Abs. 1 Satz 1 ArbGG kraft Gesetzes vorläufig vollstreckbar. Auch hier darf der Bearbeiter im Tenor kein Wort zur vorläufigen Vollstreckbarkeit schreiben.

1.6.5 Erinnerung

54   Es gibt in verschiedenen Gesetzen Rechtsbehelfe, die Erinnerung heißen. Ihre Schnittmenge ist gering. Allenfalls ist ihnen gemeinsam, dass sich der Erinnerungsführer gegen eine Handlung eines Gerichtsorgans wendet. Dieses Gerichtsorgan ist typischerweise kein Richter.[66] Bei der Erinnerung untersucht normalerweise der Richter, ob sich ein anderer Justizbediensteter korrekt verhalten hat. Der Richter prüft primär – aber nicht nur – formelle Einwendungen. Häufig geht es um Verfahrensfehler oder Kosten. Erinnerung ist ein seltsamer Begriff. Der Name hat historische Gründe.

Wer Erinnerung erhebt, heißt Erinnerungsführer. Er behauptet, der Staat habe etwas falsch gemacht. Sein Prozessgegner interessiert ihn in diesem Moment weniger. Trotzdem ist Gegner der Erinnerung nicht der Staat. Am Erinnerungsverfahren sind vielmehr in der Regel zwei oder mehr Prozessparteien beteiligt. Beispiel: Der Schuldner meint, der Gerichtsvollzieher habe bei ihm nicht pfänden dürfen. Er erhebt Erinnerung. Formeller Gegner ist der Gläubiger, nicht der Gerichtsvollzieher. Der Gläubiger darf Stellung nehmen. Er muss die Anwaltskosten des Schuldners tragen, wenn dieser Recht hat (§ 91 ZPO).

Klausurrelevant ist nur die Erinnerung nach § 766 ZPO. Mit ihr können Schuldner, Gläubiger und Dritte Verfahrens- und Kostenfehler rügen.

1.6.6 Notarielle Urkunde

55   Die notarielle Urkunde ist ein sehr praxisrelevanter Titel. Er ist in § 794 Abs. 1 Nr. 5 ZPO geregelt. In der notariellen Urkunde erlaubt der Schuldner dem Gläubiger, zu vollstrecken. Der Gläubiger muss den Schuldner nicht erst verklagen. Die notarielle Urkunde ersetzt ein Urteil.

Für den Schuldner ist die notarielle Urkunde sehr gefährlich. Immerhin verzichtet er auf ein Gerichtsverfahren. Deswegen schreibt das Beurkundungsgesetz vor, dass der Notar den Schuldner über die Folgen seiner Erklärung belehren muss.[67]

---

66   Vgl. aber § 8 Abs. 1 RPflG.
67   § 17 BeurkG.

Die notarielle Urkunde kommt vor allem bei Krediten im Zusammenhang mit Grundstücksgeschäften vor. Häufig gibt die Bank einem Grundstückskäufer einen Kredit. Sie will aber sichergehen, dass der Schuldner diesen pünktlich zurückzahlt. Falls der Käufer seinen Pflichten nicht nachkommt, will sie abgesichert sein. Sie will nicht erst den beschwerlichen Weg eines Gerichtsverfahrens beschreiten müssen. Deswegen verlangt sie fast immer vom Schuldner, dass er sich vor dem Notar der sofortigen Zwangsvollstreckung in sein gesamtes Vermögen unterwirft.

1.6.7 Sofortige Beschwerde

Die sofortige Beschwerde ist ein Rechtsbehelf im Zwangsvollstreckungsverfahren. § 793 ZPO erwähnt sie. Ihre weiteren Voraussetzungen finden sich in den §§ 567 ff. ZPO.   56

Die sofortige Beschwerde ist die Parallele zur Berufung. Berufung ist gemäß § 511 ZPO gegen Urteile statthaft. Demgegenüber ist gegen instanzbeendende Beschlüsse des Richters in der Regel die sofortige Beschwerde gegeben. Beide Rechtsbehelfe befördern die Sache zum nächsthöheren Gericht.

In Zwangsvollstreckungsklausuren ist die sofortige Beschwerde vor allem in zwei Fällen relevant. Zum einen ist sie der richtige Rechtsbehelf gegen die Erinnerung. Zum anderen ist sie gegen Beschlüsse nach § 891 ZPO statthaft. Der Schuldner kann beispielsweise einwenden, das Gericht habe zu Unrecht gegen ihn nach § 890 Abs. 1 ZPO ein Zwangsgeld verhängt.

Der Namensbestandteil „sofortig" resultiert daraus, dass die Beschwerde fristgebunden ist.[68] Eine einfache – also nicht fristgebundene – Beschwerde kennt die Zivilprozessordnung nicht. Es gibt sie beispielsweise im Strafprozess.[69]

❗ Merke: Gegen Beschlüsse ist niemals die Berufung statthaft. Sofern sie überhaupt anfechtbar sind, ist regelmäßig die sofortige Beschwerde einschlägig.

1.6.8 Kostenfestsetzungsbeschluss

Den Begriff des Kostenfestsetzungsbeschlusses sollte man als Referendar einmal gehört   57
haben. In ihm setzt der Rechtspfleger die genauen Prozesskosten fest. Denn der Richter bestimmt im Urteil nur die Prozentzahl, zu der der jeweilige Prozessbeteiligte die Kos-

---

68   § 569 ZPO.
69   § 304 StPO.

ten tragen muss. Er legt hingegen nicht fest, wer von den Prozesskosten wieviel Euro an wen zahlen muss. Dies ist Aufgabe des Rechtspflegers. Nach dem Urteil schreiben die Rechtsanwälte dem Rechtspfleger, welche Kosten ihren Mandanten entstanden sind.[70] Aus diesen Schreiben und der Kostenquote des Richters berechnet der Rechtspfleger die genauen Eurobeträge. Diese hält er in einem Kostenfestsetzungsbeschluss fest. Der Kostenfestsetzungsbeschluss ist ein Titel gemäß § 794 Abs. 1 Nr. 2 ZPO. Der Rechtspfleger schickt auf Antrag eine vollstreckbare Ausfertigung des Kostenfestsetzungsbeschlusses dem, der vom anderen etwas zu erhalten hat. Damit kann dieser vom Prozessgegner seine Prozesskosten erstattet verlangen. Der Kostenfestsetzungsbeschluss wird als KFB abgekürzt. In der Klausur sollte man den Begriff ausschreiben.

Klausurtipp

Im Examen sollte man möglichst nichts abkürzen. Ausnahmen bilden nur Bezeichnungen, die üblicherweise nur abgekürzt verwendet werden wie BGB und ZPO. Von der Sternchenfußnote mit Hinweis auf die Paragrafen eines Gesetzes ist schon im ersten Examen abzuraten. Im zweiten Examen ist sie ein absolutes No-Go.

---

58   Referendare müssen das Kostenfestsetzungsverfahren nach § 103 ZPO vom Vergütungsfestsetzungsverfahren des § 11 RVG unterscheiden. Das Kostenfestsetzungsverfahren nach der ZPO betreibt der Prozessgewinner gegen den Verlierer. Im Vergütungsfestsetzungsverfahren geht es hingegen um den Anspruch des Anwalts gegen seinen Mandanten. In beiden Fällen ergeht ein Beschluss. Beide Beschlüsse sind nach § 794 Abs. 1 Nr. 2 ZPO Vollstreckungstitel. Im ZPO-Festsetzungsverfahren verwendet der Rechtspfleger die Kostengrundentscheidung des Richters als Ausgangspunkt. Im RVG-Verfahren ist die Basis hingegen der Vertrag zwischen Rechtsanwalt und seinem Auftraggeber.

In der Klausur kann es vorkommen, dass ein Rechtsanwalt seinen Mandanten auf Zahlung des Honorars verklagt. Der Mandant mag einwenden, für die Klage fehle ein Rechtsschutzbedürfnis. Der Anwalt könne seine Gebühren im Verfahren nach § 11 RVG festsetzen lassen. In der Klausur geht dieser Einwand regelmäßig fehl. Richtig ist, dass einer Honorarklage das Rechtsschutzbedürfnis fehlt, wenn der Anwalt seine Vergütung nach § 11 RVG festsetzen lassen kann. Denn das RVG-Verfahren ist einfacher und schneller. Allerdings ist § 11 Abs. 5 RVG zu beachten. Danach muss der Rechtspfleger die Festsetzung ist ablehnen, soweit der Antragsgegner Einwendungen oder Einreden erhebt, die nicht im Gebührenrecht ihren Grund haben. So wird es in der Klausur meist sein. Beispielsweise wird der Mandant rügen, der Anwaltsvertrag sei nicht wirksam zustande gekommen.[71] Ein Vertreter ohne Vertretungsmacht habe ihn für ihn geschlossen. Nunmehr gilt es, das seit dem ersten Semester bekannte Stellvertretungsrecht zu prüfen.

---

70   § 103 Abs. 2 ZPO.
71   Vgl. OLG Düsseldorf, Beschl. v. 17.06.1993 – 10 W 60/93, Rn. 2.

Sehr praxisrelevant ist auch die Aufrechnung. Häufig rechnet der Mandant nämlich mit einem Anspruch aus §§ 280 Abs. 1; 241 Abs. 2 BGB wegen Schlechterfüllung des Anwaltsvertrags auf. Auch hier kann der Mandant seine Vergütung gemäß § 11 Abs. 5 RVG nicht mehr vom Rechtspfleger festsetzen lassen.[72] Er muss den Mandant verklagen. Für die Klage des Anwalts besteht ein Rechtsschutzbedürfnis.

Klausurtipp

Geht es in einer Klausur um einen Kostenfestsetzungsbeschluss, ist meist nur der Klausureinstieg ungewohnt. Der Schwerpunkt der Klausur liegt in der Regel in vertrauten Rechtsbereichen.

1.6.9 Vollstreckungsbescheid

Der Vollstreckungsbescheid ist ein sehr praxis- und klausurrelevantes Instrument. Er schließt das Mahnverfahren ab. An jedem Arbeitstag ergehen in Deutschland rund 300 Vollstreckungsbescheide.[73] Daher sollte jeder Jurist den Vollstreckungsbescheid kennen.

Mahnverfahren und Vollstreckungsbescheid sind vor allem wichtig für Forderungsinhaber, deren Schuldner sich nicht mehr melden. Ihnen soll der umständliche Weg erspart bleiben, eine Klage einzureichen. Der Forderungsinhaber muss lediglich dem Mahngericht versichern, ihm stehe ein Anspruch zu. Das Mahngericht gibt dem Schuldner gemäß § 694 ZPO Gelegenheit, dem Mahnbescheid zu widersprechen. Reagiert der Schuldner hierauf nicht, ergeht nach § 699 ZPO ein Vollstreckungsbescheid. Das Mahngericht prüft nicht, ob der Anspruch besteht.

Der Vollstreckungsbescheid gleicht einem Urteil. Er bildet gemäß § 794 Abs. 1 Nr. 4 ZPO einen Titel. Der Antragsteller kann mit ihm also den Gerichtsvollzieher beauftragen.

Für die Zwangsvollstreckung aus einem Vollstreckungsbescheid ist gemäß § 796 ZPO eine Vollstreckungsklausel grundsätzlich entbehrlich.

Dem Vollstreckungsbescheid ähnelt der Europäische Zahlungsbefehl.[74] Es handelt sich um einen staatsübergreifenden Vollstreckungsbescheid. Er ist in § 794 Abs. 1 Nr. 6 ZPO und §§ 1088 ZPO geregelt. Er hat sich nicht in dem Umfang durchgesetzt, in dem manche Politiker das geglaubt haben.

59

---

72 OLG Koblenz, Beschl. v. 20.04.1999 – 14 W 262/99, Rn. 4.
73 Statistisches Bundesamt, 2014, Fachserie 10 Reihe 2.1, S. 30.
74 §§ 1087 ff. ZPO und EU-MahnVO = VO (EG) Nr. 1896/2006.

1.6.10 **Formalisierung**

60   Das Zwangsvollstreckungsverfahren ist stark formalisiert. Das zeigt sich an folgendem, täglich in ähnlicher Weise vorkommenden Fall.

Fall

Der Gerichtsvollzieher besucht einen Schuldner. Er will bei ihm pfänden. Der Schuldner wendet ein, das gegen ihn ergangene Urteil sei falsch. Das Gericht habe geprüft, ob dem Kläger gegen ihn ein Bereicherungsanspruch zusteht. Dabei sei es zu Unrecht der Meinung von Medicus/Petersen gefolgt. Es hätte sich der viel überzeugenderen Meinung des BGH anschließen müssen.

❓ Muss der Gerichtsvollzieher sämtliche Literaturmeinungen mit der des BGH abgleichen?

✓ Nein. Der Gerichtsvollzieher darf auf das Urteil verweisen. Der Gerichtsvollzieher hat täglich zahlreiche Vollstreckungsaufträge. Er wäre überfordert, müsste er derartigen materiellen Einwänden nachgehen.[75] Vielmehr teilt er sich die Arbeit mit dem Gericht. Das Gericht prüft die materielle Rechtslage, der Gerichtsvollzieher die formelle. Für den Gerichtsvollzieher ist nur wichtig, dass ein vollstreckungsfähiger Titel gegen den Schuldner vorliegt. Dessen Richtigkeit muss er nicht bewerten.

Formalisierung bedeutet auch, Gerichtsvollzieher und Rechtspfleger haben in der Regel kein Ermessen. Liegen Antrag und Vollstreckungsvoraussetzungen vor, müssen sie den Vollstreckungsakt erlassen. Lediglich in wenigen Fällen dürfen sie abwägen.

1.6.11 **Pfändungs- und Überweisungsbeschluss**

61   Tägliches Geschäft aller Amtsgerichte ist unter anderem der Erlass von Pfändungs- und Überweisungsbeschlüssen.[76] Pfändungs- und Überweisungsbeschluss bedeutet, der Vollstreckungsgläubiger pfändet gemäß § 829 ZPO eine Forderung seines Vollstreckungsschuldners. Gleichzeitig lässt er sie sich gemäß § 835 ZPO überweisen.

Der Pfändungs- und Überweisungsbeschluss ist eine Art zwangsweise Abtretung. Mit dem Pfändungs- und Überweisungsbeschluss verdrängt der Vollstreckungsgläubiger den Vollstreckungsschuldner in gewissem Umfang. Der Drittschuldner darf nicht mehr an den Schuldner zahlen (§ 829 Abs. 1 Satz 1 ZPO). Der Vollstreckungsgläubiger darf vielmehr vom Drittschuldner verlangen, an sich zu zahlen.

Beispiel

Der Vollstreckungsschuldner arbeitet bei einem Autohersteller. Zwischen beiden besteht ein Arbeitsvertrag gemäß § 611a BGB. Hieraus resultiert ein monatlicher Zahlungsanspruch des Vollstreckungsschuldners gegen den Autohersteller. Der Vollstreckungs-

---

75 Kritisch Bohnert, ZStW 2015, 97 (113).
76 Siehe bereits oben Rn. 61.

schuldner hat aber auch titulierte Schulden beim Vollstreckungsgläubiger. Freiwillig zahlt der Vollstreckungsschuldner nicht. Der Vollstreckungsgläubiger kann auf den Arbeitslohn des Vollstreckungsschuldners zugreifen. Hierfür muss er beim Rechtspfleger einen Pfändungs- und Überweisungsbeschluss erwirken. Abgekürzt spricht man vom „PfÜB".

1.7 Die Möglichkeiten des Gläubigers zur Zwangsvollstreckung wegen einer Geldforderung

Lange Zeit war die ZPO vom Gedanken getragen, der Gläubiger solle Sachen des Schuldners pfänden und versteigern lassen. Dadurch könne er sich befriedigen. Das ist nicht mehr zeitgemäß. Früher mag es der Regelfall gewesen sein, dass pfändbares Vermögen primär aus wertvollen beweglichen Sachen bestand. Man zahlte vorwiegend mit (pfändbarem) Bargeld. Mehr und mehr besteht Vermögen aber aus Forderungen. Außerdem haben Gesetzgeber und Rechtsprechung zunehmend Sachen für unpfändbar erklärt. Hintergrund sind gestiegene Anforderungen hinsichtlich dessen, was zum Existenzminimum gehört. Beispielsweise sind Handys und Fahrzeuge oft unpfändbar. Das hätte man sich 1920 noch nicht vorstellen können. Der Lebenswandel hat dazu geführt, dass die Forderungspfändung heute in der Regel für den Gläubiger erfolgversprechender ist als die Sachpfändung. Eine Ausnahme bildet lediglich die Pfändung von Grundstücken. Konsequenz ist, dass sich die Arbeit der Gerichtsvollzieher verändert hat.[77] Auch heute sind sie noch nahezu täglich zu ihren Schuldnern unterwegs. Früher war dies jedoch ihr Hauptgeschäft. Nunmehr führen sie vermehrt Tätigkeiten von ihrem Büro aus. Auch die Arbeit der Rechtspfleger hat zugenommen. Sie pfänden vor allem Gehalts- und Kontoforderungen. Grund ist der zunehmende bargeldlose Zahlungsverkehr.

Der Gesetzgeber hat auf diese Änderungen reagiert. Er hat die ZPO an die Bedürfnisse des Gläubigers angepasst.

❯ Map 1.2

Grundlage einer jeden Zwangsvollstreckung ist ein Auftrag des Gläubigers. Die zivilprozessuale Zwangsvollstreckung findet nämlich nur auf Antrag statt.[78] Keines der in der ZPO genannten Vollstreckungsorgane vollstreckt von Amts wegen.[79]

❓ Fragen

Welche Anträge sollte ein Zwangsvollstreckungsgläubiger stellen, wenn
a) er sowohl Aufenthaltsort als auch Vermögen des Schuldners kennt?
b) ihm der Aufenthaltsort des Schuldners unbekannt ist?
c) er weiß, wo der Schuldner wohnt, er aber sonst nichts über dessen Vermögen weiß?

✔ Vollstreckungsmöglichkeiten

Map 1.2. zeigt die wichtigsten Wege, die das Gesetz einem Vollstreckungsgläubiger eröffnet.

62

63

64

65

---

77 Ausführlich: Brunner, DGVZ 2014, 181.
78 §§ 754 Abs. 1; 802a Abs. 2 ZPO.
79 OLG Celle, Beschl. v. 26.06.2006 – 4 W 103/06, juris Rn. 3.

Der Gläubiger kann wählen, welche Zwangsvollstreckungsmaßnahmen er möchte. Eventuell kennt er den Arbeitgeber des Schuldners. Dann kann er das Gehalt des Schuldners pfänden (§§ 829; 835 ZPO). Will er zunächst weitere Auskünfte, beauftragt er den Gerichtsvollzieher (§§ 754; 802a Abs. 2 ZPO).

Ein Gläubiger könnte auf die Idee kommen, alle denkbaren Anträge zu stellen. Immerhin steigen damit seine Vollstreckungsaussichten maximal. Das ist erlaubt. Allerdings muss er die Kosten für diese Maßnahmen vorschießen.[80] Er riskiert, auf ihnen sitzenzubleiben.[81] Deshalb ist es empfehlenswert, nur die erfolgsversprechenden Anträge zu stellen.

66   Örtlich zuständig ist normalerweise der Gerichtsvollzieher am Wohnort des Schuldners.[82] Nur was, wenn der Wohnort dem Gläubiger nicht bekannt ist? Es kommt nämlich häufig vor, dass Schuldner umziehen, ohne dem Gläubiger ihre neue Wohnanschrift mitzuteilen. In diesem Fall kann der Gläubiger den Gerichtsvollzieher beauftragen, den Aufenthaltsort des Schuldners zu ermitteln (§ 755 ZPO). Der Gerichtsvollzieher kann unter gewissen Voraussetzungen bei bestimmten Behörden Daten über den Schuldner online abfragen. Von Bedeutung sind insbesondere die Deutsche Rentenversicherung, das Einwohnermeldeamt und das Kraftfahrtbundesamt. Eine Erfolgsgarantie gibt es natürlich nicht. Möglicherweise ist der Schuldner unauffindbar untergetaucht. Dann kann der Gläubiger nur noch einen Detektiv beauftragen. Oftmals erhält der Gläubiger aber Daten. Mit ihnen kann er den örtlich zuständigen Gerichtsvollzieher beauftragen.

67   Kennt der Gläubiger den Aufenthaltsort des Schuldners, hat er verschiedene Möglichkeiten. Er wird seine Anträge daran ausrichten, ob er weitere Informationen über das Vermögen des Schuldners wünscht. Falls er keine weiteren Informationen benötigt, kann er direkt einen Pfändungsantrag stellen. Er kann sowohl in Sachen als auch in Forderungen pfänden.

Weiß der Gläubiger von einer Forderung nichts, kann er sie nicht pfänden. Es ist seine Aufgabe, sie gegenüber dem Vollstreckungsgericht genau zu bezeichnen. Das Vollstreckungsgericht ermittelt nicht etwa von Amts wegen, welche Forderungen der Schuldner alles hat. Entsprechendes gilt bei Grundstücken. Der Gläubiger muss das Grundstück genau benennen.[83]

Bei beweglichen Sachen ist seine Unkenntnis weniger schlimm. Der Gläubiger kann den Gerichtsvollzieher beauftragen, alle pfändbaren Sachen beim Schuldner zu pfänden. Er muss keine bestimmten Gegenstände auswählen. Allerdings riskiert er, dass der Gerichtsvollzieher beim Schuldner keine pfändbaren Sachen findet. Dann bleibt der Gläubiger zunächst auf den Gerichtsvollzieherkosten sitzen.[84]

Das zeigt, dass es sich für den Gläubiger zunächst empfiehlt, eine Vermögensauskunft einzuholen. Das machen auch die meisten Gläubiger. Die Vermögens-
68   auskunft ist in § 802c ZPO geregelt. In ihr muss der Schuldner grundsätzlich alles

---

80 § 4 Abs. 1 GvKostG.
81 § 13 Abs. 1 Nr. 1 GvKostG.
82 §§ 16 Abs. 1 GVO; 764 Abs. 2 ZPO.
83 § 16 Abs. 1 ZVG.
84 Vgl. aber auch § 806a ZPO.

angeben, was er hat.[85] Früher sprach man von Offenbarungseid. Aus der Vermögensauskunft erfährt der Gläubiger von Forderungen und Grundstücken. Dadurch kann
er sie gegenüber dem Vollstreckungsgericht bezeichnen. Auch kann er mit der
Vermögensauskunft besser einschätzen, ob sich ein Pfändungsantrag lohnt.

Vielleicht versäumt der Schuldner den Termin zur Abgabe der Vermögensauskunft schuldlos. So ist es etwa, wenn er verhandlungsunfähig krank ist.[86] Dann ist
ein neuer Termin zu bestimmen.   69

Anders ist es, wenn der Schuldner den Termin schuldhaft versäumt. In diesem
Fall kann der Gläubiger einen Haftbefehl beantragen (§ 802g Abs. 1 ZPO). Ihn erlässt
das Vollstreckungsgericht.[87] Mit dem Haftbefehl kann der Gläubiger den Gerichtsvollzieher beauftragen, den Schuldner zu verhaften (§ 802g Abs. 1 ZPO). Trifft der
Gerichtsvollzieher den Schuldner unter der Woche tagsüber nicht an, kann der
Gläubiger bei Gericht eine Nachtzeitanordnung einholen (§ 758a Abs. 4 ZPO).

Bei der Haft handelt sich um eine Erzwingungshaft. Der Schuldner kommt bis zu
sechs Monate ins Gefängnis (§ 802j ZPO). Er wird freigelassen, sobald er die Vermögensauskunft abgegeben hat (§ 802i ZPO). In der Praxis geben fast alle Schuldner
die Vermögensauskunft spätestens nach wenigen Tagen Haft ab.

Die Angaben des Schuldners über sein Vermögen müssen wahr sein. Dies hat der   70
Schuldner an Eides statt zu versichern (§ 802c Abs. 3 ZPO). Vorsätzliche oder fahrlässige Falschangaben sind gemäß §§ 156; 161 Abs. 1 StGB strafbar. Zuweilen verschweigen Schuldner Konten. Dann kann der Gläubiger Strafanzeige erstatten. Er sollte
allerdings beweisen können, dass der Schuldner falsche Angaben gemacht hat.
Beweise kann der Gläubiger insbesondere durch Drittauskünfte erhalten. Drittauskünfte sind in § 802l ZPO geregelt. Diese Drittauskünfte sind zu unterscheiden von
den oben erwähnten Drittauskünften nach § 755 ZPO. Bei § 755 ZPO geht es um
Auskünfte zum Aufenthaltsort des Schuldners. Bei § 802l ZPO geht es um Auskünfte
über das Vermögen des Schuldners. Drittauskünfte über das Vermögen des Schuldners erhält der Gläubiger nur in zwei Fällen. Im ersten Fall hat der Schuldner sich
geweigert, eine Vermögensauskunft abzugeben. Im zweiten hat er sie abgegeben.
Nach seinen Angaben verfügt er aber nicht über ausreichendes vollstreckbares Vermögen. In beiden Fällen stehen dem Gläubiger drei Informationsquellen zur Verfügung.
Erstens kann er den Gerichtsvollzieher beauftragen, bei der Deutschen Rentenversicherung anzufragen, wo der Schuldner arbeitet. Mit dieser Information kann der
Gläubiger das Gehalt des Schuldners pfänden. Beim Bundeszentralamt für Steuern
kann er die Konten des Schuldners abfragen lassen.[88] Auf diesen Konten kann er das
Guthaben pfänden. Bei den beiden Forderungspfändungen muss der Gläubiger beim
Vollstreckungsgericht einen Pfändungs- und Überweisungsbeschluss beantragen
(§§ 829; 835 ZPO). Drittens kann der Gläubiger über das Kraftfahrtbundesamt
erfahren, ob auf den Schuldner ein Fahrzeug zugelassen ist. Falls ja, kann er den
Gerichtsvollzieher beauftragen, es zu pfänden (§ 808 ZPO). Anschließend kann der
Gerichtsvollzieher es versteigern und den Versteigerungserlös an den Gläubiger

---

85 § 802c Abs. 2 Satz 1 ZPO.
86 § 227 Abs. 1 Satz 1 ZPO.
87 § 764 Abs. 1 ZPO.
88 Vgl. auch § 948 ZPO für die vorläufige europäische Kontenpfändung.

auszahlen. Ein Zusatzantrag ist nötig, wenn sich das Fahrzeug auf einem Wohngrundstück des Schuldners befindet. Beispielsweise kann es sein, dass es in einer mit dem Wohnhaus verbundenen Garage steht. Dann muss der Gläubiger beim Vollstreckungsgericht einen Durchsuchungsantrag stellen (§ 758a ZPO; Art. 13 Abs. 2 GG). Das gilt natürlich nicht nur bei Fahrzeugen, sondern bei sämtlichen Sachpfändungen, die der Gerichtsvollzieher in den Wohnräumen des Schuldners vornehmen soll. Auch hier bedarf es eines zusätzlichen Nachtzeitantrags, wenn der Gerichtsvollzieher zu den üblichen Ruhezeiten pfänden soll (§ 758a Abs. 4 ZPO). Beispielsweise kann es sein, dass der Schuldner mit dem besagten Auto immer erst spät abends heim kommt. Bricht er stets in den frühen Morgenstunden auf, muss der Gerichtsvollzieher noch früher aufstehen. Aber nur, wenn das Vollstreckungsgericht ihn ermächtigt hat, zu dieser Zeit zu pfänden.

71 Kein Gläubiger ist verpflichtet, vor Pfändungsanträgen Auskünfte einzuholen. Verfügt der Gläubiger bereits über genügend Informationen, kann er auch gleich Konten, Grundstücke oder wertvolle Sachen pfänden. Das betrifft insbesondere den Fall, dass der Schuldner dem Gläubiger freiwillig Auskünfte über seinen Aufenthaltsort und sein Vermögen erteilt hat.

1.8 Die Gefahren von Zwangsmaßnahmen aus Schuldnersicht

72 Manche Schuldner erwägen, einem gerichtlichen Urteil oder Vollstreckungsbescheid nicht zu folgen. Das ist keine gute Idee.

Zunächst befiehlt fast jedes Zahlungsurteil dem Schuldner, Zinsen auf die Hauptforderung zu zahlen.[89] Je später der Schuldner erfüllt, desto mehr Zinsen fallen an. Außerdem trägt der Schuldner gemäß § 788 Abs. 1 ZPO die notwendigen Kosten der Zwangsvollstreckung. Je mehr Maßnahmen der Gläubiger beantragen muss, desto höhere Kosten entstehen für den Schuldner. Bei einer Verurteilung zu einer vertretbaren Handlung muss der Schuldner gemäß § 887 ZPO die Kosten der Ersatzvornahme tragen. Diese können deutlich höher sein, als wenn der Schuldner Handlung selbst vornimmt.

73 Noch schlimmer ist es, wenn der Schuldner Aufforderungen von Zwangsvollstreckungsorganen ignoriert. Gefährlich ist es vor allem, wenn der Gerichtsvollzieher den Schuldner gemäß § 802 f. ZPO zum Termin zur Vermögensauskunft lädt und der Schuldner unentschuldigt nicht erscheint. Der Schuldner riskiert, dass gegen ihn gemäß § 802g ZPO ein Haftbefehl ergeht. Er muss also ins Gefängnis. Außerdem wird er ins Schuldnerverzeichnis eingetragen.[90] Das wiederum erschwert ihm, einen Kredit oder eine Wohnung zu erhalten.

74 Unabhängig davon kann der Gläubiger den Gerichtsvollzieher beauftragen, beim Schuldner zu pfänden. Dann darf der Gerichtsvollzieher beim Schuldner durchsuchen.[91] Er schaut in alle Schränke und Schubladen (§ 758 ZPO). Das ist manch einem Schuldner peinlich. Pfändet der Gerichtsvollzieher, klebt er regelmäßig ein Siegel auf die Sache (§ 808 Abs. 2 Satz 2 ZPO). Das sehen möglicherweise Besucher des Schuldners.

---

89 Insbesondere Verzugszinsen aus § 288 BGB.
90 § 882c Abs. 1 Nr. 1 ZPO.
91 Zu § 758a ZPO siehe unten Rn. 737 und 943.

Bei Zahlungstiteln kann der Gläubiger gemäß §§ 829; 835 ZPO Arbeitseinkommen des Schuldners pfänden. Das ist für den Arbeitgeber ärgerlich. Es bedeutet für ihn einen erheblichen Mehraufwand bei der Gehaltszahlung. Er kann geneigt sein, den Schuldner bei der nächstmöglichen Gelegenheit zu entlassen.[92]

Einem Schuldner ist deswegen dringend zu empfehlen, sich gütlich mit dem Gläubiger zu einigen. In der Regel kann er zumindest mit dem Gerichtsvollzieher eine Ratenzahlung vereinbaren.[93]

1.9 Die zwangsvollstreckungsrechtlichen Rechtsbehelfe im Überblick

> Map 1.3

In Zwangsvollstreckungsklausuren geht es zumeist um einen Rechtsbehelf. Deshalb ist es elementar, den richtigen Rechtsbehelf zu erkennen.[94]   75

Klausurtipp

In der Zivilrechtsklausur sollte der Bearbeiter zunächst den Bearbeitervermerk erfassen. Sodann sollte er den Sachverhalt mindestens zwei Mal lesen. Während des Lesens kann er sich bereits erste Gedanken an den Sachverhalt oder auf ein gesondertes Blatt schreiben. Geht es um einen Sachverhalt aus dem Zwangsvollstreckungsrecht, muss der Bearbeiter sodann den richtigen Rechtsbehelf ermitteln. Hier stellt er die entscheidende Weiche.

Der Mandant kommt zu seinem Rechtsanwalt. Welcher ist der richtige Rechtsbehelf? Der Mandant gibt an: 76

? Der Richter hat gegen mich ein rechtskräftiges Urteil erlassen. Das Urteil ist inhaltlich falsch geworden. Der Gläubiger soll aufhören, aus dem Urteil zu vollstrecken.   77

✓ Richtiger Rechtsbehelf ist die Vollstreckungsabwehrklage gemäß § 767 ZPO.

? Gegen mich existiert ein rechtskräftiges Urteil. Das Urteil war von Anfang an inhaltlich falsch. Der Gläubiger hat es mit gefälschten Beweisen erstritten. Er soll aufhören, daraus zu vollstrecken.   78

---

92 Zur sozialen Rechtfertigung: BAGE 37, 64, Rn. 28; BAG, Urt. v. 15.1
    2 – 2 AZR 188/92, Rn. 40 und v. 15.12.2005 – 6 AZR 197/05, Rn. 28.
93 § 802b ZPO.
94 Zur Vertiefung: Kliebisch, JuS 2013, 316; Spohnheimer, JA 2018, 18.

✔️ Richtiger Rechtsbehelf ist die allgemeine Leistungsklage in Form einer Unterlassungsklage. Rechtsgrundlage ist § 826 BGB.

79   ❓ Gegen mich gibt es kein Urteil. Vielmehr hat der Gläubiger gegen jemand anderen ein Urteil erstritten. Gleichwohl vollstreckt der Gläubiger in meine Sache. Der Gerichtsvollzieher soll das Pfandsiegel abmachen.

✔️ Richtiger Rechtsbehelf ist die Drittwiderspruchsklage nach § 771 ZPO.

80   ❓ Gegen mich gibt es kein Urteil. Vielmehr hat der Gläubiger gegen jemand anderen ein Urteil erstritten. Gleichwohl hat der Gläubiger in meine Sache vollstreckt. Der Gerichtsvollzieher hat sie versteigert. Ich will zumindest deren Wert ersetzt haben. Vielleicht können Sie mir auch sagen, welches die maßgebliche Anspruchsgrundlage ist.

✔️ Richtiger Rechtsbehelf ist die allgemeine Leistungsklage. Hauptanspruchsgrundlage ist die Eingriffskondiktion aus § 812 Abs. 1, Satz 1, 2. Alt. BGB.

81   ❓ Der Gerichtsvollzieher hat aus einem für vorläufig vollstreckbar erklärten Urteil des Amtsgerichts vollstreckt. Das Landgericht hat als Berufungsgericht das erstinstanzliche Urteil aufgehoben. Mir ist durch die falsche Vollstreckung ein Schaden entstanden. Den will ich ersetzt bekommen. Vielleicht können Sie mir auch sagen, welches die maßgebliche Anspruchsgrundlage ist.

✔️ Richtiger Rechtsbehelf ist die allgemeine Leistungsklage. Anspruchsgrundlage ist § 717 Abs. 2 ZPO.

82   ❓ Der Gerichtsvollzieher hat einen Fehler gemacht.

✔️ Richtiger Rechtsbehelf ist die Erinnerung nach § 766 Abs. 1 ZPO.

83   ❓ Ich habe ein Urteil erstritten. Der Gerichtsvollzieher hat sich geweigert, aus ihm zu vollstrecken. Das war falsch.

✔️ Richtiger Rechtsbehelf ist die Erinnerung nach § 766 Abs. 2 ZPO.

> **Klausurtipp**
>
> Man darf die Erinnerung nicht als Klage bezeichnen. Die Erinnerung ist ein Rechtsbehelf eigener Art.

84   ❓ Ich habe ein Urteil gegen einen Schuldner. Dieser ist verstorben. Ich kenne den Erben. Dessen Erbenstellung kann ich aber nicht mit Urkunden beweisen. Deshalb hat das Gericht mir keine Rechtsnachfolgeklausel gegen ihn erteilt. Ich will aber eine Klausel.

✅ Richtiger Rechtsbehelf ist die Klage auf Erteilung der Vollstreckungsklausel nach § 731 ZPO.

❓ Ich bin Titelschuldner. Das Gericht hat jemandem als vermeintlichem Erben meines früheren Gläubigers zu Unrecht eine Klausel erteilt. Er hat den Titelgläubiger nicht beerbt.   85

✅ Richtiger Rechtsbehelf ist die Klauselgegenklage gemäß § 768 ZPO.

❓ Der Richter beim Vollstreckungsgericht hat eine inhaltlich falsche Entscheidung getroffen. Die will ich überprüft haben.   86

✅ Richtiger Rechtsbehelf ist die sofortige Beschwerde nach § 793 i. V. m. §§ 567 ff. ZPO.

❓ Der Gerichtsvollzieher hat eine gepfändete Sache versteigert. Mir steht der Erlös zu. Ich hatte nämlich ein vorrangiges Vermieterpfandrecht an der Sache.   87

✅ Richtiger Rechtsbehelf ist die Klage auf vorzugsweise Befriedigung nach § 805 ZPO.

❓ Ich habe ein Urteil gegen den Schuldner auf Zahlung von Geld. Daraus kann ich aber nicht vollstrecken, weil der Schuldner einem Dritten seine einzige wertvolle Sache geschenkt hat. Der Dritte soll die Sache dem Gerichtsvollzieher geben. Dieser soll sie versteigern.   88

✅ Richtiger Rechtsbehelf ist die allgemeine Leistungsklage in Form der Anfechtungsklage nach § 11 AnfG.

❓ Ich habe einen Pfändungs- und Überweisungsbeschluss gegen die Bank, bei der mein Schuldner ein Konto hat. Sie weigert sich, zu zahlen.   89

✅ Richtiger Rechtsbehelf ist die allgemeine Leistungsklage in Form der Einziehungsklage.

> **Klausurtipp**
>
> Man sollte nicht davon sprechen, einschlägige Klageart sei die Einziehungsklage. Das ist missverständlich. Die Formulierung legt nahe, die Einziehungsklage sei eine eigenständige Klageart. Das ist nicht der Fall. Besser stellt man klar, dass es sich bei der Einziehungsklage um einen Unterfall der normalen Leistungsklage handelt.

❓ Ich bin Schuldner. Mein Gläubiger vollstreckt aus einer notariellen Urkunde. Sie ist missverständlich. Deswegen ist sie unwirksam. Ich möchte dauerhaft sicherstellen, dass der Gläubiger nicht aus ihr vollstreckt.   90

✅ Richtiger Rechtsbehelf ist die Titelgegenklage analog § 767 ZPO. Früher wurde sie auch als Vollstreckungsabwehrklage sui generis bezeichnet.

91   Die Zulässigkeitsprüfung einer Zwangsvollstreckungsklausur aus Richtersicht
beginnt man am besten mit dem Unterpunkt „Statthaftigkeit". Dort ordnet man den
Rechtsbehelf ein. Statthaftigkeit meint also: Um was geht es dem Kläger?

1.10 Die Anwaltsklausur im Zwangsvollstreckungsrecht

92   Für Referendare sind Anwaltsklausuren im Zwangsvollstreckungsrecht sehr klausurrelevant. Aber auch im Studium werden zunehmend Anwaltsklausuren gestellt. Einen
zwingenden Aufbau gibt es normalerweise nicht.

1.10.1 Schema

93   Oft empfiehlt sich in zwangsvollstreckungsrechtlichen Anwaltsklausuren folgendes
Schema:

ⓘ Prüfungsschema Anwaltsklausur
1. Mandantenbegehren
2. Rechtsbehelfsstation
3. Zulässigkeit der Klage
4. Begründetheit der Klage
5. Zweckmäßigkeit
6. Anträge/Schriftsatz

1.10.2 Zu den einzelnen Prüfungspunkten

94   Im Mandantenbegehren ist kurz festzuhalten, was der Mandant will. Beispiel: Er möchte
den gepfändeten Fernseher möglichst schnell zurückhaben. Oder er will die Zwangsvollstreckung dauerhaft abwenden.

Die Rechtsbehelfsstation entspricht der Statthaftigkeit in der Richterklausur. Der
Bearbeiter muss erörtern, mit welchem Rechtsbehelf sich das Ziel des Mandanten erreichen lässt. Manchmal sind mehrere Rechtsbehelfe möglich. Zuweilen ist der Mandant Beklagter. Es ist noch keine Entscheidung ergangen. Dann ist die Rechtsbehelfsstation entbehrlich. Es geht nur noch um die Frage, ob und wie er sich gegen die Klage
verteidigen soll.

Die Prüfungspunkte Zulässigkeit und Begründetheit der Klage lassen sich tau-
schen.[95] Die Begründetheit lässt sich einstufig oder zweistufig aufbauen. Einstufig bedeutet, Kläger- und Beklagtenstation werden in einem geprüft. Zweistufig meint im

---

95 Hecker, JuS 2000, 794 (796).

Sinne einer Relation. Die Beweisprognose kann man in die Begründetheitsprüfung integrieren oder gesondert vornehmen.

Wichtig ist, dass der Bearbeiter genügend Zeit für die Zweckmäßigkeit reserviert. Hier kann er entscheidende Punkte holen.[96] In der Zweckmäßigkeit sind W-Fragen zu beantworten, etwa: Wer ist zu verklagen? Wo ist zu klagen? Wie ist der Schriftsatz einzureichen? Was ist einzureichen? Welche Kostenrisiken bestehen? Worauf ist der Mandant hinzuweisen? Wovon ist abzuraten?

In der Zweckmäßigkeit sollte der Bearbeiter in Varianten denken. Deren Vor- und Nachteile sind abzuwägen.

    95

Die weitere Prüfung hängt vom Bearbeitervermerk des Prüfungsamts ab. In früheren Klausuren war häufig ein anwaltlicher Schriftsatz zu fertigen. Dann ist die Bearbeitungszeit für die restliche Klausur extrem knapp. Glücklicherweise sind in den neueren Klausuren meist nur noch die Klageanträge auszuformulieren. Hier ist saubere Arbeit gefragt. Immerhin soll der Bearbeiter Praxistauglichkeit beweisen.

1.11 Vollstreckungsrechtliche Aspekte im Erkenntnisverfahren

In vielen Anwaltsklausuren geht es nicht primär um Zwangsvollstreckungsrecht. Auch bei ihnen können jedoch in der Zweckmäßigkeit vollstreckungsrechtliche Aspekte anzusprechen sein.[97]

    96

Beispiel

Der Mandant berichtet, er habe eine Forderung. Der Gegner sei arbeitslos. Er erhalte Sozialleistungen. Vermögen habe er keins.

Hier sind in der Zweckmäßigkeit die schlechten Vollstreckungsaussichten anzusprechen. Man könnte daran denken, von einer Klage abzusehen. Bei guten rechtlichen Erfolgsaussichten sollte man den Gegner trotzdem verklagen. Denn der Titel gilt grundsätzlich gemäß § 197 Abs. 1 Nr. 3 BGB 30 Jahre und länger. Möglicherweise kommt der Gegner wieder zu Geld. Außerdem kann der Mandant den Titel auf etwaige Erben gemäß § 727 ZPO umschreiben lassen. Sie haften nach § 1967 Abs. 1 BGB mit ihrem gesamten Vermögen.

---

96   Ausführlich Diercks-Harms, JA 2005, 440 sowie von Katte/Danfa, JA 2016, 847 und JA 2016, 932.
97   Wolf, JA 2006, 476.

Die Vollstreckungsab-
wehrklage

© Springer-Verlag GmbH Deutschland, ein Teil von Springer Nature 2020
M. Duchstein, *Zwangsvollstreckungsrecht*, Springer-Lehrbuch,
https://doi.org/10.1007/978-3-662-59444-5_2

2.1 Grundlagen

2.1.1 Allgemeines

Die Vollstreckungsabwehrklage findet ihre Rechtsgrundlage in § 767 ZPO. Gegen den Schuldner liegt ein Titel vor. Gegen den Titel erhebt der Schuldner materiellrechtliche Einwendungen. § 767 Abs. 1 ZPO spricht von „Einwendungen, die den durch das Urteil festgestellten Anspruch selbst betreffen". Mit der Vollstreckungsabwehrklage behauptet der Schuldner also, der Gläubiger habe keinen materiellrechtlichen Anspruch gegen ihn. Der Titel sei eine leere Hülse. Vereinfacht gesprochen prüft man hauptsächlich das BGB. Die Fragen und der Anspruchsaufbau entsprechen denen einer normalen Klausur. Beides ist seit dem ersten Semester bekannt: Wer will was von wem woraus? Man prüft alle Anspruchsgrundlagen des Vollstreckungsgläubigers gegen den Vollstreckungsschuldner.

97

Beispiel
Nach dem Urteil muss S aufgrund eines bestimmten Sachverhalts an G 8000 Euro zahlen. Hierfür kann es vertragliche Ansprüche, dingliche, bereicherungsrechtliche, usw. geben. Alle einschlägigen Anspruchsgrundlagen sind anzusprechen. Für jede Anspruchsgrundlage ist gesondert zu prüfen, ob dem Schuldner eine Einwendung zusteht.

2.1.2 Der Begriff „Einwendungen"

Der Begriff der Einwendungen in § 767 Abs. 1 ZPO ist untechnisch zu verstehen. Er ist weit auszulegen. Er erfasst sämtliche von Amts wegen zu berücksichtigende Einwendungen und alle Einreden.[1] Sogar Argumente gegen die Entstehung des Anspruchs sind gemeint. Man sollte das übliche Schema einhalten: Anspruch entstanden? Anspruch untergegangen? Anspruch einredebehaftet?[2] Erst im nächsten Schritt untersucht man, ob die „Einwendung" möglicherweise gemäß § 767 Abs. 2 oder 3 ZPO verspätet ist.

98

---

1 BGH, Urt. v. 04.12.2014 – VII ZR 4/13, Rn. 39.
2 Kritisch: Fervers, ZJS 1015, 454.

> **Fall**
>
> G hat gegen S einen Titel. Danach muss S aus einem Kaufvertrag 1000 Euro an G zahlen. S wendet ein
>
> - der Kaufvertrag sei nicht zustande gekommen. Er habe keine wirksame Willenserklärung abgegeben.
> - der Kaufpreiszahlungsanspruch sei erloschen. Er habe bereits gezahlt.
> - der Kaufpreiszahlungsanspruch sei verjährt.

❓ Welche der drei Einwände kann S im Wege der Vollstreckungsabwehrklage vorbringen?

✅ S kann alle drei Einwände mit der Vollstreckungsabwehrklage vorbringen. Eine andere Frage ist, ob er sie möglicherweise schon im Erkenntnisverfahren hätte vorbringen müssen. Darauf wird einzugehen sein.

2.1.3 Rechtsnatur

> **Map 2.1**

100   Die Vollstreckungsabwehrklage ist eine Gestaltungsklage. Manche nennen sie auch Vollstreckungsgegenklage. Es handelt sich um ein verlängertes Erkenntnisverfahren. Deshalb ist nach § 767 Abs. 1 ZPO das Erkenntnisgericht zuständig. Mit der Vollstreckungsabwehrklage kann der Schuldner einen Titel umgestalten. Er kann dessen Vollstreckbarkeit beseitigen.

Mit der Vollstreckungsabwehrklage löst das Gesetz das Spannungsverhältnis zwischen Rechtskraft und materieller Gerechtigkeit. Ist ein Urteil rechtskräftig, regelt es einen Streit zwischen mehreren Parteien verbindlich. Die Parteien müssen das rechtskräftige Urteil grundsätzlich akzeptieren. Auch wenn es ihnen nicht gefällt. Selbst wenn der Richter falsch entschieden hat.

Anders ist es, wenn das Urteil erst falsch geworden ist.

Beispiel

V und K schließen einen Kaufvertrag. K zahlt den Kaufpreis nicht. V erstreitet gegen K ein rechtskräftiges Urteil. In diesem verpflichtet das Gericht den K, den Kaufpreis zu zahlen. War K geschäftsunfähig, gilt das Urteil trotzdem. Es ist zwar falsch. Allerdings hat ein Gericht über den Rechtsstreit verbindlich entschieden. Man stelle sich vor, niemand müsste falsche Urteile beachten. Das würde zu Konflikten führen. Urteile sollen aber Frieden schaffen.

Ist das Urteil aber erst falsch geworden, überwiegt das Interesse an materieller Gerechtigkeit. So ist es etwa, wenn K den Kaufpreis nach Rechtskraft des Urteils gezahlt hat. Dann ist er materiellrechtlich nicht verpflichtet, den Kaufpreis nochmal zu zahlen. Denn K hat gemäß § 362 Abs. 1 BGB erfüllt. Die Forderung des V ist erloschen. Die Zahlung ändert aber nichts an dem Urteil. Es ordnet nach wie vor an, dass K an V den Kaufpreis zahlen muss. Das ist grob ungerecht. Ein solches Urteil muss man zwar nach wie vor im Interesse des Friedens beachten. Allerdings kann man es gerichtlich abändern lassen. Dies geschieht mit der Vollstreckungsabwehrklage. Der Kläger kann mit ihr Einwendungen erheben, die er vorher nicht erheben konnte. Diese zeitliche Einschränkung ergibt sich aus

§ 767 Abs. 2 ZPO. Nach dieser Vorschrift kann der Schuldner nur solche Einwendungen erheben, die erst nach dem Schluss der mündlichen Verhandlung entstanden sind.

> **Klausurtipp**
>
> Mit allen Zwangsvollstreckungsklagen kann der Prüfer allgemeine ZPO-Probleme abfragen. Denn alles, was im Zwangsvollstreckungsrecht Klage heißt, ist eine solche. Das bedeutet, es gelten die allgemeinen Regeln der ZPO über Klagen. So muss eine Klageschrift zugestellt werden (§ 253 Abs. 1 ZPO), es muss grundsätzlich mündlich verhandelt werden (§ 128 ZPO) und das Verfahren endet mit einem Urteil. (§ 300 ZPO). Auch kann ein Versäumnisurteil ergehen (§§ 330 ff. ZPO).

2.1.4 Rechtsfolge der Vollstreckungsabwehrklage

> **Fall**
>
> G erstreitet am 01.10.2019 gegen S ein Urteil über 8000 Euro. G lässt das Auto des S pfänden. Der Gerichtsvollzieher klebt ein Pfandsiegel auf das Auto. Daraufhin zahlt S die 8000 Euro. Er erhebt Vollstreckungsabwehrklage. Das Landgericht erklärt die Zwangsvollstreckung aus dem Urteil vom 01.10.2019 für unzulässig.

101

❓ Darf der Gerichtsvollzieher das Auto versteigern?

✅ Auf keinen Fall. Der Gerichtsvollzieher darf das Auto nicht mehr versteigern. Vielmehr muss er sogar das Pfandsiegel ablösen. Eng in Zusammenhang mit § 767 ZPO stehen die §§ 775; 776 ZPO. Sie enthalten eine Anweisung an das Vollstreckungsorgan, z. B. den Gerichtsvollzieher. Liegt ein Vollstreckungsabwehrurteil vor, darf er aus dem ursprünglichen Titel nicht weitervollstrecken. Der Gerichtsvollzieher muss nach § 775 Nr. 1 ZPO die Zwangsvollstreckung einstellen. Dort ist nämlich die Rede davon, dass das Erkenntnisgericht „die Zwangsvollstreckung für unzulässig erklärt" hat. Genau diese Entscheidung trifft das Erkenntnisgericht bei einer begründeten Vollstreckungsabwehrklage. Hat der Gerichtsvollzieher auf eine Sache des Schuldners ein Pfandsiegel geklebt, muss er es nach § 776 Satz 1 ZPO ablösen. So ist es auch im vorliegenden Fall.

❗ Merke: Auch wenn das Gericht auf eine Vollstreckungsabwehrklage die Zwangsvollstreckung für unzulässig erklärt, bleiben bereits durchgeführte Vollstreckungsmaßnahmen zunächst wirksam. Der Schuldner kann aber vom Vollstreckungsorgan verlangen, sie aufzuheben. Das ergibt sich aus den §§ 775 Nr. 1; 776 ZPO.

2.1.5 Verhältnis des Erkenntnisgerichts zum Vollstreckungsorgan

Die Vollstreckungsabwehrklage prägt den Grundsatz der Formalisierung des Zwangsvollstreckungsverfahrens. Der Gerichtsvollzieher soll grundsätzlich nur formelle Einwände prüfen. Materielle Einwände soll prinzipiell der Richter prüfen. Denn man stelle sich vor, ein

102

Gerichtsvollzieher besucht den Schuldner. Dieser weigert sich, zu zahlen. Er behauptet, das gegen ihn ergangene Urteil sei falsch. Der Gerichtsvollzieher wäre schnell überfordert, müsste er derartigen Argumenten nachgehen.[3] Er soll sich auf seine formale Rolle zurückziehen können. Er kann den Schuldner an das Erkenntnisgericht verweisen. Nur ganz ausnahmsweise muss der Gerichtsvollzieher materielle Einwände prüfen. Dies ist der Fall, wenn der Schuldner sofort mit Urkunden beweisen kann, dass er erfüllt hat (§ 775 Nr. 4 und 5 ZPO). Er kann beispielsweise eine Quittung oder einen Überweisungsbeleg vorzeigen. Der Gerichtsvollzieher stellt dann die Zwangsvollstreckung vorläufig ein. Der Gläubiger darf entgegnen, die Quittung sei gefälscht. Dann muss der Gerichtsvollzieher weitervollstrecken.[4] Ist die Quittung echt, muss der Schuldner Vollstreckungsabwehrklage erheben.

Anders ist es im Fall des § 775 Nr. 1 ZPO. Auf ein begründetes Vollstreckungsabwehrurteil darf der Gerichtsvollzieher nicht weitervollstrecken.

2.1.6 Klausur- und Praxisrelevanz

103   Unter allen zwangsvollstreckungsrechtlichen Rechtsbehelf kommt die Vollstreckungsabwehrklage im Examen am häufigsten vor. Daher sollte man sie besonders gut beherrschen. Der Grund für die Häufigkeit leuchtet ein. Sie eignet sich, um materiellrechtliche Klausuren zu verlängern. Eingekleidet in eine Vollstreckungsabwehrklage können die Prüfungsämter alle materiellrechtlichen Fragen prüfen. Der Schwierigkeitsgrad der Klausur steigt. Auf der anderen Seite kann der Prüfling sich schon beim Klausureinstieg die ersten Punkte sichern.

Auch in der Praxis werden Vollstreckungsabwehrklagen häufiger erhoben als Drittwiderspruchsklagen oder Klagen auf vorzugsweise Befriedigung.

2.2 Verfahrensrechtliches

Noch vor der Zulässigkeit können Verfahrensfragen zu prüfen sein.

104   **Fall**

G erstreitet gegen S vor dem Landgericht ein Urteil. Im Erkenntnisverfahren wurde G von Rechtsanwalt R vertreten. S erhebt Vollstreckungsabwehrklage. Das Landgericht stellt die Klageschrift nur an G persönlich zu. Im Termin erscheint R für G. R beantragt, die Klage abzuweisen. Weder schriftsätzlich noch mündlich rügt einer der Anwesenden, dass die Klageschrift an G zugestellt wurde. Das Verfahren ist jedoch nach dem ersten Termin noch nicht entscheidungsreif. Es müssen noch Zeugen vernommen werden. Das Landgericht beraumt einen zweiten Termin an. In diesem rügt S, dass R keine Vollmacht habe. Der anwesende G gibt an, R nur im Erkenntnisverfahren bevollmächtigt zu haben. Für die Vollstreckungsabwehrklage habe er R keine gesonderte Vollmacht erteilt. Er habe ihm auch die Klageschrift nicht weitergeleitet. Vielmehr habe er R mündlich erzählt, was S mit seiner Vollstreckungsabwehrklage will. R sei von sich aus zum heutigen Termin erschienen. Das Landgericht vernimmt die Zeugen.

---

3   BGH, Beschl. v. 18.05.2017 – II ZR 115/67, Rn. 38.
4   BGH, Beschl. v. 15.10.2015 – V ZB 62/15, Rn. 16.

❓ Darf ein Endurteil ergehen?

Formulierungsvorschlag im Gutachtenstil

Ein Urteil darf erst ergehen, wenn der Fall entscheidungsreif ist (§ 300 Abs. 1 ZPO). Solange die Klageschrift nicht zugestellt ist, ist der Fall noch nicht entscheidungsreif (vgl. § 271 Abs. 1 ZPO). Denn es ist nicht sichergestellt, dass der Beklagte sich ausreichend verteidigen kann.

In einem anhängigen Verfahren hat die Zustellung an den für den Rechtszug bestellten Prozessbevollmächtigten zu erfolgen (§ 172 Abs. 1 ZPO). Die Klageschrift wurde an G zugestellt, nicht an R. Fraglich ist, ob R ein Prozessbevollmächtigter ist. Für die Vollstreckungsabwehrklage hat G den R nicht gesondert bevollmächtigt. Allerdings gilt die Prozessvollmacht des Erkenntnisverfahrens nach § 81 ZPO für alle den Rechtsstreit betreffenden Prozesshandlungen. Nach dem Gesetzeswortlaut umfasst dies ausdrücklich diejenigen, die durch eine Zwangsvollstreckung veranlasst werden. Ein etwaiger Widerruf der Vollmacht wäre gemäß § 87 Abs. 1, 2. Halbsatz wirkungslos. G hat nämlich noch keinen neuen Anwalt beauftragt. R hatte also noch Prozessvollmacht. Die Klageschrift hätte also eigentlich an ihn zugestellt werden müssen.

Der Zustellungsmangel kann aber geheilt worden sein.

In Betracht kommt zunächst eine Heilung nach § 189 ZPO. Dazu muss die Klageschrift dem R tatsächlich zugegangen sein. G hat behauptet, er habe R die Klageschrift nicht weitergeleitet. Das ist nicht zu widerlegen. Damit ist die Klageschrift R zu keinem Zeitpunkt zugegangen. Der Zustellungsmangel ist deshalb nicht gemäß § 189 ZPO geheilt.

Der Mangel kann aber nach § 295 ZPO geheilt worden sein. Danach kann die Verletzung einer das Verfahren einer Prozesshandlung betreffenden Vorschrift nicht mehr gerügt werden, wenn die Partei bei der nächsten mündlichen Verhandlung, die auf Grund des betreffenden Verfahrens stattgefunden hat oder in der darauf Bezug genommen ist, den Mangel nicht gerügt hat, obgleich sie erschienen und ihr der Mangel bekannt war oder bekannt sein musste. Weder G noch R haben den Zustellungsmangel im ersten Termin gerügt. Der Mangel musste beiden aber bekannt sein. Es muss einem für die Beklagtenseite tätigen Rechtsanwalt auffallen, dass er keine Klageschrift gesehen hat. Auf die korrekte Zustellung konnten beide auch theoretisch im Sinne von § 295 Abs. 2 ZPO verzichten. Damit ist der Zustellungsmangel geheilt. Die Rüge des S ist also unbeachtlich.

Der Fall ist entscheidungsreif. Es darf also ein Endurteil ergehen.

❗ Merke: Die Prozessvollmacht deckt nach § 81 ZPO auch das Zwangsvollstreckungsverfahren.

2.3 Zulässigkeit

2.3.1 Prüfungsschema

105 Im Rahmen der Zulässigkeit sind in der Klausur *gedanklich* alle üblichen Zulässigkeitsvoraussetzungen einer Klage zu prüfen. Hier hilft folgende Eselsbrücke:
ZPR (Zivilprozessrecht) = **3×Z + 3×P + 3×R + 1**
Im Einzelnen:

3 × Z	Zulässige Klageart (Statthaftigkeit) Örtliche Zuständigkeit Sachliche Zuständigkeit
3 × P	Parteifähigkeit Prozessfähigkeit Prozessführungsbefugnis
3 × R	Keine anderweitige Rechtshängigkeit Keine rechtskräftige Entscheidung Rechtsschutzbedürfnis
1	Bestimmter Antrag

> **Klausurtipp**
>
> Weniger gute Bearbeiter schreiben in Examensklausuren zu jeder Zulässigkeitsvoraussetzung etwas. Davon ist abzuraten. Es führt in der Regel zu Punktabzug. Außerdem fehlt am Ende die Zeit für die Probleme des Falls.
> Von den Zulässigkeitsvoraussetzungen sind in der Klausur grundsätzlich nur die problematischen anzusprechen. Ausnahme: Drei Zulässigkeitsvoraussetzungen sind in Zwangsvollstreckungsklausuren immer anzusprechen. Das sind die Statthaftigkeit, die Zuständigkeit sowie das Rechtsschutzbedürfnis.[5]

2.3.2 Statthaftigkeit

Allgemeines

106 Der erste ausformulierte Prüfungspunkt in der Zulässigkeit sollte die Statthaftigkeit betreffen. Der Kläger muss vortragen, er habe einen materiellrechtlichen Einwand gegen einen gegen ihn gerichteten Titel.

> **Klausurtipp**
>
> Im Rahmen der Statthaftigkeit sollte man stets klarstellen, dass der Kläger sich auf einen materiellrechtlichen Einwand gegen die titulierte Forderung beruft. Bereits hier sollte man den Einwand rechtlich korrekt bezeichnen, z. B. Erfüllung, Aufrechnung oder ähnliches.

---

5 Wittig, STUDJur 2015, 22.

Formulierungsvorschlag im Gutachtenstil
Die vom Kläger erhobene Klage kann als Vollstreckungsabwehrklage statthaft sein.
Gemäß § 767 Abs. 1 ZPO ist die Vollstreckungsabwehrklage statthaft, wenn sich der
Kläger auf einen materiellrechtlichen Einwand gegen eine titulierte Forderung
beruft. Der Kläger trägt vor, er habe auf das Urteil hin bezahlt. Trifft der Einwand des
Klägers zu, ist die titulierte Forderung gemäß § 362 Abs. 1 BGB durch Erfüllung
untergegangen. Die Erfüllung ist ein materiellrechtlicher Einwand. Somit ist die
Vollstreckungsabwehrklage statthaft.

Klausurtipp

Das A und O für eine gute Note ist ein sauberer Gutachten- beziehungsweise
Urteilsstil. Der Korrektor muss die Ausführungen des Prüflings leicht nachvollziehen
können. Sie müssen von der ersten bis zur letzten Seite logisch strukturiert sein. Es
mag leicht klingen. Aber hier unterlaufen die meisten Fehler.

Abgrenzung

 Map 2.2

Gegebenenfalls muss man in der Statthaftigkeit die Vollstreckungsabwehrklage von an-   107
deren Rechtsbehelfen abgrenzen. Das ist nötig, wenn andere Rechtsbehelfe ebenfalls
nahe liegen. In jedem Fall sind andere Rechtsbehelfe zu diskutieren, wenn der Beklagte
die Statthaftigkeit der Vollstreckungsabwehrklage rügt. Fehlt eine solche Rüge, erhebt
der Kläger ausdrücklich Vollstreckungsabwehrklage und sind andere Rechtsbehelfe
fernliegend, sollte man sich bei der Statthaftigkeit jedoch kurzfassen.

Klausurtipp

Der Klausurbearbeiter sollte sich feinfühlig zeigen. Die Punkte Statthaftigkeit,
Zuständigkeit und Rechtsschutzbedürfnis sind zwar stets zu diskutieren. Wie
ausführlich auf die einzelnen Punkte einzugehen ist, hängt jedoch vom Fall ab.

Erinnerung

Sehr klausurrelevant ist das Verhältnis zwischen Erinnerung und Vollstreckungsab-   108
wehrklage. Beide schließen sich gegenseitig aus. Sie können auch nicht gemäß § 260
ZPO miteinander verbunden werden. Denn eine Erinnerung beinhaltet keinen Anspruch im Sinne dieser Vorschrift.

Häufig erhebt der Kläger in der Klausur sowohl formelle als auch materielle Einwände. Zum Beispiel trägt er vor, er habe bezahlt. Gleichzeitig meint er, das bei ihm
gepfändete Smartphone sei unpfändbar. Das Vorbringen des Klägers ist auszulegen. Es
ist zu überlegen, wo der Schwerpunkt seines Vortrags liegt. Geht es ihm mehr um den

materiellen Einwand, ist die Vollstreckungsabwehrklage statthaft. Steht der formelle Einwand im Vordergrund, ist die Erinnerung der richtige Rechtsbehelf. Die rechtsbehelfsfremden Einwände sortiert man bereits in der Statthaftigkeit aus. Anschließend werden sie nicht mehr erwähnt.

> **Formulierungsvorschlag**
> Der Kläger rügt darüber hinaus, der Gerichtsvollzieher sei unzuständig gewesen. Auf diesen Einwand kann sich der Kläger im hiesigen Verfahren nicht berufen. Insoweit wäre die Erinnerung nach § 766 Abs. 1 ZPO statthaft.

Auf die Prozesskosten haben rechtsbehelfsfremde Einwände keinen Einfluss. Es handelt sich um unselbstständige Bestandteile einer einheitlichen Klage. Man stelle sich vor, nur eines von zehn Argumenten eines Klägers überzeugt nicht. Er müsste nicht einen Teil der Kosten tragen, wenn er obsiegt.

109   Richtigerweise prüft das Gericht im Rahmen der Vollstreckungsabwehrklage nicht, ob ein vollstreckungsfähiger Titel vorliegt. Eine Vollstreckungsabwehrklage ist auch gegen einen nicht vollstreckungsfähigen Titel möglich.[6]

Beispiel
Herr Groß verklagt Frau Schneider aufgrund eines Kaufvertrags auf Kaufpreiszahlung von 500 Euro. Das Gericht schreibt in den Urteilsgründen, dass die Beklagte mit dem Kläger einen Kaufvertrag geschlossen hat. Sie habe den Kaufpreis noch nicht gezahlt. Infolgedessen müsse sie an den Kläger 500 Euro zahlen. Im Tenor unterläuft dem Gericht ein Versehen. Es schreibt: „Der Kläger wird verurteilt, an den Kläger 500 Euro zu zahlen." Richtig hätte es heißen müssen: „Die Beklagte wird verurteilt, an den Kläger 500 Euro zu zahlen." So wie das Urteil formuliert ist, ist es nicht vollstreckbar. Theoretisch dürfte die Geschäftsstelle keine Klausel erteilen. Geschieht dies trotzdem, darf der Gerichtsvollzieher aus ihm nicht vollstrecken. Frau Schneider hat aber gemerkt, was gemeint war. Sie zahlt die 500 Euro an Herrn Groß. Jetzt erhebt sie Vollstreckungsabwehrklage. Diese ist statthaft. Zwar kann sie neben der Vollstreckungsabwehrklage zusätzliche Rechtsbehelfe einlegen. Das spielt hier indessen keine Rolle.

Berufung

 Map 2.5

110   Ein Klassiker ist das Verhältnis von Vollstreckungsabwehrklage zur Berufung. Der Schuldner kann nämlich zwischen beiden Rechtsbehelfen wählen.[7] Hat er aber eine zulässige Berufung eingelegt, fehlt es für eine Vollstreckungsabwehrklage an einem

---

6   BGHZ 118, 229, juris Rn. 16; BGH, Beschl. v. 30.11.2000 – III ZR 89/00, juris Rn. 2; anders noch BGH, Urt. v. 21.05.1987 – VII ZR 210/86 = NJW-RR 1987, 1149.
7   BGH, Urt. v. 07.11.1974 – III ZR 115/72 = NJW 1975, 539 (540).

Rechtsschutzbedürfnis.[8] Umgekehrt gilt das nicht. Denn mit der Berufung kann der Schuldner mehr erreichen.[9] Auch ist die Anschlussberufung nach § 524 ZPO vorrangig gegenüber der Vollstreckungsabwehrklage. Dort hat der Gläubiger Berufung eingelegt. Das Verfahren geht ohnehin in die höhere Instanz. Es wäre unökonomisch, wenn der Schuldner mit der Vollstreckungsabwehrklage ein Parallelverfahren betreiben dürfte. Er kann sich der Berufung anschließen. Dort kann sogar mehr Einwendungen vorbringen, als er mit der Vollstreckungsabwehrklage dürfte.

In der Anwaltsklausur muss der Bearbeiter zuweilen die Zulässigkeit und Begründetheit sowohl der Berufung als auch der Vollstreckungsabwehrklage prüfen. Oft werden beide Aussicht auf Erfolg haben. Dann stellt sich bei der Zweckmäßigkeit die Frage, welcher Rechtsbehelf besser ist. Das kommt wie so oft darauf an.

Häufig ist die Berufung besser. Mit der Berufung kann der Mandant das gesamte Urteil beseitigen. Das ist wichtig, wenn es Präjudizwirkung hat, z. B. im Rahmen einer Streitverkündung. Mit der Vollstreckungsabwehrklage beseitigt der Mandant hingegen nur die Vollstreckbarkeit.

Bei der Vollstreckungsabwehrklage steht dem Mandanten eine Instanz mehr zur Verfügung. Das kann vorteilhaft, aber auch nachteilig sein. Geht es dem Mandant um ein möglichst schnell rechtskräftiges Urteil, ist die Berufung insoweit günstiger. Dem Gegner steht allenfalls die Revision zur Verfügung. Dies sogar nur, wenn sie nach § 543 ZPO zugelassen wird.

Auch Kostengesichtspunkte sind eine Abwägungsfrage. Die Gebühren sind bei einer Berufung höher. Allerdings kann auch gegen die erstinstanzliche Entscheidung im Rahmen der Vollstreckungsabwehrklage Berufung eingelegt werden. Dann fallen zusätzlich zur dortigen Berufungsinstanz die Gebühren für die erstinstanzliche Instanz an. Im Ergebnis kann die Vollstreckungsabwehrklage also für den Mandant teurer werden.

Gegen die Vollstreckungsabwehrklage spricht auch, dass der Schuldner mit ihr nur nachträgliche Einwendungen geltend machen kann. Mit der Berufung kann er hingegen auch anfängliche Einwendungen vorbringen. Natürlich vorausgesetzt, sie sind nicht nach §§ 529; 531 ZPO präkludiert. Greifen also möglicherweise anfängliche und nachträgliche Einwendungen, ist die Berufung empfehlenswerter.

Eine Berufung kann aber unzweckmäßig sein. So ist es, wenn der Mandant teilweise obsiegt, teilweise verloren hat. Bei der Berufung kann der Gegner nämlich Anschlussberufung nach § 524 ZPO einlegen. Damit riskiert der Mandant, den obsiegenden Teil wieder zu verlieren. Bei der Vollstreckungsabwehrklage besteht dieses Risiko nicht.

Die Vollstreckungsabwehrklage bietet Vorteile, wenn die Berufungsfrist abgelaufen ist und der Mandant Wiedereinsetzung begehrt. Denn ob das Gericht Wiedereinsetzung gewährt, lässt sich nie sicher vorhersagen. Die Vollstreckungsabwehrklage ist dann risikoärmer. Man kann auch beide Rechtsbehelfe einlegen.[10] Dann muss man aber den Mandant auf das erhöhte Kostenrisiko hinweisen. Voraussichtlich wird er für mindestens einen Rechtsbehelf Prozesskosten tragen müssen.

---

8   BAGE 31, 288, juris Rn. 24.
9   Geißler, NJW 1985, 1865.
10   Kruse/Schäfers, JuS 2013, 896 (899).

Widerspruch/Aufhebung wegen veränderter Umstände

111   Auch einstweilige Verfügungen sind Vollstreckungstitel. Das gilt unabhängig davon, ob die einstweilige Verfügung als Beschluss oder Urteil ergangen ist. Als Beschluss ergeht sie, wenn noch keine mündliche Verhandlung stattgefunden hat. Nach einer mündlichen Verhandlung erlässt das Gericht hingegen ein Urteil.[11] Gegen den Beschluss kann der Vollstreckungsschuldner gemäß § 936 i. V. m. § 924 Abs. 1 ZPO Widerspruch einlegen. Bei einem Urteil kann er gemäß § 936 i. V. m. § 927 ZPO beantragen, die einstweilige Verfügung aufzuheben. Vorausgesetzt, die Umstände haben sich geändert.

Beim Widerspruch prüft das Gericht die Sach- und Rechtslage umfassend. Der Schuldner kann auch anfängliche Gesichtspunkte einwenden. Er kann rügen, die einstweilige Verfügung hätte nie ergehen dürfen. Mit § 927 ZPO kann er nur nachträgliche Änderungen vorbringen.

Sowohl § 924 als auch § 927 ZPO sind gegenüber der Vollstreckungsabwehrklage vorrangig.[12] Denn die §§ 924; 927 ZPO haben weiterreichende Rechtsfolgen. Sie heben die Entscheidung insgesamt auf. Die Vollstreckungsabwehrklage nimmt dem Urteil lediglich dessen Vollstreckbarkeit.

> ❶ Merke: Gegen eine einstweilige Verfügung ist die Vollstreckungsabwehrklage nicht möglich.

Abänderungsklage

112   Das Verhältnis der Vollstreckungsabwehrklage zur Abänderungsklage nach § 323 ZPO ist kompliziert.[13] Glücklicherweise hat es kaum Klausurrelevanz. Sollte es doch einmal vorkommen, kann man sich an folgende Regel halten: Bei punktuellen Veränderungen ist eher die Vollstreckungsabwehrklage, bei geänderten wandelbaren Verhältnissen eher die Abänderungsklage statthaft. Punktuelle Ereignisse sind etwa Erfüllung, Aufrechnung oder Verjährung. Geänderte wandelbare Verhältnisse sind etwa die Senkung des Basiszinssatzes.

Drittwiderspruchsklage

113   Drittwiderspruchsklage (§ 771 ZPO) und Vollstreckungsabwehrklage betreffen unterschiedliche Fragen. Sie schließlich sich faktisch aus. Bei der Vollstreckungsabwehrklage streiten sich nämlich Gläubiger und Schuldner. Bei der Drittwiderspruchsklage prozessieren Gläubiger und Dritter. Bei der Vollstreckungsabwehrklage behauptet der Schuldner, der Titel sei falsch. Deswegen dürfe der Gläubiger gegen ihn nicht vollstrecken. Bei der Drittwiderspruchsklage trägt ebenfalls jemand vor, der Gläubiger dürfe gegen ihn nicht vollstrecken. Dieser jemand ist aber nicht der Schuldner. Es handelt sich um einen Dritten. Er wendet sich gegen die Vollstreckung in seinen Gegenstand. Er rügt vielleicht auch, der Titel sei falsch. Mit diesem Einwand wird er aber bei der Drittwiderspruchsklage nicht gehört.

---

11 § 936 i. V. m. § 922 Abs. 1 Satz 1 ZPO.
12 OLG München, Beschl. v. 08.04.1993 – 12 WF 660/93, juris Rn. 4; Baur/Stürner/Bruns, Zwangsvollstreckungsrecht, 2006, S. 535; Volp, GRUR 1984, 486 (490); vgl. auch BGHZ 181, 373, Rn. 16; BGH, Urt. v. 09.02.1983 – IVb ZR 343/81, juris Rn. 7 f; OLG Koblenz, Urt. v. 18.04.1985 – 6 U 156/84.
13 Ähnlich bei § 323a ZPO und § 238 FamFG.

Man darf sich nicht verwirren lassen. Bei beiden Klagen prüft das Gericht, ob der Gläubiger zu Recht vollstreckt. „Zu Recht" meint in beiden Fällen aber etwas anderes. Bei der Vollstreckungsabwehrklage prüft das Gericht, den Einwand des Schuldners, das Urteil sei falsch. Bei der Drittwiderspruchsabwehrklage prüft das Gericht den Einwand des Dritten, der Gläubiger vollstrecke in seine Sache. Er rügt also, gegen ihn bestehe kein Titel.

Dritter und Schuldner dürfen sich jedoch zusammenschließen. Sie dürfen in subjek- 114
tiver Klagehäufung sowohl Drittwiderspruchs- und Vollstreckungsabwehrklage erheben (§ 59 ZPO). Vorausgesetzt, dasselbe Gericht ist zuständig (§ 260 ZPO analog). Dann prüft das Gericht im selben Urteil alle Einwände.

Fortsetzung des alten Verfahrens nach Vergleich

❯ Map 2.11

Die Parteien können ein Gerichtsverfahren beenden, indem sie einen Vergleich schließen. 115
Drei Fragen sind zu unterscheiden:
1.) Ist der Vergleich materiellrechtlich wirksam?
2.) Hat der Vergleich den Prozess beendet?
3.) Bildet der Vergleich einen Vollstreckungstitel?

Klausurtipp

Im Tatbestand ist ein Prozessvergleich als solcher zu bezeichnen. Das gilt jedenfalls, wenn beide Parteien übereinstimmend von einem Prozessvergleich sprechen. Zwar sollte man im Tatbestand Rechtsbegriffe möglichst vermeiden. Das gilt aber nicht für Begriffe, für die jede andere Bezeichnung im Ohr des Korrektors seltsam klänge.

Ein Prozessvergleich kann einen Vollstreckungstitel bilden. Dazu müssen nachfolgend 116
genannte Voraussetzungen erfüllt sein. Nicht mehr und nicht weniger. Sie ergeben sich fast alle aus § 794 Abs. 1 Nr. 1 ZPO. Nur der letzte Punkt ist ungeschrieben.

ⓘ **Voraussetzungen der Titelfunktion eines Vergleichs:**
1. Vergleich = nicht widerrufene gütliche Einigung
2. vor einem deutschen Gericht
3. während eines anhängigen Rechtsstreits
4. durch die Parteien des Rechtsstreits oder zwischen einer Partei und einem Dritten
5. um den Rechtsstreit zumindest teilweise beizulegen
6. Einhaltung der Form („abgeschlossen sind")
7. vollstreckungsfähiger Inhalt

Der erste Punkt kann bei einem Widerrufsvergleich relevant werden. In der Praxis 117
schließen viele Rechtsanwälte Prozessvergleiche auf Widerruf. Ihr Mandant will es sich nochmal überlegen. Das ist erlaubt. Es handelt sich sowohl um eine Prozesshandlung

als auch um ein materielles Rechtsgeschäft. In der Klausur kann sich das Problem stellen, dass der Gläubiger aus dem Vergleich vollstreckt, bevor die Widerrufsfrist abgelaufen ist. Hier muss man im Einzelfall erörtern, wie der Widerruf rechtlich einzuordnen ist. Anzusprechen sind die aufschiebende sowie die auflösende Bedingung und das vertragliche Rücktrittsrecht.

Aus dem Vergleich vollstrecken kann der Gläubiger regelmäßig erst, wenn die Widerrufsfrist abgelaufen ist. Denn der Widerruf ist nämlich meist als aufschiebende Bedingung auszulegen. Schließlich will der Schuldner dem Gegner nicht vorzeitig einen Vollstreckungstitel verschaffen. Außerdem beendet der Vergleich die Rechtshängigkeit. Diese wollen die Parteien normalerweise aber zunächst beibehalten. Würde der Prozess aber enden und müsste erst auf Antrag wieder fortgesetzt werden, würde das unnötige Risiken und Schwierigkeiten für die Parteien bedeuten.

Der Widerruf ist grundsätzlich formfrei möglich. In der Praxis empfiehlt sich gleichwohl, im Vergleich festzuhalten, dass der Widerruf nur durch Anwaltsschriftsatz erfolgen darf.

Widerrufen muss die Partei normalerweise gegenüber dem Gericht. Denn das Gericht muss wissen, ob der Prozess weitergeht. Immerhin ist der Widerruf auch Prozesshandlung. Das Problem kann sich stellen, wenn die Partei am letzten Tag der Frist widerruft und das Gericht den Widerruf erst am darauffolgenden Tag dem Gegner zustellt. Der Gegner wird behaupten, der Widerruf hätte ihm gegenüber erfolgen müssen. Das stimmt meist nicht. In der Praxis empfiehlt sich, gleichwohl im Vergleich klarzustellen, dass der Widerruf gegenüber dem Gericht erfolgen muss.

Die Widerrufsfrist beginnt, auch wenn das Protokoll noch nicht fertiggestellt ist. Das ist in der Praxis meist der Fall. Denn die gerichtliche Schreibkraft benötigt oft einige Tage. Die Parteien können sich den protokollierten Vergleich also noch nicht durchlesen. Gleichwohl müssen sie sich ihre Gedanken machen.

Manchmal bitten Parteien das Gericht, die Widerrufsfrist zu verlängern. Das ist nicht möglich. Nur die Parteien sind insoweit dispositionsbefugt. Immerhin haben sie die Frist vereinbart. Der Richter hat sie nicht gesetzt. Sie können daher die Frist vorzeitig einvernehmlich aufheben. Vielleicht trägt eine Partei vor, sie war zu krank, um die Frist einzuhalten. Das ist ihr Pech. Eine Wiedereinsetzung nach § 233 ZPO ist nicht möglich. Es handelt sich nicht um eine Notfrist im Sinne von § 224 Abs. 1 Satz 2 ZPO.

Der Widerruf ist unwiderruflich.

> Map 2.12

118   Zur Vergleichsform ist zu sagen, dass die Parteien einen Prozessvergleich auf zwei Wege schließen können. Einmal zu Protokoll der mündlichen Verhandlung. Zweitens im schriftlichen Verfahren nach § 278 Abs. 6 ZPO.[14] Dem Gericht kann ein Formfehler unterlaufen. Etwa muss der Richter einen in sein Diktiergerät vorläufig aufgenommenen Vergleich nach §§ 160a; 160 Abs. 3 Nr. 1; 162 Abs. 1 ZPO den Parteien vorspielen. Er muss im schriftlichen Protokoll vermerken, dass er dies getan hat. Üblicherweise

---

14   Zur Titelfunktion: LG Ingolstadt, Beschl. v. 11.03.2005 – 1 T 403/05 = Rpfleger 2005, 456.

heißt es dort: „vorgespielt und genehmigt" oder kurz „v. u. g.". Möglicherweise vergisst der Richter, das Diktat vorzuspielen. Vielleicht heißt es im Protokoll sogar: „auf nochmaliges Vorspielen allseits verzichtet". In diesen Fällen ist der Vergleich nichtig. Er ist kein Vollstreckungstitel.[15]

Verstöße gegen die genannten sieben Anforderungen lassen dessen Titelfunktion entfallen. Der Schuldner ist auf der sicheren Seite. Das Vollstreckungsorgan darf aus dem Vergleich nicht vollstrecken. Hiervon zu unterscheiden sind sonstige Fehler des Vergleichs. Sie berühren dessen Titelfunktion nicht. So kann der Kläger geschäftsunfähig gewesen sein, als er dem Vergleich zugestimmt hat. Ebenso können nachträgliche Umstände die Vergleichsgrundlage entfallen lassen. In beiden Fällen ist der Vergleich für den Schuldner gefährlich. Denn er bleibt als Vollstreckungstitel nach § 794 Abs. 1 Nr. 1 ZPO in Kraft. Er wird nicht etwa automatisch wirkungslos.[16] Der Gläubiger kann mit dem Vergleich nach wie vor den Gerichtsvollzieher beauftragen. Der Gerichtsvollzieher kann nicht wissen, ob der Vergleich falsch ist. Dies muss ein Gericht feststellen. Das wirft die Frage nach dem statthaften Verfahren auf. Wie immer gilt: Es kommt darauf an.   119

🛑 Merke: Parallelen erkennen. Ein rechtswidriger Verwaltungsakt bleibt regelmäßig wirksam. Er ist nur anfechtbar. Die Verwaltung darf aus ihm vollstrecken. Eine Ausnahme gilt für den nichtigen Verwaltungsakt. Ähnlich verhält es sich hinsichtlich der Titelfunktion von Prozessvergleichen.

Ausgangsfall   120

E verklagt M auf Zahlung von 10.000 Euro rückständiger Wohnraummiete. E erstreitet aber kein Urteil gegen M. Vielmehr vergleichen sich beide vor dem Amtsgericht. M verpflichtet sich, die Hälfte der eingeklagten Miete zu zahlen. M zahlt die 5000 Euro. E beauftragt gleichwohl den Gerichtsvollzieher.

❓ Was ist der Vollstreckungstitel?   121

✅ Vollstreckungstitel ist der Vergleich. Das ergibt sich aus § 794 Abs. 1 Nr. 1 ZPO.[17]

❓ Welchen Rechtsbehelf muss M erheben?   122

✅ M muss Vollstreckungsabwehrklage erheben. Er beruft sich auf Erfüllung. Damit erhebt er eine nachträgliche Einwendung gegen einen Titel.[18]

---

15   OLG Köln, Beschl. v. 18.08.1992 – 25 WF 125/92, juris Rn. 4. Zur insoweit fehlerhaften Klausel siehe unten Rn. 812.
16   BGHZ 28, 171 = NJW 1958, 1970 (1971); BGHZ 41, 310, juris Rn. 27; OLG Frankfurt, Beschl. v. 12.12.1994 – 5 U 264/88, juris Rn. 3.
17   Gleichgestellt der Schuldenbereinigungsplan in § 308 Abs. 1 Satz 2 InsO.
18   Vgl. BGH, Urt. v. 05.07.1967 – VIII ZR 66/65, juris Rn. 25.

Wie Ausgangsfall (Rn. 120). M ficht den Vergleich wegen Inhaltsirrtums an.

123   ❓ Welcher Rechtsbehelf steht M nunmehr zur Verfügung?

▶ **Map 2.11**

✅ M kann beantragen, das alte Verfahren fortzusetzen.[19] Denn ein Prozessvergleich hat
einerseits eine Doppelnatur.[20] Er wirkt prozessual und materiell.[21] Andererseits ist
er eine Einheit. Materiellrechtliche Fehler wirken sich meist auch prozessual aus. Es
entspricht nämlich in der Regel dem Willen der Parteien, dass nur ein materiellrechtlich wirksamer Vergleich den Rechtsstreit beenden soll.[22] Die prozessuale Wirkung ist
also akzessorisch zur materiellen.[23] Ist ein Vergleich materiellrechtlich von Anfang an
unwirksam, wirkt er also regelmäßig auch nicht prozessual. Das bedeutet, er hat das
Verfahren nicht beendet. Logischerweise ist es noch anhängig.

▶ **Map 2.14**

Hier beruft sich M auf anfängliche Unwirksamkeit. Denn die Anfechtung beseitigt
den Vergleich nach § 142 Abs. 1 BGB ex tunc. Ein Anfechtungsgrund kann sich aus
§ 119 Abs. 1 Satz 1, 1. Alt. ergeben. M kann beantragen, das alte Verfahren fortzusetzen. In diesem muss geklärt werden, ob der Vergleich wirksam ist. Nur dann hat er
das Verfahren beendet.[24]

Angenommen, M hat die 5000 Euro schon bezahlt. Er möchte sie zurück. Dann
darf er diesen Rückzahlungsanspruch nicht gesondert einklagen. Er muss seinen
Antrag im Ausgangsprozess stellen.[25]

124   Anders wäre es, wenn M sich beispielsweise im Vergleich den Rücktritt vorbehalten hätte. Erklärt er den Rücktritt, bleibt der Vergleich wirksam. M müsste Vollstreckungsabwehrklage erheben.

Die Unterscheidung erschließt sich nicht dogmatisch. Vielmehr stehen prozesswirt-
schaftliche Gesichtspunkte im Vordergrund. Als Referendar sollte man in der Klausur
einen Blick in den Kommentar werfen.

---

19 BGHZ 28, 171 = NJW 1958, 1970 (1971); 44, 158, juris Rn. 13; 51, 141, juris Rn. 6
20 Huber, JuS 2017, 1058 (1059).
21 BGHZ 16, 388, juris Rn. 9; 164, 190, juris Rn. 9.
22 Fischer, JuS 2008, 334 (335).
23 Schultheiß, JuS 2015, 318 (320).
24 Zum Rechtsschutzbedürfnis für die Vollstreckungsabwehrklage in diesem Fall siehe unten Rn. 157.
25 BGHZ 142, 253, juris Rn. 11.

■ **Überschießender Vergleich**

Besonderheiten ergeben sich, wenn die Parteien im Vergleich Dinge geregelt haben, die 125
nicht Gegenstand des Gerichtsverfahrens waren. Das dürfen sie. In der Klausur streiten
sich die Parteien möglicherweise nur über die anfängliche Wirksamkeit dieses überschießenden Teils. Dann steht zwischen ihnen typischerweise außer Frage, dass das alte
Verfahren beendet ist. In diesem Fall müssen sie ein neues Verfahren anstrengen.[26] Sie
werden nicht in das alte gezwungen.

Auch sollte man sich die Situation merken, in der ein Schuldner sowohl anfängliche 126
als auch nachträgliche Unwirksamkeit des Vergleichs vorträgt.

Beispiel

Der Schuldner behauptet, er habe den Vergleich rechtzeitig widerrufen. Falls er den Widerruf nicht beweisen könne, greife zumindest sein Hilfseinwand. Danach sei die Ge-
schäftsgrundlage des Vergleichs nach § 313 BGB entfallen.

Hier ist allein die Vollstreckungsabwehrklage statthaft. Andernfalls würde man den
Schuldner anreizen, anfängliche Unwirksamkeitsgründe zu erfinden. Dann könnte er
nämlich das gesamte Altverfahren wieder aufrollen. Demgegenüber ist der Streitstoff
bei der Vollstreckungsabwehrklage punktueller.

🛇 **Merke:** Erhebt der Schuldner gegen einen Vergleich auch nur eine nachträgliche Einwendung, ist allein die Vollstreckungsabwehrklage statthaft. Beruft sich
demgegenüber eine Partei ausschließlich darauf, ein Vergleich sei von Anfang an
unwirksam, muss das Gericht auf Antrag das alte Verfahren fortsetzen.[27]

Aufpassen muss der Referendar bei der Tenorierung des fortgesetzten Altverfahrens. 127
Angenommen, der Schuldner ruft nach einem Vergleich das ursprüngliche Verfahren
wieder an. Er erklärt die Anfechtung des Vergleichs. Das Gericht kommt zum Ergebnis,
dass die Anfechtung nicht greift. Es hält den Vergleich für wirksam. Dann muss der
Hauptsachetenor lauten: „Es wird festgestellt, dass der Rechtsstreit durch den Vergleich
vom [Datum] beendet wurde."[28] Es handelt sich um ein Prozessurteil. Das Gericht darf
nicht mehr in der Sache entscheiden.'

REF Abwandlung 2   128

Wie Ausgangsfall (Rn. 120): E klagt die 10.000 Euro zu Recht ein. M und E einigen sich vor Ge-
richt mündlich darauf, dass der Beklagte an den Kläger 5000 Euro zahlt. Der Richter diktiert die
Absprache in sein Tonaufnahmegerät. Er vergisst aber, den Parteien den Vergleich gemäß § 162
Abs. 1 ZPO vorzuspielen. M reut den Vergleich. Er ruft das Altverfahren wieder an.

26 BGHZ 87, 227, juris Rn. 17; BGH, Urt. v. 21.11.2013 – VII ZR 48/12 = NJW 2014, 394 (395).
27 Siehe aber auch unten Rn. 156.
28 BGH, Urt. v. 03.11.1971 – VIII ZR 52/70, juris Rn. 31.

❓ Welche Besonderheiten stellen sich in der Klausur?

❯ **Map 2.14**

✅ In den Entscheidungsgründen ist zunächst vor der Zulässigkeit zu erörtern, ob das Verfahren fortzusetzen war. Das ist der Fall. Der Antrag, das Altverfahren fortzusetzen, ist statthaft. M beruft sich auf die anfängliche Unwirksamkeit des Vergleichs. Ob diese prozessualer oder materiellrechtlicher Art ist, ist irrelevant. Ebenso ist egal, ob der Vergleich einen Vollstreckungstitel bildet.

Der Antrag auf Fortsetzung des Altverfahrens ist auch begründet. Hier ist der Vergleich aus prozessualen Gründen unwirksam. Denn der Richter hat gegen die ZPO verstoßen. Folglich hat der Vergleich das Verfahren nicht beendet. Es ist fortzusetzen. Das bedeutet, die Zulässigkeit der ursprünglichen Klage ist normal zu prüfen. Das Amtsgericht ist nach § 23 Nr. 2a GVG sachlich zuständig.

In der Begründetheit droht eine Klausurfalle: Eigentlich ist zu prüfen, ob Kläger einen Anspruch auf Zahlung der eingeklagten 10.000 Euro hat. Hier muss man aber erörtern, ob der Vergleich das frühere Mietverhältnis umgestaltet hat. Es könnte sich um eine Art Änderungsvertrag handeln: Ursprünglich betrug die Mietforderung 10.000 Euro. Nach dem Vergleich sollte sie nur noch 5000 Euro betragen. Hierauf haben sich M und E verständigt. Außergerichtlich wäre diese Vereinbarung mündlich möglich gewesen. Die Wirksamkeit des Vergleichs scheiterte an prozessualen Aspekten. Man muss klären, ob der nur formell unwirksame Vergleich als außergerichtlicher Vergleich bestehen bleiben soll. Mit anderen Worten muss man prüfen, ob der Kläger einen Anspruch auf 10.000 oder nur noch auf 5000 Euro hat.

Maßstab ist § 139 BGB. Dessen Zweifelsregel greift meist. Im Regelfall wollen die Parteien sich nämlich nur vergleichen, wenn dadurch das Gerichtsverfahren endet. Sie wollen sich nicht um jeden Preis einigen. Der prozessuale Fehler zieht also Gesamtnichtigkeit des Vergleichs nach sich. Das bedeutet, der Kläger hat nach wie vor einen Anspruch auf Zahlung von 10.000 Euro.

129

Abwandlung 3

Wie Ausgangsfall (Rn. 120). M hat keinen Rechtsbehelf eingelegt. Er hat E aber außergerichtlich erklärt, er fechte den Vergleich an. Im Gegensatz zu M hält E den Vergleich für wirksam.

❓ Welcher Rechtsbehelf steht E zur Verfügung?

❯ **Map 2.13**

✅ **Rechtsbehelfe des Gläubigers nach Vergleich**
Vollstreckungsabwehrklage kann E nicht erheben. Sie steht nur dem Schuldner zu. E ist Gläubiger.

E kann auch nicht beantragen, den alten Rechtsstreit fortzusetzen. Das wäre widersprüchlich. Immerhin hält er den Prozess für beendet. Denn er glaubt, der Vergleich sei wirksam.

Denkbar wäre, erneut auf Zahlung zu klagen. Das ist jedoch nicht möglich.

Zwar existiert keine Rechtskraftsperre. Ein Vergleich erwächst nämlich nicht in Rechtskraft.[29] In Rechtskraft erwachsen nach § 322 ZPO nur gerichtliche Entscheidungen. Hintergrund ist, dass die Rechtskraft Frieden schaffen soll. Die Beteiligten sollen in eine Gestaltung der Rechtslage vertrauen dürfen. Auf die Gestaltung durch einen Vergleich verlassen sich die Beteiligten typischerweise weniger als auf die eines Urteils.[30] Er bietet nicht dieselbe Richtigkeitsgewähr. Unter anderem ist das Verfahren für sein Zustandekommen deutlich grober gestaltet.[31] Ein Vergleich kann im Hau-Ruck-Verfahren zustande kommen, ein Urteil nicht. Auch kann ein Vergleich leichter unwirksam sein als ein Urteil. Eine Parallelvorschrift zu § 779 BGB gibt es nämlich für Urteile nicht.

E fehlt aber das Rechtsschutzbedürfnis für eine neue Leistungsklage.[32] Schließlich hat er einen Titel. Aus diesem kann er vollstrecken. Die direkte Zwangsvollstreckung ist einfacher und billiger als eine Klage mit anschließender Zwangsvollstreckung. E darf nicht unnötig die Gerichte beschäftigen.

E kann jedoch auf Feststellung klagen, dass der Vergleich wirksam ist.[33] Ein Feststellungsinteresse im Sinne von § 256 Abs. 1 ZPO liegt vor. Denn E verletzt eine Nebenpflicht aus dem Mietvertrag, wenn er zu Unrecht vollstreckt. Ihm drohen Schadensersatzansprüche aus § 280 Abs. 1 BGB. Man kann E nicht zumuten, dieses Risiko einzugehen. Er muss Rechtssicherheit erlangen können.

> **Merke:** Eine titulierte Forderung kann der Gläubiger grundsätzlich nicht nochmals einklagen.

2.3.3 Zuständigkeit

> **Map 2.6**

Bei der Zuständigkeit der Vollstreckungsabwehrklage sind stets die sachliche und die örtliche Zuständigkeit zu klären. Beides kann in der Regel knapp gehalten werden.

130

Klausurtipp

In einer Urteilsklausur ist normalerweise mindestens einer von mehreren Klageanträgen zulässig. Ansonsten müsste man nämlich die Begründetheit komplett im Hilfsgutachten prüfen. Wer Klausurschwerpunkte im Hilfsgutachten bearbeitet, sollte seine Lösung überdenken.

---

29 BGHZ 86, 184, juris Rn. 10.
30 BGH, Beschl. v. 04.10.1982 – GSZ 1/82 = BGHZ 85, 64, juris Rn. 14.
31 BGH, Urt. v. 29.09.1958 – VII ZR 198/57 = NJW 1958, 1970 (1971).
32 BGHZ 98, 127, juris Rn. 8 und BGH, Urt. v. 19.12.2006 – XI ZR 113/06, Rn. 10 jeweils zu Grundsatz und Ausnahmen.
33 OLG Frankfurt, Urt. v. 12.12.1974 – 9 U 50/74.

Sachliche und örtliche Zuständigkeit

131   Welches Gericht ist für die Vollstreckungsabwehrklage zuständig? Diese Frage ist leicht zu beantworten. Man muss nur die entsprechenden Vorschriften kennen. Im einfachsten Fall vollstreckt der Gläubiger aus einem Urteil. Dann muss der Schuldner seine Einwände grundsätzlich bei dem Gericht geltend machen, das es erlassen hat. Freilich kann man es genauer ausdrücken. § 767 Abs. 1 ZPO spricht vom Prozessgericht des ersten Rechtszugs. Gemeint ist die erste Instanz des Erkenntnisverfahrens.

132   **Ausgangsfall**

V vermietet M eine Wohnung in Heidelberg. Er klagt vor dem Amtsgericht Heidelberg auf Zahlung von rückständiger Miete in Höhe von 10.000 Euro.[34] Das Amtsgericht gibt der Klage statt. M zahlt die 10.000 Euro an V. Mit dem Urteil des Amtsgerichts beauftragt V den Gerichtsvollzieher. M möchte sich gegen die Zwangsvollstreckung wenden.

❓ Welches Gericht ist zuständig?

✅ Zuständig ist das Amtsgericht Heidelberg. Denn dies ist das Gericht des ersten Rechtszugs nach § 767 Abs. 1 ZPO. Es entscheidet allerdings nicht unbedingt derselbe Richter. Das ist eine Frage der Geschäftsverteilung.[35]

133   **Abwandlung 1**

Wie Ausgangsfall (Rn. 132). Das Amtsgericht weist die Klage ab. Es meint, M habe den Mietvertrag längst gekündigt. V legt Berufung ein. Über sie entscheidet gemäß § 72 GVG das Landgericht. Das Landgericht sieht es anders als das Amtsgericht. Es hält die Kündigung des M für unwirksam. Es hebt das Urteil des Amtsgerichts auf. Es verurteilt M, an V 10.000 Euro zu zahlen. M zahlt wiederum die 10.000 Euro. Mit dem Urteil des Landgerichts beauftragt M den Gerichtsvollzieher.

❓ Bei welchem Gericht muss M Vollstreckungsabwehrklage erheben?

✅ Zuständig ist das Amtsgericht. Es ist nicht etwa das Landgericht zuständig. Denn dies war das Gericht des zweiten Rechtszugs.

134   **Abwandlung 2**

Wie Abwandlung 1 (Rn. 133). M und V schließen jedoch in der zweiten Instanz vor dem Landgericht Heidelberg einen Vergleich. Danach verpflichtet M sich, an V 5000 Euro zu zahlen. Dem kommt M nach. Gleichwohl beauftragt V einen Gerichtsvollzieher.

❓ Welches Gericht ist für die Vollstreckungsabwehrklage zuständig?

▶ **Map 2.6**

---

34 Sachliche Zuständigkeit: § 23 Nr. 2a GVG; örtliche Zuständigkeit: § 29a Abs. 1 ZPO.
35 § 21e GVG.

Zuständig für materielle Einwendungen ist das Amtsgericht Heidelberg. Das ergibt sich aus § 795 i. V. m. § 767 Abs. 1 ZPO. Aus § 795 ZPO ergibt sich, dass die Vollstreckungs-abwehrklage gegen sämtliche in § 794 ZPO genannte Titel statthaft ist. Die Vorschrift verweist nämlich unter anderem auf § 767 ZPO.

⊕ Merke: Für Vollstreckungsabwehrklagen gegen Prozessvergleiche ist das Gericht zuständig, bei dem das durch den Vergleich erledigte Verfahren in erster Instanz anhängig war.[36]

Abwandlung 3   135

Wie Ausgangsfall (Rn. 132). Die Wohnung befindet sich nach wie vor in Heidelberg. V klagt aber in Dresden. Der Richter des Amtsgerichts Dresden hat dort seine erste Arbeitswoche. Er übersieht die ausschließliche örtliche Zuständigkeit des § 29a Abs. 1 ZPO. Er erlässt ein Urteil. Danach muss M an V 10.000 Euro zahlen. M akzeptiert das Urteil. Er zahlt an V die 10.000 Euro. Gleichwohl beauftragt V den Gerichtsvollzieher.

❓ Wo muss M Vollstreckungsabwehrklage erheben?

✔ Zuständig ist das Amtsgericht Dresden. Das ergibt sich aus dem Wortlaut und Zweck des § 767 Abs. 1 ZPO. Etwaige im Vorprozess erworbene Sachkunde soll im Verfah-ren über die Vollstreckungsabwehrklage genutzt werden können.[37]

⊕ Merke: Für Vollstreckungsabwehrklagen gegen Urteile, Beschlüsse und gerichtliche Vergleiche ist stets das Gericht zuständig, bei dem der Titel entstanden ist. Das gilt auch, wenn das Gericht seine Zuständigkeit zu Unrecht angenommen hat.

Abwandlung 4   136

Wie Ausgangsfall (Rn. 132). V wohnt in Kassel. M wohnt in Dresden. Die Wohnung liegt in Heidelberg. V beantragt wegen der rückständigen Wohnraummiete beim zentralen Mahngericht Hünfeld einen Mahnbescheid. Diesen erlässt das Mahngericht. Es stellt M den Mahnbescheid zu. M meldet sich nicht. Sodann erlässt das Mahngericht auf Antrag des V einen Vollstreckungs-bescheid (§ 699 ZPO). Nach diesem muss M an V 10.000 Euro zahlen. M erhält den Vollstre-ckungsbescheid. Drei Monate später zahlt er. V beauftragt gleichwohl den Gerichtsvollzieher.

❓ Fragen
Frage 1: Aus welcher Vorschrift ergibt sich, dass ein Vollstreckungsbescheid ein
   Vollstreckungstitel ist?
Frage 2: Ist auch der Mahnbescheid ein Vollstreckungstitel?
Frage 3: Wo muss M Vollstreckungsabwehrklage erheben?

Titelfunktion   Der Vollstreckungsbescheid ist gemäß § 794 Abs. 1 Nr. 4 ZPO ein Voll-streckungstitel.

---

36   BGH, Beschl. v. 17.10.1979 – IV ARZ 42/79 = NJW 1980, 188 (189).
37   BGH, Beschl. v. 06.02.1975 – III ZB 11/74, juris Rn. 7; BPatG, Urt. v. 28.01.1982 – 5 W (pat) 34/81 =
     GRUR 1982, 483 (484).

Mahnbescheid   Der vorausgehende Mahnbescheid ist hingegen kein Vollstreckungstitel. Der Mahnbescheid ist für die Zwangsvollstreckung nahezu irrelevant.

Zuständigkeit   § 795 ZPO verweist nicht pauschal auf § 767 ZPO. Vielmehr steht die Verweisung unter dem Vorbehalt „soweit nicht in den §§ 795a bis 800, […] abweichende Vorschriften enthalten sind." Zu diesen Sondervorschriften zählt § 796 Abs. 3 ZPO. Danach ist bei Vollstreckungsbescheiden für Klagen, durch welche die den Anspruch selbst betreffenden Einwendungen geltend gemacht werden, das Gericht zuständig, das für eine Entscheidung im Streitverfahren zuständig gewesen wäre. Zu fragen ist also, wo V hätte klagen müssen. V hätte M beim Amtsgericht Heidelberg verklagen müssen (§§ 29a ZPO; 23 Nr. 2a GVG). Deshalb muss er auch dort Vollstreckungsabwehrklage erheben.

▪ Mehrere Zuständigkeiten

137   Manchmal sind für das Streitverfahren mehrere Gerichte zuständig. Dann kommt es auf die Bezeichnung des Gläubigers im Mahnantrag nach § 690 Abs. 1 Nr. 5 ZPO an. Man könnte zwar auch vertreten, der Schuldner dürfe nach § 35 ZPO wählen. § 690 Abs. 1 Nr. 5 ZPO solle nur dem Mahngericht zeigen, an welches Prozessgericht es das Verfahren nach einem Widerspruch oder Einspruch abgeben muss (§ 696 Abs. 1/700 Abs. 3 ZPO). Der Wortlaut des § 796 Abs. 3 ZPO spricht aber von „für eine Entscheidung im Streitverfahren zuständig gewesen wäre." Und nach §§ 690 Abs. 1 Nr. 5; 35 ZPO durfte der Gläubiger die Zuständigkeit für das Streitverfahren bestimmen.

> **Klausurtipp**
>
> Möglicherweise stellt sich im Rahmen der Vollstreckungsabwehrklage ein unbekanntes Zuständigkeitsproblem. Dann gilt es zunächst, die relevanten Vorschriften zu finden. Vielleicht lassen sie mehrere Auslegungsmöglichkeiten zu. Dann sollte man ihren Zweck und ihre Systematik ansprechen. Letztlich sollte man sich aber strikt an ihren Wortlaut halten. Auf diese Weise gelangt man stets zu einem vertretbaren Ergebnis.

> **Ausgangsfall**
>
138
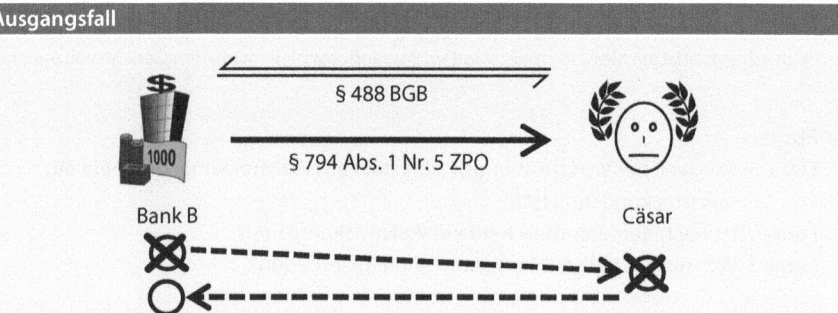
>
> Bank B aus Düsseldorf schließt mit Verbraucher Cäsar aus Köln vor dem Notar einen Darlehensvertrag über 20.000 Euro. In dem Vertrag heißt es unter anderem: „Wegen des Darlehensrückzahlungsanspruchs unterwirft sich Cäsar der sofortigen Zwangsvollstreckung in sein gesamtes Vermögen." Cäsar zahlt das Darlehen zurück. Gleichwohl beantragt die Bank B beim Notar nach § 797 Abs. 2 ZPO eine vollstreckbare Ausfertigung der Vertragsurkunde.

? Frage 1: Aus welchen ZPO-Vorschriften ergibt sich, dass Cäsar Vollstreckungsabwehr-   139
klage erheben kann?

✓ Die notarielle Urkunde ist gemäß § 794 Abs. 1 Nr. 5 ZPO ein Vollstreckungstitel. Wiederum
ergibt sich aus § 795 i. V. m. § 767 ZPO, dass die Vollstreckungsabwehrklage statthaft ist.

Klausurtipp

In vielen Klausuren geht es um einen Titel nach § 794 ZPO. Dann sollte man bei
der Statthaftigkeit § 795 ZPO mitzitieren.

? Frage 2: Bei welchem Gericht muss Cäsar klagen?   140

✓ Für die Vollstreckungsabwehrklage ist das Landgericht Köln zuständig.
    Die örtliche Zuständigkeit ergibt sich aus § 797 Abs. 5 ZPO. Danach ist für
Klagen, durch welche die den Anspruch selbst betreffenden Einwendungen geltend
gemacht werden, das Gericht zuständig, bei dem der Schuldner im Inland seinen
allgemeinen Gerichtsstand hat. Cäsar hat seinen allgemeinen Gerichtsstand in Köln.
Gemäß § 13 ZPO wird der allgemeine Gerichtsstand einer Person durch ihren
Wohnsitz bestimmt. Cäsar wohnt in Köln.
    Die sachliche Zuständigkeit folgt aus §§ 23; 71 GVG. Der Streitwert liegt über
5000 Euro.

Abwandlung   141

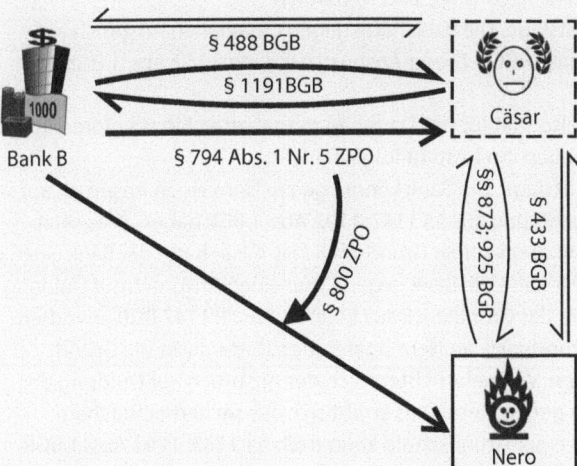

Wie Ausgangsfall (Rn. 138). Der Darlehensbetrag liegt bei 300.000 Euro. Cäsar benötigt das
Darlehen, um ein Grundstück zu kaufen. Das Grundstück liegt in Konstanz. Bank B will sich
absichern. Sie lässt sich von Cäsar in Höhe von 300.000 Euro eine Grundschuld bestellen. In
der notariellen Bestellungsurkunde heißt es unter anderem: „Cäsar unterwirft sich wegen der

Grundschuld der sofortigen Zwangsvollstreckung in das Grundstück. Die sofortige Zwangsvollstreckung soll auch gegen den jeweiligen Eigentümer zulässig sein (§ 800 ZPO)." Die
Grundschuld wird im Grundbuch eingetragen. Anbei vermerkt das Grundbuchamt: „Sofort
vollstreckbar gegen den jeweiligen Grundstückseigentümer". In der Zweckerklärung (dem
Sicherungsvertrag) lautet eine Klausel: „Zahlungen an die Bank B werden auf die gesicherte
persönliche Forderung und nicht auf die Grundschuld verrechnet".[38]

Cäsar verkauft und übereignet das Grundstück an Nero aus Regensburg. Gleichzeitig tritt
er ihm sämtliche Rechte aus dem Sicherungsvertrag ab. Eines Tages meldet sich die Bank B bei
Nero. Sie verlangt von ihm 100.000 Euro. Dies sei der noch offene Darlehensrestbetrag. Cäsar
erzählt Nero, er habe das Darlehen schon vor der Grundstücksübereignung vollständig zurückgezahlt. Dies sei er bereit, vor Gericht zu bezeugen. Er habe der Bank das Geld unter Angabe
des Betreffs „Tilgung" überwiesen.

142 ❓ Frage 1: Aus welchem wirtschaftlichen Grund verlangen Banken in Fällen der vorliegenden Art eine Grundschuld?

✅ Nur wenige Käufer haben genügend Geld, ein Grundstück sofort zu bezahlen. Daher
besorgen sie sich das Geld auf der Bank. Sie schließen mit ihr einen Darlehensvertrag
nach § 488 BGB. Die Bank möchte sich absichern. Deshalb verlangt sie am zu erwer-
benden Grundstück eine Grundschuld gemäß § 1191 BGB. Dadurch kann sie notfalls
das Grundstück nach §§ 1192 Abs. 1; 1147 BGB zwangsversteigern lassen. Zahlt der
Darlehensnehmer das Darlehen nicht, will sie zumindest den Versteigerungserlös.[39]

143 ❓ Frage 2: Angenommen, Cäsars Behauptungen stimmen. Wie ist die Rechtslage nach
dem BGB?

✅ **Schuldrecht einerseits, Sachenrecht andererseits**
Schuld- und sachenrechtliche Rechtslage sind zu trennen.

144 **Schuldrechtliche Rechtslage.** Die Bank hatte gegen Cäsar einen Anspruch auf
Zahlung aus § 488 Abs. 1 Satz 2 BGB. Dieser Anspruch ist nach § 362 Abs. 1 BGB
erloschen.

Nero hat zu keinem Zeitpunkt für das Darlehen mitgehaftet. Ein schuldrechtlicher Zahlungsanspruch gegen ihn besteht folglich nicht.

145 **Sachenrechtliche Rechtslage.** Die Bank könnte gegen Nero einen Anspruch auf
Duldung der Zwangsvollstreckung aus §§ 1147; 1192 Abs. 1 BGB haben. Dies setzt
zunächst voraus, dass sie Inhaberin einer Grundschuld ist. Cäsar hatte der Bank eine
Grundschuld bestellt. Damit hatte die Bank gegen Cäsar einen Anspruch auf Duldung
der Zwangsvollstreckung in das Grundstück aus §§ 1192 Abs. 1; 1147 BGB erworben.

Dann hat Cäsar das Grundstück an Nero übereignet. Dadurch ist die Grundschuld nicht etwa erloschen. Vielmehr richtete sich der Anspruch auf Duldung der
Zwangsvollstreckung nun gegen Nero. Dies ergibt sich aus sachenrechtlichen
Grundsätzen. Der Inhaber einer Grundschuld kann nach §§ 1147; 1192 Abs. 1 BGB
gegen den Eigentümer vollstrecken – egal, wer dies gerade ist.

---

38 Ein Beispiel für eine Zweckerklärung ist abrufbar im Formularcenter auf ▶ https://www.
berufsbildung.nrw.de.
39 § 109 Abs. 2 ZVG.

Der Anspruch aus §§ 1192 Abs. 1; 1147 BGB könnte nach § 362 Abs. 1 BGB untergegangen sein. Denn Cäsar hat das Geld zurückgezahlt. Hier muss man jedoch differenzieren. Cäsar hat keine klare Tilgungsbestimmung im Sinne des § 366 Abs. 1 BGB getroffen. Damit blieb zunächst unklar, auf was er zahlte, auf das Darlehen oder die Grundschuld. Allerdings existierte eine wirksame Verrechnungsabrede. Nach ihr erfolgten Zahlungen auf die persönliche Forderung. Demzufolge hat Cäsar ausschließlich das Darlehen zurückgezahlt. Das wirkte sich auf die Grundschuld nicht unmittelbar aus. Die Grundschuld ist nämlich nicht akzessorisch zum Darlehen. Der Anspruch ist also nicht durch Erfüllung erloschen.

Dem Anspruch steht aber eine Einrede entgegen. Die Grundschuld sollte ein Darlehen sichern. Man spricht von einer Sicherungsgrundschuld. Nach § 1192 Abs. 1a BGB kann der Eigentümer ihr schuldrechtliche Einreden entgegensetzen. Aus dem Sicherungsvertrag folgt zumindest konkludent die sogenannte Einrede der Nichtvalutierung.[40] Sie gibt dem Eigentümer das Recht, sich gegen die Zwangsvollstreckung zu wehren. Dies insbesondere, wenn das Darlehen zurückgezahlt ist. Das rechtfertigt sich aus der Interessenlage. Soweit das Darlehen zurückgezahlt ist, muss die Bank die Grundschuld zurückgewähren.[41] Denn die Grundschuld sollte den Darlehensrückzahlungsanspruch sichern. Ist dieser erloschen, gibt es nichts mehr zu sichern. Es wäre widersprüchlich, wenn die Bank gleichwohl in das Grundstück vollstrecken dürfte. So war es hier. Cäsar stand aus der Zweckerklärung ein aufschiebend bedingter Anspruch auf Rückgewähr der Grundschuld zu. Er hat das Darlehen getilgt. Dadurch wurde der Rückgewähranspruch unbedingt. Cäsar hat ihn an Nero nach § 398 BGB abgetreten. Damit steht Nero die Einrede der Nichtvalutierung zu.

Die Bank hat also keinen durchsetzbaren Anspruch gegen Nero.

❓ Frage 3: Nero fragt sich, inwieweit die Bank B gegen ihn aus der notariellen Urkunde vollstrecken kann. Sofern dies möglich ist, will er wissen, wo er Vollstreckungsabwehrklage erheben muss.

146

✅ Die Bank kann aus der Urkunde in das Grundstück vollstrecken. Auf Neros sonstiges Vermögen kann sie nicht zugreifen.

Vollstrecken kann die Bank nur mit einem Titel. Ein Titel muss gemäß § 750 Abs. 1 ZPO grundsätzlich den Namen des Schuldners nennen. Davon macht § 800 ZPO für Grundschulden eine Ausnahme.[42] Nach dessen Absatz 1 kann der Eigentümer dem Gläubiger erlauben, gegen jeden nachfolgenden Eigentümer sofort zu vollstrecken. Der Eigentümer schafft also einen Titel gegen seinen Nachfolger. Davon ist ein potentieller Grundstückserwerber üblicherweise wenig begeistert. Immerhin nimmt der aktuelle Eigentümer ihm den Schutz eines Erkenntnisverfahrens. Auch das hat der Gesetzgeber gesehen. Gemäß § 800 Abs. 1 Satz 2 ZPO muss die Unterwerfungserklärung ins Grundbuch eingetragen werden. Der Grundstücksinteressent soll sich informieren können.

---

40 BGH, Urt. v. 03.07.2002 – IV ZR 227/01, juris Rn. 13.
41 Helms/Zeppernick: Sachenrecht II, 2017, Rn. 248; Weller, JuS 2009, 969 (974).
42 Zur Praxisrelevanz der Norm siehe unten Rn. 1095.

Manche Banken bestehen auf einer Unterwerfungserklärung nach § 800 ZPO. Andernfalls gewähren sie dem Eigentümerschuldner kein Darlehen. Ein Wunsch bleibt den Banken unerfüllt. Sie können nämlich gegen den Nachfolger des Eigentümerschuldners nur in das Grundstück vollstrecken. Das sonstige Vermögen des Nachfolgers bleibt ihnen versperrt. Vielleicht will eine Bank wegen des Darlehens bewegliche Sachen pfänden. Das darf sie lediglich beim Darlehensnehmer.

Cäsar hat sich im Sinne von § 800 Abs. 1 ZPO in einer notariellen Urkunde in Ansehung einer Grundschuld der sofortigen Zwangsvollstreckung in der Weise unterworfen dass die Zwangsvollstreckung aus der Urkunde gegen den jeweiligen Eigentümer des Grundstücks zulässig sein soll. Nero konnte sich aus dem Grundbuch über die Unterwerfungserklärung informieren. Denn sie war dort gemäß § 800 Abs. 1 Satz 2 ZPO eingetragen. Wenn Nero mit ihr nicht einverstanden war, hätte er das Grundstück nicht kaufen dürfen.

Die Bank B kann aus der Urkunde nicht in Neros restliches Vermögen vollstrecken. Um hierein zu vollstrecken, bräuchte sie ein Urteil. Dazu müsste sie Nero auf Zahlung verklagen. Eine Zahlungsklage verlöre sie aber. Denn wie ausgeführt, hat sie gegen Nero keinen schuldrechtlichen Anspruch.

Zwischenergebnis: Prozessual gesehen darf die Bank aus der notariellen Urkunde in das Grundstück vollstrecken.

Materiellrechtlich kann Nero einwenden, dass die Grundschuld nicht mehr valutiert ist. Er kann die Einrede außergerichtlich erheben. Das nutzt ihm aber wenig. Denn er will den Titel beseitigen. Dazu muss er Vollstreckungsabwehrklage erheben.

Örtlich zuständig ist das Landgericht Konstanz. Das ergibt sich aus § 800 Abs. 3 ZPO. Danach ist für Vollstreckungsabwehrklagen gegen Titel der hier vorliegenden Art das Gericht zuständig, in dessen Bezirk das Grundstück liegt. Das Grundstück liegt in Konstanz. Die sachliche Zuständigkeit des Landgerichts folgt wiederum aus §§ 23; 71 GVG.

Klausurtipp

Niemand kann alles auswendig wissen. Es empfiehlt sich, bei § 794 Abs. 1 Nr. 5 ZPO an den Rand des Gesetzestexts die §§ 797; 800 ZPO zu kommentieren.[43] Überhaupt ist ein sorgfältig kommentiertes Gesetz ein Baustein zu einem guten Examen. Jeder Kandidat sollte sich informieren, was seine Prüfungsordnung erlaubt. Diese Gestaltungsmöglichkeiten sollte man nutzen.

Ausschließliche Zuständigkeit

147   Im Rahmen der Zuständigkeit ist stets § 802 ZPO mitzuzitieren. Danach sind die im 8. Buch der ZPO – also im Zwangsvollstreckungsbuch – angeordneten Gerichtsstände ausschließliche. Gemeint sind sowohl die sachliche als auch die örtliche Zuständigkeit.

148   Lediglich im Familienrecht geht nach § 262 Abs. 1 Satz 2 FamFG die Zuständigkeit des Gerichts der Ehesache den Zuständigkeiten nach § 767; 797 Abs. 5; 800 Abs. 3 ZPO

---

43 Zu weiteren Kommentierungsmöglichkeiten Sojka, ZJS 2013, 36.

vor. Läuft also bei einem Gericht ein Scheidungsverfahren, ist es ausschließlich für einen Vollstreckungsabwehrantrag zuständig. Stellt ihn ein Ehegatte bei einem anderen Gericht, muss es ihn an das Gericht der Ehesache verweisen.[44]

Fall 149

G verkauft an S ein Auto für 3000 Euro. S zahlt den Kaufpreis nicht. Deshalb erstreitet G vor dem Amtsgericht gegen S ein Urteil auf Zahlung von 3000 Euro. Daraufhin erfüllt S die Kaufpreisforderung. Er erhebt vor dem Landgericht Vollstreckungsabwehrklage. In seinen Schriftsätzen geht der Rechtsanwalt des G nicht auf die Zuständigkeit des Landgerichts ein. Im Termin zur mündlichen Verhandlung beantragt S, die Zwangsvollstreckung aus dem Urteil des Amtsgerichts für unzulässig zu erklären. G beantragt, die Klage abzuweisen. Keiner von beiden stellt weitere Anträge.

? Ist die Klage zulässig?

✓ Nein. Die Klage ist unzulässig.

Gemäß § 767 Abs. 1 ZPO war eigentlich das Amtsgericht zuständig. Denn es hat das angegriffene Urteil erlassen.

Fraglich ist, ob das Landgericht nach § 39 Satz 1 ZPO zuständig geworden ist. Nach dieser Vorschrift wird die Zuständigkeit eines Gerichts des ersten Rechtszuges dadurch begründet, dass der Beklagte zur Hauptsache mündlich verhandelt, ohne die Unzuständigkeit geltend zu machen. § 39 ZPO erfasst auch die sachliche Zuständigkeit.[45] Das ergibt sich aus seinem weiten Wortlaut. G ist Beklagter. Er hat die fehlende sachliche Zuständigkeit des Landgerichts nicht gerügt. Vielmehr hat er zur Zuständigkeit geschwiegen. Es ist aber § 40 Abs. 2 Sätze 2 und 1 Nr. 2 ZPO zu beachten. Danach kann die rügelose Einlassung nicht die Zuständigkeit eines Gerichts begründen, wenn ein anderes ausschließlich zuständig ist. So ist es hier. § 802 ZPO bestimmt, dass die zwangsvollstreckungsrechtlichen Zuständigkeitsregelungen andere ausschließen. Das Amtsgericht war also ausschließlich zuständig.

Einen Verweisungsantrag hat S nicht gestellt. Eine Verweisung von Amts wegen sieht der Wortlaut des § 281 ZPO nicht vor. Daher ist die Klage abzuweisen.

Fall 150

Die Stuttgarter Bank B gewährt S aus Freiburg ein Darlehen über 150.000 Euro. S unterwirft sich wegen des Rückzahlungsanspruchs vor dem Notar der sofortigen Zwangsvollstreckung in sein gesamtes Vermögen. S rechnet gegenüber der Bank mit einem Anspruch auf Auszahlung eines Kontoguthabens in voller Höhe auf. Die Bank hält die Aufrechnung für unwirksam. S erhebt Klage vor dem Amtsgericht Freiburg. Er beantragt, die Zwangsvollstreckung aus der notariellen Urkunde für unzulässig zu erklären. Der Darlehensrückzahlungsanspruch sei durch Aufrechnung erloschen. Das Amtsgericht weist darauf hin, dass wohl die sachliche Zuständigkeit des Landgerichts Freiburg gegeben ist.[46] Weder schriftsätzlich noch im Termin rügt B die sachliche Zuständigkeit. Vielmehr beantragt sie, die Klage abzuweisen.

---

44 § 263 FamFG.
45 RGZ 114, 122 (126).
46 § 504 ZPO.

? Ist die Klage zulässig?

> **Formulierungsvorschlag im Urteilsstil**
> Die Klage ist zulässig.
> Die Klage ist als Vollstreckungsabwehrklage statthaft. Die Vollstreckungsab-
> wehrklage ist gemäß § 767 Abs. 1 ZPO statthaft, wenn der Schuldner eine
> materielle Einwendung gegen den titulierten Anspruch erhebt.
> So ist es hier. S erhebt eine materielle Einwendung (Aufrechnung gemäß § 389
> BGB) gegen den notariell titulierten Darlehensanspruch.
> Die örtliche Zuständigkeit ist gegeben. Sie folgt aus §§ 797 Abs. 5; 13; 802
> ZPO. Danach ist für Vollstreckungsabwehrklagen gegen notarielle Urkunden das
> Gericht am Wohnsitz des Schuldners ausschließlich zuständig. S ist der Schuldner.
> Er wohnt in Freiburg.
> Die sachliche Zuständigkeit ergibt sich aus § 39 ZPO. Danach wird ein an sich
> unzuständiges Gericht sachlich zuständig, wenn sich der Beklagte mündlich
> rügelos einlässt.
> Eigentlich wäre im vorliegenden Fall das Landgericht Freiburg zuständig
> gewesen. Das ergibt sich aus den allgemeinen Vorschriften der §§ 1 ZPO; 23; 71
> GVG. Danach ist bei Streitwerten oberhalb von 5000 Euro das Landgericht
> zuständig. Der Streitwert beträgt vorliegend 150.000 Euro.
> B hat sich jedoch rügelos eingelassen.
> Das Gericht hat S auch gemäß §§ 39 Satz 2; 504 ZPO auf seine Unzuständigkeit
> hingewiesen.
> Der sachlichen Zuständigkeit des Amtsgerichts stehen nicht die §§ 802; 40
> Abs. 2 ZPO entgegen. Danach kann der Beklagte bei einer ausschließlichen
> Zuständigkeit nicht die Zuständigkeit eines anderen Gerichts begründen, indem
> er sich rügelos einlässt. Die sachliche Zuständigkeit des Landgerichts ist nicht
> ausschließlich. Denn § 802 ZPO versperrt den Zugang zu anderen Gerichten nur
> soweit eine Zuständigkeit im achten Buch der ZPO genannt ist.[47] Im achten Buch
> regelt § 797 Abs. 5 ZPO nur die örtliche Zuständigkeit. Zur sachlichen Zuständig-
> keit schweigt er. Denn er spricht nur pauschal vom „Gericht". Er differenziert nicht
> zwischen Amts- oder Landgericht. Insofern unterscheidet er sich von den §§ 766;
> 764 Abs. 2 ZPO.
> Damit bleiben die allgemeinen Vorschriften anwendbar. Sie sind nicht im
> achten Buch enthalten.

! Merke: § 802 ZPO muss man genau lesen. Nur die „in diesem Buch angeordneten"
Gerichtsstände sind ausschließlich. Viele im achten Buch enthaltene Zuständig-
keitsvorschriften betreffen nur entweder die sachliche oder die örtliche Zuständigkeit.

---

47 OLG Frankfurt, Beschl. v. 10.12.1984 – 17 W 46/84 = ZIP 1985, 316 (317).

2.3.4 Rechtsschutzbedürfnis

Allgemeines

Wer Schutz benötigt, dem soll der Richter solchen gewähren. Im übertragenen Sinne   151
soll er Unwetter abschirmen. An manchen Tagen ist der Himmel aber blau. Dann
braucht der Richter niemandem einen schützenden Regenschirm aufzuspannen. Gemeint ist: In manchen Fällen kann ein Kläger mit seiner Klage keine Vorteile erzielen.
Dann darf er nicht unnötig die Gerichte beschäftigen. Entsprechendes gilt, wenn ihm
ein einfacherer und/oder billigerer Weg zur Verfügung steht.[48] So kann auch ein Regenschirm trotz Regens geschlossen bleiben, wenn man sich unter einem Dach befindet.
Diese Gedanken beschreiben den Begriff des Rechtsschutzbedürfnisses. Auf das Rechtsschutzbedürfnis ist in fast jeder Zwangsvollstreckungsklausur einzugehen. Es ist von
Amts wegen zu prüfen.

Für die Vollstreckungsabwehrklage lässt sich das Rechtsschutzbedürfnis spezifizieren. Nachfolgende Definition sollte der Bearbeiter in der Klausur stets zitieren:

> **Formulierungsvorschlag**
> Das Rechtsschutzbedürfnis für eine Vollstreckungsabwehrklage entsteht, sobald ein Titel
> vorliegt. Es besteht solange, bis aus dem Titel keine Zwangsvollstreckung mehr droht.

Die Vollstreckungsabwehrklage setzt nicht voraus, dass der Gläubiger bereits einen Ge-   152
richtsvollzieher beauftragt hat.[49] Er muss noch nicht einmal eine Klausel beantragt haben.[50] Denn die Klage richtet sich nicht gegen die Zwangsvollstreckung, sondern die
Vollstreckbarkeit des Titels.

Das Rechtsschutzbedürfnis fehlt aber, wenn die Zwangsvollstreckung vollständig be-   153
endet ist.[51] Nach dem BGH muss der Gläubiger außerdem die vollstreckbare Ausfertigung
herausgegeben haben.[52] Alternativ genügt, wenn der Gerichtsvollzieher die Zahlungen auf
dieser quittiert hat. Das lässt sich mit dem Rechtsgedanken des § 757 ZPO rechtfertigen.

Manchmal verspricht der Gläubiger lediglich, aus dem Titel nicht mehr zu vollstrecken.[53] Das Rechtsschutzbedürfnis bleibt gleichwohl bestehen. Der Schuldner kann nie-

---

48 BGHZ 111, 168, juris Rn. 9; BGH, Urt. v. 31.03.1993 – XII ZR 234/91 = NJW 1993, 1995 (1996).
49 RGZ 45, 343 (344).
50 BGHZ 120, 387, juris Rn. 18; vgl. bereits RGZ 134, 156 (162).
51 RGZ 100, 98 (100); BGHZ 100, 211, juris Rn. 10.
52 BGH, Urt. v. 19.09.1988 – II ZR 362/87, juris Rn. 5 u. v. 16.06.1992 – XI ZR 166/91, juris Rn. 7.
53 BGH, Urt. v. 12.07.1955 – V ZR 11/53 = NJW 1955, 1556; BGH, Urt. v. 16.06.1992 – XI ZR 166/91 =
    NJW 1992, 2148; BGH, Urt. v. 21.01.1994 – V ZR 238/92 = NJW 1994, 1161 (1162).

mals sicher sein, ob er sich auf eine derartige Aussage verlassen kann. Der Richter muss sie zwar materiellrechtlich beachten. Den Gerichtsvollzieher bindet die Erklärung aber nicht. Denn er prüft nur formelle Einwände. Gewissheit verschafft dem Schuldner erst die Titelgegenklage.[54]

154   Folgenden Klassiker sollte jeder Examenskandidat kennen:

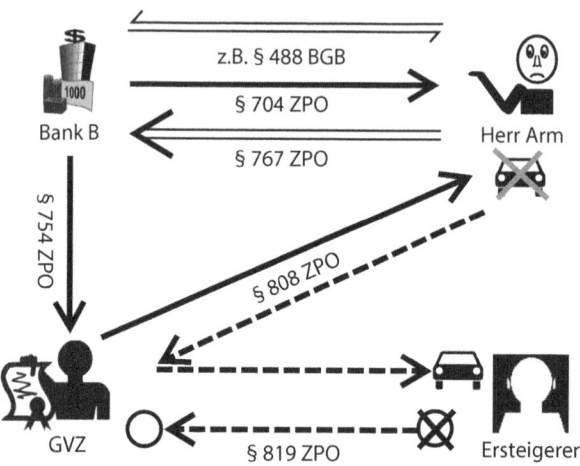

Bank B erstreitet gegen Herrn Arm ein Zahlungsurteil. Sie beauftragt den Gerichtsvollzieher gemäß § 754 ZPO, bei Herrn Arm zu pfänden. Der Gerichtsvollzieher pfändet gemäß § 808 ZPO ein Auto. Anschließend versteigert er es. Der Ersteigerer zahlt den Erlös (= den Kaufpreis) an den Gerichtsvollzieher (§ 819 ZPO). Der Gerichtsvollzieher hat den Erlös aber noch nicht an die Bank weitergeleitet.[55] Die Sache befindet sich also schon beim Ersteigerer. Den Erlös hält jedoch nach wie vor der Gerichtsvollzieher in den Händen. Hier ist die Vollstreckung noch nicht abgeschlossen. Herr Arm kann nach wie vor Vollstreckungsabwehrklage erheben. Er kann beispielsweise behaupten, er habe längst gezahlt. Die Sache erhält er dadurch zwar nicht zurück. Denn sie gehört bereits dem Ersteigerer.[56] Herr Arm erhält aber den Erlös. Denn dieser ist das Surrogat der Sache.

⚠ Merke: Solange der Erlös noch nicht ausgekehrt ist, bleibt die Vollstreckungsabwehrklage zulässig.[57]

▶ Map 2.7

155   In einigen Fällen kann der Schuldner seine Erfüllung durch einen Kontoauszug belegen. Manchmal hat der Gläubiger dem Schuldner sogar eine Quittung ausgestellt. Geregelt sind diese Urkunden in § 775 Nr. 4 und Nr. 5 ZPO. Man spricht von sogenannten

---

54   Dazu unten Rn. 353; ähnlich Holznagel, NZFam 2014, 58 (58).
55   Vgl. § 119 GVGA.
56   Dazu näher unten Rn. 422.
57   BGH, Urt. v. 19.09.1988 – II ZR 362/87, juris Rn. 5.

präsenten Beweismitteln. Denn der Schuldner kann sie dem Gerichtsvollzieher „präsentieren". Sie führen dazu, dass der Gerichtsvollzieher die Zwangsvollstreckung zunächst einstellt. Auf den ersten Blick erreicht der Schuldner sein Ziel: Die Vollstreckung endet. Der Schuldner bedarf scheinbar keiner Vollstreckungsabwehrklage mehr. Und der Weg über die präsenten Beweismittel ist zudem kostenlos. Auf eine Abkürzung darf man den Schuldner jedoch nur verweisen, wenn sie ebenso sicher ist wie die Hauptstraße. Das ist nicht der Fall. Gegenüber einem Vollstreckungsabwehrurteil hat die Einstellung nach § 775 Nr. 4 und 5 ZPO Nachteile. So bleiben Vollstreckungsmaßnahmen bestehen (§ 776 Satz 2 ZPO). Beispiel: Der Gerichtsvollzieher klebt das Pfandsiegel auf eine Sache des Schuldners. Der Schuldner zeigt dem Gerichtsvollzieher einen Zahlungsbeleg. Hier hebt der Gerichtsvollzieher die Pfändung nicht auf. Vielmehr muss er die Zwangsvollstreckung auf Antrag des Gläubigers fortsetzen.[58] Anders ist dies bei einem Vollstreckungsabwehrurteil. An dieses sind die Vollstreckungsorgane gebunden.

> ⓘ **Merke:** Für die Vollstreckungsabwehrklage besteht auch dann ein Rechtsschutzbedürfnis, wenn der Schuldner die Erfüllung durch präsente Beweismittel nachweisen kann.

Angegriffener Vergleich
Urteilsklausur

▶ Map 2.14

Manchmal ist der mit der Vollstreckungsabwehrklage angegriffene Titel ein Vergleich.   156
Dann sollte man in der Zulässigkeit stets darauf eingehen, ob der Schuldner das alte Verfahren fortsetzen muss. Streitig ist, ob für die Vollstreckungsabwehrklage ein Rechtsschutzbedürfnis besteht, wenn die Parteien diskutieren, ob ein Vergleich wirksam ist.[59] Das Problem wurde schon bei der Statthaftigkeit angesprochen.[60] Es stellen sich zusätzliche Fragen.

Fall[61]   157

G verklagt S auf Zahlung von 10.000 Euro. Das Landgericht weist die Klage ab. G legt Berufung ein. Vor dem Oberlandesgericht vergleichen (= einigen) sich G und S dahin, dass S an G 3000 Euro zahlt. Drei Monate später erklärt S die Anfechtung des Vergleichs. Er sei von G arglistig getäuscht worden. Er erhebt vor dem Landgericht Vollstreckungsabwehrklage.

❓ Ist die Vollstreckungsabwehrklage zulässig?

---

58 OLG Hamm, Beschl. v. 22.03.1973 – 23 W 37/73 = MDR 1973, 857; KG Berlin, Beschl. v. 11.12.2003 – 1 W 71/03, juris Rn. 9; LG Karlsruhe, Beschl. v. 03.12.1982 – 11 T 423/82 = DGVZ 1983, 188.
59 Einerseits BGHZ 87, 227, juris Rn. 16; BGH, Beschl. v. 04.10.1982 – GSZ 1/82 = NJW 1983, 228 (230) u. v. 14.05.1987 – BLw 5/86, juris Rn. 20; andererseits BGHZ 142, 253, juris Rn. 7; BGH, Urt. v. 16.12.1970 – VIII ZR 85/69, juris Rn. 7; OLG Düsseldorf, Urt. v. 13.01.1966 – 19 U 56/65 = NJW 1966, 2367; OLG Zweibrücken, Beschl. v. 07.11.1969 – 2 W 107/69 = OLGZ 1970, 185; LAG Hessen, Urt. v. 30.04.2008 – 6 Sa 1001/07.
60 Siehe oben Rn. 115.
61 Nach BGH, Urt. v. 16.12.1970 – VIII ZR 85/69 = NJW 1971, 467.

✅ Rechtsschutzbedürfnis besteht

Im Rahmen der Zulässigkeit ist das allgemeine Rechtsschutzbedürfnis problematisch. Es fehlt, wenn dem Kläger ein einfacherer Weg zur Verfügung steht. Unstreitig ist die Vollstreckungsabwehrklage zulässig, wenn der Schuldner gegen einen Prozessvergleich nachträgliche materielle Einwendungen erhebt.[62] Etwa kann ein Schuldner mit der Vollstreckungsabwehrklage vorbringen, die titulierte Forderung sei durch Aufrechnung erloschen. Einigkeit besteht auch darüber, dass das alte Verfahren fortgesetzt werden *darf*, wenn die Parteien über die Wirksamkeit eines Vergleichs streiten.[63] S hätte also beantragen können, das erste Verfahren fortzusetzen. Das hat er aber nicht getan. Vielmehr hat er ausdrücklich Vollstreckungsabwehrklage erhoben. Die Unterschiede beider Rechtsbehelfe sind nicht allzu groß. Sie entstehen beispielsweise, wenn der Vergleich in der Rechtsmittelinstanz geschlossen wird. Wird das alte Verfahren fortgesetzt, befindet es sich nach wie vor in der Rechtsmittelinstanz. Erhebt der Schuldner Vollstreckungsabwehrklage, ist das erstinstanzliche Gericht zuständig. Beim Antrag, das alte Verfahren fortzusetzen, verliert der Schuldner eine Instanz.[64] Das spricht für ein Rechtsschutzbedürfnis für die Vollstreckungsabwehrklage. Ein Nachteil ist, dass die Früchte des Erstprozesses verloren gehen, wenn der Schuldner Vollstreckungsabwehrklage erhebt. Ein Gericht muss sich nochmals mit demselben Sachvortrag beschäftigen. Eventuell müssen erneut dieselben Beweise erhoben werden. Bis Rechtsfrieden zwischen den Parteien eintritt, kann länger dauern, als wenn sich das Verfahren bereits in der zweiten Instanz befindet.

Richtigerweise kann der Schuldner zwischen beiden Rechtsbehelfen wählen. Er muss entscheiden können, ob er das ursprüngliche Verfahren insgesamt fortsetzen oder nur die Vollstreckbarkeit des Vergleichs beseitigen will.[65] Bei der Vollstreckungsabwehrklage beschränkt der Schuldner nämlich den Prozessstoff. Gerade dies kann das Verfahren beschleunigen. Möglicherweise ergeht hierdurch sogar schneller eine rechtskräftige Entscheidung. Auch muss sich das Gericht nicht in allen Vollstreckungsabwehrklagen mit dem gesamten Prozessstoff des Vorprozesses beschäftigen. Ob es ein einfacherer Weg ist, das alte Verfahren fortzusetzen, ist von Fall zu Fall unterschiedlich. Oft kann man darüber unterschiedlicher Meinung sein. Deshalb besteht neben dem Antrag auf Fortsetzung des alten Verfahrens ein Rechtsschutzbedürfnis für eine Vollstreckungsabwehrklage. Die Vollstreckungsabwehrklage ist also zulässig.

Klausurtipp

Beim obigen Problem darf man sich nicht auf die Feststellung beschränken, die Zwangsvollstreckung stehe bevor und sei noch nicht beendet. Daher liege das Rechtsschutzbedürfnis für die Vollstreckungsabwehrklage vor. Eine gute Klausurnote setzt nämlich voraus, dass man die Probleme des Falls erkennt und ausführlich erörtert.

---

62 Siehe oben Rn. 122.
63 BGHZ 28, 171 = NJW 1958, 1970 (1971).
64 RGZ 106, 312 (315).
65 BAGE 125, 361, Rn. 11; BGH, Urt. v. 27.11.1952 – IV ZR 57/52 = NJW 1953, 345; BGH, Beschl. v. 14.05.1987 – BLw 5/86, juris Rn. 20; Baur/Stürner/Bruns, Zwangsvollstreckungsrecht, 2006, S. 179; a. A. BGH, Urt. v. 16.12.1970 – VIII ZR 85/69, juris Rn 13 und die gängigen Kommentare, z. B. Mü-Ko-ZPO/Schmidt/Brinkmann, 2016, § 767 Rn. 13.

Das Problem aus Anwaltssicht

In der Anwaltsklausur kann sich das Problem aus Schuldnersicht stellen. Der Bearbeiter muss zunächst prüfen, welches der statthafte Antrag ist. Er sollte schreiben, dass der Schuldner bei anfänglichen Einwendungen gegen einen Vergleich das alte Verfahren fortsetzen darf. Der Bearbeiter sollte begründen, weshalb diese Möglichkeit die Vollstreckungsabwehrklage nicht sperrt. Im Rahmen der Zweckmäßigkeit sind dann die eben genannten Vor- und Nachteile beider Rechtsbehelfe abzuwägen. Häufig empfiehlt sich, das alte Verfahren fortzusetzen. Es kommt aber auf den Einzelfall an, insbesondere den Wunsch des Mandanten. Zur Beruhigung: Meist werden beide Rechtsbehelfe vertretbar sein. Der Examenskandidat muss seine Lösung nur plausibel begründen.

Unstreitig kann der Schuldner Vollstreckungsabwehrklage erheben, wenn die Parteien streiten, wie ein Vergleich auszulegen ist. Er darf und will das alte Verfahren nicht fortsetzen.[66]

158

159

> **Fall**
>
>
> Cäsar und Cleopatra lieben sich. Gleichzeitig arbeiten sie zusammen. Cleopatra ist Cäsars Chefin. Sie kündigt ihm. Sie möchte Berufliches und Privates trennen. Cäsar ist über die Kündigung sehr traurig. Er erhebt vor dem Arbeitsgericht Kündigungsschutzklage. Dort vergleichen sich Cäsar und Cleopatra. Sie erklären das Arbeitsverhältnis übereinstimmend für beendet. Im Gegenzug verpflichtet sich Cleopatra, Cäsar eine Abfindung zu zahlen. Sie muss sie ihm drei Monate später überweisen. Einen Monat nach Vergleichsschluss wird Cäsar ermordet. Nero beerbt ihn. Nero lässt sich vom Rechtspfleger eine Rechtsnachfolgeklausel erteilen.[67] Mit dem Vergleich und der Rechtsnachfolgeklausel beauftragt Nero den Gerichtsvollzieher. Cleopatra ist der Meinung, der Vergleich sei auszulegen. Sie müsse die Abfindung

160

---

66 BGH, Urt. v. 04.11.1976 – VII ZR 6/76, juris Rn. 8.
67 §§ 62 Abs. 2 Satz 1 ArbGG; 794 Abs. 1 Nr. 1; 795 Satz 1; 727 ZPO.

nicht zahlen, wenn Cäsar vor Ablauf der drei Monate stirbt. Denn auch ohne Kündigung hätte sie Nero nicht anstelle von Cäsar weiterbeschäftigen müssen (§ 613 Satz 1 BGB). Sie erhebt Vollstreckungsabwehrklage.

❯ Map 2.13

? Ist die Klage zulässig?

✓ Ja. Die Vollstreckungsabwehrklage ist zulässig. Sie ist statthaft. Cleopatra beruft sich auf eine materiellrechtliche Einwendung. Sie entnimmt dem Vergleich eine konkludente auflösende Bedingung. Sie behauptet, diese sei eingetreten.

Es besteht auch ein Rechtsschutzbedürfnis. Ein einfacherer Weg existiert nicht. Cleopatra muss nicht das alte Verfahren fortsetzen.[68] Vielmehr hält sie den Vergleich nach wie vor für wirksam. Lediglich eine Rechtsfolge des Vergleichs greift sie an. Es wäre ein unnötiger Aufwand, müssten die Parteien das gesamte frühere Verfahren mit allen etwaigen Streitpunkten wieder aufrollen. Das will weder eine der Parteien noch der Richter.

Einspruch gegen Versäumnisurteil/Vollstreckungsbescheid

161

> **Ausgangsfall**
>
> Ein Mandant kommt zu seinem Rechtsanwalt. Gegen den Mandanten ist vor einer Woche ein Vollstreckungsbescheid ergangen. Gestern hat er die titulierte Forderung beglichen.

? Kann der Mandant gegen den Vollstreckungsbescheid Vollstreckungsabwehrklage erheben?

✓ Nein. Für die Vollstreckungsabwehrklage besteht kein Rechtsschutzbedürfnis. Der Rechtsanwalt kann gegen den Vollstreckungsbescheid Einspruch gemäß §§ 700 Abs. 1; 338 ZPO einlegen. Die zweiwöchige Einspruchsfrist des § 339 Abs. 1 ZPO ist nicht abgelaufen. Aus § 767 Abs. 2 ZPO ergibt sich, dass der Einspruch vorrangig ist.

162

> **Abwandlung**
>
> Der Mandant kommt erst vier Wochen nach Zustellung des Vollstreckungsbescheids. Er hat drei Wochen nach Zustellung gezahlt.

---

68 Vgl. BAG, Urt. v. 22.05.2003 – 2 AZR 250/02, juris Rn. 22.

❓ Ist die Vollstreckungsabwehrklage jetzt zulässig?

✅ Ja. Der Rechtsanwalt kann die Erfüllung nicht mehr mit dem Einspruch einwenden. Sie erfolgte nach Ablauf der Einspruchsfrist. Für die Vollstreckungsabwehrklage besteht ein Rechtsschutzbedürfnis.

REF Sofortige Beschwerde gegen einen Kostenfestsetzungsbeschluss

▶ Map 2.7

Fall   163

G verklagt S auf Zahlung von 10.000 Euro. Das Landgericht gibt der Klage in Höhe von 2500 Euro statt. Im Übrigen weist es sie ab. Die Kosten quotelt es. G trägt ¾, S trägt ¼. G und S lassen sich vom Landgericht ihre Kosten festsetzen. S rechnet in Höhe der für ihn festgesetzten Kosten auf. Er erhebt Vollstreckungsabwehrklage gegen den zugunsten des G ergangenen Kostenfestsetzungsbeschluss. G meint, sie sei unzulässig. Für die Vollstreckungsabwehrklage bestehe kein Rechtsschutzinteresse. S könne nach § 104 Abs. 3 ZPO sofortige Beschwerde einlegen. Das sei einfacher und billiger.

❓ Hat G Recht?

✅ Nein. G hat Unrecht. Die Vollstreckungsabwehrklage ist zulässig.
Der Richter entscheidet nicht, wer wieviel Euro an Prozesskosten zu tragen hat. Er nennt lediglich einen Bruch oder eine Prozentzahl. Auf dieser Basis kann sich jede Partei an den Rechtspfleger wenden. Jede Partei kann ihm darlegen, welche Beträge sie vom Gegner verlangt. Das haben sowohl G als auch S getan. Der Rechtspfleger setzt beide Kostenforderungen fest.[69] Weder Richter noch Rechtspfleger verrechnen automatisch beide Kostenerstattungsansprüche. Das bedeutet, bei einer Kostenquote entstehen in der Regel zwei entgegengesetzte Kostenforderungen. Für jede Partei ist es meist sinnvoll, aufzurechnen. Diesen Weg hat S beschritten. Damit ist gemäß § 389 BGB die Kostenforderung des G zumindest teilweise erloschen. Problematisch ist, dass der Kostenfestsetzungsbeschluss gemäß § 794 Abs. 1 Nr. 2 ZPO ein Titel ist. G kann aus ihm nach wie vor wegen seiner gesamten Kosten vollstrecken. Das wollte S verhindern. Deshalb hat er Vollstreckungsabwehrklage erhoben. Für sie besteht ein Rechtsschutzbedürfnis. Die sofortige Beschwerde ist nicht vorrangig. Denn bei ihr prüft der Richter nur, ob der Rechtspfleger die Kosten richtig festgesetzt hat. Materielle Einwände bleiben der Vollstreckungsabwehrklage vorbehalten.[70]

---

69 § 21 Nr. 1 RPflG.
70 Leyendecker, JA 2010, 631 (637).

2.3.5 **Bestimmter Antrag**

164 Zuweilen ist in der Urteilsklausur der Klageantrag falsch.

Bei der Vollstreckungsabwehrklage muss der Schuldner beantragen, die Zwangsvollstreckung für unzulässig zu erklären. Das ergibt sich aus § 775 Nr. 1 ZPO. Falsch ist beispielsweise die Formulierung, „die Zwangsvollstreckung in das gepfändete Auto" für unzulässig zu erklären. Letzterer Antrag deutet auf eine Drittwiderspruchsklage nach § 771 ZPO hin. Gibt das Gericht einer Vollstreckungsabwehrklage statt, kann der Gläubiger aus dem Titel überhaupt nicht mehr vollstrecken. Die Klage richtet sich also nicht gegen einzelne Vollstreckungsmaßnahmen.[71] Das sollte im Antrag deutlich werden.

165 Ein falscher Klageantrag kann auszulegen sein. In manchen Klausuren beantragt der Kläger, das Urteil aufzuheben. Ebenfalls möglich ist der Antrag „Der Beklagte wird verurteilt, die Zwangsvollstreckung zu unterlassen". Hier ist stets zu prüfen, was der Kläger will. Beruft er sich auf materielle Einwände gegen den titulierten Anspruch, ist vielfach die Vollstreckungsabwehr der gewünschte Rechtsbehelf.

Der Schuldner darf den Titel auch teilweise angreifen.[72]

Beispiel

G hat gegen S ein Urteil über 8000 Euro erstritten. S rechnet in Höhe von 7000 Euro auf. Er darf beantragen, die Zwangsvollstreckung aus dem Urteil in Höhe von 7000 Euro für unzulässig zu erklären.

2.3.6 **Prozessführungsbefugnis**

166 Ganz selten ist zu prüfen, ob der Kläger prozessführungsbefugt ist. Auf die Frage sollte man lediglich eingehen, wenn sie problematisch ist. Nur der Vollstreckungsschuldner darf das Urteil angreifen. Nach neuerer Auffassung des BGH ist dies ein Prüfungspunkt im Rahmen der Zulässigkeit.[73]

Die Prozessführungsbefugnis ergibt sich aus dem Wortlaut des § 767 Abs. 1 ZPO. Dort heißt es die Vollstreckungsabwehrklage kann „von dem Schuldner" erhoben werden. Eine gewillkürte Prozessstandschaft ist unzulässig. Schuldner ist normalerweise, wer im Titel als Verpflichteter genannt ist. Es kann aber auch sein Rechtsnachfolger sein, gegen den der Rechtspfleger den Titel umgeschrieben hat. Einfachstes Beispiel ist der Erbe des Titelschuldners (§ 727 Abs. 1 ZPO i. V. m. § 1922 BGB).

167 Im Titel können mehrere Schuldner genannt sein. In diesem Fall darf jeder von ihnen alleine klagen.[74]

---

71 BGH, Urt. v. 10.10.1960 – II ZR 53/58 = NJW 1960, 2286 (2287).
72 BGH, Urt. v. 17.04.1986 – III ZR 246/84 = NJW-RR 1987, 59 (60); BGH, Urt. v. 19.02.1991 – XI ZR 202/89 = NJW-RR 1991, 759 (760).
73 BGH, Urt. v. 10.12.2013 – XI ZR 508/12, Rn. 12 u. v. 03.11.2015 – II ZR 446/13, Rn. 22 sowie ebenfalls vom 03.11.2015 – II ZR 443/13, Rn. 17.
74 OLG Frankfurt, Urt. v. 28.04.1982 – 17 U 182/81, juris Rn. 37.

Ist der Schuldner insolvent, muss der Insolvenzverwalter Vollstreckungsabwehr-   168
klage erheben. Der Insolvenzschuldner ist grundsätzlich nicht prozessführungsbefugt.[75]

Ist eine GbR im Titel als Schuldnerin genannt, darf sie im eigenen Namen Vollstreckungs-   169
abwehrklage erheben.[76] Die Gesellschafter sind grundsätzlich nicht prozessführungsbefugt.

2.4 Begründetheit

2.4.1 Prüfungsschema

Das Prüfungsschema für die Begründetheit der Vollstreckungsabwehrklage besteht aus   170
vier Punkten.

> **ℹ Prüfungsschema Begründetheit Vollstreckungsabwehrklage**
> 1.) Passivlegitimation
> 2.) Einwendung im Sinne von § 767 Abs. 1 ZPO
> 3.) Keine Verspätung nach § 767 Abs. 2 ZPO
> 4.) Keine Verspätung nach § 767 Abs. 3 ZPO

> **Klausurtipp**
>
> Manche Korrektoren reagieren allergisch, wenn der Bearbeiter stur ein Schema abspult. Besser ist, Problembewusstsein zu zeigen. Das vorliegende Schema dient dazu, nichts zu vergessen. Keineswegs sind in der Ausarbeitung stets alle Punkte zu erörtern.

2.4.2 Obersatz

Die Begründetheitsprüfung ist mit einem Obersatz einzuleiten.   171

> **Formulierungsvorschlag[77]**
> Die Vollstreckungsabwehrklage ist begründet, soweit dem Kläger eine materiellrechtliche Einwendung gegen den titulierten Anspruch zusteht, die nicht verspätet vorgebracht ist.

2.4.3 Richtiger Beklagter

 Map 2.8

Problemstellung

Selten stellt sich in Vollstreckungsabwehrklausuren die Frage, ob der Kläger den Richti-   172
gen verklagt hat.

75 BGH, Beschl. v. 10.10.1973 – VIII ZR 9/72 = NJW 1973, 2065; vgl. auch BGHZ 100, 222.

76 BGH, Urt. v. 03.11.2015 – II ZR 446/13, Rn. 23 ff.

77 Ähnlich Sojka, ZJS 2013, 36 (38).

Beispiel

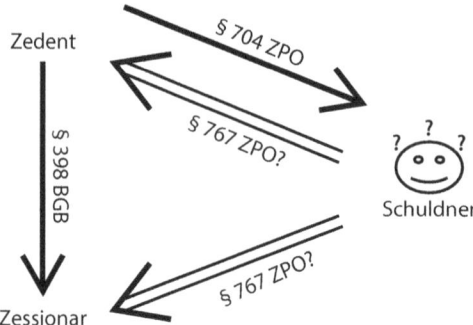

Der Gläubiger hat seinen titulierten Anspruch abgetreten. Der Schuldner hat bezahlt. Er überlegt, ob er den alten Gläubiger (Zedent) oder den neuen Gläubiger (Zessionar) verklagen muss.

Im Einklang mit dem BGH empfiehlt sich, die Frage nach dem richtigen Beklagten erst in der Begründetheit bei der Passivlegitimation (= Sachbefugnis) zu diskutieren.[78] Das mag zwar widersprüchlich erscheinen. Denn die Frage des richtigen Klägers prüft der BGH neuerdings in der Zulässigkeit.[79] Er hat seine Rechtsprechung aber noch nicht auf die Beklagtenseite ausgedehnt. Deshalb sollte der Klausurbearbeiter auf Nummer sicher gehen.

Ist die Forderung des früheren Gläubigers auf einen anderen übergegangen, ist zu unterscheiden:

In der ersten Konstellation ist der Titel bereits auf den Zessionar umgeschrieben. Angenommen, der Schuldner erhebt gegen den Zedenten Vollstreckungsabwehrklage. Dann geht seine Klage ins Leere. Der Zedent ist kein Vollstreckungsgläubiger mehr. Der Schuldner muss den Zessionar verklagen.[80]

Anders ist es, wenn zugunsten des Zessionars noch keine Klausel existiert. Dann darf der Schuldner nach wie vor den Zedenten verklagen.[81] Denn der Zedent kann mit dem Titel jederzeit den Gerichtsvollzieher beauftragen. Vom Zedent droht damit nach wie vor eine Vollstreckung. Eines muss man jedoch wissen: Der Schuldner darf auch schon den Zessionar verklagen.[82] Es genügt, dass der Titel auf den Zessionar umgeschrieben werden könnte. Der Schuldner darf in diesem Fall sogar Zedent und Zessionar nach § 60 ZPO als Streitgenossen verklagen. Schließlich droht ihm von beiden aus demselben Titel Vollstreckung.

---

78   So BGHZ 110, 319, juris Rn. 11; 120, 387, juris Rn. 17; 120, 387, juris Rn. 16 f.; unklar: BGH, Urt. v. 25.09.2006 – II ZR 218/05 = NJW 2006, 3716.
79   Siehe oben Rn. 166.
80   OLG Karlsruhe, Urt. v. 13.03.2007 – 8 U 175/06, juris Rn. 13.
81   BGH, Urt. v. 05.07.1991 – V ZR 343/89, juris Rn. 11.
82   BGHZ 120, 387, juris Rn. 18.

2.4.4 Einwendung

> ▶ **Map 2.8**

Sodann ist in der Begründetheit die materiellrechtliche Einwendung zu prüfen. Das Gericht prüft nur die Einwendungen, die der Schuldner geltend macht. Es prüft also nicht von Amts wegen jede denkbare Einwendung.[83] Grundsätzlich keine Einwendung ist eine Änderung der höchstrichterlichen Rechtsprechung.

173

> **Klausurtipp**
>
> Der Schwerpunkt der Klausur liegt fast immer bei der materiellrechtlichen Einwendung. Hierfür sollte der Bearbeiter ausreichend Zeit reservieren. Dies gelingt, wenn er die gängigen Zulässigkeitsprobleme kennt.

Begriff der Einwendungen im Sinne von § 767 ZPO

Auf den ersten Blick mag es verwundern. Aber der Schuldner kann auch anfängliche Einwendungen mit der Vollstreckungsabwehrklage erheben.

174

Beispiel

Der Schuldner trägt vor, der titulierte Kaufpreiszahlungsanspruch beruhe auf einen unwirksamen Kaufvertrag. Er sei bei Vertragsabschluss erst 17 Jahre gewesen. Seine Eltern hätten ihre Genehmigung gemäß § 107 BGB verweigert. Dieser Einwand liegt auf der Stufe „Anspruch entstanden". Es handelt sich um einen anfänglichen Einwand.

> ❗ **Merke:** Der Begriff der Einwendungen im Sinne von § 767 ZPO unterscheidet sich vom Begriff der Einwendungen im engeren materiellen Sinne.

Theoretisch kann der Schuldner mit der Vollstreckungsabwehrklage also sämtliche materiellen Gesichtspunkte geltend machen, die ihm nutzen. Er kann ausführen, der Anspruch sei nicht entstanden. Er kann vortragen, der Anspruch sei untergegangen. Schließlich kann er sich darauf berufen, der Anspruch sei einredebehaftet.

Die Sache hat nur einen Haken. Ob der Anspruch entstanden ist, prüft das Gericht nicht in jedem Fall. Ist der angegriffene Titel nämlich ein Urteil, gilt § 767 Abs. 2 BGB. Danach sind Angriffe des Schuldners auf der Stufe „Anspruch entstanden" stets verspätet. Der Schuldner hätte sie schon im Erkenntnisverfahren vorbringen können.

Anders ist dies aber bei notariellen Urkunden und Vergleichen. Ihnen ist kein Erkenntnisverfahren vorausgegangen. Der Schuldner konnte die Angriffe somit nicht früher erheben. Deshalb erklärt § 797 Abs. 4 ZPO für notarielle Urkunden § 767 Abs. 2

---

83 RGZ 109, 69 (69 f.).

ZPO für unanwendbar. Für Vergleiche gilt dasselbe gemäß § 797 Abs. 4 ZPO analog.[84] Bei notariellen Urkunden und Vergleichen sind demzufolge anfängliche Einwände nie gemäß § 767 Abs. 2 ZPO verspätet.

> **Merke:** Ist der Titel ein Vergleich oder eine notarielle Urkunde, kann der Schuldner auch anfängliche Einwände vorbringen.

REF Beweislast
Grundsatz

175   Die Darlegungs- und Beweislast richtet sich nach allgemeinen Regeln.[85] Das gilt für alle Vollstreckungsabwehrklagen. Denn wer die Darlegungs- und Beweislast trägt, entscheidet das materielle Recht. Anspruchsbegründende Voraussetzungen hat normalerweise der Gläubiger darzulegen und zu beweisen. Für Einwendungen und Einreden ist grundsätzlich der Schuldner zuständig.

> **Merke:** Die Vollstreckungsabwehrsituation ändert die Darlegungs- und Beweislast nicht.

176   So kann es sein, dass eine Bank und ein Schuldner einen Darlehensvertrag schließen. Der Schuldner unterwirft sich wegen des Darlehensrückzahlungsanspruchs der sofortigen Zwangsvollstreckung in sein gesamtes Vermögen. Einige Monate später erhebt er Vollstreckungsabwehrklage. Er bestreitet, das Geld ausgezahlt bekommen zu haben. Hier trägt die Bank die Beweislast. Für die Beweislast gelten nämlich auch bei den Titeln ohne vorausgehendes Erkenntnisverfahren die allgemeinen Regeln. Jede Partei hat die für sie günstigen Tatsachen darzulegen und zu beweisen. Der Gläubiger ist demnach für die anspruchsbegründenden Tatsachen zuständig. Der Schuldner muss Einwendungen und Einreden vortragen und nachweisen.[86]

Die notarielle Unterwerfungserklärung bewirkt, dass der Schuldner die Initiative ergreifen muss. Ohne sie müsste die Bank den Schuldner verklagen. Sie müsste nach allgemeinen Regeln beweisen, dass sie das Darlehen hingegeben hat. Nur dann steht ihr der Rückzahlungsanspruch aus § 488 Abs. 1 Satz 2 BGB zu. Dabei bleibt es, wenn der Schuldner sich der sofortigen Zwangsvollstreckung unterwirft. Daran könnte man zwar zweifeln. Denn immerhin hat der Schuldner auf ein Erkenntnisverfahren verzichtet. Deshalb könnte man ihn ungünstiger stellen. Man könnte ihn auch für die anspruchsbegründenden Tatsachen als beweispflichtig ansehen. Allerdings wurzelt die Beweislastverteilung im materiellen Recht. Indem sie auf ein Erkenntnisverfahren verzichten, ändern die Parteien nicht das materielle Recht. Sie ändern lediglich die prozessualen Parteirollen. Deshalb kann sich die Beweislast nicht ändern.[87]

---

84 BGH, Urt. v. 27.11.1952 – IV ZR 57/52 = NJW 1953, 345; BGH, Beschl. v. 04.10.1982 – GSZ 1/82 = BGHZ 85, 64, juris Rn. 27.
85 Münch, NJW 1991, 795 (803).
86 BGH, Urt. v. 03.04.2001 – XI ZR 120/00 = NJW 2001, 2096 ((2097); Urt. v. 27.09.2001 – VII ZR 388/00 = NJW 2002, 138 (139); BGH, Beschl. v. 16.07.2008 – IV ZR 309/07, juris Rn. 3; a. A. noch BGH, Urt. v. 25.06.1981 – III ZR 179/79 = NJW 1981, 2756; offengelassen noch in BGH, Urt. v. 31.01.1991 – VII ZR 375/89, juris Rn. 17 und BGHZ 114, 57, juris Rn. 42.
87 BGHZ 147, 203, juris Rn. 21; BGH, Urt. v. 27.09.2001 – VII ZR 388/00, juris Rn. 26; Münch, NJW 1991, 795 (801 ff.).

! **Merke: Unterwirft sich der Schuldner der sofortigen Zwangsvollstreckung, ändert sich dadurch die Beweislast nicht.**

Für den Schuldner ist dies angenehm. Bei einer notariellen Urkunde darf er ohne grö-   177
ßeren Vortrag pauschal Vollstreckungsabwehrklage erheben. Er muss nur ausführen, er
wende sich gegen eine bestimmte notarielle Urkunde. Sie sei inhaltlich falsch. Damit
spielt er dem Gläubiger den Ball zu. Dieser muss vortragen, welcher Anspruch der Urkunde zugrunde liegt. Zum Beispiel muss der Gläubiger ausführen, dass die Parteien ein
Darlehen geschlossen haben. Er muss erklären, dass er den Darlehensbetrag ausgezahlt
hat. Vergisst er dies, ist der Vollstreckungsabwehrklage stattzugeben.

Lediglich bei etwaigen Einwendungen und Einreden muss der Schuldner ausführ-   178
licher werden.

In manchen Bundesländern ist in der Rechtsanwaltsklausur eine Klageschrift zu fertigen. Wird der Vollstreckungsschuldner vertreten, ist es taktisch geschickt, zu den anspruchsbegründenden Tatsachen nur sehr wenig zu schreiben. Denn es besteht die
Chance, dass der Gläubiger zu ihnen unsubstantiiert vorträgt. Er könnte etwa vergessen, die Höhe der Darlehenssumme zu nennen. Damit sind die essentialia negotii nicht
vollständig dargelegt. Das Gericht muss davon ausgehen, es sei niemals ein wirksamer
Darlehensvertrag zustande gekommen. Somit liegt der notariellen Urkunde kein wirksames Darlehen zugrunde. Damit gewinnt der Schuldner.

Sicherheitshalber sollte man aber in der Zweckmäßigkeit erläutern, weshalb man die
anspruchsbegründenden Umstände in der Klageschrift nur äußerst knapp darlegt.

Beweislastumkehr durch abstraktes Schuldanerkenntnis

Man muss aber vorsichtig sein. Möglicherweise verschiebt sich nämlich nach materiellem   179
Recht die Beweislast. Denn manchmal ist der Bank die Unterwerfungserklärung nicht
genug. Der Darlehensnehmer könnte Vollstreckungsabwehrklage erheben. Er könnte vortragen, er habe das Darlehen nie erhalten. Dann wäre die Bank am Zug. Die Voraussetzungen des Darlehensrückzahlungsanspruchs aus § 488 Abs. 1 Satz 2 BGB muss sie beweisen.
Dazu gehört auch der Umstand, das Darlehen ausgezahlt zu haben. Ohne Auszahlung
besteht schließlich keine Rückzahlungspflicht. Jeder Prozess birgt für eine Partei Risiken.
Ist sie beweisbelastet, sind die Risiken höher. Beispielsweise können auf dem Bankserver
wegen eines Hackerangriffs die Daten zur Darlehensauszahlung gelöscht worden sein.
Dann kann die Bank nur noch schwer beweisen, dass der Darlehensnehmer das Darlehen
erhalten hat. Clevere Banken sind deshalb auf eine Idee gekommen. Der Darlehensnehmer muss vor dem Notar ein abstraktes Schuldanerkenntnis gemäß §§ 780; 781 BGB erteilen. Manche bezeichnen diesen Vertrag auch als konstitutives Schuldanerkenntnis oder
als abstraktes Schuldversprechen. Die §§ 780; 781 BGB werden üblicherweise zusammen
zitiert. Es handelt sich um eine Anspruchsgrundlage.[88] Abstraktes Schuldanerkenntnis bedeutet Folgendes: Der Schuldner erklärt, dass er der Bank einen bestimmten Geldbetrag
schuldet. Warum, verrät er nicht. Rechtsfolge ist ein Anspruch der Bank auf die anerkannte
Geldsumme. Im Idealfall kann die Bank ihren Zahlungsanspruch damit auf zwei Anspruchsgrundlagen stützen: auf § 488 Abs. 1 Satz 2 BGB und auf §§ 780; 781 BGB. Scheitert eine Anspruchsgrundlage, steht der Bank noch die andere zur Verfügung.

---

88 Zur Vertiefung: Schreiber, jura 2014, 28.

Im Gesamtergebnis kehrt die Bank die Darlegungs- und Beweislast um. Normalerweise müsste sie beweisen, das Darlehen ausgezahlt zu haben. Nun muss sie nur noch beweisen, dass der Schuldner ein abstraktes Schuldanerkenntnis abgegeben hat. Und das fällt ihr regelmäßig leicht. Der Notar bewahrt nämlich die Urkunde sicher auf. Der Schuldner kann nach wie vor behaupten, die Bank habe keinen Zahlungsanspruch. Er muss aber beweisen, dass er das Schuldanerkenntnis ohne Rechtsgrund erteilt hat. Hat er etwa den Darlehensbetrag nie erhalten, steht ihm ein Anspruch aus § 812 Abs. 1 Satz 1, 1. Alt. BGB gegen die Bank zu. Er kann das Schuldanerkenntnis kondizieren. Auch kann er der Forderung aus §§ 780; 781 BGB die Einrede des § 821 BGB entgegenhalten. Die Voraussetzungen dieser Bereicherungsnormen muss aber beweisen, wer sich auf sie beruft. Das ist der Schuldner.

Das wirft eine Frage auf: Welcher vernünftige Darlehensnehmer ändert freiwillig die Beweislast zu seinem Nachteil? Die Antwort liefert das Sprichwort friss oder stirb. Die Bank ist fast immer wirtschaftlich stärker als der Darlehensnehmer. Deshalb zahlt sie das Darlehen nur aus, wenn der Darlehensnehmer ein abstraktes Schuldanerkenntnis abgibt. Weigert er sich, erhält er kein Geld. Selbst in AGB sind solche Vereinbarungen zulässig.[89] Denn das abstrakte Schuldanerkenntnis ist ein Rechtsinstitut, das das BGB jedermann zur Verfügung stellt – auch einer Bank.

180   Manchmal unterwirft sich der Kreditnehmer in der notariellen Urkunde daher nicht (nur) „wegen des Darlehensrückzahlungsanspruchs" der sofortigen Zwangsvollstreckung in sein gesamtes Vermögen. Vielmehr unterwirft er sich (auch) wegen des Schuldanerkenntnisses. Regelmäßig bezeichnen die Parteien das abstrakte Schuldanerkenntnis mit: „Der Schuldner übernimmt die persönliche Haftung".[90] Dann braucht die Bank im Vollstreckungsabwehrprozess nur auf diese Formulierung zu verweisen. Üblicherweise schickt sie die notarielle Urkunde in Kopie mit. Nun ist der Schuldner am Zug. Er muss beweisen, dass dem abstrakten Schuldanerkenntnis der Rechtsgrund fehlt.

ⓘ Merke: Über ein abstraktes Schuldanerkenntnis kann sich die Beweislast in der Vollstreckungsabwehrklage umkehren.

Die Unterschiede zwischen persönlichem und dinglichem Anspruch

181   Dass der Schuldner wegen des Darlehensrückzahlungsanspruchs ein abstraktes Schuldanerkenntnis mit notarieller Unterwerfungserklärung abgibt, ist zugegebenermaßen eher selten. Denn wegen des Grundsatzes der Formalisierung muss der Notar das Darlehen in der Urkunde genau beschreiben. Beispielsweise muss er den Darlehensvertrag ansiegeln. Alternativ muss er den Darlehensbetrag mit Zinsen genau nennen.[91] Der Gerichtsvollzieher muss dem Titel entnehmen können, wegen welchen Betrags er vollstrecken muss. Die Bank möchte indessen flexibel bleiben. Sie möchte jederzeit mit dem Darlehensnehmer neue Konditionen aushandeln können. Bei neuem Darlehen müsste der Schuldner sich neu unterwerfen. Das ist umständlich.

---

89 BGHZ 99, 274, juris Rn. 23–25; BGH, Urt. v. 22.11.2005 – XI ZR 226/04, juris Rn. 11.
90 BGH, Urt. v. 21.01.1976 – VIII ZR 148/74, juris Rn. 15; BGH, Urt. v. 21.02.1985 – III ZR 207/83, juris Rn. 17; BGH, Urt. v. 10.12.1991 – XI ZR 48/91, juris Rn. 6.
91 So z. B. BGH, Urt. v. 22.11.2005 – XI ZR 226/04, juris Rn. 3.

Viel häufiger ist die Konstellation, dass sich der Schuldner in Höhe des Werts einer   182
Grundschuld der persönlichen Haftung unterwirft. Denn viele Schuldner wollen heutzutage von einem Kredit ein Grundstück kaufen. Dann lässt sich die Bank typischerweise am Grundstück eine Grundschuld als Sicherheit gewähren. Oft erstreckt sich die
notarielle Unterwerfungserklärung auf den dinglichen Anspruch aus §§ 1192 Abs. 1;
1147 BGB. Mit anderen Worten verschafft der Schuldner der Bank einen Titel auf Duldung der Zwangsvollstreckung in das Grundstück. Zusätzlich lässt sich die Bank ein
abstraktes Schuldanerkenntnis erteilen, §§ 780; 781 BGB. Wie erwähnt, beschreibt der
Notar dies zuweilen mit den Worten, der Schuldner übernehme die „persönliche Haftung". Hiermit will er den Unterschied zur dinglichen Haftung aus der Grundschuld
klarstellen. Der Kreditnehmer unterwirft sich doppelt.[92] Wegen des Schuldanerkenntnisses unterwirft er sich der sofortigen Zwangsvollstreckung in sein gesamtes Vermögen (§ 794 Abs. 1 Nr. 5 ZPO). Wegen der Grundschuld erlaubt er der Bank, sogleich in
sein Grundstück zu vollstrecken. Auf diese Weise kann die Bank neben dem Grundstück beispielsweise das Gehalt des Schuldners pfänden. Sie will maximal abgesichert
sein.

Formulierungsbeispiel einer notariellen Urkunde[93]   183

§ 3: Grundschuldbestellung. Der Schuldner bewilligt und beantragt unwiderruflich
die Eintragung einer Buchgrundschuld in Höhe von 300.000 Euro für die Gläubigerin. Die Grundschuld ist ab dem Tag der Beurkundung mit 18 Prozent pro Jahr zu
verzinsen.

§ 15: Dingliche Zwangsvollstreckungsunterwerfung. Wegen des Grundschuldkapitals samt Zinsen unterwirft der Eigentümer das Grundstück der sofortigen
Zwangsvollstreckung aus dieser Urkunde in der Weise, dass die Zwangsvollstreckung gegen den jeweiligen Eigentümer zulässig ist (§ 800 ZPO).

§ 16: Abstraktes Schuldversprechen mit Unterwerfung. Der Schuldner verpflichtet
sich unabhängig von der heute bestellten Grundschuld zur Zahlung eines der
Grundschuldsumme entsprechenden sofort fälligen Betrags (§§ 780; 781 BGB).
Wegen dieser Zahlungsverpflichtung unterwirft sich der Schuldner der sofortigen
Zwangsvollstreckung in sein gesamtes Vermögen.

Die Beweislast richtet sich danach, gegen welchen Anspruch der Schuldner sich mit sei-   184
ner Vollstreckungsabwehrklage wehrt. Versteigert die Bank das Grundstück, macht sie
ihren Anspruch aus §§ 1192 Abs. 1; 1147 BGB geltend. Dessen Voraussetzungen muss sie
in der Vollstreckungsabwehrklage des Schuldners beweisen. So muss sie darlegen, dass
die Grundschuld fällig ist (§ 1193 BGB). Anders ist es, wenn sie das Auto oder das Gehalt
des Vertragspartners pfänden will. Dann geht sie aus dem abstrakten Schuldanerkenntnis
vor. Dessen Voraussetzungen muss sie ebenfalls dartun. Allerdings sind diese geringer als
die der Grundschuld. Die Bank muss nur nachweisen, dass das abstrakte Schuldanerkenntnis besteht. Es kann also durchaus sein, dass der Schuldner mit seiner Vollstre-

---

92 OLG Hamm, Urt. v. 26.04.2004 – 5 U 28/04, juris Rn. 21.
93 Vgl. BGH, Beschl. v. 06.12.2016 – XI ZR 46/14, juris Rn. 2.

ckungsabwehrklage gegen den dinglichen Anspruch Erfolg hat, gegen den persönlichen aber nicht. Im Ergebnis ändert dies allerdings nicht viel. Nach § 866 Abs. 1 ZPO kann die Bank auch wegen des abstrakten Schuldanerkenntnisses das Grundstück versteigern lassen.[94] Sie muss nicht etwa erst das Grundstück pfänden und sodann ein Urteil auf Duldung der Zwangsvollstreckung im Sinne von § 1147 BGB erwirken.[95]

Klausurtipp

Die Beweislastverteilung mag verwirrend klingen. Man sollte sich einfach nach der Anspruchsgrundlage richten, die man gerade prüft. Bei jedem Tatbestandsmerkmal ist zu überlegen, wer es beweisen muss. Man muss allerdings alle Anspruchsgrundlagen sehen.

Merke: Um ein Grundstück versteigern zu lassen, genügt ein gewöhnlicher Zahlungstitel. Der Gläubiger benötigt keinen Titel auf Duldung der Zwangsvollstreckung.[96]

Erfüllung

185   Nun zu den Einwendungen im Einzelnen. Zunächst zur Erfüllung.

186   **Ausgangsfall**

G erstreitet vor dem Amtsgericht Heidelberg gegen S am 05.01.2017 unter dem Aktenzeichen 2 C 293/16 ein Urteil auf Zahlung von 2000 Euro. Anschließend bezahlt S. S erhebt Vollstreckungsabwehrklage gegen das Urteil.

Ist die Vollstreckungsabwehrklage begründet?

Map 2.8

Die Vollstreckungsabwehrklage ist begründet. S steht gegen den Zahlungsanspruch der Einwand der Erfüllung zu (§ 362 Abs. 1 BGB).

187   Zusatzfrage: Wie lautet der Hauptsachetenor?

Map 2.10

Der Hauptsachetenor lautet: Die Zwangsvollstreckung aus dem Urteil des Amtsgerichts Heidelberg vom 05.01.2017 – 2 C 293/16 wird für unzulässig erklärt.

188   **REF Abwandlung**

S bezahlt nur 500 Euro. Er beantragt, wie folgt zu erkennen: „Die Zwangsvollstreckung aus dem Urteil des Amtsgerichts Heidelberg vom 05.01.2017 – 2 C 293/16 wird für unzulässig erklärt." In seiner Klagebegründung führt er aus, G dürfe aus dem Urteil gar nicht mehr vollstrecken.

94 Rangklasse: § 10 Abs. 1 Nr. 5 ZVG.
95 BGH, Beschl. v. 29.01.2015 – V ZR 93/14, Rn. 8.
96 Siehe aber § 10 Abs. 1 Nr. 4 und 5 ZVG.

? Wie lautet der Hauptsachetenor jetzt?

✓ Die Klage ist in Höhe von 500 Euro begründet. Im Übrigen ist die Klage unbegründet. Denn S hat beantragt, die Zwangsvollstreckung aus dem Urteil vollumfänglich zu untersagen. G darf aber in Höhe von 1500 Euro weitervollstrecken.

Der Hauptsachetenor lautet daher: Die Zwangsvollstreckung aus dem Urteil des Amtsgerichts Heidelberg vom 05.01.2017 – 2 C 293/16 wird in Höhe von 500 Euro für unzulässig erklärt. Im Übrigen wird die Klage abgewiesen.

Klausuraufbau

So einfach wie in den beiden letztgenannten Fällen wird es in keinem der beiden Examen sein. Sollte sich der Schuldner auf Erfüllung berufen, wird hier ein materiellrechtliches Problem liegen. Beispielsweise kann es darum gehen, ob der Schuldner an den Richtigen geleistet hat. In den meisten Klausuren des ersten Examens wird es mehrere Fallfragen geben. In Frage 1 ist die materielle Rechtslage zu prüfen. In Frage 2 wird unterstellt, es sei ein Urteil gegen den Schuldner ergangen. Der Bearbeiter soll beantworten, wie der Schuldner den Erfüllungseinwand prozessual geltend machen kann. 189

Manchmal möchte der Klausurersteller den Falleinstieg aber ein wenig verkomplizieren. Dann werden beide Fallfragen miteinander verwoben. So in vorliegender Konstellation:

Fall 190

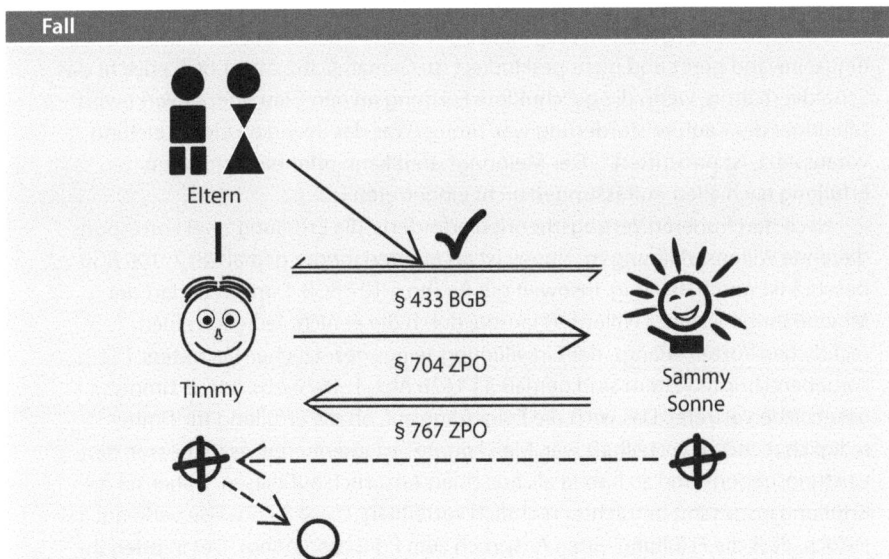

Timmy ist 10 Jahre alt. Er erzählt seinen sorgeberechtigten Eltern, dass er sich ein neues Fahrrad kaufen will. Hierfür benötige er Geld. Daher wolle er sein altes Fahrrad für 800 Euro an seinen 18jährigen Nachbarn Sammy Sonne verkaufen. Timmys Eltern sind einverstanden. Timmy verkauft, übergibt und übereignet Sammy Sonne mit Einverständnis seiner Eltern das Fahrrad. Sammy Sonne zahlt den Kaufpreis aber nicht. Vertreten durch seine Eltern verklagt Timmy vor dem Amtsgericht Augsburg Sammy Sonne. Das Amtsgericht verurteilt Sammy Sonne, an Timmy 800 Euro zu zahlen. Das Gericht stellt Sammy Sonne das Urteil zu. Einen Monat später verabreden sich Sammy Sonne und Timmy allein auf der Straße. Timmys Eltern wissen hiervon nichts. Sammy Sonne übergibt Timmy die 800 Euro in bar. Timmy kauft sich davon ohne Wissen seiner Eltern ein Smartphone. Sammy Sonne erhebt Vollstreckungsabwehrklage gegen Timmy, vertreten durch dessen Eltern. Er beruft sich auf die Zahlung. Timmys Eltern erklären sich mit der Zahlung der 800 Euro nicht einverstanden.

? Hat Sammy Sonnes Klage Aussicht auf Erfolg?

Formulierungsvorschlag im Gutachtenstil

Die Klage hat Aussicht auf Erfolg, wenn sie zulässig und begründet ist. Die Klage kann als Vollstreckungsabwehrklage statthaft sein. Die Vollstreckungsabwehrklage setzt gemäß § 767 Abs. 1 ZPO voraus, dass der Kläger einen materiellrechtlichen Einwand gegen einen titulierten Anspruch erhebt. Tituliert ist hier ein Kaufpreiszahlungsanspruch aus § 433 Abs. 2 BGB. Sammy Sonne beruft sich darauf, ihn gemäß § 362 Abs. 1 BGB erfüllt zu haben. Die Erfüllung ist ein materiellrechtlicher Einwand. Somit ist die Vollstreckungsabwehrklage statthaft. Sachlich und örtlich zuständig ist gemäß § 767 Abs. 1 ZPO das Amtsgericht Augsburg als erstinstanzliches Gericht des Erkenntnisverfahrens. Da aus dem Urteil nach wie vor ernstlich die Zwangsvollstreckung droht, besteht auch ein Rechtsschutzbedürfnis. Deshalb ist die Klage zulässig.

Die Vollstreckungsabwehrklage ist begründet, wenn Sammy Sonnes Erfüllungseinwand greift und nicht präkludiert ist. Gemäß § 362 Abs. 1 BGB erlischt das Schuldverhältnis, wenn die geschuldete Leistung an den Gläubiger bewirkt wird. Gläubiger der Kaufpreisforderung war Timmy. Was das Bewirken einer Leistung voraussetzt, ist umstritten.[97] Der Meinungsstreit kann offenbleiben, wenn Erfüllung nach allen Auffassungen nicht eingetreten ist.

Nach den früheren Vertragstheorien erforderte die Erfüllung zwei korrespondierende Willenserklärungen. Timmy ist als Minderjähriger gemäß §§ 2; 106 BGB beschränkt geschäftsfähig. Insoweit gilt für ihn § 107 BGB. Danach bedarf der Minderjährige zu einer Willenserklärung, durch die er nicht lediglich einen rechtlichen Vorteil erlangt, der Einwilligung seines gesetzlichen Vertreters. Die sorgeberechtigten Eltern sind gemäß §§ 1626 Abs. 1; 1629 Abs. 1 BGB Timmys gesetzliche Vertreter. Das wirft die Folgefrage auf, ob die Erfüllung für Timmy lediglich rechtlich vorteilhaft war. Man könnte argumentieren, es sei besser, den Leistungsgegenstand zu haben als nur einen Anspruch auf diesen. Daher sei die Erfüllung insgesamt betrachtet rechtlich vorteilhaft. Diese Sichtweise verkennt jedoch, dass die Erfüllung einen Anspruch zum Erlöschen bringt. Der Minderjährige verliert eine Forderung. Dadurch erleidet er einen rechtlichen Nachteil. Timmys Eltern müssen den Vertragstheorien zufolge deshalb nach § 107 BGB in

---

97   Näher: Muscheler/Bloch, JuS 2000, 729 (732); Faust, Anm. zu BGH, Urt. v. 17.07.2007 – X ZR 31/06, JuS 2008, 177 (178); Stephan Lorenz, JuS 2009, 109 (111).

Timmys auf Erfüllung gerichtete Willenserklärung einwilligen. Zumindest müssen die Eltern seine Erklärung nach § 108 Abs. 1 BGB genehmigen.

Nach den Theorien der realen Leistungsbewirkung und der finalen Leistungsbewirkung bedarf es keiner Willenserklärung des Gläubigers. Jedoch verlangen diese Theorien eine sogenannte Empfangszuständigkeit. Ein beschränkt Geschäftsfähiger sei nur empfangszuständig, wenn sein Vertragspartner an ihn mit Willen seiner gesetzlichen Vertreter leistet.[98] Sammy Sonne hat ohne Wissen von Timmys Eltern an Timmy geleistet. Deswegen war Timmy nur empfangszuständig, wenn seine Eltern in die Erfüllung eingewilligt oder diese genehmigt haben. Im Ergebnis dieselben Voraussetzungen stellen im vorliegenden Fall die Vertragstheorien. Der Meinungsstreit um die Rechtsnatur der Erfüllung kann also dahinstehen.

Zu prüfen ist nach allen Theorien, ob Timmys Eltern in die Leistung an Timmy eingewilligt haben. Einwilligung meint gemäß § 183 BGB die vorherige Zustimmung. Die Eltern könnten konkludent ihre vorherige Zustimmung zur Erfüllung erteilt haben, indem sie in Timmys Namen gegen Sammy Sonne Klage erhoben haben. Ob ein Verhalten als eine konkludente Erklärung auszulegen ist, bestimmt sich nach dem Empfängerhorizont. Timmys Eltern haben mit der Klage ihren Wunsch ausgedrückt, dass Sammy Sonne zahlt. Sie haben jedoch nicht eingewilligt, dass Timmy das Geld persönlich zu einem bestimmten Zeitpunkt an einem bestimmten Ort in bar erhält. Möglicherweise wollten sie sichergehen, dass Timmy sich von dem Geld ein neues Fahrrad kauft. Eventuell hätten sie den Handykauf verhindern wollen. Hierzu hätten sie verschiedene Möglichkeiten gehabt. Das konnten Timmy und Sammy Sonne von ihrem Empfängerhorizont auch erkennen. In der Klage der Eltern liegt daher keine konkludente Einwilligung in die Erfüllung (a. A. vertretbar).

Die Eltern haben den Geldempfang auch nicht im Sinne von § 184 Abs. 1 BGB genehmigt. Vielmehr haben sie die Genehmigung verweigert. Timmy war also nicht empfangszuständig.

Timmys Kaufpreiszahlungsanspruch ist nach allen Auffassungen nicht gemäß § 362 Abs. 1 BGB erloschen. Die Vollstreckungsabwehrklage ist deswegen unbegründet. Sie hat keine Aussicht auf Erfolg.

Fall

191

Kunde K schließt mit Anlageberater B einen Anlageberatungsvertrag. B verpflichtet sich, K diejenigen Geldanlagen zu empfehlen, die den Anlagewünschen des K entsprechen. Für die Beratung vereinbaren K und B ein Stundenhonorar von 100 Euro. K teilt B mit, er wünsche sich vor allem Anlagen, die ihm einen besonders hohen Gewinn bringen. B schlägt K die Produkte der drei Unternehmen U, V und W vor. Dies

---

98 So die h. M., statt vieler Stephan Lorenz: JuS 2010, 11 (12); Ansgar Staudinger/Steinrötter, JuS 2012, 97 (102); Looschelders/Erm, JA 2014, 161 (163).

seien die gewinnbringendsten Anlagen, die er kenne. Daraufhin legt K bei allen drei Unternehmen jeweils 100.000 Euro an. Anschließend erfährt er, dass B wegen Untreue verurteilt wurde. K bezweifelt, dass B die Anlageempfehlungen nach bestem Wissen und Gewissen gegeben hat. Er befürchtet, B habe sich von Schmiergeldern leiten lassen. K verklagt B vor dem Landgericht Heidelberg. Er verlangt Auskunft, in welcher Höhe B von U, V oder W Zahlungen im Zusammenhang mit den dortigen Geldanlagen durch K erhalten hat. Das Landgericht Heidelberg verurteilt B antragsgemäß. Nach dem Urteil erklärt B gegenüber K, er habe von den beiden Unternehmen U und V jeweils 5000 Euro erhalten. Dies sei die Provision dafür gewesen, dass B dem K die streitgegenständliche Anlage empfiehlt. K ist mit der Auskunft nicht zufrieden. Er rügt, sie sei unvollständig. B habe nicht mitgeteilt, ob er Schmiergeld von W erhalten habe. K droht, nach § 888 ZPO ein Zwangsgeld zu beantragen.

Daraufhin erhebt B Vollstreckungsabwehrklage. Er beantragt, die Zwangsvollstreckung aus dem Urteil insoweit für unzulässig zu erklären, als die Auskunft über Zahlungen und deren Höhe von U oder V betroffen ist. Er beruft sich auf Erfüllung.

❓ Ist die Vollstreckungsabwehrklage begründet?

Klausurtipp

Im Examen trifft man möglicherweise auf einen Fall, mit dem auch nach mehrmaligem Lesen nichts anfangen kann. Man fühlt sich überfordert. Dann gilt es, sich Schritt für Schritt heranzutasten. Das Prüfungsamt verlangt nur Machbares. So lässt sich auch der vorliegende Fall mit Grundlagen des Schuldrechts und Zivilprozessrechts lösen.

✅ Nein. Die Vollstreckungsabwehrklage ist unbegründet.

✅ Die Begründetheit der Vollstreckungsabwehrklage setzt voraus, dass dem Schuldner eine Einwendung gegen den titulierten Anspruch zusteht. Steht dem Schuldner nur gegen einen Teil des Anspruchs eine Einwendung zu, darf er nur insoweit Vollstreckungsabwehrklage erheben. Das Gericht erklärt dann die Zwangsvollstreckung nur in diesem Umfang für unzulässig. Problematisch ist, ob der titulierte Anspruch teilweise erloschen ist.

Grundlage des titulierten Anspruchs ist § 666 BGB. Der Anlageberatungsvertrag ist nämlich ein Geschäftsbesorgungsvertrag nach § 675 BGB.[99] § 675 Abs. 1 BGB verweist auf die Vorschriften über den Auftrag. Er verweist damit auch auf die §§ 666 und 667 BGB.[100] Gemäß § 667 BGB ist der Beauftragte verpflichtet, dem Auftraggeber alles herauszugeben, was er aus der Geschäftsbesorgung erlangt. Unter dieses

---

99 Vgl. auch § 2 Abs. 3 Nr. 9 WpHG.
100 OLG Frankfurt, Urt. v. 25.06.2014 – 19 U 206/13, juris Rn. 13.

Erlangte kann man auch geheime Provisionen subsumieren.[101] Der Auftraggeber weiß aber nicht, ob Schmiergeld geflossen ist. Schon gar nicht kennt er dessen Höhe. Gleichwohl hat er ein berechtigtes Interesse hieran. Infolgedessen hat er einen Auskunftsanspruch aus § 666 BGB gegen den Beauftragten.[102] Nach dieser Vorschrift muss der Beauftragte auf Verlangen über den Stand des Geschäfts Auskunft erteilen. Die Auskunftspflicht besteht fort, auch wenn der Beauftragte das Geschäft bereits durchgeführt hat. Im angegriffenen Urteil hatte das Landgericht eine Auskunftspflicht bejaht. Der titulierte Anspruch könnte durch Erfüllung gemäß § 362 Abs. 1 BGB untergegangen sein. Ein Schuldner erfüllt einen Auskunftsanspruch dadurch, dass er die erforderliche Auskunft erteilt. B hat nur über die Schmiergelder berichtet, die er von U und V erhalten hat. Über die Schmiergelder von W hat B geschwiegen. Damit hat B den Auskunftsanspruch nur teilweise erfüllt. Es handelte sich um eine einheitliche Auskunftspflicht. Sie resultierte nämlich aus demselben Anlageberatungsvertrag. Zu Teilleistungen ist ein Schuldner nach § 266 BGB nicht berechtigt. Die Teilauskunft hat K nicht akzeptiert. Damit hat B den Auskunftsanspruch noch gar nicht erfüllt. Er hat ihn rechtlich gesehen auch nicht teilweise erfüllt. Deshalb ist der Auskunftsanspruch nicht teilweise nach § 362 Abs. 1 BGB untergegangen. Somit ist die Vollstreckungsabwehrklage unbegründet.

Mehrpersonenverhältnisse

Erfüllung bei Mehrpersonenverhältnissen ist oft schwierig.

192

Beispiel

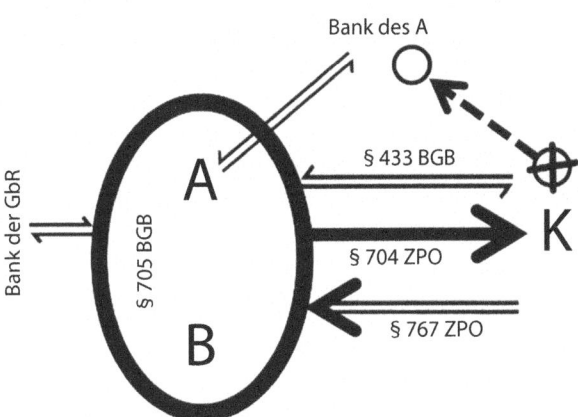

A und B betreiben einen Autohandel in Form einer GbR (§ 705 BGB). Die Gesellschaft hat ein Bankkonto. Nach dem Gesellschaftsvertrag ist jeder Gesellschafter berechtigt, die Gesellschaft allein zu vertreten. A verkauft im Namen der Gesellschaft ein Auto an K. K zahlt

---

101 RGZ 99, 31 (34); BGHZ 38, 171; 144, 343; a. A. Hadding, ZIP 2008, 529 (534).
102 BGH, Urt. v. 03.03.2011 – III ZR 170/10; a. A. LG Frankfurt, Urt. v. 01.06.2012 – 2-25 O 493/11, Rn. 18; zum Meinungsstand BGH, Urt. v. 26.06.2012 – XI ZR 316/11, Rn. 42.

den Kaufpreis nicht. Die Gesellschaft erwirkt gegen K ein Urteil auf Kaufpreiszahlung. K erklärt sich gegenüber A bereit, zu zahlen. Infolgedessen nennt A dem K seine private Bankverbindung. B weiß davon nichts. Auf das Konto des A überweist K den Kaufpreis. A gibt das Geld aus. B ist wenig begeistert. Er beauftragt den Gerichtsvollzieher, bei K zu pfänden. K erhebt gegen die Gesellschaft Vollstreckungsabwehrklage. Er beruft sich auf Erfüllung.

Richtig war, dass K die Gesellschaft verklagt hat. Denn sie ist Vollstreckungsgläubigerin. Falsch wäre gewesen, K hätte nur gegen A oder nur gegen B Vollstreckungsabwehrklage erhoben. Die GbR ist nach heute g. h. M. eigenständiges Rechtssubjekt. Nach hiesiger Auffassung folgt dies mittlerweile aus Gewohnheitsrecht.

Im Folgenden muss der Klausurbearbeiter aufpassen. Zu prüfen ist zunächst Erfüllung nach § 362 Abs. 1 BGB. Sie setzt voraus, dass der Schuldner an den Richtigen erfüllt hat. Richtiger Gläubiger war die GbR. An sie hat K nicht gezahlt. K hat das Geld an A privat überwiesen. Erfüllung gemäß § 362 Abs. 1 BGB liegt also nicht vor.

Hier darf man die Prüfung aber nicht beenden. Denn K hat gezahlt. Er hat lediglich an den Falschen gezahlt. Zahlt ein Schuldner an den Falschen, enthält das Gesetz eine Regelung. Es gilt nämlich § 362 Abs. 2 i. V. m. § 185 BGB. Die Gesellschaft könnte als richtiger Gläubiger eingewilligt haben, dass K an den Falschen zahlt. Nun ist inzident die Einwilligung der Gesellschaft zu prüfen. Natürlich kann eine Gesellschaft keinen echten Willen bilden. Sie ist kein Lebewesen. Daher ist auf die vertretungsberechtigten Personen abzustellen. Dies sind A und B. A hat im Namen der Gesellschaft die Einwilligung erteilt, an einen Dritten zu zahlen.

Seine Einwilligung war wirksam. Sie verstieß insbesondere nicht gegen § 181 BGB. Die Vorschrift erfasst nicht den Fall, in dem der Vertreter auf Seiten des Vertretenen gegenüber einem Dritten eine einseitige Willenserklärung abgibt.[103] Der Wortlaut spricht nämlich nur von einem Rechtsgeschäft im Namen des Vertretenen *mit sich*. § 181 BGB gilt auch nicht analog. Es fehlt an einer planwidrigen Regelungslücke. § 181 BGB ist bewusst abschließend.[104] Hierfür sprechen seine klaren, formalen Kriterien. Überdies existieren viele Interessenkonflikte. Die Rechtssicherheit wäre gefährdet, wenn jeder von ihnen die Unwirksamkeit eines Rechtsgeschäfts nach sich zöge.

Der titulierte Anspruch ist deshalb nach § 362 Abs. 2 i. V. m. § 185 BGB untergegangen. Die Vollstreckungsabwehrklage hat Erfolg.

> ⓘ **Merke: Zahlt der Vollstreckungsschuldner an den Falschen, ist stets an § 362 Abs. 2 i. V. m. § 185 BGB zu denken.**

193   **Abwandlung**
Der eben genannte Beispielsfall lässt sich abwandeln. Etwa kann die Gesellschaft die Kaufpreisforderung an X abgetreten haben. Davon weiß K aber nichts. K zahlt auf das Gesellschaftskonto. Hier ist § 407 Abs. 1 BGB zu prüfen.

---

103 BGHZ 94, 132, juris Rn. 42; BGH Urt. v. 25.07.2017 – II ZR 235/15, Rn. 34; OLG Jena, Beschl. v. 27.06.1995 – 6 W 219/95 = NJW 1995, 3126; a. A. BGHZ 77, 7, Rn. 7.
104 OLG Hamm, Beschl. v. 11.04.2003 – 10 WF 53/03, juris Rn. 7; KG Berlin, Beschl. v. 03.02.2004 – 1 W 244/03, juris Rn. 5; offengelassen von BayObLG, Beschl. v. 09.02.1995 – 2Z BR 109/94, juris Rn. 15.

Leistung an den Gerichtsvollzieher

194

Ausgangsfall

G beauftragt mit einem Zahlungsurteil den Gerichtsvollzieher. Schuldner S zahlt an den Gerichtsvollzieher. Dieser verliert das Geld. S erhebt Vollstreckungsabwehrklage.

? Ist die Klage begründet?

⟩ Map 2.8

Formulierungsvorschlag im Gutachtenstil

Die Begründetheit der Vollstreckungsabwehrklage setzt voraus, dass dem Schuldner eine materiellrechtliche Einwendung gegen den titulierten Anspruch zusteht. Tituliert war ein Zahlungsanspruch.

S könnte gemäß § 362 Abs. 1 BGB erfüllt haben. Erfüllung setzt grundsätzlich voraus, dass der Schuldner den Leistungserfolg bewirkt.[105] Das Geld ist nicht bei G angekommen. Fraglich ist jedoch, ob der Gerichtsvollzieher Vertreter oder Bote des G war. Denn die Leistung an den Vertreter oder Empfangsboten des Gläubigers steht der Leistung an den Gläubiger gleich.[106] Der Gerichtsvollzieher ist selbstständiges Organ der Rechtspflege. Zwischen ihm und dem Gläubiger besteht kein Zivilrechtsverhältnis.[107] Infolgedessen ist er weder Vertreter des Gläubigers noch dessen Bote. Somit hat S den Leistungserfolg nicht herbeigeführt. Deswegen hat er nicht nach § 362 Abs. 1 BGB erfüllt.

Fraglich ist, ob S nach § 362 Abs. 2 i. V. m. § 185 BGB erfüllt hat. Das würde voraussetzen, dass G dem Gerichtsvollzieher erlaubt hat, das Geld in Empfang zu nehmen. Die Ermächtigung des Gerichtsvollziehers beruht auf dem Gesetz (§ 754 Abs. 1 ZPO). G hat nicht eingewilligt, dass S an den Gerichtsvollzieher erfüllt. Vielmehr kam es ihm darauf an, dass das Geld an ihn persönlich gelangt. Die Voraussetzungen des § 185 BGB liegen damit nicht vor. Deshalb hat S nicht gemäß § 362 Abs. 2 i. V. m. § 185 BGB erfüllt.

S könnte nach § 815 Abs. 3 ZPO von seiner Leistungspflicht befreit worden sein. Danach gilt die Wegnahme des Geldes durch den Gerichtsvollzieher als Zahlung von Seiten des Schuldners. Der Gerichtsvollzieher hat das Geld aber nicht weggenommen. Er hat es lediglich entgegengenommen. S hat – wenn auch unter Druck – freiwillig gezahlt. § 815 Abs. 3 ZPO meint nur den Fall, dass der Gerichtsvollzieher das Geld pfändet. Deshalb wurde S nicht nach § 815 Abs. 3 ZPO von seiner Leistungspflicht befreit.

S kann aber nach § 815 Abs. 3 ZPO analog seiner Zahlungspflicht enthoben sein. Eine Analogie setzt eine planwidrige Regelungslücke und eine vergleichbare

---

105 BGHZ 87, 156, juris Rn. 21; BGHZ 12, 267, juris Rn. 7; BGH, Urt. v. 28.10.1998 – VIII ZR 157/97, juris Rn. 9.

106 Muscheler/Bloch, JuS 2000, 729 (739).

107 RGZ 104, 283 (285); Schilken, DGVZ 1995, 133 (133).

Interessenlage voraus. Das Gesetz regelt nicht die Konsequenzen, wenn der Schuldner freiwillig an den Gerichtsvollzieher zahlt. Es besteht demzufolge eine Regelungslücke. Indem der Gesetzgeber keine bewusst abschließende Regelung getroffen hat, ist sie planwidrig. § 815 Abs. 3 ZPO regelt, wer das Übermittlungsrisiko bei Geld trägt. Zahlt der Schuldner freiwillig, muss die Gefahr des Untergangs des Gelds erst Recht auf den Gläubiger übergehen. Ansonsten würde ein Schuldner abgeschreckt, freiwillig zu zahlen. Das widerspräche dem Interesse aller Beteiligten. Deshalb besteht eine vergleichbare Interessenlage.[108] Die Zahlungspflicht des S ist also analog § 815 Abs. 3 ZPO erloschen.

S muss kein zweites Mal zahlen. Ihm steht eine materiellrechtliche Einwendung gegen den titulierten Anspruch zu. Seine Vollstreckungsabwehrklage ist begründet.

⊕ Merke: Analog § 815 Abs. 3 ZPO geht die Gefahr auf den Gläubiger über, wenn der Schuldner an den Gerichtsvollzieher zahlt. Eigentum am Geld erlangt der Gläubiger aber erst, wenn der Gerichtsvollzieher es ihm herausgibt (sogenannte Ablieferung). Erst zu diesem Zeitpunkt endet die Zwangsvollstreckung. Erst jetzt erlischt auch das Rechtsschutzbedürfnis für die Vollstreckungsabwehrklage.[109]

195   **Abwandlung**

S hat nach dem Titel eine bestimmte Halskette zu herauszugeben. Der Gerichtsvollzieher nimmt sie ihm nach § 883 ZPO weg. Dann verliert der Gerichtsvollzieher sie.

❓ Ändert sich etwas?

✅ Das Ergebnis bleibt gleich. Die Vollstreckungsabwehrklage hat Erfolg. Die Begründung ist aber eine andere als im Ausgangsfall. S kann sich auf subjektive Unmöglichkeit nach § 275 Abs. 1 BGB berufen.[110]

⊕ Merke: Verliert oder unterschlägt der Gerichtsvollzieher eine herauszugebende Sache, muss der Schuldner materiell betrachtet nicht nochmals leisten. Die Vollstreckung kann der Schuldner aber nur mit einer Vollstreckungsabwehrklage verhindern..

196   **❓ Folgefrage zur Abwandlung: Kann G Schadensersatz verlangen?**

✅ Mehrere Anspruchsgrundlagen denkbar
G könnte gegen S einen Anspruch auf Schadensersatz aus §§ 280 Abs. 1 und 3; 283 BGB haben. Nach diesen Vorschriften kann der Gläubiger vom Schuldner Ersatz des

---

108 BGHZ 179, 298, Rn. 10; BGH, Beschl. v. 07.01.2011 – 4 StR 409/10, Rn. 7.
109 BGH, Urt. v. 19.09.1988 – II ZR 362/87, juris Rn. 5.
110 Zu § 897 ZPO siehe unten Rn. 1150.

ihm entstandenen Schadens verlangen, wenn der Schuldner die Unmöglichkeit seiner Pflichterfüllung zu vertreten hat. Die Herausgabepflicht ist S subjektiv unmöglich geworden. Die Halskette ist verschwunden. Zu vertreten hat der Schuldner nach § 276 Abs. 1 BGB Vorsatz und Fahrlässigkeit. S hat selbst weder vorsätzlich noch fahrlässig gehandelt. Man könnte allenfalls erwägen, ihm das Verlieren des Gerichtsvollziehers nach § 278 BGB zuzurechnen. Dann müsste der Gerichtsvollzieher Erfüllungsgehilfe des Schuldners sein. Erfüllungsgehilfe ist jede Person, die mit Willen des Schuldners rein tatsächlich bei der Erfüllung einer diesem obliegenden Verbindlichkeit tätig wird.[111] Der Gerichtsvollzieher wird nicht mit Willen des Schuldners tätig. Oftmals handelt er sogar gegen dessen Willen. Der Gerichtsvollzieher ist somit kein Erfüllungsgehilfe des Schuldners. S hat daher die Unmöglichkeit nicht zu vertreten. G hat deswegen keinen Schadensersatzanspruch gegen ihn aus §§ 280; 283 BGB.

Ein Anspruch gegen S aus § 831 BGB scheidet ebenfalls aus. Der Gerichtsvollzieher ist mangels Weisungsrecht des Schuldners nicht dessen Verrichtungsgehilfe.

G hat aber einen Amtshaftungsanspruch gegen den Staat aus § 839 BGB i. V. m. Art. 34 GG.[112]

REF Zahlung auf vorläufig vollstreckbares Urteil

197

In der Klausur zahlt der Schuldner möglicherweise an den Gläubiger, um die Zwangsvollstreckung abzuwenden. Dies ist jedenfalls bei einem noch nicht rechtskräftigen Urteil keine Erfüllung.[113] Denn der Schuldner möchte das Geld zurückfordern, wenn das Obergericht das Urteil aufhebt.[114] Trotzdem darf er Vollstreckungsabwehrklage erheben. Seine Zahlung soll materiellrechtliche Wirkungen entfalten. Er leistet freiwillig – wenn auch unter Vorbehalt. Er darf nicht schlechter stehen als der Vollstreckungsschuldner, gegen den der Gerichtsvollzieher Gewalt anwenden muss.[115] Für letzteren ist nach obigen Erwägungen die Vollstreckungsabwehrklage statthaft. Dann muss sie auch für den freiwilligen Zahler statthaft sein.

Zahlt der Schuldner bereitwillig, endet auch sein Verzug. Er schuldet keine Verzugs- oder Prozesszinsen aus §§ 288; 291 BGB mehr. Auch das ergibt sich aus einem Erst-Recht-Schluss: Gegen den widerspenstigen Schuldner muss der Gerichtsvollzieher Gewalt anwenden. Er pfändet wegen des vorläufig vollstreckbaren Urteils Geld. Er gibt es dem Gläubiger (§ 815 Abs. 1 ZPO). Dieser kann es gewinnbringend anlegen. Dem Schuldner ist dies nicht mehr möglich. Er hat das Geld nicht mehr. Es wäre unfair, wenn er gleichwohl Zinsen zahlen müsste. Sogar der widerspenstige Schuldner zieht also aus der Geldübertragung Vorteile. Der redliche Schuldner leistet freiwillig. Er muss erst Recht profitieren.[116]

198

---

111 BGHZ 13, 111; BGH, Urt. v. 25.10.2006 – VIII ZR 102/06 = NJW 2007, 428 (430); Stephan Lorenz, JuS 2007, 983 (983).
112 Vgl. BGHZ 146, 17; BGH, Urt. v. 05.02.2009 – IX ZR 36/08 = NJW-RR 2009, 658 (659).
113 Schöler, MDR 2009, 360 (363).
114 BGH, Beschl. v. 25.05.1976 – III ZB 4/76, Rn. 15.
115 Kruse/Schäfers, JuS 2013, 896 (898).
116 BGH, Urt. v. 24.06.1981 – IVa ZR 104/80, juris Rn. 28.

Aufrechnung – Klausurrelevanz und Aufbau

199   Einer der klausurrelevantesten Einwände ist die Aufrechnung. Der Klausurersteller kann mit ihr die Klausur verlängern. Neben der Hauptforderung muss der Bearbeiter eine weitere Forderung untersuchen – die Gegenforderung.

Auf die Aufrechnung ist erst einzugehen, wenn alle anderen geltend gemachten Einwendungen scheitern. Denn durch die Aufrechnung verliert der Vollstreckungsschuldner eine Forderung.[117]

200   **Einfacher Fall**

Napoleon verkauft Fritz ein Pferd. Napoleon verklagt Fritz auf Kaufpreiszahlung. Es ergeht ein Urteil auf Zahlung von 5000 Euro. Anschließend verkauft Fritz an Napoleon einen goldenen Kelch für 5000 Euro. Fritz rechnet beide Kaufpreise gegeneinander auf. Er erhebt Vollstreckungsabwehrklage.

❓ Ist die Vollstreckungsabwehrklage begründet?

✅ Ja, die Vollstreckungsabwehrklage ist begründet. Fritz steht eine materiellrechtliche Einwendung zu – die Aufrechnung.

201   **Abwandlung**

Fritz erklärt die Aufrechnung erst in seiner Klageschrift.

❓ Ändert sich etwas?

❯ Map 2.8

✅ Nein. Es ändert sich nichts. Auch in einer Klageschrift kann man die Aufrechnung erklären. Die Klageschrift ist zwar primär für das Gericht bestimmt. Allerdings darf man in ihr auch materiellrechtliche Erklärungen abgeben. Immerhin erhält der Gegner nach § 253 Abs. 1 ZPO eine Kopie der Klageschrift. Nach § 253 Abs. 5 ZPO muss der Kläger sie sogar beifügen. Zu beachten ist, dass der Rechtsanwalt etwas Materiellrechtliches erklärt. Wegen § 174 BGB sollte er eine Originalvollmacht beilegen.

Aufrechnung mit einem Kostenfestsetzungsbeschluss

202   Bei wechselseitigen Kostenfestsetzungsbeschlüssen bietet es sich an, aufzurechnen.[118] Um derartige Klausursituationen zu lösen, benötigt man Hintergrundwissen. Man muss die Rechtsnatur des prozessualen Kostenerstattungsanspruchs kennen.

---

117 Wittig, STUDJur 2/2015, 22 (23).
118 Siehe oben Rn. 253.

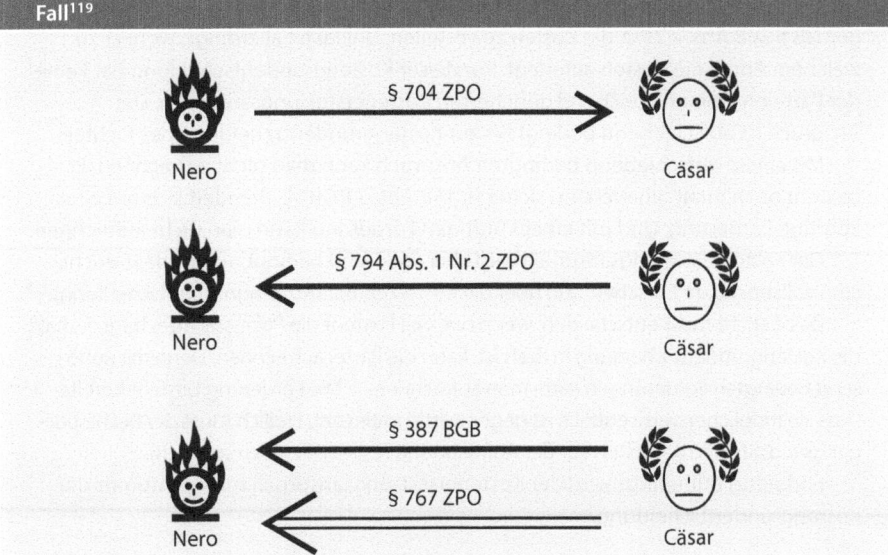

Es gab/gibt drei Prozesse zwischen den Parteien Cäsar und Nero. Im ersten Prozess hat Nero gegen Cäsar Zahlungsurteil erstritten. Es ist rechtskräftig geworden.

Im zweiten Prozess hat Cäsar einen Anwalt beauftragt. Für ihn hat er Kosten vorgeschossen. Cäsar hat den Prozess gewonnen. Im Urteil heißt es, Nero trägt die Prozesskosten. Zur Höhe der Anwaltskosten sagt das Urteil naturgemäß nichts. Cäsar hat seine Anwaltskosten in einem Kostenfestsetzungsbeschluss festsetzen lassen. Erst der Rechtspfleger hat genau errechnet, in welcher Höhe Cäsar von Nero seine Anwaltskosten erstattet verlangen kann. Der Beschluss des Rechtspflegers ist rechtskräftig geworden.

Nun beauftragt Nero mit dem Urteil des ersten Prozesses den Gerichtsvollzieher. Cäsar erhebt Vollstreckungsabwehrklage. Dies ist der dritte Prozess. Cäsar erklärt mit seinem Kostenerstattungsanspruch aus dem zweiten Prozess die Aufrechnung.

❓ Ist die Vollstreckungsabwehrklage begründet?

✅ **Antwort mit Hintergrundinformationen**

Ja, die Vollstreckungsabwehrklage ist begründet.

Nero hat aus dem ersten Prozess einen titulierten Zahlungsanspruch. Cäsars Vollstreckungsabwehrklage ist begründet, wenn ihm ein materiellrechtlicher Einwand zusteht. Neros Zahlungsanspruch kann durch Aufrechnung nach § 389 BGB erloschen sein. Die Aufrechnung setzt gemäß § 387 BGB eine fällige Gegenforderung voraus. Fraglich ist, ob der prozessuale Kostenerstattungsanspruch Cäsars gegen Nero aus dem zweiten Prozess eine solche Gegenforderung ist.

Der Kostenerstattungsanspruch beruht auf einem gesetzlichen Schuldverhältnis. Er entsteht aufschiebend bedingt mit der Begründung des Prozessrechtsverhältnisses, also mit Rechtshängigkeit. Denn ab diesem Zeitpunkt stehen beide Parteien in den Startlöchern. Jede Partei hofft, der andere werde ihre Kosten ersetzen. Denn für

---

119 Nach BGH, Urt. v. 18.07.2013 – VII ZR 241/12.

beide steht fest, dass der Richter über die Klage entscheiden muss. Dazu gehört gemäß § 308 Abs. 2 ZPO, die Kosten zu verteilen. Unklar ist allerdings, wem er zu welchem Anteil die Kosten auferlegt. Vor dieser Kostengrundentscheidung hat keine der Parteien einen hinreichend gesicherten Kostenerstattungsanspruch. Der Anspruch ist aufschiebend bedingt bis zur Kostengrundentscheidung des Richters.[120]

Mit einem aufschiebend bedingten Anspruch kann man nicht aufrechnen. Er besteht noch nicht hinreichend sicher (§ 158 Abs. 1 BGB). Es handelt sich um eine künftige Forderung. Und mit einer künftigen Forderung kann man nicht aufrechnen.

Der Kostenerstattungsanspruch wird aber auflösend bedingt, sobald das Gericht eine vollstreckbare Entscheidung über die Kosten erlässt (Kostengrundentscheidung).[121]

Das Gericht muss entscheiden, wer zu wieviel Prozent die Prozesskosten trägt. Sobald die Kostengrundentscheidung in Kraft ist, kann die Partei aufrechnen. Denn mit auflösend bedingten Forderungen kann man aufrechnen.[122] Die Forderung besteht bereits. Dass sie möglicherweise entfällt, ist gegenwärtig irrelevant. Freilich muss der Rechtspfleger grundsätzlich die Kosten vor der Aufrechnung festsetzen (dazu sogleich).[123]

Endgültig unbedingt wird der Kostenerstattungsanspruch mit Rechtskraft der Kostengrundentscheidung.

Der prozessuale
Kostenerstattungsanspruch

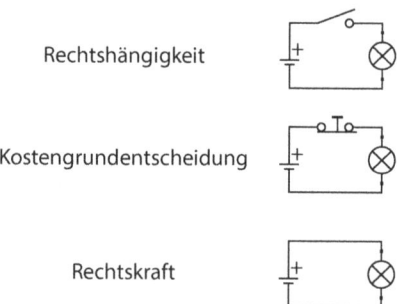

Im vorliegenden Fall ist die Kostengrundentscheidung – das Urteil im Erstprozess – rechtskräftig geworden. Damit hat Cäsar eine unbedingte Forderung erworben. Mit ihr kann er prinzipiell aufrechnen. Es fragt sich nur, in welcher Höhe. Der Kostenfestsetzungsbeschluss gestaltet den Kostenerstattungsanspruch zwar nicht um. Er begründet auch nicht dessen Fälligkeit. Gleichwohl ist ein Kostenfestsetzungsbeschluss erforderlich. Vorher kann der Berechtigte mit seinen Prozesskosten grundsätzlich nicht aufrechnen.[124] Denn es wäre unklar, mit welchem Betrag. Der Richter entscheidet im Urteil nicht, in welcher Höhe der Verlierer dem Gewinner seine Kosten erstatten muss. Das muss erst der Rechtspfleger nach §§ 103 ff ZPO festsetzen. Gegen

---

120 BGH, Urt. v. 07.10.1982 – III ZR 148/81, juris Rn. 6.
121 BGH, Urt. v. 08.01.1976 – III ZR 146/73, juris Rn. 20.
122 OLG Karlsruhe, Urt. v. 03.03.1993 – 13 U 193/92, juris Rn. 15.
123 BGH, Urt. v. 18.07.2013 – VII ZR 241/12, Rn. 11.
124 BGHZ 3, 381 = NJW 1952, 144.

dessen Beschluss kann jede Partei sofortige Beschwerde einlegen.[125] Möglicherweise ändert das Beschwerdegericht die Höhe der Kosten. Die Parteien können nie sicher sein. Deshalb muss der Kostenfestsetzungsbeschluss rechtskräftig sein. Dem gleich steht lediglich der Fall, dass die Höhe der Prozesskosten zwischen den Parteien unstreitig ist. Auch dann kann der Berechtigte mit seinen Kosten aufrechnen.[126]

Im vorliegenden Fall ist der Kostenfestsetzungsbeschluss rechtskräftig geworden. Deshalb kann Cäsar mit seinen Prozesskosten aufrechnen. Gemäß § 388 BGB hat er die Aufrechnung erklärt.

Der titulierte Zahlungsanspruch des Nero ist demzufolge nach § 389 BGB erloschen. Die Vollstreckungsabwehrklage ist begründet.

> **Merke:** Vor dem Urteil erster Instanz kann keine Partei mit dem prozessualen Kostenerstattungsanspruch aufrechnen. Es fehlt an einer Aufrechnungslage.
>
> Der prozessuale Kostenerstattungsanspruch ist nur unter zwei Voraussetzungen eine geeignete Aufrechnungsforderung:
>
> 1. Kostengrundentscheidung zugunsten des Aufrechnenden
> 2. Rechtskräftiger Kostenfestsetzungsbeschluss zugunsten des Aufrechnenden oder Kostenhöhe unstreitig

Abtretung
Der Abtretungseinwand in der Richterklausur

Mit dem Abtretungseinwand wirft der Schuldner dem Gläubiger vor, dieser sei kein Forderungsinhaber mehr. Daher dürfe er nicht vollstrecken.

204

205

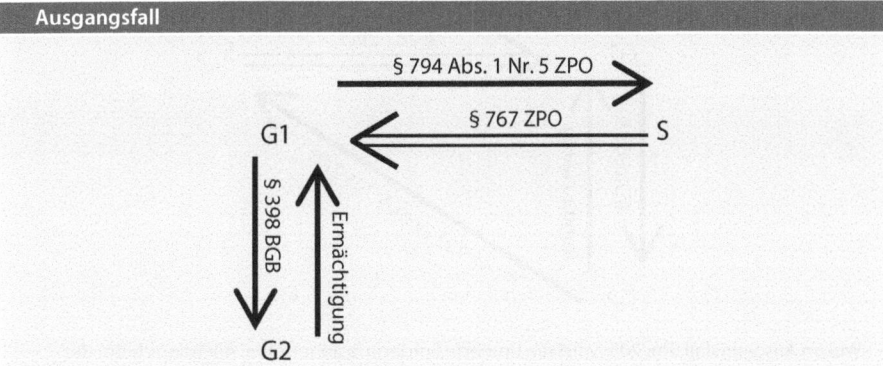

Ausgangsfall

S unterwirft sich in einer notariellen Urkunde gegenüber G1 wegen eines Kaufpreises in Höhe von 100.000 Euro der Zwangsvollstreckung in sein gesamtes Vermögen. G1 lässt sich eine Klausel erteilen. Dann tritt er den Kaufpreisanspruch an G2 ab. G2 ermächtigt G1, für ihn die Zwangsvollstreckung gegen S zu betreiben. G1 beauftragt den Gerichtsvollzieher. S erhebt Vollstreckungsabwehrklage. Er trägt vor, G1 sei nicht mehr Forderungsinhaber. G1 beruft sich auf die Vollstreckungsermächtigung durch G2.

---

125 § 104 Abs. 3 ZPO.
126 BGHZ 165, 96, juris Rn. 38; BGH, Urt. v. 10.01.1963 – III ZR 90/61 u. v. 15.01.1990 – II ZR 14/89, juris Rn. 18.

? Ist die Vollstreckungsabwehrklage begründet?

✓ Ja. Der Gerichtsvollzieher muss hier einem Vollstreckungsauftrag des G1 zwar nachkommen. Denn G1 ist formell Titelgläubiger. S kann aber erfolgreich Vollstreckungsabwehrklage erheben.[127]

G1 darf *materiellrechtlich* nicht vollstrecken. Das gilt unabhängig davon, ob einem der Gläubiger bereits eine Klausel erteilt wurde oder nicht. Denn G1 ist kein Forderungsinhaber mehr. Er hat die Forderung durch Abtretung nach § 398 BGB an G2 verloren.

Es spielt auch keine Rolle, dass G2 den G1 ermächtigt hat, zu vollstrecken. An dieser Stelle kann offenbleiben, ob solch eine Ermächtigung wirksam ist (dazu sogleich). Jedenfalls spielt diese prozessuale Frage im Rahmen der Vollstreckungsabwehrklage keine Rolle. Dort werden schließlich nur materielle Fragen in Bezug auf die titulierte Forderung geprüft.

Klausurtipp

206   Für Referendare ist der Tenor interessant. Auf die Vollstreckungsabwehrklage ist in diesem Fall nicht die Zwangsvollstreckung aus dem Titel (hier: notarielle Urkunde) als solche, sondern nur die Zwangsvollstreckung durch den alten Gläubiger für unzulässig zu erklären.[128]

207   ### Abwandlung

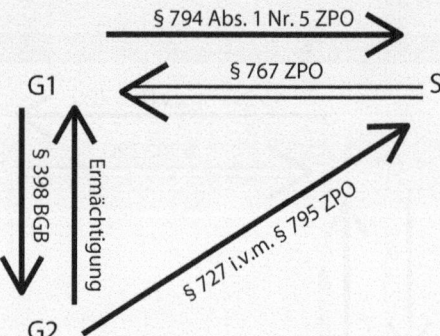

Wie im Ausgangsfall (Rn. 205) wird die titulierte Forderung abgetreten. Allerdings hatte der Notar G1 noch keine Klausel erteilt. Vielmehr erteilt der Notar dem G2 eine Rechtsnachfolgeklausel. G1 beauftragt den Gerichtsvollzieher.

---

127 OLG des Landes Sachsen-Anhalt, Urt. v. 25.08.2011 – 1 U 40/11, juris Rn. 5.
128 BGHZ 92, 347, juris Rn. 16; Formulierungsbeispiel: siehe Tenor des Urteils des OLG des Landes Sachsen-Anhalt vom 25.08.2011 – 1 U 40/11.

? Ändert sich etwas?

✓ Jein. Im Ergebnis ändert sich nichts. G1 darf nach wie vor nicht vollstrecken. Allerdings ändert sich, wer diese Frage prüft. Hier wird nämlich bereits der Gerichtsvollzieher die Zwangsvollstreckung durch G1 ablehnen. Denn formell ist G1 kein Vollstreckungsgläubiger mehr. Schließlich ist der Titel auf G2 umgeschrieben. Der Gerichtsvollzieher wird der Ermächtigung des G2 keine Bedeutung beimessen. Ein Forderungsinhaber kann keinen anderen ermächtigen, im eigenen Namen zu vollstrecken (isolierte Vollstreckungsstandschaft).[129] Andernfalls würde der Gläubiger die §§ 727 ff. ZPO unterlaufen. Für das Vollstreckungsorgan muss klar sein, wer aus einem Titel vollstrecken darf. Hierzu schaut es in die Klausel. Andere Dokumente soll es nach dem Grundsatz der Formalisierung ignorieren. Die Missbrauchsgefahr und Fehleranfälligkeit wäre zu groß.

Vorliegend muss S muss keine Vollstreckungsabwehrklage erheben. Er darf es jedoch, wenn er auf Nummer sicher gehen will. Angenommen, der Gerichtsvollzieher führt gleichwohl den Auftrag des G1 durch. Dann kann S nach § 766 Abs. 1 ZPO Erinnerung einlegen.[130]

Anmerkung

Leider ist die Rechtslage kompliziert. Der BGH erlaubt nämlich dem alten Gläubiger zu vollstrecken, wenn der neue Gläubiger diesen ermächtigt, die Forderung einzuziehen.[131] Freilich benötigt der alte Gläubiger eine Klausel. Dem neuen darf noch keine Rechtsnachfolgeklausel erteilt sein. Für den Gerichtsvollzieher ist dies einfach. Er darf vollstrecken. Problematisch ist hingegen die Vollstreckungsabwehrklage gegen den alten Gläubiger. Diese ist dann unbegründet. Der alte Gläubiger darf den Anspruch nämlich einfordern.

Die isolierte Vollstreckungsstandschaft wirkt rein prozessual. Sie bezieht sich auf den Titel, nicht auf den titulierten Anspruch. Der neue Gläubiger sagt zum alten: „Du darfst den Titel benutzen." Die materiellrechtlichen Ermächtigung beruht auf § 185 BGB. Der neue Gläubiger sagt zum alten: „Du darfst dich an den Schuldner wenden und meinen Anspruch aus § 433 Abs. 2 BGB einfordern. Der Schuldner darf nach § 362 Abs. 2 BGB an dich zahlen."

In der Praxis dürften sich beide Institute freilich kaum abgrenzen lassen.

REF Der Abtretungseinwand in der Anwaltsklausur

In der Anwaltsklausur kann vorkommen, dass ein früherer Gläubiger ohne Klausel vollstreckt (wie eben bei Randnummer 207). Sollte der Gerichtsvollzieher das Klauselerfordernis missachten, darf der Schuldner zwischen Vollstreckungsabwehrklage und Erinnerung wählen.

Im Rahmen der Zweckmäßigkeit muss der Schuldneranwalt entscheiden, welcher Rechtsbehelf besser ist. Das hängt vom Einzelfall ab. Die Erinnerung ist vorzugswürdig, wenn es dem Mandant vorrangig um das formelle Recht geht. Geht es ihm eher um das materielle Recht, entspricht die Vollstreckungsabwehrklage seinen Wünschen.

208

209

---

129 BGH, Urt. v. 05.07.1991 – V ZR 343/89, juris Rn. 11.
130 Zur Erinnerung bei fehlender Klausel siehe Rn. 811.
131 BGHZ 120, 387, juris Rn. 30; BGH, Urt. v. 21.04.1980 – II ZR 107/79, juris Rn. 7 u. v. 06.07.2018 – V ZR 115/17, Rn. 17.

Äußert der Mandant keine Präferenz, ist oft die Erinnerung besser. Für sie spricht, dass der Schuldner schneller eine rechtskräftige Entscheidung erhält. Über die Vollstreckungsabwehrklage muss das Gericht nämlich regelmäßig mündlich verhandeln (§ 128 Abs. 1 ZPO). Hierfür muss es zunächst einen Termin anberaumen (§ 216 ZPO). Es kann ihn nicht am Folgetag bestimmen. Vielmehr muss es gemäß § 217 ZPO Fristen einhalten. Oft wird der Termin gemäß § 227 ZPO verlegt, weil ein Prozessbeteiligter verhindert ist. So vergehen häufig Monate, ohne dass die Sache entscheidungsreif ist. Bei einer Erinnerung kann das Gericht gemäß §§ 128 Abs. 4; 766; 764 Abs. 3 ZPO schriftlich entscheiden. Das geht in der Regel zügig. Der Richter muss nur beide Parteien schriftlich anhören. Er braucht nicht erst einen Termin zu bestimmen.

Auch trägt der Schuldner bei der Erinnerung ein geringeres Kostenrisiko. Kostenrisiko meint, wieviel das Verfahren den Schuldner schlimmstenfalls kostet.

Bei der Vollstreckungsabwehrklage muss der Schuldner zunächst drei Gerichtsgebühren vorschießen (§§ 12 Abs. 1 GKG i. V. m. Nr. 1210 KV GKG). Verliert er, behält sie der Staat (§ 91 ZPO). Die Erinnerung ergeht gerichtskostenfrei. Folglich muss der Schuldner auch keinen Vorschuss einzahlen (§ 10 GKG). Bei der Vollstreckungsabwehrklage erhalten beide Anwälte jeweils 2,5 Gebühren (Ziffern 3100 und 3104 VV RVG). Bei der Erinnerung bekommt der Anwalt des Schuldners eine 0,5 Gebühr (Ziffer 3500 VV RVG).[132] Der Anwalt des Gläubigers erhält stets nur eine 0,3-Gebühr nach Nr. 3309 VV RVG. Häufig war er bereits im Rahmen der Zwangsvollstreckung tätig. Dann steht ihm nur einmalig eine 0,3-Gebühr zu. Seinen Mehraufwand bei der Erinnerung bekommt er nicht gesondert vergütet.[133] Das mag man merkwürdig finden. Immerhin hat er mehr Arbeit als der Schuldneranwalt. Gleichwohl erhält er eine geringere Gebühr. So sehen es allerdings § 15 Abs. 6 und §§ 19 Abs. 2 Nr. 2 i. V. m. 18 Abs. 1 Nr. 1 RVG vor. Es handelt sich eben um eine Pauschalgebühr. Mal hat der Gläubigervertreter mehr Aufwand, mal weniger.

Verliert der Schuldner, sind die 0,3-Gebühr des Gläubigervertreters typischerweise Sowieso-Kosten. Sie sind ohnehin angefallen. Der Schuldner muss sie auch ohne die Erinnerung nach § 788 Abs. 1 ZPO erstatten. Das Kostenrisiko einer Erinnerung liegt in diesem Fall bei einer 0,5-Gebühr. Sie entsteht für den Anwalt des Schuldners.

Der Bearbeiter sollte diese ganzen Erwägungen in der Zweckmäßigkeit niederschreiben. Ist die Zeit zu knapp, kann er die Gedanken zusammenfassen.

Widerruf

210   Auch der Widerruf nach § 355 BGB ist eine Einwendung im Sinne des § 767 ZPO. Sie ist sehr klausurrelevant. Es stellt sich stets materiell und prozessual die Frage, ob der Widerruf verspätet ist. Das Problem wird unten im Rahmen von § 767 Abs. 2 ZPO vertieft.[134]

---

132 Vgl. BT-Drucksache 15/1971, S. 218.
133 BGH, Beschl. v. 28.01.2010 – VII ZB 74/09.
134 Unten Rn. 251.

Anfechtung

Die Anfechtung ist ebenfalls ein beliebter Einwand. Mit ihr kann der Klausurersteller   211
die im ersten Semester erlernten Grundlagen abprüfen. Wiederum stellt sich das Problem, ob der Schuldner die Anfechtung rechtzeitig erklärt hat. In materieller Hinsicht
sind die §§ 121; 124 BGB, prozessual ist § 767 Abs. 2 ZPO zu prüfen.[135]

Einwendungen aus Sicherungsverträgen

Zwangsvollstreckungs- und sachenrechtliche Fragen lassen sich ideal kombinieren.

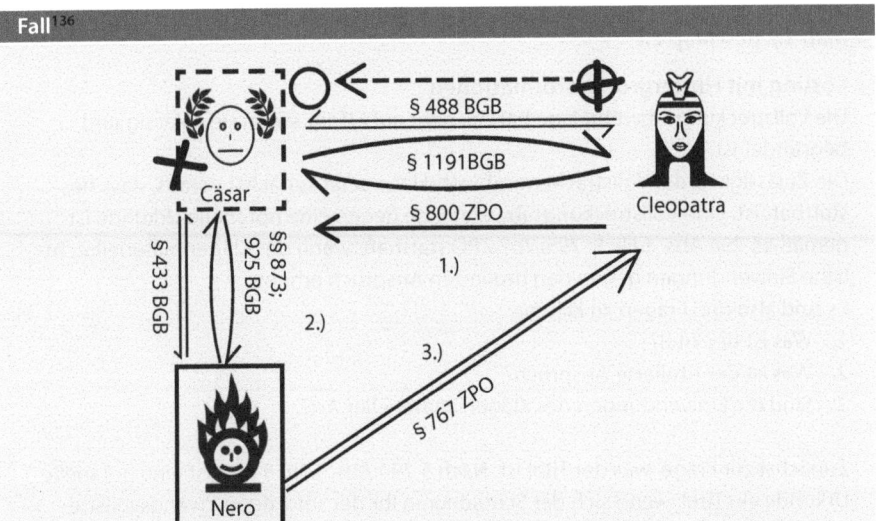

Fall[136]   212

Cäsar ist Eigentümer eines Grundstücks in Köln. Cleopatra gewährt ihm ein zinsloses Darlehen
über 500.000 Euro. In Höhe der Darlehensvaluta unterwirft sich der Cäsar in einem notariellen
Vertrag der sofortigen Zwangsvollstreckung in sein gesamtes Vermögen. In derselben notariellen Urkunde bestellt er zugunsten von Cleopatra eine Grundschuld in Höhe von 500.000 Euro
an seinem Grundstück. Außerdem unterwirft er das Grundstück der Zwangsvollstreckung
gegen den jeweiligen Eigentümer nach § 800 ZPO. Die Grundschuld und die Unterwerfungserklärung werden ins Grundbuch eingetragen. Sodann veräußert Cäsar das Grundstück an
Nero. Nero wird im Grundbuch als Eigentümer eingetragen.

Cäsars Onkel stirbt. Cäsar ist sein alleiniger Erbe. Cäsar hofft, dass der Onkel ihm mehrere
Millionen Euro vererbt hat. Davon will er das Darlehen zurückzahlen. Deshalb kündigt er das
Darlehen mit einer Frist von drei Monaten. Leider zerschlägt sich Cäsars Hoffnung. Sein Onkel
war bettelarm.

Cleopatra ist wütend. Sie will ihr Geld zurück. Sie lässt sich vom Notar sowohl gegen Cäsar
als auch gegen Nero eine vollstreckbare Ausfertigung der notariellen Urkunde erteilen. Cäsar
lässt sie eine vollstreckbare Ausfertigung der notariellen Urkunde zustellen. Sie fordert ihn auf,
den Gesamtbetrag vollständig zurückzuzahlen. Cleopatra lässt auch Nero eine vollstreckbare
Ausfertigung zustellen. Sie kündigt ihm schriftlich an, das Grundstück zwangszuversteigern.

---

135 Fallbeispiel unten Rn. 250.
136 Nach Brandenburgisches OLG, Urt. v. 23.03.2011 – 3 U 72/10.

> Sieben Monate später erhebt Nero vor dem Landgericht Köln Vollstreckungsabwehrklage. Er trägt vor, die Zwangsvollstreckung sei gegen ihn nicht zulässig. Immerhin sei er in der notariellen Urkunde nicht als Verpflichteter genannt. Auch habe er zwar die Grundschuld im Grundbuch gesehen. Er habe allerdings gedacht, sie bleibe bei Cäsar. Des Weiteren habe Cleopatra die Grundschuld nicht gekündigt. Auch ergebe sich aus dem stillschweigenden Sicherungsvertrag, dass Cleopatra nicht in das Grundstück vollstrecken darf.

? Hat die Klage Aussicht auf Erfolg?

> Map 2.2 und Map 2.9

✔ Lösung mit Hintergrundinformationen

Die Vollstreckungsabwehrklage hat Aussicht auf Erfolg, wenn sie zulässig und begründet ist.

Die Zulässigkeit der Vollstreckungsabwehrklage setzt zunächst voraus, dass sie statthaft ist. Eine Vollstreckungsabwehrklage gegen eine notarielle Urkunde ist gemäß §§ 794 Abs. 1 Nr. 5; 795; 767 ZPO statthaft, wenn der Kläger materiellrechtliche Einwendungen gegen den titulierten Anspruch erhebt.

Es sind also drei Fragen zu klären:

1. Was ist der Titel?
2. Was ist der titulierte Anspruch?
3. Sind die Einwendungen des Klägers materieller Art?

213   Zunächst zur Frage, was der Titel ist. Nach § 794 Abs. 1 Nr. 5 BGB ist eine notarielle Urkunde ein Titel, wenn sich der Schuldner in ihr der sofortigen Zwangsvollstreckung unterwirft. Das hat Cäsar getan. Mehr noch: Er hat § 800 Abs. 1 ZPO wegen der Grundschuld jeden Eigentumsnachfolger der Zwangsvollstreckung unterworfen.[137] Das Grundbuchamt hat diese Erklärung gemäß § 800 Abs. 1 Satz 2 ZPO in das Grundbuch eintragen. Dadurch band die Erklärung Cäsars Rechtsnachfolger. Nero hat von Cäsar das Eigentum am Grundstück erworben. Er war insoweit Cäsars Rechtsnachfolger. Somit liegt gegen Nero ein Titel vor.

214   Die zweite Frage ist leicht zu beantworten. Tituliert ist der Anspruch auf Duldung der Zwangsvollstreckung aus §§ 1147; 1192 Abs. 1 BGB.

215   Abschließend gilt es in der Statthaftigkeit, die dritte Frage zu klären: Sind die Einwendungen des Klägers materieller Art? Nero trägt vor, sein Grundstück hafte nicht aus der Grundschuld. Des Weiteren sei die Grundschuld nicht fällig. Außerdem beruft Nero sich auf den Sicherungsvertrag. All dies sind materielle Gegenrechte.

Die Vollstreckungsabwehrklage ist damit statthaft.

Fraglich ist, ob das Landgericht Köln zuständig ist. Das Grundstück liegt in Köln. Der Streitwert beträgt 500.000 Euro. Deshalb ist das Landgericht Köln gemäß §§ 23; 71 GVG; 1 ZPO sachlich und nach 767; 797 Abs. 5; 800 Abs. 3; 802 ZPO ausschließlich örtlich zuständig.

---

137 Zu § 800 ZPO bereits oben Rn. 146.

Die Zwangsvollstreckung dauert noch an, so dass ein Rechtsschutzbedürfnis gegeben ist.

Mithin ist die Klage zulässig.

Neros Klage muss auch begründet sein.

Die Vollstreckungsabwehrklage ist begründet, wenn Nero ein materiellrechtlicher Einwand gegen die titulierte Forderung zusteht. Auf die Verspätungsvorschrift des § 767 Abs. 2 ZPO kommt es bei notariellen Urkunden gemäß § 797 Abs. 4 ZPO nicht an. Das Gericht muss auch anfängliche Einwände prüfen.[138]

Tituliert ist ein Anspruch aus §§ 1147; 1192 Abs. 1 BGB. Fraglich ist, ob Neros Grundstück aus der Grundschuld haftet. Cäsar hatte für Cleopatra eine Grundschuld bestellt. Nero hat das Eigentum von Cäsar nach §§ 873; 925 BGB erworben. Damit hat Nero automatisch die Grundschuld übernommen – ob er wollte oder nicht. Denn sie lastete auf dem Grundstück. Es ist nicht möglich, das Grundstück und dessen Haftung aus der Grundschuld zu trennen. Der Erwerber kann aus dem Grundstück prinzipiell nicht mehr Rechte beanspruchen, als ihm der Veräußerer übertragen hat (nemo plus iuris transferre potest quam ipse habet).

Nero dachte, die Grundschuld bleibe bei Cäsar. Fraglich ist, ob er durch diesen Irrtum seiner Haftung entgehen kann.

Denkbar wäre ein gutgläubig lastenfreier Erwerb gemäß § 892 BGB. Er scheidet aber schon wegen des korrekten Grundbuchs aus.

Die Grundschuld ist auch nicht erloschen. Ein Recht an einem Grundstück erlischt nach § 875 BGB. Dessen Voraussetzungen liegen nicht vor.

Man könnte zwar die Berufung auf den Irrtum als Anfechtungserklärung auslegen. Allerdings liegt kein Anfechtungsgrund im Sinne der §§ 119 ff. BGB vor. Nero ist einem unbeachtlichen Rechtsfolgeirrtum unterlegen.[139]

Somit ist Neros Irrtum unbeachtlich.

Die Grundschuld muss fällig sein. Das setzt nach § 1193 Abs. 1 Satz 1 BGB voraus, dass der Grundschuldgläubiger kündigt. Zwar hat Cleopatra nicht ausdrücklich gegenüber Nero gekündigt. Jedoch kann die Kündigung auch formlos und damit konkludent erfolgen. Eine solche konkludente Kündigung der Grundschuld ist in dem Schreiben von Cleopatra zu sehen, mit dem diese die Zwangsversteigerung in das Grundstück angekündigt. Die sechsmonatige Kündigungsfrist des § 1193 Abs. 1 Satz 3 BGB ist ebenfalls verstrichen. Deswegen ist der Grundschuldbetrag fällig geworden.

Einwendungen aus dem Darlehensvertrag kann der Grundstückseigentümer dem Anspruch auf Duldung der Zwangsvollstreckung grundsätzlich nicht entgegenhalten. Denn eine Grundschuld ist nicht akzessorisch zum Darlehen. Allerdings kann die Sicherungsabrede (= der Sicherungsvertrag) Darlehen und Grundschuld verknüpfen.

216

Möglicherweise kann Nero sich auf die zwischen Cäsar und Cleopatra getroffene Sicherungsabrede berufen. Eine Sicherungsabrede kommt zumindest konkludent zwischen Darlehensgeber und Grundstückseigentümer zustande, wenn die Grundschuld ein Darlehen sichern soll. Das ergibt sich aus § 1192 Abs. 1a BGB. Hier sollte die Grundschuld ein Darlehen sichern. Zwischen Cäsar und Cleopatra ist also

---

138 Siehe auch Rn. 244.
139 Vgl. BGH, Beschl. v. 05.06.2008 – V ZB 150/07 = NJW 2008, 2442 (2443).

ein Sicherungsvertrag zustande gekommen. Nach ihm darf Cleopatra erst in das Grundstück vollstrecken, wenn das Darlehen fällig ist (dazu sogleich).

217   Zweifelhaft ist, ob Nero sich auf die Sicherungsabrede berufen kann. Als Schuldverhältnis wirkt sie nur relativ zwischen den Vertragsparteien. Parteien des Sicherungsvertrags sind Cäsar und Cleopatra. Rechte aus dem Sicherungsvertrag gehen nicht automatisch auf einen Grundstückserwerber über. Vielmehr muss der Grundstücksveräußerer sie gesondert abtreten.[140] Ob Cäsar eine konkludente Abtretungserklärung abgegeben hat, kann offenbleiben. Denn aus dem Sicherungsvertrag folgen aktuell keine Gegenrechte. Gegenrecht könnte derzeit nur der Einwand der mangelnden Fälligkeit sein. Das Darlehen war aber fällig. Denn es ist wirksam nach § 488 Abs. 3 Satz 1 BGB gekündigt. Die dreimonatige Kündigungsfrist des § 488 Abs. 3 Satz 2 BGB ist abgelaufen. Somit muss Cäsar das Darlehen zurückzahlen. Ihm stehen derzeit keine Einwendungen aus dem Sicherungsvertrag zu. Erst Recht kann Nero keine Einwendung aus dem Sicherungsvertrag herleiten.

Der Sicherungsvertrag gibt Nero also kein Recht, die Zwangsvollstreckung zu verweigern.

Fazit: Sämtliche Einwendungen Neros scheitern. Seine Vollstreckungsabwehrklage ist unbegründet. Sie hat keine Aussicht auf Erfolg.

Klausurtipp

Es lohnt sich nicht, diesen Einzelfall auswendig zu lernen. Er wird Examen nicht Eins zu Eins gestellt werden. Der Lerneffekt liegt beim Aufbau. Der Fall soll zeigen, wie sich eine Vollstreckungsabwehrklage mit Bezug zum Immobiliarsachenrecht gliedern lässt.

Neue Vereinbarungen

218   Auch ein Änderungsvertrag kann eine Einwendung darstellen. Klassiker ist die Änderung der Darlehenskonditionen.

Beispiel

Bank B gewährt S ein Darlehen. Der vereinbarte Zinssatz beträgt zehn Prozent. Im notariellen Darlehensvertrag unterwirft S sich der sofortigen Zwangsvollstreckung in sein gesamtes Vermögen. Anschließend ändern B und S die Konditionen. Sie vereinbaren privatschriftlich, dass der Zinssatz nur noch zwei Prozent beträgt. S hat Angst, dass B mit der notariellen Unterwerfungserklärung den Gerichtsvollzieher beauftragt. Er erhebt Vollstreckungsabwehrklage. Er wehrt sich gegen die Titulierung über zehn Prozent. Seine Klage ist begründet. B und S haben einen Änderungsvertrag geschlossen. S muss materiellrechtlich keine zehn Prozent Zinsen mehr zahlen. Dann darf B in dieser Höhe auch nicht mehr vollstrecken.

---

140 Sog. sekundäre Divergenz, BGHZ 97, 280, juris Rn. 22; Bülow, WM 2012, 289 (291); Nietsch, NJW 2009, 3606 (3608); i. d. S. auch BGHZ 104, 26, juris Rn. 12.

Verjährung des zugrunde liegenden Anspruchs

> **Klausurtipp**
>
> Sollte es in einer Klausur um Verjährung gehen, empfiehlt sich, sämtliche Vorschriften der §§ 194 bis 218 BGB einmal zu überfliegen.

> **Ausgangsfall**
>
> G verkauft S im Jahr 2010 ein Auto. Der Kaufpreis beträgt 10.000 Euro. G erstreitet deshalb gegen S im Jahr 2011 ein Zahlungsurteil über 10.000 Euro. S legt keine Berufung ein. Das Urteil wird noch 2011 rechtskräftig. Im Jahr 2019 erhebt S Vollstreckungsabwehrklage. Er beruft sich auf Verjährung. Die dreijährige Frist der §§ 195; 199 Abs. 1 BGB sei abgelaufen.

219

? Ist die Vollstreckungsabwehrklage zulässig und begründet?

› Map 2.8

✓ Nein. Die Vollstreckungsabwehrklage ist zulässig, jedoch unbegründet.

Die Vollstreckungsabwehrklage ist zulässig. Insbesondere ist sie statthaft. Die Vollstreckungsabwehrklage ist statthaft, wenn der Kläger vorträgt, ihm stehe ein materiellrechtlicher Einwand gegen den titulierten Anspruch zu. So ist es hier. G beruft sich auf Verjährung. Die Verjährung ist ein materiellrechtlicher Einwand gegen die dem Titel zugrunde liegende Forderung.[141]

Die Vollstreckungsabwehrklage ist aber unbegründet. Der Kaufpreiszahlungsanspruch ist nicht verjährt. Zwar verjährt ein Kaufpreiszahlungsanspruch grundsätzlich gemäß §§ 195; 199 Abs. 1 BGB in drei Jahren. Allerdings ist der Anspruch rechtskräftig festgestellt. Nach § 197 Abs. 1 Nr. 3 BGB verjähren rechtskräftig festgestellte Ansprüche erst nach 30 Jahren.[142] Der Wortlaut dieser Vorschrift ist missverständlich. „rechtskräftig festgestellt" setzt kein Feststellungsurteil voraus. Es genügt ein Leistungsurteil, etwa ein Urteil auf Zahlung.[143] Es reicht sogar ein unanfechtbarer Vollstreckungsbescheid.

Den Verjährungsbeginn regelt § 201 BGB. Danach beginnt die Verjährungsfrist mit der Rechtskraft der Entscheidung.

Auf die genauen Daten kommt es nicht an. Jedenfalls sind seit Rechtskraft noch keine 30 Jahre vergangen. Die Verjährungsfrist ist noch nicht abgelaufen.

---

141 BGH, Urt. v. 05.11.1998 – IX ZR 48–98 = NJW 1999, 278 (279).
142 Anders für mittitulierte künftige Zinsen (§ 197 Abs. 2 BGB): LG München I, Urt. v. 29.03.2018 – 12 HK O 10460/16, juris Rn. 19.
143 BGH, Urt. v. 03.11.1988 – IX ZR 203/87 zur Vorgängervorschrift.

Klausurtipp

Die vereinfachte Faustregel lautet, dass ein Urteil maximal 30 Jahre gilt. Kommt es in der Klausur auf Verjährung an, sind aber stets Verjährungsbeginn und Hemmungstatbestände genau zu prüfen. Auch an den Neubeginn gemäß § 212 Abs. 1 Nr. 2 BGB ist zu denken. Oft ist keinerlei Spezialwissen nötig. Man muss lediglich die Paragrafen lesen.

---

220   **Abwandlung**

Im ersten Prozess zwischen G und S kommt es nicht zu einem Urteil. Vielmehr vergleichen sich beide in der mündlichen Verhandlung.

❓ Ist die Vollstreckungsabwehrklage jetzt begründet?

✅ Nein. Auch in einem gerichtlichen Vergleich enthaltene Ansprüche verjähren nach §§ 197 Abs. 1 Nr. 4 BGB; 794 Abs. 1 Nr. 1 ZPO erst in frühestens 30 Jahren. Ein Gläubiger hat also im Hinblick auf die Verjährung keinen Nachteil, wenn er sich auf einen Vergleich einlässt. Er kann aus dem Vergleich mindestens genauso lange vollstrecken wie aus einem Urteil.

---

221   **Fall**

S nimmt bei Bank B ein Darlehen auf. Vor dem Notar gibt er ein abstraktes Schuldversprechen ab (§§ 780; 781 BGB). Wegen diesem unterwirft S sich der sofortigen Zwangsvollstreckung. Die Bank kündigt das Darlehen wirksam. Fünf Jahre später beauftragt sie mit der Unterwerfungserklärung den Gerichtsvollzieher. S erhebt Vollstreckungsabwehrklage. Er beruft sich auf Verjährung.

❓ Zu Recht?

✅ Nein. Isoliert betrachtet wäre das Darlehen zwar verjährt. Allerdings geht B aus dem Schuldanerkenntnis vor, nicht aus dem Darlehen. Es verjährt nach § 197 Abs. 1 Nr. 4 BGB erst in 30 Jahren. Diese sind noch nicht abgelaufen.

Hier darf man in der Klausur nicht aufhören. Man muss weiterprüfen, ob die Bank das Schuldanerkenntnis nach § 813 BGB „herausgeben" muss. Die Bank hat es gemäß 812 Abs. 2 BGB durch Leistung des S erlangt. Das Darlehen bildet den Rechtsgrund für das Schuldanerkenntnis. Vielleicht ist das Darlehen nicht durchsetzbar. Dann hat die Bank das Schuldanerkenntnis ohne rechtlichen Grund erlangt. Gemäß § 821 BGB könnte sie es normalerweise nicht durchsetzen.

Allerdings gilt § 216 Abs. 2 Satz 1 BGB analog.[144] Direkt greift die Norm nicht. In direkter Anwendung spricht die Norm davon, dass zur Sicherung eines Anspruchs ein

---

144 BGH, Urt. v. 17.11.2009 – XI ZR 36/09 = NJW 2010, 1144 (1145).

Recht verschafft worden ist. Gesichert ist hier der Rückzahlungsanspruch aus § 488 Abs. 1 Satz 2 BGB. Mit Recht verschaffen meint § 216 Abs. 2 BGB nur dingliche Sicherheiten wie eine Grundschuld. Hierfür sprechen Wortlaut und Zweck der Vorschrift. Eine dingliche Sicherheit hat S der B nicht verschafft. Es bestehen aber eine planwidrige Regelungslücke und eine vergleichbare Interessenlage. Um das Darlehen zu sichern, hat S ein Schuldanerkenntnis mitsamt Unterwerfungserklärung abgegeben. Das ist gesetzlich nicht geregelt. Die Situation ähnelt einer Sicherungsgrundschuld.

Die Bank muss das Schuldanerkenntnis also nicht herausgeben. S kann nicht die Bereicherungseinrede des § 821 BGB erheben. Seine Vollstreckungsabwehrklage ist unbegründet.

Konfusion

Die nachfolgende, trickreiche Variante dürfte in Klausuren eher selten auftreten. Aller-   222
dings ist nicht auszuschließen, dass ein Klausurersteller die Examenskandidaten auf eine besondere Probe stellen möchten. Wie gut kennen sie sich im Schuldrecht AT aus? Kennen sie die Konfusion? Konfusion bedeutet, dass Forderung und Schuld sich in einer Person vereinigen.[145] Der Gläubiger ist der Schuldner. Hierdurch erlischt die Forderung.

In der Klausur stellen sich Konfusionsprobleme vor allem im Zusammenhang mit   223
der Forderungspfändung.

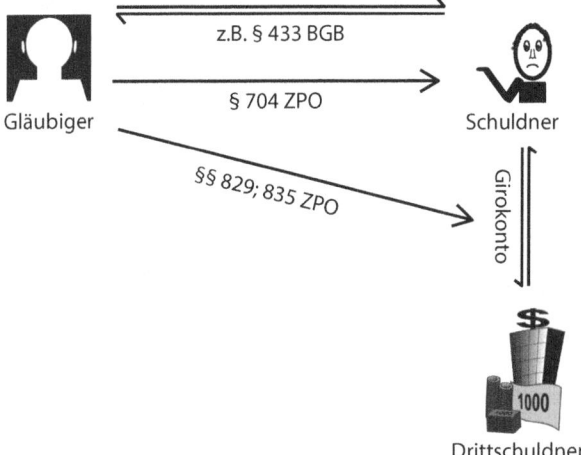

Bei der Forderungspfändung existieren drei Personen. Dem Vollstreckungsgläubiger steht gegen den Vollstreckungsschuldner ein Zahlungsanspruch zu. Er überlegt sich, wo beim Vollstreckungsschuldner etwas zu holen ist. Er findet eine Forderung. Sie steht dem Vollstreckungsschuldner gegen den Drittschuldner zu. Drittschuldner ist häufig eine Bank oder ein Arbeitgeber. Der Gläubiger pfändet das Kontoguthaben oder den

---

145 BGHZ 48, 214, juris Rn. 23; BGH, Urt. v. 11.12.1981 – V ZR 222/80, juris Rn. 36; zur Vertiefung: Bosak, JA 2009, 596.

Arbeitslohn des Schuldners (§ 829 ZPO). Sodann lässt er sich normalerweise die Forderung zur Einziehung überweisen. Diese Vollstreckungsart ist in § 835 Abs. 1, 1. Alternative ZPO geregelt. Die Überweisung zur Einziehung entspricht einer Leistung erfüllungshalber. Der Gläubiger versucht, sein Geld beim Drittschuldner einzutreiben. Angenommen, dieser zahlt nicht. Dann kann der Gläubiger sich nach wie vor an den Schuldner wenden. Er kann beispielsweise das Auto des Schuldners pfänden. Der Gläubiger geht mit der Überweisung zur Einziehung also kein Risiko ein. Er erhält nur Vorteile.

224   Anders ist es bei der Überweisung an Zahlungs statt zum Nennwert. Sie ist in § 835 Abs. 1, 2. Alt. ZPO vorgesehen. Der Begriff ist schwer verständlich. § 835 Abs. 2 ZPO erläutert ihn näher. An Zahlungs statt ist wie eine Abtretung zu verstehen. Der Gläubiger wird Inhaber der Forderung. Dadurch gilt die Schuld des Vollstreckungsschuldners in Höhe der gepfändeten Forderung als getilgt. Er muss kein zweites Mal zahlen. Der Gläubiger trägt das Risiko, dass der Drittschuldner nicht zahlt. Aus diesem Grund birgt diese Überweisungsvariante für den Gläubiger Nachteile. Deswegen wählt er sie in der Praxis selten. Manchmal lässt sich das Ziel des Gläubigers aber nur auf diesem Weg erreichen. So in folgendem Fall.

> **Fall**
>
> A und B schlagen sich. Beide verletzen den anderen absichtlich. A erhebt Schmerzensgeldklage. B habe ihn angegriffen. B verlangt widerklagend ebenfalls Schmerzensgeld. A habe nach Beendigung der Notwehrsituation aus Wut weiter auf ihn eingetreten. Das Gericht spricht beiden rechtskräftig ein Schmerzensgeld zu. A erhält mit 8000 Euro den geringeren Schmerzensgeldbetrag. B bekommt 10.000 Euro zugesprochen. A erklärt gegenüber B die Aufrechnung. B verweist auf § 393 BGB.

❓ Wie kann A erreichen, dass er nur den Teilbetrag von 2000 Euro zahlen muss?

✅ Materiellrechtlich kann A sein Ziel nicht erreichen. Das Verbot der Aufrechnung gegen eine Forderung aus einer vorsätzlich begangenen unerlaubten Handlung (§ 393 BGB) gilt auch, wenn sich zwei Forderungen aus vorsätzlicher unerlaubter Handlung gegenüberstehen.[146] Denn der Wortlaut enthält keine Einschränkungen.

A kann seinen Wunsch aber durch eine prozessuale Hintertür durchsetzen. Er kann den Anspruch des B gegen sich pfänden.[147] Freilich nur in Höhe der Forderung des A. Sodann muss A sich den gepfändeten Anspruch Zahlungs statt zum Nennwert überweisen lassen. Dann darf er Vollstreckungsabwehrklage erheben.

Dies bedarf näherer Erläuterung. A hat einen Titel gegen B in Höhe von 8000 Euro. Daraus kann er vollstrecken. Eine Vollstreckungsmöglichkeit ist, eine Forderung zu pfänden (§ 829 ZPO). Normalerweise besteht bei der Pfändung von Forderungen ein Dreipersonenverhältnis. Es gibt Gläubiger, Schuldner und Dritt-

---

146 BGH, Beschl. v. 15.09.2009 – VI ZA 13/09, juris Rn. 5 mit Anm. Ebert, jurisPR-BGHZivilR 22/2009 Anm. 1.
147 Offengelassen von BGH, Beschl. v. 18.01.2017 – VII ZB 9/14, Rn. 9.

schuldner. Der Gläubiger pfändet eine Forderung des Schuldners gegen dessen Schuldner, den Drittschuldner. Angenommen, B hätte eine Forderung gegen D in Höhe von 10.000 Euro. Dann könnte A diese Forderung pfänden.

Hier sind Gläubiger und Drittschuldner identisch. Das ist unschädlich. Man kann eine Forderung gegen sich selbst pfänden.[148] Dadurch erlischt sie noch nicht. Es entsteht nur ein Pfandrecht an der Forderung des B gegen A. Pfandrechtsinhaber ist A.

A kann jedoch die Forderung zum Erlöschen bringen. Er muss sie sich Zahlungs statt zum Nennwert überweisen lassen. Normalerweise erhält der Vollstreckungs- gläubiger auf diese Weise eine Forderung gegen einen anderen – den Drittschuld- ner. Hier sind Gläubiger und Drittschuldner identisch. Der Gläubiger hat sich sinngemäß eine Forderung gegen sich selbst abtreten lassen. Dadurch vereinigen sich Gläubiger- und Schuldnerstellung. Es liegt eine Konfusion vor. Die Forderung über 10.000 Euro erlischt in der Höhe, in der A sie sich hat überweisen lassen (8000 Euro).

Nun kann A in Höhe von 8000 Euro Vollstreckungsabwehrklage erheben. Die Begründetheit der Vollstreckungsabwehrklage setzt eine materielle Einwendung gegen den titulierten Anspruch voraus. Titulierter Anspruch ist hier die Schmerzens- geldforderung des B gegen A. Sie ist durch Konfusion in Höhe von 8000 Euro erloschen.

Die Vollstreckungsabwehrklage scheitert auch nicht an § 767 Abs. 2 ZPO. Denn das Pfandrecht entstand erst nach Schluss der mündlichen Verhandlung des Erkenntnisverfahrens.

Zurückbehaltungsrecht

Auf eine besondere Konstellation kann man vor allem bei Vergleichen und notariellen Unterwerfungserklärungen stoßen. Zuweilen enthalten sie gegenseitige Pflichten. Mögli- cherweise sind diese aber nicht Zug-um-Zug tituliert. Nachträglich übt der Schuldner ein Zurückbehaltungsrecht aus. Die wichtigsten Zurückbehaltungsrechte befinden sich in den §§ 273; 320 BGB und § 369 HGB. Beim Zurückbehaltungsrecht ist der Schuldner einver- standen, zu leisten. Er ist nur nicht bereit, vorzuleisten. „Erst du, dann ich", ist sein Motto.

Die Rechtsfolgen des Zurückbehaltungsrechts finden sich in den §§ 322; 274 BGB. Danach führt es zu einem Zug-um-Zug-Urteil. Das hat Konsequenzen für die Vollstreckungsabwehrklage.

Die Vollstreckungsabwehrklage soll materielle Einwände prozessual umsetzen. Ma- terielle und prozessuale Lage sollen sich decken. Man kann von einem Gleichlauf spre- chen. Normalerweise bestimmt das Gericht bei der Vollstreckungsabwehrklage, dass der Gläubiger aus dem Titel nicht mehr vollstrecken darf. Denn in der Regel bringt die Einwendung des Schuldners den Anspruch des Gläubigers zu Fall. Anders ist es beim Zurückbehaltungsrecht. Dort besteht der materielle Anspruch des Gläubigers weiter. Dann darf das Gericht dem Gläubiger aber nicht verbieten, seinen Anspruch durchzu- setzen. Das ginge zu weit. Der Richter darf also nicht die Zwangsvollstreckung aus dem

225

226

---

148 BGH, Urt. v. 10.03.2011 – IX ZR 82/10, Rn. 13.

Titel für unzulässig erklären. Vielmehr muss er anordnen, dass die Zwangsvollstreckung
227   nur noch Zug-um-Zug erfolgen darf.

Referendare müssen wieder den besonderen Hauptsachetenor kennen. Er lautet: „Die
Zwangsvollstreckung aus dem Titel darf nur Zug um Zug gegen genau bezeichnete Pflicht
fortgesetzt werden."[149] Dies ist ein Minus gegenüber dem Antrag, die Zwangsvollstreckung
für unzulässig zu erklären.[150] Hat der Schuldner also beantragt, die Zwangsvollstreckung
für unzulässig zu erklären, ist seine Vollstreckungsabwehrklage im Übrigen abzuweisen.

Rechtsmissbrauch
Grundlagen
228   Gelegentlich trägt der Schuldner vor, die Vollstreckung sei missbräuchlich. Damit kann
er in seltenen Fällen Recht haben. Oft handelt es sich aber um eine Klausurfalle. Verstößt die Vollstreckung gegen Treu und Glauben, kann dies ein Einwand im Sinne des
§ 767 ZPO sein. Aber nur, wenn er die titulierte Forderung betrifft.[151] Das ist die Ausnahme. In allen anderen Fällen geht der schuldnerische Rechtsmissbrauchseinwand im
Rahmen der Vollstreckungsabwehrklage ins Leere. Auch wenn ihn die Zwangsvollstreckung unverhältnismäßig hart trifft.

Zum besseren Verständnis finden sich sogleich Beispiele.

**🛑 Merke: Nicht jeder Verstoß gegen Treu und Glauben begründet die Vollstre-
ckungsabwehrklage.**

Verwirkung
229   Der titulierte Anspruch kann verwirkt sein. Das kann der Schuldner mit der Vollstreckungsabwehrklage rügen. Die Verwirkung ist ein Unterfall von Treu und Glauben. Es
handelt sich um ein gewohnheitsrechtlich anerkanntes Rechtsinstitut. Die Verwirkung
schützt den Glauben, der Gegner werde ein Recht nicht mehr ausüben. Sie setzt ein
Zeit- und ein Umstandsmoment voraus.[152] Sie ist stets einzelfallabhängig. Wann hatte
der Gläubiger die erste Chance, sein Recht geltend zu machen? Das ist zu fragen. Seit-
dem muss längere Zeit verstrichen sein. Hinzutreten müssen besondere Vertrauensmo-
mente. Sie müssen die verspätete Geltendmachung als unredlich erscheinen lassen. Der
Verpflichtete muss das Verhalten des Berechtigten so verstehen dürfen, dass dieser sein
Recht nicht mehr ausüben wird. Nicht ausreichend ist, dass der Gläubiger schweigt.[153]

Weiter muss der Schuldner schutzwürdige Dispositionen getroffen beziehungsweise
unterlassen haben.[154] Er darf nicht nur geistig darauf vertraut haben, der Gläubiger
werde sein Recht nicht mehr durchsetzen. Vielmehr muss sich sein Vertrauen manifes-

---

149 BGH, Urt. v. 27.06.1997 – V ZR 91/96, juris Rn. 9.
150 BGHZ 118, 229, juris Rn. 39.
151 BGH, Urt. v. 04.12.2014 – VII ZR 4/13, juris Rn. 39; AG Flensburg, Beschl. v. 22.03.2013 – 92 F 14/13,
    juris Rn. 8.
152 BAG, Urt. v. 25.04.2001 – 5 AZR 497/99 = NZA 2001, 966 (967).
153 BGH, Urt. v. 17.10.2006 – XI ZR 205/05.
154 BGHZ 25, 47 = NJW 1957, 1358; BGH, Urt. v. 26.05.1992 – VI ZR 230/91; BGH, Urt. v. 14.06.2004 – II
    ZR 392/01; BGH, Urt. v. 18.10.2004 – II ZR 352/02; BGH, Urt. v. 23.01.2014 – VII ZR 177/13.

tiert haben. Beispielsweise muss er Sicherheiten freigegeben haben.[155] Man muss von außen erkennen können, dass der Schuldner vertraut hat.

> **Merke: Parallelen erkennen.** Bei der Unterschlagung nach § 246 StGB muss sich der Zueignungswille des Täters manifestiert haben. Vergleichbar ist es beim Vertrauen des Schuldners im Rahmen der Verwirkung.

Die Verwirkung hat zwei Prüfungspunkte:
1. Umstandsmoment
2. Zeitmoment

> **Merke:** Je gewichtiger das Vertrauensschutzmoment ist, desto kürzer kann die abgelaufene Zeit sein.[156] Klare Regeln gibt es nicht. Es empfiehlt sich, das Umstandsmoment zuerst zu prüfen. Nur dann kann man beurteilen, wieviel Zeit verstrichen sein muss.

Es sind alle Umstände des Einzelfalls abzuwägen.   230

Beispiel[157]

G vermietet an S eine Wohnung. S zahlt seine Miete nicht. G erstreitet gegen S im Jahr 2010 ein Urteil. In Ziffer 1 des Tenors verurteilt das Amtsgericht S, 7000 Euro rückständige Miete zu begleichen. Gemäß Ziffer 2 muss S künftig monatlich 700 Euro Miete zahlen. S zahlt weiterhin nicht. G schreibt S fünf Monate nacheinander an, er solle einen Dauerauftrag einrichten. Er fordert ihn in jedem Schreiben auf, die monatliche Miete zu überweisen.

S bekommt einen neuen Job. Er erzielt ein Arbeitseinkommen von monatlich 5000 Euro. Das Geld fließt auf das Konto des S. Kinder oder andere unterhaltsberechtigte Personen hat S nicht. Das alles teilt er G mit. G pfändet in das Bankkonto des S. Er erwirkt beim Rechtspfleger einen Pfändungs- und Überweisungsbeschluss wegen der in Ziffer 2 des Urteils titulierten monatlichen 700 Euro. Er schreibt S nochmal an, er pfände nunmehr „für die seit dem Urteil aufgelaufene Miete, also 5 Monate x 700 Euro = 3500 Euro". Wegen der titulierten 7000 Euro unternimmt G keine Vollstreckungsmaßnahmen. Weiter schreibt er S, „Die titulierten Mietrückstände habe ich schon abgeschrieben. Die werde ich wohl nie bekommen." S zahlt immer noch nichts. S hatte ursprünglich für die Mietrückstände 7000 Euro zur Seite gelegt. Dieses Geld spendet er nach vier Jahren für Obdachlose. Im Jahr 2018 beauftragt G wegen der 7000 Euro den Gerichtsvollzieher. S erhebt Vollstreckungsabwehrklage. Sie ist begründet. S kann sich auf Verwirkung berufen. Er hat darauf vertraut, G werde die Mietrückstände nicht mehr einfordern. Sein Vertrauen war schutzwürdig. Zwar hat G zu keinem Zeitpunkt auf die Mietrückstände verzichtet. G hat aber nur noch die künftige seit dem Urteil aufgelaufene Miete thematisiert. Er hätte auch wegen der rückständigen Miete in das Konto des S vollstrecken können. Das hat er nicht getan.[158] Daraus durfte S indirekt schließen, G werde wegen

---

155 LG Nürnberg, Urt. v. 31.03.2009 – 10 O 9881/08.
156 BGH, Urt. v. 19.10.2005 – XII ZR 224/03 = NJW 2006, 219 (220).
157 Vgl. OLG Hamm, Beschl. v. 17.03.2014 – 6 UF 196/13.
158 Vgl. OLG Koblenz, Beschl. v. 28.02.2013 – 13 WF 165/13, juris Rn. 21.

der Mietrückstände nicht mehr vollstrecken. G hat S sogar darauf hingewiesen, die Mietrückstände habe er abgeschrieben. S hat über die beiseitegelegten 7000 Euro anderweitig disponiert. Damit hat sich sein Vertrauen manifestiert. Seit der Titulierung sind acht Jahre verstrichen. Diese Zeit genügt, um das Vertrauen des S als schützenswert anzusehen.

Dolo agit

231   Auch der Einwand dolo agit qui petit quod statim redditurus est ist eine Einwendung im Sinne des § 767 ZPO. Er wurzelt auch in § 242 BGB. Er betrifft die titulierte Forderung, nicht das Vollstreckungsverfahren.

Beispiel[159]

Ein Bauwerk ist mangelhaft. Unterstellt, die Voraussetzungen einer Selbstvornahme nach §§ 650a; 637 BGB sind erfüllt. Der Eigentümer möchte einen Vorschuss nach § 637 Abs. 3 BGB. Die geschätzten Mängelbeseitigungskosten belaufen sich auf 5000 Euro. Das Gericht verurteilt den Werkunternehmer, dem Eigentümer diese 5000 Euro als Vorschuss zu zahlen. Der Eigentümer beseitigt den Mangel selbst. Das kostet ihn wider Erwarten nur 4000 Euro. Er vollstreckt trotzdem in Höhe von 5000 Euro. Dadurch missbraucht er den Titel. 1000 Euro müsste er dem Unternehmer nämlich sofort zurückzahlen.[160] In dieser Höhe kann der Werkunternehmer Vollstreckungsabwehrklage erheben.

Nicht: Unredlichkeit der Vollstreckung

232   Demgegenüber ist die Vollstreckungsabwehrklage in folgendem Fall abzuweisen:

Beispiel

G hat an Frau S eine Wohnung vermietet. S zahlt ihre Miete nicht. G kündigt S. Er verklagt S auf Räumung. Vor dem Amtsgericht einigen sich G und S in einem Vergleich, dass S binnen zwei Monaten die Wohnung räumt. Nach einem Monat erhebt S Vollstreckungsabwehrklage. Sie meint, die Vollstreckung sei rechtsmissbräuchlich. Sie trägt vor, sie könne derzeit nicht ausziehen. Sie sei schwanger. Sie legt ein ärztliches Attest vor, wonach sie nicht schwer heben darf. Ansonsten bestehe die Gefahr einer Fehlgeburt. G weiß, dass S sich kein Umzugsunternehmen leisten kann. In der Tat trifft die Vollstreckung S hart. Die Vollstreckungsabwehrklage ist für derartige Rügen aber der falsche Rechtsbehelf. S kann einen Antrag nach § 794a ZPO stellen. Nach dieser Vorschrift kann ihr das Amtsgericht eine angemessene Räumungsfrist setzen. Der Fristablauf könnte etwa einen Monat nach dem planmäßigen Geburtstermin liegen. Das ändert aber nichts daran, dass G ein Anspruch auf Räumung aus § 546 Abs. 1 BGB zusteht. Ihn zu titulieren war und ist in Ordnung. Die Vollstreckungsabwehrklage der S hat daher keinen Erfolg. Idealerweise sortiert man den Einwand des Rechtsmissbrauchs schon in der Statthaftigkeit aus.

---

159 Abgewandelt von BGH, Urt. v. 04.12.2014 – VII ZR 4/13, juris Rn. 40 = JuS 2015, 845.
160 Anspruchsgrundlage: § 667 BGB analog oder § 242 BGB, BGHZ 94, 330, juris Rn. 12, BGH, Urt. v. 14.01.2010 – VII ZR 108/08, Rn. 13.

Es hilft folgende Überlegung: Erscheint dem Schuldner der Titel ungerecht? Dann kann er dies mit der Vollstreckungsabwehrklage rügen. Findet er hingegen das Verhalten der Vollstreckungsorgane unfair, ist sie der falsche Weg.

Weitere Einwände

 Map 2.8

Die bislang erörterten Einwände sind die klausurrelevantesten. Abschließend sind sie   233
nicht. Theoretisch kann der Schuldner jeden denkbaren Einwand vorbringen, etwa auch Rücktritt (§ 346 Abs. 1 BGB) oder Unmöglichkeit (§ 275 BGB).[161]

Kein Austauschrecht des Gläubigers

Der Gläubiger kann die Einwendung nicht dadurch aushebeln, dass er die seinem Titel   234
zugrunde liegende Forderung auswechselt.

Beispiel

Der Gläubiger erwirkt gegen den Schuldner einen Vollstreckungsbescheid über 5000 Euro. In diesem heißt es zur Forderung: „Anspruch auf Kaufpreiszahlung gemäß Rechnung vom 20.11.2018." Anschließend überweist der Schuldner dem Gläubiger 5000 Euro mit dem Betreff: „Kaufpreis gemäß Rechnung vom 20.11.2018". Der Schuldner erhebt Vollstreckungsabwehrklage. Der Gläubiger räumt im Prozess ein, dass der Kaufpreiszahlungsanspruch nach § 362 Abs. 1 BGB erloschen ist. Er hält die Vollstreckungsabwehrklage gleichwohl für unbegründet. Er habe nämlich einen Darlehensrückzahlungsanspruch gegen den Schuldner in Höhe von 5000 Euro. Damit dringt der Gläubiger nicht durch. Tituliert war nämlich der Kaufpreisrückzahlungsanspruch, nicht derjenige aus Darlehen. Ein Vollstreckungstitel ist ein Hoheitsakt. Die Parteien können ihn nicht ändern. Die Vollstreckungsabwehrklage ist also begründet.

2.4.5 Die Präklusion nach § 767 Abs. 2 ZPO

 Map 2.9

Grundlagen

In der Begründetheit der Vollstreckungsabwehrklage ist stets zu prüfen, ob die Einwen-   235
dung gemäß § 767 Abs. 2 ZPO verspätet ist. Vereinfacht besagt die Vorschrift, dass der Schuldner Einwendungen bereits im Erkenntnisverfahren erheben muss. Mit der Vollstreckungsabwehrklage soll er nur nachträgliche Einwendungen vorbringen. Die Recht-

---

161 Zu § 281 Abs. 4 BGB: BGH, Urt. v. 09.11.2017 – IX ZR 305/16, Rn. 4 f.

sprechung ist streng. Es kommt nicht darauf an, ob der Schuldner die Einwendung im Erkenntnisverfahren bereits kannte.[162] Selbst wenn er sie unverschuldet nicht kannte, verliert er sie. Der Gläubiger soll nämlich auf das Urteil im Erkenntnisverfahren vertrauen dürfen. Der Schuldner hingegen ist weniger schutzwürdig. Er hat es in der Hand, sorgfältig nach Einwendungen zu suchen.

236

> **Einfacher Ausgangsfall**
>
> V und K schließen am 1. Januar einen Kaufvertrag. V verklagt K auf Zahlung des Kaufpreises. Am 1. April verhandelt das Gericht abschließend mündlich. Es bestimmt einen Termin, um das Urteil zu verkünden. Im Urteil gibt das Gericht V Recht. Gegen das Urteil erhebt K Vollstreckungsabwehrklage. Er trägt wahrheitsgemäß vor, er habe bereits am Tag des Kaufvertragsschlusses gezahlt.

❓ Wird das Gericht den Einwand des K berücksichtigen?

✅ Nein. Das Gericht wird den Erfüllungseinwand des K nicht berücksichtigen. Er ist gemäß § 767 Abs. 2 ZPO verspätet. Danach sind bei der Vollstreckungsabwehrklage Einwände nur eingeschränkt zu berücksichtigen. Sie müssen nach dem Schluss der mündlichen Verhandlung entstanden sein, in der Einwendungen nach der ZPO spätestens hätten geltend gemacht werden müssen. Das war vorliegend nicht der Fall. Gemäß § 296a ZPO können nach Schluss der mündlichen Verhandlung, auf die das Urteil ergeht, Angriffs- und Verteidigungsmittel nicht mehr vorgebracht werden. Dies war der 1. April. K behauptet aber, er habe bereits am 1. Januar erfüllt. Diesen Einwand hätte er bereits im Erkenntnisverfahren vorbringen können.

Kein subjektives Element

237

> **Abwandlung 1**
>
> Wie Ausgangsfall (Rn. 236). K hat aber nicht selbst bezahlt. Vielmehr hat sein Bruder ohne Wissen des K am 2. Januar den Kaufpreis gezahlt. V war damit einverstanden (§ 267 Abs. 1 BGB). Aus Versehen hat er jedoch die Zahlung verwechselt und K gleichwohl verklagt.
> Erst als das Urteil rechtskräftig ist, erfährt K von der Zahlung seines Bruders. Wiederum erhebt K Vollstreckungsabwehrklage.

❓ Ist die Klage jetzt begründet?

✅ Nein. Der Einwand des K ist nach wie vor gemäß § 767 Abs. 2 ZPO verspätet. Hierfür spricht der Wortlaut „entstanden sind".

---

162 BGHZ 34, 274, juris Rn. 27; 42, 37, juris Rn. 16.

Auf den ersten Eindruck mag dies ungerecht erscheinen. Immerhin wusste K von seinem Erfüllungseinwand aus §§ 362; 267 Abs. 1 BGB nichts. Die Rechtskraft des Urteils ist hier jedoch wichtiger als dessen materielle Richtigkeit. Ein Titelgläubiger muss sich auf den Bestand eines rechtskräftigen Urteils verlassen dürfen. Angenommen, er müsste jederzeit damit rechnen, dass K irgendwelche Einwände noch nicht kennt. Dann wäre sein Vertrauen stark gefährdet. Im Interesse des Rechtsfriedens muss ein Streit irgendwann enden. Das angemessene Finale für einen Tatsachenstreit ist regelmäßig der Schluss der Berufungsverhandlung.[163] Bis dahin sind Monate, wenn nicht gar Jahre vergangen. Der Schuldner hat genug Zeit, Einwände zu ermitteln.

Man muss sich Folgendes vor Augen halten: Es kann sein, dass ein Schuldner wahrheitswidrig behauptet, sein Bruder habe gezahlt. Soll er dadurch den Gläubiger in eine neue Beweisaufnahme zerren können? Immerhin wurde der Streit längst durch ein Gericht entschieden. Der Schuldner hätte es in der Hand, den Rechtsfrieden durch immer neuen Vortrag hinauszuzögern. Das darf nicht sein. Gerechtfertigt ist eine neue Beweisaufnahme nur, wenn der Schuldner nachträgliche Einwände vorbringt.

🚫 Merke: § 767 Abs. 2 ZPO greift auch, wenn der Schuldner seine Einwendung nicht kannte.[164]

Versäumnisurteil

Abwandlung 2   238

Wie Ausgangsfall (Rn. 236). Zum Verhandlungstermin erscheint K nicht. Daraufhin ergeht am 1. April ein Versäumnisurteil. Es wird K drei Tage später zugestellt. K reagiert nicht. Das Versäumnisurteil wird rechtskräftig. Drei Monate später erhebt K Vollstreckungsabwehrklage. Wiederum begründet er sie damit, er habe bereits am 1. Januar gezahlt.

❓ Ist die Vollstreckungsabwehrklage begründet?

▶ Map 2.9

✔ Nein. Die Vollstreckungsabwehrklage ist unbegründet.

Gemäß § 767 Abs. 2 ZPO muss die Einwendung „nach dem Schluss der mündlichen Verhandlung" entstanden sein. Das Gericht hat die mündliche Verhandlung nicht geschlossen. Vielmehr hat es ein Versäumnisurteil erlassen. K darf sich gleichwohl nicht freuen. Er darf gegen ein Versäumnisurteil nicht etwa jederzeit Einwendungen nachreichen. § 767 Abs. 2 ZPO sieht nämlich weiter vor, dass die Einwendungen „durch Einspruch nicht mehr geltend gemacht werden können". Einspruch ist im

---

163 Vgl. §§ 529 Abs. 1 Nr. 2; 531 Abs. 2 Nr. 3 ZPO.
164 BGHZ 34, 274, juris Rn. 28; BGH, Urt. v. 21.05.1973 – II ZR 22/72, juris Rn. 15.

Sinne der Legaldefinition des § 338 ZPO zu verstehen. Nach dieser Vorschrift steht dem Verlierer gegen ein Versäumnisurteil der Einspruch zu. Gemäß § 339 Abs. 1 ZPO beträgt die Einspruchsfrist zwei Wochen. Sie beginnt mit der Zustellung.

Missverständlich ist in § 767 Abs. 2 ZPO die Formulierung „nicht mehr geltend gemacht werden können." Die Vorschrift meint, die Einwendung muss nach Ablauf der Einspruchsfrist entstanden sein.[165] Dies ergibt sich aus dem systematischen Zusammenhang mit § 767 Abs. 2, 1. Halbsatz ZPO. Denn auch dort ist ein zeitliches Ende das einschneidende Ereignis. Für diese Auslegung spricht auch der Zweck des § 767 Abs. 2 ZPO. Die Norm soll die Rechtssicherheit schützen. Diese wäre gefährdet, wenn der Schuldner unbegrenzt Einwendungen vorbringen könnte.

K hätte erfolgreich Einspruch einlegen können. Er hatte damals schon erfüllt. Das hätte er seinerzeit bereits vorbringen können. Die zweiwöchige Einspruchsfrist ist abgelaufen. Der Erfüllungseinwand kommt zu spät. Die Vollstreckungsabwehrklage scheitert an § 767 Abs. 2 ZPO. Sie ist unbegründet.

🛈 **Merke: Die Formulierung in § 767 Abs. 2 ZPO „durch Einspruch nicht mehr geltend gemacht werden können" ist so zu lesen, dass die Einwendung nach Ablauf der Einspruchsfrist entstanden sein muss.**

Vollstreckungsbescheid

239

Abwandlung 3

Wie Abwandlung 1 (Rn. 237). V hat aber nicht geklagt. Vielmehr hat er einen Mahnbescheid erwirkt. K reagiert nicht. Daraufhin ergeht am 15.03. ein formell ordnungsgemäßer Vollstreckungsbescheid mit Rechtsbehelfsbelehrung. Dieser wird K am Folgetag zugestellt. Drei Monate später legt K Einspruch ein. Er beantragt Wiedereinsetzung in den vorigen Stand. Er habe von der Zahlung durch seinen Bruder nichts gewusst.
Zeitgleich erhebt K Vollstreckungsabwehrklage.

❓ Haben die Rechtsbehelfe Aussicht auf Erfolg?

240   ✅ **Einspruch in Verbindung mit Wiedereinsetzungsantrag**
Der Einspruch in Verbindung mit dem Wiedereinsetzungsantrag hat keinen Erfolg. Der Einspruch müsste zulässig sein. Er ist gemäß §§ 700; 338 ZPO gegen den Vollstreckungsbescheid statthaft. Er kann gemäß § 230 ZPO verspätet sein. Gemäß § 339 Abs. 1 ZPO beträgt die Einspruchsfrist zwei Wochen. Sie beginnt mit der Zustellung. Diese Frist ist bereits abgelaufen. Helfen könnte K nur sein Wiedereinsetzungsantrag. Begründet ist dieser aber nur, wenn K die Einspruchsfrist unverschuldet versäumt hat (§ 233 ZPO). Das wäre der Fall, wenn er beispielsweise unvorhersehbar im Krankenhaus im Koma lag. Dafür ist nichts ersichtlich. K wusste lediglich nichts davon, dass sein Bruder erfüllt hat. Seine Fehlvorstellung betraf die materielle Rechtslage. K irrte über die Erfolgsaussicht. Diese ist ein bloßes Motiv, um Einspruch einzulegen. Für die formelle Frage der Einspruchsfrist spielt es keine

---

165 RGZ 40, 352 (353); 55, 187 (190); 104, 228 (229); BGH, Urt. v. 21.04.1982 – IVb ZR 696/80, juris Rn. 4; a. A. Schumann, NJW 1982, 1862; offengelassen in BGH, Urt. v. 1.12.2011 – IX ZR 56/11, juris Rn. 11.

Rolle.[166] Dafür spricht der Wortlaut in § 233 ZPO „verhindert". K hätte rechtzeitig Einspruch einlegen können. Ihm ist keine Wiedereinsetzung zu gewähren. Der Einspruch ist verspätet.

✅ **Vollstreckungsabwehrklage**

Damit bleibt die Frage, ob die Vollstreckungsabwehrklage des K Erfolgsaussichten hat. Sie ist zulässig. Fraglich ist, ob sie begründet ist.

241

Gemäß § 767 Abs. 2 ZPO muss die Einwendung nach dem Schluss der mündlichen Verhandlung entstanden sein. Diese Regel passt wiederum nicht. Eine mündliche Verhandlung findet bei Vollstreckungsbescheiden gemäß § 128 Abs. 4 ZPO nicht statt. Vielmehr erlässt das zentrale Mahngericht zunächst einen Mahnbescheid (§ 692 ZPO). Es stellt ihn dem Antragsgegner gemäß § 693 ZPO zu. Der Antragsgegner kann Widerspruch einlegen, § 694 ZPO. Nur dann findet auf Antrag gemäß §§ 696; 697 Abs. 3 ZPO beim Erkenntnisgericht eine mündliche Verhandlung statt. Legt der Antragsgegner keinen Widerspruch ein, erlässt das Mahngericht nach § 699 ZPO einen Vollstreckungsbescheid. Das ist hier geschehen.

Gemäß § 700 Abs. 1 ZPO steht der Vollstreckungsbescheid einem Versäumnisurteil gleich. Auch gegen den Vollstreckungsbescheid kann der Schuldner also Einspruch einlegen. Dann findet eine mündliche Verhandlung statt, § 700 Abs. 5 ZPO.

K hat innerhalb der zweiwöchigen Frist der §§ 700 Abs. 1; 339 ZPO keinen Einspruch eingelegt. Dadurch wurde der Vollstreckungsbescheid rechtskräftig.

Auch gegen einen Vollstreckungsbescheid kann der Schuldner indessen nur begrenzte Zeit Einwendungen vorbringen. Das bestimmt der spezielle § 796 Abs. 2 ZPO. Er ähnelt der eben behandelten Präklusionsregel für Versäumnisurteile. Nach § 796 Abs. 2 ZPO muss der Schuldner seine Einwände grundsätzlich mit dem Einspruch vorbringen. Nur wenn er dies nicht konnte, darf er Vollstreckungsabwehrklage erheben. Genauer gesprochen muss der Vollstreckungsbescheid dem Schuldner zugestellt werden. Dann müssen mehr als zwei Wochen verstrichen sein. Erst jetzt darf die Einwendung entstanden sein. So war es hier nicht. Der Erfüllungseinwand bestand von Anfang an. K trägt ihn mit seiner Vollstreckungsabwehrklage zu spät vor. Er hätte ihn mit einem Einspruch vorbringen können. Die Vollstreckungsabwehrklage ist daher unbegründet.

❗ **Merke: Eine Vollstreckungsabwehrklage gegen ein Versäumnisurteil oder einen Vollstreckungsbescheiden ist verspätet, wenn der Schuldner seine Einwendung mit dem Einspruch hätte geltend machen können.**

Verhältnis zur Berufung

Abwandlung 4

242

Wie Abwandlung 1 (Rn. 237). Wiederum verhandelt das Gericht am 1. April abschließend mündlich. Der Bruder von K zahlt aber erst am 2. April. K erfährt hiervon noch am 2. April.

❓ Hat die Vollstreckungsabwehrklage des K jetzt Aussicht auf Erfolg?

---

166 BayObLG, Beschl. v. 26.01.2000 – 3Z BR 168/99 = NJW-RR 2000, 772; FG Baden-Württemberg, Urt. v. 08.11.2005 – 1 K 415/02, juris Rn. 18.

✅ Ja. Sie ist zulässig. Insbesondere besteht ein Rechtsschutzbedürfnis. Zwar könnte K gegen das Urteil auch erfolgreich Berufung einlegen.[167] Er darf aber zwischen Berufung und Vollstreckungsabwehrklage wählen. Entscheidet er sich für die Vollstreckungsabwehrklage, ist diese begründet. Die Zahlung ist nach Schluss der mündlichen Verhandlung erfolgt. Somit hätte K den Erfüllungseinwand nicht früher vorbringen können. Der Einwand ist nicht nach § 767 Abs. 2 ZPO verspätet.

Anfängliche Einwendungen bei notariellen Urkunden und Vergleichen

§ 767 Abs. 2 ZPO präkludiert grundsätzlich anfängliche Einwendungen. Er gilt aber nur für Urteile.

243

> **Ausgangsfall**
>
> Der 18jährige Student S benötigt dringend in München eine Wohnung. E gehört eine kurz zuvor fertiggestellte Wohnung. In ihr hat noch niemand gewohnt.[168] Die von ihm verlangte ist zehn Mal höher als die marktübliche Miete. S findet keine andere Wohnung. Er mietet die Wohnung des E aus der Not heraus. Sein Gehalt deckt die Miete rechnerisch gerade so. Um sich etwas zum Essen zu kaufen, bleibt nichts mehr übrig. Sämtliche Umstände sind E bewusst. Ihm geht es um einen möglichst hohen Profit. S zahlt die Miete nicht. Daraufhin erstreitet E gegen S ein Urteil auf Zahlung der rückständigen Miete. S erhebt Vollstreckungsabwehrklage. Er beruft sich auf die Unwirksamkeit der Mietvereinbarung nach § 138 Abs. 2 BGB.[169]

❓ Ist die Vollstreckungsabwehrklage begründet?

✅ Nein. Die Vollstreckungsabwehrklage ist unbegründet. Der Mietwucher ist eine anfängliche Einwendung. Sie ist nach § 767 Abs. 2 ZPO präkludiert. S hätte sie schon im Erkenntnisverfahren vorbringen können.

244

> **Abwandlung 1**
>
> Wie Ausgangsfall (Rn. 243). E erstreitet aber kein Urteil gegen S. Vielmehr unterwirft sich S persönlich wegen der Miete vor dem Notar der Zwangsvollstreckung in sein gesamtes Vermögen.

❓ Ist die Vollstreckungsabwehrklage des S nun begründet?

✅ Ja. Die Vollstreckungsabwehrklage ist jetzt begründet. S konnte die Einwendung nicht früher vorbringen. Denn ein Erkenntnisverfahren gab es nicht. Daher ist der Einwand nicht nach § 767 Abs. 2 ZPO präkludiert. § 797 Abs. 4 ZPO stellt dies klar.[170]

---

167 Ebenfalls möglich: Anregung auf Ermessensentscheidung über Wiedereröffnung gemäß § 156 Abs. 1 ZPO.
168 Vgl. § 556f BGB.
169 Vgl. auch §§ 134 i. V. m. § 291 Abs. 1 Nr. 1 StGB; § 5 WiStG.
170 Siehe bereits oben Rn. 215.

Abwandlung 2

Wie Ausgangsfall (Rn. 243). E hat wiederum an S eine Wohnung vermietet. Die Miethöhe ist marktüblich. S überweist die Miete monatlich stets pünktlich per Dauerauftrag. S hat aber mehrere Konten. Außerdem ist er sehr beschäftigt. Daher vergisst er, dass er den Dauerauftrag eingerichtet hat. E hat mehrere Wohnungen. Er ordnet die Zahlungen des S versehentlich einem anderen Mieter zu. Beide haben also übersehen, dass S regelmäßig gezahlt hat. Deswegen klagt E 10.000 Euro rückständige Miete ein. Er erstreitet kein Urteil gegen S. Vielmehr vergleichen sich beide vor dem Amtsgericht. S verpflichtet sich, die Hälfte der eingeklagten Miete zu zahlen. Sechs Monate später bemerkt S, dass er stets pünktlich gezahlt hatte. Er erhebt Vollstreckungsabwehrklage. E meint, der Einwand des S sei präkludiert. S hätte ihn bereits bei Vergleichsschluss vortragen können.

❓ Wer hat Recht?

✅ S hat Recht.

Die Vollstreckungsabwehrklage ist zunächst zulässig. Sie ist statthaft und es besteht auch ein Rechtsschutzbedürfnis. Richtigerweise kann S wählen. Er darf beantragen, das alte Verfahren fortzusetzen. Er darf sich aber auch für die Vollstreckungsabwehrklage entscheiden.[171] S hat sein Wahlrecht zugunsten der Vollstreckungsabwehrklage ausgeübt.

Die Vollstreckungsabwehrklage ist auch begründet. Die Begründetheit der Vollstreckungsabwehrklage setzt voraus, dass dem Schuldner eine materiellrechtliche Einwendung gegen den dem Titel zugrunde liegenden Anspruch zusteht. Die Einwendung darf zudem nicht präkludiert sein.

Dem Titel liegt materiellrechtlich ein Vergleich zugrunde. Als Einwendung kommt § 779 BGB in Betracht. Danach ist ein Vergleich unwirksam, wenn die Vertragsparteien falsche Tatsachen zugrunde gelegt haben. Weiter muss anzunehmen sein, dass der Streit bei Kenntnis der Sachlage nicht entstanden wäre. Die Parteien wussten von der Erfüllung der Mietforderungen nichts. Sie haben nicht einmal mit den Zahlungen gerechnet. Es ist davon auszugehen, dass sie von offenen Forderungen ausgingen. Hätten sie den Dauerauftrag bemerkt, wäre E wohl nie vor Gericht gezogen. Daher ist die materielle Einwendung des § 779 BGB gegeben.

S ist mit seinen Einwendungen nicht präkludiert. Er war nicht verpflichtet, die Zahlungen bereits im Erkenntnisverfahren einzuwenden. § 767 Abs. 2 ZPO soll die Rechtskraft schützen. Ein gerichtlicher Vergleich ist nach § 794 Abs. 1 Nr. 1 ZPO ein Vollstreckungstitel. Wie ausgeführt erwächst er jedoch nicht in Rechtskraft. Vielmehr gilt § 797 Abs. 4 ZPO für Vergleiche analog. Der Schuldner kann in der Vollstreckungsabwehrklage auch vor Vergleichsschluss liegende Umstände einwenden. Sie sind nicht präkludiert.[172]

---

171 Siehe bereits oben Rn. 123 bis 126.
172 BGH, Urt. v. 27.11.1952 – IV ZR 57/52 = NJW 1953, 345; u. v. 04.11.1976 – VII ZR 6/76 = NJW 1977, 583 (584); BGH, Beschl. v. 04.10.1982 – GSZ 1/82 = BGHZ 85, 64, juris Rn. 28 u. v. 14.05.1987 – BLw 5/86 = NJW-RR 1987, 1022 (1023); ähnlich bereits RGZ 37, 416 (419).

⊕ Merke: Für notarielle Urkunden und Vergleiche gilt § 767 Abs. 2 ZPO nicht.

Gestaltungsrechte

❯ Map 2.9

Ausgangsfall

G verkauft S ein Buch für 50 Euro. S zahlt den Kaufpreis nicht. Anschließend gewährt S dem G ein unverzinsliches Darlehen über 500 Euro. Einen Monat später fordert S die 500 Euro zurück. G ärgert sich darüber. Er ist aber juristischer Laie. Daher weiß er nicht, dass er aufrechnen kann. Vielmehr verklagt er S. Er fordert den Kaufpreis. G gewinnt. Das Urteil wird rechtskräftig. Anschließend erklärt S die Aufrechnung. Er erhebt Vollstreckungsabwehrklage.

❓ Ist die Klage begründet?

Formulierungsvorschlag im Gutachtenstil

Eine Vollstreckungsabwehrklage ist begründet, wenn dem Kläger eine materielle Einwendung gegen die titulierte Forderung zusteht. Die Einwendung darf zudem nicht präkludiert sein.

Die Aufrechnung bewirkt nach § 389 BGB, dass die titulierte Forderung erlischt. Daher ist die Aufrechnung des S eine materielle Einwendung im Sinne des § 767 Abs. 1 ZPO.

Allerdings könnte die Aufrechnung verspätet sein. Gemäß § 767 Abs. 2 ZPO muss der Vollstreckungsschuldner Einwendungen bereits im Erstprozess geltend machen, soweit er dies kann. Eine Aufrechnung setzt eine Aufrechnungslage voraus (§ 387 BGB). Diese bestand schon im Erstprozess. Die Aufrechnung erfordert zudem nach § 388 BGB eine Aufrechnungserklärung. Als der Erstprozess endete, hatte S die Aufrechnung noch nicht erklärt. Das geschah erst, als die mündliche Verhandlung des Erstprozesses schon geschlossen war. Daraus könnte man schließen, der Aufrechnungseinwand sei im Sinne von § 767 Abs. 2 ZPO erst nach Schluss der mündlichen Verhandlung entstanden. Somit sei er jetzt nicht verspätet. Diese Sichtweise überzeugt jedoch nicht. § 767 Abs. 2 ZPO dient der Rechtskraft. Beide Parteien sollen so weit wie möglich auf eine Entscheidung vertrauen dürfen. Nur ausnahmsweise darf der Verlierer sich nachträglich nach § 767 Abs. 1 ZPO gegen den Richterspruch wehren. Eine solche Ausnahme ist nur dort gerechtfertigt, wo der Schuldner besonders schutzwürdig ist. Er darf keine Chance gehabt haben, seinen Einwand im Erstprozess vorzubringen. S hätte die Aufrechnung im Erstprozess erklären können. Dann wäre er nicht verurteilt worden. Das hat S versäumt. Somit ist er nicht besonders schutzwürdig.

Fraglich ist, wie diese Sichtweise mit dem Wortlaut des § 767 Abs. 2 ZPO vereinbar ist. Immerhin enthält er den Passus „nach dem Schluss der mündlichen Verhandlung […] entstanden sind." Allerdings erfordert der Wortlaut nicht, dass die Einwendung nachträglich entstanden ist. Vielmehr spricht er von den Gründen, auf denen die Einwendung beruht. Grund der Aufrechnung ist die Aufrechnungslage. Sie bestand zur Zeit des Erstprozesses schon. Daher ist die Aufrechnung nach § 767 Abs. 2 ZPO verspätet. Das Gericht wird sie nicht berücksichtigen. Die Vollstreckungsabwehrklage ist daher unbegründet.

> ⊕ **Merke: Ob bei Gestaltungsrechten bei § 767 Abs. 2 ZPO auf deren Existenz oder ihre Erklärung abzustellen ist, ist umstritten. Die ständige Rechtsprechung stellt grundsätzlich auf die objektive Lage ab.[173] Maßgeblich ist also, wann der Vollstreckungsschuldner das Gestaltungsrecht erstmals hätte ausüben können. Übt er es später aus, hat er Pech. Der Gläubiger ist schutzwürdiger.**

Referendare sollten die davon abweichende Rechtsprechung bei der einseitigen Erledigungserklärung kennen. Dort übt der Beklagte ein Gestaltungsrecht erst im Prozess aus. Klassiker ist die Prozessaufrechnung. Sie lässt den klägerischen Anspruch gemäß § 389 BGB ex tunc entfallen. Die Konstellation ist folgende: Beide Parteien haben gegeneinander Forderungen. Der Kläger verklagt den Beklagten. Erst im Prozess rechnet der Beklagte auf. Der Kläger erklärt den Rechtsstreit für erledigt. Der Beklagte widerspricht der Erledigung.

Nun muss das Gericht über die einseitige Erledigungserklärung entscheiden. Es handelt sich um eine Klageänderung in eine Feststellungsklage (§§ 264 Nr. 2; 256 Abs. 1 ZPO). Unterstellt, die ursprüngliche Klage war zulässig und begründet. Dann muss das Gericht prüfen, ob sie sich erledigt hat. Nach dem BGH ist das der Fall. Er meint, erst die Aufrechnungserklärung erledige den Prozess.[174] Zwar konnte der Beklagte schon früher aufrechnen. Das spielt jedoch bei der einseitigen Erledigungserklärung nach dem BGH keine Rolle. Der Unterschied zu § 767 Abs. 2 ZPO lässt sich erklären. Bei § 767 Abs. 2 ZPO geht es darum, ob der Gläubiger in eine Entscheidung vertrauen darf. Bei der einseitigen Erledigungserklärung liegt keine Entscheidung vor, auf die man vertrauen kann.

247

Abwandlung

248

Wie Ausgangsfall (Rn. 246). S hat G das Darlehen aber erst nach dem Erstprozess gewährt.

❓ Ist die Klage begründet?

✅ Jetzt ist die Aufrechnung des S nicht mehr verspätet. Er hätte nicht früher aufrechnen können. Seine Vollstreckungsabwehrklage hat Erfolg.

---

173 RGZ 64, 228 (230); BGHZ 24, 97, juris Rn. 26; 59, 116, juris Rn. 29; 34, 274, juris Rn. 27; 94, 29, juris Rn. 21; 123, 49, juris Rn. 10; 163, 339, juris Rn. 14; BGH, Urt. v. 21.04.1980 – II ZR 107/79 = NJW 1980, 2527 (2528); BGH, Urt. v. 05.03.2009 – IX ZR 141/07 = NJW 2009, 1671; so auch Ernst, NJW 1986, 401 (404).

174 BGHZ 155, 392. Für die Verjährungseinrede: BGHZ 184, 128 Rn. 26; ausführlich: Feser, JA 2008, 525 (526).

Die Aufrechnung in der Anwaltsklausur

249   In Anwaltsklausuren aus Schuldnersicht kann sich das Problem stellen, ob der Mandant ein Gestaltungsrecht ausüben soll.[175] Beispiel: Gegen den Mandanten besteht ein Titel. Dann erwirbt er einen Gegenanspruch. Hier erwartet der Klausurersteller in der Zweckmäßigkeit eine Abwägung. Der Mandant kann aufrechnen und Vollstreckungsabwehrklage erheben. Oder er kann seinen Anspruch isoliert einklagen. Theoretisch kann er auch beides parallel. Das ist meist aber nicht empfehlenswert.

Vermag der Mandant aufzurechnen, ist dieser Weg in der Regel vorzugswürdig. Er kann sich einfacher und schneller befriedigen. Er sollte zugleich Vollstreckungsabwehrklage erheben.

Anders ist es, wenn die Forderungen sich bei Schluss der letzten mündlichen Tatsachenverhandlung über die eingeklagte Gläubigerforderung schon aufrechenbar gegenüberstanden. Dann kann der Schuldner nachträglich wegen § 767 Abs. 2 ZPO nicht mehr aufrechnen. Gleichwohl kann er seine Gegenforderung noch isoliert einklagen.[176]

> 🛈 Merke: § 767 Abs. 2 ZPO schneidet dem Schuldner keine Zahlungsforderung ab. Die Vorschrift nimmt ihm lediglich das Recht, sie einem titulierten Anspruch entgegenzuhalten.

Verspätete Anfechtung

250   **Fall**

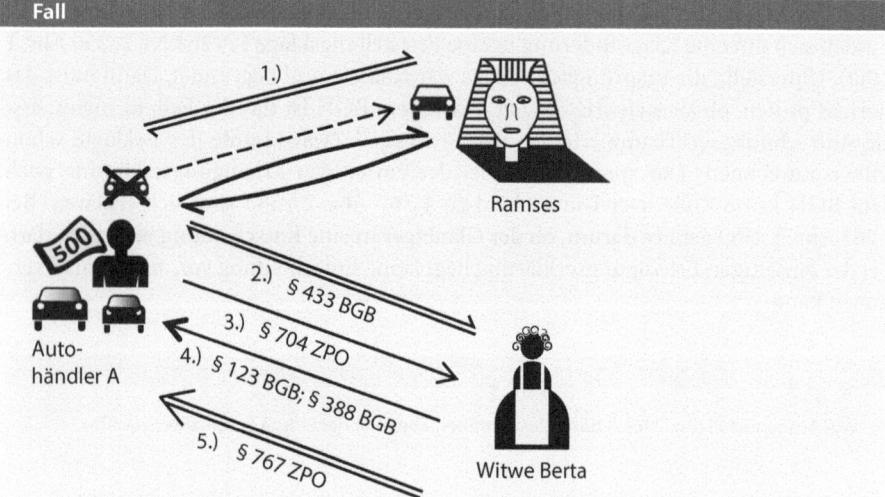

Autohändler A stellt auf seinem Hof ein Auto zum Verkauf aus. Witwe Berta schaut es sich an. Sie unternimmt eine Probefahrt. Sie möchte es sich aber noch überlegen. A erklärt, er könne Witwe Berta das Auto aber nicht reservieren. In der Folgewoche sieht Ramses das Auto. Kurzentschlossen kauft er es von A. A übereignet und übergibt es Ramses. Das Auto gefällt Ramses gut. Er möchte es nie wieder hergeben. Eine Woche später ruft Witwe Berta im Autohaus an. Sie fragt, ob das Auto noch zu haben ist. A bestätigt dies. Er behauptet, der Wagen gehöre nach

---

175 Zur Vertiefung: Wolf, JA 2006, 476–480.
176 BGHZ 34, 274, juris Rn. 28; vgl. auch BGHZ 12, 136.

wie vor ihm. Witwe Berta glaubt ihm. Sodann schließen beide telefonisch einen Kaufvertrag. A erstreitet gegen Witwe Berta ein Urteil. Danach muss sie den Kaufpreis zahlen. Zwei Jahre später erfährt Witwe Berta vom Doppelverkauf. Sie ficht den Kaufvertrag wegen arglistiger Täuschung an. Hilfsweise erklärt sie mit Schadensersatzansprüchen aus §§ 280 Abs. 1; 241 Abs. 2; 311 Abs. 2 BGB; § 311a Abs. 2 BGB und § 826 BGB in Höhe der Kaufpreisforderung die Aufrechnung. Sie beantragt bei Gericht, die Zwangsvollstreckung aus dem Urteil für unzulässig zu erklären.

❓ Ist ihre Vollstreckungsabwehrklage begründet?

✅ Nein. Witwe Bertas Vollstreckungsabwehrklage ist unbegründet. Sämtliche ihrer Einwendungen sind verspätet. Sie hätte alle bereits im Erkenntnisverfahren vorbringen können. Dass sie von einer etwaigen Täuschung nichts wusste, ist irrelevant. Ebenfalls ist hinzunehmen, dass Witwe Berta für die Anfechtung nicht die gesamte Jahresfrist des § 124 BGB zur Verfügung stand.[177] Die Rechtskraft des ersten Urteils schlägt wiederum materiellrechtliche Interessen.

Verbraucherwiderruf

Fall 251

Unternehmer U bietet im Internet ein Smartphone an. Er verkauft ein Exemplar an Verbraucher V. Den Verkauf wickeln beide vollständig über die Homepage des U ab. Auf ein Widerrufsrecht weist Unternehmer U nicht hin. V zahlt den Kaufpreis nicht. U erwirkt einen Mahnbescheid. Als Anspruch ist darin korrekt genannt: „Kaufpreis für Smartphone, Bestellung vom 02.08.2019." V reagiert auf den Mahnbescheid nicht. U erwirkt einen Vollstreckungsbescheid. Diesen stellt das Mahngericht V drei Tage später zu. V liest ihn sogleich. V legt aber keinen Einspruch ein. Der Vollstreckungsbescheid wird rechtskräftig. V erhebt Vollstreckungsabwehrklage. Er widerruft den Kaufvertrag. Seit Vertragsschluss sind fünf Monate vergangen.

❓ Ist die Vollstreckungsabwehrklage begründet?

✅ Ja, die Vollstreckungsabwehrklage ist begründet. Die Begründetheit der Vollstreckungsabwehrklage setzt nach §§ 795; 767 Abs. 1 ZPO voraus, dass V eine materielle Einwendung gegen den titulierten Kaufpreiszahlungsanspruch zusteht. Die Einwendung darf zudem nicht gemäß § 796 Abs. 2 ZPO präkludiert sein.

Welcher Anspruch tituliert ist, geht aus dem Mahnbescheid in Kurzform hervor, § 690 Abs. 1 Nr. 3 i. V. m. § 692 Nr. 1 ZPO. Der Vollstreckungsbescheid baut auf dem Mahnbescheid auf. Er tituliert gemäß § 794 Nr. 4 ZPO den Kaufpreiszahlungsanspruch aus § 433 Abs. 2 BGB.

---

177 Vgl. BGHZ 42, 37, juris Rn. 19.

V steht eine materielle Einwendung zu. Er kann den Fernabsatzvertrag gemäß §§ 355; 312g Abs. 1; 312c BGB widerrufen. Eine Widerrufserklärung nach § 355 Abs. 1 Satz 2 BGB hat V abgegeben. Der Widerruf ist nicht etwa verfristet. Gemäß § 355 Abs. 2 BGB beträgt die Widerrufsfrist prinzipiell 14 Tage. Die Frist beginnt aber erst, wenn der Unternehmen den Verbraucher über sein Widerrufsrecht belehrt hat, § 356 Abs. 3 Satz 1 BGB. Daran fehlt es. U hat es unterlassen, V zu belehren. Die Ausschlussfrist des § 356 Abs. 3 Satz 2 BGB ist noch nicht abgelaufen.

Als Rechtsfolge ist V an sein Kaufvertragsangebot nicht mehr gebunden, § 355 Abs. 1 Satz 1 BGB.

Problematisch ist, ob der Widerruf gemäß § 796 Abs. 2 ZPO präkludiert ist. Maßgeblich ist, ob der Schuldner ihn bereits mit dem Einspruch vorbringen konnte.[178] Das wirft die Frage auf, welcher Zeitpunkt maßgebend ist – Erklärung des Widerrufs oder dessen objektive Ausübungsmöglichkeit. Bei Gestaltungsrechten kommt es prinzipiell darauf an, wann es erstmals hätte ausgeübt werden können.[179] Das Verbraucherwiderrufsrecht ist ein Gestaltungsrecht. V hätte seine Willenserklärung bereits während der zweiwöchigen Einspruchsfrist widerrufen können. Damit wäre sein Widerruf vordergründig betrachtet verspätet.

Nach mittlerweile g. h. M. ist jedoch bei der Präklusion von Verbraucherwiderrufsrechten auf den Zeitpunkt der Widerrufserklärung abzustellen.[180] Es gilt demzufolge nicht der Zeitpunkt der objektiven Möglichkeit, es auszuüben. Hierfür sprechen gute Gründe. Denn materiellrechtlich beginnt die Widerrufsfrist erst, wenn der Unternehmer den Verbraucher über sein Widerrufsrecht belehrt, § 356 Abs. 3 BGB. Belehrt der Unternehmer den Verbraucher nicht, kann der Verbraucher lange Zeit widerrufen. Dieses materielle Recht darf man nicht durch prozessuale Verspätungsvorschriften unterlaufen. Der Unternehmer hätte es sonst in der Hand, das Widerrufsrecht zu umgehen. Er müsste nur möglichst rasch einen rechtskräftigen Vollstreckungsbescheid erwirken. Genau dies ist hier geschehen. Materiellrechtlich hätte V den Widerruf noch erklären können. U hat sich aber beeilt. Er hat gegen V schnell einen rechtskräftigen Titel erwirkt. Dies ist möglich, ohne V jemals belehrt zu haben. Das Gesetz kann dies nicht gutheißen.

Mit der g. h. M. ist der fernabsatzrechtliche Widerruf des V deshalb nicht nach § 767 Abs. 2 ZPO verspätet. Die Vollstreckungsabwehrklage ist begründet.

Klausurtipp

Das Problem des Verbraucherwiderrufsrechts ist hoch aktuell. Der BGH wird hierzu sicherlich in absehbarer Zeit etwas entscheiden. Auf keinen Fall darf man diese Entscheidungsbegründung im Examen ungeprüft übertragen. Denn der Gesetzgeber ändert permanent das Verbraucherschutzrecht. Der BGH entscheidet oft

---

178 Siehe oben Rn. 161.
179 Siehe oben Rn. 246.
180 OLG Karlsruhe, Urt. v. 21.02.1990 – 13 U 204/89 = NJW 1990, 2474 (2475); OLG Stuttgart, Urt. v. 26.01.1993 – 6 U 137/92, juris Rn. 31; LG Darmstadt, NJOZ 2011, 644 (645); Stephan Lorenz, JuS 2000, 833 (836); Woitkewitsch, MDR 2006, 241 (243); Schultheiß, ZJS 2013, 67 (73); Makowsky, JuS 2014, 901 (904); a. A. noch BGHZ 131, 82, juris Rn. 13.

über Sachverhalte, die länger zurückliegen. Vielfach muss er überholtes Recht anwenden. Examensfälle sind hingegen regelmäßig auf Basis aktueller Gesetze zu lösen. Den maßgeblichen Zeitpunkt kann man den Ladungen zur Prüfung entnehmen. In der Klausur sollte man sicherheitshalber die einschlägigen Verbraucherschutzvorschriften genau lesen. Selbst wenn man glaubt, sie gut zu kennen. Sie können sich geändert haben.

Arglistige Täuschung

Abwandlung	252

Fall wie eben (Rn. 251) U belehrt V aber korrekt über sein Widerrufsrecht. Er täuscht ihn arglistig, das Smartphone habe ein 3D-Display. V erfährt von der Täuschung, als er eine Woche nach Vertragsschluss das Handy erhält. Der Vollstreckungsbescheid wird zwei Monate nach Vertragsschluss rechtskräftig. Fünf Monate später erklärt V die Anfechtung wegen arglistiger Täuschung. Mit dieser Begründung erhebt er Vollstreckungsabwehrklage.

❓ Erfolgt die Vollstreckungsabwehrklage rechtzeitig?

✅ Richtigerweise ist die Vollstreckungsabwehrklage verspätet. Man kann aber unterschiedliche Auffassungen vertreten. Einerseits kann man einen Vergleich anstellen. V könnte ohne Präklusion Vollstreckungsabwehrklage erheben, wenn U ihn minimal fehlerhaft über sein Widerrufsrecht belehrt. Diese Befugnis müsse V erst Recht zustehen, wenn U ihn arglistig täuscht. Denn dann sei V noch schutzwürdiger. Bösewicht U sei hingegen nicht schutzwürdig.

Auf der anderen Seite stellt das BGB den Verbraucher bei Widerrufsrechten besser als den Anfechtungsberechtigten. Dies gilt sogar, wenn der Unternehmer arglistig täuscht. So trifft die Beweislast für den Beginn der Widerrufsfrist den Unternehmer (§ 361 Abs. 3 BGB). Demgegenüber muss der Anfechtende die hohen Voraussetzungen der arglistigen Täuschung beweisen.[181] Auch benötigt die Anfechtung einen Anfechtungsgrund. Widerrufen kann der Verbraucher hingegen ohne jede Begründung (§ 355 Abs. 1 Satz 4 BGB). Daher sollte man auch bei der arglistigen Täuschung auf den Grundsatz der ersten objektiven Ausübungsmöglichkeit abstellen. Zu fragen ist, wann der Kläger erstmals hätte anfechten können. V konnte theoretisch unmittelbar nach Vertragsschluss anfechten. Den Anfechtungseinwand hätte er während der Einspruchsfrist vorbringen können. Dies hat er nicht getan. Damit ist sein Einwand verspätet.

Die Gegenauffassung führt dazu, dass V die Vollstreckung torpedieren könnte. Er könnte U auch nach Rechtskraft in eine ungewisse Beweisaufnahme drängen. Man muss sich stets vergegenwärtigen: Der Schuldner behauptet zunächst nur, der

---

181 BGH, Urt. v. 20.10.2000 – V ZR 285/99, juris Rn. 15; OLG Karlsruhe, Urt. v. 22.10.2015 – 12 U 53/15, juris Rn. 36.

Gläubiger habe ihn arglistig getäuscht. Dieser Vortrag kann falsch sein. Das herauszufinden kann viel Zeit, Geld und Nerven kosten. U bangt möglicherweise um sein Geld, auch wenn er sich korrekt verhalten hat. Bei einer Beweisaufnahme könnte er niemals wissen, wie der Vollstreckungsabwehrprozess ausgeht. Möglicherweise benennt V fünf Zeugen, U hat jedoch keinen. U fragt sich eventuell, wie die Zeugen aussagen werden. Vielleicht kann er nicht schlafen. Er weiß nämlich nicht, ob das Gericht den Zeugen mehr glauben wird als ihm. Dieses Interesse des U ist schützenswert. Es dient es dem Rechtsfrieden, einen Fall zeitnah abzuschließen. Man darf nicht jeden rechtskräftig entschiedenen Streit nachträglich lückenlos gerichtlich aufklären lassen.

Fazit: Für die Anfechtung wegen der arglistigen Täuschung sollte man keine Ausnahme von der Präklusion machen.

Klausurtipp

Behauptet der Vollstreckungsabwehrkläger, er sei arglistig getäuscht worden, muss man stets an die Klage aus § 826 BGB denken. Ihre Voraussetzungen werden unten näher beschrieben. Sie liegen nur selten vor.

REF Kostenfestsetzungsbeschlüsse

Bei Kostenfestsetzungsbeschlüssen nach § 103 ZPO kann ein Einwand nicht nach § 767 Abs. 2 ZPO präkludiert sein.[182]

253

Fall

K klagt gegen B auf Zahlung von 10.000 Euro. Das Gericht gibt der Klage in Höhe von 2000 Euro statt. Im Übrigen weist es sie ab. Die Kosten verteilt es im Verhältnis 80 % zu 20 %. Gegenüber dem Rechtspfleger behaupten sowohl K als auch B, ihnen seien jeweils Anwaltskosten von 1700 Euro entstanden. Beide bestreiten die jeweiligen gegnerischen Kosten. Der Rechtspfleger erlässt zugunsten des B einen Kostenfestsetzungsbeschluss. Dieser wird rechtskräftig. Über die Kosten des K will der Rechtspfleger noch etwas nachdenken. K erhebt gegen den Kostenfestsetzungsbeschluss Vollstreckungsabwehrklage. Er erklärt die Aufrechnung. B wendet ein, die Aufrechnung sei verspätet. K hätte bereits gegenüber dem Rechtspfleger aufrechnen können.

? Hat B Recht?

✓ Nein. Der Aufrechnungseinwand ist nicht nach § 767 Abs. 2 ZPO präkludiert. Nach Schluss der mündlichen Verhandlung setzt der Rechtspfleger nach § 104 ZPO die Kosten fest.[183] Basis ist die Kostengrundentscheidung des Richters oder eine vereinbarte Kostenquote im Vergleich. Materielle Einwendungen berücksichtigt der Rechtspfleger nur, wenn sie unstreitig sind oder ein Gericht rechtskräftig über sie

---

182 BGHZ 3, 381, juris Rn. 16; BVerwG, Urt. v. 21.03.2005 – 7 C 13/04, juris Rn. 24; Lappe, MDR 1983, 992 (993).
183 § 21 Abs. 1 Nr. 1 RPflG.

entschieden hat.[184] Beides ist nicht der Fall. Die Kosten waren zwischen K und B streitig. Über eine etwaige aufrechenbare Kostenforderung des K hat noch kein Gericht rechtskräftig entschieden. Der Rechtspfleger hätte die Aufrechnung also gar nicht berücksichtigen dürfen. Vielmehr durfte erstmals der Richter sie in der Vollstreckungsabwehrklage berücksichtigen. Dann kann der Aufrechnungseinwand nicht verspätet sein.

> **Merke:** § 767 Abs. 2 ZPO gilt bei Kostenfeststellungsbeschlüssen nach § 103 ZPO nicht.

Diese Regel betrifft die Kosten des Prozessgewinners gegen den Verlierer. Eine seltenere Konstellation regelt § 11 RVG. Dort lässt der Rechtsanwalt die Kosten gegen seinen Mandanten festsetzen.[185] Beispiel: Der Rechtsanwalt hat den Kunden des Mandanten vorgerichtlich gemahnt. Der Mandant zahlt die Anwaltsrechnung nicht. Der Anwalt kann seine Kosten vom Rechtspfleger festsetzen lassen. Mit diesem Titel kann er vollstrecken. In der Klausur wird der Mandant wahrscheinlich einen Anwaltsfehler behaupten. Diesen muss er rechtzeitig vorbringen. Dann weigert sich der Rechtspfleger gemäß § 11 Abs. 5 RVG, die Kosten festzusetzen. Zu spät kommt der Mandant, wenn er den Anwaltsfehler erst im Rahmen einer Vollstreckungsabwehrklage rügt. Gemäß § 767 Abs. 2 ZPO analog hätte er den Einwand früher vorbringen können.[186]   254

2.4.6 Das Bündelungsgebot des § 767 Abs. 3 ZPO

Allgemeines

> Map 2.9

§ 767 Abs. 3 ZPO ist beim ersten Lesen schwer zu verstehen. Die Regelung enthält das sogenannte Bündelungsgebot. Man kann auch von Konzentrationsmaxime sprechen. Sie betrifft den Fall, dass der Schuldner mehrere Einwendungen hat. Dann darf er nicht für jede eine gesonderte Vollstreckungsabwehrklage erheben. Vielmehr muss er sie gesammelt in einer Klage vorbringen. Erhebt er gleichwohl eine zweite Vollstreckungsabwehrklage, ist der neue Einwand verspätet.[187] Der Schuldner könnte sonst die Zwangsvollstreckung verschleppen. Er könnte den Gläubiger mit immer neuen Vollstreckungsabwehrklagen überziehen. Das wäre ungerecht. Der Gläubiger vertraut üblicherweise auf die Entscheidung über die Vollstreckungsabwehrklage. Er rechnet nicht mit weiteren Prozessen um dieselbe Sache.[188]   255

Richtigerweise ist die zweite Einwendung sogar verspätet, wenn der Schuldner sie bei der ersten Vollstreckungsabwehrklage nicht kannte.[189] Hierfür spricht die Parallele   256

---

184 BGH, Urt. v. 10.01.1963 – III ZR 90/61; BGH, Beschl. v. 22.11.2006 – IV ZB 18/06, juris Rn. 9; BGH, Beschl. v. 14.05.2014 – XII ZB 539/11, juris Rn. 7; OLG Naumburg, Beschl. v. 12.06.2014 – 10 W 19/14 (KfB), juris Rn. 5.
185 Siehe Rn. 58.
186 BGH, Urt. v. 03.11.2015 – II ZR 446/13, Rn. 42 mit Anm. Hubert Schmidt, JA 2016, 704.
187 BGH, Urt. v. 05.04.2006 – IV ZR 139/05 = NJW 2006, 1969 (1970).
188 OLG Celle, Urt. v. 06.07.2011 – 4 U 14/11, juris Rn. 19.
189 BGH, Urt. v. 05.07.2013 – V ZR 141/12 = NJW 2013, 3243 (3245).

zu § 767 Abs. 2 ZPO. Dort kommt es ebenfalls allein auf die objektive Möglichkeit des Schuldners an, die Einwendung geltend zu machen.[190]

In Klausuren ist § 767 Abs. 3 selten problematisch.

257

Ausgangsfall

Schuldner S unterwirft sich wegen eines Kaufpreiszahlungsanspruchs in einer notariellen Urkunde der sofortigen Zwangsvollstreckung. Eine Woche später zahlt er den Kaufpreis. Anschließend erhebt er eine erste Vollstreckungsabwehrklage. Er beruft sich darauf, der Kaufvertrag sei unwirksam. Das Gericht weist die Klage ab. Der Kaufvertrag sei wirksam. Sodann erhebt S eine weitere Vollstreckungsabwehrklage. Er trägt erstmals vor, er habe erfüllt.

❓ Ist die zweite Vollstreckungsabwehrklage begründet?

⏵ **Map 2.9**

✅ Nein. Die zweite Vollstreckungsabwehrklage ist unbegründet. Den Erfüllungseinwand hätte S nach § 767 Abs. 3 ZPO schon bei seiner ersten Vollstreckungsabwehrklage vortragen müssen. Er ist verspätet. Das Bündelungsgebot gilt auch bei notariellen Urkunden.[191] Dies ergibt sich um Umkehrschluss aus § 797 Abs. 4 ZPO. Die Vorschrift erklärt lediglich § 767 Abs. 2 ZPO für unanwendbar.

258

Abwandlung 1

Wie Ausgangsfall (Rn. 257). S hat aber erst nach dem Vollstreckungsabwehrurteil gezahlt.

❓ Ist die zweite Vollstreckungsabwehrklage jetzt begründet?

✅ Ja, die zweite Klage ist begründet. Präkludiert sind Einwände nur, wenn sie bei der ersten Vollstreckungsabwehrklage bereits bestanden. Maßgeblich ist der Schluss der mündlichen Verhandlung.[192] Andernfalls überwiegt das Interesse des Schuldners. Er darf eine zweite Vollstreckungsabwehrklage erheben.

259

Abwandlung 2

Wie Ausgangsfall (Rn. 257). Jedoch entscheidet das Gericht nicht über die erste Vollstreckungsabwehrklage. Vielmehr schließen S und Gläubiger G im ersten Vollstreckungsabwehrprozess einen Vergleich.

---

190 Siehe oben Rn. 237.
191 OLG Celle, Urt. v. 06.07.2011 – 4 U 14/11, juris Rn. 18 f.; Hagedorn, JA 2012, 932 (935).
192 BGH, Beschl. v. 29.01.2015 – V ZR 93/14, juris Rn. 12.

? Ist die zweite Vollstreckungsabwehrklage jetzt begründet?

✔ Ja. Die neue Vollstreckungsabwehrklage hat Erfolg. S trägt den Erfüllungseinwand rechtzeitig vor. § 767 Abs. 3 ZPO präkludiert nur, wenn das Gericht im ersten Vollstreckungsabwehrprozess in der Sache entschieden hat.[193] Haben sich die Parteien verglichen, darf der Schuldner wegen der neuen Einwendung nochmal klagen. Denn dann ist der Gläubiger nicht schutzwürdig. Er hätte dem Vergleich nicht zustimmen müssen. Wäre ihm die Rechtssicherheit wichtiger gewesen, hätte er auf einer Gerichtsentscheidung bestehen können. Dann wären weitere Einwendungen präkludiert gewesen.

Auswechseln und Nachschieben von Einwendungen

Meist erhebt der Schuldner in der Klausur nur eine einzige Vollstreckungsabwehrklage. Möglicherweise nennt er aber in der Klageschrift noch nicht alle Einwendungen. Vielmehr schiebt er in einem späteren Schriftsatz einen Einwand nach. Eventuell rügt der Gläubiger, der Einwand sei verspätet. Das ist meist falsch.[194] Der Schuldner kann unter den Voraussetzungen der §§ 263 ff. ZPO Einwendungen nachschieben. Ebenso kann er sie austauschen.

260

> **Fall**   261
>
> Schuldner S erhebt Vollstreckungsabwehrklage. Er legt eine Kopie des Vollstreckungstitels bei. Er behauptet, er habe erfüllt. Das Gericht signalisiert, dass es die Voraussetzungen der Erfüllung nicht als gegeben ansieht. Daraufhin erklärt S, er halte am Erfüllungseinwand nicht länger fest. Vielmehr erkläre die Aufrechnung mit einer soeben erworbenen Forderung. Gläubiger G widerspricht der Aufrechnung. Er trägt vor, es handele sich um einen neuen Sachverhalt. S müsse wegen der Aufrechnung eine neue Vollstreckungsabwehrklage erheben. S verweist auf § 767 Abs. 3 ZPO. Er könne gar keine zweite Vollstreckungsabwehrklage erheben.

? Wird das Gericht die Aufrechnung prüfen?

✔ Ja, das Gericht wird die Aufrechnung prüfen. S hat die Erfüllung durch die Aufrechnung ausgetauscht. Der Wortlaut des § 767 Abs. 3 ZPO „zur Zeit der Erhebung der Klage" ist missverständlich. Er steht dem Auswechseln der Einwendung nicht entgegen. Vielmehr darf der Schuldner unter den Voraussetzungen des § 263 ZPO die Einwendung ändern.[195] Danach ist eine Änderung der Klage zulässig, wenn der Beklagte einwilligt oder das Gericht sie für sachdienlich erachtet. Beklagter ist hier G. Er war mit der Änderung nicht einverstanden. Die Klageänderung ist aber sachdienlich im Sinne von § 263 ZPO. Die Sachdienlichkeit einer Klageänderung ist nur zu verneinen, wenn

193 BGH, Urt. v. 28.05.1991 – IX ZR 181/90 = NJW 1991, 2280 (2281) u. v. 14.06.2013 – V ZR 148/12.
194 Geißler, NJW 1985, 1865 (1868).
195 RGZ 55, 101 (104); BGHZ 45, 231 mit Anm. Schlechtriem, NJW 1967, 109; OLG Köln, Urt. v. 05.03.1998 – 1 U 86/97, juris Rn. 12; für weitergehend zulässig halten die Einwendungsänderung Karsten Schmidt, JR 1992, 89 (91 f.); Otto, Festschrift Henckel, 1995, 615 (617 f.).

eine Partei völlig neuen Streitstoff in den Rechtsstreit einführt. Der bisherige Prozessstoff muss unnütz sein.[196] Schiebt der Schuldner Einwendungen nach oder tauscht er sie aus, kann das Gericht einen Teil des bisherigen Prozessstoffs jedoch nahezu immer verwerten. Zumindest hat eine Partei nämlich das Entstehen und Fortbestehen des Vollstreckungstitels bereits in den Prozess eingeführt. Um diesen Titel geht es auch bei der neuen Einwendung. S hat eine Kopie des Vollstreckungstitels beigefügt. Vielleicht hat der Richter sie sich schon angesehen. Dann kennt er den Prozessstoff schon teilweise, wenn er über die Aufrechnung entscheidet.

2.5 Einstweilige Einstellung nach § 769 ZPO

262   Angenommen, gegen den Schuldner besteht ein Titel. Er hat aber eine materielle Einwendung gegen die titulierte Forderung. Dann kann der Gläubiger trotzdem weitervollstrecken. Der Gerichtsvollzieher muss sogar auf Antrag des Gläubigers pfänden. Er darf sich nicht im Hinblick auf die materielle Einwendung weigern. Dies folgt aus dem Grundsatz der Formalisierung der Zwangsvollstreckung.

Selbst die Vollstreckungsabwehrklage hemmt die Vollstreckung nicht. Dazu führt erst das erfolgreiche Vollstreckungsabwehrurteil. Es kann aber zu spät kommen. Deshalb hat der Gesetzgeber die einstweilige Anordnung nach § 769 ZPO geschaffen.

263   Einstweiligen Rechtsschutz gibt es auch im Rahmen der Verfassungsbeschwerde (§ 32 BVerfGG). Fortgeschrittene Studenten kennen ihn darüber hinaus aus dem Verwaltungsprozess (§§ 80; 123 VwGO). Die ZPO regelt in den §§ 916 ff. Arrest und einstweilige Verfügung. Die einstweilige Anordnung nach § 769 ZPO ist ein eigenes Eilverfahren für die Vollstreckungsabwehrklage. In mancher Hinsicht gleichen ihre Regeln denen der genannten Eilverfahren. An anderen Stellen unterscheiden sie sich.

264

> **Fall**
>
> Student S möchte seiner Freundin F einen Ring zum Geburtstag schenken. Hierfür hebt er Geld von seinem Konto ab. Er bewahrt es zu Hause auf. Dummerweise hat S Schulden. Gläubiger G hat gegen S ein rechtskräftiges Urteil erstritten. G sucht S auf. G tritt aus Unachtsamkeit auf das Smartphone des S. Hierdurch entsteht S ein Schaden. Mit seinem Schadensersatzanspruch rechnet S in Höhe der titulierten Forderung auf. G beauftragt gleichwohl den Gerichtsvollzieher, bei S zu pfänden. Der Gerichtsvollzieher nimmt S das zurückgelegte Geld weg. S erhebt sogleich Vollstreckungsabwehrklage. Das Gericht bestimmt in einem Monat einen frühen ersten Termin.[197] S hat jedoch schon in einer Woche Geburtstag. Die Woche verstreicht. S hat kein Geschenk für seine Freundin. Sie ist enttäuscht. Beide geraten in Streit.

Map 2.10

? Wie hätte S den Streit vermeiden können?

---

196 BGH, Urt. v. 10.01.1985 – III ZR 93/83, juris Rn. 25; BGH, Urt. v. 30.11.1999 – VI ZR 219/98 = NJW 2000, 800 (803).
197 § 275 ZPO.

✅ S hätte zusammen mit seiner Vollstreckungsabwehrklage einen Antrag nach § 769 ZPO stellen können. Dann hätte das Gericht sofort anordnen können, die Zwangsvollstreckung einstweilen einzustellen. Diesen Beschluss hätte der Gerichtsvollzieher nach § 775 Nr. 2 ZPO beachten müssen. Er hätte nicht pfänden dürfen.

2.5.1 Voraussetzungen

Der Antrag nach § 769 Abs. 1 ZPO setzt keine besondere Eilbedürftigkeit voraus. Dies ergibt sich aus einem Umkehrschluss aus § 769 Abs. 2 ZPO. Absatz 2 spricht nämlich von dringenden Fällen, Absatz 1 nicht.   265

Für den Antrag nach § 769 Abs. 1 ZPO muss die Hauptsache allerdings bereits anhängig sein.[198] Das lässt sich aus einem Umkehrschluss aus § 80 Abs. 5 Satz 2 VwGO herleiten. Dort ist der Antrag auf Eilrechtsschutz schon vor Erhebung der Anfechtungsklage zulässig. Eine solche Vorschrift fehlt für § 769 Abs. 1 ZPO. Bei § 769 ZPO handelt es sich um eine prozessbegleitende Maßnahme. In dieser Hinsicht unterscheidet sich die einstweilige Anordnung auch von der einstweiligen Verfügung gemäß § 935 ZPO.   266

🛑 Merke: Der Antrag nach § 769 Abs. 1 ZPO ist nur als Annex zum Antrag aus § 767 ZPO zulässig. Der Schuldner kann keinen isolierten Antrag nach § 769 Abs. 1 ZPO stellen.

Der Antrag auf Erlass einer einstweiligen Anordnung nach § 769 Abs. 1 ZPO ist begründet, wenn der Schuldner schutzbedürftiger ist als der Gläubiger. In der Klausur ist das der Fall, wenn der Schuldner materiell im Recht ist.[199] Das bedeutet, der titulierte Anspruch muss erloschen sein. Diese Regel ergibt sich aus § 769 Abs. 1 Satz 2 ZPO. Denn dort verlangt das Gesetz, dass die Rechtsverfolgung hinreichende Aussicht auf Erfolg bietet. Hinreichende Aussicht auf Erfolg bietet der Eilantrag, wenn der Hauptsacheantrag nach § 767 ZPO begründet ist. In der Praxis prüft das Gericht Beweise freilich nur summarisch.   267

🛑 Merke: In der Klausur ist in der Begründetheit eines Antrags nach § 769 ZPO in rechtlicher Hinsicht die gleiche Prüfung wie bei der Hauptsache nach § 767 ZPO vorzunehmen.

Besteht der titulierte Anspruch nach wie vor, ist die Prüfung beendet. Das Gericht darf die einstweilige Anordnung nicht erlassen. Ist der Schuldner hingegen im Recht, muss der Richter weiter prüfen. Er muss sich fragen, welche Interessen es sonst noch zu berücksichtigen gibt. Von Bedeutung ist vor allem, ob einer der Parteien ein irreparabler Schaden droht. In der Klausur dürfte ein solcher nur selten drohen. Zu groß ist die Gefahr, dass einzelne Bearbeiter nur die Folgen abwägen und die Rechtslage dahinstehen lassen. Dies ist nicht Sinn der Klausur.   268

---

198 Brandenburgisches OLG, Beschl. v. 29.09.1998 – 10 WF 111/98, juris Rn. 2; OLG München, Beschl. v. 10.04.2006 – 34 Sch 10/06, juris Rn. 30.

199 OLG Zweibrücken, Beschl. v. 19.11.2001 – 2 WF 91/01, juris Rn. 4; OLG Karlsruhe, Beschl. v. 18.10.2002 – 20 (16) WF 74/02, juris Rn. 6;

2.5.2 REF Der Antrag nach § 769 ZPO im Assessorexamen

269   Vor allem in der Anwaltsklausur muss der Klausurbearbeiter an den Antrag nach § 769 ZPO denken. Er ist immer sinnvoll. Es besteht kein Kostenrisiko.[200] Der Antrag erhöht den Streitwert nicht.

In der Zweckmäßigkeit gibt es erhebliche Punkte zu holen. Der Klausurbearbeiter sollte schreiben, dass die Einwendung nach § 769 Abs. 1 Satz 3 ZPO glaubhaft zu machen ist. Hierzu sollte der Rechtsanwalt regelmäßig nach § 294 Abs. 1 ZPO eine eidesstattliche Versicherung von Schuldnerseite einreichen. Zahlungsbelege oder ähnliches sind in beglaubigter Kopie mitzuschicken.

Eine Eilbedürftigkeit muss der Anwalt strenggenommen weder vortragen noch glaubhaft machen. Beides ist gleichwohl zweckmäßig. Beispielsweise sollte der Rechtsanwalt das Schreiben des Gerichtsvollziehers mitschicken, in welchem dieser den Mandanten für die kommenden Tage zur Vermögensauskunft lädt (§ 802f Abs. 1 Satz 2 ZPO). Hierdurch verdeutlicht man dem Gericht die Relevanz der Sache für den Mandanten.

Der Antrag sollte per Fax oder - falls zulässig - elektronisch eingereicht werden. Das Gericht ist zu bitten, eine Kopie der stattgebenden Entscheidung an den Gerichtsvollzieher zu senden. Dies machen Gerichte zwar regelmäßig automatisch.[201] Ein guter Rechtsanwalt rechnet jedoch damit, dass neue Gerichtsmitarbeiter mit dem Fall betraut sind, die diese Praxis noch nicht kennen.

Der Mandant ist stets darauf hinzuweisen, dass die einstweilige Anordnung im Ermessen des Gerichts liegt. Es lässt sich nie sicher vorhersagen, ob das Gericht sie erlässt. Ebenfalls hängt vom Einzelfall ab, ob das Gericht eine Sicherheitsleistung festsetzt.

Formulierungsvorschlag für den Antrag
Ich beantrage, die Zwangsvollstreckung aus dem Urteil des ..., Az. ... einstweilen ohne, hilfsweise gegen Sicherheitsleistung einzustellen.

---

270   Anders ist es in der Richterklausur. Dort ist typischerweise ein Urteil zu fertigen. Dann kann der Antrag nach § 769 ZPO überholt sein. So ist es fast immer, wenn das Gericht abschließend mündlich verhandelt hat. Dafür spricht im Protokoll die Formulierung „Verkündungstermin wird bestimmt auf den ...". Hier soll der Bearbeiter normalerweise über die Hauptsache entscheiden. In seinen Entscheidungsgründen sollte er erwähnen, dass der Eilantrag gegenstandslos geworden ist. Im Tenor ist der Antrag nach § 769 ZPO mit keinem Wort zu erwähnen.

In einem Aktenvortrag kann hingegen eine Entscheidung nach § 769 ZPO zu erstellen sein. Der Bearbeiter muss sich fragen: Wurde bereits abschließend mündlich verhandelt? Falls ja, ist ausschließlich ein Urteil zu fertigen. Wenn nein, muss der Bearbeiter weiterprüfen: Haben die Parteien gemäß § 128 Abs. 3 ZPO dem schriftlichen Verfahren zugestimmt? Wenn auch dies nicht zutrifft, ist der Fall noch nicht entscheidungsreif. Es ist nur ein Beschluss gemäß § 769 Abs. 3 ZPO zu erstellen. Nach dem

---

200 BGH, Urt. v. 28.05.1991 – IX ZR 181/90, juris Rn. 31.
201 BGHZ 25, 60 = NJW 1957, 1480.

Wortlaut des § 769 ZPO kann der Richter die Zwangsvollstreckung ohne oder gegen Sicherheitsleistung einstellen. In der Regel stellt er sie nur gegen Sicherheitsleistung ein. Deren Höhe bemisst er nach der titulierten Forderung.

Beispiel

Der Gläubiger hat ein Zahlungsurteil über 10.000 Euro erwirkt. Der Schuldner behauptet, er habe erfüllt. Er erhebt Vollstreckungsabwehrklage. Gleichzeitig beantragt er, die Zwangsvollstreckung einstweilen einzustellen. Das Gericht ist der Meinung, der Erfüllungseinwand greift. Dann wird es in der Regel die Zwangsvollstreckung gegen Sicherheitsleistung von 10.000 Euro einstellen. Die Sicherheit soll das Vollstreckungsinteresse des Gläubigers bewahren. Greift der Schuldner den Titel nur teilweise an, ist dieser Umfang maßgebend. Vielleicht behauptet der Schuldner, er habe von den 10.000 Euro 5000 gezahlt. Dann sollte der Klausurbearbeiter die Sicherheit auf 5000 Euro festsetzen.

Möglicherweise hat der Klausurschuldner glaubhaft gemacht, keine Sicherheit leisten zu können. Dann sollte der Bearbeiter auch keine Sicherheit festsetzen. Das rechtfertigt sich aus § 769 Abs. 1 Satz 2 ZPO. Die Vorschrift ist am Ende der Entscheidungsgründe zu zitieren.

Gemäß § 769 Abs. 1 Satz 1 a. E. darf das Gericht Vollstreckungsmaßregeln auf Antrag aufheben lassen. Das erfolgt im Tenor. Die Aufhebung selbst nimmt das Vollstreckungsorgan vor, z. B. der Gerichtsvollzieher.

Formulierungsvorschlag

Die [Vollstreckungsmaßregel, z. B. Pfändung] ist aufzuheben, sofern der Schuldner Sicherheit in Höhe von [Betrag] leistet.

Eine einstweilige Anordnung enthält keine Kostenentscheidung. Es ist kein Wort zur vorläufigen Vollstreckbarkeit zu verlieren. Die einstweilige Anordnung ist von ihrem Zweck her stets automatisch vollstreckbar. Das ergibt sich unter anderem aus § 775 Nr. 2 ZPO.   271

2.6   REF Die Entscheidung nach § 770 ZPO

§ 770 ZPO verlängert § 769 ZPO. Eine einstweilige Anordnung nach § 769 darf nur im Vorfeld eines Urteils ergehen. § 770 ZPO erlaubt dem Gericht, vorläufige Maßnahmen im Urteil zu erlassen. Sie ähneln der vorläufigen Vollstreckbarkeit nach §§ 708 ff. ZPO.[202] Das Gericht ist bei § 770 ZPO aber flexibler. Es hat Ermessen. Das Gericht kann beispielsweise eine einstweilige Anordnung nach § 769 ZPO bestätigen. Es kann auch die Höhe der ursprünglich geforderten Sicherheit ändern.   272

Über die einstweilige Einstellung nach § 770 ZPO entscheidet das Gericht von Amts wegen. Auch bei den Parallelanordnungen §§ 708 ff. ZPO bedarf es nämlich keines Antrags. Um penible Prüfer nicht zu verärgern, sollte der Examenskandidat deshalb nicht von einem Antrag nach § 770 ZPO sprechen. Besser ist es, den Begriff der Anregung zu verwenden.   273

---

202 Zum Verhältnis der Vorschriften zueinander unten Rn. 287.

274   In der Richterklausur ist nach § 770 ZPO nur in zwei Fällen zu entscheiden. Erstens, der Kläger hat ausdrücklich eine dahingehende Entscheidung angeregt. Zweitens, im Aktenauszug findet sich ein Beschluss nach § 769 ZPO. In diesem hat das Gericht die Zwangsvollstreckung vorläufig eingestellt. In allen anderen Fällen sollte der Klausurbearbeiter zu § 770 ZPO kein Wort verlieren.

275   Muss der Bearbeiter Maßnahmen nach § 770 ZPO anordnen, sollten sie parallel zur Hauptsache verlaufen. Ist der Klage stattzugeben, sollte die frühere einstweilige Anordnung in Kraft bleiben. Soweit die Klage abzuweisen ist, sollte man die einstweilige Anordnung aufheben oder ändern.

276   **Beispiel**
Der Streitwert beträgt 5000 Euro. Das Gericht hatte die Zwangsvollstreckung nach § 769 ZPO gegen Sicherheitsleistung von 5000 Euro vorläufig eingestellt. Die Vollstreckungsabwehrklage hat vollen Erfolg. Hier sollte der Bearbeiter gemäß § 770 ZPO die einstweilige Anordnung bestätigen.

277   **Abwandlung:** Die Klage hat nur in Höhe von 2000 Euro Erfolg. Hier kann der Kandidat flexibel wählen. Er kann die einstweilige Anordnung aufheben oder ändern. Auch kann er hierzu schweigen. Dann tritt sie automatisch außer Kraft. Der Kreativität sind wenig Grenzen gesetzt.

2.7 Der Antrag nach § 769 Abs. 2 ZPO

278   Die Entscheidung nach § 769 Abs. 2 ZPO ist nicht klausurrelevant. Der Antrag nach dieser Vorschrift ist es schon. § 769 Absatz 2 ZPO enthält eine besondere Art der einstweiligen Anordnung. Er unterscheidet sich in mehrfacher Hinsicht von Absatz 1. So ist im Fall des Absatzes 1 das Erkenntnisgericht zuständig. Nach § 769 Absatz 2 ZPO entscheidet das Vollstreckungsgericht im Sinne des § 764 ZPO. Außerdem entscheidet im Rahmen des Absatzes 1 der Richter. Bei § 769 Absatz 2 ZPO ist funktionell der Rechtspfleger zuständig.[203] Er darf nur entscheiden, wenn es ganz schnell gehen muss. Beispiel: Der Rechtspfleger beabsichtigt, in einer Stunde das Grundstück des Mandanten zu versteigern.
        Es ist erlaubt, nur einen Antrag nach § 769 Abs. 2 ZPO zu stellen. Anders als beim Antrag nach § 769 Abs. 1 ZPO muss der Schuldner nicht gemäß § 767 ZPO einen Hauptsacheantrag stellen.
        Auch bei einem Antrag nach § 769 Abs. 2 ZPO muss der Mandant jedoch die Einwendung glaubhaft machen. Das folgt aus § 769 Abs. 1 Satz 3 ZPO analog.

2.8 Fortsetzung des alten Verfahrens bei Vergleich

 Map 2.14

279   Analog §§ 707; 719; 769 ZPO kann der Schuldner beantragen, die Zwangsvollstreckung aus einem Vergleich vorläufig einzustellen, wenn er ihn für unwirksam hält.

203 §§ 3 Nr. 3a; 20 Nr. 17 RPflG.

Beispiel

G verklagt S auf Zahlung von 10.000 Euro. Beide schließen vor Gericht einen Vergleich. Darin verpflichtet S sich, 3000 Euro an G zu zahlen. Drei Monate später beruft S sich darauf, der Vergleich sei unwirksam. Er sei von G arglistig getäuscht worden. Er fechte den Vergleich an. Er beantragt, das alte Verfahren fortzusetzen.

Hier muss das Gericht das alte Verfahren fortsetzen. In diesem muss geklärt werden, ob der Vergleich wirksam ist. War dies der Fall, ist das Verfahren beendet. War der Vergleich unwirksam, muss das Gericht über die Klage durch Urteil entscheiden. Problematisch ist, dass es bis zum Urteil eine Weile dauern kann. Immerhin müssen sich die Parteien vor Gericht nochmals treffen. Möglicherweise müssen Beweise erhoben werden. In dieser Zeit ist der Vergleich nach wie vor ein Vollstreckungstitel. Es besteht die Gefahr, dass G ihn missbraucht. Davor muss das Gericht S schützen. Es darf daher die Zwangsvollstreckung aus dem Vergleich analog §§ 707; 719; 769 ZPO vorläufig einstellen.[204]

2.9 REF Kosten und Streitwert

> **Map 2.10**

Die Kostenentscheidung richtet sich bei der Vollstreckungsabwehrklage ganz normal nach den §§ 91 ff. ZPO. Maßgebend ist grundsätzlich der Grad von Unterliegen und Obsiegen.   280

Der Streitwert bemisst sich nach dem Umfang der erstrebten Ausschließung der Zwangsvollstreckung.[205] Das bedeutet, er richtet sich prinzipiell nach der Höhe der titulierten Forderung.   281

Beispiel

Der Titel lautet über 10.000 Euro. Der Schuldner behauptet, er habe bezahlt. Er beantragt, die Zwangsvollstreckung für unzulässig zu erklären. Der Streitwert beträgt 10.000 Euro.

Freilich kann der Vollstreckungsschuldner den Titel nur teilweise angreifen. Dann ist der Streitwert auf die angegriffene Höhe beschränkt.[206]

Beispiel

Tituliert sind 10.000 Euro. Der Vollstreckungsschuldner behauptet, er habe 2000 Euro bezahlt. Insoweit erhebt er Vollstreckungsabwehrklage. Der Streitwert beträgt 2000 Euro.

Rechnet der Vollstreckungsschuldner hilfsweise mit einer Forderung auf, muss man an § 45 Abs. 3 GKG denken. Die Vorschrift gilt analog für die Vollstreckungsabwehrklage.   282

---

204 BGHZ 28, 171 = NJW 1958, 1970 (1971), BGH, Urt. v. 16.12.1970 – VIII ZR 85/69, juris Rn. 13; in diesem Sinne bereits OLG Karlsruhe, Beschl. v. 21.10.1953 – 3 W 189/53 = NJW 1954, 436 (437); dazu auch Jan Kaiser, NJW 2014, 364 (365).
205 BGH, Beschl. v. 23.09.1987 – III ZR 96/87, juris Rn. 4; BGH, Urt. v. 20.09.1995 – XII ZR 220/94, juris Rn. 9; BGH, Beschl. v. 22.10.2015 – IX ZR 115/15, juris Rn. 2.
206 BGH, Beschl. v. 09.02.2006 – IX ZB 310/04, juris Rn. 9.

Denn dort sind lediglich die Rollen von Kläger und Beklagtem vertauscht. Sachlich ändert sich nichts. Die Aufrechnung bleibt ein Verteidigungsmittel. Die Entscheidung über sie erwächst analog § 322 Abs. 2 ZPO in Rechtskraft.[207] Muss das Gericht über die Hilfsaufrechnung entscheiden, hat es Arbeit. Dies muss man „gebührend" berücksichtigen.[208]

283   Der Streitwert ist bei der Hilfsaufrechnung nicht auf den Wert der titulierten Forderung begrenzt.

Fall

Es besteht ein Titel über 10.000 Euro. Der Vollstreckungsschuldner erhebt Vollstreckungsabwehrklage. Primär wendet er ein, er habe die Forderung in voller Höhe erfüllt. Für den Fall, dass das Gericht die Erfüllung nicht für erwiesen hält, rechnet er hilfsweise mit einer Forderung auf. Seine Forderung valutiere auf 12.000 Euro. Das Gericht hält die Erfüllung für nicht bewiesen. Die Aufrechnung greife aber.

❓ Wie hoch ist der Streitwert?

✅ Der Streitwert beträgt 20.000 Euro. Er beläuft sich nicht etwa nur auf 10.000 Euro. Hinsichtlich der Erfüllung ist maßgeblich, in welcher Höhe der Vollstreckungsschuldner die titulierte Forderung angreift. Dies ist hier in voller Höhe der Fall, also in Höhe von 10.000 Euro. Diesem Betrag ist nach § 45 Abs. 3 GKG der Wert der Gegenforderung hinzuzurechnen, soweit das Gericht rechtskräftig über die Aufrechnung entschieden hat. Das ist in Höhe von weiteren 10.000 Euro der Fall.

❗ Merke: Entscheidet das Gericht bei einer Vollstreckungsabwehrklage über eine Hilfsaufrechnung, erhöht das den Streitwert.

2.10 REF Vorläufige Vollstreckbarkeit

▶ Map 2.10

284   Bei der vorläufigen Vollstreckbarkeit muss man in der Klausur aufpassen. Das Vollstreckungsabwehrurteil ist eine Gestaltungsurteil. Oberflächlich betrachtet könnte auf die Idee kommen, es in der Hauptsache nicht für vorläufig vollstreckbar zu erklären. Das wäre nicht vertretbar. Die §§ 708; 709 ZPO gelten nach ihrem Wortlaut für alle Urteile, auch für Gestaltungsurteile. Das vorläufig vollstreckbare Vollstreckungsabwehrurteil gestaltet die Rechtslage vorläufig um. Es schneidet dem Gläubiger vorläufig Befugnisse ab. Die verfahrensmäßigen Folgen ergeben sich aus §§ 775 Nr. 1; 776 ZPO. Danach haben die Vollstreckungsorgane das Vollstreckungsabwehrurteil zu beachten. Vereinfacht gesprochen meint vorläufige Vollstreckbarkeit bei einem Vollstreckungsabwehrtenor, der Gläubiger darf gegen den Schuldner vorübergehend nicht mehr aus dem Titel vorgehen.

---

207 Dazu näher unten Rn. 303.
208 OLG Düsseldorf, Beschl. v. 19.04.1999 – 9 W 27/99; missverständlich: HansOLG Hamburg, Beschl. v. 21.05.2014 – 7 U 12/14.

> ❗ **Merke: Auch Vollstreckungsabwehrurteile sind für vorläufig vollstreckbar zu erklären.[209]**

Hinsichtlich der Hauptsache darf man aber nicht nach § 709 Satz 2 ZPO eine prozentuale Sicherheitsleistung auf einen zu vollstreckenden Betrag festsetzen. Die Hauptsache ist kein Betrag. Sie gestaltet. Der Gläubiger muss dem Schuldner wegen der Hauptsache nichts zahlen.   285

Es empfiehlt sich aber, § 709 Satz 2 ZPO hinsichtlich der Kosten anzuwenden. Soweit der Kläger gewinnt, muss man zusätzlich wegen der Hauptsache eine Sicherheitsleistung beziffern. Bei der bezifferten Sicherheitsleistung orientiert man sich am Streitwert.   286

Beispielstenor

1.) Die Zwangsvollstreckung aus dem Urteil des Landgerichts Heidelberg vom 13.01.2018 – Az. 2 O 147/18 – wird für unzulässig erklärt.

2.) Die Kosten des Rechtsstreits trägt der Beklagte.

3.) Das Urteil ist wegen der Hauptsache gegen Sicherheitsleistung in Höhe von 50.000 Euro, wegen der Kosten in Höhe von 110 Prozent des jeweils zu vollstreckenden Betrags vorläufig vollstreckbar.

Ausgangsfall   287

Schuldner S erhebt Vollstreckungsabwehrklage. Gleichzeitig beantragt er, die Vollstreckung nach § 769 ZPO einstweilen einzustellen. Im Aktenauszug findet sich ein Beschluss. Darin tenoriert das Gericht: „Die Zwangsvollstreckung aus dem Urteil [Az. …] wird vorläufig nach § 769 ZPO eingestellt."

❓ Welche Konsequenzen hat dies für den Urteilstenor?

✅ Das kommt darauf an. Wird die Klage abgewiesen, muss der Richter die einstweilige Anordnung nicht explizit aufheben. Sie tritt automatisch außer Kraft.

Anders ist es, wenn die Klage begründet ist. Dann muss der Richter entscheiden, ob er die einstweilige Anordnung nach § 770 ZPO bestätigt. Der Klausurbearbeiter in der Rolle des Richters sollte dies tun. Die Entscheidung hat im Tenor zu erfolgen. Beispiel: „Die einstweilige Anordnung vom … wird bestätigt."

Dies wiederum wirkt sich auf die vorläufige Vollstreckbarkeit aus. Der Richter darf hier nämlich die Hauptsache nicht für vorläufig vollstreckbar erklären. Lediglich für die Vollstreckbarkeit der Kosten gelten die §§ 708 ff. ZPO. Bezüglich der Hauptsache ist die Entscheidung nach § 770 ZPO die Entscheidung über die vorläufige Vollstreckbarkeit. Es wäre grob falsch, diese Entscheidung durch eine weitere

---

209 G. h. M., z. B. OLG Nürnberg, Beschl. v. 04.12.2013 – 15 W 2175/13, juris Rn. 23.

Entscheidung nach §§ 708 ff. ZPO zu unterlaufen. Immerhin unterscheiden sich die Voraussetzungen beider Normen. Etwa darf das Gericht die Zwangsvollstreckung nach §§ 769 Abs. 1 Satz 2; 770 ZPO ohne Sicherheitsleistung einstellen, wenn der Schuldner zur Sicherheitsleistung nicht in der Lage ist und seine Rechtsverfolgung hinreichende Aussicht auf Erfolg bietet. So ist das Gericht vorliegend verfahren. Die §§ 708 Nr. 11; 709 ZPO differenzieren demgegenüber nach Beträgen. Vor allem ist das Gericht bei §§ 769; 770 ZPO flexibler („kann"). Die §§ 708 ff. ZPO sind demgegenüber starr („sind zu erklären").

288

Abwandlung

Wie Ausgangsfall. Allerdings hat das Gericht per Beschluss die Zwangsvollstreckung gegen Sicherheitsleistung von 80.000 Euro einstweilen eingestellt. Der Klausurbearbeiter kommt zum Ergebnis, dass die Klage begründet ist. Es habe ein stattgebendes Urteil zu ergehen.

❓ Wie ist zu tenorieren?

✅ Der Klausurbearbeiter muss wiederum die einstweilige Anordnung nach § 770 Abs. 1 ZPO bestätigen. Daneben darf er auch hier nicht etwa das Urteil wegen der Hauptsache gegen Sicherheitsleistung von beispielsweise 95.999 Euro für vorläufig vollstreckbar erklären. Andernfalls würde er einen Widerspruch produzieren. Der Schuldner würde sich nämlich fragen, welche Sicherheit er leisten muss, 80.000 Euro, 95.999 Euro oder beide.

Richtig ist demgegenüber, das Vollstreckungsabwehrurteil wegen der Kosten für vorläufig vollstreckbar zu erklären.

Formulierungsvorschlag

1.) Die Zwangsvollstreckung aus dem … wird für unzulässig erklärt.
2.) Die Kosten des Rechtsstreits trägt der Beklagte.
3.) Die einstweilige Anordnung vom … wird bestätigt.
4.) Das Urteil ist wegen der Kosten gegen Sicherheitsleistung in Höhe von 110 Prozent des jeweils zu vollstreckenden Betrags vorläufig vollstreckbar.

❗ Merke: § 770 ZPO regelt bei einer Vollstreckungsabwehrklage die vorläufige Vollstreckbarkeit hinsichtlich der Hauptsache. Es wäre falsch, zusätzlich gemäß §§ 708 ff. ZPO über die vorläufige Vollstreckbarkeit der Hauptsache zu entscheiden. Die §§ 708 ff. ZPO sind hinsichtlich der Hauptsache nur anzuwenden, wenn das Gericht keine Entscheidung nach § 770 ZPO trifft.

2.11 Der Antrag auf Titelherausgabe

2.11.1 Klausurrelevanz

Wer als Anwalt den Schuldner vertritt, muss alle diesem nützliche Anträge stellen. Dazu   289
gehört, die dem Gläubiger erteilte vollstreckbare Ausfertigung des Titels herauszuverlangen. Dies muss der Anwalt neben dem Vollstreckungsabwehrantrag beantragen.
Denn die vollstreckbare Ausfertigung ist in der Hand des Gläubigers ein gefährliches
Werkzeug. Mit ihr kann er jederzeit den Gerichtsvollzieher beauftragen. Dadurch kann
er dem Schuldner erheblich schaden.

> **Klausurtipp**
>
> Wer als Bearbeiter einer Anwaltsklausur an den Antrag auf Titelherausgabe denkt,
> kann sich von der Konkurrenz abheben.

2.11.2 Zulässigkeit

❯ Map 2.4

In zwei Fällen kann der Schuldner isoliert klagen, ihm die vollstreckbare Ausfertigung   290
herauszugeben. Erstens, wenn das Gericht einer Vollstreckungsabwehrklage rechtskräftig stattgegeben hat. Zweitens, die Parteien sind sich einig, dass die titulierte Forderung
erloschen ist.[210] Beides ist kaum klausurrelevant.

Klausurrelevant ist jedoch folgende Kombination: Der Schuldner erhebt Vollstre-   291
ckungsabwehrklage. Gleichzeitig verlangt er den Titel heraus. Auch hier ist die Titelherausgabeklage zulässig.[211]

Zur Zuständigkeit für den Annex-Herausgabeantrag existiert keine höchstrichterliche Rechtsprechung. Klausurtaktisch empfiehlt sich, diese auf § 767 Abs. 1 ZPO zu
stützen.[212] Eine planwidrige Regelungslücke lässt sich begründen: Der Titelherausgabeantrag ist gesetzlich nicht ausdrücklich geregelt. Der Gesetzgeber kannte ihn nicht,
als er BGB und ZPO erließ. Bei der vergleichbaren Interessenlage kann man mit der
Prozessökonomie argumentieren: Die Zuständigkeit nach § 767 Abs. 1 ZPO beruht
auf vorhandener Sachkunde. Das danach zuständige Gericht hat bereits über das Erkenntnisverfahren entschieden. Es kennt sich nach Meinung des Gesetzgebers mit
dem Fall aus. Dieses Argument greift für den Annexantrag auf Titelherausgabe erst
Recht: Wer die materielle Einwendung geprüft hat, sollte auch über deren Folgen entscheiden.

---

210 BGH, Urt. v. 19.12.2014 – V ZR 82/13, juris Rn. 23; BayObLG, Beschl. v. 07.05.1992 – 2Z BR 12/92,
    juris Rn. 32.
211 BAG, Beschl. v. 19.06.2012 – 1 ABR 35/11, Rn. 20.
212 So Wendt, JuS 2013, 33 (35); Leyendecker, JA 2010, 631 (637).

Klausurtipp

Sofern die Vorschriften greifen, sollte man die Zuständigkeit für den Herausgabe-
antrag aus klausurtaktischen Gründen nur auf die §§ 12; 13 oder 39 ZPO stützen.
Damit vermeidet man die zwar gut vertretbaren, aber gleichwohl angreifbaren
Ausführungen zur Analogie.

2.11.3 Begründetheit

292   Die Titelherausgabeklage ist begründet, wenn die titulierte Forderung erloschen ist.[213]
Grundlage für den Anspruch auf Titelherausgabe ist § 371 BGB analog. Eine Analogie setzt eine planwidrige Regelungslücke und eine vergleichbare Interessenlage voraus. Beides ist gegeben. Es besteht eine planwidrige Lücke. Das Gesetz kennt keinen
ausdrücklichen Anspruch auf Herausgabe eines Vollstreckungstitels.[214] § 757 ZPO regelt nur den Fall, dass der Schuldner gegenüber dem Gerichtsvollzieher zahlt. Die Vorschrift meint jedenfalls unmittelbar nicht die Situation, dass der Schuldner Vollstreckungsabwehrklage erhebt. Planwidrig ist eine Regelungslücke, wenn der Gesetzgeber
keine bewusst abschließende Regelung getroffen hat. Das Gesetz enthält keine bewusst
abschließende Regelung. Dass § 371 BGB auf Schuldscheine begrenzt sein sollte, ist
nicht anzunehmen. Immerhin kann man zahlreiche Dokumente missbrauchen, nicht
nur Schuldscheine.

Es besteht auch eine vergleichbare Interessenlage zur Situation des § 371 BGB. Die
Vorschrift will in direkter Anwendung verhindern, dass ein materieller Gläubiger einen
Schuldschein missbraucht. Dieser Gedanke greift auch im Zwangsvollstreckungsrecht.
Der Vollstreckungsschuldner könnte zwar dem Vollstreckungsorgan das von ihm er-
strittene Vollstreckungsabwehrurteil vorlegen. Dadurch erreicht er, dass das Vollstreckungsorgan nach § 775 Nr. 1 ZPO die Zwangsvollstreckung einstellt. Das Vollstreckungsorgan hört den Schuldner aber nicht vor jeder Vollstreckungsmaßnahme an.[215]
Dadurch kann es passieren, dass es vom Vollstreckungsabwehrurteil nichts weiß. Es
pfändet einen Anspruch oder eine Sache des Schuldners zunächst einmal. Hier missbraucht der Gläubiger seinen Titel. Davor muss sich der Schuldner schützen können.
Das gelingt mit einem Anspruch auf Herausgabe der vollstreckbaren Ausfertigung.[216]

293   Möglicherweise beantragt der Schuldner, ihm die vollstreckbare Ausfertigung zu
schicken. Diese Klage ist teilweise abzuweisen. Die Herausgabepflicht ist gemäß § 269
Abs. 1 BGB eine Holschuld.[217] Die Klage ist aber nicht voll abzuweisen. Herausgeben ist
gegenüber schicken nämlich ein Minus.

---

213 BAG, Beschl. v. 19.06.2012 – 1 ABR 35/11, Rn. 21; OLG des Landes Sachsen-Anhalt, Urt. v.
    25.08.2011 – 1 U 40/11, juris Rn. 14.
214 BGHZ 127, 146, juris Rn. 7.
215 Vgl. z. B. § 834 ZPO.
216 BGH, Urt. v. 19.12.2014 – V ZR 82/13, juris Rn. 26.
217 LG Karlsruhe, Urt. v. 31.08.2007 – 6 O 94/07, juris Rn. 13.

2.11.4 Problem: Teilzahlung

Ein bislang in der Jurisprudenz kaum gesehenes Problem stellt sich, wenn die Forderung nur teilweise nicht (mehr) besteht.[218]   294

Beispiel
G erstreitet ein Urteil gegen S über 10.000 Euro. Anschließend zahlt S 8000 Euro. Das bedeutet, die Forderung besteht noch in Höhe von 2000 Euro. S erhebt Vollstreckungsabwehrklage. Er beantragt, die Zwangsvollstreckung aus dem Urteil in Höhe von 8000 Euro für unzulässig zu erklären.
   Der Antrag von S ist begründet. Das Problem ist: Hätte S gegenüber dem Gerichtsvollzieher gezahlt, müsste dieser die Teilzahlung gemäß § 757 Abs. 1 ZPO auf der Urteilsausfertigung des G vermerken. S darf keinen Nachteil davon haben, dass er freiwillig schon im Vorfeld gezahlt hat. Immerhin hat er dadurch dem Interesse des G gedient. Denn G erhält Geld. S könnte sich von G nach §§ 757 Abs. 2 ZPO; 368 Abs. 1 Satz 1 BGB eine Quittung über seine Teilzahlungen ausstellen lassen. Durch die Quittung ist S aber nicht hinreichend geschützt. Es besteht nach wie vor die Gefahr, dass G den Titel missbraucht. Schließlich wird S nicht vor allen Zwangsvollstreckungsmaßnahmen gehört. Es besteht die Gefahr der Überpfändung (§ 803 Abs. 1 Satz 2 ZPO). Deshalb liegt ein rechtliches Interesse vor.
   Richtigerweise kann S von G nach § 368 Abs. 1 Satz 2 BGB verlangen, dass G den Titel einem für den Wohnort von S zuständigen Gerichtsvollzieher vorlegt.[219] Dieser soll auf dem Titel die Teilzahlung vermerken.[220] Diesen Antrag kann S aber nur als Annex der Vollstreckungsabwehrklage stellen. Die Kosten für Vorlegung und Eintragung muss nach § 369 Abs. 1, 1. Halbsatz BGB S tragen.

2.11.5 REF Streitwert

Der Annexantrag auf Titelherausgabe hat neben dem Antrag auf Vollstreckungsabwehr   295
keinen eigenen Streitwert.[221] Denn ein Streitwert bemisst sich nach dem Interesse des Klägers. Der Kläger will, dass die Zwangsvollstreckung dauerhaft eingestellt wird. Das erreicht er bereits mit der erfolgreichen Vollstreckungsabwehrklage. Mit der Titelherausgabe will er sein Ziel nur zusätzlich sichern. Sein Interesse an der vollstreckbaren Ausfertigung geht daher voll in seinem Antrag nach § 767 ZPO auf.
   Das Problem stellt sich insbesondere, wenn die Vollstreckungsabwehrklage nur teilweise begründet ist. Dann sind die Kosten regelmäßig nach § 92 Abs. 1 ZPO zu quoteln. Der Antrag auf Herausgabe des Titels ist hierfür ohne Bedeutung. Denn die Kostenquote richtet sich nach dem Streitwert. Und der Antrag auf Titelherausgabe erhöht ihn nicht. Vielmehr bemisst man die Quote einfach nach dem Verhältnis Obsiegen/Unterliegen hinsichtlich des Hauptantrags aus § 767 ZPO.

---

218 Angedeutet in BGH, Urt. v. 12.07.1955 – V ZR 11/53 = NJW 1955, 1556.
219 Vgl. auch die Parallele in § 1145 Abs. 1 Satz 2 BGB.
220 § 60 Abs. 1 Satz 5 GVGA.
221 OLG Koblenz, Urt. v. 25.03.2014 – 3 U 1080/13, juris Rn. 42.

2.11.6 REF Die Anträge in der Anwaltsklausur

296

❓ Kontrollfrage: Eine Zwangsvollstreckung hat noch nicht stattgefunden. Sie steht aber unmittelbar bevor. An welche Anträge muss man in der Anwaltsklausur immer zusätzlich denken, wenn man eine Klage nach § 767 ZPO für zweckmäßig hält?

✅ An die Anträge nach §§ 769 Abs. 1; 770 ZPO und die Titelherausgabe nach § 371 BGB analog.[222]

Optimalerweise stellt man sechs Anträge:

ℹ️ **Anträge:**
1. Hauptsacheantrag aus § 767 ZPO
2. Antrag nach § 769 ZPO
3. Anregung nach § 770 ZPO
4. Titelherausgabeantrag
5. Antrag auf Erteilung von Ausfertigungen
6. Antrag auf Erlass eines Versäumnisurteils im schriftlichen Vorverfahren

297   Wenn weitere Prozesse drohen, kann zusätzlich ein Zwischenfeststellungsantrag hinsichtlich der Einwendung sinnvoll sein.

298   Der Antrag auf Erteilung von Ausfertigungen wurzelt in § 317 Abs. 2 ZPO. Danach kann der Kläger bereits in der Klageschrift eine Ausfertigung des Urteils beantragen. Der Mandant kann die Ausfertigung nach § 775 Nr. 1 ZPO dem Vollstreckungsorgan vorlegen. Nach dessen Wortlaut genügt eine sogenannte einfache Ausfertigung. Eine vollstreckbare Ausfertigung ist nicht nötig. Zweckmäßig ist es außerdem, hinsichtlich des Beschlusses nach § 769 ZPO nach einer Ausfertigung zu fragen. Dies ergibt sich aus § 329 Abs. 2. i. V. m. § 317 Abs. 2 ZPO. Das Vollstreckungsorgan muss sie nach § 775 Nr. 2 ZPO beachten.

Formulierungsvorschlag
1.) Ich beantrage, die Zwangsvollstreckung aus dem vollstreckbaren Urteil des Amtsgerichts Heidelberg vom TT.MM.JJJJ – Aktenzeichen xxx/xx – für unzulässig zu erklären.
2.) Darüber hinaus beantrage ich, die Zwangsvollstreckung aus dem in Ziffer 1.) genannten Urteil einstweilen ohne, hilfsweise gegen Sicherheitsleistung einzustellen.
3.) Ich rege an, im Urteil die einstweilige Anordnung zu bestätigen, hilfsweise darin die Zwangsvollstreckung aus dem in Ziffer 1.) genannten Urteil einstweilen ohne, höchst hilfsweise gegen Sicherheitsleistung einzustellen.
4.) Ich beantrage weiter, den Beklagten zu verurteilen, die ihm erteilte vollstreckbare Ausfertigung des unter Ziffer 1.) genannten Urteils an den Kläger herauszugeben.

---

222 Zur Vertiefung: Jan Kaiser: NJW 2014, 364–366.

5.) Wegen des unter Ziffer 1.) zu erlassendes Urteil und des unter Ziffer 3.) zu erlassenen Beschlusses beantrage ich jeweils eine Ausfertigung.

6.) Für den Fall der Säumnis der Beklagtenseite im schriftlichen Vorverfahren beantrage ich bereits jetzt, ein Versäumnisurteil zu erlassen.

Klausurtipp

Manche Referendare sind sich verständlicherweise unsicher. Darf man schreiben: „Ich beantrage …"? Oder soll man lieber formulieren: „In der mündlichen Verhandlung werde ich beantragen …" Letzterer Satz scheint im Hinblick auf § 137 Abs. 1 ZPO genauer. Danach kündigt die Partei ihren Hauptsacheantrag im Schriftsatz nur an. Allerdings sollte man sich nicht zu sehr verkünsteln. In der Praxis akzeptieren die Gerichte allgemein, wenn eine Partei im Schriftsatz etwas beantragt. Sieht man genauer hin, ist die Ankündigungsvariante auch nicht präziser. Denn was, wenn ohne mündliche Verhandlung entschieden wird – etwa nach § 331 Abs. 3 ZPO? Hat dann der Kläger keinen Hauptsacheantrag gestellt? Wohl kaum.

Fazit: Es ist Geschmacksfrage. Kein Ausbilder und kein Lehrbuch kann die Frage für alle Examensprüfer verbindlich beantworten. Nach hiesiger Auffassung sollte man praxisnah die Hauptsache schlicht „beantragen." So machen es die meisten Formularhandbücher.

2.12 Rechtskraft des Vollstreckungsabwehrurteils

2.12.1 Grundlagen

> Map 2.5

Ausgangsfall[223]   299

S schließt bei Bank G einen Darlehensvertrag ab. Von dem Geld kauft S bei einem Dritten ein Grundstück. Bank G kannte das Grundstück vorher. In einer notariellen Urkunde unterwirft S sich gegenüber G der Zwangsvollstreckung in sein gesamtes Vermögen. Er zahlt das Darlehen nicht zurück. G droht S, aus der notariellen Urkunde gegen ihn zu vollstrecken. S erhebt Vollstreckungsabwehrklage. S behauptet, der Darlehensvertrag sei nicht wirksam zustande gekommen. Das Gericht weist die Vollstreckungsabwehrklage ab. Es begründet seine Entscheidung damit, dass der Darlehensvertrag zustande gekommen ist. Die Berufungsfrist gegen das Urteil läuft ab. S überlegt sich einen neuen Weg. Nunmehr erhebt er negative Feststellungsklage. Er beantragt, festzustellen, dass zwischen ihm und G kein Darlehensvertrag zustande gekommen ist.

---

223 Nach OLG Düsseldorf, Urt. v. 14.02.2014 – 17 U 107/11.

300   **❓** Ist die negative Feststellungsklage zulässig?

✓ Lösung mit Hintergrundinformationen

Die negative Feststellungsklage ist gemäß § 256 Abs. 1, 2. Var. ZPO statthaft. Eine Klage ist jedoch unzulässig, wenn über den Gegenstand des Rechtsstreits bereits rechtskräftig entschieden ist. Man nennt dies materielle Rechtskraft. Sie ist in § 322 Abs. 1 ZPO geregelt. Sie dient dem Rechtsfrieden. Man stelle sich vor, jeder könnte beliebig oft über dieselbe Sache prozessieren. Es würde niemals Ruhe in einen Streit einkehren. Außerdem wären die Gerichte binnen kürzester Zeit überlastet. Denn viele Verlierer eines Rechtsstreits würden sofort die nächste Klage über denselben Gegenstand anstrengen.

Prinzipiell ohne Bedeutung für die materielle Rechtskraft ist, ob das Gericht der ersten Klage stattgegeben oder sie abgewiesen hat. Es geht nur darum, ob es inhaltlich über sie entschieden hat. Es muss also die Begründetheit geprüft haben.

Die materielle Rechtskraft setzt die sogenannte formelle Rechtskraft voraus. Die formelle Rechtskraft ist in § 705 ZPO legaldefiniert. Formell rechtskräftig ist ein Urteil, wenn es mit ordentlichen Rechtsbehelfen nicht mehr angreifbar ist. Das ist insbesondere der Fall, wenn die Rechtsmittelfrist abgelaufen ist. So beträgt nach § 517 Abs. 1 ZPO die Berufungsfrist einen Monat. Ist dieser Monat abgelaufen, wird das Urteil formell rechtskräftig. Legt der Verlierer gleichwohl gegen das Urteil Berufung ein, ist sie unzulässig. Sobald die Berufungsfrist abgelaufen ist, wird das Urteil auch materiell rechtskräftig. Man mag sich fragen, wie sich die Rechtslage darstellt, wenn das Urteil bereits erlassen ist, die Berufungsfrist aber noch läuft. So ist es etwa, wenn das Urteil erst vor drei Tagen zugestellt wurde. Auch dann kann keine Partei denselben Gegenstand in einem zweiten Prozess einklagen. Diese zweite Klage wäre unzulässig. Das liegt aber daran, dass der Gegenstand bereits anderweitig rechtshängig ist, § 261 Abs. 3 Nr. 1 ZPO. Die Rechtshängigkeit endet erst, sobald das Urteil formell rechtskräftig ist. Im vorliegenden Fall ist das Urteil formell rechtskräftig geworden. S hat die Berufungsfrist verstreichen lassen. Fraglich ist, in welchem Umfang das Urteil materiell rechtskräftig geworden ist.

Üblicherweise liegt hier in Klausuren und in der Praxis das Hauptproblem. Der Wortlaut des § 322 Abs. 1 ZPO hilft weiter. Das Gericht muss über „den Anspruch" entschieden haben. Gemeint ist der Anspruch im prozessualen Sinne. Grob falsch wäre es, auf den Anspruch im materiellen Sinne (§ 194 Abs. 1 BGB) abzustellen. Anspruch im prozessualen Sinne meint dasselbe wie Streitgegenstand. Maßgeblich ist der ganz herrschende zweigliedrige Streitgegenstandsbegriff. Er setzt sich zusammen aus einem Lebenssachverhalt und einem Antrag. Das ergibt sich aus § 253 Abs. 2 Nr. 2 ZPO. Materiell rechtskräftig entscheidet das Gericht also nur über den Lebenssachverhalt, den der Kläger im ersten Prozess vorgetragen hat. Jedoch entscheidet es nicht insgesamt über den ganzen Lebenssachverhalt. Über diesen können die Parteien weiter in anderen Prozessen streiten. Ein erneuter Prozess ist im Rahmen dieses Lebenssachverhalts nur über denselben Antrag ausgeschlossen, den der Kläger gestellt hat. Bei einer Vollstreckungsabwehrklage hat der Antrag dahingehend zu lauten, die Zwangsvollstreckung aus dem Titel für unzulässig zu erklären. Angenommen, das Gericht weist diesen Antrag ab. Dann kann der Kläger nicht nochmals bei einem Gericht beantragen, die Zwangsvollstreckung aus demselben Titel wegen denselben Einwendungen für unzulässig zu erklären. Nicht in den Antrag gehört aber die materielle Einwendung, die der Kläger vorbringt. Einwendung ist etwa der Einwand, er habe erfüllt (§ 362 BGB). Die Einwendung ist Teil seiner Klagebegründung. Sie gehört zum Lebenssachverhalt, den er vorträgt. In materieller Rechtskraft erwachsen aber nur solche Elemente, die sowohl zum Antrag als auch zum Lebenssachverhalt gehören. Deshalb erwächst die Einwendung nicht in materieller Rechtskraft. Der Kläger kann über sie weitere Prozesse anstrengen.[224]

Im vorliegenden Fall ist S daher nicht gehindert, eine negative Feststellungsklage zu erheben. Die materielle Rechtskraft der früheren Vollstreckungsabwehrklage steht nicht entgegen. Bei der Vollstreckungsabwehrklage hat das Gericht nur über den Antrag entschieden, die Zwangsvollstreckung aus der notariellen Urkunde für unzulässig zu erklären. Ob der Darlehensvertrag wirksam war, hat das Gericht zwar auch geprüft – allerdings nur inzident. Deshalb erwächst diese Frage nicht in materieller Rechtskraft. S kann demzufolge erneut ein Gericht mit der Frage beauftragen, ob der Vertrag wirksam ist. Seine negative Feststellungsklage ist zulässig.

301

2.12.2 Erweiterung der Rechtskraft durch Zwischenfeststellungsklage

❓ Zusatzfrage zum letztgenannten Ausgangsfall (Rn. 299): Was hätte G im ersten Prozess beantragen können, um den zweiten Prozess des S zu verhindern?

302

✅ Manchmal will eine Partei, dass über eine bestimmte Vorfrage kein weiterer Prozess mehr möglich ist. Dann steht ihr die Zwischenfeststellungsklage zur Verfügung. Ihre Rechtskraft erfasst – wie immer – das kontradiktorische Gegenteil. Das bedeutet, dass keine Partei den gleichen Antrag mit umgekehrtem Vorzeichen erneut stellen kann.

G hätte also gemäß § 256 Abs. 2 ZPO i. V. m. § 33 ZPO eine Zwischenfeststellungswiderklage erheben können. Sie hätte feststellen lassen können, dass der Vertrag wirksam ist. Dieser Feststellungsantrag wäre in Rechtskraft erwachsen.

❗ Merke: Bei allen Zwangsvollstreckungsklagen kann der beklagte Gläubiger nach allgemeinen Regeln eine Widerklage erheben.

---

224 BGH, Urt. v. 19.06.1984 – IX ZR 89/83, juris Rn. 24.

2.12.3 Rechtskraft bei Entscheidung über die Aufrechnung

> **Abwandlung**
>
> Wie Ausgangsfall (Rn. 299). S hat bei seiner Vollstreckungsabwehrklage jedoch hilfsweise mit einer Gegenforderung in Höhe der Darlehensforderung die Aufrechnung erklärt. Das Gericht weist seine Vollstreckungsabwehrklage ab. Es begründet dies damit, dass der Darlehensvertrag wirksam sei. Die Darlehensforderung der G sei auch nicht durch Aufrechnung erloschen. Vielmehr stehe S gegen G keine Gegenforderung zu. Das Urteil wird formell rechtskräftig. S erhebt wiederum negative Feststellungsklage. Er beantragt, festzustellen, dass die Darlehensforderung durch seine Aufrechnung erloschen ist.

303

❓ Ist die Feststellungsklage zulässig?

✅ Nein. Die Feststellungsklage ist unzulässig. Über den prozessualen Anspruch ist im Rahmen der Vollstreckungsabwehrklage rechtskräftig entschieden. Zwar erwächst bei einer Vollstreckungsabwehrklage die Einwendung grundsätzlich nicht in Rechtskraft. Eine wichtige Ausnahme stellt aber die erfolglose Aufrechnung dar. Dies ergibt sich aus § 322 Abs. 2 ZPO. Die Vorschrift erweitert die materielle Rechtskraft.

Nach dem Wortlaut des § 322 Abs. 2 ZPO muss zwar der Beklagte aufrechnen. Faktisch ist in der Vollstreckungsabwehrklage der Kläger aber ein Beklagter. Er ist nämlich derjenige, von dem der Vollstreckungsgläubiger durch die Zwangsvollstreckung etwas verlangt. Mit seiner Vollstreckungsabwehrklage verteidigt sich der Schuldner. Dies ähnelt einem Beklagten, der sich im Prozess verteidigt. Nach dem Rechtsgedanken des § 322 Abs. 2 ZPO erwächst daher der Aufrechnungseinwand in materieller Rechtskraft.[225]

❗ Merke: Grundsätzlich erwächst die Einwendung bei der Vollstreckungsabwehrklage nicht in Rechtskraft. Eine Ausnahme gilt für die erfolglose Aufrechnung.

2.12.4 Auswirkungen von § 767 Abs. 2 ZPO bei Zug-um-Zug-Urteilen

Insbesondere bei Zug-um-Zug-Urteilen stellt sich das Problem, wie man nachträgliche Einwände vorbringen kann. Dabei bestehen Zusammenhänge mit der Vollstreckungsabwehrklage.[226]

304

❯ Map 2.3

---

225 I. E. ebenso: BGH, Urt. v. 05.03.2009 – IX ZR 141/07, Rn. 10 ff. mit Anm. Gsell, ZJS 2009, 296; BGH, Urt. v. 04.12.2014 – VII ZR 4/13, Rn. 48.
226 Zur Vertiefung: Jan Kaiser, NJW 2010, 2330–2331.

Ausgangsfall   305

Ein Käufer kauft ein Auto. Es ist mangelhaft. Er erklärt den Rücktritt. Er erhebt Klage auf Kaufpreisrückzahlung. Der Klage wird Zug um Zug stattgegeben. Das Auto wird ihm trotz maximaler Sicherheitsvorkehrungen gestohlen.

? Welchen Rechtsbehelf hat der Käufer?

✔ Er muss neu klagen. Es reicht aber, wenn er beantragt festzustellen, dass die Zwangsvollstreckung gegen den Verkäufer ohne Gegenleistung zulässig ist.[227]
    Analog § 767 Abs. 2 ZPO kann zwar die Rechtskraft des Vorprozesses einer uneingeschränkten neuen Klage entgegenstehen, wenn der Käufer der Diebstahlseinwand schon damals hätte vorbringen können. Das war dem Käufer hier indessen nicht möglich. Denn das Auto war damals noch nicht gestohlen.

Abwandlung 1   306

Wie Ausgangsfall (Rn. 305). Das Auto wurde aber bereits vor Klageerhebung gestohlen. Der Käufer hatte den Diebstahl nicht bemerkt.

? Kann der Käufer noch eine neue Klage erheben?

✔ Unterscheiden je nach Antrag im Erstprozess
Nach dem BGH kommt es darauf an, was der Käufer im Erstprozess beantragt hat.[228] Günstigstenfalls hat er beantragt, den Verkäufer Zug um Zug zu verurteilen. Dann kann er jetzt auf uneingeschränkte Kaufpreisrückzahlung klagen. Im schlechteren Fall wollte er seinerzeit den Kaufpreis uneingeschränkt erstattet bekommen. Er hat aber nur eine Zug-um-Zug-Verurteilung erreicht. Das Gericht hat seine Ausgangsklage teilweise abgewiesen. Diese Klageabweisung erwächst in Rechtskraft. Für den Folgeprozess gilt § 767 Abs. 2 ZPO analog. Der Käufer kann den Unmöglichkeitseinwand nicht mehr geltend machen.
    Begründung: Beim Zug-um-Zug-Antrag hat das Gericht nicht geprüft, ob dem Verkäufer ein Zurückbehaltungsrecht zusteht. Es kam nicht darauf an, ob der Käufer das Auto herausgeben kann.[229] Nun trägt der Käufer vor, er könne das Auto nicht herausgeben. Damit widerspricht er weder dem Urteil noch seinem früheren Vortrag. Er trägt vielmehr etwas Neues vor. Deshalb steht die Rechtskraft des ersten Prozesses der zweiten Klage nicht entgegen.

---

227 I. d. S. bei Nachbesserungsarbeiten: BGH, Urt. v. 23.09.1976 – VII ZR 14/75, juris Rn. 9; vgl. materiell § 346 Abs. 3 Nr. 3 BGB.
228 BGH, Urt. v. 19.12.1991 – IX ZR 96/91 = NJW 1992, 1172 (1173).
229 Vgl. § 308 Abs. 1 ZPO.

Beim Antrag auf uneingeschränkte Verurteilung hat das Gericht hingegen rechtskräftig über den Anspruch auf uneingeschränkte Verurteilung entschieden. Denn die Zug-um-Zug-Verurteilung ist gegenüber der unbeschränkten Verurteilung ein Weniger. Das Gericht hat die uneingeschränkte Verurteilung rechtskräftig abgewiesen. Der Käufer hätte schon im Erstprozess vortragen können, dass der Wagen gestohlen ist. Zwar wusste er vom Diebstahl nichts. Das ist jedoch sein Pech.

307

> **REF Abwandlung 2**
>
> Im Erstprozess (Rn. 305) ist ein Zug-um-Zug-Urteil ergangen: Der Verkäufer muss den Kaufpreis zurückzahlen. Im Gegenzug erhält er das Auto zurück. Der Tenor bestimmt auch, dass der Verkäufer die Prozesskosten tragen muss. Nach Rechtskraft des Urteils wird das Auto zerstört. Der Verkäufer erfährt hiervon. Er erhebt Vollstreckungsabwehrklage.

? Ist die Klage zulässig?

✓ Lösung mit Hintergrundinformation

Ja, die Klage ist zulässig. Problematisch ist, ob ein Rechtsschutzbedürfnis besteht. Das allgemeine Rechtsschutzbedürfnis fehlt, wenn dem Kläger ein einfacherer, billigerer Weg zur Verfügung steht. Gemäß § 756 ZPO muss der Gerichtsvollzieher dem Verkäufer das Auto anbieten. Erst dann darf er beim Verkäufer pfänden. Hier ist das Auto zerstört. Deshalb kann der Gerichtsvollzieher es dem Verkäufer nicht anbieten. Die Vollstreckung ist daher nicht möglich. Der Verkäufer muss daher prinzipiell nichts unternehmen. Ihm droht eigentlich keine Vollstreckung wegen des Rückzahlungsbetrags mehr.

308

Allenfalls droht dem Verkäufer, dass das Gericht auf Antrag des Käufers dessen Kosten festsetzt (§ 104 ZPO). Aus diesem Beschluss könnte der Käufer seine Anwaltskosten vollstrecken (§ 794 Abs. 1 Nr. 2 ZPO). Die Prozesskosten hat der Verkäufer jedoch als seinerzeit Unterlegener gemäß § 91 ZPO nach wie vor zu tragen. Daran kann er auch mit einer Vollstreckungsabwehrklage nichts ändern. Denn im Vollstreckungsabwehrprozess prüft das Gericht nur die vom Schuldner erhobenen Einwendungen.[230] Es prüft nicht das gesamte erste Urteil. Somit gestaltet das Gericht auch nur die Vollstreckbarkeit der Hauptsacheentscheidung um. Die frühere Kostenentscheidung bleibt unberührt. In der Regel ist sie auch nach wie vor richtig. Denn sie beruht darauf, dass die Partei damals Unrecht hatte. Wegen der früheren Prozesskosten darf der Käufer also nach wie vor vollstrecken.

309

Zurück zur Hauptsachevollstreckung: Problematisch ist, dass man oft darüber streiten kann, ob eine Sache vollständig zerstört oder nur beschädigt ist. Beispiel: Das Auto erleidet einen schweren Unfall. Die Karosserie ist sehr stark verbeult. Mit sehr hohem Geld- und Zeitaufwand kann man es aber wieder fahrbereit machen. Angenommen, man befragt zehn Personen. Es würden vielleicht fünf antworten, das Auto sei beschädigt. Andere fünf würden sagen, es sei zerstört. Wäre das Auto nur

---

230 RGZ 109, 69 (70).

beschädigt, dürfte der Käufer zunächst weitervollstrecken. Der Verkäufer müsste Vollstreckungsabwehrklage erheben. Erst in dieser prüft der Richter den Einwand der Beschädigung. Ist das Auto zerstört, darf der Gerichtsvollzieher nicht vollstrecken.

Es besteht ein Bedürfnis, dass ein Richter verbindlich entscheidet. Der Gerichtsvollzieher benötigt Klarheit. Das ergibt sich aus dem Grundsatz der Formalisierung der Zwangsvollstreckung. Auch der Verkäufer hat einen Anspruch auf Rechtssicherheit. Er muss er wissen, ob der Gerichtsvollzieher in den nächsten Tagen vor seiner Tür stehen wird oder nicht. Eventuell muss er Geld zurücklegen, um den Kaufpreis zu erstatten. Das muss er planen können. Aus diesem Grund kann man den Verkäufer nicht darauf verweisen, ihm drohe keine Vollstreckung mehr. Er darf die nachträglichen Umstände (Zerstörung) klarstellen lassen. Der Weg dafür ist die Vollstreckungsabwehrklage. Für sie besteht ein Rechtsschutzbedürfnis. Die Vollstreckungsabwehrklage ist zulässig.

Merke: Der Schuldner eines Zug-um-Zug-Titels kann Vollstreckungsabwehrklage erheben, wenn die ihm zustehende Gegenleistung unmöglich geworden ist.[231] Mit einer Vollstreckungsabwehrklage kann ein Schuldner aber nicht die frühere Kostenentscheidung ändern lassen.

---

231 KG Berlin, Urt. v. 03.02.1989 – 7 U 3866/88 = NJW-RR 1989, 638; Brox/Walker, Zwangsvollstreckungsrecht, 2018, Rn. 172.

Die Klage auf Unterlassung der Zwangsvollstreckung

© Springer-Verlag GmbH Deutschland, ein Teil von Springer Nature 2020
M. Duchstein, *Zwangsvollstreckungsrecht*, Springer-Lehrbuch,
https://doi.org/10.1007/978-3-662-59444-5_3

3.1 Grundlagen

310
Neben der Vollstreckungsabwehrklage gibt es eine ähnliche Klage. Sie beruht auf § 826 BGB. Es handelt sich um eine normale Leistungsklage in Form der Unterlassungsklage. Mit ihr wendet sich der Schuldner gegen einen Titel, den der Gläubiger sittenwidrig erschlichen hat. Mit der Vollstreckungsabwehrklage hat diese Klage gemeinsam, dass der Titel inhaltlich falsch ist. Außerdem erreicht der Schuldner mit beiden erfolgreichen Klagen das Gleiche: Der Gläubiger darf nicht weitervollstrecken.

🛇 Merke: Mit der Klage aus § 826 BGB kann der Schuldner sich gegen die Zwangs-vollstreckung aus einem falschen Titel wehren.

311
Die Klage aus § 826 BGB ergänzt die Vollstreckungsabwehrklage. Deshalb erhebt der Schuldner sie vielfach hilfsweise.[1] § 826 BGB setzt voraus, dass der Gläubiger den Schuldner vorsätzlich sittenwidrig schädigen will. Das ist bei der Vollstreckungsab-wehrklage nicht unbedingt der Fall.

> **Klausurtipp**
>
> Von der Klage aus § 826 BGB haben Viele schon einmal gehört. Gleichwohl kann in der Klausur Nervosität aufkommen, wenn sie zu prüfen ist. Welche Voraussetzungen hat die Klage aus § 826 BGB? Wie lautet der korrekte Klageantrag? Wann ist die Klage zweckmä-ßig? Diese Fragen muss man in der Klausur beantworten können. Ruhig Blut. Wer nachfolgende Grundsätze verinnerlicht hat, weiß genug über die Klage aus § 826 BGB.

❯ Map 3.1

3.2 Verhältnis zur Vollstreckungsabwehrklage

312
Zuweilen ist in der Klausur nach den rechtlichen Möglichkeiten des Schuldners gefragt. Dann ist die Vollstreckungsabwehrklage vor der Klage aus § 826 BGB zu prüfen. Denn eventuell hat der Schuldner mit der Klage aus § 767 ZPO Erfolg. In diesem Fall ist die Klage aus § 826 BGB unnötig. Die Klage aus § 826 BGB soll dem Schuldner in großen Ausnahmefällen helfen. Sie soll gröbstes Unrecht abwenden. Der Schuldner bedarf aber keiner Hilfe, wenn er sich mit der Vollstreckungsabwehrklage wehren kann. Die Voll-streckungsabwehrklage ist daher vorrangig, wenn sie zum selben Ziel führt.[2]

---

1   Z. B. in BGHZ 151, 316, juris Rn. 4.
2   OLG Köln, Urt. v. 19.12.1985 – 12 U 102/85, juris Rn. 27; Brox/Walker, Zwangsvollstreckungsrecht, 2018, Rn. 1328 f.

Relevant wird die Klage aus § 826 BGB vor allem, wenn der Vollstreckungsabwehreinwand nach § 767 Abs. 2 ZPO präkludiert ist.[3] Der Schuldner hätte die materielle Einwendung früher vorbringen können.

> ### Klausurtipp
>
> Die Klage aus § 826 BGB ist nur zu erwähnen, wenn hier ersichtlich ein Klausurproblem liegt. Dies ist insbesondere der Fall, wenn der Gläubiger sich nach dem Gefühl des Klausurbearbeiters sittenwidrig verhalten hat.
>
> In der Regel ist dann zuerst die Vollstreckungsabwehrklage durchzuprüfen. Erst wenn sie scheitert, spricht man die Klage aus § 826 BGB an. Sie hat aber hohe Voraussetzungen. Diese liegen meist nicht vor. Auch der BGH entscheidet zunehmend zurückhaltender.

3.3 Zulässigkeit

In der Zulässigkeit der Klage aus § 826 BGB sind zwei Punkte stets anzusprechen: erstens Statthaftigkeit und entgegenstehende Rechtskraft als gemeinsamer Punkt, zweitens die örtliche Zuständigkeit. Alle anderen Punkte sind nur in problematischen Fällen zu erörtern. 313

3.3.1 Statthaftigkeit und entgegenstehende Rechtskraft

❯ Map 3.1

Zu Beginn der Zulässigkeit sollte der Bearbeiter erörtern, ob die Rechtskraft des Ausgangsurteils der Klage aus § 826 BGB entgegensteht. Er sollte zunächst § 704 ZPO zitieren. Er sollte feststellen, dass das angegriffene Urteil gemäß § 705 ZPO formell rechtskräftig ist. Weiter sollte er § 322 Abs. 1 ZPO nennen. Er sollte erklären, dass das Ausgangsgericht über den Streitgegenstand materiell rechtskräftig entschieden hat. Das bedeutet, dass diese Entscheidung im Interesse des Rechtsfriedens prinzipiell nicht mehr abänderbar ist. 314

Sodann muss der Klausurbearbeiter die Klage aus § 826 BGB von der sogenannten Restitutionsklage nach § 580 ZPO abgrenzen. Die Restitutionsklage durchbricht die Rechtskraft eines Urteils (§§ 578 Abs. 1; 590 Abs. 1 ZPO). § 580 ZPO enthält einen abschließenden Katalog. In den dort genannten Fällen darf die Rechtskraft hintenangestellt werden. Meist hat sich ein Prozessbeteiligter strafbar gemacht. Paradebeispiele sind Falschaussage, Rechtsbeugung oder Urkundenfälschung. In der Klausur liegt ein solcher Fall regelmäßig nicht vor. Zumindest wird es an einem rechtskräftigen Strafurteil gemäß § 581 Abs. 1 ZPO fehlen. 315

---

3 Beispiel bei: Bernhard, Jura 2012, 633.

Der Klausurbearbeiter sollte betonen, dass die ZPO außerhalb des Katalogs des § 580 ZPO normalerweise der Rechtskraft den Vorrang vor der materiellen Richtigkeit einräumt. Dies ergibt sich aus einem Umkehrschluss aus § 580 ZPO. Der Gläubiger darf auch aus einem falschen Urteil prinzipiell vollstrecken.

316   Der Examenskandidat sollte überdies schreiben, dass die Rechtsprechung jedoch für besonders krasse Ausnahmefälle eine Konstruktion entwickelt hat.[4] Diese gründet sich auf § 826 BGB. De facto durchbricht die Rechtsprechung mit dieser Klage die Rechtskraft. Die Rechtskraft muss nämlich zurücktreten, wenn sich der Titelgläubiger grob ungerecht verhält. Dies ist aber nur der Fall, wenn er eine rein formelle Rechtsstellung auf extrem ungerechte Weise ausnutzt.

Die Klage aus § 826 BGB ist in zwei Fällen statthaft:

(1) Der Gläubiger hat einen falschen Titel sittenwidrig erschlichen.

(2) Der Gläubiger nutzt einen falschen Titel sittenwidrig aus.

317   Klausurrelevante Titel sind nur Urteile und Vollstreckungsbescheide. Für Prozessvergleiche und notarielle Urkunden bietet § 767 ZPO ausreichenden Schutz.[5] Die Beschränkung des § 767 Abs. 2 ZPO gilt nämlich nicht.

> **Klausurtipp**
>
> Angenommen, in der Anwaltsklausur wirft der Mandant dem Gläubiger vor, dieser habe ihn beim Vergleichsschluss getäuscht. Dann sollte man dieses Problem bei der Frage nach dem statthaften Rechtsbehelf ansprechen. Die Klage aus § 826 BGB ist unstatthaft. Vielmehr ist entweder der Antrag auf Fortsetzung des alten Verfahrens oder die Vollstreckungsabwehrklage statthaft.

318   Beispiele für vorsätzliche Sittenwidrigkeit eines Urteils beziehungsweise Vollstreckungsbescheids:

— Der Gläubiger hat Zeugen manipuliert.[6]

— Der Gläubiger lässt seine Klage gemäß § 185 ZPO öffentlich zustellen. Er weiß zwar, wo der Schuldner sich aufhält. Er verschweigt dies aber dem Gericht. Dadurch will er verhindern, dass der Schuldner sich gegen die Klage wehrt.[7] Er hofft, dass der Schuldner den ihn betreffenden Aushang im Gerichtsgebäude nicht lesen wird.[8]

---

4   RGZ 61, 359 (365); 155, 55 (57); BGHZ 26, 391, juris Rn. 14; 101, 380, juris Rn. 19; 103, 44, juris Rn. 8; 164, 87, Rn. 16.

5   HansOLG Bremen, Urt. v. 21.07.1999 – 1 U 130/98, juris Rn. 60.

6   BGH, Urt. v. 20.03.1957 – IV ZR 235/56 = LM Nr. 7 zu § 826 BGB; BGHZ 149, 311, juris Rn. 20; 153, 189, juris Rn. 30.

7   OLG München, Urt. v. 19.04.2002 – 21 U 3322/00, juris Rn. 33.

8   § 186 Abs. 2 ZPO.

– Dem Titel liegt eine Bürgschaftsforderung gemäß § 765 BGB zugrunde. Der Schuldner hat sich als einkommens- und vermögensloser, geschäftlich unerfahrener Sohn für die Schulden seines Vaters verbürgt. Er wollte ihm helfen. Die Bürgschaft veranlasste die Gläubigerin – eine Bank. Ihr waren sämtliche Umstände bekannt.[9] Sie hat den Schuldner davon abgehalten, Rechtsbehelfe gegen den Bürgschaftstitel einzulegen.[10]
– Der Gläubiger lässt eine vermeintliche Forderung im Mahnverfahren titulieren. Dadurch will er verhindern, dass ein Gericht die fehlende Schlüssigkeit bemerkt (§ 692 Abs. 1 Nr. 2 ZPO).[11]

Für die Zulässigkeit genügt, dass der Schuldner die Voraussetzungen des § 826 BGB behauptet. Beweisen muss er sie erst im Rahmen der Begründetheit. Es handelt sich um doppelrelevante Tatsachen.[12] Bei ihnen ist für die Zulässigkeit der Klägervortrag als richtig zu unterstellen. Das Gericht soll durch die Zulässigkeitsprüfung nicht überfrachtet werden.   319

Sittenwidrig ist hingegen ohne zusätzliche Umstände *nicht*:   320
– Der Gläubiger hätte erkennen können, dass seine Forderung unbegründet ist. Er hätte nur sorgfältig recherchieren müssen.[13]
– Der Gläubiger regt beim Gericht an, die Klage öffentlich zuzustellen. Er hätte den Aufenthalt des Schuldners auch in Erfahrung bringen können. Hierzu hätte er bei Bekannten nachfragen müssen.
– Der Gläubiger erwirkt einen Vollstreckungsbescheid. Er weiß, dass der Schuldner Einwände vorbringen könnte. Er hofft jedoch, dass dieser sich nicht wehrt.[14]
– Der Gläubiger hat im Erstprozess zu Nebensächlichkeiten falsche Angaben gemacht.[15]
– Der Gläubiger hat erkannt, dass der erste Titel falsch ist. Gleichwohl vollstreckt er aus ihm.[16]

In diesen Fällen ist die Klage aus § 826 BGB bereits unzulässig. Die Rechtskraft des Titels steht entgegen.

9 Vgl. BVerfGE 115, 51, juris Rn. 2; OLG Karlsruhe, Urt. v. 24.09.2013 – 17 U 231/12, juris Rn. 44.
10 BGHZ 101, 380, juris Rn. 30.
11 BGHZ 101, 380, juris Rn. 32.
12 Vgl. BGHZ 7, 184, juris Rn. 5; BGHZ 133, 240, juris Rn. 15; 202, 39, Rn. 23; BGH, Urt. v. 25.11.1993 – IX ZR 32/93 = NJW 1994, 1413.
13 Vgl. BGHZ 112, 54, juris Rn. 13 und 16.
14 BGH, Urt. v. 09.02.1999 – VI ZR 9/98, juris Rn. 25; Urt. v. 29.06.2005 – VIII ZR 299/04, juris Rn. 32, vgl. aber bei zusätzlichen Umständen BGH, Urt. v. 30.06.1998 – VI ZR 160–97 = NJW 1998, 2818 (2819); BGH, Urt. v. 09.02.1999 – VI ZR 9–98 = NJW 1999, 1257 (1258).
15 BGHZ 13, 71, juris Rn. 6; Berlit, Anm. zu BVerwG, Urt. v. 19.11.2013 – 10 C 27/12, jurisPR-BVerwG 6/2014 Anm. 2.
16 BGHZ 13, 71, juris Rn. 5; BGH, Urt. v. 13.07.1982 – VI ZR 300/79, juris Rn. 28.

3.3.2 Zuständigkeit

Örtliche Zuständigkeit

321 Örtlich zuständig ist jedes Gericht, in dessen Bezirk der Schuldner Zwangsvollstreckungsmaßnahmen erwartet. Regelmäßig ist dies sein Wohnsitz.[17] Dies ergibt sich aus dem Gerichtsstand der unerlaubten Handlung gemäß § 32 ZPO.[18]

Sachliche Zuständigkeit

322 Die sachliche Zuständigkeit richtet sich nach dem Streitwert gemäß §§ 1 ZPO; 23; 71 GVG. Obige Ausführungen zur Vollstreckungsabwehrklage gelten entsprechend. Es kommt darauf an, in welcher Höhe der Schuldner die Zwangsvollstreckung angreift.

3.3.3 Rechtsschutzbedürfnis

323 Auch hinsichtlich des Rechtsschutzbedürfnisses entsprechen die Anforderungen denen der Vollstreckungsabwehrklage. Insbesondere braucht der Schuldner nicht zu warten, bis der Gläubiger vollstreckt.[19]

324 Ist die Vollstreckung vollständig abgeschlossen, muss der Schuldner seinen Antrag umstellen. Andernfalls wird er unzulässig. In der Regel kann der Schuldner jetzt aus § 826 i. V. m. § 251 Abs. 1 BGB Geldersatz verlangen.[20]

3.4 Objektive Klagehäufung

325 Wie bereits erwähnt, erheben manche Schuldner die Klage aus § 826 BGB nur hilfsweise neben der Vollstreckungsabwehrklage. Es handelt sich um eine objektive Klagehäufung nach § 260 ZPO. Die Vorschrift verlangt, dass dasselbe Gericht zuständig ist. Dies ist nicht zwingend der Fall.

3.5 Begründetheit

Map 3.2

326 Sollten tatsächlich einmal die hohen Zulässigkeitsvoraussetzungen überwunden sein, ist die Begründetheit zu prüfen. Sie besteht aus vier Prüfungspunkten:

---

17 OLG Koblenz, Beschl. v. 14.07.1988 – 5 W 371/88, juris Rn. 10.
18 OLG Düsseldorf, Beschl. v. 09.03.1988 – 24 W 3/88 = NJW-RR 1988, 939 (940); OLG Hamm, Urt. v. 18.05.1988 – 11 U 287/87, juris Rn. 3.
19 OLG Düsseldorf, Beschl. v. 09.03.1988 – 24 W 3/88 = NJW-RR 1988, 939 (940).
20 BGH, Urt. v. 19.02.1986 – IVb ZR 71/81 = NJW 1986, 1751 (1752).

❶ **Prüfungsschema**
1.) Falscher Vollstreckungstitel
2.) Kenntnis des Gläubigers hiervon
3.) Sittenwidrigkeit
4.) Keine Präklusion

Im Einzelnen:

3.5.1 Falscher Titel

Der Titel muss inhaltlich falsch sein. Ist der Gläubiger materiell im Recht, darf er auch   327
vollstrecken.
 Der Titel ist falsch, wenn er auf falschen Tatsachen beziehungsweise Beweismitteln
beruht.

Beispiel
V und K haben niemals einen Kaufvertrag geschlossen. V legt aber eine gefälschte Kaufvertragsurkunde vor. Das Erstgericht gibt deswegen der Klage des V statt. Dieses Urteil ist
inhaltlich falsch. Anders, wenn Gericht oder Gläubiger die Rechtslage falsch bewerten.
Das reicht grundsätzlich nicht.[21]

3.5.2 Kenntnis des Gläubigers

Der Gläubiger muss wissen, dass der Vollstreckungstitel falsch ist. Bedingter Vorsatz des   328
Gläubigers reicht. Zuweilen erfährt er erst im Nachhinein, dass der Titel falsch ist. Das
genügt. Grobe Fahrlässigkeit schadet dem Gläubiger indessen nicht. All dies ergibt sich
aus dem Wortlaut des § 826 BGB.

3.5.3 Sittenwidrigkeit

Das Hauptproblem der Klage aus § 826 BGB liegt in der Sittenwidrigkeit. Wie erwähnt,   329
sind zwei Fallgruppen zu unterscheiden: Erschleichen und Ausnutzen.

Erschleichungstatbestand

❯ **Map 3.2**

Beim Erschleichungstatbestand hat der Gläubiger den Titel arglistig erwirkt. Es genügt   330
nicht, dass er den Sachverhalt einseitig darstellt.[22] Andernfalls wäre fast jedes Versäumnisurteil gegen einen Beklagten sittenwidrig. Denn es basiert gemäß § 331 Abs. 1 ZPO

---

21 Zum inhaltlich falschen Vollstreckungsbescheid: Grunsky, ZIP 1987, 1021 (1026).
22 BGHZ 13, 71, Rn. 7.

allein auf dem einseitigen Klägervortrag. Dem Gläubiger muss deutlich Schwereres vorzuwerfen sein. Klassiker ist, dass er einen Zeugen zu einer Falschaussage angestiftet hat. Weder Gläubiger noch Zeuge wurden aber strafrechtlich verurteilt.[23] Im ersten Examen wird diese Anstiftung unstreitig sein. Der Bearbeiter kann sich bei Sittenwidrigkeit kurzfassen. Er kann auf die Zulässigkeitsprüfung verweisen. Die doppelrelevanten Rechtsfragen hat er dort bereits beantwortet.

Anders ist es in der Assessorklausur. Bei ihr können in der Begründetheit Substantiierungs- und Beweisprobleme zu klären sein. Etwa kann sich die Frage stellen, ob ein Zeuge falsch ausgesagt hat. Auch kann ein Gutachten zu würdigen sein. Beispielsweise kann ein Schriftgutachten die Frage betreffen, ob eine Urkunde gefälscht ist.

Ausnutzungstatbestand

331   Auch beim Ausnutzungstatbestand ist der Titel falsch. Im Unterschied zum Erschleichungstatbestand hat der Gläubiger dies nicht zu verantworten. Vorzuwerfen ist ihm, dass er die Unrichtigkeit nachträglich erkannt hat. Außerdem muss er sich grob sittenwidrig verhalten. Konstellationen, in denen eine allein auf den Ausnutzungstatbestand gestützte Klage auf Unterlassung der Zwangsvollstreckung Erfolg hat, sind kaum denkbar.[24]

Beispiel

Eine Bank tritt einem Inkassounternehmen eine sittenwidrige Bürgschaftsforderung ab. Die Forderung ist gemäß § 138 Abs. 1 BGB nichtig. Das Inkassounternehmen erkennt die Sittenwidrigkeit zunächst nicht. Es lässt den vermeintlichen Anspruch titulieren. Sodann wird es bösgläubig. Gleichwohl vollstreckt es weiter.[25] Dies allein gibt dem Schuldner nicht das Recht, sich mit der Klage nach § 826 BGB zu wehren. Vielmehr müssen besondere Umstände hinzutreten. Sie müssen den Schuldner als überdurchschnittlich schutzwürdig erscheinen lassen. Der (neue) Gläubiger muss sich demgegenüber außergewöhnlich arglistig verhalten. Hieran scheitern in der Praxis fast alle Fälle. So sollte man es auch in der Klausur handhaben.

Klausurtipp

Der Ausnutzungstatbestand ist kaum klausurrelevant. Sollte der Schuldner sich auf ihn berufen, greift sein Einwand in der Regel nicht. Dies kann man mit der Rechtskraft begründen. Sie gebietet, beim Ausnutzungstatbestand besonders hohe Voraussetzungen an die Sittenwidrigkeit zu stellen.

---

23 Vgl. §§ 580 Nr. 3; 581 ZPO.
24 Nicht verallgemeinerungsfähiger Sonderfall: OLG Düsseldorf, Beschl. v. 21.04.1987 – 6 W 21/87 = NJW-RR 1987, 938. Die andere Konstellation (Rückzahlungsantrag und nicht Unterlassung der Zwangsvollstreckung) betont zutreffend BGH, Urt. v. 19.02.1986 – IVb ZR 71/84, juris Rn. 11.
25 RGZ 155, 55; 163, 293; 168, 1; BGH, Urt. v. 21.06.1951 – III ZR 210/50 u. v. 19.02.1986 – IVb ZR 71/84.

3.5.4 Keine Präklusion

Nach h. M. muss der Schuldner analog § 582 ZPO den Sittenwidrigkeitseinwand so früh   332
wie subjektiv möglich vorbringen.[26] Nach § 582 ZPO ist die Restitutionsklage nur zulässig,
wenn die Partei ohne ihr Verschulden außerstande war, den Restitutionsgrund in dem früheren Verfahren, insbesondere durch Einspruch oder Berufung geltend zu machen. Diese
Vorschrift gilt entsprechend für die Unterlassungsklage aus § 826 BGB. Denn in beiden
Fällen darf die Rechtskraft nur in engen Ausnahmefällen durchbrochen werden. Ein solcher Ausnahmefall liegt nicht vor, wenn der Schuldner seinen Einwand bereits in einem
früheren Rechtsmittel vorbringen konnte. § 582 ZPO ähnelt § 767 Abs. 2 ZPO. Im Gegensatz zu § 767 Abs. 2 ZPO setzt er aber Verschulden voraus. Mit dem Bundesarbeitsgericht
gilt: Wenn eine Partei prozessrechtlich ungeschickt oder gar töricht handelt, muss dies im
Interesse eines geordneten Prozessgangs in Kauf genommen werden.[27] Es dient dem
Rechtsfrieden, einen Rechtsstreit irgendwann einem Ende zuzuführen. Wer aus Nachlässigkeit kein Rechtsmittel gegen ein falsches Urteil einlegt, hat Pech. Er hatte die Chance.

Beispiel
Der Schuldner vergisst im Erstprozess, eine ihm günstige Urkunde vorzulegen.[28] Hier
scheitert auch seine Klage aus § 826 BGB. Ebenso verhält es sich, wenn der Rechtsanwalt
des Schuldners vergisst, den Einspruch gegen das Versäumnisurteil innerhalb der Frist
des § 339 ZPO bei Gericht einzuwerfen. Seine Fahrlässigkeit wird dem Schuldner nach
§ 85 Abs. 2 ZPO zugerechnet.

Der Klausurbearbeiter muss an dieser Stelle inzident etwaige Rechtsmittel prüfen. Bei-   333
spielsweise kann es sein, dass eine Berufung nicht statthaft war. Möglicherweise war der
Beschwerdewert des § 511 Abs. 2 ZPO unterschritten. Dann konnte der Schuldner niemals früher ein Rechtsmittel einlegen. Folglich kann auch die Klage aus § 826 BGB
nicht verspätet sein.

3.6 REF Beweislast

Die Darlegungs- und Beweislast für sämtliche Voraussetzungen trägt nach allgemeinen   334
Regeln der Schuldner. Er darf sich nicht darauf beschränken, den Vortrag aus dem Erst-
verfahren zu wiederholen.[29]

---

26 BGH, Urt. v. 23.01.1974 – VIII ZR 131/72, juris Rn. 15; BGH, Urt. v. 29.11.1988 – XI ZR 85/88 = NJW
     1989, 1285 (1286); BAG, Urt. v. 16.07.2013 – 9 AZR 914/11, juris Rn. 19; OLG Bamberg, Urt. v.
     11.11.1959 – 1 U 91/59 = NJW 1960, 1062 (1063); OLG Naumburg, Urt. v. 12.10.2000 – 2 U 124/99,
     juris Rn. 110; Grunsky, ZIP 1986, 1361 (1370); Böcker, Anm. zu BGH Beschl. v. 02.11.2000 – III ZB
     55/99, in: EWiR 2001, 345–346 (346); a. A. LG Bamberg, Urt. v. 20.05.2010 – 2 O 305/09, juris Rn. 47.
27 BAGE 5, 143, juris Rn. 23.
28 OLG Hamm, Beschl. v. 15.05.2014 – II-6 UF 125/13, 6 UF 125/13, juris Rn. 29; LAG Hamm, Urt. v.
     07.09.2011 – 3 Sa 938/11, juris Rn. 105.
29 BGHZ 40, 130, juris Rn. 13; BGH, Urt. v. 23.01.1974 – VIII ZR 131/72, juris Rn. 16.

Beispiel

Der Schuldner hat im Erkenntnisverfahren vorgetragen, dass die Kaufvertragsurkunde gefälscht ist. Das Gericht hat dies durch ein grafologisches Gutachten überprüft. Die Fälschung war jedoch sehr gut. Sie hat selbst den Gutachter überzeugt. Will der Schuldner eine neue Klage aus § 826 BGB erheben, muss er neue Beweise vorlegen. Er darf nicht einfach wiederholen, die Urkunde sei gefälscht. Andernfalls würde die Rechtskraft ausgehöhlt.

3.7 Rechtsfolgen

335   Ist die Klage begründet, hat der Schuldner einen materiellen Anspruch aus § 826 BGB auf Schadensersatz. Dessen Rechtsfolgen richten sich nach § 249 Abs. 1 BGB. Danach gilt der Grundsatz der Naturalrestitution. Der Gläubiger hat den Schuldner so zu stellen, wie er ohne das schädigende Ereignis stünde. Ohne sein sittenwidriges Verhalten hätte der Gläubiger keinen Vollstreckungstitel. Dann dürfte er auch nicht gegen den Schuldner vollstrecken, vgl. §§ 704; 750 ZPO.[30] Also darf der Schuldner den Titel nicht zum Zwecke der Zwangsvollstreckung benutzen. Er darf insbesondere keinen Gerichtsvollzieher, keinen Rechtspfleger und keinen Richter beauftragen. Der Gläubiger hat es zu unterlassen, aus dem Titel zu vollstrecken. Es gilt der Grundsatz: nemo auditur propriam turpitudinem allegans: Niemand wird vor Gericht damit gehört, dass er die für ihn günstigen Folgen eigenen rechtsmissbräuchlichen Verhaltens für sich in Anspruch nehmen will.

3.8 REF Antrag

> **Map 3.3**

336   Für die Anwaltsklausur muss man den korrekten Antrag der Klage aus § 826 BGB kennen. Er lautet:

> Der Beklagte wird verurteilt, die Zwangsvollstreckung aus dem Urteil [Gericht, Datum, Aktenzeichen] zu unterlassen.[31]

Falsch wäre der Antrag, die Zwangsvollstreckung für unzulässig zu erklären. Dies deutet auf § 767 ZPO hin. Ungenau wäre das Begehren, die Zwangsvollstreckung einzustellen. Dies ähnelt dem Beschlusstenor bei § 769 ZPO. Empfehlenswert ist der Hauptantrag aus § 767 ZPO und der Hilfsantrag aus § 826 BGB.

---

30 RGZ 61, 359 (365).
31 BGHZ 26, 391, juris Rn. 10.

> **Merke:** Am besten kann man sich den Tenor merken, wenn man sich die Klage aus
> § 826 BGB als die Klage auf Unterlassung der Zwangsvollstreckung einprägt.

3.9 Verbindung mit der Titelherausgabeklage

Auch bei der Klage aus § 826 BGB kann der Schuldner unstreitig einen Titelherausgabe-   337
antrag stellen. Diese Rechtsfolge beruht nach dem BGH unmittelbar auf § 826 BGB.[32]
Das ist nicht ganz sauber. Denn die Rechtsfolge des § 826 BGB ist nach § 249 Abs. 1
BGB Naturalrestitution. Ohne das schädigende Ereignis hätte der Schuldner keine vollstreckbare Ausfertigung. Dann kann er sie nicht aus Schadensersatzgesichtspunkten
herausverlangen.

Besser vertretbar ist es auch hier, auf § 371 BGB analog abzustellen.

Prozessual handelt es sich in jedem Fall bei den Unterlassungs- und Herausgabebe-
gehren um mehrere Anträge. Deswegen liegt eine objektive Antragshäufung nach § 260
ZPO vor. Sie empfiehlt sich zumeist. Denn gerade in den Fällen eines sittenwidrigen
Titels besteht die Gefahr, dass der Gläubiger ihn missbraucht.

3.10 Eilrechtsschutz

Unstreitig hat der Schuldner auch bei der Klage aus § 826 BGB einen Eilrechtsbehelf.
Richtigerweise findet sich seine Rechtsgrundlage in §§ 707; 769 ZPO analog.[33]

---

32 I. d. S. BGHZ 26, 391, juris Rn. 10; offengelassen von OLG Frankfurt, Urt. v. 08.10.2010 – 8 U 79/10,
    juris Rn. 48 und 54.
33 OLG Karlsruhe, Beschl. v. 8.12.1981 – 16 WF 181/81; a. A. Peglau, MDR 1999, 400 (401).

Die Titelgegenklage

© Springer-Verlag GmbH Deutschland, ein Teil von Springer Nature 2020
M. Duchstein, *Zwangsvollstreckungsrecht*, Springer-Lehrbuch,
https://doi.org/10.1007/978-3-662-59444-5_4

4.1 Rechtsnatur

338 Eng mit der Vollstreckungsabwehrklage verwandt ist Titelgegenklage.[1] Bei ihr wendet sich der Kläger nicht gegen den dem Titel zugrunde liegenden Anspruch. Vielmehr wehrt er sich gegen den Titel selbst. Klassiker ist der zu unbestimmte Titel. Beispiel: Ein Urteilstenor lautet: „Der Beklagte wird verurteilt, an den Kläger 10.0,0ß,00.0 Euro zu zahlen." Weder Tatbestand noch Entscheidungsgründen lässt sich der gemeinte Betrag entnehmen.[2] Hier weiß niemand, wieviel der Beklagte zahlen muss. Gleichwohl besteht die Gefahr, dass ein Gerichtsvollzieher das Urteil als Vollstreckungstitel akzeptiert. Möglicherweise interpretiert er den Zahlbetrag falsch. Der Schuldner läuft Gefahr, viel mehr zu zahlen, als er muss. Dem kann er mit der Titelgegenklage vorbeugen. Sie rechtfertigt sich aus § 767 ZPO analog.

> **Merke: Ein Titel muss aus sich heraus verständlich sein.**

339 Übrigens hat auch der Gläubiger eines zu unbestimmten Urteils Rechte. Er kann neu klagen. Seiner zweiten Klage steht nicht entgegen, dass über den Streitgegenstand entschieden ist.[3] Ein zu unbestimmter Tenor erwächst nämlich nicht in Rechtskraft. § 325 ZPO gilt nicht. Es genügt eine Klage auf Feststellung, wie der Tenor des Ersturteils zu verstehen ist. Mit beiden Urteilen zusammen kann der Gerichtsvollzieher vollstrecken.

4.2 Vollstreckungsbeschränkende Verträge

4.2.1 Allgemeines

340 Neben dem unbestimmten Titel sind vollstreckungsbeschränkende Verträge ein Hauptanwendungsfall der Titelgegenklage. Vollstreckungsbeschränkende Verträge sind eine Unterform der Prozessverträge.[4] Der Gläubiger verzichtet auf Vollstreckungsmaßnahmen. Das darf er.[5] Denn er ist Herr des Zwangsvollstreckungsverfahrens. Er entscheidet, wann er wie vollstreckt. Erst Recht kann er vollständig oder auf einzelne Maßnahmen verzichten. Eine Grenze bilden zwingende gesetzliche Normen.[6]

---

1   BGH, Beschl. v. 12.12.2013 – V ZB 178/13, juris Rn. 10; Urt. v. 19.12.2014 – V ZR 82/13, juris Rn. 5.
2   Zur Auslegung des Tenors mithilfe von Tatbestand und Entscheidungsgründen: BGH, Beschl. v. 25.02.2014 – X ZB 2/13 = GRUR 2014, 605 und BGH, Beschl. v. 26.11.2015 – III ZB 96/15, juris Rn. 5.
3   OLG Frankfurt, Urt. v. 23.09.1991 – 23 U 246/90, juris Rn. 6.
4   Zu vollstreckungserweiternden Verträgen siehe unten Rn. 753.
5   BGH, Urt. v. 11.12.1967 – III ZR 115/67 = NJW 1968, 700; BGH, Urt. v. 02.04.1991 – VI ZR 241/90 = NJW 1991, 2295 (2296); OLG Karlsruhe, Beschl. v. 15.10.2002 – 2 WF 144/01, juris Rn. 10; Piekenbrock/Kienle: ZPO-Examinatorium, 2016, Rn. 352–354 und 401.
6   BGH, Beschl. v. 02.12.2015 – VII ZB 42/14, Rn. 7.

Vollstreckungsbeschränkende Verträge können die Parteien jederzeit schließen. Die   341
Vereinbarung bedarf keiner besonderen Form. Möglicherweise haben die Parteien sie
in der Richterklausur vor Erlass des Erkenntnisurteils geschlossen.

Beispiel   342

Die Parteien schließen einen Kaufvertrag. Er enthält eine individuell ausgehandelte Klausel. Nach ihr darf der Verkäufer nur in bewegliches Vermögen vollstrecken. Diese Vollstreckungsbeschränkung muss der Referendar in den Tenor des Erkenntnisurteils aufnehmen. Das ist erlaubt.[7] Es ergibt sich unter anderem aus den §§ 708; 709 ZPO. Danach darf der Richter die Vollstreckbarkeit seines Urteils regeln.

Formulierungsvorschlag für den Erkenntnistenor

1. Der Beklagte wird verurteilt, an den Kläger 50.000 Euro zu zahlen.
2. Der Beklagte trägt die Kosten des Rechtsstreits.
3. Die Zwangsvollstreckung aus diesem Urteil ist nur in bewegliches Vermögen statthaft.
4. Das Urteil ist gegen Sicherheitsleistung von 110 Prozent des jeweils zu vollstreckenden Betrags vorläufig vollstreckbar.

🛑 Merke: Vollstreckungsbeschränkende Verträge sind grundsätzlich erlaubt. Sie binden auch den Erkenntnisrichter.

4.2.2 Vollständiger Vollstreckungsausschluss

Fall   343

G verkauft S ein Auto für 8000 Euro. S zahlt den Kaufpreis nicht. Infolgedessen erstreitet G gegen S ein rechtskräftiges Urteil auf Zahlung von 8000 Euro. Anschließend vereinbaren beide schriftlich, dass G aus dem Urteil nicht vollstreckt. Im Vertrag behält G sich jedoch vor, künftig mit der titulierten Forderung aufzurechnen. G beauftragt trotzdem mit dem Urteil den Gerichtsvollzieher. Dieser lädt S in sein Büro. S soll die Vermögensauskunft gemäß § 802c ZPO abgeben. S legt die Vereinbarung vor. Der Gerichtsvollzieher meint, er müsse sie nicht beachten. Es gelte der Grundsatz der Formalisierung der Zwangsvollstreckung.

❓ Mit welchem Rechtsbehelf kann S die Zwangsvollstreckung verhindern?

ℹ️ Welcher Rechtsbehelf dem Schuldner bei vollstreckungsbeschränkenden Verträgen zur Verfügung steht, ist streitig.[8] Die nachfolgende Lösung folgt der Rechtsprechung des BGH.

---

7   Baur/Stürner/Bruns, Zwangsvollstreckungsrecht, 2006, S. 126.
8   Ausführlich zum Streitstand: Philipp, RPfleger 2010, 456 (465).

Formulierungsvorschlag im Gutachtenstil

344   **Vollstreckungsabwehrklage**
S könnte eine Vollstreckungsabwehrklage gemäß § 767 ZPO erheben. Die Vollstreckungsabwehrklage ist statthaft, wenn der Schuldner eine materielle Einwendung gegen den
titulierten Anspruch hat. Tituliert ist ein Kaufpreiszahlungsanspruch. Er besteht nach wie
vor. Die Vereinbarung ändert daran nichts. G hat lediglich versprochen, die Forderung
nicht zwangsweise durchzusetzen. Er hat auf prozessuale Rechte verzichtet, nicht auf
materielle.
    Die Kaufpreisforderung ist auch nicht durch Aufrechnung gemäß § 389 BGB erloschen. Es
fehlt nämlich eine Aufrechnungserklärung gemäß § 388 BGB. G hat sich die Aufrechnung
lediglich vorbehalten.
    Somit hat S keine materielle Einwendung gegen den Kaufvertragsanspruch. Die Vollstre-
ckungsabwehrklage nach § 767 ZPO ist deshalb kein geeigneter Weg.

345   **Erinnerung**
Möglicherweise ist die Erinnerung gemäß § 766 Abs. 1 ZPO statthaft. Statthaft ist ein Rechtsbehelf, der zum beabsichtigten Rechtsschutzziel führen kann. Die Erinnerung zielt darauf, eine
Vollstreckungsmaßnahme für unzulässig zu erklären. Dafür muss die Verletzung einer Verfahrensbestimmung im Raum stehen.[9] Denn mit der Erinnerung soll das Gericht das Verhalten eines
Vollstreckungsorgans prüfen. Es muss also eine Vorschrift existieren, die der Gerichtsvollzieher
möglicherweise übersehen hat.

346   **§ 750 ZPO**
Der Gerichtsvollzieher könnte § 750 ZPO missachtet haben. Nach dieser Vorschrift bedarf es für
die Zwangsvollstreckung eines Titels. Ein solcher liegt vor. Durch den Vertrag ist er nicht
aufgehoben. S beanstandet vielmehr, der Gerichtsvollzieher habe einen Vertrag ignoriert. Eine
Missachtung von § 750 ZPO steht nicht im Raum.

347   **§ 775 Nr. 1 ZPO**
Einen Verfahrensmangel stellt es dar, wenn der Gerichtsvollzieher ein Vollstreckungshindernis
aus § 775 Nr. 1 ZPO übersieht. Nach dieser Norm ist die Zwangsvollstreckung einzustellen,
wenn die Ausfertigung einer vollstreckbaren Entscheidung vorgelegt wird, aus der sich ergibt,
dass das zu vollstreckende Urteil oder seine vorläufige Vollstreckbarkeit aufgehoben oder dass
die Zwangsvollstreckung für unzulässig erklärt oder ihre Einstellung angeordnet ist. Entscheidung meint einen gerichtlichen Hoheitsakt. Die Vereinbarung der Parteien ist keine hoheitliche
Entscheidung. Sie ist ein Akt der Privatautonomie. Der Gerichtsvollzieher hat also nicht gegen
§ 775 Nr. 1 ZPO verstoßen.

348   **§ 775 Nr. 4 ZPO**
Eventuell hat der Gerichtsvollzieher § 775 Nr. 4 ZPO verletzt. Danach muss der Gerichtsvollzieher die Zwangsvollstreckung einstellen, wenn eine vom Gläubiger ausgestellte Privaturkunde
vorgelegt wird, aus der sich ergibt, dass der Gläubiger nach Erlass des zu vollstreckenden
Urteils Stundung bewilligt hat. G hat die Forderung nicht gestundet. Die Stundung schiebt

---

9   BGH, Beschl. v. 10.08.2006 – I ZB 135/05 = NJW 2006, 3273; BGH, Beschl. v. 13.08.2009 – I ZB 91/08 =
NJW-RR 2010, 281.

nämlich die Fälligkeit hinaus. Sie wirkt materiellrechtlich. G hat verzichtet, zu vollstrecken. Damit hat er prozessual verfügt.[10] Der Gerichtsvollzieher hat demnach nicht gegen § 775 Nr. 4 ZPO verstoßen.

Fazit

349

Der Gerichtsvollzieher hat keine Verfahrensbestimmung verletzt. Die Erinnerung ist demnach nicht statthaft.[11]

Klauselerinnerung

350

S könnte eine Klauselerinnerung nach § 732 ZPO einlegen. Dann müsste er Einwendungen gegen die Vollstreckungsklausel vorbringen. Die einfache Vollstreckungsklausel ist in § 724 ZPO geregelt. Nach dessen Abs. 2 erteilt sie der Urkundsbeamte der Geschäftsstelle. Dieser muss über keine vertiefte juristische Ausbildung verfügen. Deshalb prüft er nur formelle Gesichtspunkte. Er schaut etwa, ob der Name des Beklagten im Urteil auftaucht (§ 750 ZPO). Auch stellt er sicher, dass der Richter es unterschrieben hat (§ 315 Abs. 1 Satz 1 ZPO). Damit verhindert der Urkundsbeamte, dass ein bloßer Urteilsentwurf versehentlich in den Verkehr gelangt. Vertragsklauseln zu analysieren ist hingegen eher Aufgabe von Richtern und Rechtspflegern. Der Vollstreckungsvertrag ist deswegen kein formeller Einwand gegen die Vollstreckungsklausel. Die Geschäftsstelle prüft ihn nicht. Wenn aber die Geschäftsstelle nur formelle Gesichtspunkte prüft, wacht der Richter im Rahmen der Klauselerinnerung auch nur über diese Aspekte. Denn im Verfahren nach § 732 ZPO untersucht der Richter, ob das Klauselorgan korrekt entschieden hat.[12]

Die Klauselerinnerung ist somit nicht statthaft.[13]

Titelgegenklage

351

Eine Titelgegenklage hat Aussicht auf Erfolg, wenn sie zulässig und begründet ist. Die Titelgegenklage kann analog § 767 ZPO statthaft sein. Eine Analogie setzt eine planwidrige Regelungslücke und eine vergleichbare Interessenlage voraus.

Das Gesetz regelt nirgends die Rechtsfolge, wenn der Gläubiger entgegen einem Stillhalteversprechen vollstreckt. Wie ausgeführt greifen die ausdrücklich im Gesetz genannten Rechtsbehelfe nicht. Eine Regelungslücke liegt demzufolge vor. Planwidrig ist sie, wenn der Gesetzgeber keine bewusst abschließende Regelung getroffen hat. Der Gesetzgeber erstrebte mit § 767 ZPO einen gerechten Ausgleich zwischen Schuldner- und Gläubigerinteressen. Außerdem wollte er komplizierte Einwände dem Organ zuweisen, das am besten dafür geeignet ist: dem Erkenntnisrichter. Der Gesetzgeber wollte dem Schuldner hingegen keine Einwände gegen den Titel abschneiden. Insbesondere ist nicht anzunehmen, dass der Gesetzgeber

---

10 Offengelassen für gegenständliche Vollstreckungsvereinbarungen in BGH, Beschl. v. 18.05.2017 – VII ZB 38/16, Rn. 24; anders für das Klagerücknahme*versprechen* BGHZ 41, 3, juris Rn. 3; BGH, Urt. v. 13.02.1989 – II ZR 110/88, juris Rn. 8.

11 BGH, Urt. v. 11.12.1967 – III ZR 115/67, juris Rn. 19; Beschl. v. 20.10.2005 – I ZB 3/05, Rn. 9 u. v. 18.05.2017 – II ZR 115/67, Rn. 35; sinngemäß ebenso: OLG München, Beschl. v. 08.09.2015 – 34 Wx 237/15, juris Rn. 13; Hergenröder, DGVZ 2013, 145 (150); a. A. noch OLG Karlsruhe, Beschl. v. 09.08.1974 – 1 W 56/74 = NJW 1974, 2242; OLG Hamm, Beschl. v. 07.02.1976 – 14 W 92/76, juris Rn. 2; OLG Frankfurt, Beschl. v. 21.12.1999 – 26 W 150/99 = OLGR Frankfurt 2000, 269 (270).

12 Näher zu § 732 ZPO siehe unten Rn. 1085.

13 BGHZ 118, 229, juris Rn. 16.

vollstreckungsbeschränkende Verträge pauschal für unzulässig hielt. Die §§ 754 Abs. 1; 802a Abs. 2 Nr. 1; 802b Abs. 2 ZPO zeigen vielmehr, dass auch im Zwangsvollstreckungsrecht Vereinbarungen erlaubt sind. Deshalb ist § 767 ZPO nicht bewusst abschließend. Es liegt eine planwidrige Regelungslücke vor.

Das wirft die Frage nach der vergleichbaren Interessenlage auf. Der vorliegende Vollstreckungsverzicht ähnelt von seiner Rechtsfolge der Verjährungseinrede nach § 214 Abs. 1 BGB. Bei ihr kann der Gläubiger seinen Anspruch nicht mehr mit staatlichen Machtmitteln durchsetzen. Er kann aber nach § 215 BGB unter Umständen aufrechnen. Gesetzt den Fall, der Gläubiger vollstreckt wegen eines verjährten Anspruchs. Dann kann der Schuldner Vollstreckungsabwehrklage erheben. Diese Befugnis muss dem Schuldner erst Recht zustehen, wenn der Gläubiger freiwillig auf die Vollstreckung verzichtet hat. Denn dann ist der Gläubiger noch weniger schutzwürdig. Deshalb liegt eine vergleichbare Interessenlage vor.

Die Voraussetzungen einer Analogie sind gegeben.

Zwischenergebnis: Die Titelgegenklage ist analog § 767 Abs. 1 ZPO statthaft.[14]

Es besteht auch ein Rechtsschutzbedürfnis. Das Rechtsschutzbedürfnis für die Titelgegenklage besteht, sobald der Titel existiert. Denn ab diesem Zeitpunkt stellt er für den Schuldner eine Gefahr dar. Das Rechtsschutzbedürfnis endet, wenn die Zwangsvollstreckung beendet ist. Der Schuldner muss die vollstreckbare Ausfertigung in den Händen halten (§ 757 Abs. 1 ZPO). Im vorliegenden Fall ist das Urteil existent. Die Vollstreckung ist noch nicht beendet. S hat die vollstreckbare Ausfertigung noch nicht. Somit besteht ein Rechtsschutzbedürfnis.

352   Die Titelgegenklage muss auch begründet sein. Die Titelgegenklage ist begründet, wenn der Titel nicht vollstreckbar ist. Der Vollstreckung kann die Vereinbarung entgegenstehen. Vorliegend haben die Parteien eine schriftliche Vereinbarung getroffen. Danach darf G den Titel nicht benutzen. Er darf also mit ihm nicht den Gerichtsvollzieher beauftragen. Der Titel ist deswegen nicht vollstreckbar. Die Titelgegenklage ist begründet. Sie hat Aussicht auf Erfolg.

---

14 So BGH, Urt. v. 11.12.1967 – III ZR 115/67, juris Rn. 13; Ingo Socha: Aus der Praxis: Neues von der prozessualen Gestaltungsklage analog § 767 ZPO, JuS 2008, 794–795 (795); i. E. ebenso: BGH, Urt. v. 02.04.1991 – VI ZR 241/90, juris Rn. 13; OLG Karlsruhe, Beschl. v. 27.05.1998 – 18 WF 44/98, juris Rn. 13; Brandenburgisches OLG, Urt. v. 17.10.2013 – 5 U 48/12, juris Rn. 11.

4.2.3   Vereinbarte zeitliche Vollstreckungsbeschränkung

Das zeitliche Stillhalteabkommen

Klassiker 1: Darlehensraten nach Zahlungstitel

Fall[15]   353

Verbraucher V nimmt bei einer Bank einen Kredit auf. Er unterwirft sich notariell der Zwangs-vollstreckung in sein gesamtes Vermögen. V zahlt 20 Raten nicht. Daraufhin kündigt die Bank das Darlehen. V bekommt Angst vor Zwangsvollstreckungsmaßnahmen. Er zahlt zwölf Raten. Die Bank nimmt sie entgegen. V gelobt, seinen Zahlungspflichten künftig pünktlich nachzu-kommen. Die acht rückständigen Raten wolle er in den kommenden Monaten zahlen. Die Bank verspricht, zunächst keine Zwangsvollstreckungsmaßnahmen einzuleiten. Sie warnt V aber. Er müsse sämtliche noch offenen und künftigen Raten wie versprochen zahlen. Andernfalls werde sie aufgrund sämtlicher aufgelaufener Zahlungsrückstände Zwangsvollstreckungsmaßnahmen einleiten. V erhebt wegen der offenen acht Raten Titelgegenklage.

❓ Ist die Titelgegenklage begründet?

✅ Ja. Die Titelgegenklage ist begründet. Das mag im ersten Moment überraschen. Wieso soll V ein prozessualer Rechtsbehelf zur Verfügung stehen? Immerhin war und ist er verpflichtet, die acht Raten zu zahlen. Auf der anderen Seite hat die Bank auf Zwangsvollstreckungsmaßnahmen verzichtet. Das betraf vor allem die acht derzeit offenen Raten.

Die Parteien können ein konkludentes pactum de non petendo geschlossen haben.[16] Zu Deutsch spricht man von einem Stillhalteabkommen. Das Recht bleibt zwar bestehen. Der Gläubiger soll von ihm aber derzeit prozessual keinen Gebrauch machen. Das Stillhalteabkommen lässt die Forderung bestehen. Insoweit unterscheidet es sich von einem Erlassvertrag. Das Stillhalteabkommen ist auch keine Stundung. Die Stundung ist ein materiellrechtliches Instrument. Sie schiebt die Fälligkeit hinaus.[17] Der Gläubiger darf die Leistung noch nicht fordern. Der Schuldner muss keine Verzugszinsen zahlen.[18] Beim Stillhalteabkommen bleibt er hierzu nach § 288 Abs. 1 BGB verpflichtet.[19] Mit dem Stillhalteabkommen verschaffen die Parteien dem Schuldner lediglich eine prozessuale Einrede.[20]

15 Angelehnt an BGH, Beschl. v. 21.12.2015 – I ZB 107/14, juris Rn. 17.
16 Vgl. LG Bonn, Urt. v. 03.06.2008 – 10 O 400/07, juris Rn. 38.
17 BGHZ 197, 21, Rn. 18.
18 BGH, Urt. v. 24.10.1990 – VIII ZR 305/89, juris Rn. 12.
19 Vgl. zu § 721 ZPO: BGH, Urt. v. 27.06.1953 – VI ZR 235/52 = NJW 1953, 1586.
20 BGH, Beschl. v. 29.01.2014 – XII ZB 303/13, juris Rn. 48.

Das Stillhalteabkommen steht einer Stundung aber sehr nahe. Beide lassen sich in der Praxis kaum abgrenzen.[21] Vorliegend kann der Unterschied dahinstehen.[22] Die Stundung kann der Schuldner über § 767 ZPO einwenden. Beim Stillhalteabkommen gilt die Vorschrift analog.[23]

Im vorliegenden Fall hat die Bank zu verstehen gegeben, dass sie erst einmal nicht vollstrecken wird. Im Gegenzug hat sich V bereiterklärt, nunmehr die Darlehensraten zu zahlen. Damit haben die Parteien ein konkludentes pactum de non petendo geschlossen.[24]

Referendare sollten den besonderen Vollstreckungsabwehrtenor kennen. Er lautet: „Die Zwangsvollstreckung aus der Urkunde des Notars … wird *derzeit* für unzulässig erklärt".

> ❗ Merke: Vollstreckt der Gläubiger entgegen einem Stillhalteversprechen, kann der Schuldner Titelgegenklage erheben.

354   Wann die Bank wieder aus der Urkunde vollstrecken darf, ist Einzelfallfrage. Ausgangspunkt ist, wie V das Stillhalteversprechen der Bank verstehen durfte. Spätestens nach drei in Folge ausgebliebenen Raten darf die Bank üblicherweise die Vereinbarung kündigen.[25] Dann darf sie wieder vollstrecken. Was aber, wenn V erfolgreich Titelgegenklage erhoben hatte? Dann hat das Gericht die Zwangsvollstreckung derzeit für unzulässig erklärt. In diesem Fall muss die Bank neu klagen. Eine Feststellungsklage genügt.

> **Formulierungsvorschlag für den Klageantrag**
> Es wird festgestellt, dass die Zwangsvollstreckung aus der notariellen Urkunde [genaue Bezeichnung] wieder zulässig ist.

Klassiker 2: Mietzahlung nach Räumungstitel

355   **Fall**

V vermietet eine Wohnung an M. M zahlt mehrere Monate seine Miete nicht. Daraufhin kündigt V. Die Kündigungsfrist läuft ab. M zieht nicht aus. V erstreitet ein Räumungsurteil gegen M. Er beauftragt den Gerichtsvollzieher. Anschließend nimmt V drei Monate lang die monatlichen

---

21   Vgl. BGH, Urt. v. 04.07.2013 – III ZR 52/12, juris Rn. 28; OLG Karlsruhe, Beschl. v. 27.05.1998 – 18 WF 44/98, juris Rn. 13; BayVGH, Urt. v. 11.03.2010 – 14 B 08.2025, juris Rn. 24.

22   So in einem vergleichbaren Fall: BGH, Urt. v. 11.12.1967 – III ZR 115/67, juris Rn. 13; zu den Unterschieden: Philipp, RPfleger 2010, 456 (457); Beschl. v. 26.06.2001 – XI ZR 330/00, juris Rn. 9.

23   So BGH, Urt. v. 11.12.1967 – III ZR 115/67 = NJW 1968, 700 u. v. 02.04.1991 – VI ZR 241/90 = NJW 1991, 2295 (2296). Für § 767 direkt: BGH, Urt. v. 27.03.2015 – V ZR 296/13, juris Rn. 16; OLG München, Beschl. v. 08.09.2015 – 34 Wx 237/15, juris Rn. 13; LG Köln, Urt. v. 18.04.1991 – 1 S 489/90, juris Rn. 6.

24   Vgl. Brandenburgisches OLG, Urteil 11.06.2008 – 3 U 211/07, juris Rn. 32.

25   Vgl. OLG Saarbrücken, Urt. v. 21.07.2005 – 8 U 714/04 – 192, 8 U 714/04, juris Rn. 16; KG, Urt. v. 31.03.2008 – 12 U 123/07 = NJOZ 2009, 4525 (4527); Brandenburgisches OLG, Urt. v. 29.09.2010 – 4 U 150/09, juris Rn. 57.

Mietzahlungen von M entgegen. Anschließend zahlt M den größten Teil seines Mietrückstands. 100 Euro sind noch offen. V zieht seinen Räumungsauftrag kommentarlos zurück. M beantragt, die Zwangsvollstreckung für unzulässig zu erklären.

? Hat seine Klage Erfolg?

✓ Ja, die Klage hat Erfolg. Es sind mehrere Einwendungen denkbar. Diese können – je nach Einzelfall – gegeben sein oder nicht.[26] Je nach Einwendung ist die Klage als Vollstreckungsabwehrklage oder Titelgegenklage einzuordnen. In der Regel muss man sich bezüglich der Klageart nicht entscheiden. Im ersten Fall gilt § 767 ZPO direkt, im zweiten analog.

Der Schwerpunkt liegt in der Begründetheit. Der Räumungsanspruch könnte verwirkt sein. Die Verwirkung setzt ein Zeitmoment voraus. Es liegt jedenfalls nach wenigen Monaten noch nicht vor. Der Räumungsanspruch ist daher nicht verwirkt.

Vs Verhalten kann man aber als pactum de non petendo auslegen. Auch ein schlüssiger Erlassvertrag nach § 397 BGB liegt nahe.[27] Ebenso akzeptabel ist, von einem neuen Mietvertrag auszugehen.[28] All diese Möglichkeiten sind in der Klausur zu erörtern. Jede Lösung ist vertretbar. Man muss sie nur begründen.

Nach hiesiger Auffassung liegt ein pactum de non petendo vor. V will nur derzeit nicht vollstrecken. Im Zweifel will V weitervollstrecken, wenn M seiner restlichen Zahlungspflicht nicht nachkommt. Er möchte nicht erneut auf Räumung klagen müssen.

Die Vollstreckungsabwehrklage ist derzeit begründet.

Einfacher ist es, wenn nach einem rechtskräftigen Räumungsurteil der Eigenbedarf des Vermieters wegfällt (§ 573 Abs. 2 Nr. 2 BGB).   356

Beispiel
Der Vermieter wollte die Wohnung für seine Mutter. Er kündigt wegen Eigenbedarf. Den Mieter verklagt er rechtskräftig auf Räumung. Dann stirbt die Mutter. Hier steht dem Mieter eine materielle Einwendung im Sinne des § 767 ZPO zu. Denn der Vermieter würde gegen § 242 BGB verstoßen, wenn er ohne Eigeninteresse räumen würde.[29]

Die gütliche Erledigung durch den Gerichtsvollzieher   357

Klausurrelevanz hat die Zahlungsvereinbarung des Gerichtsvollziehers nach § 802b ZPO. Nach dieser Vorschrift darf sich der Gerichtsvollzieher kraft Gesetzes mit dem Schuldner einigen. Die Absprache muss auf vollstreckungsrechtlichem Gebiet liegen.

---

26 BGH, Urt. v. 29.04.1987 – VIII ZR 258/86, juris Rn. 34.
27 Vgl. BGH, Urt. v. 26.10.2009 – II ZR 222/08, juris Rn. 15.
28 Vgl. OLG Hamm, Rechtsentscheid in Mietsachen vom 01.10.1981 – 4 REMiet 6/81, juris Rn. 9; LG Düsseldorf, Urt. v. 16.02.1979 – 21 S 402/78 = MDR 1979, 496; LG Essen, Urt. v. 02.03.1983 – 1 S 662/82, juris Rn. 15; LG Hamburg, Urt. v. 20.05.1988 – 11 S 384/87, juris Rn. 6; Derleder, WuM 2011, 551 (553).
29 AG Bonn, Beschl. v. 19.02.1991 – 8 C 602/90, juris Rn. 6.

Die Zwangsvollstreckung wegen Geldforderungen erfolgt nämlich aufgrund titulierter Forderungen. Über deren Bestand – das „Ob" der Forderung – sollen Staatsorgane grundsätzlich nicht mehr verhandeln.[30] Der Gerichtsvollzieher ist daher ohne Zustimmung des Gläubigers nicht befugt, die Forderung teilweise zu erlassen. Er darf aber Zahlungsfristen und Raten verabreden. Hier arrangiert er nur, wie der Schuldner die Forderung begleicht.

Beispiel
Der Gläubiger beauftragt den Gerichtsvollzieher, beim Schuldner zu pfänden. Der Schuldner bittet den Gerichtsvollzieher, zu warten. Er erhalte in zwei Monaten Geld. Dann werde er bezahlen. Der Gerichtsvollzieher darf dem nachkommen.[31]

In der Klausur rügt der Gläubiger möglicherweise, er habe dem Gerichtsvollzieher keine Vollmacht für die Vollstreckungsabsprache erteilt. Das muss er auch nicht. Gemäß § 754 Abs. 1 ZPO ist der Gerichtsvollzieher ermächtigt, Zahlungsvereinbarungen zu treffen. Diese Befugnis hat er kraft Gesetzes.

358   Ist der Gläubiger mit einer Vereinbarung nicht einverstanden, muss er unverzüglich widersprechen (§ 802b Abs. 3 ZPO). Er kann auch vorab Zugeständnisse ausschließen.[32] Er muss seinen Willen jedoch ausdrücklich klarstellen. Das ergibt sich aus dem Wortlaut des § 802b Abs. 2 ZPO.

359   Vereinbarungen des Gerichtsvollziehers wirken jedoch nicht materiellrechtlich.[33] Dies kann in verschiedenen Konstellationen klausurrelevant werden.

360   **Konstellation 1**
Der Gläubiger beauftragt den Gerichtsvollzieher, dem Schuldner die Vermögensauskunft abzunehmen. Der Gerichtsvollzieher gewährt dem Schuldner einen Zahlungsaufschub von sechs Monaten. Der Gläubiger ärgert sich hierüber. Er beantragt sofort einen Pfändungs- und Überweisungsbeschluss. Der Schuldner erhebt Vollstreckungsabwehrklage, hilfsweise Titelgegenklage.
    Beide Klagen sind unbegründet. Der Gläubiger darf in Forderungen vollstrecken. Die Vereinbarung des Gerichtsvollziehers wirkt nur im jeweiligen Vollstreckungsabschnitt, also nur gegenüber Gerichtsvollziehern. Das ergibt sich aus der systematischen Stellung des § 802b Abs. 2 Satz 2 ZPO. Er ist in die §§ 802a bis 802l ZPO eingebettet. Diese Normen betreffen allein Befugnisse des Gerichtsvollziehers. Auch eine Erinnerung des Schuldners gegen den Pfändungs- und Überweisungsbeschluss wäre unbegründet.

---

30 AG Heilbronn, Beschl. v. 07.06.2017 – 7 M 3123/17, juris Rn. 11.
31 Vgl. § 91 Abs. 3 GVGA.
32 BAG, Urt. v. 20.09.2017 – 6 AZR 58/16, juris Rn. 17; AG Heidelberg, Beschl. v. 07.07.2017 – 1 M 21/17, juris Rn. 8; AG Augsburg, Beschl. v. 27.09.2017 – 01 M 6275/17, juris Rn. 9; Hergenröder, DGVZ 2013, 145 (146); Salten, MDR 2016, 125 (129); Neugebauer, MDR 2012, 1380 (1381); a. A. AG Heilbronn, Beschl. v. 26.09.2017 – 14 M 6618/17, juris Rn. 2.
33 Mroß, AnwBl 2013, 16 (16).

Abwandlung   361

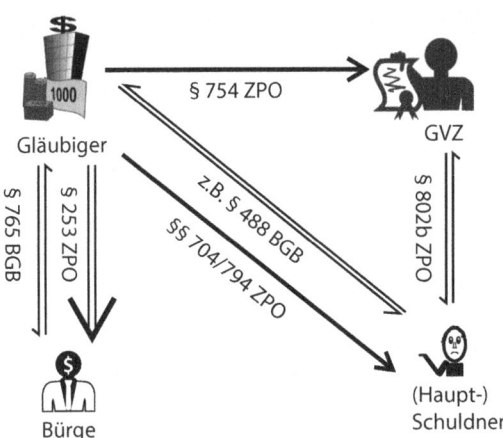

Der Gerichtsvollzieher gewährt dem Schuldner wiederum einen Zahlungsaufschub von sechs Monaten. Der Gläubiger verklagt sodann den Bürgen. Der Bürge kann sich nicht auf die Zahlungsvereinbarung zwischen Schuldner und Gerichtsvollzieher berufen. In der Klausur wird die Zahlungsvereinbarung allerdings nicht der einzige Einwand des Bürgen sein. Sonst wäre der Bearbeiter zu schnell fertig. Die fünf Stunden müssen irgendwie gefüllt werden.

Konstellation 2   362

Der Gerichtsvollzieher spricht mit dem Schuldner. Im Namen des Gläubigers verzichte er auf 50 Prozent der Forderung. Dafür müsse der Schuldner sofort zahlen. Der Schuldner zahlt die 50 Prozent. Das teilt der Gerichtsvollzieher dem Gläubiger mit. Dieser widerspricht erst nach drei Monaten. Der Schuldner erhebt Vollstreckungsabwehrklage.

Die Vollstreckungsabwehrklage ist unbegründet. Die Vereinbarung des Gerichtsvollziehers wirkt nicht für den Gläubiger. Der Gerichtsvollzieher darf aus eigenem Recht nur Vereinbarungen auf dem Gebiet des Vollstreckungsrechts treffen. § 802b ZPO konkretisiert dies auf Zahlungsfristen und Ratenzahlungen. Die vorliegende Vereinbarung betrifft hingegen das materielle Recht. Es handelt sich um einen Änderungsvertrag (§ 311 BGB), einen Vergleich gemäß § 779 BGB oder einen Teilerlass nach § 397 BGB. Als keine dieser drei Auslegungsvarianten ist die Vereinbarung wirksam. Die Abrede würde den Gläubiger nur binden, wenn der Gerichtsvollzieher ihn nach § 164 BGB vertreten hätte. Dies ist der Einstieg in die bekannte BGB-AT-Landschaft. Zunächst ist zu erörtern, ob der Gerichtsvollzieher im Namen des Gläubigers aufgetreten ist (Grundsatz der Offenkundigkeit). Bei sehr großzügiger Auslegung mag man dies noch bejahen. Das wirft die Frage nach der Vertretungsmacht des Gerichtsvollziehers auf. Der Gerichtsvollzieher ist nicht kraft Gesetzes Stellvertreter des Gläubigers.[34] Die §§ 754; 802b ZPO ermächtigen ihn nicht zu materiellrechtlichen Einigungen. Dies sollte der Bearbeiter in der Klausur festhalten. Der Gläubiger hätte dem Gerichtsvollzieher eine Vollmacht nach § 167 BGB erteilen müssen. Eine wirksame Vollmacht wird im Klausurfall aber wohl nicht vorliegen. Der Gläubiger hätte das vollmachtlose Auftreten nach § 177 BGB genehmigen müssen. Das Gegenteil ist der Fall.

---

34 Siehe oben Rn. 16.

4.2.4 Vereinbarte örtliche Vollstreckungsbeschränkungen

363   Wenig praxis- und klausurrelevant sind örtliche Vollstreckungsvereinbarungen. Sie sind wirksam.

Beispiel
Der Gläubiger erklärt sich bereit, nur in ausländisches Vermögen zu vollstrecken. Vollstreckt er gleichwohl in Deutschland, ist die Titelgegenklage statthaft.

4.2.5 Vereinbarte gegenständliche Vollstreckungsvereinbarungen

364   Zulässig sind auch gegenständliche Vollstreckungsbeschränkungen.

Beispiel 1
Gläubiger und Schuldner stellen klar, dass der Gläubiger in das gesamte Vermögen des Schuldners vollstrecken darf. Ausgenommen sein soll aber das Grundstück des Schuldners.

Beispiel 2
Der Gläubiger verpflichtet sich, zuerst in bewegliche Sachen zu vollstrecken. Nur falls deren Versteigerungserlös nicht ausreicht, darf er Forderungen pfänden. Erst wenn das immer noch nicht zum vollen Erfolg führt, darf er in Immobilien vollstrecken.

Auch bei gegenständlichen Vollstreckungsvereinbarungen ist nach dem BGH die Titelgegenklage der richtige Rechtsbehelf.[35] In ihrem Tenor muss das Gericht den unzulässigen Vollstreckungsgegenstand beziehungsweise die gebotene Vollstreckungsreihenfolge nennen.[36]

Beispiel
„Die Vollstreckung in das Grundstück des Schuldners wird für unzulässig erklärt.“

4.3 Klage gegen notarielle Urkunden

> **Map 4.1**

365   Ein weiteres Anwendungsfeld der Titelgegenklage sind notarielle Urkunden. Das Gesetz beschreibt sie knapp in § 794 Abs. 1 Nr. 5 ZPO. Dort ist die Rede von Urkunden, die von einem deutschen Notar aufgenommen sind. Der Schuldner muss sich ihn ihr der sofortigen Zwangsvollstreckung unterwerfen.

---

35 BGH, Beschl. v. 18.05.2017 – VII ZB 38/16, juris Rn. 42.
36 BGH, Beschl. v. 18.05.2017 – VII ZB 38/16, juris Rn. 45.

In der Praxis läuft dies üblicherweise wie folgt ab: Gläubiger ist typischerweise eine   366
Bank oder ein Grundstücksverkäufer. Jedenfalls geht es um viel Geld. Der Gläubiger
will sichergehen, dass er sein Geld erhält. Er hat Angst, der Schuldner zahle nicht zügig.
Er weiß, dass er sich das Geld nicht selbst holen darf. Dies dürfen nur die staatlichen
Vollstreckungsorgane wie der Gerichtsvollzieher. Diese benötigen aber nach § 750 ZPO
einen Vollstreckungstitel. Der Gläubiger hat jedoch keine Lust, erst ein Urteil zu erstreiten. Das dauert ihm zu lange. Außerdem findet er Prozesse zu riskant. Deswegen lässt er
den Schuldner wählen. Entweder gehen beide zum Notar. Dort verzichtet der Schuldner
auf ein Erkenntnisverfahren. Er erlaubt dem Gläubiger, auch ohne ein solches einen
Gerichtsvollzieher zu beauftragen. Oder der Gläubiger verzichtet – nämlich auf einen
Vertrag mit dem Schuldner. Der Schuldner erhält also kein Geld von der Bank oder
nicht das gewünschte Grundstück.

Auf den ersten Blick mag dies ungerecht erscheinen. Denn der Schuldner befindet sich in einer gewissen Zwangslage. Auf der anderen Seite hat der Gläubiger
vorgeleistet. Außerdem kurbelt diese Methode die Wirtschaft an. Denn Großgläu-
bigern fällt es leichter, Geld und Güter abzugeben. Hiervon profitiert letztlich der
Schuldner.

Ob im Klausurfall ein Titel gemäß § 794 Abs. 1 Nr. 5 ZPO vorliegt, erkennt der Be-   367
arbeiter an der Formulierung. Zunächst taucht im Sachverhalt das Wort „Notar" auf.
Außerdem muss die Rede davon sein, dass sich der Schuldner der sofortigen Zwangsvollstreckung unterwirft.

🛑 **Merke: Die notarielle Urkunde ist kein Vertrag. Vielmehr handelt es sich um eine
einseitige Prozesshandlung des Vollstreckungsschuldners.**

Die notarielle Urkunde ist ein Vollstreckungstitel. Der Gläubiger erhält ihn leichter und   368
schneller als ein Urteil.[37] Gleichwohl muss auch der notariellen Urkunde ein materieller
Anspruch zugrunde liegen. Andernfalls kann der Schuldner gemäß § 767 i. V. m. § 795
ZPO Vollstreckungsabwehrklage erheben. Ohne materiellen Anspruch hängt die Unterwerfungserklärung im luftleeren Raum. Die Situation ähnelt einer Übereignung, der
kein schuldrechtlicher Vertrag zugrunde liegt. Es fehlt etwas Wesentliches.

Zuweilen leidet die notarielle Unterwerfungserklärung selbst an einem Fehler. Dann
kann der Schuldner sie beseitigen lassen.

Beispiel
Der Schuldner war beim Notar geschäftsunfähig. Statthafter Rechtsbehelf ist die Titelgegenklage analog § 767 ZPO.

Klausurtipp

Handelt es sich bei dem Titel um eine notarielle Urkunde, sollte der Klausurbearbeiter immer an die Titelgegenklage analog § 767 ZPO denken.

---

37 Zur Vollstreckung im anderen EU-Mitgliedstaat: Deutsches Notarinstitut, DNotI-Report 2007,
    S. 121–128.

4.4 Zulässigkeitsvoraussetzungen

369   Den einschlägigen Anwendungsfall der Titelgegenklage sollte der Klausurbearbeiter im Rahmen ihrer Statthaftigkeit erörtern. Die weiteren Zulässigkeitsvoraussetzungen der Titelgegenklage decken sich mit denen der Vollstreckungsabwehrklage. Insbesondere ist in beiden Fällen das erstinstanzliche Erkenntnisgericht zuständig. Grob ausgedrückt: Wer das Urteil verbockt hat, soll es auch aufheben.

Wendet sich der Schuldner gegen eine notarielle Urkunde, gilt § 797 Abs. 5 ZPO analog.

4.5 Objektive Klagehäufung

❯ Map 2.2

370   Der Schuldner darf sich nach bisheriger Rechtsprechung gleichzeitig gegen den Titel selbst und den diesem zugrunde liegenden Anspruch wehren. Dann erhebt er sowohl Vollstreckungsabwehrklage als auch Titelgegenklage. Das kommt häufig vor. Nach dem BGH handelt sich um zwei verschiedene Streitgegenstände.[38] Beide Klagen darf der Schuldner bislang nach § 260 ZPO verbinden.[39] Faktisch handelt es sich um eine einheitliche Klage. Sie basiert nur auf unterschiedlichen Klagegründen im Sinne von § 253 Abs. 2 Nr. 2 ZPO.[40] Der Fachbegriff lautet alternative Klagehäufung.

371   Es bleibt abzuwarten, ob der BGH an seiner Rechtsprechung festhält. Im Markenrecht hat er eine alternative Klagehäufung nämlich für unzulässig gehalten. Sie verstoße gegen das Bestimmtheitsgebot aus § 253 Abs. 2 Nr. 2 ZPO. Der Kläger müsse eine Reihenfolge klarstellen, in der das Gericht die Anspruchsgründe prüfen soll.[41]

372   Der Referendar sollte in der Anwaltsklausur sicherheitshalber eine Haupt- und eine Hilfsbegründung liefern.

> **Formulierungsvorschlag für die Klagebegründung**
> Die Zwangsvollstreckung ist schon unzulässig, weil der Kläger erfüllt hat. Sollte das Gericht dieser Auffassung nicht folgen, ist sie jedenfalls wegen Unwirksamkeit des Titels unzulässig.

373   In der Urteilsklausur ist bei der Kombination von Vollstreckungsabwehr- und Titelgegenklage nur ein Urteil zu fertigen. Beide Zulässigkeitsprüfungen sind zu trennen. Verweise nach oben sind erlaubt. In der Begründetheit trennt man zwischen Einwendungen gegen den Anspruch und Einwendungen gegen den Titel.

---

38 BGHZ 124, 164, juris Rn. 30.
39 BGHZ 118, 229, juris Rn. 22; BGH, Urt. v. 18.11.2003 – XI ZR 332/02, juris Rn. 13; BAGE 126, 161, juris Rn. 16.
40 Hessischer Verwaltungsgerichtshof, Urt. v. 20.03.2012 – 7 A 2490/10, juris Rn. 38.
41 BGHZ 189, 56, Rn. 9; i. d. S. auch BGH, Urt. v. 25.04.2013 – IX ZR 62/12 = NJW 2013, 2429 (2430).

4.6 Begründetheit der Titelgegenklage

4.6.1 Allgemeines

Die Titelgegenklage ist begründet, wenn der Titel nicht vollstreckbar ist.[42] Beim unbe-   374
stimmten Urteil kann der Kandidat sich knapp fassen. Bei notariellen Urkunden muss
die Begründetheitsprüfung regelmäßig ausführlicher ausfallen.

4.6.2 Einzelheiten zu notariellen Urkunden

 Map 4.1

Verfahren

Notare sind regelmäßig Volljuristen, also Menschen mit zweitem Staatsexamen.[43] Sie   375
sind beliehene Selbstständige. In manchen Gerichtsbezirken dürfen Rechtsanwälte die
Aufgaben eines Notars wahrnehmen.[44]

Studenten kennen den Notar aus dem Grundstücksrecht. Nach § 311b Abs. 1 Satz 1
BGB bedarf ein Grundstückskaufvertrag der notariellen Beurkundung. Der Notar soll
Verkäufer und Käufer warnen. Genauso ist es bei der notariellen Urkunde. Sie ist gefährlich. Immerhin verzichtet der Schuldner auf ein Erkenntnisverfahren. Kein Richter
wird sich von Amts wegen seinen Fall anschauen. Das soll der Notar ihm erklären.

Über die Beurkundung erstellt der Notar ein Schriftstück. Der Notar liest es dem
Vollstreckungsschuldner vor. Dieser unterschreibt es.[45] Es bleibt beim Notar (§ 797
Abs. 2 Satz 1 ZPO). Die Einzelheiten sind im Beurkundungsgesetz geregelt. Es ist kaum
klausurrelevant.

Stellvertretung

Der Schuldner muss sich nicht höchstpersönlich unterwerfen. Er darf sich vertreten   376
lassen. Das erlaubt der Wortlaut des § 794 Abs. 1 Nr. 5 ZPO. Von „höchstpersönlich" ist
dort keine Rede – anders als etwa in § 2064 BGB. In der Praxis lässt der Vollstreckungsschuldner sich zuweilen von einem Angestellten des Notars vertreten. Das ist grenz-
wertig, aber erlaubt.[46]

Besonders krass sind Fälle, in denen eine Bank Notarkosten sparen will. Sie gewährt dem Schuldner ein Immobiliendarlehen. Dafür bestellt dieser ihr eine Grund-

---

42 BGHZ 124, 164, juris Rn. 29; BGH, Urt. v. 15.12.2003 – II ZR 358/01, juris Rn. 20. Oft missverstanden:
    BGH Urt. v. 15.12.2003 – II ZR 358/01, juris Rn. *24*: „Wirksamkeit des Vollstreckungstitels." Dies ist
    nur eine der Fallgruppen.
43 § 5 BNotO i. V. m. § 5 Abs. 1 DRiG.
44 Vgl. §§ 3 Abs. 2; 42 Abs. 2; 97 Abs. 5 BNotO.
45 § 13 Abs. 1 BeurkG.
46 BGH, Urt. v. 26.11.2002 – XI ZR 10/00, juris Rn. 22; Beschl. v. 10.04.2008 – V ZB 114/07, juris Rn. 7.

schuld. Die Bank verzichtet auf die Unterwerfungserklärung. Stattdessen lässt sie sich eine unwiderrufliche Vollmacht erteilen. Der Schuldner muss ihr erlauben, ihn jederzeit in seinem Namen der sofortigen Zwangsvollstreckung zu unterwerfen. Überdies lässt die Bank sich vom Verbot des Selbstkontrahierens analog § 181 BGB befreien. Das verstößt in AGB gegen § 307 BGB. Individualvertraglich ist es allerdings erlaubt.

377   Die Unterwerfungsvollmacht muss nicht notariell beurkundet werden.[47] Denn es handelt sich um eine Prozessvollmacht. Für sie verlangt § 80 ZPO lediglich die Schriftform. Ein auf privatschriftlicher Vollmacht basierender entstandener Titel nutzt dem Gläubiger aber nichts. Denn vor der Zwangsvollstreckung muss der Gläubiger die Vollmacht dem Schuldner zustellen lassen. Dies ergibt sich aus § 750 Abs. 2 ZPO analog.[48] Aus Schuldnerschutzgründen muss die Vollmacht analog § 726 ZPO notariell beglaubigter Form erteilt sein.[49] Eine privatschriftliche Vollmacht genügt nicht. § 129 Abs. 1 BGB verlangt für die öffentliche Beglaubigung, dass ein Notar prüft, ob die Unterschrift des Vollmachtgebers echt ist. Die Vollmacht ähnelt insoweit einer Bedingung im Sinne von § 726 Abs. 1 BGB. Der Schuldner muss prüfen können, ob die Zwangsvollstreckung gegen ihn rechtmäßig ist. Immerhin kann die Vollmacht gefälscht sein. In diesem Fall kann der Schuldner Erinnerung nach § 766 Abs. 1 ZPO einlegen.[50] Es fehlt an den allgemeinen Voraussetzungen der Zwangsvollstreckung, Titel – Klausel – Zustellung.

378   Möglicherweise fehlt in der Klausur die Vollmacht für eine Unterwerfungserklärung. Oder sie liegt vor und ist unwirksam. In reinen BGB-Klausuren mag man nun eine Anscheins- oder Duldungsvollmacht prüfen. Diese Rechtsscheinvollmachten kennt die ZPO aber nicht.[51] Vielmehr sind ihre §§ 80 ff. leges speciales für die Prozessvollmacht.

Eine unwirksame Vertretung kann der Schuldner aber genehmigen.[52] Die dogmatische Grundlage ist § 89 Abs. 2, 2. Alternative ZPO.[53] In der Klausur kann ein Schreiben des Schuldners auszulegen sein: Ist es als Genehmigung zu verstehen? Maßgeblich ist der Empfängerhorizont. Denn es handelt sich um eine Prozesserklärung. Und Prozesserklärungen sind empfangsbedürftig.

Eine Genehmigung setzt voraus, dass der Schuldner die Unwirksamkeit kennt. Zumindest muss er mit ihr rechnen.[54] Daran fehlt es, wenn er sich irrig an die Unterwerfungserklärung gebunden hält. In diesem Fall genehmigt er nichts.

379   Der Schuldner kann nach § 89 Abs. 2 ZPO theoretisch formfrei genehmigen. Die Ausführungen zur Zustellung der Vollmacht gelten für die Genehmigung aber entsprechend. Die telefonische Genehmigung bringt dem Gläubiger nichts. Analog §§ 726 Abs. 1; 750

---

47   BGH, Urt. v. 18.11.2003 – XI ZR 332/02 = NJW 2004, 844.
48   BGH, Beschl. v. 21.09.2006 – V ZB 76/06, juris Rn. 10.
49   BGH, Beschl. v. 17.04.2008 – V ZB 146/07 Rn. 9 mit zustimmender Anm. Wolf-Dietrich Walker, LMK 2008, 264809.
50   Dazu auch unten.
51   BGH, Urt. v. 18.11.2003 – XI ZR 332/02, juris Rn. 26; Urt. v. 22.05.2007 – XI ZR 338/05, juris Rn. 13.
52   OLG Braunschweig, Beschl. v. 12.03.2013 – 2 W 14/13, juris Rn. 4 m. w. N.
53   BGH, Urt. v. 29.10.2003 – IV ZR 122/02, juris Rn. 24 u. v. 18.11.2003 – XI ZR 332/02, juris Rn. 18; a. A.: § 185 Abs. 2 BGB analog.
54   BGHZ 154, 283, juris Rn. 15; BGH, Urt. v. 16.09.2003 – XI ZR 74/02, juris Rn. 25; Urt. v. 02.12.2003 – XI ZR 428/02, juris Rn. 27.

Abs. 2 ZPO muss er dem Schuldner eine öffentliche oder zumindest öffentlich beglaubigte Urkunde über die Genehmigung zustellen lassen. Andernfalls darf er nicht vollstrecken. Die Zustellung soll den Schuldner in die Lage versetzen, die Voraussetzungen der Zwangsvollstreckung zu prüfen. Er benötigt den gleichen Kenntnisstand wie der Notar, der die Klausel erteilt hat.

Extremformen

Wie erwähnt, muss der Darlehensnehmer oft ein abstraktes Schuldanerkenntnis abgeben. Das verlangt die Bank. Andernfalls vergibt sie keinen Kredit. Ungünstig für die Bank ist, dass das abstrakte Schuldanerkenntnis zwei korrespondierende Willenserklärungen erfordert. Denn es handelt sich um einen Vertrag. Die Bankmitarbeiter haben aber nicht die Zeit, ständig zum Notar zu gehen. Ähnlich ist es bei Unternehmen, die ständig in großem Umfang Grundstücke oder Gesellschaftsanteile vertreiben. Deshalb lassen sich viele Banken und Unternehmen vor dem Notar vertreten. Wie oben ausgeführt, ist auch der Schuldner nicht immer in Person bei der Beurkundung anwesend. Folglich ist von den Parteien niemand mehr persönlich beim Notar. Teilweise lassen sich beide durch Mitarbeiter des Notars vertreten. Mehrere Angestellte hiermit zu beschäftigen ist wiederum für den Notar umständlich. Vielleicht haben außer einer Angestellten gerade alle Urlaub. Deswegen verzichten beide Parteien zuweilen noch auf das Verbot des Insichgeschäfts nach § 181 BGB. Das ist möglich. § 181 BGB enthält nämlich den Passus: „soweit nicht ein anderes ihm gestattet ist". Der Notar belehrt dann seine Angestellte über den Vertrag.

380

Man kann daran zweifeln, ob sich diese ganzen Verzichte noch mit dem Schutzzweck der notariellen Beurkundung vertragen. So haben sich bereits viele Käufer von Grundstücken und Gesellschaftsanteilen über den Tisch gezogen gefühlt. Allerdings sind die genannten Beschränkungen grundsätzlich mit dem Gesetz vereinbar. Die Vollmacht ist ebenso erlaubt wie das abstrakte Schuldanerkenntnis. Auch die sofortige Unterwerfungserklärung ist im Gesetz verankert.[55] Nur die Legislative kann solch grenzwertigen Geschäften einen Riegel vorschieben. Derzeit ist der Kunde gefragt. Wer sich in Höhe von hunderttausenden Euro verschuldet, sollte sich sorgfältig informieren, was er unterschreibt.

381

Vollstreckungsobjekt

▶ Map 4.2

Der Vollstreckungsschuldner entscheidet selbst, für welchen Teil seines Vermögens er auf eine richterliche Prüfung verzichtet. Er kann sich hinsichtlich seines gesamten Vermögens der sofortigen Zwangsvollstreckung unterwerfen. Er darf das Vollstreckungsobjekt aber auch beschränken.

382

Beispiel

Der Schuldner erlaubt dem Gläubiger, in sein Grundstück zu vollstrecken. Will der Gläubiger auf das restliche Vermögen zugreifen, muss er den Schuldner verklagen.

---

55   Vgl. § 799a Satz 2 ZPO.

Der Schuldner darf zum Vollstreckungsgegenstand auch schweigen. Dann hängt es vom titulierten Anspruch ab, in was der Gläubiger vollstrecken kann. Lautet der Anspruch auf Zahlung, kann der Gläubiger in das gesamte Vermögen des Schuldners vollstrecken.

Abtretung

383

Fall

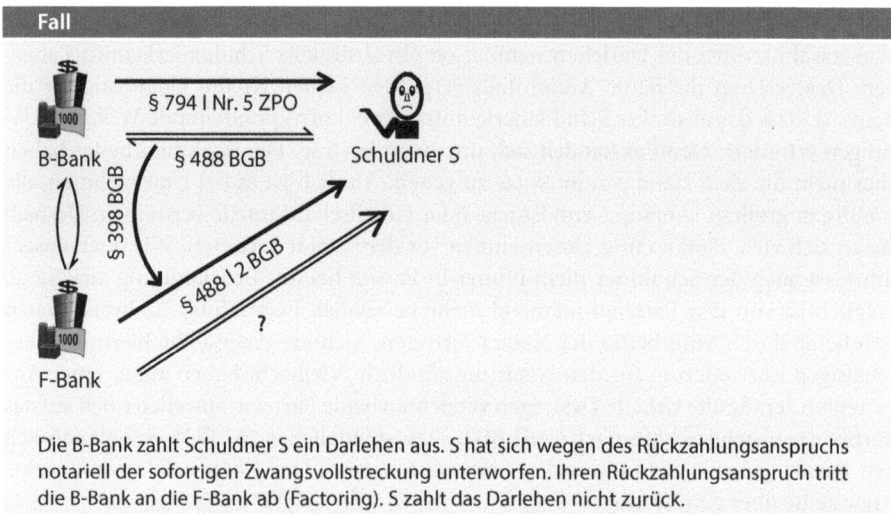

Die B-Bank zahlt Schuldner S ein Darlehen aus. S hat sich wegen des Rückzahlungsanspruchs notariell der sofortigen Zwangsvollstreckung unterworfen. Ihren Rückzahlungsanspruch tritt die B-Bank an die F-Bank ab (Factoring). S zahlt das Darlehen nicht zurück.

? Muss die F-Bank Schuldner S verklagen, um an das Geld zu kommen?

✓ Das kommt darauf an. Die F-Bank muss S nicht unbedingt verklagen. Eine normale Zahlungsklage wäre unzulässig. Ihr würde das Rechtsschutzbedürfnis fehlen. F steht nämlich ein einfacherer Weg zur Verfügung.

F kann aber auch nicht sofort den Gerichtsvollzieher beauftragen. Vielmehr muss sie sich den Titel auf sich umschreiben lassen, § 795 i. V. m. § 727 Abs. 1 ZPO.[56] Hierfür muss sie sich die Abtretung öffentlich beglaubigen lassen. Sodann kann die F-Bank aus dem Titel vollstrecken.[57]

Ohne öffentliche Beglaubigung muss die F-Bank eine sogenannte Klauselerteilungsklage erheben, § 795 i. V. m. § 731 ZPO.[58] Dort kann F die Abtretung mit Zeugen oder privat ausgefüllten Bankformularen beweisen. Das zuständige Gericht bestimmt sich nach § 797 Abs. 5 ZPO.

---

56 Vgl. auch § 799 ZPO.
57 BGHZ 185, 133 Rn. 22.
58 Zur Klauselerteilungsklage im Detail unten Rn. 1066.

- **Klageantrag**

Referendare sollten den Klageantrag kennen:

> **Klageantrag**
> Die Vollstreckungsklausel zur Urkunde des Notars Notarname, Urkundenrolle, Datum ist für den Kläger gegen den Beklagten zu erteilen.

🛈 **Merke: Eine notarielle Unterwerfungserklärung wirkt nicht automatisch für den neuen Gläubiger. Er kann sie aber auf sich umschreiben lassen.**

- **Schadensersatz**

Der Gesetzgeber hat alles bedacht: Vielleicht vollstreckt der neue Gläubiger materiell zu Unrecht. Dann muss er dem Schuldner nach § 799a ZPO unter Umständen Schadensersatz leisten. § 799a ZPO setzt kein Verschulden voraus.[59] Wohl aber muss die Zwangsvollstreckung für unzulässig erklärt worden sein. Die Klausurrelevanz der Vorschrift ist gering.   384

Konkretisierungsgebot

▶ **Map 4.2**

Der Notar muss den Anspruch hinreichend konkret nennen, wegen dem sich der Schuldner unterwirft.[60] Das folgt bereits aus dem Wortlaut des § 794 Abs. 1 Nr. 5 ZPO. Danach muss der Schuldner sich wegen des zu bezeichnenden Anspruchs unterwerfen.   385

Zu unbestimmt ist etwa die Formulierung „wegen aller in dieser Urkunde genannten Ansprüche". Erst recht unwirksam ist die Klausel „wegen aller Ansprüche des Gläubigers gegen den Schuldner."

Richtig ist hingegen, in der Urkunde auf einen bestimmten Darlehensrückzahlungsanspruch oder ein konkretes abstraktes Schuldversprechen Bezug zu nehmen.[61]

Ist der Anspruch nicht hinreichend konkretisiert, hat die Titelgegenklage Erfolg.[62]

Gegenstand des Anspruchs

Unterwerfen darf der Schuldner sich prinzipiell wegen jedes Anspruchs.   386

Klassiker sind der Anspruch auf Kaufpreiszahlung und das abstrakte Schuldanerkenntnis. Ebenso häufig unterwirft sich der Schuldner wegen des Anspruchs auf Duldung der Zwangsvollstreckung aus einer Grundschuld gemäß §§ 1147; 1192 Abs. 1 BGB.[63] Man spricht von dinglicher Unterwerfung.[64] Sie muss regelmäßig *nicht* ins

---

59 BGH, Urt. v. 30.03.2010 – XI ZR 200/09 = BKR 2010, 241 (245).
60 BGH, Beschl. v. 05.09.2012 – VII ZB 55/11, juris Rn. 14.
61 Zu Verweisungsmöglichkeiten siehe §§ 9; 13a BeurkG.
62 BGH, Urt. v. 19.12.2014 – V ZR 82/13, juris Rn. 7.
63 Weitere Beispiele: RGZ 132, 6 (8); BGH, Urt. v. 25.06.1981 – III ZR 179/79, juris Rn. 13.
64 Formulierungsbeispiel oben Rn. 183.
65 Zu § 800 ZPO siehe unten Rn. 1095.

Grundbuch eingetragen werden. Denn das Grundbuch soll Dritte informieren. Die Unterwerfung bindet jedoch grundsätzlich nur den Unterwerfenden.[65] Sie geht niemanden außer Gläubiger und Schuldner etwas an.

387   Bei Immobilienkrediten unterwerfen sich die Darlehensnehmer regelmäßig in derselben Urkunde sowohl wegen des abstrakten Schuldanerkenntnisses als auch wegen der Grundschuld. Der Gläubiger darf die Schuldsumme freilich nur einmal beitreiben, ob aus Grundschuld oder selbstständigem Schuldversprechen. Denn dann ist der Titel verbraucht.[66]

388   Die Unterwerfung darf nicht auf Abgabe einer Willenserklärung gerichtet sein. Hier ist § 894 ZPO abschließend.

Des Weiteren darf gemäß § 794 Abs. 1 Nr. 5 ZPO die Unterwerfung nicht den Bestand eines Mietverhältnisses über Wohnraum betreffen.

389   Betrifft die Unterwerfung eine Geldleistung, muss sie beziffert sein. Der Betrag der Unterwerfung darf den materiellen Anspruch übersteigen. Hinsichtlich des überschießenden Teils hat aber eine Vollstreckungsabwehrklage des Schuldners Erfolg.[67]

Beispiel

Das Darlehen valutiert auf 80.000 Euro. Der Schuldner unterwirft sich in Höhe von 100.000 Euro wegen des Darlehens der sofortigen Zwangsvollstreckung. Er kann in Höhe von 20.000 Euro die Zwangsvollstreckung aus der Urkunde für unzulässig erklären lassen.

Bestimmtheit der Unterwerfung

390   Die Unterwerfungserklärung muss hinreichend bestimmt sein. Das oben behandelte Konkretisierungsgebot und das Bestimmtheitsgebot unterscheiden sich. Das Konkretisierungsgebot betrifft das Tatbestandsmerkmal „Anspruch" in § 794 Abs. 1 Nr. 5 ZPO. Das Bestimmtheitsgebot bezieht sich auf das Tatbestandsmerkmal „der Zwangsvollstreckung unterworfen". Das Bestimmtheitsgebot ergibt sich aus der Parallele zum Urteil. Dort muss der Richter genau erläutern, was der Verlierer machen muss.[68] In der notariellen Urkunde muss der Schuldner definieren, was welcher Gläubiger machen darf. Gerichtsvollzieher und Rechtspfleger sollen insbesondere leicht erkennen können, wie hoch die Vollstreckungsforderung ist. Hintergrund ist das Prinzip der Formalisierung.

Das Bestimmtheitserfordernis enthält zwei Unterpunkte: Bestimmtheit des Anspruchs und Bestimmtheit des Gläubigers.

Bestimmtheit des Anspruchs

391   Die notarielle Urkunde muss die Höhe der Unterwerfung genau angeben. Es genügt nicht, wenn der Notar auf externe Dokumente verweist.[69] Er muss sie an die notarielle Urkunde heften. Der Gerichtsvollzieher könnte sonst nicht erkennen, in welcher Höhe er pfänden soll (vgl. § 803 Abs. 1 Satz 2 ZPO). Ist die Unterwerfungserklärung zu unbestimmt, dringt der Schuldner wiederum mit seiner Titelgegenklage durch.

---

66 Näher zum Titelverbrauch unten Rn. 783.
67 BGH, Urt. v. 06.03.1996 – VIII ZR 212/94 = NJW 1996, 2165 (2166); Urt. v. 16.04.1997 – VIII ZR 239/96 = NJW 1997, 2887 (2888).
68 Siehe bereits oben Rn. 338.
69 BGHZ 165, 223, juris Rn. 25; BGH, Urt. v. 06.11.1985 – IVb ZR 73/84, juris Rn. 14.

Bei Zinsen muss deren Prozentsatz genannt sein. Sie dürfen den Darlehenszins in   392
den Grenzen des § 138 Abs. 1 BGB übersteigen.

Beispiele

Typisch und erlaubt: Darlehenszins: 1,8 Prozent, Zinsen auf die Grundschuld: 18 Prozent.
Unzulässig demgegenüber regelmäßig: Darlehenszins: 1,8 Prozent, Zinsen auf die Grundschuld: 48 Prozent.[70]

Streiten kann man sich, ob die Formulierung: „ab Darlehensauszahlung" den Zinsbeginn bestimmt genug bezeichnet. Dafür spricht, dass auch künftige Ansprüche unterwerfungsfähig sind. Der Notar kann den Zinsbeginn auf der Klausel vermerken (§ 797 Abs. 2 ZPO). Dagegen spricht, dass auch künftige Ansprüche nur unterwerfungsfähig sind, wenn sie hinreichend bestimmt sind. Das Klauselerteilungsverfahren bezweckt nicht, unbestimmten Titeln einen vollstreckungsfähigen Inhalt zu geben. Der Streit sollte klausurtaktisch entschieden werden.

Um die Grundschuld näher zu bezeichnen, darf der Schuldner auf den Grundbuch-   393
inhalt verweisen. Vielleicht ist die Grundschuld noch nicht eingetragen. Dann darf er sogar auf den künftigen Grundbuchinhalt verweisen. Auch Verweise auf den Lebenshaltungsindex und den Basiszins sind erlaubt.[71] Hierfür spricht die Prozessökonomie. Grundsätzlich sind Verweise auf außerurkundliche Faktoren aber zu unbestimmt.

Bestimmtheit des Gläubigers

Auch der Vollstreckungsgläubiger muss aus der Urkunde eindeutig hervorgehen. Das Problem stellt sich vor allem in komplizierten Grenzfällen.

Fall   394

Der im Handelsregister eingetragene Kaufmann E hat ein Grundstück. Er bestellt sich selbst eine Eigentümergrundschuld (§ 1196 BGB).[72] Er hat vor, sie einer Bank zu übertragen. In derselben notariellen Urkunde übernimmt E „dem Abtretungsnehmer gegenüber die persönliche Haftung" wegen eines Betrags von 500.000 Euro. Außerdem unterwirft er sich „dem Grundschuld-Abtretungsnehmer gegenüber" wegen der persönlichen Haftungsübernahme der sofortigen Zwangsvollstreckung in sein gesamtes Vermögen. E teilt der Bank B mit, dass er für sein Geschäft 500.000 Euro benötigt. Er legt ihr das Original der notariellen Urkunde vor. Die Bank fertigt sich eine Kopie. Das Original gibt sie E zurück. E erklärt, die Grundschuld könne als Sicherheit für das Darlehen dienen. Anschließend unterschreiben E und der Bankprokurist in Höhe von 500.000 Euro einen Darlehensvertrag. E überträgt die Grundschuld durch schriftlichen Vertrag mit dem Bankprokuristen und unter Übergabe des Grundschuldbriefs an die Bank B. Die Bank beantragt beim nach § 797 Abs. 2 ZPO zuständigen Notar, ihr eine vollstreckbare Ausfertigung der Urkunde zu erteilen.

? Frage 1: Darf der Notar die vollstreckbare Ausfertigung erteilen?   395

---

70 Schleswig-Holsteinisches OLG, Beschl. v. 05.09.2012 – 2 W 19/12, juris Rn. 20.
71 So OLG München, Beschl. v. 16.05.2011 – 34 Wx 71/11, juris Rn. 6 zur vergleichbaren Problematik im Grundbuchrecht.
72 Form: § 29 GBO.

✅ Der Notar darf die vollstreckbare Ausfertigung nicht erteilen. Er ist gemäß § 797 Abs. 2 ZPO zwar das zuständige Klauselerteilungsorgan. Gemäß § 750 Abs. 1 i. V. m. § 795 ZPO muss jedoch der Vollstreckungsgläubiger in der notariellen Urkunde namentlich bezeichnet sein. Daran fehlt es. Anders wäre es nur bei einer Rechtsnachfolge. Sie würde aber voraussetzen, dass die Urkunde zumindest den ersten Gläubiger namentlich nennt. Das ergibt sich aus dem Wortlaut der §§ 795; 727 Abs. 1 ZPO. In § 727 Abs. 1 ZPO ist die Rede vom in dem Urteil bezeichneten Gläubiger. An einer solchen hinreichenden Bezeichnung fehlt es hier. Dass E in der Urkunde an anderer Stelle namentlich genannt ist, ist irrelevant. Denn E war kein Gläubiger. Zu Beginn ging seine Unterwerfungserklärung ins Leere. E konnte nicht gegen sich selbst einen Titel erstellen. Das wollte er auch nicht.

Dass der Gläubiger nachträglich feststeht, genügt ebenfalls nicht. Das Problem ist allerdings höchstrichterlich noch nicht geklärt.[73]

396 ❓ Frage 2: Angenommen, der Notar erteilt die vollstreckbare Ausfertigung. Welche Rechtsbehelfe stehen E zur Verfügung?

✅ Nach dem BGH steht dem Schuldner nur die Klauselerinnerung nach § 732 ZPO zur Verfügung. Die Titelgegenklage analog § 767 ZPO sei nicht statthaft.[74] Die Titelgegenklage sei nur bei einem zu unbestimmten Anspruch möglich.[75] Dies wahlweise neben der Klauselerinnerung. Bei einem zu unbestimmten Gläubiger sei die Klauselerinnerung abschließend.

Leider nennt der BGH kein Argument. Für seine Sichtweise kann man den Wortlaut des § 794 Abs. 1 Nr. 5 ZPO anführen. Dieser verlangt, dass die notarielle Urkunde den Anspruch bezeichnet. Andernfalls stellt sie keinen Vollstreckungstitel dar. Entsprechendes verlangt § 794 Abs. 1 Nr. 5 ZPO bezüglich des Gläubigers nicht.

Klausurtipp

Die Klauselerinnerung nach § 732 ZPO ist wenig klausurrelevant. Gleichwohl sollte man wissen, dass sie existiert. Dadurch kann man andere Rechtsbehelfe von ihr abgrenzen.

397 ❓ Frage 3: Angenommen, der Notar verweigert die vollstreckbare Ausfertigung. Bank B verklagt Eigentümer E auf Rückzahlung von 500.000 Euro. E behauptet, die Bank habe ihm die Darlehenssumme nie ausgezahlt. Wer muss die Auszahlung beweisen?

✅ Wer die Beweislast trägt, bestimmt sich nach materiellem Recht. Beim Darlehensvertrag muss der Kreditgeber beweisen, dass er das Geld ausgezahlt hat. Beim abstrakten Schuldanerkenntnis trägt hingegen der Anerkennende die Beweislast.[76]

Fraglich ist, ob zwischen E als Verpflichtetem und der Bank ein abstraktes Schuldanerkenntnis gemäß §§ 780; 781 BGB zustande gekommen ist. Ein abstraktes

---

73 Vgl. BGH, Beschl. v. 12.12.2007 – VII ZB 108/06, juris Rn. 16; BGH, Beschl. v. 24.11.2011 – VII ZB 12/11, juris Rn. 13.
74 BGHZ 185, 133, Rn. 18; BGH, Urt. v. 05.12.2003 – V ZR 341/02, juris Rn. 9.
75 Siehe oben Rn. 391.
76 Siehe oben Rn. 179.

Schuldanerkenntnis ist ein Vertrag. Ein Vertrag erfordert zwei korrespondierende Willenserklärungen.

E könnte eine Willenserklärung auf Abschluss eines abstrakten Schuldaner- 398 kenntnisses abgegeben haben. Eine empfangsbedürftige Willenserklärung gibt der Erklärende ab, indem er sie in Richtung auf den Empfänger auf den Weg bringt.[77]

Vor dem Notar hat E erklärt, er übernehme „dem Abtretungsnehmer gegenüber die persönliche Haftung". Der Notar war nicht Abtretungsnehmer. Deshalb war er nicht Empfänger des Vertragsangebots. Vielmehr hat E erklärt, er wolle gegenüber einer noch zu bestimmenden Person eine Schuld abstrakt anerkennen. Damit hat E sein Angebot auf Abschluss eines abstrakten Schuldanerkenntnisses zunächst nicht in Richtung auf den Empfänger auf den Weg gebracht. Deshalb hat E vor dem Notar kein Angebot im Sinne von § 130 Abs. 1 BGB abgegeben. Vor dem Notar ist deswegen noch kein abstraktes Schuldanerkenntnis nach §§ 780; 781 BGB zustande gekommen.

Gegenüber der Bank hat E zu keinem Zeitpunkt ausdrücklich ein Angebot auf Abschluss eines abstrakten Schuldanerkenntnisses gemacht. Er hat lediglich eine Kopie der notariellen Urkunde vorgelegt. Die geschlossenen Verträge betrafen Darlehen und Grundschuld. Über das abstrakte Schuldanerkenntnis haben die Parteien nicht gesprochen.

Fraglich ist, ob E der B ein konkludentes Angebot auf Abschluss eines abstrakten 399 Schuldanerkenntnisses unterbreitet hat. Ein Kaufmann kann im Rahmen eines Handelsgeschäfts ein abstraktes Schuldversprechen gemäß § 350 HGB konkludent anbieten. E war zumindest gemäß § 2 HGB Kaufmann. Das abstrakte Schuldaner- kenntnis betraf im Sinne von § 343 HGB ein Geschäftsdarlehen. Somit liegen die Voraussetzungen des § 350 HGB vor.

Empfangsbedürftige Willenserklärungen sind gemäß §§ 133; 157 BGB nach dem Empfängerhorizont auszulegen. Möglicherweise durfte die Bank das Gesamtverhalten des E so verstehen, dass er ihr alle in der notariellen Urkunde enthaltenen Rechte einräumen möchte. Er hat der Bank die Grundschuldbestel- lungsurkunde vorgelegt. Damit wollte er zeigen, welche Sicherheit er für das Darlehen bieten kann. Anschließend schlossen die Parteien den Darlehensvertrag. Die Grundschuldbestellungsurkunde enthielt die Formulierung, E übernehme „dem Abtretungsnehmer gegenüber die persönliche Haftung". Abtretungsnehmer war die B. E hat nämlich gegenüber dem gemäß § 49 Abs. 1 HGB vertretungsberechtigten Bankprokuristen die Grundschuld an die B übertragen. Die Übertragung war gemäß §§ 398; 413; 1192 Abs. 1; 1154 BGB wirksam.

Die Bank wollte ersichtlich maximal gesichert sein. Wenn E ihr nur teilweise die in der Urkunde enthaltenen Rechte hätte übertragen wollen, hätte er sich deutlicher ausdrücken müssen. Vielmehr durfte die Bank das Gesamtverhalten des E so verstehen, dass er ihr alle in der notariellen Urkunde enthaltenen Rechte einräumen möchte. Dazu gehörte auch das abstrakte Schuldanerkenntnis.

Es enthielt die essentialia negotii. Insbesondere war der Vertragspartner des Angebots hinreichend bestimmt. Er ergab sich aus der schriftlichen Abtretungs- erklärung und der Übergabe des Grundschuldbriefs an den Prokuristen. Insofern

---

77 BGHZ 65, 13, juris Rn. 10; BGH, Urt. v. 18.12.2002 – IV ZR 39/02, juris Rn. 7.

unterscheidet sich die Rechtslage von der in Frage 1 erörterten zwangsvollstreckungsrechtlichen. Der Grundsatz der Formalisierung gilt im materiellen Recht nicht.

E hat also der Bank B konkludent ein Angebot auf Abschluss eines abstrakten Schuldanerkenntnisses unterbreitet.

400   Die Bank B muss das Angebot angenommen haben. Annahme meint, dem Angebot vorbehaltslos zuzustimmen. B hat eine vollstreckbare Ausfertigung beantragt. Spätestens damit hat sie zu verstehen gegeben, mit dem Gesamtangebot des M einverstanden zu sein. Sie hat es konkludent angenommen.[78]

Somit liegen zwei korrespondierende Willenserklärungen vor. Zwischen E und B ist ein abstraktes Schuldanerkenntnis zustande gekommen.[79] Die Beweislast für die fehlende Auszahlung des Darlehens trägt folglich E.

Klausurtipp

Der vorliegende Fall ist sicherlich kein Klausurklassiker. Trotzdem zeigt er das Verhältnis von materiellem Recht zu Prozessrecht. Er kann so oder leicht abgewandelt Gegenstand einer Klausur sein.

Unanfechtbarkeit

401   **Fall**

Darlehensnehmer S unterwirft sich der sofortigen Zwangsvollstreckung. Eine Woche später wird er misstrauisch. Er begibt sich zu seinem Rechtsanwalt. Dieser klärt ihn über die Rechtslage auf. S jammert: „Was ich da vor dem Notar unterschrieben habe, habe ich nicht verstanden. Ich dachte, ich unterzeichne nur einen Darlehensvertrag. Mir war nicht klar, dass ich auf ein Erkenntnisverfahren verzichte. Andernfalls hätte ich die Unterwerfungserklärung nicht abgegeben."

? Kann S die Unterwerfungserklärung nach § 119 BGB wegen Inhalts- oder Eigenschaftsirrtums anfechten?

✓ Nein. Es handelt sich um eine Prozesshandlung. Sie ist nicht anfechtbar.

! Merke: Die Vollstreckungsunterwerfung ist unwiderruflich. Sie ist sogar unanfechtbar. Dafür spricht die Rechtssicherheit. Außerdem sieht die ZPO insoweit keine Anfechtungsregeln vor.

---

78 I. d. S. BGH, Urt. v. 12.10.1999 – XI ZR 24/99, juris Rn. 14.
79 Vergleichbar: BGH, Urt. v. 21.01.1976 – VIII ZR 148/74, juris Rn. 15; BGH, Urt. v. 18.10.1990 – IX ZR 258/89, juris Rn. 17.

Kein Zustimmungserfordernis bei Ehegatten

Fall   402

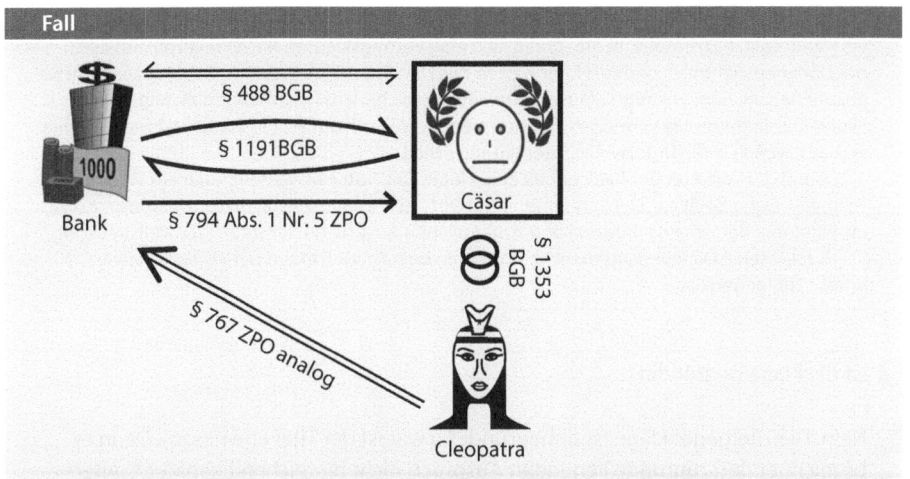

Cäsar nimmt ein Darlehen auf. Er möchte sich eine Motoryacht kaufen. Als Sicherheit gewährt er der Bank eine Grundschuld an seinem Hausgrundstück. Beim Grundstück handelt es sich um das wesentliche Familienvermögen. Cäsar unterwirft sich der Zwangsvollstreckung in sein gesamtes Vermögen. Seine Ehefrau Cleopatra weiß von alldem nichts. Als er es ihr beichtet, wird sie wütend. Sie hält die notarielle Unterwerfungserklärung nach §§ 1365; 1367 BGB für unwirksam. Cäsar und Cleopatra erheben zusammen Titelgegenklage.

? Ist die Titelgegenklage begründet?

✓ Nein. Die Titelgegenklage ist begründet, wenn der Titel unwirksam ist. Die Unterwerfungserklärung ist jedoch wirksam. Die §§ 1365; 1367 BGB gelten nicht für Prozesserklärungen.[80]

Dolo-Agit

❯ Map 4.3

Sehr klausurrelevant ist der Dolo-agit-Einwand.

❗ Merke: Nicht zu verwechseln ist der Dolo-Agit-Einwand des Gläubigers mit dem oben behandelten Dolo-Agit-Einwand des Schuldners.[81] Hier geht es um die Frage, ob eine unwirksame notarielle Urkunde als wirksam behandelt werden kann. Es geht um die Titelgegenklage. Dort ging es hingegen darum, ob der Gläubiger die titulierte Leistung sofort wieder zurückgeben müsste. Es handelte sich um den materiellen Einwand des Schuldners in der Begründetheit seiner Vollstreckungsabwehrklage.

---

80 BGH, Beschl. v. 29.05.2008 – V ZB 6/08, juris Rn. 13. Zu § 1365 BGB siehe näher unten Rn. 521.
81 Siehe oben Rn. 231.

403

Bank B schließt mit Schuldner S in ihrer Filiale einen schriftlichen Darlehensvertrag. Dazu verwendet sie ihr Formular. In ihm findet sich eine Vertragsklausel. Nach ihr verpflichtet sich der Darlehensnehmer, vor dem Notar wegen des Darlehens ein abstraktes Schuldanerkenntnis abzugeben. In einer weiteren Klausel verpflichtet er sich, sich der sofortigen Zwangsvollstreckung in sein gesamtes Vermögen zu unterwerfen. Weiter heißt es, die Bank zahlt das Darlehen erst aus, wenn sie die Unterwerfungserklärung erhält.

S und der Vertreter der Bank gehen zum Notar. Der Notar verwendet noch ein altes Formular. Darin heißt es, „Der Schuldner unterwirft sich wegen aller in dieser Urkunde enthaltenen, der Zwangsvollstreckung zugänglichen Ansprüche der sofortigen Vollstreckung."

S zahlt seine Darlehensraten nicht. Daraufhin beauftragt B einen Gerichtsvollzieher. S erhebt Titelgegenklage.

? Ist die Klage begründet?

✓ Nein. Die Titelgegenklage ist unbegründet. Zwar ist der Titel unwirksam. Denn er bezeichnet den zugrunde liegenden Anspruch nicht hinreichend konkret.[82] Allerdings ist es S nach § 242 BGB verwehrt, sich auf die Unwirksamkeit des Titels zu berufen. Nach dem Darlehensvertrag müsste er nämlich sogleich erneut eine korrekte notarielle Unterwerfungserklärung abgeben. Das wäre ein unnötiger Umweg (dolo agit qui petit, quod statim redditurus est).[83] Außerdem darf der Schuldner keine Vorteile daraus ziehen, dass er eine Pflicht nicht erfüllt hat.

Dies ist der Klausureinstieg. Nun muss der Bearbeiter umfassend den Darlehensvertrag prüfen. Denn nur wenn der Darlehensvertrag wirksam ist, greift der Einwand aus § 242 BGB. Ab jetzt befindet der Bearbeiter sich wieder auf gewohntem Territorium.

404   Der Schuldner mag einwenden, der Darlehensvertrag sei formunwirksam. Das stimmt meist nicht. Ein Darlehen bedarf prinzipiell nicht der notariellen Beurkundung. Dies gilt auch, wenn der Schuldner im Darlehensvertrag verspricht, sich notariell der sofortigen Zwangsvollstreckung zu unterwerfen.[84] Grob falsch wäre es, § 311b BGB analog anzuwenden. Allerdings gilt bei Verbraucherdarlehen die qualifizierte Schriftform des § 492 BGB. Diese muss eingehalten sein, damit der Dolo-Agit-Einwand greift.

405   Der Schuldner wird eventuell weiter vorbringen, die Unterwerfungsverpflichtung habe ihn überrascht. Dies ist ein Wink mit dem Zaunpfahl. Der Bearbeiter soll § 305c

---

82 Siehe oben Rn. 385.

83 BGH, Urt. v. 22.10.2003 – IV ZR 33/03, Rn. 16, Urt. v. 27.09.2005 – XI ZR 79/04, Rn. 34; Urt. v. 22.05.2007 – XI ZR 338/05, Rn. 14.

84 Deutsches Notarinstitut, Gutachten, DNotI-Report 1999, S. 9–11 (S. 9).

Abs. 1 BGB prüfen. Danach werden Bestimmungen in AGB nicht Vertragsbestandteil, wenn sie ungewöhnlich sind. Maßgeblich ist, ob der Vertragspartner mit ihnen zu rechnen hatte. Der Schuldner muss im Darlehensvertrag mit einer Unterwerfungspflicht rechnen. Das war schon immer so, lautet das BGH-Argument.[85] Freilich kleidet der BGH dies in vornehmere Worte. In der Klausur darf man auf die jahrzehntelange Bankenpraxis verweisen. Der Verbraucher muss sie nach Meinung des BGH kennen. Trotz dieser zweifelhaften Begründung hat der BGH im Ergebnis Recht. Die Bank will sich maximal absichern. Das versteht ein durchschnittlicher Verbraucher. Es überrascht ihn nicht. Vielmehr ist in aller Munde, dass Banken typischerweise jegliches gesetzliche Schlupfloch nutzen.

Die Unterwerfungspflicht verstößt auch nicht gegen § 307 Abs. 1 BGB.[86] Der Schuldner wird nicht unangemessen benachteiligt. Ohne die AGB-Klausel müsste die Bank zwar ein Urteil erstreiten. Die ZPO stellt in § 794 Abs. 1 Nr. 5 ZPO jedoch notarielle Urkunden einem Urteil gleich. Eine notarielle Unterwerfung ist für den Schuldner nicht zwingend schlechter. Immerhin belehrt der Notar ihn umfassend.[87] Jeder säumige Schuldner muss in Kauf nehmen, dass sein Gläubiger vollstreckt. Das kann er normalerweise vermeiden, indem er vertragstreu zahlt. Vollstreckt der Gläubiger gleichwohl, kann der Schuldner Vollstreckungsabwehrklage erheben. Wie ausgeführt, ändert die notarielle Unterwerfung auch nicht die Beweislast.[88] Die Unterwerfungspflicht verletzt damit nicht § 309 Nr. 12 BGB.   406

> ⓘ **Merke:** Gedanklich muss man in der Begründetheit der Titelgegenklage bei einer notariellen Urkunde regelmäßig zwei Fragen stellen. Erstens: Ist die notarielle Unterwerfungserklärung wirksam? Falls nein: Ist der Schuldner materiellrechtlich verpflichtet, eine wirksame Unterwerfungserklärung abzugeben? Hier ist der schuldrechtliche Vertrag inzident zu prüfen.

Verjährung

Notarielle Urkunden erwachsen nicht in Rechtskraft. Gleichwohl verjähren Ansprüche aus notariellen Urkunden nach § 197 Abs. 1 Nr. 4 BGB erst in 30 Jahren. Insoweit gleicht die Verjährungsfrist der für rechtskräftige Urteile aus § 197 Abs. 1 Nr. 3 BGB.   407

Eine denkbare Klausurkonstellation betrifft die Gegenleistung.

Fall   408

V verkauft K ein Hausgrundstück. Der Kaufpreis beträgt 500.000 Euro. K unterwirft sich in der notariellen Kaufvertragsurkunde wegen des Kaufpreises der sofortigen Zwangsvollstreckung in sein gesamtes Vermögen. V übergibt und übereignet das Grundstück nicht. K zahlt den Kaufpreis nicht. Zehn Jahre später verklagt K den V auf Übereignung und Übergabe. V beruft sich auf Verjährung.

---

85 BGH, Urt. v. 26.11.2002 – XI ZR 10/00, juris Rn. 22; BGH, Urt. v. 22.10.2003 – IV ZR 33/03, juris Rn. 18.
86 BGHZ 99, 274, juris Rn. 24; 177, 345, Rn. 32; BGH, Urt. v. 09.07.1991 – XI ZR 72/90, juris Rn. 29; Urt. v. 22.11.2005 – XI ZR 226/04, juris Rn. 11.
87 § 17 BeurkG.
88 Siehe oben Rn. 176.

⚹ Zu Recht? Hinweis: Es ist ohne Überleitungsvorschriften das aktuelle Recht zugrunde zu legen.

✅ Es sind verschiedene Lösungen vertretbar. Eine eindeutige Antwort gibt es nicht.

Man kann argumentieren, dass nur K sich der sofortigen Zwangsvollstreckung unterworfen hat. Folglich gelte auch nur für ihn § 197 Abs. 1 Nr. 4 BGB. Für den Anspruch gegen V bleibe es bei § 195 BGB. Es sei wie bei einem Urteil. Wer nicht klagt, hat Pech. Diese Lösung ist gesetzesnah.

Andererseits lässt sich auf die Waffengleichheit abstellen. In den Kaufvertrag vermag man eine konkludente Verjährungsverlängerungsabrede hineinzulesen. Sie ist nach § 202 Abs. 2 BGB erlaubt. Hätte man die Beteiligten bei Vertragsabschluss gefragt, hätten sie sicherlich identische Verjährungsfristen gewollt. Immerhin stehen die Ansprüche im Gegenseitigkeitsverhältnis. Diese Lösung entspricht eher dem Parteiwillen.

4.6.3 REF Beweislast

409   Die Beweislastregeln der Vollstreckungsabwehrklage gelten für die Titelgegenklage entsprechend. Maßgeblich ist, wem die streitige Tatsache zum Vorteil gereicht. Der Gläubiger muss beweisen, dass der Titel wirksam entstanden ist. Denn er profitiert von ihm.

Beispiel

Der Notarangestellte unterwirft den Schuldner der sofortigen Zwangsvollstreckung. Der Schuldner erhebt Titelgegenklage. Er behauptet, er habe den Notarangestellten nicht wirksam bevollmächtigt. Jetzt ist der Gläubiger am Zug. Er muss beweisen, dass der Schuldner den Notarangestellten bevollmächtigt hat.

> **Klausurtipp**
>
> Bei einer Titelgegenklage sollte sich der Klausurbearbeiter die prozessuale Einkleidung des Falls wegdenken. Dann findet er heraus, wer die Beweislast trägt.

4.6.4 Kein § 767 Abs. 2 ZPO

410   Einen Fehler gilt es, zu vermeiden. Man darf bei der Titelgegenklage nicht § 767 Abs. 2 ZPO analog anwenden. Die Vorschrift gilt dort nicht analog.[89] Einwände gegen die Wirksamkeit des Titels können also nicht präkludiert sein.

Beispiel

Der Kläger stellt im Erkenntnisverfahren einen zu unbestimmten Klageantrag. Er beantragt: „Der Beklagte wird verurteilt, den Stuhl herauszugeben." Er beschreibt nicht näher, um welchen Stuhl es sich handelt. Der Beklagte rügt die Unbestimmtheit nicht. Das

---

89 BGHZ 124, 164, Rn. 31.

Gericht gibt der Klage gleichwohl statt. Der Beklagte erhebt Titelgegenklage. Erstmals trägt er vor, das Urteil sei zu unbestimmt. Der frühere Kläger verteidigt sich. Er meint, der Beklagte hätte den Einwand bereits im Erkenntnisverfahren vorbringen können. Immerhin hätte der Beklagte anhand des Klageantrags erkennen können, wie das Gericht tenorieren wird. Die Rüge der Unbestimmtheit ist jedoch nicht nach § 767 Abs. 2 ZPO verspätet. § 767 Abs. 2 ZPO präkludiert nur Umstände, die in der früheren mündlichen Verhandlung bereits existierten. Seinerzeit existierte der Titel aber noch nicht.

Beim zu unbestimmten Vergleich gilt dieser Gesichtspunkt entsprechend.

❗ **Merke:** § 767 Abs. 2 ZPO gilt für die Titelgegenklage nicht analog.

4.6.5 § 767 Abs. 3 ZPO?

Zweifelhaft ist, ob § 767 Abs. 3 ZPO für die Titelgegenklage entsprechend heranzuziehen ist. Das Problem ist im Wesentlichen ein Scheinproblem. Es ist nur in den seltensten Fällen relevant.

> **Ausgangsfall**   411
>
> Der Schuldner erhebt Vollstreckungsabwehrklage. Er behauptet, er habe erfüllt. Das Gericht weist die Vollstreckungsabwehrklage rechtskräftig ab. Dann erhebt der Schuldner gegen dieselbe notarielle Urkunde Titelgegenklage. Er trägt vor, ein Vertreter habe ihn unterworfen. Hierfür habe er dem Vertreter niemals eine Vollmacht erteilt. Der Gläubiger meint, diesen Einwand hätte der Schuldner bereits zur Zeit seiner Vollstreckungsabwehrklage vortragen können.

❓ Ist die Titelgegenklage begründet?

✅ Ja, die Titelgegenklage ist begründet. Einerseits könnte man meinen, die Konzentrationsmaxime des § 767 Abs. 3 ZPO ergebe auch bei der Titelgegenklage Sinn. Der Schuldner solle die Vollstreckung nicht durch immer neue Einwendungen hinauszögern können. Auf der anderen Seite soll § 767 Abs. 3 ZPO die Rechtskraft des ersten Vollstreckungsabwehrurteils schützen. Nach obiger Meinung des BGH haben Vollstreckungsabwehr- und Titelgegenklage unterschiedliche Streitgegenstände. Deshalb gilt § 767 Abs. 3 ZPO nicht im Verhältnis der beiden Klagen zueinander. Der Unwirksamkeitseinwand ist somit nicht präkludiert.[90]

> **Abwandlung**   412
>
> Die erste Klage war eine Titelgegenklage. Der Schuldner stützte sie auf die fehlende Bestimmtheit des Titels. Die zweite Titelgegenklage stützt er wiederum auf die fehlende Vollmacht zur Unterwerfung.

---

90 Vgl. BGHZ 124, 164, juris Rn. 33; BGH, Urt. v. 28.05.1991 – IX ZR 181/90, juris Rn. 18.

❓ Ist die zweite Titelgegenklage begründet?

✓ Nein. Die zweite Titelgegenklage ist schon unzulässig. Die Rechtskraft des ersten Titelgegenurteils steht entgegen. In Rechtskraft erwächst nämlich die Entscheidung über die Vollstreckbarkeit des Titels. Das Gericht muss die Wirksamkeit umfassend prüfen. Die angeblich fehlende Vollmacht ist kein neuer Sachverhalt, sondern nur ein neues Argument. Das Gericht hat sie bereits geprüft.

4.7 **REF Streitwert**

413   Der Streitwert der Titelgegenklage entspricht dem der Vollstreckungsabwehrklage. Bei Zahlungstiteln ist von der titulierten Höhe auszugehen. Zuweilen trägt der Schuldner vor, der Gläubiger vollstrecke nur noch wegen eines Restbetrags. Dann ist dieser Wert maßgebend.[91]

414   Fraglich ist der Streitwert, wenn der Schuldner Vollstreckungsabwehr- und Titelgegenklage in objektiver Klagehäufung erhebt. Der Streitwert richtet sich nach dem wirtschaftlichen Interesse des Schuldners. Er will nur den Titel beseitigen. Mit welcher Begründung, ist ihm egal. Deshalb haben Titelgegenklage und Vollstreckungsabwehrklage einen Gesamtstreitwert.[92] Es sind nicht etwa nach § 5 ZPO i. V. m. § 48 Abs. 1 GKG beide Werte zu addieren. Ist der Wert der Titelgegenklage ausnahmsweise höher als der der Vollstreckungsabwehrklage, gilt nur der höhere Wert. Man kann § 45 Abs. 1 Satz 3 GKG analog heranziehen.

4.8 **REF Tenor der Titelgegenklage**

415   Der Tenor der Titelgegenklage gleicht dem der Vollstreckungsabwehrklage:

> Die Zwangsvollstreckung aus der Urkunde des Notars Name, Urkundenrolle, Datum wird für unzulässig erklärt.[93]

Auch hinsichtlich Kosten und vorläufiger Vollstreckbarkeit gelten die Ausführungen zur Vollstreckungsabwehrklage entsprechend.

416   Eine Konstellation mag Klausurbearbeiter ins Schwitzen bringen. Der Schuldner erhebt Vollstreckungsabwehrklage und Titelgegenklage in objektiver Klagehäufung (alternative Klagebegründung). Nur mit einem der beiden Klagegründe hat er Erfolg. Ist die Klage teilweise abzuweisen? Wenn ja, wirkt sich dies auf die Kosten aus? Muss man im Tenor klarstellen, welcher Klagegrund abgewiesen wurde? Immerhin gleichen sich

---

91   Brandenburgisches OLG, Urt. v. 04.08.2004 – 4 U 17/04, juris Rn. 36.
92   OLG Zweibrücken, Urt. v. 30.10.2008 – 4 U 41/08, juris Rn. 43; Brandenburgisches OLG, Urt. v. 13.01.2016 – 4 U 155/14, juris Rn. 82.
93   BGH, Urt. v. 19.12.2014 – V ZR 82/13, Rn. 7.

die Tenöre beider Klagegründe. Und wäre es nicht widersprüchlich, dem Klageantrag vollumfänglich stattzugeben, gleichzeitig aber die Klage im Übrigen abzuweisen?

Es empfiehlt sich, die objektive Klagehäufung mit der bisherigen Rechtsprechung für zulässig zu halten. Im Hauptsachetenor sollte man die Zwangsvollstreckung aus dem Titel für unzulässig erklären. Die Klage ist *nicht* im Übrigen abzuweisen.[94] Denn der Kläger hat mit seinem Antrag Erfolg. In den Entscheidungsgründen sollte man die unterlassene Abweisung aber unbedingt erläutern. Ansonsten glaubt der Korrektor womöglich, man habe das Problem übersehen. Keinesfalls darf man dahinstehen lassen, welcher der beiden Klagegründe Erfolg hat. Es muss klar sein, über welchen Teil der Richter materiell rechtskräftig entschieden hat.[95]

Die Kosten des Rechtsstreits sind allein dem Beklagten aufzuerlegen. Denn der Kläger gewinnt streitwertmäßig voll.[96]

4.9 Herausgabe des Titels

Bei der erfolgreichen Titelgegenklage darf der Schuldner die vollstreckbare Ausfertigung herausverlangen. Es gilt wiederum § 371 BGB analog.[97]   417

> **Abschließender Klausurtipp**
>
> Wenn man ehrlich ist, ist die Analogie zu § 767 ZPO nicht wirklich durchdacht. Vieles ist ungeklärt. Manches lässt sich nicht dogmatisch sauber begründen. Es passt einfach nicht. In der Klausur sollte man sich an die Ausführungen in diesem Kapitel halten.

---

94 Kittner, JA 2010, 811 (812 f.); vgl. auch BGHZ 13, 145, juris Rn. 20.
95 OLG Hamm, Urt. v. 05.03.1992 – 2 U 17/91 = NJW-RR 1992, 1279.
96 Siehe vorstehende Ausführungen Rn. 414.
97 BGH, Urt. v. 19.12.2014 – V ZR 82/13, juris Rn. 26; siehe zu diesem Antrag bereits oben Rn. 291.

Die Drittwiderspruchsklage

© Springer-Verlag GmbH Deutschland, ein Teil von Springer Nature 2020
M. Duchstein, *Zwangsvollstreckungsrecht*, Springer-Lehrbuch,
https://doi.org/10.1007/978-3-662-59444-5_5

5.1 Konstellation

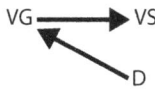

Bei der Drittwiderspruchsklage besteht folgende Situation: Der Vollstreckungsgläubiger   418
hat einen Titel gegen den Vollstreckungsschuldner. Der Vollstreckungsgläubiger pfändet einen Gegenstand. Der Gegenstand gehört einem Dritten. Der Dritte verklagt den
Gläubiger. Er möchte seinen Gegenstand zurück.
   Eines ist klar: Der Gläubiger hat nicht die Befugnis, Gegenstände eines Dritten zu
verwerten. Sein Anspruch richtet sich gegen den Schuldner. Trotzdem muss der Dritte
seine Rechte im richtigen Verfahren geltend machen. Hierfür stellt das Gesetz ihm die
Drittwiderspruchsklage zur Verfügung. Sie ist Konsequenz der Formalisierung der
Zwangsvollstreckung. Nach diesem Grundsatz muss der Gerichtsvollzieher alle Sa-
chen pfänden, die sich im Gewahrsam des Schuldner befinden (§§ 803; 808 ZPO).
Immer wieder behaupten Schuldner, eine Sache gehöre ihnen nicht. Das kann stimmen oder falsch sein. Der Gerichtsvollzieher hat weder die Zeit noch die Mittel, den
Behauptungen nachzugehen. Vielmehr muss der vermeintlich Berechtigte vor Gericht
ziehen. Er muss den Gläubiger nach § 771 ZPO verklagen. Ein Richter soll prüfen, wer
Eigentümer ist.
   § 771 ZPO spricht von einem „die Veräußerung hindernden Recht." Streng genommen ist diese Formulierung missverständlich. Nicht einmal ein Eigentümer
kann andere vollständig hindern, seine Sache zu veräußern. Er kann sein Recht
durch gutgläubigen Erwerb verlieren. § 771 ZPO meint etwas anderes. Der Schuldner würde ein Recht des Dritten verletzen, wenn er den Pfändungsgegenstand veräußert.[1]

Klausurtipp

In der Drittwiderspruchsklage tauchen im Sachverhalt mindestens drei Personen
auf. Es empfiehlt sich, ein Schaubild zu zeichnen. Dabei kann man wie folgt
vorgehen: Man überfliegt den Sachverhalt. Dabei zählt man, wie viele Personen
auftauchen. Dann nimmt man sich einen Bleistift und einen leeren Zettel. Man
zeichnet jede Person in eine Ecke einer gedachten Form. Drei Beteiligte skizziert
man als Dreieck, vier als Viereck, fünf als Fünfeck, usw. In benachbarte Ecken
zeichnet man Personen, die viel miteinander zu tun haben. Dann erst liest man
den Sachverhalt genauer. Nun lassen sich die Personen mit Strichen, Pfeilen und
Bögen verbinden.

---

1   BGHZ 55, 20, Rn. 45.

5.2 Klausurrelevanz

419   Die Drittwiderspruchsklage ist die zweithäufigste Zwangsvollstreckungsklage in der Klausur. Im ersten Examen ist sie verbreiteter als im zweiten.[2] Oft kleidet der Klausurersteller materiellrechtliche Fragen in das Gewand der Drittwiderspruchsklage.[3] Dies erleichtert, Noten zu differenzieren. Wer nur die materiellrechtlichen Fragen richtig löst, ist ein durchschnittlicher Kandidat. Abheben kann sich, wer darüber hinaus mit prozessualem Wissen glänzt.

5.3 Rechtsnatur

420   Die Drittwiderspruchsklage ist wie die Vollstreckungsabwehrklage eine Gestaltungsklage. Das Urteil wird nach §§ 775 Nr. 1; 776 ZPO vollzogen. Das bedeutet, der Gerichtsvollzieher darf beispielsweise den gepfändeten Gegenstand nicht versteigern. Er muss das Pfandsiegel entfernen.

5.4 Hintergrund: Der Eigentumserwerb durch Zwangsversteigerung beweglicher Sachen

421   Die Drittwiderspruchsklage ist die letzte Chance des Eigentümers, seine Sache zu retten. Andernfalls erwirbt der Ersteher sie kraft Hoheitsakts.[4] Die Versteigerung gepfändeter Sachen unterscheidet sich von der Trierer Weinversteigerung. Dort hat ein Auktionator versteigert, hier der Gerichtsvollzieher.

🛈 **Merke: Versteigert der Gerichtsvollzieher gepfändete Sachen, gilt** *nicht* **§ 929 BGB.**

422   Der Eigentumserwerb richtet sich nach den §§ 814 ff. ZPO. Er hat folgende Voraussetzungen:

🛈 **Prüfungsschema Eigentumserwerb durch Versteigerung**
1. Ursprünglich wirksame Verstrickung
2. Verstrickung nicht aufgehoben
3. Bekanntgabe des Versteigerungstermins (streitig)
4. Öffentliche Versteigerung
5. Wirksames Gebot
6. Zuschlag
7. Barzahlung/Befreiung von der Barzahlungspflicht
8. Ablieferung

Diese Punkte werden sogleich näher an Fällen konkretisiert.

---

2   Beispiele bei: Wittschier, JuS 2009, 841; Graja, JA 2013, 525; Kieß, JA 2018, 613; VG Hamburg, Urt. v. 23.12.2014 – 2 K 1285/11, juris Rn. 54; VGH Baden-Württemberg, Urt. v. 10.03.2015 – 9 S 2309/13, juris Rn. 27; VG Gelsenkirchen, Urt. v. 01.02.2006 – 4 K 3029/05, juris Rn. 4; VG München, Urt. v. 08.04.1997 – M 5 K 95.542, juris Rn. 7.
3   Beispiel: Thomale, JuS 2012, 728.
4   Zur Verwertung von Wertpapieren wie Lotterielosen, ausländischen Währungen, Eintrittskarten und Gutscheinen siehe hingegen §§ 821 bis 823 ZPO.

> **Map 5.1**

Selbstverständlich kann Gegenstand der Drittwiderspruchsklage nicht nur eine beweg-   423
liche Sache sein. Auch an unbeweglichen Sachen, Forderungen und sonstigen Gegenständen kann ein „die Veräußerung hinderndes Recht" bestehen. Details werden im
Abschnitt zur Begründetheit der Drittwiderspruchsklage beschrieben. Am klausurrelevantesten sind aber Rechte an beweglichen Sachen.[5] In der Regel sind im Sachverhalt
mindestens vier Personen beteiligt.

Ausgangsfall   424

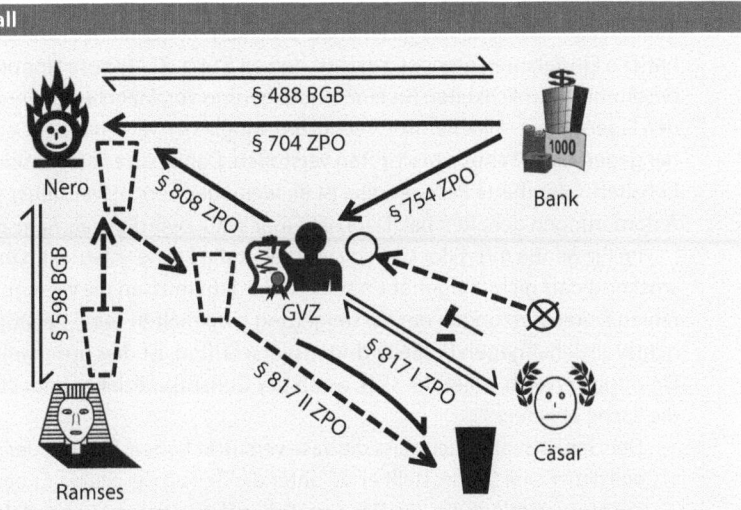

Nero nimmt bei der Bank einen Kredit auf. Er zahlt ihn nicht zurück. Daraufhin erwirkt die Bank ein
Zahlungsurteil gegen ihn. Mit dem Urteil beauftragt sie den Gerichtsvollzieher, bei Nero
bewegliche Sachen zu pfänden. Der Gerichtsvollzieher findet bei Nero eine Vase. Er klebt ein
Pfandsiegel drauf. Die Vase ist 500 Euro wert. Die Vase hatte Nero für eine Feier von Ramses
geliehen. Dies teilt Nero dem Gerichtsvollzieher mit. Der Gerichtsvollzieher bestimmt einen
Monat im Voraus einen Versteigerungstermin im Rathaus. Diesen gibt er mit einem Foto der Vase
in der Lokalzeitung bekannt. Der Gerichtsvollzieher holt die Vase kurz vor dem Termin ab.
Anschließend versteigert er sie öffentlich im Rathaus. Bei der Versteigerung sitzt Ramses im
Zuschauerraum. Er schreit: „Die Vase gehört mir." Bei der Versteigerung bietet Cäsar mit. Er weiß
nicht, ob er Ramses glauben soll. Er ruft: „Ich biete 1000 Euro." Der Gerichtsvollzieher erwidert: „Für
1000 Euro, zum Ersten, zum Zweiten und zum Dritten." Dann haut er mit dem Hammer auf den
Tisch. Er erklärt: „Die Vase ist an Cäsar verkauft für 1000 Euro." Cäsar zahlt die 1000 Euro sofort bar.
Daraufhin übergibt der Gerichtsvollzieher ihm die Vase.

❓ Wer ist Eigentümer der Vase?

✔️ Eigentümer ist, wer Eigentum erworben und nicht wieder verloren hat.
  — Ursprünglich war nach der Vermutung des § 1006 Abs. 2 BGB Ramses Eigentümer.

---

5   Beispiele: Kieß, JuS 2014, 1021; Graja, JA 2013, 525.

- Durch den Leihvertrag mit Nero und die Übergabe änderten sich die Eigentumsverhältnisse nicht (Abstraktionsprinzip).
- Möglicherweise hat Cäsar die Vase gemäß §§ 929; 932 BGB gutgläubig vom Gerichtsvollzieher erworben. § 932 Abs. 1 BGB setzt einen rechtsgeschäftlichen Erwerb voraus. Das ergibt sich daraus, dass § 932 Abs. 1 BGB auf § 929 BGB verweist.
  Der Erwerb in der Zwangsversteigerung ist kein rechtsgeschäftlicher Erwerb.[6] Die
  Voraussetzungen der §§ 929; 932 BGB sind daher nicht erfüllt.

425
- Cäsar kann die Vase originär vom Gerichtsvollzieher im Rahmen der Versteigerung
  erworben haben. Dafür spielt es keine Rolle, ob Nero Eigentümer war. Vielmehr
  genügt, dass der Gerichtsvollzieher die Vase korrekt gepfändet und versteigert
  hat. Die Einzelheiten ergeben sich aus den §§ 814 ff. ZPO. Diese Normen schreiben
  bestimmte Förmlichkeiten für eine Versteigerung vor. Manche von ihnen sollen
  den Eigentümer – hier Ramses – schützen. Möglicherweise hat der Gerichtsvollzieher gegen diese Schutzvorschriften verstoßen. Dann hätte Ramses sein Eigentum
  behalten. Cäsar hätte Pech. Anders ist es, wenn der Gerichtsvollzieher sich an die
  Anforderungen gehalten hat. Dann ist Cäsar schutzwürdiger als Ramses.

  Im Einzelnen muss der Gerichtsvollzieher die Sache verstrickt haben. Die Verstrickung darf nicht aufgehoben sein. Außerdem müssen die wesentlichen Verfahrensvoraussetzungen der Versteigerung eingehalten sein.[7] Verstößt der Gerichtsvollzieher gegen bloße Ordnungsvorschriften, ist dies unschädlich. Der
  Eigentumserwerb vollendet sich, wenn der Gerichtsvollzieher dem Ersteigerer
  die Sache abliefert.

426
- Der Gerichtsvollzieher muss die Vase verstrickt haben. Pfändet der Gerichtsvollzieher eine Sache, stellt er sie unter die Gewalt des Staats. Er bereitet die
  Zwangsversteigerung vor. Das nennt man Verstrickung.[8] Es handelt sich um
  eine Form der Beschlagnahme. Ähnlich wie bei § 44 Abs. 1 VwVfG ist sie nur bei
  besonders schweren Verfahrensfehlern nichtig. Bei kleineren Fehlern mag die
  Pfändung mit der Erinnerung nach § 766 ZPO anfechtbar sein. Solange kein
  Richter sie für unzulässig erklärt hat, ist sie gleichwohl wirksam. Parallel dazu
  hat die Verwaltung die Macht, einen fehlerhaften Verwaltungsakt zu erlassen.
  Der Bürger muss sich an ihn halten. Außer Kraft tritt der Verwaltungsakt erst,
  wenn ein Gericht ihn auf eine Anfechtungsklage aufhebt.

  Fraglich ist, ob die Pfändung an einem schweren Verfahrensfehler litt. Das
  ist der Fall, wenn ein funktionell unzuständiges Vollstreckungsorgan sie
  vorgenommen hat. Schwere Fehler sind auch, wenn der Gerichtsvollzieher
  ohne Titel oder Vollstreckungsauftrag pfändet. Die Wirksamkeit erfordert darüber hinaus, dass die Beschlagnahme erkennbar ist (§ 808 Abs. 2 Satz 2 ZPO).
  Nichtig ist die isolierte Pfändung eines wesentlichen Bestandteils eines
  Grundstücks. Der Gerichtsvollzieher war gemäß § 753 ZPO das zuständige
  Vollstreckungsorgan.[9] Nach § 803 Abs. 1 ZPO durfte er die Vase als beweg-

---

6   RGZ 156, 395 (398); BGHZ 55, 20, juris Rn. 41; Zeranski, JuS 2002, 340 (341).
7   BGHZ 100, 95, juris Rn. 7.
8   BGHZ 100, 95, juris Rn. 18.
9   Relevanz für den Eigentumserwerb offengelassen in BGHZ 104, 298, juris Rn. 15.

liche Sache pfänden. Es existierte ein Vollstreckungstitel in Form eines Zahlungsurteils. Außerdem hatte die Bank als Titelgläubigerin den Gerichtsvollzieher beauftragt, zu pfänden (§§ 754; 802a Abs. 2 Nr. 4 ZPO). Nach § 808 Abs. 2 Satz 2 ZPO musste er ein Pfandsiegel anbringen. Das hat er getan. Somit litt die Pfändung nicht an einem schweren Verfahrensfehler. Deshalb war sie wirksam.

— Die Verstrickung darf nicht aufgehoben gewesen sein. Dafür genügt nicht, dass das Pfandsiegel abfällt.[10] Zwar setzt die Beschlagnahme voraus, dass der Gerichtsvollzieher Pfandsiegel oder Pfandanzeige anbringt. Andernfalls ist sie gemäß § 808 Abs. 2 S. 2 ZPO unwirksam. Es existiert aber keine Vorschrift, die den Fortbestand der Pfändungswirkungen von einem Klebeschild abhängig macht.   427

Der Gerichtsvollzieher kann indessen die Pfändung aufheben.[11] Diesen actus contrarius nennt man Entstrickung. Beispiel 1: Der Gerichtsvollzieher löst das Pfandsiegel ab. Beispiel 2: Der Gerichtsvollzieher ermächtigt den Schuldner, das Siegel zu entfernen.

Der Gerichtsvollzieher darf die Beschlagnahme nicht willkürlich beenden. Er benötigt eigentlich einen Entstrickungsgrund. Das ergibt sich aus dem verfassungsrechtlichen Willkürverbot. Ein Entstrickungsgrund liegt beispielsweise vor, wenn der Gläubiger seinen Pfändungsauftrag zurückzieht.

Ob ein Entstrickungsgrund besteht, betrifft jedoch nur die Rechtmäßigkeit der Verstrickung. Hiervon zu unterscheiden ist ihre Wirksamkeit. Das bedeutet: Die Beschlagnahme erlischt, wenn der Gerichtsvollzieher die Sache entstrickt. Es ist irrelevant, ob der Gerichtsvollzieher sie zu Recht oder zu Unrecht entstrickt hat.

Darüber hinaus endet die Verstrickung, wenn ein Dritter die Sache gutgläubig lastenfrei erwirbt.[12]

Keine dieser Situationen liegt vor. Deshalb war die Verstrickung nicht aufgehoben.

— Nach § 816 Abs. 3 ZPO sind Zeit und Ort der Versteigerung unter allgemeiner Bezeichnung der zu versteigernden Sachen öffentlich bekannt zu machen. Nach einer Auffassung handelt es sich hierbei um eine wesentliche Verfahrensvorschrift.[13] Die Gegenmeinung sieht in § 816 Abs. 3 ZPO eine unbeachtliche Ordnungsvorschrift.[14] Zwei Argumente sprechen für die erste Auffassung. Durch die Terminbekanntgabe soll der Eigentümer eine Chance erhalten, mitzubieten.[15] Außerdem soll durch möglichst viele Bieter ein möglichst hoher Versteigerungserlös erzielt werden. Dieser kommt wiederum   428

10 LG Darmstadt, Urteil v. 13.01.1999 – 7 S 172/98 = DGVZ 1999, 92.
11 BGH, Beschl. v. 10.07.2008 – V ZB 130/07, Rn. 12; weitergehend noch RGZ 57, 323 (325 f.); 161, 109 (114): auch Gläubiger könne Gegenstand freigeben.
12 Dazu näher unten Rn. 475.
13 Thomas/Putzo/Seiler, ZPO, 39. Auflage 2018, § 816 Rn. 5; vgl. auch BGHZ 199, 31, Rn. 21.
14 Brox/Walker, Zwangsvollstreckungsrecht, 2018, Rn. 414.
15 Für den Schuldnereigentümer LG Detmold, Beschl. v. 07.09.1995 – 2 T 250/95 = DGVZ 1996, 120 (121).

dem Eigentümer zugute. Denn der Erlös tritt bis zur Auskehr anstelle der Sache. Damit schützt § 816 Abs. 3 ZPO den Eigentümer. Und wesentliche Verfahrensvorschriften sind solche, die den Eigentümer besonders schützen sollen. Des Weiteren existiert für die Versteigerung bei einem vertraglichen Pfandrecht eine Parallelvorschrift in § 1237 Satz 1 BGB. § 1243 Abs. 1 BGB nennt die Rechtsfolge, wenn der Versteigerer gegen § 1237 Satz 1 BGB verstößt: Die Veräußerung ist rechtswidrig. Das bedeutet, der Ersteigerer wird grundsätzlich nicht Eigentümer.[16] Gleiches muss für den Verstoß gegen § 816 Abs. 3 ZPO gelten.

Welcher Meinung zu folgen ist, kann offenbleiben, wenn beide Auffassungen zum selben Ergebnis gelangen. Der Gerichtsvollzieher hat Ermessen, in welcher Form er den Termin bekannt gibt. Die Bekanntgabe in der Lokalzeitung hält sich im Rahmen seines Ermessens.[17] Er hat sogar ein Foto der Vase beigefügt. Damit hat der Gerichtsvollzieher den Versteigerungstermin öffentlich bekannt gegeben. Somit gelangen vorliegend beide Auffassungen zum selben Ergebnis. Sofern man § 816 Abs. 3 ZPO als wesentliche Verfahrensvorschrift ansieht, sind seine Voraussetzungen erfüllt.

— Die Versteigerung muss gemäß §§ 814 Abs. 1 ZPO; 383 Abs. 3 BGB öffentlich gewesen sein. Eine Geheimversteigerung ist unwirksam. § 814 Abs. 1 BGB soll nämlich den Eigentümer schützen. Er soll mitbieten können. Außerdem soll er sich überzeugen dürfen, dass alles mit rechten Dingen zugeht. Diese Möglichkeiten hatte Ramses. Er war sogar während der Versteigerung anwesend. Sie war öffentlich.

— Weiterhin ist erforderlich, dass ein wirksames Gebot vorlag. § 817 Abs. 1 Satz 3 verweist auf § 156 BGB. Danach kommt bei einer Versteigerung der Vertrag erst durch den Zuschlag zustande. Ein Gebot erlischt, wenn ein Übergebot abgegeben oder die Versteigerung ohne Erteilung des Zuschlags geschlossen wird. Die Versteigerung gepfändeter Sachen ist ein öffentlich-rechtlicher Vertrag (vgl. § 54 VwVfG).[18] Er ähnelt einem Kauf. Der Gerichtsvollzieher vertritt den Staat. Der Ersteigerer erwirbt durch Gebot und Zuschlag einen öffentlich-rechtlichen Anspruch auf Übereignung. Ihn kann er jedoch nicht einklagen. Vielmehr kann er ihn nur mit der Erinnerung nach § 766 ZPO durchsetzen.

Jeder darf mitbieten. Auch Gläubiger, Schuldner und Eigentümer. Dies ergibt sich aus § 816 Abs. 4 ZPO. Er verweist auf § 1239 Abs. 1 Satz 1 BGB.

Cäsar hat gerufen, er biete 1000 Euro. Damit hat er ein wirksames Gebot abgegeben.

429   — Nächste Voraussetzung des Eigentumserwerbs ist der Zuschlag. Er ist in § 817 ZPO geregelt. Das Gesetz definiert ihn nicht näher. Aus dem Wortlaut „Zuschlag" kann

---

16 RGZ 100, 274 (277); vgl. aber § 1244 BGB.
17 § 93 Abs. 3 GVGA.
18 OLG München, Urt. v. 24.04.1980 – 1 U 1808/80, juris Rn. 11; BT-Drucks. 16/12811, S. 8; Meller-Hannich, DGVZ 2009, 21 (22f.); a. A. noch RGZ 104, 300 (301); offengelassen in LG Magdeburg, Urt. v. 24.11.2011 – 10 O 672/11, juris Rn. 31.

man entnehmen, dass der Gerichtsvollzieher bei einer Versteigerung vor Ort mit einem Gegenstand zuschlagen muss. Hierfür sprechen auch Klarstellungsgründe und die Verkehrsauffassung. Der Gerichtsvollzieher hat mit dem Hammer auf den Tisch gehauen. Dann hat er geäußert: „Verkauft für 1000 Euro." Hierin liegt ein Zuschlag. Damit ist zwischen Cäsar und dem Staat ein kaufähnlicher Vertrag zustande gekommen. Er bildet den Rechtsgrund für den anschließenden Eigentumsübergang.

— Um Eigentum zu erwerben, muss der Ersteher grundsätzlich den Versteigerungserlös zahlen (§ 817 Abs. 2 ZPO). Er kann ihn bar zahlen oder dem Gerichtsvollzieher vorab überweisen.[19] Diese Regel soll den Eigentümer schützen. Sie ist keine bloße Ordnungsvorschrift.

Lediglich der Gläubiger ist prinzipiell von der Verpflichtung befreit, zu zahlen. Er muss dem Gerichtsvollzieher nicht etwa den Kaufpreis zahlen und bekommt ihn sofort wieder zurück. Vielmehr erhält der Gläubiger die Sache. Den Kaufpreis muss er nicht zahlen. Seine Forderung gilt als getilgt, soweit der Erlös reicht. Die Kosten der Zwangsvollstreckung sind abzuziehen. Die Einzelheiten ergeben sich aus § 817 Abs. 4 ZPO.

Cäsar hat die 1000 Euro sofort bar gezahlt.

— Perfekt wird der Eigentumserwerb, wenn der Gerichtsvollzieher dem Ersteher   430
den Besitz an der Sache verschafft. § 817 Abs. 2 ZPO nennt dies abliefern. Der Gerichtsvollzieher muss dem Ersteigerer den unmittelbaren Besitz einräumen.[20] Bei schwer zu transportierenden Sachen darf der Gerichtsvollzieher sich darauf beschränken, mittelbaren Besitz einzuräumen.[21] So ist es etwa bei schweren Industriemaschinen.[22] Streitig ist allerdings, ob die schwere Sache erst als abgeliefert gilt, wenn der Ersteigerer den unmittelbaren Besitz erlangt.[23] Der Grundsatz der Formalisierung spricht dafür, den Eigentumserwerb bereits mit der Besitzzuweisung des Gerichtsvollziehers zu vollenden. Der Gerichtsvollzieher hat Cäsar die Vase gegeben. Deshalb hat er sie ihm abgeliefert. Der Gerichtsvollzieher hat Cäsar damit Eigentum zugewiesen. Ob Cäsar wusste, dass die Vase Ramses gehört, ist bedeutungslos.[24]

— Als Zwischenergebnis kann man deshalb festhalten, dass Ramses sein Eigentum verloren hat.

— Ergebnis: Cäsar ist Eigentümer der Vase.

⚠ **Merke: Bei der Zwangsversteigerung beweglicher Sachen weist der Gerichtsvollzieher dem Meistbietenden durch den Zuschlag noch kein Eigentum zu. Demgegenüber überträgt der Rechtspfleger mit dem Zuschlagsbeschluss nach § 90 ZVG bereits das Eigentum an einem Grundstück.**

---

19 BT-Drs. 16/12811 S. 11; veraltet: § 95 Abs. 11 Satz 1 GVGA.
20 RGZ 153, 257 (261).
21 OLG Köln, Beschl. v. 22.01.1996 – 2 W 9/96 = Rpfleger 1996, 296.
22 RGZ 153, 257 (261).
23 Dafür: LG Köln, Urt. v. 18.03.2009 – 13 S 218/08, juris Rn. 14; dagegen: OLG Rostock, Urt. v. 17.05.2005 – 3 U 107/04, juris Rn. 16.
24 BGH, Beschl. v. 24.05.2005 – IX ZR 73/03 Rn. 2.

431   **Abwandlung 1**

Wie Ausgangsfall (Rn. 424). Der Gerichtsvollzieher ruft „Bietet jemand 1000 Euro?" Cäsar möchte nicht mitbieten. Er möchte nur seinen Freund grüßen. Deshalb hebt er seinen Arm. Der Gerichtsvollzieher versteht dies als Gebot. Er schlägt Cäsar die Vase zu.

❓ Kann Cäsar sein Gebot anfechten?

✔️ Nein. Cäsar kann nicht analog §§ 142 Abs. 1; 119 Abs. 1 BGB anfechten. Ein Erklärungsbewusstsein ist für das Gebot nicht erforderlich. Die Versteigerung erfolgt nämlich nicht zivil- sondern öffentlich-rechtlich. Deswegen gelten die Regeln über Prozesshandlungen. Einseitige Prozesshandlungen sind aus Gründen der Rechtssicherheit unanfechtbar.

432   **Abwandlung 2**

Wie Ausgangsfall (Rn. 424). Cäsar war erst 17 Jahre alt. Seine sorgeberechtigten Eltern sind mit der Ersteigerung einverstanden. Zum Termin kommen sie aber nicht mit.

❓ Hat Cäsar die Vase ersteigert?

✔️ Nein. Cäsar ist nicht Eigentümer geworden. Nach richtiger Auffassung ist die Prozessfähigkeit des Erstehers Voraussetzung für den Eigentumserwerb.

Cäsar war nicht prozessfähig gemäß §§ 51; 52 ZPO; 106 BGB. Ob seine Eltern einverstanden waren, spielt keine Rolle. Die zivilrechtlichen §§ 107 bis 111 BGB gelten bei der Zwangsversteigerung nicht. Es handelt sich um einen Akt öffentlicher Gewalt.

433   **Abwandlung 3**

Wie Ausgangsfall (Rn. 424). Nero hatte Ramses aber die Vase gestohlen.

❓ Ist Cäsar Eigentümer geworden?

✔️ Ja. Cäsar ist Eigentümer geworden. Der zivilrechtliche § 935 BGB gilt bei der Zwangsversteigerung nicht. Die Vorschrift verweist nämlich auf § 932 BGB. Dieser wiederum verweist auf § 929 BGB. Der Gerichtsvollzieher übereignet vorliegend aber hoheitlich, nicht nach § 929 BGB.

434   **Abwandlung 4**

Wie Ausgangsfall (Rn. 424). Der Gerichtsvollzieher schätzt den Wert der Vase korrekt auf 500 Euro. Trotzdem setzt er das Mindestgebot auf 20 Euro fest. Cäsar ersteigert die Vase jedoch für 20 Euro.

? Gehört die Vase Cäsar?

✓ Ja. Cäsar ist Eigentümer der Vase. Der Gerichtsvollzieher hat zwar gegen § 817a Abs. 1
ZPO verstoßen. Es handelt sich nach h. M. jedoch um eine bloße Ordnungsvorschrift.[25]
Denn § 813 ZPO erlaubt dem Gerichtsvollzieher, den Wert zu schätzen. Er kann sich
leicht verschätzen. Er ist nicht verpflichtet, ein Sachverständigengutachten einzuholen.
Den Wert soll er nach § 817a Abs. 1 Satz 2 BGB lediglich bekannt geben. Er muss es nicht.
Das Gesetz misst damit der Wertfestsetzung durch den Gerichtsvollzieher keine allzu
große Bedeutung zu. Ramses ist durch Amtshaftungsansprüche hinreichend geschützt.

Abwandlung 5   435

Wie Ausgangsfall (Rn. 424). Der Gerichtsvollzieher will die Vase auf Antrag der Bank bei eBay
versteigern. Der Gerichtsvollzieher unterrichtet Nero. Dieser ist einverstanden. Cäsar weiß, dass
die Vase Ramses gehört. Im Anschluss an die Versteigerung begibt Cäsar sich zum
Gerichtsvollzieher. Er zahlt bar. Der Gerichtsvollzieher händigt ihm die Sache aus.

? Erwirbt Cäsar Eigentum?

✓ Das ist kompliziert. Normalerweise versteigert der Gerichtsvollzieher selbst die
Sache. Dazu lädt er alle Interessierten zu einem Termin ein. Im Ausgangsfall fand
dieser im Rathaus statt. Wie der Eigentumserwerb hier stattfindet, ist im Ausgangsfall beschrieben.

In der vorliegenden Abwandlung gab es keinen Versteigerungstermin vor Ort.
Vielmehr hat der Gerichtsvollzieher die Sache über die Internetplattform eBay
versteigert. Wie sich hier der Eigentumserwerb vollzieht, ist kompliziert. Es hängt
davon ab, ob man die Versteigerung über eBay als hoheitliche oder privatrechtliche
einstuft. Bei einer privatrechtlichen Veräußerung gilt § 932 BGB. Ein bösgläubiger
Ersteher erwirbt kein Eigentum. Geht man von einer öffentlich-rechtlichen Versteigerung aus, erwirbt der Bösewicht gleichwohl Eigentum. § 932 BGB gilt nicht.[26]

Nach § 814 Abs. 2 Nr. 2, Abs. 3 ZPO kann der Gerichtsvollzieher sich der Versteigerungsplattform ▶ www.justiz-auktion.de bedienen. In diesem Fall versteigert er
hoheitlich. So liegt der hiesige Fall nicht.

Weiterhin kann das Vollstreckungsgericht einen Internethändler ermächtigen,
die Sache zu veräußern. Das steht in § 825 Abs. 2 ZPO. Der Internethändler ist kein
Beliehener. Er verkauft die Sache privatrechtlich.[27] Er übereignet sie nach § 929
BGB. Ein bösgläubiger Erwerber erwirbt von ihm kein Eigentum.[28] Auch diese

---

25 OLG München, Urt. v. 15.01.1959 – 6 U 1762/58 = NJW 1959, 1832 (1833); AG Strausberg, Beschl. v.
    13.07.2007 – 11 M 1623/07, juris Rn. 22; a. A. OLG Frankfurt a.M., Urt. v. 16.05.1978 – 14 U 230/77 =
    VersR 1980, 50.
26 Siehe oben Rn. 421.
27 Vgl. BGHZ 119, 75, juris Rn. 10; BGH, Urt. v. 03.07.1964 – V ZR 51/62, juris Rn. 26; BGH, Urt. v.
    16.05.2013 – IX ZR 204/11, juris Rn. 17.
28 BGHZ 119, 75, juris Rn. 27.

Konstellation entspricht nicht dem hiesigen Fall.[29] Denn § 825 Abs. 2 ZPO spricht von einer anderen Person als dem Gerichtsvollzieher. Hier hat jedoch der Gerichtsvollzieher die Vase bei eBay eingestellt. Er ist Auktionator geblieben. Er hat sich lediglich der Versteigerungsplattform eBay bedient.

Vorliegend greift § 825 Abs. 1 ZPO. Danach kann der Gerichtsvollzieher eine gepfändete Sache in anderer Weise oder an einem anderen Ort verwerten. Darunter fällt die Versteigerung über die gängigen Internetauktionshäuser. Der Meistbietende erwirbt die Sache nicht durch Zuschlag im Sinne des § 156 BGB. Vielmehr kommt ein kaufähnlicher öffentlich-rechtlicher Vertrag durch Angebot und Annahme zustande.[30] Vereinfacht gesprochen verzichtet der Gerichtsvollzieher auf § 814 Abs. 2 ZPO. Er verzichtet hingegen nicht auf das Barzahlungsgebot des § 817 Abs. 2 ZPO. Eigentum erwirbt der Meistbietende erst, wenn der Gerichtsvollzieher ihm die Sache übergibt. Der Eigentumserwerb findet hoheitlich statt. Auch ein Bösgläubiger erwirbt mit der Ablieferung Eigentum. Cäsar hat den Kaufpreis bezahlt. Der Gerichtsvollzieher hat ihm die Vase gegeben. Cäsar ist also Eigentümer geworden.

? Zusatzfrage zu vorstehender Abwandlung (Rn. 435)

436   Cäsar stellt die Vase in seine Wohnung. Voller Stolz zeigt er sie seiner Freundin Cleopatra. Sie findet die Vase hässlich. Cäsar ist enttäuscht. Er möchte die Vase zurückgeben. Vom wiedererhaltenen Kaufpreis möchte er Cleopatra zum Essen einladen. Eine Widerrufsbelehrung enthielt die Anzeige des Gerichtsvollziehers nicht. Hat Cäsar das Recht, den Vertrag rückgängig zu machen?

— *Auszug aus der Fernabsatzrichtlinie:* [31]
  — *Art. 6: Der Verbraucher kann jeden Vertragsabschluss im Fernabsatz innerhalb einer Frist von mindestens sieben Werktagen ohne Angabe von Gründen und ohne Strafzahlung widerrufen.*
  — *Art. 3 Abs. 1: Diese Richtlinie gilt nicht für Verträge, die*
    – [...]
    – bei einer Versteigerung geschlossen werden.

Klausurtipp

Wenn Internetversteigerung, dann richtig. Die im Folgenden zu lösende Frage eignet sich besonders gut für eine Klausur. Sicherlich ist außerhalb des universitären Schwerpunktbereichs kein Detailwissen zu erwarten. Für die volle Punktzahl genügt vielmehr, vertretbar zu argumentieren. Das fällt leichter, wenn man sich vor dem Examen einmal mit dem Problem beschäftigt hat.

✓ Cäsar könnte ein fernabsatzrechtliches Widerrufsrecht nach §§ 357; 355; 312g BGB zustehen.

---

29 Meller-Hannich, DGVZ 2009, 21 (24).
30 BGHZ 149, 129, juris Rn. 26 ff.; BGH, Urt. v. 03.11.2004 – VIII ZR 375/03, juris Rn. 9.
31 Richtlinie 97/7/EG vom 20.05.1997.

Einfach wäre es, wenn der Widerruf an § 312g Abs. 2 Nr. 10 BGB scheitern würde. Die Norm gilt faktisch nur für Ferngebote im Rahmen einer privatrechtlichen Vor-Ort-Versteigerung. Die Versteigerung auf eBay ist nach dem Wortlaut dieser Vorschrift keine öffentlich zugängliche Versteigerung. Der Widerruf scheitert demzufolge nicht bereits an § 312g Abs. 2 Nr. 10 BGB.

Das wirft komplizierte Probleme auf. Zweifelhaft ist bereits, ob der Gerichtsvollzieher vorliegend als Unternehmer im Sinne der §§ 312c; 14 BGB anzusehen ist.[32] Das kann dahinstehen, wenn das Widerrufsrecht aus anderen Gründen scheitert.[33]

Die richtlinienkonforme Auslegung zwingt nicht dazu, dem Meistbietenden ein Widerrufsrecht einzuräumen. Denn in Art. 3 Abs. 1 der Richtlinie werden Versteigerungen ausdrücklich ausgenommen.

Vor allem lassen sich die Rechtsfolgen des Widerrufs nicht mit den zivilprozessualen Regeln über die Versteigerung vereinbaren. Nach § 357 Abs. 1 BGB sind die empfangenen Leistungen zurück zu gewähren. Der Kaufgegenstand ist zurück zu übereignen. Der Meistbietende kann zwar eine dingliche Einigungserklärung nach § 929 BGB abgeben. Der Gerichtsvollzieher kann sie aber nicht annehmen. Er vertritt weder Gläubiger noch Schuldner.[34] Das Gesetz kennt auch keine Befugnis des Gerichtsvollziehers, dem früheren Eigentümer das Eigentum originär wieder zuzuweisen. Der Gerichtsvollzieher könnte lediglich für sich oder den Staat Eigentum nach § 929 BGB erwerben. Das wäre aber keine Rückgewähr im Sinne des § 357 BGB.

Die besseren Gründe sprechen dafür, ein Widerrufsrecht zu verneinen.

Cäsar kann die Versteigerung also nicht rückgängig machen.

Abwandlung 6 437

Wie Ausgangsfall (Rn. 424). Der Lack der Vase blättert ab. Cäsar verlangt Nachbesserung.

❓ **Zu Recht?**

✅ Nein. Cäsar hat keinen Anspruch auf Nachbesserung. Das ergibt sich zwar nicht aus § 474 Abs. 2 Satz 2 BGB. Denn diese Vorschrift gilt nicht für hoheitliche Versteigerungen. § 806 ZPO schließt aber sämtliche Gewährleistungsansprüche aus.[35]

❗ **Merke: Auch wer ein Grundstück ersteigert, hat gemäß § 56 Satz 3 ZVG keinen Anspruch auf Gewährleistung.**

Abwandlung 7 438

Wie Ausgangsfall (Rn. 424). Ramses hatte die Vase aber an Titus verpfändet. Erst anschließend pfändete der Gerichtsvollzieher sie. Nach der Ablieferung verlangt Titus die Vase von Cäsar heraus.

---

32 Siehe oben Rn. 20.
33 Vgl. EuGH, Urt. v. 14.10.1976 – Rs 29/76 (Eurocontrol) = NJW 1977, 489 (490); Remmert, NJW 2009, 2572 (2574); dagegen: Meller-Hannich, DGVZ 2009, 21 (28).
34 Siehe oben Rn. 16.
35 Vgl. auch § 474 Abs. 2 BGB.

❓ Zu Recht?

✅ Nein. Titus hat kein Recht, die Vase herauszuverlangen. Als Anspruchsgrundlage kommt nur § 1227 i. V. m. § 985 BGB in Betracht. Das setzt voraus, dass Titus ein Pfandrecht an der Vase hat. Ursprünglich stand ihm ein Pfandrecht zu. Es ist jedoch erloschen. Der Gerichtsvollzieher hat Cäsar originär das Eigentum zugewiesen. Damit ist das Pfandrecht analog § 949 Satz 1 BGB untergegangen.[36]

439

Abwandlung 8
Wie Ausgangsfall (Rn. 424). Ramses erhebt aber direkt nach der Pfändung Drittwiderspruchs-klage. Der Richter gibt ihr statt. Er erklärt die Zwangsvollstreckung in die Vase für unzulässig. Der Gerichtsvollzieher erhält eine Abschrift des Drittwiderspruchurteils. Gleichwohl versteigert er die Vase. Er übergibt sie Cäsar.

❓ Kann Ramses die Vase von Cäsar herausverlangen?

✅ Nein. Als Anspruchsgrundlage kommt nur § 985 BGB in Betracht. Das setzt voraus, dass Ramses Eigentümer ist. Ramses war Eigentümer. Er kann sein Eigentum verloren haben.

Der Gerichtsvollzieher kann Cäsar originär Eigentum zugewiesen haben. Dies setzt voraus, dass der Gerichtsvollzieher die Vase ursprünglich wirksam verstrickt hat. Weiter muss die Verstrickung noch wirksam gewesen sein, als der Gerichtsvollzieher die Vase an Cäsar abgeliefert hat.

Verstrickung meint, die Sache der Hoheitsgewalt des Staats zu unterstellen. Sie ist Bestandteil der Pfändung (§§ 803; 808 ZPO). Der Gerichtsvollzieher hat die Vase wirksam gepfändet. Damit hat er sie verstrickt. Der Richter hat die Zwangsvollstreckung in die Vase gemäß § 771 ZPO für unzulässig erklärt. Die Verstrickung entfällt erst, wenn der Gerichtsvollzieher auf das Urteil hin das Pfandsiegel ablöst.[37] Denn er ist Herr der Beschlagnahme. Der Gerichtsvollzieher hat das Pfandsiegel auf der Vase belassen. Damit war die Vase noch wirksam verstrickt, als der Gerichtsvollzieher sie Cäsar abgeliefert hat.

Weitere Voraussetzung der originären Eigentumszuweisung ist, dass der Gerichtsvollzieher die wesentlichen Versteigerungsbedingungen einhält. Man kann unterschiedlicher Auffassung sein, welche Rechtsverstöße wesentlich sind. Die Rechtsfolgen des stattgebenden Drittwiderspruchsurteils sind in den §§ 775; 776 ZPO geregelt. Nach § 775 Nr. 1 ZPO hatte der Gerichtsvollzieher die Zwangsvollstreckung einzustellen. Er hatte gemäß § 776 ZPO die Verstrickung aufzuheben. Zum einen hätte er das Pfandsiegel entfernen müssen. Zum anderen musste er jegliche Versteigerungsaktivitäten sofort stoppen. Das hat der Gerichtsvollzieher nicht getan. Ein Teil der Literatur sieht hierin keinen wesentlichen Verfahrensfehler.[38] Das

---

36 I. d. S. BGHZ 119, 75, juris Rn. 7.
37 BGH, Urt. v. 16.03.2004 – XI ZR 335/02 = NJW-RR 2004, 1128 (1130).
38 Thomas/Putzo/Seiler, ZPO, 2018, § 817 Rn. 9; wohl auch Brox/Walker, Zwangsvollstreckungsrecht, 2018, Rn. 413.

überzeugt nicht.[39] Der Gerichtsvollzieher hat sich gegen eine klare Anweisung des Gerichts hinweggesetzt. Schwerer kann ein Verfahrensverstoß kaum wiegen.

Folgt man der hiesigen Meinung, sind die wesentlichen Versteigerungsbedingungen nicht eingehalten. Cäsar hat kein Eigentum erworben. Folglich ist Ramses noch Eigentümer. Ihm steht ein Anspruch aus § 985 BGB zu.

5.5 Zulässigkeit

Auch in der Drittwiderspruchsklausur sind in der Zulässigkeit drei Punkte immer anzusprechen: Die Statthaftigkeit, die Zuständigkeit und das Rechtsschutzbedürfnis.

440

5.5.1 Statthaftigkeit

Allgemeines

> Map 5.2

Formulierungsvorschlag

441

Die Drittwiderspruchsklage ist statthaft, wenn ein Dritter behauptet, ihm stehe am Zwangsvollstreckungsgegenstand ein die Veräußerung hinderndes Recht zu.

Diesen Text sollte der Klausurbearbeiter immer als Definition im Subsumtionsschema schreiben. Auf der nächsten Stufe im Subsumtionsschema möchte der Korrektor üblicherweise das Recht hören, auf das der Dritte sich beruft, z. B. Eigentum.[40]

Formulierungsbeispiel

D behauptet, die Sache gehöre zur Hälfte ihm. Damit gibt er zu verstehen, er sei Miteigentümer im Sinne von § 1008 BGB. Im Alleingang ist kein Miteigentümer berechtigt, das Eigentum an der gesamten Sache übertragen. Vielmehr müssen alle Miteigentümer zustimmen. Damit bildet ein etwaiges Miteigentum des D ein die Veräußerung hinderndes Recht. Somit ist die Drittwiderspruchsklage statthaft.

Abgrenzung von anderen Rechtsbehelfen

Oft ist die Drittwiderspruchsklage von anderen Rechtsbehelfen abzugrenzen. Unstatthafte Einwände sind auszusortieren. Sie sind in der weiteren Prüfung nicht mehr anzusprechen.

442

---

39 Wie hier Zöller/Stöber, ZPO, 2018, § 817 ZPO, Rn. 10; ebenso bei einem Verstoß gegen ein klares Verbot des BGB: BGHZ 104, 298, juris Rn. 20.
40 Zu weiteren veräußerungshindernden Rechten siehe ausführlich unten Rn. 479 ff.

Vollstreckungsabwehrklage

443   Die Vollstreckungsabwehrklage richtet sich gegen die Richtigkeit des Titels. In manchen Fällen bringt der Dritte vor, der Titel sei falsch geworden. Der Schuldner habe bereits gezahlt. Dieser Einwand ist im Rahmen der Drittwiderspruchsklage unstatthaft.

> 🛈 Merke: Einwände gegen die inhaltliche Richtigkeit des Titels kann grundsätzlich nur der Vollstreckungsschuldner erheben.[41] Das folgt aus dem Wortlaut des § 767 Abs. 1 ZPO.

Erinnerung

444   Zuweilen stellt der Klausurersteller den Kandidaten eine Falle. Er lässt den Kläger vortragen, der Gerichtsvollzieher habe seine Sache zu Unrecht gepfändet. Sein Eigentum sei für den Gerichtsvollzieher offensichtlich gewesen.[42] Dieser Evidenzeinwand geht meist ins Leere.[43] Er spielt für das Ergebnis der Drittwiderspruchsklage keine Rolle. Er wäre nur im Rahmen einer Erinnerung nach § 766 Abs. 1 ZPO relevant. In der Drittwiderspruchsklausur ist er im Rahmen der Statthaftigkeit auszuscheiden.

> **Formulierungsvorschlag im Gutachtenstil**
> Statthafter Rechtsbehelf kann die Drittwiderspruchsklage sein. Sie ist gemäß § 771 ZPO statthaft, wenn ein Dritter behauptet, ihm stehe am Gegenstand der Zwangsvollstreckung ein die Veräußerung hinderndes Recht zu. Grundsätzlich darf nur der Eigentümer seine Sache veräußern. Daher ist das Eigentum ein die Veräußerung hinderndes Recht.
> Fraglich ist, ob der Kläger Drittwiderspruchsklage oder Erinnerung erheben möchte. Nach seinem Vortrag habe der Gerichtsvollzieher erkennen können, dass das gepfändete Motorrad dem Kläger gehört. Nach gewohnheitsrechtlichen Grundsätzen darf der Gerichtsvollzieher evidentes Dritteigentum nicht pfänden.[44] Einschlägiger Rechtsbehelf für eine dahingehende Rüge wäre die Erinnerung nach § 766 Abs. 1 ZPO. Der Schuldner handelt mit gebrauchten Motorrädern. Er kauft und verkauft sie im eigenen Namen. Das Motorrad des Klägers befand sich in der Werkstatt. Es war demontiert. Sitzbank und Motorblock fehlten. Sie lagerten auch nicht in der Nähe. Der Gerichtsvollzieher durfte mit der Möglichkeit rechnen, dass der Schuldner das Motorrad zum Ausschlachten oder Runderneuern erworben hat. Ein etwaiges Eigentum des Schuldners musste sich ihm nicht aufdrängen.[45] Das Dritteigentum war deshalb bereits nach dem Vortrag des Klägers nicht evident. Seine Rechtsmeinung geht fehl. Eine Erinnerung hätte deshalb schon nach dem Vortrag des Klägers keine Erfolgsaussichten. Daher widerspräche sie seinem Interesse. Vielmehr ist sein Antrag als Drittwiderspruchsklage auszulegen. Sie ist statthaft.

---

41 Zur Ausnahme unten Rn. 550.
42 Gutes Klausurbeispiel bei Zetzsche/Nast, JA 2016, 582.
43 Dazu näher unten Rn. 726.
44 BGH, Urt. v. 10.1.1957 – III ZR 108/55.
45 LG Aschaffenburg, Urt. v. 10.05.1994 – 1 O 580/93 = DGVZ 1995, 57.

Zuweilen sind sowohl Drittwiderspruchsklage als auch Erinnerung statthaft. In der   445
Rechtsanwaltsklausur muss der Bearbeiter entscheiden, welcher Rechtsbehelf zweckmäßiger ist.[46]

⟩ **Map 5.12**

Beispiel

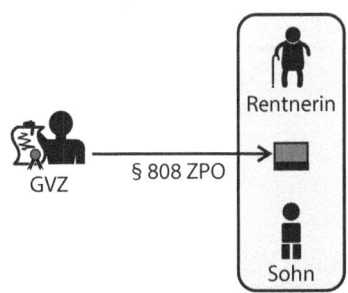

Der Gerichtsvollzieher pfändet in der Wohnung einer Rentnerin einen Laptop. Er gehört
ihrem Sohn. Dieser benötigt den Laptop beruflich. Er ist Versicherungsvertreter. Auf dem
Laptop bearbeitet er seine Fälle. Sämtliche Räume der Wohnung nutzen Rentnerin R und
ihr Sohn gemeinsam.

Hier kann der Sohn zwischen Erinnerung und Drittwiderspruchsklage wählen. Mit der
Drittwiderspruchsklage kann er sich auf sein Eigentum berufen. Mit der Erinnerung kann
er den Verstoß gegen die Pfändungsschutzvorschriften rügen. Denn der Laptop ist nach
§ 811 Abs. 1 Nr. 5 ZPO unpfändbar.

Die Erinnerung hat aber Nachteile. Das Gericht entscheidet nur über formelle Fehler
des Gerichtsvollziehers. Es regelt nicht das materielle Recht. Angenommen, der Sohn
kauft sich einen neuen Laptop. Dann wird der alte pfändbar. Die Erinnerung hat keinen
Erfolg. Anders ist es bei der Drittwiderspruchsklage. Der neue Laptop ändert nichts daran, dass der alte nach wie vor dem Sohn gehört. Der Sohn hat nach wie vor ein die Veräußerung hinderndes Recht am alten Computer.

Welcher Rechtsbehelf besser ist, lässt sich nicht pauschal beantworten. Oft ist dies die   446
Erinnerung. Es kommt aber auf den Einzelfall an. In der Klausur sollte man mit dem
Interesse des Mandanten und den jeweiligen Prozessrisiken argumentieren.[47] Theore-
tisch kann man auch beide Rechtsbehelfe einlegen. Denn Drittwiderspruchsklage und
Erinnerung sperren sich gegenseitig nicht. Dann muss der Rechtsanwalt allerdings zwei
Schriftsätze verfassen und versenden. Außerdem besteht ein erhöhtes Kostenrisiko.

Im letztgenannten Beispiel hat der Sohn keine besonderen Wünsche geäußert. Dass
er sich bald einen neuen Laptop kaufen will, hat er nicht geäußert. Hier ist die Erinnerung zweckmäßiger. Eine Entscheidung ergeht schneller. Außerdem ist das Kostenrisiko geringer.

---

46 Hecker, JuS 2000, 794 (796).
47 Siehe bereits oben Rn. 209.

Klage auf vorzugsweise Befriedigung

447   Eng mit der Drittwiderspruchsklage verwandt ist die Klage auf vorzugsweise Befriedigung. Sie ist in § 805 ZPO geregelt. Bei ihr liegt typischerweise folgende Konstellation vor:

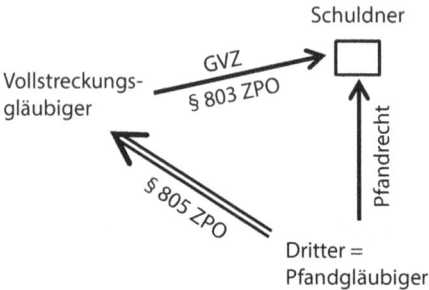

Der Gerichtsvollzieher hat für den Vollstreckungsgläubiger beim Schuldner eine Sache gepfändet. Nun meldet sich ein Dritter. Er gibt an, er habe ein Pfandrecht an der Sache. Wäre der Dritte Eigentümer, könnte er Drittwiderspruchsklage erheben. Damit würde er verhindern, dass der Gerichtsvollzieher die Sache versteigert. Er ist jedoch lediglich Pfandgläubiger. Gemäß § 805 Abs. 1, 1. Halbsatz ZPO kann er die Versteigerung nicht verhindern. Er kann lediglich verlangen, vorrangig ihm den Erlös auszuzahlen (§ 805 Abs. 1, 2. Halbsatz ZPO). Dazu muss sein Pfandrecht zeitlich zuerst entstanden sein. Erst dann darf der Gerichtsvollzieher die Sache gepfändet haben (§ 804 Abs. 3 ZPO).

Für das erste Examen muss man einen Klassiker kennen.

448

Fall

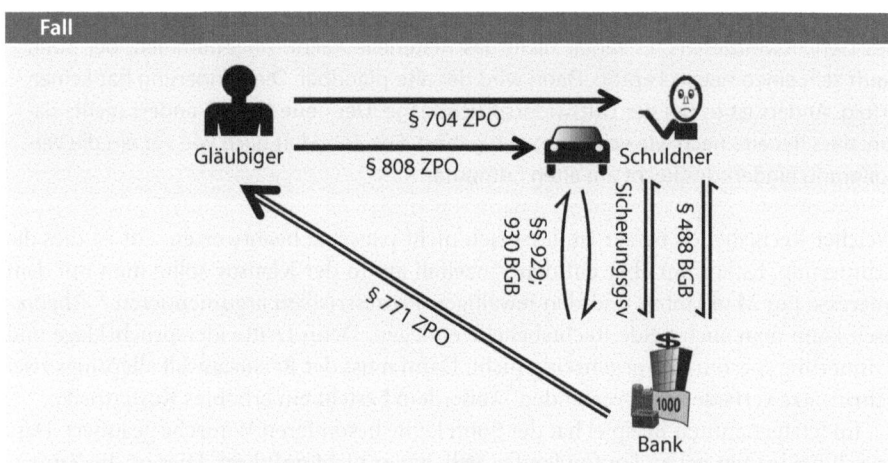

Die Bank gewährt einem Schuldner einen Kredit. Sie möchte sichergehen, dass sie ihr Geld zurückbekommt. Deshalb verlangt sie eine Sicherheit. Der Schuldner übereignet ihr sein Auto nach §§ 929; 930 BGB. Das bedeutet, das Auto gehört der Bank. Der Kunde darf es jedoch weiter benutzen. Der Kunde zahlt seine Schulden bei einem weiteren Gläubiger nicht. Dieser erstreitet ein Urteil gegen ihn. Er pfändet das Auto. Die Bank erhebt Drittwiderspruchsklage.

❓ Ist die Drittwiderspruchsklage statthaft?

✅ Ja. Die Drittwiderspruchsklage ist statthaft. Es ist nicht etwa die Klage auf vorzugsweise Befriedigung gemäß § 805 ZPO einschlägig.

Eine Mindermeinung vertritt, das Sicherungseigentum sei kein „Die Veräußerung hinderndes Recht." Vielmehr stehe es einem besitzlosen Pfandrecht gleich. Immerhin gewähre es in der Insolvenz gemäß § 51 Nr. 1 InsO nur ein Absonderungsrecht, kein Aussonderungsrecht. Der Sicherungseigentümer könne allein die Klage aus § 805 ZPO erheben.[48]

Die ständige Rechtsprechung widerspricht dem.[49] Nach ihr steht auch einem Sicherungseigentümer die Drittwiderspruchsklage zur Verfügung. Für die Rechtsprechung streitet, dass Sicherungseigentum rechtlich vollwertiges Eigentum ist. § 51 Nr. 1 InsO mag die Eigentümerbefugnisse für den Fall der Insolvenz des Schuldners schmälern. Außerhalb der Insolvenz hat der Gesetzgeber aber keine Einschränkungen vorgesehen. Damit bleibt es bei der allgemeinen Regel: Gemäß § 903 BGB darf auch der Sicherungseigentümer mit seiner Sache nach Belieben verfahren. Insbesondere darf er sie in den Grenzen des Sicherungsvertrags veräußern. Zeitpunkt, Preis und Vertragspartner sucht er aus. Dieses Recht würde man ihm nehmen, wenn der Gerichtsvollzieher gegen den Willen des Dritten die Sache versteigern dürfte. Der Eigentümer muss das Staatsorgan hindern können, seine Sache zu versteigern. Das gelingt ihm nur mit einer Drittwiderspruchsklage.

Die Rechtsprechung wahrt die Interessen des Vollstreckungsgläubigers. Dieser kann den Rückübertragungsanspruch des Bankkunden pfänden. Dann darf er den restlichen Kredit nach § 267 BGB tilgen. Anschließend darf er die Sache verwerten. Dadurch kann er der Drittwiderspruchsklage den Boden entziehen.

Aus diesen Gründen ist der Rechtsprechung zu folgen.

Die Bank darf allerdings die Versteigerung hinnehmen. Sie kann als Minus auf vorzugsweise Befriedigung klagen. Gewinnt sie, gebührt primär ihr der Erlös. Die Klage aus § 805 ZPO empfiehlt sich für sie aber meist nicht. In der Regel erhält sie mehr, wenn sie das Auto selbst verkauft.[50]   449

Klausurtipp

Auch im zweiten Examen sollte man diesen Streit sicherheitshalber kurz darstellen.[51] Für die Praxis ist es aber eindeutig, dass das Sicherungseigentum ein die Veräußerung hinderndes Recht ist.[52] Man sollte das Problem daher nicht allzu sehr ausbreiten.

Allgemeine Leistungsklage

Der Dritte kann nicht gegen den Gläubiger klagen, die Zwangsvollstreckung zu unter-   450
lassen. Eine solche Klage ist durch die Drittwiderspruchsklage gesperrt.[53] Entsprechendes gilt für eine Klage auf Herausgabe gegen den Vollstreckungsgläubiger.

---

48 MüKo-ZPO/Karsten Schmidt/Brinkmann, 2016, § 771 Rn. 29; zum Streit auch Huber, JuS 2011, 588 (589).
49 RGZ 124, 73; BGHZ 72, 141, juris Rn. 7; 80, 296, juris Rn. 15; 118, 201, juris Rn. 17.
50 Staufenbiel/Meurer, JA 2005, 796 (798).
51 Z. B. Kieß, JuS 2014, 1021 (1025 f.).
52 Staufenbiel/Meurer, JA 2005, 796 (797).
53 BGHZ 58, 207, juris Rn. 19; OLG des Landes Sachsen-Anhalt, Urt. v. 05.04.2012 – 1 U 90/11, juris Rn. 32.

Feststellungsklage

451   Der Dritte darf auch nicht gegen den Gläubiger auf Feststellung seines Eigentums klagen. § 771 ZPO ist wiederum lex specialis. Erlaubt ist lediglich eine Zwischenfeststellungsklage nach § 256 Abs. 2 ZPO.

5.5.2 Zuständigkeit

 **Map 5.3**

452   Bei der Zuständigkeit sind die sachliche und die örtliche zu unterscheiden. Die örtliche Zuständigkeit regelt § 771 Abs. 1 ZPO. Zuständig ist das Gericht, in dessen Bezirk die Zwangsvollstreckung erfolgt. Die sachliche Zuständigkeit richtet sich nach den allgemeinen Vorschriften.

Ausschließliche örtliche Zuständigkeit

453   Nur die örtliche Zuständigkeit ist ausschließlich. Denn nur insoweit ist der Gerichtsstand im Sinne von § 802 ZPO im 8. Buch der ZPO bestimmt.

Klagt der Dritte vor dem Landgericht, obwohl das Amtsgericht zuständig wäre, muss der Vollstreckungsgläubiger dies also rügen. Andernfalls wird das Landgericht nach § 39 ZPO zuständig. Die §§ 802; 40 Abs. 2 Sätze 2 und 1 Nr. 2 ZPO stehen nicht entgegen. Denn die sachliche Zuständigkeit ist nicht ausschließlich.

Örtliche Zuständigkeit

454   Fraglich ist, in welchem Bezirk die Zwangsvollstreckung erfolgt. Es kommt auf die angegriffene Vollstreckungsmaßnahme an. Wo sie erfolgt ist, muss der Sachverhalt mitteilen.

Beispiel

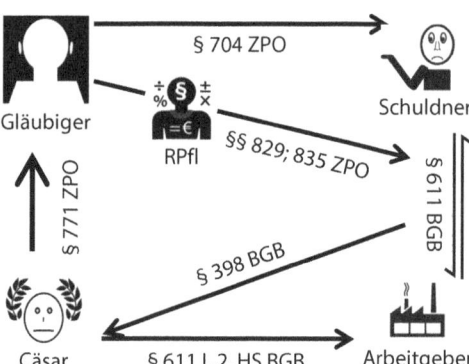

Angenommen, der Gläubiger pfändet eine Gehaltsforderung gegen einen Arbeitgeber des Schuldners. Cäsar behauptet, sie stehe ihm zu. Der Schuldner – Herr Arm – habe ihm vor der Pfändung den pfändbaren Teil des Gehalts abgetreten.[54] § 828 Abs. 2 ZPO bestimmt, welcher Rechtspfleger die Forderung pfänden darf. Dort muss Cäsar Drittwiderspruchsklage erheben.

---

54 Vgl. § 400 BGB.

Ausnahmsweise kann ein örtlich unzuständiger Rechtspfleger gepfändet haben. In   455
diesem Fall ist nach dem Wortlaut des § 771 Abs. 1 ZPO in dessen Gerichtsbezirk Drittwiderspruchsklage zu erheben. Es kommt also darauf an, wo gepfändet wurde. Irrelevant ist, wo hätte gepfändet werden müssen.

In den meisten Drittwiderspruchsklausuren behauptet der Dritte, die gepfändete Sa-   456
che gehöre ihm. Hier ist für die Drittwiderspruchsklage das Gericht zuständig, in dessen Bezirk der Gerichtsvollzieher gepfändet hat. Dort musste der Gläubiger gemäß
§ 764 Abs. 2 ZPO seinen Pfändungsauftrag stellen.[55] Bei der Sachpfändung kommt es
nicht darauf an, wo Schuldner oder Gläubiger wohnen.

Klausurtipp

Man muss sich fragen: Wo sitzt das Vollstreckungsorgan, das die belastende
Vollstreckungsmaßnahme vorgenommen hat? Dort ist Drittwiderspruchsklage zu
erheben.

Sachliche Zuständigkeit

Ausgangsfall   457

Klageschrift vor dem Landgericht:
Klageantrag: Die Zwangsvollstreckung des Beklagten aus dem Urteil … in das Auto [genau
bezeichnet] wird für unzulässig erklärt.
Begründung: Der Beklagte hat gegen Herrn Müller eine Forderung in Höhe von 20.000 Euro.
Aufgrund der Forderung hat der Beklagte ein Urteil erstritten. Der Beklagte hat aufgrund des
Urteils gegen Herrn Müller ein Auto gepfändet. Das Auto hat einen Wert von 20.000 Euro. Es
war bereits vor der Pfändung an die Klägerin, die Sparkasse, sicherungsübereignet. Die
Sparkasse hatte nämlich eine Forderung gegen Herrn Müller. Das Auto ist noch nicht verstei-
gert. *Klageerwiderung:* Der Vortrag wird zugestanden. Nach Meinung des Beklagten ist das
Landgericht jedoch sachlich unzuständig.

? Wie wird das Gericht entscheiden?

✓ Das Landgericht wird der Klage stattgeben. Die Klage ist zulässig und begründet.
Die Klage ist als Drittwiderspruchsklage statthaft. Die Klägerin berühmt sich eines
die Veräußerung hindernden Rechts im Sinne von § 771 ZPO. Sie behauptet,
Eigentümerin zu sein. Das Sicherungseigentum ist Volleigentum. Es ist kein minder-
wertiges Eigentum, das einem Pfandrecht gleicht. Die Rüge der sachlichen Zustän-
digkeit geht ins Leere. Das Landgericht ist nach §§ 1 ZPO; 23 Nr. 1; 71 Abs. 1 GVG für
Streitwerte von über 5000 Euro zuständig. Der Streitwert beträgt 20.000 Euro.
Die Klage ist auch begründet. Die Klägerin ist unstreitig Sicherungseigentümerin.

---

55   Vgl. § 16 GVO.

458

> **Abwandlung 1**
>
> Wie Ausgangsfall (Rn. 457), aber der Beklagte hat nur eine titulierte Forderung in Höhe von 3000 Euro gegen Herrn Müller.

✅ Es fehlt die sachliche Zuständigkeit. Dies ergibt sich aus § 6 Satz 2 ZPO.[56] Nach den beiden Sätzen des § 6 ZPO ist immer der geringere Wert maßgebend; titulierte Forderung oder Wert des Vollstreckungsgegenstands. Beantragt der Kläger, den Rechtsstreit an das Amtsgericht zu verweisen, ist dem nachzukommen. Ansonsten ist die Klage als unzulässig abzuweisen.

❗ **Merke: § 6 ZPO muss man genau lesen. „Pfandrecht" ist das Pfändungspfandrecht gemäß § 804 Abs. 1 ZPO. Mit „Gegenstand des Pfandrechts" meint Satz 2 die titulierte Forderung.**

459

> **Abwandlung 2**
>
> Wie Ausgangsfall (Rn. 457), aber das Auto hat einen Wert von 3000 Euro.

✅ Der Fall ist über § 6 Satz 1 ZPO zu lösen. Das Landgericht ist sachlich unzuständig.

5.5.3 Rechtsschutzbedürfnis

460   Der dritte immer anzusprechende Punkt betrifft das Rechtsschutzbedürfnis. Der Interventionsrechtsinhaber soll nicht unnötig die Gerichte beschäftigen. Er darf erst klagen, wenn er betroffen ist. Grundsätzlich genügt nicht, dass ein Titel gegen den Schuldner existiert. Denn in der Regel ist unklar, in welchen Gegenstand der Gläubiger vollstrecken wird. So mag der Schuldner ein Haus haben, ein Bankkonto, ein Auto und ein Motorrad. Hat er sich die Spielkonsole des Dritten geliehen, wird der Gerichtsvollzieher sie möglicherweise nicht pfänden. Erst wenn der Gerichtsvollzieher das Pfandsiegel auf sie geklebt hat, darf der Dritte widersprechen.

Eine Ausnahme gilt für Herausgabetitel im Sinne der §§ 883; 885 ZPO. Hier ist der Dritte bei jeder Vollstreckung zwangsläufig betroffen. Eine weitere Ausnahme betrifft den Fall, dass der Schuldner offenkundig über kein pfändbares Vermögen verfügt. Er hat aber die Spielkonsole des Dritten geliehen. Auch in diesem Fall darf der Dritte Widerspruchsklage erheben, sobald der Titel existiert.

461   Das Rechtsschutzbedürfnis besteht, solange die Zwangsvollstreckung dauert. Während dieser Zeit sperrt die Drittwiderspruchsklage andere Klagen. Bei gepfändeten Sachen erlischt das Rechtsschutzbedürfnis, wenn der Gerichtsvollzieher den Erlös auskehrt. Hingegen genügt grundsätzlich nicht, dass er die Sache versteigert hat.[57] Denn das Recht an der Sache setzt sich am Erlös fort (§ 1247 Satz 2 BGB analog).[58] Man nennt dies dingliche Surrogation.

---

56 BGH, Beschl. v. 19.01.1983 – VIII ZR 277/82, Rn. 1.
57 § 816 ZPO.
58 RGZ 156, 395 (399).

In manchen Zwangsvollstreckungskonstellationen wird der Erlös hinterlegt (z. B. nach § 827 Abs. 2 ZPO).[59] Auch hier ist die Zwangsvollstreckung noch nicht beendet. Der Gläubiger hat das Geld noch nicht erhalten. Die Drittwiderspruchsklage bleibt zulässig.[60]

Klausurtipp

In diesen Konstellationen darf ein Rechtsanwalt die Drittwiderspruchsklage keinesfalls für erledigt erklären. Er sollte unverändert an ihr festhalten.

Mit gepfändetem Bargeld muss der Gerichtsvollzieher prinzipiell nach den gleichen Regeln verfahren wie mit dem Versteigerungserlös. Es gelten lediglich die nachfolgend genannten Besonderheiten.   462

Gemäß § 808 Abs. 2 ZPO darf der Gerichtsvollzieher beim Schuldner Geld pfänden. Nach § 815 Abs. 1 ZPO hat der Gerichtsvollzieher es dem Gläubiger abzuliefern. Beide Vorschriften meinen nur Bargeld.[61] Geld auf einem Konto pfändet der Rechtspfleger in einem Pfändungs- und Überweisungsbeschluss.

An Bargeld erwirbt der Gläubiger Eigentum, wenn der Gerichtsvollzieher es ihm abliefert. Es handelt sich nicht um eine Übereignung nach § 929 BGB. Vielmehr weist der Gerichtsvollzieher dem Gläubiger Eigentum originär kraft Hoheitsakts zu. Ob der Gläubiger bösgläubig ist oder das Geld gestohlen war, ist irrelevant. Entsprechendes gilt, wenn der Gerichtsvollzieher das Geld dem Gläubiger über sein Dienstkonto überweist. Auch dies ist eine Form der Ablieferung. Die Ablieferung nach § 815 Abs. 1 ZPO hat die gleichen Wirksamkeitsvoraussetzungen wie die Ablieferung der versteigerten Sache nach § 817 Abs. 2 ZPO.[62] Es fehlt lediglich die Versteigerung. War die Verstrickung beispielsweise aufgehoben, muss der Gläubiger das Geld zurückgeben. Bei Bargeld hat der Gerichtsvollzieher ihm kein Eigentum, bei einer Überweisung kein Behaltensrecht zugewiesen.

Ist die Zuweisung wirksam, erlischt die Forderung des Gläubigers mit Zahlungseingang bei ihm. Das ergibt sich aus § 362 Abs. 1 BGB analog. Vorher dauert die Zwangsvollstreckung noch an. Das bedeutet, ein potentieller Berechtigter darf bis zur wirksamen Ablieferung Drittwiderspruchsklage erheben.

🛈 **Merke: Bei gepfändetem Geld besteht bis zu seiner Ablieferung ein Rechtsschutzbedürfnis für eine Drittwiderspruchsklage.**

Nur ausnahmsweise muss der Gerichtsvollzieher nach § 815 Abs. 2 ZPO gepfändetes Geld hinterlegen. Dazu muss ein Dritter behaupten, es stehe ihm zu.[63] Er muss nach § 815 Abs. 2 Satz 2 ZPO eine einstweilige Anordnung nach §§ 771 Abs. 3; 769 ZPO beibringen.[64] Die in § 815 Abs. 2 Satz 2 ZPO genannte Zweiwochenfrist ist missverständ-   463

---

59 Weitere Beispiele: §§ 95 Abs. 12; 119 Abs. 5 GVGA; siehe näher unten Rn. 489.
60 BGHZ 72, 334, juris Rn. 14; Kliebisch, JuS 2013, 316 (316).
61 Für ausländisches Geld gilt § 821 ZPO.
62 Siehe oben Rn. 430.
63 Vgl. § 87 Abs. 3 GVGA.
64 Näher zur einstweiligen Anordnung unten.

lich. Sie ist keine Ausschlussfrist. Vielmehr gebietet sie dem Gerichtsvollzieher nur, mit der Auszahlung mindestens zwei Wochen zu warten. In der Klausur ist die Frist möglicherweise verstrichen. Für die Zulässigkeit der Drittwiderspruchsklage ist das irrelevant. Es kommt lediglich darauf an, ob der Gläubiger das Geld bereits erhalten hat. Bis dahin besteht ein Rechtsschutzbedürfnis.

464   In manchen Drittwiderspruchsklausuren ist eine Zwangsvollstreckung teilweise beendet. Dann erlischt das Rechtsschutzbedürfnis nur insoweit.

Beispiel

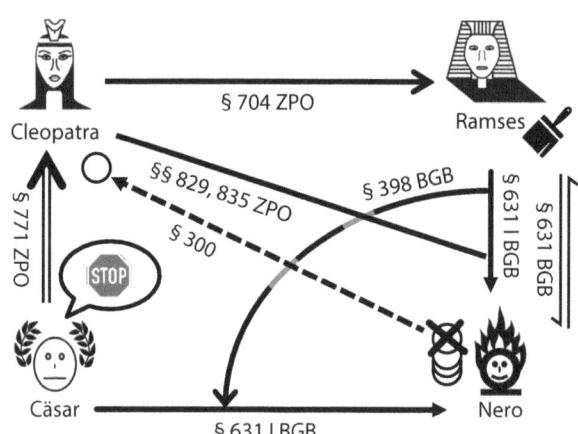

Ramses ist Maler. Cleopatra hat einen Titel gegen ihn. Sie pfändet einen Werklohnanspruch gegen Ramses Kunden Nero. Dabei erklärt sie im Pfändungsantrag, Ramses Forderung habe eine Höhe von 1000 Euro. Nero zahlt an Cleopatra 300 Euro. Cäsar behauptet, Ramses habe ihm vor der Pfändung den Werklohnanspruch von 1000 Euro abgetreten. Hier darf Cäsar nur noch in Höhe von 700 Euro Drittwiderspruchsklage erheben. Denn wegen der restlichen 300 Euro kann er mit der Drittwiderspruchsklage nichts mehr erreichen. Sie kommt zu spät. Schließlich dient sie dazu, die Zahlung an Cleopatra zu stoppen. Wegen der 300 Euro gibt es nichts mehr zu stoppen. An wen Cäsar sich wegen der weiteren 300 Euro wenden kann, wird an späterer Stelle zu erörtern sein.

Klausurtipp

In den meisten Klausuren genügt folgende Formulierung: „Das Rechtsschutzbedürfnis für eine Drittwiderspruchsklage besteht, sobald die Zwangsvollstreckung in den Gegenstand begonnen hat oder zumindest konkret droht. Es endet, wenn die Zwangsvollstreckung in den Gegenstand vollständig abgeschlossen ist." Wenn das Rechtsschutzbedürfnis aber problematisch ist, ist es ausführlich zu erörtern.

5.5.4 Ordnungsgemäßer Antrag

Der Klageantrag lautet bei der Drittwiderspruchsklage üblicherweise: 465

> Die Zwangsvollstreckung des Beklagten aus dem ... [Titel] in ... [Vollstreckungs-gegenstand] wird für unzulässig erklärt.

Zuweilen ist ein Klageantrag als Drittwiderspruchsklage auszulegen.[65] In der Klausur   466
wird der Dritte möglicherweise beantragen, den gepfändeten Gegenstand „freizuge-ben", „auszusondern" oder Ähnliches. Hier sollte der Bearbeiter die Klage nicht für un-zulässig erklären. Konsequenz wäre nämlich, dass die restliche Prüfung im Hilfsgut-achten zu fertigen wäre. Das möchte der Klausurersteller nicht.

> **Klausurtipp**
>
> Es kann nicht oft genug wiederholt werden: Wer ein Hilfsgutachten fertigen muss, sollte seine Lösung überdenken.

5.6 Begründetheit

> Map 5.4

5.6.1 Schema

Man muss sich unbedingt merken, dass die Begründetheit der Drittwiderspruchsklage   467
aus zwei Prüfungspunkten besteht:

ⓘ Prüfungsschema Begründetheit Drittwiderspruchsklage
  1.) Inhaberschaft eines die Veräußerung hindernden Rechts
  2.) Keine unzulässige Rechtsausübung des Dritten

Beim ersten Prüfungspunkt ist zu klären, ob der Kläger Eigentümer, Forderungsinhaber oder Ähnliches ist.
 Beim zweiten Punkt prüft man, ob der Dritte oder der Gegenstand für die titulierte Forderung mithaften. Dann muss der Dritte die Zwangsvollstreckung in seinen Gegen-stand nämlich dulden. Dieser Gedanke rechtfertigt sich grundsätzlich aus § 242 BGB.

---

65 Z. B. Gomille, JA 2013, 894 (896).

5.6.2 Bestehen eines die Veräußerung hindernden Rechts

468   Ein Klausurschwerpunkt ist immer die Frage, ob dem Dritten das vermeintliche Recht am Vollstreckungsgegenstand zusteht.

> **Klausurtipp**
>
> Der Klausurbearbeiter sollte den Sachverhalt nach allen Interventionsrechten absuchen. Möglicherweise greift ein anderes als das, auf das der Dritte sich beruft. Zur Kontrolle kann man sich überlegen: Greift der Gläubiger auf Positionen zu, die dem Schuldner nicht zustehen?

Eigentum

❯ Map 5.4

469   Klassiker des veräußerungshindernden Rechts ist das Eigentum. Schwerpunktmäßig sind dann meist Übereignungen zu prüfen. Die Drittwiderspruchsklage ist nur der Klausureinstieg.

Beispiel

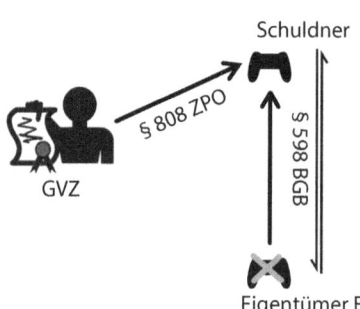

Eigentümer E leiht dem Schuldner eine Spielekonsole. Der Gerichtsvollzieher pfändet sie beim Schuldner. E kann Drittwiderspruchsklage erheben. Er war Eigentümer. Durch den Leihvertrag hat er sein Eigentum nicht verloren. Dieser wirkt nur schuldrechtlich. Auf die Drittwiderspruchsklage bekommt E seine Sache zurück.

So einfach sind Examensklausuren freilich nicht. Normalerweise stellt sich in der Eigentumsprüfung mindestens ein Rechtsproblem. Zum Beispiel muss der Bearbeiter prüfen, ob eine Einigung im Sinne von § 929 BGB wirksam ist.

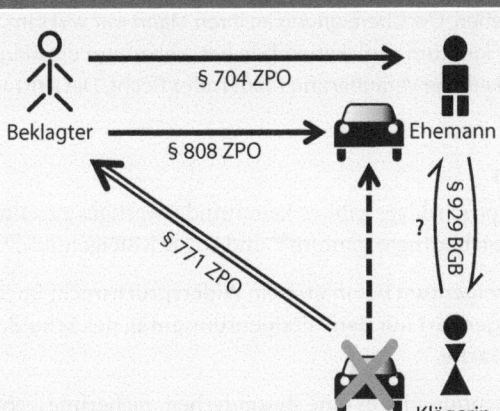

§ 704 ZPO

Beklagter

§ 808 ZPO

Ehemann

§ 771 ZPO

§ 929 BGB

?

Klägerin

Dem Amtsgericht liegt eine Klageschrift vor. Der Klageantrag lautet: Die Zwangsvollstreckung des Beklagten aus dem … [Titel] in …[genau bezeichnetes Auto] wird für unzulässig erklärt. Zum Sachverhalt führt die Klägerin Folgendes aus: „Der Beklagte hat einen Zahlungstitel über 4000 Euro gegen den Ehemann der Klägerin. Der Beklagte ließ ein Auto pfänden, das der Ehemann alleine benutzt. Im KFZ-Brief (Zulassungsbescheinigung Teil II) war früher die Klägerin eingetragen, später der Ehemann.

Die Klägerin hat ihrem Mann anlässlich der Umschreibung sämtliche Fahrzeugschlüssel ausgehändigt. Sie hat den Wagen seinerzeit aber nur deshalb ihrem Mann übereignet, damit sie die Haftpflichtversicherung vorzeitig kündigen konnte."

Zur Rechtslage trägt die Klägerin Folgendes vor: „Die Übereignung war ein nichtiges Scheingeschäft."

In der Klageerwiderung gesteht der Beklagte den Sachvortrag zu. Die Klage sei gleichwohl unbegründet. Die Klägerin sei keine Eigentümerin mehr. Sie habe den Wagen wirksam an ihren Ehemann übereignet. Insbesondere sei die Übereignung kein nichtiges Scheingeschäft.

❓ Ist die Klage begründet?

✅ Die Drittwiderspruchsklage ist begründet, wenn dem Kläger ein die Veräußerung hinderndes Recht zusteht. Eigentum ist ein die Veräußerung hinderndes Recht. Ursprünglich war die Klägerin Eigentümerin. Sie könnte das Auto nach § 929 BGB ihrem Mann übereignet haben. § 929 BGB setzt eine Einigung voraus. Die Einigung könnte nach § 117 Abs. 1 BGB als Scheingeschäft unwirksam sein. Nach § 117 BGB ist eine empfangsbedürftige Willenserklärung nichtig, die mit dessen Einverständnis des Empfängers nur zum Schein abgegeben wird. Die Klägerin hielt den Eigentumswechsel für nötig, um die Haftpflichtversicherung vorzeitig zu kündigen. Damit war er ernstlich gewollt. Die Voraussetzungen des § 117 Abs. 1 BGB lagen nicht vor. Die Klägerin behauptet nicht, der Wagen gehöre noch ihr. Sie meint das nur. Auf die Umschreibung im KFZ-Brief kommt es im vorliegenden Fall nicht mehr an.⁶⁷ Indem sie ihrem Mann die

---

66 Nach BGH, Urt. v. 26.11.1975 – VIII ZR 112/74 = NJW 1976, 238.
67 Vgl. LG Coburg, Urt. v. 04.06.2013 – 23 O 246/12.

Fahrzeugschlüssel ausgehändigt hat, hat die Klägerin den Wagen auch im Sinne von § 929 BGB übergeben. Die Übereignung an ihren Mann war wirksam.

Dass sie das Eigentum zurückerworben hat, behauptet die Klägerin nicht. Also hat die Klägerin kein die Veräußerung hinderndes Recht. Die Drittwiderspruchsklage ist unbegründet.

Eigentumsarten

471   Für die Drittwiderspruchsklage gibt es kein minderwertiges Eigentum. Es genügt Vorbehaltseigentum,[68] Sicherungseigentum[69] und sogar Miteigentum.[70]

> 🛈 Merke: Auch Miteigentum beinhaltet ein Widerspruchsrecht im Sinne von § 771 ZPO. Der Gläubiger darf nur den Miteigentumsanteil des Schuldners pfänden, nicht die ganze Sache.

472   Beim Sicherungseigentum gibt es eine Besonderheit. Sicherungsgeber ist üblicherweise der Kreditnehmer. Sicherungsnehmer ist im Normalfall die Bank. Der Kreditnehmer übereignet der Bank etwa sein Auto als Sicherheit für ein Darlehen. Pfänden seine Gläubiger das Auto, darf die Bank grundsätzlich Drittwiderspruchsklage erheben. Das Auto gehört ihr.

Das Sicherungseigentum unterscheidet sich aber vom normalen Eigentum. Die Übereignung soll nämlich nicht dauerhaft erfolgen. Vielmehr soll sie nur das Darlehen sichern. Die Bank möchte ihr Geld zurück. Am liebsten dadurch, dass ihr Kunde das Darlehen zurückzahlt. Notfalls, indem sie das Auto verkauft. Im Idealfall zahlt der Kunde das Darlehen pünktlich zurück. Dann muss die Bank ihm nach dem Sicherungsvertrag das Auto zurückübereignen. Manche nennen diesen Vertrag Sicherungsabrede. Jedenfalls darf die Bank das Auto nicht behalten. Ihr Eigentum ist eine leere Hülse. Deshalb wäre es ungerecht, wenn die Bank zu diesem Zeitpunkt noch Drittwiderspruchsklage erheben dürfte. Immerhin gehört das Auto wirtschaftlich wieder dem Kunden. Es fehlt lediglich ein formaler Akt – die Willenserklärung der Bank nach § 929 BGB. Diese abzugeben ist die Bank nach dem Sicherungsvertrag jedoch verpflichtet. Ist das Darlehen nichtig, kann sie sich ebenfalls nicht auf ihr Sicherungseigentum berufen. Bei der Drittwiderspruchsklage kann also eine Eigentümerstellung dazu führen, dass in der Begründetheit der Darlehensvertrag zu prüfen ist.

> 🛈 Merke: Für die Begründetheit ihrer Drittwiderspruchsklage genügt nicht, dass die Bank Sicherungseigentümerin ist. Sie muss im Prozess auch darlegen und notfalls beweisen, dass sie noch einen Anspruch auf Rückzahlung des Darlehens hat.[71]

---

68 BGHZ 54, 214, juris Rn. 20; Helms/Zeppernick, Sachenrecht I, 2016, Rn. 249 (str.).
69 Siehe bereits oben Rn. 448.
70 Schleswig-Holsteinisches OLG, Urt. v. 05.05.1988 – 7 U 25/86 = FamRZ 1989, 88. Formulierungsvorschlag oben Rn. 441.
71 OLG Düsseldorf, Beschl. v. 19.04.1993 – 11 W 10/93; LG Köln, Urt. v. 11.03.1981 – 13 S 281/80 = MDR 1981, 592; in diesem Sinne auch auf vorprozessualer Ebene: OLG München, Beschl. v. 26.01.1990 – 25 W 3441/89, juris Rn. 3.

Nur selten praxisrelevant wird die Konstellation, in der Gläubiger des Geldgebers das   473
Auto pfänden.[72] Der Vollständigkeit halber sei erwähnt, dass auch diese Situation wirtschaftlich zu betrachten ist.[73] Das Auto gehört wirtschaftlich dem Kreditnehmer, solange er seine Raten pünktlich zahlt. Er darf also Drittwiderspruchsklage erheben,
wenn ein Gläubiger der Bank das Auto pfändet. Sobald die Bank das Auto nach dem
Sicherungsvertrag verwerten darf, steht es ihr zu. Ab diesem Zeitpunkt dürfen ihre
Gläubiger es pfänden. Der Kreditnehmer kann nicht mehr im Sinne von § 771 ZPO
widersprechen.

Laienhaft ausgedrückt ist damit eine sicherungsübereignete Sache für Außenste-   474
hende unpfändbar, wenn der Bankkunde das Darlehen pünktlich bedient. Die Gläubiger des Bankkunden können aber dessen künftigen Rückübertragungsanspruch pfänden. Er folgt aus dem Sicherungsvertrag. Danach muss die Bank ihm das Eigentum
zurückübertragen, wenn er seine Schuld vollständig beglichen hat. Es handelt sich um
eine Forderungspfändung.

Eigentumserwerb nach relativem Veräußerungsverbot

Klausurträchtig ist auch folgende Situation: Die Sache gehört dem Vollstreckungs-   475
schuldner. Der Gläubiger pfändet sie. Dann veräußert der Schuldner sie an den Dritten. Von der Pfändung sagt er nichts. Hier kommt es darauf an. Der Schuldner hat
gegen das relative Veräußerungsverbot aus § 135 Abs. 1 i. V. m. § 136 BGB verstoßen.[74] Pfändet der Gerichtsvollzieher eine Sache des Schuldners, darf der Schuldner
über sie nicht mehr verfügen. Der Gerichtsvollzieher überträgt die Verfügungsbefugnis auf den Staat. Es gelten aber über § 135 Abs. 2 BGB die §§ 932 ff. BGB. Der Dritte
kann die Sache also gutgläubig erwerben. Die Pfändung darf sich ihm nicht aufdrängen. Dafür muss normalerweise das Pfandsiegel abgefallen sein. Alternativ kann der
Schuldner es entfernt haben.[75] Bei § 935 BGB kommt es auf den Besitz des Schuldners
an, nicht auf den des Gerichtsvollziehers. Gibt der Schuldner also die Sache dem Dritten freiwillig, kommt sie nicht im Sinne von § 935 BGB abhanden. Nach § 936 BGB
erwirbt der Dritte pfandfreies Eigentum. Er kann darauf seine Drittwiderspruchsklage stützen.

---

72 Helms/Zeppernick, Sachenrecht I, 2016, Rn. 290.
73 BGHZ 72, 141, juris Rn. 7; OLG Karlsruhe, Urt. v. 09.02.1977 – 6 U 106/76, juris Rn. 17.
74 Zu § 136 StGB siehe unten Rn. 1219.
75 Vgl. RGZ 161, 109 (114).

476

Fall

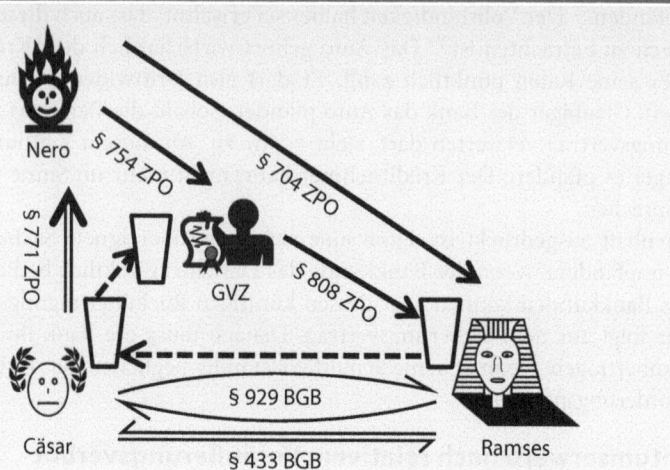

Nero hat gegen Ramses ein Zahlungsurteil über 5000 Euro erstritten. Nero beauftragt den Gerichtsvollzieher, bei Ramses bewegliche Sachen zu pfänden. Der Gerichtsvollzieher pfändet eine wertvolle Vase. Er lässt sie in Ramses Wohnung. Ramses will sich vom Gerichtsvollzieher nichts sagen lassen. Er löst eigenmächtig das Pfandsiegel ab. Dann verkauft er Cäsar die Vase. Von der Pfändung sagt er nichts. Beide einigen sich über den Eigentumsübergang. Ramses übergibt Cäsar die Vase. Einige Wochen später möchte der Gerichtsvollzieher die Vase bei Ramses abholen. Ramses berichtet ihm grinsend von der Veräußerung. Der Gerichtsvollzieher reagiert entsetzt. Er ruft Cäsar an und klärt diesen über die Pfändung auf. Cäsar ist sich unsicher. Er gibt dem Gerichtsvollzieher freiwillig die Vase. Er behält sich jedoch vor, Rechtsmittel einzulegen. Cäsar erhebt Drittwiderspruchsklage gegen Nero. Cäsar meint, die Vase gehöre ihm.

❓ Ist die Drittwiderspruchsklage begründet?

✅ Lastenfreier Eigentumserwerb

Die Drittwiderspruchsklage ist gemäß § 771 ZPO begründet, wenn Cäsar ein die Veräußerung hinderndes Recht zusteht. Das Eigentum ist ein die Veräußerung hinderndes Recht. Fraglich ist also, wem die Vase gehörte. Ursprünglich gehörte sie nach der unwiderlegten Vermutung des § 1006 Abs. 2 BGB Ramses. Durch die Pfändung änderten sich die Eigentumsverhältnisse nicht. Die Pfändung begründet nur ein Pfändungspfandrecht (§ 804 Abs. 1 ZPO).

477   **Gutgläubiger Erwerb.** Ramses könnte die Vase nach § 929 Satz 1 BGB an Cäsar übereignet haben. Beide haben sich über den Eigentumsübergang geeinigt. Auch hat Ramses die Vase übergeben. Problematisch ist, dass Ramses nicht verfügungsberechtigt war. Indem er eine Sache pfändet, verbietet der Gerichtsvollzieher nämlich dem Schuldner, über die Sache zu verfügen. Dies ergibt sich aus den §§ 135; 136 BGB. Ramses hat das Pfandsiegel zwar abgelöst. Dadurch entzog er die Sache aber nicht der Pfändung.[76] Diesen hoheitlichen Akt kann nur der Gerichtsvollzieher

---

76   RGZ 161, 109 (114).

aufheben. Ramses hat lediglich das Erkennungszeichen der Pfändung entfernt. Jedoch finden nach § 135 Abs. 2 BGB die §§ 932 ff. BGB bei einer Pfändung entsprechende Anwendung. Das bedeutet, ein Dritter kann vom Schuldner die gepfändete Sache gutgläubig erwerben. Der gute Glaube muss sich auf die Pfandfreiheit beziehen. Cäsar konnte die Pfändung nicht erkennen. Somit war er gemäß § 932 Abs. 2 BGB gutgläubig.

Problematisch ist, ob die Sache gemäß § 935 BGB abhandengekommen ist. Abhandenkommen meint unfreiwilligen Verlust des unmittelbaren Besitzes. Der Verlust des Mitbesitzes genügt.[77]

§ 935 Abs. 1 Satz 1 BGB. § 935 Abs. 1 Satz 1 BGB stellt darauf ab, ob die Sache dem Eigentümer abhandengekommen ist. Wie ausgeführt, blieb Ramses trotz der Pfändung Eigentümer. Er hat Cäsar freiwillig den unmittelbaren Besitz verschafft. Somit ist die Vase dem Eigentümer nicht abhandengekommen.

§ 935 Abs. 1 Satz 2 BGB. § 935 Abs. 1 Satz 2 BGB lässt das Abhandenkommen beim unmittelbaren Besitzer genügen, wenn der Eigentümer nur mittelbarer Besitzer war. § 935 BGB soll den Eigentümer schützen.[78] Er ist nicht schützenswert, wenn er selbst die Sache freiwillig weggibt. Der Wortlaut des § 935 Abs. 1 Satz 2 BGB ist daher teleologisch zu reduzieren, falls der Eigentümer die Sache freiwillig weggibt.[79] Ramses hat als Eigentümer die Vase freiwillig weggegeben. Schon von daher scheitert ein Abhandenkommen nach § 935 Abs. 1 Satz 2 BGB.

§ 935 Abs. 1 BGB analog. Analog § 935 Abs. 1 Satz 2 BGB kann aber dem Inhaber eines Pfandrechts eine Sache abhandenkommen. Dazu muss der Pfandrechtsinhaber unmittelbarer Besitzer sein. Außerdem muss der Eigentümer dem Pfandrechtsinhaber gegen dessen Willen den unmittelbaren Besitz entziehen.[80] Dann erhält der gutgläubige Erwerber zwar das Eigentum. Es bleibt aber mit dem Pfandrecht belastet.

Angenommen also, Nero oder der Gerichtsvollzieher waren unmittelbare Besitzer. Dann hätte Ramses ihren unmittelbaren Besitz gegen ihren Willen zerstört. Folglich hätte Cäsar nur mit einem Pfandrecht belastetes Eigentum erworben. Konsequenterweise könnte er sich nicht gegen die Versteigerung wehren. Seine Drittwiderspruchsklage wäre unbegründet.

Das wirft die Frage auf, welche Besitzpositionen die Beteiligten hatten. Pfändet 478
der Gerichtsvollzieher eine Sache, lässt er sie regelmäßig nach § 808 Abs. 2 ZPO im Gewahrsam des Schuldners. Die Besitzverhältnisse ändern sich wie folgt:

Mittelbarer Besitz. Der Gerichtsvollzieher wird mittelbarer Fremdbesitzer erster Stufe. Der Schuldner mittelt ihm den Besitz, solange er die Pfändung anerkennt. Der Gläubiger wird mittelbarer Fremdbesitzer zweiter Stufe (§ 871 BGB). Denn der Gerichtsvollzieher hat in seinem Auftrag gepfändet.

---

77 BGHZ 199, 227, Rn. 18.
78 Temming, JuS 2018, 108 (109).
79 BGHZ 199, 227, Rn. 22; Temming, JuS 2018, 108 (112).
80 BGHZ 57, 166, juris Rn. 10; Staudinger/Wiegand, BGB, 2017 § 935, Rn. 13.

Unmittelbarer Besitz. Der Schuldner ist zugleich unmittelbarer Fremdbesitzer. Unmittelbarer Besitzer ist er weil sich die Sache räumlich bei ihm befindet. Er ist nicht nur Besitzdiener. Es fehlt an einem sozialen Abhängigkeitsverhältnis. Außerdem ist er nicht weisungsgebunden. Vielmehr darf er grundsätzlich die gepfändete Sache nach eigenem Gutdünken weiterbenutzen. Fremdbesitzer ist er, solange er die Sache für den Gerichtsvollzieher aufbewahrt. Demgegenüber sind weder der Gerichtsvollzieher noch der Gläubiger unmittelbare Besitzer. Ihnen fehlt die räumliche Nähebeziehung (vgl. § 854 Abs. 1 BGB).

Folge. Ramses hat als Eigentümer und alleiniger unmittelbarer Besitzer die Vase freiwillig weggegeben. Somit ist sie nicht abhandengekommen. Deshalb hat Cäsar sie gutgläubig erworben. Gemäß §§ 135; 136; 936 BGB hat er das Pfändungspfandrecht gutgläubig wegerworben.

Cäsar hat seine Rechtspositionen nicht wieder verloren. Er ist nach wie vor lastenfreier Eigentümer.

Die Drittwiderspruchsklage ist folglich begründet.

> 🛑 **Merke: Regelmäßig lässt der Gerichtsvollzieher das Pfandobjekt beim Schuldner. Dann ist dieser nicht bloßer Besitzdiener. Vielmehr bleibt er unmittelbarer Besitzer.**

Geld und Schmuck nimmt der Gerichtsvollzieher mit in seine Pfandkammer (vgl. § 808 Abs. 2 ZPO). Die Besitzverhältnisse stellen sich dann wie folgt dar: Der Gerichtsvollzieher ist unmittelbarer Fremdbesitzer. Er mittelt in erster Linie dem Gläubiger den Besitz. Denn der Versteigerungserlös soll primär dem Gläubiger zugutekommen. Der Gläubiger ist daher mittelbarer Fremdbesitzer erster Stufe. Der Schuldner ist mittelbarer Eigenbesitzer zweiter Stufe.[81] Denn möglicherweise zieht der Gläubiger seinen Pfändungsauftrag zurück. In diesem Fall möchte der Schuldner mit der Sache wieder wie ein Volleigentümer verfahren.

479   **Leasing**

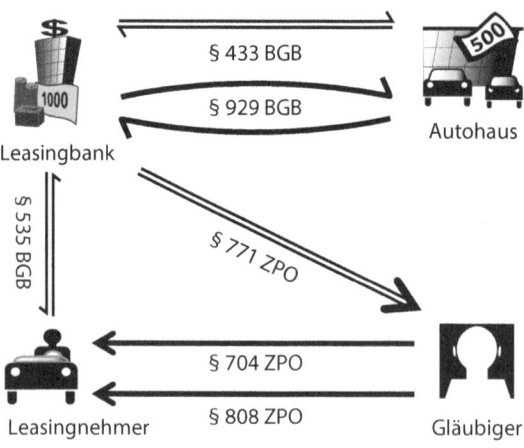

81   BGHZ 39, 97, juris Rn. 6.

> **Map 5.5**

Mit dem Sicherungseigentum verwandt sind Leasingkonstellationen. Sollte es in einer Klausur um Leasing gehen, kann man ruhig bleiben. Es stellen sich altbekannte Probleme im modernen Kleid.

Beim Finanzierungsleasing sind drei Personen beteiligt. Der Leasinggeber, der Leasingnehmer und der Veräußerer. Der Leasinggeber ist normalerweise eine Bank. Veräußerer ist regelmäßig ein Autohaus. Es unterhält zur Bank geschäftliche Kontakte. Zuweilen sind beide Unternehmen wirtschaftlich verflochten. Beispiele findet man, indem man im Internet den Namen einer beliebigen Automarke mit dem Zusatz „Bank" eingibt. Dies sind die Leasingbanken. Der Leasingnehmer sucht das Auto im Autohaus aus. Die Leasingbank erwirbt es für ihn. Es gehört also ihr. Sie vermietet es an den Leasingnehmer. Der Leasingvertrag läuft normalerweise mehrere Jahre. Die Leasingraten sind so hoch, dass der Leasingnehmer am Ende den Kaufpreis abbezahlt hat. Der Leasingnehmer kann ein Privatmann sein. Häufig handelt es sich jedoch um Selbstständige. Leasing hat steuerliche Gründe.[82] Rechtlich schließen Leasinggeber und Leasingnehmer einen atypischen Mietvertrag.[83]

Angenommen, der Leasingnehmer hat Schulden. Sein Gläubiger pfändet das Auto. Dann kann die Leasingbank Drittwiderspruchsklage erheben. Denn sie ist Eigentümerin. Legt der Leasingnehmer dem Gerichtsvollzieher den Leasingvertrag vor, kann die Bank außerdem Erinnerung einlegen. Denn ihr Eigentum ist für den Gerichtsvollzieher evident.[84]

Anwartschaftsrecht

Auch das Anwartschaftsrecht ist ein Interventionsrecht.[85] Allerdings kann der Käufer nur verbieten, den Gegenstand zu verwerten. Gegen die Pfändung kann er sich nicht wehren.

480

Beispiel

Ein Großunternehmer verkauft dem Inhaber eines Elektroladens eine Waschmaschine unter Eigentumsvorbehalt. Der Ladeninhaber zahlt den Kaufpreis nicht. Er stellt fest, dass die Maschine kaputt ist. Deshalb schickt er sie an den Großunternehmer zur Reparatur zurück. Dort pfändet sie ein Gläubiger des Großunternehmers. Wirtschaftlich und rechtlich gehört die Maschine noch dem Großunternehmer. Der Ladeninhaber hat nur ein Anwartschaftsrecht. Versteigert der Gerichtsvollzieher die Maschine, würde es erlöschen. § 161 BGB schützt den Ladeninhaber nicht. Nach dieser Vorschrift sind Zweitverfügungen des Vorbehaltsverkäufers unwirksam. Ihr Wortlaut setzt voraus, dass jemand „verfügt". Der Gerichtsvollzieher verfügt nicht. Vielmehr versteigert er Sachen hoheitlich.[86] Somit würde der Großunternehmer das Anwartschaftsrecht des Ladeninhabers verletzen, wenn er die Maschine versteigern lässt. Folglich kann der Ladeninhaber der Versteigerung widersprechen. Es gelten aber die §§ 772; 773 ZPO analog. Der Anwartschaftsinhaber kann

---

82 BGHZ 71, 196, juris Rn. 22; näher Löhnig/Gietl, JuS 2009, 491 (492); vgl. auch § 39 Abs. 2 Nr. 1 AO.
83 BGHZ 68, 118, juris Rn. 15; 82, 121, juris Rn. 26; 114, 57, juris Rn. 28.
84 Näher zum evidenten Dritteigentum unten Rn. 726.
85 BGHZ 20, 88, juris Rn. 24 und 28; 55, 20, juris Rn. 45; Leible/Sosnitza, JuS 2001, 341 (346); Hoffmann, JuS 2016, 289 (291).
86 RGZ 156, 395 (398).

die Pfändung nicht verhindern. Immerhin sind dem Vorbehaltsverkäufer Rechte verblieben. Auf sie müssen seine Gläubiger zugreifen dürfen. Der Anwartschaftsberechtigte kann nach h. M. nur verhindern, dass der Gerichtsvollzieher die Sache versteigert.[87]

Das Widerspruchsrecht des Käufers endet, wenn der Vorbehaltsverkäufer die Sache verwerten darf. So ist es, wenn der Inhaber des Elektroladens den Kaufpreis nicht innerhalb einer vereinbarten Frist zahlt. Umgekehrt kann der Käufer Drittwiderspruchsklage gegen die *Pfändung* erheben, wenn er den Restkaufpreis zahlt. Denn dann wird er Eigentümer.

481   Nicht zu verwechseln ist das eben erörterte Problem mit dem Streit, wie das Anwartschaftsrecht zu pfänden ist. Er wird weiter unten behandelt.

Nicht: Besitz

482   Der Besitz ist kein die Veräußerung hinderndes Recht. Er stellt nur eine tatsächliche Position dar. Lediglich das Recht zum Besitz kann ein Interventionsrecht beinhalten. Das gilt auch für den mittelbaren Besitzer. Korrekt gesprochen wurzelt das Interventionsrecht aber im Schuldrecht.[88]

Beispiel

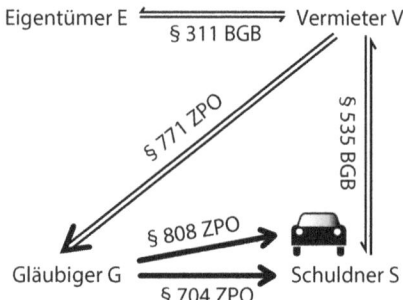

E ist Eigentümer eines Autos. Von Vermietungen hat er keine Ahnung. Daher erlaubt er V, das Auto auf eigene Rechnung zu vermieten. V vermietet es S. G pfändet es bei S. V kann widersprechen. Denn § 546 BGB gibt ihm einen Rückgabeanspruch gegen S. V ist befugt, die Früchte des Autos zu ziehen. Somit gehört es wirtschaftlich ihm.

Noch weiter ist ein Dritter geschützt, der unmittelbarer Besitzer ist.

Beispiel

S gibt V das Auto zurück. G will es bei V pfänden. V kann einer Sachpfändung nach § 809 ZPO widersprechen. Er bedarf regelmäßig keiner Drittwiderspruchsklage. Angenommen, der Gerichtsvollzieher ignoriert den Widerspruch des V. Dann kann V Erinnerung nach § 766 Abs. 1 ZPO einlegen.[89]

---

87 BGHZ 55, 20, juris Rn. 45: „Verwertung"; Wolf/Lange, JuS 2003, 1180 (1183); Gomille, JA 2013, 894 (899); Jäckel, JA 2010, 357 (360).
88 OLG Rostock, Urt. v. 06.05.2004 – 1 U 183/02, juris Rn. 22.
89 Näher unten Rn. 888.

Forderungsinhaberschaft

Auch eine Forderung kann ein die Veräußerung hinderndes Recht sein. Vereinfacht ge-   483
sprochen wirft der Dritte dem Gläubiger vor: „Du hast meine Forderung gepfändet!"

Beispiel[90]

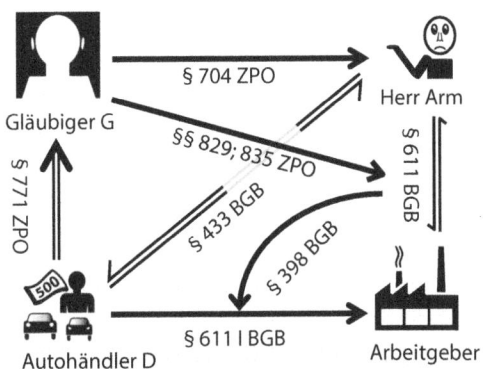

Herr Arm kauft im Januar bei Autohändler D für 1000 Euro ein Auto. Er bittet D, den Kaufpreis erst im Juni zahlen zu müssen. D ist einverstanden. Allerdings möchte D eine Sicherheit. Aus diesem Grund tritt Herr Arm individualvertraglich dem D den pfändbaren Teil
seiner Monatsgehälter im Voraus ab. Die Abtretung soll ab Juli wirksam werden. Die
Obergrenze von 1000 Euro soll eingehalten bleiben. Hier kann D vom Arbeitgeber Zahlung des jeweiligen Gehalts an sich verlangen, soweit es die in § 850c ZPO genannten
Beträge überschreitet. Im Juli erwirkt Gläubiger G gegen Herrn Arm ein Zahlungsurteil.
Infolge des Urteils beantragt G beim Rechtspfleger nach §§ 829; 835 ZPO einen Pfän-
dungs- und Überweisungsbeschluss. G pfändet darin ebenfalls den pfändbaren Teil des
Gehalts.

 D läuft Gefahr, dass der Arbeitgeber an G zahlt. Ob eine solche Zahlung die Forderung
gemäß § 362 Abs. 1 BGB zum Erlöschen bringen würde, richtet sich nach § 408 Abs. 2, 1.
Alt. i. V. m. § 407 Abs. 1 BGB. Maßgeblich ist, ob der Arbeitgeber von der Abtretung weiß,
wenn er an den Gläubiger zahlt. Unabhängig von der Erfüllungswirkung kann D mit Erfolg Drittwiderspruchsklage erheben. Der pfändbare Teil des Gehalts steht ihm zu. D ist
Inhaber der Forderung. Die Pfändung ging ins Leere. Bei Verfügungen gilt nämlich das
Prioritätsprinzip.[91] Dieses lässt sich §§ 804 Abs. 3 ZPO; 1209; 1273 Abs. 2 BGB entnehmen.[92] Für das Prioritätsprinzip sind Abtretungen und Pfändungen gleichwertig.[93] Maßgeblich ist allein, welche Maßnahme zuerst erfolgt. Hier trat Herr Arm zunächst die Forderung ab. Dann wurde sie gepfändet. Somit hat die Abtretung an D Vorrang vor der
Pfändung. Trotzdem haftet der Forderung des D der böse Schein einer Pfändung an. D
kann ihn im Wege der Drittwiderspruchsklage beseitigen lassen.

---

90 Weiteres Beispiel bei Skamel, JA 2016, 337 (341).
91 BGH, Urt. v. 17.03.2016 – IX ZR 303/14, juris Rn. 23.
92 Vgl. auch § 879 Abs. 1 Satz 2 BGB.
93 Vgl. auch § 400 und § 408 Abs. 2 BGB.

484   Freilich kann die zeitliche Reihenfolge in der Klausur anders sein. Pfändet der Gläubiger zuerst und tritt der Schuldner dann ab, gewinnt der Gläubiger. Die Drittwiderspruchsklage des Zessionars ist abzuweisen. Dies wirft die Frage auf, wann die Pfändung wirksam wird. § 829 Abs. 3 ZPO liefert die Antwort. Maßgeblich ist, wann der Pfändungs- und Überweisungsbeschluss dem Drittschuldner zugestellt wird.

Beispiel

Der Rechtspfleger unterzeichnet den Pfändungs- und Überweisungsbeschluss. Dann tritt der Schuldner den pfändbaren Teil seines Gehalts an den Zessionar ab. Erst anschließend stellt die Post dem Arbeitgeber den Pfändungs- und Überweisungsbeschluss zu. Hier siegt der Zessionar.

🛈 Merke: Konkurrieren Abtretung und Forderungspfändung, gilt das Prioritätsprinzip: „Wer zuerst kommt, mahlt zuerst." Diese Regel entscheidet über den Erfolg einer Drittwiderspruchsklage des Zessionars. Davon zu trennen ist die Frage, ob eine Zahlung an den Rangniedrigen Erfüllungswirkung hat. Sie bemisst sich nach den §§ 407 f. BGB.

Gemeinschaftliches Konto

485   **Ausgangsfall[94]**

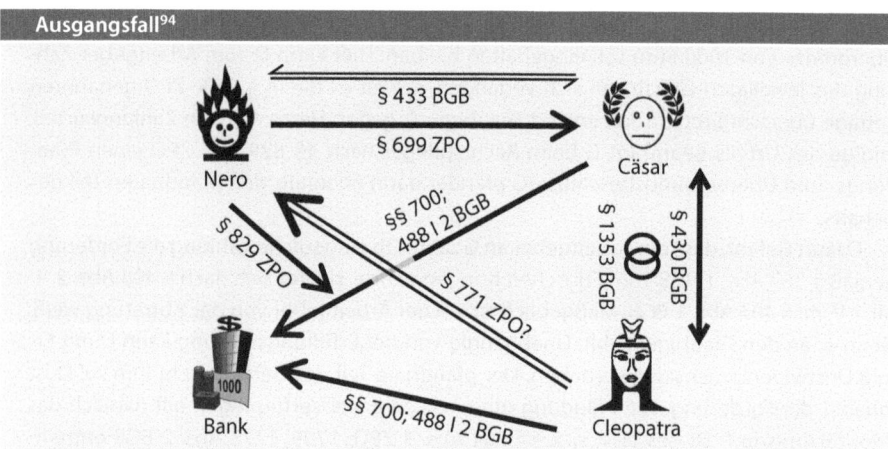

Cäsar und Cleopatra sind verheiratet. Sie haben ein gemeinsames Girokonto. Es wird in der Form des Oder-Kontos geführt. Das bedeutet, jeder darf allein über das Konto verfügen. Cäsar liebt sein Motorrad. Er verwendet Stunden, es zu tunen und zu putzen. Cleopatra ist wenig begeistert. Sie wünscht sich, Cäsar würde sich mehr um sie kümmern. Cäsar bestellt bei Nero im Internet Zubehör für sein Motorrad. Er zahlt die Rechnung nicht. Nero erwirkt gegen Cäsar einen Vollstreckungsbescheid. Nero pfändet wegen 2000 Euro das Kontoguthaben. Cleopatra erhebt Drittwiderspruchsklage.

---

94 Weiterer Fall bei Körner, JuS 2008, 64.

? Ist die Drittwiderspruchsklage begründet?

✓ Nein. Cleopatra hat kein Interventionsrecht. Aufgrund des Pfändungs- und Überweisungsbeschlusses kann der Gläubiger genau die Erfüllung verlangen, die sein Schuldner verlangen kann.

Fraglich ist also, ob Cleopatra einer Auszahlung an Cäsar widersprechen könnte. Cäsar und Cleopatra sind gegenüber der Bank Gesamtgläubiger im Sinne des § 428 BGB. Jeder Kontoinhaber kann von der Bank verlangen, ihm das gesamte Guthaben auszuzahlen. Ob der Kontoinhaber dies im (Innen-)Verhältnis zum Mitkontoinhaber darf, ist irrelevant. Anspruchsgrundlage für das Zahlungsverlangen gegenüber der Bank ist § 700 i. V. m. § 488 Abs. 1 Satz 2 BGB.

Die Pfändung beeinträchtigt Cleopatra rechtlich nicht. § 429 Abs. 3 Satz 2 BGB gilt analog. Das bedeutet, die Pfändung wirkt rechtlich nur für einen der beiden Ehegatten. Cleopatra kann nach wie vor über die gesamte Kontosumme verfügen. Lediglich an Cäsar darf die Bank nicht mehr zahlen (§ 829 Abs. 1 Satz 1 ZPO).[95] Wenn Cleopatra aber rechtlich wie vor der Pfändung steht, kann sie dieser nicht widersprechen.

! Merke: Der Mitinhaber eines Oder-Kontos hat kein Interventionsrecht.

Abwandlung 1	486

Wie Ausgangsfall (Rn. 485). Die Bank zahlt die 2000 Euro an Nero.

? Von wem kann Cleopatra Erstattung der 2000 Euro verlangen?

✓ Cleopatra kann von ihrem Mann 2000 Euro verlangen, nicht aber von Nero. Gegenüber Nero fehlt es an einer Anspruchsgrundlage. Gegenüber Cäsar ergibt sich ein Anspruch aus § 430 BGB.[96] Unter den Ehegatten besteht bei einem gemeinsamen Konto typischerweise eine konkludente Absprache. Danach muss größere Anschaffungen in der Regel der bezahlen, dem sie zugutekommen. Dies war hier allein Cäsar. Faktisch hat Cleopatra das Motorradzubehör mitbezahlt. Deshalb gewährt ihr § 430 BGB vollen Ersatz.

! Merke: § 430 BGB ist eine Anspruchsgrundlage.

Abwandlung 2	487

Wie Ausgangsfall (Rn. 485). Die Bank hat noch nicht gezahlt.

? Wie kann Nero verhindern, dass Cleopatra das Guthaben abhebt?

✓ Der Pfändungs- und Überweisungsbeschluss wirkt nur gegenüber dem jeweiligen Vollstreckungsschuldner. Dies ist allein Cäsar. Denn gegen Cleopatra hat Nero keinen Titel. Er hat auch keine Chance, gegen sie einen Titel zu erwirken. Vertrags-

---

95 BGH, Beschl. v. 06.06.2002 – IX ZR 169/01, juris Rn. 3.
96 BGH, Beschl. v. 06.06.2002 – IX ZR 169/01, juris Rn. 10 f.

partner ist ausschließlich Cäsar. Zu denken wäre an § 1357 Abs. 1 BGB. Diese Vorschrift gilt indessen nur für Geschäfte zur angemessenen Deckung des Lebensbedarfs. Um ein solches geht es hier nicht. Nero kann den Auszahlungsanspruch Cäsars pfänden. Dadurch setzt er Cleopatra aber keine Grenze. Sie darf jederzeit das gesamte Konto leer räumen. Dies darf sie sogar in Absprache mit Cäsar. Cleopatra muss nicht verhungern, nur weil Cäsar seine Schulden nicht gezahlt hat. Man kann Nero aber helfen. Man muss ihn sich zunächst wegdenken. Cleopatra darf gegenüber Cäsar nicht das Geld eigenmächtig abheben und verstecken. Andernfalls hätte Cäsar gegen sie einen Anspruch aus § 430 BGB. Sie müsste Cäsar den abgehobenen Betrag zurückzahlen. Diesen Anspruch Cäsars darf Nero mitpfänden. Wenn Cleopatra das Geld nicht freiwillig zurückzahlt, kann er sie verklagen.[97]

488

> ### Abwandlung 3
>
> Wie Ausgangsfall (Rn. 485). Das Konto ist jedoch ein Und-Konto. Cäsar und Cleopatra können also nur gemeinschaftlich Gelder abheben. Nero pfändet den Anspruch auf Auszahlung des Guthabens.[98]

? Steht Cleopatra ein Interventionsrecht zu?

✓ Ja. Bei einem Und-Konto kann der Mitinhaber Drittwiderspruchsklage erheben. Das ergibt sich aus § 747 Satz 2 BGB. Es verhält sich ähnlich wie beim Miteigentum. Dort kann sich nach § 1011 BGB jeder Miteigentümer gegen Störungen Dritter wehren.

489   # Hinterlegungskonstellationen

Die Drittwiderspruchsklage ist auch einschlägig, wenn der Drittschuldner den zur Einziehung überwiesenen Betrag unter Verzicht auf seine Rücknahme hinterlegt. Solche Fälle scheinen meist auf den ersten Blick kompliziert. Mit etwas Hintergrundwissen kann man sie durchdringen.[99]

> ### Klausurtipp
>
> In der Assessorklausur kann ein Hinterlegungsantrag, eine Annahmeverfügung der Hinterlegungsstelle oder ein sogenannter Hinterlegungsschein abgedruckt sein. Diese Dokumente basieren auf Landesrecht.[100] Man sollte sie ganz in Ruhe lesen. Es wird nicht erwartet, dass ein Prüfling solch ein Formular bereits gesehen hat. Immerhin sieht es je nach Region unterschiedlich aus.

---

97 Näher zur Einziehungsklage unten.
98 Vgl. PfüB-Formular Seite 5 unter D, abrufbar auf ▶ www.justiz.de/formulare.
99 Zur Hinterlegung lesenswert: Könen, JA 2016, 132 (136).
100 Z. B. § 7 HintG BaWü; Art. 10 BayHintG; § 9 der Ausführungsvorschriften zum Nds. HintG; § 7 ThürHintG.

Fall

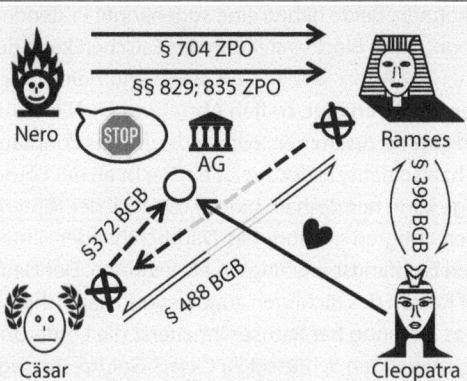

Ramses gewährt Cäsar ein Darlehen. Den Darlehensrückzahlungsanspruch aus § 488 Abs. 1 Satz 2 BGB tritt Ramses an Cleopatra ab. Im gleichen Zeitraum erwirkt Nero ein Zahlungsurteil gegen Ramses. Nero pfändet den Darlehensrückzahlungsanspruch. Sowohl Cleopatra als auch Nero wenden sich an Cäsar. Beide verlangen jeweils, das Darlehen an sich zurückzuzahlen. Cäsar findet auch nach umfangreicher Recherche nicht heraus, ob die Pfändung oder die Abtretung zuerst erfolgte. Deshalb hinterlegt er das Geld beim Amtsgericht. Er verzichtet gemäß §§ 378; 376 Abs. 2 Nr. 1 BGB auf sein Rücknahmerecht aus § 376 Abs. 1 BGB. Als mögliche Empfangsberechtigte nennt er Cleopatra und Nero. Cleopatra verlangt vom Amtsgericht, ihr das Geld auszuzahlen. Hiergegen sperrt sich Nero. Cleopatra ist sich sicher, dass die Abtretung an sie vor Neros Pfändung erfolgte.

Auszug aus dem Landeshinterlegungsgesetz:
§ 1 Abs. 2: Hinterlegungsstelle ist das Amtsgericht.
§ 22 Abs. 1: Die Herausgabeanordnung ergeht auf Antrag, wenn die Berechtigung des Empfängers nachgewiesen ist.
Abs. 3: Der Nachweis ist namentlich als geführt anzusehen,
1. *wenn die Beteiligten die Herausgabe an den Empfänger … bewilligt oder seine Empfangsberechtigung in gleicher Weise anerkannt haben;*
2. *wenn die Berechtigung des Empfängers durch rechtskräftige Entscheidung mit Wirkung gegen die Beteiligten oder gegen das Land festgestellt ist.*

? Welche rechtlichen Schritte kann Cleopatra einleiten?

✔ Auswirkung der Prätendentenstellung
Für Cleopatra ist die Drittwiderspruchsklage gemäß § 771 ZPO statthaft. Hierfür benötigt sie ein Interventionsrecht. Cleopatra ist der Meinung, Nero habe kein Recht an dem hinterlegten Geld. Das hinterlegte Geld stehe ihr zu. Fakt ist: Die Hinterlegung unter Verzicht auf die Rücknahme bringt den Darlehensrückzahlungsanspruch gemäß § 378 BGB zum Erlöschen. Eines ist damit geklärt: Weder Cleopatra noch Nero können von Cäsar Zahlung verlangen. Vielmehr tritt der „Anspruch auf das hinterlegte Geld" an die Stelle des Darlehensrückzahlungsanspruchs (§ 1247 Satz 2 BGB analog). Wem der Darlehensrückzahlungsanspruch gegen Cäsar zustand, der kann also jetzt den hinterlegten Betrag verlangen. Problematisch ist, dass nach § 22 Abs. 3 Nr. 1 des Landeshin-

terlegungsgesetzes sowohl Nero als auch Cleopatra die Auszahlung an den jeweils anderen verhindern können. Beide haben eine sogenannte Prätendentenstellung. Sie ist eine formelle Position. Diese Blockierstellung des Falschen kann der wahre Berechtigte grundsätzlich nach § 812 Abs. 1 Satz 1, 2. Alt. BGB kondizieren. Denn der Falsche hat sie ohne rechtlichen Grund erlangt. Treffen Abtretung und Forderungspfändung bei hinterlegter Schuldsumme zusammen, gilt wiederum das Prioritätsprinzip.[101] Der hinterlegte Betrag steht also dem zu, der zuerst ein Recht an der Forderung erworben hat.

Der Nachrangige kann nur deshalb blockieren, weil der Hinterleger ihn als potentiellen Empfangsberechtigten genannt hat. Dadurch hat der Hinterleger in die Rechtsposition des wahren Empfangsberechtigten eingegriffen. Der Hinterleger hat dem Falschen etwas auf Kosten des Richtigen zugewendet, nämlich eine Blockierstellung.

Nach Cleopatras Meinung hat Ramses ihr zuerst die Forderung abgetreten. Ramses hat ihr sozusagen erst den Schlüssel zu Cäsars Goldtresor gegeben. Er hat ihr erlaubt, dort Gold zu holen. Dann hat Ramses ihr aber Nero als Türsteher zu Cäsars Goldtresor vor die Nase gesetzt. Will Cleopatra mit ihrem Schlüssel zum Goldtresor, muss sie Nero zunächst „entfernen."

Cleopatras etwaiger Kondiktionsanspruch lässt sich eigentlich nur mit einer Leistungsklage durchsetzen (§ 22 Abs. 3 Nr. 2 des obigen Landeshinterlegungsgesetzes). Die allgemeine Leistungsklage ist jedoch durch die Drittwiderspruchsklage gesperrt, solange die Zwangsvollstreckung andauert. Die Zwangsvollstreckung dauert noch an. Sie begann durch die Pfändung. Sie ist noch nicht beendet. Denn Nero hat den gepfändeten Betrag noch nicht erhalten.[102] Die Hinterlegung hat nur die Wirkung, dass der hinterlegte Betrag an die Stelle der gepfändeten Forderung tritt.[103] Er ist nunmehr der Vollstreckungsgegenstand.

Somit sperrt die Drittwiderspruchsklage die Leistungsklage.[104] Cleopatra muss also beantragen, den Pfändungs- und Überweisungsbeschluss für unzulässig zu erklären.[105]

Begründet ist Cleopatras Drittwiderspruchsklage, wenn zuerst die Abtretung stattfand und dann die Pfändung. Dann bildet ihre materielle Berechtigung am hinterlegten Geld ein Interventionsrecht.

490   ❓ Zusatzfrage: Welche rechtlichen Schritte kann Nero einleiten, wenn seine Pfändung vor der Abtretung an Cleopatra wirksam wurde?

✅ Parteirollen beachten
Für Nero ist die normale Leistungsklage statthaft.[106] Anspruchsgrundlage ist wiederum § 812 Abs. 1 Satz 1, 2. Alternative BGB. Die Drittwiderspruchsklage ist nicht einschlägig. Sie soll verhindern, dass ein Dritter in ein Vollstreckungsverhältnis rein-

---

101 BGHZ 95, 109, Rn. 27; BGH, Urt. v. 17.03.2016 – IX ZR 303/14, Rn. 23.
102 BGHZ 72, 334, juris Rn. 14; OLG des Landes Sachsen-Anhalt, Urt. v. 05.04.2012 – 1 U 90/11, juris Rn. 32 und 34.
103 BGH, Beschl. v. 30.04.2013 – VII ZB 22/12, Rn. 22.
104 Vgl. OLG München, Beschl. v. 12.09.2008 – 31 Wx 018/08, juris Rn. 14.
105 Stoffregen, JuS 2009, 421–424 (424); Könen, JA 2016, 132 (137).
106 Vgl. Oberverwaltungsgericht des Saarlandes, Beschl. v. 22.01.2010 – 3 A 20/09, juris Rn. 14.

pfuscht. Dieses Risiko besteht bei einer Klage durch Nero nicht. Aus seiner Sicht gibt es keinen speziellen zwangsvollstreckungsrechtlichen Rechtsbehelf. Das Vollstreckungsverhältnis zwischen Nero und Ramses wirkt nur relativ. Zwischen Ramses und Cleopatra besteht kein Vollstreckungsverhältnis. Der Klageantrag lautet, Cleopatra zu verurteilen, den hinterlegten Betrag zugunsten von Nero freizugeben.[107]

Eine zusätzliche Klausurhürde entsteht, wenn Nero bereits Leistungsklage gegen Cleopatra erhoben hat. Dann darf sie gegen ihn Drittwiderspruchsklage als Widerklage erheben.[108] Die Voraussetzungen des § 33 ZPO liegen regelmäßig vor. Klage und Widerklage enthalten nicht das kontradiktorische Gegenteil. Unterstellt, das Gericht weist den einen Freigabeantrag ab. Dann bedeutet dies nicht zwingend, dass das Geld zugunsten des anderen freizugeben ist. Vielmehr kann auch der Klagegegner Nichtberechtigter sein. Das Geld kann einem Vierten zustehen.

Zu beachten sind allerdings die §§ 33 Abs. 2; 40 Abs. 2 Nr. 2; 771 Abs. 1; 802 ZPO. Für die Drittwiderspruchsklage besteht nämlich ein ausschließlicher örtlicher Gerichtsstand.[109] Sind unterschiedliche Gerichte zuständig, muss Cleopatra bei dem nach § 771 ZPO zuständigen Gericht klagen.

! **Merke:** Im Prätendentenstreit ist für den Zessionar die Drittwiderspruchsklage statthaft, für den Vollstreckungsgläubiger die allgemeine Leistungsklage. Und dies obwohl beide Klagen auf die gleiche Rechtsfolge zielen: Auszahlung an den jeweiligen Kläger.

Klausurtipp

Gleichermaßen klausurrelevant ist eine andere Konstellation: Der Gerichtsvollzieher pfändet Geld. Ein Dritter behauptet, es gehöre ihm. Der Gerichtsvollzieher hinterlegt das Geld nach § 815 Abs. 2 ZPO. Klagen Vollstreckungsgläubiger und Dritter gegeneinander, gelten die eben dargelegten Regeln. Der Dritte muss also Drittwiderspruchsklage erheben. Für ein etwaiges Zahlungsverlangen des Vollstreckungsgläubigers ist hingegen die allgemeine Leistungsklage statthaft.

Die fremdnützige Treuhand (= Verwaltungstreuhand)

In einfachen Drittwiderspruchsfällen gehört der Gegenstand rechtlich dem Dritten. 491
Dann darf dieser den Gläubiger nach § 771 ZPO verklagen. Der Dritte ist beispielsweise Eigentümer. Der Gläubiger verletzt durch die Pfändung die Rechtsposition aus § 903 BGB.

Manchmal gehört der Gegenstand aber rechtlich dem Schuldner. Die Rechtsposition ist dem Dritten nur wirtschaftlich zuzuordnen. Selbst das kann jedoch oft als Interventionsrecht genügen.[110] Bei der Drittwiderspruchsklage lassen sich nämlich Parallelen zum Vermögensbegriff im Strafrecht bilden. So ist eine juristisch-ökonomische Betrachtung durchzuführen. Zum Beispiel pfändet der Gläubiger in ein Konto. Konto-

---

107 Könen, JA 2016, 132 (134).
108 Vgl. LG Bamberg, Urt. v. 18.04.2012 – 2 O 460/11 = BeckRS 2013, 8547.
109 Siehe oben Rn. 453 f.
110 Siehe bereits oben Rn. 472.

inhaber ist der Schuldner. Dieser verwaltet das Geld aber für den Dritten. Der Dritte darf der Pfändung widersprechen.

Übersetzt hat der Schuldner nur einen Schlüssel zu einem Tresor mit Goldbarren. Den Schlüssel muss er sicher verwahren. Gold und Tresor gehören einem anderen. Der Schuldner darf den Schlüssel nicht an seinen Schlüsselbund hängen. Schon gar nicht darf er sich nach eigenem Gutdünken Goldbarren nehmen. Dann darf dies erst Recht nicht sein Gläubiger.

492

> **Ausgangsfall[111]**
>
> D ist Eigentümer eines Grundstücks. Es ist mit einem Mehrfamilienhaus bebaut. Die Wohnungen hat D vermietet. D schließt mit S aus Bonn einen Hausverwaltervertrag. Danach ist S für die Mietverwaltung zuständig. Unter anderem hat S von Mietern zu zahlende Gelder entgegenzunehmen. S hat die Einnahmen von seinem Vermögen getrennt zu halten. S richtet sich hierzu ein Konto ein. Es trägt den Namen „Hausverwaltung D". Laufende Kosten hat S eigenmächtig aus dem Konto zu bestreiten. Er darf sich sogar seine Verwaltervergütung eigenmächtig auszahlen. Sie beträgt monatlich 300 Euro.
>
> G erstreitet gegen Hausverwalter S einen Vollstreckungsbescheid über 80.000 Euro. G erwirkt beim Amtsgericht Bonn einen Pfändungs- und Überweisungsbeschluss über das Verwalterkonto. Auf diesem befindet sich ein Guthaben von 20.000 Euro. Eigentümer D erhebt vor dem Landgericht Bonn Drittwiderspruchsklage gegen G.

❓ Hat die Klage Aussicht auf Erfolg?

✅ Ja, die Klage hat Aussicht auf Erfolg.

Zulässigkeit   Die Klage ist zulässig.

Statthaftigkeit   Sie ist als Drittwiderspruchsklage statthaft. Die treuhänderische Berechtigung an einem Konto ist ein die Veräußerung hinderndes Recht im Sinne des § 771 ZPO.[112] Eine solche behauptet D. Damit ist D als vermeintlicher Treugeber widerspruchsberechtigt.

Zuständigkeit   Die örtliche Zuständigkeit folgt aus § 771 Abs. 1 ZPO. Die Zwangsvollstreckung fand im Bezirk des Amtsgerichts Bonn statt. Sachlich ist das Landgericht wegen den Streitwerts von 20.000 Euro nach §§ 23; 71 GVG; 1; 6 ZPO zuständig.

Rechtsschutzbedürfnis   Es besteht auch ein Rechtsschutzbedürfnis. Die Zwangsvollstreckung in das Konto hat bereits begonnen. Sie ist noch nicht beendet.

Begründetheit   Die Drittwiderspruchsklage ist auch begründet. D steht ein die Veräußerung hinderndes Recht zu. Wirtschaftlich gehört das Geld D.

Es spielt keine Rolle, dass sämtliche Einzahlungen von Fremden auf das Konto geleistet wurden, nämlich von den Mietern. Grundsätzlich ist es zwar so, dass Treugut nur

---

111 Nach LG Bonn, Urt. v. 25.07.2014 – 10 O 486/13.
112 BGH, Urt. v. 07.04.1959 – VIII ZR 219/57 = NJW 1959, 1223 (1225); vgl. auch BGHZ 155, 227, Rn. 32; kritisch Bitter, 2006, Rechtsträgerschaft für fremde Rechnung, S. 316 ff.

solche Gelder sind, die der Treugeber (hier D) unmittelbar auf das sogenannte Anderkonto des Treuhänders (hier S) zahlt. Das ist hier nicht geschehen. Vielmehr haben die Mieter das Geld auf das Verwalterkonto gezahlt. Zahlungen von Dritten sind aber in zwei Fällen als Vermögen des Treugebers anzusehen. Einmal, wenn das Konto offensichtlich dazu dient, fremde Gelder zu verwalten. Alternativ genügt, dass die Dritten die Gelder auf Forderungen des Treugebers gezahlt haben.[113] Hier liegen beide Ausnahmen vor. Zum einen trägt das Konto den Namen „Hausverwaltung D". Ob die Mieter diese Bezeichnung kannten, ist irrelevant.[114] Zum anderen zahlen die Mieter Miete und Nebenkosten aufgrund von Verträgen mit D.

Für die Vermögenszuordnung an D ist unschädlich, dass S über das Kontoguthaben verfügen kann. Es ist sogar ohne Bedeutung, dass S sich selbst seine Vergütung auszahlen darf. S hätte nämlich aufrechnen können. Es wäre ein unsinniger Umweg, müsste S jeden Monat ausdrücklich die Aufrechnung erklären.[115] Zumal D ihm ausdrücklich gestattet hatte, Auszahlungen zu leisten. S hielt sich daher an die Treuhandabrede.

> 🛈 **Merke: Treuhänder (= Fiduziar)** meint eine Person, die Vermögensrechte als eigene Rechte innehat. Diese darf er schuldrechtlich nur im Interesse eines anderen (Treugebers) ausüben.

Abwandlung   493

Wie Ausgangsfall. S zahlt sich sechs Monate lang statt der vereinbarten 300 Euro monatlich 1000 Euro aus. Gegenüber D behauptet er wahrheitswidrig, die Wasserkosten seien gestiegen. Er habe monatlich 700 Euro mehr an Wasserkosten an die Stadtwerke zahlen müssen. D glaubt dies zunächst. Erst jetzt ergeht der Pfändungs- und Überweisungsbeschluss gegen S.

❓ Ist die Drittwiderspruchsklage des D begründet?

▸ **Map 5.6**

✓ Nein. Die Drittwiderspruchsklage ist insgesamt unbegründet. D hat kein die Veräußerung hinderndes Recht mehr. S hat gegen die Absprache mit D verstoßen. Danach durfte er das Konto nur treuhänderisch nutzen. S hat zu verstehen gegeben, dass er die Treuhandabrede nicht mehr respektiert. Seine Verfügungen waren zwar gemäß § 137 Satz 1 BGB wirksam. Mit ihnen ist jedoch der Treuhandcharakter insgesamt entfallen. Das Kontoguthaben ist als Vermögen des S zu betrachten. G darf vollständig in das Konto vollstrecken. Die Gelder sind nicht etwa zu trennen in einen Teil, in dem S die Treuhandabrede noch akzeptiert und in einen solchen, in denen er sich die

---

113 BGH, Urt. v. 10.02.2011 – IX ZR 49/10, BGHZ 188, 317.
114 Vgl. BGH, Urt. v. 01.07.1993 – IX ZR 251/92.
115 Vgl. BGH, Urt. v. 08.02.1996 – IX ZR 151/95, juris Rn. 15.

Gelder einverleibt hat.[116] Die §§ 947 ff. BGB gelten nicht analog.[117] Eine Treuhand setzt vielmehr voraus, dass der Treuhänder das Innenverhältnis beachtet.[118] Ist dies – in welchem Umfang auch immer – nicht der Fall, liegt keine Treuhand mehr vor. Ansonsten käme es zu einer Mischberechtigung von Treuhänder und Treugeber. Diese hätte der Treuhänder einseitig geschaffen. Das sieht das BGB nicht vor.

Der Treugeber kann also nur so lange einer Pfändung beim Treuhänder widersprechen, wie der Treuhänder den Treugeber als seinen Herrn respektiert. Aus Sicht des D mag dies vordergründig ungerecht erscheinen. Er verliert die von S veruntreuten Gelder und die von den Mietern eingezahlten. Allerdings hätte er sich hiervor schützen können. Er hätte ein eigenes Konto verwenden können.

> **Merke:** Die hier vorliegende Konstellation kann man sich an Parallelen zum Strafrecht merken. Sie entspricht dem Treubruchstatbestand des § 266 StGB. Hätte S die Gelder nur versehentlich auf sein Konto eingezahlt, wäre der Treuhandcharakter erhalten geblieben.[119]

Schuldrechtliche Ansprüche

> Map 5.6

494 Bei schuldrechtlichen Ansprüchen muss man zwischen Verschaffungs- und Herausgabeansprüchen unterscheiden. Verschaffungsansprüche gewähren kein Widerspruchsrecht, Herausgabeansprüche schon.

Verschaffungsanspruch meint Folgendes: Der Dritte kauft vom Schuldner einen Gegenstand. Der Schuldner hat ihn noch nicht übereignet. Der Gläubiger pfändet den Gegenstand. Der Dritte muss die Pfändung hinnehmen. Denn der Gegenstand gehört rechtlich und wirtschaftlich noch zum Vermögen des Schuldners.

Dabei bleibt es, wenn der Kaufgegenstand ein Grundstück ist. Der Dritte ist gegenüber dem Gläubiger sogar machtlos, wenn sein Verschaffungsanspruch durch eine Vormerkung gesichert ist.[120] Schließlich ist die Vormerkung kein Recht an einem Grundstück. Sie sichert nur einen Verschaffungsanspruch. Eine Veräußerung verhindert sie im Sinne von § 771 ZPO nicht.

495 Bei einem Herausgabeanspruch ist der Gegenstand hingegen dem Dritten zugeordnet.

Beispiel
Der Dritte leiht dem Schuldner ein Fahrrad. Das Fahrrad gehört einem Vierten. Hier kann der Dritte nach § 771 ZPO vorgehen. Der Rückgewähranspruch aus § 604 BGB ist ein Interventionsrecht.

---

116 BGHZ 188, 317, Rn. 16.
117 BGH, Urt. v. 24.06.2003 – IX ZR 120/02, juris Rn. 13.
118 BGH, Urt. v. 07.04.1959 – VIII ZR 219/57 = NJW 1959, 1223 (1225); LG Bonn, Urt. v. 30.04.2015 – 15 O 351/14, juris Rn. 45.
119 Vgl. Salger, jurisPR-BKR 10/2011 Anm. 2.
120 BGH, Urt. v. 19.10.1993 – XI ZR 184/92 = NJW 1994, 128 (129); vgl. aber § 883 Abs. 2 Satz 2 BGB für die Zwangssicherungshypothek.

Ein Rückgewähranspruch aus Rücktritt (§ 346 Abs. 1 BGB) ist kein die Veräußerung   496
hinderndes Recht.

Beispiel

Käufer K und Verkäufer V schließen einen Kaufvertrag über ein Auto. K zahlt den Kaufpreis. V übereignet und übergibt das Auto. Das Auto ist mangelhaft. Die Nachbesserung
misslingt. Käufer K tritt zurück. Sodann pfändet einer seiner Gläubiger das Auto. Verkäufer V kann nicht intervenieren. Das Auto gehört nach wie vor dem Käufer. Er muss es nach
§ 348 BGB nur Zug um Zug zurückgewähren. Damit ist es rechtlich wie wirtschaftlich ihm
zugeordnet.

Pfandrecht an beweglichen Sachen

 Map 5.7

Bei Pfandrechten ist zu unterscheiden. Bei besitzenden Pfandrechten kann der Pfand-   497
rechtsinhaber theoretisch Drittwiderspruchsklage erheben.

Beispiel

Das Auto des Schuldners befindet sich in der Werkstatt. Der Werkunternehmer repariert
es. § 647 BGB gewährt ihm ein Pfandrecht am Auto. Der Gerichtsvollzieher erhält einen
Titel gegen den Schuldner. Er pfändet das Auto in der Werkstatt. Diese Situation kommt
in der Praxis kaum vor. Denn der Werkunternehmer braucht dem Gerichtsvollzieher nicht
zu erlauben, das Auto in den Werksträumen zu pfänden.[121] Sollte der Gerichtsvollzieher ausnahmsweise die Sache des Schuldners gepfändet haben, kann der Werkunternehmer Drittwiderspruchsklage erheben. Als Minus kann er darauf klagen, bevorzugt befriedigt zu werden (§ 805 ZPO).

Bei besitzlosen Pfandrechten kann der Pfandrechtsinhaber keine Drittwiderspruchs-   498
klage erheben.

Beispiel

Der Mieter zahlt seine Miete nicht. Außerdem hat er Schulden aus Internetbestellungen.
Der Versandhändler erwirkt einen Vollstreckungsbescheid gegen den Schuldner. Er beauftragt den Gerichtsvollzieher, in der Wohnung des Schuldners bewegliche Sachen zu
pfänden. Dem kommt der Gerichtsvollzieher nach. Der Vermieter kann nur nach § 805
ZPO klagen. Dies ergibt sich aus dem Wortlaut des § 805 Abs. 1 ZPO. Danach kann ein
Dritter, der sich nicht im Besitz der Sache befindet, auf Grund eines Pfandrechts nicht
widersprechen. Widersprechen ist im Sinne der Drittwiderspruchsklage gemeint.

Merke: Bei besitzenden Pfandrechten kann der Pfandrechtsinhaber Drittwiderspruchsklage erheben, bei besitzlosen nicht.

---

121 Dazu näher unten Rn. 909.

Grundschuld und Hypothek

499   Sehr klausurrelevant ist die Drittwiderspruchsklage des Grundschuldgläubigers beziehungsweise Hypothekars.[122] Dies gilt für Erstes und Zweites Staatsexamen gleichermaßen. Der
Klausurersteller kann nämlich Basiswissen aus dem Sachenrecht und BGB-AT abprüfen.

500

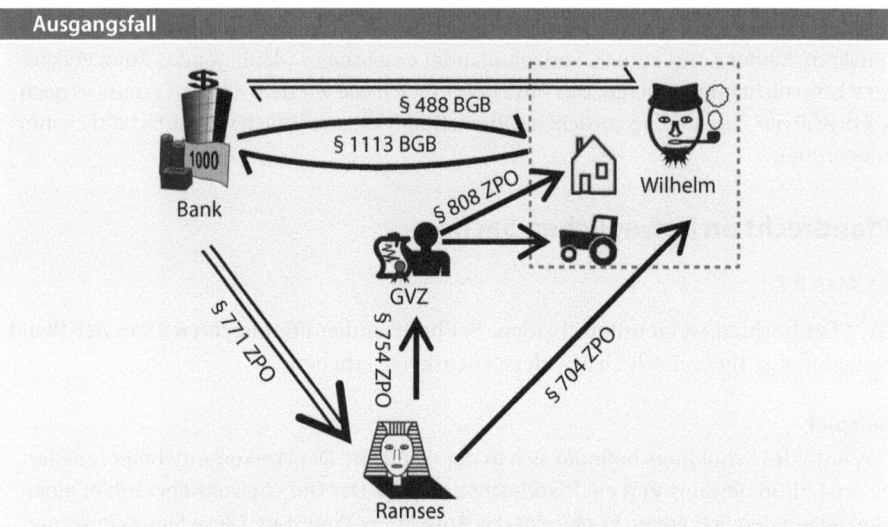

Ausgangsfall

Wilhelm ist Bauer. Ihm gehört ein großes landwirtschaftliches Grundstück. Das Grundstück ist
mit einem gemauerten Wohnhaus bebaut. Außerdem gehört Wilhelm ein Traktor. Er benötigt
ihn fast jeden Tag, um seine Felder zu bestellen. Eines Tages fährt Wilhelm mit dem Traktor
seinem Nachbarn Ramses versehentlich über den Fuß. Ramses verlangt von Wilhelm Schmer-
zensgeld. Er erstreitet gegen Wilhelm ein Zahlungsurteil über 1000 Euro. Anschließend nimmt
Wilhelm bei der Bank ein Darlehen auf. Die Bank möchte eine Sicherheit, falls er die Raten nicht
zahlt. Deshalb bestellt Wilhelm der Bank an seinem Grundstück wirksam eine Hypothek.
    Ramses beauftragt mit dem Urteil den Gerichtsvollzieher. Dieser soll bei Wilhelm pfänden.
Der Gerichtsvollzieher klebt ein Pfandsiegel auf die Mauer des Wohnhauses. Ein weiteres
Pfandsiegel klebt er auf den Traktor. Die Bank erhebt gegen Ramses Drittwiderspruchsklage.

❓ Ist die Klage statthaft?

❯ Map 1.1

✅ **Drittwiderspruchsklage und Haftungsverband**
Ja, die Drittwiderspruchsklage ist statthaft.
    § 771 ZPO setzt voraus, dass der Bank ein „Die Veräußerung hinderndes Recht"
zusteht. Ein solches kann die Hypothek bilden. Ein die Veräußerung hinderndes
Recht liegt vor, wenn Wilhelm das Haus oder den Traktor nicht rechtmäßig veräußern
könnte. Gesetzt den Fall, Wilhelm zahlt die Darlehensraten nicht. Dann kann die Bank
aus § 1147 BGB ein Urteil auf Duldung der Zwangsvollstreckung in das Grundstück
erstreiten. Gemäß § 20 Abs. 1 ZVG kann sie das Grundstück beschlagnahmen lassen.

---

122 Vgl. Jan Kaiser, JA 2015, 208; Graja, JA 2013, 525.

Nach § 20 Abs. 2 ZVG umfasst die Beschlagnahme auch die Gegenstände, auf die sich die Hypothek erstreckt. Gemeint ist der sogenannte Haftungsverband. Der Haftungsverband erstreckt sich gemäß § 1120 BGB auf Bestandteile und Grundstückszubehör des Eigentümers. § 865 Abs. 1 ZPO unterwirft derartige Gegenstände der Immobiliarvollstreckung. Sie werden mit dem Grundstück versteigert. Wer das Grundstück ersteigert, erwirbt grundsätzlich durch den Zuschlag des Rechtspflegers Eigentum am Grundstück (§ 90 Abs. 1 ZVG). Gemäß § 90 Abs. 2 ZVG erwirbt er zugleich die Gegenstände, auf welche sich die Versteigerung erstreckt hat. Dies sind unter anderem Bestandteile und Grundstückszubehör des früheren Eigentümers.

501

Das gemauerte Haus ist gemäß § 94 Abs. 1 BGB wesentlicher Bestandteil des Grundstücks. Es bildet somit einen Bestandteil im Sinne des § 1120 BGB.

Der Traktor ist gemäß §§ 97 Abs. 1; 98 Nr. 2 BGB Grundstückszubehör.[123] Er steht im Sinne von § 1120 BGB im Eigentum von Wilhelm.

Deswegen gehören beide gepfändeten Gegenstände zum Haftungsverband. Die Statthaftigkeit der Drittwiderspruchsklage setzt Weiteres voraus. Der Haftungsverband muss Wilhelm hindern, die Gegenstände rechtmäßig zu veräußern.

Beim Gebäude kann man dies nicht sagen. Das Haus ist bereits nach § 93 BGB isoliert unveräußerlich. Es ist untrennbar mit dem Grund und Boden verbunden. Bereits das Gesetz verhindert also, dass Wilhelm das Haus veräußert.

Beim Traktor ist die Lage komplizierter. Gemäß § 23 Abs. 1 Satz 1 ZVG hat die Beschlagnahme die Wirkung eines Veräußerungsverbots. Sobald die Bank das Grundstück beschlagnahmen lässt, kann Wilhelm den Traktor somit prinzipiell nicht mehr rechtmäßig an Ramses veräußern. Somit kann sich die Bank ab diesem Zeitpunkt durch eine Drittwiderspruchsklage wehren. § 772 Satz 2 ZPO stellt dies klar.

Der Sachverhalt enthält keine Angaben dazu, ob das Grundstück bereits beschlagnahmt ist. Er ist so zu verstehen, dass dies noch nicht geschehen ist. Zu dieser Zeit befindet sich der Haftungsverband noch im Ruhezustand. Er wird erst durch eine Beschlagnahme aktiviert.[124]

Allerdings steht dem Hypothekengläubiger nach vielfach bestrittener Rechtsprechung bereits vor der Beschlagnahme die Drittwiderspruchsklage zu.[125] Dogmatisch sauber lässt sich diese These nicht begründen. Vielmehr ist sie unlogisch. Es existieren auch keine überzeugenden praktischen Gründe für sie. Leider hat der BGH eine (falsche) Auffassung des Reichsgerichts zementiert. In der Klausur empfiehlt sich gleichwohl, der Rechtsprechung zu folgen. Nachfolgend finden sich einige Argumente. Das unbefriedigende Gefühl, wenig überzeugend zu argumentieren, sollte man hinnehmen.

502

Für die Rechtsprechung streitet zunächst, dass einem Eigentümer unstreitig die Drittwiderspruchsklage zusteht:[126] Pfändet ein Gläubiger das Eigentum des Dritten, kann der Dritte nach § 771 ZPO klagen. Die Hypothek ist aber ein Teilsplitter des Eigentums.[127]

---

123 Guter Überblick zu den Zubehörvoraussetzungen: BGH, Urt. v. 20.11.2008 – IX ZR 180/07 = JuS 2009, 569.
124 Bohner/Hock, in: Hock u. a., Immobiliarvollstreckung, 2018, § 1 Rn. 87.
125 RGZ 55, 207 (209); 69, 85 (93); BGH, Urt. v. 06.11.1986 – IX ZR 125/85, juris Rn. 46.
126 Siehe oben Rn. 469.
127 Jan Kaiser, JA 2015, 208 (210).

Für die Statthaftigkeit der Drittwiderspruchsklage sollte man außerdem § 865 ZPO anführen. Die Überschrift der Norm „Verhältnis zur Mobiliarvollstreckung" und die Überschrift des Titels 3 „Zwangsvollstreckung in das unbewegliche Vermögen" stellen den Inhalt der Vorschrift klar. Sie regelt, wer Grundstücksbestandteile und -zubehör pfänden darf. Grundsätzlich darf dies nur, wer in das gesamte Grundstück vollstreckt. § 865 Abs. 2 Satz 1 ZPO verbietet dem Gerichtsvollzieher sogar ausdrücklich, Grundstückszubehör zu pfänden. § 865 ZPO unterscheidet in Absatz 1 und Absatz 2 Satz 1 nicht danach, ob das Grundstück bereits beschlagnahmt ist. Das bedeutet, auch vor der Beschlagnahme kann Ramses den Traktor nicht pfänden. Das Grundstück soll als wirtschaftliche Einheit erhalten bleiben.[128]

Begehrt Ramses den Versteigerungserlös des Traktors, muss er das gesamte Grundstück versteigern lassen. Dies ist gemäß § 866 Abs. 1 ZPO möglich. Diesen Weg ist Ramses aber nicht gegangen.

503   Mit seinen Pfändungen hat der Gerichtsvollzieher gegen § 865 ZPO verstoßen.[129] Die Bank kann Erinnerung gemäß § 766 ZPO einlegen. Diese ist unstreitig zulässig und begründet. Nach obiger Rechtsprechung kann die Bank zwischen Erinnerung und Drittwiderspruchsklage wählen. Dies ergebe sich aus der Entstehungsgeschichte zu § 865 ZPO.[130]

Unterstellt, man folgt dem BGH. Dann ist unschädlich, dass Wilhelm das Haus bereits kraft Gesetzes nicht isoliert veräußern darf. Die Bank kann gleichwohl Drittwiderspruchsklage erheben. Denn dies darf sie über § 1120 BGB sogar, wenn der Gerichtsvollzieher einfache Bestandteile des Grundstücks pfändet. Dann muss sie sich erst Recht wehren können, wenn der Gerichtsvollzieher auf wesentliche Bestandteile ein Siegel klebt.

Der Bank steht nach dem BGH sowohl hinsichtlich des Hauses als auch hinsichtlich des Traktors ein die Veräußerung hinderndes Recht zu. Die Drittwiderspruchsklage ist daher insgesamt statthaft.

> **Klausurtipp**
>
> In der Klausur kann sich die Frage stellen, ob ein Gegenstand Scheinbestandteil im Sinne von § 95 BGB ist.
> Beispiel:[131] Ein Reitverein mietet für 15 Jahre ein Grundstück. Er baut darauf eine Reithalle. Der Gerichtsvollzieher darf sie pfänden. Dass sie fest einbetoniert ist, ist unschädlich.
> Im Zweiten Examen lohnt sich ein Blick in den Palandt bei den §§ 93 ff. BGB.

---

128 BGH, Urt. v. 14.12.2005 – IV ZR 45/05 = NJW 2006, 993 (994).
129 Vgl. RGZ 153, 257 (259); BGH, Urt. v. 20.05.1988 – V ZR 269/86 = NJW 1988, 2789.
130 RGZ 55, 207 (209).
131 OLG Düsseldorf, Urt. v. 07.07.1988 – 10 U 154/87, juris Rn. 41.

🛑 Merke: Pfändet ein Gerichtsvollzieher in den Haftungsverband einer Hypothek, kann der Hypothekengläubiger zwischen Erinnerung und Drittwiderspruchsklage wählen.

Abwandlung 1

504

Wie Ausgangsfall (Rn. 500). Wilhelm hat aber statt einer Hypothek eine Grundschuld bestellt.

❓ Ändert sich etwas?

✅ Im Ergebnis ändert sich nichts. Es ist lediglich klarzustellen, dass die §§ 1120 ff. BGB und 865 ZPO über § 1192 Abs. 1 BGB auch für die Grundschuld gelten.

Abwandlung 2

505

Wie Ausgangsfall (Rn. 500). Wilhelm hat aber gar kein Grundpfandrecht an seinem Grundstück bestellt. Der Gerichtsvollzieher pfändet den Traktor.

❓ Hat der Gerichtsvollzieher gegen § 865 ZPO verstoßen?

✅ Ja, der Gerichtsvollzieher hat § 865 ZPO verletzt.[132] Dessen Pfändungsverbot gilt unabhängig davon, ob am Grundstück eine Hypothek besteht.[133] Das ergibt sich aus der Pluralformulierung in § 865 Abs. 1 ZPO „bei Grundstücken". Verstößt der Gerichtsvollzieher gegen § 865 Abs. 2 Satz 1 ZPO, steht dem Schuldner die Erinnerung zu.[134]

Abwandlung 3

506

Wie Ausgangsfall (Rn. 500). Keiner der Beteiligten legt irgendein Rechtsmittel gegen die Pfändungen ein. Der Gerichtsvollzieher versteigert sowohl das Haus als auch den Traktor formgerecht. Er übergibt beides gegen Barzahlung den jeweiligen Ersteigerern.

---

132 Und § 811 Abs. 1 Nr. 4 ZPO.
133 Meerhoff, ZfIR 2016, 556 (558).
134 LG Hagen, Beschl. v. 15.02.1977 – 13 T 27/77; Bohner/Hock, in: Hock u. a. Immobiliarvollstreckung, 2018, § 1 Rn. 101; Hein, JuS 2015, 900 (900).

? Hat der Gerichtsvollzieher den Erstehern jeweils Eigentum verschafft?

✓ Die Lösung ergibt sich aus obigem Prüfungsschema zum Eigentumserwerb beweglicher Sachen durch Zwangsversteigerung.[135] Problematisch ist allein der erste Prüfungspunkt. Sowohl Haus als auch Traktor müssen wirksam verstrickt sein. Die Verstrickung kann an einem schweren Gesetzesverstoß scheitern. Bei leichteren Verfehlungen des Gerichtsvollziehers bleibt sie wirksam. Es ist sehr streitig, wie schwer der Verstoß gegen § 865 ZPO wiegt.[136] Nach der überzeugenden Rechtsprechung wiegt er schwer. Die Verstrickung ist nichtig.[137] Hierfür spricht der klare Wortlaut des § 865 Abs. 2 Satz 1 ZPO. Dies gilt insbesondere bei Grundstücken. Zwar wird bei Nichtigkeit das Vertrauen des Erwerbers in einen Hoheitsakt des Gerichtsvollziehers erschüttert. Allerdings wollen die §§ 93 bis 98 BGB wirtschaftliche Werte möglichst erhalten. Was wirtschaftlich zum Grundstück gehört, soll rechtlich weitestgehend dessen Schicksal teilen.

Der Gerichtsvollzieher hat Haus und Traktor nicht wirksam verstrickt. Infolgedessen hat er den Ersteigerern hieran kein Eigentum zugewiesen.

507

Abwandlung 4

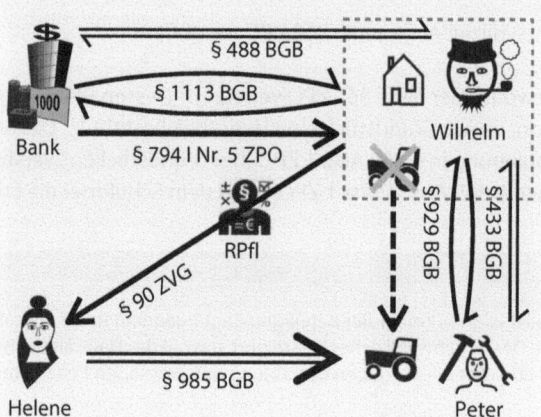

Wie Ausgangsfall (Rn. 500). Ramses hat den Traktor aber nicht gepfändet. Wilhelm hat das Grundstück wegen der Hypothek der sofortigen Zwangsvollstreckung unterworfen (§ 794 Abs. 1 Nr. 5 ZPO). Wilhelm zahlt sein Darlehen nicht zurück. Die Bank kündigt den Darlehensvertrag. Wilhelm arbeitet gleichwohl weiter.

Aus Eifersucht zersticht Nachbar Ramses alle vier Reifen von Wilhelms Traktor. Wilhelm schleppt den Traktor auf einem Anhänger zur Reparatur in Peters Hinterhofwerkstatt. Dort möchte er neue Reifen aufziehen lassen. Peter erklärt, er müsse zunächst seinen Mitarbeiter Uwe beauftragen, passende Reifen zu suchen. Dies könne einige Tage dauern, weil der Lagerraum zugemüllt sei.

---

135 Siehe oben Rn. 422 und Map 5.1.
136 Nachweise bei Leyendecker, JA 2010, 725 (dort Fußnoten 70 und 71).
137 RGZ 59, 87 (91); 135, 197 (206); BGHZ 104, 298, juris Rn. 16 ff.

Währenddessen lässt die Bank das Grundstück beschlagnahmen. Der Rechtspfleger lässt Verkehrswertgutachten über Grundstück und Traktor erstellen. Der KFZ-Sachverständige lässt sich von Wilhelm ein Foto des Traktors und den Fahrzeugbrief vorlegen. Der Sachverständige schätzt dessen Wert auf 30.000 Euro. Den Grundstückswert bemisst der Grundstückssachverständige mit 500.000 Euro. Basierend auf den Gutachten erlässt der Rechtspfleger einen Beschluss. Darin setzt er den Gesamtverkehrswert auf 530.000 Euro fest.[138] Den Wert des Traktors weist er ausdrücklich mit 30.000 Euro aus.[139]

Helene schaut sich den Beschluss und die Wertgutachten an. Im KFZ-Gutachten befindet sich das Foto des Traktors. Weder aus einem der Gutachten noch aus dem Beschluss ist ersichtlich, dass sich der Traktor in der Werkstatt befindet. Grundstück und Traktor gefallen Helene gut. Sie beschließt, das Grundstück zu ersteigern.

Einen Tag später fragt Wilhelm Werkstattinhaber Peter, ob er Traktor kaufen möchte. Die Beschlagnahme verschweigt Wilhelm. Peter stimmt dem Kauf zu. Wilhelm übergibt Peter die restlichen Schlüssel. Außerdem händigt er ihm die Zulassungsbescheinigung Teil II (früher: Fahrzeugbrief) aus. In ihr ist Wilhelm als Halter des Traktors vermerkt.

Erst jetzt wird der Zwangsversteigerungsvermerk ins Grundbuch eingetragen.[140] Der Rechtspfleger schlägt das Grundstück Helene für 600.000 Euro zu. Sie bezahlt.

? Hat Helene gegen Peter einen Anspruch auf Herausgabe des Traktors aus § 985 BGB?

Formulierungsvorschlag im Gutachtenstil

Helene könnte gegen Peter einen Anspruch auf Herausgabe des Traktors aus § 985 BGB haben. Dazu muss sie zunächst Eigentümerin sein. Eigentümer ist, wer Eigentum erworben und es nicht wieder verloren hat.

Ursprüngliche Eigentumslage. Ursprünglich war Wilhelm Eigentümer des Traktors.

508

§ 929 BGB. Wilhelm kann sein Eigentum gemäß § 929 BGB an Peter übertragen haben. Beide haben sich über den Eigentumsübergang geeinigt. Es muss auch eine Übergabe erfolgt sein. Sie setzt vollständigen Besitzverlust auf Veräußererseite und Besitzerwerb auf Erwerberseite auf Veranlassung des Veräußerers voraus. Wilhelm hat die restlichen Fahrzeugschlüssel an Peter übergeben. Damit hat er ihm den alleinigen Besitz übertragen. Somit hat er den Traktor übergeben. Beide waren sich bei Übergabe einig.

509

Wilhelm muss berechtigt gewesen sein, den Traktor zu übereignen. Berechtigt ist der verfügungsbefugte Eigentümer. Wilhelm war Eigentümer. Fraglich ist, ob er aufgrund der Beschlagnahme des Grundstücks seine Verfügungsbefugnis verloren hat. Nach § 23 Abs. 1 Satz 1 ZVG hat die Beschlagnahme die Wirkung eines Veräußerungsverbots. Das bedeutet, der Eigentümer darf über die dem Haftungsverband zugehörigen Gegenstände nicht mehr verfügen. Es handelt sich um ein

---

138 § 74a Abs. 5 ZVG; 194 BauGB.
139 Dafür: Bohner/Hock, in: Hock u. a. Immobiliarvollstreckung, 2018, § 3 Rn. 27.
140 § 19 ZVG.

relatives Veräußerungsverbot im Sinne der §§ 135 Abs. 1; 136 BGB. Gemäß §§ 865 Abs. 1 ZPO; 20 Abs. 2 ZVG umfasst die Beschlagnahme auch diejenigen Gegenstände, auf welche sich bei einem Grundstück die Hypothek erstreckt. Das Veräußerungsverbot soll die Bank davor schützen, dass der Schuldner die Hypothek entwertet. Bei der Versteigerung soll ein möglichst hoher Erlös erzielt werden können. Ein Bauernhof ohne Traktor ist unvollständig. Ein Interessent würde weniger bieten als mit Traktor.

Nach § 1120 BGB erstreckt sich die Hypothek auf schuldnereigenes Grundstückszubehör. Der Traktor war gemäß §§ 97 Abs. 1; 98 Nr. 2 BGB Grundstückszubehör. Die Zubehöreigenschaft erlosch nicht durch die vorübergehende Entfernung vom Grundstück (§ 97 Abs. 2 Satz 2 BGB). Somit fiel der Traktor grundsätzlich in den Haftungsverband. Wilhelm durfte ihn prinzipiell nicht veräußern.

510   Der Traktor könnte jedoch bereits aus dem Haftungsverband ausgeschieden gewesen sein, als Wilhelm ihn veräußerte.

Prüfungsschema Enthaftung

§ 23 Abs. 1 Satz 2 ZVG	Spezielles Gesetz
§ 1121 Abs. 1	
§ 1121 Abs. 2 Satz 2	Hypotheken-Enthaftungsnormen in gesetzlicher Reihenfolge
§ 1122 Abs. 1	
§ 1122 Abs. 2	
§§ 136; 135 Abs. 2; 936	Allgemeine Enthaftungsnorm

Ausnahmsweise darf der Schuldner nach § 23 Abs. 1 Satz 2 ZVG über einzelne bewegliche Sachen innerhalb der Grenzen einer ordnungsmäßigen Wirtschaft verfügen. Dies ist beispielsweise bei geernteten Kartoffeln der Fall. Der Schuldner darf sie dem Supermarkt übereignen. Er muss sie nicht verfaulen lassen (vgl. § 24 ZVG).[141] Wilhelm benötigt den Traktor, um seine Felder zu bestellen. Ersatz hat er nicht angeschafft. Somit hat er den Traktor nicht innerhalb der Grenzen einer ordnungsmäßigen Wirtschaft an Peter veräußert. Der Traktor war nicht gemäß § 23 Abs. 1 Satz 2 ZVG aus dem Haftungsverband ausgeschieden.

Eine Enthaftung gemäß § 1121 Abs. 1 BGB scheitert daran, dass die dort genannte Reihenfolge nicht dem hiesigen Fall entspricht. Vorliegend erfolgte die Beschlagnahme vor der Veräußerung.

§ 1121 Abs. 2 Satz 1 BGB beinhaltet eine Gutglaubensnorm. Die Vorschrift regelt keine Enthaftung. Eine Enthaftung nach dieser Bestimmung ist somit nicht möglich.

---

141 Bohner/Hock, in: Hock u. a. Immobiliarvollstreckung, 2018, § 1 Rn. 99.

Der Traktor könnte nach § 1121 Abs. 2 Satz 2 BGB aus dem Haftungsverband ausgeschieden sein. Nach dieser Vorschrift muss der Erwerber die Sache vom Grundstück entfernt haben. Erwerber ist Peter. Nicht er, sondern Wilhelm hat den Traktor vom Grundstück entfernt. Somit greift § 1121 Abs. 2 Satz 2 BGB nicht.

§ 1122 Abs. 1 BGB gilt seinem nach Wortlaut nicht für Zubehör. Deshalb greift auch diese Vorschrift nicht.

Denkbar ist eine Enthaftung über § 1122 Abs. 2 BGB. Danach werden Zubehörstücke ohne Veräußerung von der Haftung frei, wenn die Zubehöreigenschaft innerhalb der Grenzen einer ordnungsmäßigen Wirtschaft vor der Beschlagnahme aufgehoben wird. Dies wäre etwa der Fall, wenn der Traktor beim Pflügen irreparabel beschädigt worden wäre.[142] Peter sieht sich jedoch in der Lage, den Traktor instand zu setzen. Wilhelm wollte ihn auch zunächst reparieren lassen. Somit scheitert eine Enthaftung gemäß § 1122 Abs. 2 BGB.

Theoretisch denkbar ist eine Enthaftung durch Beschluss nach Freigabe. Der Gläubiger kann Grundstückszubehör freigeben.[143] Das bedeutet, er nimmt seinen Zwangsversteigerungsantrag in Bezug auf bestimmte Gegenstände zurück.[144] Dann hebt das Vollstreckungsgericht die Beschlagnahme insoweit auf (§§ 29, 30 ZVG analog).[145] Dadurch verlieren die Gegenstände ihre Zubehöreigenschaft.[146] Die Bank hat den Traktor jedoch nicht freigegeben. Konsequenterweise hat das Vollstreckungsgericht nicht die Aufhebung oder Einstellung des Verfahrens bezüglich des Traktors beschlossen.

Als Wilhelm den Traktor veräußerte, gehörte dieser also noch dem Haftungsverband an. Er war beschlagnahmt. Deshalb war Wilhelm Nichtberechtigter.

Gutgläubiger Erwerb. Peter kann den Traktor jedoch gutgläubig erworben haben. Gemäß §§ 136; 135 Abs. 2; 936 BGB kann ein Dritter einen mitgepfändeten Gegenstand gutgläubig lastenfrei erwerben.

§ 135 Abs. 2 BGB verweist unter anderem auf § 935 BGB. Danach darf die Sache dem Eigentümer nicht abhandengekommen sein.[147] Das Gleiche gilt, falls der Eigentümer nur mittelbarer Besitzer war, wenn die Sache dem unmittelbaren Besitzer abhandenkommt (§ 935 Abs. 1 Satz 2 BGB). Eigentümer war Wilhelm. Abhandenkommen meint den unfreiwilligen Verlust des unmittelbaren Besitzes. Weder die Bank noch Helene waren zu irgendeinem Zeitpunkt unmittelbarer Besitzer. Dies ergibt sich aus § 93 ZVG. Danach bildet der Zuschlagsbeschluss einen Vollstreckungstitel gegen den Besitzer einer mitversteigerten Sache. Der Beschluss verschafft dem Ersteher erst die Möglichkeit, sich in den Besitz zu setzen.[148] Die Bank

511

---

142 Bohner/Hock, in: Hock u. a. Immobiliarvollstreckung, 2018, § 1 Rn. 94.

143 OLG Düsseldorf, Beschl. v. 25.03.1954 – 3 W 31–32/54 = NJW 1955, 188; OLG Hamm, OLGZ 1967, 445 (446); nicht hingegen wesentliche Grundstücksbestandteile: OLG Koblenz, Beschl. v. 26.04.1988 – 4 W 191/88 = RPfleger 1988, 493; vgl. auch § 32 Abs. 3 InsO.

144 OLGR Köln 1995, 23 (25).

145 BGH, Beschl. v. 26.10.2006 – V ZB 188/05 = NJW-RR 2007, 194 (196) m. w. N.

146 OLG Hamm, Beschl. v. 26.10.1993 – 15 W 272/93 = RPfleger 1994, 176–177.

147 Siehe bereits oben Rn. 475 f.

148 OLG Frankfurt, Urt. v. 08.10.2013 – 15 U 37/12, juris Rn. 37.

hat demgegenüber lediglich Ansprüche aus §§ 1133 bis 1135 BGB. Sie hatte nicht die tatsächliche Sachherrschaft. Vielmehr war Wilhelm unmittelbarer Besitzer. Er hat den Traktor freiwillig aus der Hand gegeben. Damit ist er ihm nicht abhandengekommen.

Die Veräußerung erfolgte im Wege eines Rechtsgeschäfts in Form eines Verkehrsgeschäfts.

Peter muss gutgläubig gewesen sein. Er darf nicht wissen, dass der Gegenstand beschlagnahmt ist.[149] Grob fahrlässige Unkenntnis schadet gemäß § 932 Abs. 2 BGB ebenfalls. Nach § 23 Abs. 2 Satz 1 ZVG steht die Kenntnis des Versteigerungsantrags einer Kenntnis der Beschlagnahme gleich. Nach Satz 2 gilt die Beschlagnahme auch in Ansehung der mithaftenden beweglichen Sachen als bekannt, sobald der Versteigerungsvermerk eingetragen ist. Peter wusste nichts von der Beschlagnahme. Als Peter den Traktor erwarb, war der Versteigerungsvermerk noch nicht im Grundbuch eingetragen. Anhand des Fahrzeugbriefs konnte Peter die Beschlagnahme nicht erkennen. Somit war er gutgläubig.

Peter hat den Traktor deshalb gutgläubig lastenfrei erworben.

Hoheitliche Eigentumszuweisung. Peter könnte sein Eigentum durch den Zuschlagsbeschluss nach § 90 ZVG an Helene verloren haben. Durch den Zuschlag weist der Rechtspfleger dem Ersteher originär Eigentum zu. Mit dem Zuschlag erwirbt der Ersteher Eigentum am gesamten Haftungsverband. Dies ergibt sich aus folgenden Vorschriften: §§ 90 Abs. 1, Abs. 2, 55 Abs. 1, 20 Abs. 2 ZVG; 1120 ff. BGB.

Gemäß § 55 Abs. 1 ZVG erstreckt sich die Versteigerung des Grundstücks auf alle Gegenstände, deren Beschlagnahme noch wirksam ist. Der Traktor war durch Peters gutgläubigen Erwerb bereits aus dem Haftungsverband ausgeschieden. Es handelte sich nicht mehr um schuldnereigenes Zubehör im Sinne von § 1120 BGB. Es ist irrelevant, ob Helene geglaubt hat, der Traktor gehöre zum Haftungsverband. Denn das Vertrauen auf die Liste des Rechtspflegers oder das Gutachten schützt das Gesetz nicht.[150] Es existiert keine dementsprechende Vorschrift. § 55 Abs. 1 ZVG greift nicht.

Nach § 55 Abs. 2 ZVG wird allerdings auch gewisses schuldnerfremdes Zubehör mitversteigert. Das Vollstreckungsgericht soll sich die Prüfung der Eigentumslage sparen. Gleichzeitig soll § 55 Abs. 2 ZVG den Ersteher schützen. Er kann sichergehen, dass er alle Zubehörstücke auf dem Grundstück mitersteigert.[151]

Der Wortlaut des § 55 Abs. 2 ZVG setzt nicht voraus, dass der Ersteher gutgläubig ist. Vielleicht weiß er sogar, dass das Zubehör einem Dritten gehört. Trotzdem erwirbt er es durch den Hoheitsakt des Zuschlags. Maßgeblich ist allein der Besitz des Eigentümers.

---

149 RGZ 90, 335 (338).
150 Meerhoff, ZfIR 2016, 556 (557).
151 BGH, Urt. v. 30.05.1969 – V ZR 67/66, juris Rn. 16.

512

Wilhelm hatte Peter sämtliche Schlüssel übergeben.

Deswegen war Wilhelm nicht mehr Besitzer im Sinne von § 55 Abs. 2 ZVG, als die Versteigerung begann.

Fraglich ist, ob Peter „neu eingetretener Eigentümer" im Sinne von § 55 Abs. 2 ZVG. war. Der Begriff „neu eingetretener Eigentümer" ist missverständlich. Gemeint ist nicht ein neuer Mobiliareigentümer. Gemeint ist, dass der Schuldner das Grundstück veräußert (§ 26 ZVG). Peter besaß zur Zeit der Versteigerung zwar den Traktor. Er hatte aber nicht das Grundstück erworben. Folglich befand sich der Traktor nicht im Besitz eines neu eingetretenen Eigentümers.

Im Übrigen war der Traktor zur Zeit der Versteigerung kein Zubehör mehr. Wilhelm hatte die Zubehöreigenschaft aufgehoben – wenn auch rechtswidrigerweise.

Deshalb wurde der Traktor nicht gemäß § 55 Abs. 2 ZVG mitversteigert. Somit hat Helene kein Eigentum an ihm erworben.

Ergebnis. Folglich hat Helene keinen Anspruch aus § 985 BGB gegen Peter.

513

Klausurtipps

Die Paragrafenkette §§ 90 Abs. 1, Abs. 2; 55 Abs. 1; 20 Abs. 2 ZVG; 1120 ff. BGB sollte jeder Klausurbearbeiter kennen. Sofern erlaubt, kann man sie sich an § 1120 BGB kommentieren.[152]

Sämtliche Enthaftungsregeln sollen die Interessen von Schuldner und Gläubiger ausgleichen. Es empfiehlt sich, zunächst eine Enthaftung gemäß § 23 Abs. 1 Satz 2 ZVG zu prüfen. Wenn deren Voraussetzungen scheitern, blättert man zu den §§ 1121 ff. BGB. Sie sind von oben nach unten Wort für Wort genau zu untersuchen.

Bestenfalls erkennt man bereits beim ersten Lesen, dass es auf die Enthaftungsregeln ankommt. Dann reserviert man 10 bis 15 Minuten.

Denkbar ist auch eine Klausur, in der der Gutachter Zubehör als Scheinzubehör oder Bestandteile als Scheinbestandteile bewertet. Auch hierauf darf sich niemand verlassen. Jeder Mobiliar- und Grundstückserwerber muss selbst unter die §§ 93 ff. BGB subsumieren. Warum soll es diesen Personen besser gehen als einem Examenskandidaten?

---

152 Helms/Zeppernick: Sachenrecht II, 2017, Rn. 204.

> 🛑 Merke: § 55 Abs. 2 ZVG schlägt die Brücke zur Drittwiderspruchsklage. Befindet sich
> die bewegliche Sache noch auf dem Grundstück, läuft der Dritteigentümer Gefahr,
> dass sie mitversteigert wird. Er muss sein Recht gemäß § 37 Nr. 5 ZVG anmelden.
> Das genügt aber nicht. Er muss Drittwiderspruchsklage erheben. Das ergibt sich aus
> dem Wortlaut in § 37 Nr. 5 ZVG: „die Aufhebung oder einstweilige Einstellung des
> Verfahrens herbeizuführen". Die Parallele zu §§ 771 Abs. 3 und 775 ZPO ist Absicht.

Rangordnung und geringstes Gebot

514   Oft ist ein Grundstück mit mehreren Rechten belastet. § 879 Abs. 1 BGB regelt deren
Rangfolge.

Beispiel

Am Grundstück des E ist für die Sparkasse eine Grundschuld bestellt. Sie steht in Abteilung III im Grundbuch an oberster Stelle. Darunter steht im Grundbuch eine Grundschuld
für die Volksbank. Sie hat den Rang Zwei. Sowohl die Sparkasse als auch die Volksbank
können das Grundstück nach § 1147 BGB versteigern lassen. Die Rechtsfolgen sind unterschiedlich. Vorausgesetzt die Sparkasse lässt das Grundstück aus ihrer erstrangigen
Grundschuld versteigern. Dann muss ein Bieter einen bestimmten Geldbetrag vorschlagen. Lässt die Volksbank das Grundstück aus ihrer zweitrangigen Grundschuld versteigern, genügt ein Geldbetrag nicht. Der Bieter muss sich zugleich bereit erklären, die
Grundschuld der Sparkasse zu übernehmen.

Das ergibt sich aus dem Begriff des geringsten Gebots in § 44 ZVG. Er ist missverständlich. Unter „Gebot" bei einer Versteigerung versteht man im Volksmund einen Geldbetrag wie eine Million Euro. So äußert sich der Bieter in der Tat im Versteigerungstermin.[153] Das sogenannte geringste Gebot besteht aber aus zwei Teilen: Erstens einem zu
zahlenden Geldbetrag und zweitens den vorrangigen Rechten. Untechnisch gesprochen
sagt der sparsamste Bieter zum Rechtspfleger: „Ich bin bereit, die Kosten des Versteigerungsverfahrens zu zahlen. Außerdem übernehme ich die Grundschuld der Sparkasse.
Dafür will ich das Grundstück haben." Der Reiche sieht seine Stunde gekommen. Er erklärt untechnisch gesprochen: „Ich biete alles, was mein Vorgänger geboten hat. Außerdem lege ich noch 500.000 Euro drauf." Wiederum missverständlich ist, dass das Gesetz
von Bargebot spricht (§ 49 Abs. 1 ZVG). Der Ersteher zahlt gerade nicht mit Scheinen und
Münzen.[154]

> 🛑 Merke: Das geringste Gebot besteht aus zwei Teilen: dem zu zahlenden Teil und
> den bestehen bleibenden Rechten. Im Versteigerungstermin nennen die Interes-
> senten aber immer nur einen Geldbetrag.

515   Neben den Verfahrenskosten[155] muss das Gebot also alle Rechte abdecken, die dem Anspruch des betreibenden Gläubigers im Rang vorgehen. Die vorrangigen Rechte dürfen
durch die Zwangsversteigerung keinen Schaden erleiden. Man spricht vom Deckungsgrundsatz. Der Deckungsgrundsatz besagt, wer in einer Versteigerung auf jeden Fall

---

153 Vgl. § 145a Nr. 3 ZVG.
154 Vgl. §§ 49 Abs. 3 und 69 Abs. 1 und 4 ZVG.
155 § 109 Abs. 1 ZVG.

gedeckt werden muss. Wie die Rechte zu decken sind, bestimmt der Übernahmegrundsatz. Dies ist der zweite Teil des geringsten Gebots. Der Bieter verpflichtet sich, die vorrangigen Rechte zu übernehmen. Andernfalls weist der Rechtspfleger sein Gebot zurück.[156] Gesetzt den Fall, die Volksbank lässt im eben genannten Beispiel das Grundstück aufgrund ihrer zweitrangigen Grundschuld versteigern. Dann bewirkt der Übernahmegrundsatz, dass die Grundschuld der Sparkasse weiterhin auf dem Grundstück lastet. Der Ersteher riskiert, dass die Sparkasse irgendwann sein Grundstück versteigern lässt. Er wird deswegen nur einen geringen Preis bieten.

Der zweite Teil des geringsten Gebots fehlt, wenn keine Rechte vorgehen. So, wenn in obigem Beispiel die Sparkasse das Grundstück versteigern lässt.   516

Die §§ 91 Abs. 1; 52 Abs. 1 Satz 1 ZVG bestimmen, dass die vorrangigen Rechte trotz der Versteigerung bestehen bleiben. Gemäß §§ 91 Abs. 1; 52 Abs. 1 Satz 2 ZVG erlöschen die nachrangigen.   517

> ⓘ **Merke:** § 52 ZVG regelt die Tatsache des Erlöschens, § 91 Abs. 1 ZVG den Erlöschungszeitpunkt.

Das Erlöschen und Bestehenbleiben gilt für Grundschulden und Hypotheken. Es gilt aber auch für alle in der zweiten Abteilung des Grundbuchs eingetragenen Rechte wie Wegerechte, Vormerkungen und Vorkaufsrechte.[157] Angenommen, im obigen Beispiel lässt die Volksbank das Grundstück versteigern. Dann erlischt ein Wegerecht, das zeitlich nach ihrer Grundschuld im Grundbuch eingetragen wurde. Demgegenüber bleibt ein Wohnungsrecht bestehen, das vor ihr eingetragen wurde.   518

Nach §§ 91 Abs. 1; 52 Abs. 1 Satz 2 ZVG erlöschen die nachrangigen Rechte. Sie setzen sich aber am Erlös fort. Man bezeichnet dies als Surrogationsgrundsatz. Er gilt gemäß § 92 Abs. 1 ZVG sogar für Positionen, die nicht auf einen bestimmten Geldbetrag gerichtet sind. Gemeint sind etwa Wegerechte, Vormerkungen und Vorkaufsrechte. Anstelle von Duldung, Unterlassung oder Ähnlichem tritt ein bestimmter Geldbetrag.   519

Dies alles wirkt sich auf die Drittwiderspruchsklage aus. Mehrere Grundpfandrechtsinhaber können gegeneinander keine Drittwiderspruchsklage erheben. Entsprechendes gilt bezüglich Inhabern von Wegerechten und Ähnlichem. Das ZVG regelt abschließend, was mit diesen beschränkt dinglichen Rechten in der Zwangsvollstreckung geschieht. Die Drittwiderspruchsklage ist unstatthaft.   520

Revokationsrecht
Gesetzeslage

Das sogenannte Revokationsrecht des Ehegatten ist ein Interventionsrecht.[158] Es findet sich in §§ 1365; 1368 BGB. Ein Ehegatte kann nur mit Zustimmung des anderen über sein gesamtes Vermögen verfügen. Ein Ehegatte soll nicht heimlich dem anderen dessen Zugewinnausgleichsanspruch entziehen. Wirtschaftlich steht der Gegenstand somit auch dem nicht verfügenden Ehegatten zu. Das Revokationsrecht ist nach wie vor Ge-   521

---

156 § 71 Abs. 1 ZVG.
157 Zum Rang: § 879 Abs. 1 Satz 2 BGB.
158 OLG Bamberg, Beschl. v. 08.12.1999 – 2 WF 159/99, juris Rn. 6; HansOLG Hamburg, Beschl. v. 09.03.2000 – 2 WF 23/00, juris Rn. 3; OLG Köln, Beschl. v. 22.05.2000 – 26 WF 69/00, juris Rn. 6.

genstand von Gerichtsentscheidungen.[159] Theoretisch eignen sich die Fälle gut für Examensklausuren.[160] Allerdings sollte der Examenskandidat seine aktuelle Prüfungsordnung durchsehen. Je nach Bundesland spielt Familienrecht nur noch eine untergeordnete Rolle.

Soweit das jeweilige Bundesland Familienrecht noch im Überblick verlangt, eignet sich folgender Fall:

522

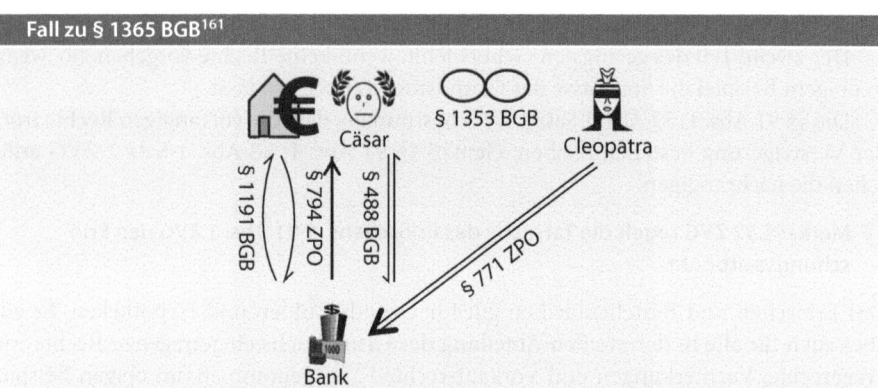

> **Fall zu § 1365 BGB[161]**
>
> Cäsar und Cleopatra sind verheiratet. Einen Ehevertrag haben sie nicht geschlossen. Cleopatra hat kein pfändbares Vermögen. Das Vermögen Cäsars besteht im Wesentlichen aus einem Hausgrundstück. Im Haus wohnen die Ehegatten. Cäsar sieht in der Ehe keine Zukunft. Er möchte sich heimlich in ein kleines Dorf in Frankreich (ehemals Gallien) absetzen. Hier möchte er einen Fischgroßhandel eröffnen. Dafür benötigt er Startkapital. Cäsars Haus ist 500.000 Euro wert. Er geht zur Bank. Cäsar legt der Bank seine gesamten Vermögensverhältnisse offen. Sie gewährt Cäsar ein Darlehen in Höhe von 500.000 Euro. Als Sicherheit bestellt er ihr eine Grundschuld in Höhe von 500.000 Euro. Er unterwirft sich notariell der sofortigen Zwangsvollstreckung in sein gesamtes Vermögen. Von alldem verrät Cäsar Cleopatra nichts. Eines Tages ist er verschwunden. Den Kredit zahlt er nicht zurück. Die Bank beantragt, das Grundstück zwangsweise zu versteigern.

? Was kann Cleopatra unternehmen?

✓ Cleopatra kann Drittwiderspruchsklage erheben. Sie kann sich auf §§ 1365; 1368 BGB berufen. Nach der ganz herrschenden Einzeltheorie unterfällt auch ein Einzelgegenstand der Sperre aus § 1365 BGB, wenn er das wesentliche Vermögen darstellt.[162]

---

159 Z. B. BGH, Urt. v. 16.1.2013 – XII ZR 141/10 = BGHZ 196, 95, Rn. 6; OLG Koblenz, Beschl. v.
    27.05.2015 – 13 UF 156/15, juris Rn. 8; OLG Frankfurt, Beschl. v. 28.07.2014 – 4 U 84/14, Rn. 9.
160 Beispiel bei Leyendecker, JA 2010, 879 (881).
161 Abgewandelt von BGH, Urt. v. 07.10.2011 – V ZR 78/11.
162 BGHZ 35, 135, juris Rn. 17; zur Möglichkeit der Erinnerung nach § 766 ZPO: OLG Frankfurt, Beschl.
    v. 16.09.1998 – 14 W 76/98, juris Rn. 10.

Keine Analogiefähigkeit des § 1365 BGB auf Pfändungen

Angenommen, ein Gläubiger erwirkt einen Zahlungstitel. Dann darf er nach § 864 ZPO   523
in das Grundstück des Schuldners vollstrecken. Dies gilt auch, wenn es dessen wesentliches Vermögen darstellt. Denn vorbehaltlich der Pfändungsschutzvorschriften darf der Gläubiger einer Geldforderung jeden Gegenstand eines verheirateten Schuldners pfänden. § 1365 BGB gibt dem Ehegatten nicht das Recht, sich gegen die Pfändung zu wehren. Die Vorschrift gilt auch nicht etwa analog. Es fehlt an einer planwidrigen Regelungslücke. Die Pfändungsschutzvorschriften der §§ 811 ff.; 850 ff. ZPO schützen abschließend die finanzielle Grundlage der Familie. Ein Interventionsrecht gewährt § 1365 BGB nur, wenn der Vollstreckungstitel auf einer Verfügung des Ehegatten über das wesentliche Vermögen der Familie beruht.

§ 1369 BGB

In der Klausur kann auch § 1369 BGB einschlägig sein. Nach dieser Vorschrift kann ein Ehegatte über Haushaltsgegenstände nur verfügen, wenn der andere Ehegatte einwilligt.

Fall   524

Robert und Carmen sind verheiratet. Carmen will sich einer Schönheitsoperation unterziehen. Sie benötigt 5000 Euro. Heimlich nimmt sie bei der Bank einen Kredit auf. Als Sicherheit übereignet sie der Bank das ihr gehörende Auto nach §§ 929; 930 BGB. Mit dem Auto begibt sich Robert täglich zur Arbeit. Außerdem fahren Robert und Carmen mit ihm häufig zusammen in den Urlaub. Ein anderes Fahrzeug haben Robert und Carmen nicht. Carmen zahlt ihren Kredit nicht zurück. Deshalb erwirkt die Bank ein Urteil gegen sie. Danach muss Carmen ihr das Auto nach § 985 BGB herausgeben. Die Bank beauftragt einen Gerichtsvollzieher. Er holt das Auto nach § 883 ZPO ab. Er stellt es vorübergehend bei einem Abschleppunternehmer ab. Robert ist entsetzt. Er geht zu seinem Anwalt.

Welchen Rechtsbehelf sollte der Rechtsanwalt für Robert einlegen? Einstweilige Rechtsschutzmaßnahmen sind nicht zu prüfen.

Der Rechtsanwalt sollte für Robert keine Erinnerung nach § 766 ZPO einlegen. Sie wäre unbegründet. Insbesondere hat der Gerichtsvollzieher nicht gegen § 811 Abs. 1 Nr. 5 ZPO verstoßen. Zwar handelt es sich bei dem Fahrzeug um einen „zur Fortsetzung der Erwerbstätigkeit erforderlichen Gegenstand." Nach ihrer systematischen Stellung und ihrem Wortlaut verbietet § 811 ZPO aber nur, Gegenstände zu pfänden. Vorliegend geht es nicht um die Pfändung. Die Pfändung soll nämlich die Versteigerung vorbereiten. Mit dem Versteigerungserlös soll eine Geldforderung getilgt werden. Hier macht die Bank keine Geldforderung geltend. Vielmehr hat sie sich ihren Herausgabeanspruch titulieren lassen. Auf Herausgabeansprüche findet § 811 ZPO keine Anwendung.

Bessere Erfolgsaussichten hat der Rechtsanwalt mit einer Drittwiderspruchsklage. Als Interventionsrecht kann Robert sich auf § 1369 BGB berufen. Dessen Absatz 3 verweist unter anderem auf § 1368 BGB. Daraus folgt, dass Robert ein Interventionsrecht im Sinne des § 771 ZPO zusteht.

Man kann unterschiedlicher Meinung sein, ob das Auto vorliegend ein Haushaltsgegenstand im Sinne des § 1369 Abs. 1 BGB ist.[163] Der Rechtsanwalt sollte die positiven
Umstände hervorheben. Gleichzeitig sollte er aber Robert auf das Risiko hinweisen,
dass das Gericht seiner Argumentation möglicherweise nicht folgt. Für Robert kann er
vorbringen, dass die Ehegatten das Fahrzeug häufig für Urlaubsfahrten nutzen. Außerdem kann er sich auf den rechtlichen Standpunkt stellen, ein PKW sei nahezu immer
ein Haushaltsgegenstand, wenn es sich um den einzigen PKW der Ehegatten handelt.

525   Hinweis für Referendare: Beruft sich der Ehegatte mit seiner Drittwiderspruchsklage
auf § 1365 oder § 1369 BGB, ist auch bei hohen Verfahrenswerten nie das Landgericht
zuständig. Zuständig ist vielmehr nach § 23a Abs. 1 Nr. 1 GVG das Amtsgericht – Familiengericht. Es handelt sich um eine Güterrechtssache im Sinne von §§ 111 Nr. 9; 261
FamFG. Über die §§ 120 Abs. 1; 112 Nr. 2; 261 Abs. 1 FamFG ist § 771 ZPO anwendbar.

Anfechtungsrecht

526   Fraglich ist, ob Gläubiger-Anfechtungsrechte die Drittwiderspruchsklage ermöglichen.
Solche Anfechtungsregeln existieren Zweierlei. Die Insolvenzordnung kennt sie. Außerhalb des Insolvenzverfahrens sind sie im Anfechtungsgesetz beschrieben.[164] Beide An-
fechtungsordnungen decken sich weitgehend.

> ❶ Merke: Die Anfechtung soll ungerechtfertigte Vermögensverschiebungen rück-
> gängig machen.[165] Vollstreckungsgläubiger beziehungsweise Insolvenzverwalter
> können Gegenstände verwerten, die der Schuldner einem Dritten gegeben hat.

527   Das Anfechtungsrecht lässt sich am besten anhand seiner Systematik verstehen. Der
Schuldner darf mit seinem Vermögen grundsätzlich machen, was er will. Er darf Gegenstände verkaufen, verschenken oder verleihen. Alle diese Verträge sind wirksam.
Das gilt sogar, wenn der Schuldner beabsichtigt hat, den Gläubiger zu benachteiligen.[166] § 138 Abs. 1 BGB greift nicht. Denn die Anfechtungsvorschriften sind leges
speciales.[167]

Beispiel

Der Schuldner hat dem Dritten weit unter Wert ein Auto verkauft. Dadurch wollte er sei-
nen Gläubiger benachteiligen (§ 3 AnfG). Das Auto ist einwandfrei. Gleichwohl bereut der
Dritte den Kauf. Er will den Kaufvertrag rückabwickeln. Er meint, der Vertrag sei sitten-
widrig. Denn unstreitig wollte der Schuldner den Gläubiger benachteiligen. Damit sei der
Kaufvertrag nichtig und nach § 812 Abs. 1 Satz 1, 1. Alt. BGB rückabzuwickeln. Diese
Rechtsauffassung ist falsch. Der Kaufvertrag ist wirksam.

---

163 Großzügig KG Berlin, Beschl. v. 17.01.2003 – 13 UF 439/02, juris Rn. 4; OLG Düsseldorf, Urt. v.
    23.10.2006 – 2 UF 97/06 = NJW 2007, 1001.
164 Schönfelder Nr. 111.
165 BGHZ 72, 39, juris Rn. 25; BGH, Urt. v. 22.09.1982 – VIII ZR 293/81, juris Rn. 13.
166 Zu § 288 StGB siehe unten Rn 1237.
167 BGH, Urt. v. 28.10.2011 – V ZR 212/10 Rn. 13.

> ❗ **Merke:** Falsch wäre, eine nach dem AnfG oder der InsO angefochtene Übertragung als nichtig zu bezeichnen. Diese Anfechtung hat mit § 142 Abs. 1 BGB nichts zu tun.

Das Anfechtungsrecht ist sowohl bei der Sach- als auch bei der Forderungspfändung   528
statthaft. Bei der Sachpfändung überträgt der Schuldner typischerweise dem Dritten
eine Sache. Das kann auch ein Grundstück sein. Bei der Forderungspfändung tritt er
ihm beispielsweise eine Forderung ab.[168]

Hier interessiert folgende Konstellation:

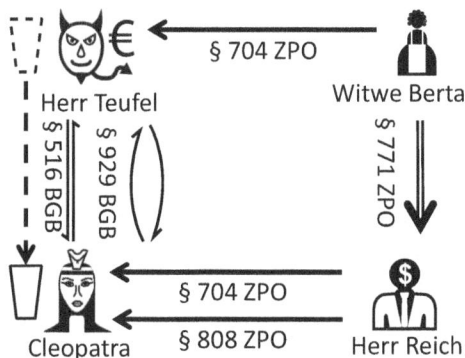

Herr Teufel ist in einer Beziehung mit Cleopatra. Verheiratet sind sie nicht. Beide haben
eigene Wohnungen. Witwe Berta erwirkt ein Zahlungsurteil gegen Herrn Teufel. Herr
Teufel möchte die Schuld jedoch nicht bezahlen. Sein einzig pfändbares Vermögen ist
eine wertvolle Vase. Herr Teufel hält sich für genial und unbesiegbar. Er schenkt, übereignet und übergibt die Vase an Cleopatra. Hierdurch möchte er verhindern, dass der
Gerichtsvollzieher sie im Auftrag von Witwe Berta pfändet. Cleopatra ist über alles informiert. Sie nimmt die Vase mit in ihre Wohnung.

Möglicherweise ist Herr Teufel insolvent. Dann kann der Insolvenzverwalter die
Vase nach § 133 InsO zur Insolvenzmasse zurückholen. Ist Herr Teufel nicht insolvent,
gilt § 3 Abs. 1 AnfG. Nach beiden Vorschriften sind Rechtshandlung anfechtbar, die der
Schuldner mit dem Vorsatz vorgenommen hat, seine Gläubiger zu benachteiligen. Der
andere Teil – hier Cleopatra – muss den Vorsatz gekannt haben.

Der Zusammenhang mit der Drittwiderspruchsklage ergibt sich, wenn eine weitere
Person ins Spiel kommt: Herr Reich. Er hat schon länger ein Zahlungsurteil gegen Cleopatra. Bislang verfügte sie über kein pfändbares Vermögen. Herr Reich sieht seine goldene Stunde gekommen. Er pfändet die Vase. Hiergegen erhebt Witwe Berta Drittwiderspruchsklage. Im Insolvenzverfahren über das Vermögen des Herrn Teufel wäre zu
fragen, ob die Vase zur Insolvenzmasse gehört. Außerhalb der Insolvenz stellt sich die
Frage, ob der Versteigerungserlös aus der Vase Witwe Berta zusteht.

Das insolvenzrechtliche Anfechtungsrecht ist sehr praxisrelevant. Es findet sich in
den §§ 129 ff. InsO. Es gehört nicht zum Pflichtstoff der beiden Examen. Für den
Schwerpunkt- beziehungsweise Berufsfeld-/Wahlfachbereich sollte man wissen, dass

---

168 Beispiel: BGHZ 100, 36, juris Rn. 20.

das insolvenzrechtliche Anfechtungsrecht ein Interventionsrecht im Sinne des § 771 ZPO bildet.[169] Der durch anfechtbare Rechtshandlung weggegebene Gegenstand steht der Gläubigergemeinschaft des Insolvenzschuldners zu. Ein Gläubiger des Erwerbers darf den Gegenstand nicht pfänden. Dies ergibt sich aus § 143 Abs. 1 InsO. Angelehnt an obiges Beispiel könnte der Insolvenzverwalter Drittwiderspruchsklage erheben. Die Vase fiele in die Insolvenzmasse. Der Insolvenzverwalter könnte sie versteigern. Der Erlös flösse in die Insolvenzmasse. Hieraus bekäme Witwe Berta allenfalls einen Anteil.

529   Streitig ist, ob das Anfechtungsrecht nach dem Anfechtungsgesetz ein Interventionsrecht ist. Der BGH lehnt dies bislang ab. Es handele sich um einen schuldrechtlichen Verschaffungsanspruch.[170] Für den BGH spricht zwar der Wortlaut des § 11 AnfG. Danach muss das Weggegebene „dem Gläubiger zur Verfügung gestellt werden." Das klingt mehr nach Verschaffung als nach dinglicher Wirkung. Angenommen, man folgt man dem. Dann ist Witwe Bertas Drittwiderspruchsklage gegen Herrn Reich abzuweisen. Witwe Berta muss warten, ob Herr Teufel wieder zu Vermögen kommt. Gegen die bisherige Sichtweise des BGH spricht die Parallele zur Insolvenzordnung. In beiden Fällen soll der anfechtbar weggegebene Gegenstand wirtschaftlich dem Gläubiger/den Gläubigern des Bösewichts zustehen. Es bleibt abzuwarten, ob der BGH an seiner Rechtsprechung festhält.

530   Nicht verwechseln darf man dieses Problem mit dem Einwand der Anfechtbarkeit. Er wird unten behandelt. Er ist in der Drittwiderspruchsklage unstreitig zu berücksichtigen.

Relatives Veräußerungsverbot
Konstellation

531   Einen kaum klausurrelevanten Sonderfall der Drittwiderspruchsklage regelt § 772 ZPO. Er gilt bei relativen Veräußerungsverboten. Die durch Pfändung entstehenden wurden oben bereits angesprochen.[171] Relative Veräußerungsverbote kann jedoch auch ein Richter erlassen. Man werfe zunächst einen Blick in § 938 Abs. 2 ZPO. Nach dieser Vorschrift kann der Richter gegen den Antragsgegner eine einstweilige Verfügung erlassen. Insbesondere kann er ihm verbieten, eine Sache zu veräußern. Pfändet ein Dritter sie, kann der Antragsteller Drittwiderspruchsklage erheben.

Klausurtipp

§ 772 ZPO hat wirklich nur eine sehr geringe Bedeutung. Es genügt, von ihm einmal gehört zu haben.

Lediglich zum besseren Verständnis folgendes Beispiel:[172]

---

169 BGHZ 156, 350, juris Rn. 25; offengelassen noch in BGHZ 155, 199, juris Rn. 25; gutes Klausurbeispiel bei Keller, RpflStud 2017, 57 (61).
170 BGH, Urt. v. 11.01.1990 – IX ZR 27/89 = NJW 1990, 990 (992) zur Konkursordnung; a. A. RGZ 30, 394 (397); RGZ 40, 371 (372); Karsten Schmidt, JZ 1990, 619.
171 Oben Rn. 475
172 Abgewandelt nach AG Villingen-Schwenningen, Beschl. v. 29.07.1997 – 4 M 4542/97 = DGVZ 1997, 189.

Beispiel

532

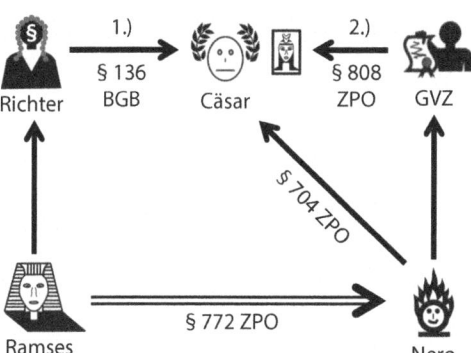

Cäsar ist großer Fan von Cleopatra. In seinem Schlafzimmer hängt ein Bild von ihr. Ramses ist eifersüchtig. Er schreibt dem zuständigen Richter. Ramses behauptet, Cleopatra habe ihm das Bild geschenkt und übereignet. Cäsar habe ihm das Bild überbringen sollen. Nun weigere Cäsar sich, das Bild an Ramses herauszugeben. Cäsar habe sogar gestern angekündigt, das Bild an Nero weiter zu übereignen. Cäsar habe gesagt, wenn er es nicht haben dürfe, solle Ramses es auch nicht haben. Der zuständige Richter hört Cäsar an. Cäsar bestreitet Ramses' Behauptungen. Vielmehr habe Cleopatra ihm – Cäsar – das Bild geschenkt. Das könne sie bezeugen. Derzeit sei sie allerdings auf einer Kreuzfahrt. Sie kehre erst in drei Monaten zurück. Der Richter weiß nicht, wer von beiden lügt. Er tendiert dazu, Ramses zu glauben. Der Richter erlässt eine einstweilige Verfügung. Er verbietet Cäsar für die nächsten sechs Monate, das Bild zu veräußern. Hierdurch möchte er das Bild sichern, bis Cleopatra als Zeugin zur Verfügung steht.

Nero erwirkt ein Zahlungsurteil gegen Cäsar. Er beauftragt den Gerichtsvollzieher, bei Cäsar zu pfänden. Der Gerichtsvollzieher pfändet das Bild.

Hier kann Ramses sich gegen die Versteigerung wehren. Er muss Nero nach § 772 ZPO verklagen.

Abgrenzung

Grundsätzlich nicht unter § 772 ZPO fällt die Anschlusspfändung.

533

Beispiel

Gläubiger G1 lässt vom Gerichtsvollzieher beim Schuldner eine Spielekonsole pfänden. Der Gerichtsvollzieher klebt das Pfandsiegel darauf. Anschließend lässt Gläubiger G2 die Spielekonsole nochmals pfänden. Der Gerichtsvollzieher verfährt nach § 826 ZPO. G1 kann hier nicht gegen G2 nach § 772 ZPO Drittwiderspruchsklage erheben. Vielmehr haben beide Gläubiger die Konsole wirksam gepfändet. G1 geht G2 allerdings gemäß § 804 Abs. 3 ZPO im Rang vor. Versteigert der Gerichtsvollzieher die Konsole, werden hiervon zunächst die Verfahrenskosten bezahlt.[173] Dann bekommt G1 den Erlös. Erst wenn die Forderung des G1 voll befriedigt ist, erhält G2 etwas.[174]

---

173 §§ 15 Abs. 1 GVKostG, 118 Abs. 3 Satz 1 GVGA.
174 Vgl. §§ 827 ZPO; 116 Abs. 6 Satz 2 GVGA.

534   Auch das Beschlagnahmeverbot des § 23 Abs. 1 Satz 1 ZVG fällt prinzipiell nicht unter § 772 ZPO. § 27 ZVG erlaubt weiteren Grundstücksgläubigern, dem Zwangsversteigerungsverfahren beizutreten.[175]

REF Beweislast

535   Wer muss beweisen, dass dem Dritten der Gegenstand zusteht? Die Lösung ergibt sich aus der Rechtsnatur der Beweislast. Sie wurzelt im materiellen Recht. Wer ein Recht für sich in Anspruch nimmt, muss die eigene Inhaberschaft beweisen. So muss etwa der Drittwiderspruchskläger das Gericht überzeugen, dass die gepfändete Sache ihm gehört.[176] Das materielle Recht kennt indessen Vermutungsregeln. Klassiker ist § 1006 BGB. Derartige Vermutungen gelten auch im Rahmen der Drittwiderspruchsklage. Kann sich der Dritte auf die Vermutung nach § 1006 Abs. 1 BGB berufen, muss der Vollstreckungsgläubiger die Vermutung widerlegen. Dazu muss der Dritte aber Eigenbesitzer sein. Außerdem darf er nicht gemäß § 1362 Abs. 1 BGB mit dem Schuldner verheiratet zusammenleben.[177] Greift zugunsten des Dritten keine materiellrechtliche Vermutung, trägt der Dritte die Beweislast. Dies ist der gesetzliche Regelfall.[178]

5.6.3 Keine unzulässige Rechtsausübung

⊙ Map 5.9

536   Nun zum zweiten Prüfungspunkt in der Begründetheit der Drittwiderspruchsklage. Er ist sehr klausurrelevant. In den nachfolgenden Fällen wird die Drittwiderspruchsklage abgewiesen, obwohl dem Dritten ein die Veräußerung hinderndes Recht zusteht. Regelmäßig muss man hier ein zweites Rechtsverhältnis prüfen, z. B. einen Bürgschafts-, Kauf-, oder Gesellschaftsvertrag.

Unbegründetheit wegen persönlicher Mithaftung des Dritten
Positive Fälle

537   In der ersten Konstellation hat sich der Dritte für die titulierte Forderung verbürgt. Alternativ haftet er als Gesamtschuldner (§ 421 BGB), persönlich haftender Gesellschafter (z. B. § 128 HGB) oder Geschäftsübernehmer (§ 25 HGB). Diese Beispiele sind nicht abschließend. Maßgebend ist, dass der Vollstreckungsgläubiger auch den Dritten verklagen und gegen ihn vollstrecken könnte.

---

175 Zur Zubehörpfändung entgegen § 865 Abs. 2 Satz 1 ZPO siehe oben Rn. 502.
176 BGHZ 55, 20, juris Rn. 53; 156, 310, juris Rn. 22; BGH, Urt. v. 09.10.1978 – VIII ZR 176/77, juris Rn. 12.
177 LG Düsseldorf, Urt. v. 06.11.2015 – 6 O 346/14, juris Rn. 40.
178 Jan Kaiser, JA 2016, 215 (217).

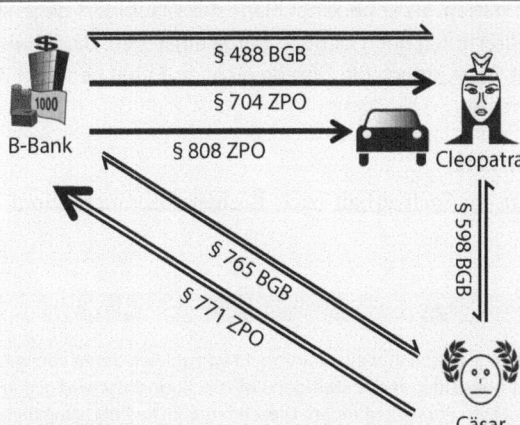

Cäsar ist schwer in Cleopatra verliebt. Mit blinzelnden Augen bittet sie ihn, ihr seinen Sportwagen zu leihen. Cäsar kann nicht widerstehen. Cleopatra möchte mit dem Auto nach Monaco fahren. Sie würde gerne in einer Spielbank etwas Geld einsetzen. Ihr fällt ein, dass sie kein Geld hat. Sie beschließt, bei der B-Bank einen Kredit aufzunehmen. Der Bankmitarbeiter ist misstrauisch. Er fordert eine Sicherheit. Cleopatra bittet Cäsar mit großen, unschuldigen Augen, ihr nochmals einen Gefallen zu tun. Cäsar hat zunächst Bedenken. Mit ihren weiblichen Reizen gelingt es Cleopatra jedoch, Cäsar zu überreden. Er verbürgt sich schriftlich gegenüber der B-Bank. Dabei verzichtet er auf die Einrede der Vorausklage aus § 771 BGB. Cleopatra fährt nach Monaco – mit ihrem Liebhaber Brutus. Sie verspielt das ganze Geld. Die B-Bank erstreitet gegen sie ein Zahlungsurteil. Die B-Bank lässt bei Cleopatra den Sportwagen pfänden. Cäsar erhebt Drittwiderspruchsklage.

Ist die Klage begründet?

Map 5.9

Nein. Die Drittwiderspruchsklage ist unbegründet. Cäsar steht sein Eigentum als Interventionsrecht zu. Allerdings kann er sich gemäß § 242 BGB nicht auf diese formale Stellung berufen. Die Bank hätte nämlich ein Zahlungsurteil gegen ihn aus § 765 BGB erwirken können. Mit diesem hätte sie bei Herausgabebereitschaft Cleopatras den Sportwagen nach § 809 ZPO pfänden können. Bei fehlender Herausgabebereitschaft hätte die Bank zumindest gemäß § 847 ZPO Cäsars Rückgewähranspruch aus § 604 Abs. 1 BGB pfänden können. Cäsar darf das Auto also keinesfalls behalten.

Der Bürgschaftsvertrag ist auch wirksam. Insbesondere ist Cäsars Willenserklärung nicht nach § 105 Abs. 2 BGB nichtig. Verliebtheit ist keine vorübergehende Störung der Geistestätigkeit – jedenfalls wenn man die Teenagerphasen überwunden hat.

In Rechtsprechung und Literatur kaum erörtert wird, ob es auf die Einrede der Vorausklage ankommt. Richtigerweise ist diese in der Drittwiderspruchsklage zu prüfen.[179] Denn der Dritte darf in seiner Drittwiderspruchsklage materiellrechtlich nicht schlechter stehen, als er bei einer Klage des Gläubigers gegen ihn stünde. Muss er materiellrechtlich noch nicht als Bürge einstehen, darf er also intervenieren. Vorliegend steht Cäsar jedoch die Einrede nicht zu. Er hat gemäß § 773 Abs. 1 Nr. 1 BGB auf sie verzichtet.

Die Einmann-GmbH

539   Nicht immer, wenn ein Sachverhalt nach Rechtsmissbrauch klingt, ist ein solcher zu bejahen.

Fall

Schuldner S ist Alleingesellschafter einer GmbH. Er ist zugleich deren einziger Geschäftsführer. Die Bank B verfügt über einen rechtskräftigen Vollstreckungsbescheid *gegen S*. Sie lässt vom Gerichtsvollzieher einen Porsche pfänden. Diesen fährt S. Die Zulassungsbescheinigungen befinden sich im Privathaus des S. In beiden Teilen der Zulassungsbescheinigung ist die GmbH als Halterin eingetragen. Den Kaufvertrag hatte ebenfalls die GmbH abgeschlossen. Sie hat die bisherigen Wartungskosten getragen. Zudem tauchen sämtliche mit dem Fahrzeug verbundenen Kosten in der Bilanz der GmbH auf, einschließlich des Kaufpreises. Die GmbH erhebt Drittwiderspruchsklage.

❓ Ist die Klage begründet?

✔️ Ja, die Drittwiderspruchsklage ist begründet.

Es besteht ein veräußerungshinderndes Recht. Eigentümerin ist nämlich die GmbH. Sie hat den Kaufvertrag abgeschlossen. Das wirkt sich nach dem Abstraktionsprinzip zwar nicht unmittelbar auf die Eigentumslage aus. Es ist allerdings ein Indiz für den Eigentumserwerb der GmbH. Restzweifel verschwinden, wenn man die Eintragungen in den KFZ-Papieren, die Bilanzen und den Zahlungsfluss betrachtet.

Es ist nicht rechtsmissbräuchlich, dass eine Einmann-GmbH sich auf ihr Eigentum beruft.[180] Denn die Vermögensmassen von Gesellschafter und Gesellschaft sind getrennt. Die GmbH ist eine juristische Person. Würde man anders entscheiden, würde man ihr das Eigentum entgegen Art. 14 Abs. 1; 19 Abs. 3 GG aberkennen. Das darf nicht sein.

Unbegründetheit wegen Mithaftung des Vollstreckungsgegenstands

540   Die Drittwiderspruchsklage ist auch unbegründet, wenn der Vollstreckungsgegenstand „mithaftet". Gemeint ist, dass der Dritte den gepfändeten Gegenstand an Gläubiger oder Schuldner übertragen muss. Dies kann schuldrechtliche, sachenrechtliche oder vollstreckungsrechtliche Gründe haben.

---

179 So auch Zetzsche/Nast, JA 2016, 582 (587).
180 BGH, Urt. v. 16.10.2003 – IX ZR 55/02 = NJW 2004, 217 (218).

Verschaffungspflicht

> **Map 5.6**

Ein Verschaffungsanspruch des Dritten bildet kein veräußerungshinderndes Recht. Dies wurde oben erörtert.[181] Umgekehrt gilt dies jedoch nicht. In der nunmehr interessierenden Konstellation ist der Dritte Eigentümer. Der Gläubiger pfändet dessen Sache. Der Dritte erhebt Drittwiderspruchsklage. Er muss aber dem Vollstreckungsschuldner den gepfändeten Gegenstand verschaffen. Klassiker ist ein Anspruch des Vollstreckungsschuldners gegen den Dritten aus § 433 Abs. 1 BGB.

541

Beispiel 1: Der Dritte hat dem Vollstreckungsschuldner die Sache verkauft. Er hatte sie lediglich noch nicht übereignet. Dann kann der Dritte sich nicht auf sein Eigentum berufen. Denn er müsste die Sache sofort herausgeben.

Das Gleiche gilt, wenn der Dritte dem Vollstreckungsgläubiger den Gegenstand verschaffen muss.

Beispiel 2: Der Dritte hat die Sache dem Vollstreckungsgläubiger verkauft.

Ausgangsfall

542

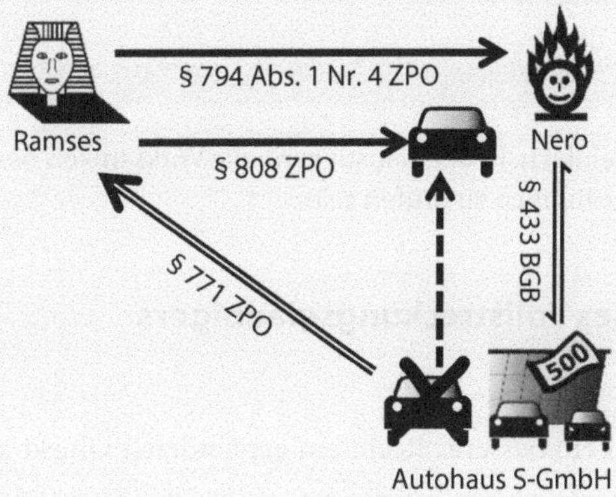

§ 794 Abs. 1 Nr. 4 ZPO

Ramses

§ 808 ZPO

Nero

§ 433 BGB

§ 771 ZPO

500

Autohaus S-GmbH

Nero sieht bei der Autohaus S-GmbH einen Gebrauchtwagen. Dieser ist nicht zugelassen. Nero und die S-GmbH treffen eine Vereinbarung. Nero darf das Auto in seine Garage mitnehmen. Er darf es dort umfangreich untersuchen. So kommt es. Nero ist zufrieden. Nero und die Autohaus S-GmbH schließen einen Kaufvertrag. Den Kaufpreis kann Nero aber noch nicht bezahlen. Die Autohaus S-GmbH erklärt, unter diesen Umständen wolle sie das Auto aber noch nicht übereignen, auch nicht im Wege des Eigentumsvorbehalts. Zwei Wochen später überweist Nero den Kaufpreis. Beide vereinbaren, sich nochmals zu treffen, um das Fahrzeug schriftlich zu übereignen. Dazu kommt es jedoch nicht.
Ramses erwirkt gegen Nero einen Vollstreckungsbescheid. Er beauftragt den Gerichtsvollzieher, bei Nero zu pfänden. Der Gerichtsvollzieher pfändet das Auto. Die Autohaus S-GmbH erhebt Drittwiderspruchsklage. Sie beruft sich auf ihr Eigentum.

---

181 Oben Rn. 494.

❓ Ist die Klage begründet?

✅ Nein. Die Drittwiderspruchsklage ist unbegründet. Der erste Prüfungspunkt ist zwar erfüllt. Der Autohaus S-GmbH steht ein veräußerungshinderndes Recht zu. Sie ist nämlich Eigentümerin. Allerdings handelt es sich um eine bloß formale Rechtsposition. Die GmbH ist nach dem Kaufvertrag verpflichtet, Nero das Auto zu übereignen. Dass Schuldverhältnisse nur relativ wirken, spielt vorliegend keine Rolle. Denn dies beträfe nur die Frage, ob Ramses einen Übereignungsanspruch gegen die GmbH hat. Einen solchen hat er selbstverständlich nicht. Maßgebend ist aber, dass die GmbH das Auto schuldrechtlich nicht behalten darf. Deshalb ist sie prozessual nicht schützenswert.

Abwandlung

543

Wie Ausgangsfall. Allerdings schließt die Autohaus S-GmbH keinen Kaufvertrag mit Nero. Vielmehr schließt sie ihn mit Ramses.

❓ Ist die Drittwiderspruchsklage nunmehr begründet?

✅ Nein. Die Drittwiderspruchsklage ist ebenfalls unbegründet. Die Argumentation zum Ausgangsfall gilt entsprechend.

Klausurtipp

Diese Fälle waren einfach. In der Klausur kann die Wirksamkeit des Kaufvertrags problematisch und ausführlich zu prüfen sein.

Besseres Recht des Vollstreckungsgläubigers

▶ Map 5.9

544   Dem Gläubiger kann ein besseres Recht am gepfändeten Objekt zustehen. Auch dann verliert der Dritte.[182]

---

182 RGZ 81, 146 (150 f.); 143, 275 (277).

Fall

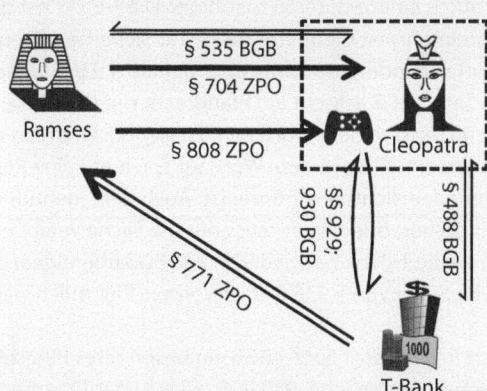

Ramses vermietet Cleopatra eine Wohnung. Cleopatra zahlt die Miete nicht. Da sie arbeitslos ist, langweilt sie sich. Deshalb erwirbt sie eine Spielekonsole. Diese bringt sie in die Wohnung. Nach einiger Zeit langweilen sie die mitgelieferten Computerspiele. In einer Werbung sieht sie das neue Spiel „Der Tätscheler". Es ist an eine Fernsehsendung mit ähnlichem Namen angelehnt. Ziel des Spiels ist, einen Traummann zu erwerben. Dabei gilt es, ungeliebte Konkurrentinnen durch gezielte Schüsse auszuschalten. Cleopatra ist sofort Feuer und Flamme. Sie hofft, dass im Spiel auch ihre langjährige Rivalin Laura Kraft in einer Figur verkörpert ist. Sie möchte ihr zumindest auf dem Bildschirm größtmöglichen Schaden zufügen. Leider kann Cleopatra den Kaufpreis für das Spiel nicht aus eigenem Vermögen zahlen. Deshalb fragt sie bei der T-Bank nach einem Darlehen. Sie erzählt dem Bankprokuristen von ihren Mietschulden. Der Prokurist besteht auf einer Sicherheit. Cleopatra übereignet der Bank die Spielekonsole. Die T-Bank gewährt Cleopatra das gewünschte Darlehen. Im Sicherungsvertrag verabreden beide, dass Cleopatra die Konsole für die Bank verwahrt. Cleopatra darf sie weiterbenutzen. Wenn sie das Darlehen beglichen hat, ist die Bank verpflichtet, ihr die Konsole zurückzuübereignen.

Ramses erstreitet wegen der rückständigen Miete ein Zahlungsurteil gegen Cleopatra. Zeitnah pfändet er die Spielekonsole. Die Bank erhebt Drittwiderspruchsklage. Sie stützt sie auf ihr Eigentum.

❓ Ist die Drittwiderspruchsklage begründet?

✓ **Kollision von Vermieterpfandrecht und Sicherungsübereignung**

Nein. Die Drittwiderspruchsklage ist unbegründet. Zwar ist das Sicherungseigentum nach h. M. ein veräußerungshinderndes Recht.[183] Allerdings kann sich die T-Bank nach § 242 BGB nicht auf ihr Eigentum berufen, wenn Ramses ein besseres Recht an der Konsole hat. Ramses könnte ein vorrangiges Vermieterpfandrecht an der Spielekonsole zustehen. Sein Vermieterpfandrecht ist nach § 562 BGB entstanden. Die Spielekonsole ist nach § 562 Abs. 1 Satz 2 i. V. m. § 811 ZPO pfändbar. Problematisch ist, ob das Vermieterpfandrecht erloschen ist.

---

183 Siehe oben Rn. 448.

§ 562b BGB spielt vorliegend keine Rolle. Nach ihrem Wortlaut gilt die Norm nur für die Pfändung durch einen weiteren Gläubiger. Die T-Bank hat die Konsole aber nicht gepfändet. Vielmehr hat Cleopatra sie ihr zur Sicherheit übereignet.

Ramses' Vermieterpfandrecht könnte aber gemäß § 936 BGB erloschen sein. Nach § 936 Abs. 1 Satz 1 BGB erlischt ein Pfandrecht mit dem Erwerb des Eigentums. Dieser Satz ist streng nach seinem Wortlaut auszulegen. Er erfasst auch das besitzlose Vermieterpfandrecht.[184] Nach dem Wortlaut spielt es keine Rolle, ob der Verfügende Berechtigter oder Nichtberechtigter ist. Auch der Eigentümer kann also das Pfandrecht zum Erlöschen bringen. Er muss nur die Sache veräußern. Cleopatra hat die Spielekonsole an die T-Bank nach §§ 929; 930 BGB übereignet. Damit hat die Bank die Konsole im Sinne von § 936 BGB erworben. Eigentlich wäre das Pfandrecht damit erloschen.

Allerdings setzt § 936 Abs. 1 Satz 3 BGB ein besonderes Publizitätselement voraus: Erfolgt die Veräußerung nach § 930 BGB, erlischt das Pfandrecht erst, wenn der Erwerber den Besitz der Sache erlangt. Man kann streiten, wie das Wort „Besitz" auszulegen ist. Meint es nur den unmittelbaren Besitz oder genügt mittelbarer?[185] Das Problem kann dahinstehen, wenn der lastenfreie Erwerb aus anderen Gründen scheitert.

Gemäß § 932 Abs. 2 BGB schadet der Bank bereits, wenn sie das Vermieterpfandrecht grob fahrlässig übersehen hat. Die Bank wusste von den Mietschulden. Sie wusste auch, wo die Konsole sich befindet. Das genügt für die Bösgläubigkeit hinsichtlich eines Vermieterpfandrechts.[186]

Das Vermieterpfandrecht haftet deswegen weiterhin an der Konsole. Die Bank hat sie zwar erworben, aber mit Vermieterpfandrecht.

Damit hat Ramses zwei Pfandrechte an der Konsole: sein Vermieter- und das Pfändungspfandrecht. Ramses dürfte die Konsole schon aufgrund seines Vermieterpfandrechts versteigern lassen.[187] Das vermag er auch gegen den Willen der Bank. Deshalb hat er ein besseres Recht. Es wäre widersprüchlich, wenn Ramses der Bank die Konsole aufgrund deren Drittwiderspruchsklage freigeben müsste.

Klausurtipp

Diese Einschränkung der Drittwiderspruchsklage sollte man keinesfalls vernachlässigen. Sie reizt den Klausurersteller geradezu, komplizierte Sachenrechtsprobleme zu prüfen.

---

184 Helms/Zeppernick, Sachenrecht I, 2016, Rn. 110.
185 Für mittelbaren Besitz: Helms/Zeppernick, Sachenrecht I, 2016, Rn. 113; Engelhardt, JA 2013, 269 (271) und wohl auch BGH, Urt. v. 20.06.2005 – II ZR 189/03, juris Rn. 8.
186 BGHZ 57, 166, juris Rn. 12; KG Berlin, Urt. v. 13.12.1999 – 10 U 7256/98, juris Rn. 30.
187 §§ 1257; 1228; 1235; 383 Abs. 3 BGB.

Anfechtbarer Rechtserwerb des Dritten

> **Map 5.9**

Das Anfechtungsgesetz wurde bereits angesprochen.[188] Grundsätzlich kann der Vollstre-   545
ckungsgläubiger nur in das Vermögen des Schuldners vollstrecken. Das ergibt sich aus
§ 750 Abs. 1 ZPO. „Ich habe nichts mehr." mag der Schuldner einwenden. Denn theoretisch kann er die Vollstreckung vereiteln. Er braucht sein Vermögen nur einem Dritten zu
übertragen. Dem will das Anfechtungsgesetz vorbeugen. Der Schuldner darf zwar nach
wie vor Gegenstände aus seinem Vermögen übertragen. Der Gläubiger kann die Übertragung aber anfechten. Man nennt dies anfechtbaren Rechtserwerb. § 11 AnfG regelt die
Rechtsfolgen der Anfechtung. Der Gläubiger darf in Teile des Vermögens des Dritten vollstrecken. Er darf insbesondere den übertragenen Gegenstand pfänden und verwerten.

In der noch zu behandelnden Anfechtungsklage klagt der Gläubiger gegen den Drit-   546
ten.[189] Er will etwas von ihm. Bei der Drittwiderspruchssituation ist es umgekehrt. Der
Dritte will etwas vom Gläubiger. Der Gläubiger soll es unterlassen, in den Gegenstand
zu vollstrecken. Der Gläubiger verteidigt sich mit einem Gegeneinwand: „Du hast mir
gegenüber kein Recht an dem Gegenstand. Denn du hast ihn unseriös erlangt." In diesem Fall ist die Drittwiderspruchsklage unbegründet. Auf die Anfechtbarkeit kann sich
der Vollstreckungsgläubiger gemäß § 9 AnfG berufen.[190] Auf § 242 BGB braucht man
also nicht zurückzugreifen.

Klausurtipp

Der anfechtbare Rechtserwerb ist eher Spezialwissen. Gleichwohl sollte man sich im
Rahmen einer gründlichen Examensvorbereitung mit ihm beschäftigt haben.

> **Map 19.2**

Die Anfechtungseinrede des Vollstreckungsgläubigers greift unter folgenden Voraus-   547
setzungen:

Prüfungsschema Anfechtungseinrede
1. Anfechtungsberechtigung
2. Rechtshandlung des Vollstreckungsschuldners
3. die den Vollstreckungsgläubiger benachteiligt hat
4. Anfechtungsgrund
5. Anfechtungsfrist

- **Anfechtungsberechtigung**

Die Anfechtungsberechtigung ist in § 2 AnfG geregelt. Diese Norm setzt dreierlei vor-   548
aus. Erstens muss ein vollstreckbarer Schuldtitel existieren. Zweitens muss die Forderung fällig sein. Drittens muss das Schuldnervermögen unzulänglich sein.

---

188 Siehe oben Rn. 526.
189 Siehe unten Rn. 1193 ff.
190 LG Dessau, Urt. v. 14.10.2005 – 1 S 105/05, juris Rn. 37.

> **Klausurtipp**
>
> In Anfechtungsklausuren muss man sehr genau unter jedes einzelne Tatbestands-
> merkmal subsumieren. Nicht immer, wenn der Gläubiger Anfechtung schreit, greift
> diese auch.

■ **Vollstreckbarer Schuldtitel**

549 Es bedarf eines endgültig vollstreckbaren Titels. Ein vorläufig vollstreckbarer genügt –
anders als für die Anfechtungsklage – bei der Einrede nach § 9 AnfG nicht.[191] Das ergibt
sich aus § 14 AnfG. Dessen Voraussetzungen lassen sich bei der einredeweisen Erhebung im Rahmen der Drittwiderspruchsklage nicht einhalten.

Es muss sich um eine Geldforderung handeln.[192] Das folgt aus § 2 AnfG. Danach
ergänzt die Anfechtung die Zwangsvollstreckung in das Vermögen des Schuldners.

550 In der Klausur wendet der Dritte vielleicht ein, der Titel sei falsch. Hier ist zu differenzieren. Das Urteil gilt als seinerzeit richtig. Der Dritte darf also nicht behaupten, der
Richter habe falsch entschieden.[193] Andernfalls könnten Schuldner und Dritter gemeinsam die Autorität des Richterspruchs untergraben. Der Dritte kann aber vorbringen,
der dem Urteil zugrunde liegende Anspruch sei nachträglich erloschen.[194] Der Schuldner habe beispielsweise nach dem Urteil bezahlt. Denn der Dritte kann keine Vollstreckungsabwehrklage erheben. Das darf nur der Schuldner.[195] Der Dritte darf der Zwangsvollstreckung aber nicht stärker ausgesetzt sein als der Schuldner. Damit eignet sich die
Anfechtungssituation, um eine Vollstreckungsabwehrklage inzident zu prüfen. Das gilt
auch für die Präklusion nach den Absätzen 2 und 3 des § 767 ZPO. Einfacher ist es,
wenn der Titel eine notarielle Urkunde im Sinne des § 794 Abs. 1 Nr. 5 ZPO ist. Dann
kann der Dritte sämtliche materiellen Einwände vorbringen.[196] Denn das könnte auch
der Schuldner.[197]

🛈 Merke: Der Anfechtungsgegner kann alle Einwände vorbringen, die der Schuldner mit einer Vollstreckungsabwehrklage erheben kann.

■ **Fällige Forderung**

551 Die titulierte Forderung muss fällig sein. Sie darf weder betagt noch bedingt sein. Hier
sind kaum Klausurprobleme denkbar.

---

191 RGZ 96, 335 (336); BGH, Versäumnisurteil vom 27.11.2003 – IX ZR 310/00, juris Rn. 12.
192 BGHZ 53, 174, juris Rn. 37; 112, 356, juris Rn. 17; BGH, Urt. v. 13.12.1989 – VIII ZR 204/82, juris
     Rn. 13; Janneck, JuS 2014, 1085 (1087).
193 BGHZ 55, 20, juris Rn. 47; BGH, Urt. v. 11.12.1963 – VIII ZR 168/62, juris Rn. 7.
194 BGH, Urt. v. 22.09.1982 – VIII ZR 293/81, juris Rn. 10; BGH, Urt. v. 19.11.1998 – IX ZR 116/97, juris
     Rn. 14.
195 Siehe oben Rn. 166.
196 OLG Köln, Urt. v. 21.09.1983 – 2 U 63/82 = ZIP 1983, 1316 (1318).
197 Siehe oben Rn. 244.

- **Schuldnervermögen unzulänglich**

Das Schuldnervermögen muss unzulänglich sein. Das bedeutet, außer dem gepfändeten   552
Gegenstand darf beim Schuldner nichts zu holen sein. Beweisen muss dies der Vollstreckungsgläubiger.[198]

Klausurtipp

Die Anfechtungseinrede kann versteckt sein. So kann der Gläubiger beispielsweise
vortragen, der Schuldner verfüge über kein pfändbares Vermögen. Er habe vor einem Monat seinen einzig pfändbaren Gegenstand dem Dritten – seinem Sohn –
geschenkt. Es könne doch nicht sein, dass der Gläubiger hierauf nicht zugreifen darf.

- **Rechtshandlung des Vollstreckungsschuldners**

Der nächste Prüfungspunkt ergibt sich aus § 1 AnfG. „Rechtshandlung des Vollstre-   553
ckungsschuldners" ist weit auszulegen. Erfasst sind alle Handlungen, die rechtliche
Wirkung haben.[199]

Beispiel

Der Vollstreckungsschuldner übereignet dem Dritten eine Sache.

Erfasst sind gemäß § 10 AnfG auch Handlungen, die der Vollstreckungsschuldner vornehmen musste, weil der Dritte einen Titel gegen ihn hatte.

Beispiel

Schuldner und Dritter schließen einen Kaufvertrag. Hieraus hat der Dritte einen Übereignungsanspruch aus § 433 Abs. 1 BGB. Er erwirkt insoweit ein Urteil gegen den Schuldner.
Der Schuldner erfüllt den Richterspruch. Das Urteil entlastet ihn aber nicht. War der Kaufvertrag nach dem Anfechtungsgesetz anfechtbar, greift die Anfechtungseinrede gleichwohl.

- **Benachteiligung des Vollstreckungsgläubigers**

Die Rechtshandlung des Schuldners muss den Vollstreckungsgläubiger benachteiligt   554
haben. Der Gläubiger muss irgendwie schlechter stehen.[200] Auch dies ergibt sich aus § 1
AnfG.

Beispiel

Der Schuldner hat eine Sache verschenkt, übereignet und weggegeben. Hierdurch hat er
sie dem Zugriff des Gläubigers entzogen.

---

198 BGH, Urt. v. 22.09.1982 – VIII ZR 293/81, juris Rn. 15; BGH, Urt. v. 27.09.1990 – IX ZR 67/90, juris
   Rn. 5.
199 LG Köln, Urt. v. 11.05.2007 – 7 O 376/06, juris Rn. 34.
200 Fischer, JuS 2015, 517 (518).

In manchen Fällen ist die Gläubigerbenachteiligung zu verneinen. Hat der Schuldner etwa eine unpfändbare Sache veräußert, steht der Gläubiger wie vorher. Denn die Sache stand dem Gläubiger für die Zwangsvollstreckung nie zur Verfügung.[201] Entsprechendes gilt, wenn die verschenkte Sache wertlos war.[202]

Gleich steht der Gläubiger auch, wenn der Dritte dem Vollstreckungsschuldner für die Sache eine vollwertige Gegenleistung zahlt.[203] Der Gläubiger kann das Geld pfänden (§ 815 ZPO). Wurde das Geld beim Schuldner gestohlen, hat der Gläubiger Pech. Das gehört zu seinem allgemeinen Lebensrisiko. Der Gläubiger kann nicht etwa die Übereignung der Sache anfechten.

Demgegenüber benachteiligt der Schuldner den Vollstreckungsgläubiger, wenn er die Schuld eines anderen seiner Gläubiger tilgt. Denn dadurch verliert der Vollstreckungsgläubiger einen Gegenstand, den er pfänden könnte.

Auch genügt grundsätzlich eine sogenannte mittelbare Benachteiligung.[204]

Beispiel
Der Dritte zahlt dem Schuldner für den weggegebenen Gegenstand einen angemessenen Kaufpreis. Der Schuldner hatte aber von vornherein geplant, ihn zu verspielen.

Nachträgliche Umstände sind also relevant, wenn der Schuldner sie von vornherein geplant hatte. Andernfalls sind sie bedeutungslos.

▪ Anfechtungsgrund

555   Nächster Prüfungspunkt ist der Anfechtungsgrund. Drei Anfechtungsgründe sind relevant: Die beiden Vorsatzanfechtungen des § 3 und die Schenkungsanfechtung des § 4 AnfG.

⟩ **Map 19.3**

▪ Vorsatzanfechtung nach § 3 Abs. 1 AnfG

556   Die Vorsatzanfechtung ist jüngst reformiert worden. § 3 AnfG hat nun vier Absätze.

Die Vorsatzanfechtung des § 3 Abs. 1 AnfG hat zwei Voraussetzungen.

Erforderlich ist zunächst der Vorsatz des Schuldners, den Gläubiger zu benachteiligen. Ein Benachteiligungsvorsatz ist gegeben, wenn der Schuldner einen einzelnen Gläubiger durch Befriedigung oder Sicherung vor anderen Gläubigern bevorzugen will.[205] Bedingter Vorsatz genügt.[206] Der Gläubigerbenachteiligungsvorsatz braucht nicht der einzige Zweck des Handelns zu sein.

Zweitens muss der Dritte diesen Vorsatz kennen.

557   Referendare sollten die Beweislastverteilung kennen. Die Beweislast für alle Anfechtungsvoraussetzungen trägt grundsätzlich der Gläubiger.[207] Vorsatz und dessen

---

201 BGHZ 123, 183, juris Rn. 8.
202 BGH, Beschl. v. 21.02.2013 – IX ZR 219/12, Rn. 5.
203 BGH, Urt. v. 10.12.1998 – IX ZR 302/97, juris Rn. 10.
204 Janneck, JuS 2014, 1085 (1087).
205 BGH, Urt. v. 18.02.1993 – IX ZR 129/92, juris Rn. 15.
206 BGH, Urt. v. 10.07.2014 – IX ZR 50/12, Rn. 10 u. v. 16.04.2015 – IX ZR 68/14, Rn. 19.
207 BGH, Urt. v. 03.03.1988 – IX ZR 11/87, juris Rn. 16 und 28; BT-Drucksache 18/7054, S. 27.

Kenntnis sind schwierig zu beweisen.[208] Insbesondere werden nur in Ausnahme-fällen positive Äußerungen des Dritten über sein Wissen vorliegen. Es existieren aber Beweiserleichterungen. Zunächst enthält § 3 Abs. 1 Satz 2 AnfG eine Vermu-tungsregel.[209] Überdies gilt beim Prüfungspunkt „Benachteiligungsvorsatz des Schuldners" § 131 InsO analog. Gewährt der Schuldner dem Dritten eine soge-nannte inkongruente Deckung, stellt dies ein Indiz für seinen Benachteiligungsvor-satz dar.[210] Inkongruent meint eine Sicherung oder Befriedigung die der Dritte nicht, nicht in der Art oder nicht zu der Zeit zu beanspruchen hatte. Ein Indiz ist allerdings nur ein Element der gesamten Beweiswürdigung. Ein Indiz ist keine Ver-mutung und keine Beweislastumkehr. Weiter geht das Gesetz bei nahestehenden Personen in § 131 Abs. 2 Satz 2 InsO. Gegenüber ihnen wird vermutet, dass sie die Benachteiligung des Gläubigers kannten. Auch § 131 Abs. 2 Satz 2 InsO gilt analog für das Anfechtungsgesetz.

Klausurtipp

Es empfiehlt sich, § 131 InsO an § 3 AnfG zu kommentieren. An dieser Stelle wird eine ausführliche Beweiswürdigung vorzunehmen sein. Hier sind viele Punkte zu ho-len. Wichtig ist, den gesamten Sachverhalt auszuwerten. Was spricht alles für, was gegen einen Benachteiligungsvorsatz?

Neu ist § 3 Abs. 3 Satz 2 AnfG. Er soll die Vermutung des § 3 Abs. 1 Satz 2 AnfG ab-schwächen. In der maßgebenden Konstellation hat der Dritte eine Forderung gegen den Schuldner. Er gewährt dem Schuldner einen Zahlungsaufschub. Hieraus könnte man theoretisch schließen, der Dritte habe die Zahlungsunfähigkeit des Schuldners erken-nen können. Denn bei ausreichender Liquidität hätte der Schuldner wohl kaum um ei-nen Zahlungsaufschub oder um Raten gebeten. In der Konsequenz würde der Dritte möglicherweise Zahlungsaufschübe ablehnen. Davon hätte niemand etwas. Dem hat der Gesetzgeber einen Riegel vorgeschoben.[211] Der Dritte soll ruhigen Gewissens Zah-lungserleichterungen gewähren können. Angenommen, er hat vom Schuldner Raten erhalten. Dann soll er nicht fürchten, sie dem Gläubiger allein aufgrund von Beweis-schwierigkeiten weiterreichen zu müssen.

558

---

208 App, DGVZ 2001, 145 (148).
209 Legaldefinition der drohendenden Zahlungsunfähigkeit in § 18 Abs. 2 InsO.
210 BGH, Urt. v. 06.12.2001 – IX ZR 158/00, juris Rn. 15, vom 16.01.2008 – VIII ZR 254/06, juris Rn. 17, u. v. 10.07.2014 – IX ZR 50/12, juris Rn. 11.
211 BT-Drucksache 18/7054, S. 13.

559

Fall

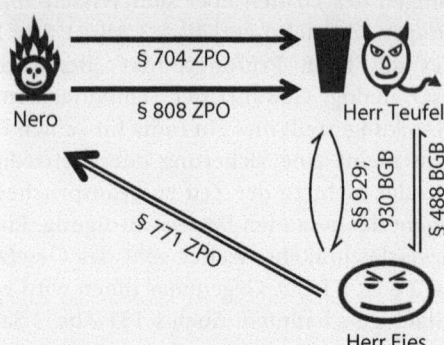

Herr Fies und Herr Teufel sind seit Kindertagen befreundet. Herr Fies gewährt Herrn Teufel ein Darlehen. Über Sicherheiten sprechen beide nicht. Herr Teufel lebt von Sozialleistungen. Er verfügt außer einer wertvollen Vase über kein pfändbares Vermögen. Nero erstreitet ein Zahlungsurteil gegen Herrn Teufel über 3000 Euro. Das Gericht stellt es Herrn Teufel zu. Einen Tag später bittet Herr Teufel Herrn Fies um ein dringendes Gespräch noch am selben Tag. Herr Teufel begibt sich am Abend zu Herrn Fies. Herr Teufel schildert Herrn Fies seine prekäre Vermögenslage. Herr Teufel erzählt von dem Urteil. Er wisse gar nicht, wie er seine Schulden begleichen soll. Herrn Fies kommt es gerade Recht, dass Herr Teufel ihm die Vase als Sicherheit anbietet. Beide schließen einen Pakt. Danach gehört die Vase ab sofort Herrn Fies. Dieser leiht sie aber Herrn Teufel. Sofern Herr Teufel das Darlehen nicht zurückzahlt, darf Herr Fies die Vase verwerten. Einen Monate später kommt es, wie von Herrn Teufel befürchtet: Nero lässt die Vase pfänden. Herr Fies erhebt Drittwiderspruchsklage. Er beruft sich auf sein Eigentum.

❓ Ist die Klage begründet?

▶ **Map 19.3**

✅ Die Drittwiderspruchsklage ist unbegründet. Ein veräußerungshinderndes Recht steht Herrn Fies zu. Das Sicherungseigentum ist nach h. M. ein die Veräußerung hinderndes Recht.[212] Die Sicherungsübereignung an Herrn Fies ist wirksam. Die Voraussetzungen der §§ 929; 930 BGB liegen vor. Die Übereignung war nicht nach § 138 Abs. BGB sittenwidrig. Dies würde beispielsweise erfordern, dass Herr Fies beabsichtigte, Nero zu benachteiligen.[213] Herr Fies hat aber primär eigene Interessen verfolgt.

   Nero kann der Drittwiderspruchsklage aber die Einrede des § 9 AnfG entgegenhalten. Die Übereignung ist eine Rechtshandlung des Vollstreckungsschuldners im Sinne des § 1 AnfG. Sie benachteiligt Nero. Er kann nämlich in keine anderen Gegen-

---

212 Siehe oben Rn. 448.
213 BGH, Urt. v. 09.07.1987 – IX ZR 89/86, juris Rn. 18.

stände mehr vollstrecken. Die Sicherungsübereignung erschöpfte das gesamte vollstreckbare Vermögen.

Es liegt auch der Anfechtungsgrund des § 3 Abs. 1 AnfG vor. Herr Teufel hatte zumindest bedingten Vorsatz, Nero zu benachteiligen. Dies ergibt sich gemäß § 286 Abs. 1 ZPO aus einer Gesamtwürdigung aller Indizien. Zwischen Herrn Fies und Herrn Teufel besteht ein Näheverhältnis. Sie sind seit Kindertagen befreundet. Herr Teufel übertrug Herrn Fies sein gesamtes pfändbares Vermögen. Außerdem wusste Nero zur Zeit der Übertragung bereits vom gegen ihn gerichteten Titel. Er bot die Vase von sich aus als Sicherheit an. Dabei legte er ohne erkennbaren Grund eine besondere Eile an den Tag. Eine Gegenleistung erhielt Herr Teufel nicht. Er benachteiligte Nero unmittelbar. Herr Teufel konnte auch nicht erwarten, die titulierte Schuld aus seinem Einkommen zu begleichen. Denn er lebt von Sozialleistungen. Vor allem war die Sicherungsübereignung inkongruent. Analog § 131 Abs. 1 InsO gewährte Herr Teufel Herrn Fies eine Sicherheit, auf die dieser keinen Anspruch hatte.

Herr Fies kannte den Vorsatz des Herrn Teufel. Die Vermutung des § 3 Abs. 1 Satz 2 AnfG ist nicht gemäß § 292 ZPO widerlegt. Die Entgegennahme einer Sicherheit ist auch keine Zahlungserleichterung im Sinne von § 3 Abs. 3 Satz 2 AnfG.

Die Zehnjahresfrist des § 3 Abs. 1 AnfG ist noch nicht abgelaufen.

- **Vorsatzanfechtung nach § 3 Abs. 4 AnfG**

Gemäß § 3 Abs. 4 AnfG ist ein vom Schuldner mit einer nahestehenden Person (§ 138 der Insolvenzordnung) geschlossener entgeltlicher Vertrag anfechtbar, durch den seine Gläubiger unmittelbar benachteiligt werden.   560

„Entgeltlich" ist weit auszulegen. Erfasst sind schuldrechtliche wie sachenrechtliche Einigungen.   561

Beispiel

Der Schuldner verkauft und übereignet seiner Mutter seine einzig pfändbare Sache.

Das Gegenstück zu entgeltlich ist unentgeltlich. Unentgeltliche Rechtshandlungen sind in § 4 AnfG geregelt.

Bei der Vorsatzanfechtung gemäß § 3 Abs. 4 AnfG muss der Schuldner den Gläubiger entgegen obigem Grundsatz stets unmittelbar benachteiligen.[214] Dies ergibt sich aus dem Wortlaut „unmittelbar". Das bedeutet, der Gläubiger muss bereits unmittelbar im Zeitpunkt der Rechtshandlung schlechter stehen. Ob der Schuldner die erhaltene Gegenleistung beispielsweise verspielen wollte, ist irrelevant. Später eingetretene Umstände sind also – anders als sonst – immer ohne Bedeutung.   562

Referendaren können sich Beweisfragen stellen. Bei der Vorsatzanfechtung nach § 3 Abs. 4 AnfG muss der anfechtende Gläubiger die persönliche Nähe des Anfechtungsgegners zum Schuldner darlegen. Bestreitet der Dritte sie, muss der Gläubiger sie beweisen. Das Gleiche gilt für die Entgeltlichkeit des Rechtsgeschäfts, den Zeitpunkt des Vertragsabschlusses und die objektive unmittelbare Gläubigerbenachteiligung.[215] Der   563

---

214 RGZ 116, 134 (136); BGHZ 128, 184, juris Rn. 17 ff.
215 App, DGVZ 2001, 161 (161).

Schuldner muss jedoch von sich aus gemäß § 802c Abs. 2 Nr. 1 ZPO in der Vermögensauskunft Angaben hierzu machen. Der Gläubiger sollte daher parallel zu seiner Vertei-
digung in der Drittwiderspruchsklage dem Schuldner die Vermögensauskunft abnehmen lassen. Bei einer günstigen Auskunft kann er das Dokument im Prozess vorlegen.
Nach Eingang der Vermögensauskunft kann er sich auch überlegen, ob er den Schuldner als Zeugen für seinen Vortrag benennt.

Demgegenüber werden Benachteiligungsvorsatz des Schuldners und die Kenntnis der nahestehenden Person vermutet. Der Dritte muss also die Redlichkeit beider
beweisen.[216] Das ergibt sich aus der negativen Formulierung in § 3 Abs. 4 Satz 2
AnfG.

■ **Unentgeltliche Leistung**

564   § 4 AnfG enthält einen weiteren Anfechtungsgrund. Danach sind unentgeltliche Leistungen grundsätzlich anfechtbar. Hierunter fallen zunächst Schenkungen. Gemeint ist
aber auch, dass der Schuldner eine fremde Schuld gemäß § 267 Abs. 1 BGB ohne eigene
Pflicht erfüllt.

■ **Anfechtungsfrist**

565   Der Gläubiger kann nur beschränkte Zeit anfechten. Die jeweiligen Fristen sind in den
§§ 3 und 4 AnfG genannt. Ist die Frist abgelaufen, erlischt das Anfechtungsrecht. Das
Fristende regelt § 7 AnfG.

Es reicht, wenn Gläubiger oder in dessen Auftrag das Gericht dem Drittem einen
Schriftsatz zustellen lässt.[217] Dieser Schriftsatz muss die Einrede der Anfechtung nach
§ 9 AnfG enthalten. § 167 ZPO ist anwendbar. Das folgt aus dem eindeutigen Wortlaut
des § 167 ZPO.[218] Der Gläubiger wahrt die Anfechtungsfrist also, indem er die Klage
einreicht.

5.7 REF Rubrum

566   Für das Rubrum der Drittwiderspruchsklage gelten die gewöhnlichen Regeln. Insbesondere heißt es „in dem Rechtsstreit", nicht „in der Zwangsvollstreckungssache". Letzteres ist die richtige Formulierung bei einer Erinnerung gemäß § 766
ZPO.

Der Vollstreckungsschuldner ist im Rubrum der Drittwiderspruchsklage grundsätzlich nicht zu erwähnen. Er ist normalerweise nicht beteiligt. Es streiten allein Gläubiger
und Dritter. Diese sind als „Kläger" und „Beklagter" zu bezeichnen.

---

216 BGH, Urt. v. 20.10.2005 – IX ZR 276/02, Rn. 15.
217 BGHZ 98, 6, juris Rn. 20.
218 Vgl. auch BGH Urt. v. 17.07.2008 – IX ZR 245/06, Rn. 16.

5.8 REF Tenor

 Map 5.10

5.8.1 Hauptsache

Standardtenor

Der stattgebende Hauptsachetenor der Drittwiderspruchsklage lautet normalerweise: 567

> Die Zwangsvollstreckung des Beklagten aus dem … [Titel] in … [Vollstreckungsge-
> genstand] wird für unzulässig erklärt.[219]

Sonderfälle

In bestimmten, oben erörterten Sonderkonstellationen darf der Gläubiger den Gegen-   568
stand pfänden. Er darf ihn lediglich nicht versteigern. Dies betrifft das Anwartschaftsrecht
und das relative Veräußerungsverbot.[220] In beiden Fällen wäre es falsch, die Vollstreckung
in den Gegenstand pauschal für unzulässig zu erklären. Vielmehr ist zu tenorieren:

> Die Verwertung des [Vollstreckungsgegenstands] durch den Beklagten aus dem …
> [Titel] wird für unzulässig erklärt.

5.8.2 Kosten

Die Kostenentscheidung richtet sich nach den generellen Regeln (§§ 91 ff. ZPO). Die in   569
Zusammenhang mit § 6 ZPO erörterten Streitwertberechnungen können auch erst hier
vorzunehmen sein.[221]

5.8.3 Vorläufige Vollstreckbarkeit

Sowohl die Hauptsache- als auch die Kostenentscheidung sind für vorläufig vollstreck-   570
bar zu erklären. Bei der Sicherheitsleistung ist jedoch bezüglich der Hauptsache zu beachten, dass § 709 Satz 2 ZPO nicht gilt. Schließlich handelt sich um ein Gestaltungsurteil. § 709 Satz 2 ZPO verlangt hingegen eine Geldforderung. Die Sicherheitsleistung
ist deshalb genau zu beziffern.

---

219 Hein, JuS 2015, 900 (902) mit Beispiel.
220 Siehe oben Rn. 480 und 531.
221 Siehe oben Rn. 458 f.

> **Formulierungsvorschlag**
> Das Urteil ist hinsichtlich der Kosten gegen Sicherheitsleistung in Höhe von 110 Pro-
> zent des jeweils zu vollstreckenden Betrags vorläufig vollstreckbar. Hinsichtlich der
> Hauptsache ist das Urteil gegen Sicherheitsleistung in Höhe von 10.000 Euro vorläu-
> fig vollstreckbar.

Insoweit gleichen sich Drittwiderspruchsklage und Vollstreckungsabwehrklage.[222]

5.9 Eilrechtsschutz

 Map 5.11

571   Auch die Drittwiderspruchsklage kennt Eilrechtsschutz. § 771 Abs. 3 ZPO verweist
nämlich auf §§ 769; 770 ZPO. Das Gericht sollte im Beschluss tenorieren:

> Die Zwangsvollstreckung aus dem [Titel, Datum, Az.] in [Vollstreckungsgegenstand]
> wird einstweilen bis zum Erlass des Urteils in dieser Sache ohne/gegen Sicherheits-
> leistung in Höhe von … Euro eingestellt.

572   Allerdings geht der Eilrechtsschutz bei der Drittwiderspruchsklage über den bei der
Vollstreckungsabwehrklage hinaus. Das Gericht darf nämlich das Vollstreckungsorgan
auf Antrag anweisen, eine Vollstreckungsmaßnahme aufzuheben. Der Dritte muss
keine Sicherheit leisten. Die Ermächtigungsgrundlage findet sich in § 771 Abs. 3 Satz 2
ZPO. Der diesbezügliche Tenor lautet:

> Es wird angeordnet, die [Vollstreckungsmaßnahme, z. B. Pfändung] aufzuheben.

573   Eine Kostenentscheidung enthält der Eilbeschluss nicht. Wie bei der Vollstreckungsabwehrklage darf man ihn keinesfalls für vorläufig vollstreckbar erklären.

---

222 Siehe oben Rn. 286.

5.10 Rechtskraft

Gewinnt der Dritte rechtskräftig, darf der Gläubiger nicht nochmals in den Gegen-   574
stand vollstrecken. Dies ändert sich erst, wenn der Dritte beispielsweise den Gegenstand dem Schuldner übereignet. Die Details sind streitig, aber nicht klausurrelevant.[223]

Das Urteil stellt das Interventionsrecht des Dritten nicht rechtskräftig fest.[224] Der   575
Dritte gilt also nicht etwa als Eigentümer, wenn er mit Drittwiderspruchsklage obsiegt.
Denn die Drittwiderspruchsklage ist eine prozessuale Gestaltungsklage, keine Feststellungsklage. Ob dem Dritten ein Interventionsrecht zusteht, ist lediglich eine Vorfrage.
Will der Dritte sein Recht rechtskräftig festgestellt haben, muss er eine Zwischenfeststellungsklage gemäß § 256 Abs. 2 ZPO erheben. Beispielsweise kann er beantragen
festzustellen, dass er Eigentümer ist.

5.11 Zweckmäßigkeit

❯❯ Map 5.12

5.11.1 Drittwiderspruchsklage in der Rolle des Dritten (Klägers)

Anträge

Sechs Anträge sollte der Kläger bei einer Drittwiderspruchsklage immer stellen: 576
1. Hauptsacheantrag (§ 771 ZPO)
2. Einstellung der Zwangsvollstreckung nach erstinstanzlichem Urteil (§§ 771 Abs. 3;
   770 ZPO)
3. Einstellung der Zwangsvollstreckung vor Urteil (§§ 771 Abs. 3; 769 ZPO)
4. Vollstreckungsmaßregel aufheben (§ 771 Abs. 3 Satz 2 ZPO)
5. Urteils- und Beschlussausfertigungen (§§ 317 Abs. 2; 329 Abs. 1 Satz 2 ZPO)
6. Antrag auf Erlass eines Versäumnisurteils im schriftlichen Vorverfahren

Wegen der Eilanträge sollte der Kläger schon der Klageschrift Mittel beifügen, um sei-   577
nen Sachvortrag glaubhaft zu machen. Notfalls gelingt dies mit einer eidesstattlichen
Versicherung (§ 294 Abs. 1 ZPO).

Stets andiskutieren kann man die Möglichkeit einer Zwischenfeststellungsklage   578
nach § 256 Abs. 2 ZPO. In der Regel ist die Zwischenfeststellungsklage jedoch überflüssig. Sie ergibt nur Sinn, wenn die Feststellung der Inhaberschaft in Folgeprozessen relevant ist.

---

223 Vgl. etwa BGH, Urt. v. 16.03.2004 – XI ZR 335/02 = NJW-RR 2004, 1128 (1130).
224 OLG Düsseldorf, Urt. v. 22.01.1996 – 9 U 115/95, juris Rn. 19.

Klagegegner

579 Wer ist zu verklagen? – auch diese Frage kann bei der Zweckmäßigkeit relevant werden. Selten lautet der Titel auf mehrere Gläubiger. Ist die titulierte Leistung teilbar, sind sie einfache Streitgenossen. Ist sie unteilbar, handelt es sich um notwendige Streitgenossen. In jedem Fall darf und sollte der Dritte alle Titelgläubiger verklagen.

Auch in einer anderen Konstellation kann sich die Frage nach einer Klageverbindung stellen:

580

> **Fall** 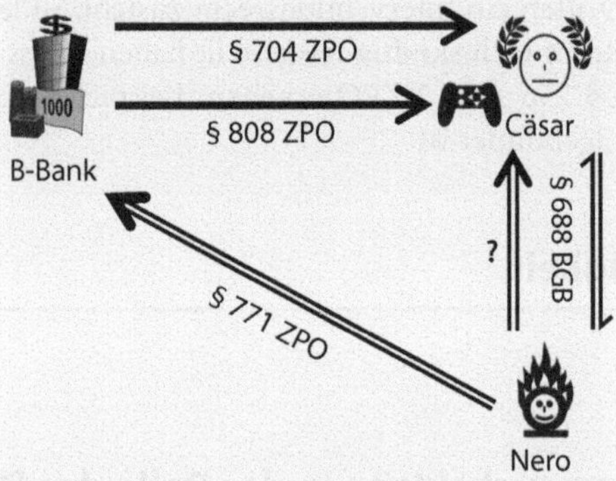
>
> Cäsar arbeitet in einer großen Behörde. Er liebt seine Arbeit. Leider weiß er abends nichts mit sich anzufangen. Deshalb bittet er Nero, ihm dessen Spielekonsole mit einigen Spielen für drei Tage zu leihen. Cäsar beginnt ein Spiel, in dem Gallier gegen Römer kämpfen. Das Spiel hat zehn Level. Nach einer Woche ist Cäsar immer noch bei Level eins. Er ist frustriert. Umso schlimmer trifft ihn, dass Nero ihm eine Textnachricht schreibt. Darin bittet er Cäsar, ihm die Konsole herauszugeben. Cäsar antwortet: „Die bekommst du erst wieder, wenn ich gewonnen habe."
>
> Leider ist Cäsar stark verschuldet. Die B-Bank hatte ein Zahlungsurteil gegen ihn erwirkt. Sie lässt die Spielekonsole pfänden. Nero erhebt Drittwiderspruchsklage gegen die Bank.

❓ Welche zivilrechtlichen Schritte sollte Nero gegen Cäsar einleiten?

▶ Map 5.3

✅ Nero sollte parallel zur Drittwiderspruchsklage gegen die Bank zugleich Cäsar auf Herausgabe verklagen. Nero kann beide Klagen in objektiver und subjektiver Klagehäufung erheben (§ 260 ZPO direkt und analog). § 771 Abs. 2 ZPO sieht diesen Fall ausdrücklich vor. Zwar muss für die Klage gegen den Schuldner dasselbe Gericht zuständig sein. Dies ist jedoch regelmäßig der Fall. Schließlich pfändet der Gerichtsvollzieher typischerweise am Wohnort des Schuldners. Und dort kann man ihn nach §§ 12; 13 ZPO verklagen. Gläubiger und Schuldner sind einfache Streitgenossen.

Die wesentlichen Anspruchsgrundlagen für das Herausgabeverlangen sind § 604 und § 985 BGB.

🛈 Merke: Der Wortlaut des § 771 Abs. 2 ZPO ist missverständlich. Keinesfalls darf der Dritte *gegenüber dem Schuldner* beantragen, die Zwangsvollstreckung in den Gegenstand für unzulässig zu erklären. Dieser Antrag ist nur gegenüber dem Gläubiger statthaft. Der Dritte muss den Schuldner beispielsweise auf Herausgabe verklagen. Die Anträge der verbundenen Klagen weichen also voneinander ab.

Vorgerichtliche Aufforderung

Häufig hat der Mandant noch keine Klage erhoben. Dann sollte man den Vollstreckungsgläubiger unbedingt vorgerichtlich auffordern, den gepfändeten Gegenstand freizugeben.[225] Ansonsten läuft der Mandant Gefahr, auf den Prozesskosten sitzen zu bleiben. Gemäß § 93 ZPO trägt sie der Mandant, wenn der Gläubiger keinen Anlass für eine Drittwiderspruchsklage gegeben hat. Allgemein gilt: Ein Beklagter liefert Klageanlass, wenn der Kläger eine Klage für notwendig halten darf. Der Kläger muss glauben, der Beklagte werde außergerichtlich nicht erfüllen.[226] Regelmäßig muss der Kläger den Beklagten erfolglos gemahnt haben. Bei der Drittwiderspruchsklage genügt dies aber nicht. Der Dritte muss dem Gläubiger glaubhaft machen, dass ihm das gepfändete Recht zusteht.[227] Denn auf bloßen Zuruf würde ein vernünftiger Gläubiger seine Zwangsvollstreckung nicht abbrechen. Zu groß wäre die Gefahr, dass ein Dritter auf Bitte des Schuldners lügt, um die Zwangsvollstreckung zu vereiteln. Der Dritte sollte dem Vollstreckungsgläubiger also beispielsweise Eigentumsnachweise in Kopie übersenden.

Die Klageschrift kann man gleichwohl bereits entwerfen und in Kopie mitschicken. Dies ist ein übliches Vorgehen, um den Gegner unter Druck zu setzen.

581

5.11.2 Drittwiderspruchsklage in der Rolle des Vollstreckungsgläubigers (Beklagten)

Auch Drittwiderspruchsklausuren aus der Position des Vollstreckungsgläubigers sind denkbar. Eventuell sind die Erfolgsaussichten des Mandanten zweifelhaft. Dann sollte man erörtern, ob ein sofortiges Anerkenntnis sinnvoll ist. Ein Aspekt sind die Prozesskosten. Hier gilt eben Ausgeführtes mit umgekehrtem Vorzeichen. Angenommen, der Dritte hat dem Mandanten sein Recht vorgerichtlich nicht glaubhaft gemacht. Dann kann der Mandant noch im Prozess anerkennen. Er kommt in den Genuss des § 93 ZPO.

Maßgebend ist indessen immer der Einzelfall. Oft wird das Anerkenntnis nur anzudiskutieren sein, letztlich aber abzulehnen. Entscheidend sind die Erfolgsaussichten. Nur wenn sie sehr schlecht sind, ist ein Anerkenntnis sinnvoll. Andernfalls genügt, den Mandanten auf die Risiken hinzuweisen.

582

---

225 Nies, MDR 1999, 1418 (1421).
226 RGZ 118, 261 (264); BGH, Beschl. v. 08.03.2005 – VIII ZB 3/04 = NJW-RR 2005, 1005 (1006).
227 OLG Oldenburg, Beschl. v. 08.07.2003 – 1 W 41/03, juris Rn. 7; LG Wuppertal, Urt. v. 10.02.2014 – 5 O 397/13, juris Rn. 8.

Die Klage auf vorzugsweise Befriedigung

© Springer-Verlag GmbH Deutschland, ein Teil von Springer Nature 2020
M. Duchstein, *Zwangsvollstreckungsrecht*, Springer-Lehrbuch,
https://doi.org/10.1007/978-3-662-59444-5_6

6.1 Konstellation

583

Fall

Ramses vermietet Cleopatra eine Wohnung. Cleopatra verfügt über kein Einkommen und kein Vermögen. Sie zahlt die Miete nicht. Sie bekommt schenkweise eine Spielekonsole übereignet. Diese bringt sie in die Wohnung. Anschließend erstreitet die B-Bank ein Zahlungsurteil gegen Cleopatra. Sie beauftragt den Gerichtsvollzieher, bei Cleopatra bewegliche Sachen zu pfänden. Der Gerichtsvollzieher klebt das Pfandsiegel auf die Konsole. Er setzt einen Versteigerungstermin an. Ramses erfährt von der Pfändung. Er befürchtet, dass er seine Miete nicht bekommt. Er möchte deshalb zumindest den Versteigerungserlös.

❓ Welche rechtlichen Schritte kann Ramses unternehmen?

✅ Die Versteigerung kann Ramses nicht verhindern. Dies könnte er nur durch eine Drittwiderspruchsklage. Hierzu bräuchte er ein Interventionsrecht. Ein solches fehlt ihm. Ramses steht gemäß § 562 BGB ein Vermieterpfandrecht an der Konsole zu. Es handelt sich um ein besitzloses Pfandrecht. Es begründet kein Interventionsrecht. Das ergibt sich nicht aus § 771 ZPO, aber aus § 805 ZPO. § 805 Abs. 1 Satz 1 ZPO ist systematisch auszulegen. Der Wortlaut „kann nicht widersprechen" meint, dass Ramses keine Drittwiderspruchsklage zu erheben vermag.

Ramses kann aber gegen die Bank klagen. Er kann erreichen, dass der Gerichtsvollzieher zunächst ihm den Erlös auszahlt. Die Befugnis gewährt ihm § 805 Abs. 1 Satz 1, 2. Halbsatz ZPO. Gewinnt Ramses, kassiert der Gerichtsvollzieher vom Ersteher der Konsole den Erlös. Hiervon zieht er zunächst die Versteigerungskosten ab.[1] Den Rest zahlt er Ramses aus.[2] Erst wenn Ramses' Forderungen gedeckt sind, erhält die B-Bank etwas.

---

1   §§ 15 GVKostG; 118 Abs. 2 Satz 1 GVGA.
2   § 118 Abs. 4 GVGA.

6.2 Klausurrelevanz

Die Klage auf vorzugsweise Befriedigung ist deutlich seltener einschlägig als Vollstre- | 584
ckungsabwehr- und Drittwiderspruchsklage. Trotzdem wird sie gelegentlich geprüft –
sogar im ersten Staatsexamen.[3]

Jedenfalls sobald der Examenskandidat das Wort „Vermieterpfandrecht" in der | 585
Klausur liest, sollte gedanklich eine Warnlampe leuchten. Möglicherweise ist die Klage
nach § 805 ZPO zu untersuchen.

Auf die Klage auf vorzugsweise Befriedigung muss man aber auch in anderem Zu- | 586
sammenhang eingehen. Zuweilen ist nämlich klarzustellen, dass sie nicht einschlägig
ist. So darf der Sicherungseigentümer Drittwiderspruchsklage erheben. Er ist nicht auf
die Klage nach § 805 ZPO beschränkt.[4]

6.3 Rechtsnatur

Die Klage auf vorzugsweise Befriedigung ist eine Gestaltungsklage. Das Gericht weist | 587
das Erlösauszahlungsrecht zu. Der Dritte kann den Gläubiger nicht auf Zahlung verklagen. Denn materiellrechtliche Ansprüche sind gesperrt, bis der Erlös ausgekehrt ist.

Gegenüber der Drittwiderspruchsklage ist die Vorzugsklage ein Minus. Beispielsweise kann ein Dritteigentümer nach § 771 ZPO klagen.[5] Er darf sich jedoch mit der
Klage nach § 805 ZPO begnügen. Seine Sache wird dann allerdings versteigert. Er erhält
lediglich den Erlös. Deshalb ist die Drittwiderspruchsklage meist empfehlenswerter.
Mit ihr erhält der Dritte seine Sache zurück. Ähnliches gilt für den Werkunternehmer.
Er darf sein Pfandrecht aus § 647 BGB im Wege der Vorzugsklage verfolgen. Interessant
ist dies für ihn vor allem, wenn der Schuldner sich seine Sache eigenmächtig zurück-
geholt hat.

6.4 Zulässigkeit

 Map 6.1

In der Zulässigkeitsprüfung ist wie immer auf Statthaftigkeit, Zuständigkeit und Rechts- | 588
schutzbedürfnis einzugehen.[6]

6.4.1 Statthaftigkeit

Die Vorzugsklage ist statthaft bei einer Vollstreckung wegen Geldforderungen. Dies er- | 589
gibt sich aus der systematischen Stellung des § 805 ZPO im Abschnitt 2 des 8. Buchs.

---

3   Z. B. Huber, JuS 2003, 568–572; VG München, Urt. v. 23.5.2006 – M 4 K 05.2586, juris Rn. 38.
4   Siehe oben Rn. 448.
5   Siehe ausführlich oben Rn. 469.
6   Z. B. Staufenbiel/Meurer, JA 2005, 796 (800).

Der Gläubiger muss eine bewegliche Sache gepfändet haben. Das folgt aus dem Wortlaut. § 805 ZPO gilt nicht analog für die Forderungspfändung. Es fehlt an einer Regelungslücke. Schließlich existiert für Forderungen die Drittwiderspruchsklage. Die Vorzugsklage ist ebenfalls nicht statthaft, wenn der Gerichtsvollzieher den Gegenstand für mehrere Gläubiger gepfändet hat. Derartige Mehrfachpfändungen sind möglich.[7] Wie der Erlös verteilt wird, regeln jedoch die §§ 872 ff. ZPO.[8] Sie sind nicht klausurrelevant.

590   Weiter muss der Kläger sich auf ein vorrangiges Befriedigungsrecht berufen. Meist geht es um ein Pfandrecht.

Theoretisches Beispiel
Der Kläger behauptet, der Vollstreckungsschuldner habe ihm eine Sache verpfändet. Erst danach habe der Gerichtsvollzieher sie für den Vollstreckungsgläubiger gepfändet.

Vertragliche Pfandrechte sind freilich praxisfern. Außerdem ist der Gläubiger regelmäßig gemäß § 1205 Abs. 1 BGB unmittelbarer Besitzer. Dann kann die Sache gemäß § 809 ZPO ohnehin nur mit seinem Einverständnis gepfändet werden.

    Wahrscheinlicher ist, dass der Kläger sich auf ein Vermieter-, Verpächter oder Gastwirtpfandrecht beruft. Aber auch das Anfechtungsrecht nach dem AnfG kann ein vorrangiges Befriedigungsrecht bilden.[9] Insofern unterscheiden sich Vorzugs- und Drittwiderspruchsklage.[10]

591   In der Klausur ist der Klageantrag möglicherweise auszulegen. Eventuell verlangt der Dritte den Gegenstand freizugeben. Gemeint ist, dass er vorrangig den Erlös ausgezahlt bekommen möchte.

    Bei ungenauen Klageanträgen sollte der Klausurbearbeiter Wissen zeigen. Er sollte die Vorzugsklage von Drittwiderspruchsklage, Vollstreckungsabwehrklage und Erinnerung nach § 766 ZPO abgrenzen. Entsprechendes gilt bei einem korrekten Klageantrag, aber unstatthaften Einwänden; Beispiel: Der Dritte rügt, der Titel sei durch Zahlung des Schuldners bereits erloschen.

6.4.2 Zuständigkeit

592   Sowohl die sachliche als auch die örtliche Zuständigkeit ergeben sich aus § 805 Abs. 2 ZPO. Beide Zuständigkeiten sind gemäß § 802 ZPO ausschließlich. Das folgt aus dem Wortlaut.

    Die sachliche Zuständigkeit bemisst sich wiederum nach § 6 ZPO. Unter Klägerforderung, Vollstreckungsforderung und Pfändungsgegenstand setzt sich der geringste Wert durch.[11]

    Örtlich ist das Gericht zuständig, in dessen Bezirk die Vollstreckung stattgefunden hat. Mit dem Begriff „Vollstreckungsgericht" verweist § 805 ZPO auf § 764 Abs. 2

---

7   §§ 826; 827 ZPO; 116 f. GVGA.
8   Vgl. insbesondere § 878 ZPO.
9   Vgl. aber auch § 13 AnfG.
10 Siehe oben Rn. 529.
11 Vgl. für die Drittwiderspruchsklage oben Rn. 458 f.

ZPO. Dies verleitet zu einem gefährlichen Trugschluss. Das Amtsgericht entscheidet nicht etwa gemäß § 764 Abs. 3 ZPO durch Beschluss. Vielmehr erlässt die Zivilabteilung ein Urteil. Das ergibt sich bereits aus dem Wortlaut des § 805 ZPO. Er spricht von einer Klage, nicht von einem Antrag. Über eine Klage entscheidet das Gericht aber regelmäßig durch Urteil (§ 300 Abs. 1 ZPO).

6.4.3 Rechtsschutzbedürfnis

Das Rechtsschutzinteresse besteht zwischen Vollstreckung in die Sache bis zur vollständigen   593
Erlösauskehr. Vor der Vollstreckung steht nicht fest, welche Sache der Gläubiger pfändet. Hat der Gläubiger den Erlös erhalten, stehen dem Dritten allenfalls Bereicherungs- oder Schadensersatzansprüche zu. Er kann die sogenannte verlängerte Vorzugsklage erheben.[12]

6.5 Subjektive Klagehäufung

Die Klage ist gegen den Vollstreckungsgläubiger zu richten. Der Dritte darf den Schuld-   594
ner mitverklagen. Sinnvoll ist dies, wenn dieser das vorrangige Recht des Dritten in Abrede stellt (§ 805 Abs. 3 i. V. m. § 59 ZPO). Der Schuldner ist auf Duldung der Zwangsvollstreckung zu verklagen.

6.6 Begründetheit

Map 6.2

Die Begründetheitsprüfung der Vorzugsklage hat drei Voraussetzungen:

Prüfungsschema Begründetheit § 805 ZPO
1. Pfand- oder Vorzugsrecht
2. Vorrang
3. Keine Einwendungen des Vollstreckungsgläubigers

6.6.1 Pfand- oder Vorzugsrecht

Pfandrechte

Wie ausgeführt betrifft die klausurrelevanteste Variante der Vorzugsklage das Vermie-   595
terpfandrecht. Es entsteht gemäß § 562 BGB unter vier Voraussetzungen:

Prüfungsschema Vermieterpfandrecht
1. Einbringen
2. Bewegliche Sache des Mieters
3. Sache pfändbar
4. Forderung des Vermieters gegen Schuldner

---

12 Siehe unten Rn. 1097.

> ❗ **Merke:** Das Vermieterpfandrecht entsteht auch, wenn der Mieter seine Miete immer pünktlich zahlt. Dies ergibt sich aus § 562 Abs. 2 BGB.

596   Für Referendare ist wiederum die Beweislast interessant. Sie richtet sich nach allgemeinen Regeln. So muss der Vermieter beweisen, dass es sich um eine Sache des Mieters handelt. Ihm kommt allerdings die Vermutung des § 1006 Abs. 1 BGB zugute.[13]

Möglicherweise fehlt in der Klausur Vortrag dazu, ob die Sache gemäß §§ 562 Abs. 1 Satz 2 BGB; 811 ZPO unpfändbar ist (dritter Prüfungspunkt). Dies darzulegen wäre Aufgabe des beklagten Gläubigers. Mit derartigen Ausführungen schneidet er sich allerdings ins eigene Fleisch. Denn ist die Sache unpfändbar, kann auch der Gläubiger sie nicht versteigern.

Vorzugsrechte

597   § 805 ZPO nennt auch Vorzugsrechte. Sie sind kaum klausurrelevant. Gemeint sind Absonderungsrechte im Sinne von § 51 Nr. 2 und 3 InsO. Ein Beispiel ist das Zurückbehaltungsrecht wegen Verwendungen nach § 1000 BGB.

6.6.2 Recht nicht erloschen

598   Das Vermieterpfandrecht geht unter anderem nach § 562a BGB unter. Hierzu muss die Sache vom Grundstück entfernt werden.[14] Entfernt der Gerichtsvollzieher sie, genügt dies jedoch nicht.

Eine weitere Erlöschensregel enthält § 562b Abs. 2 Satz 2 BGB. Dessen letzter Halbsatz ist missverständlich. Die Klage nach § 805 ZPO wahrt die Frist nicht. Vielmehr muss der Vermieter den Mieter verklagen. Das ergibt sich bereits aus dem Wortlaut „diesen Anspruch".

Es existieren weitere Vorschriften, nach denen das Vermieterpfandrecht erlischt. Ein Beispiel ist § 936 BGB. Insoweit wird auf die Literatur zum Miet- und Sachenrecht verwiesen.[15]

6.6.3 Vorrang

599   Die Vorzugsklage ist begründet, wenn das Recht des Dritten dem des Vollstreckungsgläubigers vorgeht. Wann dies der Fall ist, bestimmt § 804 Abs. 2 und 3 ZPO. Es gilt der besagte Grundsatz, wer zuerst kommt, mahlt zuerst.[16] Juristisch spricht man von „Prioritätsprinzip".

---

13 BGH, Urt. v. 3.3.2017 – V ZR 268/15, Rn. 8.
14 Auch vorübergehendes Wegfahren eines Fahrzeugs: BGH, Urt. v. 6.12.2017 – XII ZR 95/16, Rn. 20 mit zust. Anm. Artz, WuB 2018, 459.
15 Z. B.: Werner, JA 2009, 411 (412 f.); Fehrenbach, NZM 2012, 1; Alexander, JuS 2014, 1; Klausurbeispiel bei Huber, JuS 2003 568 (570).
16 Unbedeutende Ausnahme: § 804 Abs. 2, 2. HS für § 273 BGB.

> **Merke:** Ob die Vorzugsklage begründet ist, hängt von der zeitlichen Reihenfolge ab. Maßgeblich ist, ob erst das Vermieterpfandrecht entstanden ist und der Gerichtsvollzieher dann die Sache gepfändet hat oder umgekehrt. Ohne Bedeutung ist hingegen, ob der Gerichtsvollzieher gutgläubig war. Denn das Pfändungspfandrecht entsteht nicht rechtsgeschäftlich.

§ 562d BGB enthält eine spezielle Kollisionsregel. Der Vermieter rangiert nur wegen rückständiger Miete von einem Jahr vor dem Vollstreckungsgläubiger.

6.6.4 Keine Einwendungen des Beklagten

Der beklagte Vollstreckungsgläubiger kann sich entsprechend der Drittwiderspruchklage verteidigen. Insbesondere scheitert die Vorzugsklage, wenn der Vermieter für die titulierte Forderung mithaftet.[17]

600

> **Klausurtipp**
>
> Hierzu steht nichts im Kommentar von Thomas/Putzo.

6.7 REF Klageantrag

> **Map 6.2**

> **Klausurtipp**
>
> In der Anwaltsklausur ist es manchmal schwierig, den Antrag sauber zu formulieren. Dann empfiehlt sich folgender Einstieg: „Ich beantrage, wie folgt zu erkennen:". Anschließend formuliert man, wie das Gericht tenorieren soll.

601

> **Formulierungsvorschlag für die Klage auf vorzugsweise Befriedigung**
> Ich beantrage, wie folgt zu erkennen: Der Kläger ist aus dem Reinerlös des vom Gerichtsvollzieher Müller am Datum gepfändeten Kühlschranks genaue Beschreibung bis zum Betrag von … Euro nebst Zinsen in Höhe von 5 Prozentpunkten bis zum Tag der Auszahlung vor dem Beklagten zu befriedigen.

Reinerlös meint den Versteigerungspreis minus Vollstreckungskosten. Zinsen darf der Kläger nur beantragen, wenn sie ihm materiellrechtlich zustehen. So ist es etwa, wenn der Schuldner in Verzug war.

---

17 Siehe oben Rn. 537.

> **Klausurtipp**
>
> Wertvolle Ressourcen sparen. Hinsichtlich des Tenors kann man sich am Kommentar von Thomas/Putzo orientieren. Man braucht ihn nicht auswendig zu lernen.

Das Urteil enthält eine Kostengrundentscheidung. Es ist für vorläufig vollstreckbar zu erklären. Im Rahmen von § 709 Satz 2 ZPO ist wiederum zwischen Kosten und Hauptsache zu unterscheiden.[18]

6.8 Einstweiliger Rechtsschutz

> **Map 6.3**

602   § 805 Abs. 4 ZPO erlaubt einstweiligen Rechtsschutz. Danach hat der Gerichtsvollzieher den Erlös zu hinterlegen.

> **Formulierungsvorschlag für die Anwaltsklausur**
> Ich beantrage, die einstweilige Hinterlegung des Erlöses anzuordnen.

Das Gericht kann die Hinterlegung gegen oder ohne Sicherheitsleistung anordnen. Dies ergibt sich aus dem Verweis gemäß § 805 Abs. 4 Satz 2 ZPO auf § 769 ZPO.

Aus dem Verweis auf § 770 ZPO folgt, dass das erstinstanzliche Gericht auch im Urteil anordnen kann, den Erlös zu hinterlegen. Dies ist vor allem dann relevant, wenn es die Klage des Dritten abweist. Denn der Dritte kann Berufung einlegen. Möglicherweise gibt das Berufungsgericht der Klage statt. In der Zwischenzeit könnte der Gerichtsvollzieher dem Gläubiger den Erlös auszahlen. Der Gläubiger könnte über alle Berge verschwinden. Der Dritte würde in die Röhre schauen. Dies sollen die §§ 805 Abs. 4; 770 ZPO verhindern.

Der Tenor enthält in diesem Fall eine zusätzliche Ziffer.

> **Formulierungsvorschlag**
> Die Hinterlegung des Erlöses der am … gepfändeten Kühltheke … durch den Gerichtsvollzieher zugunsten der Parteien wird angeordnet.

Hatte das Gericht bereits per Beschluss die Hinterlegung angeordnet, formuliert man:

> Die einstweilige Anordnung vom …. bleibt aufrechterhalten.

Die Hinterlegungsanordnung tritt mit Rechtskraft des Urteils automatisch außer Kraft.

---

18 Vgl. oben.

Die Einziehungsklage

© Springer-Verlag GmbH Deutschland, ein Teil von Springer Nature 2020
M. Duchstein, *Zwangsvollstreckungsrecht*, Springer-Lehrbuch,
https://doi.org/10.1007/978-3-662-59444-5_7

7.1 **Grundlagen**

603   Die Pfändung einer Forderung ist in § 829 ZPO geregelt. Zunächst erwirkt der Vollstreckungsgläubiger gegen den Vollstreckungsschuldner einen Titel. Der Vollstreckungsschuldner hat einen Anspruch gegen einen Dritten – den Drittschuldner. Drittschuldner heißt die Person, weil sie dem Schuldner etwas schuldet. Auf Antrag des Gläubigers bestellt der Rechtspfleger am Anspruch des Schuldners ein Pfandrecht. Es entsteht auch ohne, dass der Rechtspfleger die Forderung nach § 835 ZPO überweist. Statt des PfüB genügt also ein PfB. Ohne Überweisung sichert der Gläubiger die Forderung aber nur. Er erhält noch kein Geld. Mathematisch gesprochen ist die Pfändung die notwendige Bedingung, damit der Gläubiger die Forderung einziehen kann. Die Überweisung ist die hinreichende Bedingung. Üblicherweise begnügt sich der Vollstreckungsgläubiger nicht mit der Pfändung. Vielmehr lässt er sich die Forderung zur Einziehung überweisen (§ 835 Abs. 1, 1. Alt. ZPO). Er beantragt also einen PfÜB. Hierzu muss er ein Formular verwenden.[1] Anwaltszwang besteht nicht.[2] Jedermann kann sich das Formular kostenlos im Internet herunterladen.[3] Es enthält viele vorformulierte Textbausteine zum Ankreuzen. Regelmäßig muss der Gläubiger sowohl „Pfändung" als auch und „Überweisung" ankreuzen.

Raum für Kostenvermerke und Eingangsstempel	**Antrag auf Erlass eines Pfändungs- und Überweisungsbeschlusses insbesondere wegen gewöhnlicher Geldforderungen**
	Es wird beantragt, den nachfolgenden Entwurf als Beschluss auf ☒ Pfändung ☒ und ☒ Überweisung zu erlassen.

604   Wo die Felder im Formular nicht passen, darf der Gläubiger auf formlose Anlagen verweisen.[4] Die vollstreckbare Ausfertigung ist grundsätzlich im Original beizufügen.

Das Formular ist zunächst ein Antrag des Gläubigers. Der Rechtspfleger unterschreibt es. Er setzt seinen Stempel darauf. Möglicherweise ergänzt er noch Texte. Dadurch wird das Papier zum Beschluss. Der Gläubiger bereitet dem Rechtspfleger den Beschluss im besten Fall unterschriftsreif vor. Mit zunehmender Verbreitung des elektronischen Rechtsverkehrs wird sich das ändern.[5]

> **Klausurtipp**
>
> Um sich auf die Assessorklausur vorzubereiten, sollte man sich unbedingt mindestens einmal in Ruhe ein PfüB-Formular angeschaut haben.

605   Der Pfändungs- und Überweisungsbeschluss wirkt ähnlich wie eine Abtretung. Im Unterschied zur Abtretung tritt der Vollstreckungsgläubiger bei der Überweisung zur

---

1   § 829 Abs. 4 ZPO i. V. m. § 2 der Zwangsvollstreckungsformular-Verordnung (ZVFV).
2   § 13 RPflG.
3   Z. B. auf ► http://www.justiz.de.
4   § 3 Abs. 3 ZVFV; dazu BGH, Beschl. v. 4.11.2015 – VII ZB 22/15, Rn. 12 und v. 11.05.2016 – VII ZB 54/15, Rn. 12.
5   Vgl. §§ 829 Abs. 4 Satz 3; 829a ZPO.

Einziehung aber nicht vollständig an die Stelle des Schuldners. Vielmehr darf der Vollstreckungsgläubiger die Forderung lediglich einziehen. Der Schuldner bleibt Forderungsinhaber.[6] Anders ist dies bei der seltenen Überweisung an Zahlungs statt zum Nennwert (§ 835 Abs. 1, 2. Alt. ZPO).[7]

🛈 Merke: Der Pfändungs- und Überweisungsbeschluss ist grundsätzlich kein Vollstreckungstitel. Vielmehr handelt es sich um eine Vollstreckungsmaßnahme.[8]

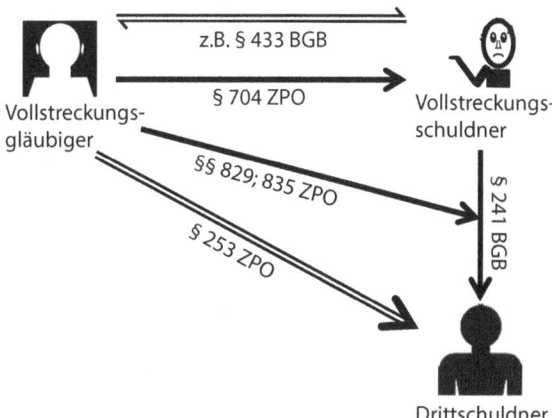

Bei der Einziehungsklage will der Vollstreckungsgläubiger den Drittschuldner verurteilen lassen, an ihn (den Vollstreckungsgläubiger) zu leisten. Manche bezeichnen die Einziehungsklage auch als Drittschuldnerklage. Zwischen allen drei Beteiligten – Vollstreckungsgläubiger, Vollstreckungsschuldner, Drittschuldner – bestehen Rechtsbeziehungen. Zunächst erwirkt der Vollstreckungsgläubiger gegen den Vollstreckungsschuldner einen Titel. Der Vollstreckungsschuldner hat einen vermeintlichen Anspruch gegen den Drittschuldner. Der Vollstreckungsgläubiger beantragt beim Amtsgericht des Vollstreckungsschuldners, den Anspruch zu pfänden (§ 829 ZPO). Außerdem lässt er ihn sich nach § 835 ZPO zur Einziehung überweisen. Das bedeutet, er kreuzt im PfüB-Formular ist auf Seite 8 folgendes an:

606

Der Rechtspfleger prüft grundsätzlich nicht, ob der gepfändete Anspruch besteht.[9] Dies untersucht erst der Richter in der Einziehungsklage – oder der Klausurbearbeiter.

Wie der Wortlaut des § 835 Abs. 1 ZPO „Einziehung" schon sagt, darf der Gläubiger die Forderung einziehen. Er muss sich an den Drittschuldner wenden. In der Klausur

6   BGHZ 82, 28, Rn. 11; BGH, Urt. vom 05.04.2001 – IX ZR 441/99 mit zustimmender Anm. Karsten Schmidt, JuS 2001, 1030.
7   Dazu bereits oben Rn. 223 f. und ausführlich unten Rn. 711.
8   BGH, Beschl. v. 21.09.2016 – VII ZB 45/15, Rn. 11.
9   BGHZ 196, 62, Rn. 9; BGH, Beschl. v. 12.12.2007 – VII ZB 38/07, Rn. 9 und v. 12.09.2013 – VII ZB 51/12, Rn. 12, jeweils auch zum Prüfungsumfang (ersichtlich kein pfändbarer Anspruch).

zahlt der Drittschuldner nicht freiwillig. Deshalb muss der Gläubiger ihn verklagen. Aus dem Pfändungs- und Überweisungsbeschluss ergibt sich sein Einziehungsrecht.

7.2 Zulässigkeit der Einziehungsklage

7.2.1 Rechtsweg

> Map 7.1

607   Bei der Einziehungsklage kann sich die Frage nach dem Rechtsweg stellen. Maßgeblich ist, wo der Vollstreckungsschuldner klagen müsste, wenn er den Drittschuldner verklagen würde. Denselben Rechtsweg muss der Vollstreckungsgläubiger beschreiten. Oft sind die ordentliche Gerichte zuständig. Der Vollstreckungsgläubiger muss also beim normalen Zivilgericht klagen. Zuweilen ist aber auch ein anderer Rechtsweg gegeben.

Beispiel

Praxisrelevantestes Beispiel ist der Fall, dass der Vollstreckungsgläubiger Arbeitseinkommen des Schuldners pfändet. In dieser Situation arbeitet der Schuldner in einem Angestelltenverhältnis. Aus dem Arbeitsvertrag folgt ein Anspruch des Schuldners gegen seinen Arbeitgeber auf Zahlung von Arbeitslohn (§ 611a Abs. 2 BGB). Der Arbeitgeber ist der Drittschuldner. Die Ansprüche des Vollstreckungsschuldners gegen den Drittschuldner lässt sich der Vollstreckungsgläubiger zur Einziehung überweisen.[10] Zahlt der Arbeitgeber nicht, muss der Vollstreckungsgläubiger ihn verklagen. Zuständig für diese Einziehungsklage sind die Arbeitsgerichte gemäß §§ 2 Abs. 1 Nr. 3a; 3 ArbGG.[11]

608

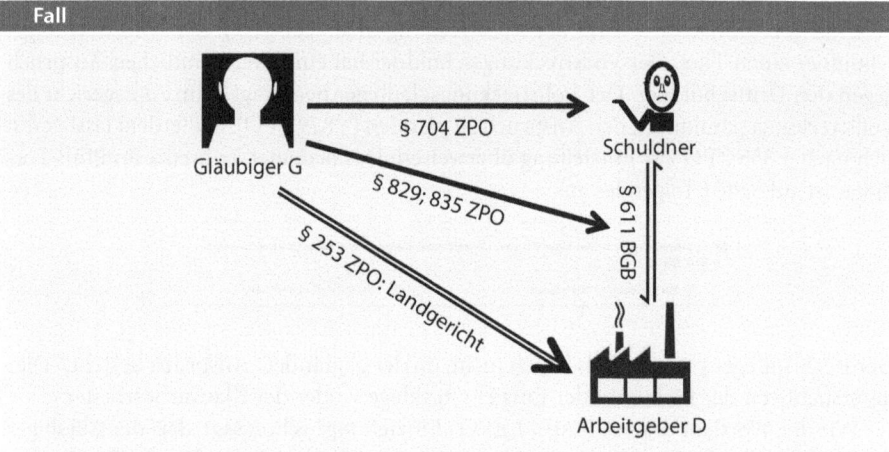

Fall

Vollstreckungsgläubiger G pfändet einen Anspruch auf Zahlung von Arbeitsentgelt. Er lässt ihn sich zur Einziehung überweisen. Er klagt gegen Hamburger Arbeitgeber D vor dem Landgericht Hamburg auf Zahlung an sich. Die Parteien stellen keinen Antrag, den Rechtsstreit an das Arbeitsgericht zu verweisen.

---

10   Praxistipps zum Berufseinstieg als Rechtsanwalt: Waldschmidt, JurBüro 2016, 451 sowie 563 und 2017, 63.
11   LAG Hamm, Urt. v. 12.02.1988 – 16 Sa 1834/87 = NZA 1989, 529 (530); Könen, JA 2016, 132 (135).

? Wie muss das Landgericht entscheiden?

✓ Das Landgericht darf die Klage nicht etwa als unzulässig abweisen. Vielmehr muss es den Rechtsstreit gemäß § 17a Abs. 2 GVG an das zuständige Arbeitsgericht Hamburg verweisen. Dies muss es von Amts wegen. Es ist kein Antrag einer Partei erforderlich.

7.2.2 Zuständigkeit

▷ Map 7.1   609

Für die sachliche und örtliche Zuständigkeit der Einziehungsklage ergeben sich keine Besonderheiten. Es handelt sich um eine normale Leistungsklage. Zuständig ist insbesondere das Gericht am allgemeinen Gerichtsstand des Drittschuldners nach § 12 ZPO. Die Vorschrift gilt über § 46 Abs. 2 ArbGG entsprechend im arbeitsgerichtlichen Urteilsverfahren.

Die Einziehungsklage gehört zwar systematisch in den Bereich der Zwangsvollstreckung. Gleichwohl ist § 802 ZPO nicht anwendbar. Denn die Zuständigkeitsregelungen der Leistungsklage ergeben sich nicht aus dem 8. Buch der ZPO.[12]

7.2.3 Keine anderweitige Rechtshängigkeit/keine entgegenstehende rechtskräftige Entscheidung

Ausgangsfall   610

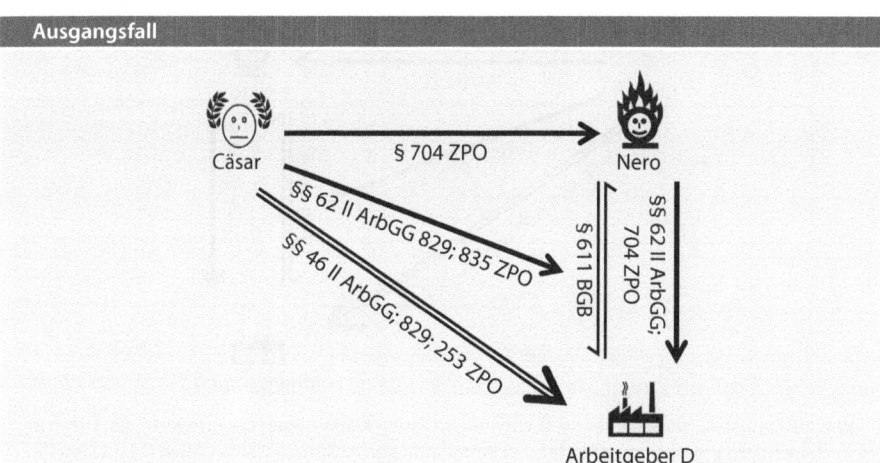

Nero arbeitet in der Fabrik des D. Nero erstreitet vor dem Arbeitsgericht ein formell rechtskräftiges Urteil gegen D auf Zahlung rückständigen Lohns. Cäsar pfändet diesen titulierten Anspruch. Er lässt ihn sich zur Einziehung überweisen. D weigert sich, an Cäsar zu zahlen. Cäsar erhebt vor dem Arbeitsgericht Einziehungsklage.

---

12 Hein, JuS 2015, 35 (36).

? Ist die Einziehungsklage zulässig?

> **Map 7.1**

✓ Die Einziehungsklage ist unzulässig. Über den Streitgegenstand ist bereits rechtskräftig entschieden. Materielle Rechtskraft bedeutet, ein Gericht hat einen Rechtsstreit endgültig geregelt. Dies ist bezüglich Neros Zahlungsanspruch geschehen.
Das Arbeitsgericht hat ihn rechtskräftig tituliert.

Grundsätzlich wirkt die Rechtskraft nach § 325 Abs. 1, 1. Var. ZPO nur inter partes,
also zwischen den Parteien des Rechtsstreits. Die Vorschrift gilt über §§ 46 Abs. 2
ArbGG; 495 ZPO auch im Arbeitsgerichtsprozess. Allerdings erstreckt § 325 Abs. 1, 2. Var.
die Rechtskraft auf den Rechtsnachfolger. Cäsar ist Neros Rechtsnachfolger hinsichtlich
des Einziehungsrechts.[13] Auch einen titulierten Anspruch kann man pfänden.[14] Cäsar
kann von Nero nach § 836 Abs. 3 Satz 1 ZPO eine Urteilsausfertigung herausverlangen.
Insoweit bildet der Überweisungsbeschluss ausnahmsweise einen Herausgabetitel
(§ 836 Abs. 3 Satz 5 ZPO).[15] Anschließend kann Cäsar das Urteil Neros gegen D auf sich
umschreiben lassen.[16] Das bedeutet, er kann sich vom Rechtspfleger eine qualifizierte
Klausel nach § 727 Abs. 1 ZPO erteilen lassen. Dann kann er mit dem Urteil direkt
Zwangsvollstreckungsmaßnahmen gegen D einleiten. Er braucht D nicht erst zu
verklagen. Vielmehr scheitert seine Klage an der entgegenstehenden Rechtskraft.

! Merke: Für die Zwangsvollstreckung arbeitsgerichtlicher Titel gilt § 62 Abs. 2 ArbGG.
Danach sind die meisten Zwangsvollstreckungsvorschriften der ZPO anwendbar.

611

Abwandlung

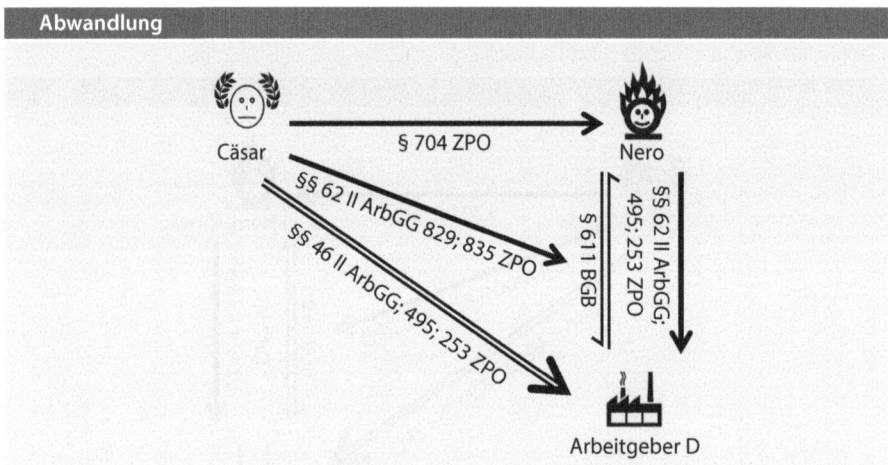

Wie Ausgangsfall. Nero hat aber erst vor einigen Tagen Klage gegen D eingereicht. Ein Urteil ist
noch nicht ergangen. Cäsar pfändet den vermeintlichen Anspruch Neros gegen D und lässt ihn
sich zur Einziehung überweisen. Cäsar verklagt D wiederum in einem neuen Prozess.

13 RGZ 83, 116 (117 f.); BGHZ 86, 337, juris Rn. 14; OLG Frankfurt, Beschl. v. 18.05.1983 – 20 W 278/83.
14 OLG Karlsruhe, Urt. v. 13.12.2001 – 16 UF 133/00, juris Rn. 2; OLG Naumburg, Urt. v. 25.08.2011 – 1
U 40/11, juris Rn. 9.
15 Näher RGZ 21, 360 (364); BGH, Beschl. v. 28.06.2006 – VII ZB 142/05, Rn. 9 und v. 25.03.2010 – VII
ZB 11/08, Rn. 20; OLG Zweibrücken, Beschl. v. 16.06.1995 – 3 W 86/95 = BeckRS 1995, 04013.
16 BGHZ 86, 337, juris Rn. 15.

❓ Ist Cäsars Klage diesmal zulässig?

✅ Cäsars Klage ist unzulässig.[17] Im Rechtsstreit Nero gegen D ist zwar noch kein Urteil ergangen. Somit kann Cäsars Klage auch keine rechtskräftige Entscheidung entgegenstehen.

Ihre Zulässigkeit scheitert aber an der anderweitigen Rechtshängigkeit gemäß § 261 ZPO. Nach § 261 Abs. 3 Nr. 1 ZPO kann während der Dauer der Rechtshängigkeit die Streitsache von keiner Partei anderweitig anhängig gemacht werden. Zwar spricht der Wortlaut nur von „Partei". Und im Prozess zwischen Nero und D ist Cäsar keine Partei. Er ist lediglich Rechtsnachfolger in Neros Einziehungsrecht. Vom Rechtsnachfolger ist in § 261 Abs. 3 Nr. 1 ZPO keine Rede. Insoweit unterscheidet sich dessen Formulierung von der des § 325 ZPO. Allerdings ist unstreitig, dass § 261 Abs. 3 Nr. 1 ZPO auch die Parallelklage eines Rechtsnachfolgers sperrt.[18] Denn die Prozesshindernisse Rechtshängigkeit und Rechtskraft verfolgen dasselbe Ziel. Sie sollen verhindern, dass ein Schuldner mehrere Prozesse über dieselbe Sache führen muss.

Stimmen Schuldner und Drittschuldner zu, kann der Gläubiger den Rechtsstreit vom Schuldner übernehmen.[19] Das ergibt sich aus § 265 Abs. 2 Satz 2 ZPO. Hier hat Cäsar den Rechtsstreit aber nicht übernommen. Vielmehr hat er eine eigene Klage gegen D erhoben. Überdies waren weder Nero noch D mit einem Parteiwechsel einverstanden.

7.2.4 Sonderproblem: Klage auf künftige Leistung nach § 259 ZPO

Reine Hoffnungen und Erwartungen kann man nicht pfänden.   612

Beispiel
Der Gläubiger hofft, der Schuldner werde irgendwann von seinem Nachbarn Herrn Müller eine Schenkung erhalten. Diese Verdachtspfändung ist zu ungewiss. Gericht und Drittschuldner hätten unnötige Arbeit.

Hingegen sind künftige und bedingte Ansprüche pfändbar, wenn eine hinreichende rechtliche Beziehung zwischen Schuldner und Drittschuldner besteht.[20] Das ergibt sich aus § 844 Abs. 1 und 832 ZPO. Etwa kann der Gläubiger künftige Mietansprüche pfänden, wenn Schuldner und Drittschuldner einen Mietvertrag geschlossen haben. Davon wiederum zu unterscheiden ist die Frage, wann der Gläubiger einen künftigen oder bedingten Anspruch einklagen kann. Die Pfändung geht nämlich ins Leere, solange der Anspruch nicht durchsetzbar ist.[21] Sie wahrt lediglich den Rang nach § 804 Abs. 3 ZPO.

---

17 Hein, JuS 2015, 35 (36); ebenso für das Verhältnis Patentinhaber – ausschließlicher Lizenznehmer: BGH, Urt. v. 19.02.2013 – X ZR 70/12, Rn. 13.
18 BGH Urt. v. 05.01.1960 – I ZR 100/58 = GRUR 1960, 379 (380); OLG Koblenz, Urt. v. 19.01.1989 – 5 U 425/88, juris Rn. 36; OLG Köln, Beschl. v. 08.09.2003 – 16 U 110/02, juris Rn. 43.
19 Beide müssen zustimmen: BGH, Urt. v. 29.08.2012 – XII ZR 154/09, Rn. 13 und 15.
20 RGZ 74, 78 (82); 82, 227 (229); BGHZ 20, 127, juris Rn. 14; BGH, Beschl. v. 21.11.2002 – IX ZB 85/02, juris Rn. 7 ff.: künftige Rente; vgl. auch PfÜB-Formular S. 4 unter A/1. und B sowie S. 5 unter D./1. Für Steuererstattungsansprüche allerdings § 46 Abs. 6 AO.
21 BFHE 165, 165, Rn. 10; 209, 34, Rn. 10.

613

Gläubiger G hat gegen Herrn Chaos einen Titel aufgrund eines Kaufpreiszahlungsanspruchs erwirkt. G weiß, dass Herrn Chaos bei D arbeitet. Herrn Chaos verdient monatlich 3000 Euro netto. Sein Gehalt wird S am Monatsersten ausgezahlt. Er hat einen unbefristeten Arbeitsvertrag. G lässt sich den pfändbaren Teil des Arbeitseinkommens zur Einziehung überweisen. D erklärt, freiwillig werde er nicht an G zahlen. Herrn Chaos mache regelmäßig krank. Außerdem komme er ständig zu spät. Er habe ihn schon mehrfach abgemahnt. Er überlege, ihm zu kündigen. Im Fall von nachweislich falschen Krankmeldungen werde er jedenfalls den anteiligen Lohn zurückbehalten.

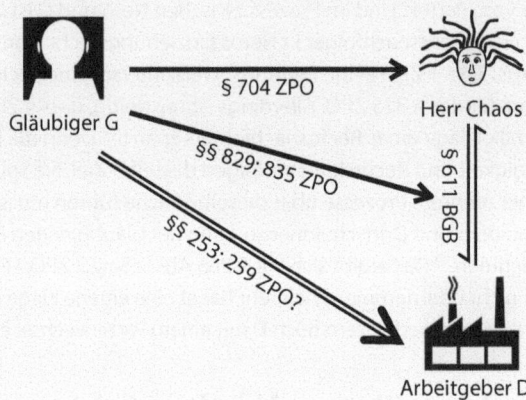

? Kann G schon jetzt D für die künftigen Monate verklagen?

✔ **Problem: Klage aus künftigem Anspruch**

Ausgangspunkt des Problems ist § 259 ZPO. Die Norm regelt, dass man bei wiederkehrenden Leistungen auf künftige Leistung klagen kann. Es muss lediglich zu befürchten sein, dass der Schuldner nicht rechtzeitig leisten wird. Wiederkehrende Leistungen meint auch solche, die von einer Gegenleistung abhängen.[22] Indessen erlaubt § 259 ZPO keine Klage aus einem künftigen Anspruch.[23] § 259 ZPO soll dem Forderungsgläubiger nur ermöglichen, sogleich zum Zeitpunkt der Fälligkeit einen Vollstreckungstitel in den Händen zu halten. Es gilt also zweierlei zu unterscheiden: Beim noch nicht fälligen Anspruch lautet das Ergebnis der materiellrechtlichen Prüfung: „Der Gläubiger hat noch keinen Anspruch. Er wird aber demnächst einen haben." Hier greift § 259 ZPO. Im zweiten Fall lautet das Ergebnis: „Ob der Gläubiger künftig einen Anspruch hat, ist unklar." Einen unklaren Anspruch kann man aber nicht im Klagewege durchsetzen. Daran ändert § 259 ZPO nichts.

Dies wirft das zentrale Problem auf, ob der Anspruch auf künftige Lohnzahlung bereits entsteht, wenn die Parteien den Arbeitsvertrag schließen. Nach der höchstrichterlichen Rechtsprechung ist dies nicht der Fall. Danach entsteht der Anspruch erst, wenn der Arbeitnehmer seine Dienste erbringt (§ 614 Satz 1 BGB).[24] Immerhin gilt der Grundsatz, ohne Arbeit kein Lohn. Ein Anspruch auf Lohnzahlung entsteht

---

22 RGZ 168, 321 (325); BAG, Urt. v. 24.10.2013 – 2 AZR 1078/12, Rn. 51.
23 BGH, Urt. v. 13.03.2003 – IX ZR 181/99, juris Rn. 75; BGH, Urt. v. 18.07.2007 – VIII ZR 288/05, Rn. 17.
24 BGHZ 167, 363, Rn. 7; BGH, Urt. v. 26.06.2008 – IX ZR 87/07, Rn. 13; BAG, Urt. v. 22.10.2014 – 5 AZR 731/12, Rn. 42.

beispielsweise nicht, wenn das Arbeitsverhältnis beendet wird. Gleiches gilt, wenn der Arbeitnehmer die geschuldete Arbeitsleistung nicht erbringt. Ebenso ist es, wenn der Arbeitgeber die Vergütung nicht fortzahlen muss. Das ist etwa der Fall bei längerer Krankheit, unbezahltem Urlaub oder unentschuldigten Fehlzeiten.[25] Daraus schließt das BAG in jüngerer Zeit, dass ein Arbeitnehmer nicht auf künftige Lohnzahlung klagen kann. Eine dahingehende Klage sei unzulässig.[26]

Im vorliegenden Fall können G als Teilrechtsnachfolger von Herrn Chaos nicht mehr Rechte zustehen als Herrn Chaos. Wenn Herr Chaos nicht auf künftige Leistung an sich klagen kann, kann G es erst Recht nicht. G kann die Ansprüche zwar nach § 62 Abs. 2 ArbGG i. V. m. § 832 ZPO pfänden. Denn nach § 832 ZPO erstreckt sich Pfandrecht, das durch die Pfändung einer Gehaltsforderung oder einer ähnlichen in fortlaufenden Bezügen bestehenden Forderung erworben wird, auch auf die nach der Pfändung fällig werdenden Beträge. Allerdings kann G den künftigen Lohn nicht einklagen. Es sind also Pfändung und Leistungsklage zu unterscheiden.[27] G sollte die Ansprüche pfänden. Denn über das sogenannte Arrestatorium verhindert er, dass D an Herrn Chaos zahlt (§ 829 Abs. 1 Satz 1 ZPO). Vor allem verhindert er über das sogenannte Inhibitorium, dass Herr Chaos die künftige Forderung an einen Vierten abtritt (§ 829 Abs. 1 Satz 2 ZPO). Im Formularbeschluss heißt es dazu auf Seite 8:

> Der Drittschuldner darf, soweit die Forderung gepfändet ist, an den Schuldner nicht mehr zahlen. Der Schuldner darf insoweit nicht über die Forderung verfügen, sie insbesondere nicht einziehen.

Einklagen kann G die Lohnzahlungsansprüche aber erst, wenn sie entstanden sind. Dafür muss er noch warten.

Klausurtipp

In der Klausur ist primär wichtig, das Problem zu sehen und in § 259 ZPO zu verorten. Weiter muss man den Unterschied zwischen künftig fällig werdenden und erst künftig entstehenden Ansprüchen kennen. Damit hat man zahlreiche Punkte bereits im Kasten.

7.3 Begründetheit der Einziehungsklage

❯ Map 7.3

Die Begründetheit der Einziehungsklage prüft man in drei Schritten: 614

ℹ **Prüfungsschema Begründetheit Einziehungsklage**
   1. Einziehungsrecht,
   2. Anspruch des Vollstreckungsschuldners gegen den Drittschuldner und
   3. Einwendungen des Drittschuldners.

---

25 BAG, Urt. v. 13.03.2002 – 5 AZR 755/00, juris Rn. 13.
26 BAG, Urt. v. 22.10.2014 – 5 AZR 731/12, Rn. 40; a. A. noch BAGE 42, 54, juris Rn. 14.
27 Hamacher, NZA 2015, 714 (718).

Damit ähnelt die Begründetheitsprüfung dem Schema nach einer Abtretung. Dort prüft man auch, wer Forderungsinhaber ist und ob die Forderung besteht. Der dritte Prüfungspunkt ist dogmatisch nicht zwingend, aber zweckmäßig. Der Drittschuldner kann nämlich sowohl Einwendungen gegen den Gläubiger als auch solche gegen den Schuldner vorbringen.

7.3.1 Erster Prüfungspunkt: Einziehungsberechtigung

615   Beim ersten Prüfungspunkt prüft man nur, ob das Amtsgericht zugunsten des Vollstreckungsgläubigers einen wirksamen Pfändungs- und Überweisungsbeschluss erlassen hat. Außerdem darf die Zwangsvollstreckung nicht eingestellt sein.

❯ Map 7.3

Wirksamer Pfändungs- und Überweisungsbeschluss

616   **Formulierungsvorschlag im Urteilsstil**
Der Kläger ist kraft des Pfändungs- und Überweisungsbeschlusses einziehungsberechtigt. Durch die Pfändung erlangt der Gläubiger nach §§ 829; 804 Abs. 1 ZPO ein Pfändungspfandrecht an der Forderung gegen den Drittschuldner. Dieses erstarkt nach der Überweisung zum Verwertungspfandrecht. Im Falle der Überweisung zur Einziehung (§ 835 Abs. 1, 1. Alt. ZPO) ermöglicht es dem Gläubiger, die gepfändete Forderung im eigenen Namen einzuziehen. Der vorliegende Pfändungs- und Überweisungsbeschluss ist wirksam. ...

In der Praxis pfändet der Rechtspfleger zuweilen im selben PfÜB mehrere Forderungen.[28] Das darf er grundsätzlich sogar, wenn sie sich gegen mehrere Drittschuldner richten. Rechtsgrundlage ist § 829 Abs. 1 Satz 3 ZPO.

617   In der Klausur wird der Drittschuldner möglicherweise rügen, die Pfändung sei nichtig. Meist geht dieser Einwand in die Leere. Das Gericht ist im Einziehungsprozess an einen nur anfechtbaren Pfändungs- und Überweisungsbeschluss gebunden. Das Problem ähnelt der aus dem Verwaltungsrecht bekannten Unterscheidung zwischen anfechtbarem und nichtigem Verwaltungsakt (§ 44 VwVfG).[29] Ein nichtiger Pfändungs- und Überweisungsbeschluss geht ins Leere, ein anfechtbarer ist wirksam. Das ergibt sich aus § 836 Abs. 2 ZPO. Hintergrund ist, dass ein Pfändungs- und Überweisungsbeschluss ein Hoheitsakt ist. Seine Bedeutung würde entwertet, wenn Schuldner und Drittschuldner ihn bei jedem kleinen Fehler missachten könnten. Vielmehr sollen sie den statthaften Rechtsweg beschreiten. In der Regel ist dies die Erinnerung nach § 766 ZPO. Über sie entscheidet das Vollstreckungsgericht im Sinne der §§ 828; 764 ZPO. Dessen Zuständigkeit ist nach § 802 ZPO ausschließlich. Damit drückt der Gesetzgeber aus, dass grundsätzlich nur das Vollstreckungsgericht über die Richtigkeit einer Forderungspfändung entscheiden soll. Diese Wertung wird umgangen, wenn das Einziehungsge-

---

28 Hintergrund: Nr. 1211 KV-GKG.
29 BGHZ 66, 79, Rn. 7.

richt in seinen Entscheidungsgründen einen Pfändungs- und Überweisungsbeschluss für unwirksam erklärt. Das darf es nur in extrem gelagerten Fällen. Wenn der Pfändungs- und Überweisungsbeschluss an einem sehr schweren Fehler leidet, ist er nämlich nichtig.[30] Er ist dann im Einziehungsprozess unbeachtlich.

⟩ **Map 7.4**

Nichtig ist der Pfändungs- und Überweisungsbeschluss etwa, wenn entgegen § 20 Nr. 17 RPflG statt des Rechtspflegers der Gerichtsvollzieher einen Pfändungs- und Überweisungsbeschluss erlässt.   618

Nichtig ist auch ein Pfändungs- und Überweisungsbeschluss, der den Drittschuldner nicht genau benennt.[31] Immerhin muss der Beschluss nach § 829 Abs. 3 ZPO an diesen zugestellt werden. Das PfüB-Formular bietet auf Seite 3 ausreichende Eintragungsmöglichkeiten.   619

> **Drittschuldner** (genaue Bezeichnung des Drittschuldners: Firma bzw. Vor- und Zuname, vertretungsberechtigte Person/-en, jeweils mit Anschrift; Postfach-Angabe ist nicht zulässig; bei mehreren Drittschuldnern ist eine Zuordnung des Drittschuldners zu der/den zu pfändenden Forderung/-en vorzunehmen)
> Herr/Frau/Firma
> _____
> _____

Nichtig ist die Pfändung gleichfalls, wenn die Forderung zu unbestimmt bezeichnet ist.[32] Im PfüB-Formular ist der Anspruch zunächst grob zu bezeichnen. Hierfür kreuzt man einen Großbuchstaben an.

Forderung aus Anspruch
☐ A (an Arbeitgeber)
☐ B (an Agentur für Arbeit bzw. Versicherungsträger)   Art der Sozialleistung: _____   Konto-/Versicherungsnummer: _____
☐ C (an Finanzamt)
☐ D (an Kreditinstitute)
☐ E (an Versicherungsgesellschaften)   Konto-/Versicherungsnummer: _____
☐ F (an Bausparkassen)
☐ G
☐ gemäß gesonderter Anlage(n) _____

Dieser Großbuchstabe findet sich weiter unten im Formular wieder. Dort ist der Anspruch näher beschrieben. Oft finden sich Eintragungsmöglichkeiten. Nachfolgend abgedruckt ein Beispiel für die Lohnpfändung:

---

30 BGHZ 30, 173, juris Rn. 19; BGH, Urt. v. 06.04.1979 – V ZR 216/77, juris Rn. 9.
31 BGH, Beschl. v. 4.10.2005 – VII ZB 8/05, juris Rn. 7 f. und v. 2.12.2015 – VII ZB 36/13, Rn. 7.
32 BGHZ 86, 337, Rn. 10; BGH, Beschl. v. 25.03.2010 – VII ZB 11/08, Rn. 9; BFHE 150, 392, Rn. 16; BFH, Urt. v. 01.04.1999 – VII R 82/98 = NVwZ 2000, 1087; weiteres Beispiel: § 46 Abs. 6 Satz 2 AO.

Anspruch A (an Arbeitgeber)

1. auf Zahlung des gesamten gegenwärtigen und künftigen Arbeitseinkommens (einschließlich des Geldwertes von Sachbezügen)

2. auf Auszahlung des als Überzahlung jeweils auszugleichenden Erstattungsbetrages aus dem durchgeführten Lohnsteuer-Jahresausgleich sowie aus dem Kirchenlohnsteuer-Jahresausgleich für

    das Kalenderjahr _____ und für alle folgenden Kalenderjahre

3. auf

Verwirrend und grammatikalisch falsch ist die im Formular wiederholt verwendete Formulierung *„an* [Drittschuldner]". Gemeint ist ein Anspruch *gegen* den Drittschuldner.

620   Besonders klausurrelevant ist die Ankreuzmöglichkeit G. Sie betrifft alle Ansprüche, die nur selten gepfändet werden und für die das Formular deshalb kein ausdrückliches Feld vorsieht. Gemeint sind etwa Kaufpreis- oder Mietzahlungsansprüche. Auf Seite 6 ist im Fließtext einzutragen, um welchen Anspruch es sich handelt.

Anspruch G

(Hinweis: betrifft Anspruch an weitere Drittschuldner bzw. schon aufgeführte Drittschuldner, soweit Platz unzureichend)

Wiederum wenig verständlich ist die Formulierung „weitere Drittschuldner". Sie bezieht sich auf die Ankreuzmöglichkeiten unter A bis F. Drittschuldner, die kein Arbeitgeber, Finanzamt, Kreditinstitut oder ähnliches sind, nennt das Formular weitere Drittschuldner.

Unwirksam wäre der PfüB beispielsweise, wenn der Buchstabe G angekreuzt ist, nachfolgend aber pauschal „Ein Anspruch des Schuldners" gepfändet wird.[33] Hier ist unklar, welcher Anspruch. Sauber müsste es beispielsweise heißen: „Anspruch auf Kaufpreiszahlung für eine Waschmaschine aus Kaufvertrag vom 01.03.2017, Rechnung Nr. 676/18." Gläubiger und Vollstreckungsgericht brauchen es jedoch nicht zu übertreiben. Die Höhe der gepfändeten Forderung muss der Pfändungs- und Überweisungsbeschluss grundsätzlich nicht beziffern. Das ergibt sich aus der Parallele zur Abtretung. Auch dort müssen sich nach § 398 BGB alter und neuer Gläubiger nur einigen, welche Forderung übertragen wird. Sie müssen deren Höhe nicht nennen. Außerdem pfändet der Gläubiger stets nur angebliche Forderungen des Schuldners.[34] Über deren Umfang ist der Gläubiger insbesondere bei Bankguthaben oft nicht informiert.[35]

621   Streitig ist, ob ein Verstoß gegen die Pfändungsverbote der §§ 851; 852 ZPO zur Nichtigkeit des Pfändungs- und Überweisungsbeschlusses führt.[36] Richtigerweise führt er nur zur Anfechtbarkeit. Zur Begründung lässt sich anführen, dass die Beteiligten

---

33 Weiteres Beispiel bei RGZ 157, 321 (324): „Forderungen aus Verträgen oder sonstigen Rechtsgründen" = nichtssagend.

34 Seite 3 des Formularbeschlusses.

35 OLG München, Beschl. v. 01.08.1990 – 14 W 173/90 = ZIP 1990, 1128; zur Theorie der Vollpfändung siehe Rn. 640.

36 Für bloße Anfechtbarkeit: BGH, Urt. v. 21.01.1998 – XII ZR 140/96, Rn. 6. Für Nichtigkeit: BAG, Urt. v. 23.07.1976 – 5 AZR 474/75 = NJW 1977, 75 (76); OLG Köln, Urt. v. 06.04.1995 – 5 U 224/94 = NJW-RR 1996, 939 (940) und wohl auch BFHE 150, 392, Rn. 18.

hinreichend geschützt sind. Regelmäßig können sie den Pfändungs- und Überweisungsbeschluss durch den Vollstreckungsrichter überprüfen lassen. Nur anfechtbar ist der Beschluss auch, wenn der Titel entgegen § 750 ZPO dem Schuldner nicht zugestellt wurde.[37] Dafür spricht, dass der Gläubiger den Mangel heilen kann.

Nichtig ist der Beschluss hingegen, wenn ein Titel fehlt.[38] Denn dieser Fehler wiegt sehr schwer. Schließlich berührt er die Grundlagen des Vollstreckungsrechts.

In der Anwaltsklausur aus Klägersicht sollte der Referendar an passender Stelle auf die Beweislast eingehen.[39] Der Mandant muss beweisen, dass ihm die Forderung überwiesen wurde. Dies gelingt ihm mit dem Pfändungs- und Überweisungsbeschluss. Eine Mehrfertigung sollte der Klageschrift beigefügt werden. Der Beschluss wird gemäß § 829 Abs. 3 ZPO mit der Zustellung an den Drittschuldner wirksam. Deswegen empfiehlt sich, die Zustellungsurkunde (§ 182 ZPO) in Kopie vorzulegen. Sicherheitshalber sollte der Kläger auch eine Kopie des Titels beifügen. Hierdurch kann er dem Nichtigkeitseinwand begegnen.

622

Die Pfändungsbeschränkungen

Die Einziehungsklage ist eine der wenigen Möglichkeiten, die Pfändungsbeschränkungen der §§ 850 ff. ZPO in einer Klausur abzufragen.[40]

Die Pfändungsfreigrenzen bei Arbeitsentgelt

Die §§ 850 ff. ZPO sehen Pfändungsschutz vor. Was die §§ 811 ff. ZPO für Sachen anordnen, regeln die §§ 850 ff. ZPO für Forderungen. Der Schuldner soll von seinem Arbeitseinkommen noch etwas haben. Er soll nicht kahlgepfändet werden. Zum einen darf man ihn aus grundrechtlichen Gesichtspunkten nicht völlig einer Gegenleistung für seine Tätigkeit berauben. Zum anderen soll er einen Sinn darin sehen, weiterzuarbeiten. Immerhin dient sein Lohn dem Gläubiger. Außerdem müsste der Schuldner ohne Arbeit Sozialhilfe beantragen. Damit läge er der Allgemeinheit auf der Tasche. Auch die Familie des Schuldners soll geschützt werden. Deshalb erhöhen sich seine pfändungsfreien Beträge, wenn er Unterhalt zahlen muss. Vereinfacht gesprochen, je mehr Kinder er hat, desto mehr darf er behalten.

623

Die Pfändungsfreigrenzen können die Parteien nicht abbedingen.[41] Das ergibt sich aus den §§ 394; 400; 1274 Abs. 2 BGB. Danach kann der Schuldner eine nach dem Gesetz unpfändbare Forderung weder abtreten noch mit ihr aufrechnen noch sie verpfänden. Das Gesetz will den Schuldner vor seinem eigenen Leichtsinn und vor übermäßigem Druck des Gläubigers schützen. Dieser Gedanke passt auch auf die Pfändungsfreigrenzen.

624

Die Regelung in § 850c ZPO ist kompliziert. Für viele Schuldner und kleine Arbeitgeber ist sie nicht verständlich. Glücklicherweise hat der Gesetzgeber dies erkannt. In seinem Auftrag gibt das Bundesjustizministerium regelmäßig eine Tabelle heraus.[42] Aus ihr kann der Arbeitgeber entnehmen, wieviel er dem Schuldner trotz des Pfändungs-

---

37 BGHZ 66, 79, juris Rn. 9.
38 BGHZ 121, 98, Rn. 20; BGH, Beschl. v. 20.09.2016 – 2 StR 497/15, Rn. 12; Behr, JurBüro 1994, 647 (650); a. A. BFHE 199, 511, Rn. 11.
39 Näher zur Einziehungsklage aus Anwaltssicht unten Rn. 709.
40 Zur Möglichkeit in einer verlängerten Einziehungsklage nach Hinterlegung siehe unten Rn. 1139.
41 BGHZ 137, 193, Rn. 17.
42 § 850c Abs. 2a ZPO.

und Überweisungsbeschlusses auszahlen muss. Nur den Rest darf er dem Gläubiger geben. Der Schuldner kann der Tabelle entnehmen, wieviel ihm und seiner Familie zum Leben bleiben.

Der Rechtspfleger beim Vollstreckungsgericht erlässt üblicherweise einen sogenannten Blankettbeschluss. Er verweist gemäß § 850c Abs. 3 Satz 2 ZPO auf die Tabelle. So heißt es im Formularbeschluss auf Seite 4:

> Die für die Pfändung von Arbeitseinkommen geltenden Vorschriften der §§ 850 ff. ZPO in Verbindung mit der Tabelle zu § 850c Absatz 3 ZPO in der jeweils gültigen Fassung sind zu beachten.

Die Tabelle wird im Bundesgesetzblatt veröffentlicht.[43] Sie ist im Internet kostenlos abrufbar. Auch ist sie in vielen Gesetzestexten als Anhang zur ZPO abgedruckt.

Die Pfändungsfreigrenzen bedeuten für die Personalabteilungen größerer Arbeitgeber einen erheblichen Aufwand. Und dies obgleich die Unternehmen hiervon nicht profitieren. Dies nimmt das Gesetz im Interesse des Schuldnerschutzes hin.

Der abgedruckte PfüB-Wortlaut ist so zu verstehen, dass der Rechtspfleger Arbeitseinkommen nur im Rahmen der Pfändungsfreigrenzen pfändet. Der PfüB ist insoweit unbestimmt. Denn er nennt keine genauen Zahlen.[44] Diese Unbestimmtheit ist aber erlaubt. Denn das Amtsgericht kann nicht wissen, wie vielen Personen der Schuldner Unterhalt leistet. Anders der Klausurbearbeiter in der Rolle des Gläubigerrechtsanwalts. Er muss die Pfändungsfreigrenzen bei seinem Klageantrag im Rahmen der Einziehungsklage beachten. Dort muss er die pfändungsfreien Beträge abziehen. Unterlässt er dies, ist seine Klage insoweit abzuweisen.[45]

625   **Beispiel**

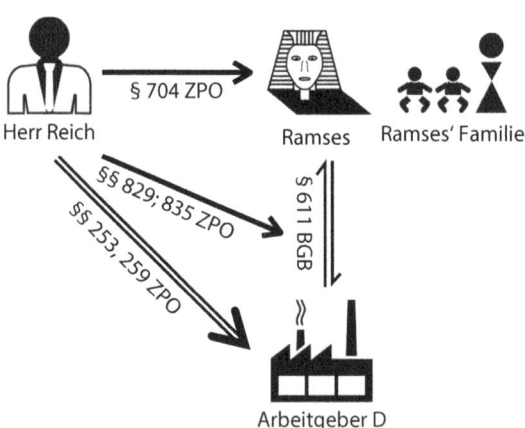

---

43 § 850c Abs. 2a Satz 2 ZPO.
44 Ausnahme: § 850d ZPO. Zur Möglichkeit eines klarstellenden Beschlusses: BGHZ 166, 48, Rn. 14
    und BGH, Beschl. v. 28.09.2017 – VII ZB 14/16, Rn. 8.
45 LAG Baden-Württemberg, Urt. v. 20.03.2014 – 18 Sa 78/13, Rn. 34.

Ramses hat eine Frau und zwei Kinder. Er ist der Alleinverdiener seiner Familie. Er arbeitet befristet auf drei Monate bei D. Herr Reich hat einen Titel gegen Ramses über 9000 Euro. Herr Reich pfändet Ramses' künftiges Arbeitseinkommen bei D. Er lässt es sich zur Einziehung überweisen. Es beläuft sich auf 3000 Euro monatlich netto. Dabei weist der Rechtspfleger im Beschluss auf die Pfändungsfreigrenzen hin. Herr Reich wartet drei Monate, bis das Arbeitsverhältnis beendet ist. Dann klagt G die 9000 Euro gegen D ein. Den unpfändbaren Teil des Gehalts von Ramses hat Herr Reich aber nicht gepfändet. Denn insoweit greift § 850c ZPO. G kann damit keine 9000 Euro verlangen. Seine Klage ist teilweise unbegründet. In Höhe der Pfändungsfreigrenzen hat Herr Reich kein Einziehungsrecht. Ramses muss vom Restgehalt nach wie vor seine Familie ernähren. Die Klage des Herrn Reich scheitert auf der ersten Stufe der Begründetheit.

Dieses Problem wird sicherlich nicht der Schwerpunkt der Klausur sein. Hier können aber entscheidende Zusatzpunkte zu holen sein.

Das Pfändungsschutzkonto

Bei der Kontenpfändung ist § 850k ZPO für viele Menschen außerordentlich bedeutsam. Er regelt das sogenannte Pfändungsschutzkonto. Verkürzt spricht man von P-Konto. Dabei handelt es sich um ein normales Bankkonto. Auf Antrag des Schuldners wandelt seine Bank sein Konto in ein P-Konto um.[46] Jede natürliche Person kann ein solches Konto erhalten.[47] Allerdings erhält jedermann nur ein einziges P-Konto.[48] Das P-Konto soll den Schuldner schützen.[49] Das auf gewöhnlichen Konten befindliche Guthaben ist nämlich nicht automatisch geschützt. Vielmehr erfasst eine Kontopfändung grundsätzlich das gesamte auf dem Konto befindliche Geld. Insbesondere gelten die Pfändungsfreigrenzen für Arbeitseinkommen (§ 850c ZPO) *nicht* analog für die Kontopfändung. Fließt Arbeitseinkommen auf ein normales Konto, kann der Gläubiger es sich vollständig auszahlen lassen.[50] Der Schuldner hat also nichts mehr zum Leben. Bei einem P-Konto bleibt dem Schuldner hingegen ein gewisses Guthaben.[51]

626

Weitere Pfändungsschutzvorschriften

Die §§ 850 ff. ZPO werden ergänzt durch sozialrechtliche Vorschriften. Sozialleistungen sind in der Regel unpfändbar, sofern sie das Existenzminimum sichern.[52] Den meisten Gläubigern versperrt sind zweckgebundene Sozialleistungen, z. B. Geld, um einen Rollstuhl zu erwerben. Das grundsätzliche Verbot ergibt sich schon aus §§ 851 ZPO i. V. m. 399, 1. Alt. BGB. Pfänden kann den Anspruch nur der Verkäufer des Rollstuhls.[53]

627

Es ist unmöglich, alle Pfändungsbeschränkungen zu kennen.[54] In der Praxis sollte man einen Blick in den Kommentar werfen.

---

46 § 850k Abs. 1 Satz 4, Abs. 7 ZPO.
47 Vgl. § 3 Zahlungskontengesetz.
48 § 850k Abs. 8 ZPO.
49 BT-Drucks. 16/12714, S. 19.
50 BVerfG, Beschl. v. 29.05.2015 – 1 BvR 163/15; Details zur Kontopfändung siehe unten Rn. 654 ff.
51 Vgl. § 850k Abs. 5 ZPO.
52 §§ 54 SGB I; 42 Abs. 4 Satz 1 SGB II; 17 Abs. 1 SGB XII.
53 § 53 Abs. 2 Nr. 1 SGB I.
54 Z. B. Überbrückungsgeld nach § 51 Abs. 4 und 5 StVollzG-BaWü; Urheberrecht nach §§ 113 ff. UrhG.

Pfändung von nicht übertragbaren Forderungen

628 § 851 ZPO sollte jeder Examenskandidat einmal gelesen haben. § 851 Abs. 1 BGB verweist auf § 399, 1. Alt. BGB. Angenommen, der Titelschuldner kann seine Forderung nicht abtreten. Dann kann ein Titelgläubiger sie nicht pfänden. Nicht abtreten kann etwa grundsätzlich der Mieter seinen Anspruch auf Gebrauchsüberlassung aus § 535 Abs. 1 Satz 1 BGB.[55] Immerhin prüft der Vermieter regelmäßig sorgfältig, wem er eine Sache anvertraut. Der Gebrauchsüberlassungsanspruch ist deshalb nicht über den Verweis des § 857 Abs. 1 ZPO nach § 829 ZPO pfändbar.[56] Aus vergleichbaren Gründen ist es prinzipiell auch nicht möglich, Unterlassungsansprüche zu pfänden. Entsprechendes gilt grundsätzlich für den Anspruch auf Leistung von Diensten aus einem Dienstvertrag (§ 613 Satz 2 BGB). Ein weiteres Beispiel bildet der Anspruch auf Anfertigung eines Portraits. Es kann Gründe haben, weshalb der Maler versprochen hat, eine bestimmte Person zu malen. Vielleicht erscheinen ihm deren Gesichtszüge besonders markant.

629 In der Klausur ist kein Spezialwissen verlangt. Vielmehr genügt, die Grundsätze zu kennen. Den Verstoß gegen § 851 ZPO darf der Drittschuldner im Einziehungsprozess vorbringen.[57] Es handelt sich um einen materiellrechtlichen Einwand. Der Klausurbearbeiter muss im Einzelfall argumentieren, ob die jeweilige Forderung abtretbar ist oder nicht. Dazu sollte er sich fragen, ob ein anderer den Anspruch einfordern können soll.[58]

🛑 Merke: Geldforderungen sind grundsätzlich pfändbar. Anders ist es nur, wenn sie zweckgebunden sind oder Sondervorschriften die Pfändbarkeit einschränken.

630 § 851 Abs. 2 ZPO erlaubt eine Pfändung trotz Abtretungsverbots. Sein Wortlaut ist zu weit geraten. Scheinbar verweist die Norm auf den gesamten § 399 BGB. Nach seinem Zweck gilt § 851 Abs. 2 ZPO aber nur für § 399, 2. Alt. BGB.[59] Der Schuldner soll nicht verhindern können, dass der Gläubiger auf die Forderung zugreift. Ohne § 851 Abs. 2 ZPO bräuchte der Schuldner nur ein Abtretungsverbot mit dem Drittschuldner zu vereinbaren. Das wäre unredlich. Hingegen will § 851 Abs. 2 ZPO nicht die Pfändung in den eben genannten Beispielen erlauben. Leistet der Drittschuldner an einen anderen Gläubiger, darf sich also der Leistungsinhalt nicht ändern.

Das Spiegelbild zu § 851 ZPO ist § 400 BGB. Eine unpfändbare Forderung ist nicht abtretbar. Sein Arbeitsgehalt kann der Schuldner deshalb prinzipiell nur im Rahmen der Pfändungsfreigrenzen abtreten. Andernfalls würde er verhungern.

631 Auch eine durch eine Hypothek gesicherte Forderung ist pfändbar. Allerdings enthält § 830 ZPO eine Sonderregel. Die Vorschrift ist der kleine Bruder des berühmten § 1154 BGB. Gemäß § 1153 BGB kann man Forderung und Hypothek nicht getrennt voneinander übertragen. Das ist Ausdruck der Akzessorietät. § 1154 BGB enthält für die Abtretung Formvorschriften. Der Gesetzgeber hat sie für die Pfändung weitergesponnen.

---

55 BGH, Urt. v. 02.07.2003 – XII ZR 34/02, juris Rn. 16 u. v. 30.10.2009 – V ZR 42/09, Rn. 14.
56 AG Neuwied, Beschl. v. 11.07.1996 – 5 M 3356/96 = DGVZ 1996, 142; zu § 857 ZPO siehe näher unten Rn. 702.
57 BGH, Urt. v. 30.03.1978 – VII ZR 331/75, Rn. 21 ff.; OLG Hamm, Urt. v. 17.02.1992 – 8 U 153/91 = GmbHR 1992, 370 (371).
58 Beispiele bei BGHZ 108, 237, Rn. 14 ff. (Pfändbarkeit des Rückgewähranspruchs einer Grundschuld aus dem Sicherungsvertrag) und BGHZ 189, 65, Rn. 34 ff. (Unpfändbarkeit des Anspruchs auf Entschädigung wegen überlanger Verfahrensdauer).
59 BGHZ 95, 99, juris Rn. 15; BGH, Urt. v. 17.03.2016 – IX ZR 303/14, Rn. 32.

> ⓘ **Merke:** Die Akzessorietät der Hypothek von der Forderung gilt auch in der Zwangsvollstreckung.

Bei § 830 ZPO pfändet der Vollstreckungsgläubiger beispielsweise bei seinem Schuldner dessen Werklohnforderung aus §§ 650a; 631 Abs. 1 BGB. Angenommen, sie ist nach § 650e BGB durch eine Hypothek gesichert. Dann wurde gemäß §§ 1184; 1185 BGB für die Sicherungshypothek kein Brief erteilt. Die Pfändung muss gemäß § 830 Abs. 1 Satz 3 ZPO ins Grundbuch eingetragen werden. Solange dies nicht geschehen ist, ist die Pfändung unwirksam.[60] Das ergibt sich aus dem eindeutigen Wortlaut des § 830 Abs. 1 Satz 3 ZPO „erforderlich". Die Einziehungsklage ist abzuweisen.[61] Hat der Vollstreckungsgläubiger die Voraussetzungen des § 830 Abs. 1 ZPO erfüllt, kann er sich Forderung und Hypothek zur Einziehung überweisen lassen.[62] Er hat den Hauptgewinn gezogen. Er kann nämlich aus Forderung und Hypothek vorgehen. Er kann also Einziehungsklage in Form einer Zahlungsklage oder Einziehungsklage in Form einer Klage auf Duldung der Zwangsvollstreckung nach § 1147 BGB erheben. Beides ist auch parallel möglich. Die beiden Drittschuldner können verschiedene Personen sein.

632 Gemäß § 857 Abs. 6 ZPO gilt § 830 ZPO für die Pfändung von Grundschulden entsprechend. § 857 Abs. 6 ZPO ist der kleine Bruder des berühmten § 1192 Abs. 1 BGB. Drittschuldner ist bei der Fremdgrundschuld der Grundstückseigentümer.

Pfändung von Pflichtteilsansprüchen und Vermächtnissen

633 Insbesondere für die Anwaltsklausur sollte man § 852 Abs. 1 ZPO kennen. Danach ist der Pflichtteilsanspruch grundsätzlich unpfändbar. Der Gläubiger soll nicht in die Familie des Schuldners hineinpfuschen.

Beispiel
Der Bearbeiter einer Anwaltsklausur ist zum Ergebnis gekommen, dass dem Mandanten ein Zahlungsanspruch zusteht. In der Zweckmäßigkeit ist zu prüfen, ob Klage zu erheben ist. Die Schuldnerin ist arm. Ihr Vater stirbt. In seinem Testament hat er als Alleinerben den Bruder der Schuldnerin eingesetzt. Hier hat die Schuldnerin gemäß § 2303 Abs. 1 BGB einen Pflichtteilsanspruch gegen ihren Bruder. Sie möchte ihn nicht geltend machen. Sie respektiert den Willen ihres Vaters. Das wirkt sich zum Nachteil des Mandanten aus. Er könnte die Schuldnerin zwar verklagen. Das Urteil ist aber wenig wert. Der Mandant bekommt in absehbarer Zeit kein Geld. Einerseits kann deswegen von einer Klage abzuraten sein. Andererseits wirkt ein Titel gemäß § 197 Abs. 1 Nr. 3 BGB 30 Jahre und länger (vgl. § 212 Abs. 1 Nr. 2 BGB). Es ist möglich, dass die Mandantin irgendwann einmal zu Geld kommt. Das spricht wiederum für eine Klage. Die Lösung hängt vom Einzelfall ab, insbesondere vom Wunsch des Mandanten.

634 Ansprüche aus Geldvermächtnissen (§ 2174 BGB) sind demgegenüber normal nach §§ 829; 835 ZPO pfändbar.
Besonderheiten bestehen beim Stückvermächtnis. Angenommen, der Erblasser hat dem Schuldner eine bewegliche Sache vermacht. Dann hat der Schuldner regelmäßig einen Übereignungsanspruch gegen den Erben aus §§ 2147; 2174 BGB. Diesen Anspruch kann der Gläubiger gemäß §§ 846; 847 ZPO pfänden. Der Erbe muss den Ge-

---

60 BGHZ 127, 146, Rn. 13.
61 Zu § 830 Abs. 2 ZPO: RGZ 76, 231 (233).
62 Vgl. § 837 ZPO.

genstand an den Gerichtsvollzieher herausgeben. Dieser versteigert ihn. Den Erlös überweist er primär dem Gläubiger.

Das Vermächtnis kann von der Auflage abzugrenzen sein. Bei einer Auflage hat der Begünstigte gemäß § 1940 BGB keinen Anspruch. Folglich kann sein Gläubiger auch keinen Anspruch pfänden. Dies bedenkt ein geschickter Erblasser. Man stelle sich vor, er will seinem überschuldeten Enkel etwas Gutes tun. Er hat Angst, dass dessen Gläubiger dem Enkel alles wegnehmen. Dann kann der Erblasser einen Freund als Alleinerben einsetzen. Diesem erlegt er auf, seinem Enkel aus der Erschaft zwei Mal jährlich eine Reise im Wert von 5000 Euro zu finanzieren.[63] Hier bleibt den Gläubigern nur, dem Enkel jedes Mal zum Abschied zu winken.

REF Relevanz der Pfändungsschutzvorschriften außerhalb der Einziehungsklage

635 Die Pfändungsschutzvorschriften können auch im Zweipersonenverhältnis relevant werden.

Typische Konstellation einer Anwaltsklausur
Der Mandant berichtet, A habe ihm 10.000 Euro unterschlagen. A soll auf Rückzahlung der 10.000 Euro verklagt werden.

An welchen Zusatzantrag muss der Bearbeiter denken?

Der Bearbeiter sollte zusätzlich zum Zahlungsantrag einen Feststellungsantrag stellen. Er sollte beantragen, festzustellen, dass die Forderung auf einer vorsätzlich begangenen unerlaubten Handlung beruht.[64] Dann kann der Mandant nämlich in größerem Umfang das Gehalt des A pfänden. Das ergibt sich aus § 850f Abs. 2 ZPO. Danach kann der Rechtspfleger auf Antrag des Gläubigers die Pfändungsfreigrenze herabsetzen. Er ist an den Feststellungstenor des erkennenden Richters gebunden.[65] Außerdem wird der Gegner im Falle seiner Insolvenz insoweit nicht von der Restschuld befreit, § 302 Nr. 1 InsO.[66]

Möglicherweise sieht das Gericht den Vorsatz nicht für erwiesen an. Dann weist es den Feststellungsantrag ab. Das schadet dem Mandanten nicht. Denn der Antrag erhöht den Streitwert nicht.[67] Er ist nämlich mit dem Zahlungsantrag wirtschaftlich identisch. In derartigen Fällen gilt der Rechtsgedanke des § 45 Abs. 1 Satz 3 GKG. Folglich kann man den Feststellungsantrag ohne Kostenrisiko stellen.

63 Vgl. § 2193 Abs. 1 BGB.
64 Neugebauer, MDR 2004, 1223 (1223).
65 BGHZ 109, 275, Rn. 13; 152, 166, Rn. 5; BGH, Beschl. v. 05.04.2005 – VII ZB 17/05 = NJW 2005, 1663.
66 Vgl. zudem § 89 Abs. 2 Satz 2 InsO und den praktisch häufigen Fall des § 174 Abs. 2 InsO.
67 OLG Stuttgart, Beschl. v. 16.12.2008 – 7 W 79/08, juris Rn. 4; ebenso für den Zuständigkeitsstreitwert OLG Naumburg, Beschl. v. 30.06.2014 – 1 AR 8/14, juris Rn. 2.

Begegnet dem Klausurbearbeiter der Feststellungsantrag in der Richterklausur, sollte er auf das Feststellungsinteresse eingehen. Es ist knapp mit den §§ 850f Abs. 2 ZPO; 302 Nr. 1 InsO zu begründen.[68]

Mietpfändung und Zwangsverwaltung

Gesetzt den Fall, der Schuldner hat sein Grundstück vermietet. Der Gläubiger möchte es ihm lassen. Allerdings will der Gläubiger auf die Miete zugreifen. Hierfür gibt es zwei Möglichkeiten. Entweder kann er die Mietforderung nach § 829 ZPO pfänden. Oder er lässt das Grundstück zwangsverwalten. Zwangsverwaltung bedeutet, das Grundstück wird nicht versteigert. Vielmehr möchte der Gläubiger die Nutzungen aus dem Grundstück ziehen. 636

Ein Blick in das Inhaltsverzeichnis des ZVG ist empfehlenswert. Es kennt im ersten Abschnitt einen Titel über allgemeine Vorschriften. Der zweite Titel behandelt die Zwangsversteigerung. Sodann folgt der Titel über die Zwangsverwaltung. Sie ist eine der Möglichkeiten der §§ 1147 BGB; 866 ZPO, in ein Grundstück zu vollstrecken. § 146 Abs. 1 ZVG verweist für die Zwangsverwaltung grundsätzlich auf die Vorschriften über die Zwangsversteigerung. Im Titel über die Zwangsversteigerung findet sich § 20 Abs. 1 ZVG. Die Vorschrift regelt den Beschlagnahmebeschluss des Rechtspflegers. Die Beschlagnahme umfasst gemäß § 20 Abs. 2 ZVG auch diejenigen Gegenstände, auf welche sich bei einem Grundstück die Hypothek erstreckt. Gemäß § 1123 Abs. 1 BGB fällt die Mietforderung in den Haftungsverband. Im Wege der Zwangsversteigerung kann der Gläubiger jedoch nicht auf die Mietforderung zugreifen. Er muss das Grundstück zwangsverwalten lassen (§§ 21 Abs. 2; 148 Abs. 1 ZVG). 637

Zwangsverwaltung bedeutet, der Schuldner bleibt Eigentümer des Grundstücks. Nach § 148 Abs. 2 ZVG darf er es aber nicht mehr verwalten und benutzen. Er darf insbesondere den Mietvertrag nicht mehr kündigen. Die Befugnisse des Schuldners übernimmt gemäß §§ 150; 152 ZVG ein Zwangsverwalter. Dieser darf sogar neue Mietverträge abschließen.[69] Denn die Zwangsverwaltung bezweckt auch, dass das Grundstück maximal gewinnbringend verwertet wird.[70] 638

Möglicherweise begegnet dem Examenskandidaten ein Zwangsverwalter im Rubrum einer Klageschrift. Etwa kann der Kläger bezeichnet sein als „Rechtsanwalt Winfried Müller als Zwangsverwalter …". Dann sind kurze Ausführungen in der Zulässigkeit der Klage beim Punkt „Prozessführungsbefugnis" erforderlich. Der Zwangsverwalter ist Partei kraft Amtes. Er vertritt weder den Gläubiger noch den Schuldner. Vielmehr ist er gesetzlicher Prozessstandschafter des Schuldners. Seine Prozessführungsbefugnis umfasst insbesondere das Recht, die beschlagnahmten Mietforderungen einzuklagen. Die §§ 150; 152 Abs. 1 ZVG sollte der Prüfling zitieren.

---

68 So BGH, Urt. v. 15.11.2011 – VI ZR 4/11, Rn. 7.
69 § 6 Zwangsverwalterverordnung (ZwVwV).
70 Christ in: Hock u. a. Immobiliarvollstreckung, 2018, § 28 Rn. 2 und 4.

639   Sowohl bei der Zwangsverwaltung als auch bei der Mietpfändung bleibt der Schuld-
      ner Inhaber der Forderung. Der Zwangsverwalter beziehungsweise der PfüB-Gläu-
      biger darf sie jedoch einziehen.[71] Der Vollstreckungsgläubiger kann grundsätzlich
      zwischen Zwangsverwaltung und Forderungspfändung wählen.[72] Das ergibt sich
      aus § 865 Abs. 2 Satz 2 ZPO. Dieser erlaubt prinzipiell beide Vollstreckungsarten für
      die „Zwangsvollstreckung in das bewegliche Vermögen". Zu derartigem bewegli-
      chen Vermögen zählt die ZPO auch Forderungen. Das ergibt sich aus dem Titel 2
      des 2. Abschnitts des 8. Buchs der ZPO (Zwangsvollstreckung in das bewegliche
      Vermögen) in Verbindung mit dessen Untertitel 3 (Zwangsvollstreckung in Forde-
      rungen).
          Die Mietforderung zu pfänden, geht meist schneller.[73] Außerdem ist dies kosten-
      günstiger. Zwangsverwaltung empfiehlt sich demgegenüber, wenn das Grundstück
      noch nicht vermietet ist. Dann kann der Zwangsverwalter einen Mieter suchen.

Umfang der Pfändung
Theorie der Vollpfändung

640   Die Pfändung geht sehr weit. So heißt es auf Seite 3 des
      formularmäßigen Pfändungs- und Überweisungsbeschlusses stets:

> » *Wegen [der titulierten] Ansprüche sowie wegen der Kosten für diesen Beschluss ... wird/werden*
> *die nachfolgend aufgeführte/-n angebliche/-n Forderung/-en des Schuldners gegenüber dem*
> *Drittschuldner ... – so lange gepfändet, bis der Gläubigeranspruch gedeckt ist.*

Die Formulierung „so lange" betrifft den Fall, dass der Gläubiger fortlaufende Bezüge
pfändet. Bei einer Einzelforderung des Vollstreckungsschuldners ist sie missverständlich.
Insbesondere erklärt sie nicht den Fall, dass die Forderung des Vollstreckungsschuldners
höher ist als die des Vollstreckungsgläubigers. Die h. M. vertritt die sogenannte Theorie
der Vollpfändung.[74] Danach belegt der Rechtspfleger normalerweise die gesamte Forderung des Vollstreckungsschuldners mit einem Pfandrecht. Er pfändet sie nicht etwa nur
in Höhe der titulierten Forderung. Grund ist, dass der Rechtspfleger prinzipiell nicht
prüft, inwieweit die gepfändete Forderung besteht.[75] In der Regel kennt er ihre Höhe nicht
einmal.[76] Er weiß beispielsweise nicht, wieviel Geld der Schuldner auf seinem Konto hat.
    Einziehen darf der Gläubiger die gepfändete Forderung freilich nur in Höhe seiner
titulierten Forderung zuzüglich Vollstreckungskosten aus § 788 ZPO.[77] Für diese
Obergrenze existiert keine eindeutige Vorschrift. Sie ergibt sich aus dem Zweck der Einziehung: Der Gläubiger will sich beim Drittschuldner hilfsweise befriedigen. Eigentlich
hätte der Vollstreckungsschuldner zahlen müssen. Der Gläubiger darf vom Drittschuld-

---

71 Vgl. § 7 ZwVwV.
72 R. Fischer, JuS 2006, 707.
73 Christ, in: Hock u. a. Immobiliarvollstreckung, 2018, § 29 Rn. 2.
74 BGH, Urt. v. 22.01.1975 – VIII ZR 119/73, Rn. 14 und v. 21.11.1985 – VII ZR 305/84, Rn. 19; BFHE 192,
    232, juris Rn. 9; Behr, JurBüro 1997, 397 (398); Jost, Anm. zu BGH, Urt. v. 05.04.2001 – IX ZR 441/99,
    JR 2002, 237 – 238 (237).
75 BGH, Beschl. v. 25.03.2010 – VII ZB 11/08, Rn. 16.
76 Brandenburgisches OLG, Urt. v. 08.01.2011 – 6 U 102/09, juris Rn. 158.
77 BGH, Urt. v. 22.01.1975 – VIII ZR 119/73, juris Rn. 16; Brox/Walker, Zwangsvollstreckungsrecht,
    2018, Rn. 639.

ner nicht mehr beanspruchen als vom Vollstreckungsschuldner. Möglicherweise klagt der Gläubiger in der Klausur mehr ein. Dann ist seine Einziehungsklage bezüglich des überschießenden Teils abzuweisen.

Auskunftsansprüche

Ausgangsfall

641

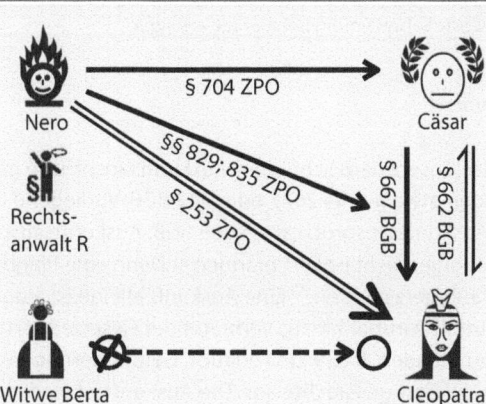

Cäsar hatte von Witwe Berta eine Wohnung gemietet. Er kündigt und zieht aus. Witwe Berta verspricht Cäsar montags, ihm am Freitag seine Nebenkostenrückzahlung in bar zu seiner neuen Wohnung zu bringen. Die Abrechnung bringe sie mit. Den genauen Betrag müsse sie noch ausrechnen. Am Mittwoch erhält Cäsar einen geschäftlichen Anruf. Er soll schnellstmöglich in ein kleines französisches Dorf reisen. Er muss dort voraussichtlich für mehrere Monate bleiben. Deshalb bittet Cäsar seine neue Nachbarin Cleopatra, das Geld für ihn in Empfang zu nehmen. Sie ist einverstanden. Das teilt Cäsar Witwe Berta mit. Er weist Witwe Berta an, die Abrechnung in seinen Briefkasten zu werfen. Witwe Berta verfährt, wie von Cäsar gewünscht.

Nero hatte schon seit Langem einen Titel gegen Cäsar. Er begibt sich zu Rechtsanwalt R. Rechtsanwalt R lässt für Nero Cäsars Herausgabeanspruch aus § 667 BGB pfänden. Er lässt ihn Nero zur Einziehung überweisen. Cleopatra weigert sich, den empfangenen Betrag an Nero zu zahlen. Vielmehr schreibt sie, sie erkenne die Herausgabeforderung nicht an. R will Einziehungsklage erheben. Er weiß jedoch nicht, wie hoch Cäsars Forderung ist.

? Wie sollte R vorgehen?

✓ Die Einziehungsklage ist eine normale Leistungsklage. R muss gemäß § 253 Abs. 2 Nr. 2 ZPO einen bezifferten Klageantrag stellen. Dazu muss er die genaue Höhe der Forderung kennen.

Die Pfändung verschafft Nero keinen materiellrechtlichen Auskunftsanspruch gegen Cleopatra.[78] Vielmehr muss Nero sich zunächst an den Vollstreckungsschuldner Cäsar halten.[79] Cäsar ist nach § 836 Abs. 3 Satz 1 ZPO verpflichtet, die

---

78 Zu § 840 Abs. 2 Satz 2 ZPO siehe unten Rn. 700.
79 BGHZ 165, 53, Rn. 18.

Auskunft zu erteilen. Weigert er sich, kann der Gerichtsvollzieher ihn in Beugehaft nehmen.[80]

642

Abwandlung

Wie Ausgangsfall. Rechtsanwalt R hat sich nach Cäsars Rückkehr an diesen gewandt. Cäsar erklärt glaubhaft, er wisse nicht, wieviel Geld Witwe Berta an Cleopatra ausgezahlt hat. Witwe Berta sei bei einem Brand ihres Hauses ums Leben gekommen. Cleopatra spreche nicht mehr mit ihm. Die Nebenkostenabrechnung habe er nie erhalten.

❓ Wie sollte R vorgehen?

✅ Manchmal gibt das Gesetz dem Schuldner Auskunftsansprüche gegen den Drittschuldner. Sie folgen etwa aus §§ 2027 oder 242 BGB. Vorliegend hat Cäsar gegen Cleopatra einen Auskunftsanspruch aus § 666 BGB. Auskunftsansprüche kann der Vollstreckungsgläubiger nicht isoliert pfänden.[81] Denn eine Pfändung soll das Vermögen des Gläubigers mehren.[82] Eine Auskunft alleine ist jedoch nichts wert. Sie ist vermögensneutral. Darüber hinaus verbietet der Gesetzeswortlaut, Auskunftsansprüche einzeln zu pfänden. § 829 ZPO erlaubt, Geldforderungen zu pfänden. § 857 ZPO dehnt dies auf Vermögensrechte aus. Die Auskunft ist weder das Eine noch das Andere.

643   Wie kommt Rechtsanwalt R also an die Information? Er muss die Hauptforderung pfänden und seinem Mandanten überweisen lassen. Dadurch gehen Hilfsrechte automatisch über. Einer gesonderten Neben- oder Hilfspfändung bedarf es nicht. Das ergibt sich aus §§ 412; 401 BGB analog. Von der Pfändung erfasst sind insbesondere Ansprüche auf Auskunft und Rechnungslegung.[83] Pfändet der Vollstreckungsgläubiger beispielsweise Arbeitslohn, kann er vom Arbeitgeber eine Lohnabrechnung verlangen.[84] Denn auch der Vollstreckungsschuldner hat einen Anspruch auf eine solche.[85] Seite 8 des PfÜB-Formulars sieht für die Herausgabepflicht missverständlich eine Ankreuzmöglichkeit vor. Sie wirkt rein deklaratorisch.

☐ **Es wird angeordnet, dass**
   ☐ der Schuldner die Lohn- oder Gehaltsabrechnung oder die Verdienstbescheinigung einschließlich der entsprechenden Bescheinigungen der letzten drei Monate vor Zustellung des Pfändungs- und Überweisungsbeschlusses an den Gläubiger herauszugeben hat

---

80 § 836 Abs. 3 Satz 4 i. V. m. § 802g ZPO.
81 BGH, Beschl. v. 18.07.2003 – IXa ZB 148/03, juris Rn. 6; OLG Karlsruhe, Urt. v. 22.01.1998 – 19 U 217/96, juris Rn. 23; AG Halle-Saalkreis, Beschl. v. 03.01.2005 – 50 M 2844/04, juris Rn. 6.
82 BGH, Beschl. v. 20.12.2006 – VII ZB 92/05, Rn. 21.
83 BGHZ 196, 62, Rn. 8; BGH, Beschl. v. 18.07.2003 – IXa ZB 148/03, juris Rn. 6 und v. 09.02.2012 – VII ZB 117/09, Rn. 14 und v. 19.09.2017 – VII ZB 64/14, Rn. 14; HansOLG Bremen, Urt. v. 06.12.2001 – 5 U 21/01, Rn. 79. Anders noch LAG Hamm, Urt. v. 12.02.1988 – 16 Sa 1834/87 = NZA 1989, 528 (531).
84 BGHZ 196, 62, Rn. 9. Anders für Kontoauszüge BGHZ 165, 53, Rn. 14.
85 Siehe unten Rn. 1026.

Die Hauptforderung hat R bereits gepfändet und sich zur Einziehung überweisen lassen. Es kann offenbleiben, ob der Rechtspfleger zum Auskunftsanspruch im Pfändungs- und Überweisungsbeschluss etwas geschrieben hat. Das darf er aus Klarstellungsgründen.[86] Meist unterlässt er es. Das schadet nicht. Denn jedenfalls ist Cäsars Auskunftsanspruch aus § 666 BGB automatisch auf Nero übergegangen.[87]

R sollte gegen Cleopatra eine Einziehungsklage als Stufenklage erheben (§ 254 ZPO). Auf der ersten Stufe sollte er die Auskunft einklagen. Auf der zweiten kann er sie sich an Eides statt versichern lassen. Auf der dritten Stufe sollte er einen zunächst unbezifferten Zahlungsantrag stellen. Sobald Cleopatra die Auskunft erteilt, kann R die Klage beziffern.

Formulierungsvorschlag
Die Pfändung einer Forderung erstreckt sich analog §§ 412; 401 BGB auch ohne ausdrückliche Anordnung auf zugehörige Auskunftsansprüche. Es handelt sich um unselbstständige Nebenrechte. Sie sind nicht höchstpersönlicher Natur.

Gestaltungsrechte

Komplizierte Fragen entstehen, wenn ein Gestaltungsrecht ausgeübt werden muss, um an das Geld zu kommen.[88] Ein Gestaltungsrecht ist z. B. die Kündigung. Man stelle sich vor, der Schuldner hat dem Drittschuldner ein unbefristetes Darlehen gewährt. Der Gläubiger pfändet den Darlehensrückzahlungsanspruch. Dieser ist noch nicht fällig. Es fehlt an einer Kündigung nach § 488 Abs. 3 Satz 1 BGB. Darf der Vollstreckungsgläubiger dem Drittschuldner kündigen?   644

Gestaltungsrechte kann der Gläubiger grundsätzlich nicht isoliert pfänden. Insofern gelten die Ausführungen zu den Auskunftsansprüchen entsprechend.   645

Deshalb stellt sich die Frage, ob der Gläubiger mit dem Zahlungsanspruch beziehungsweise Vermögensrecht das maßgebliche Gestaltungsrecht mitgepfändet hat. Infrage kommt wiederum eine Analogie zu §§ 412; 401 BGB. Eine Analogie setzt eine planwidrige Regelungslücke und eine vergleichbare Interessenlage voraus. Eine planwidrige Regelungslücke besteht. Die Pfändung von Gestaltungsrechten ist nämlich nirgendwo ausdrücklich geregelt. Der Gesetzgeber hat diese Konstellation übersehen. Problematisch ist die vergleichbare Interessenlage. Hier muss man zwischen akzessorischen und höchstpersönlichen Gestaltungsrechten unterscheiden. § 401 BGB betrifft akzessorische Nebenrechte wie Hypotheken. Sie sind eng mit einer Forderung verbunden. Höchstpersönliche Gestaltungsrechte sind hingegen eng mit einem Menschen verbunden. Bei ihnen fehlt es an einer vergleichbaren Interessenlage. Hierfür spricht auch § 857 Abs. 3 ZPO.

---

86 AG Köln, Beschl. v. 16.09.2014 – 283 M 7242/14, Rn. 2.
87 Zur Rechtsnatur des § 666 BGB als unselbstständiger Hilfsanspruch: BGHZ 192, 1, Rn. 15.
88 BGHZ 154, 64, Rn. 16: „nicht abschließend geklärt"; für § 749 BGB: BGHZ 90, 207, juris Rn. 20; BGH, Beschl. v. 20.12.2005 – VII ZB 50/05, juris Rn. 6.

> ⊕ **Merke:** Ein Gestaltungsrecht wird von der Pfändung automatisch erfasst, wenn es nicht höchstpersönlich ist.[89] Höchstpersönliche Gestaltungsrechte sind unpfändbar.

646   Man sollte den Zweck des Gestaltungsrechts hinterfragen. Will es den Ausübungsberechtigten schützen oder den Erklärungsempfänger? In der Assessorklausur hilft ein Blick in den Palandt.

Beispiel

Nicht höchstpersönlich ist das Recht, einen Darlehensvertrag zu kündigen. Der Gläubiger darf die Kündigung gegenüber dem Drittschuldner aussprechen. Er hat das Kündigungsrecht automatisch mitgepfändet.[90] Die Kündigungserklärung dient nämlich primär dem Darlehensnehmer. Er soll sich auf die Rückzahlung einstellen können. Der Darlehensgeber ist hingegen typischerweise nicht schutzwürdig.[91]

647   Anders ist es bei höchstpersönlichen Gestaltungsrechten.

Beispiel

Der Schuldner schenkt seinem Nachbarn 50.000 Euro. Ein Jahr später bittet der Schuldner diesen höflich, die Musik etwas leiser zu stellen. Der Nachbar gerät in Wut. Er hält dem Schuldner ein Messer an den Hals und droht, ihn zu töten. Anschließend beleidigt er den Schuldner übel. Es kommt zum Strafprozess. Dort gibt der Nachbar an, es geschehe dem alten Knacker gerade Recht. Er solle endlich abkratzen. Der Schuldner überlegt, ob er die Schenkung nach §§ 530 Abs. 1; 531 BGB wegen groben Undanks widerrufen will. Er möchte aber das nachbarschaftliche Verhältnis nicht weiter verschlechtern. Deswegen sieht er von der Rückforderung ab. Ein Gläubiger des Schuldners pfändet den künftigen Anspruch aus § 530 BGB. Er muss warten, ob der Schuldner die Schenkung irgendwann doch widerruft. Der Gläubiger kann das Gestaltungsrecht nicht ausüben. Es ist höchstpersönlicher Art. Schenkungen beruhen nämlich häufig auf einer besonderen Nähebeziehung.

648   Noch deutlicher wird dies beim Anspruch des Schuldners auf Rückzahlung seiner Wohnungsmietkaution. Angenommen, der Schuldner wohnt ungekündigt in einer Mietwohnung. Dann darf der Vermieter die Kaution noch behalten. Will der Schuldner seine Kaution zurück, muss er kündigen und ausziehen. Nach hiesiger Auffassung kann der Gläubiger den Rückzahlungsanspruch als aufschiebend bedingten Anspruch pfänden. Er muss sich jedoch gedulden. Kündigen kann er das Mietverhältnis nicht.[92] Dieses Gestaltungsrecht ist höchstpersönlich. Das ergibt sich unter anderem aus dem Rechtsgedanken des § 109 Abs. 1 Satz 2 InsO. Der Gläubiger darf den Schuldner nicht zwingen, seine Wohnung zu wechseln.

---

89 BFHE 218, 43, Rn. 14; OLG Dresden, Urt. v. 12.05.2005 – 13 U 2131/04, juris Rn. 33; OLG Düsseldorf, Beschl. v. 04.07.2016 – II-2 UF 27/16, juris Rn. 39; LG Hildesheim, Urt. v. 30.01.2009 – 4 O 307/08, juris Rn. 40; a. A. die unter BGH, Urt. v. 10.12.1997 – XII ZR 119/96, juris Rn. 8 zitierten Literaturnachweise: „selbstständige und akzessorische Gestaltungsrechte".

90 BGHZ 154, 64, Rn. 17.

91 Noch praxisrelevanter: BFHE 218, 43, Rn. 14: Kapitallebensversicherung mit Rentenwahlrecht ist nicht höchstpersönlich.

92 OFD Niedersachsen, Vfg. v. 07.04.2016 – S 0535 – 28 – St 163; vgl. auch BGH, Urt. v. 10.12.1997 – XII ZR 119/96, Rn. 8 ff. und v. 22.05.2014 – IX ZR 136/13, Rn. 36.

7.3.2 Zweiter Prüfungspunkt: Anspruch des Schuldners gegen den Drittschuldner

Allgemeines

❯ Map 7.5

Beim zweiten Prüfungspunkt untersucht man, ob dem Schuldner ein Anspruch gegen den Drittschuldner zusteht. Man prüft prinzipiell den normalen Dreiklang: Anspruch entstanden, Anspruch untergegangen, Anspruch einredebehaftet.

649

Ausgangsfall

650

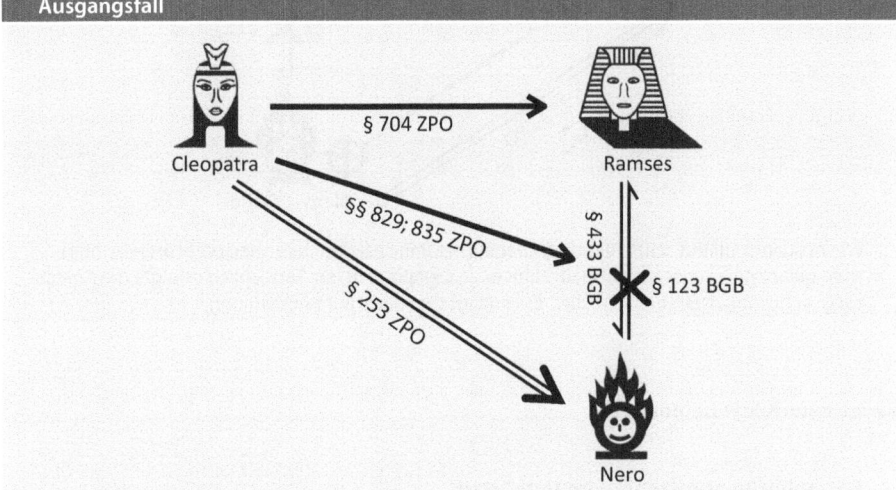

Cleopatra erstreitet gegen Ramses ein Zahlungsurteil. Ramses erzählt ihr, ihm stehe ein Kaufpreiszahlungsanspruch gegen Nero zu. Hinsichtlich dieses Anspruchs erwirkt Cleopatra beim Amtsgericht einen Pfändungs- und Überweisungsbeschluss. Sie lässt ihn sich zur Einziehung überweisen. Cleopatra verklagt Nero auf Zahlung des Kaufpreises an sich. Dann ficht Nero seine auf Abschluss des Kaufvertrags gerichtete Willenserklärung an. Er wurde nämlich von Ramses arglistig getäuscht. Das hat er erst jetzt erfahren.

❓ Kann Cleopatra Zahlung des Kaufpreises an sich verlangen? Mit anderen Worten: Ist ihre Einziehungsklage begründet?

✅ Cleopatra kann nicht Zahlung an sich verlangen. Die Einziehungsklage ist unbegründet. Der erste Prüfungspunkt der Begründetheit liegt war vor. Cleopatra ist aufgrund des Pfändungs- und Überweisungsbeschlusses einziehungsberechtigt. Allerdings geht der Beschluss ins Leere. Es existiert keine Forderung von Ramses gegen Nero. Der Kaufpreiszahlungsanspruch ist nämlich aufgrund der Anfechtung nach §§ 142 Abs. 1; 123 BGB erloschen.

🛑 Merke: Der Pfändungs- und Überweisungsbeschluss heilt keine materiellrechtlichen Mängel der gepfändeten Forderung.

651

Abwandlung 1

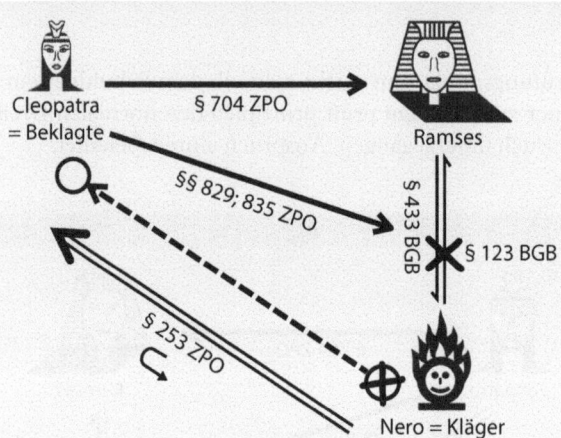

Cleopatra
= Beklagte

§ 704 ZPO

Ramses

§§ 829; 835 ZPO

§ 433 BGB

§ 123 BGB

§ 253 ZPO

Nero = Kläger

Wie Ausgangsfall (Rn. 650). Allerdings behauptet Ramses, Nero habe verspätet angefochten.
Nero glaubt dies zunächst. Deshalb zahlt er an Cleopatra in bar. Tatsächlich erfolgte die Anfechtung rechtzeitig. Nero bemerkt dies. Er verklagt Cleopatra auf Rückzahlung.

❓ Ist seine Klage begründet?

Formulierungsvorschlag im Urteilsstil

Die Klage ist begründet. Der Kläger hat gegen die Beklagte einen Rückzahlungsanspruch aus § 812 Abs. 1 Satz 1, 1. Alt. BGB.[93] Danach ist dem anderen zur Herausgabe
verpflichtet, wer durch dessen Leistung etwas ohne rechtlichen Grund erlangt. Diese
Voraussetzungen liegen vor.

Die Beklagte hat etwas erlangt, nämlich einen vermögenswerten Vorteil in Form
von Eigentum und Besitz am Geld.

Der Kläger hat den Betrag an die Beklagte geleistet. Leistung meint jede
bewusste und zweckgerichtete Mehrung fremden Vermögens. In Mehrpersonenverhältnissen ist grundsätzlich innerhalb der Leistungsbeziehungen rückabzuwickeln.[94]
Wer in Mehrpersonenverhältnissen als Leistender und Leistungsempfänger anzusehen ist, beurteilt sich nach den Umständen des Einzelfalls.[95] Maßgeblich ist der

---

93 BGHZ 78, 201, juris Rn. 9; 151, 127, Rn. 4 und 9; a. A. (Rückabwicklung übers Dreieck) mit
    beachtlichen Argumenten Buciek, ZIP 1986, 890 (893 ff.).
94 BGH, Urt. v. 21.10.2004 – III ZR 38/04, juris Rn. 13 m. w. N.
95 St. Rsp. z. B. BGHZ 50, 227, juris Rn. 15; 105, 365, juris Rn. 11.

Empfängerhorizont.[96] Aus Sicht der Beklagten wollte der Kläger primär ihr Vermögen vermehren. Ramses wollte der Kläger hingegen nichts zuwenden. Die Beklagte musste die Zahlung nämlich so verstehen, dass der Kläger eine Einziehungsklage abwehren will.[97] Der Kläger wollte den Pfändungs- und Überweisungsbeschluss beachten.[98] Er hielt sich für verpflichtet, an die Beklagte zu zahlen. Schließlich glaubte er, seine Anfechtung sei verspätet.

Ramses kann nicht als Leistender betrachtet werden. Insbesondere kann die vorliegende Konstellation nicht den Anweisungsfällen gleichgestellt werden.[99] Dort geht die Rückabwicklung prinzipiell zu Lasten desjenigen, der eine Zahlung veranlasst hat. Dieser gilt als Leistender. Denn wer eine Zahlung veranlasst, soll auch die Nachteile der Rückabwicklung tragen. Ramses hat den Pfändungs- und Überweisungsbeschluss aber nicht veranlasst. Vielmehr ist dieser ohne sein Zutun erlassen worden.[100]

Zwar mag es in vielen Fällen richtig sein, übers Dreieck rückabzuwickeln. Denn jede Partei soll möglichst das Insolvenzrisiko desjenigen tragen, den sie sich als Vertragspartner ausgesucht hat. Es verbietet sich aber jede schematische Lösung. Der Grundsatz der Rückabwicklung übers Dreieck muss durchbrochen werden, wo im Einzelfall ein anderes Ergebnis gerecht erscheint. Vorliegend ist gerecht, wenn der Kläger das Insolvenzrisiko der Beklagten trägt. Er hatte es nämlich in der Hand, sich vor der Überweisung über die Anfechtungsfrist zu informieren.

Eine Rückabwicklung übers Dreieck scheitert vor allem daran, dass Ramses gegen die Beklagte kein Bereicherungsanspruch zusteht. Denn er hat durch die Zahlung nichts erlangt. Insbesondere wurde er nicht von der titulierten Forderung befreit. Der Pfändungs- und Überweisungsbeschluss ging nämlich mangels Kaufpreiszahlungsanspruchs ins Leere. Schließlich war der Kaufvertrag aufgrund der Anfechtung nach §§ 142 Abs. 1; 123 Abs. 1 BGB nichtig. Der Beklagte hat die Anfechtung innerhalb der Frist des § 124 BGB erklärt.

Die Zahlung an die Beklagte erfolgte auch ohne rechtlichen Grund. Einen Rechtsgrund hätte nur der Kaufpreiszahlungsanspruch bilden können.[101] Ein solcher Anspruch existierte aber nicht. Schließlich war der Kaufvertrag nichtig.

---

96 St. Rsp. seit BGHZ 40, 272, juris Rn. 30.
97 BGHZ 151, 127, Rn. 8 mit zustimmender Anm. Schubert, JR 2003, 60 (62).
98 BFHE 210, 219, Rn. 17.
99 BGHZ 151, 127, Rn. 9; LG Bremen, Urt. v. 18.12.1970 – 1 S 406/70 mit zust. Anm. Medicus, NJW 1971, 1366 (1367); Lieb, ZIP 1982, 1153 (1155).
100 Vgl. § 834 ZPO und BFHE 180, 1, Rn. 14.
101 Medicus, Anm. zu LG Bremen, Urt. v. 18.12.1970 – 1 S 406/70, NJW 1971, 1366.

652

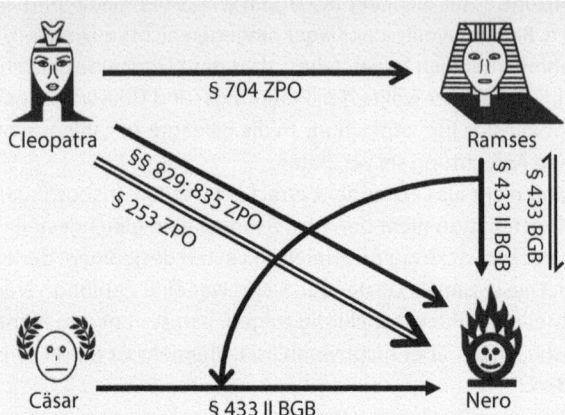

Abwandlung 2[102]

§ 704 ZPO

Cleopatra   Ramses

§§ 829; 835 ZPO
§ 253 ZPO   § 433 II BGB   § 433 BGB

Cäsar   § 433 II BGB   Nero

Wie Ausgangsfall (Rn. 650). Nero hat den Kaufvertrag aber nicht angefochten. Vielmehr hatte Ramses den Kaufpreiszahlungsanspruch an Cäsar abgetreten. Dies geschah, bevor das Amtsgericht den Pfändungs- und Überweisungsbeschluss erließ.

? Ist die Einziehungsklage Cleopatras nunmehr begründet?

> **Map 7.5**

✓ Die Klage ist unbegründet. Der Pfändungs- und Überweisungsbeschluss geht ins Leere, wenn die Forderung einem Vierten zustand.[103] So war es hier.

Klausurtipp

Achtung: Anders ist es, wenn der Schuldner die Forderung nach Zustellung des Pfändungsbeschlusses (§ 829 Abs. 3 ZPO) an einen Vierten abtritt. Dann verstößt er gegen das Inhibitorium aus § 829 Abs. 1 Satz 2 ZPO. Die Abtretung ist gegenüber dem Vollstreckungsgläubiger nach §§ 135 Abs. 1 Satz 1; 136 BGB unwirksam. Der Vollstreckungsgläubiger darf die Forderung trotz der vermeintlichen Abtretung einziehen.

Möglicherweise wusste der Vierte vom PfüB nichts. Gleichwohl erwirbt er die Forderung nicht gutgläubig lastenfrei. Das könnte man bei oberflächlichem Lesen zwar aus den §§ 136; 135 Abs. 2 BGB folgern. § 135 Abs. 2 BGB verweist aber auf Gutglaubensvorschriften. Er setzt solche also voraus. Einen gutgläubigen Forderungserwerb kennt das BGB jedoch grundsätzlich nicht.

---

102 Nach LG Bremen, Urt. v. 18.12.1970 – 1 S 406/70 = BeckRS 9998, 60987.
103 BGH, Urt. v. 15.05.1986 – VII ZR 211/85, juris Rn. 7, v. 26.05.1987 – IX ZR 201/86, juris Rn. 12 und
    v. 12.12.2001 – IV ZR 47/01, juris Rn. 16; BAGE 32, 159, juris Rn. 22.

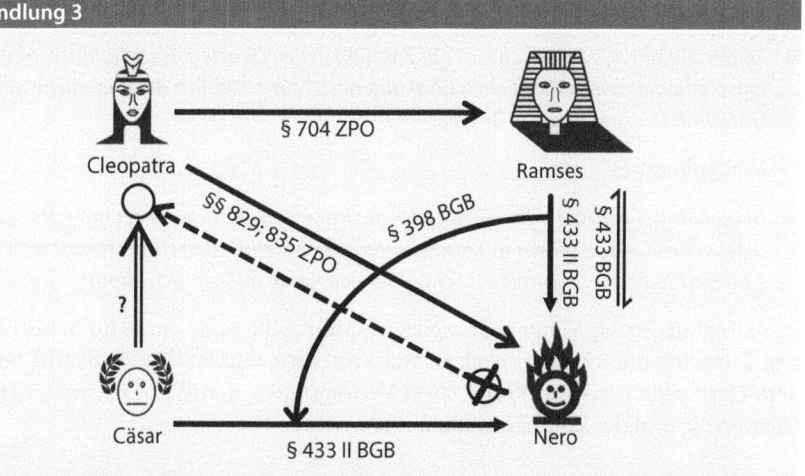

Abwandlung 3   653

Wie vorstehende Abwandlung 2 (Rn. 652). Nero weiß von der Abtretung. Allerdings zahlt er gleichwohl an Cleopatra. Nero ist nunmehr zahlungsunfähig.

? Kann Cäsar von Cleopatra Zahlung verlangen?

✓ Ja, Cäsar hat gegen Cleopatra einen Anspruch aus § 816 Abs. 2 BGB, wenn er die Zahlung genehmigt.[104] Cleopatra war nämlich hinsichtlich der Kaufpreisforderung nicht berechtigt. Nero hat an sie geleistet. Durch die Genehmigung wird die Leistung nach §§ 362 Abs. 2; 185 Abs. 2 BGB wirksam.

Die Kontopfändung
Allgemeines

Wegen der hohen Praxisrelevanz sollen nachfolgend die Grundlagen der Kontopfän-   654
dung dargestellt werden.[105] Im Formular über den Pfändungs- und Überweisungsbeschluss muss der Gläubiger die Bank bezeichnen. Dabei ist Genauigkeit gefordert. Oft
bestehen Banken aus mehreren Gesellschaften. Manche haben beispielsweise das Ge-
schäfts- und Privatkundengeschäft getrennt. Der Gläubiger sollte dringend die richtige
Gesellschaft angeben. Sofern er die Bankleitzahl kennt, kann er die Gesellschaftsbe-
zeichnung im Internet finden. Im Zweifelsfall lohnt sich, bei der Pfändungsabteilung
der Bank anzurufen. Auch die Adresse sollte stimmen.[106] Hier kann ein Blick ins Handelsregister helfen. Sicherheitshalber sollte man kein Postfach angeben. Denn es ist
streitig, ob dorthin zugestellt werden kann.[107]

---

104 BGH, Urt. v. 15.05.1986 – VII ZR 211/85, juris Rn. 6 und v. 26.05.1987 – IX ZR 201/86, juris Rn. 18.
105 Zur Vertiefung: Jungmann: ZInsO 1999, 64; Schultheiß, JuS 2014, 516.
106 Ständig aktualisierte Übersicht unter ▶ http://vollstreckungstipps.de/.
107 Dafür BFHE 138, 401, Rn. 9; dagegen SG Trier, Gerichtsbescheid vom 26.08.2014 – S 3 SO 12/14,
    Rn. 16; unklar: BGH, Beschl. v. 14.06.2012 – V ZB 182/11, Rn. 9.

Die Pfändung erfasst nach dem PfüB-Formular folgende Forderungen:

» *Forderung(en) aus Anspruch [...] auf Zahlung der zu Gunsten des Schuldners bestehenden Guthaben seiner sämtlicher Girokonten [...] einschließlich der Ansprüche auf Gutschrift der eingehenden Beträge.*

Weiter heißt es:

» *mitgepfändet wird die angebliche (gegenwärtige und künftige) Forderung des Schuldners an den Drittschuldner auf Auszahlung eines vereinbarten Dispositionskredits („offene Kreditlinie"), soweit der Schuldner den Kredit in Anspruch nimmt.*

Das klingt im ersten Moment kompliziert. Man sollte sich Schritt für Schritt herantasten. Zunächst muss man verstehen, was ein Girokonto ist.[108] Der Begriff besteht aus dem Elementen Giro und Konto. Zwei Vertragstypen werden kombiniert, nämlich der Girovertrag und die Kontokorrentabrede.

- **Girovertrag**

655 Girovertrag meint einen Vertrag zwischen dem Schuldner und seiner Bank. Es handelt sich um einen Geschäftsbesorgungsvertrag im Sinne von § 675 Abs. 1 BGB. Ihn ihm verpflichtet sich die Bank, für den Kunden dessen bargeldlosen Zahlungsverkehr durchzuführen. Dazu gehören vor allem Überweisungen sowie Last- und Gutschriften. Zum Girovertrag gehören auch Elemente der unregelmäßigen Verwahrung (§ 700 BGB). Hierzu zählt das Recht, Bargeld ein- und auszuzahlen.

656 Der Girovertrag ist ein Rahmenvertrag. Auf seiner Basis schließen Bank und Kunde Einzelverträge. Rechtsgrundlagen sind etwa § 675f und § 675t BGB. Das Girokonto ist eine besondere Form des Zahlungskontos im Sinne von § 675f BGB.
Den Girovertrag nennt § 675f Abs. 2 BGB Zahlungsdienstrahmenvertrag. Die Regelung ist jedoch keineswegs abschließend. Dem Vertrag liegen AGB zugrunde.[109] Sie werden in der Klausur auszugsweise abgedruckt sein.

- **Konto**

Konto ist die Kurzform für Kontokorrent. Es ist in § 355 Abs. 1 HGB geregelt. Sowohl die Bank als auch der Kunde haben gegen den jeweils anderen Einzelforderungen. Beispiel 1: Der Kunde zahlt auf seinem Konto Geld ein. Dann hat er nach §§ 700 Abs. 1; 488 Abs. 1 Satz 2 BGB einen Anspruch darauf, dass die Bank es ihm wieder auszahlt. Beispiel 2: Die Bank hat im Auftrag des Kunden eine Überweisung durchgeführt. Eine Überweisung kostet nach den AGB 0,50 Euro. Die Bank hat deshalb gegen den Kunden einen Anspruch auf Zahlung von 0,50 Euro.
Kontokorrent bedeutet, die Bank darf ihre Ansprüche mit denen des Kunden verrechnen. Das erfolgt erst nach einer bestimmten Zeit. § 355 Abs. 2 HGB schreibt die Abrechnung mindestens einmal im Jahr vor. In der Praxis erfolgt sie vierteljährlich. Der Kunde erkennt das in seinen Kontoauszügen am Vermerk „Rechnungsabschluss". Die gegenseitigen Ansprüche zwischen Kunde und Bank sind gestundet. Ihre rechtliche Selbstständigkeit haben sie verloren. Es handelt sich um bloße Rechnungsposten im Abschlusssaldo.

---

108 Für die Allgemeinheit besser verständlich: Art. 4 Nr. 1 EuKoPfVO: „Bankkonto".
109 Muster abrufbar auf ▶ https://bankenverband.de.
110 Pfeiffer, JA 2006, 105 (106).

Die Einzelforderungen werden sozusagen zu einer Gesamtmasse verklebt. Weder Kunde noch Bank können ihre Einzelforderung abtreten oder einklagen. Das ist erst mit dem Abschlusssaldo möglich. Durch ihn erlöschen die Einzelforderungen analog § 389 BGB. Man spricht von einer sogenannten Novation. Es handelt sich um ein abstraktes Schuldanerkenntnis im Sinne der §§ 780; 781 BGB. Im Abschlusssaldo entsteht entweder ein Anspruch des Kunden gegen die Bank. Das ist ein Guthaben. Oder es ergibt sich eine Forderung der Bank gegen den Kunden. Dann gewährt die Bank den Kunden einen Kredit.

Oft hebt der Kunde zwischen den Rechnungsabschlüssen Geld ab. Er verfügt dann nicht über eine Einzelforderung. Vielmehr beansprucht er den sogenannten Tagessaldo. Das darf er nach den AGB.[110]

Nun zur Pfändung.   657

> **Map 7.5**

Die ins Kontokorrent eingestellten Einzelforderungen kann der Gläubiger nicht einziehen. Denn durch den Pfändungs- und Überweisungsbeschluss rückt der Gläubiger in die Position des Schuldners. Er erhält nicht mehr Rechte. Wie ausgeführt, kann auch der Schuldner nicht über die Einzelpositionen verfügen.[111]

- **Pfändung der verschiedenen Salden**
Unproblematisch pfändbar ist der künftige Abschlusssaldo. Gemeint ist das Guthaben nach dem Rechnungsabschluss. Es handelt sich um einen Anspruch des Kunden gegen die Bank aus §§ 780; 781 BGB. Nach dem PfüB-Formular pfändet der Gläubiger diesen Anspruch standardmäßig.[112] Dabei bleibt es aber nicht. Andernfalls könnte der Schuldner zwischen den Rechnungsabschlüssen das Konto leerräumen. Der Gläubiger hätte ein Kontokorrent von 0 Euro gepfändet. Ein derart missbräuchliches Verhalten des Schuldners darf das Recht nicht unterstützen. Vielmehr muss der Gläubiger seinen Titel durchsetzen können. Diese Möglichkeit erhält er, indem er den sogenannten Zustellungssaldo mitpfändet. Gemeint ist der Stand, den das Konto zur Zeit der Zustellung des Pfändungs- und Überweisungsbeschlusses aufweist. § 833a ZPO beschreibt dies deutlich. Die Norm geht jedoch weiter. Mitgepfändet ist der sogenannte Tagessaldo. Das ist der Anspruch des Kunden auf Auszahlung des Tagesguthabens. Beispiel: Der Kunde fragt in seinem Online-Banking-Account seinen aktuellen Kontostand ab. Dort steht: „Haben: 1000 Euro." Ohne Kontopfändung kann der Kunde diese 1000 Euro an seinen Freund überweisen. Die AGB des Girovertrags durchbrechen die Kontokorrentabrede. Der Kunde darf auch zwischen den Rechnungsabschlüssen über das Tagesguthaben verfügen. Durch den Pfändungs- und Überweisungsbeschluss rückt der Gläubiger in die Stellung des Schuldners ein. Die Bank muss dem Gläubiger die 1000 Euro überweisen. Gleichzeitig verbietet der PfüB gemäß § 829 Abs. 1 Satz 2 ZPO dem Schuldner, das Geld abzuheben oder zu überweisen. Nach Satz 1 dieser Vorschrift darf die Bank es ihm grundsätzlich nicht mehr auszahlen. Sie muss dafür sorgen, dass er an Automaten mit seiner Debitcard (früher: EC-Karte) kein Geld mehr abheben kann.[113] Vermutlich wird sie sie komplett sperren.[114] Überweisungsaufträge von ihm darf sie prinzipiell nicht mehr durchführen.[115]

---

111 BGHZ 80, 172, juris Rn. 16.
112 Seite 5 des PfüB-Formulars „Anspruch D".
113 Hintzen: Forderungspfändung, 2017, § 4 Rn. 16.
114 Vgl. BGH, Beschl. v. 14.02.2003 – IXa ZB 53/03, juris Rn. 10.
115 Behr, JurBüro 1995, 119 (121).

🛑 **Merke: Der Gläubiger kann das Tagesguthaben eines Bankkunden pfänden.**

658   Durch den Pfändungs- und Überweisungsbeschluss wird der Gläubiger aber nicht zum Kontoinhaber. Beispielsweise darf er keine Überweisungen durchführen.

■ **Pfändung der Gutschriften**

659   Gemäß Formularbeschluss mitgepfändet wird der Anspruch des Gläubigers auf Gutschrift eingehender Beträge aus § 675t BGB.[116] Es handelt sich um eine sogenannte Hilfspfändung. Das bedeutet, sie soll den Gläubiger nur sichern. Sie soll ihn nicht direkt befriedigen. Man mag sich fragen, was sie bezweckt. Denn der Anspruch auf Gutschrift ist eine Einzelforderung. Er unterliegt der Kontokorrentabrede. Auszahlen lassen können sich weder Schuldner noch Gläubiger die Gutschrift. Beide können nur auf das Tagesguthaben zugreifen. Es ist nicht notwendig identisch mit der Gutschrift. In das Tagesguthaben werden schließlich auch Belastungen eingerechnet wie Kontoführungsgebühren. Möglicherweise ist das Konto trotz des Zahlungseingangs sogar im Soll. Die Lösung lautet: Mit der Pfändung des Anspruchs auf Gutschrift künftiger Eingänge soll missbräuchliches Verhalten des Schuldners verhindert werden. Er könnte nämlich über eingegangene, aber noch nicht gutgeschriebene Beträge verfügen. So könnte er seine Bank anweisen, den Betrag nicht gutzuschreiben, sondern gleich an seine Frau zu überweisen. Auf diese Weise könnte er einen positiven Saldo verhindern. Der Gläubiger hätte nichts zu pfänden. Das ist insbesondere bei Geldeingängen in ausländischer Währung möglich (vgl. § 675e Abs. 2 Nr. 1, Abs. 3 BGB).

■ **Unterscheiden bei Kontoüberziehung**
Sehr interessant ist die Rechtslage beim Dispositionskredit.[117] Angenommen, die Bank erlaubt dem Schuldner, sein Konto um 1000 Euro zu überziehen. Auf dem Konto befindet sich kein Geld. Darf der Gläubiger dann die 1000 Euro einziehen? Konsequenz wäre, dass der Schuldner sich noch weiter verschuldet. Er muss das Geld jetzt seiner Bank zurückzahlen. Das Rechtsgefühl beantwortet bereits, dass dies nicht richtig sein kann. Man muss jedoch unterscheiden. Möglicherweise duldet die Bank Überziehungen lediglich.[118] Das bedeutet, eigentlich darf der Kunde sein Konto nicht überziehen. Die Bank möchte jedoch nicht so kleinlich sein. Sie möchte ihren Kunden behalten. Deshalb zahlt sie bis zu 1000 Euro aus, auch wenn das Konto dadurch ins Minus gerät. Aus einer solchen Politik der Bank kann der Gläubiger keine Rechte herleiten. Die Kulanz der Bank soll dem Kunden dienen, nicht ihm. Der Gläubiger kann deshalb keine 1000 Euro verlangen.[119]

Oft einigen sich Bank und Kunde jedoch schriftlich auf eine Überziehungsgrenze. Der Kunde erhält das Gestaltungsrecht, einen Kredit abzurufen. Es ist höchstpersönlich. In diese Befugnis darf der Gläubiger nicht eingreifen. Will der Kunde sich nicht weiterverschulden, muss der Gläubiger dies akzeptieren.[120] Immerhin muss der Kunde oft erhebliche Überziehungszinsen zahlen. Anders ist es, wenn der Kunde zu erkennen gibt, sein Konto überziehen zu wollen. Beispiel: Der vereinbarte Überziehungsrahmen

---

116 Vgl. auch Art. 83 Abs. 2 und 3 und 87 der Rili (EU) 2015/2366.
117 § 504 BGB.
118 § 505 BGB.
119 BGHZ 93, 315, juris Rn. 30.
120 BGHZ 157, 350, Rn. 16.

beträgt 1000 Euro. Das Konto weist einen Stand von 0 Euro auf. Der Gläubiger erwirkt einen PfÜB. Anschließend erteilt der Kunde seiner Bank einen Überweisungsauftrag von 500 Euro an einen Freund. Die Bank darf ihn nicht ausführen. Sie muss die 500 Euro dem Gläubiger überweisen. Mehr kann er jedoch nicht verlangen.

> ❗ Merke: Im Girovertrag kann dem Kunden ein Gestaltungsrecht eingeräumt sein, einen Dispositionskredit in Anspruch zu nehmen. Es ist höchstpersönlich und daher unpfändbar. Nach dem formularmäßigen Pfändungs- und Überweisungsbeschluss pfändet der Gläubiger regelmäßig den Anspruch auf Auszahlung der Kreditlinie. Die Pfändung steht jedoch unter dem ausdrücklichen Vorbehalt, dass der Schuldner sein Gestaltungsrecht ausübt. Sie ist wirkungslos, wenn der Schuldner sein Konto nicht überziehen will.

Die Kontopfändung hat Vorrang vor Daueraufträgen.   660

Beispiel

Der Gläubiger hat einen Titel über 10.000 Euro. Mit dem Formularbeschluss hat er in das Konto gepfändet und sich Gelder zur Einziehung überweisen lassen. Das Konto weist ein Guthaben von 1000 Euro auf. Die Bank überweist es dem Gläubiger. Am Monatsersten geht der Arbeitslohn des Schuldners von 2000 Euro ein. Gleichzeitig hat der Schuldner einen Dauerauftrag für seine Miete eingerichtet. Sie beträgt 500 Euro. Hier muss die Bank die gesamten 2000 Euro an den Gläubiger auszahlen. Sie darf nicht etwa erst die Miete begleichen. Vielmehr geht jegliches Guthaben an den Gläubiger, bis sein Anspruch gedeckt ist. Natürlich birgt dies die Gefahr, dass der Vermieter dem Schuldner die Wohnung kündigt. Immerhin erhält der Vermieter keine Miete. Der Schuldner sollte sich schleunigst ein P-Konto einrichten.

Sonderfall Der Schuldner nutzt ein fremdes Konto

Eine Sonderkonstellation ist praxis- und klausurrelevant: Der Schuldner nutzt ein frem-   661
des Konto. Typischerweise erfährt der Gläubiger dies aus der Vermögensauskunft des Schuldners. Dort gibt es einen Abfragepunkt „Konten". Der Schuldner muss erklären, ob Gelder von ihm auf das Konto eines Dritten fließen. Vorausgesetzt, er bejaht dies. Dann muss der Gläubiger irgendwie an das Geld kommen. Möglicherweise nutzt der Schuldner das fremde Konto sogar, um eine Kontenpfändung zu verhindern. Mit Erfolg. Denn in das fremde Konto kann der Gläubiger nicht pfänden. Es gehört dem Dritten. Und gegen diesen hat der Gläubiger keinen Titel im Sinne von § 750 Abs. 1 ZPO.[121]

Ein unwissender Gläubiger pfändet möglicherweise gleichwohl in das Konto. Dann geht der PfÜB ins Leere. Denn die Bank schuldet dem Schuldner nichts. Der Girovertrag (§ 675f Abs. 2 BGB) besteht zwischen Bank und Kontoinhaber. Grundlage für den Auszahlungsanspruch ist §§ 700 Abs. 1 i. V. m. 488 Abs. 1 Satz 2 BGB. Der Auszahlungsanspruch steht allein dem Kontoinhaber zu.

Vielleicht hat der Schuldner sogar eine Kontovollmacht. Trotzdem kann der Gläubi-   662
ger nicht in das Konto pfänden. Die Kontovollmacht ist eine normale Vollmacht im Sinne von § 164 BGB. Der Schuldner erhält keinen Auszahlungsanspruch gegenüber der Bank. Vielmehr erlaubt der Kontoinhaber dem Schuldner, ihn gegenüber der Bank

---

121 Anders bei der Lohnverschiebung nach § 850h Abs. 1 ZPO.

zu vertreten. Diese Befugnis ist nicht pfändbar. Sie ist kein Vermögensrecht im Sinne von § 857 ZPO.[122] Es handelt sich um ein höchstpersönliches Recht.

Der Gläubiger kann jedoch den Zahlungsanspruch des Schuldners gegen den Kontoinhaber pfänden. Drittschuldner ist der Kontoinhaber, nicht die Bank. Dies wird in nachfolgendem Fall veranschaulicht.

663

Fall

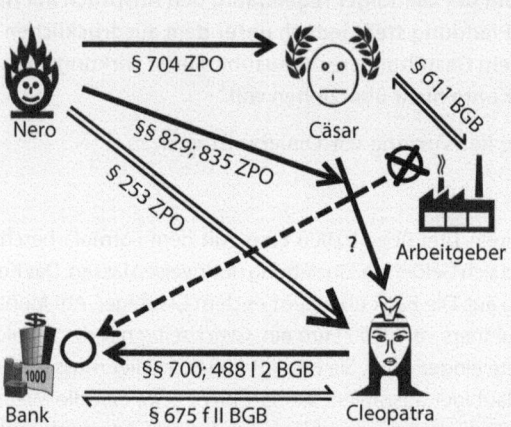

Nero hat gegen Cäsar ein Zahlungsurteil erwirkt. Nero beauftragt den Gerichtsvollzieher, Cäsar die Vermögensauskunft abzunehmen. Darin gibt Cäsar an, er arbeite bei einem australischen Unternehmen. Ein Konto habe er nicht. Sein Lohn fließe auf das Konto seiner Freundin Cleopatra, Kontonummer 123456 bei der Sparkasse Hohenstaufen. Sie zahle ihm das überwiesene Gehalt auf Wunsch jederzeit bar aus. Das hätten Cäsar und Cleopatra am 01.02.2019 so vereinbart. Nero weiß nicht, wie er beim ausländischen Arbeitgeber den Lohn pfänden soll. Deshalb beantragt er beim Vollstreckungsgericht folgenden Anspruch Cäsars gegen Cleopatra zu pfänden: „Anspruch des Schuldners gegen den Drittschuldner aus der Absprache über die Abwicklung des bargeldlosen Zahlungsverkehrs vom 01.02.2019, insbesondere den Anspruch auf Auszahlung der auf dem Konto Nummer 123456 bei der Sparkasse Hohenstaufen zugunsten des Schuldners eingehender Beträge." Cleopatra erklärt gegenüber Nero, letzten Monat habe der Arbeitgeber an Nero 1000 Euro überwiesen. Das Geld befinde sich nach wie vor auf dem Konto. Sie zahle aber nichts an Nero aus. Der Pfändungs- und Überweisungsbeschluss sei rechtswidrig. Das Arbeitsentgelt sei unpfändbar. Es gälten die Pfändungsfreigrenzen des § 850c ZPO. Jedenfalls gehe der Beschluss ins Leere. Cäsar habe keinen Auszahlungsanspruch gegen sie. Es gebe keine vertraglich bindende Abrede. Vielmehr habe sie sich aus reiner Gefälligkeit bereiterklärt, ihr Konto zur Verfügung zu stellen. Cäsar sei ihr Lebensgefährte. Sie habe ihm helfen wollen. Sie erhalte kein Geld für ihre Dienste.

Außerdem handele es sich beim Konto um ihr P-Konto. Schon von daher seien die 1000 Euro nicht pfändbar.

Nero erhebt gegen Cleopatra Einziehungsklage.

---

122 FG Hessen, Urt. v. 16.04.1996 – 4 K 1982/93 = NVwZ-RR 1997, 503; Vortmann, NJW 1991, 1038; differenzierend BayObLG, Beschl. v. 13.07.1978 – BReg 2 Z 37/77, juris Rn. 18.

? Ist die Klage begründet?

✓ Auf den ersten Blick scheint der Fall kompliziert. Ist er aber nicht. Die Einziehungsklage ist begründet.

❯ Map 7.4

Erster Prüfungspunkt ist die Einziehungsberechtigung. Sie ergibt sich aus dem Pfändungs- und Überweisungsbeschluss. Er ist wirksam. Er ist hinreichend bestimmt. Ob er gegen § 850c ZPO verstößt, ist irrelevant. Denn dies würde allenfalls zur Anfechtbarkeit des Beschlusses führen, nicht zu dessen Nichtigkeit. Und auch ein anfechtbarer Pfändungs- und Überweisungsbeschluss begründet ein Einziehungsrecht. Ein etwaiger Verstoß würde lediglich ermöglichen, Erinnerung einzulegen. Das haben weder Cäsar noch Cleopatra getan. Im Übrigen verstößt der Pfändungs- und Überweisungsbeschluss nicht gegen § 850c ZPO. § 850c ZPO gilt nämlich nicht für ausgezahltes Arbeitseinkommen.[123]

664

Irrelevant ist, dass es sich bei dem Konto um ein Pfändungsschutzkonto handelt.[124] Denn § 850k ZPO spricht davon, dass der Gläubiger „Guthaben auf dem Pfändungsschutzkonto des Schuldners" pfändet. Hier pfändet der Gläubiger aber nicht in das Konto. Vielmehr vollstreckt er in einen Zahlungsanspruch des Schuldners gegen seine Freundin.

665

Eine Einziehungsberechtigung ist damit zu bejahen.

❯ Map 7.5

Zweiter Prüfungspunkt ist der Anspruch des Schuldners gegen den Drittschuldner. Er ergibt sich aus § 667 BGB.[125] Cäsar hat Cleopatra beauftragt, Gelder für ihn in Empfang zu nehmen. Dies ist ein Auftrag im Sinne des § 662 BGB. Beide hatten Rechtsbindungswillen. Das ergibt sich aus der erheblichen wirtschaftlichen Bedeutung. Es liegt keine unverbindliche Gefälligkeit vor. Denn schlimmstenfalls trennen Cäsar und Cleopatra sich. Dann bräuchte er möglicherweise dringend Geld. Ansonsten könnte er sich nichts mehr zu essen kaufen. In dieser Situation möchte er sicherlich nicht auf Cleopatras Gutdünken angewiesen sein. Vielmehr möchte er sie notfalls auf Auszahlung verklagen können. Deswegen hat Cäsar einen Anspruch gegen Cleopatra.

Dritter gedanklicher Prüfungspunkt sind etwaige Einwendungen Cleopatras. Sie sind in der Klausur nur anzusprechen, wenn hierfür Anhaltspunkte bestehen. Das ist nicht der Fall.

Relevanz der Drittschuldnererklärung

Bei der Frage nach dem Anspruch des Schuldners gegen den Drittschuldner wird erstmals die sogenannte Drittschuldnererklärung relevant. Nach § 840 ZPO muss der Dritt-

666

---

123 BGH, Beschl. v. 20.11.2008 – I ZB 20/06, Rn. 10.
124 BGH, Beschl. v. 20.11.2008 – I ZB 20/06, Rn. 9.
125 LG Mönchengladbach, Urt. v. 26.07.2013 – 1 O 217/12, Rn. 27.

schuldner nämlich dem Gläubiger Auskünfte über die Forderung liefern. Insbesondere muss er erklären, ob er sie anerkennt. Das Wort „anerkennen" darf man nicht als Schuldanerkenntnis im Sinne der §§ 780; 781 BGB verstehen. Anerkennen meint das Gegenteil von bestreiten. Es handelt sich um eine bloße Wissenserklärung. Der Gläubiger soll einschätzen können, ob es sich lohnt, den Drittschuldner zu verklagen.[126] Allerdings kann der Gläubiger die Drittschuldnerauskunft nicht erzwingen.[127] Vielmehr führt eine falsche, verspätete oder unterlassene Erklärung lediglich zu einem Schadensersatzanspruch des Gläubigers nach § 840 Abs. 2 Satz 2 ZPO.[128]

667

> **Fall**
>
> Vollstreckungsschuldner S behauptet gegenüber Titelgläubiger G, ihm stehe gegen das Stromlieferungsunternehmen D-AG ein Rückzahlungsanspruch zu. Er habe für seine Stromrechnung Vorauszahlungen geleistet. Er habe jedoch weniger Strom verbraucht als bezahlt. In seiner Drittschuldnererklärung erklärt die D-AG, sie erkenne die Rückzahlungsforderung des S an. Sie sei bereit, an G zu leisten. Dennoch leistet die D-AG nicht an G. Im Einziehungsprozess beantragt sie, die Klage abzuweisen. Sie habe sich geirrt. Sie erkenne die Rückzahlungsforderung doch nicht an. Sie habe zunächst gedacht, S habe im vorletzten Jahr stets monatlich 50 Euro für Strom vorgeschossen. Das sei aber nicht der Fall gewesen. G hat keine Beweise für die Zahlungen. Er hält aber den Vortrag der D-AG für verspätet.

❓ Hat G Recht?

✅ Nein. G hat Unrecht. Der Kläger trägt im Einziehungsprozess nach allgemeinen Regeln die Darlegungs- und Beweislast. Grundsätzlich muss er also vortragen und beweisen, in welcher Höhe dem Vollstreckungsschuldner eine pfändbare Forderung gegen den Drittschuldner zusteht.[129] Angenommen, G hat schlüssig vorgetragen. Dann obliegt es der D-AG diesen Vortrag zu bestreiten. Dies darf sie im Prozess grundsätzlich bis zum Schluss der mündlichen Verhandlung. Das ergibt sich aus § 296a ZPO. Zwar ist die Drittschuldnererklärung nach § 840 Abs. 1 ZPO binnen zwei Wochen abzugeben. Das bedeutet jedoch nicht, dass jeglicher spätere Vortrag des Drittschuldners präkludiert wäre. Auch darf der Drittschuldner im Prozess etwas anderes erklären als vorgerichtlich. Allerdings hat ein gegenüber der Drittschuldnererklärung abweichender Prozessvortrag Folgen. Nach dem BGH kehrt sich nämlich die Beweislast um.[130] Im vorliegenden Fall muss also die D-AG die von G behauptete Überzahlung widerlegen. Begründen lässt sich dies mit dem Interesse des Gläubigers und der geringen Schutzwürdigkeit des Drittschuldners. Dogmatisch sauber ist dies freilich nicht.

⚠️ Merke: Die Drittschuldnererklärung wirkt sich nach dem BGH auf die Beweislast aus.

---

126 BAGE 152, 108, Rn. 24.
127 BGHZ 91, 126, juris Rn. 11 ff.
128 Dazu näher unten Rn. 700.
129 BAGE 152, 108, Rn. 23.
130 BGHZ 69, 328, juris Rn. 24; BGH, Beschl. v. 08.01.2009 – IX ZR 7/08, Rn. 2.

7.3.3 Dritter Prüfungspunkt: Einwendungen des Drittschuldners

> Map 7.6

Ein Schwerpunkt der Klausur wird vielfach die Frage sein, ob dem Drittschuldner Ein-   668
wendungen gegen die gepfändete Forderung zustehen. Dogmatisch kann man diesen
Punkt auch mit dem zweiten zusammenfassen. Zweckmäßig ist es allerdings, ihn gesondert zu prüfen.

Der Drittschuldner kann etwa in der Klausur gezahlt haben oder die Aufrechnung
erklären. Dann gilt es, die Rechtsfolgen dieser Handlungen zu prüfen. Die Beweislast
für sein Gegenrecht trägt nach allgemeinen Regeln der Drittschuldner. Der Pfändungs-
und Überweisungsbeschluss verbessert seine Stellung nicht.[131]

Verstöße gegen den Pfändungs- und Überweisungsbeschluss

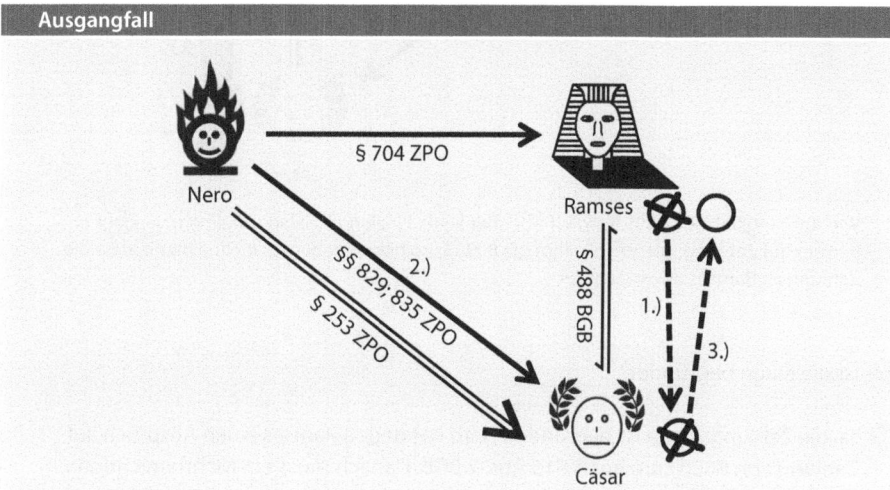

Ausgangfall   669

§ 704 ZPO

Nero

Ramses

§§ 829, 835 ZPO
2.)

§ 253 ZPO

§ 488 BGB
1.)

3.)

Cäsar

Ramses gewährt Cäsar ein Darlehen über 8000 Euro. Titelgläubiger Nero lässt sich vom
Amtsgericht den Darlehensrückzahlungsanspruch des Ramses gegen Cäsar zur Einziehung
überweisen. Der Pfändungs- und Überweisungsbeschluss wird Cäsar zugestellt. Cäsar nimmt
ihn zur Kenntnis. Cäsar zahlt anschließend 8000 Euro an Ramses. Im Einziehungsprozess Neros
trägt Cäsar vor, er habe bereits erfüllt. Nero regt sich auf: „Diese Zahlung ist doch das Letzte!".

❓ Ist die Einziehungsklage begründet?

> Map 7.6

✅ Ja. Die Einziehungsklage ist begründet. Nero ist aufgrund des Beschlusses berechtigt, Ramses' Forderung einzuziehen. Ramses steht gegen Cäsar eine Forderung aus

---

131 BGH, Urt. v. 21.03.1956 – IV ZR 253/55 = NJW 1956, 912.

§ 488 Abs. 1 Satz 2 BGB zu. Diese hat Cäsar noch nicht gemäß § 362 Abs. 1 BGB erfüllt. Denn Erfüllung setzt voraus, dass der Schuldner an den richtigen Gläubiger zahlt. Cäsar hat als Drittschuldner trotz bereits erfolgter Pfändung an Ramses gezahlt. Damit hat er verbotswidrig an den Schuldner geleistet (§ 829 Abs. 1 Satz 1 ZPO, Arrestatorium). Nach §§ 135; 136 BGB ist die Erfüllung dem Vollstreckungsgläubiger gegenüber relativ unwirksam.[132] Cäsar muss erneut zahlen – diesmal an Nero.

670

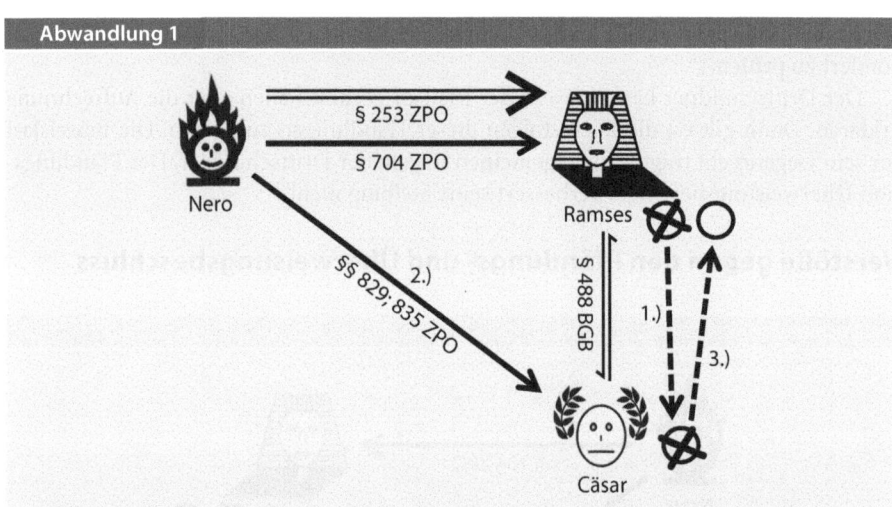

Abwandlung 1

Wie Ausgangsfall (Rn. 669). Nero erhebt aber keine Einziehungsklage. Vielmehr verklagt er Ramses auf Zahlung. Dieser solle ihm die 8000 Euro herausgeben. Er rechne damit, dass die Zahlung an Ramses unwirksam sei.

❓ Ist die Klage begründet?

✅ Ja, die Zahlungsklage ist begründet. Nero hat gegen Ramses einen Anspruch auf Zahlung von 8000 Euro aus § 816 Abs. 2 BGB. Danach muss ein Nichtberechtigter das an ihn Geleistete dem Berechtigten herausgeben. Voraussetzung ist, dass die Leistung dem Berechtigten gegenüber wirksam ist. Ramses war nicht berechtigt, die 8000 Euro entgegenzunehmen. Das ergibt sich aus dem Pfändungs- und Überweisungsbeschluss. Der Rechtspfleger hat Ramses Einziehungsbefugnis an Nero übertragen (§ 836 Abs. 1 ZPO). Berechtigter im Sinne von § 816 BGB war damit allein Nero. Ramses war Nichtberechtigter. Die Zahlung an ihn war Nero gegenüber unwirksam. Wie im Ausgangsfall erörtert, hatte sie keine Erfüllungswirkung. Nero kann die Zahlung aber nach § 185 Abs. 2 BGB genehmigen. Das hat er getan. In seiner Zahlungsklage liegt eine konkludente Genehmigung.[133]

---

132 BGHZ 86, 337, juris Rn. 14; BFHE 258, 223, Rn. 8; Unberath/Cziupka, JuS 2010, 619 (626).
133 RGZ 106, 44 (45); HansOLG Hamburg, Beschl. v. 17.12.2013 – 7 UF 90/11, juris Rn. 18; OLG Koblenz, Urt. v. 20.01.2015 – 5 U 333/14, juris Rn. 26.

Abwandlung 2   671

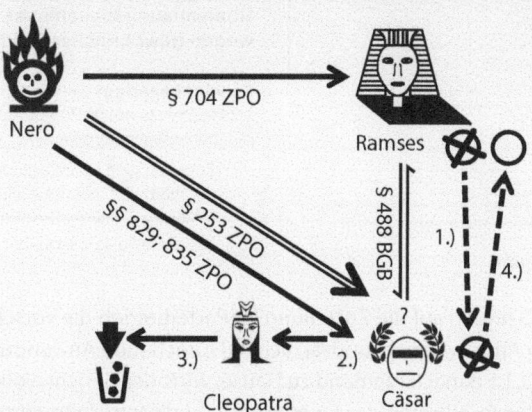

Wie Ausgangsfall (Rn. 669). Der Gerichtsvollzieher will Cäsar den Pfändungs- und Überweisungsbeschluss zustellen. Leider ist niemand zu Hause. Deshalb wirft er ihn in den Briefkasten. Das Dokument rutscht zwischen Werbebroschüren. Cäsars Ehefrau Cleopatra will aus dem Briefkasten Werbebroschüren entsorgen. Versehentlich wirft sie den Pfändungs- und Überweisungsbeschluss mit weg. Cäsar hatte keine Kenntnis von ihm, als er an Ramses zahlte.

❓ Ist die Einziehungsklage noch immer begründet?

⤷ **Map 7.6**

✅ **Folgen fehlender Kenntnis der Zustellung**

Die Einziehungsklage ist unbegründet. Objektiv hat Cäsar zwar gegen das Arrestatorium verstoßen. Er wusste aber nichts davon.

Der Pfändungs- und Überweisungsbeschluss wird wirksam, wenn er dem Drittschuldner zugestellt wird. Dies ergibt sich aus § 829 Abs. 3 i. V. m. § 835 Abs. 3 ZPO. Wurde der Beschluss *nicht* korrekt zugestellt, bleibt der Vollstreckungsschuldner der berechtigte Zahlungsempfänger. Cäsar hätte also an Ramses zahlen dürfen. Nero hätte kein Einziehungsrecht. Zustellung meint gemäß § 166 Abs. 1 ZPO die Bekanntgabe eines Dokuments an eine Person in einer bestimmten Form. Die Zustellung erfolgt gemäß § 829 Abs. 2 S. 1 ZPO auf Betreiben des Gläubigers. Zustellungsorgan ist grundsätzlich der Gerichtsvollzieher (§ 192 Abs. 1 ZPO). Gemäß § 192 Abs. 3 ZPO darf der Gläubiger die Geschäftsstelle bitten, den Zustellungsauftrag zu vermitteln. Hierfür findet sich im PfÜB-Formular auf Seite 1 oben rechts eine Ankreuzmöglichkeit.

	Antrag auf Erlass eines Pfändungs- und Überweisungsbeschlusses insbesondere wegen gewöhnlicher Geldforderungen
Raum für Kostenvermerke und Eingangsstempel	**Es wird beantragt**, den nachfolgenden Entwurf als Beschluss auf ☒ Pfändung ☒ und ☒ Überweisung zu erlassen.
Amtsgericht _____	☒ Zugleich wird beantragt, die Zustellung zu ⟵ vermitteln (☒ mit der Aufforderung nach § 840 der Zivilprozessordnung – ZPO).
Vollstreckungsgericht	☐ Die Zustellung wird selbst veranlasst.

Nach § 191 ZPO finden auf die Zustellung im Parteibetrieb die Vorschriften über die Zustellung von Amts wegen grundsätzlich entsprechende Anwendung. Dazu gehört auch § 180 ZPO. Ist danach niemand zu Hause, wirft der Gerichtsvollzieher das Dokument in den Briefkasten des Empfängers. Zu diesem Zeitpunkt tritt der Pfändungs- und Überweisungsbeschluss in Kraft. Unerheblich ist, ob der Schuldner seinen Briefkasten leert oder nicht. Ohne Bedeutung ist auch, ob er das eingeworfene Schriftstück liest. Die Zustellung ähnelt dem Zugang des BGB. Man darf beide Begriffe aber keinesfalls gleichsetzen. Es gibt erhebliche Unterschiede.[134] Vorliegend wurde der Pfändungs- und Überweisungsbeschluss Cäsar zugestellt. Dadurch wurde er wirksam. Dass Cäsar ihn nicht gelesen hat, ist irrelevant.

Möglicherweise kann Cäsar sich aber auf § 407 Abs. 1 BGB analog berufen. Nach § 407 BGB muss der neue Gläubiger eine Leistung, die der Schuldner nach der Abtretung an den bisherigen Gläubiger bewirkt, gegen sich gelten lassen, es sei denn, dass der Schuldner die Abtretung bei der Leistung kennt. Direkt ist § 407 BGB nicht anwendbar. Denn die Vorschrift gilt für die Abtretung. Die Überweisung zur Einziehung ist aber keine Abtretung. Die Voraussetzungen einer Analogie liegen aber vor – planwidrige Regelungslücke und vergleichbare Interessenlage. Der Gesetzgeber hat die Rechtsfolgen der Zahlung des Drittschuldners an den Vollstreckungsschuldner nicht geregelt. Weder § 829 Abs. 1 ZPO noch § 407 Abs. 1 BGB sind bewusst abschließende Regelungen. Wie bereits erwähnt, ähnelt die Überweisung zur Einziehung der Abtretung. In beiden Fällen darf ein neuer Gläubiger die Forderung einziehen. In beiden Fällen besteht die Gefahr, dass der Zahlende den neuen Gläubiger nicht kennt. Zahlt er infolgedessen an den alten Gläubiger, ist er in beiden Konstellationen schützenswert. Deshalb besteht eine vergleichbare Interessenlage.[135] Systematisch lässt sich dies mit § 1275 BGB untermauern. Durch den Pfändungs- und Überweisungsbeschluss erlangt der Vollstreckungsgläubiger nämlich gemäß § 804 Abs. 2 ZPO die Stellung eines Pfandgläubigers. § 1275 BGB schreibt für diesen aber die entsprechende Anwendung der Vorschriften über die Abtretung vor.[136] Daher ist § 407 Abs. 1 BGB analog anwendbar.[137]

---

134 Zur Vertiefung: Stackmann, JuS 2007, 634; Hupka/Kämper, JA 2012, 448.
135 BGH, Urt. v. 13.12.1984 – IX ZR 89/84, juris Rn. 11.
136 BGH, Urt. v. 9.10.2000 – II ZR 75/99 = NJW 2001, 287 (288).
137 BGHZ 86, 337, juris Rn. 15.

Cäsar wusste vom Pfändungs- und Überweisungsbeschluss nichts, als er zahlte. Es spielt keine Rolle, ob er oder Cleopatra fahrlässig handelte. Denn darauf stellt § 407 BGB nicht ab. Damit liegen die Voraussetzungen des § 407 BGB analog vor. Nero muss die Zahlung gegen sich gelten lassen. Die Forderung ist untergegangen.

Klausurtipp

Der Pfändungs- und Überweisungsbeschluss ist ein hervorragender Einstieg, um Zustellungsrecht zu prüfen. Nur ein dem Drittschuldner korrekt zugestellter Pfändungs- und Überweisungsbeschluss wird wirksam. Im Einzelfall kann aber § 189 ZPO greifen.

Merke: Der Pfändungs- und Überweisungsbeschluss ähnelt einer Abtretung. Daher ist in der Einziehungsklage stets zu prüfen, ob Vorschriften über die Abtretung analog anzuwenden sind.

Mehrfache Pfändung

Hochgradig praxisrelevant ist die mehrfache Pfändung einer Forderung.   672

Beispiel
Der Schuldner hat Schulden bei einer Bank und bei einem Versandunternehmen. Beide pfänden nacheinander sein gegenwärtiges Kontoguthaben. Es reicht aber nur, um eine der beiden Forderungen zu decken. Die zweite Pfändung nennt man Anschlusspfändung.

Merke: Mehrere Gläubiger dürfen dieselbe Forderung pfänden und sich zur Einziehung überweisen lassen. Ihr Rang bestimmt sich nach § 804 Abs. 3 ZPO. Die frühere Pfändung schlägt die spätere.

Ausgangsfall   673

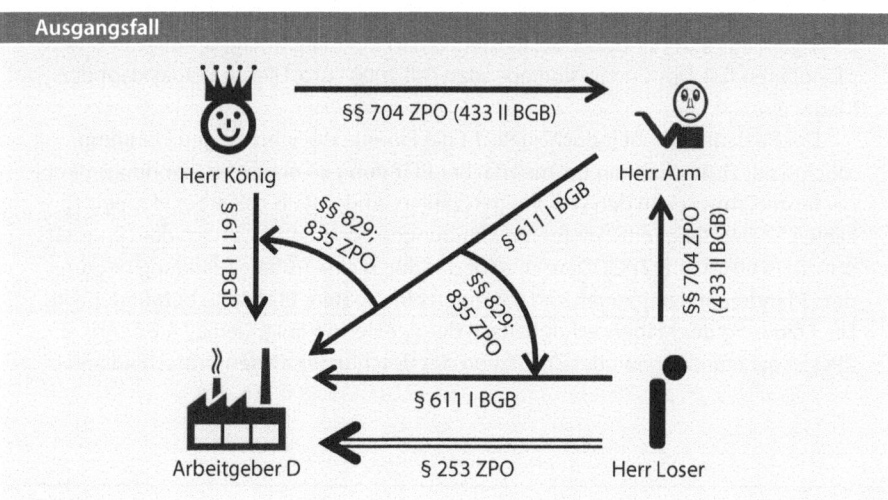

Herr Arm arbeitet bei Arbeitgeber D. Herr Arm ist stark verschuldet. Sowohl Herr König als auch Herr Loser haben Urteile gegen ihn erwirkt. Beide Urteile lauten auf Zahlung von 2000 Euro. Ihnen liegen jeweils Kaufpreiszahlungsansprüche zugrunde. Herr Loser beantragt beim Rechtspfleger einen Pfändungs- und Überweisungsbeschluss hinsichtlich des Arbeitseinkommens. Eine Woche später beantragt Herr König einen Pfändungs- und Überweisungsbeschluss hinsichtlich desselben Arbeitseinkommens. Beide beantragen, dass die Geschäftsstelle die Zustellung vermittelt. Der Rechtspfleger erlässt am selben Tag beide Pfändungs- und Überweisungsbeschlüsse antragsgemäß. Seine Geschäftsstelle hat jedoch beim Antrag von Herrn Loser noch Rückfragen. Deshalb bearbeitet sie den Antrag von Herrn König zuerst. Auf ihre Veranlassung stellt der Gerichtsvollzieher dem Arbeitgeber D den Pfändungs- und Überweisungsbeschluss zugunsten von Herrn König zu. Erst am Folgetag lässt die Geschäftsstelle dem Arbeitgeber D den Beschluss zugunsten von Herrn Loser zustellen.

Der pfändbare Teil des Julieinkommens beträgt 2000 Euro. Herr Loser erhebt Zahlungsklage gegen D in Höhe von 2000 Euro. D beruft sich auf die Pfändung durch Herrn König.

? Ist die Klage begründet?

> Map 7.7

Formulierungsvorschlag im Urteilsstil

Die Einziehungsklage ist unbegründet.

Die Begründetheit setzt zunächst voraus, dass der Kläger einziehungsberechtigt ist. Das ist der Fall. Haben mehrere Gläubiger dieselbe Forderung gepfändet, ist die Überweisung zur Einziehung an jeden zulässig. Der Drittschuldner darf gemäß § 853 ZPO hinterlegen. Der jeweilige Gläubiger muss aber nicht auf Hinterlegung klagen. § 856 Abs. 1 ZPO erlaubt ihm dies zwar. Die Vorschrift sperrt aber seine Einziehungsklage nicht.[138] Vorliegend steht dem Kläger aufgrund seines Pfändungs- und Überweisungsbeschlusses eine Einziehungsbefugnis zu.

Die Einziehungsbefugnis bezieht sich auf einen tatsächlich bestehenden Anspruch. Der Vollstreckungsschuldner hat einen Zahlungsanspruch gegen den Beklagten aus § 611a Abs. 2 BGB. Einziehen darf der Kläger gemäß § 850c ZPO den pfändbaren Teil. Das sind im vorliegenden Fall 2000 Euro. Diesen Betrag klagt der Kläger ein.

Der Beklagte erhebt jedoch zu Recht die Einrede der vorrangigen Pfändung. Möchte der Drittschuldner bei mehrfacher Pfändung an einen der Pfändungsgläubiger leisten, muss er an den vorrangigen zahlen. Andernfalls riskiert er, doppelt zu zahlen.[139] Der Rang unter mehreren Pfändungen bestimmt sich nach dem Prioritätsprinzip (§ 804 Abs. 3 ZPO). Danach geht das durch eine frühere Pfändung begründete Pfandrecht demjenigen vor, das durch eine spätere Pfändung begründet wird. Die Pfändung des Klägers erfolgte nach der des Herrn König. Gemäß § 829 Abs. 3 ZPO ist die Pfändung mit der Zustellung des Beschlusses an den Drittschuldner als

---

138 BGH, Urt. v. 05.04.2001 – IX ZR 441/99, juris Rn. 28.
139 BGHZ 82, 28, juris Rn. 12.

bewirkt anzusehen. Ohne Bedeutung ist demgegenüber, welcher Pfändungsantrag zuerst einging. Irrelevant ist auch, welchen Pfändungsbeschluss der Rechtspfleger als Erstes unterschrieben hat. Der Pfändungsbeschluss des Herrn König wurde dem Beklagten zuerst zugestellt.

Verklagt der nachrangige Gläubiger den Schuldner auf Zahlung an sich, verbessert er seinen Rang nicht. Der Drittschuldner kann die Einrede der vorrangigen Pfändung erheben.[140] Von diesem Recht hat der beklagte Drittschuldner vorliegend Gebrauch gemacht.

Klausurtipp

Die vorliegende Konstellation lässt sich leicht um Zustellungsproblematiken erweitern. Unter anderem deshalb sollte man sich in der Vorbereitung auf das Zweite Examen vertieft mit Zustellungsrecht beschäftigen.

Abwandlung 1

674

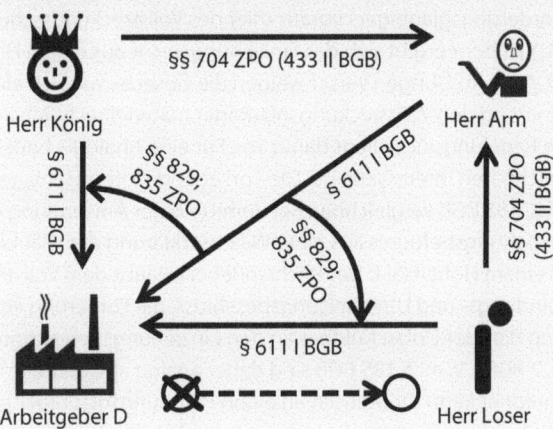

Herr König

Herr Arm

§§ 704 ZPO (433 II BGB)

§ 611 I BGB

§§ 829; 835 ZPO

§ 611 I BGB

§§ 829; 835 ZPO

§§ 704 ZPO (433 II BGB)

§ 611 I BGB

Arbeitgeber D

Herr Loser

Wie Ausgangsfall (Rn. 673). Allerdings kommt es zu keiner Einziehungsklage. Vielmehr überweist Arbeitgeber D im August auf dessen außergerichtliches Einziehungsverlangen die 2000 Euro an Herrn Loser. Herr König ist empört.

❓ Welche Ansprüche haben Herr König, Arbeitgeber D und Herrn Arm?

✅ **Lösung**

▬ Ansprüche des Herrn König

▬ *Anspruch Herr König gegen Arbeitgeber D.* Herr König kann gegen Arbeitgeber D einen Anspruch auf Zahlung von 2000 Euro aus § 611a Abs. 2 BGB i. V. m. §§ 829; 835 ZPO haben.

675

---

140 OLG Naumburg, Urt. v. 25.08.2011 – 1 U 40/11, juris Rn. 8.

Durch den Pfändungs- und Überweisungsbeschluss hat Herr König eine Einziehungsbefugnis erworben. Ein Überweisungsbeschluss zur Einziehung begründet nicht lediglich eine Prozessstandschaft des Vollstreckungsgläubigers. Vielmehr erlangt er eine materielle Verfügungsgewalt.[141] Das ergibt sich aus § 836 ZPO.[142]

Die Pfändung war wirksam. Insbesondere ist der Lohnzahlungsanspruch aus § 611a Abs. 2 BGB zugunsten von Herrn Arm entstanden. Er ist gemäß § 614 Satz 2 BGB fällig.

Der Anspruch ist nicht gemäß § 362 Abs. 1 BGB erloschen. § 362 Abs. 1 BGB verlangt, dass der Schuldner an den Gläubiger zahlt. Dies ergibt sich aus seinem Wortlaut. Gläubiger der gepfändeten Forderung bleibt der Vollstreckungsschuldner.[143] Er verliert lediglich gemäß § 829 Abs. 1 ZPO seine Einziehungsbefugnis. Vollstreckungsschuldner und damit Gläubiger der gepfändeten Forderung war und ist Herr Arm. D hat nicht an Herrn Arm gezahlt. Der gepfändete Lohnzahlungsanspruch ist daher nicht gemäß § 362 Abs. 1 BGB erloschen.

Der überwiesene Lohnzahlungsanspruch könnte aber nach § 362 Abs. 2 BGB i. V. m. § 185 BGB analog erloschen sein.

Eine Analogie setzt zunächst eine planwidrige Regelungslücke voraus. § 185 BGB gilt nicht direkt. Denn die Vorschrift setzt eine Einwilligung oder Genehmigung des Forderungsgläubigers voraus (hier des Vollstreckungsschuldners). Eine solche fehlt. Vielmehr ergibt sich das Einziehungsrecht aus einem Hoheitsakt (§ 835 Abs. 1 ZPO). Auch im Übrigen verschweigen die Gesetze, wie sich eine Zahlung des Drittschuldners an den Vollstreckungsgläubiger materiellrechtlich auswirkt. Eine planwidrige Regelungslücke liegt damit vor. Für eine Analogie bedarf es weiterhin einer vergleichbaren Interessenlage. Die vorliegende Interessenlage ist mit der aus §§ 362 Abs. 2; 185 BGB vergleichbar. Bei unmittelbarer Anwendung des § 185 BGB folgt die Einziehungsbefugnis aus einer Willenserklärung des Gläubigers. Hier beruht sie auf einem Hoheitsakt. Der Rechtspfleger erlaubt dem Vollstreckungsgläubiger im Pfändungs- und Überweisungsbeschluss, die Forderung einzuziehen. In beiden Fällen darf der Drittschuldner an den Einziehungsberechtigten leisten. Die §§ 362 Abs. 2 BGB i. V. m. § 185 BGB sind daher analog anwendbar.[144] Das bedeutet, der Drittschuldner kann theoretisch an einen Pfändungsgläubiger leisten.

Besonderheiten bestehen allerdings, wenn dieselbe Forderung für mehrere Gläubiger gepfändet ist. Inwieweit dann eine Zahlung des Drittschuldners Erfüllungswirkung hat, richtet sich nach dem Rang der Pfändungen. Gäbe es kein Rangverhältnis, könnte jeder Gläubiger die Forderung zum Erlöschen bringen. Es entstünde ein Wettlauf der Gläubiger. Vielleicht wären beide sogar gleich schnell. Dann würde der Schuldner an den zahlen, der ihn am meisten unter Druck setzt. Um das zu vermeiden, hat der Gesetzgeber § 804 Abs. 3 ZPO geschaffen. Wie bereits im Ausgangsfall beschrieben, muss man ihn zusammen mit § 829 Abs. 3 ZPO lesen. Es erlangt somit der Vollstreckungsgläubiger das vorrangige Pfändungspfandrecht, dessen Pfändungs- und Überweisungsbeschluss dem Drittschuldner zuerst zugestellt wurde.[145] Das war hier Herr König.

---

141 OLG Köln, Urt. v. 05.08.2003 – 25 UF 5/03, juris Rn. 17.
142 Vgl. auch §§ 1282; 1228 Abs. 2 BGB.
143 Siehe oben Rn. 605.
144 Für direkte Anwendung: Buciek, ZIP 1986, 890 (891).
145 Zum Streit über die analoge Anwendung des § 17 GBO: Knoche/Biersack, NJW 2003, 476 (480).

Herr König hat also ein erstrangiges Pfandrecht erworben. Arbeitgeber D hat nicht an ihn gezahlt. Mithin ist der gepfändete Anspruch nicht gemäß § 362 Abs. 2 i. V. m. § 185 BGB analog erloschen.

Der Anspruch könnte analog §§ 408 Abs. 2; 407 Abs. 1 BGB erloschen sein. Direkt setzt § 408 Abs. 2 BGB voraus, dass eine abgetretene Forderung durch gerichtlichen Beschluss einem Dritten überwiesen wird. Vorliegend hat Herr Arm seinen Lohnzahlungsanspruch nicht abgetreten. Vielmehr hat das Gericht den Anspruch zweimal überwiesen. Für diesen Fall gilt § 408 Abs. 2 BGB entsprechend. § 408 BGB verweist auf § 407 Abs. 1 BGB. § 407 Abs. 1 BGB setzt voraus, dass der Schuldner (hier der Drittschuldner D) die erste Pfändung nicht kennt. Dafür gibt der Sachverhalt nichts her. Vielmehr hat der Gerichtsvollzieher dem D beide Pfändungs- und Überweisungsbeschlüsse zugestellt. Die Voraussetzungen des § 407 Abs. 1 BGB liegen deshalb nicht vor.

Der Lohnzahlungsanspruch ist deswegen nicht analog §§ 408 Abs. 2; 407 Abs. 1 BGB erloschen.[146]

Fazit: Herr König hat gegen Arbeitgeber D einen Anspruch auf Zahlung von 2000 Euro aus § 611a Abs. 2 BGB i. V. m. §§ 829; 835 ZPO.

— *Anspruch Herr König gegen Herrn Arm.* Herr König kann gegen Herrn Arm einen   676
(titulierten) Anspruch auf Zahlung von 2000 Euro aus § 433 Abs. 2 BGB haben. Der Anspruch ist entstanden. Er könnte durch den Pfändungs- und Überweisungsbeschluss erloschen sein. Dies wäre der Fall, wenn der Beschluss entsprechend § 364 Abs. 1 BGB eine Leistung an Erfüllung statt darstellen würde. Dies ist nur bei einer Überweisung an Zahlungs statt zum Nennwert gemäß § 835 Abs. 2 ZPO der Fall. Die Überweisung zur Einziehung wirkt demgegenüber nur erfüllungshalber. Das bedeutet, die titulierte Forderung bleibt bestehen. Sie erlischt erst, wenn der Drittschuldner an den Vollstreckungsgläubiger zahlt. Arbeitgeber D hat aber nicht an Herrn König bezahlt. Somit ist der Anspruch aus § 433 Abs. 2 BGB nicht erloschen. Herr König hat also gegen Herrn Arm einen Anspruch auf Zahlung von 2000 Euro.

— *Ansprüche Herr König gegen Herrn Loser.* Herr König könnte gegen Herrn Loser   677
einen Anspruch auf Herausgabe der 2000 Euro aus § 816 Abs. 2 BGB haben. Dazu müsste an einen Nichtberechtigten eine Leistung bewirkt worden sein. Nichtberechtigt meint auch den relativ Nichtberechtigten.[147] Gegenüber Herrn König war Herr Loser relativ Nichtberechtigter. Denn gemäß § 804 Abs. 3 ZPO standen die 2000 Euro primär Herrn König zu. Die ersten Tatbestandsmerkmale des § 816 Abs. 2 BGB sind demzufolge erfüllt.

§ 816 Abs. 2 BGB setzt aber voraus, dass die Zahlung dem Berechtigten gegenüber wirksam ist. Wie oben erörtert, hatte die Zahlung von D an Herrn Loser keine Erfüllungswirkung gegenüber Herrn König. Herr König war primär einziehungsberechtigt. Er hätte die Leistung allenfalls gemäß § 185 Abs. 2 BGB genehmigen können. Hierfür liefert der Sachverhalt keine ausreichenden Anhaltspunkte.[148] Somit war die Zahlung dem Berechtigten (Herrn König) gegenüber unwirksam.

---

146 I. d. S. BFHE 160, 197, Rn. 17.
147 Jülch, JA 2013, 324 (326).
148 A. A. vertretbar, z. B. konkludente Genehmigung durch Inanspruchnahme.

Herr König hat gegen Herrn Loser keinen Anspruch auf Herausgabe der 2000 Euro aus § 816 Abs. 2 BGB.

678   Nur der Vollständigkeit halber – vertiefte Erörterungen sind nicht erforderlich: Ein Anspruch aus der allgemeinen Eingriffskondiktion gemäß §§ 812 Abs. 1, Satz 1 BGB scheitert unter anderem an der Sperrwirkung der besonderen Eingriffskondiktion aus § 816 Abs. 2 BGB. Ein Anspruch aus § 823 Abs. 1 BGB scheidet mangels Verletzung eines absoluten Rechts aus. Die vorrangige Einziehungsberechtigung ist nach h. M. kein absolutes Recht.[149] Herausgabeansprüche aus unberechtigter Geschäftsführung ohne Auftrag (§§ 681 Satz 2; 667 BGB und §§ 684; 812 BGB) scheitern am fehlenden Fremdgeschäftsführungswillen des Herrn Loser.

679   – **Anspruch des Arbeitgebers D.** Arbeitgeber D kann gegen Herrn Loser einen Anspruch auf Rückzahlung der 2000 Euro aus § 812 Abs. 1 Satz 1, 1. Alt. BGB haben (Leistungskondiktion). Herr Loser hat etwas erlangt. Ihm steht gegen seine Bank ein Auszahlungsanspruch aus §§ 700 Abs. 1; 488 Abs. 1 Satz 2 BGB zu.

Fraglich ist, ob Herr Loser den Auszahlungsanspruch durch Leistung des Arbeitgebers D erlangt hat. Oben wurden bereits die Leistungsbeziehungen bei der Zahlung auf einen Pfändungs- und Überweisungsbeschluss erörtert.[150] Leistet der Drittschuldner irrtümlich an einen nachrangigen Gläubiger, ist er als Leistender anzusehen. Ihm steht die Direktkondiktion zu.[151] Der Drittschuldner leistet nicht etwa an den Vollstreckungsschuldner und dieser an den nachrangigen Gläubiger. Denn der Drittschuldner zahlt, um einer Einziehungsklage des nachrangigen Gläubigers zuvor zu kommen.[152] Er will keine Verbindlichkeit gegenüber dem Vollstreckungsschuldner erfüllen. Umgekehrt hat der Vollstreckungsschuldner die Zahlung an den nachrangigen Gläubiger nicht veranlasst.[153] Er ist deshalb aus der Rückabwicklung rauszuhalten.

Arbeitgeber D hat an den nachrangigen Gläubiger Herrn Loser gezahlt. Damit hat er an ihn geleistet.

Die Leistung erfolgte auch ohne Rechtsgrund. Ein Pfändungs- und Überweisungsbeschluss kann theoretisch einen Rechtsgrund für eine Zahlung des Drittschuldners bilden. Das war hier aber nicht der Fall. Bei mehrfachen Pfändungen ist deren Rangverhältnis maßgebend. Sofern der vorrangige Gläubiger nicht befriedigt ist, darf der nachrangige den an ihn gezahlten Betrag nicht behalten.[154] Andernfalls müsste der Drittschuldner mehrfach zahlen. Denn der vorrangige Gläubiger kann vom Drittschuldner Zahlung verlangen. Die Zahlung an den nachrangigen bindet ihn grundsätzlich nicht. Umgekehrt darf der nachrangige Gläubiger aus dem Irrtum des Drittschuldners keinen Vorteil ziehen. Er ist durch § 818 Abs. 3 BGB hinreichend geschützt. Vorliegend hat Arbeitgeber D an den nachrangigen Gläubiger gezahlt – Herrn Loser. Herrn König war als vorrangiger Gläubiger noch nicht befriedigt.

---

149 RGZ 57, 353 (354 f.); BGHZ 7, 30, juris Rn. 8 f; a. A. Canaris, Festschrift Steffen, 1995, 85 (97).
150 Vgl. bereits unter Rn. 651.
151 BFHE 160, 197, Rn. 15.
152 Ausführlich BGHZ 82, 28, juris Rn. 8 ff; 151, 127, Rn. 8.
153 Lieb, ZIP 1982, 1153 (1156).
154 BGHZ 82, 28, juris Rn. 14.

Arbeitgeber D hat deshalb gegen Herrn Loser einen Anspruch auf Rückzahlung der 2000 Euro aus § 812 Abs. 1 Satz 1, 1. Alt. BGB.

— **Ansprüche Herrn Arms**

  — ***Anspruch Herrn Arms gegen Arbeitgeber D.*** Herr Arm könnte gegen Arbeitgeber   680
  D einen Zahlungsanspruch aus § 611a Abs. 2 BGB haben. Man muss zwischen dem pfändungsfreien und dem pfändbaren Betrag unterscheiden.

  Hinsichtlich des pfändungsfreien Betrags hat Herr Arm gegen D aus dem Arbeitsvertrag einen Anspruch auf Zahlung an sich.

  Durch die Pfändungen ist jedoch das Recht Herrn Arms erloschen, Zahlung des pfändbaren Betrags an sich zu verlangen. Dies ergibt sich aus § 829 Abs. 1 Satz 2 BGB. Würde Arbeitgeber D den pfändbaren Betrag an Herrn Arm zahlen, hätte diese Zahlung gemäß §§ 135 Abs. 1 Satz 1; 136 BGB keine rechtlichen Wirkungen. Herr Arm ist jedoch weiterhin Forderungsinhaber.[155] Er ist deshalb berechtigt, Zahlung an die Vollstreckungsgläubiger zu verlangen.[156] Vorliegend zehrt der für Herrn König titulierte Kaufpreiszahlungsanspruch den pfändbaren Monatslohn auf. Herr Arm kann deshalb hinsichtlich des pfändbaren Betrags nur Zahlung an Herrn König verlangen.

  Fazit: Herr Arm hat gegen Arbeitgeber D aus dem Arbeitsvertrag einen Anspruch auf Zahlung des pfändungsfreien Betrags an sich. Im Übrigen hat er einen Anspruch auf Zahlung von 2000 Euro an Herrn König aus § 611a Abs. 2 BGB.

  — ***Anspruch Herrn Arms gegen Herrn Loser.*** Herr Arm hat gegen Herrn Loser kei-   681
  nen Anspruch auf Rückzahlung der 2000 Euro. Als Anspruchsgrundlage kommt nur § 812 Abs. 1 Satz 1, 2. Alt. BGB in Betracht. Der Rückzahlungsanspruch scheitert jedoch am Vorrang der Leistungskondiktion. Arbeitgeber D hat an Herrn Loser geleistet, nicht Herr Arm.

> **Merke: Zahlt der Drittschuldner nicht ranggerecht, steht ihm gegen den Geldempfänger ein Bereicherungsanspruch aus Leistungskondiktion zu.**

Abwandlung 2   682

Wie Ausgangsfall (Rn. 673). Herr Loser hat vorhergesehen, dass die Geschäftsstelle seine Pfändung verzögert bearbeitet.

? Wie hätte er sich seinen Rang sichern können?

Vorpfändung

Herr Loser hätte eine sogenannte Vorpfändung durchführen können. Sie ist in § 845 ZPO geregelt. Man nennt sie auch vorläufiges Zahlungsverbot. Mit ihr benachrichtigt der Gläubiger den Schuldner und den Drittschuldner von einer bevorstehenden Pfändung. Es handelt sich um eine private Zwangsvollstreckungsmaßname.[157] Sie erlaubt

---

155 Siehe oben Rn. 605.
156 BGHZ 147, 225, Rn. 20.
157 OLG Hamm, Beschl. v. 17.06.2011 – I-32 Sbd 42/11, juris Rn. 11; AG Heilbronn, Beschl. v. 18.11.2002 – 13 M 12112/2002, juris Rn. 4.

dem Vollstreckungsgläubiger nicht, die Forderung einzuziehen.[158] Für die Einziehung muss ein Pfändungs- und Überweisungsbeschluss zugestellt werden. Die Vorpfändung verhindert aber, dass der Vollstreckungsschuldner die Forderung einzieht. Die Vorpfändung hat nämlich gemäß § 845 Abs. 2 ZPO die Wirkung eines Arrests.

Die Vorpfändung hat einen weiteren Vorteil. Sie wahrt den Rang.[159] Dies ergibt sich aus der Normkette: §§ 845 Abs. 2; 930 Abs. 1 Satz 2; 804 Abs. 3 ZPO. Der Gläubiger gewinnt etwa einen Monat (§ 845 Abs. 2 Satz 1 ZPO). In dieser Zeit sollte der Pfändungs- und Überweisungsbeschluss zugestellt sein. Herr Loser darf also die (Haupt-)Pfändung binnen eines Monats nachholen. Dann wird aus seiner vorläufigen Rangstelle eine endgültige.

Die Vorpfändung ist eine auflösend bedingte Zwangsvollstreckungsmaßnahme des Gläubigers. Das vorläufige Verbot erlischt, wenn der Drittschuldner den Pfändungs- und Überweisungsbeschluss nicht binnen eines Monats erhält (§ 845 Abs. 2 ZPO).[160] Der Drittschuldner darf dann wieder an den Vollstreckungsschuldner zahlen.[161] Dies gilt selbstverständlich nur, wenn zwischenzeitlich kein anderer die Forderung gepfändet hat. In jedem Fall verschwindet aber der durch Vorpfändung gesicherte Rang.

683   ## REF Die Vorpfändung in der Anwaltsklausur

Die Vorpfändung lässt sich auch in eine Anwaltsklausur aus Klägersicht einbauen.[162]

Beispiel

Der Mandant hat einen Vollstreckungstitel erstritten. Der Vollstreckungsschuldner hat einen vermeintlichen Anspruch gegen den Drittschuldner. Der Drittschuldner bestreitet den Anspruch. Er werde keinesfalls freiwillig leisten. Die Aufgabe lautet, das zweckmäßige Vorgehen zu erörtern. Zu Beginn sollte man die Frage aufwerfen, ob ein Pfändungs- und Überweisungsbeschluss zu beantragen ist. Das ist der Fall, wenn man den Anspruch nach seiner Pfändung notfalls klageweise durchsetzen kann. Dazu müssen hinreichende Erfolgsaussichten in tatsächlicher und rechtlicher Hinsicht bestehen. Das bedeutet, der Anspruch des Vollstreckungsschuldners ist ausführlich in einem Gutachten zu erörtern. Angenommen, er lässt sich voraussichtlich beweisen. Dann ist in der Zweckmäßigkeit der Antrag auf Erlass eines Pfändungs- und Überweisungsbeschlusses zu empfehlen. Außerdem ist die Vorpfändung zu prüfen. Sofern man eine solche für sinnvoll hält, kann das Vorpfändungsschreiben auszuformulieren sein. Hier darf man sich am Wortlaut des § 845 ZPO orientieren. Wichtig ist, die Forderung gegen den Drittschuldner genau zu bezeichnen. Andernfalls verletzt man den Bestimmtheitsgrundsatz.[163]

684   Die Vorpfändung erfolgt nach §§ 845 Abs. 1 Satz 1; 802a Abs. 2 Nr. 5 ZPO durch den Gerichtsvollzieher.[164] Der Rechtspfleger bleibt außen vor.[165]

---

158 Ähnlich Art. 7 VO (EU) Nr. 655/2014 (EuKoPfVO) für die vorläufige europäische Kontopfändung.
159 BGHZ 87, 166, juris Rn. 16; 167, 11, Rn. 15.
160 Für die vorläufige europäische Kontopfändung vgl. § 949 Abs. 1 ZPO i. V. m. Art. 10 VO (EU) Nr. 655/2014.
161 I. d. S. BGH, Urt. v. 24.06.1981 – VIII ZR 223/80, juris Rn. 19.
162 Praxistipps zum Berufseinstieg als Rechtsanwalt: Behr, JurBüro 1997, 623–625.
163 BGH, Urt. v. 08.05.2001 – IX ZR 9/99 = NJW 2001, 2976.
164 Zur unheilbaren Unwirksamkeit einer Vorpfändung durch privaten Boten: LG Koblenz, Beschl. v. 24.02.1983 – 4 T 88/83 = MDR 1983, 587; LG Hechingen, Urt. v. 30.04.1986 – 2 S 122/85 = DGVZ 1986, 188.
165 Vgl. auch §§ 845 Abs. 1 Satz 2; 802a Abs. 2 Nr. 5 ZPO.

Formulierungsvorschlag[166]
An die Gerichtsvollzieherverteilerstelle des Amtsgerichts XY mit dem Antrag, das anliegende Schreiben an Schuldner und Drittschuldner zuzustellen.
Vorläufiges Zahlungsverbot nach § 845 ZPO
Nach dem Urteil Gericht, Datum, Aktenzeichen kann der Gläubiger,
Name des Mandanten
Bevollmächtigter, Rechtsanwalt Name
vom Schuldner Name
die Zahlung folgender Beträge verlangen:
1. Hauptforderung
2. Zinsen

Wegen dieser Ansprüche steht die Pfändung folgender angeblicher Forderung des Schuldners gegen Drittschuldnername bevor: z. B. auf Zahlung des gesamten gegenwärtigen und künftigen Arbeitseinkommens aufgrund Arbeitsvertrags vom ....
Davon benachrichtige ich für den Gläubiger hiermit Drittschuldner und Schuldner. Den Drittschuldner fordere ich auf, nicht an den Schuldner zu zahlen. Den Schuldner fordere ich auf, sich jeder Verfügung über die Forderung, insbesondere ihrer Einziehung, zu enthalten. Ich weise darauf hin, dass diese Benachrichtigung von ihrer Zustellung an die Arrestpfändung der Forderung bewirkt, §§ 845, 930 ZPO. Entgegenstehende Verfügungen sind unwirksam.
Unterschrift Rechtsanwalt

In der Zweckmäßigkeit sollte man auf die Monatsfrist des § 845 Abs. 2 ZPO hinweisen.   685
Man sollte schreiben, dass der PfÜB-Antrag (= der Hauptpfändungsantrag) mit einem Eilt-Vermerk zu versehen ist. Darüber hinaus sollte man anraten, im PfÜB-Antrag auf die Vorpfändung hinzuweisen.[167] Der PfÜB-Antrag wird nicht auszuformulieren sein. Hierfür existieren die besagten Formulare.

Die vorläufige europäische Kontopfändung

Von der Vorpfändung zu unterscheiden ist die vorläufige europäische Kontopfän-   686
dung. Zu ihr existiert eine EU-Verordnung.[168] Deren Regeln werden durch die §§ 946 bis 959 ZPO ergänzt. Die vorläufige europäische Kontopfändung ähnelt einem Arrest. Mit ihr kann der Gläubiger Gelder des Schuldners einfrieren lassen. Die Entscheidung trifft ein Richter.[169] Die vorläufige europäische Kontopfändung setzt einen

---

166 Angelehnt an Nickel, in: Mes, Becksches Prozessformularbuch, 2016, III./B./9.
167 OLG Hamm, Urt. v. 02.09.1997 – 28 U 84/97, juris Rn. 6.
168 VO (EU) Nr. 655/2014 vom 15.05.2014 = EuKoPfVO.
169 § 20 Nr. 17 Satz 2 RPflG.

grenzüberschreitenden Sachverhalt voraus. Das Konto muss sich im EU-Ausland befinden.[170]

687   Jetzt die wichtigste Besonderheit: Die vorläufige europäische Kontopfändung setzt keinen Titel voraus.[171] Ein solcher kann vorliegen, muss aber nicht. In jedem Fall muss der Gläubiger eine Eilbedürftigkeit glaubhaft machen.[172] Beispielsweise muss er belegen, dass der Schuldner sein Vermögen verschleudert. Existiert noch kein Titel, muss der Gläubiger darüber hinaus seine Forderung glaubhaft machen.[173] Die Parallele zu § 917 Abs. 1 und 920 Abs. 2 ZPO ist erkennbar.

688   Beantragen muss man den Beschluss mit einem Formular.[174] Jeder EU-Mitgliedsstaat muss den Beschluss akzeptieren. Die im Beschluss genannte Bank sowieso.[175] Beispielsweise kann ein französisches Gericht einer deutschen Bank verbieten, Geld an ihren Kontoinhaber auszuzahlen. Das Verbot bewirkt ein Pfändungspfandrecht. Auf das Geld zugreifen kann der Gläubiger nicht.

689   Der Gläubiger haftet nach § 958 ZPO auf Schadensersatz, wenn der Beschluss zu Unrecht ergangen ist.

Beispiel

Der Schuldner hat niemals Gelder verschleudert. Das wusste der der Gläubiger auch. Er wollte ihm nur das Konto sperren, um ihn zu schikanieren. Infolge des gesperrten Kontos kann dem Schuldner ein erheblicher Schaden entstehen. Schlimmstenfalls muss er Insolvenz beantragen. Deswegen sollte der Gläubiger sich gut überlegen, ob er ausländische Konten vorläufig pfändet.

Klausurtipp

Detailkenntnisse kann niemand erwarten. Vielleicht muss man aber in der Anwaltsklausur aus Gläubigersicht einmal über einen Antrag auf vorläufige europäische Kontopfändung nachdenken.

---

170 Im Detail: Art. 3 Abs. 1 EuKoPfVO.
171 Art. 7 Abs. 2 und Erwägungsgrund 14 Abs. 2 EuKoPfVO.
172 Art. 7 Abs. 1 EuKoPfVO; § 947 Abs. 1 ZPO.
173 Art. 7 Abs. 2 EuKoPfVO.
174 Herunterzuladen bei ▶ https://e-justice.europa.eu.
175 Art. 24 Abs. 1 EuKoPfVO.

Konkurrenzen mit der Immobiliarvollstreckung

Fall 690

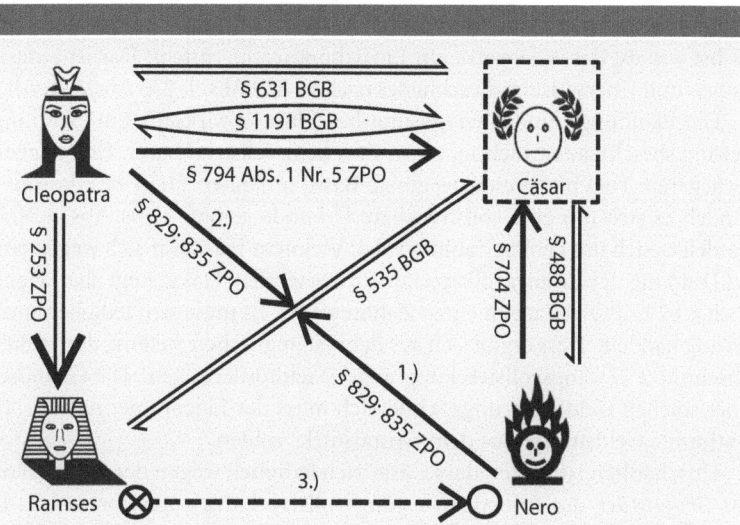

Cäsar ist Eigentümer eines wunderschönen Grundstücks. Er möchte dort ein Luxuswohnhaus in Form einer Pyramide errichten. Cleopatra ist Bauunternehmerin. Sie ist auf den Bau von Pyramiden spezialisiert. Deshalb schließen Cäsar und Cleopatra einen Vertrag über den Bau einer Pyramide. Cleopatra hat Angst, dass Cäsar den Werklohn nicht bezahlt. Deshalb besteht sie auf einer Sicherheit. In einer notariellen Urkunde einigen sich beide über die Bestellung einer Grundschuld an Cäsars Grundstück. Die Grundschuld (das Grundschuldkapital) beläuft sich auf 20 Millionen Euro. In besagter Urkunde unterwirft Cäsar sich außerdem wegen des Anspruchs auf Duldung der Zwangsvollstreckung aufgrund des Grundschuldkapitals der sofortigen Vollstreckung in das Grundstück. Die Grundschuld wird in das Grundbuch eingetragen. Cleopatra stellt die Pyramide fertig. Cäsar zahlt den Werklohn nicht. Er vermietet aber ein Appartement für 10.000 Euro pro Monat an Ramses. Cäsar benötigt einen Kredit, um das restliche Gebäude zu vermarkten. Deshalb nimmt er bei Nero ein Darlehen über 90.000 Euro auf. Das Darlehen wird fällig. Cäsar zahlt es nicht zurück. Deshalb erstreitet Nero ein Zahlungsurteil gegen Cäsar in Höhe von 90.000 Euro. Mit dem Titel beantragt Nero einen Pfändungs- und Überweisungsbeschluss betreffend die künftige Miete von Ramses. Der Rechtspfleger erlässt den Beschluss antragsgemäß. Er wird Ramses am 09.01. zugestellt. Anschließend erwirkt Cleopatra mit der notariellen Urkunde einen weiteren Pfändungs- und Überweisungsbeschluss in dieselben Mietforderungen. Er wird Ramses am 16.01. zugestellt. Ab Februar zahlt Ramses die Miete an Nero. Am 04.08. erhebt Cleopatra Einziehungsklage in Höhe von 70.000 Euro wegen der Miete für die Monate Februar bis einschließlich August. Ramses wendet ein, er habe erfüllt. Cleopatra könne nicht nochmals Zahlung verlangen. Nach § 804 Abs. 3 ZPO gelte das Prioritätsprinzip. Neros Pfändung gehe der von Cleopatra vor. Das Urteil soll am 31.08. ergehen.

? Ist die Klage begründet?

✓ Mehrere Probleme

Die Klage ist überwiegend begründet.

⟩⟩ **Map 7.4**

691   **Einziehungsrecht = Wirksamer PfüB**   Die Begründetheit der Einziehungsklage setzt zunächst voraus, dass Cleopatra ein Einziehungsrecht zusteht. Das ist aufgrund des Pfändungs- und Überweisungsbeschlusses nach §§ 829 Abs. 1; 835 Abs. 1. 1. Alt. ZPO der Fall.
Der Pfändungs- und Überweisungsbeschluss ist wirksam. Ein Pfändungs- und Überweisungsbeschluss ist nichtig, wenn ihm kein vollstreckbarer Titel zugrunde liegt. Der vorliegende Titel bildet eine geeignete Basis, um einen PfÜB zu erlassen. Bei dem Titel handelt es sich um eine vollstreckbare Urkunde gemäß § 794 Abs. 1 Nr. 5 ZPO. Zwar handelt es sich um keinen Zahlungstitel. Vielmehr hat Cäsar sich wegen eines Anspruchs auf Duldung der Zwangsvollstreckung unterworfen. Das genügt aber. Denn weder § 803 noch § 829 ZPO verlangen einen Zahlungstitel. Es muss sich lediglich um eine Geldforderung handeln. Dass ergibt sich aus der systematischen Stellung der §§ 803; 829 ZPO im Abschnitt 2 „Zwangsvollstreckung wegen Geldforderungen". Die Grundschuld ist Basis einer solchen Geldforderung. Schließlich muss der Eigentümer nach § 1191 BGB „eine bestimmte Geldsumme aus dem Grundstück" zahlen.
Unschädlich ist weiter, dass Cäsar sich lediglich wegen der Zwangsvollstreckung *in das Grundstück* der sofortigen Zwangsvollstreckung unterworfen hat. Denn zum einen ist eine derart beschränkte Unterwerfung zulässig. Allein der Schuldner entscheidet nämlich, inwieweit er auf ein Erkenntnisverfahren verzichtet. Zum anderen ist Cäsars Mietpfändung gegen Ramses von der Vollstreckung in das Grundstück erfasst.[176] Gemäß §§ 1192 Abs. 1; 1147 BGB erfolgt die Befriedigung des Gläubigers aus dem Grundstück *und den Gegenständen, auf die sich die Grundschuld erstreckt*, im Wege der Zwangsvollstreckung. Gemeint ist, der Grundschuldgläubiger hat einen Anspruch auf Duldung der Zwangsvollstreckung in den Haftungsverband. Nach §§ 1192 Abs. 1; 1123 Abs. 1 BGB fällt eine Mietforderung in den Haftungsverband.
Die Mietforderung war auch pfändbar. Gemäß § 865 Abs. 2 Satz 2 ZPO kann der dingliche Gläubiger eine Mietforderung pfänden, solange das Grundstück nicht unter Zwangsverwaltung steht. Das Grundstück stand und steht nicht unter Zwangsverwaltung.

692   **Anspruch des Schuldners gegen den Drittschuldner**   Weiter muss Cäsar ein Anspruch gegen Ramses zustehen. Andernfalls ginge Cleopatras Pfändung ins Leere. Gemäß § 535 Abs. 2 BGB hatte Cäsar gegen Ramses monatliche Zahlungsforderungen in Höhe von 10.000 Euro für Miete. Sie bestanden für die Monate Februar bis August. Sie wurden gemäß § 556b Abs. 1 BGB spätestens zum dritten Werktag des jeweiligen Monats fällig.

⟩⟩ **Map 7.6**

693   **Einwendungen des Drittschuldners**   Ramses steht allerdings in gewissem Umfang der Einwand der Erfüllung nach §§ 362 Abs. 2; 185 BGB analog zu.
Ramses meint, er habe leistungsbefreiend an Nero gezahlt. Dem ist teilweise zuzustimmen.

---

176 I. d. S. RGZ 103, 137 (139); BGHZ 163, 201, Rn. 16.

Vorliegend ergingen nacheinander zwei Pfändungs- und Überweisungsbeschlüsse. Gemäß § 804 Abs. 3 ZPO gilt grundsätzlich das Prioritätsprinzip. Das bedeutet, der erste Pfändungs- und Überweisungsbeschluss verdrängt den zweiten. Ein Pfändungs- und Überweisungsbeschluss wird gemäß § 829 Abs. 3 ZPO wirksam, wenn er an den Drittschuldner zugestellt wird. Neros Pfändungs- und Überweisungsbeschluss wurde zuerst zugestellt.

Allerdings regelt § 1124 BGB das Verhältnis von dinglichem und persönlichem Pfändungsgläubiger speziell. Die Vorschrift gilt über § 1192 Abs. 1 BGB auch für die Grundschuld.[177] Denn § 1124 BGB setzt keine Akzessorietät voraus. Vielmehr regelt er ausschließlich Fragen der dinglichen Haftung.

§ 1124 BGB stellt darauf ab, wann der dingliche Gläubiger den Haftungsverband aktiviert. Zunächst befand sich der Haftungsverband im Ruhezustand. Nero durfte die Mietforderung pfänden (§ 1124 Abs. 1 BGB). Erst mit ihrem PfüB vom 16.01. aktivierte Cleopatra den Haftungsverband. Der Haftungsverband kann nicht nur durch eine Zwangsverwaltung aktiviert werden. Vielmehr genügt, dass der Gläubiger die Miete aufgrund eines dinglichen Titels pfändet. Das ergibt sich aus § 1147 BGB.[178] Dieser spricht allgemein von „Zwangsvollstreckung". Er sieht keine bestimmte Vollstreckungsart vor. Cleopatra hat aufgrund ihres dinglichen Anspruchs aus §§ 1192 Abs. 1; 1147 BGB einen PfüB erwirkt. Hierdurch verdrängte sie Nero nach § 1124 Abs. 2 BGB. Neros Pfändung ist eine Vorausverfügung im Sinne dieser Norm.[179] Das ergibt sich aus § 804 Abs. 2 ZPO i. V. m. §§ 1275 BGB; 398 BGB. Danach steht eine Pfändung hinsichtlich ihrer Priorität einer Abtretung gleich. Und eine Abtretung ist eine Verfügung über die Forderung.

Jedoch erfolgte Cleopatras Beschlagnahme (= Pfändung) nach dem 15.01. Gemäß § 1124 Abs. 2 Satz 2, 2. HS BGB wirkte diese erst zum übernächsten Monat. Cleopatras Beschlagnahme fand im Januar statt. Der übernächste Monat ist März. Cleopatras dinglicher Titel verdrängte Neros schuldrechtlichen also erst ab März. Für Januar und Februar hat Ramses leistungsbefreiend an Nero gezahlt.

Cleopatra kann also von Ramses für die Monate März bis August die Miete verlangen. Es errechnen sich also 6 Monate × 10.000 Euro = 60.000 Euro.

Ergebnis: Die Klage ist in Höhe von 60.000 Euro begründet.

Klausurtipp

Geht es in einer Klausur um § 1124 BGB, sollte man ganz in Ruhe unter jedes seiner Worte subsumieren. Dann bekommt man auch einen schwierigen Fall in den Griff.

---

177 BGHZ 163, 201, Rn. 19.
178 RGZ 103, 137 (139); BGHZ 163, 201, Rn. 23; BGH, Urt. v. 13.03.2008 – IX ZR 119/06, Rn. 9.
179 I. d. S. Christ in: Hock u. a. Immobiliarvollstreckung, 2018, § 29 Rn. 4.

Die Aufrechnung im Einziehungsprozess

694

Der Gläubiger lässt sich eine Forderung seines Schuldners gegen den Drittschuldner zur Einziehung überweisen. Der Drittschuldner hat eine Gegenforderung *gegen den Gläubiger*.

? Kann der Drittschuldner mit der Gegenforderung aufrechnen?

✓ Ja. Es besteht eine Aufrechnungslage. Die Gegenseitigkeit wird durch das Einziehungsrecht überwunden. Dogmatisch lässt sich dies mit § 387 BGB analog begründen.

695

Der Drittschuldner rechnet gegenüber dem Vollstreckungsschuldner mit einer Forderung *gegen diesen* in voller Höhe auf. Erst jetzt pfändet der Vollstreckungsgläubiger diese Forderung. Von der Aufrechnung wusste der Vollstreckungsgläubiger nichts.

? Kann der Drittschuldner die Aufrechnung im Einziehungsprozess entgegenhalten?

✅ Ja. Denn die Forderung war längst gemäß § 389 BGB erloschen. Der Vollstreckungsgläubiger hat eine nur vermeintliche Forderung gepfändet. Der Pfändungs- und
Überweisungsbeschluss ging ins Leere. Er war nichtig. Der Vollstreckungsgläubiger
kann nicht mehr Rechte erwerben, als der Schuldner hatte.

§ 404 BGB stellt dies klar.[180] Der (Dritt-)Schuldner kann dem neuen Gläubiger die
Einwendungen entgegensetzen, die zur Zeit der Abtretung der Forderung gegen
den bisherigen Gläubiger begründet waren. Die Aufrechnung ist eine Einwendung
gegen die Forderung. § 404 BGB gilt analog für den Pfändungs- und Überweisungsbeschluss.

❗ Merke: Ein Vollstreckungsgläubiger kann eine Forderung nicht gutgläubig
pfänden. So etwas kennt das deutsche Recht nicht.

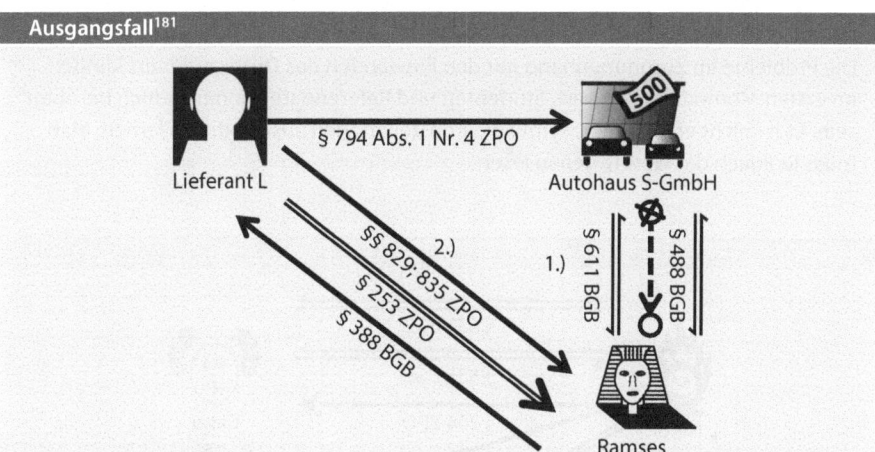

696

Ausgangsfall[181]

§ 794 Abs. 1 Nr. 4 ZPO

Lieferant L · Autohaus S-GmbH

§§ 829; 835 ZPO · 2.) · 1.) · § 611 BGB · § 488 BGB

§ 253 ZPO

§ 388 BGB

Ramses

Ramses ist Geschäftsführer der S-GmbH. Die S-GmbH betreibt ein Autohaus. Nach dem
Geschäftsführervertrag soll Ramses monatlich 5000 Euro Gehalt erhalten. Dieses hat er aber seit
drei Monaten nicht bekommen. Er lässt sich von der S-GmbH ein Darlehen über 15.000 Euro
geben. Lieferant L erwirkt wegen einer unbezahlten Lieferung einen Vollstreckungsbescheid
gegen die S-GmbH. Um ihn durchzusetzen, lässt sich L den Darlehensrückzahlungsanspruch
der S-GmbH gegen Ramses zur Einziehung überweisen. Der Pfändungs- und Überweisungsbeschluss wird Ramses zugestellt. Anschließend erklärt Ramses gegenüber L die Aufrechnung in
Höhe von 15.000 Euro. Ihm stehe ein Anspruch auf Zahlung seines Geschäftsführergehalts zu.

❓ Wird der Richter die Aufrechnung im Einziehungsprozess berücksichtigen?

✅ Ja. Es besteht eine Aufrechnungslage. Aus § 392 BGB ergibt sich, dass Ramses nach
wie vor gegen den gepfändeten Anspruch aufrechnen kann. Analog § 406 BGB kann
D die Aufrechnungserklärung auch gegenüber L abgeben.

---

180 BGHZ 19, 153, juris Rn. 12.
181 Nach BGH, Urt. v. 9.10.2000 – II ZR 75/99.

🚹 **Merke: Der Drittschuldner kann der Einziehungsklage alle Einwendungen entgegensetzen, die ihm zur Zeit der Pfändung gegen den Vollstreckungsschuldner zustanden.**[182] **Das ergibt sich aus § 392 BGB und § 404 BGB analog.**

697 | **Abwandlung**

Die S-GmbH hat das Geschäftsführergehalt stets pünktlich gezahlt. Erst nach Zustellung des Pfändungs- und Überweisungsbeschlusses zahlt sie drei Monate lang nicht mehr.

❓ Kann Ramses im Einziehungsprozess noch immer aufrechnen?

✅ Nein. Dies ergibt sich aus § 392 BGB. Ramses hat seine Forderung erst nach der Beschlagnahme erworben.

Klausurtipp

Die Probleme im Zusammenhang mit den Einwänden des Drittschuldners klingen im ersten Moment kompliziert. Studenten und Referendare können jedoch beruhigt sein. Es ist nicht erforderlich, sämtliche Konstellationen auswendig zu lernen. Man muss lediglich das Gesetz genau lesen.

698 | **Fall**

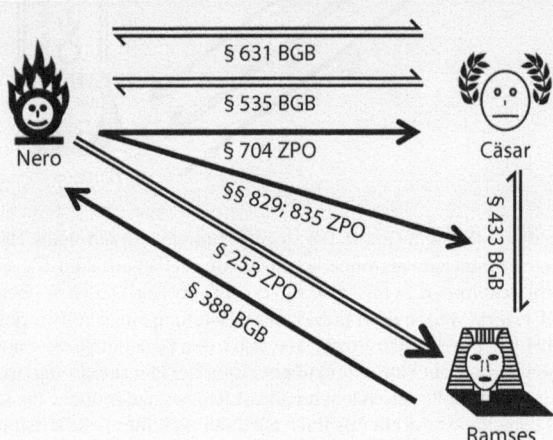

Nero ist Maler. Cäsar beauftragt ihn, seine Gewerberäume zu streichen. Cäsar zahlt den Werklohn nicht. Deshalb erstreitet Nero gegen Cäsar ein Urteil.

Cäsar verkauft Ramses einen Fernseher. Ramses zahlt den Kaufpreis nicht. Nero pfändet den Kaufvertragsanspruch Cäsars. Der Pfändungs- und Überweisungsbeschluss wird Ramses zugestellt. Sodann vermietet Cäsar die Räume an Nero. Nero zahlt die Miete nicht.

Nero verklagt Ramses auf Zahlung des Kaufpreises. Im Einziehungsprozess erklärt Ramses mit Cäsars Mietforderung die Aufrechnung.

---

182 BVerfG, Beschl. v. 11.07.2014 – 2 BvR 2116/11; Rn. 32; RGZ 89, 214 (215).

❓ Wird das Gericht diesen Einwand berücksichtigen?

✅ Das Einziehungsgericht wird den Einwand nicht berücksichtigen.

Der Drittschuldner kann nicht mit einer Forderung des Vollstreckungsschuldners aufrechnen. Es fehlt an der Gegenseitigkeit.

Es hilft auch nicht, dass der PfÜB einer Abtretung ähnelt. Denn in den §§ 404 ff. BGB findet sich keine Vorschrift, wonach der Schuldner dem neuen Gläubiger Einwendungen aus dem Kausalverhältnis zwischen altem und neuem Gläubiger entgegenhalten kann.

Dem könnte man entgegnen, § 770 Abs. 2 BGB sei analog anwendbar. Dann hätte Ramses das Recht, die Zahlung zu verweigern. In seine Aufrechnungserklärung ließe sich als Minus die Berufung auf diese Einrede hineinlesen.

Nach § 770 Abs. 2 BGB muss der Bürge nicht zahlen, wenn der Gläubiger gegen eine Forderung des Hauptschuldners aufrechnen kann. Der Gläubiger soll sich möglichst einfach befriedigen. Er darf den Bürgen nicht unnötig belästigen. Ramses ähnelt in gewisser Hinsicht dem Bürgen. Er haftet subsidiär für die Schuld eines anderen. Er soll für Cäsar einspringen, weil dieser nicht zahlt.

Auf der anderen Seite unterscheidet sich der Drittschuldner vom Bürgen gravierend. Anders als bei der Bürgschaft existiert zwingend bereits ein Vollstreckungstitel. Der Rechtspfleger ist an ihn gebunden, wenn er den Pfändungs- und Überweisungsbeschluss erlässt. Das Einziehungsgericht wiederum ist grundsätzlich an den Pfändungs- und Überweisungsbeschluss gebunden.

Im Prozess gegen den Bürgen prüft das Gericht hingegen stets, ob eine Hauptforderung besteht. Es prüft also sämtliche materielle Fragen.

Die Aufrechnung ist ein materieller Einwand. Der Vollstreckungsschuldner kann ihn gegen die inhaltliche Richtigkeit des Titels vorbringen. Er müsste das Gestaltungsrecht ausüben. Anschließend müsste er Vollstreckungsabwehrklage erheben. Unterlässt er dies, kann niemand den auf dem Titel aufbauenden Pfändungs- und Überweisungsbeschluss angreifen.[183]

Daher gilt § 770 Abs. 2 BGB nicht analog für den Drittschuldner. Ramses kann keine Einrede der Aufrechenbarkeit erheben. Er muss an Nero zahlen.

Klausurtipp

Keinesfalls darf man die Aufrechnung mit der Einrede der Aufrechenbarkeit verwechseln. Dies wäre ein schwerer dogmatischer Fehler. Wer dieses Buch gelesen hat, begeht ihn nicht.

---

183 RGZ 93, 74 (77); Könen, JA 2016, 132 (136); Skamel, JA 2016, 337 (339).

699

Fall

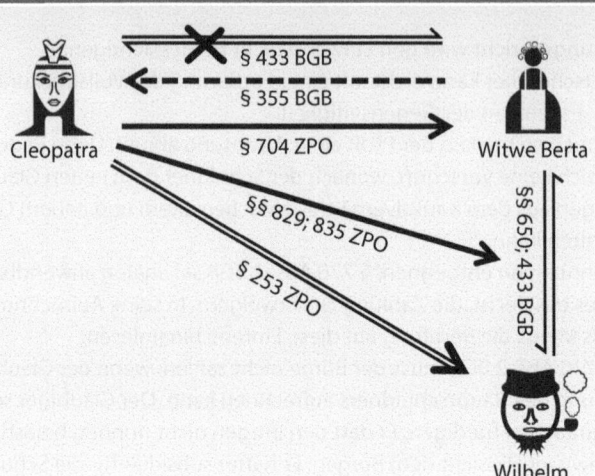

Cleopatra betreibt einen Versandhandel mit Kosmetika. Witwe Berta sieht ein Bild von ihr. Sie möchte einmal genauso schön sein. Deshalb bestellt sie über Cleopatras Homepage für 3000 Euro Eselsmilch-Creme. Die Ware trifft bei Witwe Berta ein. Über ihr fernabsatzrechtliches Widerrufsrecht belehrt Cleopatra sie nicht. Den Kaufpreis zahlt Witwe Berta nicht. Deswegen erstreitet Cleopatra gegen sie nach vier Monaten ein rechtskräftiges Versäumnisurteil.

Anschließend backt Witwe Berta für den sechzigsten Geburtstag ihres Nachbarn Wilhelm zehn Torten. Beide haben einen Preis von 500 Euro vereinbart. Diesen Zahlungsanspruch lässt sich Cleopatra zur Einziehung überweisen.

Ein halbes Jahr nach der Lieferung sind die Kosmetika immer noch ungeöffnet und versiegelt. Witwe Berta kommen Zweifel, ob die Creme bei ihr die gewünschte Wirkung erzielen wird. Sie erklärt den Widerruf.

Im Einziehungsprozess der Cleopatra gegen Wilhelm macht dieser geltend, das Urteil sei falsch geworden. Der Kosmetikkauf sei aufgrund des Widerrufs nach §§ 312g; 355; 357 BGB rückabzuwickeln.

❓ Wird Wilhelm mit diesem Einwand gehört?

✅ Nein. Wilhelm kann nicht geltend machen, der Titel sei inhaltlich falsch. Vielmehr liegt es an Witwe Berta, Vollstreckungsabwehrklage zu erheben. Das Gericht ist wiederum prinzipiell im Einziehungsprozess an den Pfändungs- und Überweisungsbeschluss gebunden. Selbst wenn Witwe Berta die Kosmetika bezahlt, bleibt der Beschluss in Kraft.

🛑 Merke: Materielle Einwendungen des Vollstreckungsschuldners gegen den titulierten Anspruch kann der Drittschuldner im Einziehungsprozess nicht vorbringen.[184]

---

184 BGHZ 81, 311, juris Rn. 22; BAGE 60, 263, juris Rn. 20.

7.4 REF Schadensersatzpflicht nach § 840 Abs. 2 Satz 2 ZPO

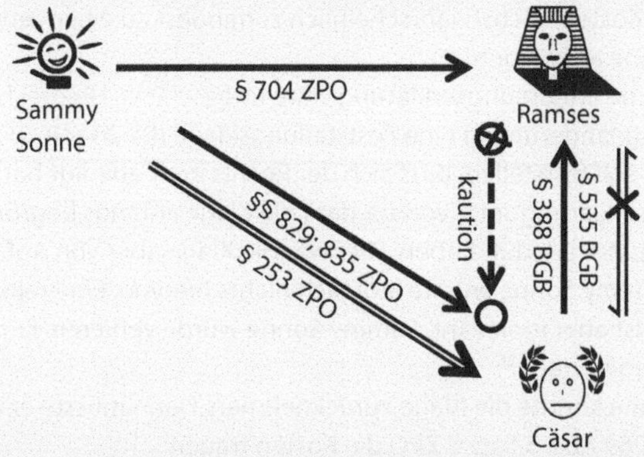

Ramses mietet bei Cäsar eine Wohnung. Ramses zahlt Cäsar eine Kaution von 500 Euro. Ramses kündigt und zieht aus. Cäsar steht ein Anspruch wegen Nachzahlung von Nebenkosten in Höhe von 500 Euro zu. Cäsar rechnet in voller Höhe mit dem Rückzahlungsanspruch wegen der Kaution auf. Sammy Sonne erwirkt ein Zahlungsurteil gegen Ramses über 500 Euro. Sammy Sonne lässt Ramses die Vermögensauskunft abnehmen. Gegenüber dem Gerichtsvollzieher behauptet Ramses, ihm stehe ein Rückzahlungsanspruch wegen der Kaution gegen Cäsar in Höhe von 500 Euro zu. Der Gerichtsvollzieher leitet diese Information an Sammy Sonne weiter. Sammy Sonne beantragt beim Vollstreckungsgericht, den Anspruch auf Rückzahlung der Mietkaution zu pfänden und ihm zur Einziehung zu überweisen. Der dortige Rechtspfleger erlässt den Beschluss. Das Vollstreckungsgericht stellt Cäsar den Beschluss zu. Gleichzeitig stellt es Cäsar die Aufforderung Sammy Sonnes zu, zu erklären, ob und inwieweit er die Forderung als begründet anerkenne und Zahlung zu leisten bereit sei. Cäsar äußert sich nicht. Drei Monate später erhebt Sammy Sonne gegen Cäsar Klage auf Rückzahlung der Kaution in Höhe von 500 Euro an sich. Cäsar erklärt in der Klageerwiderung, der Rückzahlungsanspruch sei wegen Aufrechnung erloschen. Sammy Sonne fragt Ramses, ob dies stimmt. Zähneknirschend gesteht Ramses die Aufrechnung.

❓ Wie sollte Sammy Sonne im Prozess reagieren? Ein Vorgehen gegen Ramses ist nicht zu prüfen.

▶ **Map 7.8**

✅ **Möglichkeiten**

Sammy Sonne hat eine Einziehungsklage erhoben. Er hat verschiedene Möglichkeiten.

1.) Hält er seinen Zahlungsantrag aufrecht, wird die Klage abgewiesen. Denn seine Pfändung ging ins Leere. Der Rückzahlungsanspruch war nach § 389 BGB erloschen. Sammy Sonne muss nach § 91 Abs. 1 ZPO die Prozesskosten tragen. Das wäre also die schlechteste Lösung.

2.) Sammy Sonne könnte versuchen, Cäsar zu überzeugen, den Rechtsstreit gemäß § 91a ZPO übereinstimmend für erledigt zu erklären. Damit würden beide dem

---

185 Nach AG Leipzig, Urt. v. 18.06.2014 – 113 C 9944/13.

Gericht die Hauptsache entziehen. Es müsste nur noch die Kosten zuweisen. Allerdings entscheidet das Gericht über die Kosten gemäß § 91a Abs. 1 ZPO nach billigem Ermessen. Maßgebend dafür sind in erster Linie die Erfolgsaussichten der Hauptsache. Die Klage war von vornherein unbegründet. Deswegen wird das Gericht die Kosten höchstwahrscheinlich zumindest zu einem erheblichen Teil Sammy Sonne auferlegen.

3.) Eine einseitige Erledigungserklärung wäre ungeschickt. Hierbei handelt es sich um eine Klageänderung in eine Feststellungsklage (§§ 264 Nr. 2; 256 Abs. 1 ZPO). Das Gericht soll feststellen, dass sich der Rechtsstreit erledigt hat. Die einseitige Erledigungserklärung setzt voraus, dass die Klage anfangs begründet war. Sie muss sich später erledigt haben. Hier war die Klage aber von Anfang an unbegründet. Sammy Sonne wusste lediglich nichts hiervon. Eine rein subjektive Erledigung ist aber irrelevant. Sammy Sonne würde verlieren. Er müsste die vollen Kosten tragen.[186]

4.) Sammy Sonne könnte die Klage zurücknehmen. Dann müsste er aber in jedem Fall nach § 269 Abs. 3 Satz 2 ZPO die Kosten tragen.

5.) Sammy Sonne kann seine Klage ändern in eine Klage auf Schadensersatz.[187] Vielleicht stimmt Cäsar der Klageänderung zu. Wenn nicht, wäre sie zumindest nach § 263, 2. Alt. ZPO sachdienlich. Denn durch die Klageänderung wird ein weiterer Prozess über Schadensersatz vermieden.[188]

Eine Klageänderung auf Schadensersatz ist aber nur sinnvoll, wenn Sammy Sonne gegen Cäsar ein Schadensersatzanspruch zusteht. Andernfalls wäre die Schadensersatzklage unbegründet. Sammy Sonne müsste die Prozesskosten tragen. Das wirft die Frage auf, nach welcher Anspruchsgrundlage Sammy Sonne Schadensersatz von Cäsar verlangen kann. Vertragliche Ansprüche scheiden aus. Zwischen Sammy Sonne und Cäsar besteht kein Vertrag. Insbesondere ist Sammy Sonne durch den Pfändungs- und Überweisungsbeschluss nicht in den früheren Mietvertrag zwischen Cäsar und Ramses eingetreten.

Sammy Sonne steht gegen Cäsar aber ein gesetzlicher Anspruch auf Schadensersatz aus § 840 Abs. 2 Satz 2 ZPO zu. Nach § 840 Absätze 1 und 2 ZPO hat der Drittschuldner binnen zwei Wochen nach Zustellung des Pfändungsbeschlusses dem Gläubiger zu erklären, ob und inwieweit er die Forderung als begründet anerkenne und Zahlung zu leisten bereit sei.

Die Auskunftpflicht setzt die wirksame Zustellung eines im Sinne des § 829 ZPO formell wirksamen Pfändungs- und Überweisungsbeschluss voraus. Wirksamkeitsvoraussetzung des Pfändungs- und Überweisungsbeschlusses ist jedoch nicht das Bestehen einer zu pfändenden Forderung. Der Rechtspfleger prüft nicht, inwieweit der vom Gläubiger genannte Anspruch des Schuldners existiert. Vielmehr genügt es, dass dem Schuldner die Forderung aus irgendeinem Rechtsgrund theoretisch zustehen kann. Es wird daher immer eine angebliche Forderung gepfändet. Die Pfändung ist zwar dann wirkungslos, wenn die betreffende Forderung nicht besteht

---

186 BGH, Urt. v. 04.02.1981 – VIII ZR 43/80, juris Rn. 14.
187 BGH, Urt. v. 04.02.1981 – VIII ZR 43/80, juris Rn. 10.
188 BGH, Urt. v. 04.02.1981 – VIII ZR 43/80, juris Rn. 14.

oder nicht dem Schuldner zusteht. Dies ist jedoch nur eine Frage der wirksamen Verstrickung. Demgegenüber löst die Zustellung eines wirksamen Pfändungs- und Überweisungsbeschlusses einen Auskunftsanspruch nach § 840 Abs. 1 ZPO aus. Die Auskunftspflicht nach § 840 Abs. 1 ZPO knüpft mithin nicht an den Bestand einer gepfändeten Forderung an. Vielmehr genügt, dass der in Anspruch Genommene potentiell Drittschuldner sein kann. Er soll gerade über die Frage Auskunft erteilen, ob dem Schuldner gegenüber dem Drittschuldner ein Anspruch zusteht.[189] Eine angebliche Forderung und die Zustellung des Pfändungs- und Überweisungsbeschlusses lagen vor. Seiner Auskunftspflicht ist Drittschuldner Cäsar gleichwohl nicht nachgekommen. Er hat die Drittschuldnererklärung erst im Einziehungsprozess abgegeben. Das war zu spät. Cäsar hat daher Sammy Sonne nach § 249 BGB so zu stellen, als hätte Cäsar die Auskunft rechtzeitig erteilt. Angenommen, Cäsar hätte rechtzeitig von der Aufrechnung berichtet. Dann hätte Sammy Sonne voraussichtlich nicht gegen Cäsar geklagt. In diesem Fall wären Sammy Sonne auch keine Prozesskosten entstanden. So sind Sammy Sonne aber Prozesskosten entstanden. Diese muss Cäsar ihm ersetzen.

Sammy Sonne sollte beantragen, festzustellen, dass Cäsar verpflichtet ist, ihm sämtliche Schäden zu ersetzen, die aus der verspäteten Erfüllung seiner Auskunftspflicht folgen. Dieser Antrag hätte Erfolg.[190] Sammy Sonne würde den Prozess gewinnen. Er müsste gemäß § 91 ZPO keine Prozesskosten tragen.
Fazit: Die Klageänderung in eine Feststellungsklage ist der beste Weg.

Zusatzfrage: Cäsar rügt, Sammy Sonnes Klage gegen ihn sei unzulässig. Sammy Sonne habe es entgegen § 841 ZPO unterlassen, Ramses den Streit zu verkünden. Hat Cäsar Recht?

701

Map 7.2

Formulierungsvorschlag im Urteilsstil
Entgegen der Auffassung des Beklagten ist die Einziehungsklage zulässig. Der Zulässigkeit steht nicht entgegen, dass der Kläger es unterlassen hat, dem Vollstreckungsschuldner den Streit zu verkünden. Die Form der Streitverkündung ist in § 73 ZPO geregelt. Sie erfolgt durch einen Streitverkündungsschriftsatz. Einen solchen hat der Kläger nicht eingereicht. Für die Einziehungsklage verpflichtet § 841 ZPO den Vollstreckungsgläubiger grundsätzlich, dem Vollstreckungsschuldner gerichtlich den Streit zu verkünden. Der Wortlaut „verpflichtet" ist missverständlich. Unterlässt der Einziehungsgläubiger, dem Schuldner nach § 73 ZPO den Streit zu verkünden, bleibt die Einziehungsklage zulässig. Die entgegen § 841 ZPO unterlassene Streitverkündung wirkt sich im Verhältnis zwischen Vollstreckungsgläubiger und Vollstreckungsschuldner aus.[191] Der Vollstreckungsschuldner soll nach §§ 74 Abs. 1; 67 ZPO dem

---

189 AG Leipzig, Urt. v. 18.06.2014 – 113 C 9944/13.
190 Vgl. BGH, Urt. v. 28.01.1981 – VIII ZR 1/80 = NJW 1981, 990 (991).
191 LG Lüneburg, Urt. v. 19.06.2008 – 1 S 22/08, juris Rn. 18; zur Reflexwirkung im Verhältnis Vollstreckungsschuldner – Drittschuldner: §§ 74; 68 ZPO.

Einziehungsprozess beitreten können.[192] Dadurch soll er dem Vollstreckungsgläubiger helfen können.[193] Wenn der Vollstreckungsschuldner von der Einziehungsklage nichts weiß, kann er nicht beitreten. Das kann dazu führen, dass dem Vollstreckungsgläubiger unbekannte Tatsachen im Einziehungsprozess unerwähnt bleiben. Das wiederum kann zur Folge haben, dass der Vollstreckungsgläubiger den Einziehungsprozess verliert. Der Vollstreckungsgläubiger muss den Vollstreckungsschuldner freistellen, wenn er die Einziehungsklage mit dessen Hilfe gewonnen hätte. Demgegenüber betrifft § 841 ZPO nicht das Verhältnis zwischen Vollstreckungsgläubiger und Drittschuldner. Das ergibt sich aus systematischer Stellung und Zweck des § 841 ZPO. Er findet sich unmittelbar vor § 842 ZPO. § 842 ZPO regelt Pflichten des Vollstreckungsgläubigers gegenüber dem Vollstreckungsschuldner. § 841 ZPO soll den Vollstreckungsschuldner schützen.[194] Immerhin reduziert sich dessen titulierte Zahlungspflicht, soweit der Drittschuldner an den Vollstreckungsgläubiger leistet. Um diesen Zweck geht es hier nicht. Der Vollstreckungsschuldner ist nur mittelbar vom hiesigen Prozess betroffen. Es prozessieren Vollstreckungsgläubiger und Drittschuldner gegeneinander.

Klausurtipp

Anders ist zu formulieren, wenn der Gläubiger dem Schuldner den Streit verkündet hat. Dann muss man die Streitverkündung im Rahmen der Zulässigkeit der Klage regelmäßig nicht ansprechen. Allenfalls ist eine kurze Anmerkung erlaubt, dass die Streitverkündung gerade keine Zulässigkeitsvoraussetzung ist. Im Übrigen ist die Streitverkündung richtigerweise in der Prozessgeschichte am Ende des Tatbestands wiederzugeben.[195] In der Begründetheit ist sie nur zu erwähnen, wo sie im Rahmen des Subsumtionsschemas relevant ist.[196]

7.5 Die Pfändung sonstiger Vermögensrechte

702   Gemäß § 857 ZPO können auch sonstige Rechte gepfändet werden. Für die Staatsexamina genügt, die Vorschrift und die wenigen klausurrelevanten Beispiele zu kennen. Im PfüB-Formular ist auf Seite 4 der Anspruch G anzukreuzen.

---

192 BAGE 34, 208, juris Rn. 12.
193 BGH, Urt. v. 27.04.1978 – VII ZR 219/77, juris Rn. 15.
194 BGHZ 157, 195, Rn. 18.
195 Beispiel: BAG, Urt. v. 22.06.1972 – 5 AZR 55/72, juris Rn. 2.
196 Näher Krüger/Rahlmeyer, JA 2014, 202 (205).

Forderung aus Anspruch
☐ A (an Arbeitgeber)
☐ B (an Agentur für Arbeit bzw. Versicherungsträger)
Art der Sozialleistung: _____
Konto-/Versicherungsnummer: _____
☐ C (an Finanzamt)
☐ D (an Kreditinstitute)
☐ E (an Versicherungsgesellschaften)
Konto-/Versicherungsnummer: _____
☐ F (an Bausparkassen)
☒ G
☐ gemäß gesonderter Anlage(n) _____

7.5.1 Übertragungsansprüche

Klausur- und praxisrelevant ist die Pfändung von Übertragungsansprüchen. Dies betrifft den Rückgewähranspruch bei einer Grundschuld oder beim Sicherungseigentum.

703

Anwaltsklausur (Schwierigkeitsgrad: sehr hoch)

Cäsar wünscht sich ein Auto. Er hat aber kein Geld. Deshalb nimmt er bei einer Bank ein Darlehen über 15.000 Euro auf. Cäsar erwirbt das Auto im Autohaus. Die Bank lässt es sich als Sicherheit übereignen. Im Sicherungsvertrag heißt es, Cäsar habe einen Anspruch auf Rückübertragung des Eigentums, wenn er das Darlehen vollständig zurückgezahlt hat.[197] Einige Jahre später erstreitet Nero gegen Cäsar einen Titel über 8000 Euro. Mittlerweile hat Cäsar das Bankdarlehen bis auf 500 Euro getilgt.

Das Fahrzeug ist noch 10.000 Euro wert. Cäsar benötigt es nicht für seine Arbeit oder Arztfahrten. Über weiteres pfändbares Vermögen verfügt Cäsar nicht. Nero möchte gegen Cäsar vollstrecken. Er wendet sich an seinen Anwalt.

197 Ein Muster für eine Sicherungsübereignung ist abrufbar im Formularcenter auf ▶ https://www. berufsbildung.nrw.de.

❓ Was wird der Anwalt Nero raten?

✔️ Der Mandant möchte die 8000 Euro erhalten. Fraglich ist, ob er zu diesem Zweck unmittelbar das Auto gemäß §§ 803; 808 ZPO pfänden und versteigern lassen soll. Das wäre riskant. Immerhin kann die Bank nach § 771 ZPO Drittwiderspruchsklage erheben. Schließlich gehört der Wagen ihr. Nero könnte darauf spekulieren, dass die Bank keine Drittwiderspruchsklage erhebt. Das ist aber problematisch. Denn Nero würde vorsätzlich das Eigentum der Bank verletzen. Er riskiert, dass sie von ihm Schadensersatz aus § 823 Abs. 1 BGB verlangt.[198] Schon aus diesem Grund ist ihm von diesem rechtswidrigen Vorgehen abzuraten.

Allerdings steht Cäsar aus der Sicherungsabrede (§ 311 BGB) ein aufschiebend bedingter Rückübertragungsanspruch zu. Nero sollte ihn nach §§ 829; 835; 857 Abs. 1 ZPO pfänden.[199] Dann kann Nero gemäß § 267 Abs. 1 BGB die noch offenen 500 Euro an die Bank zahlen. Die Bank darf die Zahlung nicht ablehnen.[200] Denn Nero hat Cäsars Widerspruchsrecht aus § 267 Abs. 2 BGB automatisch mitgepfändet.[201] Man mag dies aus § 162 Abs. 1 BGB herleiten.[202] Alternativ lässt es sich mit dem Inhibitorium aus § 829 Abs. 1 Satz 2 ZPO begründen.[203] Danach kann der Schuldner über den Rückübertragungsanspruch nicht mehr verfügen. Auch nicht mittelbar, indem er über das Darlehenstilgungsrecht bestimmt. Andernfalls könnte der Schuldner die Verwertung unterlaufen. Mit Neros Restzahlung ist Cäsars Rückübertragungsanspruch unbedingt geworden. Die Bank muss das Auto nicht etwa an Nero übereignen. Vielmehr kann Nero das Auto nach § 847 i. V. m. §§ 814 ff. ZPO versteigern lassen. Der Erlös gebührt in Höhe von 8000 Euro ihm.[204] Die 500 Euro kann sich Nero bei Cäsar nach § 788 ZPO wiederholen.

❗ **Merke: Ein etwaiger Übererlös gebührt bei einer Zwangsversteigerung grundsätzlich dem Schuldner. Das ergibt sich aus § 1247 Satz 2 BGB analog. Der Erlös tritt nämlich an die Stelle des versteigerten Gegenstands.**

7.5.2 Anwartschaftsrecht

704   Ähnlich wie die Zwangsvollstreckung beim Sicherungseigentum verläuft die Pfändung des Anwartschaftsrechts.

---

198 Zur verlängerten Drittwiderspruchsklage siehe unten Rn. 1111.
199 Vgl. auch § 844 Abs. 1 ZPO.
200 Staufenbiel/Meurer, JA 2005, 796 (798).
201 OLG Celle, Beschl. v. 10.06.1960 – 8 U 25/60 = NJW 1960, 2196.
202 Für das Anwartschaftsrecht BGH, Urt. v. 24.05.1954 – IV ZR 184/53, juris Rn. 14.
203 Auch vertretbar: § 401 BGB analog oder § 34 Abs. 1 VVG analog.
204 Ausführlich zur Drittwiderspruchsklage beim Sicherungseigentum siehe oben Rn. 472.

Beispiel

Ein Käufer erwirbt eine Sache unter Eigentumsvorbehalt. Einer seiner Gläubiger möchte auf sein Anwartschaftsrecht zugreifen. Drei Wege sind denkbar. Der Gläubiger kann allein die Sache pfänden (Theorie der Sachpfändung). Er kann allein das Anwartschaftsrecht pfänden (Theorie der Rechtspfändung). Oder er kann beides pfänden (Theorie der Doppelpfändung). Die h. M. vertritt die Theorie der Doppelpfändung.[205] Der Gläubiger muss also sowohl den Rechtspfleger als auch den Gerichtsvollzieher beauftragen. Der Rechtspfleger pfändet nach § 857 ZPO das Anwartschaftsrecht. Damit verhindert der Gläubiger – wie beim Sicherungseigentum – dass der Schuldner über das Recht verfügt. Außerdem muss er die Sache pfänden. Denn letztlich will er, dass der Gerichtsvollzieher sie versteigert. Dies gelingt, wenn das Anwartschaftsrecht zum Vollrecht erstarkt ist.

Klausurtipp

Der Examenskandidat sollte diesen Theorienstreit nicht allzu sehr ausbreiten. Die Rechtsfrage stellt sich heute in der Praxis fast nicht mehr. Merken sollte man sich jedoch die h. M.

7.5.3 Internet-Domain

Hauptsächlich für Schwerpunktbereichstudenten interessant ist die Pfändung einer Internet-Domain. Die Domain selbst ist lediglich eine technische Adresse, z. B. ▶ http://www.bundesgerichtshof.de. Eine Adresse ist aber kein Vermögensobjekt.[206] Man kann sie ebenso wenig pfänden wie eine Wohnanschrift. Allerdings wird die Internetadresse von einer Vergabestelle zugeteilt. In Deutschland heißt diese Denic. Wer eine Internetadresse mit der Endung „de" möchte, muss mit der Denic e.G. einen Vertrag schließen. Aus diesem Vertrag stehen ihm Ansprüche gegen die Denic zu. Er kann verlangen, dass die Denic ihm eine bestimmte Internetadresse zuteilt. Es handelt sich um ein Dauerschuldverhältnis. Die Denic muss die Adresse für ihn aufrechterhalten.[207] Diese Ansprüche kann ein Gläubiger pfänden.[208]

705

205 BGH, Urt. v. 24.05.1954 – IV ZR 184/53, juris Rn. 10; Helms Zeppernick, Sachenrecht I, 3. Auflage 2016, Rn. 259; i. d. S. auch BGH, Urt. v. 31.05.1965 – VIII ZR 302/63, juris Rn. 38.
206 BVerfG, Beschl. v. 24.11.2004 – 1 BvR 1306/02, juris Rn. 9; BGH, Urt. v. 18.01.2012 – I ZR 187/10, Rn. 23.
207 BVerfG, Beschl. v. 11.07.2014 – 2 BvR 2116/11, Rn. 33.
208 BGH, Beschl. v. 05.07.2005 – VII ZB 5/05, juris Rn. 6 und Urt. v. 11.10.2018 – VII ZR 288/17, Rn. 16; BFHE 258, 223, Rn. 9; VG Dresden, Urt. v. 12.04.2016 – 2 K 5/15, juris Rn. 30; Welzel, MMR 2001, 131 (S. 135); zu § 811 Abs. 1 Nr. 5 ZPO: LG Mühlhausen, Beschl. v. 13.12.2012 – 2 T 222/12, juris Rn. 11 ff.

Beispiel

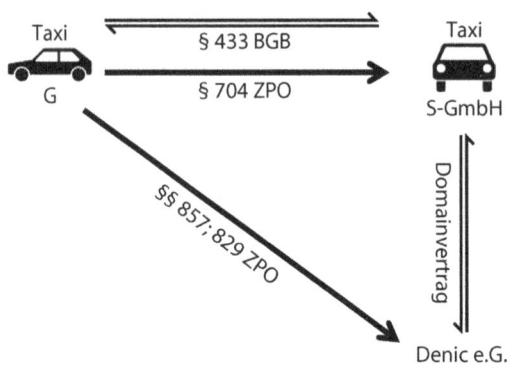

G betreibt in Heidelberg ein kleines Taxiunternehmen. Es läuft nicht besonders gut. Er muss Kosten sparen. Deshalb verkauft er sein schönstes Auto für 40.000 Euro an seinen Konkurrenten, die S-GmbH. Die S-GmbH zahlt den Kaufpreis nicht. Deshalb erstreitet G in Höhe von 40.000 Euro ein rechtskräftiges Versäumnisurteil gegen die S-GmbH. G erfährt, dass die S-GmbH geheime Konten im Ausland hat. Er bekommt aber nicht heraus, wo. Die S-GmbH betreibt aber die bislang wenig bekannte Internetadresse „▶ www.taxi-heidelberg.de". G würde sie gerne für sein Unternehmen nutzen. G kann die Ansprüche der S-GmbH aus dessen Vertrag mit der Denic nach §§ 857; 829 ZPO pfänden.[209] Allerdings kann G die Domain allein durch die Pfändung noch nicht nutzen. Vielmehr erhält er nur ein Pfandrecht an den Rechten (§ 804 Abs. 1 ZPO). Die Konstellation ähnelt der Pfändung eines Zahlungsanspruchs. Dort kann ein Gläubiger auch nicht allein dadurch auf ein Kontoguthaben zugreifen, dass er es pfändet. Vielmehr muss er es sich zur Einziehung oder an Zahlungs statt zum Nennwert überweisen lassen (§ 835 ZPO). Eine Überweisung zur Einziehung scheidet bei Domainansprüchen aus. Denn Einziehung gemäß § 835 Abs. 1, 1. Alt. ZPO beinhaltet nach ihrem Wortlaut, dass der Schuldner Inhaber des Rechts bleibt. Der Gläubiger darf es lediglich ausüben. Ein derartiges Auseinanderfallen von Recht und Ausübungsbefugnis ergibt bei Domains keinen Sinn. Auch eine Überweisung an Zahlungs statt zum Nennwert gemäß § 835 Abs. 1, 2. Alt. ZPO funktioniert nicht. Denn die Domainansprüche haben keinen Nennwert. Will G die Domain nutzen, muss er dies vielmehr zusätzlich beim Vollstreckungsgericht beantragen (§§ 857; 844 Abs. 1 ZPO). Das Vollstreckungsgericht kann dann einen freihändigen Verkauf an ihn gestatten. Alternativ kann es ihm gegen eine Lizenzgebühr eine Dauernutzungsbefugnis einräumen. Damit entsteht die Folgefrage, in welcher Höhe G als befriedigt anzusehen ist. Dies bestimmt sich nach dem Marktwert der Internetadresse. Das Vollstreckungsgericht muss ihn schätzen. Notfalls muss es hierzu ein Sachverständigengutachten einholen.[210] Wenn die Denic sich weigert, G die Domain zuzuteilen, kann G sie im Wege der Einziehungsklage verklagen.

---

209 BGH, Urt. v. 11.10.2018 – VII ZR 288/17, Rn. 19; BFHE 258 Rn. 9; VG Dresden, Urt. v. 12.04.2016 – 2 K 5/15, Rn. 23; zum Antrag: Leeb/Rackl, RpflStud 2017, 29 (31).
210 Schmittmann, DGVZ 2001, 177 (180).

7.5.4 Gesellschaftsanteile

Möglicherweise ist der Schuldner Mitglied einer BGB-Gesellschaft (GbR). Die Gesell-   706
schaft betreibt ein Unternehmen. Es macht Gewinne. Sie stehen dem Schuldner anteilig
zu. Anspruchsgrundlage ist § 721 Abs. 2 BGB. Der Gläubiger kann die Gewinne pfänden. Wird die Gesellschaft, aufgelöst, hat der Schuldner einen Anspruch auf das Auseinandersetzungsguthaben. Anspruchsgrundlage ist § 734 BGB. Auch diesen Anspruch
kann der Gläubiger pfänden. Ein cleverer Schuldner wird dem Zugriff des Gläubigers
zuvorkommen. Er wird seinen Gesellschaftsanteil veräußern. Dadurch geht die Pfändung ins Leere. Deshalb erklärt § 859 Abs. 1 ZPO den Gesellschaftsanteil für pfändbar.
Diese Aussage muss man spezifizieren. Pfändbar ist der Anteil des Schuldners am Gesellschaftsvermögen. Pfändet der Gläubiger ihn, wird er nicht Gesellschafter.[211] Er darf
grundsätzlich nicht in der Gesellschaft mitbestimmen. Diese Befugnis steht nach wie
vor dem Schuldner zu. Das ergibt sich aus § 725 Abs. 2 BGB. Insbesondere verbleibt
dem Schuldner ein etwaiges Geschäftsführungsrecht aus § 709 BGB. Die Mitgesell-
schafter würden sich auch gehörig beschweren. Denn sie müssten mit einem ihnen Unbekannten zusammenarbeiten. Im Außenverhältnis gilt dies erst Recht: Selbstverständlich darf der Gläubiger die Gesellschaft nicht nach §§ 709; 714 BGB vertreten. Umgekehrt
haftet er auch nicht für Gesellschaftsverbindlichkeiten.

> 🛈 Merke: Die Verwaltungsrechte eines Gesellschafters sind nicht pfändbar. Hat ein
> Gläubiger eines Gesellschafters dessen Gesellschaftsanteil gepfändet, können die
> Gesellschafter daher auch weiterhin ungehindert über die zum Gesellschaftsver-
> mögen gehörenden Gegenstände verfügen.

Der Gläubiger kann sich den Anteil am Gesellschaftsvermögen zur Einziehung überweisen lassen.[212] Dann darf er gemäß § 725 Abs. 2 BGB auf den Gewinnanteil zugreifen.[213] Außerdem kann er die Gesellschaft nach § 725 Abs. 1 BGB kündigen. Das ermöglicht ihm, sich das anteilige Auseinandersetzungsguthaben einzuverleiben.[214] Er
hat also die Rechte, die er auch isoliert pfänden könnte. Sicherheitshalber sollte er diese
Einzelansprüche im PfüB-Formular zusätzlich nennen. Der Gläubiger sollte klarstellen,
dass er sowohl den Gesellschaftsanteil als auch Gewinnanteile und Auseinandersetzungsguthaben pfänden will. Doppelt gemoppelt hält besser.

> 🛈 Merke: Für den Gläubiger ist es regelmäßig sinnvoller, den Gesellschaftsanteil zu
> pfänden als nur die einzelnen Zahlungsansprüche. Gleichwohl ist es unschädlich,
> die Einzelansprüche im PfüB-Formular zu bezeichnen.

Der Referendar sollte im Aktenauszug besonders auf eine abgedruckte Zustellungsur-   707
kunde achten. Denn nach § 857 Abs. 1 i. V. m. § 829 Abs. 3 ZPO ist der Pfändungsbeschluss dem Drittschuldner zuzustellen. Drittschuldnerin ist die GbR.[215] Eine GbR ist

---

211 BGH, Beschl. v. 15.09.2016 – V ZB 183/14, Rn. 27.
212 Alternative: Freihändige Veräußerung über § 844 ZPO.
213 BGH, Urt. v. 14.01.2010 – IX ZR 78/09, Rn. 13.
214 RGZ 95, 231 (233); BGHZ 116, 222, juris Rn. 22; BGH, Urt. v. 8.12.1971 – VIII ZR 113/70, juris Rn. 21.
215 RGZ 120, 135 (137); BGH, Urt. v. 11.01.1960 – II ZR 69/59, juris Rn. 11.

kein Mensch, sondern eine Organisation. Bei Organisationen ist gemäß § 170 Abs. 2 ZPO an ihren Leiter zuzustellen. Leiter der GbR sind gemäß §§ 709; 714 BGB grundsätzlich alle Gesellschafter gemeinschaftlich. Möglicherweise wurde der Pfändungsbeschluss in der Klausur nur an einen der Gesellschafter zugestellt. Dann ist auf § 170 Abs. 3 ZPO einzugehen: Es genügt, an einen der geschäftsführenden Gesellschafter zuzustellen.[216] Der Schuldner kann jedoch nicht alleiniger Zustellungsadressat sein. Es bestünde ein Interessenkonflikt. Dogmatisch lässt sich dies mit einer Analogie zu § 178 Abs. 2 ZPO begründen.

708   Bei OHG und KG ähnelt die Lage der GbR. Gemäß § 105 Abs. 3 HGB finden auf die OHG die Vorschriften über die GbR Anwendung. Für die KG gilt das Gleiche über § 161 Abs. 2 HGB. Auch bei der OHG und der KG kann der Gläubiger den Anteil am Gesellschaftsvermögen oder die Einzelansprüche pfänden. Er kann sich die Gewinne des Schuldners auszahlen lassen. Unter den Voraussetzungen des § 135 HGB kann er auf das Auseinandersetzungsguthaben zugreifen.

7.6 Die Forderungspfändung aus Anwaltssicht

7.6.1 Anträge und Klagebegründung bei der Einziehungsklage

709   Die Einziehungsklage aus Anwaltssicht ist eher unwahrscheinlich. Gleichwohl sollte man auch auf solch schwierige Fälle vorbereitet sein.[217]

In der Einziehungsklausur aus Sicht des Gläubigervertreters ist dem Schuldner der Streit zu verkünden. Am besten geschieht dies gleich in der Klageschrift.

> **Formulierungsvorschlag für eine Einziehungsklage gegen die Arbeitgeberin**
> Namens und in Vollmacht der Klägerin erhebe ich Klage. Ich werde beantragen, die Beklagte zu verurteilen, an die Klägerin 6000 Euro nebst Zinsen in Höhe von 5 Prozentpunkten über dem Basiszinssatz seit Rechtshängigkeit zu zahlen, Außerdem verkünde ich Herrn Samuel Schuld, Schuldnergasse 12, 68161 Heidelberg den Streit.

710   Der Klageantrag betrifft den pfändungsfreien Bruttobetrag des fälligen Lohns. In der Klagebegründung ist der Schuldner als Streitverkündeter zu bezeichnen. Der Titel ist genau zu beschreiben. Es ist zur Einziehungsbefugnis und zum Anspruch des Schuldners aus § 611a Abs. 2 BGB vorzutragen. Es ist auszuführen, wegen welcher Forderungshöhe der PfÜB ergangen ist. In der Regel ist dies der titulierte Betrag. Es ist anzugeben, wann der Pfändungs- und Überweisungsbeschluss der Drittschuldnerin zugestellt

---

216 BGHZ 97, 392, juris Rn. 9 ff.; BGH, Urt. v. 18.05.1998 – II ZR 380/96, juris Rn. 9; OLG Celle, Urt. v. 31.03.2004 – 9 U 217/03, juris Rn. 12.
217 Klausurbeispiel bei Brede, JA 2018, 848.

wurde. Denn ab diesem Zeitpunkt hätte sie den Lohn an die Gläubigerin zahlen müssen (§ 829 Abs. 3 ZPO).

Es ist vorzutragen, für welchen Lohn der Schuldner bei der Drittschuldnerin arbeitet. Wegen § 850c ZPO ist anzugeben, wem der Schuldner Unterhalt gewährt.[218] Üblicherweise genügt anzugeben, dass er verheiratet ist und zwei minderjährige Kinder hat.

Eine Kopie des Titels sowie des Pfändungs- und Überweisungsbeschlusses sind der Klageschrift beizufügen. Das Gleiche gilt für den Zustellungsnachweis. Liegt ein Arbeitsvertrag vor, ist auch dieser in Kopie zu übersenden. Unbedingt mitzusenden sind schriftliche Auskünfte des Schuldners oder der Drittschuldnerin.[219]

Der Gläubigervertreter darf nach dem PfÜB die Forderung einziehen – mehr nicht. Verboten ist ihm, ohne Zustimmung des Schuldners einen Vergleich schließen. Hierzu muss der Rechtspfleger des Vollstreckungsgerichts den Gläubiger unter den Voraussetzungen des § 844 ZPO zum konkreten Vergleichsschluss ermächtigen. Andernfalls beendet der Vergleich zwar die Einziehungsklage. Er bindet aber weder im Verhältnis Gläubiger – Schuldner noch im Verhältnis Schuldner – Drittschuldner. Der Gläubiger riskiert, vom Schuldner aus § 842 ZPO auf Schadensersatz in Anspruch genommen zu werden.

7.6.2 Überweisung an Zahlungs statt zum Nennwert

Kaum klausurrelevant ist die Frage, wann eine Überweisung an Zahlungs statt zum Nennwert sinnvoll ist. Manch einen interessiert sie aber. Die Antwort ist: Die Überweisung an Zahlungs statt zum Nennwert ist fast nie sinnvoll. Die Überweisung zur Einziehung bietet einen großen Vorteil. Angenommen, der Drittschuldner zahlt nicht. Dann kann sich der Gläubiger weiterhin an den Vollstreckungsschuldner halten. Er kann andere Gegenstände des Vollstreckungsschuldners pfänden. Bei der Überweisung an Zahlungs statt zum Nennwert erlischt die titulierte Forderung bereits mit Zustellung des Pfändungs- und Überweisungsbeschlusses. Der Vollstreckungsschuldner darf bereits zu diesem Zeitpunkt Vollstreckungsabwehrklage erheben. Bei der Überweisung zur Einziehung ist ihm dies erst möglich, wenn der Drittschuldner gezahlt hat.

Im Rahmen der Vollstreckungsabwehrklage wurde eine Ausnahmekonstellation erörtert, in der die Überweisung an Zahlungs statt zum Nennwert sich anbietet.[220] Daneben bietet sich die Überweisung an Zahlungs statt zum Nennwert nur in zwei Fällen an:

Erstens, die gepfändete Forderung ist höher verzinslich als die titulierte. Dann profitiert der Gläubiger von den höheren Zinsen. Mit dem Gläubigerrecht an der Forderung erlangt der Gläubiger nämlich analog § 401 BGB auch den Anspruch auf die Zinsen. Allerdings sollte der Drittschuldner leistungsfähig sein, z. B. eine Bank oder der Staat.

In der zweiten Fallgruppe pfändet der Gläubiger eine Grundschuld. Er hat wie immer zwei Möglichkeiten. Er kann sie sich zur Einziehung überweisen lassen. Besser ist jedoch der Weg an Zahlungs statt. Er ist dem Gläubiger nach §§ 857 Abs. 6; 835; 837

711

---

218 LAG Baden-Württemberg, Urt. v. 20.03.2014 – 18 Sa 78/13, juris Rn. 34.
219 Zur Beweislastumkehr siehe oben Rn. 666 f.
220 Siehe oben Rn. 224.

ZPO erlaubt. Dem Gläubiger kommt zunächst regelmäßig der eben genannte Vorteil der ersten Fallgruppe zugute. Die Grundschuld ist nach § 1191 Abs. 2 BGB verzinslich. Ihr Zinssatz beträgt regelmäßig mindestens 15 Prozent. Demgegenüber liegt der Zinssatz der titulierten Forderung oft nur bei fünf oder neun Prozentpunkten über dem Basiszins (§§ 288 Abs. 1 Satz 2, Abs. 2 BGB).

Die Überweisung zur Einziehung erlaubt dem Gläubiger überdies nur, in das Grundstück nach §§ 1147; 1992 Abs. 1 BGB; 866 Abs. 1 ZPO zu vollstrecken. Insbesondere darf er es nach § 15 ZVG versteigern. Bei der Überweisung an Zahlungs statt zum Nennwert gehört ihm hingegen die Grundschuld. Er kann mit ihr arbeiten. Beispielsweise kann er sie seiner Bank als Sicherheit für einen Kredit übertragen. Das vollzieht sich nach §§ 398; 413; i. V. m. § 1154 BGB analog. Freilich benötigt der Gläubiger bei einer Briefgrundschuld den Brief. Notfalls muss er nach §§ 830 Abs. 1 Satz 1; 857 Abs. 6 ZPO einen Gerichtsvollzieher beauftragen. Dieser muss dem Schuldner den Brief wegnehmen. Der Pfändungsbeschluss bildet ausnahmsweise einen Herausgabetitel gegen den Vollstreckungsschuldner.[221]

---

221 BGH, Urt. v. 06.04.1979 – V ZR 216/77, juris Rn. 12.

Die Erinnerung

© Springer-Verlag GmbH Deutschland, ein Teil von Springer Nature 2020
M. Duchstein, *Zwangsvollstreckungsrecht*, Springer-Lehrbuch,
https://doi.org/10.1007/978-3-662-59444-5_8

8.1 Zulässigkeit

712   Die Erinnerung ist in § 766 ZPO beschrieben. Dessen beide Absätze sind klausurrelevant. In der Zulässigkeitsprüfung sind auch hier stets die Punkte Statthaftigkeit, Zuständigkeit und Rechtsschutzbedürfnis zu erörtern.

713   Über die Erinnerung entscheidet der Richter beim Amtsgericht.[1] Rechtsmittel gegen seinen Beschluss ist die sofortige Beschwerde gemäß § 793 ZPO. Die Norm verweist auf die §§ 567 ff. ZPO. Diese enthalten konkretere Regelungen als § 766 ZPO. Sie sind teilweise auf die Erinnerung analog anwendbar. Denn wenn eine Anforderung in zweiter Instanz gilt, gilt sie manchmal in der Eingangsinstanz erst Recht. Ein Beispiel ist § 569 Abs. 2 Satz 2. Danach muss die Beschwerdeschrift die angefochtene Entscheidung bezeichnen. Für die Erinnerung gilt die Vorschrift allerdings nur entsprechend. Das bedeutet, der Erinnerungsführer muss die angefochtene Maßnahme des Gerichtsvollziehers bezeichnen.

> ⓘ Merke: Keinesfalls darf man sämtliche Vorschriften des Beschwerderechts auf die Erinnerung analog anwenden. Insbesondere ist die Erinnerung unbefristet möglich. Anderes gilt gemäß § 569 Abs. 1 ZPO für die sofortige Beschwerde. Im hiesigen Buch sind die wenigen Vorschriften des Beschwerderechts genannt, die analog für die Erinnerung gelten.

8.1.1 Statthaftigkeit

Allgemeines

714   Innerhalb der Statthaftigkeitsprüfung sollte der Klausurbearbeiter zunächst klarstellen, was eine Erinnerung ist. Er sollte erklären, dass sich der Erinnerungsführer mit ihr gegen die Art und Weise der Zwangsvollstreckung (oder den Kostenansatz) des Gerichtsvollziehers wendet. Sodann empfiehlt sich, unter den Wortlaut des § 766 ZPO zu subsumieren. Man sollte die Vollstreckungsmaßnahme genau bezeichnen.

> **Formulierungsvorschlag**
> Der Schuldner wendet sich gegen die Pfändung des Stuhls.

Etwaige Rügen des Schuldners kann man hier bereits einordnen.

> **Formulierungsvorschlag für einen einfachen Fall**
> Der Schuldner meint, der Stuhl sei unpfändbar. Außerdem habe der Gerichtsvollzieher das Pfandsiegel verkehrt herum aufgeklebt. Diese Rügen betreffen die Art und Weise der Zwangsvollstreckung und das vom Gerichtsvollzieher bei ihr zu beobachtende Verfahren.

---

1   §§ 766 Abs. 1 Satz 1; 764 Abs. 1; 20 Nr. 17 RPflG; Art. 92 GG.

Abgrenzung von anderen Rechtsbehelfen

In schwierigeren Fällen ist die Erinnerung von anderen Rechtsbehelfen abzugrenzen.   715
Materielle Rechtsverletzungen (BGB) kann man mit der Erinnerung fast nie rügen. Demgegenüber ist die Erinnerung der richtige Rechtsbehelf, wenn die Vollstreckungsmaßnahme gegen die ZPO verstößt. Beruft sich der Antragsteller sowohl auf das BGB als auch auf die ZPO, muss der Klausurbearbeiter entscheiden. Er muss rechtsbehelfsfremde Einwände in der Statthaftigkeit des richtigen Rechtsbehelfs aussortieren. In der weiteren Prüfung sind sie mit keinem Wort zu erwähnen. Selbst im Rahmen der Kostenentscheidung sollte man sie ignorieren.

> **❶ Merke:** Die Erinnerung ist ein Rechtsbehelf eigener Art. Es ist nicht zulässig, sie mit einer Klage zu verbinden. § 260 ZPO gilt nicht, auch nicht analog.

Vollstreckungsabwehrklage

Mit der Vollstreckungsabwehrklage erhebt der Vollstreckungsschuldner materielle Ein   716
wände gegen die titulierte Forderung. Demgegenüber rügt der Erinnerungsführer Mängel im Zwangsvollstreckungsabschnitt. Beides schließt sich gegenseitig aus.

Formulierungsvorschlag im Urteilsstil

Der Schuldner wird mit dem Einwand nicht gehört, die titulierte Forderung sei erloschen. Der Einwand betrifft weder die Art und Weise der Zwangsvollstreckung noch das vom Gerichtsvollzieher bei ihr zu beobachtende Verfahren. Einschlägig wäre vielmehr die Vollstreckungsabwehrklage im Sinne des § 767 ZPO. Eine solche erhebt der Vollstreckungsschuldner aber erkennbar nicht. Denn er rügt zahlreiche Fehler des Gerichtsvollziehers. Sie wiegen aus seiner Sicht schwer. Wollte man seinen Antrag als Vollstreckungsabwehrklage auslegen, blieben sämtliche dieser Rügen ungeprüft. Das Amtsgericht müsste das Verfahren auf Antrag des Schuldners analog § 281 ZPO an das gemäß § 767 Abs. 1 ZPO zuständige Landgericht verweisen.[2] Das will der Schuldner ersichtlich nicht. Vor allem hat er seinen Antrag als Erinnerung bezeichnet. Von diesem Wortlaut darf das Amtsgericht ohne eindeutige Anhaltspunkte nicht abweichen.

❯ Map 2.3

Mit der Vollstreckungsabwehrklage kollidiert die Erinnerung auch bei Zug-um-Zug-   717
Problemen. Etwa kann sich die Gegenleistung nach Schluss der mündlichen Verhandlung des Erstprozesses verschlechtert haben. Beispiel: Der Verkäufer erstreitet gegen den Käufer ein Urteil auf Kaufpreiszahlung Zug um Zug gegen Übergabe des verkauften Gebrauchtwagens. Die Vollstreckung richtet sich nach § 756 ZPO. Nach dieser Vorschrift muss der Gerichtsvollzieher dem Schuldner grundsätzlich die Gegenleistung anbieten. Erst dann darf er bei ihm vollstrecken. Der Gerichtsvollzieher prüft aber nur, ob die Gegenleistung die im Titel benannte ist. Grund ist die Formalisierung der

---

2   Vgl. OLG Köln, Beschl. v. 23.11.1998 – 13 W 68/98.

Zwangsvollstreckung. Bietet der Gerichtsvollzieher dem Schuldner eine falsche Gegenleistung an, kann dieser Erinnerung erheben. Denn der Gerichtsvollzieher hat § 756 ZPO verletzt. Der Schuldner erhebt im Sinne von § 766 Abs. 1 ZPO eine Einwendung, die das vom Gerichtsvollzieher zu beachtende Verfahren betrifft. Die Qualität der Gegenleistung prüft der Gerichtsvollzieher hingegen grundsätzlich nicht.[3] Meint der Schuldner, die Gegenleistung habe sich verschlechtert, steht ihm die Vollstreckungsabwehrklage zur Verfügung.[4]

718   **Beispiel**

Die Karosserie des herauszugebenden Autos ist im Titel nicht näher beschrieben. Nach Erlass des Titels erleidet es einen Unfall. Die Karosserie ist stark verbeult. Der Gerichtsvollzieher kann weder wissen noch feststellen, wie das Auto ordnungsgemäß aussehen muss. Das kann nur der Richter in einem Zivilprozess. Dazu müssen sich die Parteien über den ordnungsgemäßen Zustand im Gerichtssaal unterhalten. Dies geht nur im Rahmen der Klage nach § 767 ZPO. Vereinfacht gesprochen wirft der Verkäufer dem Käufer vor: „Es wäre unfair, wenn du den Titel benutzt. Der Titel ist falsch geworden. Du hast nach dem BGB nicht das Recht, den vollen Kaufpreis zurückzuverlangen und musst im Gegenzug nur das Auto zurückübereignen. Du musst außerdem nach § 346 Abs. 2 Nr. 3 BGB Wertersatz leisten. Erst dann muss ich nach § 348 BGB den Kaufpreis zurückzahlen." Man merkt: Es geht ums BGB. Und das BGB prüft grundsätzlich der Richter.

719   Anders ist es, wenn das Auto zwischen zwei LKW eingequetscht wurde und nur noch einer Platte entspricht. Dann handelt es sich um kein Auto mehr. Der Unfall hat die Identität der Gegenleistung verändert. Dies kann auch ein Gerichtsvollzieher erkennen. Vollstreckt er gleichwohl, verstößt er gegen § 756 ZPO. Die Erinnerung ist statthaft. Daneben darf der Schuldner Vollstreckungsabwehrklage erheben. Er darf wählen. Er darf den Richter die fehlende Vollstreckbarkeit des Titels klarstellen lassen. Nur dann ist er dauerhaft vor jeglichen Vollstreckungsversuchen des Gläubigers sicher.

720   **Ausgangsfall**

S wird verurteilt, an G 10.000 Euro Zug-um-Zug gegen Übergabe und Übereignung des gebrauchten PKW mit dem Kennzeichen HD-ZV 111 zu zahlen. G will den Zahlungsanspruch vollstrecken. Er beauftragt den Gerichtsvollzieher, bei S zu pfänden. G übergibt dem Gerichtsvollzieher den PKW. Der Gerichtsvollzieher begibt sich mit dem Fahrzeug zum Anwesen des S. Er bietet S das Fahrzeug an. S beruft sich darauf, dass das Fahrzeug vollkommen zerbeult und zudem der Auspuff abgefallen sei. Deshalb verweigert S die Annahme des PKW. Der Gerichtsvollzieher fängt gleichwohl an, in der Wohnung des S zu pfänden. S erhebt Erinnerung.

❓ Wie wird das Gericht seine Entscheidung in rechtlicher Hinsicht begründen?

---

3   OLG Stuttgart, Beschl. v. 18.7.1990 – 8 W 357/90, juris Rn. 4.
4   BGH, Beschl. v. 7.7.2005 – I ZB 7/05 = NJOZ 2005, 3395 (3396); Kaiser, NJW 2010, 2330 (2331).

Formulierungsvorschlag im Urteilstil

Die Erinnerung ist unzulässig. Sie ist unstatthaft. Die Erinnerung ist gemäß § 766 Abs. 1 ZPO statthaft, wenn der Vollstreckungsschuldner dem Gerichtsvollzieher einen Verfahrensfehler vorwirft. Das ist nicht der Fall. Vielmehr beruft der Vollstreckungsschuldner sich auf ein materielles Gegenrecht. Hierfür ist die Vollstreckungsabwehrklage statthaft, nicht die Erinnerung.[5] Dies ergibt sich aus dem Grundsatz der Formalisierung der Zwangsvollstreckung. Er ist unter anderem in § 756 Abs. 1 ZPO enthalten. Nach dieser Vorschrift muss der Gerichtsvollzieher bei Zug-um-Zug-Urteilen dem Vollstreckungsschuldner die diesem gebührende Leistung in Annahmeverzug begründender Weise anbieten. Den Annahmeverzug regeln die §§ 293–304 BGB. Gemäß § 294 BGB muss dem Gläubiger die Leistung so angeboten werden, wie sie zu bewirken ist. Gläubiger im Sinne des § 294 BGB ist der Vollstreckungsschuldner. Der Gerichtsvollzieher hat ihm die Leistung so angeboten, wie der Vollstreckungsgläubiger sie bewirken musste. Nach dem Urteil schuldete der Schuldner nämlich lediglich ein bestimmtes Fahrzeug. Konkrete Eigenschaften waren nicht tenoriert. Das geschuldete Fahrzeug hat der Gerichtsvollzieher angeboten. Der Vollstreckungsschuldner behauptet nicht, der Gerichtsvollzieher habe ihm das falsche Fahrzeug angeboten. Vielmehr rügt er dessen Zustand. Es war aber nicht Aufgabe des Gerichtsvollziehers, den Zustand des Fahrzeugs zu prüfen.[6] Für eine derartige Pflicht liefert der Wortlaut des § 756 ZPO keinen Anhaltspunkt. Im Übrigen sind dem Gerichtsvollzieher etwaige materiell-rechtlich geschuldete Eigenschaften eines Fahrzeugs regelmäßig unbekannt. Er erhält normalerweise nur den Tenor der Entscheidung.

❶ **Merke: In Zweifelsfällen kann man bei der Erinnerung häufig mit der Formalisierung der Zwangsvollstreckung argumentieren.**

Abwandlung

721

Wie Ausgangsfall. Allerdings wurde S verurteilt, an G 70.000 Euro Zug-um-Zug gegen Übergabe und Übereignung eines neuen Nissan X-Trail, mit Bordcomputer, eingebautem Fernseher und automatischer Einparkfunktion zu zahlen. Als S das Auto erstmals testet, merkt er, dass es nicht automatisch einparkt. Den bei S gepfändeten Goldschmuck hat V noch nicht versteigert. S lässt durch seinen Anwalt Erinnerung erheben.

❓ Hat die Erinnerung Erfolg?

✅ Ja, die Erinnerung hat Erfolg. Die Funktion des Fahrzeugs ist nun tituliert. Der Gerichtvollzieher muss sie prüfen, notfalls mit Sachverständigengutachten.

---

5   Siehe oben Rn. 108.
6   In diesem Sinne BGH, Beschl. v. 7.7.2005 – I ZB 7/05, juris Rn. 9.

> ⓘ **Merke:** Der Gerichtsvollzieher prüft grundsätzlich nur die Identität der Gegenleistung. Deren Qualität prüft er nur, wenn diese tituliert ist.

722   In der Assessor-Anwaltsklausur kann der Beklagte darauf hinwirken, dass die Gegenleistung im Tenor genau beschrieben wird. Dies ist sinnvoll, wenn der Gegner möglicherweise die Gegenleistung verschlechtern wird. Beispielsweise hat dieser schon angedeutet, dass er den Motor einzeln vor der Vollstreckung verkaufen will. Dann ergibt es Sinn, die Motornummer in den Tenor aufzunehmen. Dies gelingt dem Beklagten über sein Zurückbehaltungsrecht.

Formulierungsvorschlag

Hilfsweise erhebt der Beklagte ein Zurückbehaltungsrecht aus § 320 BGB. Für den Fall der Verurteilung des Beklagten beantragt er, ihn nur Zug um Zug gegen Übereignung und Übergabe des PKW [Marke, Typ, Kennzeichen, Fahrgestellnummer] mitsamt Motor [Motornummer] zu verurteilen. Begründung: Der genannte Motor befand sich bei Kaufvertragsabschluss im Fahrzeug. Der Kläger hat bereits angedeutet, dass er ihn ausbauen will. Der Beklagte hat aber einen vertraglichen Anspruch auf die vereinbarte Gegenleistung.

---

723   Tenoriert das Gericht wie beantragt, kann der Gerichtsvollzieher den Zustand des Fahrzeugs prüfen.

Ein ausführlicher Tenor kann es für den Gerichtsvollzieher aber auch kompliziert machen. Praxisrelevant ist dies bei Werkverträgen. Hier schuldet der Besteller den Werklohn zuweilen nur Zug um Zug gegen konkrete Nachbesserungsarbeiten. Dann muss der Gerichtsvollzieher prüfen, ob der Unternehmer ordnungsgemäß nachgebessert hat.[7]

Beispiel[8]

U ist Bauunternehmer. Bestellerin B beauftragt U, ein Haus zu bauen. Das Dach ist undicht. B zahlt den Werklohn nicht. Beide schließen einen Prozessvergleich. Darin verpflichtet sich B, 300.000 Euro Zug um Zug gegen Abdichtung des Dachs zu zahlen. U befestigt einige neue Ziegel. B meint, das Dach sei nach wie vor undicht. Sie zahlt nicht. U beauftragt den Gerichtsvollzieher. Dieser muss prüfen, ob das Dach dicht ist. Notfalls muss er sich eines Sachverständigen bedienen. Meint B, der Sachverständige und der Gerichtsvollzieher hätten Unrecht, kann sie Erinnerung einlegen. Der Richter muss dann prüfen, ob der Gerichtsvollzieher der B entgegen § 756 ZPO die Gegenleistung nicht angeboten hat.

Drittwiderspruchsklage und Klage auf vorzugsweise Befriedigung

724   In einer Erinnerungsklausur können auch Einwände auszusortieren sein, für die die Drittwiderspruchsklage statthaft ist.

---

7   BGH, Urt. v. 23.9.1976 – VII ZR 14/75, juris Rn. 9.
8   KG, Urt. v. 3.2.1989 – 7 U 3866/88 = NJW-RR 1989, 638.

Beispiel

Der Gerichtsvollzieher pfändet beim Schuldner. Ein Dritter legt Erinnerung ein. Er rügt zahlreiche Fehler des Gerichtsvollziehers. Außerdem trägt er vor, der gepfändete Gegenstand gehöre ihm. Letzteres ist ein materieller Einwand. Der Dritte muss ihn mit der Drittwiderspruchsklage verfolgen.

Geht es in der Klausur vorrangig um Fehler des Gerichtsvollziehers oder Rechtspflegers, ist meist die Erinnerung einschlägig. Der materielle Einwand ist in ihrer Zulässigkeit auszuscheiden.   725

Klassiker ist das bereits erwähnte evidente Dritteigentum.[9] Bei ihm beruft sich der Schuldner oder ein Dritter darauf, eine Sache gehöre dem Dritten. Bei der Drittwiderspruchsklage spielt es keine Rolle, ob der Gerichtsvollzieher dies erkennen konnte. Für die Erinnerung muss der Schuldner hingegen vortragen, dem Gerichtsvollzieher habe sich das Eigentum des Dritten aufdrängen müssen. Das ist fast nie der Fall.   726

Seltene Beispiele für evidentes Dritteigentum:
— Beim Schuldner befindet sich ein Buch. Es trägt den Stempel der Stadtbibliothek.
— Der Schuldner betreibt ein Umzugsunternehmen. In einem seiner Transporter befindet sich eine komplette Wohnungseinrichtung. Sie gehört ersichtlich einem Kunden.[10]

Hingegen genügt nicht:
— Der Schuldner behauptet, die gepfändete Sache gehöre ihm nicht.
— Drei Zeugen bestätigen während der Pfändung, dass die Sache einem der Zeugen gehört.
— Der Schuldner legt einen Kaufvertrag vor, wonach er die gepfändete Uhr verkauft hat. Hier bleibt unter anderem unklar, ob er sie bereits übereignet hat.
— Der Schuldner legt eine Vertragsurkunde vor. Danach hat er der Bank das zu pfändende Fahrzeug sicherungsübereignet.[11] Es ist nicht Aufgabe des Gerichtsvollziehers, vor Ort die unter Umständen komplizierte Eigentumslage zu prüfen. Immerhin kann der Vertrag überholt sein. Auch lässt sich die Urkunde leicht fälschen.
— Das gepfändete Fahrzeug ist auf eine andere Person als den Schuldner zugelassen.[12] Das mag überraschen. Aber die in der Zulassungsbescheinigung genannte Person muss nicht der Eigentümer sein. Das wird gestützt durch einen Erst-Recht-Schluss.

---

9   Siehe oben Rn. 444.
10 Vgl. § 71 Abs. 2 GVGA.
11 AG Reinbek, Beschl. v. 12.12.2010 – 7 M 2135/10, juris Rn. 15; LG Bonn, Beschl. v. 25.11.1986 – 4 T 743/86 = MDR 1987, 770; AG Sinzig, Beschl. v. 8.1.1987 – 6 M 2659/86 = NJW-RR 1987, 508; ebenso für ein Leasingfahrzeug LG Dortmund, Urt. v. 6.3.1986 – 7 O 675/85 = NJW-RR 1986, 1497 (1498); a. A. AG Kassel, Beschl. v. 11.7.2006 – 630 M 880/06 = DGVZ 2006, 182 (S. 183).
12 LG Essen, Beschl. v. 13.9.1962 – 11 T 537/62 = NJW 1962, 2307; LG München II, Beschl. v. 1.7.1997 – 6 T 3467/97 = DGVZ 2000, 22.

Unterstellt, der Eingetragene erhebt Drittwiderspruchsklage. Er behauptet, er sei Eigentümer. Dann ist sein Name in der Zulassungsbescheinigung nur ein schwaches Indiz.[13] Es genügt nicht, um die Eigentumsvermutung zugunsten des Schuldners nach § 1006 Abs. 1 BGB zu erschüttern.[14] Dann kann man erst Recht nicht von einer Evidenz für den Gerichtsvollzieher sprechen.

Sofortige Beschwerde

727   Sofortige Beschwerde und Erinnerung schließen sich aus. Die Abgrenzung ist streitig. Der Streit hat aber kaum Praxis- und Examensrelevanz. Es genügt, die herrschende Meinung zu kennen. Sie beruft sich auf den Wortlaut des § 793 ZPO. Nach ihm ist gegen Entscheidungen die sofortige Beschwerde gegeben. Gegen sogenannte Maßnahmen ist die Erinnerung statthaft. Praxisrelevant ist dies bei Handlungen des *Rechtspflegers*. Seine Beschlüsse sind nur in folgenden Fällen Entscheidungen:
- Er hat dem Beschwerdeführer rechtliches Gehör gewährt.[15]
- Er hätte dem Beschwerdeführer rechtliches Gehör gewähren müssen.
- Er hat einen Antrag zurückgewiesen.

Zusammenfassend kann man fragen, ob der Rechtspfleger widerstreitende Interessen abgewogen hat oder abwägen musste.

In allen anderen Fällen trifft der Rechtspfleger eine bloße Maßnahme.

Beispiel für eine Maßnahme
Der Rechtspfleger erlässt einen Pfändungs- und Überweisungsbeschluss. Nach § 834 ZPO ist der Schuldner vorher nicht anzuhören. Statthafter Rechtsbehelf ist die Erinnerung.

> ❗ Merke: Gegen Vollstreckungshandlungen des Gerichtsvollziehers ist immer die Erinnerung statthaft. Dies ergibt sich aus dem Wortlaut des § 766 ZPO. Gegen Anordnungen eines Richters ist niemals die Erinnerung einschlägig. Klausurrelevante Rechtsbehelfe sind die bekannten Vollstreckungsklagen, der Einspruch gegen ein Versäumnisurteil, die Berufung und die sofortige Beschwerde.

728   Wer diese Grundsätze verinnerlicht hat, kommt in der Klausur auch mit den Vorschriften der Handlungsvollstreckung zurecht (§§ 883 ff. ZPO). Nachfolgende Mindmap stellt deren Systematik bildhaft dar.

---

13 BGHZ 156, 310, juris Rn. 32.
14 AG Brandenburg, Urt. v. 3.7.2015 – 31 C 163/14, juris Rn. 115.
15 BGH, Beschl. v. 6.5.2004 – IX ZB 104/04 = NZI 2004, 447; BGH, Beschl. v. 30.9.2010 – V ZB 219/09 = NJW 2011, 525 (526), BGH, Beschl. v. 13.10.2011 – VII ZB 7/11, Rn. 7.

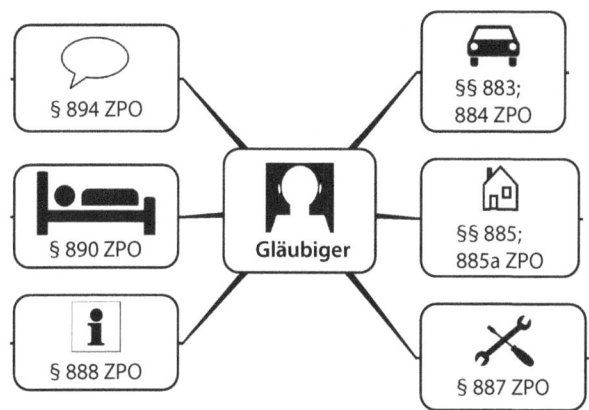

Die einschlägige Vorschrift findet man anhand des Wortlauts des Titels. Maßgebend ist, was der Titel dem Schuldner aufgibt. Muss er eine bewegliche Sache herausgeben, z. B. ein Auto, ist § 883 ZPO einschlägig.[16] Bei vertretbaren Sachen gilt § 884 ZPO. Soll der Schuldner ein Grundstück oder Schiff räumen, sind die §§ 885; 885a ZPO maßgebend. Verantwortliches Vollstreckungsorgan ist gemäß § 753 Abs. 1 ZPO der Gerichtsvollzieher. Sind Gläubiger oder Schuldner mit seinem Verhalten nicht einverstanden, ist die Erinnerung nach § 766 ZPO der richtige Rechtsbehelf.

Für die §§ 887; 888 und 890 ZPO ist der Richter Vollstreckungsorgan. § 887 ZPO betrifft vertretbare Handlungen, § 888 ZPO unvertretbare. § 890 ZPO regelt Unterlassungen. Statthafter Rechtsbehelf gegen die Vollstreckungsentscheidung des Richters ist die sofortige Beschwerde gemäß § 793 ZPO. Deshalb werden die Einzelheiten der §§ 887; 888 und 890 ZPO unten im Rahmen der sofortigen Beschwerde behandelt.[17] Ebenfalls ist § 894 ZPO examensrelevant. Die Vorschrift regelt, wie eine abzugebende Willenserklärung vollstreckt wird. Auch auf diese Norm wird an anderer Stelle näher einzugehen sein.[18] Ist eine Partei mit dem eine Willenserklärung ersetzenden Urteil nicht einverstanden, kann sie Berufung einlegen.

8.1.2 **Erinnerungsbefugnis**

Die Zulässigkeitsprüfung enthält bei der Erinnerung gegenüber den anderen Rechtsbehelfen einen zusätzlichen Prüfungspunkt. Er heißt Erinnerungsbefugnis. Er entspricht der Klagebefugnis bei der Anfechtungsklage nach § 42 Abs. 2 VwGO. Der Schuldner ist fast immer erinnerungsbefugt.[19] Immerhin richtet sich die Zwangsvollstreckung gegen ihn. Legt er Erinnerung ein, sollte man die Erinne-

729

---

16 Vgl. auch § 887 Abs. 3 ZPO.
17 Siehe unten Rn. 1004.
18 Siehe unten Rn. 1149.
19 Becker, JuS 2011, 37 (39).

rungsbefugnis nur ganz ausnahmsweise ansprechen. Etwa kann der Schuldner nicht rügen, der Gerichtsvollzieher habe das Pfandrecht seines Vermieters verletzt.[20]

Der Gläubiger ist erinnerungsbefugt, wenn sich der Gerichtsvollzieher seinen Wünschen widersetzt. Auch hierauf muss man normalerweise nicht eingehen.

730   Ausführlich zu behandeln ist die Erinnerungsbefugnis hingegen bei der Dritterinnerung. Wie im öffentlichen Recht ist zu prüfen, ob der Dritte sich auf eine Norm berufen kann, die ihn schützen soll. Die Normverletzung muss möglich erscheinen. Das bedeutet, sie darf nicht völlig fernliegen.

Beispiel

G erwirkt einen Zahlungstitel gegen S. S teilt mit, seine wertvolle Spielekonsole befinde sich in der Garage des D. Der Gerichtsvollzieher begibt sich zur Garage des D. Dort nimmt er die Spielekonsole mit, obwohl D protestiert. Nach der Möglichkeitstheorie könnte der Gerichtsvollzieher § 809 ZPO verletzt haben. Danach darf der Gerichtsvollzieher bei einem Dritten befindliche Sachen nur pfänden, wenn dieser herausgabebereit ist. Die Norm soll den Gewahrsam des Dritten schützen. D ist deshalb erinnerungsbefugt.

731   In der Klausur rügt der Dritte eventuell mehrere Verfahrensfehler. Manche betreffen drittschützende Normen, andere nicht. Hier ist der Dritte nur teilweise erinnerungsbefugt. Soweit die Normen nicht drittschützend sind, sind sie hier ausdrücklich auszusortieren. In der weiteren Prüfung ist auf sie nicht mehr einzugehen. Ein Hilfsgutachten ist insoweit normalerweise nicht erforderlich.

8.1.3 Ausschließliche Zuständigkeit

732   Sachlich und örtlich ist das Vollstreckungsgericht zuständig, §§ 766; 764 Abs. 2 ZPO. Beide Zuständigkeiten sind gemäß § 802 ZPO ausschließlich. Funktionell ist der Richter zuständig.[21]

Bei der Erinnerung gegen einen Pfändungs- und Überweisungsbeschluss ist das Gericht zuständig, das ihn erlassen hat (§ 764 Abs. 2 ZPO). Üblicherweise handelt es sich um das Gericht, an dem der Schuldner seinen allgemeinen Gerichtsstand hat. Falsch wäre es hingegen, auf den Gerichtsstand des Drittschuldners abzustellen.

8.1.4 Rechtsschutzbedürfnis

Beginn

733   Das Rechtsschutzbedürfnis für eine Erinnerung liegt grundsätzlich erst vor, wenn das Vollstreckungsorgan die Vollstreckungsmaßnahme getroffen hat. Vorher ist die Erinnerung unzulässig. Immerhin ist unklar, ob der Gerichtsvollzieher die beantragte Voll-

---

20 Weitere Ausnahme unten Rn. 888.
21 § 20 Nr. 17 S. 2 RPflG.

streckungsmaßnahme vornimmt. Bei einer Pfändung steht vorher grundsätzlich nicht fest, welche Gegenstände der Gerichtsvollzieher pfändet. Würde das Gericht vorab entscheiden, würde es abstrakt gegenüber dem Gerichtsvollzieher seine Meinung äußern. Eine solche vorbeugende Unterlassungserinnerung sieht die ZPO nicht vor.[22]

Eine Ausnahme existiert allerdings. Droht unmittelbar ein einziger und bestimmter Vollstreckungsakt, ist eine Erinnerung zulässig. Das erfordert aber weiter, dass eine nachträgliche Erinnerung den durch die Zwangsvollstreckung erlittenen Nachteil nicht ausgleichen kann.[23] Letztere Voraussetzung ist aus der einstweiligen Anordnung im Verfassungs- und Verwaltungsrecht bekannt.[24]   734

Ende

Das Rechtsschutzbedürfnis endet, wenn die angegriffene Maßnahme abgeschlossen ist.[25] Mit der Erinnerung kann ein Schuldner nämlich nur erreichen, dass die beanstandete Maßnahme für unzulässig erklärt und entsprechend § 775 Nr. 1 i. V. m. § 776 ZPO von dem zuständigen Vollstreckungsorgan aufgehoben wird. Im Sinne dieser Vorschriften aufgehoben werden kann nur eine noch nicht beendete Maßnahme. Eine bereits endgültig vollzogene Maßnahme müsste rückgängig gemacht werden. Das kann mit der Erinnerung nicht durchgesetzt werden. Außerdem enthält die ZPO keine § 113 Abs. 1 Satz 4 VwGO entsprechende Vorschrift.   735

Beispiel

Eine Sachpfändung endet, wenn der Gerichtsvollzieher die Sache versteigert und den Erlös ausgekehrt hat.[26] Das gilt auch, wenn der Gläubiger gleichzeitig oder anschließend durch andere Maßnahmen vollstreckt. Angenommen, der Gläubiger beantragt im Anschluss an die Erlösauskehr einen Pfändungs- und Überweisungsbeschluss. Dann kann der Schuldner gegen diesen Erinnerung einlegen. Gegen die Sachpfändung kommt seine Erinnerung hingegen zu spät.

Die Vollstreckungsmaßnahme kann während des Erinnerungsverfahrens enden. Dann können die Parteien das Verfahren nach § 91a ZPO analog übereinstimmend für erledigt erklären.[27] Die Vorschrift gilt analog, weil kein Rechtsstreit für erledigt erklärt wird. Vielmehr ist die Erinnerung ein Rechtsbehelf.   736

🛈 Merke: Die ZPO kennt grundsätzlich keine Fortsetzungsfeststellungserinnerung.[28]

---

22 KG Berlin, Beschl. v. 13.10.1992 – 1 W 2086/92, juris Rn. 7.
23 KG Berlin, Beschl. v. 13.10.1992 – 1 W 2086/92, juris Rn. 6; Glenk, NJW 2014, 2315 (2316).
24 Z. B. § 32 BVerfGG; 123 Abs. 1 VwGO; BVerfG, Beschl. v. 18.5.2016 – 1 BvR 895/16, Rn. 38; VerfGH Sachsen, Beschl. v. 17.12.1998 – 88 VIII/98; Schleswig-Holsteinisches Verwaltungsgericht, Beschl. v. 27.3.2017 – 12 B 2/17, juris Rn. 26; Sächsisches Oberverwaltungsgericht, Beschl. v. 9.3.2017 – 5 B 50/17, juris Rn. 3.
25 BGH, Beschl. v. 2.3.2017 – I ZB 66/16, Rn. 5. Zur Kostenerinnerung siehe unten Rn. 799.
26 BGH, Beschl. v. 30.4.2013 – VII ZB 22/12, Rn. 22; Brox/Walker, Zwangsvollstreckungsrecht, 2018, Rn. 1191.
27 BGH, Beschl. vom 15.10.2009 – VII ZB 1/09, Rn. 11; vgl. auch LG Kassel, Beschl. v. 8.2.1977 – 6 T 482/76, juris Rn. 2 und AG Schöneberg, Beschl. v. 16.11.2012 – 30 M 4191/11, juris Rn. 7.
28 BGH, Beschl. v. 15.10.2009 – VII ZB 1/09, Rn. 11.

Im vorstehenden Merksatz ist das Wort „grundsätzlich" zu betonen. Der BGH erkennt nämlich ausnahmsweise bei prozessualer Überholung und tiefgreifenden Grundrechtseingriffen eine Fortsetzungsfeststellungserinnerung an.[29] Dem ist zuzustimmen. Das Gebot des effektiven Rechtsschutzes aus Art. 19 Abs. 4 GG fordert, das Rechtsschutzbedürfnis zu bejahen. Der Betroffene muss irgendeine Möglichkeit haben, Maßnahmen eines Staatsorgans gerichtlich überprüfen zu lassen. Der Wortlaut des § 766 ZPO erlaubt die extensive Auslegung.[30] Er spricht nicht davon, dass die Maßnahme noch andauern muss.

Es ist daher bei erledigten Zwangsvollstreckungsmaßnahmen immer zu prüfen, ob aus grundrechtlichen Gesichtspunkten ausnahmsweise die Erinnerung statthaft ist.[31] Häufig ist dies der Fall. Zu bedenken ist nämlich, dass Zwangsvollstreckungsmaßnahmen vielfach mit tiefgreifenden Grundrechtseingriffen verbunden sind. Das Problem stellt sich insbesondere bei der Wohnungsdurchsuchung. Durchsucht der Gerichtsvollzieher die Wohnung gegen den Willen des Schuldners, benötigt er gemäß § 758a ZPO einen gerichtlichen Durchsuchungsbeschluss. Fehlt ein solcher, ist die Durchsuchung rechtswidrig. Dies lässt sich auch nicht dadurch heilen, dass ein Richter die Durchsuchung nachträglich billigt.[32]

Auf der anderen Seite muss es sich auswirken, dass die ZPO keine § 113 Abs. 1 Satz 4 VwGO entsprechende Vorschrift enthält. Ein Bedürfnis für eine Fortsetzungsfeststellungserinnerung besteht deshalb nur, wenn der Schuldner niemals die Möglichkeit hatte, einen Rechtsbehelf einzulegen. Nur dann ist er schützenswert.

737

> **Fall**
>
> Mieter M zahlt seine Stromrechnungen nicht. Daraufhin mahnt ihn sein Stromunternehmen, die S-AG. M zahlt immer noch nicht. Infolgedessen kündigt die S-AG den Stromlieferungsvertrag. Das interessiert M aber nicht. Er verbraucht weiterhin den von der S-AG zur Verfügung gestellten Strom. Die S-AG kann den Strom nur in der Wohnung des M abstellen. Deshalb klagt sie mit Hilfe von Rechtsanwalt Günther Schneider gegen M. Zum Gerichtstermin erscheint M nicht. Auf Antrag von Rechtsanwalt Schneider erlässt der Richter deshalb ein Versäumnisurteil gegen M. Danach muss M einem Mitarbeiter der S-AG erlauben, seine Wohnung zu betreten, um die Stromversorgung abzustellen. Eine vollstreckbare Ausfertigung des Urteils wird M zugestellt. M reagiert aber immer noch nicht. Daraufhin beauftragt Rechtsanwalt Schneider einen Gerichtsvollzieher. Dieser soll einem Mitarbeiter der S-AG ermöglichen, den Strom abzustellen. Der Mitarbeiter der S-AG betritt mit Hilfe des Gerichtsvollziehers und eines Schlüsseldiensts die Wohnung des M. Er stellt den Strom ab.
>
> Drei Tage später erhebt M Erinnerung. Er rügt, es fehle an einer richterlichen Erlaubnis, seine Wohnung zu betreten. Einzelanwalt Günter Schneider ist vor einer Woche verstorben. Der Justiziar (Unternehmensanwalt) der S-AG ist nicht als Rechtsanwalt zugelassen.
>
> **Aufgabe:** Entwerfen Sie den Schriftsatz des Justiziars an das Gericht.

---

29 BGHZ 158, 212, juris Rn. 12; BGH, Beschl. v. 21.12.2004 – IXa ZB 324/03, juris Rn. 16; vgl. auch BGH, Urt. v. 22.6.1977 – VIII ZR 5/76.
30 BVerfG, Beschl. v. 16.7.2015 – 1 BvR 625/15, juris Rn. 19.
31 BVerfGE 96, 27, juris Rn. 50.
32 BVerfGE 51, 97, juris Rn. 50.

Klausurtipp

Eine Klausur aus Sicht eines Justiziars ist denkbar bei Anträgen, die keines Anwaltszwangs bedürfen. Faktisch handelt es sich um eine normale Anwaltsklausur. Üblicherweise ist zunächst ein Gutachten zu fertigen. In der Zulässigkeitsprüfung ist auf die Vertretungsbefugnis nach § 79 Abs. 1, Abs. 2 Nr. 1 ZPO einzugehen. Für den fehlenden Anwaltszwang im Erinnerungsverfahren vor dem Amtsgericht kann man die §§ 78 Abs. 1; 764 Abs. 1 ZPO zitieren. Im anschließend zu fertigenden Schriftsatz wären derartige Rechtsausführungen indessen grundsätzlich unüblich. So würde auch kein Anwalt in einem gerichtlichen Schriftsatz per se seine Vertretungsbefugnis anhand des Gesetzes begründen. Es genügt, wenn der Justiziar auf seine von der Unternehmensleitung auf ihn ausgestellte Vollmacht verweist.

Formulierungsvorschlag für den Schriftsatz

In der Zwangsvollstreckungssache S gegen M – Aktenzeichen 4 M 343/19 – teile ich namens der Gläubigerin mit, dass das Mandat zu Rechtsanwalt Günter Schneider erloschen ist. Dieser ist verstorben. Ich erwidere unter Bezug auf meine als Anlage G1 anliegende Vollmacht namens der Gläubigerin wie folgt:

Ich beantrage, die Erinnerung zurückzuweisen.

Die Erinnerung ist bereits unzulässig. Es fehlt an einem Rechtsschutzbedürfnis. Eine Fortsetzungsfeststellungserinnerung sieht die ZPO nicht vor. Sie ist auch aus grundrechtlichen Gesichtspunkten nicht zuzulassen. Das Grundgesetz gebietet eine Fortsetzungsfeststellungserinnerung nämlich nur, wenn der Schuldner niemals die Möglichkeit hatte, einen Rechtsbehelf gegen den Grundrechtseingriff einzulegen. Zugegebenermaßen steht dem Schuldner prinzipiell aus Art. 13 GG das Recht zu, in Ruhe gelassen zu werden.[33] Der Grundrechtseingriff bestand darin, dass der Gerichtsvollzieher die Wohnung gewaltsam betrat. Das hatte ein Richter aber im Vorfeld erlaubt. Gegen dessen Entscheidung konnte der Schuldner sich wehren. Dass die Entscheidung bereits im Erkenntnisverfahren ergangen ist, spielt keine Rolle. Denn auch im Erkenntnisverfahren hätte der Schuldner seine Grundrechte wahren können.[34] Er hätte zum Termin erscheinen können. Gegen das Versäumnisurteil hätte er Einspruch nach § 338 ZPO einlegen können. Durch diese Rechtsbehelfe hätte er sein Grundrecht aus Art. 13 GG wahren können.

Selbst, wenn das Gericht dies anders sehen sollte, ist die Erinnerung unbegründet.

Insbesondere bedurfte es neben dem Versäumnisurteil keines richterlichen Beschlusses. Nach § 758a ZPO ist für eine Wohnungsdurchsuchung ein gerichtlicher Durchsuchungsbeschluss erforderlich. Durchsuchung meint das ziel- und zweckgerichtete Suchen staatlicher Organe nach Personen oder Sachen. Hat der Schuldner nach dem Titel dem Gläubiger Zutritt zur Wohnung zu gewähren und in

---

33 BVerfGE 75, 318, juris Rn. 29.
34 A. A. LG München I, Beschl. v. 5.7.2010 – 20 T 8394/10, juris Rn. 4.

ihr bestimmte vorgegebene Handlungen zu dulden, handelt es nicht um eine Durchsuchung im Sinne von Art. 13 Abs. 2 GG.[35] Es bedurfte schon von daher keines Durchsuchungsbeschlusses im Sinne von § 758a ZPO.

Es kann offenbleiben, ob Art. 13 GG jedes Betreten einer Wohnung unter einen Richtervorbehalt stellt.[36] Denn ein etwaiger Richtervorbehalt ist gewahrt. Ein Richter hat durch das Versäumnisurteil gestattet, die Wohnung zu betreten. Damit ist das Zutrittsrecht sogar tituliert. Seine Vollstreckung erfordert keine zusätzliche Betretensanordnung nach § 758a ZPO analog.[37]

Das Versäumnisurteil war auch verfassungsmäßig. Insbesondere diente es dazu, die hier vorrangigen Grundrechte der Gläubigerin aus Art. 12; 14; 19 Abs. 3 GG zu wahren.[38] Schließlich nutzt der Schuldner trotz Zahlungsverzugs und Kündigung weiterhin Rechtsgüter der Gläubigerin. Es besteht die konkrete Gefahr, dass der Schuldner weiterhin in diese Rechte eingreift. Wenn der Schuldner kein Geld hat, seine Stromrechnungen zu bezahlen, kann er Sozialleistungen beantragen.[39]

Aufforderung zur Vermögensauskunft als Vollstreckungsmaßnahme

738 Problematisch ist, inwieweit die Aufforderung zur Abgabe der Vermögensauskunft eine Vollstreckungsmaßnahme ist. Früher bestand eine wesentliche Tätigkeit des Gerichtsvollziehers darin, zu pfänden. Hierfür kündigte er sich an. In jener Mitteilung sah man keine Vollstreckungsmaßnahme. Der Gerichtsvollzieher habe lediglich eine Maßnahme in Aussicht gestellt.[40] Man könnte auf die Idee kommen, diese These auf die Vermögensauskunft zu übertragen.[41] Das hätte zur Konsequenz, dass dem Schuldner gegen den Termin zur Abnahme der Vermögensauskunft kein Rechtsschutz zustünde. Er könnte erst gegen die Abnahme der Vermögensauskunft selbst Erinnerung einlegen. Auch hier würde aber ein Rechtsschutzbedürfnis fehlen. Denn sobald der Schuldner die Vermögensauskunft abgegeben hat, wäre die Vollstreckungsmaßnahme erledigt. Im Ergebnis hätte der Schuldner also keinerlei Rechtsschutz. Und dies obwohl die Vermögensauskunft massiv in sein Recht auf informationelle Selbstbestimmung eingreift. Das kann nicht sein.[42] Deshalb ist die Aufforderung zur Abgabe der Vermögensauskunft bereits eine Vollstreckungshandlung. Gegen sie ist die Erinnerung statthaft.[43]

35 BGH, Beschl. v. 10.8.2006 – I ZB 126/05, Rn. 7.
36 Dafür: AG Castrop-Rauxel, Teilurteil vom 31.5.2012 – 4 C 65/12; dagegen überzeugend: BGH, Beschl. v. 24.2.2011 – V ZB 280/10; AG Erkelenz, Beschl. v. 19.1.2007 – 17 M 2474/06.
37 Scheidacker, NZM 2007, 591 (591).
38 Vgl. LG Dessau, Beschl. v. 27.10.2005 – 7 T 299/05, juris Rn. 11.
39 BVerfG (Vorprüfungsausschuss), Beschl. v. 30.9.1981 – 1 BvR 581/81, juris Rn. 7.
40 So noch LG Kiel, Beschl. v. 15.8.2013 – 4 T 33/13, juris Rn 2.
41 AG Schöneberg, Beschl. v. 19.7.2013 – 34 M 8053/13, juris Rn. 1; vgl. auch Hascher/Schneider, JurBüro 2014, 60.
42 Mroß, AnwBl 2013, 16 (21).
43 BGH, Beschl. v. 21.12.2015 – I ZB 107/14, juris Rn. 19; AG Dortmund, Beschl. v. 6.12.2013 – 245 M 1487/13, juris Rn. 1; LG Stuttgart, Beschl. v. 12.4.2018 – 19 T 486/17, juris Rn. 14; Giers, FamRB 2013, 22 (23); Grandel, FF 2013, 15; wohl auch Neugebauer, MDR 2012, 1440 (1443).

Noch problematischer ist, wann die Aufforderung, die Vermögensauskunft abzugeben, erledigt ist. Hier muss man differenzieren, ob der Schuldner die Vermögensauskunft abgegeben hat oder nicht.

Schuldner hat die Vermögensauskunft abgegeben

Hat der Schuldner in dem anberaumten Termin die Vermögensauskunft abgegeben, ist die Vollstreckungsmaßnahme beendet. Die Erinnerung gegen die Ladung wird dann unzulässig.[44]

739

Zwar greift die Vermögensauskunft in das Recht des Schuldners auf informationelle Selbstbestimmung aus Art. 2 Abs. 1 i. V. m. Art. 1 Abs. 1 GG ein.[45] Legt der Schuldner sein Vermögen vollständig offen, ist die Vollstreckungsmaßnahme erledigt. Die Auskunft ist irreversibel erteilt. Der Gerichtsvollzieher, der Gläubiger und gegebenenfalls Dritte wissen nunmehr, was der Schuldner an Vermögen hat. Das bedeutet aber nicht, dass hier stets wegen eines tiefgreifenden Grundrechtseingriffs eine Erinnerung zulässig wäre. Denn wie oben ausgeführt ist eine Fortsetzungsfeststellungserinnerung nur zulässig, wenn der Schuldner ansonsten rechtschutzlos wäre. Der Schuldner konnte gegen den Termin zur Abgabe der Vermögensauskunft Erinnerung einlegen. Wenn er dies schuldhaft versäumt, ist dies sein Problem. Anders ist es nur, wenn er es ausnahmsweise schuldlos versäumt hat, Erinnerung einzulegen. Dann besteht ein Rechtsschutzbedürfnis.

Fall

740

Der Gerichtsvollzieher lädt den Schuldner zur Vermögensauskunft in sein Büro. Er fragt den Schuldner vorher nicht. Eine Rechtsbehelfsbelehrung enthält die Terminsladung nicht. Der Schuldner kommt zum Termin. Er legt seine Vermögensverhältnisse offen. Zwei Wochen später legt er Erinnerung ein. Er rügt glaubhaft, von einer Erinnerungsmöglichkeit habe er nichts gewusst. Allerdings habe er weder beim Gerichtsvollzieher noch bei Gericht noch bei einem Rechtsanwalt nachgefragt.

❓ Ist die Erinnerung zulässig?

▷ Map 8.1

✅ Die Erinnerung ist gemäß § 766 Abs. 1 ZPO statthaft. Sie richtet sich gegen eine Vollstreckungsmaßnahme, nämlich die Aufforderung, die Vermögensauskunft abzugeben. Sachlich zuständig ist das Amtsgericht als Vollstreckungsgericht gemäß § 764 Abs. 1 ZPO. Örtlich zuständig ist das Amtsgericht am Wohnort des Schuldners (§ 764 Abs. 2 ZPO). Es müsste auch ein Rechtsschutzbedürfnis bestehen. Ein Rechtsschutzbedürfnis besteht grundsätzlich nur von Beginn der angegriffenen Vollstreckungsmaßnahme bis zu deren Ende. Die Aufforderung, die Vermögensaus-

---

44 AG Dortmund, Beschl. v. 6.12.2013 – 245 M 1487/13, juris Rn. 6; bestätigend: LG Dortmund, Beschl. v. 10.4.2014 – 9 T 89/14, juris Rn. 3.
45 Kritisch insbesondere Enders, Rpfleger 2015, 677 (681).

kunft abzugeben, beginnt, sobald der Gerichtsvollzieher den Schuldner geladen hat. Der Gerichtsvollzieher hat den Schuldner geladen. Damit hat die Zwangsvollstreckung begonnen. Die Zwangsvollstreckungsmaßnahme ist beendet, wenn sie vollständig vollzogen ist. Bei der Ladung zur Vermögensauskunft ist dies der Fall, wenn sie keine Wirkungen mehr entfalten kann. So ist es, wenn der Schuldner im Termin die Vermögensauskunft abgegeben hat. Der Schuldner hat die Vermögensauskunft abgegeben. Damit ist die Vollstreckungsmaßnahme erledigt. Grundsätzlich bestünde also kein Rechtsschutzbedürfnis mehr. Wegen des Gebots eines effektiven Rechtsschutzes aus Art. 19 Abs. 4 GG kann die Erinnerung aber ausnahmsweise auch bei erledigten Vollstreckungsmaßnahmen zulässig sein. Das setzt voraus, dass der Schuldner ansonsten keinerlei Rechtsschutzmöglichkeit hätte.

741   Grundsätzlich hätte der Schuldner bereits gegen den Termin Erinnerung einlegen können. Von diesem Recht hat er keinen Gebrauch gemacht. Allerdings wendet er ein, er habe von der Möglichkeit der Erinnerung nichts gewusst. Dies wirft die Folgefrage auf, ob er sich hätte informieren müssen. Möglicherweise hätte er den Gerichtsvollzieher, das Gericht oder einen Rechtsanwalt fragen müssen. Andererseits könnte man denken, der Gerichtsvollzieher müsse den Schuldner von Amts wegen über seine Rechte belehren. Welche der beiden Thesen zutrifft, beantwortet § 232 ZPO. Nach dieser Vorschrift hat jede anfechtbare gerichtliche Entscheidung eine Belehrung über das statthafte Rechtsmittel oder die Erinnerung zu enthalten. Der Wortlaut spricht von „Gericht". Zwar steht der Gerichtsvollzieher einem Gericht nahe. Er ist aber kein Gericht. Außerdem spricht der Wortlaut von „Entscheidung". Die Ladung zur Vermögensauskunft ist aber keine Entscheidung, sondern nur eine Vollstreckungsmaßnahme. Vollstreckungsmaßnahmen und Entscheidungen sind nämlich danach abzugrenzen, ob das Vollstreckungsorgan vorher rechtliches Gehör gewährt. Der Gerichtsvollzieher hat den Schuldner geladen, ohne ihn vorher anzuhören. Er war auch nicht verpflichtet, den Schuldner vorher anzuhören. Damit handelt es sich nicht um eine Entscheidung.[46]

Deshalb liegen die Voraussetzungen des § 232 ZPO nicht vor. Wegen des abschließenden und klaren Wortlauts ist § 232 ZPO auch nicht analog anzuwenden. Es fehlt an einer Regelungslücke.

Damit war der Gerichtsvollzieher nicht verpflichtet, den Schuldner über seine Erinnerungsmöglichkeit zu belehren. Der Schuldner hätte sich selbst informieren müssen. Der Schuldner hat die Erinnerungsmöglichkeit daher schuldhaft versäumt. Deshalb besteht jetzt kein Rechtsschutzbedürfnis mehr. Die Erinnerung des Schuldners ist also unzulässig.

Schuldner hat Vermögensauskunft nicht abgegeben

742   In Rechtsprechung und Literatur kaum erörtert wird die Konstellation, dass der Termin zur Abgabe der Vermögensauskunft fruchtlos verstrichen ist. Ausgangspunkt der Lösung ist die allgemeine Regel. Danach fehlt das Rechtsschutzbedürfnis, wenn ein Rechtsbehelf keine nennenswerte Vorteile bringen kann. Hier muss man bei der Erinnerung gegen die Aufforderung zur Abgabe der Vermögensauskunft unterscheiden. Vorteile bringt eine Erinnerung nach einem verstrichenen Termin nur, wenn der

---

46 Vgl. BT-Drs 17/10490, S. 14.

Schuldner plausible Entschuldigungsgründe für seine Säumnis oder Verweigerung vorbringt. Andernfalls ist die Vollstreckungsmaßnahme erledigt. Das gilt auch, wenn die Aufforderung zur Abgabe der Vermögensauskunft rechtswidrig war.

> **Map 1.2**

Prinzipiell beraumt der Gerichtsvollzieher ohne neuen Antrag des Gläubigers keinen zweiten Termin an. Denn § 802f Abs. 1 Satz 2 ZPO spricht nur von „einem" Termin. Außerdem kann der Gläubiger nach unentschuldigt unterlassener Auskunft gemäß § 802g ZPO einen Haftbefehl beantragen.[47] Das Gesetz sieht vor, dass Gläubiger aktiv wird. Daraus folgt, dass der Gerichtsvollzieher den Schuldner nicht aufgrund des ursprünglichen Antrags zu einem weiteren Auskunftstermin laden kann.[48] Es wird ein neues Verfahren mit eigenen Regeln eingeleitet. Das ergibt sich auch aus § 802i Abs. 1 ZPO. Danach kann der verhaftete Schuldner zu jeder Zeit beim Gerichtsvollzieher des Amtsgerichts des Haftortes verlangen, ihm die Vermögensauskunft abzunehmen. Regelmäßig ist dies ein anderer Gerichtsvollzieher als jener, der den Schuldner zum ursprünglichen Termin zu sich geladen hat. Konsequenz ist, dass der Schuldner gegen die Ladung zur Vermögensauskunft grundsätzlich keine Erinnerung mehr einlegen kann. Der Schuldner ist natürlich nicht rechtlos. Er kann gegen den Haftbefehl gemäß § 793 ZPO sofortige Beschwerde einlegen. In dieser kann der Schuldner alle Einwände vorbringen, die er auch mit der Erinnerung gegen die Aufforderung zur Abgabe der Vermögensauskunft vorbringen konnte. Die Erinnerung bringt ihm dann keine nennenswerten Vorteile mehr. In der Zeit zwischen fruchtlos verstrichenem Termin und Haftbefehl beschwert die Aufforderung des Gerichtsvollziehers den Schuldner nicht mehr. Denn der Gerichtsvollzieher hatte ihn nur aufgefordert, zu einem bestimmten Zeitpunkt die Vermögensauskunft abzugeben. Diese Anordnung mag Voraussetzung für den Erlass eines Haftbefehls sein. Darüber hinaus hat sie aber keine Dauerwirkung.

Freilich leitet § 802g Abs. 1 ZPO den neuen Verfahrensabschnitt nur ein, wenn der Schuldner dem Termin zur Abgabe der Vermögensauskunft „unentschuldigt" fernbleibt oder die Abgabe der Vermögensauskunft „ohne Grund" verweigert.

So mag ein Schuldner den Termin zur Abgabe der Vermögensauskunft schuldlos versäumen. Vielleicht lag er im Krankenhaus. Dann muss der Gerichtsvollzieher unstreitig einen neuen Termin bestimmen.[49] Das folgt bereits aus dem Rechtsgedanken des § 233 ZPO. Außerdem sprechen hierfür die übereinstimmenden Interessen von Gläubiger und Schuldner.

Eines erneuten Antrags des Gläubigers auf Abnahme der Vermögensauskunft bedarf es bei schuldloser Nichtabgabe nicht. Der alte Antrag wirkt fort. Wenn der Gerichtsvollzieher aber einen neuen Termin bestimmen muss, kann die Maßnahme noch nicht erledigt sein. Eine Erinnerung des Schuldners gegen die Anordnung der Vermögensauskunft bleibt deswegen zulässig.

---

47 Zum Haftbefehl näher unten Rn. 937.
48 LG Ellwangen, Beschl. v. 15.8.2014 – 1 T 150/14, juris Rn. 2; AG Augsburg, Beschl. v. 26.2.2013 – 1 M 1472/13, 01 M 1472/13, juris Rn. 4.
49 Vgl. AG Bremen, Beschl. v. 7.2.2014 – 242 M 420824/13, juris Rn. 5; zum Verschuldensnachweis: OLG Jena, Beschl. v. 13.3.1997 – 6 W 131/97 = Rpfleger 1997, 446 (447); FG Köln, Beschl. v. 12.10.2016 – 3 V 593/16, juris Rn. 48 m. w. N.; wenig überzeugend hingegen: Glenk, NJW 2016, 1864 (1866).

743   Natürlich ist die Frage nach der Schuldhaftigkeit oder Schuldlosigkeit noch nicht in der Zulässigkeit zu klären. Vielleicht behauptet der Schuldner, er sei beim Termin krank gewesen. Der Gläubiger bestreitet dies. Dann muss der Schuldner seine Krankheit glaubhaft machen. Dies ergibt sich aus § 236 Abs. 2 Satz 1 ZPO analog. Ob dem Schuldner zu glauben ist, untersucht der Richter in der Begründetheit.

Für die Zulässigkeit der Erinnerung genügt, dass der Schuldner einen nachvollziehbaren Entschuldigungsgrund vorbringt. Es handelt sich um eine doppelrelevante Tatsache.

8.2 Antragshäufung

744   Zwischen Zulässigkeit und Begründetheit kann in der Erinnerung die Antragshäufung zu prüfen sein. Eine Person darf mehrere Vollstreckungsmaßnahmen im selben Bezirk gleichzeitig rügen. Schuldner und Dritter dürfen zusammen Erinnerung einlegen. Man spricht von Erinnerungsgenossenschaft. Die §§ 260; 59 ff. ZPO gelten analog.

8.3 Begründetheit der Erinnerung

> **Map 8.7**

745   Die Erinnerung ist in der ZPO geregelt. Das bedeutet, für sie gelten die Grundsätze der ZPO. Daher ermittelt das Gericht bezüglich der Begründetheit nichts von Amts wegen. Es ist Sache der Parteien, dem Gericht die Tatsachen mitzuteilen (Parteimaxime). Der Richter kann Beweise erheben. Das müssen die Parteien aber beantragen. Die Beweislast für eine Unpfändbarkeit trägt, wer sich auf sie beruft.[50] Regelmäßig ist dies der Schuldner.

746   Zuweilen gibt der Gerichtsvollzieher im Rahmen der Erinnerung eine Stellungnahme ab. Beweismittel ist sie meist nicht.[51] Eine ihr günstige Stellungnahme macht sich eine Partei in der Regel aber konkludent zu eigen.

8.3.1 Obersatz

747   Die einleitende Definition in der Begründetheit der Erinnerung variiert. Es kommt darauf an, wer Erinnerung eingelegt hat.

Gläubigererinnerung

748   Die Kostenerinnerung gemäß § 766 Abs. 2, 2. Alternative ZPO kommt in der Praxis häufig vor. Klausurrelevant ist sie kaum. Vielmehr weigert sich bei der Erinnerung des Klausurgläubigers der Gerichtsvollzieher typischerweise, die beantragte Vollstreckungsmaßnahme durchzuführen (§ 766 Abs. 2, 1. Alternative ZPO). Die Definition lautet hier:

---

50 BGH, Beschl. v. 17.9.2014 – VII ZB 21/13, Rn. 15.
51 Zur Ausnahme im Wege des Freibeweises vgl. BGH, Beschl. v. 28.11.2007 – XII ZB 217/05 = NJW 2008, 1531 (1533).

Die Erinnerung des Gläubigers ist begründet, wenn die Voraussetzungen für die beantragte Vollstreckungsmaßnahme vorliegen. Die Zwangsvollstreckung muss zulässig sein. Sie darf keine Verfahrensvorschriften verletzen.

Schuldnererinnerung

Legt der Schuldner Erinnerung ein, wendet er sich gegen eine bestimmte Vollstreckungsmaßnahme. Die Definition lautet: 749

Die Erinnerung des Schuldners ist begründet, wenn die Zwangsvollstreckungsmaßnahme unzulässig und der Schuldner hierdurch in seinen Rechten verletzt ist.

🛈 **Merke: Wichtige Parallelen erkennen. Man kann sich geistig an § 113 Abs. 1 Satz 1 VwGO orientieren.**

Dritterinnerung

Sehr klausurrelevant ist die Erinnerung des Dritten, beispielsweise des Sohns des   750
Schuldners. In der Erinnerung des Dritten prüft man nur die Vorschriften, die dessen Schutz dienen. Deshalb lautet die Definition:

Die Erinnerung ist begründet, wenn durch die Vollstreckung eine dem Schutz des Erinnerungsführers dienende Verfahrensvorschrift verletzt ist.

🛈 **Merke: Hier bieten sich gedankliche Parallelen zur Rechtskreistheorie im Strafprozessrecht an.**

8.3.2 Prüfungsumfang

Bei der Dritterinnerung ist der Prüfungsumfang grundsätzlich auf die den Dritten   751
schützenden Normen begrenzt. Anders ist dies bei Gläubiger- und Schuldnererinnerung. Dort untersucht das Gericht die Rechtmäßigkeit der Vollstreckung umfassend. Es ist nicht auf die Rüge des Schuldners beschränkt.

Beispiel
Der Schuldner rügt, der gepfändete Fernseher sei unpfändbar. Dem Richter fällt auf, dass kein Vollstreckungstitel vorliegt. Das muss der Richter berücksichtigen.

▶ **Map 8.8**

In der Klausur sind deshalb alle Punkte des Prüfungsschemas zu durchdenken. Keinesfalls darf man jedoch alle Punkte ansprechen. Es ist wie bei einer Zulässigkeitsprüfung: Man sollte grundsätzlich nur zu den problematischen Punkten etwas schreiben.

Beispiel

Der 70jährige Klaus-Dieter Krüger aus Köln vollstreckt aufgrund einer in Bremen gesche-
henen unerlaubten Handlung gegen die 69jährige Rosamunde Renz aus Bremen. Titel ist
ein Urteil des Landgerichts Bremen. Die Schuldnerin rügt, das bei ihr gepfändete Motorrad sei unpfändbar. Hier ist kein Wort dazu zu verlieren, ob die Deutsche Gerichtsbarkeit
gegeben ist. Das ist eindeutig. Auch ist klar, dass beide Parteien gemäß §§ 50 Abs. 1 ZPO;
1 BGB parteifähig sind. Es handelt sich um natürliche Personen. Man schreibt in einer
BGB-Klausur auch nichts dazu, ob ein Mensch rechtsfähig ist.

752   Gewisse Besonderheiten existieren aber in der Erinnerungsklausur. Immer einzugehen
ist auf die allgemeinen Vollstreckungsvoraussetzungen, also Titel, Klausel und Zustellung. Außerdem sollte man stets die Vorschrift nennen, auf der die angegriffene Vollstreckungsmaßnahme basiert.

Formulierungsvorschlag im Urteilsstil

Die allgemeinen Vollstreckungsvoraussetzungen sind gegeben. Sie setzen sich aus
den Elementen Titel, Klausel und Zustellung zusammen.

Ein Vollstreckungstitel im Sinne von § 750 Abs. 1 ZPO liegt vor. Gemäß § 704,
2. Alternative ZPO findet die Zwangsvollstreckung aus Urteilen statt, die das
Gericht für vorläufig vollstreckbar erklärt hat. Ausweislich der dem Vollstreckungsauftrag als Anlage G1 beiliegenden vollstreckbaren Ausfertigung des Urteils des
Landgerichts Mannheim ist zugunsten des Gläubigers ein vorläufig vollstreckbares Zahlungsurteil ergangen. Am Ende der vollstreckbaren Ausfertigung findet
sich gemäß §§ 724; 725 ZPO eine einfache Klausel der Geschäftsstelle. Das Urteil
wurde auch im Sinne von § 750 Abs. 1 ZPO zugestellt. Das ergibt sich aus der
Zustellungsbescheinigung der Geschäftsstelle (§ 169 Abs. 1 ZPO).

Die angegriffene Vollstreckungsmaßnahme findet ihre Rechtsgrundlage in den
§ 803; 808 ZPO. Danach erfolgt die Zwangsvollstreckung in das bewegliche
Vermögen durch Pfändung. Sie wird dadurch bewirkt, dass der Gerichtsvollzieher
die Sache in Besitz nimmt.

Problematisch ist, ...

8.3.3 Vollstreckungserweiternde Verträge

753   In der Begründetheit der Erinnerung ist zu prüfen, ob das Vollstreckungsorgan gegen
Verfahrensvorschriften verstoßen hat. Dabei kann sich das Problem stellen, inwieweit
die Parteien auf ZPO-Normen verzichten können.

Beispiel

V verkauft K ein Fahrrad für 50 Euro. V ist nicht sicher, ob K den Kaufpreis zahlt. Er möchte
notfalls in das Vermögen des V vollstrecken. Er hat aber keine Lust, ihn zu verklagen. Eine
notarielle Unterwerfungserklärung ist beiden zu teuer. Deshalb vereinbaren V und K, dass
V wegen des Kaufpreises auch ohne Titel vollstrecken darf. Das ist unzulässig. Der Ge-

richtsvollzieher muss einen Vollstreckungsauftrag des V ablehnen. Die Vereinbarung verstößt gegen §§ 704; 750 Abs. 1 ZPO. Diese Normen sind zwingend. Sie sollen den Schuldner schützen. Bevor ihm kein Titel zugestellt ist, rechnet er üblicherweise nicht mit Zwangsvollstreckungsmaßnahmen. Er handelt typischerweise übereilt, leichtsinnig oder unter Druck, wenn er für eine reizvolle Gegenleistung einem vollstreckungserweiternden Vertrag zustimmt.

Außerdem dienen Zwangsvollstreckungsnormen dem öffentlichen Interesse. Nach dem Grundsatz der Formalisierung muss das Vollstreckungsorgan prüfen, ob ein Titel vorliegt. Hingegen ist nicht seine Aufgabe, einen Vertrag auszulegen und auf seine Wirksamkeit zu untersuchen. Die Parteien haben nicht die Macht, dem Vollstreckungsorgan eine solche Pflicht aufzudrängen.

Aus denselben Gründen können die Parteien auch keine vom Gesetz abweichende Vollstreckungsmethode vereinbaren, z. B. Zwangsgeld statt Ersatzvornahme.

> ⓘ Merke: **Vollstreckungserweiternde Vereinbarungen sind grundsätzlich unzulässig.**

Bereits dem Erstsemester ist bekannt: Jeder Grundsatz kennt Ausnahmen. Sie werden unten bei den jeweiligen Vorschriften erörtert.

8.3.4 Allgemeine Verfahrensvoraussetzungen

> ❯ Map 8.9

Im Rahmen der Begründetheit der Erinnerung sind zunächst die allgemeinen Verfahrensvoraussetzungen zu prüfen. Sie beinhalten die gleichen Punkte, die auch im Erkenntnisverfahren geprüft werden (Parteifähigkeit, Prozessfähigkeit, etc.). In der Begründetheit der Erinnerung prüft man nur jene Punkte, die nicht bereits schon im Rahmen der Zulässigkeit der Erinnerung relevant waren. In Klausuren liegt bei den allgemeinen Verfahrensvoraussetzungen selten ein Schwerpunkt.   754

> **Formulierungsvorschlag**
> Die Abnahme der Vermögensauskunft setzt zunächst voraus, dass die allgemeinen Verfahrensvoraussetzungen vorliegen. Zu den allgemeinen Verfahrensvoraussetzungen gehören die Parteifähigkeit, die Prozessfähigkeit und das Vorliegen eines ordnungsgemäßen Vollstreckungsauftrags.

Parteifähigkeit

Die Beteiligten der Zwangsvollstreckung müssen parteifähig sein. Gemäß § 50 Abs. 1 ZPO ist parteifähig, wer rechtsfähig ist. Gemäß § 1 BGB ist jeder Mensch rechtsfähig. Wie ausgeführt, stellt sich das Problem meist bereits bei der Zulässigkeit der Erinnerung. Denn wer nicht parteifähig ist, kann auch keine Erinnerung einlegen.   755

Auch der Schuldner muss parteifähig sein.   756

Fiktives Beispiel

Der Richter kann gegen einen Hund kein Ordnungsgeld nach § 890 ZPO verhängen, wenn dieser zu laut bellt. Frauchen oder Herrchen sind die richtigen Ansprechpartner.

Realistisches Beispiel

Der Gerichtsvollzieher kann einer nicht existierenden Person nicht die Vermögensauskunft abnehmen. Mag diese auch Rubrum des Versäumnisurteils als Beklagter benannt sein.

Personenhandelsgesellschaften (OHG, KG) sind ausreichend rechtlich verselbstständigt. Sie sind parteifähig. Dies ergibt sich aus §§ 161 Abs. 2; 124 HGB.

Das Ende der Parteifähigkeit durch Tod ist ein Rechtsnachfolgeproblem. Es wird unten im Rahmen der Rechtsnachfolgeklausel behandelt.[52]

757   Die Außen-GbR gilt mittlerweile gewohnheitsrechtlich als parteifähig.[53] Das bedeutet, man kann in ihr Vermögen vollstrecken. In der Klausur kann im Vollstreckungstitel der Name angegeben sein, unter dem die Gesellschaft im Rechtsverkehr auftritt; Beispiel: Superlook Frisöre Heidelberg. Ebenso ist denkbar, dass die Gesellschaft durch Benennung aller ihrer Gesellschafter bezeichnet wird. Beispiel: GbR, bestehend aus Hans Müller und Fritz Schulz. Beide Alternativen sind korrekt.

758   Eine aufgelöste Gesellschaft gilt für die Abwicklungsphase als parteifähig. Zwar hat die Löschung einer Gesellschaft im Allgemeinen zur Folge, dass die Gesellschaft ihre Rechtsfähigkeit und damit auch ihre Parteifähigkeit verliert. Denn die Gesellschaft ist mit ihrer Löschung materiell-rechtlich nicht mehr existent. Gegen sie kann aber so lange vollstreckt werden, wie noch werthaltiges Vermögen vorhanden ist.[54]

Prozessfähigkeit beziehungsweise ordnungsgemäße Vertretung
Prozessfähigkeit des Gläubigers

759   Der Gläubiger muss prozessfähig sein. Gemäß §§ 51 Abs. 1; 52 ZPO richtet sich die Prozessfähigkeit nach der Geschäftsfähigkeit. Das bedeutet, Geschäftsunfähige können keinen Prozess führen. Sie benötigen einen Vertreter. Das gilt auch für den Zwangsvollstreckungsauftrag.

760   **Ausgangsfall**

Der Gerichtsvollzieher erhält einen Pfändungsauftrag. Bei dem Titel handelt es sich um ein Urteil des Amtsgerichts – Zivilabteilung. Im Rubrum des Urteils heißt es: „Kläger: „Jason Schneider, vertreten durch seine Eltern Klaus und Tamara Schneider." Im Rubrum ist das Geburtsdatum von Jason genannt. Daraus lässt sich errechnen, dass er 15 Jahre alt ist. Der Vollstreckungsauftrag ist unterschrieben von Jason Schneider.

---

52 Siehe unten Rn. 1081.
53 Seit BGHZ 146, 341, juris Rn. 14.
54 BGH, Urt. v. 5.7.2012 – III ZR 116/11, Rn. 27; Beschl. v. 20.5.2015 – VII ZB 53/13, Rn. 19; LG Arnsberg, Beschl. v. 16.8.2016 – 5 T 21/16.

❓ Darf der Gerichtsvollzieher beim Schuldner pfänden?

✅ Nein. Der Gerichtsvollzieher darf den Vollstreckungsauftrag nicht ausführen. Der Gläubiger ist zwar gemäß § 50 Abs. 1 ZPO; 1 BGB parteifähig. Er ist aber gemäß §§ 52 ZPO; 106 ff. BGB prozessunfähig. Er ist nämlich nur beschränkt geschäftsfähig. Die Eltern hätten den Vollstreckungsauftrag als gesetzliche Vertreter unterschreiben müssen (§§ 51 Abs. 1 ZPO; 1626 Abs. 1; 1629 Abs. 1 Satz 1 BGB.

Abwandlung 1	761

Wie Ausgangsfall (Rn. 760). Allerdings war Jason bereits 18 als er den Vollstreckungsauftrag unterschrieben hat.

❓ Ändert sich gegenüber der Lösung des Ausgangsfalls etwas?

✅ Ja, es ändert sich etwas. Nun darf der Gläubiger selbst den Vollstreckungsauftrag erteilen.

Abwandlung 2	762

Wie Ausgangsfall (Rn. 760). Allerdings ist Jason einen Tag nach Erlass des Urteils 18 Jahre alt geworden. Einen Monat später erteilen seine Eltern den Vollstreckungsauftrag.

❓ Wie muss der Gerichtsvollzieher verfahren?

✅ Hier erteilen die Eltern erst nach Volljährigkeit ihres Kindes den Vollstreckungsauftrag. Zu diesem Zeitpunkt ist Jason prozessfähig. Die gesetzliche Vertretungsbefugnis seiner Eltern ist erloschen. Der Gerichtsvollzieher sollte die Eltern auffordern, eine schriftliche Vollmacht vorzulegen (§§ 79 Abs. 2 Nr. 2; 80 ZPO). Wenn sie dem nicht nachkommen, muss er den Auftrag zurückweisen.

Abwandlung 3	763

Wie Ausgangsfall (Rn. 760). Allerdings hatten Jasons Eltern den Vollstreckungsauftrag bereits erteilt, als Jason noch keine 18 Jahre alt war. Nun ist er volljährig.

❓ Darf der Gerichtsvollzieher den Auftrag ausführen?

✅ Ja. Der Gerichtsvollzieher darf (weiter)vollstrecken. Ein wirksam erteilter Vollstreckungsauftrag bleibt in Kraft, auch wenn die Vertretungsmacht entfällt.

Prozessfähigkeit des Schuldners

764   Schwieriger ist zu beantworten, ob der Schuldner prozessfähig sein muss. Immerhin muss er die Zwangsvollstreckung nur dulden. Auf der anderen Seite muss er die Möglichkeit haben, Rechtsbehelfe einzulegen. Deshalb darf der Gläubiger gegen einen prozessunfähigen Schuldner grundsätzlich nur vollstrecken, wenn dieser ordnungsgemäß vertreten ist. Wegen des Beibringungsgrundsatzes ist es Sache des Gläubigers, den Vertreter zu benennen.

Rangwahrend darf das Vollstreckungsorgan aber auf das Vermögen eines prozessunfähigen Schuldners zugreifen.

765   **Fall (angelehnt an eine wahre Begebenheit)**

Der Gerichtsvollzieher erhält den Auftrag, beim Schuldner zu pfänden. Im Vollstreckungsbescheid ist nur der Schuldner genannt, kein Betreuer.[55] Der Schuldner öffnet nur in Unterhose und Unterhemd bekleidet. Er erlaubt dem Gerichtsvollzieher, seine Wohnung zu betreten. Die Wohnung sieht chaotisch aus. Müll und Essensreste liegen überall verteilt. Es finden sich zahlreiche ungeöffnete Briefe. Der Schuldner wirkt verwirrt. Er hat zerzauste Haare und ausgefallene Zähne. Er erzählt dem Gerichtsvollzieher, er habe wenig Zeit. Er müsse nach Rom, um mit dem Papst in Glaubensangelegenheiten zu verhandeln. Im Hintergrund sieht der Gerichtsvollzieher neben einfachem Stahlbesteck auch wertvolles Silberbesteck.

❓ Darf der Gerichtsvollzieher das Silberbesteck pfänden und versteigern?

✅ Der Gerichtsvollzieher darf und muss das Silberbesteck pfänden. Andernfalls besteht die Gefahr, dass der Schuldner es beiseiteschafft. Der Gerichtsvollzieher darf das Besteck indessen nicht versteigern. Er muss erst klären, ob der Schuldner prozessfähig ist. Hierzu verpflichtet ihn § 56 Abs. 1 ZPO. Der Gerichtsvollzieher kann ein Sachverständigengutachten einholen, z. B. beim Psychiater des Gesundheitsamts.[56] Die Kosten muss der Gläubiger vorschießen.[57] Weigert dieser sich, findet keine Vollstreckung statt. Alternativ kann der Gläubiger beim Amtsgericht anregen, dem Schuldner einen Betreuer zu bestellen. Dieser kann den Betroffenen im Zwangsvollstreckungsverfahren vertreten (§§ 1902 BGB; 51 Abs. 1; 53 ZPO).

Klausurtipp

Auf die Partei- und Prozessfähigkeit ist nur einzugehen, wenn sich im Sachverhalt Probleme ergeben. Andernfalls sollte der Klausurbearbeiter zu diesen Punkten vollständig schweigen.

---

55 Vgl. § 1896 BGB.
56 Mroß, DGVZ 2011, 66 (67).
57 § 4 GVKostG.

Prozessführungsbefugnis

Prozessführungsbefugnis meint das Recht, im eigenen Namen vollstrecken zu dürfen.   766
Diese Befugnis steht gemäß § 750 Abs. 1 ZPO nur der Person zu, die im Titel oder in der
Klausel als Gläubiger benannt ist. Eine Vollstreckungsstandschaft ist unzulässig.[58] Die
Vollstreckungsstandschaft ist von der Stellvertretung zu unterscheiden. Stellvertretung
meint, ein Recht in fremdem Namen geltend zu machen. Wie erörtert darf der Gläubiger bestimmte Personen als Vertreter benennen, die für ihn auftreten.[59]

Deutsche Gerichtsbarkeit

Zwangsvollstreckung bedeutet, Hoheitsträger üben Staatsgewalt aus. Das dürfen sie nur   767
gegenüber Personen, die ihrer Gewalt unterfallen.[60] Das ergibt sich aus Völkergewohnheitsrecht.[61] Der Schuldner muss folglich der deutschen Gerichtsbarkeit unterliegen.[62]
Andernfalls ist die Vollstreckungsmaßnahme nichtig.

Beim Pfändungs- und Überweisungsbeschluss muss auch der Drittschuldner der
deutschen Gerichtsbarkeit unterliegen. Immerhin verbietet das Vollstreckungsgericht
ihm gemäß § 829 Abs. 1 Satz 1 ZPO etwas.[63]

 **Map 7.4**

Zuständigkeit des Vollstreckungsorgans

Zu den allgemeinen Verfahrensvoraussetzungen gehört die örtliche Zuständigkeit des   768
jeweiligen Vollstreckungsorgans. Die Klausurrelevanz ist gering. Nur zur Hintergrundinformation:

Jeder Gerichtsvollzieher hat seinen Bezirk. *Dienstrechtlich* darf er grundsätzlich nur
dort tätig werden. Überschreitet er die räumliche Grenze, mag der Schuldner noch so
laut schreien. Die Vollstreckungshandlung bleibt wirksam.[64]

Für den Rechtspfleger bestimmt sich die örtliche Zuständigkeit nach § 828 Abs. 2   769
ZPO. Er pfändet in seinem Bezirk. Maßgebend ist prinzipiell, wo der Schuldner wohnt.
Fehlt die örtliche Zuständigkeit, bleibt der Pfändungs- und Überweisungsbeschluss
wirksam. Allerdings ist er auf die Erinnerung des Schuldners aufzuheben.

Verstöße gegen die funktionelle Zuständigkeit führen zur Unwirksamkeit der Maß   770
nahme.

Beispiele

— Der Rechtspfleger klebt ein Pfandsiegel auf ein zu pfändendes Auto.
— Der Gerichtsvollzieher erlässt einen Pfändungs- und Überweisungsbeschluss.
— Der Gerichtsvollzieher pfändet entgegen § 865 Abs. 2 ZPO Grundstückszubehör.[65]

---

58 Siehe oben Rn. 207.
59 Siehe oben Rn. 10.
60 BGH, Beschl. v. 28.5.2003 – IXa ZB 19/03, juris Rn. 10.
61 EGMR, Entscheidung vom 12.12.2002 – 59021/00 Kalogeropoulou u. a./Griechenland und
   Deutschland = NJW 2004, 273 (275).
62 Vgl. §§ 18 ff. GVG; vgl. fernen § 882a ZPO. Zur Vollstreckung in in Deutschland befindliche
   Vermögensobjekte ausländischer Staaten: BVerfGE 46, 342, juris Rn. 54.
63 Zur Ausnahme der vorläufigen europäischen Kontopfändung siehe oben Rn. 688.
64 § 14 Abs. 2 GVO.
65 Siehe bereits oben Rn. 502.

771   Eine sachliche Zuständigkeit existiert für Gerichtsvollzieher und Rechtspfleger nicht. Es gibt bei ihnen nur eine Instanz.

Korrekter Vollstreckungsauftrag/Antrag
Allgemeines

772   Im Erkenntnisverfahren prüft man bei den allgemeinen Verfahrensvoraussetzungen den bestimmten Antrag (§ 253 Abs. 2 Nr. 2 ZPO). Das Pendant nennen die §§ 753; 802a Abs. 2 ZPO beim Gerichtsvollzieher Vollstreckungsauftrag.[66] Bei der Forderungspfändung spricht man von einem Antrag auf Erlass eines Pfändungs- und Überweisungsbeschlusses.

> **Klausurtipp**
>
> Korrekte Fachterminologie ist ein wesentlicher Baustein für eine gute Examensklausur.

773   Für die spätere Berufspraxis sollte man sich Folgendes merken: Der Gläubiger muss die gewünschte Vollstreckungsmaßnahme genau bezeichnen. In einer Klausur beantragte der Gläubiger im PfüB-Formular, „den Anspruch aus dem Kaufvertrag" mit dem Drittschuldner Heinz Schulz, Siriusstraße 12, 68165 Mannheim zu pfänden. Diesen Antrag muss der Rechtspfleger zurückweisen. Allein, wer Drittschuldner ist, ist eindeutig. Der Rest ist zu unbestimmt. Es ist unklar, welcher Anspruch aus welchem Kaufvertrag gepfändet werden soll.

774   > **Fall**
>
> Gläubiger G hat gegen Schuldner S einen Vollstreckungsbescheid erwirkt. Im Formular über den Vollstreckungsauftrag kreuzt er keine konkrete Vollstreckungsmaßnahme an. Vielmehr schreibt er darauf: „Entscheiden Sie!". Er übergibt den Text dem Gerichtsvollzieher. Dieser weist den Antrag als zu unbestimmt zurück. G legt Erinnerung ein. Er ist der Meinung, der Gerichtsvollzieher wisse besser als er, welche die richtige Vollstreckungsmaßnahme ist. Der Gerichtsvollzieher solle zumindest eine Maßnahme vorschlagen.

❓ Ist die Erinnerung begründet?

✅ Die Begründetheit der Erinnerung setzt voraus, dass die allgemeinen Verfahrensvoraussetzungen vorliegen. Hierzu gehört ein korrekter Auftrag. Der Gerichtsvollzieher hat im Rahmen der Zwangsvollstreckung eine Vielzahl von Befugnissen.[67] Beispielsweise kann er eine gütliche Einigung versuchen, er kann pfänden oder die Vermögensauskunft abnehmen. Wie auch im Erkenntnisverfahren gilt die Parteimaxime. Es ist Aufgabe des Gläubigers, die gewünschte Vollstreckungsmaßnahme zu bezeichnen (§ 802a Abs. 2 Satz 2 ZPO). Bei mehreren Maßnahmen muss er deren Reihenfolge angeben. Er darf die Maßnahmen unter eine Prozessbedingung stellen.[68] Etwa

---

66 Ebenso § 31 GVGA.
67 Z. B. §§ 766; 802a ZPO.
68 LG Koblenz, Beschl. v. 23.4.2014 – 2 T 235/14, juris Rn. 6; AG Bad Segeberg, Beschl. v. 17.11.2014 – 6 M 131/14, juris Rn. 13.

darf er erstens gütliche Einigung beantragen und falls diese scheitert, Pfändung. G hat keine konkrete Vollstreckungsmaßnahme gewählt. Wenn er sich nicht hinreichend auskennt, kann er einen Anwalt fragen. Es ist nicht Aufgabe des Gerichtsvollziehers, ihn zu beraten. Vielmehr muss der Gerichtsvollzieher als staatliches Organ neutral bleiben. Es fehlt an den allgemeinen Verfahrensvoraussetzungen. Die Erinnerung ist also unbegründet.

Merke: Die Zwangsvollstreckung findet in Deutschland nur auf Antrag statt. Eine Zwangsvollstreckung von Amts wegen gibt es im Zivilrecht nicht. Das ist Ausdruck der sogenannten Parteimaxime. Nach diesem Grundsatz entscheiden die Parteien eines Zivilrechtsstreits, ob Staatsorgane der Judikative handeln dürfen.[69]

Wie bereits erwähnt, darf der Gläubiger den Vollstreckungsauftrag beschränken.[70] Das ist Ausdruck der Dispositionsmaxime. Vom beschränkten Vollstreckungsauftrag abzugrenzen sind Weisungen.

775

Beispiel 1

Der Gläubiger beauftragt den Gerichtsvollzieher, eine Spielekonsole zu pfänden. Hier darf der Gerichtsvollzieher keine Uhr pfänden. Es handelt sich um einen beschränkten Pfändungsauftrag.

Beispiel 2

Der Gläubiger beauftragt den Gerichtsvollzieher, beim Schuldner bewegliche Gegenstände zu pfänden, insbesondere die Spielekonsole. Hier darf der Gerichtsvollzieher auch die Uhr pfänden. Es handelt sich um eine Weisung.

REF Das Formular zum Vollstreckungsauftrag

Wie man eine Klage erhebt, lernt man im Referendariat zur Genüge. Doch wie beauftragt man einen Gerichtsvollzieher? Bei Geldforderungen lädt man sich über die Homepage des Deutschen Gerichtsvollzieherbunds das Formular für einen Zwangsvollstreckungsauftrag herunter.[71] Es besteht aus sogenannten Modulen (=ankreuzbare beziehungsweise ausfüllbare Felder). Man kreuzt die Maßnahmen an, die man wünscht. Die vollstreckbare Ausfertigung des Titels schickt man im Original mit.[72] Dann überlegt man sich, welchem Gerichtsvollzieher man den Auftrag zusendet. Das richtet sich nach in der Regel nach dem Wohnort des Schuldners. An das für diesen Ort zuständige Amtsgericht adressiert man den Auftrag, konkret an die dortige Gerichtsvollzieherverteilerstelle (§ 753 Abs. 2 ZPO).

776

---

69 Siehe bereits Rn. 29 und 63.
70 Siehe oben Rn. 29.
71 http://www.dgvb.de/vordrucke; zur elektronischen Form: § 4 der Gerichtsvollzieherformular-Verordnung (GVFV).
72 Vgl. aber § 754a ZPO.

777   Das Formular enthält eine Anlage. Dort muss der Gläubiger die zu vollstreckenden Beträge eintragen.[73] Das ist sinnvoll. Zuweilen leistet der Schuldner auf ein Urteil nämlich Teilzahlungen. Dann darf der Gläubiger den Gerichtsvollzieher nur wegen des Restbetrags beauftragen. Ansonsten könnte der Schuldner wegen des überschießenden Betrags erfolgreich Vollstreckungsabwehrklage erheben. Bei derartigen frühzeitigen Teilzahlungen ist der Gläubiger verpflichtet, dem Gerichtsvollzieher darzulegen, wie er die Teilzahlungen verrechnet hat.[74] Denn der Schuldner muss entscheiden können, ob er Vollstreckungsabwehrklage erheben soll.

Außerdem sieht die Forderungsaufstellung Felder für Zinsen und Kosten vor.

In der Praxis fügen viele Kanzleien und Inkassobüros statt der formularmäßigen Forderungsaufstellung eine formlose bei. Sie beruht auf der gängigen Kanzleisoftware. Die meisten Gerichtsvollzieher akzeptieren dies. Jede unnötige Abweichung vom Formular geschieht jedoch auf eigenes Risiko.[75] Stets sollte die Übersicht des Gläubigers leicht verständlich sein. Strenggenommen ist eine formlose Forderungsaufstellung nur erlaubt, soweit keine zweckmäßige Eintragungsmöglichkeit im Formular vorhanden ist.[76]

Manche Kanzleiangestellten suchen vergeblich nach Formularen für die Herausgabevollstreckung (§ 883 ZPO) oder den Räumungsauftrag (§ 885 ZPO). Solche Formulare existieren nicht. Derartige Aufträge sind formlos möglich.

> **Klausurtipp**
>
> Um sich auf die Assessorklausur vorzubereiten, sollte man das Formular für den Gerichtsvollzieherauftrag einmal in Ruhe durchlesen.

8.3.5 Allgemeine Vollstreckungsvoraussetzungen

778   Nicht zu verwechseln mit den allgemeinen Verfahrensvoraussetzungen sind die allgemeinen Vollstreckungsvoraussetzungen. Sie sind in § 750 ZPO genannt. Sie lauten Titel, Klausel, Zustellung. Ohne diese drei Elemente benutzt Justitia ihr Schwert grundsätzlich nicht.[77]

 Map 8.10

Titel
Arten
779   Die klausurrelevanten Vollstreckungstitel wurden bereits in der Einleitung des Buchs genannt.

---

73 Anlage 1 zum Formular Vollstreckungsauftrag; vgl. auch BGH, Beschl. v. 15.6.2016 – VII ZB 58/15, Rn. 16 und § 80 GVGA.
74 LG Tübingen, Beschl. v. 15.11.1988 – 5 T 243/88; LG Deggendorf, Beschl. v. 25.4.2006 – 1 T 39/06; LG Coburg, Beschl. v. 3.6.1996 – 41 T 18/96; LG Hagen (Westfalen), Beschl. v. 18.3.1994 – 3 T 181/94, Behr, NJW 1992, 2738 (2739); im Einzelnen streitig; vgl. auch § 829a Abs. 1 Satz 2 ZPO.
75 § 753 Abs. 3 Satz 1 ZPO; 2 Abs. 1 GVFV.
76 § 2 Abs. 2 GVFV; BGH, Beschl. v. 26.9.2018 – VII ZB 56/16, Rn. 12; ähnlich für das PfÜB-Formular: § 3 Abs. 3 ZVFV.
77 Formulierungsvorschlag oben Rn. 752.

Ist der im Aktenauszug enthaltene Titel ein im schriftlichen Vorverfahren ergangenes Versäumnisurteil, müssen Referendare achtsam sein. Ein solches Urteil wird nämlich nicht verkündet. Vielmehr tritt an die Stelle der Verkündung gemäß § 310 Abs. 3 Satz 1 ZPO die Zustellung. Zustellung meint Zustellung an beide Parteien.[78] Denn die Zustellung ist Verkündungssurrogat. Und bei einer Verkündung dürfen auch beide Parteien anwesend sein. Das bedeutet, das Urteil wird erst existent, wenn es an beide Parteien zugestellt ist.[79] Vorher ist es ein Nichturteil.[80] An wen das Urteil zugestellt wurde, kann man aus dem Zustellungsvermerk entnehmen. Diesen setzt die Geschäftsstelle gemäß § 315 Abs. 3 ZPO auf die Urteilsausfertigung. Findet sich hier nur ein Vermerk über die Zustellung an den Beklagten, ist dies eine versteckte Klausurfalle. Wenn auch sonst über die Zustellung an den Kläger nichts mitgeteilt ist,[81] fehlt es an einem Titel.

Beispiel

– Vollstreckbare Ausfertigung –

[Wappen, Aktenzeichen]

Im Namen des Volkes

Versäumnisurteil

Im Rechtsstreit [...]

hat die 11. Zivilkammer des Landgerichts Heidelberg im schriftlichen Vorverfahren am

08.04.2014 durch den Richter am Landgericht Dr. Krause als Einzelrichter

für Recht erkannt:

[stattgebender Tenor]

Dr. Krause, Richter am Landgericht

Das vorstehende Urteil wurde der Beklagten zugestellt am 23.04.2014.

Das Urteil ist rechtskräftig seit 08.05.2014.

Vorstehende Ausfertigung wird dem Kläger zum Zwecke der Zwangsvollstreckung erteilt.

Heidelberg, 09.05.2014   [Siegel]

Friehauf

Urkundsbeamtin der Geschäftsstelle

---

78 BGH, Beschl. v. 5.5.2008 – X ZB 36/07, Rn. 3.
79 BGHZ 32, 370, juris Rn. 12; BGH, Beschl. v. 5.10.1994 – XII ZB 90/94, juris Rn. 14; BGH, Urt. v.
     17.4.1996 – VIII ZR 108/95, juris Rn. 13.
80 Vgl. OLG Koblenz, Beschl. v. 5.1.1988 – 6 W 827/87, juris Rn. 8.
81 Vgl. BGHZ 8, 303.

780 § 189 ZPO heilt den Zustellungsmangel nicht. Immerhin setzt diese Vorschrift voraus, dass die Geschäftsstelle das Dokument zustellen wollte.[82] Hingegen genügt nicht der Wille, die vollstreckbare Ausfertigung formlos zu übersenden. § 189 ZPO soll nämlich keine Zustellung unterstellen, die niemand wollte.[83] Für eine Zustellungsabsicht des Gerichts fehlen regelmäßig Anhaltspunkte.[84] Das bedeutet, die Erinnerung ist begründet. Ein cleverer Rechtsanwalt des Vollstreckungsschuldners wird diesen Fehler rügen. Dasselbe sollte für den Bearbeiter einer Anwaltsklausur gelten.

Die gleiche Situation wie beim Versäumnisurteil im schriftlichen Vorverfahren tritt beim Urteil auf, das einen Einspruch verwirft (§ 341 Abs. 1 Satz 2 ZPO). Denn auch dieses wird in der Regel nicht verkündet (§ 310 Abs. 3 Satz 2 ZPO). Allerdings stellt sich das Problem eher nicht in einer Erinnerungsklausur.

Bestand und formelle Vollstreckbarkeit

781 Der Titel muss zur Zeit der Vollstreckung noch bestehen.

Beispiel

Das Landgericht erlässt ein Zahlungsurteil. Es ist vorläufig vollstreckbar. Der Beklagte legt Berufung ein. Das Oberlandesgericht hält das Urteil des Landgerichts für falsch. Es hebt das Urteil auf. Der Kläger darf nicht mit dem Urteil des Landgerichts den Gerichtsvollzieher beauftragen. Es ist überholt.[85]

782 Der Titel muss auch vollstreckbar sein. § 704 ZPO stellt für Urteile besondere Voraussetzungen auf. Sie müssen rechtskräftig sein oder für vorläufig vollstreckbar erklärt werden.[86]

■ Kein Titelverbrauch

783 Der Titel darf nicht verbraucht sein. Das ist insbesondere bei Herausgabetiteln problematisch.

Beispiel 1

Der Gläubiger hat einen Titel auf Herausgabe eines Hundes. Der Gerichtsvollzieher nimmt diesen nach § 883 Abs. 1 ZPO dem Schuldner weg. Er gibt ihm der Gläubiger. Einige Stunden später läuft das treue Tier eigenmächtig zum Schuldner zurück. Hier muss der Gläubiger neu klagen. Der Herausgabetitel ist verbraucht.

Beispiel 2

Der Gerichtsvollzieher räumt aufgrund eines Räumungsurteils eine Wohnung vollständig. Er gibt dem Gläubiger nach § 885 ZPO die Schlüssel. Der Schuldner weiß nicht, wo er wohnen soll. Einen Tag später bricht er in die Wohnung ein. Dort bleibt er. Auch hier muss der Gläubiger neu klagen.

---

82 BGHZ 7, 268, juris Rn. 17; 214, 294, Rn. 35; BGH, Beschl. v. 26.11.2002 – VI ZB 41/02, juris Rn. 11.
83 BGH, Urt. v. 7.12.2010 – VI ZR 48/10, Rn. 11.
84 Vgl. § 168 ZPO.
85 Zu § 775 Nr. 1 ZPO siehe unten Rn. 845.
86 Siehe bereits Rn. 53.

Der Verbrauch hängt mit dem Streitgegenstandsbegriff des § 261 ZPO zusammen. Tituliert war jeweils die Rechtsfolge aus einem Lebenssachverhalt. Rechtsfolge war jeweils die Herausgabepflicht. Lebenssachverhalt war jeweils eine unberechtigte Sachherrschaft. Das Verhalten des Gerichtsvollziehers erfüllte alle Tatbestandsmerkmale des § 883 beziehungsweise § 885 ZPO. Er setzte im Namen des Staates einen privaten Anspruch durch, der aus einem Lebenssachverhalt folgte. Damit schuf er eine Zäsur. Was anschießend geschah, erfüllte einen neuen Lebenssachverhalt.

Auch ein Zahlungstitel kann verbraucht sein.[87] Das ist der Fall, wenn der Gerichtsvollzieher den gesamten vollstreckbaren Betrag beigetrieben und dem Gläubiger dessen Teil ausgezahlt hat. Die Praxis spricht zuweilen missverständlich davon, der Titel sei „abgeschrieben".

Ist der Titel verbraucht, darf der Gläubiger aus ihm nicht mehr vorgehen.[88] Andernfalls kann der Schuldner Erinnerung einlegen. Alternativ kann er Vollstreckungsabwehrklage erheben.[89] Für beide Rechtsbehelfe besteht ein Rechtsschutzbedürfnis.[90]

Parteibezeichnungen

Der Titel oder hilfsweise die Klausel muss die Person benennen, die den Vollstreckungsauftrag erteilt. Entsprechendes gilt für die Person, gegen die vollstreckt werden soll. Man spricht von Parteiidentität. Sie ergibt sich aus § 750 ZPO. Hier unterlaufen in der Praxis häufig Fehler. Oft erteilt eine Gesellschaft einen Vollstreckungsauftrag. Das Problem ist, im Titel taucht ihr Name nicht auf. Vielmehr steht dort als Gläubigerin andere Gesellschaft. Eine Rechtsnachfolgeklausel nach § 727 ZPO liegt dem Vollstreckungsauftrag nicht bei. Zuweilen erhält das Vollstreckungsorgan von der Auftraggeberin auf Rückfrage die pauschale Antwort, es liege eine Umwandlung im Sinne des Umwandlungsgesetzes vor. Das genügt nicht. Hier darf nicht vollstreckt werden. Es ist Sache der Gläubigerin, die Voraussetzungen für eine Zwangsvollstreckung beizubringen. |784

Titel kann auch ein Vollstreckungsbescheid sein. Dann ist genau zu prüfen, ob der Antragsteller (= Gläubiger) den Antragsgegner hinreichend genau bezeichnet hat. Hier darf das Vollstreckungsorgan nicht zu pingelig sein. Oft kann es dem Bescheid entnehmen, wen der Antragsteller meint.[91] Dann liegt ein wirksamer Titel vor. |785

Vollstreckbarer Inhalt

Der Titel muss einen vollstreckbaren Inhalt haben. Nicht vollstreckbar sind beispielsweise Feststellungsurteile. |786

Nur beschränkt vollstreckbar sind Titel mit Ersetzungsbefugnis. So etwas kann bei Vergleichen vorkommen.[92]

---

87   Zum Titelverbrauch beim Anspruch auf Duldung der Zwangsvollstreckung siehe oben Rn. 387.
88   Denkbar vor allem bei Titeln nach § 754a ZPO.
89   Vgl. OLG Düsseldorf, Urt. v. 22.6.1983 – 9 U 15/83 = OLGZ 1984, 93 (94).
90   Siehe oben Rn. 153 und Rn. 735.
91   Z. B. BGH, Beschl. v. 16.7.2004 – IXa ZB 307/03, juris Rn. 5 und sogleich Rn. 789.
92   Zu Verfallklauseln unten Rn. 1076.

Beispiel für einen Vergleichstext:
Vergleich:
- § 1: Der Beklagte verpflichtet sich, dem Kläger das Motorrad Marke Hully Darion, Kennzeichen ZV-R 766 an den Kläger herauszugeben.
- § 2: Dem Beklagten bleibt nachgelassen, sich durch Zahlung von 5000 Euro von seiner Pflicht zu befreien.

Hier kann der Kläger den Gerichtsvollzieher nur beauftragen, dem Beklagten das Motorrad wegzunehmen. Er kann nicht wegen der 5000 Euro vollstrecken. Bietet der Beklagte dem Gerichtsvollzieher die 5000 Euro an, muss dieser sie jedoch nehmen.[93]

787   Vollstreckbar ist nur ein solcher Inhalt, der hinreichend bestimmt ist.[94] Gefordert ist etwa die Formulierung: „Der Beklagte wird verurteilt, an den Kläger 5000 Euro zu zahlen." Nicht ausreichend ist demgegenüber: „Der Beklagte wird verurteilt, an den Kläger 100.000.000 Euro zu zahlen." Unzureichend ist auch die Formulierung: „Der Kläger wird verurteilt, an den Beklagten 5000 Euro zu zahlen abzüglich des schon gezahlten Betrags." Hier kann das Vollstreckungsorgan nicht erkennen, was bereits gezahlt wurde.

Zu unbestimmt ist die Formulierung in einem Prozessvergleich: „Der Beklagte verpflichtet sich, an den Kläger die vereinbarte Miete zu zahlen." Es geht nicht hervor, welcher Monatsbetrag zu zahlen ist. Dabei bleibt es, wenn der Gläubiger einen Mietvertrag mitschickt. Es ist nicht Aufgabe des Vollstreckungsorgans, diesen zu prüfen.

> **Formulierungsvorschlag**
> Ein Tenor muss aus sich heraus verständlich sein. Parteien und Gericht dürfen den Streit über eine Verpflichtung nicht in das Zwangsvollstreckungsverfahren verlagern.

Weitere Praxisbeispiele
Zu unbestimmt ist der Tenor, es zu unterlassen, Musik lauter als Zimmerlautstärke zu spielen. Der Titel muss einen konkreten Grenzwert nennen.[95] Zu vage ist auch die Formulierung, der Arbeitgeber müsse ein Zeugnis mit einer sehr guten Führungs- und Leistungsbeurteilung erteilen. Der Tenor muss den genauen Zeugniswortlaut angeben.[96]

788   Ob der Titel einen vollstreckbaren Inhalt hat, muss eigentlich schon das Klauselorgan prüfen. Ohne vollstreckbaren Inhalt darf es keine vollstreckbare Ausfertigung nach erteilen. In der Praxis kommt es allerdings vor, dass die Geschäftsstelle gleichwohl eine vollstreckbare Ausfertigung gemäß § 724 ZPO erteilt. Dann muss das Vollstreckungsorgan den vollstreckbaren Inhalt prüfen. Fehlt es hieran, darf es nicht vollstrecken. Zwar

---

93   § 60 Abs. 2 GVGA.
94   BGH, Urt. v. 6.11.1985 – IVb ZR 73/84, juris Rn. 14; OLG Zweibrücken, Beschl. v. 3.4.1992 – 3 W 63/92, juris Rn. 5.
95   LG Berlin, Beschl. v. 19.1.2012 – 67 T 227/11, juris Rn. 9.
96   BAG, Urt. v. 14.3.2000 – 9 AZR 246/99, juris Rn. 14; Beschl. v. 14.2.2017 – 9 AZB 49/16, Rn. 10.

darf grundsätzlich nur das Klauselorgan die Vollstreckbarkeit des Titels prüfen. Eine Ausnahme gilt aber, wenn der Titel keinen vollstreckungsfähigen Inhalt hat. Ohne vollstreckungsfähigen Inhalt gibt es nichts durchzusetzen.[97] An diesem Faktum können auch Kompetenzkriege nichts ändern. Das Vollstreckungsorgan hat keine Wahl. Es muss die Vollstreckung ablehnen. Eine trotz fehlenden vollstreckungsfähigen Inhalts erteilte Klausel ist nichtig. Das Vollstreckungsorgan ist an sie nicht gebunden.

Rechtspfleger, Gerichtsvollzieher und Grundbuchamt erhalten als Vollstreckungsorgane üblicherweise nur den Tenor. Er muss aus sich heraus verständlich sein. Um den Tenor auszulegen dürfen die Vollstreckungsorgane aber Tatbestand und Entscheidungsgründe heranziehen.[98] Dazu müssen die Parteien diese Bestandteile dem Vollstreckungsorgan vorlegen. Es ist nicht verpflichtet, bei unklarem Tenor nachzuforschen. 789

Bloße Zahlendreher oder Formulierungsfehler können die Parteien nach § 319 ZPO berichtigen lassen. Hierzu ist bei Urteilen der Richter zuständig. Das Vollstreckungsorgan darf den Tenor nur auslegen, nicht berichtigen. Der Gläubiger muss sich also erst an den Richter wenden. Dann kann er mit dem berichtigten Tenor das Vollstreckungsorgan beauftragen. Manchmal kann er sogar aus dem unberichtigten Titel vollstrecken. So ist der BGH bei bloßen Buchstabendrehern im Schuldnernamen großzügig. Es muss lediglich eindeutig sein, wer gemeint ist.[99]

Einen zu unbestimmten Prozessvergleich kann der Richter grundsätzlich nicht berichtigen.[100] Immerhin haben die Parteien ihn geschlossen, nicht der Richter. Dieser hat ihn nur protokolliert. Selbst Protokollierungsfehler kann er prinzipiell nicht nach § 164 ZPO korrigieren.[101] Das Protokoll ist nämlich meistens richtig. Denn die Parteien genehmigen den Inhalt so, wie der Richter ihn protokolliert hat (§§ 160 Abs. 3 Nr. 1; 162 Abs. 1 ZPO). Im Protokoll heißt es standardmäßig: „vorgespielt und genehmigt" oder kurz „v. u. g.". Genau dies hat sich in der Regel in der Sitzung ereignet. Es gibt prozessual nichts zu korrigieren. 790

Allerdings ist ein zu unbestimmter Vergleich kein geeigneter Titel.[102] Vollstreckt der Gläubiger gleichwohl aus ihm, kann der Schuldner Erinnerung oder Klauselerinnerung einlegen. Darüber hinaus kann jede Partei auf Feststellung des korrekten Inhalts des Vergleichs klagen (§ 256 Abs. 1 ZPO). Im Feststellungsprozess muss der Richter die Regel falsa demonstratio non nocet anwenden. Er muss sich fragen, was die Parteien im Vergleich wirklich vereinbaren wollten. Diesen Inhalt muss er im Feststellungsurteil tenorieren. 791

---

97 BGH, Urt. v. 18.11.1954 – IV ZR 96/54 = NJW 1955, 182; Hippler, Die Voraussetzungen der Zwangsvollstreckung, 2016, S. 57.
98 BGH, Beschl. v. 6.2.2013 – I ZB 79/11, Rn. 14 u. v. 5.3.2015 – I ZB 74/14, Rn. 20.
99 BGH, Beschl. v. 22.10.2014 – V ZR 74/14, Rn. 7.
100 BayVerfGH, Entscheidung vom 6.10.2004 – Vf. 33-VI-03 = NJW 2005, 1347; BAG, Beschl. v. 25.11.2008 – 3 AZB 64/08 = NJW 2009, 1161 (1163)
101 Reither, JuS 2017, 125 (126).
102 OLG Zweibrücken, Beschl. v. 10.7.1987 – 3 W 76/87 = NJW-RR 1987, 1526.

792   Der Schuldner kann gegen den unbestimmten Vergleich überdies Titelgegenklage erheben.[103] Nicht statthaft ist hingegen der Antrag, das alte Verfahren fortzusetzen. Denn auch ein zu unbestimmter Vergleich beendet das Verfahren.[104] Unter Umständen wollen die Parteien es gerade ohne Vollstreckungsmöglichkeit abschließen. Womöglich wollen sie nie wieder etwas miteinander zu tun haben; vor allem nicht in einem Zwangsvollstreckungsverfahren.

> **(!) Merke: Zur Wiederholung[105]: Vergleichen sich die Parteien materiell wirksam und formal ordnungsgemäß über den Streitgegenstand, beenden sie das Verfahren. Ob jemand aus dem Vergleich vollstrecken kann, ist eine andere Frage.**

793   Großzügig bei der Bestimmtheit ist man bei Zinsen. Völlig üblich ist der Tenor: „Der Beklagte wird verurteilt, an den Kläger 5000 Euro zu zahlen nebst Zinsen hieraus in Höhe von 5 Prozentpunkten über dem jeweiligen Basiszins seit 01.12.2018." Zwar ergibt sich die Höhe des Basiszinses nicht aus dem Urteil. Dem Vollstreckungsorgan ist jedoch zuzumuten, sich aus dem Internet zu informieren.[106]

794   Fehlerhaft ist allerdings der Tenor: „Der Beklagte wird verurteilt, an den Kläger 5000 Euro zu zahlen nebst Zinsen hieraus in Höhe von 5 Prozentpunkten über dem Basiszins *seit Rechtshängigkeit*." Das Vollstreckungsorgan kann nicht erkennen, wann die Klage rechtshängig geworden ist.[107] Hierzu müsste es die Akte anfordern. Dazu ist es nicht verpflichtet. Die Zinsentscheidung ist hier nicht vollstreckbar.

795   Wegen der hohen Praxisrelevanz soll kurz eine familienrechtliche Besonderheit erwähnt werden. Beim Kindesunterhalt darf das Gericht dynamisch titulieren. Das bedeutet, es verweist auf einen bestimmten Prozentsatz des Mindestunterhalts im Sinne des § 1612a BGB. Der zu zahlende Unterhalt passt sich an Kindesalter und vom Staat jährlich geänderten Mindestunterhalt an. Das Vollstreckungsorgan muss ausrechnen, wie alt das Kind ist. Außerdem muss es den jeweiligen Mindestunterhalt ermitteln. Oft tenoriert der Familienrichter zusätzlich, dass die Hälfte des Kindergelds vom Anspruch abzuziehen ist. Problematisch ist, dass sich die Höhe des Kindergelds regelmäßig ändert. Diese Schwierigkeiten hat das OLG Düsseldorf erkannt. In der Düsseldorfer Tabelle fasst es jährlich anschaulich die zu vollstreckenden Beträge zusammen. Das Vollstreckungsorgan muss meist nur die richtige Tabellenzelle finden. Darin steht der titulierte Betrag. Der Titel ist damit hinreichend bestimmt.

---

103 OLG Koblenz, Urt. v. 2.5.2002 – 5 U 245/01 = NJW-RR 2002, 1509 (1510); OVG Berlin-Brandenburg, Urt. v. 1.7.2011 – OVG 2 A 14/10, juris Rn. 29; offengelassen in LAG Nürnberg, Beschl. v. 29.2.2016 – 7 Ta 17/16.
104 OLG Zweibrücken, Urt. v. 25.11.1997 – 5 UF 122/96, juris Rn. 16.
105 Siehe bereits oben Rn. 115.
106 Vgl. § 247 BGB.
107 Vgl. §§ 253 Abs. 1; 261 Abs. 1 und 2 ZPO.

REF Mitvollstreckung von Kosten

Der Gläubiger kann seine Vollstreckungskosten zusammen mit dem titulierten An-   796
spruch beitreiben. Er muss die Kosten nicht gesondert titulieren lassen. Das ergibt sich
aus § 788 Abs. 1 ZPO. Der Gläubiger kann die Vollstreckungskosten zwar gemäß § 788
Abs. 2 ZPO festsetzen lassen. Dies ist jedoch umständlich. § 788 Abs. 1 ZPO bezweckt,
dass der Gläubiger seine Kosten nicht noch einmal einklagen muss. Zu den Kosten der
Zwangsvollstreckung zählen Vorbereitungs- und Durchführungskosten. Der Vollstreckungsgläubiger muss die ihm entstandenen Kosten gegenüber dem Gerichtsvollzieher
glaubhaft machen (§ 104 Abs. 2 ZPO analog).[108]

> Merke: Das Vollstreckungsorgan vollstreckt Kosten unter drei Voraussetzungen
> nach § 788 Abs. 1 ZPO mit:
> 1. wenn sie entstanden sind,
> 2. wenn sie notwendig waren und
> 3. wenn sie belegt sind.

Fall[109]   797

Frau S bestellt bei einem großen KFZ-Händler einen Neuwagen für 20.000 Euro. Dann
überlegt sie es sich anders. Sie will das Auto doch nicht mehr. Der KFZ-Händler erstreitet ein
Urteil. Nach diesem muss S Zug um Zug gegen Übergabe und Übereignung des PKW
20.000 Euro zahlen. Der KFZ-Händler beauftragt einen Rechtsanwalt. Dieser erteilt dem
Gerichtsvollzieher den Auftrag, der Schuldnerin S das Auto anzubieten. Zusätzlich beauftragt
er ihn, bei S zu pfänden und ihr gegebenenfalls die Vermögensauskunft abzunehmen. Der
KFZ-Händler lässt den PKW zum Wohnort der S überführen. Er stellt ihn vor der Tür ab. Der
Gerichtsvollzieher bietet ihr erfolglos den PKW an. Er beurkundet ihren Annahmeverzug. Der
KFZ-Händler will die Überführungs- und Rechtsanwaltskosten vom Gerichtsvollzieher
beitreiben lassen. Für die Rechtsanwaltskosten setzt er eine 0,3-Gebühr aus einem Gegenstandswert von 20.000 Euro an. Der Gerichtsvollzieher pfändet bei S auch wegen sämtlicher
genannter Kosten, insgesamt wegen 25.000 Euro. S legt gegen die Vollstreckung hinsichtlich
der Rechtsanwalts- und Überführungskosten beim örtlich zuständigen Amtsgericht
Erinnerung ein.

? Hat die Erinnerung Erfolg?

---

108 Zu den Anwaltskosten für den PfüB-Antrag siehe dessen Formular Seite 9 unten.
109 Nach BGH, Beschl. v. 5.6.2014 – VII ZB 21/12.

Formulierungsvorschlag im Gutachtenstil
Die Erinnerung hat Erfolg, wenn sie zulässig und begründet ist.

798
- ▬ **Zulässigkeit**
  - *Statthaftigkeit.* Die Zulässigkeit setzt zunächst die Statthaftigkeit voraus. Die Erinnerung kann gemäß § 766 Abs. 2, 3. Var. ZPO statthaft sein. Danach ist die Erinnerung gegen den Kostenansatz des Gerichtsvollziehers statthaft. Dies betrifft zwei Fälle. Einmal kann der Schuldner die Erstattungspflicht von Zwangsvollstreckungskosten bestreiten. Zum anderen kann er sich gegen die Höhe der vom Gerichtsvollzieher berechneten Kosten und Auslagen wenden. S wendet sich gegen die vom Gerichtsvollzieher mitvollstreckten Rechtsanwalts- und Überführungskosten. Hierbei handelt es sich um Auslagen. Somit ist die Erinnerung statthaft.
  - *Erinnerungsbefugnis.* Indem S gemäß § 788 ZPO Kostenschuldnerin ist, ist sie erinnerungsbefugt.
  - *Zuständigkeit.* Das Amtsgericht ist gemäß §§ 766 Abs. 1; 764 Abs. 2; 802 ZPO ausschließlich zuständig.

799
  - *Rechtsschutzbedürfnis.* Es muss ein Rechtsschutzbedürfnis bestehen. Das Rechtsschutzbedürfnis bei einer Erinnerung entsteht mit Beginn der Vollstreckungsmaßnahme. Die Schuldnererinnerung bezweckt, eine Zwangsvollstreckungsmaßnahme aufzuheben. Ist sie bereits abgeschlossen, kann sie nicht mehr aufgehoben werden. Deshalb besteht normalerweise ein Rechtsschutzbedürfnis nur bis zum Ende der Zwangsvollstreckungsmaßnahme. Die Kostenentscheidung des Gerichtsvollziehers wirkt aber fort. Sie belastet den Schuldner nach wie vor. Eine anderweitige Rechtsschutzmöglichkeit gegen die mitvollstreckten Kosten hat der Schuldner nicht. Für die Kostenerinnerung besteht deshalb auch noch nach Beendigung der Zwangsvollstreckungsmaßnahme ein Rechtsschutzbedürfnis.[110] S wendet sich gegen die Auslagen. Das Rechtsschutzbedürfnis ist damit zu bejahen.

Die Erinnerung ist damit zulässig.

800
- ▬ **Begründetheit**
  Die Erinnerung nach § 766 Abs. 2, 3. Var. ZPO ist begründet, wenn der Kostenansatz des Gerichtsvollziehers falsch ist. Nach § 788 Abs. 1 Satz 1 ZPO fallen die Kosten der Zwangsvollstreckung dem Schuldner zur Last, soweit sie notwendig waren (§ 91 ZPO).

801
  - *Überführungskosten.* Zunächst sind die Überführungskosten zu untersuchen. Der KFZ-Händler hat einen Zug-um-Zug-Titel erstritten. Gemäß § 756 Abs. 1, 1. Alt. ZPO muss der Gerichtsvollzieher dem Vollstreckungsschuldner (hier S) die diesem gebührende Leistung in einer den Annahmeverzug begründenden Weise anbieten. Erst dann darf er für den Vollstreckungsgläubiger vollstrecken. Gemäß § 293 BGB kommt der Gläubiger (hier S) in Verzug, wenn er die ihm angebotene Leistung nicht annimmt. Nach § 294 BGB muss die Leistung dem Gläubiger tatsächlich angeboten werden. Sie muss so angeboten werden, wie sie zu bewirken ist. Die angegriffenen Auslagen betreffen das Angebot des Schuldners im Sinne von § 294 BGB, also des KFZ-Händlers. Deshalb könnte man folgern, sie seien keine Kosten der Zwangsvollstreckung. Sie beträfen vielmehr allein die Leistung

---

110 OLG Hamm, Beschl. v. 29.6.2000 – 28 W 24/00, juris Rn. 7.

des Vollstreckungsgläubigers. Auf der anderen Seite muss der Vollstreckungsgläubiger die Leistung anbieten, um zu seinem Geld zu kommen. Dabei ist irrelevant, ob es sich um eine Hol-, Bring- oder Schickschuld handelt. Schließlich kann der Gerichtsvollzieher dies regelmäßig nicht prüfen. Vielmehr darf der Vollstreckungsgläubiger den sichersten Weg wählen. Er darf dem Vollstreckungsschuldner seine Leistung an dessen Wohnort anbieten. Der Vollstreckungsschuldner ist demgegenüber wenig schutzwürdig. Er weiß spätestens durch den Titel von seiner Obliegenheit, die ihm gebührende Leistung anzunehmen. Er kann sie abholen, wenn er Überführungskosten sparen will. Deswegen sind die Kosten für das Angebot der Gegenleistung bei einem Zug-um-Zug-Titel regelmäßig notwendige Kosten der Zwangsvollstreckung.[111]

- *Rechtsanwaltskosten.* Es bleibt die Frage nach den Rechtsanwaltskosten. Ausgangs-   802
punkt ist § 788 Abs. 1 ZPO. Danach sind nur notwendige Kosten zu ersetzen. § 788 Abs. 1 ZPO verweist auf § 91 ZPO. Nach dessen Absatz 2 sind Rechtsanwaltskosten immer notwendig. Die Höhe der Rechtsanwaltskosten errechnet sich nach dem RVG. Der Gegenstandswert richtet sich gemäß § 25 Abs. 1 Nr. 1, 1. HS ZPO nach dem Betrag der zu vollstreckenden Geldforderung. Das sind 20.000 Euro. Nach Ziffer 3309 des Vergütungsverzeichnisses (Anlage 1 zum RVG) fällt eine 0,3-Gebühr an.

Genau diese Gebühr hat der Gerichtsvollzieher mitvollstreckt. Auch die Rechtsanwaltskosten sind somit zu erstatten.

- **Ergebnis**   803
Der Kostenansatz des Gerichtsvollziehers ist also richtig. Demzufolge ist die Erinnerung zulässig, aber unbegründet. Sie hat keine Aussicht auf Erfolg.

❓ Zusatzfrage: Was hätte der Rechtsanwalt des Autohändlers bereits im Erkenntnisver-   804
fahren besser machen können?

✅ Er hätte bereits im Erkenntnisverfahren beantragen sollen, den Annahmeverzug im Tenor festzustellen. Auf diesen Antrag wird unten einzugehen sein.[112]

Ausländische Urteile

Ein Gläubiger kann unter bestimmten Voraussetzungen auch aus einem im Ausland   805
erstrittenen Urteil in Deutschland vollstrecken. Man muss zwischen außereuropäischen und europäischen Urteilen unterscheiden.

---

111 BGH, Beschl. v. 5.6.2014 – VII ZB 21/12, juris Rn. 17.
112 Unten Rn. 840.

Außereuropäischen Urteile sind allenfalls für die mündliche Prüfung relevant. Und auch dort kann der Prüfer nicht mehr als einen Überblick erwarten. Als Kandidat darf man sich über eine dahingehende Frage freuen. Fragen von solchem Schwierigkeitsgrad werden nämlich normalerweise nur sehr guten Kandidaten gestellt. Vielleicht will der Prüfer zwischen 17- und 18-Punktekandidaten differenzieren. 18 Punkte ist folgende Antwort wert:

Auch aus nichteuropäischen ausländischen Urteilen darf in Deutschland vollstreckt werden.[113] Vorrangig sind völkerrechtliche Vereinbarungen zu beachten.[114] Sofern solche nicht existieren, gelten die §§ 722 f. ZPO. So ist es beispielsweise für US-amerikanische Urteile. Ein deutsches Gericht muss sie für vollstreckbar erklären. Es entscheidet durch Gestaltungsurteil (sogenanntes Exequatur). Das deutsche Gericht untersucht nicht, ob das ausländische Gericht das ausländische Recht richtig angewendet hat (§ 723 Abs. 1 ZPO). Es prüft vielmehr im Wesentlichen die formelle Rechtskraft und die Voraussetzungen des § 328 ZPO.

806   Auch für die schriftliche Prüfung bedeutsam sind hingegen europäische Zahlungstitel. § 794 Abs. 1 ZPO zählt sie in den Nummern 6. bis 9. auf. Europarecht und ZPO kennen erstens den Europäischen Zahlungsbefehl. Er wurde bereits in der Einleitung behandelt.[115] Zweitens gibt es den Europäischen Vollstreckungstitel über unbestrittene Forderungen.[116] Drittens existiert der Europäische Vollstreckungstitel über geringfügige Forderungen.[117] Geringfügig sind Ansprüche bis 5000 Euro. Und viertens sind sämtliche europäische Entscheidungen, vollstreckbare Urkunden sowie Vergleiche mittlerweile nach der EuGVVO in Deutschland vollstreckbar.[118] Teilweise überlappen sich die Verordnungen. Teilweise unterscheiden sie sich im Hinblick auf das Entstehungsdatum des Titels.[119]

Die jeweils relevante europarechtliche Verordnung wird in der Klausur abgedruckt sein. Möglicherweise ist sie sogar in der zulässigen Gesetzessammlung enthalten. Detailkenntnisse sind nicht erforderlich. Im Gegenteil: Der Klausurersteller möchte prüfen, ob die Examenskandidaten mit unbekannten Normen umgehen können.

> **Klausurtipp**
>
> Die EuGVVO ist im Thomas/Putzo kommentiert.

---

113 Zur Umrechnung von Währungen siehe § 244 Abs. 1 und 2 BGB und § 80 Abs. 4 GVGA.
114 Z. B. Übereinkommen über die gerichtliche Zuständigkeit und die Anerkennung und Vollstreckung von Entscheidungen in Zivil- und Handelssachen vom 30.10.2007 (Luganoübereinkommen); Deutsch-israelischer Vertrag über die gegenseitige Anerkennung und Vollstreckung gerichtlicher Entscheidungen in Zivil- und Handelssachen vom 20.7.1977. National gilt das Anerkennungs- und Vollstreckungsausführungsgesetz (AVAG).
115 Siehe bereits Rn. 59.
116 EU-VollstreckungstitelVO = VO (EG) Nr. 805/2004 vom 21.4.2004.
117 EU-Bagatell-VO = VO (EG) Nr. 861/2007, geändert durch VO (EU) 2015/2421.
118 Art. 39; 58 f. EuGVVO = VO (EU) 1215/2012 vom 12.12.2012 = Brüssel-Ia-VO.
119 Art. 66 Abs. 2 EuGVVO.

Zur Klausurvorbereitung genügt ein Überblick über die Gemeinsamkeiten. Für europäische Titel muss der Gläubiger das umständliche Verfahren der §§ 722 f. ZPO nicht durchlaufen.[120] Angenommen, ein Gläubiger erlangt in Frankreich ein Anerkenntnisurteil oder einen Vergleich.[121] Dann dürfen die französischen Behörden bestätigen, dass der Titel in Deutschland vollstreckbar ist.[122] Der Gläubiger muss sich in Deutschland nicht einmal eine Vollstreckungsklausel erteilen lassen. Er kann mit dem Titel direkt den Gerichtsvollzieher beauftragen. Die ZPO stellt dies in § 1082 klar. Vergleichbare Regelungen finden sich in den §§ 1093; 1107; 1112 ZPO.

In der Assessorklausur werden vermutlich der Titel und eine Bescheinigung des ausländischen Staats über dessen Vollstreckbarkeit abgedruckt sein.[123] Entweder werden sämtliche Dokumente übersetzt sein oder es wird um einen österreichischen Titel gehen. Die Vollstreckbarkeitsbescheinigung ist selbsterklärend.

Einen weiteren Grundsatz sollte man verinnerlichen: Für die Zwangsvollstreckung auf deutschem Boden gilt stets deutsches Recht.[124]

Klausel

Gemäß §§ 725; 750 Abs. 1 ZPO benötigt eine Vollstreckungsklausel, wer aus einem Titel vollstrecken will. Andernfalls darf das Vollstreckungsorgan den Auftrag nicht ausführen. Verstößt es hiergegen, ist die Erinnerung begründet.

807

▶ Map 8.13

Der Zweck der Klausel wurde bereits in der Einleitung erläutert. Das Klauselerteilungsverfahren ist ein Zwischenverfahren. Es gehört weder zum Erkenntnis- noch zum Vollstreckungsverfahren. Das Klauselerteilungsorgan darf eine Klausel nur erteilen, wenn ein wirksamer, vollstreckungsfähiger Titel vorliegt.

Die Klausel kann den Vollstreckungsumfang beschränken. Etwa kann es sein, dass der Urteilstenor in Ziffer 1. eine Räumungspflicht enthält. Ziffer 2. beinhaltet eine Zahlungspflicht. Der Kläger beantragt nur hinsichtlich Ziffer 2. eine Klausel. Dann darf der Gerichtsvollzieher nicht zwangsweise räumen.

808

Wer das Klauselerteilungsorgan ist, ist zuweilen versteckt geregelt. So erteilt die Klausel bei notariellen Urkunden gemäß § 797 Abs. 2 ZPO der Notar.[125] Zuweilen behält sich eine Partei vor, einen Prozessvergleich gegenüber dem Gericht binnen einer Frist zu widerrufen.[126] Dann prüft die Geschäftsstelle, ob der Vergleich rechtzeitig widerrufen wurde. Ist kein Widerruf eingegangen, erteilt sie gemäß § 795b ZPO eine vollstreckbare Ausfertigung. Vollstreckungsbescheide bedürfen gemäß § 796 Abs. 1 ZPO keiner einfachen Klausel.[127] Entsprechendes gilt für Arreste und einstweilige Verfügungen (§ 929 Abs. 1 ZPO).

809

---

120 Art. 5 EU-VollstreckungstitelVO = VO (EG) Nr. 805/2004 und neuerdings auch Art. 39 EuGVVO/
    Brüssel-Ia-VO = VO (EU) Nr. 1215/2012.
121 Vgl. Art. 3 EU-VollstreckungstitelVO.
122 Art. 6 EU-VollstreckungstitelVO; vergleichbar: Art. 20 Abs. 2 EU-Bagatell-VO; Art. 53 EuGVVO.
123 Z. B. Formular in Anhang I zur EuGVVO, insbesondere Nr. 4.4.
124 Z. B. Art. 20 Abs. 1 EU-VollstreckungstitelVO; Art. 41 Abs. 1 EuGVVO, Art. 21 Abs. 1 EU-MahnVO =
    VO (EG) Nr. 1896/2006.
125 Vgl. ferner § 797a ZPO.
126 Vgl. Map 2.12.
127 Vgl. ferner § 795a ZPO.

810   Mit der Erinnerung kann der Schuldner nur rügen, dass eine auf ihn bezogene Klausel fehlt. Ob eine Klausel fehlerhaft erteilt wurde, ist in den Verfahren nach § 732 oder § 768 ZPO zu prüfen.[128] Sie gehen als speziellere Überprüfungsverfahren der allgemeinen Erinnerung nach § 766 ZPO vor.

811   **Ausgangsfall**

K und B vergleichen sich formgerecht vor dem Amtsgericht. B verpflichtet sich, 1000 Euro an V zu zahlen. Die Zahlung steht unter der Bedingung, dass B einen Vollzeitjob erhält. K sendet der Geschäftsstelle zwei notariell beglaubigte Kopien eines Arbeitsvertrags. Aus ihnen ergibt sich, dass B einen Vollzeitjob erhalten hat. Daraufhin erteilt die Geschäftsstelle eine vollstreckbare Ausfertigung. Der Vergleich wird B mitsamt einer beglaubigten Kopie des Arbeitsvertrags zugestellt. K beauftragt den Gerichtsvollzieher, B die Vermögensauskunft abzunehmen. Hierfür beraumt der Gerichtsvollzieher einen Termin an. B legt Erinnerung ein.

❓ Ist die Erinnerung begründet?

✅ Die Erinnerung ist unbegründet. Die Begründetheit der Erinnerung setzt voraus, dass die allgemeinen Vollstreckungsvoraussetzungen vorliegen (Titel, Klausel, Zustellung). Im Rahmen der Erinnerung prüft das Gericht lediglich, ob eine wirksame Vollstreckungsklausel vorliegt. Ob das Klauselorgan sie zu Recht erteilt hat, wird nur im Verfahren nach § 732 ZPO überprüft.

Die Klausel war fehlerhaft. Gemäß § 726 Abs. 1 ZPO hätte der Rechtspfleger sie erteilen müssen. Denn die Zahlungspflicht stand unter einer aufschiebenden Bedingung im Sinne von § 158 Abs. 1 BGB. Auf der Geschäftsstelle arbeiten keine Rechtspfleger.

Die Fehlerhaftigkeit der Klausel ist vorliegend aber irrelevant. Die Klausel war erteilt. Sie war nicht nichtig.

812   **Abwandlung**

Wie Ausgangsfall. Der Vergleich enthält aber eine unbedingte Zahlungspflicht. In der dem Gerichtsvollzieher vorliegenden vollstreckbaren Ausfertigung fehlt allerdings der Vermerk: „v. u. g."

❓ Ist die Erinnerung begründet?

✅ Im Rahmen der Vollstreckungsabwehrklage wurde erörtert, dass ein fehlerhaft protokollierter Vergleich nichtig ist.[129] Er bildet keinen Vollstreckungstitel. Eine andere Frage ist, wer dies zu prüfen hat.[130] Nach der vollstreckbaren Ausfertigung

---

128 BGH, Beschlüsse v. 12.1.2012 – VII ZB 71/09 = NJW-RR 2012, 1146 (1147); vom 23.5.2012 – VII ZB 31/11, juris Rn. 12, vom 25.10.2012 – VII ZB 57/11 Rn. 9 u. v. 1.2.2017 – VII ZB 22/16, Rn. 13.
129 Siehe oben Rn. 118.
130 Für Vollstreckungsorgan: LG Essen, Beschl. v. 16.5.1974 – 11 T 120/74; für Klauselorgan: Tiedemann, ArbRB 2015, 221 (224).

scheint es, das Gericht habe gegen § 162 Abs. 1 ZPO verstoßen. Denn in der vollstreckbaren Ausfertigung ist das Vorlesen und Genehmigen nicht erwähnt. Eventuell ergibt sich jedoch aus einer nicht der vollstreckbaren Ausfertigung beigefügten Aktenseite, dass der Vergleich korrekt protokolliert wurde.[131] Das kann nur das Klauselerteilungsorgan erkennen. Denn nur ihm liegt die Akte vor.

Man könnte argumentieren, der Gerichtsvollzieher dürfe sich auf die Klausel verlassen. Das folge aus dem Grundsatz der Formalisierung. Andererseits muss der Gerichtsvollzieher die allgemeinen Vollstreckungsvoraussetzungen prüfen. Dazu gehört neben der Klausel der Titel. Nach dem Erkenntnishorizont des Gerichtsvollziehers liegt kein Titel vor. Der Gerichtsvollzieher muss nicht ermitteln. Er muss vielmehr die Vollstreckung ablehnen.

Die Erinnerung ist deshalb nach hiesiger Auffassung begründet.

■ **Zweckmäßigkeit in der Anwaltsklausur**

Das vorstehende Problem eignet sich hervorragend für eine Anwaltsklausur. Angenom-   813
men, der Vergleich wurde tatsächlich nicht vorgespielt und genehmigt. Dann kann der Schuldner beantragen, das alte Verfahren fortzusetzen.[132] Denn der Scheinvergleich hat es nicht beendet.[133] Das Gericht muss dann nach § 216 Abs. 1 ZPO einen neuen Termin anberaumen. Es verhandelt den alten Prozessstoff erneut. Das liegt nur selten im Interesse des Mandanten. Besser ist es für ihn, Titelgegenklage analog § 767 ZPO zu erheben. Sie ist statthaft.[134] Alternativ könnte der Schuldneranwalt Klauselerinnerung nach § 732 Abs. 1 ZPO einlegen.[135] Die Titelgegenklage ist vorzugswürdig. Mit ihr kann der Schuldner eine rechtskräftige Entscheidung über die Unzulässigkeit der Zwangsvollstreckung wegen der geminderten Wirksamkeit des Titels erlangen. Bei der Klauselerinnerung wird die Zwangsvollstreckung nur aus der konkret erteilten vollstreckbaren Ausfertigung unzulässig. Das Klauselorgan könnte jederzeit eine neue erteilen.[136]

Zusätzlich sollte der Schuldnervertreter beantragen, die Vollstreckbarkeit des vermeintlichen Vergleichs vorläufig zu beseitigen. Die Statthaftigkeit des Eilbegehrens ergibt sich aus § 769 ZPO analog.

Zustellung

Der Titel muss dem Schuldner zugestellt werden. Es handelt sich um die dritte allge-   814
meine Vollstreckungsvoraussetzung des § 750 Abs. 1 ZPO. Sie ist über § 795 ZPO bei fast allen Titeln nötig.

---

131 Beispiel bei LSG Baden-Württemberg, Urt. v. 19.7.2013 – L 8 U 1148/13.
132 Kaiser, NJW 2010, 2933 (2935).
133 Näher oben Rn. 128.
134 Thüringer Oberverwaltungsgericht, Urt. v. 17.12.2008 – 1 KO 750/07, juris Rn. 37; VGH Kassel, Urt. v. 20.3. 2012 – 7 A 2490/10 = NVwZ-RR 2012, 623 (624).
135 Zur Statthaftigkeit: BGH, Urt. v. 18.11.1954 – IV ZR 96/54 = NJW 1955, 182; BGH, Beschl. v. 23.8.2007 – VII ZB 115/06, juris Rn. 10 mit Anm. Ansgar Staudinger LMK 2007, 248532.
136 So jedenfalls BGH, Urt. v. 5.12.2003 – V ZR 341/02 = NJW-RR 2004, 1135 (1136).

Klausurtipp

Die Erinnerung kann der Klausureinstieg in Zustellungsprobleme sein.

Die Zustellung soll den Schuldner letztmals warnen. Außerdem soll sie ihm ermöglichen, weitere Maßnahmen zu prüfen – z. B. Rechtsmittel. Eine Besonderheit gilt für Arreste und einstweilige Verfügungen. Bei ihnen darf die Zustellung gemäß § 929 Abs. 3 (i. V. m. § 936 ZPO) nachgeholt werden.

815   Strenggenommen muss nur eine beglaubigte Abschrift des Titels zugestellt werden.[137] Die sogenannte Urschrift bleibt nämlich in der Akte. In der Praxis ist es einfach: Die Geschäftsstelle klickt im Computerprogramm der Justiz. Dieses druckt sämtliche erforderlichen Abschriften und Ausfertigungen aus. Die Geschäftsstelle beglaubigt die Abschrift für den Beklagten (§ 169 Abs. 2 ZPO). Ein Dienstsiegel ist nicht erforderlich.[138] Das ergibt sich im Umkehrschluss aus § 317 Abs. 4 ZPO. Die Vorschrift spricht nämlich nur von Ausfertigungen und Auszügen, nicht von Abschriften. Eine Ausfertigung vertritt das Original, z. B. eine als solche überschriebene vollstreckbare Ausfertigung. Eine Abschrift ist offenkundig eine Kopie. Für die Beglaubigung der Abschrift genügt, wenn die Geschäftsstelle sie neben einem beliebigen Beglaubigungsvermerk unterschreibt. Dann lässt die Geschäftsstelle diese dem Beklagten zustellen. Regelmäßig geschieht dies an den Anwalt gegen Empfangsbekenntnis.

Klausurtipp

Bei Zustellungsproblemen kann eine Abschrift des Urteils abgedruckt sein. Dann ist darauf zu achten, ob der Geschäftsstellenmitarbeiter sie unterschrieben hat. Falls die Unterschrift fehlt, ist die anschließende Zustellung unwirksam.[139] Denn der Schuldner muss prüfen können, ob das an ihn gelangte Schriftstück echt ist.

---

816   Der Zustellungsbegriff ist in § 166 Abs. 1 ZPO legaldefiniert. Bei der Urteilszustellung im Sinne von § 750 ZPO handelt es sich grundsätzlich um Zustellung von Amts wegen. Das ergibt sich aus § 317 Abs. 1 ZPO. Es genügt jedoch, wenn das Urteil auf Betreiben der Parteien (§§ 191 ff. ZPO) zugestellt wurde (§ 750 Abs. 1 Satz 2 ZPO). Entsprechendes gilt nach § 329 Abs. 3 ZPO für vollstreckbare Beschlüsse. Andere Titel werden nur im Parteibetrieb zugestellt. Das bedeutet jedoch nicht, dass der Gläubiger dem Schuldner persönlich eine Kopie vorbeibringt. Vielmehr muss er nach § 192 ZPO regelmäßig einen Gerichtsvollzieher beauftragen.

In der Assessorklausur kann sich der Zustellungsnachweis an unterschiedlichen Stellen befinden. Denkbar ist eine Zustellungsbescheinigung auf der vollstreckbaren Ausfertigung (§ 169 Abs. 1 ZPO), eine anliegende Zustellungsurkunde (§ 182 ZPO) oder ein anliegendes Empfangsbekenntnis (§ 174 ZPO).

---

137 BGH, Beschl. v. 27.1.2016 – XII ZB 684/14, Rn. 16 u. v. 15.2.2018 – V ZR 76/17, Rn. 4.
138 BGHZ 156, 335, juris Rn. 26; BGH, Urt. v. 13.9.2017 – IV ZR 26/16, Rn. 14; a. A. Schultze/Tenner, Zustellungsrecht, 2014, S. 42.
139 BGHZ 55, 251, juris Rn. 5; 24, 116, juris Rn. 3. Vgl. aber für den maschinellen Vollstreckungsbescheid § 703b Abs. 1, 2. HS ZPO.

Bei Vollstreckungsbescheiden findet sich der der Vermerk regelmäßig oben. Dort heißt es: „Dieser Bescheid wurde dem Antragsgegner zugestellt am …". Rechtsgrundlage ist wiederum § 169 Abs. 1 ZPO. Der Geschäftsstellenbeamte muss den Zustellungsvermerk nicht unterschreiben.

Im Fall des § 173 ZPO bedarf es hingegen nach dessen Wortlaut einer Unterschrift. Der dortige Aktenvermerk lautet z. B.: „Das Urteil vom 12.06.2018 wurde dem Beklagten heute auf der Geschäftsstelle zum Zwecke der Zustellung persönlich ausgehändigt."

Bei Zustellungsurkunden und Empfangsbekenntnissen muss man genau hinschauen. Bei ihnen ist typischerweise nur in Kurzform eingetragen, welches Dokument zugestellt wurde z. B. „Urt. v. 12.6.2018".

Zustellungsorgan ist üblicherweise die Post, der Gerichtsvollzieher, ein Mitarbeiter der Geschäftsstelle oder ein Justizwachtmeister.[140] Es lohnt sich, sich im Internet oder einer Akte das gelbe Formular über die Zustellungsurkunde (ZU) einmal anzusehen.[141]

Zustellungsprobleme sind zu vielfältig. Sie können hier nicht abschließend dargestellt werden.[142] In der Klausur sollte man sich immer fragen, ob an die richtige Person auf die richtige Art und Weise zugestellt wurde. Man sollte die einschlägigen Vorschriften genau lesen. Auch sollte man ihren Zweck hinterfragen.   817

Durch das elektronische Anwaltspostfach (beA) können sich neue Rechtsprobleme ergeben. Der Examenskandidat sollte die hierzu ergehende zivil- und strafgerichtliche Rechtsprechung im Auge behalten.

Einen positiven Eindruck hinterlässt der Klausurbearbeiter durch korrekte Fachterminologie: 818

- *Zustellungsveranlasser* ist die Person, die den Zustellungsauftrag erteilt hat. In der Regel ist dies der Gläubiger.
- *Zustellungsadressat* ist die Person, an die zugestellt werden soll. Bei nicht voll Geschäftsfähigen oder juristischen Personen ist dies im korrekten Fall ihr Vertreter. Auch an den Prozessbevollmächtigten des Erkenntnisverfahrens kann der Titel zugestellt werden (§§ 172; 81 ZPO).
- *Zustellungsempfänger* ist die Person, die das Schriftstück tatsächlich übergeben bekommt.

Unbedingt kennen sollte man § 172 Abs. 1 Satz 1 ZPO: In einem anhängigen Verfahren hat die Zustellung an den für den Rechtszug bestellten Prozessbevollmächtigten zu erfolgen. Woran erkennt man, ob der Schuldner im Erkenntnisverfahren anwaltlich vertreten war? Dies ergibt sich aus dem Rubrum des Titels. Dort ist der Anwalt genannt. Der Titel ist ihm zuzustellen. Die Zustellung an den Schuldner persönlich ist unwirksam.[143] Auf den ersten Blick mag man einwenden, das Verfahren sei doch nicht mehr anhängig im Sinne des § 172 Abs. 1 Satz 1 ZPO. Schließlich betreffe die Titelzustellung das Zwangsvollstreckungs-, nicht das Erkenntnisverfahren. Diese Sichtweise ist jedoch falsch. Die Zustellung der abschließenden Entscheidung gehört immer zum Rechtszug.   819

---

140 Vgl. ferner §§ 176; 195 ZPO.
141 Rechtsgrundlage: §§ 182; 190 ZPO i. V. m. der Zustellungsvordruckverordnung.
142 Lesenswert: Stackmann, JuS 2007, 634.
143 BGH, Beschl. v. 21.12.1983 – IVb ZB 29/82 = NJW 1984, 926; Urt. v. 17.1.2002 – IX ZR 100/99, juris Rn. 21.

Mehr noch: Die Zustellungspflicht an den Anwalt erlischt erst mit vollständigem Abschluss der Vollstreckung. Das ergibt sich aus § 172 Abs. 1 Sätze 2 und 3 ZPO. Bei landgerichtlichen Titeln ist wegen § 87 Abs. 1 ZPO sogar an den Rechtsanwalt zuzustellen, wenn dieser sein Mandat niedergelegt hatte.[144]

🛑 **Merke: Hat der Schuldner einen Anwalt, ist der Titel zwingend an diesen zuzustellen.**

Bei Zustellungsfehlern ist stets an eine Heilung gemäß § 189 ZPO zu denken.[145]

820

Klausurtipp

Zuweilen ist es in der Anwaltsklausur im Erkenntnisverfahren dem Mandanten sehr eilig. Er möchte seinen Zahlungsanspruch möglichst schnell durchsetzen. In der Zweckmäßigkeit ist kurz ein Arrest nach den §§ 916 ff. ZPO anzusprechen. Die hohen Voraussetzungen der §§ 917 f. ZPO liegen aber oft nicht vor. Sinnvoll ist indessen stets, schon in der Klageschrift nach §§ 317 Abs. 2; 724 ZPO um eine vollstreckbare Ausfertigung zu bitten. Gleichzeitig sollte man eine Zustellungsbescheinigung gemäß § 169 ZPO beantragen.

Formulierungsvorschlag
Ich beantrage, die Beklagte zu verurteilen,
  1.) ...
  ...
Ferner beantrage ich,
  4.) dem Kläger eine vollstreckbare Ausfertigung des Urteils zu erteilen,
  5.) den Zeitpunkt der Zustellung des Urteils zu bescheinigen.

821   Qualifizierte Klauseln sind gemäß § 750 Abs. 2 ZPO neben dem Titel zuzustellen. Diese Vorschrift verlangt darüber hinaus, die zugrunde liegenden öffentlichen Urkunden in Abschrift beizufügen. Etwa soll der Schuldner prüfen können, ob das Nachlassgericht dem vermeintlichen Erben des Titelgläubigers einen Erbschein erteilt hat.
Die einfache Klausel muss dem Schuldner nicht zugestellt werden. Das ergibt sich aus dem Wortlaut des 750 Abs. 1 ZPO und einem Umkehrschluss aus § 750 Abs. 2 ZPO.

🛑 **Merke: Die Zustellung nach § 750 Abs. 2 ZPO hat folgenden Zweck: Der Vollstreckungsschuldner soll in die Lage versetzt werden, die Voraussetzungen der Zwangsvollstreckung in derselben Weise zu prüfen wie das Klauselerteilungsorgan.**

822   Angenommen, ein Vertreter hat vor dem Notar den Schuldner der sofortigen Zwangsvollstreckung unterworfen (§ 794 Abs. 1 Nr. 5 ZPO).[146] Dann müssen weitere Dokumente zugestellt werden. Damit der Notar die Klausel erteilen darf, muss die Vollmacht

---

144 BGH, Urt. v. 5.11.1974 – VI ZR 239/73 = NJW 1975, 120 (121).
145 Vgl. oben.
146 Siehe ausführlich oben Rn. 376.

analog § 726 ZPO in einer öffentlichen Urkunde nachgewiesen sein. Die Vollmacht muss sodann zusammen mit der Klausel analog § 750 Abs. 2 ZPO zugestellt werden. Der Schuldner muss prüfen können, ob jemand die Vollmacht gefälscht hat. Immerhin handelt es sich um einen gravierenden und rechtlich grenzwertigen Eingriff. Jemand anderes verzichtet für den Schuldner auf ein Erkenntnisverfahren.

Ist für den Schuldner in Unterwerfungstermin ein Vertreter ohne Vertretungsmacht aufgetreten, kann der Schuldner dessen Auftreten genehmigen. Die Nachweis- und Zustellungsanforderungen für die Vollmacht gelten für die Genehmigung entsprechend.[147]

Bei notariellen Urkunden besteht überdies eine Wartefrist gemäß § 798 ZPO.

Ein Sonderproblem stellt sich, wenn der Schuldner in einer notariellen Urkunde   823
oder einem Vergleich auf die Zustellung oder Wartefrist verzichtet hat.[148] **Beispiel** „Auf die Zustellung der vollstreckbaren Ausfertigung gemäß § 750 ZPO und die Einhaltung der Wartefrist gemäß § 798 ZPO wird verzichtet." Hintergrund ist, dass Zustellung und Wartefrist für den Gläubiger lästig sind. Er mag daher den Schuldner drängen, hierauf zu verzichten. Ausgangsfrage ist, ob § 750 ZPO dispositiv ist. Hier lässt sich in jede Richtung argumentieren. Einerseits kann man auf den strengen Wortlaut des § 750 Abs. 1 ZPO abstellen. Dort heißt es „darf nur beginnen". Außerdem sollen Zustellung und Wartefrist den Schuldner warnen. Er soll die Möglichkeit erhalten, sich zu wehren. Andererseits lässt sich vertreten, der Schuldner könne auf Zustellung und Wartefrist verzichten. Begründen lässt sich dies mit § 295 ZPO analog.[149]

Nach der hier vertretenen Auffassung ist ein im Titel erklärter Verzicht unwirksam. Für eine Vielzahl von Fällen vorformulierte Verzichte ergibt sich dies aus § 307 Abs. 1, Abs. 2 Nr. 1 BGB. Das Vollstreckungsorgan kann aber nicht erkennen, ob eine Verzichtserklärung für eine Vielzahl von Fällen vorformuliert ist. Aus Gründen der Formalisierung muss ein anfänglicher Verzicht daher per se unwirksam sein.

Keine weiteren allgemeinen Voraussetzungen

Die allgemeinen Vollstreckungsvoraussetzungen lauten Titel, Klausel, Zustellung. Wei-   824
tere allgemeine Voraussetzungen existieren nicht. Insbesondere gibt es kein Rechtsschutzbedürfnis für eine Zwangsvollstreckung.

Jeder Student wird irgendwann von verärgerten Bekannten angesprochen. Sie erzählen eine Geschichte, welches Unrecht ihnen wiederfahren ist. Zuweilen geht es um eine Bagatellforderung von wenigen Euro. Manchmal nehmen die Bekannten an, dass sich kein Gericht mit der Bagatellforderung beschäftigen werde. Die Antwort ist eindeutig: Doch! Auch Bagatellforderungen können eingeklagt und vollstreckt werden.[150] Insbesondere ist die Zwangsvollstreckung nicht rechtsmissbräuchlich. Die Antwort lässt sich durch schlichte Subsumtion lösen. Das allgemeine Rechtsschutzbedürfnis für

---

147 Siehe auch insoweit oben Rn. 377.
148 Dazu RGZ 83, 336 (339); Schilken, DGVZ 1997, 8.
149 Philipp, RPfleger 2010, 456 (461).
150 BVerfGE 43, 101, juris Rn. 28; 48, 396, juris Rn. 13; 61, 126, juris Rn. 27 f.; LG Verden, Beschl. v. 31.5.2016 – 6 T 2/16, juris Rn. 12; AG Dresden, Beschl. v. 15.4.2008 – 501 M 5815/08, juris Rn. 4; sogar europaweit gemäß Art. 15 EUBagatellVO (VO (EG) Nr. 861/2007); de lege ferenda: Hergenröder, DGVZ 2009, 49 (62); wenig überzeugend hingegen das obiter dictum in BVerfGE 51, 97, juris Rn. 47.

eine Maßnahme fehlt, wenn dem Antragsteller ein einfacherer, billigerer Weg zur Verfügung steht. Dies ist nicht der Fall. Die Zwangsvollstreckung ist der einzige Weg, mit dem ein Gläubiger eine titulierte Forderung durchsetzen kann. Sollte dieses Beispiel in einer Prüfung auftauchen, empfiehlt sich für den Bearbeiter, die Stichworte „Verbot der Selbstvollstreckung" und „Gefahr der Eskalation" zu nennen. Außerdem gibt es zahlreiche Kleinunternehmer, die hauptsächlich Waren im Wert von wenigen Euro oder gar Cent verkaufen. So etwa Bäcker und Kioskbetreiber. Der Staat darf ihnen nicht den zivilrechtlichen Rechtsschutz versagen.[151]

8.3.6 Besondere Vollstreckungsvoraussetzungen

825   Neben den allgemeinen Vollstreckungsvoraussetzungen gibt es besondere Vollstreckungsvoraussetzungen. Sie sind deutlich weniger klausurrelevant. Gleichwohl sollte man sie kennen.

❯ Map 8.18

Ablauf eines Kalendertags

826   Der einfachste Fall betrifft § 751 Abs. 1 ZPO. Die Norm regelt etwas Selbstverständliches. Muss der Beklagte nach dem Titel zu einem bestimmten Zeitpunkt erfüllen, darf der Gläubiger nicht vorher vollstrecken.[152] So vereinbaren die Parteien häufig in Vergleichen, dass der Schuldner erst in einigen Wochen zahlen muss. Er bekommt Zeit, sich Geld zu beschaffen.

Ein weiterer typischer Anwendungsfall ist die Räumungsklage: Der Mieter zahlt längere Zeit seine Miete nicht. Er teilt dem Vermieter mit, dass er keinesfalls freiwillig aus der Wohnung ausziehen wird. Der Vermieter kündigt dem Mieter wirksam. Einen Tag später erhebt er nach § 259 ZPO Klage auf künftige Räumung. Das Gericht setzt im Urteil gemäß § 721 ZPO eine Räumungsfrist von drei Monaten fest. Der Gerichtsvollzieher darf erst räumen, wenn die Frist abgelaufen ist.[153]

Klausurtipp

Der eben genannte Anwendungsfall kann in abgewandelter Form Gegenstand einer Anwaltsklausur aus Vermietersicht sein. Angenommen, der Mandant hat noch nicht gekündigt. Dann könnte die Aufgabenstellung lauten, ein Gutachten zu erstellen und bei hinreichenden Erfolgsaussichten notwendige Erklärungen an den Gegner sowie gerichtliche Anträge zu formulieren. Hier ist in der Zweckmäßigkeit zu empfehlen, eine Kündigung auszusprechen. Zeitgleich sollte man auf

---

151 Überzeugend: Fischer/Mroß, DGVZ 2016, 67 (70 und 73); anders für den sozialgerichtlichen Rechtsschutz: BSGE 111, 234, Rn. 20.
152 Ausnahme: Vorratspfändung nach § 850d Abs. 3 ZPO i. V. m. § 1612 Abs. 3/843 Abs. 2; 760 Abs. 2 BGB.
153 Zu § 721 ZPO näher unten Rn. 966.

Zahlung der rückständigen Miete und Räumung klagen. Letzteres ist mit den §§ 259; 721 und 751 ZPO zu begründen.

Auch sollte der Vermieteranwalt an einen Antrag auf Sicherheitsleistung nach § 283a Abs. 1 ZPO denken. Dann ist der Mandant aber auf das Schadensersatzrisiko nach § 283 Abs. 4 ZPO hinzuweisen.

REF Sicherheitsleistung

Von der eben angesprochenen Sicherheitsleistung des Schuldners zu unterscheiden ist die Sicherheitsleistung des Gläubigers. Sie gehört zu den besonderen Vollstreckungsvoraussetzungen. Aus vorläufig vollstreckbaren Urteilen darf der Gläubiger gemäß § 709 ZPO oft nur gegen Sicherheit vollstrecken. Nach § 720a ZPO sind zwar vorläufige Maßnahmen möglich. Um den Rang zu wahren, darf der Gerichtsvollzieher etwa eine Sache pfänden. Es ihm aber nicht erlaubt, sie zu versteigern. Das darf er erst, wenn der Gläubiger Sicherheit geleistet hat.

Hintergrund ist der Schadensersatzanspruch aus § 717 Abs. 2 ZPO.[154]

827

Beispiel

K erstreitet gegen B vor dem Landgericht ein Versäumnisurteil auf Zahlung von 20.000 Euro. Das Landgericht erklärt das Urteil gemäß § 708 Nr. 2 ZPO für vorläufig vollstreckbar. B legt rechtzeitig Einspruch gegen das Versäumnisurteil ein. K pfändet mit dem Versäumnisurteil in das Konto des B. Er zieht 20.000 Euro ein. Das Geld gibt er vollständig für eine Kreuzfahrt aus. Auf den Einspruch hin verhandelt das Gericht die Sache neu. B erscheint diesmal zum Termin. Deshalb berücksichtigt das Gericht seinen streitigen Vortrag. Es hebt das Versäumnisurteil auf und weist die Klage ab. B möchte sich die 20.000 Euro bei K wiederholen. K ist jedoch vermögenslos. B hat Pech. Ihm steht zwar ein Anspruch aus § 717 Abs. 2 ZPO gegen K zu. Dieser geht aber ins Leere.

Das Beispiel zeigt, dass der Schadensersatzanspruch des § 717 Abs. 2 ZPO den Schuldner unzureichend schützt. Er versagt, wenn beim Gläubiger nichts mehr zu holen ist. Deswegen sind die meisten Urteile gemäß § 709 ZPO nur gegen Sicherheit vorläufig vollstreckbar. Der Gläubiger kann gemäß § 108 Abs. 1 Satz 2 ZPO Geld hinterlegen. Oft hat er aber nicht so viel Geld. Dann kann sich eine Bank für ihn verbürgen. Bei ihr ist normalerweise Geld zu holen.[155] Theoretisch kann das Gericht gemäß § 108 Abs. 1 Satz 1 ZPO eine andere Art der Sicherheit als Hinterlegung oder Bürgschaft anordnen. Das kommt in der Praxis jedoch fast nie vor.

Will der Gläubiger eine ihm auferlegte Sicherheit nicht leisten, muss er warten. Erst wenn das Urteil rechtskräftig ist, darf er gemäß § 704 ZPO ohne Sicherheit vollstrecken. § 706 ZPO erlaubt dem Gläubiger ein Rechtskraftzeugnis anzufordern. Der Urkundsbeamte bescheinigt den Eintritt der Rechtskraft typischerweise auf der vom Antragsteller vorgelegten Entscheidungsausfertigung beziehungsweise -abschrift. Es genügt ein Vermerk, dass das Urteil rechtskräftig ist.

828

---

154 Zu § 717 Abs. 2 ZPO ausführlich unten Rn. 1142.
155 Vgl. § 239 Abs. 1 BGB.

Gemäß § 751 Abs. 2 ZPO darf das Vollstreckungsorgan bei gegen Sicherheit vollstreckbaren Urteilen mit der Zwangsvollstreckung nicht sofort beginnen. Der Gläubiger
muss erst die Sicherheitsleistung durch eine öffentliche oder öffentlich beglaubigte Urkunde nachweisen. Überdies muss eine Abschrift dieser Urkunde bereits zugestellt sein.
Zumindest muss sie gleichzeitig zugestellt werden.

829   Hinterlegt der Gläubiger, erhält er vom Amtsgericht eine Annahmeverfügung.[156]
Dies ist eine öffentliche Urkunde. Das Amtsgericht zahlt das Geld bei der Hinterle-
gungskasse des Bundeslandes ein. Von dort erhält der Gläubiger einen Einzahlungsbe-
leg. Auch er ist eine öffentliche Urkunde.

830   Klausur- und praxisrelevanter ist die Sicherheit durch eine Bankbürgschaft.[157] Man
nennt sie auch Prozessbürgschaft. Sie könnte lauten: „Wir erklären, dass wir uns gegenüber dem Beklagten für alle Schäden verbürgen, die aus der Vollstreckung des Urteils
des Landgerichts Heidelberg vom 02.12.2012 – 2 O 212/12 und den Folgen einer freiwilligen Leistung des Schuldners entstehen."

Die Bank verbürgt sich aus Eigennutz. Der Gläubiger muss ihr ihr Risiko vergüten.
Sie verlangt von ihm normalerweise eine sogenannte Avalprovision. Diese Bankgebüh-
ren sind allerdings Kosten der Zwangsvollstreckung. Der Schuldner muss sie dem Gläubiger nach § 788 ZPO erstatten.[158]

> **Klausurtipp**
>
> § 751 Abs. 2 ZPO kann der Klausureinstieg ins Bürgschaftsrecht sein. Vertiefte ZPO-Spe-
> zialkenntnisse werden hier nicht erwartet. Die wenigen Besonderheiten der Prozess-
> bürgschaft, die man kennen muss, werden nachfolgend behandelt. Der Klausurschwer-
> punkt wird jedoch höchstwahrscheinlich im BGB AT und im Schuldrecht liegen.

831   Die Bürgschaft ist ein Vertrag. Ein Vertrag setzt zwei übereinstimmende Willenserklärungen voraus. Das Angebot ist eine empfangsbedürftige Willenserklärung. Es muss
nach § 130 Abs. 1 Satz 1 BGB dem Schuldner zugehen. Ein Zugang an den Gläubiger im
Wege eines Vertrags zugunsten Dritter genügt für die Prozessbürgschaft nicht. Der Zugang des Angebots an den Schuldner wird typischerweise gemäß § 132 Abs. 1 BGB fingiert. Der Gerichtsvollzieher stellt das Bürgschaftsangebot förmlich zu. Zugestellt werden darf an den Anwalt des Schuldners.[159] Die Prozessvollmacht umfasst eine
Empfangsbefugnis. Zwingend ist die Zustellung an den Anwalt nicht. Bank oder Gläubiger dürfen das Bürgschaftsangebot auch an den Schuldner persönlich zustellen.[160]
§ 172 ZPO findet keine Anwendung. Es handelt sich nämlich nicht um eine Zustellung
innerhalb eines Verfahrens. Vielmehr wird eine Willenserklärung zugestellt.

Bei der Zustellung genügt grundsätzlich die Aushändigung einer beglaubigten Abschrift der Bürgschaftsurkunde. Oft enthält das Bürgschaftsangebot allerdings eine auflösende Bedingung. Danach erlischt die Bürgschaft, wenn die Bank die Bürgschaftsur-

---

156 Dazu bereits oben Rn. 489.

157 Klausurbeispiel bei Kroiß, JuS 2007, 665 (667).

158 BGH, Beschl. v. 3.12.2007 – II ZB 8/07, Rn. 6 u. v. 10.2.2016 – VII ZB 56/13 = NJW 2016, 2579 (2580).
    Anders für die Abwehrsicherheit: BGH, Beschl. v. 17.1.2006 – VI ZB 46/05, Rn. 17.

159 BGH, Urt. v. 20.11.1978 – VIII ZR 243/77, juris Rn. 18.

160 BGH, Beschl. v. 10.4.2008 – I ZB 14/07, juris Rn. 10; OLG Düsseldorf, Beschl. v. 17.10.1977 – 18 W 40/77.

kunde zurückerhält. Außerdem enthält sie die Klausel, dass die Bank nur gegen Vorlage der Urschrift leisten muss. Die Klauseln sind entgegen dem Wortlaut des § 108 Abs. 1 Satz 2 ZPO „unbedingt" zulässig. Zulässig sind nämlich Bedingungen, die den Vollstreckungs-schuldner nicht beeinträchtigen.[161] Dann muss aber die Urschrift der Bürgschaftsurkunde (also das Original) zugestellt werden.[162] Andernfalls könnte etwa der Gläubiger die Bürg-schaft zum Erlöschen bringen. Er bräuchte der Bank nur das Original zurückzugeben.[163]

Das Bürgschaftsangebot muss gemäß § 108 Abs. 1 Satz 2 ZPO schriftlich erfolgen.   832
§ 350 HGB gilt für die Prozessbürgschaft nicht. Im Übrigen ist die Schriftform zum Nachweis gemäß § 751 Abs. 2 ZPO und zur Zustellung an den Schuldner erforderlich.

Der Bürge muss gemäß § 239 Abs. 2 BGB auf die Einrede der Vorausklage verzich-   833
ten (§§ 771; 773 Nr. 1 BGB). In der Klausur fehlt dieser Verzicht möglicherweise. Das ist grundsätzlich unschädlich. Denn die Bank ist fast immer Kaufmann.[164] Oft wird sie in Form einer Aktiengesellschaft betrieben. Damit ist sie Formkaufmann im Sinne der §§ 6 Abs. 1 HGB; 3 Abs. 1 AktG. Volks- und Raiffeisenbanken werden in Form der Ge-nossenschaft betrieben. Auch sie sind gemäß § 17 Abs. 2 GenG Kaufleute.

Gemäß § 349 HGB steht einem Kaufmann bei Handelsgeschäften die Einrede der Vorausklage nicht zu. Nach § 343 HGB handelt es sich bei der Bürgschaft um ein Han-delsgeschäft.

Weiterhin muss der Schuldner theoretisch das Angebot annehmen. Als Sicherheits-   834
leistung genügt jedoch das Angebot der Bank.[165] Sobald es dem Schuldner zugeht, kommt der Bürgschaftsvertrag zustande.[166] Der Schuldner ist nämlich verpflichtet, ein gesetzeskonformes Bürgschaftsangebot anzunehmen.[167] Es handelt sich um einen Zwangsvertrag. Andernfalls hätte es der Schuldner in der Hand, die Zwangsvollstre-ckung zu vereiteln.[168] Er bräuchte nur das Bürgschaftsangebot abzulehnen. Entspricht das Bürgschaftsangebot hingegen nicht den Anforderungen des § 108 Abs. 1 Satz 2 ZPO braucht der Schuldner es grundsätzlich nicht anzunehmen.

Klausurtipp

Hier kann BGB AT zu prüfen sein. Nimmt der Schuldner das Bürgschaftsangebot schweigend entgegen, ist dies ein rechtliches Nullum. Er gibt dadurch keine Annahmeerklärung ab. Erst jetzt ist auf den Zwangsvertrag einzugehen. Nimmt der Schuldner indessen das Bürgschaftsangebot an, braucht seine Erklärung gemäß § 151 Satz 1 BGB der Bank nicht zuzugehen.

---

161 KG, Beschl. v. 19.11.1962 – 1 W 626/62 = NJW 1963, 661 (663).
162 OLG Hamm, Urt. v. 1.10.1992 – 4 U 161/92, juris Rn. 29.
163 Behr, JurBüro 1995, 568 (569).
164 Vgl. § 2b Abs. 1; 32; 39 KWG.
165 Foerste, NJW 2010, 3611 (3611).
166 OLG Karlsruhe, Beschl. v. 26.1.1996 – 6 W 98/95, juris Rn. 17; OLG Köln, Beschl. v. 19.1.2007 – 6 W 146/06, juris Rn. 6.
167 OLG Hamm, Urt. v. 1.10.1992 – 4 U 161/92, juris Rn. 28.
168 Vgl. BGH, Urt. v. 25.1.1967 – VIII ZR 173/64 NJW 1967, 823 = NJW 1967, 823.

835   § 751 Abs. 2 ZPO erlaubt zum einen, dass zunächst das Bürgschaftsangebot zustellt wird
und erst Tage später vollstreckt wird. Das betrifft die Alternative „bereits zugestellt ist".
Der erforderliche Zustellungsnachweis erfolgt typischerweise durch die Zustellungsurkunde. In ihr vermerkt der Gerichtsvollzieher, dass er das Bürgschaftsangebot zugestellt
hat. Diese Zustellungsurkunde muss nicht nochmals dem Schuldner zugestellt werden.[169] Insoweit ist § 751 Abs. 2 ZPO missverständlich.

Diese zeitliche gestaffelte Vorgehensweise bietet sich an, wenn die Vollstreckungsmaßnahme durch den Rechtspfleger erfolgen soll, z. B. eine Kontopfändung. Immerhin
war der Rechtspfleger bei der Zustellung nicht dabei.

§ 751 Abs. 2 ZPO gestattet zum anderen, dass die Bürgschaftsurkunde gleichzeitig
mit der Vollstreckungsmaßnahme zugestellt wird. Das bedeutet, der Gerichtsvollzieher
klingelt beim Schuldner. Er überreicht ihm das Bürgschaftsangebot. Sekunden später
vollstreckt er. Rechtlich gesehen fallen hier Zustellung und Vollstreckung zeitlich zusammen. In diesem Fall muss das Bürgschaftsangebot entgegen dem Wortlaut nicht
durch öffentliche Urkunde nachgewiesen werden. Es genügt eine einfache schriftliche
Erklärung der Bank. Alles andere wäre unnötiger Formalismus. Schließlich ist sowohl
für den Gerichtsvollzieher als auch für den Schuldner offenkundig, dass ein Bürgschaftsangebot der Bank vorliegt.[170] Weiter lässt sich hier mit einer Parallele zu § 756
ZPO argumentieren. Auch dort reicht es, wenn der Gerichtsvollzieher bei der Zwangsvollstreckung die Gegenleistung anbietet. Gegenleistung und Sicherheit sollen gleichermaßen Interessen des Schuldners schützen.

836   Die Prozessbürgschaft ist nicht nur in der Erinnerung relevant. In der Klausur klagt
möglicherweise der Schuldner gegen die Bank. Er geht aus der Bürgschaft vor. Anspruchsgrundlage ist § 765 BGB. In der Begründetheit der Klage ist zunächst nach obigen
Kriterien zu untersuchen, ob ein Bürgschaftsvertrag zustande gekommen ist. Sodann ist
die Hauptschuld zu prüfen. Immerhin ist die Bürgschaft akzessorisch zur Hauptschuld.
Hauptschuld ist der Anspruch aus § 717 Abs. 2 ZPO.[171] Meist hat der Gläubiger vollstreckt. Anschließend hat das zweitinstanzliche Gericht den erstinstanzlichen Titel aufgehoben. Eventuell wendet die Bank ein, es habe falsch entschieden. Der Titel sei korrekt
gewesen. Damit wird die Bank nicht gehört. Zwar ist ein Bürge normalerweise *nicht* an
das Ergebnis eines Rechtsstreits zwischen Hauptschuldner und materiellem Gläubiger
gebunden.[172] Denn ein rechtskräftiges Urteil binden grundsätzlich nur die Parteien
(§ 325 Abs. 1 ZPO). Und Partei des Ausgangsstreits war die Bank nicht. Um die Rechtskraft zu erstrecken, hätte eine Partei der Bank den Streit verkünden müssen (§§ 68; 74
ZPO). Das ist nicht geschehen. Bei der Prozessbürgschaft besteht aber eine Besonderheit.
Die Bank übernimmt sie freiwillig. Damit erklärt sie konkludent, sie akzeptiere das Ergebnis des anhängigen Rechtsstreits.[173] Denn die Parteien haben keine Lust, den gleichen
Rechtsstreit erneut mit der Bank zu führen. Das weiß eine redliche Bank.

---

169 BGH, Beschl. v. 10.4.2008 – I ZB 14/07, Rn. 11; OLG Hamm, Beschl. v. 16.4.1975 – 15 W 124/75 =
    OLGZ 1975, 305 (313).
170 BGH, Beschl. v. 10.4.2008 – I ZB 14/07, Rn. 10.
171 Zu § 717 Abs. 2 ZPO näher unten Rn. 1141.
172 BGHZ 3, 385, juris Rn. 19; 107, 92, juris Rn. 16; 139, 214, juris Rn. 10; vgl. aber auch BGH, Urt. v.
    24.11.1969 – VIII ZR 78/68, juris Rn. 6.
173 BGHZ 158, 286, juris Rn. 19; 163, 59, juris Rn. 19; BGH, Urt. v. 19.3.1975 – VIII ZR 250/73, juris Rn. 40.

Dagegen darf die Bank einwenden, die Bürgschaft sei erloschen. Gemäß §§ 765; 767   837
Abs. 1 BGB erlischt die Bürgschaft mit der Hauptschuld.

Beispiele

— Der Gläubiger zahlt dem Schuldner den vollstreckten Betrag zurück.
— Der Titel wird rechtskräftig.[174]
— Das Obergericht hebt den Titel auf, ohne dass der Gläubiger aus ihm vorläufig
  vollstreckt hat.

Der Bürgschaftsanspruch verjährt gemäß §§ 195; 199 Abs. 1 BGB. Für das objektive
Element des Verjährungsbeginns (§ 199 Abs. 1 Nr. 1 BGB) ist entscheidend, in welchem
Jahr die Hauptschuld aus § 717 Abs. 2 ZPO entsteht.[175] Für das subjektive Element des
§ 199 Abs. 1 Nr. 2 BGB ist maßgebend, wann der Schuldner vom aufhebenden Urteil
Kenntnis erlangt oder ohne grobe Fahrlässigkeit erlangen müsste.[176]

Klausurtipp

Im Zusammenhang mit einer Prozessbürgschaft sind mannigfaltige Klausurkons-
tellationen denkbar. Sie lassen sich nicht alle hier erörtern. Man sollte sich
vergegenwärtigen, dass die Prozessbürgschaft prinzipiell eine normale Bürgschaft
ist. Es gelten die §§ 765 ff. BGB.

Zug-um-Zug-Titel

> Map 8.20

Gesetzt den Fall, Gerichtsvollzieher oder Rechtspfleger halten die Anforderungen der   838
§§ 756; 765 ZPO nicht ein. Dann ist die Erinnerung begründet. Es fehlt eine besondere
Vollstreckungsvoraussetzung.

§ 756 ZPO wurde wiederholt angesprochen. Die Vorschrift bestimmt für den Gerichtsvollzieher, wie er bei Zug-um-Zug-Titeln zu vollstrecken hat. Er muss grundsätzlich die
Gegenleistung des Vollstreckungsgläubigers anbieten. Erst dann darf er vollstrecken. Parallelvorschrift ist § 765 ZPO. Sie gilt für den Rechtspfleger. Dieser muss die Gegenleistung
nie anbieten. Schließlich sitzt er im Büro im Gerichtsgebäude. Er prüft nur, ob der Gerichtsvollzieher die Gegenleistung angeboten hat. Dafür schaut er in dessen Protokoll.

❗ **Merke: Angenommen, der Schuldner nimmt die ihm vom Gerichtsvollzieher**
angebotene Gegenleistung nicht an. Dann hat das Vollstreckungsorgan zu
prüfen, ob der Schuldner in Annahmeverzug gekommen ist. Gläubiger im Sinne
der §§ 293 ff. BGB ist der Vollstreckungsschuldner. Falsch ist deshalb die Behaup-
tung, der Gerichtsvollzieher prüfe niemals materielle Fragen. Immerhin ist der
Annahmeverzug eine materielle Frage. Der Gerichtsvollzieher muss ihn prüfen.

---

174 Vgl. §§ 715 ZPO; 20 Abs. 1 Nr. 3 RPflG.
175 Beispiel: BGH, Urt. v. 11.11.2014 – XI ZR 265/13 = NJW 2015, 351.
176 BGHZ 169, 308, Rn. 13.

Gemäß § 756 Abs. 2 ZPO genügt, dass der Gerichtsvollzieher dem Schuldner die Gegenleistung wörtlich anbietet. Wörtlich meint schriftlich oder mündlich. Der Gläubiger darf den Gerichtsvollzieher zwar beauftragen, dem Schuldner die Gegenleistung zu bringen.[177] Er muss dies aber nicht. § 756 Abs. 2 ZPO weicht von § 294 BGB ab. Materiellrechtlich muss der Gläubiger dem Schuldner die Leistung tatsächlich anbieten. Ein wörtliches Angebot reicht nach dem BGB nur ausnahmsweise unter den Voraussetzungen des § 295 BGB. Anderes gilt für den Gerichtsvollzieher. Er soll dem Schuldner die Gegenleistung nicht unnötigerweise bringen müssen, wenn dieser sie ohnehin nicht will.

839   Eine besondere Klausurtücke liegt in § 298 BGB. Vielleicht erklärt sich der Schuldner gerne bereit, die ihm vom Gerichtsvollzieher übermittelte Leistung entgegenzunehmen. Seinerseits will er jedoch nur Teilbeträge leisten. Hier darf der Gerichtsvollzieher vollstrecken. Er muss dem Schuldner die Gegenleistung nicht überlassen. Zwar liegen die Voraussetzungen des § 756 Abs. 2 ZPO nicht vor. Allerdings ist der Schuldner nach §§ 756 Abs. 1 ZPO; 298 BGB in Annahmeverzug geraten.[178]

Statt des Angebots des Gerichtsvollziehers genügt nach dem Wortlaut der §§ 756; 765 ZPO, dass der Annahmeverzug durch eine öffentliche Urkunde nachgewiesen ist. So braucht der Gerichtsvollzieher die Gegenleistung nicht bei jeder Vollstreckungsmaßnahme neu anzubieten. Es genügt ein altes Protokoll des Gerichtsvollziehers. Darin muss er bestätigt haben, dass er dem Schuldner die Leistung angeboten hat. Das Protokoll stellt eine öffentliche Urkunde im Sinne der §§ 756; 765 ZPO dar.

840   Ebenfalls eine öffentliche Urkunde bildet der Tenor eines Urteils. Zuweilen enthält er eine gesonderte Ziffer. Sie kann lauten: „Es wird festgestellt, dass sich der Beklagte mit der Annahme der in Ziffer 1. genannten Gegenleistung in Verzug befindet." Mit dieser Ziffer weist der Gläubiger den Annahmeverzug nach.[179]

841   Die wesentliche Klausurrelevanz der §§ 756; 765 ZPO liegt im Erkenntnisverfahren. Dort stellt der Kläger regelmäßig einen Hauptsacheantrag. Daneben beantragt er festzustellen, dass der Beklagte sich mit der Annahme der Gegenleistung in Verzug befindet. Hier ist in der Zulässigkeit der Klage auf das gemäß § 256 Abs. 1 ZPO erforderliche Feststellungsinteresse einzugehen. Es ist mit den §§ 756; 765 Nr. 1 ZPO zu begründen. Zwei bis drei Sätze genügen.[180]

In vergleichbaren Anwaltsklausuren sind in der Zweckmäßigkeit vertiefte Ausführungen erforderlich. Angenommen, der Klausurbearbeiter soll in die Rolle des klägerischen Anwalts schlüpfen. Im materiellrechtlichen Gutachten kommt er zum Ergebnis, dass dem Beklagten ein Zurückbehaltungsrecht aus § 320 oder § 273 BGB zusteht. Ob dieser es ausübt, ist unklar. Denkbar wäre, auf uneingeschränkte Erfüllung zu klagen. Dann riskiert der Mandant aber, teilweise zu unterliegen. Er hat dann einen Teil der Kosten zu tragen. Denn vielleicht erhebt der Gegner das Zurückbehaltungsrecht. Dann ist die Klage nur Zug um Zug begründet (§§ 322; 274 BGB). Zug um Zug ist weniger als uneingeschränkte Leistung.[181]

Der Mandant könnte zwar auf die Einrede reagieren. Er könnte die Klage nämlich nachträglich qualitativ reduzieren (§ 264 Nr. 2 ZPO). Das bedeutet, der uneinge-

---

177 Siehe oben Rn. 801.
178 BGH, Urt. v. 15.11.1996 – V ZR 292/95, juris Rn. 10; vgl. auch BGHZ 73, 317, juris Rn. 17.
179 BGH, Urt. v. 10.3.2010 – VIII ZR 182/08, juris Rn. 24; Doms, NJW 1984, 1340; Schibel, NJW 1984, 1945.
180 Siehe oben Rn. 804.
181 BGHZ 117, 1, juris Rn. 10.

schränkte Zahlungsantrag könnte in einen Zug-um-Zug-Antrag umgewandelt werden. Dann verringert sich der Streitwert. Der Mandant hat nach § 269 Abs. 3 Satz 2 ZPO analog die Mehrkosten zu tragen. Er wird sich bei seinem Anwalt bedanken.

Sicherheitshalber sollte der Klägeranwalt deshalb vornherein nur einen Zug-um-Zug-Antrag stellen. Der Anwalt muss die Gegenleistung genau bezeichnen.[182] Sonst ist das Urteil im schlimmsten Fall nicht vollstreckbar.

Obiger Feststellungsantrag ist in die Klageschrift aufzunehmen. Es besteht kein Kostenrisiko. Denn dem Antrag auf Feststellung des Annahmeverzugs ist kein eigener Streitwert beizumessen. Es handelt sich um einen bloßen Annex zum Leistungsantrag. Beides dient derselben Hauptsachevollstreckung.[183]

Sofern noch nicht geschehen, sollte man dem Gegner die diesem gebührende Leistung anbieten. Ist dies bereits erfolgt, ist eventuell § 298 BGB einschlägig: Der Gegner war bereit, die Leistung des Mandanten anzunehmen. Seine eigene hat er aber verweigert. Dieses unredliche Verhalten begründet Annahmeverzug.

Für die Urteilsklausur ist zu beachten, dass der BGH in einen Zug-um-Zug-Antrag des Klägers dessen wörtliches Angebot hineininterpretiert.[184]

8.3.7 Keine Vollstreckungshindernisse

> Map 8.22

Nach den besonderen Vollstreckungsvoraussetzungen ist zumindest gedanklich zu prüfen, ob Vollstreckungshindernisse vorliegen. Sie sind in § 775 ZPO erwähnt. Leider ist die Vorschrift sehr allgemein gehalten. § 775 ZPO ist mit seiner Annexvorschrift zu lesen – § 776 ZPO. § 775 ZPO enthält ein Verbot, § 776 ZPO ein Gebot für das Vollstreckungsorgan.   842

§ 775 ZPO bestimmt, dass das Vollstreckungsorgan bereits begonnen Vollstreckungsmaßnahmen nicht fortsetzen darf.

Beispiel

Der Gerichtsvollzieher hat einen Stuhl gepfändet. Der Schuldner legt hiergegen erfolgreich Erinnerung ein. Der Gerichtsvollzieher darf den Stuhl nicht versteigern. § 776 ZPO ordnet an, dass der Gerichtsvollzieher die Pfändung aufheben muss.

Vollstreckungshindernisse können sich auf die Zwangsvollstreckung als Ganzes beziehen. § 775 ZPO spricht von Einstellung der Zwangsvollstreckung. Das Verfahren wird eingefroren.   843

Vollstreckungshindernisse können auch nur eine einzelne Vollstreckungsmaßregel betreffen. So beispielsweise, wenn das Gericht auf die Erinnerung die Pfändung eines Stuhls für unzulässig erklärt. Der Gerichtsvollzieher darf dann den Laptop pfänden. § 775 ZPO nennt dies Beschränkung der Zwangsvollstreckung.

---

182 AG Pirmasens, Beschl. v. 1.10.1998 – 1 M 3689/98 = DGVZ 1998, 190.
183 BGH, Beschl. v. 6.7.2010 – XI ZB 40/09.
184 BGH, Urt. v. 15.11.1996 – V ZR 292/95, juris Rn. 11.

844   Terminologisch ist weiter zwischen der Anordnung der Einstellung und der Einstellung selbst zu unterscheiden. Entsprechendes gilt für die Beschränkung. Das Vollstreckungsgericht ordnet an, dass die Zwangsvollstreckung einzustellen ist. Wie, lässt es offen. Die Einstellung erfolgt durch das Vollstreckungsorgan. Das Vollstreckungsgericht hebt den Versteigerungstermin also nicht selbst auf. Das machen Gerichtsvollzieher oder Rechtspfleger. Vollstreckt das Vollstreckungsorgan entgegen der Anordnung des Gerichts weiter, begründet dies eine Erinnerung.

§ 775 Nr. 1 ZPO

845   Die erste Variante des § 775 Nr. 1 ZPO regelt Selbstverständliches: Hebt ein Gericht einen Titel auf, darf man aus ihm nicht mehr vollstrecken. Klassiker ist das Landgericht, das ein Urteil des Amtsgerichts aufhebt (§ 717 Abs. 1 ZPO). Strenggenommen fehlt es hier schon an einer allgemeinen Vollstreckungsvoraussetzung – dem Titel.[185]

§ 775 Nr. 1 ZPO nennt alternativ, dass die Zwangsvollstreckung für unzulässig erklärt beziehungsweise ihre Einstellung angeordnet ist. Das meint insbesondere erfolgreiche Vollstreckungsabwehr- und Drittwiderspruchsurteile. Ebenso hierzu zählt, wenn der Richter auf eine Erinnerung eine Zwangsvollstreckungsmaßnahme für unzulässig erklärt.

Auch der Insolvenzeröffnungsbeschluss fällt unter § 775 Nr. 1 ZPO.[186] Denn gemäß § 89 InsO sind Zwangsvollstreckungen für einzelne Insolvenzgläubiger während der Dauer des Insolvenzverfahrens weder in die Insolvenzmasse noch in das sonstige Vermögen des Schuldners zulässig.[187]

§ 89 InsO ist wörtlich auszulegen. Das Verbot der Einzelvollstreckung richtet sich nur an Insolvenzgläubiger. Der Begriff ist in § 38 InsO legaldefiniert. Kein Insolvenzgläubiger sind die Aussonderungsberechtigten nach § 47 InsO.[188] Wem eine Sache gehört, der darf sie grundsätzlich auch vom insolventen Schuldner herausverlangen.[189] Weigert der Schuldner sich, darf der Eigentümer den Gerichtsvollzieher beauftragen. Weder Schuldner noch Insolvenzverwalter dürfen sich ihm in den Weg stellen.

Für sogenannte Absonderungsberechtigte enthalten die §§ 49 bis 51 und 166 ff. InsO Sonderregelungen. Examensrelevant ist allenfalls der Hypotheken- oder Grundschuldgläubiger. So darf die Bank prinzipiell ein belastetes Grundstück nach § 49 InsO versteigern.[190] Eingeschlossen ist gemäß § 865 ZPO mithaftendes Grundstückszubehör.[191]

Ebenfalls vollstrecken dürfen Neugläubiger (sogenannte Nachinsolvenzgläubiger).[192] Gemeint sind Person, die erst nach Insolvenzeröffnung einen Anspruch gegen den Schuldner erhalten. Sie gehen meist leer aus. Auf die Insolvenzmasse dürfen sie nicht zugreifen. Denn sie ist für die Insolvenzgläubiger reserviert. Den Neugläubigern haftet nur das insolvenzfreie Vermögen. Pfändbares insolvenzfreies Vermögen gibt es aber kaum.

Die Formulierung „vorgelegt wird" in den § 775 Nr. 1 und 2 ist missverständlich. Sie will das Vollstreckungsorgan vor dem lügenden Schuldner schützen. Vielleicht behaup-

---

185 Siehe oben Rn. 781.
186 Hippler, Die Voraussetzungen der Zwangsvollstreckung, 2016, S. 182.
187 Noch weitergehend die Rückschlagsperre aus § 88 InsO.
188 § 51 Abs. 4 Nr. 2 GVGA.
189 Vgl. aber für den Eigentumsvorbehalt § 103 InsO.
190 Vgl. aber § 30d ZVG.
191 Zum Ganzen: Hintzen, ZInsO 1998, 318 – 321.
192 § 51 Abs. 4 Nr. 1 GVGA.

tet der Schuldner wahrheitswidrig, das Landgericht habe die Zwangsvollstreckung für unzulässig erklärt. Ob das stimmt, weiß das Vollstreckungsorgan zunächst nicht. § 775 Nr. 1 und 2 ZPO gebietet ihm, weiterzuvollstrecken. Das Vollstreckungsorgan soll sich nicht auf Behauptungen verlassen, sondern auf Nachweise. Demgegenüber ist nicht erforderlich, dass der Schuldner dem Vollstreckungsorgan die Entscheidung präsentiert.[193] Vielmehr genügt, dass das Gericht das Vollstreckungsverbot erlässt. Hiervon kann der Gerichtsvollzieher auf unterschiedliche Weise erfahren. Beispielsweise faxen viele Gerichte ihre Einstellungsentscheidung an den zuständigen Gerichtsvollzieher.[194] Darauf muss er reagieren. Immerhin handelt es sich um einen staatlichen Befehl an ihn. Er muss ihn von Amts wegen beachten.

Merke: Die Entscheidungen nach § 775 Nr. 1 und 2 ZPO sind Befehle an staatliche Organe. Sie entfalten Wirkung, sobald das Gericht sie nach außen kundgibt.[195]

Fall   847

G erstreitet ein Zahlungsurteil gegen S. Er beauftragt den Gerichtsvollzieher, bei S Mobiliar zu pfänden. Der Auftrag geht beim Gerichtsvollzieher ein. Einen Tag später eröffnet das Insolvenzgericht das Insolvenzverfahren über das Vermögen des S.[196] Hiervon erfährt der Gerichtsvollzieher zunächst nichts. Er geht zu S, um bei ihm zu pfänden. S ist nicht zu Hause. In der Grundstückseinfahrt findet der Gerichtsvollzieher einen Motorroller. Der Gerichtsvollzieher weiß, dass er S gehört. Er klebt das Pfandsiegel darauf. S kommt nach Hause. Er ist entsetzt. Er ruft den Insolvenzverwalter an. Dieser legt beim Insolvenzgericht Erinnerung ein. Er beantragt, die Pfändung aufzuheben. Immerhin sei S zahlungsunfähig. G wendet ein, er habe von dem Insolvenzverfahren noch nichts wissen können. Schließlich sei das Verfahren noch nicht eröffnet gewesen, als er den Auftrag erteilt hat.

? Hat die Erinnerung des Insolvenzverwalters Aussicht auf Erfolg?

> Map 8.4 und Map 8.8

Formulierungsvorschlag im Gutachtenstil
Die Erinnerung hat Aussicht auf Erfolg, wenn sie zulässig und begründet ist.
   Die Zulässigkeit setzt zunächst voraus, dass die Erinnerung statthaft ist. Die Erinnerung ist gemäß § 766 Abs. 1 ZPO statthaft bei Einwendungen und Erinnerungen, welche das vom Gerichtsvollzieher zu beobachtende Verfahren betreffen. Der Insolvenzverwalter wendet ein, die Einzelzwangsvollstreckung sei nicht zulässig. Der Gerichtsvollzieher habe den Roller nicht pfänden dürfen. Faktisch beruft der Insolvenzverwalter sich auf § 89 InsO. Nach dieser Norm sind Zwangsvollstreckungen für einzelne Insolvenzgläubiger während der Dauer des Insolvenzverfahrens weder in die Insolvenzmasse noch in das sonstige Vermögen des Schuldners

---

193 Vgl. demgegenüber Art. 34 Abs. 1 WechselG; 28 Abs. 1 ScheckG.
194 BGHZ 25, 60 = NJW 1957, 1480.
195 BGHZ 25, 60 = NJW 1957, 1480 (1481).
196 § 27 InsO.

zulässig. Die Vorschrift enthält ein Verbot für den Gerichtsvollzieher.[197] Damit regelt sie das von ihm zu beachtende Verfahren. Somit ist die Erinnerung statthaft.

Sachlich und örtlich zuständig ist für die Erinnerung ausnahmsweise nicht das Vollstreckungsgericht. Vielmehr ist das Insolvenzgericht zuständig. § 89 Abs. 3 InsO verdrängt § 766 Abs. 1 ZPO.

Fraglich ist, ob der Insolvenzverwalter erinnerungsbefugt ist. Grundsätzlich ist der Vollstreckungsschuldner bei gegen sein Vermögen gerichteten Maßnahmen erinnerungsbefugt. Hier besteht jedoch eine Ausnahme. Nach § 80 Abs. 1 InsO geht mit Eröffnung des Insolvenzverfahrens das Recht des Schuldners auf den Insolvenzverwalter über, das zur Insolvenzmasse gehörende Vermögen zu verwalten und über es zu verfügen. Es Aufgabe des Insolvenzverwalters, die Masse zu erhalten. Unstreitig ist deshalb bei Fällen wie dem vorliegenden der Insolvenzverwalter erinnerungsbefugt.[198]

Es muss ein Rechtsschutzbedürfnis vorliegen. Ein solches besteht von Beginn der Vollstreckungsmaßnahme bis zu deren Ende. Der Roller ist schon gepfändet. Er ist aber noch nicht versteigert. Damit ist die Zwangsvollstreckung in ihn noch nicht beendet. Deswegen besteht ein Rechtsschutzbedürfnis.

Die Erinnerung ist also zulässig.

Die Erinnerung muss auch begründet sein. Die Erinnerung ist bereits begründet, wenn ein Vollstreckungshindernis vorliegt. § 89 Abs. 1 InsO verbietet Zwangsvollstreckungen für einzelne Insolvenzgläubiger, wenn der Schuldner insolvent ist. Auf Verschulden kommt es nicht an. Es spielt daher keine Rolle, ob der Gläubiger gutgläubig ist. Gemäß § 775 Nr. 1 ZPO ist die Insolvenzeröffnung ein Verfahrenshindernis. Über das Vermögen des S hat das Gericht das Insolvenzverfahren eröffnet. G vollstreckt hier als einzelner Gläubiger. Korrekterweise müsste er seine Forderung beim Insolvenzverwalter zur Tabelle anmelden.[199] Es liegt ein Verfahrenshindernis vor. Die Erinnerung ist begründet. Sie hat Aussicht auf Erfolg.

Klausurtipp

Wer hier § 932 BGB in Verbindung mit § 1208 BGB heranzieht, liegt falsch. Zum einen betreffen die Vorschriften nur den rechtsgeschäftlichen Erwerb eines Pfandrechts. Hier geht es aber um ein Pfändungspfandrecht. Vor allem regeln die Vorschriften über den gutgläubigen Erwerb nur die materiellrechtliche Rangfrage.[200] Im Rahmen der Erinnerung geht es hingegen um eine Verfahrensfrage. Für das Verfahren spielt es keine Rolle, ob ein Pfändungspfandrecht entstanden ist oder nicht. Ebenso ist irrelevant, welchen Rang es gegenüber anderen Pfandrechten hat.

---

197 Für den Rechtspfleger: LG Oldenburg, Beschl. v. 6.8.1981 – 5 T 217/81 = ZIP 1981, 1011 (1012).
198 Hackenberg, ZVI 2009, 133 (137).
199 §§ 87; 174 InsO.
200 Vgl. § 804 Abs. 2 und 3 ZPO.

§ 775 Nr. 2 ZPO

Unter § 775 Nr. 2 ZPO fallen die Eilentscheidungen nach §§ 769; 707; 719 und 771   848
Abs. 3 ZPO. Mit ihnen stellt das Gericht die Zwangsvollstreckung einstweilen ein. Für
die Insolvenzeröffnungsphase existiert in § 21 InsO eine Sonderregel. Nach dessen Absatz 2 Nr. 3 kann das Insolvenzgericht ein Vollstreckungsverbot erlassen. Die Vorschrift
hängt mit § 13 InsO zusammen Danach wird ein Insolvenzverfahren auf Antrag eröffnet. Der Antrag hemmt die Vollstreckung allein nicht. Das Gericht muss die Vollstreckung ausdrücklich verbieten. Insoweit unterscheiden sich Insolvenzeröffnungsphase
und laufendes Insolvenzverfahren.

Anders als bei § 775 Nr. 1 ZPO bleiben etwaige Pfändungen bei § 775 Nr. 2 ZPO in
der Regel bestehen. § 776 ZPO verweist nämlich in Satz 1 nicht auf § 775 Nr. 2 ZPO. Vielmehr enthält er in Satz 2 eine Sondervorschrift.

Ausgangsfall   849

Gläubiger G erwirkt gegen S ein rechtskräftiges Urteil. S zahlt freiwillig den titulierten Betrag.
Gleichwohl beantragt G beim Vollstreckungsgericht, das Gehalt des S zu pfänden. S erhebt
Vollstreckungsabwehrklage. Gleichzeitig erwirkt er beim Landgericht einen Beschluss. In
diesem stellt es gemäß § 769 ZPO die Zwangsvollstreckung aus dem Urteil ohne Sicherheitsleistung einstweilen ein. Eine Kopie dieses Beschlusses gelangt an den Rechtspfleger beim
Vollstreckungsgericht. Infolge eines Versehens pfändet er gleichwohl das Gehalt von S. S hört
er vorher nicht an.[201] S legt Erinnerung ein.

❓ Hat die Erinnerung Aussicht auf Erfolg?

⟫ **Map 8.1**

✅ Die Erinnerung ist zulässig. Insbesondere ist sie statthaft. Die Erinnerung ist gegen
Zwangsvollstreckungsmaßnahmen statthaft. Demgegenüber ist gegen Entscheidungen gemäß § 793 ZPO die sofortige Beschwerde gegeben. Hat der Rechtspfleger eine
Entscheidung getroffen, ohne den Schuldner anzuhören, handelt es sich grundsätzlich um eine bloße Maßnahme. So war es hier. Der Rechtspfleger hat S nicht angehört.

⟫ **Map 8.8**

Die Erinnerung muss auch begründet sein. Die Erinnerung ist nach § 766 Abs. 1 ZPO
begründet, wenn ein Verfahrensfehler oder ein Vollstreckungshindernis vorliegt.
Dass der Rechtspfleger S nicht angehört hat, war in Ordnung. Insoweit liegt nicht
etwa ein Verfahrensfehler vor. Denn gemäß § 834 ZPO hört das Vollstreckungsgericht einen Schuldner prinzipiell nicht an, bevor es einen Pfändungs- und Überweisungsbeschluss erlässt.

⟫ **Map 8.22**

Allerdings liegt ein Vollstreckungshindernis vor. Nach § 775 Nr. 2 ZPO ist die
Zwangsvollstreckung nämlich einzustellen, wenn die Ausfertigung einer gerichtlichen Entscheidung vorgelegt wird, aus der sich ergibt, dass die einstweilige

---

201 §§ 829; 835 ZPO.

Einstellung der Vollstreckung angeordnet ist. Der Einstellungsbeschluss des Landgerichts nach § 769 ZPO ist eine derartige Entscheidung. Der PfÜB bleibt trotz § 776 ZPO nicht bestehen. Nach dessen Satz 2 bleiben nämlich nur „bereits getroffenen Vollstreckungsmaßregeln" einstweilen bestehen. Der PfÜB war als Vollstreckungsmaßregel aber noch nicht erlassen, als der Einstellungsbeschluss erging. § 775 ZPO verbot, eine neue Vollstreckungstätigkeit zu beginnen.[202] Der Rechtspfleger durfte den PfÜB daher nicht erlassen. Die Erinnerung ist begründet. Sie hat Aussicht auf Erfolg.

850

Abwandlung

Wie Ausgangsfall. Allerdings hatte der Rechtspfleger den Pfändungs- und Überweisungsbeschluss bereits erlassen, als der Einstellungsbeschluss erging. S legt keine Erinnerung ein.

❓ Wie sollte der Arbeitgeber sich verhalten?

✅ Die Pfändung bleibt grundsätzlich nach § 776 Satz 2, 2. Halbsatz ZPO bestehen. Gemäß § 829 Abs. 1 Satz 1 ZPO darf der Arbeitgeber also den pfändbaren Teil nicht mehr an den Vollstreckungsschuldner zahlen. Der Arbeitgeber darf aber auch nicht an den Vollstreckungsgläubiger zahlen. Denn die Einstellung friert das Verfahren im gegenwärtigen Zustand ein. Das bedeutet, der Staat gestattet dem Gläubiger nicht mehr, aus dem PfÜB vorzugehen.[203]

Der Arbeitgeber sollte den pfändbaren Teil des Einkommens gar nicht auszahlen. Allenfalls darf er zugunsten beider hinterlegen.[204] Das ergibt sich aus § 853 ZPO analog.

§ 775 Nr. 3 ZPO

851   § 775 Nr. 3 ZPO betrifft eine Regelung, die Referendaren wohlbekannt ist: die Abwendungsbefugnis. Im Fall des § 708 ZPO tenoriert das Erkenntnisgericht oft nach § 711 ZPO eine Abwendungsbefugnis.[205] Der Schuldner erhält das Recht, die vorläufige Vollstreckbarkeit zu verhindern. Er muss die als Sicherheit festgesetzte Leistung hinterlegen. Alternativ kann er insoweit eine Bankbürgschaft einholen. Oben wurde bereits die Sicherheitsleistung des Gläubigers behandelt. Die Abwendungsbefugnis des Schuldners ist die Kehrseite der Medaille.

Beispiel

Das Amtsgericht verurteilt S, an G 900 Euro zu zahlen. Es erklärt das Urteil gemäß § 708 Nr. 11 ZPO für vorläufig vollstreckbar. Gemäß § 711 ZPO erlaubt es S, die Vollstreckung durch Sicherheitsleistung in Höhe von 110 Prozent des aufgrund des Urteils vollstreckbaren Betrags abzuwenden. S legt Berufung ein. G beauftragt den Gerichtsvollzieher,

---

202 BGHZ 25, 60 = NJW 1957, 1480.
203 RGZ 128, 81 (85).
204 BGHZ 140, 253, Rn. 6.
205 Vgl. ferner §§ 712; 720a Abs. 3 ZPO.

S die Vermögensauskunft abzunehmen. S möchte verhindern, seine Daten preiszugeben. Immerhin rechnet er damit, dass das Landgericht das Urteil des Amtsgerichts aufheben wird. G hätte dann ungerechtfertigte Kenntnis von seinen Daten. S muss 990 Euro hinterlegen oder eine Bankbürgschaft in dieser Höhe erwirken. Dies muss er dem Gerichtsvollzieher in Form einer öffentlichen Urkunde nachweisen. Obige Ausführungen zu den besonderen Vollstreckungsvoraussetzungen gelten entsprechend. Der Gerichtsvollzieher darf dann nach § 775 Nr. 3 ZPO die Vermögensauskunft nicht abnehmen.

Ganz auf der sicheren Seite ist der Schuldner aber nicht. Der Gläubiger kann gemäß § 711 ZPO seinerseits Sicherheit leisten. Damit wird die Sicherheitsleistung des Schuldners hinfällig. Er muss die Vermögensauskunft abgeben.

Vielleicht leistet auch keine der Parteien Sicherheit. Dann darf der Gerichtsvollzieher gepfändetes Geld dem Gläubiger nicht auszahlen. Vielmehr muss er es nach § 720 ZPO hinterlegen. Entsprechendes gilt für den Versteigerungserlös. Immerhin kann es sein, dass das Berufungsgericht das vorläufig vollstreckbare Urteil aufhebt. In der Zwischenzeit könnte der Gläubiger das Geld verspielen. Ist es hinterlegt, kann der Gläubiger auf das Geld nicht zugreifen. Dazu ist er erst ab Rechtskraft des Urteils befugt.[206] Denn ab diesem Zeitpunkt darf der Schuldner die Vollstreckung nicht mehr durch Sicherheitsleistung abwenden. Das Urteil ist dann nicht mehr nur vorläufig vollstreckbar. Es ist endgültig vollstreckbar. 852

Am Rande sei § 712 ZPO erwähnt. Nach dieser Vorschrift darf der Schuldner die Vollstreckung abwenden, wenn sie ihm einen nicht zu ersetzenden Nachteil bringen würde. Der Wortlaut des § 712 ZPO ist missverständlich. Die Abwendungsbefugnis besteht nur bei vorläufig vollstreckbaren Urteilen. Das ergibt sich aus der systematischen Stellung. 853

Ein nicht zu ersetzender Nachteil liegt nur sehr selten vor. Das Vollstreckungsinteresse des Gläubigers ist regelmäßig gewichtiger. Immerhin hat ein Gericht ihm in einem rechtsstaatlichen Verfahren etwas zugesprochen. Finanzielle Schäden lassen sich durch den Schadensersatzanspruch aus § 717 Abs. 2 ZPO ausgleichen. Praxisnahe Fälle sind bei Geldschulden deshalb fast nicht vorstellbar. Auch bei sonstigen Verbindlichkeiten sind sie nur in Extremfällen denkbar.

Fiktives Beispiel
Der Schuldner betreibt seit vielen Jahren ein Museum. Er lebt für seine Arbeit. Seine Kosten kann er gerade so decken. Alle Besucher kommen primär wegen eines bestimmten Gemäldes. Der Gläubiger hat ein vorläufig vollstreckbares Urteil auf Herausgabe des Gemäldes erstritten. Müsste der Schuldner das Gemälde herausgeben, blieben sämtliche Besucher fern. Der Schuldner müsste seinen Betrieb einstellen. Er würde arbeitslos und depressiv werden. Damit muss er sich erst abfinden, wenn das Urteil rechtskräftig ist.

Gut denkbar ist hingegen, dass dem Examenskandidaten in der Urteilsklausur ein unbegründeter Antrag nach § 712 ZPO begegnet. Gemäß § 714 ZPO ist der Antrag im Erkenntnisverfahren zu stellen. Er ist im Tatbestand bei den Anträgen des Beklagten zu erwähnen. Im Tenor ist die vorläufige Vollstreckbarkeit ganz normal nach den §§ 708; 709 ZPO anzuordnen.

---

206 Vgl. §§ 715 Satz 1 ZPO; 20 Abs. 1 Nr. 3 RPflG.

🛈 **Merke:** Ein Vollstreckungsschutzantrag ist im Tenor *nicht* ausdrücklich zurückzuweisen.

Erst am Ende der Entscheidungsgründe ist zu erläutern, weshalb der Vollstreckungsschutzantrag abzulehnen ist.[207] Regelmäßig fehlt es an einem nicht zu ersetzenden
Nachteil.

Kostenmäßig wirkt sich die Antragsabweisung nicht aus. Der Vollstreckungsschutzantrag hat keinen eigenen Streitwert.

> **Klausurtipp**
>
> Zur Beruhigung: Wunder werden hier nicht erwartet. Es genügt, zu zeigen, dass man
> § 712 ZPO kennt und wo im Urteil auf ihn einzugehen ist.

§ 775 Nr. 4 ZPO

854   Gemäß § 775 Nr. 4 ZPO ist die Zwangsvollstreckung einzustellen, wenn eine öffentliche
Urkunde oder eine vom Gläubiger ausgestellte Privaturkunde vorgelegt wird. Aus ihr
muss sich ergeben, dass der Gläubiger nach Erlass des zu vollstreckenden Urteils befriedigt ist. Die Einstellung nach den §§ 775 Nr. 4 und Nr. 5 ZPO wirkt nur einstweilen.
Auf Antrag des Gläubigers ist sie fortzusetzen. Er muss lediglich die Erfüllung bestreiten.[208] Klassiker ist, dass der Gläubiger behauptet, die Quittung sei gefälscht. Dann
muss das Vollstreckungsorgan weitervollstrecken. Der Schuldner kann Vollstreckungsabwehrklage erheben.

Nach § 776 Satz 2 ZPO bleiben bei den Nummern 4 und 5 die Vollstreckungsmaßnahmen bestehen. Grund ist die Missbrauchsgefahr durch gefälschte Urkunden.

§ 775 Nr. 5 ZPO

855   § 775 Nr. 5 ZPO gibt dem Schuldner ein einfaches Instrument, die Zwangsvollstreckung
zu blockieren. Es ist stark missbrauchsanfällig. Es genügt ein Bareinzahlungsbeleg. Bei
Überweisungsaufträgen muss der Schuldner nachweisen, dass die Bank den Auftrag
ausgeführt hat. Dies gelingt ihm mit einem Kontoauszug. Aus diesem muss die Abbu-
chung vom Schuldnerkonto hervorgehen.

Auch bei Nr. 5 muss das Vollstreckungsorgan die Vollstreckung auf Antrag des
Gläubigers fortsetzen.

856   > **Fall**
>
> G erstreitet gegen S am 02.04. ein Zahlungsurteil über 5000 Euro. G beauftragt den Gerichts-
> vollzieher, wegen der 5000 Euro S die Vermögensauskunft abzunehmen. Der Gerichtsvollzieher
> lädt S in sein Büro. S legt Erinnerung ein. Er legt dem Gericht einen Kontoauszug vor. Daraus
> ergibt sich, dass S die 5000 Euro bereits am 01.02. auf das Konto des G überwiesen hat.

---

207 Beispiele bei OLG Köln, Urt. v. 17.1.2014 – 6 U 86/13 und LG Düsseldorf, Urt. v. 30.10.2014 – 4a O
92/13.
208 BGH, Beschl. v. 15.10.2015 – V ZB 62/15, Rn. 16.

? Ist die Erinnerung begründet?

✓ Nein. Die Erinnerung ist unbegründet. Zwar erlaubt § 775 Nr. 5 ZPO die Zwangsvoll-streckung einzustellen. Das setzt voraus, dass der Schuldner einen Einzahlungs- oder Überweisungsnachweis einer Bank oder Sparkasse vorlegt. Aus diesem muss sich ergeben, dass der zur Befriedigung des Gläubigers erforderliche Betrag auf dessen Konto eingezahlt oder überwiesen worden ist. Einen solchen Beleg hat S vorgelegt. Allerdings stammte die Überweisung aus der Zeit vor Erlass des Urteils. Der Wortlaut des § 775 Nr. 5 ZPO enthält keine zeitliche Beschränkung. Insoweit unterscheidet er sich von § 775 Nr. 4 ZPO. Eine Quittung muss nach § 775 Nr. 4 ZPO aus der Zeit nach Erlass des Urteils datieren. Aus dieser Systematik kann man allerdings keinen Schluss ziehen. Sie ist ein Redaktionsversehen. Selbstverständlich darf der Überweisungsnach-weis nicht aus der Zeit vor Erlass des Urteils resultieren. Andernfalls könnte der Schuldner unendlich lange materielle Einwände nachschieben. Er könnte die Rechts-kraft aushöhlen. Der Schuldner darf dem Gerichtsvollzieher nicht solche Einwände präsentieren, die er bereits gegenüber dem Richter hätte vorbringen müssen.

Wegen des Grundsatzes der Formalisierung kommt es nicht auf den Schluss der mündlichen Verhandlung an.[209] Der Gerichtsvollzieher kann ihn zwar nach § 313 Abs. 1 Nr. 3 ZPO dem Urteilsrubrum entnehmen. Er kann aber nicht erkennen, inwieweit das Gericht dem Schuldner Vortrag zur Zahlung gemäß § 283 oder 139 Abs. 5 ZPO nachgelassen hat. Das ergibt sich regelmäßig nur aus der Prozessakte.[210] Sie liegt dem Gerichtsvollzieher nicht vor. Wann das Urteil verkündet wurde, kann das Vollstreckungsorgan hingegen dem Verkündungsvermerk entnehmen (§ 315 Abs. 3 ZPO).[211] Deshalb ist dies der maßgebende Zeitpunkt.

Klausurtipp

§ 775 Nr. 4 und Nr. 5 ZPO kann auch in einer Anwaltsklausur eine Rolle spielen. Der Mandant ist der Schuldner. Er möchte die Vollstreckung verhindern. Etwaige Erfüllungsbelege sollten dem Vollstreckungsorgan vorgelegt werden. Parallel dazu muss Vollstreckungsabwehrklage erhoben werden. Denn der Anwalt muss immer den sichersten Weg wählen.

8.3.8 Zwangsvollstreckung in die richtige Vermögensmasse

Aus einem gegen A gerichteten Titel darf der Gläubiger nicht in das Vermögen des B vollstrecken. Der Gläubiger darf nur auf Gegenstände des im Titel genannten Schuld-ners zugreifen. Fremdes Vermögen ist für ihn gesperrt. Das ergibt sich aus den §§ 750 und 771 ZPO.   857

Was aber, wenn ein Gegenstand A und B gemeinsam gehört? Dann darf der Gläubi-ger normalerweise nur den Anteil des A am gemeinsamen Gegenstand pfänden.

---

209 Keller, RPflStud 2017, 57 (59 f.); a. A. Thomas/Putzo/Seiler, ZPO, 2018, § 775 Rn. 15.
210 Vgl. § 310 ZPO.
211 Vgl. BGHZ 8, 303 = NJW 1953, 622 (623).

In der Regel hat eine Person nur eine Vermögensmasse. Es existieren jedoch Ausnahmen.

Beispiel 1

Ein Miterbe hat ein Eigenvermögen und einen Anteil am Nachlass. Nachlassgegenstände darf der Eigengläubiger nicht pfänden. Die erbrechtlichen Details werden unten behandelt.[212]

Beispiel 2

A und B bilden eine rechtsfähige Personengesellschaft. Der Gläubiger hat einen Titel gegen die Gesellschaft erwirkt. Dann kann er nur in das Gesellschaftsvermögen vollstrecken. Das sonstige Vermögen von A und B ist ihm versperrt. Die maßgeblichen Rechtsgrundlagen werden sogleich erörtert.

858   Leicht kann es dazu kommen, dass das Vollstreckungsorgan auf die falsche Vermögensmasse zugreift.

Beispiel

Der Titelschuldner hat eine Armbanduhr geerbt. In seinem Testament hat der Erblasser Testamentsvollstreckung angeordnet. Damit bleiben Eigenvermögen des Erben und Erbmasse rechtlich getrennt.[213] Der Testamentsvollstrecker hat sich die Uhr noch nicht genommen.[214] Vielmehr bewahrt der Erbe sie bei sich in einem Schmuckkästchen zusammen mit seinen Uhren auf.[215] Dort pfändet der Gerichtsvollzieher sie. Ein gemäß § 748 Abs. 1 ZPO erforderliches Urteil gegen den Testamentsvollstrecker hat der Gläubiger nicht. Hier kann der Testamentsvollstrecker Drittwiderspruchsklage erheben.[216]

859   Fraglich ist, ob der jeweilige Vermögensinhaber beziehungsweise -verwalter auch Erinnerung einlegen kann. Dies ist problematisch. Immerhin sollen mit der Erinnerung Fehler überprüft werden. Das Vollstreckungsorgan kann zuweilen jedoch nicht zuordnen, in welche Vermögensmasse ein Gegenstand fällt. Ein Rechtspfleger mag regelmäßig noch erkennen, wem ein zu versteigerndes Grundstück gehört. Er schaut ins Grundbuch. Bei einer zu pfändenden Forderung wird es bereits schwieriger. Die größten Herausforderungen bestehen für den Gerichtsvollzieher. Nur selten kann er eine Sache vor Ort einer bestimmten Vermögensmasse zuordnen. Genau aus diesem Grund beschränkt § 808 ZPO seinen Prüfungsumfang auf leicht festzustellende Umstände: den Gewahrsam. Gleichwohl ist nach h. L. die Erinnerung statthaft, wenn das Vollstreckungsorgan in die falsche Vermögensmasse vollstreckt.[217] Dies habe der Richter im Rahmen der Erinnerung zu prüfen. Die h. L. begründet dies mit praktischen Erwägun-

---

212 Siehe unten Rn. 1171.
213 Siehe unten Rn. 1167 und 1186.
214 Vgl. § 2205 Satz 2 BGB.
215 Vgl. § 857 BGB.
216 Vgl. Rn. 418 und 441.
217 Staufenbiel/Meurer, JA 2005, 879; Brox/Walker, Zwangsvollstreckungsrecht, 2018, Rn. 196; Musielak/Voit/Lackmann, ZPO, 2018, § 779 Rn. 6; wohl auch Muthorst, Grundzüge des Zwangsvollstreckungsrechts, 2016, § 2 Rn. 6 i. V. m. Rn. 11 und 14.

gen. Nach h. L. gibt es also bei der Erinnerung keinen Gleichlauf zwischen Prüfungsmöglichkeit des Vollstreckungsorgans und Prüfungsmöglichkeit des Richters. Dogmatisch sind Zweifel angebracht.[218] Trotzdem sollte man in der Klausur der h. L. folgen.[219] Höchstrichterliche Rechtsprechung existiert zu diesem Komplex noch nicht. Für die h. L. spricht immerhin, dass der Wortlaut des § 766 Abs. 1 ZPO die Erinnerung für Einwände vorsieht, die das bei ihr [= der Zwangsvollstreckung] zu beobachtende Verfahren" betreffen. Er spricht nicht vom „vom Vollstreckungsorgan zu beobachtenden Verfahren". Auch ist nach g. h. M. maßgeblicher Zeitpunkt grundsätzlich der der Entscheidung über die Erinnerung.[220] Die Parteien können dem Richter unstreitig Beweise nachschieben, die sie dem Gerichtsvollzieher vorenthalten haben. Zweck der Erinnerung ist nicht, den Gerichtsvollzieher für vergangenes Fehlerverhalten zur Rechenschaft zu ziehen. Vielmehr soll sie aktuelle Rechtsverstöße beseitigen. Ob der Gerichtsvollzieher schuldhaft gehandelt hat, ist irrelevant.

In welches Vermögen der Gläubiger vollstrecken darf, kann auch in der gesellschaftsrechtlichen Anwaltsklausur im Erkenntnisverfahren zu diskutieren sein.

Ausgangsfall   860

Cäsar und Ramses betreiben zusammen ein Autohaus. Sie sind als OHG im Handelsregister eingetragen. Dem Autohaus gehören zwei 15 Jahre alte Kleinwagen. Sie stehen zum Verkauf. Ansonsten hat das Autohaus kein Vermögen. Die Betriebsräume sind nur angemietet. Cäsar ist Eigentümer eines Hausgrundstücks. Es befindet sich im Zentrum von München. Es ist nicht mit Grundschulden oder Hypotheken belastet. Lieferant L hat mit dem Autohaus einen Kaufvertrag über einen Sportwagen geschlossen. Das Fahrzeug hat er noch nicht ausgeliefert. Der Kaufpreis beträgt 100.000 Euro. Die OHG bezahlt nicht. Lieferant L wendet sich an einen Rechtsanwalt.

❓ Wen sollte der Rechtsanwalt verklagen?

---

218 Z. B. Umkehrschluss aus § 777 ZPO, hinreichender Schutz durch Drittwiderspruchsklage; vgl. auch LG Essen, Beschl. v. 13.9.1962 – 11 T 537/62 = NJW 1962, 2307.

219 Zur Parallelproblematik bei § 113 Abs. 1 Satz 1 VwGO hingegen dogmatisch überzeugend Schenke, Verwaltungsprozessrecht, 2017, Rn. 782 – 794.

220 RGZ 125, 286 (289); BGH, Beschl. v. 23.10.2008 – VII ZB 16/08 = NJW-RR 2009, 211 (212); BFH, Beschl. v. 3.8.2012 – VII B 40/11, Rn. 9; Brox/Walker, Zwangsvollstreckungsrecht, 2018, Rn. 1233. Siehe aber auch unten Rn. 927.

✅ Vollstreckungsaussichten in der Zweckmäßigkeit

In Betracht kommt eine Klage gegen die Gesellschaft, beide Gesellschafter oder nur gegen einen von ihnen.

Materiellrechtlich sind alle drei Möglichkeiten eröffnet. Die OHG ist teilrechtsfähig. Sie haftet gemäß § 124 Abs. 1 HGB für die Kaufpreisschuld. Sowohl Cäsar als auch Nero haften gemäß § 128 HGB akzessorisch.

Fraglich ist deshalb, gegen wen eine Klage zweckmäßig ist. Das hängt unter anderem davon ab, auf welche Gegenstände L mit dem Urteil zugreifen möchte.

Auf Vermögen einer OHG kann man nur mit einem gegen sie gerichteten Titel zugreifen, § 124 Abs. 2 HGB. Einzeltitel gegen die Gesellschafter genügen nicht. Für die Kommanditgesellschaft gilt das Gleiche über 161 Abs. 2 HGB. Mit einem gegen die OHG erstrittenen Urteil kann L die Gebrauchtwagen pfänden. Das ergibt sich aus § 808 ZPO. Der Gerichtsvollzieher könnte die Fahrzeuge versteigern. Der Erlös stünde L zu. Es ist zweifelhaft, ob Interessenten für die beiden Gebrauchtwagen in einer Versteigerung insgesamt 100.000 Euro bieten würden. Sinnvoller ist, nach § 866 Abs. 1 ZPO Cäsars Grundstück zu versteigern. Dazu benötigt L jedoch einen gegen Cäsar gerichteten Titel (§ 129 Abs. 4 HGB). Mit diesem kann L auf Cäsars gesamtes Privatvermögen zugreifen.

Zwar kann man mit einem gegen den Gesellschafter gerichteten Titel keine Gegenstände der OHG pfänden.[221] Die Gebrauchtwagen sind L demzufolge versperrt. Das ist aber vorliegend bedeutungslos. Denn aus dem Versteigerungserlös des Grundstücks kann L sich voraussichtlich befriedigen.

861

Abwandlung

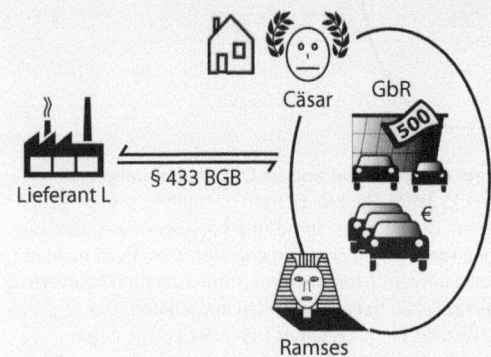

Cäsar   GbR

§ 433 BGB

Lieferant L

Ramses

Wie Ausgangsfall. Cäsar und Nero sind jedoch nicht im Handelsregister eingetragen. Sie betreiben ihr Geschäft in Form einer Gesellschaft bürgerlichen Rechts (GbR). Die GbR hat mehrere Luxuswagen. Zusammen haben sie den gleichen Wert wie das Grundstück.

❓ Wen sollte der Rechtsanwalt des L jetzt verklagen?

✅ Zweckmäßigkeit bei GbR auf Schuldnerseite

Ausgangspunkt ist § 736 ZPO. Danach ist zur Zwangsvollstreckung in das Vermögen einer GbR ein gegen alle Gesellschafter ergangenes Urteil erforderlich. Die Vorschrift

---

221 Zur Pfändung des Anteils am Gesellschaftsvermögen siehe oben Rn. 706.

ist alt. Der Gesetzgeber hielt die GbR für nicht rechtsfähig. Nach heute g. h. M. ist die Außen-GbR rechts- und parteifähig.[222] Diese Auffassung ist mittlerweile Gewohnheitsrecht. Man sollte sie in der Klausur nicht mehr in Frage stellen.

§ 736 ZPO wird entgegen seinem Wortlaut ausgelegt. Heutzutage gilt: Auch mit einem Titel gegen die Gesellschaft kann der Gläubiger in das Gesellschaftsvermögen vollstrecken.[223] Alternativ darf der Gläubiger den von § 736 ZPO vorgesehenen Weg wählen. Er darf alle Gesellschafter als Gesamtschuldner verklagen.[224]

Verklagt L die Gesellschaft, muss er sie eindeutig bezeichnen.[225] Immerhin hat sie keine im Handelsregister eingetragene Firma im Sinne des § 17 HGB. Ls Rechtsanwalt muss also schreiben: „GbR, bestehend aus Cäsar und Nero." Wenn bekannt, sollte er überdies Gründungsdatum, Sitz und Gesellschaftszweck nennen. Hat sich die GbR einen Namen gegeben, kann der Anwalt diesen zusätzlich anführen, z. B. „Autohaus Luxuskarossen GbR, bestehend aus Cäsar und Nero". Eine ungenaue Bezeichnung kann und muss das Gericht zwar auslegen. Der BGH drückt oft beide Augen zu.[226] Allerdings sollte kein Anwalt unnötige Risiken eingehen.

Angegeben werden sollte überdies wegen § 170 Abs. 3 ZPO mindestens ein Vertretungsberechtigter.[227] Gemäß §§ 709; 714 BGB sind im Zweifel alle Gesellschafter vertretungsberechtigt.

Stets muss der Rechtsanwalt klarstellen, ob er die Gesellschaft selbst oder alle Gesellschafter verklagen will.[228] L kann nämlich auch Nero und Cäsar zusammen verklagen. Mit einem stattgebenden Urteil kann er die Autos der GbR versteigern.[229] Insoweit stimmt der Wortlaut des § 736 ZPO noch. Insofern unterscheiden sich OHG und GbR.

Nachteilig für L wäre, Cäsar allein zu verklagen. Mit einem Titel gegen einen einzelnen Gesellschafter kann der Gläubiger nur in dessen Privatvermögen vollstrecken. Das ergibt sich auch heute noch aus § 736 ZPO. Er stellt klar, dass der Gläubiger aus einem Titel gegen einen einzelnen Gesellschafter nicht direkt in das Gesellschaftsvermögen vollstrecken kann.[230] Die dem Gesellschaftsvermögen unterfallenden Gegenstände gehören allein der Gesellschaft. Sie stehen nicht im gemeinschaftlichen Eigentum der Gesellschafter.[231] L könnte nur das Grundstück versteigern. Findet sich kein Interessent, geht L leer aus. Er kann zwar theoretisch den Gesellschaftsanteil Cäsars pfänden.[232] Denn dieser gehört zu Cäsars Privatvermögen. L kann die Gesellschaft nach § 725 BGB kündigen. Dann ist sie auseinanderzusetzen (abzuwickeln). Dazu gehört, das Grundstück gemäß §§ 731 Satz 2; 753 BGB zu versteigern. Man nennt

862

---

222 Seit BGH, Urt. v. 29.1.2001 – II ZR 331/00 = BGHZ 146, 341.
223 BGH, Beschl. v. 15.9.2016 – V ZB 183/14, Rn. 25.
224 BGHZ 146, 341, juris Rn. 34; BGH, Urt. v. 17.10.2006 – XI ZR 19/05, Rn. 22; BGH, Beschl. v.
    14.1.2016 – V ZB 148/14, Rn. 19; Schleswig-Holsteinisches OLG, Beschl. v. 20.12.2005 – 2 W 205/05,
    juris Rn. 7; Ausnahme: BGH, Urt. v. 25.1.2008 – V ZR 63/07, Rn. 8.
225 BGHZ 187, 344, Rn. 9 ff; BGH, Beschl. v. 16.7.2004 – IXa ZB 307/03, juris Rn. 5.
226 Z. B. BGH, Urt. v. 8.12.1971 – VIII ZR 113/70, juris Rn. 17.
227 Zu den Problemen: BGH, Beschl. v. 6.4.2006 – V ZB 158/05, Rn. 12 f.
228 Vgl. BGH, Urt. v. 3.11.2015 – II ZR 446/13, Rn. 29.
229 BGH, Urt. v. 22.3.2011 – II ZR 249/09, Rn. 11.
230 BGH, Beschl. v. 16.7.2004 – IXa ZB 288/03, juris Rn. 20; Wertenbruch, NJW 2002, 324 (327).
231 BGHZ 179, 102, Rn. 11; BGH, Beschl. v. 20.5.2016 – V ZB 142/15, Rn. 11.
232 Dazu bereits oben.

dies Teilungsversteigerung.[233] Dieser Weg ist aber sehr umständlich und zeitaufwändig. Außerdem erhält L nicht den Versteigerungserlös. Vielmehr werden aus dem Erlös erst einmal die Schulden der Gesellschaft beglichen (§ 733 Abs. 1 BGB). Hat die Gesellschaft viele Schulden, bekommt L nichts. Selbst wenn die Gesellschaft ansonsten keine Schulden hat, sind gemäß § 733 Abs. 2 BGB die Einlagen zurückzuerstatten. Hat Nero Vermögen in die Gesellschaft eingebracht, bekommt er also vor L Geld. Einen etwaigen Überschuss erhält L gemäß §§ 722 Abs. 1; 734 BGB nur zur Hälfte.

863   Es bleiben also zunächst zwei sinnvolle Wege: Eine Klage gegen Cäsar und Nero als Gesamtschuldner oder eine Klage gegen die GbR. Beides hat Vor- und Nachteile. Auf sie sollte der Klausurbearbeiter in der Zweckmäßigkeit eingehen. Verklagt L die GbR, erwirkt er einen Titel gegen dieses Rechtsgebilde. Dieser Titel ist gegen einen Gesellschafterwechsel und -beitritt immun.[234] Denn die Gesellschaft ist teilrechtsfähig. Das gilt sogar, wenn die GbR im Urteil durch Benennung aller früheren Gesellschafter bezeichnet ist („GbR, bestehend aus Cäsar und Nero"). Vielleicht tritt Titus in die GbR ein. Dann kann L weiterhin die Autos pfänden und versteigern lassen. Er benötigt nicht etwa ein weiteres Urteil gegen Titus.[235] Die GbR bleibt Schuldnerin – ob ohne oder mit Titus.[236]

Nachteil eines Titels gegen die Gesellschaft ist, dass der Gläubiger nicht an das Privatvermögen der Gesellschafter herankommt.[237] Das kann er nur mit einem gegen die Gesellschafter gerichteten Titel (§ 129 Abs. 4 HGB analog). Angenommen, die Autos lassen sich nicht versteigern. Dann kann L mit einem gegen die GbR gerichteten Titel auf das Grundstück nicht zugreifen.

Im Regelfall empfiehlt sich, sowohl die Gesellschaft als auch alle Gesellschafter als Gesamtschuldner zu verklagen. Einerseits maximiert der Gläubiger die Haftungsmasse. Andererseits profitiert er, falls die Gesellschafter wechseln. Gesellschaft und Gesellschafter sind dann einfache Streitgenossen, nicht notwendige.[238]

Merke: Auch heutzutage darf der Gläubiger mit einem Titel gegen alle Gesellschafter in das Vermögen einer GbR vollstrecken. Entgegen dem klaren Wortlaut des § 736 ZPO ist aber kein Titel gegen sämtliche Gesellschafter *erforderlich*. Es genügt ein Titel gegen die Gesellschaft.

Mit einem Titel gegen einen einzelnen Gesellschafter einer GbR kann der Gläubiger nicht in das Gesellschaftsvermögen vollstrecken. Das ergibt sich aus § 736 ZPO.

Hat die GbR als Vertragspartner eine Willenserklärung abzugeben, sollte der Gläubiger nur die GbR verklagen. Eine Klage gegen einzelne Gesellschafter wäre wegen § 736 ZPO sinnlos.[239] Ein Urteil gegen sämtliche Gesellschafter wäre nicht mehr vollstreckbar, wenn ein neuer Gesellschafter beitritt.

233 BGH, Urt. v. 3.11.2015 – II ZR 446/13, Rn. 27; Beschl. v. 15.9.2016 – V ZB 183/14, Rn. 27.
234 BGHZ 187, 344, Rn. 8; BGH, Beschl. v. 14.1.2016 – V ZB 148/14, Rn. 20; LG Berlin, Beschl. v. 23.6.2009 – 83 T 327/09, juris Rn. 5.
235 Zur möglichen Rubrumsberichtigung OLG München, Beschl. v. 30.9.2011 – 34 Wx 418/11, juris Rn. 7f.
236 Vgl. aber für die Immobiliarvollstreckung BGHZ 187, 344.
237 BayObLG, Beschl. v. 14.2.2002 – 2Z BR 176/01 = NJW-RR 2002, 991 (992).
238 BGHZ 54, 251, Rn. 33.
239 BGH, Urt. v. 25.1.2008 – V ZR 63/07, Rn. 11.

8.3.9 Die Voraussetzungen der jeweiligen Vollstreckungsmaßnahme

> Map 8.8

Als letztes prüft das Vollstreckungsorgan die Voraussetzungen der jeweiligen Vollstre-   864
ckungsmaßnahme. In der Klausur gilt es, die richtige Vorschrift zu finden. Hierfür
schaut man ins Inhaltsverzeichnis des 8. Buchs der ZPO. Man fragt sich, wegen was der
Gläubiger in was vollstreckt. Vollstreckt er wegen einer Geldforderung, sucht man in
diesem Abschnitt. Er gibt den Rahmen vor. Innerhalb des Rahmens prüft man, worin
der Gläubiger vollstreckt. Möchte er beispielsweise bewegliche Sachen pfänden, wird
man in den §§ 808 ff. ZPO fündig.

Allgemeine Grenzen der Pfändung wegen einer Geldforderung

Forderungspfändung und Pfändung beweglicher Sachen haben gemeinsame Grenzen.   865
Deswegen ist den Untertiteln 2 und 3 des Titels 2 ein allgemeiner Teil vorangestellt. Es
handelt sich um die §§ 803 bis 807 ZPO.

Verbot der Überpfändung

§ 803 Abs. 1 Satz 2 ZPO enthält das Verbot der Überpfändung. Danach darf die Pfändung   866
nicht weiter ausgedehnt werden, als es zur Befriedigung des Gläubigers und zur Deckung
der Kosten der Zwangsvollstreckung erforderlich ist. Der Gerichtsvollzieher muss schätzen,
welchen Erlös die Sache voraussichtlich bringen wird.[240] Hierfür wird er ausgebildet.[241]

Das Verbot der Überpfändung erstreckt sich nach seiner systematischen Stellung im
Titel „Zwangsvollstreckung in das bewegliche Vermögen" nicht auf die Grundstücks-
vollstreckung.[242] Auf die Forderungspfändung passt das Verbot nur eingeschränkt. Immerhin gilt die bereits erwähnte Theorie der Vollpfändung. Danach pfändet der Rechtspfleger grundsätzlich die gesamte Forderung des Vollstreckungsschuldners. Dabei
bleibt es, wenn diese höher ist als der titulierte Anspruch des Gläubigers.[243]

Die Vollpfändung wirkt sich vor allem aus, wenn der Rechtspfleger mehrere Forderungen pfändet. Der Gläubiger kann mehrere Forderungen zur Einziehung überwiesen
bekommen. Sie dürfen insgesamt höher sein als die Ansprüche des Gläubigers. Immerhin kann der Rechtspfleger regelmäßig nicht zuverlässig abschätzen, in welcher Höhe
der Gläubiger vom Drittschuldner Geld bekommt (Einbringlichkeit). Daher ist eine
Vollpfändung mehrerer Forderungen zulässig, wenn der Nennbetrag der Forderungen
den zu vollstreckenden Betrag übersteigt.

Einziehen darf der Gläubiger sie natürlich nur in der ihm zustehenden Höhe.[244]

---

240 § 813 ZPO.

241 Vgl. S. 45 und 54 des Modulhandbuchs des Bachelorstudiengangs der Hochschule für Rechtspflege
Schwetzingen für die Studienphasen I bis III, abrufbar auf ▶ http://www.fh-schwetzingen.de.

242 BGHZ 151, 384, Rn. 9; BFH, Beschl. v. 4.7.2007 – VII B 304/06, Rn. 12; OLG München, Beschl. v.
15.6.2016 – 34 Wx 210/16, juris Rn. 19.

243 Siehe oben Rn. 640.

244 BGH, Urt. v. 22.1.1975 – VIII ZR 119/73, juris Rn. 16; vgl. auch BGH, Urt. v. 13.12.1984 – IX ZR 89/84,
juris Rn. 19. Zweifelhaft hingegen: Brandenburgisches OLG, Urt. v. 8.11.2011 – 6 U 102/09, juris
Rn. 158: Erinnerung statthaft.

867   Beim Gerichtsvollzieher ist es anders. Bei ihm muss man unterscheiden: Wegen einer Forderung von 5 Euro darf er nicht zugleich sämtlichen Schmuck, sämtliche Elektronikartikel und das Auto und des Schuldners pfänden. Was aber, wenn der Schuldner nur über einen pfändbaren Gegenstand verfügt? Eventuell übersteigt dessen Wert den des Gläubigeranspruchs um ein Vielfaches. Darf der Gerichtsvollzieher wegen einer Forderung von 5 Euro den Luxussportwagen des Schuldners pfänden? Die Antwort ist: Ja.[245] Dies ergibt sich schon aus dem Wortlaut des § 803 Abs. 1 Satz 2 ZPO. Die Pfändung des Sportwagens ist erforderlich, um den Gläubiger zu befriedigen. Natürlich gilt auch für den Gerichtsvollzieher der Grundsatz der Verhältnismäßigkeit (Art. 20 Abs. 3 GG). Der Gesetzgeber hat sich aber dafür entschieden, dass jegliche Forderungen mit Zwangsmitteln durchsetzbar sind. Mit dieser Entscheidung hat er in verfassungsmäßiger Weise die Güter abgewogen. Dem Eigentumsgrundrecht des Schuldners aus Art. 14 GG steht das des Gläubigers entgegen. Auf Seiten des Gläubigers steht überdies das Rechtsstaatsprinzip. Es wäre rechtsstaatswidrig, dürfte der Gläubiger den Sportwagen nicht pfänden. Ihm bliebe nur noch, seine Forderung eigenmächtig mit Gewalt durchzusetzen. Das kann nicht im Interesse eines friedlichen Zusammenlebens liegen.

Merke: Das Verbot der Überpfändung sperrt nicht die Mobiliarvollstreckung in den einzigen pfändbaren Gegenstand.

868   **Fall**

S nimmt bei der Bank ein Darlehen über 10.000 Euro auf. Zur Sicherheit übereignet er ihr sein Auto im Wert von 15.000 Euro. Nach dem Sicherungsvertrag darf S es weiterbenutzen. S zahlt das Darlehen nicht zurück. Die Bank erstreitet gegen ihn ein Urteil auf Zahlung von 10.000 Euro. S zahlt den titulierten Betrag samt Kosten an den Gläubiger. Gleichwohl beauftragt der Gläubiger den Gerichtsvollzieher, das Segelboot des S zu pfänden. Es ist nicht im Schiffsregister eingetragen. Der Gerichtsvollzieher führt den Vollstreckungsauftrag durch. Er schätzt das Segelboot auf 20.000 Euro. S gehört überdies ein Acker im Wert von 12.000 Euro. Ansonsten verfügt er über kein pfändbares Vermögen. S legt gegen die Pfändung Erinnerung ein.

? Ist die Erinnerung begründet?

Klausurtipp

Ein Examenskandidat muss kein Bootsexperte sein. Der Sachverhalt wird mitteilen, ob das Schiff im Register eingetragen ist.

Probleme: Zuständigkeit, Übersicherung und Überpfändung
Problematisch sind allein die speziellen Voraussetzungen der angegriffenen Vollstreckungsmaßnahme – hier der Pfändung.
Der Gerichtsvollzieher könnte funktionell unzuständig gewesen sein. Gemäß § 864 Abs. 1 ZPO unterliegen im Schiffsregister eingetragene Schiffe der Immobiliar-

---

245 AG Neubrandenburg, Beschl. v. 9.12.2004 – 3 M 2815/04 = DGVZ 2005, 14.

vollstreckung. Sie werden also gemäß §§ 870a ZPO; 163 Abs. 1 ZVG vom Vollstreckungsgericht versteigert. Zuständig ist nach § 20 Abs. 1 Nr. 17 RPflG der Rechtspfleger. Der Gerichtsvollzieher kann allenfalls beauftragt werden, das Schiff zu verwahren. Nicht im Register eingetragene Schiffe gelten hingegen als bewegliche Sachen. Der Gerichtsvollzieher darf sie pfänden.[246] Vorliegend hat der Gerichtsvollzieher das Boot gepfändet. Er wollte es versteigern. Es ist nicht im Schiffsregister eingetragen. Daher war der Gerichtsvollzieher funktionell zuständig.

Der Gerichtsvollzieher könnte gegen § 777 ZPO verstoßen haben. Danach kann der Schuldner Erinnerung einlegen. Voraussetzung ist, dass der Gläubiger durch ein Pfand- oder Zurückbehaltungsrecht ausreichend gesichert ist. Außerdem muss er Besitzer sein.[247] § 777 ZPO gilt für das Sicherungseigentum grundsätzlich nicht analog.[248] Denn er mutet dem Gläubiger zu, sich aus dem Sicherungsgut zu befriedigen. Grund ist, dass er darauf leicht zugreifen kann. Bei einem Pfand- oder Zurückbehaltungsrecht hat der Gläubiger die Sache regelmäßig in seinem unmittelbaren Besitz.[249] Er kann sie leicht verwerten. Beim Sicherungseigentum ist dies typischerweise nicht der Fall. Vorliegend müsste die Bank das Auto erst vom Schuldner herausklagen. Ein Verstoß gegen § 777 ZPO liegt daher nicht vor.

Der Gerichtsvollzieher könnte das Verbot der Überpfändung aus § 803 Abs. 1 Satz 2 ZPO verletzt haben. Danach darf die Zwangsvollstreckung nicht weiter ausgedehnt werden, als es zur Befriedigung des Gläubigers und zur Deckung der Kosten der Zwangsvollstreckung erforderlich ist.

Die Bank ist befriedigt. Sie dürfte theoretisch gar nichts mehr pfänden. Wegen des Grundsatzes der Formalisierung besteht die titulierte Forderung aus Sicht des Gerichtsvollziehers jedoch fort. S müsste Vollstreckungsabwehrklage erheben. Das hat er nicht getan.

Auch das Sicherungseigentum am Auto führt nicht zu einer Überpfändung gemäß § 803 Abs. 1 Satz 2 ZPO. Die Sicherungsübereignung war nämlich ein rein zivilrechtliches Rechtsgeschäft nach §§ 929; 930 BGB. § 803 Abs. 1 Satz 2 ZPO betrifft hingegen öffentliches Recht. Die Vorschrift untersagt nur die Übersicherung durch staatliche Pfändung. Das ergibt aus dem Grundsatz der Formalisierung. Der Gerichtsvollzieher müsste sonst umfassende Sicherungsverträge auf ihre Wirksamkeit prüfen. Dafür hat er keine Zeit.

Der Gerichtsvollzieher musste die Bank auch nicht darauf verweisen, das Ackergrundstück zu versteigern. Denn zwischen den einzelnen Vollstreckungsarten gibt das deutsche Recht keine Reihenfolge vor. Der Gläubiger kann entscheiden, ob er lieber in Grundstücke oder in bewegliche Sachen vollstrecken möchte. Das ist Ausdruck der Parteimaxime.

Fazit: Dem Gerichtsvollzieher stand keine andere pfändbare Sache zur Verfügung. § 803 Abs. 1 Satz 2 ZPO ist nicht verletzt.

Die Erinnerung ist daher unbegründet.

869

870

---

246 BGH, Urt. v. 27.11.2003 – IX ZR 310/00, Rn. 15.
247 Zu den Besitzverhältnissen bei der Mobiliarpfändung siehe oben Rn. 478.
248 A. A. LG Detmold, LG Detmold, Beschl. v. 23.4.1990 – 2 T 77/90 = Rpfleger 1990, 432.
249 Vgl. § 1205 BGB.

> **Klausurtipp**
>
> Ist der Gläubiger hinreichend gesichert, sind sowohl § 777 ZPO als auch § 803 Abs. 1 Satz 2 ZPO zu prüfen.

Verbot der zwecklosen und zweckwidrigen Pfändung

▪ Verbot der zwecklosen Pfändung

871   Eine Pfändung dient dazu, den Gläubiger aus dem Pfandgegenstand zu befriedigen. Wo dies aussichtslos erscheint, muss das Vollstreckungsorgan sie unterlassen. So hat nach § 803 Abs. 2 ZPO die Pfändung zu unterbleiben, wenn sich von der Verwertung der zu pfändenden Gegenstände ein Überschuss über die Kosten der Zwangsvollstreckung nicht erwarten lässt. Bereits beim ersten Lesen kann man der Vorschrift das Verbot der zwecklosen Pfändung entnehmen: Der Gerichtsvollzieher darf keinen wertlosen Plunder pfänden. Manche bezeichnen dies auch als Verbot der überflüssigen Pfändung.[250]

▪ Verbot der zweckwidrigen Pfändung

872   § 803 Abs. 2 ZPO enthält darüber hinaus das Verbot der zweckwidrigen Pfändung.

Beispiel[251]
Der Gläubiger hat eine titulierte Forderung von 1000 Euro. Er weist den Gerichtsvollzieher an, das KFZ-Kennzeichen des Schuldners zu pfänden. Kommt der Gerichtsvollzieher dem nach, verstößt er gegen § 803 Abs. 2 ZPO. Denn wer soll ein KFZ-Kennzeichen ersteigern? Es wird allenfalls einen sehr geringen Erlös bringen.
Hintergedanke des Gläubigers war, Druck auf den Schuldner auszuüben (sogenannte Druckpfändung). Der Gläubiger wollte verhindern, dass der Schuldner mit seinem Auto fahren kann. Er ging davon aus, dass dem Schuldner das Autofahren wichtig ist. Er hoffte, der Schuldner werde seine Forderung freiwillig begleichen. Dann hätte die Zwangsvollstreckung nämlich eingestellt werden können. Der Schuldner hätte sein Kennzeichen zurückerhalten. Dieser Weg ist jedoch missbräuchlich. Die Pfändung soll den Gläubiger befriedigen, indem der Gerichtsvollzieher die Sache versteigert. Die Pfändung darf dagegen nicht primär bezwecken, als Druckmittel genutzt zu werden.[252] Dass der Schuldner sich gleichwohl zuweilen unter Druck gesetzt fühlt, ist allenfalls ein Nebeneffekt.[253]

Abgrenzung von der Anschlusspfändung

873   § 803 Abs. 2 ZPO verbietet nicht die sogenannte Anschlusspfändung.[254] Die Anschlusspfändung durch den Gerichtsvollzieher ist in § 826 ZPO geregelt.[255]

---

250 Baur/Stürner/Bruns, Zwangsvollstreckungsrecht, 2006, S. 342.
251 Nach LG Stuttgart, Beschl. v. 18.12.1990 – 2 T 1074/90 und AG Neubrandenburg, Beschl. v. 10.11.2004 – 3 M 2147/04 = DGVZ 2005, 14.
252 LG Berlin, Beschl. v. 19.8.1976 – 81 T 308/76, juris Rn. 21; Brunner, DGVZ 2014, 181 (182).
253 BGH, Beschl. v. 30.1.2004 – IXa ZB 233/03, juris Rn. 10 u. v. 9.10.2014 – V ZB 25/14, Rn. 7.
254 Siehe bereits oben Rn. 533 und 672.
255 Dazu § 116 Abs. 2 und 3 GVGA.

🛑 **Merke: Ein Gläubiger kann einen durch einen anderen Gläubiger gepfändeten Gegenstand nochmals pfänden (Anschlusspfändung).**

Beispiel

Eine Sparkasse hat einen Titel gegen den Schuldner über 1000 Euro. Sie pfändet seine Uhr. Der Gerichtsvollzieher schätzt sie auf 500 Euro. Anschließend erstreitet ein Autohaus einen Titel über 5000 Euro gegen den Schuldner. Es lässt die Uhr nochmals pfänden. Der Schuldner wendet ein, die zweite Pfändung sei unwirksam. Werde die Uhr versteigert, fließe der gesamte Reinerlös wegen § 804 Abs. 3 ZPO an die Sparkasse. Der Schuldner hat Unrecht. Es ist immer damit zu rechnen, dass die erste Pfändung wegfällt. Beispielsweise kann die Sparkasse ihren Vollstreckungsauftrag zurücknehmen. Dann würde die Anschlusspfändung zur Erstpfändung. Das Autohaus würde zumindest teilweise befriedigt.

Klausurtipp

Die vorstehenden Fälle eignen sich vor allem für sogenannte Nebelkerzen. Das bedeutet, ein Prozessbeteiligter wendet etwas ein, das nicht durchgreift. Nach dem Echoprinzip muss der Examenskandidat die Rüge aufgreifen. Punkte sprudeln bei einer überzeugenden Begründung.

Pfändung der eigenen Sache

Ein Gläubiger darf auch seine eigene Sache pfänden. Das bietet sich an, wenn er mit ihr nichts mehr anfangen kann. Er ist froh, wenn der Gerichtsvollzieher sie für ihn versteigert. Klassiker ist der Elektronikladen, der einen Fernseher unter Eigentumsvorbehalt verkauft hat. Der Schuldner hat das Gerät sechs Monate benutzt. Er hat seine Raten nicht gezahlt. Der Elektronikladen verkauft keine Gebrauchtgeräte. Mit Versteigerungen kennt er sich nicht aus. Er vertraut dem Gerichtsvollzieher, dass dieser den maximalen Gewinn herausholt. § 811 Abs. 2 ZPO erlaubt die diesen Weg sogar für eigentlich unpfändbare Sachen.

Wegen des Restkaufpreises hat der Gläubiger nach wie vor einen Titel gegen den Schuldner. Damit kann er auch in dessen restliches Vermögen vollstrecken.

Missbräuchliche Forderungspfändung

Ein bislang kaum erörtertes Problem betrifft die missbräuchliche Forderungspfändung. Sie kommt leider heutzutage immer wieder vor. Gläubigervertreter pfänden absichtlich ein P-Konto. Teilweise lassen sie sogar eine Vorpfändung zustellen. Sie wollen aber gar nicht vollstrecken. Sie kennen die Grenze des § 850k ZPO genau. Sie wissen, dass bei ärmeren Schuldnern kaum Aussicht besteht, von der Bank etwas zu erhalten. Sie hoffen aber, dass der Schuldner seine Rechte nicht hinreichend kennt und freiwillig zahlt. Richtigerweise verstößt auch diese Pfändung gegen § 803 Abs. 2 ZPO.[256] Denn mit den §§ 829 ff. will die ZPO dem Vollstreckungsgläubiger Rechte aus der Forderung gegen den Drittschuldner verschaffen. Wen diese Rechte nicht interessieren, der verdient kei-

874

875

---

256 Für die schikanöse Zwangsverwaltung: BGHZ 151, 384, juris Rn. 14.

nen Schutz durch die ZPO. Wenn der Rechtspfleger hinreichende Anhaltspunkte für derartigen Missbrauch hat, darf er den Antrag zurückweisen. Freilich lässt sich die Missbrauchsabsicht nicht immer nachweisen.

Die Sachpfändung
Allgemeines

876   Forderungen pfändet der Rechtspfleger beim Vollstreckungsgericht. Das geschieht vom Schreibtisch im Gerichtsgebäude aus. Sachen pfändet demgegenüber der Gerichtsvollzieher. Das bedeutet, der Gerichtsvollzieher sucht den Schuldner auf. Er schaut in seine Taschen, sein Fahrzeug und seine Räumlichkeiten. Wenn der Gerichtsvollzieher etwas Wertvolles findet, pfändet er es. Das darf er sogar in Abwesenheit des Schuldners.[257] Schmuck und Geld nimmt er mit (§ 808 Abs. 1 ZPO). Zu groß wäre sonst die Gefahr, dass der Schuldner die Kostbarkeiten wegschafft. Weniger wertvolle und sperrige Gegenstände lässt der Gerichtsvollzieher beim Schuldner. Er klebt ein Pfandsiegel darauf, den sogenannten Kuckuck (§ 808 Abs. 2 ZPO). Der Begriff ist aber veraltet. Auf dem modernen Pfandsiegel findet sich kein Vogel mehr.[258] Vielmehr sieht es wie folgt aus:

Möglich ist auch, dass der Gerichtsvollzieher eine Pfandanzeige in der Nähe der Pfandsache an die Wand heftet.[259] Das bietet sich insbesondere an, wenn er mehrere Sachen pfändet und nicht genügend Pfandsiegel dabei hat.

---

257 § 81 Abs. 1 Sätze 2 und 3 GVGA.
258 § 36 Abs. 3 i. V. m. Anlage 1 der GVO.
259 §§ 102 Abs. 2; 82 Abs. 2 GVGA und § 36 Abs. 4 i. V. m. Anlage 2 der GVO.

Pfandanzeige

in der Zwangsvollstreckungssache

_____

_____

_____ gegen _____

_____

_____

DR II Nr. _____/_____ habe ich die folgenden, hier befindlichen
Sachen heute gepfändet und in Besitz genommen:

1. _____

2. _____

3. _____

4. _____

5. _____

6. _____

7. _____

8. _____

9. _____

10. _____

Wer diese Pfandanzeige beschädigt, ablöst oder unkenntlich macht,
wird mit Freiheitsstrafe bis zu einem Jahr oder mit Geldstrafe bestraft.

_____ , den _____

_____
Ober-Gerichtsvollzieher

(Dienstsiegel)

Klausurtipp

Ist nach der Rechtmäßigkeit einer Sachpfändung gefragt, kann man sich die Formel: „WOZU" merken. Man prüft die Pfändung auf:

Art und *Weise*

*O*rt

*Z*eit

*U*mfang.[260]

Auftrag

877   Zur richtigen Art und Weise der Pfändung gehört zunächst ein Auftrag. Wie alle Vollstreckungsmaßnahmen muss der Gläubiger nämlich auch eine Sachpfändung in Auftrag geben (§§ 754 Abs. 1; 802a Abs. 2 Nr. 4 ZPO).

Merke: Bei der Sachpfändung muss der Gläubiger keine bestimmten Sachen bezeichnen.

Viele Schuldner verfügen über kein pfändbares Vermögen. Das weiß der Gerichtsvollzieher aus diversen Verfahren. Dann sendet er dem Gläubiger den Pfändungsauftrag zurück. Er teilt mit, dass er den Auftrag als zurückgenommen betrachtet.[261] Dadurch spart der Gläubiger Kosten. Diese Vorgehensweise ist korrekt. Der Gläubiger kann der Behauptung des Gerichtsvollziehers widersprechen. Dann muss der Gerichtsvollzieher versuchen, beim Schuldner zu pfänden.

878   **Fall**

Gläubiger G verkauft S einen PKW der Marke Tayeti unter Eigentumsvorbehalt. S ist nach dem Kaufvertrag vorleistungspflichtig. S bezahlt den Kaufpreis nicht. Daraufhin erwirkt G einen rechtskräftigen Vollstreckungsbescheid auf Zahlung des Kaufpreises von 5000 Euro. Dieser wird S zugestellt. G hat sich über die schleppende Zahlungsmoral von S sehr geärgert. Er will ihm eins auswischen. Er weiß, dass S das Auto benötigt, um damit zur Arbeit zu fahren. Deshalb beauftragt G den Gerichtsvollzieher wie im Formular folgt:

K	☒ Pfändung körperlicher Sachen
K1	☐ Pfändung von Forderungen aus Wechseln und anderen Papieren, die durch Indossament übertragen werden können
K2	☐ Taschenpfändung/Kassenpfändung
K3	☐ Pfändung soll nach Abnahme der Vermögensauskunft durchgeführt werden, soweit sich aus dem Vermögensverzeichnis pfändbare Gegenstände ergeben.

Auf der Folgeseite des Formulars schreibt G Folgendes:

| K5 | Aufträge und Hinweise zur Pfändung und Verwertung, z.B. zu besonderen Gegenständen |
| | ☒ PKW Tayeti, Fahrzeugidentifikationsnummer TTT HHH 2393 483 345, verkauft vom Gläubiger unter Eigentumsvorbehalt |

---

260 OLG Celle, Beschl. v. 6.7.1999 – 4 W 123/99, juris Rn. 9.
261 § 32 GVGA.

> Dem Vollstreckungsauftrag legt G das Original des Kaufvertrags bei. Der Gerichtsvollzieher liest den Vollstreckungsauftrag und den Kaufvertrag sorgfältig. Er glaubt aber nicht, dass sich ein Interessent für das Auto finden wird. Er befürchtet erhebliche Lagerungskosten. Deshalb entschließt er sich, es nicht zu pfänden. Stattdessen pfändet er bei S Schmuck. Er nimmt ihn mit. G legt Erinnerung nach § 766 Abs. 2 ZPO ein. S legt ebenfalls Erinnerung ein. Er rügt, der Gläubiger habe nicht beantragt, den Schmuck zu pfänden.

? Sind die Erinnerungen begründet?

» Map 8.7

Vorüberlegungen: Die Erinnerung eines Schuldners ist begründet, wenn die Vollstre- 879
ckung an einem Verfahrensmangel leidet. Umgekehrt ist dies bei der Erinnerung des Gläubigers nach § 766 Abs. 2, 2. Var. ZPO. Sie ist begründet, wenn der Gerichtsvollzieher die beantragte Maßnahme durchführen muss, dies aber nicht, unsachlich zögerlich oder nicht im beantragten Maß tut. Das setzt voraus, dass die beantragte Zwangsvollstre-ckungsmaßnahme rechtmäßig wäre.[262] Das wiederum erfordert, dass die Zwangsvoll-streckung insgesamt zulässig ist. Der Prüfungsumfang von Gläubigererinnerung und Schuldnererinnerung entsprechen sich damit. Das Vollstreckungsgericht prüft bei der Gläubigererinnerung nicht etwa nur die Begründung, mit der der Gerichtsvollzieher die Vollstreckungsmaßnahme abgelehnt hat. Ansonsten müsste es unter Umständen sehen-den Auges eine inhaltlich falsche Entscheidung treffen. Das kann nicht sein. Beispiel: Der Gerichtsvollzieher lehnt ab, beim Schuldner zu pfänden. Es liege kein wirksamer Titel vor. Der Gläubiger legt Erinnerung ein. Das Vollstreckungsgericht meint, der Titel sei wirksam. Allerdings liege ein Vollstreckungshindernis vor. Der Schuldner sei insol-vent (§ 89 Abs. 1 InsO). Hier darf das Vollstreckungsgericht die Erinnerung nicht für begründet erklären. Vielmehr muss es sie aufgrund des Vollstreckungshindernisses zu-rückweisen.

Die erste Frage in der Begründetheit der Erinnerung von Gläubiger und Schuldner 880
ist damit stets, ob die allgemeinen Verfahrensvoraussetzungen vorliegen. Weiter stellt sich die Frage, ob es die allgemeinen und besonderen Vollstreckungsvoraussetzungen gegeben sind. Anschließend ist zu prüfen, ob Verfahrenshindernisse vorliegen, in die richtige Vermögensmasse vollstreckt wird und die Voraussetzungen der jeweiligen Voll-streckungsmaßnahme erfüllt sind.

! Merke: Bei der Gläubigererinnerung nach § 766 Abs. 2, 2. Var. ZPO prüft das Vollstreckungsgericht das Gleiche wie bei der Schuldnererinnerung. Es prüft lediglich mit umgekehrtem Vorzeichen.

✓ Erinnerung des G 881
Zu prüfen ist zunächst die Erinnerung des G. Wie ausgeführt muss die beantragte Pfändung rechtmäßig sein. Dazu müssen die allgemeinen Verfahrensvoraussetzun-gen vorliegen. Zu ihnen gehört ein bestimmter Antrag beziehungsweise Auftrag. Bei der Erinnerung des G geht es um den Wunsch, das Auto zu pfänden. Beantragt der

---

[262] LG Bremen, Beschl. v. 16.10.2012 – 2 T 361/12, juris Rn. 5.

Gläubiger beim Rechtspfleger eine Forderung zu pfänden, muss er sie genau bezeichnen. Der Rechtspfleger ermittelt nicht etwa, welche Forderungen der Schuldner hat. Dies ist Aufgabe des Gläubigers. Die konkrete Forderung kann er über eine Vermögensauskunft herausfinden.[263]

Anders ist dies, wenn der Gläubiger bewegliche Sachen pfänden will. Hier braucht der Gläubiger den Gerichtsvollzieher nur allgemein zu beauftragen, beim Schuldner zu pfänden. Er kreuzt im Formular an: „Pfändung körperlicher Sachen". Das genügt. Erst durch das Pfandsiegel oder die Mitnahme stellt der Gerichtsvollzieher klar, welche Sache beschlagnahmt ist. Das besagte Ankreuzfeld hat G ausgefüllt. Damit liegt für die Pfändung des Autos ein ordnungsgemäßer Vollstreckungsauftrag vor.

Darüber hinaus sind die allgemeinen Voraussetzungen der Zwangsvollstreckung gegeben. Sie lauten Titel, Klausel, Zustellung. Der Vollstreckungsbescheid ist ein Titel gemäß § 794 Abs. 1 Nr. 4 ZPO. Eine Klausel ist nach § 796 Abs. 1 ZPO nicht erforderlich. Der Vollstreckungsbescheid wurde auch gemäß §§ 750 Abs. 1; 795 ZPO zugestellt. Besondere Vollstreckungsvoraussetzungen stehen nicht im Raum. Insbesondere ist die Vollstreckung nicht von einer Gegenleistung abhängig.[264] Für Vollstreckungshindernisse – z. B. Insolvenz des Schuldners, einstweilige Einstellung der Zwangsvollstreckung nach § 769 ZPO – ist nichts ersichtlich. Weiterhin sind hinsichtlich des Autos die allgemeinen Voraussetzungen einer Pfändung in das bewegliche Vermögen erfüllt.

Damit darf der Gerichtsvollzieher das Auto pfänden. Fraglich ist, ob er es pfänden muss.

Insoweit stellt sich die Frage nach einem Weisungsrecht. Der Gläubiger darf vorschlagen, bestimmte Gegenstände zu pfänden. Das ergibt sich insbesondere aus § 811 Abs. 2 ZPO. Das Formular sieht für derartige Anregungen das im Sachverhalt abgedruckte Feld vor. Der Gläubiger muss dieses Feld nicht ausfüllen. Im vorliegenden Fall hat G es aber getan.

Ein Gläubiger kann den Gerichtsvollzieher nicht zwingen, bestimmte Gegenstände zu pfänden. Der Gläubiger hat gegenüber dem Gerichtsvollzieher nämlich kein generelles Weisungsrecht.[265] Zwar ist der Gläubiger Herr des Verfahrens. Der Gerichtsvollzieher ist aber nicht sein Knecht.[266] Sicherlich gilt einerseits die Parteimaxime. Nur auf Antrag des Gläubigers wird die Vollstreckung eingeleitet. Auf seine Bewilligung ist sie jederzeit einzustellen oder aufzuheben. Andererseits erstreckt sich seine Dispositionsbefugnis nur auf den äußeren Gang des Verfahrens. Sie bezieht sich nicht auf den Inhalt.[267] Denn der Gerichtsvollzieher ist ein staatliches Organ. Er entscheidet, wie er eine bestimmte Vollstreckungsmaßnahme durchführt. Vollstreckungsmaßnahme ist hier allgemein die Pfändung. Es ist Aufgabe des Gerichtsvollziehers, die zu pfändenden Gegenstände auszuwählen. Ihm steht ein Ermessen zu. Er hat Anregungen des Gläubigers gegen die Interessen des Schuldners und Dritter abzuwägen. Das Vollstre-

---

263 §§ 802c Abs. 2 Satz 2; 802l Abs. 1 Nr. 1 und 2 ZPO.
264 Vgl. § 690 Abs. 1 Nr. 4; 726 Abs. 2 ZPO.
265 LG Berlin, Beschl. v. 19.8.1976 – 81 T 308/76, juris Rn. 19.
266 Wieser, NJW 1988, 665 (665).
267 OLG Stuttgart, Beschl. v. 18.4.2016 – 8 W 63/16, juris Rn. 15; OLG Karlsruhe, Beschl. v. 22.7.2016 –
    11 W 66/16, juris Rn. 23; Mroß, DGVZ 2011, 103 (104); a. A. ohne Begründung: LG Verden, Beschl. v.
    1.8.2014 – 6 T 146/14, juris Rn. 12; AG Kassel, Beschl. v. 4.7.2016 – 630 M 170/16, juris Rn. 6;
    offengelassen in: BGH, Beschl. v. 7.1.2011 — 4 StR 409/10, Rn. 5.

ckungsgericht muss das Ermessen des Gerichtsvollziehers respektieren. Es darf ihn grundsätzlich nicht anweisen, eine bestimmte Sache zu pfänden.[268] Die Situation entspricht der Verpflichtungsklage bei Ermessensentscheidungen im Verwaltungsrecht. Dort ist gemäß § 113 Abs. 5 Satz 2 VwGO nur ein Bescheidungsurteil statthaft. Eine Ausnahme liegt bei der Ermessensreduzierung auf null vor. Hält beispielsweise der Gerichtsvollzieher irrtümlich eine Sache für unpfändbar, darf das Vollstreckungsgericht ihm in der Regel nicht vorschreiben, sie zu pfänden. Vielmehr darf es ihm nur untersagen, deren Pfändung mit einer bestimmten Begründung abzulehnen. Er muss dann sein Ermessen erneut ausüben. Das bedeutet, er muss nochmals prüfen, welche von mehreren Sachen er pfändet. Dabei hat er die Rechtsauffassung des Gerichts zu berücksichtigen. Anders ist dies nur, wenn es erkennbar nur einen einzigen pfändbaren Gegenstand gibt. Dann darf das Vollstreckungsgericht den Gerichtsvollzieher analog § 113 Abs. 5 Satz 1 VwGO anweisen, diesen zu pfänden.

Vorliegend hat der Gerichtsvollzieher sein Ermessen aber korrekt ausgeübt. Er hat den Wunsch des G als Eigentumsvorbehaltsverkäufer in seine Erwägungen einbezogen. Er musste der Anregung nicht nachkommen. Der Gerichtsvollzieher hat also den Auftrag des G ordnungsgemäß ausgeführt.

Er musste der Weisung des G nicht nachkommen. Vielmehr durfte er im Rahmen seines Ermessens selbst entscheiden, welchen Gegenstand er pfändet. Die Erinnerung des G ist also unbegründet.

> **Merke:** Der Gläubiger darf im Rahmen seines allgemeinen Pfändungsauftrags Weisungen erteilen. Der Gerichtsvollzieher muss sie im Rahmen seines Ermessens berücksichtigen. Er ist an sie regelmäßig nicht gebunden. Auf die Erinnerung des Gläubiger ist zu prüfen, ob Ermessensfehler beziehungsweise eine Ermessensreduzierung auf Null vorliegen.

> **Erinnerung des S**
> Damit stellt sich die Frage nach der Erinnerung des S. Er bezweifelt einen Auftrag, den Schmuck zu pfänden. In der Tat könnte G einen auf das Auto beschränkten Vollstreckungsauftrag erteilt haben. Ein beschränkter Vollstreckungsauftrag begrenzt analog § 308 Abs. 1 ZPO die Befugnisse des Gerichtsvollziehers.[269] Allerdings sind Weisungen, eine bestimmte Sache zu pfänden, regelmäßig nur Anregungen. Schließlich muss der Gläubiger damit rechnen, dass der Gerichtsvollzieher seiner Weisung nicht nachkommt. Dann will er normalerweise zumindest eine mildere Vollstreckungsmaßnahme. Andernfalls dürfte der Gerichtsvollzieher gar nicht vollstrecken. Konsequenz wäre, dass der Gläubiger die ihm zustehende Leistung nicht bekommt. Beispielsweise erhält er kein Geld. Das widerspricht in der Regel seinem Interesse. G hat beantragt, bei S körperliche Sachen zu pfänden. Er hätte seinen Auftrag auf das Auto begrenzen können. Dann hätte er sich aber deutlicher ausdrücken müssen. Worte wie „ausschließlich" oder „nur" hat er im Hinweisfeld nicht eingetragen. Folglich liegt für die Pfändung des Schmucks ein ordnungsgemäßer Vollstreckungsauftrag vor.

882

---

268 Vgl. AG Dresden, Beschl. v. 15.4.2008 – 501 M 5815/08, juris Rn. 1.
269 Siehe oben Rn. 29.

Wie bei der Erinnerung des G ausgeführt, sind die allgemeinen und besonderen Vollstreckungsvoraussetzungen gegeben. Vollstreckungshindernisse sind nicht ersichtlich.

Damit stellt sich die Frage, ob der Gerichtsvollzieher die Vollstreckungsmaßnahme – Pfändung des Schmucks – korrekt ausgeführt hat. Bei der Sachpfändung muss der Gerichtsvollzieher die zu pfändende Sache gemäß § 808 Abs. 1 ZPO in Besitz nehmen. Das hat der Gerichtsvollzieher getan. Anhaltspunkte dafür, dass der Schmuck nach § 811 ZPO unpfändbar war, bestehen nicht.

Deswegen ist die Erinnerung des S ebenfalls unbegründet.

Klausurtipp

Dieses Problem kann man auch erst unten bei den Voraussetzungen der jeweiligen Vollstreckungsmaßnahme erörtern. Kann man aber ein Klausurproblem an mehreren Stellen prüfen, sollte man es im Zweifel möglichst weit oben ansprechen. Freilich ist stets zu durchdenken, ob man einen Aspekt an einer logisch passenden Stelle untersucht. Hier unterlaufen in Klausuren sehr oft Fehler.

▪ REF

883   Referendare sollten Folgendes beachten: Legen in der Klausur verschiedene Personen Erinnerung ein, wird das Vollstreckungsgericht bei sachlichem Zusammenhang üblicherweise in einem gemeinsamen Beschluss entscheiden. So sollte sich auch der Klausurbearbeiter verhalten. Er sollte die Rechtsbehelfe ähnlich wie Klage und Widerklage gliedern. Im Tenor vergibt man für jeden Erinnerungsführer eine gesonderte Ziffer. In den Entscheidungsgründen verfasst man unter I. nur einen Tatbestand. In diesem erwähnt man in chronologischer Reihenfolge die Anträge aller Erinnerungsführer. Unter Ziffer II. trennt man aber komplett nach Personen. Etwa kann man unter 1.) die Erinnerung des Schuldners und unter 2.) die Erinnerung des Gläubigers abhandeln. Dies sollte man im Obersatz klarstellen. Er kann beispielsweise lauten: „Die Erinnerungen sind zulässig. Die Erinnerung des Schuldners ist begründet (dazu unter 1.), die Erinnerung des Gläubigers ist unbegründet (dazu unter 2.).“

Leider haben sich Überschriften in den Entscheidungsgründen noch nicht flächendeckend durchgesetzt. Zwar verbessern sie die Lesbarkeit. Der Examenskandidat läuft aber Gefahr, dass ein Prüfer ihm „unüblich“ nebendran schreibt. Daher sollte man mit Überschriften bis zur späteren eigenen Berufspraxis warten.

Das Pfandsiegel

884   Zur richtigen Art und Weise der Pfändung gehört, dass der Gerichtsvollzieher Pfandsiegel oder Pfandanzeige sichtbar anbringt. Das Pfandsiegel muss nicht sofort ins Auge stechen. Es muss aber bei genauerem Hinschauen erkennbar sein. Fehlt es hieran, ist die Pfändung nichtig. Versteigert der Gerichtsvollzieher die Sache gleichwohl, erwirbt der Ersteher kein Eigentum.

Gewahrsam
Allgemeines

Gemäß § 808 Abs. 1 und 2 ZPO darf der Gerichtsvollzieher nur Sachen pfänden, sich im Gewahrsam des Schuldners befinden. Für die Forderung des Gläubigers haften nämlich nur Sachen des Schuldners. Und nach der Lebenserfahrung gehören meist die Sachen dem Schuldner, die sich in seinen Räumen befinden. Sachen, die sich in Räumen Dritter befinden, gehören oft diesen. § 808 ZPO ähnelt deshalb § 1006 BGB. Die Eigentumsverhältnisse prüft der Gerichtsvollzieher grundsätzlich nicht. Er klärt in der Regel lediglich mit einem Blick, wem die Sache voraussichtlich gehört. 885

Gewahrsam meint in den §§ 808; 809 ZPO dasselbe wie in der Definition der Wegnahme in § 242 StGB. Der Gewahrsam ähnelt dem unmittelbaren Besitz. Allerdings decken sich beide Begriffe nicht vollständig. So geht gemäß § 857 BGB der Besitz auf den Erben über. Der Erbe muss vom Tod des Erblassers nichts wissen. Seinen Gewahrsam überträgt der Erblasser indessen nicht kraft Gesetzes. Beispielsweise kann es sein, dass sich in der Wohnung des Erblassers Schmuck befand. An ihm erlangt der Erbe frühestens Gewahrsam, wenn er den Wohnungsschlüssel in der Hand hält. Vorher darf der Gerichtsvollzieher den Schmuck wegen eines gegen den Erben gerichteten Titels nicht pfänden.[270] 886

Normalerweise hat jedermann Gewahrsam an den Sachen, die er bei sich trägt. Der Gerichtsvollzieher darf deshalb eine sogenannte Taschenpfändung durchführen.[271] Trifft er den Schuldner außer Haus, benötigt der Gerichtsvollzieher keinen Durchsuchungsbeschluss. Clevere Gerichtsvollzieher durchsuchen den Schuldner, wenn dieser einen Gerichtstermin wahrnimmt.[272] Der Gerichtsvollzieher darf den Schuldner auch abtasten.[273] Das ergibt sich aus § 758 Abs. 1 ZPO. 887

Befindet sich der zu pfändende Gegenstand im Gewahrsam eines Dritten, gilt § 809 ZPO. Wegen des Grundsatzes der Formalisierung ist die Vorschrift streng nach ihrem Wortlaut auszulegen. Der Gerichtsvollzieher prüft nicht, ob der Dritte materiellrechtlich verpflichtet ist, den Gegenstand herauszugeben. Das gilt sogar in Extremfällen. Gesetzt den Fall, der Vollstreckungsschuldner gibt dem Dritten die Sache nur, um sie der Zwangsvollstreckung zu entziehen. Der Dritte weiß dies. Er will dem Schuldner helfen. Gleichwohl darf der Gerichtsvollzieher beim Dritten nicht pfänden.[274] Ein etwaiger Rechtsmissbrauch ist ein materieller Gesichtspunkt. Der Gerichtsvollzieher kann ihn niemals hinreichend sicher feststellen. Er darf die Sache nur pfänden, wenn der Dritte sie freiwillig herausgibt. Schweigen genügt nicht.[275] Die Zustimmung ist eine Prozesshandlung. Der Dritte muss gemäß § 52 ZPO geschäftsfähig sein. Die Zustimmung ist unanfechtbar und unwiderruflich. Sie darf nicht unter einer Bedingung oder unter Vorbehalt stehen. Der Gläubiger kann sie weder erzwingen noch gerichtlich ersetzen lassen. 888

---

270 Näher unten Rn. 1167 ff..
271 Modul K2 im Formular Vollstreckungsauftrag.
272 AG Augsburg, Beschl. v. 12.1.2012 – 1 M 10180/12 = NJW-RR 2012, 511.
273 Zum Geschlecht des Durchsuchers siehe § 61 Abs. 10 GVGA.
274 Siehe auch unten Rn. 905.
275 BGH, Beschl. v. 31.10.2003 – IXa ZB 195/03, juris Rn. 7.

Er kann lediglich nach §§ 846; 847 ZPO einen Herausgabeanspruch des Schuldners gegen den Dritten pfänden. Hierfür muss er sich zunächst an den Rechtspfleger beim Vollstreckungsgericht wenden.

🛈 **Merke: Ohne Zustimmung des Dritten darf der Gerichtsvollzieher diesem keine Sache wegnehmen. Das gilt auch, wenn sie unstreitig dem Schuldner gehört.**

Pfändet der Gerichtsvollzieher beim Dritten ohne dessen Zustimmung, kann der Dritte Erinnerung einlegen. Der Schuldner ist nicht erinnerungsbefugt. Denn die Vorschrift schützt nicht seinen Rechtskreis.

889   Eine Besonderheit besteht beim Bankschließfach. Am Inhalt des Schließfachs hat der Schlüsselinhaber Gewahrsam. Das Schließfach selbst steht allerdings im Gewahrsam der Bank. Zuweilen weigert die Bank sich, dem Gerichtsvollzieher Zugang zum Schließfach zu gewähren. Dann muss der Gläubiger zusätzlich gemäß § 857 ZPO den Anspruch des Schuldners auf Mitwirkung bei der Öffnung pfänden.[276]

890   Grundsätzlich darf der Gerichtsvollzieher nur Sachen pfänden, die sich im Alleingewahrsam des Schuldners befinden. Haben Mehrere Mitgewahrsam, müssen sich die Mitgewahrsamsinhaber bereit erklären, die Sache herauszugeben. Das ergibt sich aus § 809 und § 750 Abs. 1 ZPO. Sperren die Mitgewahrsamsinhaber sich, ist die Sache unpfändbar. Dasselbe gilt, wenn sie schweigen.

🛈 **Merke: Gegen den Willen eines Mitgewahrsamsinhabers darf der Gerichtsvollzieher eine Sache nicht pfänden. Er benötigt einen Titel gegen ihn.**

In der Klausur ist oft die Frage zu klären, ob Allein- oder Mitgewahrsam vorliegt. Maßgeblich ist die Verkehrsanschauung.

Bei Wohngemeinschaften existieren Räume mit Allein- und solche mit Mitgewahrsam.[277] Am Inhalt seines Zimmers hat jeder Bewohner Alleingewahrsam. Der Gerichtsvollzieher darf im Zimmer des Schuldners pfänden. Schwierig wird es, wenn der Gerichtsvollzieher in der Küche wertvolles Silberbesteck findet. Er darf nicht einfach unterstellen, es gehöre dem Schuldner. Immerhin haben die Mitbewohner Mitgewahrsam. Geben die Mitbewohner das Besteck nicht freiwillig heraus, ist es unpfändbar. Der Gläubiger kann lediglich einen etwaigen Herausgabeanspruch des Schuldners gegen die WG-Mitbewohner pfänden.

Der Gerichtsvollzieher benötigt allerdings keinen Durchsuchungsbeschluss gegen sämtliche WG-Bewohner, wenn er in der Küche suchen möchte. Es genügt ein Durchsuchungsbeschluss gegen den Schuldner. Dies ergibt sich aus § 758a Abs. 3 ZPO.

Vertiefungsbeispiel

F ist überglücklich. Sie hat endlich einen Freund. Beide ziehen zusammen. Im Mietvertrag sind beide als Mieter genannt. Die Wohnung hat 40 Quadratmeter. Sie besteht aus einem Zimmer, einer Küche und einem Bad. Dummerweise hat F erhebliche Schulden. Eines Tages steht der Gerichtsvollzieher vor der Wohnung. Er hat den Auftrag, zu pfänden. Der Freund von F ist nicht zu Hause. Hier kann der Gerichtsvollzieher allenfalls die Sachen

---

276 OLG Frankfurt, Urt. v. 8.4.1998 – 13 U 312/96, juris Rn. 29.
277 Schuschke, DGVZ 1997, 49 (50).

pfänden, die eindeutig allein F benutzt. An allen übrigen Sachen hat ihr Freund Mitgewahrsam. Er hat nicht im Sinne von § 809 ZPO seine Herausgabebereitschaft erklärt. Der Gerichtsvollzieher kann daher allenfalls einen Minirock und einen Bikini mitnehmen.

> **Klausurtipp**
>
> Eine Erklärung des Dritten zu seiner Herausgabebereitschaft muss der Gerichtsvollzieher im Pfändungsprotokoll vermerken.[278] Schweigt das Protokoll hierüber, darf der Klausurbearbeiter eine fehlende Herausgabebereitschaft unterstellen.

Wie einen Besitzdiener gibt es einen Gewahrsamsdiener. So haben Mitarbeiter des Schuldners üblicherweise keinen Gewahrsam an Arbeitsgegenständen.   891

🛑 **Merke: Gegen einen Gewahrsamsdiener benötigt der Gerichtsvollzieher keinen Titel. Es genügt der Titel gegen den Schuldner. Der Gewahrsamsdiener muss die Pfändung und Wegnahme dulden.**

Maßgeblich ist jedoch die Verkehrsauffassung. In manchen Fällen besteht Mitgewahrsam. Dann gilt § 809 ZPO.

Beispiel

Kellner und Gastwirt haben Mitgewahrsam an der Geldbörse, die der Kellner mitführt. Denn regelmäßig sind darin Wechselgeld, Essensvergütungen und das dem Kellner zustehende Trinkgeld vermengt. Ist der Gastwirt der Titelschuldner, darf der Gerichtsvollzieher deswegen nur bei einem herausgabebereiten Kellner pfänden.[279] Dies gilt entsprechend, wenn der Kellner der Titelschuldner ist. Dann darf der Gerichtsvollzieher darf nur mit Zustimmung des Gastwirts die Geldbörse pfänden.[280] Der Mitgewahrsam endet erst mit der Kassenübergabe/Abrechnung.

Gewahrsamsfiktion bei Ehegatten

§ 739 ZPO schützt in Verbindung mit § 1362 BGB den Gläubiger. Ohne diese Vorschrif-   892
ten könnte ein verheirateter Schuldner leicht einwenden, sein Ehegatte habe an allen in der Wohnung befindlichen Gegenständen Mitgewahrsam. Dieser sei mit der Pfändung nicht einverstanden. Daher seien bei ihm alle Gegenstände unpfändbar. Entsprechendes gilt für eingetragene Lebenspartner.[281] § 739 ZPO enthält eine unwiderlegbare Fiktion. Der Schuldner kann also nicht vorbringen, das Pfandobjekt befinde sich in einem verschlossenen Raum. Zu diesem habe nur sein Ehegatte einen Schlüssel.

Die Vermutung gilt sogar, wenn Gläubiger des Mannes und der Frau in dieselbe Sache vollstrecken. Die Vermutungen heben sich nicht etwa gegenseitig auf. Vielmehr darf der Gerichtsvollzieher für beide Titel pfänden.

---

278 § 88 Satz 2 GVGA.
279 A. A. AG Stuttgart, Beschl. v. 24.9.1982 – E 2 M 4981/82, juris: Keine Herausgabebereitschaft
    erforderlich.
280 LG Kaiserslautern, Beschl. v. 30.12.2008 – 1 T 179/08, juris Rn. 12
281 § 739 Abs. 2 ZPO i. V. m. § 8 LPartG.

Unpfändbar sind wegen § 1362 Abs. 2 BGB lediglich Gegenstände, die ersichtlich dem persönlichen Gebrauch des anderen dienen. So darf der Gerichtsvollzieher wertvolle High-Heels bei einem gegen den Mann gerichteten Titel nicht pfänden.

Überdies dürfen Dritte keinen Mitgewahrsam haben. Denn § 739 ZPO zieht nur den vermeintlichen Gewahrsam des Ehegatten zum Schuldner. Er sieht die Ehegatten als Einheit an.[282] Dritten will § 739 ZPO keine Positionen wegnehmen. Insoweit besteht auch ein geringeres Missbrauchsrisiko.

> **Klausurtipp**
>
> § 739 ZPO ist in beiden Examen hochgradig klausurrelevant.

893
> **Ausgangsfall[283]**
>
> Der Gerichtsvollzieher pfändet aufgrund eines Titels gegen den arbeitslosen und hoch verschuldeten Ehemann in der Ehewohnung eine von zwei Espressomaschinen. Die Ehefrau wendet ein, die Maschine gehöre ihr. Es sei ein Geburtstagsgeschenk ihrer Freunde gewesen. Ihr Ehemann und fünf anwesende Freunde bestätigen dies.

❓ Durfte der Gerichtsvollzieher die Maschine pfänden?

✅ Der Gerichtsvollzieher durfte die Maschine gemäß § 808 Abs. 1 ZPO pfänden, wenn der Ehemann alleiniger Gewahrsamsinhaber war. Hatte die Ehefrau gemäß § 809 ZPO Mitgewahrsam, bedurfte es nach § 750 Abs. 1 ZPO eines Titels gegen sie. Grundsätzlich haben Ehegatten an Haushaltsgegenständen Mitgewahrsam. Nach der heute herrschenden gesellschaftlichen Vorstellung sind Ehegatten nämlich in jeder Hinsicht gleichberechtigt. Ein Titel gegen die Ehefrau lag nicht vor. Sie war auch nicht gemäß § 809 ZPO herausgabebereit. Hier greifen aber die Ausnahmevorschriften der §§ 739 ZPO; 1362 BGB. Der Schuldner ist verheiratet. Die Ehegatten leben zusammen. Damit gilt der Schuldner als Alleingewahrsamsinhaber. Eigentumsfragen hat er nicht zu prüfen. Der Gerichtsvollzieher durfte die Maschine pfänden. Die Ehefrau kann Drittwiderspruchsklage erheben.

❗ Merke: § 739 ZPO verdrängt die Widerspruchsmöglichkeit aus § 809 ZPO.

894
> **Abwandlung 1[284]**
>
> Wie Ausgangsfall (Rn. 893). Die Ehegatten haben aber einen Ehevertrag geschlossen. Darin haben sie Gütertrennung vereinbart.

❓ Ändert sich etwas?

---

282 Schuschke, DGVZ 1997, 49 (52).
283 Weiteres Klausurbeispiel bei Koch, JA 2011, 749 (752).
284 Nach LG München II, Beschl. v. 23.3.1989 – 6 T 2203/88.

✅ Nein. Der Gerichtsvollzieher durfte pfänden. § 1362 BGB hat mit dem Güterstand nichts zu tun. Er steht im BGB unter der Überschrift: „Wirkungen der Ehe im Allgemeinen". Erst in den Folgevorschriften werden unter der Überschrift „Eheliches Güterrecht" die Güterstände definiert.

Abwandlung 2 895

> Wie Ausgangsfall (Rn. 893). Die Ehegatten haben aber zwei getrennte Schlafzimmer. Beide erklären dem Gerichtsvollzieher, dass sie sich scheiden lassen wollen. Sie haben nur momentan kein Geld, jedem eine Wohnung anzumieten. Sie würden sich so gut es geht aus dem Weg gehen.

❓ Darf der Gerichtsvollzieher im Schlafzimmer der Ehefrau Geld pfänden?

✅ Nach hiesiger Auffassung ja. Eine herrschende Meinung ist nicht ersichtlich.[285] Problematisch ist, dass die Ehegatten innerhalb der Ehewohnung getrennt leben. § 1567 Abs. 1 Satz 2 BGB lässt dies als Voraussetzung für die Scheidung genügen. Einerseits spricht auch § 1362 Abs. 1 Satz 2 BGB von „getrennt leben". Es entspricht der Systematik, dass innerhalb des Familienrechts gleichlautende Begriffe identisch auszulegen sind. Auf der anderen Seite hat § 1362 Abs. 1 Satz 2 BGB den Zweck, den Ehegatten die Scheidung zu erleichtern. Sie sollen das Trennungsjahr des § 1566 Abs. 1 BGB einhalten können, auch wenn sie sich keine zwei Wohnungen leisten können. Dieser Zweck ist bei der Pfändung nicht einschlägig. Vielmehr ist die Missbrauchsgefahr enorm. Die Ehegatten bräuchten nur einen Schlafanzug auf das Gästebett zu legen. Es ist aber gerade Zweck des § 739 ZPO, Missbrauchsrisiken auszuschalten.[286] Der Gerichtsvollzieher kann die Trennung innerhalb der Ehewohnung nicht hinreichend sicher feststellen. Deshalb ist bei § 739 ZPO i. V. m. § 1362 BGB der Begriff „getrennt leben" abweichend von § 1567 BGB auszulegen.

Abwandlung 3 896

> Wie Ausgangsfall (Rn. 893). Die Ehefrau legt dem Gerichtsvollzieher eine Haftzeitübersicht der Justizvollzugsanstalt vor. Danach sitzt der Ehemann für zwei Jahre im Gefängnis.

❓ Durfte der Gerichtsvollzieher die Espressomaschine pfänden?

✅ Ja. Der Gerichtsvollzieher durfte die Espressomaschine pfänden. Der Alleingewahrsam des Schuldners wird fingiert. Zwar gilt die Gewahrsamsfiktion der §§ 739 ZPO; 1362 BGB nicht, wenn die Ehegatten getrennt leben und sich die Sachen im Besitz des Ehegatten befinden, der nicht Schuldner ist (§ 1362 Abs. 1 Satz 2 BGB). Allerdings leben die Ehegatten im Rechtssinne nicht getrennt. Das Getrenntleben ist

---

285 Wie hier: Staudinger/Voppel, BGB, 2018, § 1362, Rn. 25.
286 AG Warendorf, Beschl. v. 4.9.1977 – 6 M 1281/77, Rn. 24.

nämlich in § 1567 BGB legaldefiniert. Es setzt einen Trennungswillen voraus. Befindet sich der Schuldner in Haft, ist er zwangsweise von seiner Frau getrennt. Es fehlt ein Trennungswille. Der Gerichtsvollzieher muss den Trennungswillen anhand objektiver Kriterien ermitteln.[287] Hierin liegt kein Widerspruch zur vorherigen Abwandlung. Dort ging es um das Getrenntleben innerhalb der Ehewohnung. Es ist aufgrund der Missbrauchsgefahr nicht zu berücksichtigen. Hier ist der Fall umgekehrt. Das Merkmal des Trennungswillens verringert die Missbrauchsgefahr. Der Gerichtsvollzieher ist auch vielfach in der Lage, vor Ort einen Trennungswillen festzustellen.[288] Vielleicht finden sich in der vermeintlichen Ehewohnung neben Haushaltsgegenständen nur Frauensachen. Verstärkend kann hinzutreten, dass sich der Schuldner amtlich in eine andere Wohnung umgemeldet hat. Für derartige Umstände gibt der vorliegende Fall nichts her. Vielmehr liefert die Ehefrau ein Indiz für einen fehlenden Trennungswillen.

Klausurtipp

Der Kommentar von Thomas/Putzo vertritt ohne Begründung die gegenteilige Auffassung. Überdies wird dort die als Beleg angeführte Fundstelle falsch wiedergegeben. Die zitierte OLG-Entscheidung deckt die vom Kommentar vertretene Auffassung gerade nicht. Es empfiehlt sich, der hiesigen Lösung zu folgen.

---

897   ### Abwandlung 4

Wie Ausgangsfall (Rn. 893). Allerdings ist der Schuldner nicht verheiratet. Er lebt lediglich mit seiner Freundin in der Wohnung zusammen. Sie ist im Titel nicht genannt. Der Gerichtsvollzieher pfändet gegen den Willen der Freundin die Espressomaschine.

❓ Die Freundin legt Erinnerung ein. Hat sie Erfolg?

✅ Ja. Die Erinnerung ist zulässig. Die Freundin ist erinnerungsbefugt. § 809 ZPO ist drittschützend. Die Erinnerung ist auch begründet. Die Pfändung ist unzulässig. Die Freundin hat Mitgewahrsam. Es bedarf gemäß § 809 ZPO eines Titels gegen sie. Es wird nicht vermutet, dass die Espressomaschine im Alleingewahrsam des Mannes steht. § 739 ZPO gilt nach h. M. nicht analog für die unverheiratete Paare.[289] Immerhin genießen sie nicht die Vorteile einer Ehe. Dann müssen sie auch nicht deren Nachteile tragen.

---

287 OLG Düsseldorf, Beschl. v. 13.5.1994 – 3 W 371/93 = OLGR 1994, 208 (209); Hippler: Die Sachpfändung durch den Gerichtsvollzieher, 2016, S. 104.
288 Beispiel bei AG Karlsruhe-Durlach, Beschl. v. 26.1.1996 – 1 M 765/95 = DGVZ 1997, 77 (78).
289 BGHZ 170, 187, Rn. 14; OLG Köln, Urt. v. 15.3.1989 – 6 U 191/88 = NJW 1989, 1737; LG Frankfurt, Beschl. v. 9.3.1984 – 2/9 T 259/84 = NJW 1986, 729; Wittschier, JuS 2000, 173 (178); a. A. Thran, NJW 1995, 1458–1463.

Abwandlung 5

898

Wie Ausgangsfall (Rn. 893). Die Espressomaschine befindet sich aber im Büro der Ehefrau. Diese ist selbstständige Steuerberaterin. Ihr Büro ist fünf Kilometer entfernt von der Wohnung. Der Ehemann arbeitet angestellt bei einem Automobilunternehmen.

? Darf der Gerichtsvollzieher die Espressomaschine im Büro der Ehefrau pfänden?

✓ Nein. Die Fiktion des § 739 ZPO gilt nicht, wenn sich der Pfändungsgegenstand im Erwerbsgeschäft des nichtschuldenden Ehegatten befindet. Dieser muss es allein betreiben. Es muss sich räumlich getrennt von der Ehewohnung befinden. Dann ist der Alleingewahrsam des nichtschuldenden Ehegatten evident.

Abwandlung 6

899

Wie Ausgangsfall (Rn. 893). Der Schuldner hatte die Espressomaschine vom Gläubiger geliehen. Der Gläubiger erwirkt ein Herausgabeurteil gegen ihn nach § 604 und § 985 BGB. Der Gerichtsvollzieher will die Maschine nach § 883 ZPO wegnehmen. Die Ehefrau rügt, gegen sie bestehe kein Titel.

? Darf der Gerichtsvollzieher die Maschine mitnehmen?

✓ Ja, der Gerichtsvollzieher darf die Maschine mitnehmen. Gemäß § 883 Abs. 1 ZPO wird ein Herausgabeurteil dergestalt vollstreckt, dass der Gerichtsvollzieher „dem Schuldner" die Sache wegnimmt.[290] Einem Dritten die Sache wegzunehmen, sieht § 883 ZPO nicht vor. Im Gegenteil: § 886 ZPO zeigt, dass der herausgabepflichtige Schuldner Gewahrsamsinhaber sein muss.[291] Damit ist die Frage aufgeworfen, ob die Ehefrau Allein- oder Mitgewahrsam an der Espressomaschine hat. Denn dann könnte sie analog § 809 ZPO der Wegnahme widersprechen.[292] Die Ehefrau kann die Maschine nach Belieben benutzen. Allerdings kommt es auf diese tatsächliche Lage nicht an. Vielmehr gilt ihr Mann als alleiniger Gewahrsamsinhaber. Er ist nämlich der Titelschuldner. Das folgt wiederum aus § 739 ZPO. Die Norm steht in Abschnitt 1 des achten Buchs der ZPO. Dieser beinhaltet allgemeine Vorschriften. Damit gilt er auch für Herausgabetitel im Sinne von § 883 ZPO.[293]

---

290 Zu § 883 ZPO ausführlich unten Rn. 942 ff.
291 BGHZ 160, 121, juris Rn. 14.
292 AG Duisburg, Beschl. v. 4.8.2004 – 62 IN 345/04, Rn. 8 i. V. m. 14.
293 AG Duisburg, Beschl. v. 4.8.2004 – 62 IN 345/04, Rn. 8 i. V. m. 20.

900

Ausgangsfall

§ 704 ZPO

Fies

Cäsar

§ 1353 BGB

§ 808 ZPO?

Cleopatra

Titelgläubiger Fies hat seinen Schuldner Cäsar schon lange im Visier. Er erfährt, dass Cäsar seine Verlobte Cleopatra heiratet. Er beauftragt den Gerichtsvollzieher, unmittelbar nach Verlassen des Standesamts das Hochzeitskleid von Cleopatra zu pfänden. Schließlich hätten nach der Eheschließung beide Ehegatten an allen ihren Gegenständen Mitgewahrsam. Fies hat auch dafür gesorgt, dass Cleopatra ersatzweise etwas zum Anziehen hat. Er hat im Discounter für 8 Euro ein Sommerkleid gekauft. Er gibt es dem Gerichtsvollzieher mit. Der Gerichtsvollzieher weigert sich, den Auftrag durchzuführen. Das Hochzeitskleid stehe nicht im Gewahrsam des Schuldners.

? Fies legt Erinnerung ein. Ist sie begründet?

✓ Problem: Geschlechtstypischer Gegenstand

Nein. Die Erinnerung ist unbegründet. Der Gerichtsvollzieher hat sich zu Recht geweigert, das Hochzeitskleid zu pfänden. Gemäß § 808 Abs. 1 ZPO darf der Gerichtsvollzieher Sachen pfänden, die im Gewahrsam des Schuldners stehen. Cäsar hatte keinen Gewahrsam am Hochzeitskleid. Kleidung steht im Alleingewahrsam der Person, die sie trägt. Gemäß §§ 739 ZPO; 1362 BGB gilt zwar bei Ehegatten grundsätzlich der Schuldner als Gewahrsamsinhaber. Und wenn sie das Standesamt verlassen, sind Cäsar und Cleopatra Ehegatten (§ 1310 BGB). Allerdings verweist § 739 ZPO auf den gesamten § 1362 BGB. Damit verweist er auch auf dessen Absatz 2. Nach diesem wird für die ausschließlich zum persönlichen Gebrauch eines Ehegatten bestimmten Sachen im Verhältnis zu den Gläubigern vermutet, dass sie dem Ehegatten gehören, für dessen Gebrauch sie bestimmt sind.

Maßgeblich ist nach dem Wortlaut theoretisch die konkrete Verwendung. Eigentlich muss der Gerichtsvollzieher also in jedem Einzelfall prüfen, wem ein Gegenstand dient. Das widerspricht jedoch dem Grundsatz der Formalisierung.[294] Außerdem will § 739 ZPO dem Gerichtsvollzieher die Arbeit erleichtern.[295] Er soll schnell erkennen können, ob er einen Gegenstand pfänden darf oder nicht. Richtigerweise darf sich der Gerichtsvollzieher deshalb auf evidente Fakten beschränken. Bei geschlechtsty-

---

294 LG Essen, Beschl. v. 13.9.1962 – 11 T 537/62 = NJW 1962, 2307.
295 OLG Celle, Beschl. v. 6.7.1999 – 4 W 123/99, juris Rn. 11.

pischen Gebrauchsgegenständen spricht sogar die Lebenserfahrung für die übliche Benutzung.[296]

Das Hochzeitskleid ist ausschließlich für Cleopatras Gebrauch bestimmt.[297] Es mag Männer geben, die derartige Kleidungsstücke gelegentlich tragen. Das muss der Gerichtsvollzieher aber nur beachten, wenn es evident ist.[298] Beispiel: Der Schuldner ist ein männlicher Travestiekünstler. Er ist aus Film und Fernsehen bekannt. An der Wand der Wohnung hängen lauter Fotos von seinen Auftritten. Dort ist er mit den gepfändeten Schuhen und Perücken abgebildet. Gleichwohl ist er verheiratet. Er lebt mit seiner Frau zusammen. In der Wohnung befinden sich zwanzig Paare auffällige High Heels und Perücken. Der Gerichtsvollzieher pfändet eines der Schuhpaare und eine Perücke. Das ist erlaubt. Der Gerichtsvollzieher muss nicht davon auszugehen, dass die Gegenstände ausschließlich für seine Frau bestimmt sind. Zweifel gehen zu Lasten des Schuldners beziehungsweise seiner Ehefrau.[299]

Im hier zu prüfenden Fall des Hochzeitskleids ist ein Gebrauch durch den Mann alles andere als evident. Folglich ist allein Cleopatra Gewahrsamsinhaberin. Gegen sie hat Fies aber keinen Titel.

Abwandlung 901

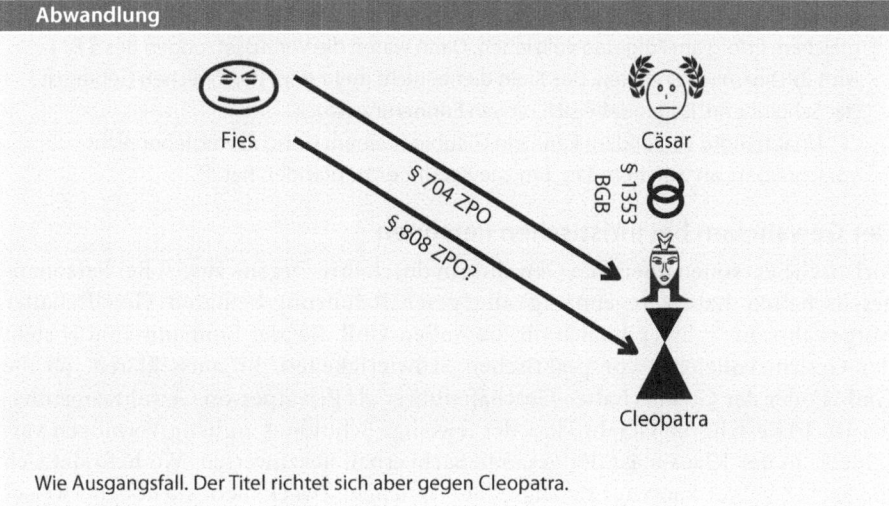

Fies

Cäsar

§ 704 ZPO

§ 808 ZPO?

§ 1353 BGB

Cleopatra

Wie Ausgangsfall. Der Titel richtet sich aber gegen Cleopatra.

❓ Ist die Erinnerung des Fies begründet?

✅ Problem: Austauschpfändung

Nein, die Erinnerung des Fies ist unbegründet. Der Gerichtsvollzieher hat sich zu Recht geweigert, das Hochzeitskleid am Tag der Heirat zu pfänden. Zwar liegen die allgemei-

---

296 OLG Düsseldorf, Urt. v. 16.3.2005 – 11 U 33/04, juris Rn. 24.] Das betrifft etwa Damen- und Herrenfahrräder, Rasierapparate und High-Heels.
297 Für Damenschmuck: BGHZ 2, 82 = NJW 1951, 839 (840).
298 AG Duisburg, Beschl. v. 4.8.2004 – 62 IN 345/04 = ZVI 2004, 622 (624).
299 Für diese Zweifelsregel: LG Münster, Beschl. v. 13.10.1977 – 5 T 734/77, juris Rn. 4; AG Homburg, Beschl. v. 9.6.1995 – M 966/94 = DGVZ 1996, 15; AG Berlin-Wedding, Beschl. v. 20.1.1998 – 31 M 8067/97 = DGVZ 1998, 127.

nen Vollstreckungsvoraussetzungen vor. Insbesondere bestand gegen Cleopatra ein
Titel. Allerdings ist die konkrete Vollstreckungsmaßnahme unzulässig. Ausgangspunkt
ist § 808 Abs. 1 ZPO. Danach muss sich die Pfandsache im Gewahrsam des Schuldners
befinden. Das ist der Fall. Jedoch ist das Hochzeitskleid gemäß § 811 Abs. 1 Nr. 1 ZPO
unpfändbar. Der Gläubiger hat die Voraussetzungen der Austauschpfändung nach
§ 811a ZPO nicht eingehalten. Das Vollstreckungsgericht hatte die Austauschpfändung nicht gestattet. Ein dahingehender Beschluss war auch nicht nach § 811b ZPO
zu erwarten. Die Austauschpfändung war nämlich aus grundrechtlichen Gesichtspunkten verboten. Art. 1 Abs. 1 GG untersagt, die Subjektqualität eines Menschen in
Frage zu stellen. Dazu zählt, ihn zum Pfändungsobjekt zu degradieren. Pfändet man
der Braut wenige Minuten nach ihrer Hochzeit ihr Hochzeitskleid, das sie am Körper
trägt, erniedrigt man sie in besonders starkem Maße. Ob die hohe Schwelle des Art. 1
Abs. 1 GG überschritten ist, kann dahinstehen. Jedenfalls hätte die Pfändung Art. 6
Abs. 1 GG verletzt. Er schützt nämlich auch davor, das wichtige Lebensereignis der
Eheschließung im üblichen Rahmen und ungestört von Pfändungsmaßnahmen zu
vollziehen. Der Eingriff wäre nicht durch überwiegende Gläubigerinteressen gerechtfertigt. Es gab mildere Mittel. Der Gerichtsvollzieher konnte die Pfändung mit
gleichem Erfolg am Folgetag vollziehen. Dann waren die Voraussetzungen des § 811
Nr. 1 ZPO nämlich entfallen. Das Kleid diente nicht mehr dem persönlichen Gebrauch
der Schuldnerin. Es handelte sich um ein Erinnerungsstück.

Unabhängig von alldem kann ein Gläubiger einem Gerichtsvollzieher nicht
vorschreiben, an welchem Tag, um wieviel Uhr er zu pfänden hat.[300]

Der Gewahrsam bei juristischen Personen

902   Juristische Personen üben den Gewahrsam durch ihre Organe aus.[301] Bei Personengesellschaften haben regelmäßig alle geschäftsführungsbefugten Gesellschafter
Mitgewahrsam.[302] Das gilt auch für die Außen-GbR. Bei der Einmann-GmbH steht
der Gerichtsvollzieher vor praktischen Schwierigkeiten. Er muss klären, ob die
GmbH oder der Gesellschafter-Geschäftsführer als Privatperson Gewahrsamsinhaber ist. Es besteht die Gefahr, dass der jeweilige Schuldner arglistig Vermögen verschiebt. In der Klausur ist der gesamte Sachverhalt auszuwerten: Wo befindet sich
die Sache?[303] Wer kann auf sie zugreifen? Welchem Zweck dient sie üblicherweise?
Manchmal verbleiben Zweifel. Dann darf der Gerichtsvollzieher die Sache pfänden.[304] Das ergibt sich aus einer Interessenabwägung. Die nichtschuldende Person
kann Drittwiderspruchsklage erheben.[305] Dadurch ist sie hinreichend geschützt.
Kann sie dort ihr Interventionsrecht nicht beweisen, hat sie Pech. Dies darf nicht zu
Lasten des Gläubigers gehen.

---

300 Vgl. Rn. 16. Zur groben Zeitvorgabe (Nachtzeitvollstreckung) siehe unten Rn. 977.
301 OLG Frankfurt, Beschl. v. 3.2.1969 – 6 W 15/69 = OLGZ 1969, 461 (463); für den Besitz: BGHZ 57,
     166, juris Rn. 5.
302 Details: Brox/Walker, Zwangsvollstreckungsrecht, 2018, Rn. 244 f.
303 Vgl. OLG Hamm, Urt. v. 22.9.2016 – I-5 U 129/15, juris Rn. 43.
304 LG Kassel, Beschl. v. 27.1.1978 – 6 T 420/77, juris Rn. 5.
305 Zur Drittwiderspruchsklage der Einmann-GmbH siehe oben Rn. 539.

> **Fall** 903
>
> Der Gläubiger hat ein Zahlungsurteil gegen ein Schuhgeschäft erstritten. Es wird in Form einer GmbH betrieben. Der einzige Gesellschafter ist zugleich Geschäftsführer. Das Schuhgeschäft erhält eine Lieferung von 100 Gummistiefeln. Der Gesellschafter befürchtet, dass der Gerichtsvollzieher sie pfändet. Deswegen nimmt er sie mit zu sich in seine Wohnung.

❓ Darf der Gerichtsvollzieher sie dort pfänden?

✔️ Ja, der Gerichtsvollzieher darf die Gummistiefel in den Privaträumen des Gesellschafter-Geschäftsführers pfänden. Die allgemeinen Vollstreckungsvoraussetzungen liegen vor. Der Gläubiger verfügt über einen Titel gegen die GmbH. Auch die konkreten Voraussetzungen der Vollstreckungsmaßnahme (Pfändung) sind gegeben. Es ist von § 808 Abs. 1 ZPO auszugehen. Erforderlich ist ein Titel gegen den Gewahrsamsinhaber. Der Gläubiger benötigt keinen Titel gegen den Gesellschafter. Denn Schuldnerin ist eine GmbH. Eine juristische Person übt Gewahrsam durch ihre Organe aus. Das Organ hält sich nicht immer am Sitz der juristischen Person auf. Der Gesellschafter-Geschäftsführer kann auch in seinen Privaträumen Gewahrsam über Gegenstände der GmbH ausüben.[306] Vorliegend ist unschädlich, dass sich die Gummistiefel außerhalb der Geschäftsräume befinden. Maßgebend ist der Aufbewahrungszweck. Danach übt der Geschäftsführer den Gewahrsam an den Gummistiefeln für die GmbH aus. Denn es handelt sich um Waren. Als Privatperson kann er mit einer derart großen Zahl Gummistiefeln normalerweise nichts anfangen.

Der Gerichtsvollzieher benötigt allerdings nach § 758a ZPO einen Durchsuchungsbeschluss für die Wohnräume.

Der Gewahrsam von Kindern

Volljährige Kinder haben Alleingewahrsam an Gegenständen in ihrem Zimmer. Dies 904 gilt selbst dann, wenn sie noch im Elternhaus wohnen.

Ob minderjährige Kinder bereits Alleingewahrsam haben, ist ungeklärt. Nach der hier vertretenen Auffassung hängt es vom Alter des Kindes ab. Die Grenze, ab der der Jugendliche Alleingewahrsam haben kann, liegt bei 12 Jahren. Ab diesem Alter nabeln sie sich verstärkt von ihren Eltern ab.[307] Vorher fühlen sie sich typischerweise noch eng an sie gebunden. Insbesondere haben jüngere Kinder keinen Alleingewahrsam an ihren Spielsachen.

Beispiel

Der kleine Max räumt seine Spielsachen nie auf. Seine Mutter hat es ihm schon hundert Mal gesagt. Jetzt ist sie es leid. Sie räumt die Spielsachen selbst auf. Hier würde wohl kaum jemand auf die Idee kommen, die Mutter verletze den Alleingewahrsam von Max. Zumindest hat sie Mitgewahrsam.[308]

---

306 LG Mannheim, Beschl. v. 4.5.1983 – 4 T 78/83 = DGVZ 1983, 118 (119); AG Hamburg, Beschl. v. 29.4.1994 – 28 M 2834/94 = DGVZ 1995, 11 (12). Zum umgekehrten Fall: LG Berlin, Beschl. v. 13.10.1997 – 81 T 412/97 = DGVZ 1997, 27 (28).
307 Vgl. § 12 Satz 2 des Gesetzes über die religiöse Kindererziehung und BVerfGE 137, 34, Rn. 27.
308 Wie hier: BGHZ 12, 380, juris Rn. 46 (obiter dictum); OLG Braunschweig, Urt. v. 4.3.2016 – 1 Ss 65/15, juris Rn. 18.

Anders ist es bei Jugendlichen. Einem 17-jährigen wird seine Mutter allenfalls empfehlen können, seine Jeans ordentlich aufzuhängen. Mitgewahrsam an der Hose hat sie nicht. Deshalb darf der Gerichtsvollzieher bei Schulden des 17-jährigen die Jeans auch ohne Willen der Mutter pfänden. Auf das Spielzeug des Kleinkinds darf er indessen ohne einen zusätzlichen Titel gegen die Mutter nicht zugreifen.

905   Der Gerichtsvollzieher muss den Gewahrsam eines Dritten in jedem Fall beachten. Der Gerichtsvollzieher muss dem Dritten die Sache sogar belassen, wenn der Schuldner sie diesem gegeben hat, um die Zwangsvollstreckung zu verhindern.[309] Das ergibt sich aus dem Grundsatz der Formalisierung. Es ist dem Gerichtsvollzieher üblicherweise nicht möglich, derartige Verstöße gegen Treu und Glauben zuverlässig zu prüfen. Der Gläubiger ist hinreichend geschützt. Er kann einen etwaigen Rückgabeanspruch des Schuldners gegen den Dritten gemäß §§ 846; 847 ZPO pfänden. Der Beschluss des Rechtspflegers nach § 847 ZPO gibt dem Gerichtsvollzieher aber nicht das Recht, die Sache dem Dritten zwangsweise wegzunehmen. Denn durch die Pfändung rückt der Gläubiger in die Position des Vollstreckungsschuldners. Der Gläubiger hat nicht mehr Rechte als dieser. Der Vollstreckungsschuldner könnte aber auch nicht einfach den Gerichtsvollzieher beauftragen. Er müsste den Drittschuldner zunächst verklagen. Weigert sich der Dritte hartnäckig, muss auch der Gläubiger ihn auf Herausgabe verklagen. Es handelt sich um einen Fall der Einziehungsklage. Die Klage ist auf Herausgabe an den Gerichtsvollzieher zu richten. Das ergibt sich aus § 847 Abs. 1 ZPO.[310]

> ❗ Merke: Die Pfändung eines Herausgabeanspruchs nach § 847 ZPO erlaubt dem Gläubiger nicht, den Gerichtsvollzieher mit der zwangsweisen Wegnahme zu beauftragen.

Beispiel

Schuldner ist 40 Jahre alt. Der Gerichtsvollzieher erhält gegen ihn einen Pfändungsauftrag. In der Wohnung findet der Gerichtsvollzieher sämtliches pfändbare Vermögen im Kinderzimmer des 11jährigen Sohns Moritz. Darunter befinden sich eine Spielkonsole, mehrere Flachbildschirme und zwei Computer. Der Gerichtsvollzieher fragt Moritz, ob er die Sachen freiwillig herausgibt. Das verneint dieser. Der Gerichtsvollzieher muss unverrichteter Dinge wieder gehen. Moritz hat nämlich zumindest im Sinne von § 809 ZPO Mitgewahrsam. Der Gläubiger muss zunächst beim Rechtspfleger nach §§ 846; 847 ZPO den Anspruch des Schuldners gegen Moritz pfänden. Befolgt Moritz den Beschluss nicht freiwillig, muss der Gläubiger ihn auf Herausgabe verklagen. Als Anspruchsgrundlage kann § 985 BGB herhalten. Freilich muss der Gläubiger das Eigentum des Schuldners beweisen. Behauptet der Schuldner, die Gegenstände an Moritz übereignet zu haben, helfen dem Gläubiger allerdings die §§ 3 und 4 Abs. 1 AnfG.

---

309 BGH, Beschl. v. 14.8.2008 – I ZB 39/08 = NJW 2008, 3287; a. A. AG Flensburg, Beschl. v. 9.8.1994 – 53 M 2255/94 = DGZV 1995, 60. Siehe bereits oben Rn. 888.
310 OLG Frankfurt a. M., Beschl. v. 3.2.1969 – 6 W 15/69 = OLGZ 1969, 461 (463).

Ist Moritz erst 2 Monate alt, ist er jedoch nicht gewahrsamsfähig. Wie im Strafrecht hat sein Vater als Wohnungsinhaber Alleingewahrsam. Der Gerichtsvollzieher darf die Sachen sofort pfänden.

Der Gewahrsam von Rechtsanwälten

Im Rahmen der Vollstreckungsabwehrklage wurde der Anspruch aus § 371 BGB analog erörtert. Er gibt dem Schuldner das Recht, die vollstreckbare Ausfertigung herauszuverlangen.[311] Oft hat der Anwalt des Gläubigers die vollstreckbare Ausfertigung in Gewahrsam. Ist er auf Herausgabe zu verklagen oder sein Mandant? Die überzeugende Antwort lautet: der Rechtsanwalt.[312] Denn möglicherweise gibt die Gläubigerseite die Ausfertigung auch auf das Urteil nicht zurück. Dann muss der Schuldner nach § 883 ZPO den Gerichtsvollzieher beauftragen, sie zu holen.[313] Dieser muss wissen, bei wem er klingelt. Er darf die Ausfertigung gemäß § 750 Abs. 1 ZPO nur bei dem wegnehmen, bei dem der Richter ihm dies erlaubt hat.

906

Es wäre ein unsinniger Umweg, dem Vollstreckungsschuldner ein Herausgabeurteil gegen den Gläubiger persönlich zu verschaffen. Der Vollstreckungsschuldner müsste erst nach §§ 846; 847 ZPO den aus dem Mandatsverhältnis entspringenden Herausgabeanspruch des Gläubigers gegen seinen Rechtsanwalt pfänden. Mit dieser Einziehungsbefugnis müsste er den Anwalt auf Herausgabe verklagen. Dann erst könnte er den Gerichtsvollzieher beauftragen.[314] Davon hat niemand etwas. Es verursacht unnötige Kosten und Aufwand.

Der Anwalt ist auch materiellrechtlich verpflichtet, dem Vollstreckungsschuldner die Ausfertigung herauszugeben. § 371 Satz 1 BGB bezeichnet die Person des Herausgabeschuldners nicht.

Gewahrsamsverlust

Der Gerichtsvollzieher hat kein Verfolgungsrecht.[315]

907

Beispiel

Der Gerichtsvollzieher pfändet beim Schuldner eine Sache. Dieser gibt sie seinem Freund F. F bringt sie in seine Wohnung. Der Gerichtsvollzieher darf die Wohnung des Dritten nicht betreten.[316] Er darf die Sache nicht wegnehmen. Es fehlt an einem Titel gegen F. Hiergegen mag einwenden, der Schuldner habe mit F arglistig zusammengewirkt. Deshalb sei der Gläubiger schutzwürdiger als der Dritte. Der Gläubiger hat aber Möglichkeiten. Er kann eine einstweilige Verfügung auf Herausgabe gegen den Dritten beantragen.[317] Hierdurch wird sein Interesse ausreichend gewahrt.

---

311 Siehe oben Rn. 292.
312 OLG des Landes Sachsen-Anhalt, Urt. v. 27.3.2000 – 1 U 175/99, juris Rn. 26; OLG München, Urt. v. 31.3.2005 – 19 U 5091/04 = MDR 2005, 900; a. A. OLG Köln, Beschl. v. 24.6.1980 – 15 U 48/80, juris Rn. 16; LG Darmstadt, Urt. v. 29.9.1998 – 17 S 30/98, juris Rn. 7.
313 Dazu näher unten Rn. 942.
314 Vgl. Rn. 703.
315 G. h. M., BGH, Beschl. v. 31.10.2003 – IXa ZB 195/03 = NJW-RR 2004, 352 (353) mit zust. Anm. Sturhahn, LMK 2004, 55.
316 Zur fehlenden Möglichkeit eines Durchsuchungsbeschlusses siehe oben Rn. 941.
317 Anspruchsgrundlage: § 1227 i. V. m. § 985 BGB.

> **Klausurtipp**
>
> Das Problem kann sich in einer Anwaltsklausur aus Gläubigersicht stellen. Gegen den Schuldner besteht bereits ein Herausgabetitel. Es stellt sich die Frage, ob der Mandant den Dritten verklagen muss. Das ist zu bejahen.

Weitere Besonderheiten zum Ort der Pfändung

908   Der Gerichtsvollzieher darf an jedem Ort pfänden, an dem er den Schuldner antrifft. Der Gerichtsvollzieher ist überall befugt, eine sogenannte Taschenpfändung durchzuführen.[318] So darf er beispielsweise einem angeklagten Topmanager im Gerichtssaal dessen Armbanduhr wegnehmen.[319]

Lediglich für die Wohnung benötigt er nach § 758a ZPO einen richterlichen Durchsuchungsbeschluss. Das folgt aus Art. 13 Abs. 2 GG.

909   Der Gerichtsvollzieher darf auch nicht in das Hausrecht eines Dritten eingreifen. Möglicherweise befindet sich der Schuldner auf dem Gelände seines Arbeitgebers. In diesem Fall darf der Gerichtsvollzieher nur öffentlich zugängliche Bereiche betreten.[320] Selbst aus diesen darf der Arbeitgeber ihn aber nach h. M. verweisen.[321] Für das Verweilen fehlt eine hinreichend bestimmte Ermächtigungsgrundlage.[322]

> **Klausurtipp**
>
> Das Problem kann sich sowohl im Rahmen der Erinnerung als auch im Strafrecht stellen.[323]

Richtige Zeit der Pfändung

910   Der Gerichtsvollzieher erscheint üblicherweise unaufgefordert beim Schuldner.[324] Andernfalls könnte dieser wertvolle Gegenstände beiseiteschaffen. Der Schuldner muss weder bei der Durchsuchung noch der anschließenden Pfändung anwesend sein.[325]

Zur Nachtzeit sowie an Sonn- und Feiertagen darf der Gerichtsvollzieher die Wohnung des Schuldners aber nur mit einem gesonderten Beschluss betreten (§ 758a Abs. 4 ZPO). Als Feiertage gelten nur die in Bundes- oder Landesgesetzen staatlich anerkannten. Für den Zutritt an rein religiösen Feiertagen benötigt der Gerichtsvollzieher keine zeitliche gerichtliche Ermächtigung.

---

318 OLG Köln, Beschl. v. 21.4.1980 – 2 W 29/80 = ZIP 1980, 386 (387).
319 LG Essen, Urt. v. 14.11.2014 – 35 KLs 14/13, juris Rn. 35.
320 Vgl. BVerfGE 32, 54, juris Rn. 38; 42, 212, juris Rn. 30; BVerfG, Beschl. v. 16.4.2015 – 2 BvR 440/14 Rn. 13.
321 LG Aurich, Beschl. v. 13.2.1990 – 3 T 302/89 = NJW-RR 1991, 192; Keller, HB ZVR, 2013, Rn. 230; a. A. LG Düsseldorf, Beschl. v. 8.9.1986 – 25 T 613/86 = JurBüro 1987, 454.
322 Vgl. BVerfG, Beschl. v. 15.3.2007 – 1 BvR 2138/05, Rn. 28; BVerfG, Beschl. v. 21.8.2009 – 1 BvR 2104/06, juris Rn. 20.
323 Beispiel bei HansOLG Hamburg, Urt. v. 5.6.1984 – 2 Ss 149/83 = NJW 1984, 2898 (2900).
324 § 59 Abs. 1 GVGA.
325 § 81 Abs. 1 Sätze 2 und 3 GVGA.

In der Praxis versucht der Gerichtsvollzieher den Schuldner zunächst zu den üblichen Zeiten anzutreffen. Misslingt dies, regt er beim Gläubiger einen Antrag auf einen Nachtzeitbeschluss an. Gerichtsvollzieher müssen also zuweilen auch zu unschönen Uhrzeiten arbeiten.

Die Pfändungsschutzvorschriften
Gemeinsamkeiten

Die §§ 811 ff. ZPO enthalten Pfändungsschutzvorschriften. Sie begrenzen den Umfang der Pfändung.   911

Schon in der Bibel steht: „Du sollst nicht zum Pfande nehmen den unteren und den oberen Mühlstein; denn damit hättest du das Leben zum Pfand genommen."[326] In heutigem Deutsch heißt das: Man darf nicht den Mühlstein pfänden, mit dem der Schuldner die Körner zum Brotbacken mahlt. Andernfalls würde man ihm das wegnehmen, was er zum Leben braucht.

Ungeachtet jeglicher Konfession verfolgt die ZPO dieselben Ideen. Kein Schuldner soll nur noch aus Pfützen trinken und barfuß laufen müssen. Es empfiehlt sich, die einzelnen Ziffern des § 811 ZPO kurz zu überfliegen.

> **Klausurtipp**
>
> Immer, wenn eine Pfändung sich extrem krass anfühlt, sollte man an die Pfändungsschutzvorschriften denken.

Jeder Student sollte die Pfändungsgrenzen kennen. Immerhin setzen sie Grundrechte auf einfachgesetzlicher Ebene um.

> **Klausurtipp**
>
> Muss man ein Pfändungsverbot auslegen, sollte man mit den betroffenen Grundrechten argumentieren. Der Gläubiger kann sich stets auf Art. 14 GG in Verbindung mit dem Rechtsstaatsprinzip berufen. Er hat einen Anspruch auf effektive Zwangsvollstreckung durch den Staat. Auf Seiten des Schuldners ist üblicherweise ein anderes Grundrecht in Verbindung mit dem Sozialstaatsprinzip betroffen.

Der Gerichtsvollzieher hat die Pfändungsbeschränkungen von Amts wegen zu beachten. Auf sie kann der Schuldner nicht verzichten.[327] Das ergibt sich bereits aus dem klaren Wortlaut des § 811 ZPO „sind der Pfändung nicht unterworfen". In manchen Fällen können auch Familienangehörige sich auf die Pfändungsschutzvorschriften berufen. Beispielsweise kann die Ehefrau des Schuldners rügen, dass der Gerichtsvollzieher ihr entgegen § 811 Abs. 1 Nr. 2 ZPO das letzte Stück Brot weggenommen hat.   912

---

326 Altes Testament, Dtn 24, 6.
327 BGHZ 137, 193, juris Rn. 17; BayObLG, Beschl. v. 19.6.1950 – BeschwReg. – Nr. II a 2/1950 = NJW 1950, 697; Hergenröder, DGVZ 2013, 145 (148).

913   Die Pfändungsbeschränkungen des § 811 ZPO gelten nur für Geldforderungen. Dafür spricht die systematische Stellung. § 811 ZPO gilt *nicht* analog, wenn der Gerichtsvollzieher den Gegenstand wegen eines titulierten Herausgabeanspruchs wegnimmt.

Beispiel
Der Richter bejaht einen Anspruch aus § 985 BGB. Dann darf der Gerichtsvollzieher die Sache nach § 883 ZPO entfernen. Mag der Schuldner sie auch noch so sehr für sein Leben benötigen. Ihm bleibt nur der Notanker des § 765a ZPO.[328]

Auch darf der Schuldner eine unpfändbare Sache als Sicherheit übereignen.

Die Pfändungsverbote des § 811 ZPO sind stark auslegungsbedürftig. Das Lebensniveau in der Bundesrepublik Deutschland ist zu berücksichtigen. Maßgebend ist zudem, was man in der heutigen Zeit zum üblichen Standard zählt.[329] Das hat vor allem Bedeutung für Elektrogeräte. Früher war ein Fernseher pfändbar, wenn der Schuldner noch über ein Radio verfügte. Das hat sich geändert.[330] Angenommen, man hätte 1920 zu einem Menschen gesagt, er darf die Fußballübertragung zu Hause auf einem Schwarz-Weiß-Fernseher verfolgen. Er wäre vermutlich begeistert gewesen. Heute denkt ein Schuldner womöglich: „Ich soll auf einem Schwarz-Weiß-Fernseher Fußball schauen? Das ist unmenschlich."

§ 811 Abs. 1 Nr. 1 ZPO

914   § 811 Abs. 1 Nr. 1 ZPO nennt Beispiele für unpfändbare Haushaltsgegenstände. Maßgeblich ist stets der Einzelfall. Das ergibt sich auch aus dem Passus: „soweit der Schuldner ihrer zu einer seiner Berufstätigkeit und seiner Verschuldung angemessenen, bescheidenen Lebens- und Haushaltsführung bedarf." Hier muss man in der Klausur alle Sachverhaltsinformationen werten. Man darf mit Art. 1 Abs. 1 GG argumentieren. Denn er schützt das individuelle Existenzminimum.[331] § 811 Abs. 1 Nr. 1 ZPO konkretisiert es.

Wohnt der Schuldner in der Stadt, darf man ihm möglicherweise sein Fahrrad wegpfänden. Dasselbe Fahrrad kann im Außenbereich auf einem Bauernhof hingegen unpfändbar sein. In keinem Fall hat ein Schuldner jedoch einen Anspruch auf einen Luxussportwagen, nur weil er ein berühmter Filmschauspieler ist. Ein Recht auf eine standesgemäße Lebensführung existiert nämlich nicht.

Klausurtipp

Oft liefert ein Sachverhalt mehrere Informationen zu einem Problem. **Beispiel** Der Sachverhalt nennt den Beruf des Schuldners. Überdies gibt er an, wo der Schuldner arbeitet, wie hoch seine Schulden sind und welche Familienangehörige er versorgt. Jede dieser Informationen hat ihren Grund. Der Bearbeiter sollte sämtliche Informationen verwerten.[332] Das lässt regelmäßig die Punkte sprudeln.

---

328 Zu § 765a ZPO ausführlich unten Rn. 1060.
329 BGH, Beschl. v. 19.3.2004 – IXa ZB 321/03, juris Rn. 9 f.
330 BFHE 159, 421, juris Rn. 11.
331 BVerfG, Beschl. v. 27.7.2016 – 1 BvR 371/11, Rn. 36 m. w. N.
332 Positives Beispiel in einem Urteil: VG Münster, Urt. v. 26.6.2013 – 3 K 1752/12, juris Rn. 18; Negativbeispiel: VG Gießen, Beschl. v. 8.7.2011 – 8 L 2046/11.Gl, juris Rn. 11.

Noch nicht hinreichend geklärt ist die Pfändbarkeit von Smartphones. Der Schuldner   915
muss am kulturellen Leben teilhaben dürfen. Denn § 811 ZPO schützt nicht nur das
physische Existenzminimum. Das meint das Recht auf Nahrung, Gesundheit und Wohnung. § 811 ZPO sichert auch das soziokulturelle Existenzminimum. Dazu gehört nach
hiesiger Auffassung auch, von unterwegs soziale Netzwerke zu nutzen und Kurznach-
richten zu verschicken.[333] Selbst für ärmste Bevölkerungsschichten ist dies in Deutschland üblich geworden. Man muss einem Schuldner sogar zugestehen, digitale Fotos zu
fertigen und online zu stellen.[334] Der Schuldner hat aber vorzutragen, wie er das Smartphone nutzt.[335] Denn auch im Erinnerungsverfahren gilt der Beibringungsgrundsatz.
Legt der Schuldner nur pauschal „Erinnerung gegen die Pfändung des Smartphones
ein", ist sie zurückzuweisen.[336] Es gibt eben keine pauschal pfändbaren oder unpfändbaren Haushaltsgegenstände.

Der Gerichtsvollzieher muss das gepfändete Smartphone in jedem Fall vorübergehend im unmittelbaren Besitz des Schuldners belassen. Dieser muss Gelegenheit erhalten, seine Daten zu löschen.[337]

§ 811 Abs. 1 Nr. 1 ZPO vermittelt Drittschutz. Auch Familienangehörige können   916
also insoweit Erinnerung einlegen.

§ 811 Abs. 1 Nr. 2 ZPO

§ 811 Abs. 1 Nr. 2 ZPO verbietet dem Gerichtsvollzieher, Restmengen Heizöl zu pfän-   917
den. Ansonsten hat er nur Bedeutung, wenn der Schuldner größere Mengen Lebensmittel oder Glühbirnen hortet.

§ 811 Abs. 1 Nr. 3 ZPO

§ 811 Abs. 1 Nr. 3 ZPO stammt aus einer anderen Zeit. Aber vielleicht wird die Vor-   918
schrift irgendwann wieder relevant, wer weiß das schon. Zu beachten ist, dass Haustiere
nicht unter § 811 Abs. 1 Nr. 3 ZPO fallen. Sie sind gemäß § 811c ZPO grundsätzlich
unpfändbar.

§ 811 Abs. 1 Nr. 4 und Nr. 4a ZPO

§ 811 Abs. 1 Nr. 4 ZPO schützt den Landwirt. Die Vorschrift ist durchaus klausurrele-   919
vant. Sie lässt sich mit Problemen zu § 865 Abs. 2 ZPO kombinieren.[338] Einzelwissen ist
zu § 811 Abs. 1 Nr. 4 ZPO gleichwohl nicht erforderlich.

§ 811 Abs. 1 Nr. 4a ZPO hat kaum Bedeutung.

§ 811 Abs. 1 Nr. 5 und 6 ZPO

Eines der wichtigsten Pfändungsverbote enthält § 811 Abs. 1 Nr. 5 ZPO. Wer arbeitet,   920
soll dies auch weiterhin können. Der Gerichtsvollzieher darf ihm nicht die benötigten
Arbeitsmittel wegnehmen. Andernfalls würde er Art. 12 GG verletzen. § 811 Abs. 1

---

333 In dieser Richtung: BVerfGE 120, 274, Rn. 170 ff.; BGHZ 196, 101, Rn. 17.
334 LSG Rheinland-Pfalz, Urt. v. 16.8.2017 – L 6 AS 353/16, juris Rn. 2.
335 So z. B. in VG Gießen, Beschl. v. 8.7.2011 – 8 L 2046/11.GI, juris Rn. 8: für Bewerbungen.
336 Zu Recht daher: AG Heidelberg, Beschl. v. 26.6.2014 – 1 M 9/14 = DGVZ 2015, 59 (60).
337 So für Computer: Breidenbach, CR 1989, 873 (879).
338 Zu § 865 Abs. 2 ZPO siehe auch oben Rn. 505.

Nr. 6 ZPO erweitert den Anwendungsbereich der Nr. 5. Nr. 6 betrifft einen Sonderfall. Zusätzliche Klausurprobleme beinhaltet sie nicht.

§ 811 Abs. 1 Nr. 5 ZPO spricht zunächst von körperlicher Arbeit. Geschützt ist also der Handwerker. Man darf ihm nicht seinen Schraubenzieher wegnehmen.[339] Irrelevant ist, ob er die Tätigkeit haupt- oder nebenberuflich ausübt.

Ebenso ist der ZPO-Kommentar eines Rechtsanwalts unpfändbar. Denn § 811 Abs. 1 Nr. 5 ZPO nennt auch geistige Arbeit. Ohne Bedeutung ist, ob der Schuldner angestellt oder selbstständig tätig ist.

Versteigern darf der Gerichtsvollzieher hingegen die Solarien eines Sonnenstudios.[340] Denn der Wortlaut des § 811 Abs. 1 Nr. 5 ZPO erfasst nur körperliche oder geistige Arbeit oder sonstige persönliche Leistungen. Darunter lässt sich der Betrieb eines Sonnenstudios nicht subsumieren. Dessen Gewinn wurzelt in den Geräten. Persönliche Beratungsleistungen des Inhabers sind nebensächlich.

Hintergrund des eng umgrenzten Wortlauts ist eine Interessenabwägung. In persönlicher Arbeit geht eine Person nach der Vorstellung des Gesetzgebers besonders auf. Dieses Interesse hält er für besonders schutzwürdig. Demgegenüber muss das Interesse des Schuldners, unternehmerisch tätig zu sein, hinter dem Vollstreckungsinteresse des Gläubigers zurücktreten.

Aus diesem Grund darf der Gerichtsvollzieher bei Kaufleuten umfassend pfänden. Beispielsweise darf er sein Siegel auf die elektronische Kasse eines Supermarktes kleben.[341] Die Ware ist ohnehin pfändbar.[342]

Formulierungsvorschlag

§ 811 Abs. 1 Nr. 5 ZPO schützt nach seinem Wortlaut nur persönliche Arbeitsleistung, nicht hingegen kapitalistische.

921   § 811 Abs. 1 Nr. 5 ZPO spricht von Personen. Gemeint sind nur natürliche Personen. Juristische Personen und Personengesellschaften genießen grundsätzlich keinen Schutz. Sie üben nämlich keine Erwerbstätigkeit im Sinne dieser Vorschrift aus. Schließlich haben sie weder Arme und Beine noch einen Kopf. Ist der Schuldner eine GmbH, darf man bei ihr also prinzipiell sämtliche Maschinen pfänden. Anders ist es nur, wenn der Alleingesellschafter überwiegend für die GmbH arbeitet. Dann setzt man vollstreckungsrechtlich die GmbH mit dem Gesellschafter gleich.[343] Es hat nämlich in der Regel rein haftungs- oder steuerliche Gründe, dass er seine Tätigkeit in Form einer GmbH ausübt.

---

339 KG Berlin, Beschl. v. 13.7.2015 – 8 U 15/15, juris Rn. 12.

340 OLG Köln, Urt. v. 7.4.2000 – 11 U 210/99, juris Rn. 8; ebenso für den PKW eines vermietenden Grundstückeigentümers LG Lübeck, Beschl. v. 22.2.2010 – 7 T 7/10 = DGVZ 2010, 173 und Videokassetten einer Videothek LG Frankfurt, Beschl. v. 7.6.1988 – 2/9 T 210/88 = NJW-RR 1988, 1471.

341 Vgl. aber § 811 Abs. 1 Nr. 11 ZPO „Geschäftsbücher".

342 AG Offenbach, Beschl. v. 1.2.2014 – 61 M 10133/13, juris Rn. 9.

343 I. d. S. OLG Oldenburg, Beschl. v. 5.7.1963 – 2 W 20/63 = NJW 1964, 505.

Der Gegenstand muss für die Erwerbstätigkeit „erforderlich" sein. Der Wortlaut spricht nicht von unentbehrlich.

Beispiel

Der Schuldner fährt täglich mit seinem Auto zur Arbeit. Hierfür benötigt er 30 Minuten. Mit öffentlichen Verkehrsmitteln wäre er drei Stunden unterwegs. Hier ist das Auto unpfändbar.[344]

Fall   922

Jurastudent J und Rechtsreferendar R wohnen zusammen in einer WG. Beide haben Schulden in Höhe von jeweils 500 Euro. Jeder von ihnen hat einen Laptop. Weitere Computer befinden sich nicht im Haushalt. Der Gerichtsvollzieher pfändet unabhängig voneinander beide Laptops.

Hat eine Erinnerung des jeweiligen Schuldners Aussicht auf Erfolg?

Nach hiesiger Auffassung können sich sowohl Jurastudent J als auch Rechtsreferendar R erfolgreich gegen die Pfändung wehren.[345] Es handelt sich um erforderliche Arbeitsgeräte im Sinne von § 811 Abs. 1 Nr. 5 ZPO. Die Vorschrift schützt auch den künftigen Erwerb. Der Begriff der „erforderlich" gebietet eine gewisse Interessenabwägung. J und R üben mit den Computern geistige Tätigkeiten aus. J benötigt den Laptop für Hausarbeiten. Manche meinen, er könne sie mit einer Schreibmaschine schreiben.[346] Das erscheint nicht zeitgemäß.[347] Die Universität mag solche Hausarbeiten akzeptieren. Positiv wird dies bei der Bewertung aber sicher nicht gewürdigt. Vielmehr dürfte es zumindest für Verwunderung sorgen. Dem Schuldner ist auch nicht zuzumuten, auf den Computerpool der Universität auszuweichen. Denn der Schuldenstand ist nicht allzu hoch.

Rechtsreferendar R muss Akten bearbeiten. An den Gerichten stehen üblicherweise keine Computer in ausreichender Zahl zur Verfügung. In die Stadtbücherei kann er nicht ausweichen. Er müsste er die Akten in öffentlichen Räumen sichten. Das ist im Hinblick auf den Datenschutz problematisch. Außerdem benötigt man Ruhe, um eine Akte zu durchdenken. Das ist in der Stadtbücherei nicht gewährleistet. Im Übrigen ist auch sein Schuldenstand nicht allzu hoch.

---

344 I. d. S. BGH, Beschl. v. 28.1.2010 – VII ZB 16/09, Rn. 16; LG Kleve, Beschl. v. 26.2.2018 – 4 T 18/18 = DGVZ 2018, 164; zur Austauschpfändung: BGH, Beschl. v. 16.6.2011 – VII ZB 114/09, Rn. 12.
345 So auch Wittschier, JuS 2000, 173 (177).
346 AG Heidelberg, Beschl. v. 20.7.1988 – 30 M 329/88 = DGVZ 1989, 15; AG Kiel, Beschl. v. 1.4.2004 – 21 M 1361/04.
347 AG Essen, Beschl. v. 25.3.1998 – 31 M 888/98 = DGVZ 1998, 94.

923

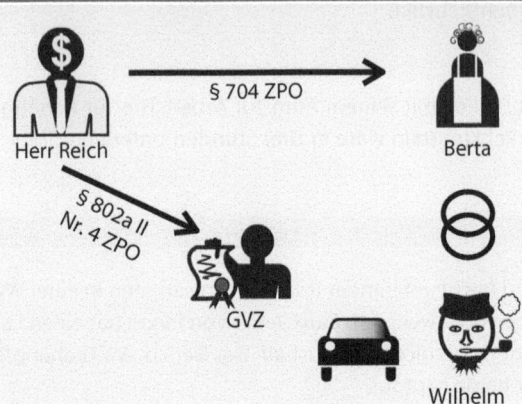

Berta ist erwerbsunfähig. Sie bezieht nur eine geringe Rente. Sie ist sehr traurig, weil ihr früherer Mann verstorben ist. In einer Fernsehsendung lernt sie den Bauern Wilhelm kennen. Sie zieht zu ihm auf dem ländlichen Bauernhof. Beide verlieben sich und heiraten. Leider wirft die Landwirtschaft nicht genügend Gewinn ab. Deshalb gibt Wilhelm sie auf. Er beginnt eine neue Tätigkeit in der Stadt. Dorthin gelangt er mit einem zehn Jahre alten Kleinwagen. Die Bus- und Bahnverbindung ist sehr schlecht. Herr Reich erstreitet ein Zahlungsurteil gegen Berta. Er beauftragt den Gerichtsvollzieher, das Auto zu pfänden. Der Gerichtsvollzieher weigert sich. Das Fahrzeug sei gemäß § 811 Abs. 1 Nr. 5 ZPO unpfändbar. Herr Reich legt Erinnerung ein.

❓ Ist die Erinnerung begründet?

✅ Nein, die Erinnerung ist unbegründet. Der Gerichtsvollzieher hat zu Recht abge-lehnt, das Auto zu pfänden. § 811 Abs. 1 Nr. 5 ZPO will dem Schuldner seine Arbeitsmöglichkeit erhalten. Er soll weiterhin für sich und seine Familienangehöri-gen Unterhalt erwirtschaften können. Damit schützt § 811 Abs. 1 Nr. 5 ZPO den Unterhalt der gesamten Familie.[348] Er sieht die Familie als Einheit an. Das muss auch umgekehrt gelten. Der Gerichtsvollzieher darf genauso wenig einem Familienange-hörigen die Möglichkeit nehmen, den Familienunterhalt zu erwirtschaften. Denn die wirtschaftliche Existenz der Familie wäre ebenso gefährdet wie bei einer Pfändung beim erwerbstätigen Schuldner.[349]

---

348 BGH, Beschl. v. 16.6.2011 – VII ZB 114/09, Rn. 10.
349 BGH, Beschl. v. 28.1.2010 – VII ZB 16/09, Rn. 10 ff. mit zust. Anm. Walker/Findeisen, FamRZ 2010, 552.

Abwandlung 1

924

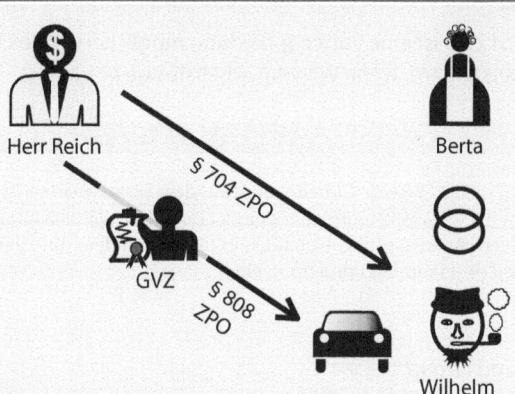

Herr Reich

§ 704 ZPO

GVZ § 808 ZPO

Berta

Wilhelm

Wie Ausgangsfall (Rn. 923). Der Titel besteht aber gegen Wilhelm. Der Gerichtsvollzieher pfändet sein Auto. Wilhelm ist sehr gutmütig. Er will keinen Ärger mit Herrn Reich. Ganz anders seine Frau. Sie ist auf Krawall gebürstet.

❓ Kann Berta eigenmächtig gegen die Pfändung Erinnerung einlegen?

✅ Ja. § 811 Abs. 1 Nr. 5 ZPO vermittelt Drittschutz.[350] Berta ist erinnerungsbefugt.

Abwandlung 2

925

Wie vorstehende Abwandlung 1 (Rn. 924). Allerdings hat Wilhelm mit seinem Nachbarn eine Fahrgemeinschaft gebildet. Ohne das Auto kommt der Nachbar nicht zu seiner Arbeit.

❓ Ist der Nachbar erinnerungsbefugt?

✅ Nein. Der Drittschutz des § 811 Abs. 1 Nr. 5 ZPO beschränkt sich auf Familienangehörige.

Abwandlung 3

926

Wie Ausgangsfall (Rn. 923). Der Arbeitsvertrag von Wilhelm endet aber in drei Monaten. Er hat noch keine neue Arbeit.

---

350 OLG Hamm, OLGZ 1984, 368 (369).

? Kann Herr Reich das Fahrzeug bereits jetzt pfänden?

✓ Ja. Gemäß § 811d ZPO ist eine Vorwegpfändung möglich. Herr Reich kann das Auto allerdings erst versteigern, wenn Wilhelm arbeitslos geworden ist.

927

Abwandlung 4

Wie Ausgangsfall (Rn. 923). Wilhelm arbeitet aber auf dem benachbarten Bauernhof. Er kann ihn zu Fuß erreichen. Der Gerichtsvollzieher pfändet den PKW. Wilhelm kündigt. Er schließt schnell einen anderen Arbeitsvertrag. Nun muss er täglich mit dem Auto in die Stadt pendeln. Wilhelm legt gegen die Pfändung Erinnerung ein.

? Hat die Erinnerung Erfolg?

✓ Die Erinnerung ist zulässig. Wilhelm ist als betroffener Ehegatte erinnerungsbefugt. Ob die Erinnerung begründet ist, ist streitig. Das Auto war zunächst pfändbar. Möglicherweise hat Wilhelm absichtlich seine Arbeit gewechselt, um auf den PKW angewiesen zu sein. Man kann sich fragen, ob man ihn zu einem solchen Verhalten anreizen möchte.[351] Auf der anderen Seite kann man eine Norm nicht ausschließlich mit Blick auf einen möglichen Missbrauch auslegen. Die erste Auffassung führt dazu, dass der Vollstreckungsrichter vergangene Umstände zugrunde legen muss. Er muss so tun, als arbeite Wilhelm noch auf dem benachbarten Bauernhof. Diese Unterstellung verträgt sich nicht mit dem Wortlaut des § 811 Abs. 1 Nr. 5 ZPO. Außerdem könnte Wilhelm gegen eine abweisende Erinnerungsentscheidung Beschwerde einlegen. Diese könnte er nach § 571 Abs. 2 ZPO auf neue Angriffs- und Verteidigungsmittel im Sinne von § 282 Abs. 1 ZPO stützen. Nach dem klaren Wortlaut müsste das Landgericht die neue Arbeitsstätte berücksichtigen. Es wäre seltsam, wenn das Amtsgericht von der alten Arbeitsstätte ausgehen müsste.[352] Das Gesetz würde Wilhelm ohne erkennbaren Sinn zu einer Beschwerde drängen. Konsequenterweise ist vom zivilprozessualen Grundsatz auszugehen. Danach muss jedes Zivilgericht über aktuelle Tatsachen entscheiden. Das gilt auch bei der Erinnerung.[353] § 811d ZPO erlaubt ausnahmsweise, künftige Umstände zu berücksichtigen. Für vergangene Umstände fehlt eine entsprechende Norm. Es hat beim Grundsatz zu bleiben: Maßgeblicher Zeitpunkt ist der der Entscheidung über die Erinnerung. Derzeit ist das Auto gemäß § 811 Abs. 1 Nr. 5 ZPO unpfändbar. Damit ist Wilhelms Erinnerung begründet.

---

351 KG, Beschl. v. 10.4.1952 – 1 W 897/52 = NJW 1952, 751; LG Bochum, Beschl. v. 25.4.1979 – 7 T 115/79 = DGVZ 1980, 37 (38); AG Sinzig, Beschl. v. 7.12.1989 – 6 M 2370/89 = DGVZ 1990, 95.
352 Allgemein zur entsprechenden Anwendung der Vorschriften des Beschwerderechts auf die Erinnerung siehe oben Rn. 713.
353 BFH, Beschl. v. 3.8.2012 – VII B 40/11, Rn. 9; LG Stuttgart, Beschl. v. 10.12.2004 – 10 T 466/04, juris Rn. 14.

§ 811 Abs. 1 Nr. 7 ZPO

Nach § 811 Abs. 1 Nr. 7 ZPO ist die Robe eines Rechtsanwalts unpfändbar. Entsprechendes gilt für die Handschellen eines Justizwachtmeisters. § 811a Abs. 1 ZPO verweist auf § 811 Abs. 1 Nr. 7 ZPO gerade nicht. Deshalb ist sogar die Austauschpfändung unzulässig. Der Gläubiger darf dem Wachtmeister also nicht etwa Klebeband anstelle seiner Handschellen zur Verfügung stellen.

928

§ 811 Abs. 1 Nr. 8 ZPO

§ 811 Abs. 1 Nr. 8 ZPO ergänzt die §§ 850c; 850k ZPO. Dem Schuldner muss das Geld für seinen Lebensunterhalt zumindest teilweise bleiben. Wie ausgeführt existieren für Arbeitseinkommen deshalb Pfändungsfreigrenzen. Für den überwiesenen Lohn kann sich der Schuldner ein P-Konto einrichten. Auch dort kann der Gläubiger nur eingeschränkt pfänden. Es wäre wenig konsequent, wenn der Schuldner das Geld abgeben müsste, sobald er es abgehoben hat.

929

Der Grundsatz der Formalisierung verbessert den Schuldnerschutz weiter. Gesetzt den Fall, der Gerichtsvollzieher findet beim Schuldner Geld. Dann weiß er üblicherweise nicht, woher es stammt. Deshalb wird jedes vorgefundene Geld geschützt. § 811 Abs. 1 Nr. 8 ZPO schränkt also die §§ 808 Abs. 2 und 815 Abs. 1 ZPO ein.

Klausurfälle sind zu § 811 Abs. 1 Nr. 8 ZPO kaum denkbar.

§ 811 Abs. 1 Nr. 9 ZPO

§ 811 Abs. 1 Nr. 9 ZPO soll die Gesundheitsversorgung der Allgemeinheit sichern. Ob die Vorschrift noch zeitgemäß ist, sei dahingestellt. Ihre Klausurrelevanz ist gering.

930

§ 811 Abs. 1 Nr. 10 ZPO

§ 811 Abs. 1 Nr. 10 ZPO schützt Religionsbücher wie antike Bibeln oder den Koran. Die Vorschrift ist Ausdruck von Art. 4 GG. Streitig ist, ob sie analog auf religiöse Symbole wie Kruzifixe, siebenarmige Leuchter oder Gebetsteppiche anwendbar ist.[354] Richtigerweise ist das zu verneinen. Es fehlt an einer planwidrigen Regelungslücke. Die einzelnen Nummern des § 811 Abs. 1 ZPO beschreiben die unpfändbaren Gegenstände sehr genau. Wo der Gesetzgeber eine weite Auslegung wünschte, hat er dies klargestellt. So etwa in Nr. 1 mit dem Wort „insbesondere". Solch eine Formulierung findet sich in Nr. 10 nicht. Dem Gläubigen lässt sich über § 765a ZPO helfen.[355]

931

§ 811 Abs. 1 Nr. 11 ZPO

Nach § 811 Abs. 1 Nr. 11 ZPO sind unter anderem Geschäftsbücher unpfändbar.[356] Das ist vor allem relevant, wenn Schuldner ein Unternehmen ist. Unpfändbar sind neben Handelsbüchern Beweisurkunden. Dazu zählen Quittungen, Geschäftsbriefe, Belege, Rechnungen und Verträge. Immerhin muss der Schuldner gegenüber dem Finanzamt die Buchungspositionen beweisen können.[357]

932

---

354 Dagegen: AG Hannover, Beschl. v. 15.10.1986 – 738 M 5371/86 = DGVZ 1987, 31.
355 Siehe unten Rn. 1060.
356 Vgl. demgegenüber § 36 Abs. 2 Nr. 1 InsO.
357 §§ 257 HGB; 147 AO.

Auch Eheringe unterliegen gemäß § 811 Abs. 1 Nr. 11 ZPO nicht der Pfändung. Das Verbot besteht fort, wenn die Ehe geschieden ist. Das folgt aus Artikel 6 Abs. 1 GG. Pfänden darf der Gerichtsvollzieher hingegen Armreifen und Ketten.

§ 811 Abs. 1 Nr. 12 ZPO

933   § 811 Abs. 1 Nr. 12 ZPO schützt medizinische Hilfsmittel. Darunter fallen ein Rollstuhl, ein Gebiss und sogar eine Perücke. Auch der PKW eines Gehbehinderten kann unpfändbar sein.[358]

Die Vorschrift vermittelt Drittschutz für Familienangehörige. Das ergibt sich aus ihrem Wortlaut „und seiner Familie". Sanitätshäuser können sich allerdings nicht auf die Vorschrift berufen.

§ 811 Abs. 1 Nr. 13 ZPO

934   § 811 Abs. 1 Nr. 13 ZPO ist erstaunlicherweise klausurrelevant.[359] Unpfändbar ist beispielsweise der Sarg. Ist Schuldner das Bestattungsunternehmen, kann es sich allerdings nicht auf die Vorschrift berufen. Denn § 811 Abs. 1 Nr. 13 ZPO soll den Abschied vom Toten schützen, nicht Ware eines Unternehmens.

§ 811 Abs. 1 Nr. 13 spricht von „für die Bestattung bestimmt." Wer bereits auf einer Beerdigung war, weiß, dass dort normalerweise kein Grabstein steht. Ihn fertigt der Steinmetz erst nach einigen Wochen an. Er dient dem Andenken des Verstorbenen, nicht der Bestattung. Deshalb fällt er nicht unter § 811 Abs. 1 Nr. 13 ZPO.[360]

§ 811c ZPO

935   Man stelle sich folgende Situation vor: Der Gerichtsvollzieher erhält den Auftrag, den Familienhund zu pfänden. Hierdurch will der Gläubiger die Familie unter Druck setzen, ihre Schulden zu bezahlen. Dem Gerichtsvollzieher tut es im Herzen weh. Weitere pfändbare Gegenstände findet er jedoch nicht. Er sieht sich daher an die Weisung des Gläubigers gebunden. Er zieht dem schreienden Kind den Familienhund aus der Hand. Glücklicherweise hat der Gesetzgeber solchen Situationen einen Riegel vorgeschoben. Gemäß § 811c ZPO sind Haustiere grundsätzlich unpfändbar. Hier setzt sich § 90a Satz 1 ZPO durch. Tiere sind eben keine Sachen.

Nach § 811c Abs. 2 ZPO kann der Rechtspfleger ausnahmsweise erlauben, besonders wertvolle Tiere zu pfänden.

Beispiel[361]
Der Schuldner hat auf seinem Konto 50.000 Euro. Er verfügt sonst über kein pfändbares Vermögen. Er hat Angst, dass ihm das Geld weggepfändet wird. Deshalb kauft er sich schnell hiervon zehn preisgekrönte Koi-Karpfen. Er steckt sie in seine viel zu kleine Badewanne. Hier wird die Pfändung zuzulassen sein. Eine intensive emotionale Bindung zu den Fischen hat der Schuldner wohl kaum. Gemäß Art. 20a GG ist der Tierschutz zu beachten. Dieser Gedanke spricht vorliegend sogar dafür, dass die Fische vom Schuldner entfernt werden.

---

358 BGH, Beschl. v. 16.6.2011 – VII ZB 12/09, Rn. 9.
359 Beispiel: Koch, JA 2011, 749 (753).
360 BGH, Beschl. v. 20.12.2005 – VII ZB 48/05, juris Rn. 9.
361 Angelehnt an LG Berlin, Beschl. v. 16.3.2007 – 81 T 859/06.

Die Vermögensauskunft

Die Haupttätigkeit des Gerichtsvollziehers besteht heutzutage darin, zuzustellen und   936
die Vermögensauskunft abzunehmen. Sachpfändungen spielen nur noch eine untergeordnete Rolle. Das liegt an den umfassenden Pfändungsverboten. Bei zahlreichen Schuldnern ist nichts zu holen. Woher wissen die Gläubiger dies? Aus der Vermögensauskunft. Sie wurde in der Einleitung bereits beschrieben.[362]

> **Klausurtipp**
>
> Wer professionell wirken möchte, sollte auch hier die Fachterminologie einhalten. Das Gesetz spricht von „Vermögensauskunft" und „Vermögensverzeichnis". Falsch wäre „Offenbarungseid". Oder was denkt ein Jurastudent von seinem Gegenüber, wenn dieser den Rücktritt als „Wandelung" bezeichnet?

Der Schuldner muss den Gerichtsvollzieher prinzipiell über alles informieren, was er hat (§ 802c Abs. 2 Satz 1 ZPO). Gemäß § 802c Abs. 2 Satz 3 ZPO muss er sogar bestimmte frühere Vermögensgegenstände angeben. Der Gläubiger soll prüfen können, ob der Schuldner sie anfechtbar übertragen hat. Dann kann er gegen den Erwerber Anfechtungsklage nach § 13 AnfG erheben.

Lediglich offensichtlich unpfändbare Haushaltsgegenstände und Lebensmittel darf der Schuldner in der Vermögensauskunft verschweigen (§ 802c Abs. 2 Satz 4 ZPO).

Für das Vermögensverzeichnis existiert kein Formular, das sich jeder Schuldner im Internet runterladen kann. Vielmehr muss der Schuldner grundsätzlich persönlich ins Büro des Gerichtsvollziehers kommen. Dort füllt der Gerichtsvollzieher das Formular am Computer aus (§ 802f Abs. 1 Satz 2 ZPO). Viele Gerichtsvollzieher haben zwei Bildschirme. Auf einem kann der Schuldner verfolgen, was der Gerichtsvollzieher einträgt (§ 802f Abs. 5 ZPO).

Eventuell möchte man als Student oder Referendar wissen, wie das Formular aussieht. Dann kann sich im Internet das Prozesskostenhilfeformular herunterladen.[363] Es ähnelt dem Vermögensverzeichnis.

Regelmäßig nimmt der Gläubiger am Termin zur Abgabe der Vermögensauskunft nicht teil.[364] Der Gerichtsvollzieher übermittelt dem Gläubiger die Angaben des Schuldners. Außerdem lädt er sie in das gemeinsame Vollstreckungsportal der Länder hoch.[365] Dadurch können alle deutschen Gerichtsvollzieher und alle berechtigten Behörden sie einsehen. Privatpersonen können auf sie allerdings nicht direkt zugreifen. Titelgläubiger erhalten nach § 802d Abs. 1 Satz 2 ZPO über den Gerichtsvollzieher eine Abschrift, wenn das Vermögensverzeichnis nicht älter als zwei Jahre ist.

---

362 Siehe oben Rn. 67.
363 ► http://www.justiz.de/formulare.
364 Zur Teilnahmemöglichkeit: § 138 Abs. 1 Satz 3 GVGA, basierend auf § 802f Abs. 4 Satz 2 i. V. m.
§ 357 ZPO. Zum schriftlichen Fragenkatalog des Gläubigers: § 136 Abs. 1 Satz 3 GVGA, basierend auf § 139 ZPO.
365 §§ 802f Abs. 6; 802k ZPO, abrufbar für alle deutschen Gerichtsvollzieher auf ► https://www.vollstreckungsportal.de.

Der Haftbefehl

937 Erscheint der Schuldner im Termin zur Vermögensauskunft unentschuldigt nicht, kann der Gläubiger gemäß § 802g ZPO einen Haftbefehl beantragen. Entsprechendes gilt, wenn der Schuldner kommt, aber sein Vermögen grundlos nicht vollständig offenlegen will. Das bedeutet, der Schuldner muss ins Gefängnis. Es handelt sich um einen sehr schweren Grundrechtseingriff.[366] Deshalb sieht Art. 104 Abs. 2 GG i. V. m. § 802g ZPO vor, dass ein Richter über die Freiheitsentziehung entscheidet.[367] In der Praxis stellt der Gläubiger zumeist einen Kombiauftrag. In diesem gibt er dem Gerichtsvollzieher vor, welche Vollstreckungsmaßnahmen dieser in welcher Reihenfolge vornehmen soll.[368] Zulässig ist es, den Gerichtsvollzieher primär zu beauftragen, dem Schuldner die Vermögensauskunft abzunehmen. Für den Fall, dass der Schuldner zum Termin zur Vermögensauskunft nicht erscheint, kann der Gläubiger schon vorab beantragen, die Akte an das Vollstreckungsgericht weiterzuleiten. Es solle dann einen Haftbefehl erlassen.

Man mag sich allerdings fragen, was der Richter beim Haftbefehl überhaupt prüfen soll. In § 802g ZPO findet sich dazu nichts. Die Antwort ergibt sich aus der Systematik.

ⓘ Ein Haftbefehl ist zu erlassen, wenn
1. die allgemeinen und besonderen Voraussetzungen der Zwangsvollstreckung vorliegen,
2. der Schuldner verpflichtet war, die Vermögensauskunft abzugeben,
3. der Schuldner dem Termin zur Vermögensauskunft unentschuldigt ferngeblieben ist oder sein Vermögen grundlos nicht vollständig offengelegt hat und
4. keine Vollstreckungshindernisse vorliegen.

938 **Klausurtipp**

Der Haftbefehl kann ein Klausureinstieg sein. So kann die Fallfrage lauten, ob das Gericht einen Haftbefehl erlassen wird.

Erlässt der Richter einen Haftbefehl, bedeutet das noch nicht, dass der Schuldner verhaftet wird. Der Richter verhaftet den Schuldner auch nicht selbst. Zuständig ist nach § 753 Abs. 1 ZPO der Gerichtsvollzieher. Der Gläubiger muss also den Gerichtsvollzieher beauftragen, den Schuldner zu verhaften. Dies kann er bereits im Vorfeld. Nicht alle Gläubiger stellen den Antrag aber. Manche begnügen sich mit dem Haftbefehl. Vermutlich hoffen sie, dass der Schuldner aufgrund des Druckmittels freiwillig zahlt. Bei Schuldnern, die zahlen können, mag diese Erwägung berechtigt sein.

939 Gegen den Haftbefehl kann der Schuldner gemäß § 793 ZPO sofortige Beschwerde einlegen. Ungeklärt ist bislang, ob die Beschwerde aufschiebende Wirkung hat. Nach überzeugender Auffassung ist dies zu bejahen.[369]

---

366 BVerfGE 61, 126.
367 Vgl. auch § 4 Abs. 2 Nr. 2 RPflG.
368 Modul N im Formular Vollstreckungsauftrag.
369 So für die §§ 888; 890 ZPO: BGH, Beschl. v. 17.8.2011 – I ZB 20/11.

Beispiel

Das Vollstreckungsgericht erlässt gegen den Schuldner einen Haftbefehl. Der Gerichtsvollzieher will ihn vollstrecken. Er geht zum Schuldner. Er erklärt ihm, dass er ihn jetzt festnimmt. Der Schuldner hält den Haftbefehl für rechtswidrig. Der Gerichtsvollzieher gibt dem Schuldner Gelegenheit, ein Fax zum Vollstreckungsgericht zu schicken und sofortige Beschwerde einzulegen.[370] Das macht der Schuldner. Darf der Gerichtsvollzieher den Schuldner jetzt ins Gefängnis bringen?

Richterweise nicht. Die gegenteilige Auffassung[371] ist abzulehnen. Denn nach § 570 Abs. 1 ZPO hat die Beschwerde aufschiebende Wirkung, wenn sie die Festsetzung eines Ordnungs- oder Zwangsmittels zum Gegenstand hat. Der Haftbefehl ist aber ein Zwangsmittel. Er soll den Schuldner zwingen, die Vermögensauskunft abzugeben. Schon der Wortlaut spricht also dafür, dass die Beschwerde automatisch aufschiebende Wirkung hat.[372] Zwar mag der Schuldner den Haftaufschub missbrauchen, um zu fliehen. Dies ist jedoch hinzunehmen. Immerhin ist die Verhaftung für den Schuldner ein enormer Eingriff in seine Grundrechte. Bevor der Haftbefehl ergeht, wird er nicht einmal angehört. Dann muss der Haftbefehl zumindest nochmals überprüft werden, wenn der Schuldner gegen ihn Argumente vorbringt. Der Schuldnerschutz gebietet, dass dies geschieht, bevor der Schuldner ins Gefängnis gebracht wird.

Das Problem kann sich in der Anwaltsklausur stellen.

Fall 940

Der Mandant ruft an. Er erzählt, dass der Gerichtsvollzieher gerade bei ihm ist. Er bittet, sofort beim Gericht die erforderlichen Maßnahmen gegen den Haftbefehl einzuleiten. Der Anwalt habe fünf Stunden Zeit. Solange sei er bereit, freiwillig im Büro des Gerichtsvollziehers zu warten.

❓ Welche Anträge muss der Anwalt stellen?

✅ Für einen Rechtsanwalt gilt das Prinzip des sichersten Wegs. Bei streitigen Rechtsfragen darf er zwar eine eigene Meinung vertreten. Er muss aber damit rechnen, dass das Gericht sich einer anderen Auffassung anschließt. Sicherheitshalber sollte der Rechtsanwalt daher zusätzlich zur sofortigen Beschwerde beantragen, gemäß § 570 Abs. 2 ZPO die Vollziehung des Haftbefehls auszusetzen.

■ **Eingriffe in das Wohnungsgrundrecht**

Der Gerichtsvollzieher darf die Wohnung des Schuldners öffnen lassen, um ihn zu ver 941
haften.[373] Das ergibt sich aus § 758a Abs. 2 ZPO. Die Vorschrift ist so zu verstehen, dass der Haftbefehl indirekt Eingriffe in Freiheitsrechte des Schuldners mitgestattet, die mit einer Verhaftung typischerweise verbunden sind. Versteckt sich der Schuldner aller-

---

370 Vgl. § 145 Abs. 1 Satz 14 GVGA.
371 LG Göttingen, Beschl. v. 17.12.2004 – 10 T 133/04; zur Parallelregelung im Insolvenzrecht: Ahrens, NZI 2005, 299 (303).
372 Vgl. OLG Köln, Beschl. v. 7.1.2003 – 25 WF 209/02.
373 LG Berlin, Beschl. v. 23.5.2016 – 51 T 357/16, juris Rn. 4.

dings bei Dritten, ist der Gläubiger machtlos. Das Gesetz sieht keine Möglichkeit vor, gegen den Dritten einen Durchsuchungsbeschluss zu erlassen.§ 758a Abs. 1 ZPO spricht ausschließlich von der Wohnung des Schuldners. Es wäre Sache des Gesetzgebers, dies zu ändern.

Die Herausgabevollstreckung von beweglichen Sachen

942   Angenommen, ein Dieb hat dem Eigentümer dessen Uhr gestohlen. Es handelte sich um ein Familienerbstück. Der Eigentümer hat unter anderem aus §§ 985; 823 Abs. 1 i. V. m. 249 Abs. 1 BGB einen Anspruch darauf, dass ihm der Dieb die Uhr zurückgibt. Er verklagt den Dieb. Das Urteil lautet dahin, dass der Dieb dem Eigentümer die Uhr herausgeben muss. Es wird nach § 883 ZPO vollstreckt. Der Gerichtsvollzieher nimmt dem Dieb die Uhr weg. Er übergibt sie dem Eigentümer.

Grob falsch wäre es, § 808 ZPO heran zu ziehen. Man muss sich fragen, wegen was in was der Gläubiger vollstreckt. § 808 ZPO betrifft Geldforderungen. Der Gläubiger pfändet eine Sache, um sie zu versteigern. Hier geht es aber um einen Herausgabetitel. Der Gläubiger = Eigentümer möchte die Sache, kein Geld.

> **Merke:** Nimmt der Gerichtsvollzieher eine herauszugebende Sache weg, entsteht kein Pfandrecht an der Sache.

943   ❓ Der Gerichtsvollzieher kommt mehrmals zur Wohnung des Diebs. Dieser erkennt den Gerichtsvollzieher jedes Mal durch den Türspion. Er öffnet die Tür nicht. Darf der Gerichtsvollzieher sie aufbrechen?

✔️ Nein. Der Gerichtsvollzieher muss dem Gläubiger den Zwangsvollstreckungsauftrag als unerledigt zurückgeben. Der Gläubiger muss nach § 758a ZPO einen Durchsuchungsbeschluss beantragen.[374] Ihn erlässt gemäß Art. 13 Abs. 2 GG der Richter. Mit dem Durchsuchungsbeschluss darf der Gerichtsvollzieher die Wohnung öffnen und durchsuchen. Üblicherweise beauftragt der Gerichtsvollzieher einen Schlüsseldienst. Dessen Kosten trägt nach § 788 Abs. 1 ZPO der Schuldner. Der Gläubiger muss sie aber vorschießen.[375] Hat der Schuldner kein Geld, bleibt der Gläubiger auf den Kosten sitzen.

944   **Ausgangsfall**

Der Gläubiger schließt mit einem Autohändler einen Kaufvertrag über einen abgemeldeten Gebrauchtwagen. In der Kaufvertragsurkunde erklären beide zugleich die dingliche Einigung über den Eigentumsübergang (§ 929 BGB).

---

374 Formularzwang nach §§ 758a Abs. 6 ZPO; 1 ZVFV. Zur Historie des § 758a ZPO: BVerfGE 51, 97 Rn. 31 ff.
375 § 4 Abs. 1 GVKostG.

❓ Frage 1: Hat der Autohändler damit schon erfüllt?

✅ Nein. Es fehlt noch die Übergabe. Dies verlangt der Wortlaut des § 433 Abs. 1 Satz 1 BGB sogar an zwei Stellen. Zum einen spricht er von Übergabe. Zum anderen setzt die dort verlangte Eigentumsverschaffung nach § 929 Satz 1 BGB grundsätzlich die Übergabe voraus.

❓ Frage 2: Der Gläubiger erstreitet ein Urteil auf Herausgabe des Autos. Der Autohänd-   945
ler weigert sich, das Auto zu übergeben.
Was muss der Gläubiger machen?

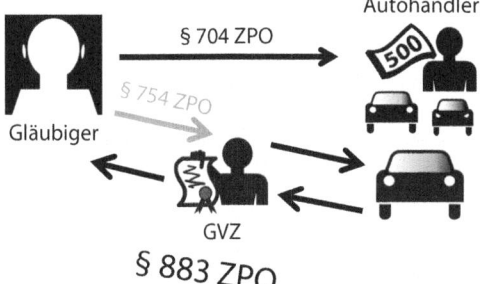

✅ Der Gläubiger muss gemäß § 754 ZPO den Gerichtsvollzieher beauftragen. Dieser nimmt dem Autohändler gemäß § 883 ZPO das Fahrzeug weg. Er gibt es dem Gläubiger.

Abwandlung 1   946

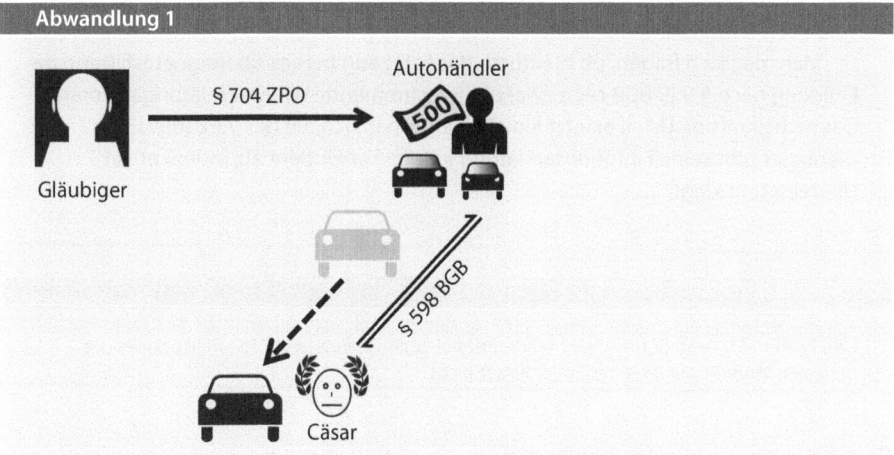

Wie Ausgangsfall (Rn. 944). Der Autohändler leiht das Auto nach dem Urteil seinem Freund Cäsar. Cäsar glaubt, das Auto gehöre dem Händler.

? Wie kommt der Gläubiger an das Auto?

✓ Gibt Cäsar das Auto freiwillig heraus, darf der Gerichtsvollzieher es dem Gläubiger
geben. Weigert Cäsar sich aber, richtet sich die weitere Zwangsvollstreckung nach
§ 886 ZPO. Der Gläubiger muss beim Rechtspfleger beantragen, den Herausgaben-
spruch des Autohändlers gegen Cäsar aus § 604 Abs. 1 BGB zu pfänden (§§ 829; 835
ZPO). Es ergeht ein Pfändungs- und Überweisungsbeschluss. Weigert Cäsar sich
weiterhin, muss der Gläubiger ihn auf Herausgabe verklagen. Es handelt sich um
eine Einziehungsklage. Unter Umständen ist Cäsar sehr hartnäckig. Er erfüllt auch
das auf die Einziehungsklage ergangene Herausgabeurteil nicht. Jetzt kann der
Gläubiger gegen Cäsar nach § 883 ZPO vollstrecken.

! Merke: Der Gerichtsvollzieher hat bei der Vollstreckung nach § 883 ZPO unstreitig
kein Verfolgungsrecht.

947

Abwandlung 2

> Wie Ausgangsfall (Rn. 944). Der Gläubiger schließt mit dem Autohändler einen Kaufvertrag
> über einen Gebrauchtwagen. Beide einigen sich jedoch noch nicht über den Eigentumsüber-
> gang. Der Gläubiger möchte Eigentum und Besitz am Fahrzeug erhalten.

? Wie muss der Gläubiger vorgehen?

✓ Er muss auf Übereignung und Übergabe klagen. Abgabe der Einigungserklärung
und Übergabe werden getrennt vollstreckt. Die Übereignungserklärung des
Verkäufers gilt mit Rechtskraft des Urteils als abgegeben (§ 894 ZPO). Die Übergabe
wird nach § 883 ZPO vollstreckt.
    Man mag sich fragen, ob hierdurch das Fahrzeug bereits übereignet ist. Denn die
Einigung nach § 929 BGB setzt zwei übereinstimmende Willenserklärungen voraus.
Das rechtskräftige Urteil ersetzt lediglich eine, nämlich die des Verkäufers. Der
Gläubiger gibt seine Einigungserklärung jedoch konkludent ab, indem er auf
Übereignung klagt.

948

Ausgangsfall

> Unternehmer U bestellt für seine Mitarbeiter bei einem Handyladen 10 Smartphones des
> neuesten Modells. Der Ladeninhaber liefert nicht.

? Nach welcher Vorschrift läuft die Herausgabevollstreckung?

✓ Die Vollstreckung richtet sich nach § 884 ZPO.

Abwandlung 949

Der Gerichtsvollzieher sucht im Laden aus 100 Handys 10 Stück raus. Unterwegs wird er in einem ansonsten sicheren Wohngebiet von Unbekannten überfallen. Die Handys werden geraubt.

❓ Kann Unternehmer U vom Ladeninhaber Schadensersatz verlangen, weil er die Handys kurzfristig woanders sehr teuer kaufen muss?

Formulierungsvorschlag im Gutachtenstil

U könnte gegen den Ladeninhaber einen Anspruch auf Schadensersatz aus §§ 280 Abs. 1 und 3; 283 BGB haben. Danach kann der Gläubiger Schadensersatz verlangen, wenn dem Schuldner eine Pflicht aus einem Schuldverhältnis schuldhaft unmöglich wird. Das Schuldverhältnis liegt im Kaufvertrag. Der Ladeninhaber muss eine Pflicht verletzt haben. Sie könnte in einer nachträglichen, subjektiven Unmöglichkeit gemäß § 275 Abs. 1 BGB liegen. Hierfür muss bei einer Gattungsschuld grundsätzlich die gesamte Gattung untergehen. Das ist nicht geschehen. Es existieren noch vergleichbare Exemplare des Handymodells. Ausnahmsweise liegt gleichwohl Unmöglichkeit vor, wenn die Gattungsschuld gemäß § 243 Abs. 2 BGB zu einer Stückschuld konkretisiert wurde. Nach § 243 Abs. 2 BGB beschränkt sich das Schuldverhältnis auf bestimmte Sachen, wenn der Schuldner das zur Leistung einer solchen Sache seinerseits Erforderliche getan hat. Was der Schuldner tun muss, richtet sich nach der Art der Schuld. Bei einer Holschuld muss er die Sachen aussondern und zur Abholung bereitstellen. Nach der Zweifelsregel des § 269 Abs. 1 und 2 BGB ist vorliegend von einer Holschuld auszugehen. Grundsätzlich muss der Schuldner selbst konkretisieren. Unterlässt er dies bis zur Zwangsvollstreckung, darf ausnahmsweise der Gerichtsvollzieher konkretisieren. Das ergibt sich aus § 897 Abs. 1 ZPO.[376] Vorliegend hat der Gerichtsvollzieher die Handys ausgesondert. Er hat sie abgeholt. Damit hat er die Gattungsschuld konkretisiert. Die konkretisierte Ware ist untergegangen. Deshalb liegt eine Pflichtverletzung im Sinne der Unmöglichkeit vor.

Der Ladeninhaber muss aber auch schuldhaft gehandelt haben. Gemäß § 276 Abs. 1 BGB hat er prinzipiell Vorsatz und Fahrlässigkeit zu vertreten. Für eine strengere Haftung gibt es vorliegend weder gesetzliche noch vertragliche Gründe. Nach § 276 Abs. 2 BGB handelt der Schuldner fahrlässig, wenn er die im Verkehr erforderliche Sorgfalt außer Acht lässt. Das voraus, dass er die Gefahr erkennen konnte. Vorwerfen mag man dem Ladeninhaber, dass er seine Schulden bei U nicht bezahlt hat. Der Ladeninhaber musste aber nicht damit rechnen, dass der Gerichtsvollzieher in einer sicheren Wohngegend überfallen wird. Somit war die Gefahr für ihn nicht erkennbar. Deshalb hat er die Unmöglichkeit nicht zu vertreten. U hat gegen ihn keinen Anspruch auf Schadensersatz.

---

376 Zu § 897 ZPO näher unten Rn. 1150.

Klausurtipp

Der Fall zeigt, wie gut sich zwangsvollstreckungsrechtliche Fragen in eine BGB-Klausur einbauen lassen. Aus diesem Grund entscheidet sich ein Examenskandidat richtig, wenn er Zwangsvollstreckungsrecht lernt.

---

950   **Ausgangsfall**

Nach dem Urteil muss der Verkäufer das vierjährige Pferd „Emma" mit der Identifikationsnummer DE 414 10000400 herausgeben.

(?) Nach welcher Vorschrift läuft die Vollstreckung?

(✓) Sie richtet sich nach § 90a Satz 3 BGB i. V. m. § 883 ZPO.

---

951   **Abwandlung 1**

Der Tenor lautet: „Der Beklagte wird verurteilt, dem Kläger das braune Pferd herauszugeben."

(?) Wo liegt das Problem?

(✓) Der Tenor ist zu unbestimmt. Er ist nicht vollstreckbar. Der Gerichtsvollzieher kann nicht erkennen, welches Pferd er mitnehmen soll. Das Pferd ist allein über den Begriff „braun" definiert. Es gibt tausende braune Pferde. Natürlich könnte der Gerichtsvollzieher die Parteien oder Zeugen befragen, welches Pferd gemeint ist. Das ist aber nicht seine Aufgabe. Er darf auch nicht die Klageschrift heranziehen, um den Tenor auszulegen. Vielmehr muss das Urteil aus sich heraus verständlich sein.[377]

(!) **Merke: Gegen einen rechtskräftigen zu unbestimmten Titel stehen dem Schuldner drei Rechtsbehelfe zur Verfügung: 1. Erinnerung (§ 766 Abs. 1 ZPO), 2. Klauselerinnerung (§ 732 ZPO), 3. Titelgegenklage (§ 767 ZPO analog).**

952   **Abwandlung 2**

Wie Ausgangsfall (Rn. 950). Ein Dritter behauptet aber, das Pferd gehöre ihm.

(?) Welchen Rechtsbehelf kann der Dritte erheben?

(✓) Er kann Drittwiderspruchsklage erheben. Sie ist auch bei der Herausgabevollstreckung statthaft.

---

377 Siehe bereits oben Rn. 338.

Die Räumungsvollstreckung
Grundlagen

Die Räumungsvollstreckung versteht man am besten anhand der Interessenlage.

> **?** Ein Mieter mietet eine Wohnung. Er zahlt die Miete über längere Zeit nicht.
> Welche Möglichkeiten hat der Vermieter?

953

> **✓** Der Vermieter hat drei Möglichkeiten. Er kann
> 1.) auf Mietzahlung klagen, § 535 Abs. 2 BGB,
> 2.) kündigen (§§ 569 Abs. 3 i. V. m. 543 BGB) und die Wohnung zurückverlangen (§ 546 BGB),
> 3.) sein Vermieterpfandrecht ausüben, § 562 ff. BGB.

Angenommen, der Vermieter wählt die zweite Möglichkeit. Er kündigt dem Mieter. Die Kündigungsfrist läuft ab. Der Mieter zieht gleichwohl nicht aus. Daraufhin klagt der Vermieter auf Räumung. Es ergeht ein Urteil. Danach muss der Mieter die Wohnung räumen und an den Vermieter herausgeben. Manche Mieter kommen dem nicht nach. In diesem Fall richtet sich die Zwangsvollstreckung nach § 885 ZPO. Der Vermieter kann mit dem Räumungsurteil den Gerichtsvollzieher beauftragen. Der Gerichtsvollzieher prüft die allgemeinen Vollstreckungsvoraussetzungen (Titel, Klausel, Zustellung). Als besondere Vollstreckungsvoraussetzung prüft er den Ablauf einer etwaigen Räumungsfrist (§ 721 ZPO).[378]

954

Sodann bestimmt der Gerichtsvollzieher einen Räumungstermin.[379] Schließlich muss der Schuldner sich auf den Zwangsauszug vorbereiten können. Droht der Schuldner obdachlos zu werden, benachrichtigt der Gerichtsvollzieher die Sozialbehörde.[380]

Die eigentliche Räumung definiert § 885 ZPO. Der Gerichtsvollzieher verweist die Bewohner aus der Wohnung. Weigern sie sich, darf er die Polizei hinzuziehen (§ 758 Abs. 3 ZPO). Jedem Gerichtsvollzieher ist der massive Eingriff in die Lebensstellung des Schuldners bewusst. Zudem werden Gerichtsvollzieher auf einfühlsames Verhalten geschult.[381] Einen Durchsuchungsbeschluss benötigt der Gerichtsvollzieher gemäß § 758a Abs. 2 ZPO nicht. Die Vorschrift ist verfassungsgemäß. Es liegt schon keine Durchsuchung im Sinne von Art. 13 Abs. 2 GG vor. Der Gerichtsvollzieher sucht nichts. In die Wohnung eindringen darf der Gerichtsvollzieher aufgrund des Räumungstitels.

955

Nach der Ausweisung übergibt der Gerichtsvollzieher dem Gläubiger die Wohnung. Das bedeutet, er händigt ihm die Schlüssel aus. Gibt der Mieter seine Schlüssel nicht heraus, beauftragt der Gerichtsvollzieher einen Schlüsseldienst. Er lässt ein neues Schloss einbauen. Ähnlich ist es, wenn der Schuldner sich während des gesamten Verfahrens nicht gemeldet hat. Dann öffnet der Gerichtsvollzieher die Wohnung mithilfe eines Schlüsseldiensts. Das erlaubt ihm § 758 Abs. 2 ZPO.

---

378 Zur Räumungsfrist siehe bereits oben Rn. 826.
379 § 128 Abs. 2 GVGA.
380 § 130 Abs. 3 GVGA.
381 Vgl. S. 148 f. des Modulhandbuchs des Bachelorstudiengangs der Hochschule für Rechtspflege Schwetzingen für die Studienphasen I bis III, abrufbar auf ► http://www.fh-schwetzingen.de.

956   Wenn der Mieter seine Miete nicht zahlt, darf der Vermieter nicht bei Abwesenheit des Mieters heimlich ein neues Türschloss einbauen. Dies wäre verbotene Eigenmacht und eine unzulässige Selbstvollstreckung. Dies gilt sogar, wenn die Kündigungsfrist abgelaufen ist. Der Fall kommt in der Praxis häufig vor. Der Mieter kann beim Amtsgericht eine einstweilige Verfügung auf Wiedereinräumung des Besitzes beantragen. Deren Kosten trägt der Vermieter.

§ 885 Abs. 2 ZPO normiert, was mit den Sachen des Schuldners geschieht. Der Wortlaut ist schwer verständlich. Er spricht von beweglichen Sachen, die nicht Gegenstand der Zwangsvollstreckung sind. Das wirft die Frage auf, was Gegenstand der Zwangsvollstreckung ist. Gegenstand der Zwangsvollstreckung sind einmal solche Sachen, die Grundstückszubehör sind. Sie stehen dem Gläubiger zu. Der Gerichtsvollzieher hat sie also nicht nach § 885 Abs. 2 ZPO dem Schuldner zu übergeben. Gegenstand der Zwangsvollstreckung sind zudem Sachen des Schuldners, die der Gerichtsvollzieher pfändet. Zwar beauftragt der Gläubiger ihn üblicherweise nicht hierzu. Allerdings bestimmt § 788 ZPO, dass der Gerichtsvollzieher wegen der Zwangsvollstreckungskosten sogleich mitvollstreckt. Hierfür darf er bewegliche Sachen pfänden.

> ⓘ **Merke:** § 885 Abs. 2 ZPO gilt nur für bewegliche Sachen, die kein Grundstückszubehör sind und die der Gerichtsvollzieher nicht pfänden will.

Oft bleiben Sachen in den Räumen, die nicht Gegenstand der Zwangsvollstreckung sind. Das gilt insbesondere für abgenutzte Möbel des Schuldners. Der Gerichtsvollzieher schafft sie weg. Primär bestimmen der Schuldner, seine Familienangehörigen oder seine Freunde, wohin die Gegenstände kommen. Zum Abtransport beauftragt der Gerichtsvollzieher ein Umzugsunternehmen. Es entstehen oft erhebliche Kosten. Der Gläubiger muss sie vorschießen.[382] Scheut er den Vorschuss, kann er nach § 885a ZPO vorgehen (dazu sogleich).

Die Absätze 3 und 4 des § 885 ZPO regeln den Fall, dass der Schuldner an seinen Sachen zunächst kein Interesse zeigt. Offensichtlich wertlose Sachen wie Müll vernichtet der Gerichtsvollzieher sofort (§ 885 Abs. 3 Satz 2 ZPO).[383] Hierfür bedient er sich eines Entrümpelungsunternehmens. Die übrigen Sachen muss er vorläufig aufbewahren. Unter anderem zu diesem Zweck unterhält jeder Gerichtsvollzieher eine Pfandkammer.[384] Holt der Schuldner die Sachen nicht binnen eines Monats ab, versteigert der Gerichtsvollzieher sie. Zwar muss nach dem Wortlaut des § 885 Abs. 3 ZPO der Schuldner die Lagerkosten tragen. Der Gläubiger hat sie aber vorauszuzahlen. Er riskiert, zumindest teilweise auf den Kosten sitzen zu bleiben.

> ⓘ **Merke:** Bei der Herausgabevollstreckung nach § 885 ZPO muss der Gerichtsvollzieher grundsätzlich den kompletten Hausstand des Schuldners wegschaffen lassen. Erst wenn dies erfolgt ist, gilt die Räumung als vollständig durchgeführt.

---

382 § 4 GVKostG.
383 OLG Zweibrücken, Beschl. v. 5.9.1997 – 3 W 152/97, juris Rn. 6.
384 § 48 GVO.

Nun zu § 885a ZPO. Er erlaubt dem Vermieter, Räumungskosten zu sparen. Der Ge-   957
richtsvollzieher hat wenig Arbeit. Er lässt die Wohnungstür aufschließen. Was er sieht,
dokumentiert er.[385] Am besten, indem er Fotos fertigt (§ 885a Abs. 2 ZPO). Er lässt ein
neues Schloss einbauen. Den Schlüssel gibt er dem Vermieter (§ 885a Abs. 1 ZPO).
Dieser übernimmt die restliche Arbeit.

Idealerweise macht der Vermieter bezüglich wertvoller Gegenstände gemäß § 562b
BGB von seinem Vermieterpfandrecht Gebrauch (sogenannte Berliner Räumung).[386]
Das bedeutet, der Vermieter muss die Gegenstände zunächst verwahren (§§ 1215; 1257
BGB). Nach einem Monat kann er sie versteigern lassen (§§ 1257; 1234 Abs. 2 Satz 2;
1235 BGB). Der Erlös gebührt primär ihm (§ 1247 BGB). Unrat entsorgt der Vermieter
selbst (§ 885a Abs. 3 Satz 2 ZPO). Sonstige Einrichtungsgegenstände lagert er. Meldet
der Mieter sich innerhalb eines Monats nicht, darf der Vermieter die Gegenstände versteigern. Den Erlös muss er hinterlegen (§ 885a Abs. 4 ZPO i. V. m. §§ 372; 383 BGB).

Zu beachten ist jedoch § 562 Abs. 1 Satz 2 BGB i. V. m. § 811 ZPO: Auf unpfändbare
Sachen erstreckt sich das Vermieterpfandrecht nicht. Der Gläubiger muss sie dem
Schuldner herausgeben. Das folgt aus dem Mietvertrag und regelmäßig auch aus § 985
BGB. Der Mieter haftet insoweit nicht für Einlagerungskosten des Vermieters. Das er-
gibt daraus, dass § 885a Absatz 7 ZPO auf Absatz 5 gerade nicht verweist. Ein
Zurückbehaltungsrecht steht dem Vermieter gegenüber dem Mieter insoweit nicht zu.
Das folgt aus dem Wortlaut des § 885a Abs. 5 ZPO: „ohne Weiteres". Richtigerweise darf
der Vermieter auch unpfändbare Sachen nach § 885a Abs. 4 ZPO verwerten.[387] Dafür
spricht dessen pauschaler Wortlaut „die Sachen" und der damit verbundene Verweis auf
Absatz 3. Außerdem soll § 885a ZPO dem Gläubiger ermöglichen, hohe Lagerkosten zu
vermeiden.[388] Und ein Bedürfnis zur Kostenreduzierung besteht auch bei unpfändbaren Sachen.

Gemäß § 885a Abs. 3 Satz 2 ZPO hat der Gläubiger bei Transport und Verwahrung   958
nur Vorsatz und grobe Fahrlässigkeit zu vertreten.

Beispiel

Der räumungspflichtige Mieter lässt seinen Hund in der Wohnung. Der Vermieter geht
nach § 885a ZPO vor. Er nimmt den Hund mit zu sich nach Hause. Mit Tieren kennt er sich
nicht aus. Aus Unwissenheit gibt er dem Hund Schokolade zu essen. Der Hund verstirbt.
Dem Mieter steht kein Schadensersatzanspruch aus § 280 Abs. 1 oder §§ 823 Abs. 1; 90a
Satz 3 BGB zu. Es fehlt am Verschulden.

Keinesfalls darf der Vermieter wertvolle Sachen des Mieters einfach auf den Müll wer-   959
fen. Andernfalls schuldet er dem Mieter Schadensersatz. Anspruchsgrundlage ist unter
anderem § 280 Abs. 1 BGB.[389] Den Vermieter trifft die nachvertragliche Pflicht, die

---

385 § 129 Abs. 2 GVGA.
386 Dazu oben Rn. 595.
387 In diesem Sinne zu § 885 Abs. 5 ZPO: BT-DS 17/10485, S. 31.
388 BGH, Beschl. v. 2.3.2017 – I ZB 66/16, Rn. 18.
389 BGH, Beschl. v. 17.11.2005 – I ZB 45/05, juris Rn. 15 u. v. 16.7.2009 – I ZB 80/05, Rn. 10.

Gegenstände aufzubewahren. Er mag geglaubt haben, er dürfe sie entsorgen. Dieser Rechtsirrtum ist jedoch fast immer schuldhaft. Der Vermieter muss sich erkundigen, was er darf. Mehr noch: Gemäß § 885a Abs. 6 ZPO weist der Gerichtsvollzieher ihn sogar auf seine Aufbewahrungspflicht hin.

Klausurtipp

Hier können sich Darlegungs- und Beweisfragen stellen. Insbesondere kann das Protokoll des Gerichtsvollziehers als öffentliche Urkunde auszuwerten sein. Außerdem hat der Vermieter absichtlich Beweismittel vernichtet. Nach der Rechtsprechung zur Beweisvereitelung muss dieser beweisen, dass die vernichteten Sachen nicht die vom Mieter behaupteten Eigenschaften aufwiesen.[390]

Zulässigkeitsprobleme

Bei der Zulässigkeit muss man bei der Räumungsvollstreckung zuweilen sehr genau arbeiten.

960

Fall

Gläubiger G erwirkte gegen seinen früheren Mieter S einen Räumungstitel. Danach muss S die Mieträume herausgeben. G beauftragt den Gerichtsvollzieher, die Türschlösser auszutauschen. Das macht der Gerichtsvollzieher mit Hilfe eines Schlüsseldiensts. Er händigt G die neuen Schlüssel aus. S legt Erinnerung ein. Er beruft sich darauf, dass sich seine Möbel noch in der Wohnung befinden.

❓ Hat die Erinnerung Erfolg?

✔️ Die Erinnerung hat keinen Erfolg. Sie ist unzulässig. Es fehlt das Rechtsschutzbedürfnis. Das Rechtsschutzbedürfnis für eine Erinnerung endet regelmäßig, wenn die gerügte Vollstreckungsmaßnahme abgeschlossen ist.[391] Grundsätzlich ist eine Räumungsvollstreckung erst beendet, wenn das Mobiliar des Schuldners entfernt ist.[392] Das ergibt sich aus § 885 Abs. 2 ZPO.

Hier war die Vollstreckungsmaßnahme aber bereits beendet. G hat den Gerichtsvollzieher nicht beauftragt, Gegenstände nach § 885 Abs. 2 ZPO wegzuschaffen.[393] Der Gerichtsvollzieher sollte lediglich den Besitz wechseln. Ein derart beschränkter Auftrag ist gemäß § 885 Abs. 1 Satz 1 i. V. m. 885a Abs. 1 ZPO erlaubt.

---

390 BGH, Urt. v. 15.11.1984 – IX ZR 157/83, juris Rn. 23 u. v. 14.7.2010 – VIII ZR 45/09, Rn. 15; LG Lübeck, Beschl. v. 21.4.2010 – 14 T 33/10, juris Rn. 17.

391 Zu Ausnahmen siehe oben Rn. 736.

392 LG Hamburg, Beschl. v. 7.6.1993 – 316 T 64/93, juris Rn. 2.

393 BGH, Beschl. v. 2.3.2017 – I ZB 66/16, Rn. 7; LG München I, Beschl. v. 30.6.1998 – 14 T 2805/98, Rn. 14.

Hinreichende Bestimmtheit des Räumungstitels

Bei der Vollstreckung nach § 885 ZPO stellen sich besondere Erfordernisse im Hinblick   961
auf die Bestimmtheit des Titels. Die Räume müssen genau beschrieben sein. Möglicherweise fehlt ein Schuppen, ein Hof oder eine Garage. Manchmal darf der Gerichtsvollzieher diese Bereiche dennoch räumen. Man muss den Tenor auslegen. Vielleicht meint er
das gesamte Objekt.

Der Veräußerer eines Grundstücks kann sich in einem notariellen Kaufvertrag mit
Unterwerfungserklärung nach § 794 Abs. 1 Nr. 5 ZPO verpflichten, das Grundstück zu
räumen. Die Räumungspflicht ist damit tituliert. Dieselbe Möglichkeit besteht in einem
Vergleich. In Vergleichen kann sich gemäß § 794a ZPO sogar ein Mieter bereiterklären,
seine Wohnung zu räumen. Das muss er aber deutlich ausdrücken. Manchmal einigen
sich die Parteien nur, das Mietverhältnis zu einem bestimmten Zeitpunkt zu beenden.
Das genügt nicht. Denn diese Abrede ersetzt nur die Kündigung. Zwischen Vertragsbe-
endigung und Räumung besteht ein Unterschied.

Räumungsschuldner

Standardmäßig stellt sich das Problem, gegen wen der Vermieter einen Titel benötigt.   962
Die typische Fallkonstellation in der Praxis ist folgende: Der Vermieter erstreitet gegen
seinen Mieter ein Räumungsurteil. Der Gerichtsvollzieher bestimmt den Räumungstermin. Ein Mitbewohner legt Erinnerung nach § 766 ZPO ein. Er rügt, er sei Mitbesitzer. Zumindest gegen ihn dürfe nicht vollstreckt werden.[394] Für den Vollstreckungsrichter stellt sich die Frage, ob die Erinnerung begründet ist.

Ausgangspunkt ist § 750 Abs. 1 ZPO. Danach muss der Titel den Namen der Personen nennen, gegen die der Gerichtsvollzieher vollstreckt. Für die Räumungsvollstreckung zeigt § 885 ZPO, gegen wen im Rechtssinne vollstreckt wird. So hat der Gerichtsvollzieher den Schuldner aus dem Besitz zu setzen. Daraus entnimmt man, dass der
Gerichtsvollzieher gegen jeden vollstreckt, den er aus dem Besitz setzt. „Aus dem Besitz
setzen" verlangt, dass eine Person Besitz hat. Das ist auch beim Mitbesitzer der Fall. Der
Räumungstitel muss deswegen auch den Namen eines jeden Mitbesitzers nennen.[395]
Andernfalls darf der Gerichtsvollzieher das Objekt nicht vollumfänglich räumen.

> 🛈 **Merke:** Der Vermieter kann aus einem alleinigen Räumungstitel gegen den Mieter
> nicht gegen Mitbesitzer der Wohnung vollstrecken.

Vom Besitzdiener spricht § 885 ZPO hingegen nicht. Besitzdiener sind lediglich ver-   963
längerte Arme eines Besitzers. Gegen sie vollstreckt ein Gerichtsvollzieher im Rechtssinne nicht. Besitzdiener kann der Gerichtsvollzieher vielmehr zusammen mit dem
Mieter aus der Wohnung befördern. Das ergibt sich aus § 758 Abs. 3 ZPO. Besitzdiener
müssen nicht im Titel genannt sein. Dies ist der Klausureinstieg in eine sachenrechtliche Prüfung. Besitzer ist, wer zur Sache willentlich eine nach außen erkennbare räumliche Herrschaftsbeziehung von gewisser Festigkeit und Dauer ausübt. Mitbesitz (§ 866
BGB) ist gegeben, wenn mehrere Personen die tatsächliche Sachherrschaft gemeinsam
und gleichstufig ausüben. Jeder beherrscht also entweder die ganze Sache oder einzelne

---

394 Z. B. LG Mannheim, Beschl. v. 25.3.1992 – 4 T 54/92 = NJW-RR 1993, 147.
395 Vgl. auch §§ 886; 940a Abs. 2 ZPO.

Wohnräume im Sinne von § 865 BGB. Erforderlich ist mehr als ein bloßes Mitwohnen. Der Mitbesitzer erkennt keinen Oberbesitz des Mieters an. Der Besitzdiener fügt sich hingegen Weisungen.

964   Besitz hat der Mieter selbst. Seine minderjährigen Kinder sind bloße Besitzdiener nach § 855 BGB.[396] Weitere Besitzdiener des Mieters sind Besucher. Der Ehegatte des Mieters ist hingegen Mitbesitzer.[397] Sein Name muss im Vollstreckungstitel erscheinen. Dies gilt auch, wenn er im Mietvertrag nicht erwähnt ist. Nach heutiger Gesellschaftsauffassung herrschen Ehegatten nämlich gleichberechtigt über eine Wohnung.

> **Klausurtipp**
>
> Der Mitbesitz von Ehegatten bei der Räumungsvollstreckung ist ein Klassiker. Er muss bekannt sein. Keinesfalls darf man hier die Besitzvermutung des § 739 ZPO anwenden. Die Vorschrift verweist nämlich auf § 1362 BGB. Und dieser gilt nach seinem Wortlaut nur für bewegliche Sachen.[398]

Wohnen mehrere Studenten in einer Wohngemeinschaft (WG), benötigt der Vermieter gegen jeden von ihnen einen Vollstreckungstitel. Auch der Untermieter muss im Titel genannt sein.[399]

Streitig ist, ob ein Räumungstitel gegen den nichtehelichen Partner des Mieters nötig ist.[400] Dagegen mag man einwenden, der Mieter könne sonst die Räumung vereiteln. Er brauche nur wahrheitswidrig behaupten, einen Lebenspartner aufgenommen zu haben. Auf der anderen Seite verdient ein dauerhaft aufgenommener Partner den Schutz des Titelerfordernisses aus § 750 Abs. 1 ZPO. Seine Position ist derart verfestigt, dass er sich gegen die Zwangsmaßnahmen des Gerichtsvollziehers mit der Erinnerung nach § 766 ZPO wehren können muss.

Richtigerweise kommt es auf den Einzelfall an.[401] Der Gerichtsvollzieher muss genau hinschauen. Für Mitbesitz sprechen folgende Indizien: Steht der Name des Lebensgefährten an der Klingel? Hat der Lebensgefährte beim Einwohnermeldeamt die Wohnung als seinen Wohnsitz angegeben? Hat der Mieter dem Vermieter mitgeteilt, dass er den Lebensgefährten in die Wohnung aufgenommen hat?[402]

Die gleichen Umstände muss der Gerichtsvollzieher prüfen, wenn sich Angehörige des Mieters in der Wohnung befinden, z. B. sein Bruder oder ein Elternteil.

---

396 BGH, Beschl. v. 19.3.2008 – I ZB 56/07, juris Rn. 20; KG Berlin, Beschl. v. 26.10.1993 – 1 W 6068/93, juris Rn. 5.
397 BGHZ 159, 383, juris Rn. 7.
398 OLG Oldenburg, Beschl. v. 3.2.1994 – 2 W 100/93, juris Rn. 4.
399 BGH, Beschl. v. 18.7.2003 – IXa ZB 116/03, juris Rn. 10.
400 Dagegen: OLG Karlsruhe, Beschl. v. 16.6.1992 – 15 W 30/92; dafür: KG, Beschl. v. 26.10.1993 – 1 W 6068/93.
401 BGH, Beschl. v. 19.3.2008 – I ZB 56/07, Rn. 13.
402 LG Saarbrücken, Beschl. v. 9.5.2018 – 5 T 142/18, juris Rn. 13 f.

Entsprechendes gilt für ein volljähriges Kind.[403] Zusätzlich kommt es hier auf ein soziales Abhängigkeitsverhältnis an. Der Gerichtsvollzieher muss folgende Fragen klären: Wohnt das Kind in einem abgeschlossenen Bereich? Zahlt es Miete? Hat es seine Ausbildung bereits abgeschlossen? Hat es schon als Minderjähriger in denselben Räumen gewohnt? Immerhin ändern sich die Besitzverhältnisse üblicherweise nicht automatisch über Nacht.

Die Indizien müssen zu einem eindeutigen Ergebnis führen.[404] Im Zweifel ist eine Person kein Mitbesitzer.[405] Das liegt an der Formalisierung der Zwangsvollstreckung. Der Gerichtsvollzieher darf nicht überfordert werden. Ohne die Zweifelsregel bestünde die Gefahr, dass der Mieter die Vollstreckung vereitelt. Er bräuchte einfach nur zu behaupten, ein Besucher sei sein neuer Lebensgefährte. Der Gerichtsvollzieher müsste die Zwangsräumung abbrechen. Das darf nicht sein.

Klausurtipp

Gut denkbar sind Klausuren, in denen der Gerichtsvollzieher die Vollstreckung ablehnt. Hiergegen erhebt der Vermieter Erinnerung. Er brauche keinen Titel gegen den Mitbesitzer. Dieser wohne zu Unrecht mit in der Wohnung. Auf dieses Argument sollte der Klausurbearbeiter eingehen (Echoprinzip). Es ist falsch. Ob ein Mitbesitzer ein Recht zum Besitz hat, muss der Gerichtsvollzieher nicht prüfen.

Fall[406]

965

Mieter M zahlt seine Miete nicht. Eigentümer E erstreitet ein Räumungsurteil gegen ihn. Den Wohnungsschlüssel gibt M nicht zurück. Vielmehr meldet er sich gar nicht mehr bei E. Daraufhin beauftragt E einen Gerichtsvollzieher. Dieser kündigt die Zwangsräumung an. U schreibt an den Gerichtsvollzieher, M habe ihm die Wohnung untervermietet. Er legt einen Mietvertrag vor. Er sei zwar noch nicht eingezogen. U meint aber, der Gerichtsvollzieher dürfe die Wohnung nicht räumen. Immerhin sei er nicht im Titel genannt.

? Hat U Recht?

✓ Nein. Der Gerichtsvollzieher darf die Wohnung räumen. Nach § 750 Abs. 1 ZPO darf er nur gegen den vollstrecken, der in Titel oder Klausel genannt ist. Wer darin nicht genannt ist, gegen den darf keine Zwangsvollstreckung stattfinden. Dies wirft die Frage auf, gegen wen die Zwangsräumung stattfindet. Gemäß § 885 Abs. 1 ZPO hat der Gerichtsvollzieher bei der Zwangsräumung den Schuldner aus

---

403 BVerfG, Beschl. v. 16.1.1991 – 1 BvR 59/91, juris Rn. 4; BGH, Beschl. v. 19.3.2008 – I ZB 56/07, Rn. 21 u. v. 2.10.2012 – I ZB 78/11, Rn. 24; HansOLG Hamburg, Beschl. v. 6.12.1990 – 6 W 73/90 = NJW-RR 1991, 909 (910); LG München I, Beschl. v. 31.7.2017 – 14 T 8470/17 = BeckRS 2017, 124098.
404 BGH, Beschl. v. 19.3.2008 – I ZB 56/07, Rn. 21 mit zust. Anm. Bieber, jurisPR-MietR 13/2008 Anm. 4.
405 BGH, Beschl. v. 19.3.2008 – I ZB 56/07, Rn. 21 für volljährige Kinder.
406 Nach AG Charlottenburg, Beschl. v. 7.4.2014 – 32 M 8042/14.

dem Besitz zu setzen und den Gläubiger in den Besitz einzuweisen. Das zeigt, dass die Zwangsräumung gegen den Besitzer der Wohnung stattfindet. Der Besitz kennzeichnet sich aber nach § 854 BGB durch die tatsächliche Sachherrschaft. U hat noch keine Sachherrschaft an der Wohnung erlangt. Es gilt das Abstraktionsprinzip und Trennungsprinzip. Der Mietvertrag wirkt nur schuldrechtlich. Auf seine Wirksamkeit kommt es nicht an.

- **REF**

Auch Räumungsurteile sind für vorläufig vollstreckbar zu erklären. In der Regel ist nach § 708 Nr. 7 ZPO keine Sicherheitsleistung anzuordnen.

Die Anwaltsklausur im Räumungsstreit

966   Wird in der Anwaltsklausur der Mieter vertreten, können Vollstreckungsschutzanträge zu prüfen sein. Das Mieterinteresse schützt § 721 ZPO. Danach gewährt das Gericht ihm auf Antrag eine angemessene Räumungsfrist. Beim Räumungsvergleich darf das Gericht nach § 794a ZPO eine Räumungsfrist gewähren. Der Rechtsanwalt sollte stets die von ihm gewünschte Frist vorschlagen.

Eine Räumungsfrist verlängert das Mietverhältnis nicht. Sie hindert nur die Vollstreckung. Der Vermieter kann keine Miete verlangen. Der Mieter schuldet nur Nutzungsentschädigung nach § 546a BGB. Das bedeutet, der Mieter kann wegen vorübergehender Mängel nicht mindern. Alle sonstigen Fragen richten sich nach dem Eigentümer-Besitzer-Verhältnis (EBV) und den §§ 951; 812 BGB. Dies betrifft insbesondere Verwendungen des Mieters.

Ein guter Mieteranwalt denkt zudem an einen Antrag nach § 712 ZPO. Danach kann der Schuldner die Räumung vorübergehend abwenden. Er muss grundsätzlich Sicherheit leisten. Der Antrag muss nach § 714 ZPO vor Schluss der mündlichen Verhandlung gestellt werden.

Möglicherweise ist gegen den Mandant bereits ein Räumungsurteil ergangen. Es ist jedoch rechtlich falsch. In diesem Fall sollte Berufung eingelegt werden. Parallel ist zu beantragen, die Zwangsvollstreckung nach §§ 719; 707 ZPO einzustellen.[407]

In der Anwaltsklausur aus Vermietersicht ist das Prinzip des sichersten Wegs zu beachten. Ist unklar, ob ein Dritter Mitbesitzer ist, ist er auf Räumung mitzuverklagen.[408] Möglicherweise verneint das Gericht bezüglich des Dritten das Rechtsschutzbedürfnis. Der Mandant könne gegen den Dritten aus dem gegen den Mieter gerichteten Räumungsurteil mitvollstrecken. Dann muss der Mandant nach § 92 ZPO die diesbezüglichen Prozesskosten tragen. Dieses Kostenrisiko ist jedoch normalerweise weniger schlimm als die Gefahr, dass der Gerichtsvollzieher die Räumung verweigert. Der Mandant ist auf das Prozessrisiko hinzuweisen.

Der Klageantrag sollte keinesfalls auf Besitzkehr im Sinne des § 885a ZPO beschränkt werden. Besser ist ein umfassender Antrag.

---

407 Vgl. BGH, Beschl. v. 27.6.1990 – XII ZR 73/90, juris Rn. 2.
408 Schuschke, JuS 2008, 977 (978); Stefan Mroß/Nikolaj Fischer, DGVZ 2016, 195 (197).

Formulierungsvorschlag
Der Beklagte wird verurteilt, die [genau zu bezeichnenden Räume] zu räumen und an den Kläger herauszugeben.

Wie der Mandant das Urteil vollstreckt, kann er immer noch entscheiden. Möglicherweise ändert sich die Sachlage. Dann hat der Mandant bereits einen Titel. § 885a Abs. 1 ZPO spricht schließlich davon, dass der Vollstreckungsauftrag beschränkt werden kann. Von einer Beschränkung der Klage ist keine Rede.

In der Regel ist der Räumungsschuldner Mieter. Oft hat er Mietrückstände. Sie können in objektiver Klagehäufung nach § 260 ZPO miteingeklagt werden. Dabei ist an einen Antrag nach § 283a ZPO zu denken. Der Beklagte muss unter Umständen Sicherheit für die künftigen Mietforderungen leisten. Der Mandant ist aber auf das Schadensersatzrisiko gemäß § 283a Abs. 4 ZPO hinzuweisen.

All diese Gedanken sollte der Klausurbearbeiter beim Punkt Zweckmäßigkeit zu Papier bringen.

In der späteren Praxis als Rechtsanwalt sollte man sich zunächst beim Räumungsschuldner informieren, wer alles in den Räumen lebt. Als Vermieteranwalt sollte man sich auch bei den Nachbarn umhören. Überdies empfiehlt sich, beim Einwohnermeldeamt anzufragen, wer in der Wohnung gemeldet ist.[409] Erst dann ist die Räumungsklage ratsam.[410]

Bei namentlich unbekannten Hausbesetzern kann die Polizei helfen, die Namen herauszufinden. Der Mandant kann Strafanzeige wegen Hausfriedensbruch stellen. Für den Mandant kann dann Akteneinsicht genommen werden (§ 406e StPO).

967

Merke: Der Name des Gegners muss in der Klage genannt werden.

Für zu unbestimmt hielt der BGH die Bezeichnung: „Eine Anzahl von 40 männlichen und weiblichen Personen, die sich als "Kulturkollektiv Arno-Nitzsche" bezeichnen und sich zum Zeitpunkt der Zustellung auf der im Grundbuch des Amtsgerichts Leipzig eingetragenen Fläche, Gemarkung …, Blatt …, Flurstück Nr. … dauerhaft aufhalten."[411]

Freilich kann sich trotz sorgfältiger Ermittlungen erst im Vollstreckungsverfahren herausstellen, dass ein Dritter Mitbesitz an der Wohnung hat. Dann ist gegen den Dritten eine einstweilige Räumungsverfügung nach § 940a Abs. 2 ZPO in Betracht zu ziehen. Sie stellt einen Vollstreckungstitel dar. Hierfür muss der Mandant nicht einmal Eilbedürftigkeit darlegen.[412] Der Mandant muss jedoch glaubhaft machen, dass er vom Besitzerwerb des Dritten erst nach dem Schluss der mündlichen Verhandlung Kenntnis erlangt hat.

409 § 44 Bundesmeldegesetz.
410 Stefan Mroß/Nikolaj Fischer, DGVZ 2016, 195 (198).
411 BGH, Beschl. v. 13.7.2017 – I ZB 103/16, Rn. 4 und 9 ff; noch unbestimmter der Antrag bei OLG Oldenburg, Beschl. v. 24.2.1995 – 5 W 24/95, juris Rn. 7 und 9: 7–10 unbekannte Personen.
412 LG Mönchengladbach, Beschl. v. 10.12.2013 – 2 T 62/13 = NZM 2014, 132; LG Frankfurt (Oder), Urt. v. 18.4.2016 – 16 S 151/15, juris Rn. 13.

Zur Glaubhaftmachung des Drittbesitzes kann ein Räumungsprotokoll des Gerichtsvollziehers herhalten. Häufig wird er nämlich die Räumung wegen des Mitbesitzes des Dritten abgebrochen haben. Das hat er gemäß § 762 ZPO zu dokumentieren.[413]

Räumungsvollstreckung aus dem Zuschlagsbeschluss

⟩ Map 8.28

968   § 93 ZVG gibt dem Ersteher eines Grundstücks einen Titel. Er kann gegen den Besitzer des Grundstücks direkt vollstrecken. Er braucht ihn nicht etwa erst auf Räumung zu verklagen. Typischer Fall ist der Vollstreckungsschuldner, der einen Hauskredit aufgenommen hat. Als Sicherheit hat er der Bank eine Grundschuld an seinem Grundstück bestellt. Er hat sich wegen des Anspruchs auf Duldung der Zwangsvollstreckung (§§ 1147; 1192 Abs. 1 BGB) gemäß § 794 Abs. 1 Nr. 5 ZPO der sofortigen Zwangsvollstreckung unterworfen. Er wird arbeitslos. Dann kann er den Kredit nicht mehr zurückzahlen. Die Bank lässt das Grundstück versteigern. Der Ersteher möchte mit seiner Familie einziehen. Er kann sofort den Gerichtsvollzieher beauftragen. Ein Erkenntnisverfahren gegen den Schuldner ist entbehrlich. Der Herausgabeanspruch aus § 985 BGB ist nämlich bereits tituliert. Der Zuschlagsbeschluss ist der Titel. Seine Rechtsfolge ergibt sich aus § 93 ZVG. Stark vereinfacht gesprochen sagt § 93 ZVG, dass man § 985 BGB nicht prüfen muss. Anstelle der Prüfung von § 985 BGB im Erkenntnisverfahren tritt das Zwangsversteigerungsverfahren.[414] Für ein Erkenntnisverfahren des Erstehers gegen den Schuldner fehlt ein Rechtsschutzbedürfnis.

Der Gerichtsvollzieher verfährt grundsätzlich nach § 885 ZPO.[415] Wurden mitversteigerte Gegenstände vom Grundstück entfernt, kann er sie nach § 883 ZPO wegnehmen. Problematisch ist jedoch zuweilen die Klausel:

969

Fall

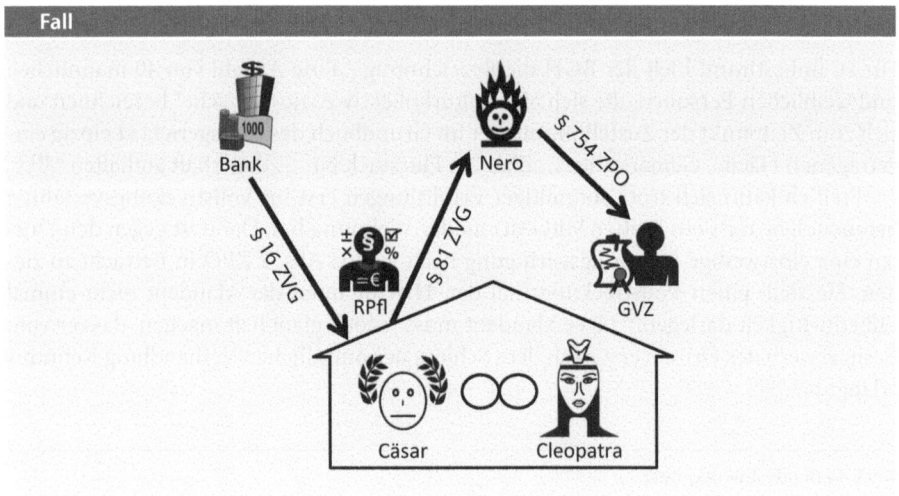

---

413 Vgl. § 128 Abs. 9 GVGA.
414 OLG München, Beschl. v. 11.12.1954 – 3 W 1617/54 = NJW 1955, 637; Cranshaw/Gietl, ZfIR 2010, 753 (756).
415 BGH, Beschl. v. 2.3.2017 – I ZB 66/16, Rn. 12 auch zu § 885a ZPO.

Cäsar ist Eigentümer eines Hausgrundstücks. Dort lebt er mit seiner Ehefrau Cleopatra. Cäsar hat seine Schulden bei der Bank nicht bezahlt. Die Bank erwirkt einen Vollstreckungstitel gegen ihn. Sie beantragt gemäß § 16 ZVG beim Rechtspfleger, Cäsars Grundstück zu versteigern. Nero bietet bei der Versteigerung den höchsten Preis. Deshalb schlägt der Rechtspfleger ihm gemäß § 81 Abs. 1 ZVG das Grundstück zu. Nero lässt sich von der Geschäftsstelle eine einfache vollstreckbare Ausfertigung des Zuschlagsbeschlusses erteilen. In ihr ist nur Cäsar als Vollstreckungsschuldner genannt. Mit der vollstreckbaren Ausfertigung beauftragt Nero gemäß § 754 ZPO den Gerichtsvollzieher. Dieser soll nach § 885 ZPO das Grundstück räumen und an Nero herausgeben. Cleopatra weigert sich, das Grundstück zu verlassen. Der Gerichtsvollzieher trägt Cleopatra heraus. Sie legt Erinnerung ein.

❓ Ist die Erinnerung begründet?

✔️ Ja, die Erinnerung ist begründet.

Der Gerichtsvollzieher darf gemäß § 758 Abs. 3 ZPO Gewalt anwenden. Auch existiert gegen Cleopatra ein Titel. Denn nach § 93 ZVG findet gegen „den Besitzer" die Zwangsräumung statt. Nach obigen Grundsätzen ist der Ehegatte Mitbesitzer eines Hauses. Cleopatras Besitzrecht entfiel durch den Zuschlag. Denn sie leitete ihr Besitzrecht von Cäsar ab. Und Cäsars Besitzrecht erlosch durch den Zuschlag. Damit ist auch Cleopatra Räumungsschuldnerin.[416]

Allerdings muss nach § 750 Abs. 1 ZPO der Titel oder die Klausel den Schuldner namentlich bezeichnen.[417] Im Zuschlagsbeschluss ist Cleopatra nicht genannt. In der vollstreckbaren Ausfertigung einschließlich Klausel ist sie es ebenso wenig. Nero hätte analog § 727 Abs. 1 ZPO beim Rechtspfleger eine qualifizierte Klausel beantragen müssen.[418] Notfalls hätte er Klauselerteilungsklage nach §§ 795; 731 ZPO erheben müssen.[419] Die qualifizierte Klausel hätte Nero nach § 750 Abs. 2 ZPO Cleopatra zustellen lassen müssen. Das hat er nicht getan. Er kann es theoretisch nachholen.[420] Bis dahin darf der Gerichtsvollzieher nur gegen Cäsar vollstrecken.

❗ **Merke: Der Grundstücksersteher kann aus dem Zuschlagsbeschluss gegen jeden nichtberechtigten Besitzer des Grundstücks vollstrecken. Der Titel wirkt nicht etwa nur gegen den Schuldner des Versteigerungsverfahrens. Insbesondere müssen Familienangehörige das Grundstück prinzipiell mitverlassen. Allerdings müssen sie in der Klausel namentlich genannt sein.**

---

416 I. d. S. LG Oldenburg (Oldenburg), Beschl. v. 18.10.1990 – 6 T 726/90 = Rpfleger 1991, 29; AG Westerburg, Beschl. v. 19.11.2004 – 11 K 182/03, juris Rn. 2.

417 I. V. m. §§ 795; 794 Abs. 1 Nr. 3 ZPO; 96 ZVG.

418 I. d. S. OLG Hamm, OLGZ 1990, 362, juris Rn. 44; Cranshaw/Gietl, ZfIR 2010, 753 (758); zu den Beweisproblemen: Meerhoff, ZfIR 2018, 93–97 (95).

419 Dazu näher unten Rn. 1066.

420 OLG Köln, Beschl. v. 5.9.1996 – 2 W 101/96, juris Rn. 25.

Ausgangsfall

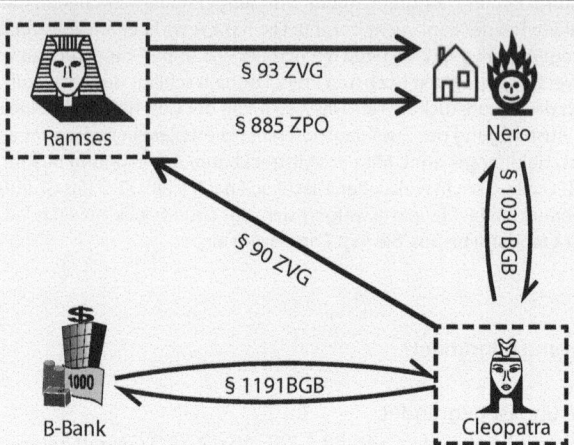

Cleopatra ist Eigentümerin eines Hausgrundstücks. Auf dem Grundstück lastet eine Grundschuld zugunsten der B-Bank. Die Grundschuld wurde am 01.10.2012 in Abteilung III des Grundbuchs eingetragen. Cleopatra und Nero gehen zum Notar. Dort bestellt sie Nero einen notariellen Nießbrauch am Hausgrundstück. Der Nießbrauch wird am 14.02.2018 in Abteilung II des Grundbuchs eingetragen. Cleopatra gibt Nero sämtliche Schlüssel des Wohnhauses. Nero nutzt das Haus als Zweitwohnsitz in seiner Urlaubszeit.

Cleopatra zahlt ihre Schulden bei der Bank nicht. Daraufhin lässt diese das Grundstück zwangsversteigern. Ramses ersteigert das Grundstück. Er beantragt beim Rechtspfleger gegen Nero eine vollstreckbare Ausfertigung des Zuschlagsbeschlusses (qualifizierte Klausel). Als Beweismittel legt er die notarielle Nießbrauchsbestellungsurkunde, einen öffentlich beglaubigten Grundbuchauszug und eine beglaubigte Abschrift des Zuschlagsbeschlusses vor. Daraufhin erteilt der Rechtspfleger Ramses analog § 727 ZPO eine qualifizierte Klausel. In dieser ist Nero als Grundstücksbesitzer genannt. Nero wird eine Ausfertigung des Zuschlagsbeschlusses und der Klausel zugestellt. Ramses wendet sich mit seiner vollstreckbaren Ausfertigung an den Gerichtsvollzieher. Er beauftragt ihn, das Grundstück zu räumen. Der Gerichtsvollzieher geht zum Grundstück. Nero hat gerade Urlaub und befindet sich dort. Der Gerichtsvollzieher zeigt Nero den Beschluss. Er meint, Nero müsse sofort ausziehen. Nero beruft sich auf den Nießbrauch. Er meint, er könne zwar jederzeit in seine Hauptwohnung zurück. Er wolle aber hier noch ein paar Tage verbringen. Ramses müsse ihn erst herausklagen.

❓ Hat Nero Recht?

✅ Nero hat nicht Recht. Nero muss sofort ausziehen. Die allgemeinen Vollstreckungsvoraussetzungen liegen vor. Ramses hat gemäß § 93 ZVG einen Titel, nämlich den Zuschlagsbeschluss. Ihm wurde auch eine Klausel erteilt. Titel und Klausel wurden Nero zugestellt (§ 750 Abs. 1 und 2 ZPO). Weiterhin liegen die Voraussetzungen des § 885 ZPO vor. Insbesondere ist Nero Räumungsschuldner und Besitzer. Nach § 93 Abs. 1 Satz 2 ZVG soll die Zwangsvollstreckung zwar nicht erfolgen, wenn der Besitzer auf Grund eines Rechts besitzt, das durch den Zuschlag nicht erloschen ist. Allerdings erlosch Neros Besitzrecht durch den Zuschlag. Neros Besitzrecht folgte aus dem Nießbrauch (§ 1030 Abs. 1 BGB). Der Nießbrauch erlosch durch den Zuschlag nach §§ 44 Abs. 1; 52 Abs. 1 Satz 2 ZVG. Denn der Nießbrauch ging der Grundschuld nach 879 Abs. 1 Satz 2 BGB im Range nach (sogenanntes Tempusprinzip).

Nero hätte nach 268 Abs. 1 BGB die Grundschuld ablösen können. Das hat er nicht getan.

Abwandlung   971

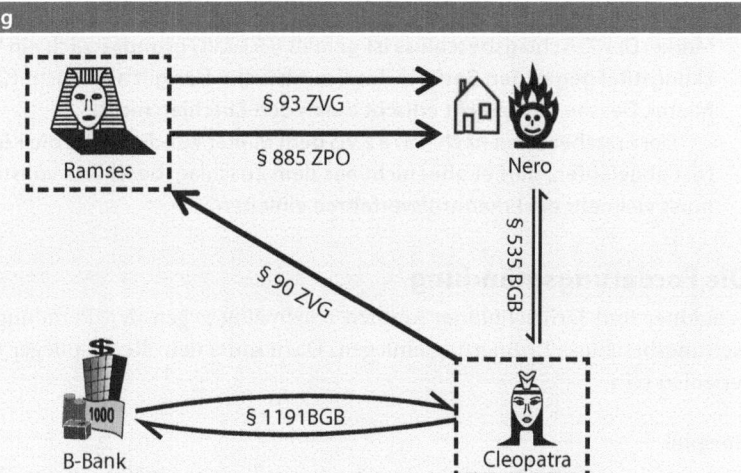

Cleopatra hat keinen Nießbrauch bestellt. Vielmehr hat sie mit Nero einen Mietvertrag abgeschlossen. Ramses beantragt gegen Nero eine qualifizierte Klausel zum Zuschlagsbeschluss. Der Rechtspfleger hört Nero an (§ 730 ZPO). Nero gesteht seinen Besitz zu. Er trägt vor, den schriftlichen Mietvertrag verloren zu haben. Der Rechtspfleger erteilt Ramses zum Zuschlagsbeschluss gegen Nero eine Klausel. Dann findet Nero den Mietvertrag wieder.

❓ Welchen Rechtsbehelf kann Nero gegen die Zwangsvollstreckung erheben?

✅ Nero kann Drittwiderspruchsklage erheben. Ihre Statthaftigkeit ergibt sich aus § 93 Abs. 1 Satz 3 ZVG. Ausschließlich zuständig ist das Amtsgericht. Es handelt sich um eine Wohnraummietsache gemäß § 23 Nr. 2a GVG.[421]

Der Obersatz für die Begründetheit der Drittwiderspruchsklage lautet: „Die Drittwiderspruchsklage ist begründet, wenn Nero als Besitzer ein Recht am Grundstück zusteht, das durch den Zuschlagsbeschluss nicht erloschen ist."

Im Rahmen der Drittwiderspruchsklage prüft das Gericht, ob zwischen Nero und Ramses ein Mietvertrag besteht. Direkt haben beide keinen Mietvertrag geschlossen. Ramses hat aber nach § 57 ZVG i. V. m. § 566 BGB den Mietvertrag zwischen Nero und Cleopatra übernommen.

---

421 OLG Stuttgart, Beschl. v. 20.8.2009 – 6 W 44/09, juris Rn. 13.

Die Beweislast für die Wirksamkeit des Mietvertrags trägt nach allgemeinen Regeln Nero.[422] Der Mietvertrag ist eine für ihn günstige Tatsache. Den Beweis kann Nero nunmehr führen.

Die Drittwiderspruchsklage ist begründet. Ramses hätte Nero nach § 57a ZVG kündigen müssen. Dafür hätte eines Kündigungsgrunds beruft, z. B. § 573 BGB. Überdies hätte Ramses auf Räumung klagen müssen. Erst aus dem darauf ergehenden Räumungsurteil kann er vollstrecken.

> ❶ Merke: Der Zuschlagsbeschluss ist gemäß § 93 ZVG grundsätzlich ein Vollstreckungstitel gegen den Besitzer des Grundstücks. Das gilt aber nicht für einen Mieter. Dessen Besitzrecht erlischt durch den Zuschlag nicht.
>
> Der Ersteher kann nach § 57a ZVG dem Mieter kündigen. Ist die Kündigungsfrist abgelaufen, darf er aber nicht aus dem Zuschlagsbeschluss vollstrecken. Er muss vielmehr ein Erkenntnisverfahren einleiten.

972 ## Die Forderungspfändung

Schuldner und Drittschuldner können regelmäßig gegen den Pfändungs- und Überweisungsbeschluss Erinnerung einlegen. Dazu muss dem Rechtspfleger ein Fehler unterlaufen sein.

Beispiel

Die zu pfändende Forderung ist zu unbestimmt bezeichnet.[423] In diesem Fall hebt der Vollstreckungsrichter den PfÜB auf.

8.4 REF Rubrum der Erinnerung

973 | **Klausurtipp** |
| --- |
| Die Bedeutung des Rubrums darf man nicht unterschätzen. Üblicherweise vergibt der Korrektor für ein sauberes Rubrum zwar nur wenige Punkte. Allerdings handelt es sich um das Erste, das der Korrektor von der Klausur sieht. Wer zieht schon gerne in ein Hotel, bei dem die Außenfassade abbröckelt und von der Leuchtschrift nur noch die Buchstaben H und E leuchten? Mögen die Zimmer im Inneren auch noch so schön sein – der erste Eindruck hinterlässt Spuren. Deshalb sollte man sich an dieser Stelle auch für die Details Zeit nehmen. |

Entscheidungsform Wer das Rubrum gemäß §§ 766; 764 Abs. 3 ZPO mit „Beschluss" überschreibt, macht es richtig. Statt „in dem Rechtsstreit" schreibt man „in der Zwangsvollstreckungssache".

---

422 BGH, Urt. v. 18.9.2013 – VIII ZR 297/12, juris Rn. 15 mit insoweit zust. Anm. Depré, ZfIR 2014, 108–109 (109).
423 Siehe oben Rn. 710.

Gläubiger und Schuldner   Die Beteiligten werden als „Gläubiger" und „Schuldner" bezeichnet, nicht als „Kläger" oder „Antragsteller." Stets sind sämtliche Beteiligte aufzuzählen. Den Gläubiger erwähnt man zuerst. Das gilt für Gläubiger- Schuldner- und Dritterinnerung gleichermaßen. Auch bei der Gläubigererinnerung ist der Schuldner im Rubrum aufzuführen. Und das obwohl er möglicherweise nicht angehört wird.

Dritterinnerung   Legt ein Dritter Erinnerung ein, nennt man ihn „Erinnerungsführer". Manche Gerichte bezeichnen ihn ungenau als „weiteren Beteiligten." Davon ist in der Klausur abzuraten.

Prozessvertreter   Rechtsanwälte heißen „Verfahrensbevollmächtigte".

Beschlussdatum   Das Gericht entscheidet normalerweise gemäß § 128 Abs. 4 ZPO ohne mündliche Verhandlung. Unüblich wäre es, hierzu ein Wort zu verlieren. Es heißt schlicht:

> hat das Amtsgericht Mannheim am 11.05.2018 durch den Richter am Amtsgericht Dr. Müller beschlossen:

Das Beschlussdatum ergibt sich normalerweise aus dem Bearbeitervermerk. Dort heißt es wörtlich oder sinngemäß: „Bearbeitungszeitpunkt ist der 11.05.2018."

⊘ Merke: Weder Rechtspfleger noch Gerichtsvollzieher sind im Rubrum aufzuführen.

8.5 REF Tenor

Der Tenor des Erinnerungsbeschlusses besteht mindestens aus Hauptsache und Kostenentscheidung. Bei seiner Formulierung geht es in Rechtsprechung und Literatur drunter und drüber. Mit den nachfolgenden Empfehlungen geht der Bearbeiter auf Nummer sicher.   974

8.5.1 Hauptsache

Die angegriffene oder beantragte Vollstreckungsmaßnahme ist genau zu bezeichnen. Das   975
ergibt sich aus dem Grundsatz der Formalisierung. Viele Klausurersteller möchten den Prüflingen die Arbeit erleichtern. Sie lassen den Erinnerungsführer einen formal korrekten Antrag stellen. Ist er zulässig und begründet, kann der Klausurbearbeiter ihn abschreiben.
Ist die Erinnerung unzulässig, wird sie „verworfen". Ist sie unbegründet, wird sie „zurückgewiesen."

> **Formulierungsbeispiel**
> Die Erinnerung des Schuldners gegen die von Gerichtsvollzieher Müller unter dem Aktenzeichen DR II 145/19 am 15.10.2019 vorgenommene Pfändung in die Spielekonsole der Marke Ballermann, Typ Hardcore wird zurückgewiesen.

Hat der Schuldner mit seiner Erinnerung Erfolg, wird die konkrete Vollstreckungsmaß-nahme „für unzulässig erklärt".

Formulierungsbeispiel

Auf die Erinnerung des Schuldners wird die von Obergerichtsvollzieher Wittiscalus unter dem Aktenzeichen DR II 147/19 am 16.10.2019 vorgenommene Pfändung des 333-Goldrings mit eingefasstem Brillanten für unzulässig erklärt.

In seltenen Fällen darf der Gerichtsvollzieher die Sache nicht versteigern. Pfänden durfte er sie aber. So ist es beispielsweise beim geschäftsunfähigen Schuldner, der keinen gesetzlichen Vertreter hat.[424] Dann ist zu tenorieren:

Die Verwertung des am 12.11.2019 von Obergerichtsvollzieherin Graf unter dem Aktenzeichen DR II 212/19 gepfändeten PKW wird für unzulässig erklärt.

976   Wendet sich der Schuldner gegen einen Pfändungs- und Überweisungsbeschluss heißt es:

Der Pfändungs- und Überweisungsbeschluss des Amtsgerichts Frankfurt am Main vom …, Aktenzeichen … wird für unzulässig erklärt und aufgehoben.

Dieser Tenor hat aber nur indirekte Klausurrelevanz. Er kann im Sachverhalt auftau-chen. Der Pfändungs- und Überweisungsbeschluss ist dann wirkungslos. Der Tenor unterscheidet sich von dem bei Maßnahmen des Gerichtsvollziehers. Das Vollstre-ckungsgericht hebt seine eigene Pfändung auf. Beim Gerichtsvollzieher darf es dies nicht. Er ist selbständiges Organ der Rechtspflege.[425] Er ist gemäß § 776 ZPO verpflich-tet, die Pfändung aufzuheben. Das muss er aber selbst machen. Deshalb wäre es falsch, die Pfändung eines Stuhls aufzuheben. Möglicherweise stellt der Schuldner diesen An-trag in der Klausur. Das ist eine Falle. Man sollte in den Gründen erläutern, warum man nicht wie beantragt tenoriert.

Klausurtipp

Wer in der Aufregung den richtigen Tenor vergessen hat, kann sich am Kommentar von Thomas/Putzo orientieren.

977   Sehr praxisrelevant ist der Fall, dass der Gläubiger mit seiner Erinnerung Erfolg hat. Dann muss das Gericht wiederum den Handlungsspielraum des Gerichtsvollziehers

---

424 Siehe oben Rn. 765.
425 Zum Vergleich mit dem Richter: BVerwGE 65, 260, juris Rn. 20.

wahren. Es darf ihn grundsätzlich nicht zu einem positiven Tun anweisen. Lediglich grobe Vorgaben sind erlaubt. Das Vollstreckungsgericht darf den Gerichtsvollzieher beispielsweise anweisen, zur Nachtzeit zu pfänden. Es darf ihm aber nicht vorschreiben, an welchem genauen Tag zu welcher Uhrzeit er den Schuldner aufzusuchen hat.

Beispiel

Der Schuldner gibt seinen Fernseher zur Reparatur zum TV-Techniker Klaus Knecht. Dieser ist bereit, den Fernseher gemäß § 809 ZPO für die Zwangsvollstreckung herauszugeben. Gleichwohl weigert sich Gerichtsvollzieher Tabler, in den Fernseher zu vollstrecken. Er behauptet, Klaus Knecht verweigere die Herausgabe. Der Gläubiger legt Erinnerung ein. Dann lautet der Erinnerungstenor richtig: „Auf die Erinnerung des Gläubigers wird der Gerichtsvollzieher Tabler angewiesen, die Pfändung des Fernsehers des Schuldners Marke Glotz Typ Starr in den Räumen des TV-Technikers Klaus Knecht nicht mit der Begründung zu verweigern, dieser verweigere die Herausgabe." Der Gerichtsvollzieher kann daraufhin prüfen, ob der Fernseher aus anderen Gründen unpfändbar ist. Insbesondere muss er an § 811 Abs. 1 Nr. 1 ZPO denken.

Hat eine Erinnerung nur teilweise Erfolg, erklärt das Gericht die Zwangsvollstreckungsmaßnahme insoweit für unzulässig. Dann fügt es an:

> Die weitergehende Erinnerung wird zurückgewiesen.

8.5.2 **Kosten**

Die Kostenentscheidung richtet sich nach den §§ 91 ff.; 97 ZPO.[426] Man muss zwischen Gerichtskosten und außergerichtlichen Kosten trennen. Gerichtskosten fallen niemals an. Denn das GKG regelt abschließend, für welche Verfahren wieviel Gerichtskosten anfallen. Für die Erinnerung ist im GKG nichts vorgesehen. Daraus ist ein Umkehrschluss zu ziehen. Man sollte tenorieren:

> Die Entscheidung ergeht gerichtsgebührenfrei.

978

Ganz selten können Auslagen des Gerichts entstanden sein. Klassiker sind die Kosten für ein Sachverständigengutachten. Dann muss man sie nach Nr. 9000 ff. VV-GKG dem Verlierer auferlegen:

> Die Auslagen trägt der Schuldner/Gläubiger/Erinnerungsführer.

---

426 BGH, Beschl. v. 29.9.1988 – I ARZ 589/88, juris Rn. 6 u. v. 16.7.2009 – I ZB 80/05, Rn. 13.

Sodann ist über die Rechtsanwalts- und Parteikosten zu entscheiden. Sie dürfen in keinem Fall dem Gerichtsvollzieher auferlegt werden.[427] Selbst, wenn er einen Fehler gemacht hat. Er ist nämlich nicht Partei des Verfahrens. Vielmehr hat er die Stellung einer unteren Instanz.[428] Es trägt stets die verlierende Partei die Kosten. Bei einer erfolgreichen Erinnerung begründet man dies mit § 91 Abs. 1 ZPO.[429] Bei einer erfolglosen ist § 97 Abs. 1 ZPO die maßgebliche Norm.

Bei einer Erinnerung eines Dritten ist regelmäßig der Vollstreckungsgläubiger Erinnerungsgegner. Siegt der Dritte, trägt demnach der Gläubiger die Kosten. Konsequenterweise sollte man nicht von „Rechtsstreit" sprechen, sondern von „Verfahren".

Der weitere Kostentenor lautet also je nach Fall:

> Die außergerichtlichen Kosten des Verfahrens trägt der Gläubiger/Schuldner/Erinnerungsführer.

Nur der Vollständigkeit halber eine kaum klausurrelevante Sonderkonstellation: Der Gläubiger beauftragt den Gerichtsvollzieher. Dieser weigert sich, den Auftrag auszuführen. Der Gläubiger legt nach § 766 Abs. 2 ZPO Erinnerung ein. Das Amtsgericht hört den Schuldner nicht an. Das darf es. Andernfalls würde es den Erfolg der Zwangsvollstreckung gefährden. Die Erinnerung hat Erfolg. Hier sind die Kosten nicht dem Schuldner aufzuerlegen. Es ergeht vielmehr überhaupt keine Kostenentscheidung. Denn der Schuldner hatte keine Chance, sich zu wehren.[430] Vielmehr bleibt der Gläubiger zunächst auf seinen Rechtsanwaltskosten sitzen. Er kann sie aber nach § 788 ZPO beitreiben. Nicht durchgesetzt hat sich die These, dass die Staatskasse seine Kosten trägt.

979   Eventuell ist die Erinnerung nur teilweise begründet.

Beispiel
Der Gerichtsvollzieher pfändet ein Smartphone und ein Armband. Der Schuldner legt gegen beide Pfändungen Erinnerung ein. Die Erinnerung bezüglich des Smartphones ist erfolgreich. Hinsichtlich des Armbands ist sie unbegründet. Hier sind die Kosten zu teilen. Es kommt auf den Streitwert an. Er bemisst sich wie bei der Drittwiderspruchsklage nach § 6 ZPO analog.[431] Maßgebend sind regelmäßig die Werte der gepfändeten Sachen.

8.5.3 **Aussetzung der Vollziehung**

980   Gemäß §§ 793 ZPO; 72 Abs. 1 GVG kann der Verlierer gegen den Erinnerungsbeschluss sofortige Beschwerde zum Landgericht einlegen. Möglicherweise hat das Amtsgericht einer Erinnerung des Schuldners stattgegeben. Dann wird diese Entscheidung sofort

---

427 BGH, Beschl. v. 19.5.2004 – IXa ZB 297/03, juris Rn. 17.
428 OLG Düsseldorf, Beschl. v. 28.12.1979 – 3 W 288/79 = NJW 1980, 1111.
429 Sogar für die Erinnerung nach § 766 Abs. 2 ZPO: BGH, Beschl. v. 16.7.2009 – I ZB 80/05, Rn. 13; a.
    A. LG Frankfurt (Oder), Beschl. v. 18.1.2010 – 19 T 590/09, juris Rn. 7.
430 BGH, Beschl. v. 8.10.2015 – VII ZB 11/15, Rn. 27.
431 LG Koblenz, Beschl. v. 8.8.1990 – 4 T 508/90 = JurBüro 1991, 109.

wirksam. Sie muss nicht rechtskräftig sein.[432] Auch muss das Gericht nicht die sofortige Wirksamkeit anordnen.[433]

> ❗ **Merke: Keinesfalls darf man die Erinnerungsentscheidung für vorläufig vollstreckbar erklären. Die §§ 708; 709 ZPO sprechen nur von Urteilen. Die Erinnerung ergeht aber in Beschlussform.**

Auf die begründete Erinnerung muss der Gerichtsvollzieher nach §§ 775; 776 ZPO theoretisch die Vollstreckungsmaßnahme sofort aufheben. Hierdurch verliert der Gläubiger sein Pfändungspfandrecht. Eventuell vertritt das Landgericht eine andere Auffassung als das Amtsgericht. Es hält die aufgehobene Pfändung für korrekt. Dann muss der Gerichtsvollzieher die Sache erneut pfänden. Ein hinterlistiger Schuldner hat sie aber längst veräußert und den Kaufpreis verzockt. Der Gläubiger geht eventuell leer aus. Aus diesem Grund sollte man bei einer begründeten Schuldner-/Dritterinnerung gegen eine Pfändung stets in einer weiteren Ziffer tenorieren:

> Die Vollziehung der Entscheidung wird bis zu ihrer Rechtskraft ausgesetzt.

Das hat zur Folge, dass der Gerichtsvollzieher erst einmal nichts macht.

Am Ende der Gründe ist die Aussetzung zu erläutern.[434] Es ist auf § 570 Abs. 2 ZPO analog zu verweisen. Das Stichwort „drohender Rechtsverlust" darf fallen.

8.6 REF Weitere Formalia

Die Entscheidung ist im Urteilsstil zu begründen. Tatbestand und Entscheidungsgründe werden gemeinsam unter der Überschrift „Gründe" dargestellt. Wie bei Beschlüssen üblich ist in I. und II. zu trennen.   981

Analog § 572 Abs. 1 ZPO kann das Vollstreckungsorgan der Erinnerung abhelfen.[435] In der Klausur wird der Gerichtsvollzieher ihr nicht abhelfen. Nach hiesiger Auffassung gehört dieser Punkt in die Prozessgeschichte.

> **Formulierungsvorschlag**
> Der Gerichtsvollzieher hat der Erinnerung nicht abgeholfen.

---

432 BGHZ 66, 394, juris Rn. 24; BGH, Beschl. v. 21.2.2013 – VII ZB 9/11, Rn. 7.
433 Arg. e. § 116 Abs. 3 Satz 2 FamFG.
434 Schleswig-Holsteinisches OLG, Urt. v. 4.12.1992 – 11 U 181/90, juris Rn. 6.
435 Ständige Praxis und h. M., OLG Frankfurt, Beschl. v. 23.11.1978 – 20 W 778/78 = Rpfleger 1979, 111; AG Bad Segeberg, Beschl. v. 3.2.2014 – 6a M 1459/13, juris Rn. 12; AG Bergen (Rügen), Beschl. v. 14.1.2015 – 75 M 109/14, juris Rn. 4; AG Schwerin, Beschl. v. 15.7.2016 – 50 M 1709/16, juris Rn. 4; AG Hamburg-Altona, Beschl. v. 29.7.2016 – 321 M 312/16, juris Rn. 5; a. A. Ulrich Keller, RPflStud 2017, 57 (59).

Selten bestreitet eine Partei Behauptungen des Gerichtsvollziehers. Dann sind sie ausschließlich in ihrem streitigen Parteivortrag zu erwähnen.

Formulierungsbeispiel

Der Gläubiger behauptet, entgegen der Stellungnahme des Gerichtsvollziehers sei …

Klausurtipp

Mit den Anforderungen an einen Tatbestand sollte man es nicht übertreiben. In der Praxis sind ganz unterschiedliche Varianten anzutreffen. Oft gibt es kein richtig oder falsch. Für den Einen gehört die Stellungnahme des Gerichtsvollziehers in den unstreitigen Teil, für den Nächsten in den streitigen und für den Letzten in die Prozessgeschichte. Alles ist vertretbar.

Die Entscheidung bedarf nach § 232 Satz 1 ZPO einer Rechtsbehelfsbelehrung. Es gab bereits Klausuren, in denen sie auszuformulieren war. Es ist jedoch damit zu rechnen, dass die Prüfungsordnungen demnächst angeglichen werden. Dann genügt, das statthafte Rechtsmittel zu nennen. Viele Prüfer erwarten, dass der Kandidat die maßgeblichen Normen und das zuständige Gericht angibt.

Formulierungsvorschlag

Rechtsmittel: Sofortige Beschwerde gemäß §§ 793; 567 ff. ZPO zum Landgericht Heidelberg (§ 72 GVG).

Welches Landgericht örtlich zuständig ist, ist im Bearbeitervermerk erwähnt.

8.7 Einstweilige Anordnung

982   Die Erinnerung hat keine aufschiebende Wirkung. Insoweit unterscheidet sie sich von § 80 Abs. 1 VwGO. Der Richter kann aber bei der Schuldner- und Dritterinnerung nach § 766 Abs. 1 Satz 2 i. V. m. § 732 Abs. 2 ZPO eine einstweilige Anordnung erlassen. Sie wird mit Entscheidung über die Erinnerung automatisch gegenstandslos. Man braucht sie in der Gerichtsklausur also nicht ausdrücklich aufzuheben.

Bei der Erinnerung des Gläubigers kennt die ZPO keine einstweilige Anordnung. Das ergibt sich aus der Systematik. Die Gläubigererinnerung ist in Absatz 2 des § 766 ZPO geregelt. Der Verweis auf § 732 Abs. 2 ZPO findet sich aber in § 766 Absatz 1 ZPO.

Eine Klausurfalle sollte man kennen: Der Schuldner hat Erinnerung eingelegt. Gleichzeitig hat er eine einstweilige Anordnung beantragt. Das Gericht hat über die einstweilige Anordnung nicht entschieden. Jetzt ist die Hauptsache (Erinnerung) entscheidungsreif. Der Eilantrag ist weder im Tatbestand noch im Tenor zu erwähnen. Es empfiehlt sich ein kurzer Vermerk in den Gründen unter II. am Ende:

> **Formulierungsvorschlag**
> Über den Antrag auf Erlass einer einstweiligen Anordnung war nicht zu entscheiden. Er ist überholt. Die Hauptsache ist entscheidungsreif.

In der Anwaltsklausur aus Sicht des Schuldners oder Dritten sollte man unbedingt an eine einstweilige Anordnung denken.

> **Formulierungsvorschlag[436]**
> 1.) [Hauptsacheantrag Erinnerung: Unzulässigerklärung]
> 2.) Vorab wird beantragt,
>   a) die Zwangsvollstreckung aus dem in Ziffer 1. genannten Titel in [gepfändete Sache] bis zur Entscheidung über die Erinnerung ohne – hilfsweise gegen – Sicherheitsleistung einstweilen einzustellen,
>   b) hilfsweise anzuordnen, dass die Zwangsvollstreckung aus dem in Ziffer 1. genannten Titel in [gepfändete Sache] nur gegen Leistung einer Sicherheit durch den Gläubiger i. H. v. … Euro fortgesetzt werden darf.

8.8 Rechtspflegererinnerung

Nicht klausurrelevant ist die Rechtspflegererinnerung nach § 11 Abs. 2 RPflG. Allenfalls in einer mündlichen Prüfung ist eine dahingehende Frage zu erwarten. Die Rechtspflegererinnerung ist statthaft, wenn es gegen eine Entscheidung des Rechtspflegers andernfalls kein Rechtsmittel gäbe. Beispielsweise ist sie gegen eine einstweilige Anordnung nach § 769 Abs. 2 ZPO einschlägig.   983

---

436 Angelehnt an Sternal, in: Kindl/Meller-Hannich/Wolf, Gesamtes Recht der Zwangsvollstreckung, 2015, § 766 Rn. 63.

Widerspruch gegen die Eintragung im Schuldnerverzeichnis

© Springer-Verlag GmbH Deutschland, ein Teil von Springer Nature 2020
M. Duchstein, *Zwangsvollstreckungsrecht*, Springer-Lehrbuch,
https://doi.org/10.1007/978-3-662-59444-5_9

9.1 Klausurrelevanz

984 Der Widerspruch gegen die Eintragung im Schuldnerverzeichnis ist ein für den Schuldner wichtiger Rechtsbehelf. Fragen zu ihm können sich vor allem in mündlichen Prüfungen stellen. Es sind aber durchaus auch Klausuren denkbar, in denen Kenntnisse zum Schuldnerverzeichnis erforderlich sind.

9.2 Das Schuldnerverzeichnis

985 Das Schuldnerverzeichnis ist nicht zu verwechseln mit dem Vermögensverzeichnis. Beides hängt aber eng zusammen. Das Schuldnerverzeichnis ist ein Register. In ihm sind Schuldner eingetragen, gegen die bestimmte Zwangsvollstreckungsmaßnahmen erfolglos waren. Früher führte jedes Amtsgericht ein Schuldnerverzeichnis. Seit einigen Jahren führen nur noch wenige Gerichte ein sogenanntes zentrales Schuldnerverzeichnis. Zentral bedeutet, ein Gericht registriert die Eintragungen für ein gesamtes Bundesland (§ 882h ZPO).

Das Schuldnerverzeichnis wird in der Ausbildungsliteratur bislang kaum beachtet. Dabei hat es enorme Praxisrelevanz. Lange Zeit betrafen zahlreiche Zwangsvollstreckungsbeschwerden Eintragungsanordnungen. Dies liegt unter anderem daran, dass die Eintragung für viele Schuldner ein enormer Eingriff ist.[1] Zu Recht. Denn wer ins Schuldnerverzeichnis eingetragen ist, erhält kaum noch einen Handyvertrag, ein Leasingfahrzeug oder einen Bankkredit. Mittlerweile ist die Zahl der Beschwerden zurückgegangen. Möglicherweise liegt dies daran, dass viele Gerichtsvollzieher die Schuldner fragen, ob sie auf ihre Rechtsbehelfe gegen die Eintragung verzichten. Zahlreiche Schuldner kommen dem nach. Inwieweit ein Verzicht wirksam ist, ist jeweils im Einzelfall zu prüfen.[2] Die Frage ist kaum prüfungsrelevant.[3]

986 Was ins Schuldnerverzeichnis eingetragen wird, regelt § 882b Abs. 2 und 3 ZPO. Wichtiger noch sind die Gründe, wann jemand ins Schuldnerverzeichnis eingetragen wird. Dies bestimmt sich nach § 882c ZPO.[4] Dessen Absatz 1 nennt drei Gründe:
- Nr. 1. Schweigen: Der Schuldner hat keine Vermögensauskunft abgegeben. Er hätte sie aber abgeben müssen.
- Nr. 2. Armut: Der Schuldner hat dem Gerichtsvollzieher sein Vermögen offengelegt. Er verfügt aber nicht über ausreichendes vollstreckbares Vermögen.

---

1   Weiterer Grund: § 882d Abs. 3 Satz 1 ZPO.
2   Rechtsgrundlage: § 515 ZPO analog.
3   Dazu: Wasserl, DGVZ 1985, 85 (90).
4   Vgl. darüber hinaus §§ 284 Abs. 9 AO; 26 Abs. 2; 303a InsO.

— Nr. 3. Geiz oder Nachlässigkeit: Der Schuldner hat die Vermögensauskunft abgegeben. Er verfügt auch über ausreichendes Vermögen. Er zahlt aber trotzdem nicht innerhalb eines Monats.

Das Vollstreckungsorgan ordnet die Eintragung von Amts wegen an. Es nimmt sie auch gegen den Willen des Gläubigers vor. Denn die Eintragung liegt nicht im Interesse des die Zwangsvollstreckung betreibenden Gläubigers. Vielmehr dient das Schuldnerverzeichnis als Auskunftsregister über die Kreditwürdigkeit einer Person.[5]

9.3 Die Einsichtsbefugten

Wer Einsicht in das Schuldnerverzeichnis nehmen kann, regelt § 882f ZPO. Interessant ist die Datenbank insbesondere für Vermieter, Telekommunikationsunternehmen und Banken. Sie wollen wissen, ob ihr Vertragspartner zahlungsfähig ist. Interessant ist das Schuldnerverzeichnis aber auch für andere Zwangsvollstreckungsgläubiger. Sie können erfahren, ob der Schuldner bereits früher einmal die Vermögensauskunft abgegeben hat. War dies der Fall, erhalten sie von dieser gemäß § 802d Abs. 1 Satz 2 ZPO über den Gerichtsvollzieher eine Kopie.

987

Schuldner- und Vermögensverzeichnis sind auch für Staatsanwaltschaften relevant. Dies betrifft unter anderem den Eingehungsbetrug.

Fall

988

Der Schuldner gibt in seiner Vermögensauskunft an, über kein Arbeitseinkommen und über kein Vermögen zu verfügen. Eine Woche später kauft er in einem Möbelhaus eine große Couch auf Raten. Hierzu unterschreibt er eine Ratenzahlungsvereinbarung. Das Möbelhaus liefert ihm die Couch. Schon die erste Kreditrate zahlt er nicht. Die folgenden Raten bleibt er ebenfalls schuldig. Das Möbelhaus zeigt ihn wegen Betrug an. Die Staatsanwaltschaft fragt gemäß § 882f Nr. 5 ZPO die Daten des Schuldners aus dem zentralen Schuldnerverzeichnis ab. Dort ist der Schuldner eingetragen. Als Eintragungsgrund ist angegeben, dass eine Vollstreckung nach dem Inhalt des Vermögensverzeichnisses offensichtlich nicht geeignet wäre, zu einer vollständigen Befriedigung des Gläubigers zu führen (§ 882c Abs. 1 Nr. 2 ZPO). Die Staatsanwaltschaft sieht gemäß § 802k Abs. 2 Satz 3 ZPO das Vermögensverzeichnis ein. Sie gibt dem Schuldner Gelegenheit, Stellung zu nehmen. Er macht von seinem Schweigerecht Gebrauch.

❓ Wird die Staatsanwaltschaft den Schuldner wegen Betrug anklagen?

✅ Die Staatsanwaltschaft wird den Schuldner wegen Betrug anklagen, wenn er einer Straftat hinreichend verdächtig ist (§ 170 Abs. 1 StPO). Das ist der Fall, wenn seine Verurteilung wahrscheinlicher ist als seine Nichtverurteilung. In Betracht kommt eine Verurteilung nach § 263 Abs. 1 StGB. Problematisch ist allein das Tatbestandsmerkmal der Täuschung. Der Schuldner hat sich gegenüber dem Möbelhaus als zahlungsfähiger und -williger Schuldner geriert. Eine Verurteilung ist wahrscheinlich, wenn es gewich-

---

5   LG Bückeburg, Beschl. v. 29.8.2013 – 4 T 58/13, juris Rn. 12.

tige Indizien dafür gibt, dass der Schuldner zahlungsunwillig und -unfähig war, als er die Möbel bestellt hat. Derartige Indizien liegen vor. Sie ergeben sich aus zwei Umständen. Zum einen hat der Schuldner keine einzige Rate bezahlt. Zum anderen folgt aus dem Schuldnerverzeichnis, dass er jedenfalls kurz zuvor zahlungsunfähig war. Von welchem Geld wollte er also die Möbel bezahlen? Sicherlich kann der Schuldner vorbringen, er habe fest mit einer Zahlung von dritter Seite gerechnet. Diese sei unverhofft ausgeblieben. Alternativ mag er vorbringen, er habe die Raten aus seinem unpfändbaren Vermögen begleichen wollen. Gleichwohl muss er das Gericht überzeugen, dass seine Behauptung stimmt. Vermag er dies nicht, besteht das Risiko, dass er zu einer Strafe verurteilt wird. Es besteht eine Wahrscheinlichkeit von über 50 Prozent, dass der Schuldner verurteilt wird. Die Staatsanwaltschaft wird den Schuldner daher in der Regel wegen Eingehungsbetrug anklagen. Manch einen mag dies auf den ersten Blick erstaunen. Es ist aber gängige und überzeugende Praxis.

9.4 Statthaftigkeit des Widerspruchs

989   Gegen seine Eintragung ins Schuldnerverzeichnis kann sich der Schuldner wehren. Statthafter Rechtsbehelf ist der Widerspruch nach § 882d Abs. 1 ZPO. Er soll den Schuldner vor unberechtigter Eintragung in das Schuldnerverzeichnis schützen. Unberechtigt ist eine Eintragung, wenn kein Eintragungsgrund vorliegt.[6] Unberechtigt ist sie auch, wenn der Inhalt der Eintragung falsch ist, etwa in Bezug auf die Identifikationsmerkmale des Schuldners. Auch dürfen keine Eintragungshindernisse vorgelegen haben, z. B. eine Ratenzahlungsvereinbarung.[7] Der Widerspruch als befristeter Rechtsbehelf ist als Spezialregelung zu § 23 ff. EGGVG anzusehen. Im Wege des Widerspruchs kann der Schuldner also vorbringen, die Eintragungsvoraussetzungen hätten nicht vorgelegen.

Maßgeblicher Zeitpunkt ist der der Entscheidung über den Widerspruch. Daher kann der Schuldner beispielsweise nachträglich nachweisen, den Gläubiger vollständig befriedigt zu haben. Dann entfällt der Eintragungsgrund. Ebenso kann er nachträglich die Vermögensauskunft abgeben. Ergibt sich im letzten Fall aus seinen Angaben aber kein vollstreckbares Vermögen, kann der Eintragungsgrund des § 882c Abs. 1 Nr. 2 ZPO gegeben sein.

Die meisten Widersprüche gegen Eintragungen betreffen den Fall, dass der Schuldner kein Vermögensverzeichnis abgegeben hat (§ 882c Abs. 1 Nr. 1 ZPO). Vielfach bringen Schuldner vor, mit dem vom Gerichtsvollzieher nach § 802f Abs. 1 Satz 2 ZPO anberaumten Termin habe etwas nicht gestimmt. Dieser Einwand kann greifen oder nicht. Das muss das Gericht im Einzelfall prüfen. Häufig stellt sich für das Gericht die Frage, welches hierfür das statthafte Verfahren ist.

990   Ungeklärt ist nämlich, in welchem Verhältnis der Widerspruch zur Erinnerung steht. Kann der Schuldner beispielsweise im Wege des Widerspruchs rügen, gegen ihn habe kein Titel vorgelegen? Oder kann er diesen Einwand nur im Rahmen der Erinnerung vorbringen? Die Frage, ob Widerspruch oder Erinnerung der richtige Rechtsbehelf ist, betrifft auch den Gläubiger. Ist eine Erinnerung des Schuldners begründet, benachteiligt dies den Gläubiger in der Regel. Demgegenüber hat der Gläubiger an der

---

6   Hergenröder, DGVZ 2017, 119 (126).
7   BT-Drucksache 16/10069, S. 39.

Eintragung normalerweise kein Interesse. Ihm ist egal, ob der Schuldner im Schuldnerverzeichnis gelöscht wird. Beim Widerspruch des Schuldners gegen die Eintragungsanordnung handelt es sich um ein Verfahren des Schuldners gegen den Staat.

Beispiel

Der Schuldner rügt im Rahmen der Erinnerung, es liege kein Titel vor. Ist die Erinnerung begründet, darf der Gläubiger nicht weitervollstrecken.

Abwandlung: Der Schuldner rügt wiederum den fehlenden Titel. Er trägt vor, er habe nicht ins Schuldnerverzeichnis eingetragen werden dürfen. Das interessiert den Gläubiger normalerweise nicht. Deshalb muss er auch am Widerspruchsverfahren nicht beteiligt werden.

Im Unterschied zur Erinnerung ist der Widerspruch auch gegen eine erledigte Anordnung zur Abgabe der Vermögensauskunft statthaft.

Beispiel

Der Gerichtsvollzieher ordnet an, der Schuldner müsse am 1. Juni bei ihm im Büro die Vermögensauskunft abgeben. Der Schuldner kommt nicht zu dem Termin. Nachträglich teilt er dem Gerichtsvollzieher mit, dass er auf den Termin keine Lust hatte. Der Schuldner legt Erinnerung ein. Er rügt, der Gerichtsvollzieher sei kein legitimes Staatsorgan. Die BRD sei eine GmbH.

Hier ist die Erinnerung ist unzulässig. Es besteht kein Rechtsschutzbedürfnis mehr. Ein Rechtsschutzbedürfnis besteht nur solange, bis die angegriffene Vollstreckungsmaßnahme erledigt ist. Die angegriffene Vollstreckungsmaßnahme ist erledigt.[8] Der Termin ist verstrichen. Berechtigte Entschuldigungsgründe trägt der Schuldner nicht vor.

Trägt der Gerichtsvollzieher den Schuldner anschließend ins Schuldnerverzeichnis ein, kann der Schuldner gleichwohl noch Widerspruch gemäß § 882d ZPO einlegen. Denn die Eintragung beschwert ihn nach wie vor. Sie ist noch nicht erledigt.

Fall   991

Gläubiger G erwirkt gegen Schuldnerin S ein rechtskräftiges Urteil auf Zahlung. Es wird S zugestellt. G schickt an das Amtsgericht einen Antrag auf Abnahme der Vermögensauskunft gegen S. Seinem Antrag fügt er eine vollstreckbare Ausfertigung des Urteils bei. Die Gerichtsvollzieherverteilerstelle des Amtsgerichts leitet den Antrag an den zuständigen Gerichtsvollzieher weiter. Dieser setzt S eine Frist von zwei Wochen, um die Forderung zu bezahlen. Zugleich bestimmt er einen Termin zur Abgabe der Vermögensauskunft. Die Schuldnerin ruft beim Amtsgerichtsdirektor an. Sie fragt ihn, ob er den Gerichtsvollzieher beauftragt habe, gegen sie zu vollstrecken. Das verneint der Amtsgerichtsdirektor. Daraufhin bleibt S dem Termin zur Abgabe der Vermögensauskunft absichtlich fern. Infolgedessen ordnet der Gerichtsvollzieher die Eintragung von S in das Schuldnerverzeichnis an. Das teilt er S mit. S schreibt am nächsten Tag an den Gerichtsvollzieher. Ihr Schreiben erhält den Betreff „Zurückweisung Eintragung ins Schuldnerverzeichnis". Sie führt aus, sie habe den Termin nicht wahrnehmen müssen. Der Zwangsvollstreckungsauftrag sei an das Gericht adressiert, nicht an den Gerichtsvollzieher. Ohne Auftrag kein Termin.

Der Gerichtsvollzieher hilft dem Antrag nicht ab. Er legt die Akte am Tag nach dem Eingang des Schreibens von S dem Amtsgericht vor. Dazu legt er ein Schreiben, dass er „der Erinnerung" nicht abhilft. Die Geschäftsstelle legt das Schreiben dem Richter auf den Tisch.

---

8   Näher oben Rn. 742.

❓ Wie wird der Richter entscheiden? Es ist auf alle Einwendungen der Schuldnerin einzugehen. Notfalls ist ein Hilfsgutachten zu fertigen.

✅ **Rechtsbehelfe gegen die Eintragung**
Der Richter wird die Eintragungsanordnung ins Schuldnerverzeichnis für unzulässig erklären, wenn es sich um eine zulässige und begründete Erinnerung handelt.

1. Zulässigkeit

— *Statthaftigkeit.* Fraglich ist zunächst, ob es sich um einen Widerspruch oder um eine Erinnerung nach § 766 Abs. 1 ZPO handelt.

Die Erinnerung ist statthaft gegen Maßnahmen des Gerichtsvollziehers. Die Eintragungsanordnung ist eine Maßnahme des Gerichtsvollziehers. Über eine Erinnerung entscheidet stets der Richter (§ 20 Nr. 17 Satz 2 RPflG).

Demgegenüber ist der Widerspruch gemäß § 882d Abs. 1 Satz 1 ZPO statthaft gegen eine Eintragungsanordnung. Beim Widerspruch prüft das Gericht, ob ein Eintragungsgrund vorlag. Funktionell zuständig ist der Rechtspfleger (§ 20 Nr. 17 Satz 1 RPflG). Handelt es sich um einen Widerspruch, wird der Richter die Akte also dem Rechtspfleger überreichen. Handelt es sich um eine Erinnerung, muss er selbst entscheiden.

Die Tatsache, dass der Gerichtsvollzieher das Schreiben als Erinnerung gewertet hat, ist irrelevant. Die Rechtsmeinung eines Verfahrensbeteiligten oder untergeordneten Vollstreckungsorgans bindet nämlich das Gericht niemals.

Man könnte vertreten, der Schuldner könne zwischen Erinnerung und Widerspruch wählen.[9] Denn meint der Schuldner, er müsse keine Vermögensauskunft abgeben, findet gegen die Anordnung des Gerichtsvollziehers die Erinnerung statt.[10] Es wäre merkwürdig, wenn die Erinnerung unstatthaft würde, nur weil der Schuldner zusätzlich rügt, er dürfe nicht ins Schuldnerverzeichnis eingetragen werden.

Richtigerweise ist das Widerspruchsverfahren aber lex specialis.[11] Die Erinnerung ist unstatthaft, sobald der Schuldner primär rügt, er dürfe nicht ins Schuldnerverzeichnis eingetragen werden. Dies gilt auch, wenn der Rechtspfleger im Widerspruchsverfahren Vorfragen klären muss, die der Schuldner bereits mit einer Erinnerung hätte rügen können.[12] Das Widerspruchsverfahren ist ein fortgesetztes Erinnerungsverfahren mit eingeschränktem Prüfungsumfang. Der Rechtspfleger kann ebenso wie der Richter prüfen, ob der Schuldner seine Pflicht verletzt hat, die Vermögensauskunft abzugeben.

Zudem spricht der Gesichtspunkt der Verfahrensökonomie dafür, sämtliche Einwände, die der Schuldner im Termin gegen seine Verpflichtung zur

---

9   AG Dortmund, Beschl. v. 6.12.2013 – 245 M 1487/13, juris Rn. 6.
10   BT-Drucksache 16/10069, S. 28 und oben Rn. 738.
11   AG Augsburg, Beschl. v. 28.10.2013 – 1 M 9101/13, juris Rn. 4; dem folgend Hergenröder, DGVZ 2017, 119, dort Fn. 83.
12   BGH, Beschl. v. 21.12.2015 – I ZB 107/14, Rn. 19.

Abgabe der eidesstattlichen Versicherung vorbringt, in einem Verfahren prüfen zu lassen.[13]

Wenn der Schuldner neben der Eintragung weitere Maßnahmen des Gerichtsvollziehers rügt, bleibt insoweit natürlich die Erinnerung statthaft. Im vorliegenden Fall wendet sich die Schuldnerin gegen eine Eintragungsanordnung. Damit ist allein das Widerspruchsverfahren statthaft. Die Erinnerung ist unzulässig. Der Richter wird die Akte daher über die Geschäftsstelle dem Rechtspfleger vorlegen lassen.[14]

2. Hilfsgutachten

Der Rechtspfleger wird den Widerspruch verwerfen, wenn er unzulässig ist. Er wird ihn zurückweisen, wenn er unbegründet ist.

992

— ***Zulässigkeit des Widerspruchs.*** Der Widerspruch ist zulässig.

Die zweiwöchige Frist des § 882d Abs. 1 ZPO hat S eingehalten.

Es liegt ein ordnungsgemäßer Antrag vor. Das Wort „Widerspruch" brauchte S nicht zu verwenden. Ihrem Schreiben ist zu entnehmen, dass sie sich gegen die Eintragung wehren möchte. Dass S den Widerspruch beim Gerichtsvollzieher eingelegt hat, ist unschädlich. Zwar ist der Widerspruch gemäß § 882d Abs. 1 ZPO beim Vollstreckungsgericht einzulegen. Und S hat ihn beim Gerichtsvollzieher eingelegt. Dieser hat den Widerspruch aber innerhalb der Widerspruchsfrist an das Gericht weitergeleitet.

— ***Begründetheit des Widerspruchs.*** Der Widerspruch könnte aber unbegründet sein. Der Widerspruch ist begründet, wenn die Eintragungsvoraussetzungen nicht vorlagen. Eintragungsgrund kann hier § 882c Abs. 1 Nr. 1 ZPO gewesen sein. Die Norm setzt voraus, dass der Schuldner seiner Pflicht zur Abgabe der Vermögensauskunft nicht nachgekommen ist.

Richtigerweise sind hier zunächst sämtliche Fragen zu prüfen, die auch bei der Erinnerung relevant wären. Das folgt aus dem Zweck der Eintragung und dem Wortlaut „Pflicht" zur Abgabe. Es müssen also die allgemeinen Vollstreckungsvoraussetzungen vorgelegen haben (Titel, Klausel, Zustellung).[15] Bestand etwa niemals ein Titel, war der Schuldner auch nicht verpflichtet, die Vermögensauskunft abzugeben. Dann darf man nicht in sein Recht auf informationelle Selbstbestimmung eingreifen mit der Begründung, er habe am Vollstreckungsverfahren nicht ausreichend mitgewirkt. Die allgemeinen Vollstreckungsvoraussetzungen lagen hier aber vor. G hatte gegen S ein Urteil erwirkt. Es enthielt auch eine Klausel (vgl. § 725 ZPO). Das Urteil wurde S zugestellt (§ 750 ZPO).

Des Weiteren müssen die besonderen Voraussetzungen der Vermögensauskunft vorgelegen haben. Ein dahingehender Vollstreckungsantrag liegt vor. Die §§ 754; 802a ZPO sehen vor, dass der Gläubiger den Gerichtsvollzieher beauftragt. Das ist geschehen. Ein Gläubiger muss den Gerichtsvollzieher

---

13   Zum alten Recht: BGH, Beschl. v. 17.8.2011 – I ZB 5/11, Rn. 8.
14   Vgl. § 7 RPflG.
15   LG Stuttgart, Beschl. v. 12.4.2018 – 19 T 486/17, juris Rn. 19.

nicht persönlich beauftragen. Gemäß § 753 Abs. 2 ZPO darf der Gläubiger die Mitwirkung der Geschäftsstelle in Anspruch nehmen.[16] Und die Geschäftsstelle ist ein Teil des Amtsgerichts. Deswegen hat der Gläubiger den Vollstreckungsauftrag korrekt an das Amtsgericht adressiert. Der Amtsgerichtsdirektor hat daher zu Recht mitgeteilt, dass er nicht den Gerichtsvollzieher beauftragt hat, gegen die Schuldnerin zu vollstrecken. Das Amtsgericht hat schließlich nur den Auftrag des Gläubigers weitergeleitet.

G hat den Gerichtsvollzieher auch konkret damit beauftragt, S gemäß § 802a Abs. 2 Sätze 2 und 1 Nr. 2 ZPO die Vermögensauskunft abzunehmen.

S hat den Termin zur Abgabe der Vermögensauskunft schuldhaft versäumt. Daher liegen die Eintragungsvoraussetzungen vor. Der Widerspruch ist unbegründet.

3. **Ergebnis.**
Der Rechtspfleger wird daher den Widerspruch zurückweisen.

9.5 Die Löschung aus dem Schuldnerverzeichnis

993 Der Eintrag im Schuldnerverzeichnis wird gemäß § 882e Abs. 1 ZPO nach drei Jahren gelöscht. Versäumt der Schuldner die Widerspruchsfrist, ist aber noch nicht alles für die nächsten drei Jahre verloren. Er kann den Gläubiger vollständig befriedigen. Außerdem kann er gegenüber dem zentralen Vollstreckungsgericht nachweisen, dass er zu Unrecht eingetragen wurde. In beiden Fällen wird er nach § 882e Abs. 3 beziehungsweise Abs. 4 ZPO vorzeitig gelöscht.

---

16 Siehe bereits oben Rn. 24.

Die sofortige Beschwerde

© Springer-Verlag GmbH Deutschland, ein Teil von Springer Nature 2020
M. Duchstein, *Zwangsvollstreckungsrecht*, Springer-Lehrbuch,
https://doi.org/10.1007/978-3-662-59444-5_10

10.1 Klausurrelevanz

994   Die sofortige Beschwerde kommt in der Klausur nur selten vor. Gleichwohl muss man sie kennen. Leicht lässt sich eine Examensklausur mit ihr erstellen. Dann ist man einer der Kandidaten, die sich mit dem Thema auskennen.

Beispielsweise ist die sofortige Beschwerde das Rechtsmittel gegen eine Erinnerungsentscheidung. Das Beschwerdegericht prüft die Erinnerung umfassend. Das bedeutet, mit der sofortigen Beschwerde kann der Klausurersteller alle Fragen prüfen, die er auch mit einer Erinnerung abfragen könnte. Die sofortige Beschwerde verlängert die Klausur. Dem Kandidaten erlaubt sie, zusätzliche Punkte zu holen.

Klausurgeneigt ist auch die sofortige Beschwerde gegen Zwangs- und Ordnungsmittelbeschlüsse. In diesen Fällen sind Amts- oder Landrichter das Vollstreckungsorgan. Sie entscheiden als verlängertes Erkenntnisgericht. Sowohl Anwalts- als auch Richterklausuren sind denkbar. Sehr häufig muss der Examenskandidat bereits im Erkenntnisverfahren die diesbezüglichen vollstreckungsrechtlichen Folgen beachten. Schon aus diesem Grund sollte man das hiesige Kapitel keinesfalls auf Lücke setzen.

10.2 Zulässigkeit

❯❯ Map 10.1

10.2.1 Statthaftigkeit

995   Die Statthaftigkeit der sofortigen Beschwerde ist in § 793 ZPO geregelt. Danach ist sie das richtige Rechtsmittel gegen Entscheidungen im Zwangsvollstreckungsverfahren, die ohne mündliche Verhandlung ergehen können. Das betrifft gemäß § 128 Abs. 4 ZPO Beschlüsse des Richters. Ohne Bedeutung ist, ob der Erkenntnis- oder der Vollstreckungsrichter entschieden hat. Die Entscheidung muss nur auf einer Vorschrift beruhen, die im 8. Buch der ZPO geregelt ist. Sie darf nicht im Erkenntnisverfahren ergangen sein.

Hat der Rechtspfleger beide Seiten angehört, ist gegen seine Entscheidung ebenfalls die sofortige Beschwerde gegeben.[1] Urteile sind hingegen mit der Berufung anzugreifen.

🛈 **Merke:** § 793 ZPO regelt nur die Statthaftigkeit der sofortigen Beschwerde. Die übrigen Zulässigkeitsvoraussetzungen ergeben sich den §§ 567 ff. ZPO.

10.2.2 Zuständigkeit

996   Die sofortige Beschwerde ist ein Rechtsmittel. Sie bringt das Zwangsvollstreckungsverfahren in eine höhere Instanz. Gemäß § 72 Abs. 1 GVG entscheidet das Landgericht über die Entscheidung des Amtsgerichts. Anders, wenn der Beschwerdeführer eine

---

1   Siehe oben Rn. 727.

erstinstanzliche Zwangsvollstreckungsentscheidung des Landgerichts angreift. Dann entscheidet gemäß § 119 Abs. 1 Nr. 2 GVG das Oberlandesgericht.

10.2.3　Form und Frist

Die Form und Frist sind in § 569 ZPO geregelt. Zumindest auf die Zweiwochenfrist ist 　997
in der Klausur immer einzugehen. Der Beschwerdeführer kann wählen. Er darf die Beschwerde beim Ausgangsgericht einlegen (§ 569 Abs. 1 ZPO). Ebenso wahrt er die Frist, wenn er sie beim Beschwerdegericht einreicht. In der Praxis sollte der Anwalt sich grundsätzlich an das Ausgangsgericht wenden. Das Beschwerdegericht würde die Beschwerde nämlich ohnehin sofort an das Ausgangsgericht weiterleiten. Schließlich kann das Ausgangsgericht gemäß § 572 Abs. 1 ZPO der Beschwerde abhelfen.

Die Beschwerde muss schriftlich eingelegt werden. Nur unter den Voraussetzungen des § 569 Abs. 3 ZPO kann man sie zu Protokoll der Geschäftsstelle einlegen.

Ein bestimmter Antrag ist nicht erforderlich. Der Beschwerdeführer muss nur erkennen lassen, dass er die angefochtene Entscheidung überprüft haben will. In der Praxis ist nachfolgende Darstellungsweise üblich. Sie empfiehlt sich auch in der Anwaltsklausur.

Formulierungsvorschlag
Namens und im Auftrag des Schuldners lege ich gegen den Beschluss des Amtsgerichts Frankfurt am Main vom 05.09.2019 in der Sache 5 M 987/19 sofortige Beschwerde ein.

Begründung:
　Der Gläubiger vollstreckt …

10.2.4　Beschwerdebefugnis

Die Beschwerdebefugnis ist nur in Ausnahmefällen anzusprechen. Der Begriff ist Stu-　998
denten von der Verfassungsbeschwerde bekannt. Beschwerdebefugt ist zunächst jeder, der am Ausgangsverfahren beteiligt war. Das ist aber nicht zwingend erforderlich. Die Beschwerdebefugnis ist nämlich die Parallele zur Erinnerungsbefugnis.[2] Es gilt wiederum die Schutznormtheorie.

Beispiel
Ein Beschluss greift in die Rechte der Ehefrau des Schuldners ein. Am Ausgangsverfahren war sie nicht beteiligt. Sie kann sofortige Beschwerde einlegen.

🛑 Merke: Beschwerdebefugt ist, wer durch die angegriffene Entscheidung möglicherweise in seinen subjektiven Rechten betroffen ist.

2　Siehe oben Rn. 729.

Der Gerichtsvollzieher ist nach h. M. nicht beschwerdebefugt. Er ist Vollstreckungsorgan.[3] Eine Erinnerungsentscheidung mag ihn faktisch benachteiligen. Das ist jedoch sein Berufsrisiko. Der Amtsrichter kann auch keine Revision einlegen, wenn die Berufungskammer des Landgerichts ihm ein Verfahren nach § 538 Abs. 2 ZPO zurückverweist.

Beispiel
Der Gläubiger beauftragt den Gerichtsvollzieher, zu pfänden. Dieser trifft den Schuldner tagsüber nie an. Daraufhin erwirkt der Gläubiger einen Nachtzeitbeschluss nach § 758a Abs. 4 ZPO. Der Gerichtsvollzieher weigert sich, nachts oder am Wochenende zu pfänden. Der Gläubiger legt gemäß § 766 Abs. 2 ZPO Erinnerung ein. Das Vollstreckungsgericht weist den Gerichtsvollzieher an, zur Nachtzeit oder am Wochenende zu pfänden. Der Gerichtsvollzieher legt sofortige Beschwerde ein. Er wolle ausschlafen. An den Wochenenden wolle er chillen. Seine Beschwerde ist unzulässig.

10.2.5 Beschwer

999   Ein weiterer Punkt ist in der Zulässigkeit stets zu erwähnen. Er nennt sich Beschwer. Das Kriterium ist ungeschrieben. Es handelt sich um eine besondere Ausprägung des Rechtsschutzbedürfnisses.[4] Niemand kann sich gegen eine Entscheidung wehren, mit der er sein Ziel erreicht hat. Mag er sich über die Worte des Richters auch noch so ärgern.[5]

Der Antragsteller des Ausgangsverfahrens ist beschwerdebefugt, wenn die angegriffene Entscheidung hinter seinem Antrag zurückbleibt. Man spricht von formeller Beschwer.

Beispiel
Der Gläubiger beantragt, gegen den Schuldner nach § 890 ZPO ein Ordnungsgeld von 50.000 Euro zu verhängen. Das Landgericht verhängt ein Ordnungsgeld von 100 Euro. Der Gläubiger ist beschwert.[6]

Der Antragsgegner und Dritte sind beschwert, wenn die angegriffene Entscheidung sie in ihren Rechten beeinträchtigt. Man nennt dies materielle Beschwer. Vergleichbar ist die Situation mit der Klagebefugnis eines Nachbarn gegen eine Baugenehmigung.

Beispiel
Der Gläubiger beauftragt den Gerichtsvollzieher, den Laptop des Schuldners zu pfänden. Dieser weigert sich. Das Gerät sei gemäß § 811 Abs. 1 Nr. 5 ZPO unpfändbar. Der Schuldner benötige es für seine Arbeit. Der Vollstreckungsrichter hört den Schuldner an, nicht aber dessen Ehefrau. Er weist den Gerichtsvollzieher an, die Pfändung nicht mit der genannten Begründung zu verweigern. Hiergegen legt die Ehefrau des Schuldners sofortige Beschwerde ein. Sie benötige den Laptop für ihre Arbeit. Ihre sofortige Beschwerde ist zuläs-

3   BGHZ 170, 243, juris Rn. 11; OLG Düsseldorf, Beschl. v. 7.5.1993 – 3 W 188/93 = NJW-RR 1993, 1280; a. A. noch OLG Düsseldorf, Beschl. v. 3.2.1978 – 3 W 366/77 = NJW 1978, 2205.
4   BGH, Urt. v. 16.1.1997 – IX ZR 220/96 = NJW 1997, 1445.
5   BGHZ 22, 43, juris Rn. 18; 50, 261, juris Rn. 9.
6   OLG Karlsruhe, Beschl. v. 16.7.1956 – 1 W 97/56 = NJW 1957, 917.

sig. Zwar war sie in der ersten Instanz nicht beteiligt. Dies ist jedoch irrelevant. Es geht nur darum, dass sie in eigenen Rechten verletzt sein kann. Und dies ist der Fall.[7] Insoweit decken sich Beschwerdebefugnis und Beschwer ausnahmsweise.
Ob die Beschwerde begründet ist, ist eine andere Frage.

Gemäß § 567 Abs. 2 ZPO muss bei einer Kostenbeschwerde die Summe von 200 Euro überschritten sein. Die Bedeutung in der Praxis ist hoch. In der Klausur versperrt die Wertgrenze hingegen den Weg zur Begründetheitsprüfung normalerweise nicht. Insbesondere sind Zwangs- und Ordnungsgelder keine Kosten. Der Schuldner kann auch ein Ordnungsgeld von 100 Euro im Wege der sofortigen Beschwerde überprüfen lassen.

10.3 Begründetheit

10.3.1 Allgemeines

Die sofortige Beschwerde ist begründet, wenn die angefochtene Entscheidung falsch ist. Maßgeblicher Zeitpunkt ist der der Beschwerdeentscheidung. Das ergibt sich aus § 571 Abs. 2 ZPO.

1000

Die Beschwerde gegen eine Erinnerung

In der ersten Konstellation wendet sich der Beschwerdeführer gegen eine Erinnerungsentscheidung. Dann ist zu prüfen, ob die Erinnerung zulässig und begründet ist.

1001

ⓘ Merke: In der sofortigen Beschwerde gegen einen Erinnerungsbeschluss prüft man in der Begründetheit inzident die gesamte Erinnerung.

Die Beschwerde gegen Entscheidungen des Erkenntnisgerichts

Die zweite Konstellation betrifft Zwangsvollstreckungsentscheidungen des Prozessgerichts. Solche Entscheidungen können innerhalb eines Erkenntnisverfahrens oder nach einem solchen ergehen.

1002

Zwangsvollstreckungsentscheidungen während eines Erkenntnisverfahrens

Bereits im Erkenntnisverfahren kann der Richter Ordnungs- und Zwangsmittel verhängen.

Beispiele
Ein Zeuge erscheint nicht (§ 380 ZPO), ein Sachverständiger gibt die Akte nicht zurück (§ 409 ZPO). In beiden Fällen kann der Richter ein Ordnungsgeld festsetzen. Der Rechtspfleger vollstreckt es nach dem Justizbeitreibungsgesetz.[8]
Hält der Sachverständige die Akte zurück, kann der Richter auch nach § 407a Abs. 5 Satz 2 ZPO vorgehen: Er ordnet förmlich an, dass der Sachverständige sie zurückgeben muss.

---

7   Zum Drittschutz von § 811 Abs. 1 Nr. 5 ZPO siehe oben Rn. 924.
8   § 31 Abs. 3 RPflG.

Dies ist ein Vollstreckungstitel.[9] Der Rechtspfleger beauftragt den Gerichtsvollzieher, die Akte dem Sachverständigen wegzunehmen.

Keiner dieser Fälle ist klausurrelevant. Sie kommen aber in der Praxis regelmäßig vor. Ein angehender Richter oder Rechtsanwalt sollte hiervon gehört haben.

Zwangs- und Ordnungsmittel wegen Verstoßes gegen einen Erkenntnistitel

1003   Examensrelevant sind hingegen Zwangs- und Ordnungsmittel, wenn der Schuldner gegen einen Erkenntnistitel verstößt. Der Richter erlässt beispielsweise ein Urteil. Darin verbietet er dem Schuldner, seine Stereoanlage über 80 dB aufzudrehen. Den Schuldner interessiert dies nicht. Er dreht noch lauter auf. Der Richter kann gegen ihn nach § 890 ZPO ein Ordnungsgeld verhängen. Der Schuldner kann es mit der sofortigen Beschwerde überprüfen lassen.

❯ Map 10.2

10.3.2 Die Entscheidungen der Handlungsvollstreckung im Überblick

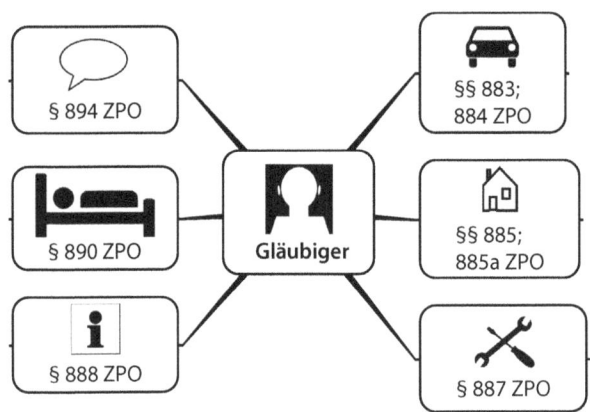

1004   Es hilft, die Gesetzessystematik zu wiederholen.

Die §§ 883 bis 886 ZPO wurden ausführlich im Rahmen der Erinnerung behandelt.[10] Mit der sofortigen Beschwerde sind Entscheidungen nach §§ 887 bis 890 ZPO angreifbar. Bei ihnen hat das erstinstanzliche Gericht eine Ersatzvornahme, ein Zwangsmittel oder ein Ordnungsmittel angeordnet.

Bei der Ersatzvornahme ermächtigt der Richter den Gläubiger. Dieser darf einen Dritten beauftragen. Der Dritte erfüllt die titulierte Pflicht des Schuldners. „Toll", mag sich der Schuldner denken. „Dann lege ich mich in meine Hängematte". Die Sache hat natürlich ei-

---

9   § 1 Abs. 1 Nr. 2b JBeitrG.
10   Siehe oben Rn. 728 und 942 ff.

nen Haken. Der Schuldner muss den Dritten bezahlen. Vielleicht hätte der Schuldner die Handlung billiger vornehmen können. Das ist sein Problem. Er hatte lange genug die Chance. § 888 ZPO erlaubt dem Richter Zwangsgeld und Zwangshaft zu verhängen. § 890 ZPO spricht von Ordnungsgeld und Ordnungshaft.

Klausurtipp

Wiederum gilt es, die Fachterminologie zu beachten. Wo im Gesetz „Zwangsgeld" steht, darf man nicht „Ordnungsgeld" schreiben.

Zwangsmittel und Ordnungsmittel haben Gemeinsamkeiten. Der Schuldner muss an   1005
den Staat Geld zahlen oder ins Gefängnis. Zwangs- und Ordnungsmitteln unterscheiden sich in ihrem Zweck. Zwangsmittel sollen ein Ziel erreichen.

Einfaches Beispiel
Ein Erstklässler schmiert seinem Klassenkameraden Kleber in die Haare. Die Eltern des Bösewichts nehmen diesem seine Spielzeugautos weg. Er bekommt sie zurück, wenn er sich bei seinem Klassenkameraden entschuldigt hat. Das ist ein Zwangsmittel. Ordnungsmittel sollen hingegen sanktionieren.

Abwandlung des Beispiels
Die Eltern nehmen dem Kind für das gesamte Wochenende seine Spielzeugautos weg. Sie möchten es bestrafen. Das ist ein Ordnungsmittel.

Gegen beide Erziehungsmaßnahmen kann das Kind kann sich bei Oma und Opa beschweren. Ob es damit Erfolg hat, ist eine andere Frage.

🅰 Merke: Die §§ 887 und 890 ZPO sprechen von „verurteilen". Das ist missverständlich. Vielmehr ergehen die Entscheidungen im Vollstreckungsverfahren gemäß § 891 Satz 1 ZPO durch Beschluss.

10.3.3 § 887 ZPO

Allgemeines
§ 887 ZPO wurde bereits an verschiedenen Stellen erwähnt. Die Norm betrifft die   1006
Zwangsvollstreckung bei unvertretbaren Handlungen. Für die Vollstreckung aus § 887 ZPO ist das Gericht des ersten Rechtszugs zuständig. Die Norm ähnelt dem Selbstvornahmerecht beim Werkvertrag. Angenommen, ein Bauwerk hat einen Mangel. Der Bauunternehmer weigert sich, nachzubessern. Dann darf der Besteller unter den Voraussetzungen der §§ 650a Abs. 1; 637 Abs. 1 BGB ein anderes Bauunternehmen beauftragen. Die Kosten bekommt er grundsätzlich erstattet. Er hat sogar einen Anspruch auf einen Kostenvorschuss. So steht es in § 637 Abs. 3 BGB. Vielleicht zahlt der Unternehmer nicht. Dann kann der Besteller ihn auf Zahlung verklagen.

Der Besteller kann auch einen anderen Weg wählen. Er kann den Unternehmer auf Nachbesserung verklagen. Möglicherweise kommt der Unternehmer dem Urteil nicht nach. Dann kann sich der Besteller vom Richter ermächtigen lassen, ein Drittunternehmen einzuschalten (§ 887 Abs. 1 ZPO). Die Parallelvorschrift zu § 637 Abs. 3 BGB findet sich in § 887 Abs. 2 ZPO. Soweit der Vorschuss nicht verbraucht ist, hat der Schuldner gegen den Gläubiger einen Erstattungsanspruch aus § 812 Abs. 1 Satz 1, 2. Alt. BGB.

REF Tenor

1007   Für den Tenor der Vollstreckungsentscheidung nach § 887 ZPO ist § 891 Satz 3 ZPO zu beachten. Die Kostenentscheidung bestimmt sich nach allgemeinen Regeln. Keinesfalls darf man eine vorläufige Vollstreckbarkeit aussprechen. Die Entscheidung ergeht nämlich gemäß § 891 Satz 1 ZPO als Beschluss. Er ist nach § 794 Abs. 1 Nr. 3 ZPO kraft Gesetzes vollstreckbar.

Formulierungsvorschlag für einen stattgebenden Tenor[11]
1. Der Gläubiger wird ermächtigt, die vom Schuldner im Prozessvergleich vom ...
   übernommene Verpflichtung, nämlich ..., auf Kosten des Schuldners vornehmen
   zu lassen.
2. Der Schuldner wird verpflichtet, auf die durch die Vornahme entstehenden
   Kosten einen Vorschuss von ... Euro an den Gläubiger zu zahlen.
3. Der Schuldner trägt die Kosten des Verfahrens.

Vorschlag für einen ablehnenden Tenor
1. Der Antrag wird zurückgewiesen.
2. Die Kosten des Verfahrens trägt der Gläubiger.

Vollstreckung eines Freistellungsanspruchs

1008

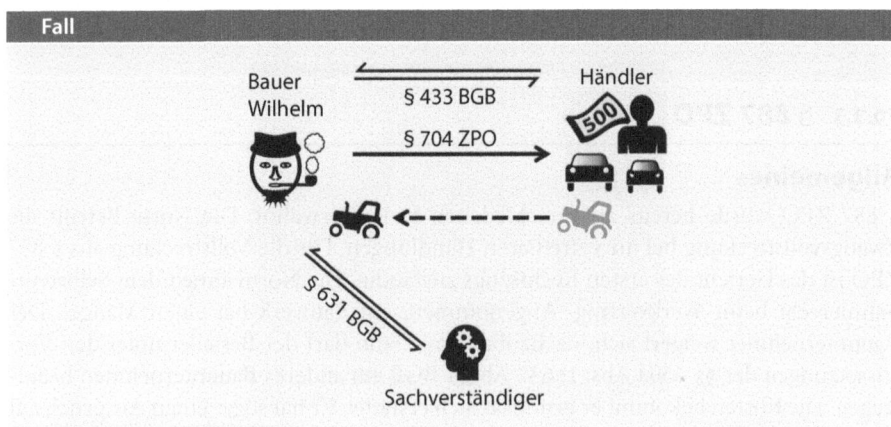

Fall

Bauer Wilhelm kauft telefonisch bei einem Gebrauchtwagenhändler einen Traktor für 30.000 Euro. Der Verkäufer sichert ihm zu, der Traktor sei technisch einwandfrei. Der Händler

---

11   Vgl. Hippeli, JA 2016, 851 – 862.

stellt ihn Wilhelm in den Hof. Ein Hinterreifen ist platt. Außerdem springt der Motor nicht an. Bauer Wilhelm verlangt Nachbesserung. Er setzt eine angemessene Frist. Der Händler reagiert nicht. Wilhelm beauftragt einen Sachverständigen. Dieser soll den Wert des Traktors ermitteln. Der Sachverständige bestimmt den Wert mit 5000 Euro. Er stellt Wilhelm für die Wertermittlung eine Rechnung über 2000 Euro. Bauer Wilhelm ist arm. Er kann die Rechnung des Sachverständigen nicht bezahlen. Außerdem ist Wilhelm entsetzt. Er hat viel zu viel für den Traktor bezahlt. Er erklärt gegenüber dem Gebrauchtwagenhändler den Rücktritt. Außerdem verlangt Wilhelm, dass der Händler ihn von der Rechnung des Sachverständigen freistellt. Hierfür setzt er wiederum eine angemessene Frist. Der Händler reagiert nicht. Sodann verklagt Wilhelm den Händler. Dieser solle ihn von der Sachverständigenrechnung freistellen. Wilhelm gewinnt.

❓ Erste Frage: Von wem kann der Sachverständige sein Geld verlangen? 1009

✅ Der Sachverständige kann nur von Bauer Wilhelm Zahlung verlangen. Er hat mit ihm einen Werkvertrag geschlossen. Aus diesem hat er einen Anspruch aus § 631 Abs. 1, 2. Halbsatz BGB. Dieser Anspruch richtet sich allein gegen seinen Besteller, also Wilhelm. Wilhelm ist also selbst Schuldner geworden.

❓ Zweite Frage: Was ist ein Freistellungsanspruch? 1010

✅ Freistellung bedeutet, der Gläubiger hat Schulden bei einem Dritten. Der Schuldner muss sie vom Gläubiger wegschaffen. Wie er das erreicht, ist sein Problem. Klassischerweise bezahlt er die Schuld. Mit Einverständnis des Gläubigers kann er sie auch übernehmen. Dazu muss er den Dritten überreden, die Schuldübernahme nach § 415 Abs. 1 BGB zu genehmigen. Freigestellt ist der Gläubiger auch, wenn der Dritte ihm die Schuld nach § 397 Abs. 1 BGB erlässt.

❓ Dritte Frage: Woraus hat das Gericht den Freistellungsanspruch hergeleitet? 1011

✅ Freistellungsansprüche sind beispielsweise in § 257 BGB geregelt. Die Norm greift aber vorliegend nicht. § 257 BGB betrifft nämlich Aufwendungsersatzansprüche. Hier geht es um einen Schadensposten, nämlich um ein unfreiwilliges Vermögensopfer. Der Freistellungsanspruch ergibt sich vorliegend aus §§ 437 Nr. 3; 280 Abs. 1 BGB.[12] Er ist Bestandteil des Schadensersatzanspruchs. Der Rücktritt schließt gemäß § 325 BGB Schadensersatz nicht aus.

Der Schaden des Bauers liegt darin, dass er eine Forderung gegen sich hat. Gemeint ist der Anspruch des Sachverständigen auf Zahlung der 2000 Euro. Diese Schuld hätte der Bauer ohne den Sachmangel nicht. Unterstellt, der Bauer hätte den Sachverständigen bereits bezahlt. Dann hätte der Verkäufer den Betrag erstatten müssen. Der Verkäufer darf nicht besserstehen, weil der Bauer den Sachverständigen nicht bezahlen konnte. Der Freistellungsanspruch ist sozusagen ein Anspruch im Vorfeld.[13]

---

12 Auch vertretbar: §§ 437 Nr. 3; 280; 281 BGB.
13 Zur Vertiefung: Görmer, JuS 2009, 7 – 12.

❗ **Merke:** Rechtsverfolgungskosten sind oftmals aus Schadensersatzgesichtspunkten erstattungsfähig.

1012   ❓ Vierte Frage: Wie wird dieser Freistellungsanspruch vollstreckt?

✅ **Freistellung als vertretbare Handlung**

Der Freistellungsanspruch wird nach § 887 ZPO vollstreckt.[14] Es handelt sich um eine vertretbare Handlung. Auch ein Dritter kann nämlich freistellen. Wie Gebrauchtwagenhändler freistellt, entscheidet er. Er kann die Rechnung zahlen. Die zweite Variante ist, die Schuld zu übernehmen. Der Händler kann drittens einen Erlassvertrag mit dem Sachverständigen schließen. Er muss nur Bauer Wilhelm aus dessen Haftung herausholen.

Wilhelm kann auch einen Antrag nach § 887 Abs. 2 ZPO stellen. Besonders vorteilhaft ist für Bauer Wilhelm ein Antrag nach § 887 Abs. 2 ZPO. Zahlt der Händler immer noch nicht, gilt § 788 Abs. 1 ZPO. Verauslagte Kosten für den Sachverständigen und der Vorschuss sind Kosten der Zwangsvollstreckung.[15] Wilhelm kann einen Gerichtsvollzieher beauftragen. Dieser kann beim Händler Sachen pfänden und versteigern lassen. Der Versteigerungserlös gebührt Wilhelm. Von ihm kann er den Sachverständigen bezahlen.

Der Ermächtigungsbeschluss bei Wahlmöglichkeiten des Schuldners

Die Vollstreckung aus § 887 ZPO birgt Probleme im Zusammenhang mit § 1004 BGB.

1013
Fall

G und S sind Nachbarn. S gräbt direkt an der Grundstücksgrenze ein Loch. Dadurch verliert das Grundstück des G seinen Halt. Je mehr es regnet, desto mehr Erde fließt vom Grundstück des G auf das Grundstück des S. Das Grundstück des G wird dadurch immer schräger. G beauftragt einen Sachverständigen. Dieser erklärt, dass es verschiedene Möglichkeiten gibt, das Grundstück des G zu sichern. S könnte das Loch zuschütten. Genauso würde es genügen, wenn S eine Betonmauer in das Loch einsetzt. G wendet sich an seinen Anwalt.

❓ **Fragen**

Frage 1: Welchen Klageantrag muss der Anwalt stellen?

Frage 2: Angenommen, G gewinnt den Prozess. Welchen Antrag muss der Anwalt im Zwangsvollstreckungsverfahren stellen?

✅ **Zu Frage 1:**

G hat einen Anspruch darauf, dass S dem Grundstück des G nicht die Stütze nimmt. Anspruchsgrundlage ist § 1004 i. V. m. § 909 BGB. Wie er den Anspruch erfüllt, entscheidet S. Denn er ist der Störer. G darf daher nicht auf eine bestimmte Maßnahme klagen. Vielmehr muss er seinen Antrag auf „geeignete Maßnahmen" beschränken, um das

---

14 BGH, Urt. v. 28.6.1983 – VI ZR 285/81 = NJW 1983, 2438 (2439); Wever, FF 2015, 135, VI./2.

15 OLG München, Beschl. v. 30.7.1997 – 11 W 1909/97, juris Rn. 8.

Abrutschen seines Grundstücks zu verhindern.[16] Dem Bestimmtheitserfordernis des § 253 Abs. 2 ZPO ist dadurch genügt, dass der Erfolg der Maßnahme genau zu bezeichnen ist.[17]

✅ Zu Frage 2:

Im Zwangsvollstreckungsverfahren muss G Farbe bekennen. Vollstreckt wird gemäß § 887 ZPO durch Ersatzvornahme.[18] Das Wahlrecht bleibt nach wie vor beim Schuldner. § 264 BGB gilt aber analog.[19] G muss eine bestimmte Maßnahme vorschlagen. Eventuell äußert sich S nicht dazu. Dann ist der Vorschlag verbindlich.

S darf auch einen Gegenvorschlag unterbreiten. In diesem Fall muss das Gericht die Maßnahme auswählen.

Der Erfüllungseinwand

Ausgangsfall   1014

Mieter M erstreitet gegen Vermieter V ein Urteil. Danach muss V Schimmel an der Wand beseitigen. V lässt die Wand neu verputzen und tapezieren. M schreibt an das Amtsgericht. Dabei nimmt er Bezug auf das Aktenzeichen des Ausgangsverfahrens. M beantragt, ihn auf Kosten des V zu ermächtigen, Tapete und Putz abzutragen und neu aufzutragen. Er meint, der Schimmel sei unter der Oberfläche noch vorhanden. Das Gericht erlässt den Ermächtigungsbeschluss nach § 887 ZPO. Die Beschwerdefrist der §§ 793; 569 ZPO läuft ab. Dann trägt der Vermieter vor, er habe den Schimmel im Anschluss an das Urteil beseitigt.

❓ Welcher Rechtsbehelf steht Vermieter V zur Verfügung?

✅ V muss Vollstreckungsabwehrklage nach § 767 ZPO erheben.[20] Ihm steht gemäß § 362 Abs. 1 BGB ein materieller Einwand gegen den Titel zu. V durfte auch nach dem Ermächtigungsbeschluss noch erfüllen. Denn M geht es nur darum, dass der Schimmel beseitigt ist. Wer dies macht, ist für ihn zweitrangig.

Ob der Vermieter den Schimmel vor oder nach dem Ermächtigungsbeschluss beseitigt hat, ist irrelevant. § 767 Abs. 2 ZPO präkludiert einen Erfüllungseinwand zwar.[21] Allerdings bezieht sich die Norm auf den Schluss der mündlichen Verhandlung im Erkenntnisverfahren. Der Ermächtigungsbeschluss präkludiert nicht nochmals. Vor allem findet im Vollstreckungsverfahren keine mündliche Verhandlung im Sinne von § 767 Abs. 2 ZPO statt. Das ergibt sich aus § 891 Satz 1 in Verbindung mit § 128 Abs. 4 ZPO. V sollte außerdem im Rahmen der Vollstreckungsabwehrklage anregen, den Ermächtigungsbeschluss aufzuheben. Nach hiesiger, bislang unbestritteter Auffassung darf das Gericht im Vollstreckungsabwehrurteil dahingehend tenorieren. Die Rechtsgrundlage findet sich in § 776 Satz 1 ZPO analog. Die Aufhebung ist überdies aus Klarstellungsgründen geboten.

---

16 BGH, Urt. v. 19.1.1996 – V ZR 298/94, juris Rn. 7.
17 OLG Köln, Urt. v. 5.10.2012 – 1 U 32/12, juris Rn. 23.
18 Vgl. OLG Düsseldorf, Beschl. v. 9.2.1998 – 9 W 7/98, juris Rn. 10; OLG Saarbrücken, Beschl. v. 6.4.2000 – 5 W 22/00, juris Rn. 8.
19 Vgl. BGH, Urt. v. 22.6.1995 – IX ZR 100/94, juris Rn. 11.
20 BGH, Urt. v. 8.10.1992 – VII ZR 272/90, juris Rn. 28 u. v. 22.6.1995 – IX ZR 100/94, juris Rn. 7.
21 BGH, Urt. v. 22.6.1995 – IX ZR 100/94, juris Rn. 9.

1015

> **Abwandlung**
>
> Wie Ausgangsfall. Der Amtsrichter erlässt den Ermächtigungsbeschluss jedoch noch nicht. Er
> hört V schriftlich an. V trägt vor, er habe den Schimmel vollständig entfernt. Zum Beweis bietet
> er ein Sachverständigengutachten an.

? Muss der Amtsrichter das Gutachten in Auftrag geben?

✓ Es ist umstritten, ob der Schuldner im Verfahren nach § 887 ZPO einwenden kann, er
habe erfüllt. Nach Meinung des BGH ist dies möglich.[22] Für den BGH spricht der
Wortlaut „Erfüllt [...] nicht".[23] V muss hier also keine Vollstreckungsabwehrklage
erheben.
Nach dem BGH muss der Amtsrichter das Gutachten in Auftrag geben.

> **Klausurtipp**
>
> Die Vollstreckung nach § 887 ZPO birgt eine unendliche Fülle von Klausurproblemen.
> Es ist unmöglich, sie alle auswendig zu lernen. Der Examenskandidat kann aber beru-
> higt sein. Er muss lediglich sorgfältig am Gesetz argumentieren. Dann wird er zu einer
> vertretbaren Lösung gelangen. Nur § 893 ZPO sollte man nicht übersehen. Danach
> kann der Gläubiger trotz Ersatzvornahme vom Schuldner Schadensersatz verlangen.

10.3.4 § 888 ZPO

Allgemeines

1016   § 888 ZPO betrifft höchstpersönliche Pflichten. Anders als bei § 887 ZPO ist keine Ersatzvornahme möglich. Vielmehr kann der Gläubiger beim Erkenntnisgericht Zwangsmittel beantragen. Im Antrag muss er weder die Art des Zwangsmittels noch dessen
Höhe angeben. Wenn er aber spezifiziert, gibt er einen Rahmen vor. Das Gericht darf
diesen analog § 308 Abs. 1 ZPO nicht überschreiten. Zwangsmittel können wiederholt
angewendet werden.[24] Das Mindestmaß des Zwangsgelds beträgt 5 Euro.[25] Das Höchst-
maß von 25.000 Euro nennt § 888 Abs. 1 Satz 2 ZPO. Zwangsgeld fließt an den Staat,
nicht an den Gläubiger. Die Staatskasse vollstreckt es nach dem Justizbeitreibungsgesetz.
    Die Untergrenze für Zwangshaft liegt bei einem Tag.[26] Maximal dauert sie sechs
Monate.[27] Vielleicht weigert sich der Schuldner immer noch. Das muss der Gläubiger
hinnehmen. Dies kommt jedoch in der Praxis fast nicht vor. Haft darf immer nur das

---

22 BGHZ 161, 67, juris Rn. 11; a. A. OLG Köln, Beschl. v. 3.3.1986 – 2 W 19/86 = RPfleger 1986, 309 (310).
23 Bischoff, NJW 1988, 1957 (1958).
24 OLG Hamm, Beschl. v. 15.10.1976 – 14 W 50/76, juris Rn. 6.
25 Art. 6 Abs. 1 EGStGB.
26 Art. 6 Abs. 2 EGStGB.
27 § 888 Abs. 1 Satz 3 i. V. m. § 802j Abs. 1 ZPO.

äußerste Mittel sein. Sie wird in den normalen Justizvollzugsanstalten vollzogen.[28] Von Mördern und Vergewaltigern bleiben die Schuldner jedoch weitgehend getrennt.

Dem Gesetzgeber scheint auf den ersten Blick in § 888 ZPO ein Redaktionsversehen unterlaufen zu sein. Es heißt dort „durch Zwangshaft oder durch Zwangshaft". Das ist Absicht. Das erste „Zwangshaft" meint Ersatzzwangshaft. Es bezieht sich auf „und für den Fall, dass dieses [das Zwangsgeld] nicht beigetrieben werden kann". Das Gericht muss festsetzen, auf wieviel Euro ein Tag Ersatzhaft entfällt. Das zweite „Zwangshaft" meint originäre Zwangshaft. Sie hat mit Zwangsgeld nichts zu tun.

Anders als in der Verwaltungsvollstreckung[29] werden Zwangsmittel in der ZPO nicht angedroht. Sie werden sofort verhängt (§ 888 Abs. 2 ZPO). Freilich ist der Schuldner nach § 891 Satz 2 ZPO zu hören. Für das Ordnungsgeld schreibt § 890 Abs. 2 ZPO demgegenüber eine Androhung vor.

REF Tenor/Antrag

Formulierungsvorschlag für den stattgebenden Tenor   1017
1.) Gegen die Schuldnerin wird zur Erzwingung der ihr im Urteil vom auferlegten Verpflichtung, nämlich …, ein Zwangsgeld von 5000 Euro verhängt, ersatzweise für den Fall, dass dieses nicht beigetrieben werden kann, für je 500 Euro ein Tag Zwangshaft.
2.) Die Kosten des Verfahrens trägt die Schuldnerin.

In der Anwaltsklausur muss der Gläubiger die Höhe des Zwangsgelds nicht beziffern. Es empfiehlt sich aber, ein möglichst hohes Zwangsgeld anzuregen. Ein Kostenrisiko besteht nicht.

Grundfall   1018

G ist Nacherbe, S ist Vorerbe. G verklagt S, gemäß § 2121 Abs. 1 BGB ein Verzeichnis der Erbschaftsgegenstände aufzustellen. Das Landgericht Heidelberg erlässt ein dahingehendes Urteil. S weigert sich trotzdem.

❓ Was kann G unternehmen?

▶ Map 10.2

✅ G kann vor dem Landgericht Heidelberg beantragen, gegen S ein Zwangsgeld festzusetzen. Ersatzweise kann er Zwangshaft beantragen. Die Rechtsgrundlage hierfür findet sich in § 888 Abs. 1 ZPO. Die Vorschrift regelt die Zwangsvollstreckung von unvertretbaren Handlungen. Auskunftspflichten sind in der Regel unvertretbar. Üblicherweise hat nur der Schuldner die umfassende Kenntnis.

---

28 Vgl. § 171 StVollzG-Bund a.F.
29 § 13 VwVG-Bund.

1019

> ## Ergänzung 1
>
> Wie Grundfall (Rn. 1018). Das Landgericht setzt durch Beschluss ein Zwangsgeld gegen S fest (§ 891 ZPO). S ist hiermit nicht einverstanden.

? Wie kann S sich wehren?

✓ S kann gemäß § 793 ZPO sofortige Beschwerde einlegen. Über sie entscheidet das Oberlandesgericht.[30]

1020

> ## Ergänzung 2
>
> Wie vorstehende Ergänzung 1 (Rn. 1019). S hat gegen den Zwangsgeldbeschluss sofortige Beschwerde eingelegt. Anschließend legt er das Verzeichnis vor.

? Ist die Beschwerde begründet?

» Map 10.2

✓ Ja, die Beschwerde ist begründet. § 793 ZPO erklärt das Rechtsmittel der sofortigen Beschwerde für anwendbar. Damit gelten alle Vorschriften der §§ 567 ff. ZPO. Nach § 571 Abs. 2 ZPO kann die Beschwerde auf neue Angriffs- und Verteidigungsmittel gestützt werden. S kann also in der Beschwerdeinstanz vortragen, er habe mittlerweile erfüllt. Hat ein Vollstreckungsschuldner seine Pflicht erfüllt, darf das Zwangsmittel nicht mehr vollstreckt werden.[31] Das ergibt sich schon aus dem Wortlaut „Zwang". Verstärkend tritt der Beugezweck hinzu. Das Zwangsmittel soll den Schuldner veranlassen, eine Leistung zu erfüllen. Ist er dem nachgekommen, bedarf es keines Zwangs mehr. S hat erfüllt. Damit ist der Zwangsgeldbeschluss aufzuheben.
Freilich hat es Konsequenzen, dass S zu spät erfüllt hat. Analog § 97 Abs. 2 ZPO hat er die Kosten der Beschwerde zu tragen.[32]

! **Merke: Nach Meinung des BGH ist der Erfüllungseinwand sowohl im Verfahren nach § 887 ZPO als auch bei § 888 ZPO zu berücksichtigen.**[33]

1021

> ## Abwandlung
>
> Wie Grundfall (Rn. 1018). Das Landgericht setzt durch Beschluss ein Zwangsgeld gegen S fest. S verpasst die zweiwöchige Beschwerdefrist des § 569 ZPO. Anschließend legt er G das Verzeichnis vor.

---

30 § 119 Abs. 1 Nr. 2 GVG.
31 BGH, Beschl. v. 11.12.2014 – IX ZB 42/14, juris Rn. 11.
32 Vgl. BGHZ 31, 342, juris Rn. 34; OLG Frankfurt, Beschl. v. 10.3.1993 – 4 UF 64/92 = FamRZ 1994, 118; a. A. noch BGH, Urt. v. 7.5.1954 – V ZR 98/53.
33 Zu § 890 ZPO siehe sogleich Rn. 1027.

❓ Kann er gegen die Vollstreckung des Zwangsgelds noch etwas unternehmen?

✅ Ja. S kann nach § 767 ZPO Vollstreckungsabwehrklage erheben.[34] Der Zwangsgeld-beschluss ist ein Titel gemäß § 794 Abs. 1 Nr. 3 ZPO. Die Erfüllung ist ein materiell-rechtlicher Einwand. S kann im Vollstreckungsabwehrverfahren anregen, den Zwangsgeldbeschluss analog § 776 Satz 1 ZPO aufzuheben.

Besonderheiten im Familienrecht

Im Familienrecht gibt es besondere Zwangsvollstreckungsregeln. Sie sind nicht klausur-relevant. Gleichwohl sollte man von ihnen einmal gehört haben.   1022

Beispiel

Nach einem Beschluss des Familiengerichts hat die Kindesmutter die Alleinsorge für das zweijährige Kind Lena. Der Vater darf es alle zwei Wochen am Wochenende zu sich neh-men. Er behält es nach einem Umgangswochenende bei sich. Das Familiengericht ordnet an, dass der Vater der Mutter das Kind herausgeben muss (§ 1632 Abs. 1 BGB). Er weigert sich jedoch. Er verbarrikadiert sich in seiner Wohnung. Er erklärt, die Mutter erhalte das Kind nur über seine Leiche. § 90 FamFG regelt, wie die Zwangsvollstreckung verläuft. Das Gericht muss als mildestes Mittel gegen den Kindesvater primär Zwangsgeld oder Zwangshaft verhängen. Nicht immer hat es damit Erfolg. Zuweilen möchte der Vater so-gar mit dem Kind flüchten. Dann darf Richter dem Gerichtsvollzieher erlauben, das Kind wegzunehmen. Der Gerichtsvollzieher darf die Polizei hinzuziehen. Dies erlaubt ihm § 87 Abs. 3 FamFG. Die ZPO kennt eine vergleichbare Norm in § 758 Abs. 3.

10.3.5 Zweifelsfälle

Allgemeines

Die §§ 883 ff. ZPO sind streng nach ihrem Wortlaut abzugrenzen. Immer wieder gibt es   1023
Stimmen, die dies in Frage stellen. Die Rechtsfolgen der §§ 883 ff. ZPO seien je nach Zweckmäßigkeit anzuwenden.[35] Beispielsweise wollen manche bei bestimmten vertret-baren Handlungen ein Zwangsgeld verhängen.[36]

Der BGH erteilt derartigen Versuchen konsequent Absagen.[37] Zu Recht. Der Ge-setzgeber hat sich entschieden. Sein Wille ist zu respektieren.

Der BGH erleichtert die Klausurlösung. Maßgebend ist allein die Formulierung des Titels. Dessen Wortlaut ist stur unter den jeweiligen Tatbestand zu subsumieren.

---

34 BGH, Beschl. v. 11.12.2014 – IX ZB 42/14, juris Rn. 6; zum Parallelproblem bei § 887 ZPO siehe oben Rn. 1014.
35 Z. B. OLG Hamm, Beschl. v. 10.10.1972 – 14 W 72/72 = NJW 1973, 1135; OLG München, Beschl. v. 11.12.1995 – 24 W 101/95.
36 OLG Düsseldorf, Beschl. v. 19.6.1987 – 9 W 43/87 = NJW-RR 1988, 63 (Abkehr von dieser Rechtsauf-fassung in OLG Düsseldorf, Beschl. v. 9.2.1998 – 9 W 7/98, juris Rn. 11).
37 BGHZ 190, 1, Rn. 10 mit zust. Anm. Christoph Schreiber, JR 2012, 243; BGH, Beschl. v. 14.2.2003 – IXa ZB 10/03, juris Rn. 8; BGH, Beschl. v. 14.12.2006 – I ZB 16/06, Rn. 13; BGH, Beschl. v. 4.4.2012 – I ZB 19/11, Rn. 16.

Wiederkehrende Pflichten

1024   Bei wiederkehrenden Pflichten mag man überlegen, ob man § 890 ZPO anwendet oder § 887. Ein Beispiel ist die Treppenhausreinigung. In vielen Mietverträgen ist der Mieter in regelmäßigen Abständen verpflichtet, das Treppenhaus zu reinigen. Angenommen, er macht dies nie. Muss der Vermieter des Hauses jedes Mal eine Ersatzvornahme beantragen? Immerhin steht noch nicht fest, ob der Mieter beim nächsten Termin seine Pflicht erfüllt. Gleichwohl gilt § 887 ZPO.[38] Die Treppenhausreinigung ist eine vertretbare Handlung. Der Vermieter darf dem Mieter nicht etwa Ordnungsgeld oder Ordnungshaft androhen lassen wie bei § 890 ZPO. Vielmehr hat sich der Gesetzgeber in § 887 ZPO klar positioniert. Er hat keine Einschränkungen für wiederkehrende Leistungen vorgesehen.

Gleiches gilt bei der Heizpflicht.[39]

Fall

Es wird im September spontan extrem kalt. Der Vermieter meint, er brauche erst ab Oktober zu heizen. Die Wohnungstemperatur fällt auf 10 Grad. Der Mieter verklagt den Vermieter. Der Richter urteilt, der Vermieter müsse die Heizung so betreiben, dass sich die Innentemperatur auf mindestens 20 Grad anheben lässt. Im Folgejahr heizt der Vermieter im September wieder nicht.

1025   ❓ Welche Vollstreckungsmaßnahme muss der Mieter wählen?

✅ Richtigerweise ist die Ersatzvornahme nach § 887 ZPO einschlägig. Gegen den Vermieter ist kein Zwangs- oder Ordnungsgeld möglich.[40] Zwar hat unter Umständen nur der Vermieter Zugang zur Heizung des Hauses. Die Mieträume lassen sich aber auch anders heizen als mit der Einbauheizung. Man kann beispielsweise Elektroheizöfen aufstellen. Praktikabilitätsgesichtspunkte spielen nach dem Grundsatz der Formalisierung der Zwangsvollstreckung keine Rolle.

Die Lohnabrechnung

1026   Der Arbeitgeber ist gesetzlich verpflichtet, dem Arbeitnehmer eine Lohnabrechnung zu erteilen.[41] Die Zwangsvollstreckung richtet sich nach § 62 Abs. 2 ArbGG i. V. m. § 888 ZPO. Der Arbeitnehmer begehrt eine unvertretbare Handlung. Kein anderer kann die Lohnabrechnung erteilen. Den rechnerischen Teil könnte zwar auch ein vom Arbeitnehmer beauftragter Steuerberater. Der Arbeitnehmer soll aber erkennen können, warum er gerade den ausgezahlten Betrag erhält. Er will nicht wissen, wie sein Arbeitsentgelt richtigerweise zu berechnen wäre. Es kommt ihm vielmehr darauf an, wie es der Arbeitgeber tatsächlich berechnet hat. Insbesondere interessiert ihn, welche Beträge der

---

38   So für Schneeräumen: Schleswig-Holsteinisches OLG, Beschl. v. 1.8.2011 − 16 W 90/11 = NJW-RR 2011, 1695 (1696); a. A. LG Bremen, Beschl. v. 26.1.1988 − 2 T 918/87; LG Berlin, Beschl. v. 29.10.1992 −67 T 88/92.

39   OLG Köln, Beschl. v. 13.4.1994 − 2 W 50/94 = MDR 1995, 95.

40   So aber LG Koblenz, Beschl. v. 27.1.1986 − 4 T 43/86 = NJW-RR 1986, 506 (507).

41   § 108 GewO.

Arbeitgeber vom Bruttolohn abgezogen und wohin er sie abgeführt hat. Das kann regelmäßig nur der Arbeitgeber beantworten.[42]

10.3.6 § 890 ZPO

Allgemeines

§ 890 ZPO regelt Unterlassungspflichten.

1027

Beispiel

Der Schuldner hat es zu unterlassen, das Grundstück des Gläubigers zu betreten. Verstößt er hiergegen, drohen ihm Ordnungsgeld und Ordnungshaft. Dasselbe droht nach § 890 ZPO einem Schuldner, der gegen ein Duldungsgebot verstößt.

§ 890 ZPO spricht darüber hinaus von Duldungspflichten. Ein Klassiker aus der amtsgerichtlichen Praxis wurde oben bereits behandelt: Der Schuldner zahlt seine Stromrechnungen nicht. Er muss dulden, dass der Energieversorger den Stromanschluss in der Wohnung abklemmt.[43] Der Schuldner darf sich dem Mitarbeiter nicht in den Weg stellen. Die Energieversorger kombinieren den Klageantrag meist mit einer Zutrittserlaubnis. Sie beantragen etwa: „Der Beklagte wird verurteilt, einem mit Ausweis versehenen Beauftragten der Klägerin den Zutritt zu der im Anwesen [Wohnung XYZ] befindlichen Strommesseinrichtung zu ermöglichen und die Einstellung der Energieversorgung zu dulden." Öffnet der Schuldner die Tür nicht, geht der Energieversorger nach § 887 i. V. m. § 892 ZPO vor. Dem Mitarbeiter der Klägerin Zutritt zu verschaffen, ist eine vertretbare Handlung. Der Stromlieferant lässt sich vom Erkenntnisgericht ermächtigen, die Wohnung durch einen Schlüsseldienst zu öffnen. Um die Duldungspflicht durchzusetzen nimmt der Stromlieferant den Gerichtsvollzieher mit. Dieser darf den Schuldner mit Gewalt festhalten. Das erlaubt ihm die Paragrafenkette §§ 890; 892; 758 Abs. 3 ZPO.[44]

Von den Stromzählerfällen abgesehen haben Duldungspflichten keine große Praxisrelevanz. Ganz anders ist dies bei Unterlassungspflichten. Sie haben erhebliche wirtschaftliche Bedeutung im Urheber-, Marken und Wettbewerbsrecht.[45]

Beispiel

Jemand näht in seinem Zimmer aus Stoffresten und Pappe Schuhe zusammen. Er bringt auf ihnen das berühmte Logo eines Sportartikelherstellers an. Dann verkauft er die Schuhe im Internet. Der Sportartikelhersteller bekommt das mit. Er kann den Nachmacher auf Unterlassung verklagen. Vielleicht verkauft dieser die Schuhe trotzdem weiter. Dann kann der Richter gegen ihn Ordnungsgeld oder Ordnungshaft verhängen.

---

42 BAG, Beschl. v. 7.9.2009 – 3 AZB 19/09, juris Rn. 18; zur Pfändung des Anspruchs auf Lohnabrechnung siehe oben Rn. 642.

43 Anspruchsgrundlagen: § 19 Abs. 2 der Stromgrundversorgungsverordnung und § 24 Abs. 3 der Netzanbieterverordnung.

44 Vgl. LG Duisburg, Urt. v. 29.6.2012 – 7 S 135/11; AG Castrop-Rauxel, Teilurteil vom 31.5.2012 – 4 C 65/12, juris Rn. 22.

45 Z. B. §§ 97 Abs. 1 UrhG; 14 Abs. 5 Satz 1 MarkenG; 8 Abs. 1 UWG.

1028   Ordnungsgeld und Ordnungshaft haben Strafcharakter.[46] Im Gegensatz zu Zwangsmitteln setzen sie Verschulden voraus.[47]

Zwangsmittel kann der Richter aufheben, wenn Schuldner nachträglich erfüllt. Bei Ordnungsmitteln geht das nicht. Das liegt an den unterschiedlichen Zwecken. Wie der Name schon sagt, sollen Zwangsgeld und Zwangshaft zwingen. Schon im Interesse des Gläubigers darf der Verpflichtete die geschuldete Handlung jederzeit vornehmen. Hat er dies getan, muss man ihn zu nichts mehr zwingen. Bei Ordnungsmitteln gilt hingegen der Grundsatz, dass der Schuldner einen Verstoß nicht heilen kann.

Zwangs- und Ordnungsmittel haben aber auch Gemeinsamkeiten. Beide Gelder bekommt die Staatskasse, nicht der Gläubiger.[48] Ist der Schuldner eine juristische Person, werden Zwangs- und Ordnungshaft an ihren Organen vollstreckt. In beiden Fällen ist der Vortrag des Schuldners zu berücksichtigen, er habe erfüllt.[49] Gegebenenfalls ist im Vollstreckungsverfahren Beweis zu erheben.

REF Tenor

1029   Formulierungsvorschlag für den stattgebenden Tenor
1. Gegen den Beklagen wird wegen Zuwiderhandlung gegen das Verbot, ... ein Ordnungsgeld von 5000 Euro, ersatzweise für den Fall, dass dieses nicht beigetrieben werden kann, für je 500 Euro ein Tag Ordnungshaft verhängt.
2. Die Kosten des Verfahrens trägt der Beklagte.

Organisatorisches

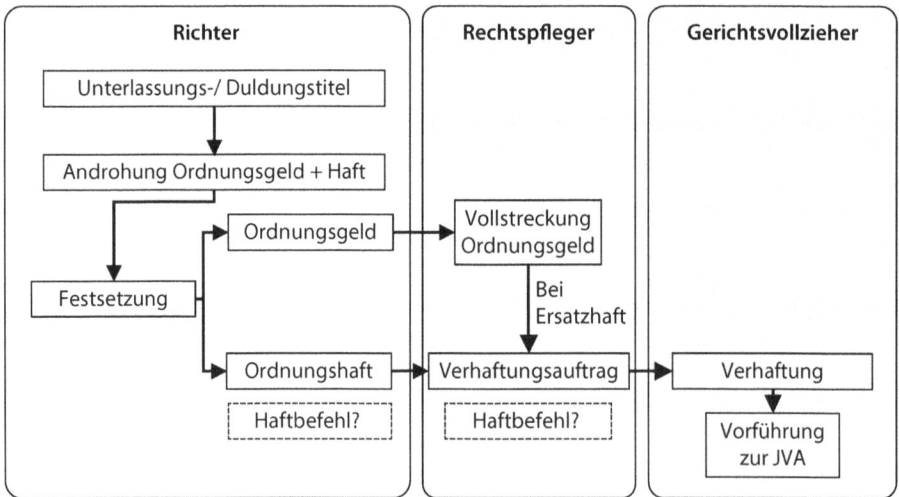

---

46 Siehe oben Rn. 1005.
47 BVerfGE 84, 82, juris Rn. 16.
48 OLG Köln, Beschl. v. 26.5.1986 – 6 W 36/86 = NJW-RR 1986, 1191.
49 Bischoff, NJW 1988, 1957 (1958); siehe ferner oben Rn. 1014.

Ordnungsgeld und Ordnungshaft setzt der Staat durch. Hierfür arbeiten Richter,   1030
Rechtspfleger und Gerichtsvollzieher zusammen. Wenn noch kein Titel existiert, erlässt
der Richter ihn im Erkenntnisverfahren. Gleichzeitig oder später droht er Ordnungs-
geld und Ordnungshaft an. Verstößt der Schuldner gegen die titulierte Pflicht, setzt der
Richter das Ordnungsgeld beziehungsweise Ordnungshaft fest. Dies ist der sogenannte
Festsetzungsbeschluss. Bei Ordnungsgeld setzt der Richter stets Ordnungshaft für den
Fall fest, dass das Gericht das Ordnungsgeld nicht beitreiben kann (Ersatzhaft). Alter-
nativ kann er nur Ordnungshaft anordnen. Sodann gibt der Richter die Akte an den
Rechtspfleger.[50] Dieser vollstreckt das Ordnungsgeld.[51] Er schreibt dem Schuldner eine
Rechnung. Zahlt der Schuldner nicht, wird er normalerweise gemahnt.[52] Ist beim
Schuldner nichts zu holen, vollstreckt der Rechtspfleger die Ordnungshaft.[53] Das Gesetz
lässt offen, ob der Richter oder der Rechtspfleger nun einen Haftbefehl erlassen muss.[54]
Richtigerweise ist ein Haftbefehl nicht nötig.[55] Der Ordnungshaftbeschluss enthält bereits einen Haftbefehl. Dies betrifft auch den Fall der Ersatzhaft. Andererseits schadet es
nicht, wenn der Richter einen Haftbefehl erlässt.[56] Der Rechtspfleger organisiert, in welche Justizvollzugsanstalt der Schuldner zu verbringen ist. Er beauftragt den Gerichtsvollzieher, den Schuldner zur Justizvollzugsanstalt (JVA) zu bringen. Der Gerichtsvollzieher darf dem Schuldner bei Gegenwehr Handschellen anlegen.[57] Er kann auch die
Polizei zuziehen (§§ 892; 758 Abs. 3 ZPO).

Prüfungsschema

Es sind Klausuren denkbar, in denen es um die Frage geht, ob ein Ordnungsgeld zu ver-   1031
hängen ist. Daher sollte man das Prüfungsschema des § 890 ZPO kennen. Es lautet:

ⓘ Prüfungsschema Ordnungsmittel
1. Allgemeine Verfahrensvoraussetzungen
2. Allgemeine und besondere Vollstreckungsvoraussetzungen
3. Keine Vollstreckungshindernisse
4. Androhung
5. Zuwiderhandlung gegen den Titel
6. Verschulden
7. Verjährung
8. Rechtsfolge

Einzelprobleme

Klausurprobleme stellen sich an unterschiedlichen Stellen des eben genannten Schemas.

---

50 § 31 Abs. 3 RPflG, zuweilen auch an den Kostenbeamten.
51 § 1 Abs. 1 Nr. 3 JBeitrG.
52 § 7 der Einforderungs- und Beitreibungsanordnung vom 1.8.2011.
53 OLG München, Beschl. v. 26.5.1988 – 22 AR 37/88 = NJW-RR 1988, 1407.
54 Unklar: BVerfG, Beschl. v. 17.2.1992 – 2 BvR 1021/91.
55 I. d. S. auch KG Berlin, Beschl. v. 30.9.1996 – 25 W 8469/94 = KGR Berlin 1996, 272.
56 Vgl. §§ 457 Abs. 2 StPO; 31 Abs. 2 Satz 1 RPflG.
57 Vgl. BGH, Urt. v. 1.10.1953 – 5 StR 228/53.

Allgemeine Verfahrensvoraussetzungen

1032 Es müssen die allgemeinen Verfahrensvoraussetzungen vorliegen. Hierzu ist insbesondere ein Antrag des Gläubigers nötig. Vor dem Landgericht besteht Anwaltszwang.

Allgemeine Vollstreckungsvoraussetzungen

1033 Bei den allgemeinen Vollstreckungsvoraussetzungen ist der Titel oft problematisch. Er muss hinreichend bestimmt sein. Fehler entstehen vor allem bei Vergleichen, die zwischen Tür und Angel in der mündlichen Verhandlung geschlossen werden. Der Schuldner muss erkennen können, was er unterlassen soll.

Keine Vollstreckungshindernisse

1034 Eine weitere Schwierigkeit stellt sich beim Prüfungspunkt der Vollstreckungshindernisse.

> **Fall**
>
> Ein berühmter Schuhhersteller erstreitet gegen einen Schuhladen vor dem Landgericht ein Urteil. Danach hat der Laden es zu unterlassen, gefälschte Schuhe unter dem Markennamen des Herstellers zu verkaufen. Das Landgericht erklärt das Urteil gemäß § 709 ZPO gegen Sicherheitsleistung für vorläufig vollstreckbar. Der Hersteller leistet die Sicherheit. Der Laden hält das Urteil für falsch. Der Hersteller sei nicht aktivlegitimiert. Der Laden legt Berufung ein. Er verkauft die Schuhe weiter. Das Landgericht verhängt Ordnungsgeld. Das Oberlandesgericht hält das Urteil des Landgerichts für falsch. Es hebt es auf. Das Urteil des Oberlandesgerichts wird rechtskräftig.

❓ Muss der Laden das Ordnungsgeld noch bezahlen?

✅ Nach h. M. muss der Laden das Ordnungsgeld nicht mehr bezahlen. Zwar hat er die Hoheitsgewalt des Landgerichts in Frage gestellt. Damit öffnet er der Selbstjustiz Tür und Tor. Allerdings stellt die h. M. darauf ab, dass der Schuldner materiell im Recht war.[58] Das hat jedenfalls das Oberlandesgericht bindend festgestellt. Außerdem fehlt es jedenfalls zum jetzigen Zeitpunkt an einem Titel.[59]

Androhung

▶ **Map 2.12**

1035 Ordnungsmittel kann ein Gericht erst verhängen, wenn es sie gemäß § 890 Abs. 2 ZPO angedroht hat. Ein häufiger Fehler in der Praxis liegt darin, dass die Parteien sich in einem Vergleich auf eine Unterlassungspflicht einigen. Sie vergessen aber, das Ordnungsmittel androhen zu lassen. Manchmal kündigen sie es sich gegenseitig an. Das genügt nicht.[60] Androhen muss der Richter. Sogar wenn dem Schuldner klar ist, was ihm passieren kann. Der Wortlaut des § 890 Abs. 2 ZPO ist strikt.

---

58 OLG Frankfurt a. M., Beschl. v. 28.3.2011 – 11 W 27/10 = NJW-RR 2011, 1290.
59 BGH, Beschl. v. 23.10.2003 – I ZB 45/02 = GRUR 2004, 264 (265).
60 BGH, Beschl. v. 2.2.2012 – I ZB 95/10, Rn. 7; OLG Hamm, Beschl. v. 22.8.1979 – 4 W 63/79, juris Rn. 7 ff.

Aus § 890 Abs. 2 ZPO ergibt sich, dass die Androhung bereits im Erkenntnisurteil erfolgen kann. Sie erfolgt üblicherweise im Tenor. Er enthält zwischen Hauptsache und Kostenentscheidung eine gesonderte Ziffer.

> **Formulierungsvorschlag**
> Dem Beklagten wird für jeden Fall der Zuwiderhandlung Ordnungsgeld bis zu 250.000, – EUR, ersatzweise Ordnungshaft bis zu 6 Monaten, oder Ordnungshaft bis zu 6 Monaten angedroht.

Vielleicht ist der Beklagte eine juristische Person oder eine rechtsfähige Personengesellschaft. Dann wird die Ordnungshaft einem oder mehreren Leitungsorganen angedroht. Etwa muss das Gericht bei der GmbH ergänzen:

> Die Ordnungshaft ist an einem der Geschäftsführer zu vollziehen.

Die Namen der Geschäftsführer braucht das Gericht in der Androhung noch nicht zu nennen.[61]

1036   In der Urteilsklausur im Erkenntnisverfahren darf man Ordnungsmittel auch ohne Antrag androhen. Dies ergibt sich aus der Systematik. § 890 Abs. 2 ZPO nennt das Antragserfordernis nämlich erst in der Textpassage über die nachträgliche Androhung.

In der Anwaltsklausur im Erkenntnisverfahren sollte der Klägervertreter gleichwohl beantragen, dem Beklagten die besagten Ordnungsmittel anzudrohen.[62] Andernfalls unterlässt das Gericht möglicherweise die Androhung im Urteil. Dann muss der Rechtsanwalt nachträglich einen Androhungsbeschluss beantragen. Dadurch verzögert sich die Vollstreckung. Das schadet dem Mandanten. Es ist zweckmäßig, den Antrag an eben genanntem Tenor zu orientieren.

Befindet sich der Prozess bereits im Vollstreckungsverfahren, sollte der Gläubigervertreter auch einen Antrag nach § 890 Abs. 3 ZPO stellen.

> **Formulierungsvorschlag**
> Der Schuldner wird verurteilt, ab Zustellung dieses Beschlusses bis zum Ablauf des [Datums] eine Sicherheit von [Betrag] Euro zugunsten des Gläubigers zu leisten für dessen durch fernere Zuwiderhandlung entstehenden Schaden.

---

61 BGH, Urt. v. 16.5.1991 – I ZR 218/89, juris Rn. 30.
62 Schmitt-Gaedke/Arz, JuS 2015, 126 (129).

Ordnungsmittel und Vertragsstrafe können konkurrieren. In diesem Zusammenhang ein sehr praxisrelevantes Rechtsproblem:

1037

Fall

G und S sind Nachbarn. Sie begegnen sich jeden Morgen. Stets beschimpft S den G als Wildsau. G verklagt S auf Unterlassung. Die Parteien streiten über das Recht des S, G als Wildsau zu bezeichnen. Sie schließen einen gerichtlichen Vergleich. S verspricht, G nie wieder als Wildsau zu bezeichnen. Für jeden Fall der Zuwiderhandlung vereinbaren die Parteien eine Vertragsstrafe von 300 Euro. Schon am Tag nach dem Vergleichsschluss bezeichnet S den G wieder als Wildsau. G verlangt, S ein Ordnungsgeld, ersatzweise Ordnungshaft anzudrohen.

? Wird der Richter dem nachkommen?

✓ Ja, der Richter wird S Ordnungsmittel androhen.

Problematisch ist, ob ein Vollstreckungshindernis vorliegt.

Die Parteien könnten im Vergleich die Zwangsvollstreckung konkludent abbedungen haben. Vollstreckungsbeschränkende Verträge sind zulässig.[63] Der Vergleich sieht eine privatrechtliche Sanktion vor. Sie könnte abschließend gemeint sein. Das ist durch Auslegung zu ermitteln. Dabei ist das Interesse des Gläubigers zu beachten. Es ist keinen Grund ersichtlich, dass er die geringe Vertragsstrafe als alleinige Sanktion akzeptieren wollte.[64] Immerhin bedeutet es einen enormen Aufwand, sie durchzusetzen. G müsste sie einklagen. Eher wollte G durch die Vertragsstrafe seine Position verbessern. Dazu muss er sowohl Vertragsstrafe als auch Ordnungsmittel beantragen können. Der Schuldner ist wenig schutzwürdig. Er kann der Doppelsanktion entgehen. Er muss keine Vertragsstrafe versprechen. Hier hat S es getan. Er hätte darauf bestehen können, dass G ausdrücklich auf die Vollstreckung gemäß § 890 Abs. 1 ZPO verzichtet.[65] Einen ausdrücklichen Vollstreckungsverzicht hat G nicht erklärt.

Das Ordnungsmittel verstößt auch nicht gegen das verfassungsrechtliche Verbot der Doppelbestrafung. Denn der Wortlaut des Art. 103 Abs. 3 GG verbietet nur mehrfache Strafen „aufgrund der allgemeinen Strafgesetze".[66]

Das Ordnungsmittel ist in voller Höhe anzudrohen. Zwar ist die frühere Sanktion auf die jeweils spätere anzurechnen. Das gilt aber nur für die Verhängung, nicht schon für die Androhung. Außerdem ist die Vertragsstrafe noch nicht tituliert.[67]

Übrigens dürfte G die Vertragsstrafe auch einklagen, nachdem das Gericht ein Ordnungsmittel verhängt hat.[68]

! Merke: Vertragsstrafe und zwangsvollstreckungsrechtliche Ordnungsmittel können nebeneinander verhängt werden.

---

63 Siehe oben Rn. 340.
64 OLG Köln, Beschl. v. 28.8.1968 – 14 W 46/68 = NJW 1969, 756.
65 BGH, Beschl. v. 3.4.2014 – I ZB 3/12, juris Rn. 14.
66 OLG Saarbrücken, Beschl. v. 21.11.1978 – 1 W 26/78 = NJW 1980, 461.
67 BGHZ 138, 67, juris Rn. 14.
68 BGHZ 138, 67, juris Rn. 14.

Zuwiderhandlung

Beim Prüfungspunkt „Zuwiderhandlung" kann in der Klausur eine normale Be-   1038
weiswürdigung durchzuführen sein. Die Darlegungs- und Beweislast trägt der
Gläubiger.

Beispiel

Die Parteien haben sich in einem Vergleich darauf geeinigt, dass der Schuldner in seiner
Wohnung Musik nur noch in Zimmerlautstärke hören darf.[69] Der Gläubiger behauptet,
am 3.3. zwischen 23 und 23.55 Uhr habe der Schuldner Heavy Metal mit einer Lautstärke
von mindestens 100 dB gehört. Der Schuldner bestreitet dies. Beide Seiten benennen
mehrere Zeugen. Das Gericht vernimmt sie. In der Klausur ist ein Beschluss zu fertigen.
Unter Ziffer II. ist zunächst festzustellen, dass es sich um ein Unterlassungsgebot im Sinne
des § 890 ZPO handelt. Sodann ist die hinreichende Bestimmtheit des Titels zu erörtern.
Abschließend sind sämtliche Zeugenaussagen zu würdigen.

Beim Prüfungspunkt der Zuwiderhandlung sollte man des Weiteren die Kerntheorie
kennen.[70]

Ausgangsfall   1039

Die Parteien schließen einen gerichtlichen Vergleich. Darin verpflichtet sich der Beklagte, auf
Vereinssitzungen über die Klägerin nicht mehr zu sagen, sie sei blöd. Das Gericht droht dem
Beklagten Ordnungsmittel an. Bei der nächsten Vereinssitzung singt der Beklagte ein Lied. Der
Refrain enthält den Passus, die Klägerin sei blöd. Die Klägerin beantragt, gegen den Beklagten
Ordnungsgeld zu verhängen. Dieser meint, er habe nur gesungen, die Klägerin sei blöd. Er
habe dies nicht gesagt.

❓ Ist ein Ordnungsgeld zu verhängen?

✅ Ja, ein Ordnungsgeld ist zu verhängen. Bei Unterlassungspflichten ist nicht strikt auf
den Wortlaut abzustellen. Vielmehr hat der Schuldner alles zu unterlassen, was der
verbotenen Handlung im Kern gleich kommt. Kern der vorliegenden Unterlassungspflicht war ein Äußerungsverbot. Ob die Äußerung sprechender und singender
Weise erfolgte, war für die Gläubigerin nicht relevant. Der Schuldner hat gegen den
Titel verstoßen.

Abwandlung   1040

Die Parteien haben den im Ausgangsfall beschriebenen Vergleich geschlossen. Der Beklagte
sagt auf der nächsten Vereinssitzung, die Klägerin sei ein hässliches Monster.

---

69 Z. B. LG Hamburg, Beschl. v. 12.7.1995 – 317 T 48/95, juris Rn. 9.
70 RGZ 147, 27 (31); BGHZ 5, 189, juris Rn. 29; 126, 287, juris Rn. 35; 166, 253, Rn. 39; BGH, Beschl. v.
6.2.2013 – I ZB 79/11, Rn. 14.

? Ist nach wie vor ein Ordnungsgeld zu verhängen?

✓ Nein, hier ist kein Ordnungsgeld zu verhängen. Die Grenze ist überschritten. Die Verletzungshandlung ist nicht kerngleich. Der Vergleich verbot herablassende Äußerungen bezüglich der Intelligenz der Klägerin. Hier bezieht sich die Äußerung auf deren Aussehen. Die Klägerin muss auf Unterlassung dieser Äußerungen klagen, wenn sie sie verhindern möchte.

Verschulden

1041   Das Verschuldenselement muss man in der Klausur immer ansprechen. Probleme werden sich hier jedoch selten stellen. Denn die Darlegungs- und Beweislast für das Verschulden trägt zwar der Gläubiger. Es besteht aber ein Anscheinsbeweis.[71] Die Verletzung indiziert das Verschulden.

Der Schuldner muss selbst schuldhaft gehandelt haben. Fahrlässigkeit genügt. Verschulden seines Erfüllungsgehilfen muss der Schuldner sich zwar nicht zurechnen lassen.[72] Denn § 278 BGB steht im Schuldrecht, nicht in der ZPO. Oft fällt dem Schuldner aber ein Organisationsverschulden zur Last.[73] Schaltet er Dritte ein, muss er sie hinreichend anweisen.[74]

Verschulden des Leitungsorgans einer juristischen Person wird dieser nach § 31 BGB zugerechnet.[75] Zwar ist § 31 BGB wie § 278 BGB eine materiellrechtliche Norm. Allerdings ist eine juristische Person nicht handlungsfähig. Irgendeine Art der Zurechnung muss es bei ihr geben. Sonst könnte man Unterlassungstitel gegen sie nicht vollstrecken.

Verjährung

1042   Sind seit dem Verstoß zwei Jahre vergangen, ist er verjährt (Art. 9 Abs. 1 Satz 2 EGStGB).

Rechtsfolge

1043   Art und Höhe des Ordnungsmittels liegen im Ermessen des Gerichts. Die Grenze bildet der Grundsatz der Verhältnismäßigkeit.[76] Wo Ordnungsgeld genügt, ist es vorrangig vor Ordnungshaft zu verhängen.

Auch gegen juristische Personen und rechtsfähige Personengesellschaften kann Ordnungsgeld verhängt werden. Bei Ordnungshaft ist nunmehr das Organ namentlich zu bezeichnen, an dem sie zu vollziehen ist.[77] Es muss selbst schuldhaft gehandelt haben.

Das Gericht kann in einem Ordnungsmittelbeschluss mehrere Verstöße gleichzeitig ahnden. Wird der Ordnungsmittelbeschluss dem Schuldner zugestellt, bewirkt dies für eine Dauerverletzung eine Zäsur. Jede weitere Verletzung ist als neuer Verstoß anzusehen.

---

71 BVerfGE 84, 82, juris Rn. 19; OLG Köln, Beschl. v. 25.5.2000 – 6 W 21/00, juris Rn. 2.
72 BGH, Beschl. v. 3.4.2014 – I ZB 3/12, Rn. 11.
73 BVerfG, Nichtannahmebeschluss vom 4.12.2006 – 1 BvR 1200/04, Rn. 22.
74 OLG Köln, Beschl. v. 26.5.1986 – 6 W 36/86 = NJW-RR 1986, 1191.
75 BGH, Beschl. v. 12.1.2012 – I ZB 43/11, Rn. 7.
76 BGHZ 156, 335, juris Rn. 51.
77 OLG Hamm, Beschl. v. 15.3.2016 – 4 W 17/16, juris Rn. 15.

10.4 REF Rubrum der Beschwerdeentscheidung

Gemäß § 572 Abs. 4 ZPO entscheidet das Beschwerdegericht durch Beschluss. Statt „in   1044
dem Rechtsstreit" schreibt man „in der Zwangsvollstreckungssache". Man sollte den Beschwerdeführer zuerst nennen, z. B. „Gläubiger und Beschwerdeführer". Insofern unterscheiden sich Rubrum von Erinnerung und sofortiger Beschwerde. Dann definiert man
den Gegner, z. B. „Schuldner und Beschwerdegegner."

Üblicherweise folgt dann der Passus „hat das Landgericht Heidelberg – 2. Zivilkammer –
durch den Richter am Landgericht Dr. Schulze als Einzelrichter am 03.04.2019 beschlossen:"

10.5 REF Tenor der sofortigen Beschwerde

 Map 10.3

Der Tenor der sofortigen Beschwerde besteht aus drei Teilen: Hauptsache, Kosten und   1045
Nicht-/Zulassung der Rechtsbeschwerde.

10.5.1 Hauptsache

Der Hauptsachetenor der ähnelt dem der Erinnerung. Die sofortige Beschwerde kann
unzulässig sein. Dann wird sie verworfen. Ist sie unbegründet, wird sie zurückgewiesen.

Wenn die Beschwerde begründet ist, variiert der Tenor regional. Zunächst ist zu entscheiden, was mit der angegriffenen Entscheidung passiert. Die einen Gerichte heben
sie auf. Die anderen ändern sie ab.

Formulierungsvorschlag
Auf die sofortige Beschwerde des Schuldners wird der Beschluss des Amtsgerichts
Hamburg vom 03.04.2019 – Aktenzeichen 3 M 123/19 – abgeändert.

Anschließend ist anzuordnen, wie die Zwangsvollstreckung weiterverlaufen soll. In der Klausur ist das Verfahren grundsätzlich nicht nach § 572 Abs. 3 ZPO zurückzuverweisen. Der Bearbeiter sollte vielmehr selbst entscheiden. Dieser Teil des Tenors gleicht dem der Erinnerung.

Formulierungsbeispiel 1
Die am 03.12.2019 erfolgte Pfändung des Autos mit dem Kennzeichen HH-D 123
wird für unzulässig erklärt.

Formulierungsbeispiel 2
Der Gerichtsvollzieher wird angewiesen, die vom Gläubiger am 02.12.2019 beantragte
Pfändung nicht mit der Begründung zu verweigern, es liege kein Vollstreckungstitel vor.

10.5.2 **Kosten**

1046   Über die Kosten des Beschwerdeverfahrens ist zu entscheiden.[78]

- **Erfolglose Beschwerde**

Ist die Beschwerde erfolglos, tenoriert man:

> Der [Verlierer] trägt die Kosten des *Beschwerdeverfahrens*.

Das beruht auf § 97 ZPO.

- **Erfolgreiche Beschwerde**

Gewinnt der Beschwerdeführer heißt es:

> Der [Beschwerdegegner] trägt die Kosten des *Verfahrens*.

Grundlage ist § 91 ZPO. Zu den Kosten des Verfahrens zählen automatisch die Rechtsmittelkosten.

10.5.3 **Nebenentscheidungen**

1047   Der Beschluss ist nicht für vorläufig vollstreckbar zu erklären.

- **Nichtzulassung der Rechtsbeschwerde**

Theoretisch hat das Beschwerdegericht zwei Möglichkeiten. Es kann die Rechtsbeschwerde zulassen oder nicht. Das folgt aus § 574 Abs. 1 Nr. 2 ZPO. In der Praxis wird die Rechtsbeschwerde nur selten zugelassen. Die Zulassungsvoraussetzungen ergeben sich aus § 574 Absätze 2 und 3 ZPO. Sie liegen in der Klausur üblicherweise nicht vor.

Klausurtipp

In der Klausur sollte man die Rechtsbeschwerde nie zulassen.

Wichtig ist allerdings, dass man die Nichtzulassung am Ende der Gründe hinreichend erläutert. Ansonsten verstößt man unter anderem gegen das Willkürverbot. Leider verkennt die Praxis dies zuweilen.[79] In der Klausur sollte man sorgfältig arbeiten. Man sollte erklären, weshalb die vorliegende Sache keine grundsätzliche Bedeutung hat. Irgendeinen Aspekt wird man finden. Schließlich ist im zweiten Examen ein Einzelfall zu entscheiden, kein Musterprozess.

---

78 Ausführlich OLG Celle, Beschl. v. 7.11.1995 – 4 W 202/95.
79 Vgl. BVerfG, Beschl. v. 27.8.2010 – 2 BvR 3052/09, Rn. 10; vom 8.12.2010 – 1 BvR 381/10, Rn. 9; BVerfG, BVerfG, vom 4.5.2015 – 2 BvR 2053/14, Rn. 13; vom 7.9.2015 – 1 BvR 1863/12, Rn. 12 u. v. 16.6.2016 – 1 BvR 873/15, Rn. 20.

Theoretisch genügt, die Nichtzulassung in den Gründen zu erläutern. Zusätzlich kann man aber im Tenor schreiben:

> Die Rechtsbeschwerde wird nicht zugelassen.[80]

Nach hiesiger Auffassung empfiehlt sich das zur Klarstellung.

- **Folge: Keine Rechtsmittelbelehrung**

Eine Rechtsmittelbelehrung erübrigt sich. Es gibt kein ordentliches Rechtsmittel.[81]

10.6 REF Tatbestand der Beschwerdeentscheidung

10.6.1 Aufbau

Der Tatbestand variiert in der Praxis stark. Manche verfassen ihn sehr ausführlich, andere kurz. Nach hiesiger Auffassung sollte er die Akte knapp und prägnant zusammenfassen. Er ähnelt dem eines Berufungsurteils mit Ausnahme der Anträge. Er wird unter „Gründe" unter der Ziffer „I." verfasst. 1048

ℹ️ **Vorschlag:**

1.) Einleitungssatz, z. B. *„Der Gläubiger wendet sich gegen …"*
2.) Unstreitige Tatsachen im Präsens/Imperfekt
3.) Streitiges Vorbringen erster Instanz des Erinnerungsführers im Perfekt: *„Der Schuldner hat behauptet …"*
4.) Prozessgeschichte erster Instanz: *„Das Amtsgericht hat die Erinnerung zurückgewiesen. Zur Begründung hat es …"*
5.) Prozessgeschichte zur Beschwerde: *„Gegen den Beschluss des Amtsgerichts hat der Gläubiger am 03.02.2018 per Fax beim Landgericht sofortige Beschwerde eingelegt."*
6.) Streitiges Vorbringen des Beschwerdeführers
7.) Streitiges Vorbringen der anderen Partei/en
8.) Prozessgeschichte zur zweiten Instanz, z. B. Bezugnahme auf eine Beweisaufnahme

10.6.2 Abhilfe

Das Ausgangsgericht kann der Beschwerde abhelfen, § 572 Abs. 1 ZPO. Dann kann der Beschwerdegegner gegen den Abhilfebeschluss sofortige Beschwerde einlegen.[82] 1049
Die Nichtabhilfe ist keine Zulässigkeitsvoraussetzung. Sie ist daher nicht unter „Gründe II" zu erwähnen. Hilft das Ausgangsgericht nicht ab, muss es dies erklären. Der Referendar sollte diese Begründung im Tatbestand in der Prozessgeschichte zur Beschwerde zusammenfassen.

---

80 Ausdrücklich freigestellt in BGH, Beschl. v. 19.5.2004 – IXa ZB 182/03 = NJW 2004, 2529.
81 BGH, Beschl. v. 8.9.2015 – IX ZB 47/15, Rn. 1.
82 Vgl. § 68 Abs. 1 Nr. 2 VwGO.

Formulierungsvorschlag

Das Amtsgericht hat der Beschwerde nicht abgeholfen. Auch unter Zugrundele-
gung des Vortrags in der Beschwerdeschrift sei die angefochtene Entscheidung
richtig. Das Smartphone sei gemäß § 811 Abs. 1 Nr. 5 ZPO unpfändbar. Der
Schuldner benötige es für seine Arbeit als selbstständiger Handelsvertreter.

10.7 Einstweiliger Rechtsschutz

1050   Der einstweilige Rechtsschutz ist in § 570 ZPO geregelt. In der Klausur genügt, die Vorschrift genau zu lesen.

Vollstreckungsschutz nach § 707 und § 719 ZPO

© Springer-Verlag GmbH Deutschland, ein Teil von Springer Nature 2020
M. Duchstein, *Zwangsvollstreckungsrecht*, Springer-Lehrbuch,
https://doi.org/10.1007/978-3-662-59444-5_11

11.1 Zweck

1051   **Beispiel**

G verkauft S ein Auto für 20.000 Euro. Er übereignet und übergibt es ihm. S überweist den Kaufpreis auf das Konto von G. G übersieht die Zahlung jedoch. Er glaubt, S habe noch nicht gezahlt. Deshalb verklagt er S auf Zahlung des Kaufpreises. Er behauptet, er habe keine Zahlung von S erhalten. S legt Überweisungsbelege vor. Aus diesen ergibt sich, dass er den Kaufpreis gezahlt hat. Bei der Fahrt zum Gerichtstermin sieht S zufällig einen Unfall. Er hält an und verbindet eine stark blutende Wunde. Den Gerichtstermin verpasst S. Deshalb erlässt der Richter ein Versäumnisurteil gegen S. Danach muss S an G 20.000 Euro zahlen. Mit dem Urteil beantragt G einen Pfändungs- und Überweisungsbeschluss für das Konto von S. Der Rechtspfleger erlässt ihn antragsgemäß. Von seinem Kontoguthaben wollte S eigentlich seine Hochzeitsfeier bezahlen. Das kann er nunmehr nicht mehr (§ 829 Abs. 1 ZPO). Er muss die bereits geplante Hochzeit absagen. Er muss alle 80 Gäste ausladen. Er ist sehr traurig.

Hier nutzt es S wenig, dass das Versäumnisurteil inhaltlich falsch war. S kann gegen es zwar Einspruch einlegen. Dann würde das Gericht es in einem Endurteil aufheben (§ 343 Satz 2 ZPO). Diese Aufhebung kommt aber zu spät. Auf den Einspruch hin muss das Gericht nämlich nach § 341a ZPO einen Termin zur mündlichen Verhandlung bestimmen. Bis dieser Termin stattfindet, vergehen in der Regel Wochen bis Monate. Das hat der Gesetzgeber erkannt. Deshalb hat er die §§ 707; 719 ZPO geschaffen. Legt der Unterlegene einen Rechtsbehelf ein, kann er beantragen, die Zwangsvollstreckung einstweilen einzustellen. Gleichzeitig kann er den Antrag stellen, die Vollstreckungsmaßregeln aufzuheben. S sollte also neben seinem Einspruch zwei weitere Anträge stellen. Er sollte beantragen, die Zwangsvollstreckung einstweilen einzustellen. Außerdem sollte er beantragen, den Pfändungs- und Überweisungsbeschluss aufzuheben. Über diese beiden Anträge muss das Gericht nicht mündlich verhandeln.[1] Es kann über sie sofort entscheiden. S sollte glaubhaft machen, dass er den Termin unverschuldet versäumt hat. Dann wird das Gericht gemäß 719 Abs. 1 Satz 2 ZPO beiden Anträgen stattgeben. S muss nicht einmal Sicherheit leisten. Das bedeutet, S kann doch wie geplant heiraten.

11.2 § 707 ZPO

1052   Auch § 707 ZPO schützt den Schuldner. In der Anwaltsklausur möchte er zuweilen einen rechtskräftigen Titel beseitigen. Entweder beantragt er Wiedereinsetzung (§ 233 ZPO). Vielleicht hat er die Berufungsbegründungsfrist versäumt. Alternativ erhebt er Anhörungsrüge nach § 321a ZPO. Beides hindert den Gläubiger nicht, zu vollstrecken. Hier kommt § 707 ZPO ins Spiel. Danach kann der Schuldner beantragen, die Zwangsvollstreckung einzustellen. Zuständig ist das Gericht, das über die Hauptsache entscheidet. Es muss auch das Gläubigerinteresse beachten. Das Gericht hat das Anliegen des Gläubigers geprüft. Er will seinen Titel zügig und dauerhaft durchsetzen. Des-

---

1   §§ 719 Abs. 3 i. V. m. 128 Abs. 4 ZPO.

halb darf das Gericht nach § 707 Abs. 1 Satz 2 ZPO die Zwangsvollstreckung grundsätzlich nur gegen Sicherheit einstellen.

§ 707 ZPO ähnelt § 769 ZPO.[2] Die Rechtsfolge beider Beschlüsse findet sich in § 775 Nr. 2 ZPO. Insbesondere Gerichtsvollzieher und Rechtspfleger dürfen nicht mehr vollstrecken.

Formulierungsvorschlag für den Antrag nach § 707 ZPO
Ich beantrage, die Zwangsvollstreckung aus dem Urteil des Amts-/Landgerichts …
vom … (Az.: …) ohne – hilfsweise gegen – Sicherheitsleistung des Beklagten
einstweilen einzustellen.

Möglicherweise haben bereits Zwangsvollstreckungsmaßnahmen stattgefunden. Dann ist gemäß § 707 Abs. 1 Satz 1 a. E. zu schreiben:

Weiter beantrage ich, bereits eingeleitete Vollstreckungsmaßregeln gegen
Sicherheitsleistung in Höhe von … Euro aufzuheben.

- ■ **Richterklausur**

Über die Anträge kann auch in der Richterklausur zu entscheiden sein. Es ergeht ein Beschluss (§ 707 Abs. 2 Satz 1 ZPO). Er enthält keine Kostenentscheidung. Ebenfalls enthält er keine zusätzliche Entscheidung über die vorläufige Vollstreckbarkeit. Sein Hauptregelungsgehalt ist die vorläufige Vollstreckbarkeit. Eine Rechtsmittelbelehrung ist nicht erforderlich. Es gibt kein Rechtsmittel. Der Einstellungsbeschluss ist gemäß § 707 Abs. 1 Satz 2 ZPO unanfechtbar. Das Gericht kann ihn aber jederzeit ändern.[3] Insbesondere, wenn neue Umstände zutage treten. Etwa kann es sein, dass der angebotene Zeuge verstirbt. Dann darf der Anwalt des Antragsgegners beantragen, den Einstellungsbeschluss aufzuheben.[4]

1053

Höhe der Sicherheitsleistung   Die Sicherheitsleistung sollte man realistisch wählen.

Beispiel
titulierte Forderung: 1000 Euro = Sicherheitsleistung 1100 Euro.

Ermessen   Das Gericht hat Ermessen, inwieweit es den Anträgen stattgibt. Maßgeblich sind vor allem die Erfolgsaussichten in der Hauptsache.[5] Das ist der Einstieg in die normale Begründetheitsprüfung. Angebotene Beweise darf das Gericht vorweggenommen summarisch würdigen.[6]

---

2   Zu § 769 ZPO siehe oben Rn. 262.
3   OLG Hamm, Beschl. v. 24.2.1984 – 5 UF 511/83 = FamRZ 1985, 306.
4   Nikolaus Stackmann: Eilentscheidungen zur Vollstreckungsabwehr, JuS 2006, 980 (983).
5   HansOLG Bremen, Beschl. v. 16.5.2008 – 2 U 34/08, juris Rn. 8.
6   OLG Zweibrücken, Beschl. v. 19.11.2001 – 2 WF 91/0, juris Rn. 9.

■ **Anwaltsklausur**

In der Anwaltsklausur teilt der Mandant eventuell mit, wie schlimm eine Zwangsvollstreckung gegen ihn wäre. Das ist die Chance für den Anwalt. Er kann dem Richter ein zusätzliches Argument nennen, die Zwangsvollstreckung einzustellen.[7] Auch beeinflusst die Situation des Mandanten, ob er nach § 707 Abs. 1 Satz 2 ZPO Sicherheit leisten muss. Deshalb sollte der Anwalt den Mandanten seine Behauptungen eidesstattlich versichern lassen. Das Dokument ist zusammen mit den Anträgen an das Gericht zu faxen.

11.3 Verweise auf und Analogien zu § 707 ZPO

11.3.1 § 719 ZPO

1054   Zurück zu § 719 ZPO. Die Vorschrift hat in der Praxis eine große Bedeutung. Sie verweist auf § 707 ZPO. Sie betrifft den Fall, dass die unterlegene Partei gegen ein Urteil Einspruch oder Berufung einlegt. Beispielsweise erscheint der Beklagte im Termin nicht. Dann ergeht gegen ihn in der Regel gemäß § 331 ZPO ein Versäumnisurteil. Gegen dieses kann er nach § 338 ZPO Einspruch einlegen. Dies ist der Einspruch, den § 719 ZPO erwähnt.

Berufung und Einspruch verzögern die Rechtskraft. Sie lassen sich missbrauchen. Der Unterlegene kann sein vollstreckbares Vermögen beiseiteschaffen. Das will das Gesetz verhindern. Aus diesem Grund ordnen die §§ 708; 709 ZPO an, dass das Gericht Urteile für vorläufig vollstreckbar zu erklären hat. Vorläufig vollstreckbar bedeutet, schon das erste Urteil ist ein Vollstreckungstitel. Auch wenn es nicht rechtskräftig ist. So bestimmt § 704 ZPO: Die Zwangsvollstreckung findet statt aus Endurteilen, die rechtskräftig oder für vorläufig vollstreckbar erklärt sind.

> ❶ Merke: Erst indem das Gericht im Tenor das Urteil für vorläufig vollstreckbar erklärt, schafft es einen Vollstreckungstitel. Anders ist dies im Arbeitsgerichtsprozess. Dort sind Urteile gemäß § 62 Abs. 1 S. 1 ArbGG kraft Gesetzes vorläufig vollstreckbar. Deshalb darf ein Arbeitsgericht nicht die vorläufige Vollstreckbarkeit anordnen.

Nun ist allerdings denkbar, dass das erste Urteil falsch war. Dann würde das zuständige Gericht es im Rechtsbehelfsverfahren aufheben. Diese Aufhebung kann aber zu spät kommen. Der Gewinner aus dem ersten Urteil kann mit ihm bereits vollstreckt haben. Hier hilft § 719 ZPO.

> ❶ Merke: Wenn in einer Anwaltsklausur gegen ein Versäumnisurteil Einspruch eingelegt werden soll, muss der Bearbeiter unbedingt an § 719 ZPO denken. Entsprechendes gilt bei der Berufungsklausur. Für den Einspruch gegen einen Vollstreckungsbescheid gilt über § 700 ZPO das Gleiche.

---

7   OLG Saarbrücken, Beschl. v. 24.7.1997 – 1 U 605/97 – 124, juris Rn. 7; OLG Karlsruhe, Beschl. v. 23.4.2015 – 6 U 44/15, juris Rn. 24.

> **Formulierungsvorschlag**
> Es wird beantragt,
> 1. das Versäumnisurteil vom … aufzuheben und den Beklagten zu verurteilen/die Klage abzuweisen,
> 2. die Zwangsvollstreckung aus dem Versäumnisurteil gegen – hilfsweise ohne – Sicherheitsleistung einzustellen.

Über den Antrag nach § 719 ZPO kann auch in der Richterklausur zu entscheiden sein. Das Gericht hat wie bei § 707 ZPO Ermessen. Hauptkriterium sind die Erfolgsaussichten in der Hauptsache.[8] Eventuell ist das angegriffene Urteil schon auf den ersten Blick falsch. Es wird voraussichtlich aufgehoben. Dann soll der Gläubiger aus ihm nicht mehr vollstrecken. 1055

Bei der Sicherheitsleistung muss man sehr genau unter § 719 Abs. 1 ZPO am Ende subsumieren. Danach muss der Säumige grundsätzlich Sicherheit leisten. Von einer Sicherheitsanordnung darf das Gericht nur in zwei Fällen absehen. Erstens, wenn das Versäumnisurteil nicht in gesetzlicher Weise ergangen ist. Zweitens, wenn der Säumige glaubhaft macht, dass seine Säumnis unverschuldet war.

Der erste Ausnahmefall gebietet, die Rechtmäßigkeit des Versäumnisurteils zu prüfen. Möglicherweise hätte der Richter kein Versäumnisurteil erlassen dürfen. Er hätte vertagen müssen. Das darf nicht zum Nachteil des Schuldners gehen. Schlimm genug, dass gegen ihn ein Vollstreckungstitel ergangen ist. Er soll nicht auch noch Sicherheit leisten müssen. Immerhin konnte er dem Gericht nie sein Anliegen ausreichend vortragen. Aus diesem Grund sind die Voraussetzungen des § 707 Abs. 1 Satz 2 ZPO *nicht* zusätzlich zu prüfen. Auch ein reicher Schuldner muss also keine Sicherheit leisten. Weiterhin ist es irrelevant, ob die Vollstreckung einen nicht zu ersetzenden Nachteil bringt.[9]

🛈 Merke: § 707 Abs. 1 Satz 2 ZPO gilt nicht analog, wenn die säumige Partei beantragt, die Zwangsvollstreckung aus einem Versäumnisurteil einstweilen einzustellen. Vielmehr ist § 719 Abs. 1 Satz 2 ZPO für die Frage der Sicherheitsleistung bei einstweiliger Einstellung der Zwangsvollstreckung aus einem Versäumnisurteil lex specialis.

Ohne Sicherheit ist die Zwangsvollstreckung beispielsweise einzustellen, wenn das Gericht den Beklagten nicht ordnungsgemäß geladen hatte (§ 335 Abs. 1 Nr. 2 ZPO). Ebenso ist es, wenn das Gericht unzuständig war. Vor allem ist hier zu prüfen, ob die Klage unschlüssig war.

---

8   OLG Düsseldorf, Beschl. v. 1.7.2009 – I-2 U 51/08, juris Rn. 2; OLG Karlsruhe, Beschl. v. 23.4.2015 – 6 U 44/15, juris Rn. 17.
9   OLG Celle, Beschl. v. 31.3.1999 – 16 W 21/99, juris Rn. 10; OLG Stuttgart, Beschl. v. 21.10.2002 – 12 W 40/02, juris Rn. 18; a. A. OLG Köln, Beschl. v. 1.10.1999 – 16 W 24/99, juris Rn. 3; einfachgesetzlich offengelassen von BVerfG, Nichtannahmebeschluss vom 29.1.2004 – 2 BvR 2321/03, juris Rn. 9.

> **Klausurtipp**
>
> Der Einspruch gegen ein Versäumnisurteil ist sehr klausurrelevant. Häufig beinhaltet er, über die Einstellung der Zwangsvollstreckung zu entscheiden. Die Höhe einer etwaigen Sicherheit kann man mit einem Satz schätzen. Ganz wichtig ist aber, das Ob der Sicherheit ausführlich zu prüfen.

Der zweite Ausnahmefall des § 719 Abs. 1 ZPO am Ende betrifft die unverschuldete Säumnis.

Beispiele
- unvorhersehbarer Verkehrsstau
- plötzliche Krankheit
- falscher Terminsaushang

1056   In der Anwaltsklausur können die Sachverhaltsinformationen versteckt sein.

> **Fall**
>
> Beide Parteien waren bislang nicht anwaltlich vertreten. Gegen den Mandanten hat das Amtsgericht ein inhaltlich korrektes Versäumnisurteil erlassen. Der Termin war kurzfristig binnen vier Tagen anberaumt worden. Der Mandant war im Urlaub. Daher hat er die Ladung nicht rechtzeitig gelesen. Er hat Flugtickets und Bestätigungen vom Hotel.

❓ Welche Rolle spielen die Dokumente in der Klausur?

✅ Für den Einspruch spielen die Dokumente keine Rolle. Denn er ist auch bei schuldhafter Säumnis möglich.
Die Dokumente sollten vorgelegt werden in Bezug auf die einstweilige Einstellung der Zwangsvollstreckung. Es ist zu beantragen, die Zwangsvollstreckung ohne Sicherheitsleistung einzustellen. Zwar ist das Versäumnisurteil im Sinne von § 719 Abs. 1 Satz 2 ZPO in gesetzlicher Weise ergangen. Insbesondere war die Ladungsfrist des § 217 ZPO eingehalten. Der Mandant kann aber mit den Dokumenten glaubhaft machen, dass seine Säumnis unverschuldet war. Zumindest lässt sich diese Auffassung zugunsten des Mandanten vertreten.[10] Und ein Rechtsanwalt muss jedwede Chance nutzen.

11.3.2 § 924 Abs. 3 Satz 2 ZPO

1057   Auch § 924 Abs. 3 Satz 2 ZPO verweist auf § 707 ZPO. Beispielsweise hat das Gericht gegen den Mandanten eine einstweilige Verfügung erlassen. In der Klausur gelangt man zum Ergebnis, dass sie zu Unrecht ergangen ist. Daher soll nach §§ 924; 936 ZPO Widerspruch eingelegt werden. Das genügt jedoch nicht. Es besteht die Gefahr, dass der

---

10   I. d. S. BVerfG, Kammerbeschluss vom 6.10.1992 – 2 BvR 805/91, juris Rn. 16.

Gegner gleichwohl aus der einstweiligen Verfügung vollstreckt. Nur stellt sich die Frage, was zu beantragen ist.

> **Formulierungsvorschlag**
> Ich beantrage,
> 1. die einstweilige Verfügung des Amts-/Landgerichts …, Aktenzeichen …, vom … aufzuheben.
> 2. die Vollstreckung aus der einstweiligen Verfügung ohne – hilfsweise gegen – Sicherheitsleistung einzustellen.

🛈 **Merke: Unzureichend wäre es, nur Widerspruch einzulegen. Man muss auch Anträge stellen.**

In der Zweckmäßigkeit ist darauf hinzuweisen, dass Tatsachenvortrag des Mandanten glaubhaft zu machen ist. In der Regel erfolgt dies mindestens mit einer eidesstattlichen Versicherung. Außerdem ist einem etwa beauftragten Vollstreckungsorgan eine Abschrift des Widerspruchs zu faxen. Beizufügen ist eine anwaltliche Bestätigung, dass der Anwalt bei Gericht Widerspruch eingelegt hat. Das bedeutet rechtlich zwar nichts. In der Regel beachten Vollstreckungsorgane aber anwaltliche Versicherungen. Auf die Eilbedürftigkeit ist im Widerspruchsschriftsatz hinzuweisen.

11.3.3 Analogien

§ 707 ZPO ist analog anzuwenden auf den Antrag auf Aufhebung einer einstweiligen Verfügung wegen veränderter Umstände nach § 936 i. V. m. § 927 ZPO. Dasselbe gilt, wenn der Antragsteller einen Prozessvergleich für unwirksam hält. § 707 ZPO ist dagegen nicht analog anwendbar, wenn der Gegner nach einer einstweiligen Verfügung im Hauptsacheverfahren beantragt, die Klage abzuweisen.   1058

11.4 Weitere Anträge im Zusammenhang mit der vorläufigen Vollstreckbarkeit

Möglicherweise kann man in der Anwaltsklausur einen vollstreckungsrechtlichen Mandantenwunsch nirgends einordnen. Dann sollte man an die §§ 109; 710; 712 i. V. m. § 714; 715; 718 ZPO denken. Sie betreffen Anträge zur vorläufigen Vollstreckbarkeit. Ihre Klausurrelevanz ist sehr gering. Es genügt, die Vorschriften ein Mal im Rahmen der Examensvorbereitung zu lesen. Sie werden vermutlich nie den Schwerpunkt einer Klausur bilden.   1059

Vollstreckungsschutz nach § 765a ZPO

© Springer-Verlag GmbH Deutschland, ein Teil von Springer Nature 2020
M. Duchstein, *Zwangsvollstreckungsrecht*, Springer-Lehrbuch,
https://doi.org/10.1007/978-3-662-59444-5_12

12.1 Allgemeines

1060 Jeder Jurist sollte § 765a ZPO kennen. Danach kann das Vollstreckungsgericht eine Maßnahme der Zwangsvollstreckung aufheben, untersagen oder einstweilen einstellen. Die Vorschrift setzt voraus, dass die Vollstreckung sittenwidrig ist.

Beispiel

Auf Antrag des Gläubigers hat das Vollstreckungsgericht das Hausgrundstück der Schuldnerin versteigert. In dem Haus lebt die Schuldnerin seit ihrer Geburt. Der Gläubiger beauftragt den Gerichtsvollzieher, das Grundstück zu räumen. Die Schuldnerin ist bereits 94 Jahre alt. Sie wendet sich an das Vollstreckungsgericht. Sie trägt vor, sie leide an Herzrhythmusstörungen. Sie wolle in sechs Monaten in ein Altersheim ziehen. Sie habe schon einen Platz. Wenn der Gerichtsvollzieher das Grundstück vorher zwangsräumt, werde sie sich voraussichtlich sehr aufregen. Es bestehe die Gefahr, dass sie verstirbt. Ein amtsärztliches Gutachten bestätigt den Vortrag der Schuldnerin. Hier muss das Vollstreckungsgericht einschreiten. Es muss die Zwangsvollstreckung für sechs Monate untersagen.

Die Erinnerung nach § 766 ZPO wäre nicht statthaft. Sie ist nur gegen rechtswidrige Maßnahmen des Gerichtsvollziehers gegeben. Der Gerichtsvollzieher hat indessen rechtmäßig gehandelt. Er ist an den Grundsatz der Formalisierung der Zwangsvollstreckung gebunden. Erhält er einen Auftrag nach § 885 ZPO, muss er ihn ausführen. Er ist zwar nach Art. 1 Abs. 3 GG an die Grundrechte gebunden. Auch muss er die ZPO unter Umständen verfassungskonform auslegen.[1] Allerdings darf er sich nicht mit Blick auf das Grundgesetz weigern, zu räumen. Allenfalls darf er gemäß § 765a Abs. 2 ZPO die Vollstreckung für eine Woche aufschieben. Er muss die Schuldnerin auf einen Antrag nach § 765a ZPO verweisen. Durch diese Möglichkeit wird das Grundrecht der Schuldnerin auf Leben aus Art. 2 Abs. 2 Satz 1 GG ausreichend gewahrt. Wie Grundrechtsschutz verwirklicht wird, darf der Gesetzgeber nach eigenem Ermessen entscheiden. Er hat seinen Spielraum durch § 765a ZPO konkretisiert. Er durfte dem Schuldner die Obliegenheit auferlegen, selbst die Initiative zu ergreifen.[2]

 Map 8.2

12.2 Voraussetzungen

12.2.1 Zulässigkeit

1061 § 765a ZPO setzt einen Antrag des Schuldners voraus. Das Gericht wird nicht von Amts wegen tätig. Dritte sind nicht antragsbefugt. So dürfen die volljährigen Kinder der eben genannten Schuldnerin keinen eigenen Antrag stellen. Eine § 765a ZPO entsprechende Vorschrift für Dritte kennt die ZPO nicht.

---

1   Vgl. BVerfG, Ablehnung einstweilige Anordnung vom 31.5.2002 – 1 BvQ 18/02, juris Rn. 2.
2   BVerfGE 49, 252, juris Rn. 20; 61, 126, juris Rn. 33.

Bei Räumungsvollstreckungen muss der Schuldner den Antrag innerhalb der Frist des § 765a Abs. 3 ZPO stellen. Ein Rechtsschutzbedürfnis besteht, sobald die Maßnahme konkret droht. Sie darf noch nicht beendet sein.

12.2.2 Begründetheit

Sittenwidrigkeit

Die Vollstreckungsmaßnahme muss sittenwidrig sein. § 765a ZPO ist eine Auffangvorschrift für Notfälle. Sie ist eng auszulegen.[3] Das ergibt sich bereits aus dem Wortlaut „wegen ganz besonderer Umstände". Außerdem gebieten das Rechtsstaatsprinzip und Art. 14 GG, dass der Staat den titulierten Anspruch des Gläubigers durchsetzen muss. Den Grundrechten des Schuldners und seiner Familie hat der Gesetzgeber in zahlreichen Vorschriften ausreichend Rechnung getragen.[4] Diese sind prinzipiell abschließend.

1062

Trotzdem kann es in Einzelfällen sein, dass die Zwangsvollstreckung zu untragbaren Ergebnissen für den Schuldner führt. Nur dann ist sie sittenwidrig. Nur dann ist ein Antrag nach § 765a ZPO begründet. Die Darlegungs- und Beweislast trägt der Schuldner.

Negativbeispiele

Folgendes genügt nicht, um einen Antrag nach § 765a ZPO zu rechtfertigen:

- Der Schuldner muss im Falle der beantragten Gehaltspfändung über viele Jahre mit sehr niedrigem Einkommen auskommen.[5]
- Der Schuldner lebt von Mieteinkünften. Der Gläubiger pfändet sie. Der Schuldner muss deshalb Sozialhilfe beantragen.[6]
- Der Schuldner fällt durch die Zwangsvollstreckung in Insolvenz.
- Der Gerichtsvollzieher pfändet im Wege der Austauschpfändung (§ 811a ZPO) wertvolles Familiengeschirr. Es handelt sich um Erbstücke. Sie befinden sich bereits seit Generationen im Familienbesitz. Der Schuldner hängt an ihnen.
- Der Gläubiger pfändet das gesamte Kontoguthaben des Schuldners. Der Schuldner hat es vergessen, sich ein Pfändungsschutzkonto nach § 850k ZPO einzurichten.
- Die Versteigerung des gepfändeten Gegenstands bringt voraussichtlich nur einen geringen Erlös.

Positive Beispiele

- Der Schuldner ist krankheitsbedingt räumungsunfähig.
- Der gekündigte Mieter hat in großer Zahl Wohnungsanzeigen geschaltet. Gleichwohl hat er wegen des angespannten Wohnungsmarkts noch keine neue Wohnung gefunden. Er hat eine siebenköpfige Familie. Darunter befinden sich zwei behinderte Kinder.[7]

---

3   BGH, Beschl. v. 25.10.2006 – VII ZB 38/06, juris Rn. 11.
4   Z. B. in §§ 711 ff; 721; 750 ff; 794a ZPO.
5   LG Münster, Beschl. v. 15.11.2001 – 5 T 788/01.
6   OLG Düsseldorf, Beschl. v. 29.1.1986 – 3 W 449/85.
7   LG Magdeburg, Beschl. v. 17.5.1995 – 3 T 206/95 = Rpfleger 1995, 470.

Einzelfallabwägung

1063   Das Vollstreckungsgericht muss Gläubiger- und Schuldnerinteresse abwägen. Das zeigt der Passus „unter voller Würdigung des Schutzbedürfnisses des Gläubigers". Hier sind die Grundrechte beider Seiten zu berücksichtigen.[8] Es kommt immer auf den Einzelfall an.

Beispiel 1

Christ C wohnt mit Moslem M in einer Wohngemeinschaft. Beide sind streng gläubig. Gegen beide besteht ein Vollstreckungstitel wegen Mietschulden. Der Gerichtsvollzieher erhält einen Pfändungsauftrag. Die WG-Bewohner verweisen ihn auf ihre wertvollen Spielkonsolen. Der Gerichtsvollzieher pfändet gleichwohl das Kruzifix von C und den Gebetsteppich von M. Beide legen Erinnerung ein. Der Richter weist die Erinnerungen rechtskräftig zurück. § 811 Abs. 1 Nr. 10 ZPO sei abschließend und nur auf Religionsbücher anwendbar.[9]

Geeigneter Rechtsbehelf ist § 765a ZPO. Die Schuldner können sich auf ihre Religionsfreiheit aus Art. 4 GG berufen. Die Glaubensfreiheit umfasst, seinen Glauben in religiösen Symbolen darzustellen.[10] Ebenfalls geschützt ist, bei Gebeten rituelle Gegenstände zu verwenden.[11] Der Gläubiger muss sich auf andere Vollstreckungsobjekte beschränken. Ihm stehen die Spielkonsolen zur Verfügung.

Beispiel 2

Ein Haus soll zwangsgeräumt werden. In ihm wohnt der Schuldner mit seiner Frau. Er hat ein weiteres Haus geerbt. Es ist jedoch erst in sechs Monaten bezugsfertig. Würde jetzt geräumt, müssten er und seine Frau in zwei getrennte Obdachlosenheime. Demgegenüber möchte der Gläubiger mit seiner Familie in der Haus einziehen. Derzeit wohnt er mit vier Kindern (sechs Monate, zwei, vier und acht Jahre) und seiner 80-jähriger Oma in einer 40 Quadratmeterwohnung. Der Schuldner stellt einen Antrag nach § 765a ZPO.

Hier ist jede Lösung vertretbar. Auf Belange Dritter kann sich der Schuldner nie berufen. Denn auch der Gläubiger kann dies nicht. Beide Seiten können sich aber auf das eigene Recht aus Art. 6 GG stützen. Im Zweifel überwiegt das Interesse des Gläubigers.[12]

12.3 Rechtsfolge

1064   Der Wortlaut des § 765a Abs. 1 ZPO ist eindeutig. Das Vollstreckungsgericht kann eine Maßnahme der Zwangsvollstreckung ganz oder teilweise aufheben, untersagen oder einstweilen einstellen. Es kann grundsätzlich nicht die gesamte Zwangsvollstreckung einstellen. Diese Rechtsfolge erlauben nur Vorschriften wie § 767 ZPO. Der Gläubiger kann nach einer Einstellung gemäß § 765a Abs. 1 ZPO also in der Regel eine andere Vollstreckungsmaßnahme wählen.

---

8   BVerfGE 52, 214, juris Rn. 17; BVerfG, Beschl. v. 25.9.2003 – 1 BvR 1920/03, juris Rn. 10 u. v. 25.2.2014 – 2 BvR 2457/13, juris Rn. 4.
9   Siehe oben Rn. 931.
10   BVerfGE 93, 1, juris Rn. 34.
11   OVG Berlin-Brandenburg, Urt. v. 27.5.2010 – OVG 3 B 29.09, juris Rn. 39.
12   LG Braunschweig, Beschl. v. 4.9.1991 – 8 T 582/91 = DGVZ 1991, 187.

Anders ist es, wenn das Gesetz nur eine Vollstreckungsmaßnahme zulässt. Dann läuft die Einstellung darauf hinaus, dass der Gläubiger nicht vollstrecken kann. Klassiker ist die Herausgabevollstreckung. Diese darf das Gericht normalerweise nur vorübergehend untersagen. Ausnahmen können jedoch geboten sein.

Beispiel

Es besteht die konkrete Gefahr, dass die 94-jährige Schuldnerin bei der Zwangsräumung verstirbt. Der Gläubiger argumentiert, dann erhalte er das Grundstück nie, solange die Dame lebt. Dies muss der Gläubiger hinzunehmen. Er hat allerdings Anspruch auf eine Nutzungsentschädigung.[13]

Der Schuldner muss aber alles in seiner Macht Stehende unternehmen, um eine Zwangsvollstreckung zu ermöglichen.

Beispiel

Der Schuldner hat glaubhaft angekündigt, sich im Fall der Zwangsvollstreckung umzubringen. Das Vollstreckungsgericht darf ihm auferlegen, binnen sechs Monaten eine Psychotherapie zu beginnen. Wenn er dem nicht nachkommt, darf es grundsätzlich die weitere Zwangsvollstreckung zulassen.[14]

Ein Schutzantrag des Schuldners schiebt die Vollstreckung nicht auf (§ 765a Abs. 5 ZPO). In ganz eiligen Fällen kann das Vollstreckungsgericht aber eine einstweilige Anordnung erlassen (§ 765a Abs. 1 Satz 2 i. V. m. § 732 Abs. 2 ZPO).

Sämtliche Anordnungen nach § 765a ZPO müssen die Vollstreckungsorgane gemäß §§ 775; 776 ZPO beachten.

12.4 Examensrelevanz

Über den Antrag nach § 765a ZPO entscheidet grundsätzlich der Rechtspfleger.[15] Aus diesem Grund ist die Vorschrift für Jurastudenten und Referendare wenig examensrelevant. Gleichwohl sollten sie wissen, dass es die Norm gibt. In beiden Examen kann sie Gegenstand einer Zusatzfrage sein. Diese könnte etwa lauten: „Was kann Rechtsanwalt R gegen die Zwangsräumung unternehmen?". Dann liegt der Schwerpunkt der Prüfung auf der Erinnerung nach § 766 ZPO. Dort ist zu prüfen, ob die Zwangsräumung rechtmäßig ist. Bejaht der Bearbeiter dies, muss er kurz auf § 765a ZPO eingehen.

1065

> **Klausurtipp**
>
> § 765a ZPO ist nur in zwei Fällen anzusprechen: entweder es handelt sich um einen extremen Härtefall oder eine Partei beruft sich ausdrücklich auf diese Vorschrift. In allen anderen Fällen ist § 765a ZPO mit keinem Wort zu erwähnen.[16]

---

13 BVerfG, Beschl. v. 25.2.2014 – 2 BvR 2457/13, juris Rn. 4; LG Bielefeld, Beschl. v. 30.1.2015 – 23 T 851/14, juris Rn. 37.
14 BGH, Beschl. v. 12.11.2014 – V ZB 99/14, Rn. 9.
15 § 20 Nr. 17 RPflG.
16 Vgl. die Klausurbewertung bei VG Köln, Urt. v. 26.2.2009 – 6 K 1421/06, juris Rn. 180.

Die Klauselerteilungsklage

© Springer-Verlag GmbH Deutschland, ein Teil von Springer Nature 2020
M. Duchstein, *Zwangsvollstreckungsrecht*, Springer-Lehrbuch,
https://doi.org/10.1007/978-3-662-59444-5_13

13.1 Konstellationen

> **Map 13.1**

Ausgangsfall

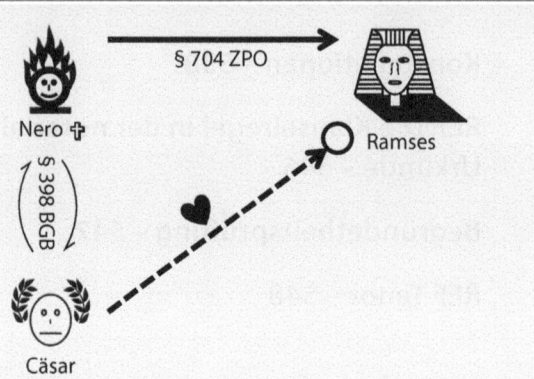

Nero hat ein Zahlungsurteil gegen Ramses erwirkt. Er tritt den titulierten Anspruch mündlich an Cäsar ab. Bei der Abtretung ist der gemeinsame Freund der beiden – Brutus – anwesend. Anschließend stirbt Nero in einem Feuer. Cäsar möchte das Geld von Ramses. Er beantragt beim Rechtspfleger nach § 727 ZPO eine qualifizierte Klausel. Ramses bestreitet die Abtretung. Der Rechtspfleger lehnt ab, Cäsar eine Klausel zu erteilen.

❓ Was sollte Cäsar tun?

✓ Cäsar könnte sofortige Beschwerde gegen die Entscheidung des Rechtspflegers einlegen.[1] Sie hat jedoch keine Erfolgsaussichten. Das Beschwerdegericht würde genau wie der Rechtspfleger entscheiden.[2] Die Rechtsnachfolge ist nicht gemäß § 727 Abs. 1 offenkundig. Denn Ramses bestreitet die Abtretung.

Genügen würde zwar nach § 727 Abs. 1 ZPO auch eine öffentliche Urkunde. Cäsar müsste sie aber vorlegen. Ist nämlich eine qualifizierte Klausel nötig, muss der Gläubiger deren Voraussetzungen beweisen. Das ergibt sich aus § 730 ZPO. Danach darf sich der Rechtspfleger damit begnügen, den Schuldner anzuhören. Alles Weitere muss der Gläubiger liefern. Cäsar kann keine öffentliche Urkunde über die Abtretung vorlegen. Denn diese erfolgte mündlich.

Cäsar muss Ramses nach § 731 ZPO verklagen. Ausschließlich zuständig ist nach §§ 731; 802 ZPO das Erkenntnisgericht. Es wird auf Antrag Brutus als Zeugen vernehmen. Dann fällt es ein Urteil. Darin ordnet es an, dass Cäsar eine Klausel zu

---

1 § 11 Abs. 1 RPflG i. V. m. § 567 Abs. 1 Nr. 2 ZPO.
2 Gute Praxishinweise für das Klauselerteilungsverfahren: Jurksch, MDR 1996, 984–985.

erteilen ist. Die Kosten des Rechtsstreits hat Ramses zu tragen. Das Urteil ist nach allgemeinen Regeln für vorläufig vollstreckbar zu erklären. Der Rechtspfleger hat sodann die Klausel zu erteilen.[3]

Abwandlung 1   1067

Wie Ausgangsfall (Rn. 1066). Allerdings ist der Titel ein Vollstreckungsbescheid.

❓ Was ändert sich?

✅ Nunmehr richtet sich die Zuständigkeit nach § 796 Abs. 3 ZPO. Es ist das Gericht zuständig, bei dem Nero hätte klagen können. Auch diese Zuständigkeit ist gemäß § 802 ZPO ausschließlich.

Abwandlung 2   1068

Wie Ausgangsfall (Rn. 1066). Allerdings ist der Titel eine notarielle Urkunde. Darin hat Ramses den jeweiligen Grundstückseigentümer der sofortigen Zwangsvollstreckung in das Grundstück unterworfen. Cäsar will das Grundstück versteigern lassen.

❓ Welches Gericht ist für die Klauselerteilungsklage zuständig?

✅ Die Zuständigkeit richtet sich nach § 800 Abs. 3 ZPO. Maßgeblich ist, wo das Grundstück liegt. Wiederum gilt § 802 ZPO.

Abwandlung 3   1069

Wie Ausgangsfall (Rn. 1066). Allerdings hat Cäsar sofort auf Erteilung der qualifizierten Klausel geklagt. Einen Antrag beim Rechtspfleger hat er nie gestellt. Ramses hat sich zu keinem Zeitpunkt geäußert.

❓ Ist die Klage zulässig?

✅ Nein, die Klage ist unzulässig. Es fehlt ein Rechtsschutzbedürfnis.[4] Das allgemeine Rechtsschutzbedürfnis fehlt, wenn dem Gläubiger ein einfacherer Weg zur Verfügung steht. Einfacher ist der Weg über § 727 ZPO.[5] Immerhin erfordert er gemäß § 128 Abs. 4 ZPO keine mündliche Verhandlung. Möglicherweise hätte der Rechtspfleger die Klausel erteilt. Es war nämlich unklar, ob Ramses die Abtretung vor dem

---

3 LG Stuttgart, Beschl. v. 6.6.2000 – 2 T 211/00 = Rpfleger 2000, 537 (538).
4 Im Ergebnis ebenso: Jäckel, JuS 2005, 610 (613).
5 VGH Mannheim, Urt. v. 12.11.2002 – 10 S 1198/02, juris Rn. 17; LG München I, Beschl. v. 3.2.1997 – 13 T 1799/97 = Rpfleger 1997, 394.

Rechtspfleger ausdrücklich zugesteht. In diesem Fall wäre die Rechtsnachfolge im Sinne von § 727 ZPO offenkundig gewesen.[6] Cäsar hätte den Weg über § 727 ZPO zumindest versuchen müssen.

Allerdings ist auch eine andere Auffassung vertretbar. Etwa kann man argumentieren, ein Antrag gemäß § 727 ZPO auf gut Glück sei Cäsar nicht zuzumuten.

1070

Fall

Der amtsgerichtliche Urteilstenor lautet:
1. *Der Beklagte wird verurteilt, die Abwasserleitung des Klägers an seinem Grundstück Pankowerstr. 12, 10623 Berlin vollständig abzudichten.*
2. *Für den Fall, dass der Beklagte die vorstehende Abwasserleitung nicht binnen eines Monats nach Zustellung des Urteils an ihn repariert, wird der Beklagte zur Zahlung einer Geldentschädigung von 3000 Euro verurteilt.*
3. *[Kosten]*
4. *Das Urteil ist hinsichtlich Ziffer 2. und der Kosten gegen Sicherheitsleitung von 110 Prozent des jeweils zu vollstreckenden Betrags vorläufig vollstreckbar.*

❓ Was hat es mit diesem Tenor auf sich und welche Klausel ist zu erteilen?

✅ Der Tenor beruht auf § 510b ZPO. Er soll Druck auf den Beklagten ausüben. Gleichzeitig soll er den Kläger entlasten. In Ziffer 1. ist eine vertretbare Handlung tenoriert. Sie wird normalerweise nach § 887 ZPO vollstreckt. Gemäß § 888a ZPO ist sie aber nicht vollstreckbar. Ziffer 2. ist gemäß § 751 Abs. 1 ZPO nach einem Monat ab Zustellung vollstreckbar. Ab diesem Datum darf der Kläger beispielsweise pfänden oder dem Beklagten die Vermögensauskunft abnehmen lassen.

Dem Kläger ist wegen der Ziffer 2. eine einfache Klausel nach § 725 ZPO zu erteilen.[7] Es liegt kein Fall von § 726 Abs. 1 ZPO vor. Die unterlassene Reparatur ist keine „durch den Gläubiger zu beweisende" Tatsache. Vielmehr handelt es sich bei der Reparatur um eine Erfüllung (§ 362 Abs. 1 BGB). Sie ist für den Beklagten günstig. Deshalb muss dieser sie beweisen.

Möglicherweise repariert der Beklagte die Abwasserleitung rechtzeitig. Dann kann er Vollstreckungsabwehrklage nach § 767 ZPO erheben.[8]

§ 61 Abs. 2 ArbGG enthält eine Parallelvorschrift. Sie betrifft etwa den Fall, dass der Arbeitgeber entgegen einem Urteil ein Arbeitszeugnis nicht fristgemäß erteilt.[9]

---

6   BGH, Beschl. v. 5.7.2005 – VII ZB 23/05, juris Rn. 10 u. v. 23.10.2008 – I ZR 158/07, Rn. 10.
7   LG Neubrandenburg, Beschl. v. 20.5.2009 – 4 T 30/09; AG Weißenfels, Beschl. v. 6.7.2011 – 4 M 511/11, juris Rn. 8; VG Gießen, Beschl. v. 1.3.2007 – 1 J 232/07, juris Rn. 15.
8   BAG, Urt. v. 28.10.1992 – 10 AZR 541/91, juris Rn. 23.
9   Böhm, ArbRB 2006, 93 (94).

Klausurtipp

Klausur- und Praxisrelevanz der §§ 510b; 888a ZPO; 61 Abs. 2 ArbGG sind gering.
Gleichwohl schadet es nicht, sich § 888a ZPO neben § 510b ZPO zu kommentieren.

Fall 1071

Geigenbauer G leiht der semiprofessionellen Spielerin S für einen Auftritt seine Geige im Wert
von 6000 Euro. G verlangt sie zurück. S behauptet, sie wisse nicht, wo sie sich befindet. G
glaubt ihr nicht. Er traut ihr zu, dass sie sie vor dem Gerichtsvollzieher versteckt. G möchte
möglichst die Geige, notfalls Schadensersatz.

❓ Kann G mit einem geschickten Klageantrag seine Vollstreckung erleichtern?

✅ Unechter Hilfsantrag (Unvermögensfall)

Der Fall unterscheidet sich vom Vorstehenden. § 510b ZPO gilt nicht. Zum einen
betrifft er nach seinem Wortlaut und seiner Stellung nur das Verfahren vor dem
Amtsgericht. Für den Streitwert von 6000 Euro ist aber erstinstanzlich das Landgericht zuständig. Zum anderen geht es vorliegend um einen Herausgabeanspruch.
Für ihn gilt § 510b ZPO nicht. Er spricht nämlich von der „Verurteilung zur Vornahme
einer Handlung". Der Begriff kehrt in den §§ 887; 888 ZPO wieder. Nach § 887 Abs. 3
ZPO ist eine Herausgabepflicht gerade keine Handlung.[10]

Das gebietet, vertiefter in das materielle Recht einzutauchen. G hat einen Rückgabeanspruch aus § 604 BGB. S behauptet, die Rückgabe sei ihr unmöglich (§ 275 Abs. 1 BGB).
Das muss sie beweisen. Andernfalls wird sie verurteilt, die Geige herauszugeben. G kann S
eine Frist setzen. Nach Fristablauf kann er gemäß §§ 280 Abs. 1, 3; 281 BGB Schadensersatz
verlangen. Sein Herausgabeanspruch bleibt auch nach Fristablauf bestehen. Er steht in
elektiver Konkurrenz zum Schadensersatzanspruch. Der Herausgabeanspruch erlischt erst,
wenn G Schadensersatz verlangt (§ 281 Abs. 4 BGB).[11] Sicherer ist es, wenn G nach § 255
Abs. 1 ZPO vom Gericht die Frist im Urteil setzen lässt. Denn das Urteil wird nach § 317
Abs. 1 ZPO zugestellt. S kann also nicht behaupten, die Fristaufforderung nicht erhalten zu
haben. Außerdem geht G dadurch sicher, dass die Frist angemessen lang ist.

G sollte zunächst einen Herausgabeantrag stellen. Dieser wird nach § 883 ZPO 1072
vollstreckt. Hierdurch kommt G seinem Primärziel näher, die Geige zurückzuerhal-
ten. Außerdem sollte er nach § 255 ZPO eine in das Ermessen des Gerichts gestellte
Herausgabefrist setzen lassen. In der Klagebegründung sollte G nach § 281 Abs. 4
ZPO Schadensersatz verlangen.[12] Dieses Begehren sollte er unter die aufschiebende
Bedingung stellen, dass S die Geige nicht binnen der gesetzten Frist herausgibt. Die
Schadensersatzerklärung nach § 281 Abs. 4 ZPO kann G auch bedingt für den Fall

---

10 Rütter, VersR 1989, 1241.
11 Zu den materiellrechtlichen Details: Gruber/Lösche, NJW 2007, 2815 (2816 f.).
12 Vgl. BGH, Urt. v. 9.11.2017 – IX ZR 305/16, Rn. 17; weitergehend: Gruber/Lösche, NJW 2007, 2815
   (2819).

des Fristablaufs abgeben. Für den Schuldner entsteht aus dem bedingten Verlangen keine Ungewissheit. Denn er weiß, wann die ihm gesetzte Erfüllungsfrist abläuft.[13]

1073   G sollte in einer weiteren Ziffer einen Zahlungsantrag in Höhe von 6000 Euro stellen. Er betrifft den Schadensersatz aus §§ 280; 281 BGB. G sollte den Antrag als unechten Hilfsantrag stellen. Der Richter soll über Gs Schadensersatzantrag nur entscheiden, wenn er ihm mit seinem Herausgabeantrag Recht gibt. Für diesen Fall soll der Richter ihm Zahlung nach fruchtlosem Ablauf der Frist zusprechen. Früher nannte man diese Konstellation den Unvermögensfall. Es handelt sich um eine aufschiebende Bedingung. Sie ist innerprozessual. Damit ist sie erlaubt.[14] Dem mag man entgegnen, es stehe noch nicht fest, ob S die Geige innerhalb der Frist herausgibt. Die Frist ende erst nach dem Prozess. Damit könne von einer innerprozessualen Bedingung keine Rede sein. Dieser Gedanke greift aber zu kurz. Der Grundsatz der Bedingungsfeindlichkeit hat einen Zweck. Dieser passt hier nicht. Das Prinzip soll vor unerträglichen Rechtsunsicherheiten schützen. S muss die Schadensersatzverurteilung aber ertragen. G könnte eine Frist setzen und sofort auf Schadensersatz klagen. Das wäre für S noch schlechter. G hat die Anträge kombiniert. Dadurch erhält S eine zusätzliche Chance. Sie darf die Geige herausgeben. Dadurch kann sie ihr restliches Vermögen schützen.

1074   Der Schadensersatzantrag ist freilich nur unter den Voraussetzungen des § 259 ZPO zulässig.[15] Danach kann man nur auf künftige Leistung klagen, wenn zu befürchten ist, der Schuldner werde nicht binnen der gesetzten Frist leisten. Es handelt sich um eine künftige Leistung. Denn Schadensersatz will G erst nach fruchtlosem Fristablauf. Es ist zu befürchten, dass S die Geige nicht innerhalb der Frist herausgibt. Das ergibt sich aus ihrem vorprozessualen Verhalten. Die Voraussetzungen des § 259 ZPO sind also erfüllt.

Zusammenfassung   Zusammenfassend beantragt der Gläubiger beim Unvermögensfall also üblicherweise dreierlei:

1.) Herausgabe
2.) Fristsetzung
3.) Bedingten Schadensersatz

Dabei handelt es sich um eine objektive Klagehäufung. Man sollte § 260 ZPO zitieren.

Vollstreckung: Nun zur Frage, wie die Vollstreckung abläuft. Der Herausgabetenor ist nur binnen der Frist vollstreckbar. Der Schadensersatztenor ist erst nach Ablauf der Frist vollstreckbar. Beides muss im Antrag beziehungsweise Tenor deutlich zum Ausdruck kommen.

1075   **Formulierungsvorschlag**

1. Die Beklagte wird verurteilt, die [näher bezeichnete] Geige an den Kläger herauszugeben. Ihm wird hierfür eine Frist von zwei Monaten ab Zustellung des Urteils gesetzt.

---

13 Wieser, NJW 2003, 2432 (2433).
14 Jan Kaiser, MDR 2004, 311 (314).
15 BGH, Urt. v. 20.6.2005 – II ZR 366/03, juris Rn. 7 u. v. 9.11.2017 – IX ZR 305/16, Rn. 14; OLG Köln, Urt. v. 16.6.1997 – 16 U 2/97, juris Rn. 4; OLG München, Urt. v. 23.4.2008 – 15 U 5245/07, juris Rn. 12; Rütter, VersR 1989, 1241.

2. Läuft die unter Ziffer 1. genannte Frist fruchtlos ab, erlischt der Herausgabetenor aus Ziffer 1. In diesem Fall wird die Beklagte verurteilt, an den Kläger 6000 Euro zu zahlen.
3. Die Beklagte trägt die Kosten des Rechtsstreits.
4. Das Urteil ist gegen Sicherheitsleistung in Höhe von 7000 Euro vorläufig vollstreckbar.

Map 8.13

Für den gesamten Beispielstenor genügt eine einfache Klausel.[16] Bezüglich der Herausgabepflicht ist die Argumentation einfach: Der fruchtlose Fristablauf ist zwar eine Tatsache. Diese ist aber nicht vom Gläubiger zu beweisen im Sinne von § 726 Abs. 1 ZPO. Allenfalls lässt sich von einer auflösenden Bedingung im Sinne des § 158 Abs. 2 BGB sprechen. Diesen Umstand muss der Schuldner nach allgemeinen Regeln beweisen. Schließlich ist er für ihn günstig.

Aber auch für die Zahlungspflicht im Sinne der Ziffer 2. Satz 2 des Beispielstenors darf die Geschäftsstelle die vollstreckbare Ausfertigung erteilen. Es ist nicht etwa nach § 726 Abs. 1 ZPO der Rechtspfleger berufen. Die Begründung ist kompliziert: Im Erkenntnisverfahren hat der Richter untersucht, ob S die Geige zurückgegeben hat. Er kam zum Schluss, dass dies nicht der Fall war. Andernfalls hätte der Richter die gesamte Klage abgewiesen. Offen blieb nur, ob die Herausgabepflicht nicht nachträglich binnen der Frist erloschen ist. Dies ist aber eine materielle Frage. Sie ist nicht im Klauselverfahren prüfen. Vielmehr sind materielle Einwände betreffend den titulierten Anspruch der Vollstreckungsabwehrklage vorbehalten. Im Übrigen ist nachträglicher Untergang eines titulierten Anspruchs nicht im Sinne von § 726 Abs. 1 ZPO vom Gläubiger zu beweisen.

Angenommen, S gibt die Geige binnen der Frist zurück. Dann bleibt der Tenor aus Ziffer 2. zunächst in Kraft. Nach Fristablauf kann G wegen der Geldforderung etwa das Konto der S pfänden. Sie kann jedoch Vollstreckungsabwehrklage erheben.[17] Freilich muss S die Rückgabe beweisen.

Manche Gerichte lassen die Frist mit Rechtskraft des Urteils beginnen. In diesem Fall bedarf es nach § 726 Abs. 1 ZPO einer qualifizierten Klausel.[18] Denn der Gerichtsvollzieher weiß nicht immer, ob das Urteil rechtskräftig ist. Er kann es der vollstreckbaren Ausfertigung nicht entnehmen.

Im Internet kursiert die These, der Gerichtsvollzieher dürfe im Unvermögensfall die herauszugebende Sache suchen. Finde er sie nicht, dürfe er sofort wegen des Zahlungsanspruchs pfänden. Das ist falsch. Diese Verfahrensweise wäre nur zulässig, wenn der Gerichtsvollzieher unmittelbar vor und nach Null Uhr bei Fristablauf vollstreckt.

Gleichwohl ist G zum unechten Hilfsantrag zu raten. Andernfalls müsste er zwei Klagen nacheinander erheben. Das wäre teurer. Denn die Gebühren bemessen sich nach dem

---

16 G. h. M., statt vieler: AG Weißenfels, Beschl. v. 6.7.2011 – 4 M 511/11 = BeckRS 2011, 26132; Giers, in: Kindl/Meller-Hannich/Wolf, Gesamtes Recht der Zwangsvollstreckung, 2015, § 726 Rn. 8; widersprüchlich: OLG Oldenburg, Beschl. v. 25.1.2013 – 12 W 3/13 = BeckRS 2013, 2905.
17 BGH, Urt. v. 14.12.1998 – II ZR 330/97, juris Rn. 7; OLG Frankfurt, Beschl. v. 29.10.2012 – 18 U 24/12 = BeckRS 2013, 01674 unter 2.1.
18 Wieser, NJW 2003, 2432 (2434).

Streitwert. Er beträgt vorliegend 6000 Euro. Das ergibt sich aus § 45 Abs. 1 Satz 3 GKG analog. Herausgabe- und Schadensersatzverlangen sind wirtschaftlich identisch. Bei zwei isolierten Klagen beträgt der Streitwert zwei Mal 6000 Euro. Außerdem würde es länger dauern, bis G zu seinem Geld kommt. Weiterhin kann G mit dem unechten Hilfsantrag Druck ausüben. Nachteilig ist natürlich, dass G nach Fristablauf die Geige definitiv nicht mehr zurückverlangen kann. Darauf sollte sein Rechtsanwalt ihn hinweisen.

Erhaltung der Herausgabeforderung   Der Gläubiger kann sich seine titulierte Herausgabeforderung auch erhalten.[19]

Formulierungsvorschlag
1. [Herausgabetenor wie oben]
2. Läuft die unter Ziffer 1. genannte Frist fruchtlos ab, wird die Beklagte verurteilt, an den Kläger nach einer dahingehenden Aufforderung durch diesen 6000 Euro zu zahlen.

Freilich ist die Vollstreckung wegen der Zahlung nun umständlicher. G benötigt eine qualifizierte Klausel nach § 726 Abs. 1 ZPO. Dazu sollte er den Gerichtsvollzieher beauftragen, G das Schadensersatzverlangen aus § 281 Abs. 4 BGB zuzustellen. Die Zustellungsurkunde (§ 182 ZPO) ist eine öffentliche Urkunde im Sinne des § 726 Abs. 1 ZPO. G muss sie dem Rechtspfleger vorlegen. Dieser erteilt dann die Klausel.

1076
Fall

Gläubiger und Schuldner schließen einen Prozessvergleich. Darin verpflichtet der Schuldner sich, 10.000 Euro zu zahlen. Ihm bleibt nachgelassen, in Raten zu je 1000 Euro zum Monatsersten zu zahlen. Wenn er neun Raten pünktlich gezahlt hat, wird ihm der Restbetrag erlassen. Gerät er mit einer Rate in Rückstand, wird der gesamte Restbetrag sofort fällig.
Der Schuldner zahlt 1000 Euro. Danach zahlt er nichts mehr. Der Gläubiger möchte zwei Monate später wegen der restlichen 9000 Euro vollstrecken.

❓ Wie bekommt der Gläubiger eine Klausel?

✅ Es kommt darauf an. Es handelt sich um einen Vergleich mit Ratenzahlungsvereinbarung. Man nennt ihn auch Monte-Carlo-, Las-Vegas-, oder Chicagovergleich. Er soll den Schuldner unter Druck setzen. Gleichzeitig soll er ihn belohnen, wenn er pünktlich zahlt. Er kommt in der Praxis häufig vor. Sowohl Gläubiger- als auch Schuldneranwalt sollten ihn regelmäßig empfehlen. Über die Konditionen mag man verhandeln. Der Vergleich ist ein Vollstreckungstitel (§ 794 Abs. 1 Nr. 1 ZPO). Er ist zugleich eine öffentliche Urkunde im Sinne der §§ 795 i. V. m. 726 Abs. 1; 731 ZPO. Allerdings darf der Gläubiger nach dem Vergleich nur vollstrecken, wenn der Schuldner in Rückstand gerät. Es handelt sich um eine Bedingung. Der Vergleich

---

19 BGH, Urt. v. 9.11.2017 – IX ZR 305/16, Rn. 17–19.

besagt nichts darüber, ob sie eingetreten ist. Deshalb ist für den Gläubiger der schriftliche Weg über den Rechtspfleger nach §§ 795; 726 Abs. 1 ZPO gangbar.

Zwei andere Vorgehensweisen sind denkbar. Der Gläubiger könnte berechtigt sein, beim Urkundsbeamten nach §§ 795; 724 Abs. 1 ZPO eine Klausel zu beantragen. Der Schuldner müsste Vollstreckungsabwehrklage erheben. Er müsste beweisen, dass er pünktlich gezahlt hat.[20]

Der andere Weg geht über §§ 795; 731 ZPO. Der Gläubiger muss klagen. Er müsste beweisen, dass der Schuldner in Rückstand geraten ist.

Maßgebend ist, wer die Beweislast für die Zahlung beziehungsweise Nichtzahlung trägt. Denn § 731 ZPO spricht vom durch den Gläubiger zu beweisenden Eintritt einer Tatsache. Daraus kann man einen Umkehrschluss ziehen.[21] Muss der Gläubiger etwas nicht beweisen, genügt nach §§ 795; 724 ZPO eine einfache Klausel.

Für die Praxis ist dringend zu empfehlen, die Frage der Beweislast im Vergleich mitzuregeln.

Leider wird dies oft vergessen oder für unbeachtlich gehalten. Gerade deshalb eignet sich dieses Problem für eine praxisnahe Klausur. So ist eine klare Vereinbarung auch im vorliegenden Fall unterblieben.

In Fällen wie dem vorliegenden ist der Vergleich ist nach §§ 133; 157 BGB auszulegen. Wer sollte nach dem Willen der Parteien die Beweislast tragen? Ausgangspunkt ist der Wortlaut.[22] Ohne Bedeutung sind außerhalb des Titels liegende Umstände.[23] Falsch wäre es, mit Ausführungen in der Klageschrift oder Klageerwiderung zu argumentieren. Das widerspräche dem Grundsatz der Formalisierung.   1077

Vielmehr sind alle Vergleichsklauseln in den Blick zu nehmen.[24] Sollen die Gesamtsumme der Grundsatz sein und Ratenzahlung sowie Teilerlass die Ausnahme? Dann wäre der Schuldner für Stundungseinrede und Teilerlass beweisfällig. Ein Indiz ist die Formulierung: „Dem Beklagten bleibt nachgelassen,…" Oder soll es umgekehrt sein? Beispiel: „Kommt der Beklagte mit der Ratenzahlung in Rückstand, lebt die Gesamtforderung wieder auf." Bei der Wiederauflebensklausel entsteht die Gesamtforderung erst, wenn der Schuldner nicht pünktlich zahlt. Dann kann der Gläubiger immer nur eine Rate vollstrecken. Das ist eher selten.

Hauptgesichtspunkt ist nach dem BGH der Zweck.[25] Üblicherweise sollen Verfallsregelungen feste Fristen und Termine schaffen. Der Gläubiger will gerade nicht mehr über pünktliche Zahlungen prozessieren müssen. Nur deshalb erklärt er sich mit Teilerlass und Ratenzahlung einverstanden. Der Schuldner verzichtet demgegenüber auf kein Recht. Er hatte schon zuvor kein Recht, in Raten zu zahlen. Er erhält nur noch eine Chance.[26] Deshalb handelt es sich prinzipiell um eine auflösende Bedingung.[27] Für sie trägt grundsätzlich der Schuldner die

---

20 Leyendecker, JA 2010, 631 (633).
21 Vgl. auch § 795b ZPO.
22 BGHZ 190, 172, Rn. 23.
23 BGHZ 190, 172, Rn. 23.
24 Beispiel: Brandenburgisches OLG, Beschl. v. 8.6.2010 – 3 W 57/09, juris Rn. 17.
25 BGH, Urt. v. 14.10.2009 – VIII ZR 272/08, juris Rn. 17.
26 Flatow, jurisPR-MietR 26/2009, Anm. 5.
27 BGH, Urt. v. 8.7.1981 – VIII ZR 247/80, juris Rn. 11.

Beweislast.[28] Der Gläubiger kann sich also an den Urkundsbeamten der Geschäftsstelle wenden. Er muss nicht nach §§ 795; 731 ZPO auf Erteilung der Klausel
klagen.

Im vorliegenden Fall spricht vieles für eine einfache Klausel. Letztlich müsste
man aber die Details kennen, insbesondere den gesamten Wortlaut.

> **Formulierungsvorschlag**
> Dem Kläger darf ohne Nachweis des Entstehens und der Fälligkeit der Schuld eine
> Klausel erteilt werden.[29]

13.2 REF Die Klauselregel in der notariellen Urkunde

1078   Notarielle Unterwerfungserklärungen enthalten oft standardmäßig eine Formulierung
zur Klauselerteilung.

Beispiel
Der Schuldner ermächtigt den Notar, dem Gläubiger eine vollstreckbare Ausfertigung
dieser Urkunde zu erteilen, ohne dass die Fälligkeit nachzuweisen ist.

> **Klausurtipp**
>
> Der Klausurbearbeiter sollte sich durch diesen Satz nicht verunsichern lassen. In der
> Regel hat er für die Lösung keine Bedeutung. Allenfalls sollte man wissen, dass er die
> Beweislast in einer Vollstreckungsabwehrklage *nicht* umkehrt.

Die Relevanz des Beispielsatzes beschränkt sich auf das Klauselverfahren. Er stammt
schwerpunktmäßig aus dem Baurecht.[30] Einige Notare nehmen ihn auch in anderen
Rechtsgebieten auf. Manchmal ist er überflüssig.

Außerhalb des Baurechts ist die Erklärung wirksam.[31] Hintergrund ist folgender:
Der Gläubiger will möglichst schnell an sein Geld kommen. Er will leicht vollstrecken
können. Dazu benötigt er eine Klausel. Sie erteilt nach § 797 Abs. 2 ZPO der Notar. Oft
hängt der titulierte Anspruch jedoch von einer Bedingung ab.

---

28 BGH, Urt. v. 14.12.1998 – II ZR 330/97, juris Rn. 7.
29 BGH, Urt. v. 25.6.1981 – III ZR 179/79, juris Rn. 13.
30 Beispiele: BGH, Urt. v. 21.5.1987 – VII ZR 210/86, juris Rn. 1; BFHE 141, 339, juris Rn. 90; OLG Hamm,
    Urt. v. 11.8.1998 – 21 U 163/97, juris Rn. 4.
31 BGHZ 147, 203, Rn. 24; BGH, Urt. v. 25.6.1981 – III ZR 179/79, Rn. 13; Beschl. v. 4.10.2005 – VII ZB
    54/05, Rn. 18 und Urt. v. 22.7.2008 – XI ZR 389/07, Rn. 33. Für das Baurecht hingegen: §§ 3; 12 der
    Bauträger- und Maklerverordnung (MaBV).

Beispiel

Die Bank hat ein Darlehen vergeben. Als Sicherheit hat sie sich eine Grundschuld bestellen lassen. Der Darlehensnehmer hat sich wegen des Anspruchs aus §§ 1147; 1192 Abs. 1 BGB der sofortigen Zwangsvollstreckung unterworfen. Er zahlt nicht. Die Bank will aus den §§ 1147; 1192 Abs. 1 BGB das Grundstück versteigern.[32] Dazu muss sie die Grundschuld nach § 1193 Abs. 1 BGB kündigen. Erst dann ist diese fällig. Diese Kündigung ist eine Tatsache im Sinne von §§ 795; 726 Abs. 1 ZPO. Die Bank müsste dem Notar beispielsweise mit einer Zustellungsurkunde nachweisen, dass sie die Grundschuld gekündigt hat. Das findet sie umständlich. Deshalb lässt sie sich vom Darlehensnehmer § 726 Abs. 1 ZPO abbedingen. Das ist mit der Klausel gemeint.

13.3 Begründetheitsprüfung

> Map 13.1

Die Klauselerteilungsklage ist unter drei Voraussetzungen begründet.

— Erstens muss ein vollstreckbarer Titel vorliegen.   1079

— Zweitens müssen die Voraussetzungen für eine qualifizierte Klausel gegeben sein. Typischerweise muss gemäß § 726 ZPO eine Bedingung eingetreten sein. Noch wahrscheinlicher ist eine Rechtsnachfolge im Sinne von § 727 ZPO. Ob auf Gläubiger- oder Schuldnerseite ist egal.

— Der dritte Prüfungspunkt ist ungeschrieben. Der Schuldner darf materiellrechtliche Einwendungen vorbringen.[33] Andernfalls würde er Vollstreckungsabwehrklage erheben. Gericht und Anwälte hätten doppelt Arbeit. Das vermeidet man, indem man alles in einem Prozess prüft.

Beispiel 1

Der Schuldner hat an den früheren Gläubiger gemäß § 407 BGB mit Erfüllungswirkung gezahlt.

Beispiel 2

Die titulierte Forderung ist verjährt. Hier ist aber § 204 Abs. 1 Nr. 1 BGB zu beachten. Die Klauselerteilungsklage hemmt die Verjährung.

Der Schuldner darf allerdings nicht besser stehen, als er bei einer Vollstreckungsabwehrklage stünde. Deshalb gilt § 767 Abs. 2 ZPO für den dritten Punkt analog.

Beispiel

Der Gläubiger erstreitet ein Urteil. Der Schuldner stirbt. Der Gläubiger erhebt gegen den Erben Klauselerteilungsklage. Der Erbe behauptet, der Erblasser habe bereits vor dem Erkenntnisverfahren erfüllt. Der Einwand ist analog § 767 Abs. 2 ZPO präkludiert.

---

32   §§ 866 Abs. 1 ZPO; 10 Abs. 1 Nr. 4 ZVG.

33   RGZ 34, 347 (348).

Wie ausgeführt darf sich der Schuldner im Rahmen der Klauselerteilungsklage mit Einwänden verteidigen, die er eigentlich mit der Vollstreckungsabwehrklage vorbringen müsste. Die Vollstreckungsabwehrklage bleibt ihm also erspart. Dies ist ein Vorteil für ihn. Gerechterweise muss er auch die Nachteile tragen. Er muss im Rahmen der Klauselerteilungsklage alle Vollstreckungsabwehreinwände erheben. Sonst sind diese präkludiert.

Beispiel

Der Gläubiger erhebt zunächst Klauselerteilungsklage. Der Schuldner erhebt keine materiellen Einwände. Der Gläubiger gewinnt. Dann erhebt der Schuldner Vollstreckungsabwehrklage. Über sie ist in der Klausur zu entscheiden. Der Schuldner trägt erstmals materielle Einwände vor. Sie lagen bereits zur Zeit der Klauselerteilungsklage vor. Sie sind analog § 767 Abs. 2 ZPO verspätet.

13.4   REF Tenor

1080   Der Hauptsachetenor lautet:

> Die Vollstreckungsklausel zum [Titel] ist für den Kläger/gegen den Beklagten zu erteilen.

Klausurtipp

Nervosität verleitet zu Fehlern. Sicherheitshalber sollte man in der Klausur einen Blick in den Kommentar werfen.

Hat der Schuldner teilweise gezahlt, schränkt man den Tenor ein:

> … wegen eines Betrages von … Euro zu erteilen.

Entsprechendes gilt, wenn die neue Partei nur teilweise in den Titel folgt.

Beispiel

Zwei Gesamtschuldner wurden verurteilt. Einer erfüllt die titulierte Forderung. Dann geht sie in der Regel nach § 426 Abs. 2 Satz 1 BGB hälftig auf ihn über. Der zahlende Gesamtschuldner kann den Titel wegen der halben Summe übernehmen. Für eine Leistungsklage auf Regress fehlt ein Rechtsschutzbedürfnis. Einschlägig ist die Klauselerteilungsklage nach § 731 ZPO.[34]

Die Kostenentscheidung richtet sich nach den §§ 91 ff ZPO.

---

34 Schleswig-Holsteinisches OLG, Beschl. v. 24.9.1998 – 16 W 151/98, juris Rn. 11; KG Berlin, Urt. v. 28.6.2007 – 2 U 37/05, juris Rn. 42.

Nebenentscheidungen Hauptsache und Kosten sind für vorläufig vollstreckbar zu erklären. Wegen der Hauptsache ist die Sicherheitsleistung zu beziffern. Maßgeblich ist der Wert des Anspruchs, den der Kläger vollstrecken will. § 709 Satz 2 ZPO ist nicht anwendbar.[35] Die Tenorierungsempfehlung zur Vollstreckungsabwehrklage gilt entsprechend.[36]

---

35 Jäckel, JuS 2005, 610 (613).
36 Siehe oben Rn. 284 ff.

Die Klauselgegenklage

© Springer-Verlag GmbH Deutschland, ein Teil von Springer Nature 2020
M. Duchstein, *Zwangsvollstreckungsrecht*, Springer-Lehrbuch,
https://doi.org/10.1007/978-3-662-59444-5_14

14.1 Rechtsnatur

1081 Spiegelbild der Klauselerteilungsklage ist die Klauselgegenklage. Bei der Klauselgegenklage hat der Rechtspfleger eine Klausel erteilt. Der darin als Vollstreckungsschuldner Benannte hält sie für falsch.

Beispiel

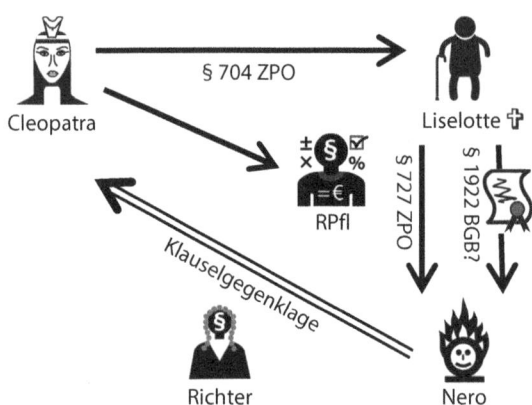

Cleopatra erwirkt ein Urteil gegen Liselotte. Liselotte stirbt. Cleopatra legt dem Rechtspfleger beim Erkenntnisgericht ein notarielles Testament von Liselotte vor (§ 2232 Satz 1, 1. Alt BGB). Die Eröffnungsniederschrift des Nachlassgerichts fügt Cleopatra bei.[1] Im Testament steht, dass Liselotte ihr gesamtes Vermögen ihrem Nachbarn Nero vererbt. Nero hat Angst, dass bald der Gerichtsvollzieher vor seiner Tür steht. Er schreibt dem Rechtspfleger, er kenne Testament und Eröffnungsniederschrift seit über neun Monaten. Er habe bislang keine Notwendigkeit gesehen, irgendwelche rechtlichen Schritte einzuleiten. Seiner Erkenntnis nach sei das Testament nämlich unwirksam. Liselotte sei gemäß § 2229 Abs. 4 BGB testierunfähig gewesen. Sie habe an einer Geisteskrankheit gelitten.
Diesen Einwänden darf der Rechtspfleger im Klauselerteilungsverfahren nicht nachgehen. Er entscheidet allein aufgrund öffentlicher Urkunden und offenkundiger – insbesondere ausdrücklich zugestandener – Tatsachen. Das ergibt sich aus dem Wortlaut des § 727 ZPO. Der Begriff der öffentlichen Urkunde ist in § 415 ZPO legaldefiniert. Das notarielle Testament ist eine öffentliche Urkunde. Nero hält das Testament aus Gründen für unwirksam, die nicht aus der Urkunde hervorgehen. Sie sind auch nicht offenkundig. Angenommen, der Rechtspfleger schreibt das Urteil nach § 727 ZPO gegen Nero um. Dann kann Nero Cleopatra verklagen. Er kann einen Richter entscheiden lassen, ob sie aus der Klausel vollstrecken darf. Der Richter kann nach §§ 403 ff. ZPO auf Neros Antrag ein Sachverständigengutachten einholen.

---

1 § 348 Abs. 1 Satz 2 FamFG; vgl. ferner § 35 Abs. 1 Satz 2 GBO.

Die Klauselgegenklage ist aus gutem Grund in § 768 ZPO geregelt. Die Vorschrift schließt an die Vollstreckungsabwehrklage an (§ 767 ZPO). Beide Klagen ähneln sich. Sie sind prozessuale Gestaltungsklagen. Gibt der Richter den Klagen statt, bildet sein Urteil ein Vollstreckungshindernis im Sinne von § 775 Nr. 1 ZPO. § 768 ZPO verweist sogar auf § 767 ZPO. Die Klauselgegenklage ist ein Minus gegenüber der Vollstreckungsabwehrklage. Mit dem Vollstreckungsabwehrurteil verbietet der Richter, aus dem Titel zu vollstrecken. Mit der Klauselgegenklage untersagt er, aus der Klausel vorzugehen.

Aus diesen Parallelen können sich Referendare den Tenor herleiten:

Formulierungsvorschlag
Die Zwangsvollstreckung aus der zum [Titel] erteilten vollstreckbaren Ausfertigung des [Gerichts/Notars] vom [Datum] wird für unzulässig erklärt.[2]

Das Urteil enthält eine Kostenentscheidung. Es ist für vorläufig vollstreckbar zu erklären. Auch insoweit gelten die zur Vollstreckungsabwehrklage beschriebenen Empfehlungen entsprechend.[3]

14.2 Statthaftigkeit

❯ Map 14.1

Die Klauselgegenklage ist statthaft, wenn der Klauselschuldner sich gegen eine qualifizierte Klausel wehrt.

    1082

Zwei Rügen sind bei der Klauselgegenklage besonders klausurrelevant: 1.) Die Bedingung sei nicht eingetreten, 2.) Es liege keine Rechtsnachfolge vor. Für beide ist die Klauselgegenklage statthaft. Formfehler im Klauselverfahren kann der Schuldner demgegenüber ausschließlich mit der Klauselerinnerung oder der Titelgegenklage rügen.[4] Sie sind in der Statthaftigkeit der Klauselgegenklage auszusortieren.[5]

Beispiel
Eine Justizangestellte der Geschäftsstelle hat statt der Rechtspflegerin die qualifizierte Klausel erteilt.[6] Hier ist die Klauselerinnerung nach § 732 ZPO der statthafte Rechtsbehelf, nicht die Klauselgegenklage.

---

2   Piekenbrock, LMK 2011, 323694.
3   Siehe oben Rn. 284 ff.
4   RGZ 50, 372 (375); OLG Koblenz, Urt. v. 7.2.1991 – 5 U 568/90 = BeckRS 9998, 56615; Jäckel, JuS 2005, 610 (613).
5   RGZ 50, 365 (366).
6   OLG Köln, Urt. v. 9.6.1993 – 13 U 25/93, juris Rn. 9.

Formulierungsvorschlag
Die Klauselgegenklage ist statthaft, wenn der Kläger behauptet, dass die materiellen Voraussetzungen der §§ 726 ff. ZPO nicht vorliegen.

1083   **Anwaltsklausur[7]**

Die Mandantin hat ein Grundstück. In der notariellen Urkunde 1234/19 bestellt sie der Volksbank eine Grundschuld. Weiter heißt es in der Urkunde, mit der Grundschuld solle das Darlehen Nr. 9876 der Schuldnerin gesichert werden. Gleichzeitig unterwirft sich die Mandantin in der Urkunde der sofortigen Zwangsvollstreckung in das Grundstück. Nach dem gesondert zwischen Mandantin und Volksbank geschlossenem Sicherungsvertrag darf die Volksbank die Grundschuld nur zur Befriedung wegen rückständigen Darlehensforderungen geltend machen.
    Die Mandantin zahlt trotz Mahnung mehrere Darlehensraten nicht. Daraufhin kündigt die Volksbank Darlehen und Grundschuld.
    Ein Jahr später tritt die Volksbank „alle Rechte aus der notariellen Urkunde 1234/19" per notariellem Vertrag an die Sparkasse ab. Im Abtretungsvertrag heißt es, in den Sicherungsvertrag trete die Sparkasse nicht ein. Der Notar erteilt der Sparkasse eine Rechtsnachfolgeklausel. Die Sparkasse schreibt der Mandantin, sie werde das Grundstück nunmehr versteigern lassen. Der frühere Anwalt der Mandantin erhebt Vollstreckungsabwehrklage gegen die Sparkasse. Er beantragt, die Vollstreckung durch die Sparkasse aus der notariellen Urkunde 1234/19 für unzulässig zu erklären. Er trägt vor, die Sparkasse dürfe aus der Urkunde 1234/19 nicht vollstrecken. Immerhin sei die Sparkasse darin nicht genannt. Die Mandantin kommt zu Ihnen, weil sie mit dem alten Anwalt unzufrieden ist. Sie habe im Internet gelesen, die Abtretung einer Grundschuld sei unwirksam, wenn der Rechtsnachfolger nicht in den Sicherungsvertrag eintrete.
    Den Anwaltswechsel haben Sie dem Gericht angezeigt. Auch die Sparkasse ist anwaltlich vertreten. Termin zur mündlichen Verhandlung ist noch nicht bestimmt.

 Was ist zu beantragen?

Klausurtipp

Im vorliegenden Fall war die Vorgehensweise des früheren Rechtsanwalts ersichtlich falsch. Dies ist eine typische Konstellation einer Anwaltsklausur. Das Verhalten eines früheren Rechtsanwalts ist zu überprüfen. Punkte sammelt, wer etwaige Fehler benennt und einen vertretbaren Weg wählt.

1084   Was zu beantragen ist, hängt von den Erfolgsaussichten ab. Fraglich ist zunächst, welches der richtige Rechtsbehelf ist. Über § 795 ZPO sind die Rechtsbehelfe der §§ 732; 767 und 768 ZPO auch bei der Vollstreckung aus notariellen Urkunden im Sinne von § 794 Abs. 1 Nr. 5 ZPO statthaft.

---

7   Angelehnt an BGHZ 185, 133 (die Entscheidungsbegründung ist durch § 1192 Abs. 1a BGB überholt, vgl. Art. 229 § 18 Abs. 2 EGBGB). Zum umgekehrten, ebenfalls klausurrelevanten Fall lies BGH, Urt. v. 6.7.2018 – V ZR 115/17.

Vollstreckungsabwehrklage Die Vollstreckungsabwehrklage ist nicht einschlägig. Denn mit ihr wendet sich der Schuldner gegen den titulierten Anspruch. So liegt der Fall nicht. Die Mandantin wendet sich gegen die Vollstreckung durch die Sparkasse. Materielle Rügen gegen den titulierten Anspruch erhebt die Mandantin nicht. Damit betrifft der Einwand die Klausel, nicht den titulierten Anspruch.[8] Die Vollstreckungsabwehrklage ist also nicht weiterzuverfolgen.[9]

Klauselerinnerung In Betracht kommt die Klauselerinnerung nach § 732 ZPO. Ihre ungeschriebene Voraussetzung ist nach dem BGH eine formelle Einwendung.[10] Dafür spricht der identische Wortlaut mit § 766 ZPO. Auch mit der Erinnerung nach § 766 ZPO können grundsätzlich nur formelle Fehler gerügt werden. § 766 Abs. 1 Satz 2 ZPO verweist sogar auf § 732 ZPO. Auch spricht für den BGH der Zweck der Klauselerinnerung: Der Schuldner soll die Entscheidung des Klauselorgans prüfen lassen können. Immerhin wurde er nicht zwingend angehört, bevor das Klauselorgan dies Klausel erteilt hat (§ 730 ZPO). Es ist hingegen nicht Zweck der Klauselerinnerung, dem Richter weitergehende Prüfungspflichten aufzuerlegen, als das Klauselorgan sie hat. Etwa kann der Schuldner mit der Klauselerinnerung rügen, es fehle an einem Titel.[11] Dazu kann es kommen, wenn sich in der Akte ein Urteilsentwurf befindet. Der Richter hat nie gemäß § 311 ZPO ein Urteil verkündet. Das übersieht die Geschäftsstelle. Sie erteilt trotzdem eine vollstreckbare Ausfertigung. Um einen solchen Fehler geht es hier nicht. Vielmehr geht es um die Wirksamkeit der Rechtsnachfolge auf Gläubigerseite. Das betrifft materielle Fragen. Denn die Abtretung ist im BGB geregelt. Rechtspfleger beziehungsweise Notar prüfen im Rahmen von § 727 ZPO nur, ob die Rechtsnachfolge offenkundig ist oder durch öffentliche oder öffentlich beglaubigte Urkunden nachgewiesen. Sie prüfen also primär Tatsachen. Eine eingehende materiellrechtliche Untersuchung führen sie nicht durch.[12] Sie prüfen also nicht, ob die Abtretung wirksam ist. Konsequenterweise ist dieser Frage auch nicht im Wege einer Klauselerinnerung nachzugehen.

Die Klauselerinnerung ist demzufolge nicht statthaft.[13]

1085

---

8   Vgl. BGH, Urt. v. 27.1.2012 – V ZR 92/11, Rn. 11; OLG Dresden, Beschl. v. 28.9.2010 – 9 W 0646/10, juris Rn. 21.

9   Zur Umdeutung in eine Klauselgegenklage: KG Berlin, Urt. v. 22.11.2001 – 12 U 3262/00, juris Rn. 6; Brandenburgisches OLG, Urt. v. 11.10.2006 – 13 U 50/06, juris Rn. 14.

10 BGHZ 15, 190 = NJW 1955, 182; BGH, Beschl. v. 16.7.2004 – IXa ZB 326/03, juris Rn. 6 und 9 und Beschl. v. 16.4.2009 – VII ZB 62/08 Rn. 12; a. A. Brox/Walker, Zwangsvollstreckungsrecht, 2018, Rn. 139. Siehe zudem bereits oben Rn. 350.

11 BGH, Urt. v. 3.11.2015 – II ZR 443/13, Rn. 10.

12 BGH, Beschl. v. 16.4.2009 – VII ZB 62/08, Rn. 14 f.

13 OLG Saarbrücken, Beschl. V. 28.1.2005 – 5 W 2/05, juris Rn. 21.

> ⓘ **Merke:** Die Klauselerinnerung ist gegen einfache und qualifizierte Klauseln statthaft.[14] Nach dem BGH kann der Schuldner mit ihr nur formelle Einwände vorbringen. Gemeint sind solche Fragen, die das Klauselorgan prüft.

> ❯ **Map 14.1**

1086   **Titelgegenklage** Einschlägig könnte die Titelgegenklage sein. Sie basiert auf § 767 ZPO analog. Eine Analogie setzt eine Regelungslücke voraus. Daran fehlt es. § 768 ZPO gewährt dem Schuldner einen Rechtsbehelf gegen Rechtsnachfolgeklauseln. Schon deshalb ist die Titelgegenklage nicht einschlägig. Im Übrigen müsste die Mandantin vortragen, der Titel sei unwirksam. Sie wendet sich jedoch gegen die Klausel, nicht gegen den Titel.[15]

1087   **Klauselgegenklage** Richtiger Rechtsbehelf ist die Klauselgegenklage nach § 768 ZPO. Es besteht ein Rechtsschutzbedürfnis. Ein solches entsteht, wenn das Gericht die Klausel erteilt.[16] Es erlischt, wenn die Vollstreckung beendet ist. Beide Voraussetzungen sind eingehalten. Zuständig ist nach § 797 Abs. 5 ZPO das Gericht am Wohnsitz des Schuldners.

> ⓘ **Merke:** Die ZPO regelt in mehreren Vorschriften die Zuständigkeit für die Klauselgegenklage, so im Verweis in § 768 auf § 767 Abs. 1, in § 797 Abs. 5 und in § 796 Abs. 3. Danach deckt sich die Zuständigkeit mit derjenigen für die Vollstreckungsabwehrklage.

> ❯ **Map 14.2**
>
> Fraglich ist, ob die Klauselgegenklage begründet ist. Das ist der Fall, wenn die Volksbank ihre Rechte aus dem Titel nicht an die Sparkasse übertragen hat. Rechtsnachfolge auf Gläubigerseite bedeutet, der Nachfolger kann im eigenen Namen die Rechte des im Titel genannten Gläubigers geltend machen. Das wirft die Frage auf, welche Rechte die Volksbank hatte. Die Mandantin hat sich wegen der Grundschuld der sofortigen Zwangsvollstreckung in ihr Grundstück unterworfen. Tituliert war damit der Anspruch aus §§ 1192 Abs. 1; 1147 BGB.
>
> Nach der gesetzlichen Regel ist eine Grundschuld zwar nicht akzessorisch zum Darlehen. Das bedeutet, der Grundschuldinhaber kann das Grundstück jederzeit versteigern lassen. Anders ist dies aber bei einer Sicherungsgrundschuld im Sinne von § 1192 Abs. 1a BGB. Bei ihr darf der Grundschuldinhaber das Grundstück nur treuhänderisch verwerten. Ursprünglich bestand eine Sicherungsgrundschuld. Die Volksbank durfte aus der Grundschuld erst vollstrecken, wenn die Mandantin die Darlehensraten nicht pünktlich zahlt. War das Darlehen nicht (mehr) valutiert, stand der Mandantin eine Einrede zu. Sie ergab sich aus dem Sicherungsvertrag.[17]

Zwischenfazit: Tituliert war eine Sicherungsgrundschuld.

Folge: Die Volksbank hat die Grundschuld nach §§ 1192 Abs. 1; 1154 BGB an die Sparkasse abgetreten. Mit Zustimmung des Mandanten hätte die Sparkasse die Pflichten aus

---

14 Vgl. § 768 letzter Halbsatz ZPO; § 11 Abs. 1 RPflG und §§ 795; 797 Abs. 2 und 3 ZPO.
15 Vgl. OLG Dresden, Beschl. v. 28.9.2010 – 9 W 0646/10, juris Rn. 21.
16 RGZ 134, 156 (162); 159, 385 (387).
17 Siehe oben Rn. 145.

dem Sicherungsvertrag gemäß § 414 BGB übernehmen können. Möglich wäre auch ein Schuldbeitritt als Sicherungsvertrag zugunsten Dritter.[18] Beides ist nicht geschehen.

Zwischenfazit: Aus der Sicherungsgrundschuld wurde eine isolierte Grundschuld.

Einrede Allerdings begrenzt § 1192 Abs. 1a BGB die Rechte der Sparkasse. Angenommen, die Mandantin zahlt das Darlehen pünktlich zurück. Dann hätte die Volksbank das Grundstück nicht versteigern lassen dürfen. Das ergibt sich aus dem Sicherungsvertrag. Diese Einrede kann die Mandantin über § 1192 Abs. 1a BGB der Sparkasse entgegenhalten.[19]

Zwischenfazit: Die Sparkasse hat die gleichen Rechte wie die Volksbank. Damit ist sie Rechtsnachfolgerin der Volksbank.[20] Die Klauselgegenklage ist demzufolge unbegründet. Zweckmäßig ist also nicht, die Klage gemäß § 263 ZPO in eine Klauselgegenklage zu ändern.

Klageänderung? Denkbar wäre, die Klage in eine solche auf Schadensersatz nach § 799a ZPO umzustellen. Das ist aber abzulehnen. Zum einen müsste der Mandantin ein Vollstreckungsschaden entstanden sein. Zum anderen müssten Titel oder Klausel inhaltlich falsch sein.[21] An beidem fehlt es.   1088

Klagerücknahme Im Ergebnis sollte daher die Klage zurückgenommen werden. Das ist nach § 269 Abs. 1 ZPO ohne Zustimmung der Sparkasse möglich. Dadurch reduziert sich die Gerichtsgebühr (Nr. 1211 VVGKG). Für die Anwälte entfallen die Terminsgebühren (Nr. 3104 VVRVG).

14.3 Klagehäufung

Der Schuldner kann Klauselgegenklage und Vollstreckungsabwehrklage kombinieren.[22]   1089
Das ergibt sich aus § 260 ZPO.

Beispiel
Der Schuldner behauptet, er habe die titulierte Forderung bezahlt. Außerdem sei der in der Klausel genannte Gläubiger nicht Rechtsnachfolger des Titelgläubigers.

Formulierungsvorschlag für die Anwaltsklausur
Ich beantrage, die Zwangsvollstreckung aus der notariellen Urkunde des Notars N vom … UR-Nr. … und die Vollstreckungsklausel vom … für unzulässig zu erklären.

---

18 BGH, Urt. v. 11.5.2012 – V ZR 237/11, Rn. 8.
19 Anders noch das alte Recht, vgl. BGHZ 190, 172; BGH, Urt. v. 24.10.2014 – V ZR 45/13, Rn. 12.
20 Bork, WM 2010, 2057 (2060).
21 Zur analogen Anwendung auf § 768 ZPO: OLG Dresden, Beschl. v. 28.9.2010 – 9 W 0646/10, juris Rn. 16; Vollkommer, ZIP 2008, 2060 (2063).
22 BGH, Urt. v. 24.10.2014 – V ZR 45/13, Rn. 9.

In der Klagebegründung sollte man die Klagehäufung verdeutlichen. Der Schuldner kann jeden der Einwände auch hilfsweise vorbringen.[23] Sinnvollerweise sollte er primär Vollstreckungsabwehrklage erheben. Gewinnt er, hat er das Maximum erreicht. Hilfsweise sollte er Klauselgegenklage erheben. Das Kostenrisiko bleibt zwar unverändert. Das Verfahren vereinfacht und beschleunigt sich aber. Denn das Gericht muss weniger prüfen.

> **Klausurtipp**
>
> Diese objektive Klagehäufung von Klauselgegenklage und Vollstreckungsabwehrklage ist besonders klausurrelevant. Sie ermöglicht nämlich, die §§ 406; 407 BGB abzufragen.

14.4 Begründetheit:

14.4.1 Allgemeines

 Map 14.2

1090

> **Formulierungsvorschlag**
> Die Klage nach § 768 ZPO ist begründet, wenn die als bewiesen angenommenen materiellrechtlichen Voraussetzungen für die Erteilung der Vollstreckungsklausel nicht vorlagen.[24]

Maßgeblicher Zeitpunkt ist der Schluss der mündlichen Verhandlung. Bis dahin kann der Gläubiger Bedingungseintritt oder Rechtsnachfolge herbeiführen. Einen Fehler des Klauselorgans kann er also heilen. Die Verspätungsvorschrift des § 767 Abs. 2 ZPO gilt nicht. Sie ist von der Verweisung des § 768 ZPO ausgenommen. Eine Präklusion nach § 767 Abs. 3 ZPO ist hingegen möglich.

Wer die Beweislast für Rechtsnachfolge und Bedingungseintritt trägt, ist streitig.

> **Klausurtipp**
>
> Der Kommentar von Thomas/Putzo vertritt hier eine Mindermeinung.

Nach h. M. bestimmt sich die Beweislast nach materiellem Recht.[25] Die Rollenverteilung der Klauselgegenklage ändert die Darlegungs- und Beweislast nicht. Hierfür spricht die Parallele zur Vollstreckungsabwehrklage.[26] In der Regel ist damit der vollstreckungswillige Beklagte beweisbelastet.[27] Er muss also beweisen, dass eine aufschiebende Bedingung

---

23 Brandenburgisches OLG, Urt. v. 11.10.2006 – 13 U 50/06, juris Rn. 14.
24 BGH, Urt. v. 24.10.2014 – V ZR 45/13, juris Rn. 28.
25 OLG Köln, Urt. v. 9.6.1993 – 13 U 25/93, juris Rn. 11; OLG Koblenz, Urt. v. 7.2.1991 – 5 U 568/90 = BeckRS 9998, 56615; Jäckel, JuS 2005, 610 (615); a. A. RGZ 82, 35 (37).
26 Siehe oben Rn. 175.
27 Vgl. auch § 792 ZPO.

eingetreten ist (§ 726 ZPO).[28] Das Gleiche gilt für eine Rechtsnachfolge im Sinne von § 727 ZPO. Beides ist nämlich für ihn günstig. Der Beklagte muss etwa ein Testament vorlegen. Aus diesem muss sich ergeben, dass er den früheren Gläubiger beerbt hat.

Zulässig sind aber alle Beweismittel, nicht nur Urkunden. Vielleicht hat der Rechtspfleger einem vermeintlichen Zessionar eine Rechtsnachfolgeklausel erteilt. Dann darf dieser Zeugen benennen, dass der alte Vollstreckungsgläubiger ihm die Forderung abgetreten hat.

Fall

1091

Die Parteien schließen einen gerichtlichen Vergleich. Er enthält eine Vertragsklausel. Nach ihr darf der Beklagte den Vergleich binnen zwei Wochen gegenüber dem Gericht widerrufen. Die Gerichtsakte wird ausschließlich elektronisch geführt. Die Urkundsbeamtin der Geschäftsstelle erteilt eine vollstreckbare Ausfertigung. In ihr heißt es, dass sich in der elektronischen Prozessakte kein rechtzeitiger Widerruf findet. Ein Widerrufsschriftsatz sei erst am Tag nach Ablauf der Frist eingegangen.

Der Anwalt des beklagten Schuldners erhebt vor dem zuständigen Gericht Klauselgegenklage. Er habe den Vergleich am letzten Tag der Frist widerrufen. Die Rechtsanwaltsfachangestellte habe den elektronischen Widerrufsschriftsatz nachmittags korrekt abgesendet. Sie habe vom elektronischen Gerichtspostfach die Antwort erhalten „Fehlercode 5674: Gerichtspostfach derzeit außer Betrieb." Sie habe es noch zwei Mal probiert. Stets sei dieselbe Fehlermeldung erschienen. Erst am Folgetag sei das Gerichtspostfach wieder erreichbar gewesen. Die Gläubigerseite stellt diesen Vortrag unstreitig.

❓ Ist die Klage zulässig und begründet?

✅ **Problem: Vergleich verspätet widerrufen**

Ja, die Klauselgegenklage ist zulässig und begründet. Die Klauselgegenklage ist nach §§ 795; 768 ZPO statthaft. Die Klauselgegenklage ist statthaft, wenn der Kläger behauptet, dass die materiellen Voraussetzungen der §§ 726 ff. ZPO nicht vorliegen. Er muss sich gegen eine qualifizierte Klausel wehren. Das ist der Fall. Die Urkundsbeamtin hat eine qualifizierte Klausel im Sinne von §§ 795; 726 Abs. 1 ZPO erteilt. Denn der Widerruf ist normalerweise eine aufschiebende Bedingung (§ 158 Abs. 1 BGB).[29] Diese ist eine Tatsache im Sinne von § 726 Abs. 1 ZPO.[30]

Der Widerrufsvorbehalt stellt weder eine auflösende Bedingung noch ein vertragliches Rücktrittsrecht dar. Dann müssten die Parteien den Vergleich nämlich rückabwickeln, wenn eine Seite ihn widerruft. Das wollen sie typischerweise nicht.

Der Widerrufsvorbehalt erfüllt auch die zweite Voraussetzung des § 726 Abs. 1 ZPO: Der Gläubiger hat den Widerruf zu beweisen. Den Eintritt einer aufschiebenden Bedingung hat nämlich nach allgemeinen Grundsätzen der Gläubiger zu beweisen.[31] Schließlich ist er für ihn günstig.

Ob die Urkundsbeamtin zuständig war, ist für die Klauselgegenklage ohne Bedeutung. Denn mit ihr kann der Schuldner nur materielle Einwendungen rügen. Im Übrigen war die Urkundsbeamtin ausnahmsweise gemäß § 795b ZPO zuständig.[32]

---

28 OLG Koblenz, Urt. v. 7.2.1991 – 5 U 568/90 = NJW 1992, 378 (379); OLG Köln, Urt. v. 9.6.1993 – 13 U 25/93, juris Rn. 11.

29 BGHZ 88, 364, juris Rn. 12; BAGE 108, 217, juris Rn. 22; BVerwGE 92, 29, juris Rn. 13.

30 Hessisches LAG, Beschl. v. 9.8.2016 – 7 Ta 310/16, juris Rn. 15.

31 BGH, Urt. v. 29.6.1981 – VII ZR 299/80, juris Rn. 13.

32 OLG Dresden, Beschl. v. 18.6.2010 – 17 W 0590/10, juris Rn. 9.

1092   Die Klauselgegenklage ist begründet, wenn die Urkundsbeamtin die Klausel inhaltlich zu Unrecht erteilt hat. Die Klausel ist inhaltlich falsch. Der Widerruf ist als rechtzeitig anzusehen.

Dafür betrachtet die Geschäftsstelle grundsätzlich allein die Verfahrensakte. Findet sich darin kein rechtzeitiger Widerruf, enthält die Akte eine negative Tatsache. So war es hier.

Allerdings ist das Gebot der rechtsstaatlichen Verfahrensgestaltung zu beachten. Danach dürfen Gerichte den Zugang von Schriftstücken nicht unzumutbar erschweren.[33] Zugangshindernisse im Organisationsbereich eines Gerichts kommen vor. Der Staat darf sie aber nicht dem Bürger anlasten. Die Kanzleikraft hatte alles in ihrer Kraft Stehende getan. Sie durfte die Frist bis zur letzten Sekunde ausnutzen. Dass sie die Frist versäumt hat, beruhte auf einer verzögerten Entgegennahme durch das Gericht. Es darf seinen Fehler nicht auf den Bürger abwälzen. Das Gericht muss den Vergleichswiderruf als rechtzeitig ansehen.[34] Dass letztlich der Gläubiger den Nachteil trägt, ist hinzunehmen. Ihm stehen Amtshaftungsansprüche zu. Das Gericht hat die vollstreckbare Ausfertigung materiell zu Unrecht erteilt. Die Klauselgegenklage ist begründet.

1093   **Ausgangsfall**[35]

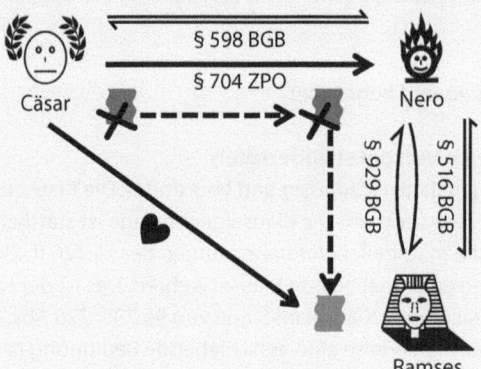

Nero möchte einmal richtig gut aussehen. Deshalb leiht er sich von Cäsar dessen Toga (Umhang). Cleopatra sieht Nero. Cleopatra fragt Nero, wem die Toga gehöre. Er behauptet, sie gehöre ihm. Daraufhin macht Cleopatra Nero Komplimente. Bisher habe er außer seiner flammenden Frisur wenig zu bieten gehabt. In der Toga sehe er hingegen aus wie ein richtiger Herrscher. Cäsar erfährt hiervon. Er wird eifersüchtig. Er verlangt die Toga binnen drei Tagen zurück. Nero erhofft sich Chancen bei Cleopatra. Deshalb will er die Toga behalten. Cäsar erwirkt gegen Nero ein rechtskräftiges Herausgabeurteil. Nero hat Angst, dass Cäsar ihm Cleopatra wegschnappt. Er verschenkt die Toga an seinen Bruder Ramses. Beide einigen sich über den Eigentumsübergang. Nero übergibt die Toga an Ramses. Ramses weiß, dass Nero sich die Toga bei Cäsar geliehen hat. Ramses ist ein ehrlicher Mensch. Er gibt den ganzen Sachverhalt zu. Andererseits erklärt er Cäsar, er müsse ihm die Toga nicht herausgeben. Nero habe ihm versichert, dass Cäsar ihm nichts könne. Er vertraue seinem Bruder.

---

33   BVerfGE 41, 323, juris Rn. 8; 42, 128, juris Rn. 7; 44, 302, juris Rn. 10.
34   So im Parallelfall BVerfG, 1. Senat, Beschl. v. 14.5.1985, 1 BvR 370/84, juris Rn. 14.
35   Ähnlich der klausurrelevante Fall bei BGH, Urt. v. 14.9.2018 – V ZR 267/17.

🤔 Sollte Cäsar Ramses verklagen?

✅ Nein. Eine Herausgabeklage gegen Ramses wäre derzeit mangels Rechtsschutzbedürfnisses unzulässig. Vielmehr kann Cäsar das Urteil gegen Ramses umschreiben
lassen. Zumindest muss er dies versuchen.[36] Rechtsgrundlage ist § 727 ZPO. Die
Norm setzt voraus, dass Ramses Neros Rechtsnachfolger ist. Das ist er nach §§ 265;
325 Abs. 1 ZPO. Nero war zunächst unmittelbarer Besitzer. Diese Besitzposition hat
er nach Rechtshängigkeit an Ramses übertragen. Nachfolge nur im Besitz ist zwar
keine Rechtsnachfolge im engeren Sinn. Schließlich ist Besitz kein Recht. Er ist eine
tatsächliche Position. In § 325 Absatz 1 ZPO umfasst der Begriff der Rechtsnachfolge
jedoch auch die Nachfolge in den Eigenbesitz an der streitbefangenen Sache.[37] Das
ergibt sich aus dessen Zweck. Die Norm soll verhindern, dass eine Entscheidung ins
Leere geht, nur weil der Beklagte seine Position überträgt.

Die Toga war streitbefangen. Nero war zwar zunächst Fremdbesitzer. Er schwang
sich jedoch zum Eigenbesitzer im Sinne von § 872 BGB auf.

Die Ausnahmevorschrift des § 325 Abs. 2 ZPO greift nicht. Sie verweist auf
§§ 929; 932 BGB. Deren Voraussetzungen des gutgläubigen Erwerbs liegen nicht vor.
Ramses war bösgläubig im Sinne von § 932 Abs. 2 BGB. Er wusste vom Herausgabeurteil und von Neros fehlendem Eigentum.

Cäsar kann zwar die Rechtsnachfolge nicht mit einer öffentlichen Urkunde im
Sinne von § 727 ZPO beweisen. Allerdings besteht eine gewissen Wahrscheinlichkeit, dass Ramses die Rechtsnachfolge in den Besitz ausdrücklich zugesteht. In
diesem Fall liegt Offenkundigkeit im Sinne von § 727 ZPO vor.

❗ **Merke: Das hiesige Problem ist nicht zu verwechseln mit dem fehlenden Verfolgungsrecht des Gerichtsvollziehers bei der Herausgabevollstreckung.[38] Beides
hängt jedoch logisch zusammen. Der Gerichtsvollzieher darf nur gegen die in
Titel oder Klausel genannten Personen vollstrecken. Gegen Rechtsnachfolger des
Titelschuldners muss der Gläubiger den Titel umschreiben lassen.**

Abwandlung[39]   1094

Wie Ausgangsfall. Allerdings wusste Ramses von der Leihe nichts. Nero hatte ihm versichert,
die Toga gehöre ihm. Von der Herausgabeklage gegen Nero hatte Ramses keine Kenntnis. Der
Rechtspfleger erteilt Cäsar eine Rechtsnachfolgeklausel gegen Ramses. Ramses will die Toga
behalten.

---

36 Siehe bereits oben Rn. 1069.
37 RGZ 82, 35 (38); BGH, Urt. v. 13.3.1981 – V ZR 115/80, juris Rn. 8.
38 Siehe oben Rn. 946.
39 Angelehnt an BGHZ 4, 283 = BeckRS 1951, 31384741.

❓ Welchen prozessualen Weg sollte Ramses beschreiten?

✅ Rames kann Klauselgegenklage nach § 768 ZPO erheben. Er kann vorbringen, dass er die Toga gutgläubig nach §§ 325 Abs. 2 ZPO; 929; 932 BGB erworben hat. Seine Chancen stehen gut. Für die Bösgläubigkeit ist Cäsar nach allgemeinen Regeln beweispflichtig.[40]

14.4.2 Rechtsnachfolge und § 800 ZPO

1095 Bereits im Rahmen der Vollstreckungsabwehrklage wurde § 800 ZPO angesprochen.[41] Bei näherer Betrachtungsweise ist die Vorschrift überflüssig. Der neue Eigentümer ist ohnehin Rechtsnachfolger des alten. Eventuell hat sich der alte Eigentümer wegen des Anspruchs auf Duldung der Zwangsvollstreckung (§ 1147 BGB) der sofortigen Vollstreckung gemäß § 794 Abs. 1 Nr. 5 ZPO unterworfen. Dann kann die Bank diesen Titel gemäß §§ 795; 727 ZPO gegen den neuen Eigentümer umschreiben lassen. Er ist Rechtsnachfolger hinsichtlich der Eigentümerstellung. Es bedarf keiner Eintragung nach § 800 Abs. 1 Satz 2 ZPO. Gemäß § 325 Abs. 3 ZPO muss der neue Eigentümer die Unterwerfungserklärung nicht gekannt haben. Es genügt, dass er die Grundschuld aus dem Grundbuch ersehen kann.

Die Vorgehensweise gemäß § 800 ZPO bringt weder für den Gläubiger noch für den Schuldner Vorteile. Eine Rechtsnachfolgeklausel gegen den neuen Eigentümer benötigt der Gläubiger in jedem Fall.[42]

❗ Merke: § 800 ZPO hat keine Sperrwirkung. Der Grundschuldbesteller muss nicht ausdrücklich jeden nachfolgenden Eigentümer der sofortigen Zwangsvollstreckung unterwerfen, damit der Gläubiger gegen diesen vollstrecken kann. Vielmehr kann der Gläubiger den notariellen Duldungstitel gegen jeden neuen Grundstückseigentümer umschreiben lassen.

14.5 Einstweilige Anordnung

1096 Gemäß § 769 ZPO kann das Gericht auch bei der Klauselgegenklage eine einstweilige Anordnung erlassen. Auch § 770 ZPO ist anwendbar. Insoweit wird auf die Ausführungen zur Vollstreckungsabwehrklage verwiesen.[43]

---

40 RGZ 79, 165 (169).
41 Siehe oben Rn. 146.
42 BGH, Beschl. v. 12.4.2018 – V ZB 212/17, Rn. 7.
43 Siehe oben Rn. 262 ff.

Die verlängerten Vollstreckungsklagen

© Springer-Verlag GmbH Deutschland, ein Teil von Springer Nature 2020
M. Duchstein, *Zwangsvollstreckungsrecht*, Springer-Lehrbuch,
https://doi.org/10.1007/978-3-662-59444-5_15

15.1 Allgemeines

1097   Für beide Staatsexamen wichtig sind die verlängerten Vollstreckungsklagen. Bei ihnen hätte ein Rechtsbehelf Erfolg gehabt, etwa die Drittwiderspruchsklage. Der Rechtsbehelf ist aber verspätet. Die Zwangsvollstreckungsmaßnahme ist beendet. Beispielsweise wurde der Erlös des versteigerten Gegenstands bereits ausgekehrt. Dann fehlt das Rechtsschutzbedürfnis für eine Drittwiderspruchsklage. Gesetzt den Fall, Schuldner oder Dritter haben durch die Zwangsvollstreckung einen Nachteil erlitten. Dann fragt sich, ob der Gläubiger ihn ausgleichen muss.

Die Antwort findet man im Beziehungsstatus-Auswahlmenü eines verbreiteten sozialen Internetnetzwerks: „Es ist kompliziert". Ausgangspunkt ist das Verhältnis von Prozessrecht zu materiellem Recht. Es ist „spannend". Kein Rechtsgebiet hat Vorrang vor dem anderen. Vielmehr stehen Prozess- und materielles Recht in einer Wechselwirkung. Mal siegt das eine, mal das andere.

Anhand eines bereits diskutierten Beispiels[1] sollen zunächst die Grundlagen dargestellt werden:

Beispiel

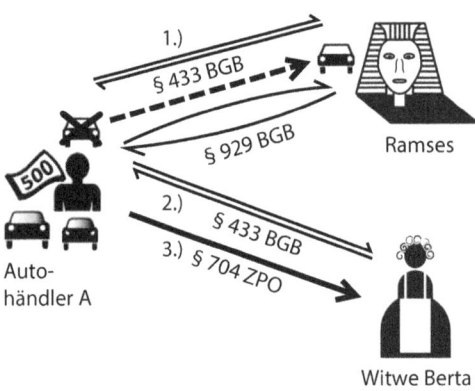

Autohändler A stellt auf seinem Hof ein Auto zum Verkauf aus. Witwe Berta schaut es sich an. Sie unternimmt eine Probefahrt. Sie möchte es sich aber noch überlegen. A erklärt, er könne Witwe Berta das Auto aber nicht reservieren. In der Folgewoche sieht Ramses das Auto. Kurzentschlossen kauft er es von A. A übereignet und übergibt es Ramses. Das Auto gefällt Ramses gut. Er möchte es nie wieder hergeben. Eine Woche später ruft Witwe Berta im Autohaus an. Sie fragt, ob das Auto noch zu haben ist. A bestätigt dies. Er behauptet er, der Wagen gehöre nach wie vor ihm. Witwe Berta glaubt ihm. Sodann schließen beide telefonisch einen Kaufvertrag. A erstreitet gegen Witwe Berta ein Urteil. Danach muss sie den Kaufpreis zahlen.

Zwei Jahre später erfährt Witwe Berta von der Erstveräußerung an Ramses. Weitere drei Wochen später überlegt sie, wie sie reagieren soll.

Angenommen, Witwe Berta kann A keinen Täuschungsvorsatz nachweisen. Beweisen kann sie aber seine Fahrlässigkeit. A hat übersehen, dass er das Auto bereits übereignet hatte.

---

1   Siehe oben Rn. 250.

Das kann passieren, wenn er mehrere Beschäftigte hat. Er hätte seine Angestellten fragen müssen. Dann hätte er erfahren, dass der Wagen bereits an Rames verkauft und übereignet wurde. Hat er dies unterlassen, stehen Witwe Berta materiellrechtliche Schadensersatzansprüche zu. Relativ unproblematisch ist der Schadensersatzanspruch statt der Leistung aus § 311a Abs. 2 BGB. Schwieriger ist der Ersatz des Vertrauensschadens aus culpa in contrahendo. Dessen Rechtsfolge richtet sich nach § 249 Abs. 1 BGB. Die Vorschrift lautet: Wer zum Schadensersatz verpflichtet ist, hat den Zustand herzustellen, der bestehen würde, wenn der zum Ersatz verpflichtende Umstand nicht eingetreten wäre. A muss Witwe Berta demnach so stellen, als hätte er sie ordnungsgemäß über die Übereignung an Ramses aufgeklärt.[2] Ihr ist bereits dadurch ein Schaden entstanden, dass sie einen für sie unvorteilhaften Vertrag geschlossen hat.[3]

Die Nebenpflichtverletzung wird auch nicht durch die Unmöglichkeit ausgeschlossen. Beide Rechtsinstitute stehen zwar in einem Exklusivitätsverhältnis. Unmöglichkeit ist gegenüber einer Nebenpflichtverletzung spezieller. Allerdings gilt dies nur, wenn dieselbe Pflichtverletzung betroffen ist. Vorliegend deckt sich die C.i.c.-Pflichtverletzung nicht mit der Unmöglichkeit. Die C.i.c.-Pflichtverletzung liegt nämlich darin, dass A Witwe Berta nicht über seine subjektive Unmöglichkeit aufgeklärt hat. Sowohl zeitlich als auch inhaltlich unterscheiden sich beide Pflichtverletzungen.

Der Mindestschaden von Witwe Berta liegt darin, dass sie mit einer Verbindlichkeit belastet ist. Sie muss nämlich den Kaufpreis zahlen. Der Schaden beruht auch kausal auf der Pflichtverletzung. Es ist zu vermuten, dass Witwe Berta den Kaufvertrag bei gehöriger Aufklärung nicht geschlossen hätte. Normalerweise besteht der Mindestanspruch des Geschädigten darin, dass der Schädiger ihn von seiner Verbindlichkeit freistellt.[4] Anders gewendet darf der Schädiger seinen Anspruch nach § 242 BGB nicht mehr durchsetzen.[5] Rein materiellrechtlich könnte Witwe Berta eine Klage aus culpa in contrahendo auf Unterlassen der Zwangsvollstreckung erheben. Die Kette ist folgende: Hätte A die Übereignung an Ramses mitgeteilt, hätte Witwe Berta den Kaufvertrag nicht geschlossen. Dann wäre sie nicht verpflichtet gewesen, den Kaufpreis zu zahlen. Infolgedessen hätte A gegen sie kein Urteil erstreiten können. Damit hätte er gegen sie nicht die Zwangsvollstreckung einleiten können. Die Zwangsvollstreckung beruht also auf der Täuschung. Witwe Berta ist aus culpa in contrahendo nach § 249 BGB so zu stellen ist, als sei sie nicht getäuscht worden. Dann muss A es unterlassen, gegen sie zu vollstrecken. Dieselbe Rechtsfolge ergibt sich aus § 821 BGB. Das ist die materiellrechtliche Lösung.

Prozessual sieht die Sache anders aus. Witwe Berta hätte die Aufklärungspflichtverletzung im Erstprozess einwenden können. Die Klage des A wäre abgewiesen worden. Witwe Berta hat den Einwand seinerzeit nicht erhoben. In der Vollstreckungsabwehrklage ist der Einwand nach § 767 Abs. 2 ZPO verspätet.[6] Eine Klage gestützt auf § 826 BGB hat ebenfalls keinen Erfolg. Denn Witwe Berta kann nach dem Sachverhalt den Schädigervorsatz nicht beweisen. A hat prozessual das Recht, zu vollstrecken. Damit widerspricht die prozessuale Lösung der materiellen.

1098

---

2 BGH, Urt. v. 2.12.1991 – II ZR 141/90.
3 BGH, Urt. v. 8.3.2005 – XI ZR 170/04; OLG Köln, Urt. v. 19.7.2011 – 24 U 172/10.
4 BGH, Urt. v. 28.10.2009 – IV ZR 140/08 = NJW 2010, 289 Rn. 21; zum Dreipersonenverhältnis: Görmer, JuS 2009, 7 (8 f.).
5 Vgl. BGHZ 92, 396, juris Rn. 26; BGH, Urt. v. 26.11.2004 – V ZR 90/04 = NJW-RR 2005, 743 (746).
6 Siehe oben Rn. 250.

Vorliegend siegt die prozessuale Sichtweise. A darf vollstrecken. Andernfalls wäre die Rechtskraft gefährdet.[7] Aber mehr noch. A darf den Kaufpreis behalten. Witwe Berta kann ihn nicht zurückholen. Vielleicht verklagt sie A auf Rückzahlung des Kaufpreises. Ihre Klage hat keinen Erfolg. Die Rechtskraft hemmt nämlich auch Klagen auf das kontradiktorische Gegenteil.[8] Darum geht es hier. Dem Zahlungstenor des Ersturteils ist inzident zu entnehmen, dass A den Kaufpreis auch behalten darf. Schließlich lautet er nicht: Witwe Berta wird verurteilt, 3000 Euro an A vorübergehend vom 1.1.2017 bis zum 1.1.2019 zu überlassen. Dies ergäbe allenfalls bei einem Darlehen Sinn. Vorliegend bildet das Urteil aber eine dauerhafte Behaltenscausa. Wenn A sich das Geld einverleiben darf, kann Witwe Berta es nicht gestützt auf denselben Lebenssachverhalt zurückfordern. Dies ist ständige BGH-Rechtsprechung.[9]

1099   Noch gravierender stellt sich die Lage dar, wenn Witwe Berta zunächst erfolglos Vollstreckungsabwehrklage erhoben hat. Gesetzt den Fall, das Gericht hat diese rechtskräftig abgewiesen. Dann hat es A erlaubt, gegen sie zu vollstrecken. Gegen diese Entscheidung kann Witwe Berta Rechtsmittel einlegen. Sie kann ihre Folgen aber nicht im Schadensersatz- oder Bereicherungsprozess rückabwickeln.[10] Man kann dies auch mit § 767 Abs. 3 ZPO analog begründen.

1100   Anders ist es bei nicht präkludierten Einwänden einer Partei. Beispiel: Witwe Berta zahlt auf das Urteil den Kaufpreis. A vollstreckt gleichwohl. Über eine Kontopfändung lässt er sich den Kaufpreis nochmals überweisen. Hier schadet es Witwe Berta rechtlich nicht, dass sie die Vollstreckungsabwehrklage versäumt hat. Sie kann den vollstreckten Betrag aus §§ 280 Abs. 1; 812 Abs. 1 Satz 1, 1. Alt. BGB zurückfordern.[11] Die Rechtskraft des Erstprozesses steht nicht entgegen. Das ergibt sich aus der Gesetzessystematik. Der Zahlungseinwand wäre auch in der Vollstreckungsabwehrklage nicht nach § 767 Abs. 2 ZPO präkludiert gewesen. Außerdem spricht das Erkenntnisurteil nur das Recht zu, einmal den Kaufpreis zu fordern. A beansprucht ihn indessen doppelt.

> 🛑 **Merke: Hat der Gläubiger vollstreckt, ohne dass ihm eine Forderung zusteht, muss der Schuldner nicht immer Vollstreckungsabwehrklage erheben. Er kann zuweilen auch warten und das Vollstreckte nach §§ 280 Abs. 1, 812 oder 823 BGB zurückholen. Allerdings kann der Schuldner nicht die Rechtskraft des Erkenntnisurteils unterlaufen, insbesondere nicht die Präklusion des § 767 Abs. 2 ZPO.**

> ❯ **Map 15.5**

1101   **Abwandlung des Beispiels**   Einfacher ist es, wenn A bei Witwe Berta entgegen § 811 Abs. 1 Nr. 1 ZPO deren einzigen Fernseher hat pfänden und versteigern lassen. Es ist rechtlich unschädlich, dass sie keine Erinnerung eingelegt hat. Eine Präklusion kennt die Erinnerung nicht. Witwe Berta kann den Erlös theoretisch von A nach § 812 Abs. 1 Satz 1, 2. Alt. BGB wiederholen. Es fehlt ein rechtlicher Grund, den Erlös zu behalten. Weder der Titel noch die Pfändung gaben A die Befugnis, unpfändbare Gegenstände zu

---

7   In diesem Sinne: RGZ 156, 265 (269); BGH, Urt. v. 21.6.1951 – III ZR 210/50, juris Rn. 47; BGHZ 13, 71, juris Rn. 4 ff.; BGHZ 26, 391, juris Rn. 14.
8   Dazu BGHZ 123, 139, juris Rn. 8.
9   BGHZ 83, 278, Rn. 8; 131, 82, juris Rn. 19; BGH, Urt. v. 28.5.1986 – IV a ZR 197/84 = NJW 1986, 2645 (2646); BGH, Urt. v. 2.3.2000 – IX ZR 285/99 = NJW 2000, 2022 (2023); a. A. noch OLG Frankfurt, Urt. v. 3.2.1961 – 3 U 134/60 = NJW 1961, 1479 (1480).
10   BGH, Urt. v. 30.5.1960 – II ZR 207/58, juris Rn. 17.
11   Vgl. BGHZ 83, 278, juris Rn. 8.

versteigern. Es fehlte nach h. M. an einem Pfändungspfandrecht.[12] Allerdings kann A mit der titulierten Forderung aufrechnen.[13]

Weitere Abwandlung Genauso ist die Rechtslage, wenn der Fernseher in Wahrheit dem Dritten D gehörte. Dieser kann den Erlös aus der Ersteigerung von A verlangen.[14]   1102

Bei Schadensersatz- und Bereicherungsklagen im Vollstreckungsrecht muss man sich also immer fragen: Unterläuft der Kläger die Rechtskraft einer Entscheidung? Wenn ja, ist seine Klage wegen einer entgegenstehenden rechtskräftigen Entscheidung unzulässig. Anders gewendet ist das erledigende Ereignis wegzudenken. Erledigend wirkt der vollständige Abschluss der angegriffenen Vollstreckungsmaßnahme, z. B. die Erlösauskehr. Es ist zu prüfen, ob der Kläger bei fortbestehender Vollstreckungslage noch einen vollstreckungsrechtlichen Rechtsbehelf erheben dürfte. In der Zulässigkeit der Schadensersatz-/ Bereicherungsklage ist inzident die Zulässigkeit und Begründetheit des zwangsvollstreckungsrechtlichen Rechtsbehelfs zu prüfen. Hätte er Erfolg, darf der Kläger stattdessen Schadensersatz- oder Bereicherungsklage erheben. Ob und wann die prozessuale Situation endet, hat er nämlich nicht in der Hand. Es handelt sich für ihn um ein zufälliges Ereignis. Es wäre ungerecht, wenn man ihn deshalb rechtlos stellen wollte.   1103

Ausgangsfall   1104

Die B-Bank AG erwirkt gegen Nero ein Zahlungsurteil über 10.000 Euro. Cäsar ist Eigentümer eines Rennrads. Ein vergleichbares Fahrrad kostet 8000 Euro. Cäsar leiht Nero das Rennrad. Die B-Bank beauftragt den Gerichtsvollzieher, bei Nero zu pfänden und zu versteigern. Einen Kostenvorschuss verlangt der Gerichtsvollzieher nicht.[15] Der Gerichtsvollzieher sucht das Fahrrad als Pfandobjekt aus. Er bringt an ihm das Pfandsiegel an. Nero ist die Sache peinlich. Er erzählt Cäsar nichts. Der Gerichtsvollzieher versteigert das Fahrrad für 5400 Euro. Den Zuschlag

---

12 Zu den Voraussetzungen des Pfändungspfandrechts siehe unten Rn. 1120.
13 Baur/Stürner/Bruns, Zwangsvollstreckungsrecht, 2006, S. 372; a. A. Kaulbach, Rpfleger 2008, 9 (12) (Aufrechnungsverbot analog § 394 BGB).
14 Dazu sogleich ausführlich.
15 § 4 Abs. 1 Satz 2 GVKostG: „kann".

erhält Helene. Sie zahlt den Kaufpreis an den Gerichtsvollzieher. Dieser händigt ihr das Fahrrad aus. Es gefällt ihr gut. Sie will es nie wieder hergeben. Der Gerichtsvollzieher behält vom Erlös die Vollstreckungskosten in Höhe von 400 Euro ein. Die restlichen 5000 Euro zahlt er an die B-Bank.

? Fragen

Welche Ansprüche hat Cäsar?

Bearbeiterhinweis: § 13 Abs. 1 GvKostG lautet:

Kostenschuldner sind

1. *der Auftraggeber,*
2. *der Vollstreckungsschuldner für die notwendigen Kosten der Zwangsvollstreckung.*

Klausurtipp

Die Versteigerung schuldnerfremder Sachen ist ein ausdiskutiertes Standardproblem. Die Prüfer erwarten, dass die Kandidaten die maßgeblichen Gesichtspunkte im Schlaf beherrschen.

Man geht im ersten und zweiten Examen unterschiedlich vor. Im ersten Examen sind sämtliche denkbaren Anspruchsgrundlagen ausführlich zu erörtern. In der zweiten Prüfung sollte man in der Regel gezielt auf § 280 Abs. 1 BGB sowie die Nichtleistungskondiktion gegen den Vollstreckungsgläubiger zusteuern.

≫ Map 15.1

1105   **✓ Ansprüche gegen Helene**

Zunächst sind Ansprüche von Cäsar gegen Helene zu prüfen.

§ 985 BGB. Cäsar könnte gegen Helene einen Anspruch auf Herausgabe des Fahrrads aus § 985 BGB haben. Dazu müsste er Eigentümer sein. Eigentümer ist, wer Eigentum erworben und nicht wieder verloren hat. Ursprünglich war Cäsar Eigentümer. Durch Zuschlag und Ablieferung hat der Gerichtsvollzieher das Fahrrad nach § 817 Abs. 2 ZPO an Helene übereignet.[16] Cäsar ist somit kein Eigentümer mehr. Ein Anspruch aus § 985 BGB scheidet aus.

§ 1007 Abs. 1 BGB. Denkbar wäre ein Anspruch aus § 1007 Abs. 1 BGB. Die Vorschrift ist kompliziert. § 1007 Abs. 3 Satz 2 ZPO verweist auf § 986 BGB. Wer ein Recht zum Besitz hat, muss die Sache dem früheren Besitzer nicht herausgeben. Helene hat aus Eigentum ein besseres Besitzrecht. Deshalb scheidet ein Anspruch aus § 1007 Abs. 1 BGB aus. Dabei bleibt es, wenn Helene von Cäsars Eigentum wusste.

§§ 861; 869 BGB. Cäsar hat gegen Helene keinen Anspruch auf Herausgabe des Fahrrads aus §§ 861; 858; 869 BGB. Es fehlt an verbotener Eigenmacht. Der Gerichtsvollzieher war nach §§ 808 Abs. 1; 814 ZPO befugt, das Fahrrad wegzunehmen.[17]

---

16 Siehe ausführlich oben Rn. 422 ff.
17 Büchler, JuS 2011, 691 (692).

§ 823 Abs. 1 BGB. Cäsar könnte gegen Helene einen Anspruch auf Herausgabe des Fahrrads aus § 823 Abs. 1 BGB haben. Dann müsste sie rechtswidrig Cäsars Eigentum verletzt haben. Sie hat das Fahrrad gesetzeskonform ersteigert. Ihr Erwerb war rechtmäßig. Deshalb hat Cäsar gegen Helene keinen Anspruch aus § 823 Abs. 1 BGB.

§ 826 BGB. Ein Anspruch aus § 826 Abs. 1 BGB kommt nur in Betracht, wenn der Ersteigerer arglistig mit Schuldner beziehungsweise Gläubiger zum Nachteil des Dritteigentümers zusammengewirkt hat.[18] Dafür ist nichts ersichtlich.

§ 816 Abs. 2 BGB. Ein Anspruch aus § 816 Abs. 2 BGB scheidet aus. Zwar hat der Gerichtsvollzieher an Helene eine Leistung bewirkt. Helene war jedoch berechtigt, sie zu empfangen. Sie hatte das Fahrrad nach § 817 ZPO ersteigert.

§ 812 Abs. 1 Satz 1, 2. Alt. BGB. Cäsar könnte gegen Helene einen Anspruch auf Rückübereignung und Herausgabe des Fahrrads aus § 812 Abs. 1 Satz 1, 2. Alt. BGB (Nichtleistungskondiktion) haben. Dann müsste Helene Eigentum und Besitz ohne rechtlichen Grund erlangt haben. Sie hat das Fahrrad jedoch ersteigert. Der Zuschlag des Gerichtsvollziehers bildet einen Rechtsgrund. Andernfalls würde ein potentieller Interessent abgeschreckt. Er müsste befürchten, die Sache wieder herausgeben zu müssen. Zumindest würde er nur einen geringen Betrag zahlen. Dies kann nicht im Interesse von Gläubiger und Schuldner sein.

Damit hat Cäsar gegen Helene keinen Anspruch aus § 812 Abs. 1 Satz 1, 2. Alt. BGB.

Merke: Der Eigentumserwerb in der Zwangsvollstreckung ist kondiktionsfest.

Map 15.2

1106

Ansprüche gegen die B-Bank
Nun sind Ansprüche gegen die B-Bank zu prüfen.

§ 280 Abs. 1 BGB. Cäsar könnte gegen die B-Bank einen Anspruch auf Schadensersatz in Höhe von 8000 Euro aus § 280 Abs. 1 BGB haben.

Erste Voraussetzung dieser Anspruchsgrundlage ist ein Schuldverhältnis. Ein Schuldverhältnis ist eine rechtliche Sonderbeziehung zwischen Personen. Ein Gläubiger ist in der Lage, die Sache eines Dritten pfänden zu lassen. Der Dritte kann Drittwiderspruchsklage einlegen. Dazu ist nur der Dritte befugt. Deshalb besteht zwischen ihm und dem Vollstreckungsgläubiger eine Sonderverbindung.[19] Ein Schuldverhältnis liegt also vor.

Merke: Zwischen Drittwiderspruchsberechtigtem und Vollstreckungsgläubiger besteht ein gesetzliches Schuldverhältnis.

Map 15.2
Zweiter Prüfungspunkt des § 280 Abs. 1 BGB ist eine Pflichtverletzung. Die Pflichten in einem Schuldverhältnis sind unter anderem in § 241 Abs. 2 BGB geregelt. Danach muss jeder Teil auf die Rechte und Interessen des anderen Rücksicht nehmen. Angenommen, der Dritte macht dem Gläubiger sein Eigentum glaubhaft. Dann

18 Vgl. BGHZ 72, 234, juris Rn. 21.
19 BGHZ 58, 207, juris Rn. 19; 67, 378, juris Rn. 22; i. E. zustimmend: Jäckel, JA 2010, 357–364 (362); anders noch BGHZ 32, 240, juris Rn. 18.

muss der Gläubiger die gepfändete Sache grundsätzlich unverzüglich freigeben. Er darf sie nicht versteigern. Cäsar wusste allerdings von der Pfändung nichts. Er hat die B-Bank nicht über die Leihe informiert. Die B-Bank hatte keine Hinweise auf seine Eigentümerstellung. Anders als ein zugelassenes Auto weist ein Fahrrad seinen Eigentümer nicht aus. Deshalb hat die B-Bank keine Pflicht verletzt.

Ein Anspruch aus § 280 Abs. 1 BGB scheidet aus.

❗ Merke: Der Gläubiger darf nicht sehenden Auges fremde Sachen versteigern. Verschulden seines Rechtsanwalts muss er sich nach § 278 BGB zurechnen lassen. Für Verschulden des Gerichtsvollziehers haftet er hingegen nicht.

❯ Map 15.2

Damit stellt sich die Frage nach Ansprüchen aus Geschäftsführung ohne Auftrag.

1107   *§§ 687 Abs. 2; 678 BGB.* Cäsar könnte gegen die B-Bank einen Anspruch auf Schadensersatz aus angemaßter Eigengeschäftsführung haben (§§ 687 Abs. 2; 678 BGB). Dann müsste die Bank ein objektiv fremdes Geschäft als eigenes geführt haben. Grundsätzlich darf nur der Eigentümer oder sein Gläubiger seine Sache versteigern. Nur ihnen gebührt ein Versteigerungserlös. Das ergibt sich auch aus der Wertung des § 771 ZPO. Hier hat die Bank das Rennrad eines Nichtschuldners versteigert. Außerdem hat sie den Reinerlös in Empfang genommen. Beides erfolgte im eigenen Namen als Vollstreckungsgläubigerin. Damit hat sie ein fremdes Geschäft als eigenes geführt.

Die Bank muss aber von ihrer fehlenden Berechtigung gewusst haben. Daran scheitert der Anspruch.

Fazit: Cäsar hat gegen die B-Bank keinen Anspruch aus §§ 687 Abs. 2; 678 BGB.

1108   *§§ 683; 677; 667 BGB.* Cäsar könnte gegen die B-Bank einen Anspruch auf Zahlung von 5000 Euro aus §§ 683; 677; 667 BGB haben. Die Geschäftsführung ohne Auftrag setzt einen Fremdgeschäftsführungswillen voraus. Daran fehlt es. Es lag subjektiv ein reines Eigengeschäft der Bank vor. Sie hatte keine Ahnung, dass das Fahrrad Cäsar gehörte. Sie wollte im eigenen Namen und eigenen Interesse vollstrecken. Hierzu nutzte sie die ihr gesetzlich eingeräumten Möglichkeiten der Pfändung und Versteigerung. Cäsar hat gegen die B-Bank deswegen keinen Anspruch auf Herausgabe der 5000 Euro aus §§ 683; 677; 667 BGB.

1109   *§ 985 BGB.* Möglicherweise hat der Gerichtsvollzieher der Bank den Reinerlös in bar übergeben.[20] Dann könnte Cäsar einen Anspruch gegen die B-Bank auf Herausgabe des Bargelds aus § 985 BGB haben. Dazu müsste er Eigentümer des Erlöses sein. Helene hat ihn an den Gerichtsvollzieher gezahlt. Dadurch ist Cäsar zunächst analog § 1247 Satz 2 BGB Eigentümer des Versteigerungserlöses geworden.

Allerdings hat der Gerichtsvollzieher den Reinerlös hoheitlich an die Bank übereignet.[21] Dadurch hat er Cäsar sein Eigentum am Geld entzogen. Cäsar ist also kein Eigentümer. Er hat keinen Anspruch gegen die B-Bank auf Herausgabe etwaigen Bargelds aus § 985 BGB.

1110   *§§ 989; 990 BGB.* Cäsar könnte gegen die B-Bank einen Anspruch auf Schadensersatz aus §§ 989; 990 BGB haben. Dazu müsste zunächst eine Vindikationslage

---

20 § 118 Abs. 3 Satz 2 GVGA.
21 BGHZ 179, 298, Rn. 8.

bestanden haben (§§ 985; 986 BGB). Wie bereits ausgeführt, war Cäsar Eigentümer des Erlöses. Ob der Gläubiger mittelbarer Besitzer war, kann dahinstehen. Denn ein Anspruch aus § 985 BGB bestand nicht. Cäsar konnte nämlich Drittwiderspruchsklage erheben. § 771 ZPO sperrt den Herausgabeanspruch aus § 985 BGB.[22] Eine Vindikationslage bestand nicht.[23] Cäsar hat gegen die B-Bank keinen Anspruch aus §§ 989; 990 BGB.

§ 823 Abs. 1 BGB. Cäsar könnte gegen die B-Bank einen Anspruch auf Schadensersatz aus § 823 Abs. 1 BGB haben. Eine Eigentumsbeeinträchtigung liegt vor.[24] Cäsar hat Eigentum am Rennrad und am Erlös verloren. Der Versteigerungsantrag der Bank war hierfür kausal. Über die Rechtswidrigkeit mag man streiten.[25] Jedenfalls fehlt es am Verschulden. Nach § 276 Abs. 1 BGB hätte die Bank Cäsars Eigentum zumindest fahrlässig übersehen müssen.[26] Ein Vollstreckungsgläubiger muss nicht bei jeder Pfändung nachforschen, wem der Gegenstand gehört. Vielmehr muss der Rechtsinhaber aktiv werden.[27] Die Bank hatte keine Hinweise, dass das Fahrrad ihm gehört. Somit hat sie nicht fahrlässig gehandelt. Ein Anspruch aus § 823 Abs. 1 BGB scheidet aus. 1111

§ 826 BGB. Ein Anspruch aus § 826 BGB scheidet aus. Die Bank wusste nichts von Cäsars Eigentum. Ihr Vorgehen war nicht sittenwidrig. 1112

Klausurtipp

§ 826 BGB wird vorliegend nur aus didaktischen Gründen angesprochen. Im vorliegenden Fall liegt er fern.

Damit verlagert sich die Prüfung auf bereicherungsrechtliche Ansprüche.

§ 812 Abs. 1 Satz 1, 1. Alt BGB. Cäsar könnte gegen die B-Bank einen Anspruch auf Zahlung von 5000 Euro aus § 812 Abs. 1 Satz 1, 1. Alt. BGB (condictio indebiti) haben. Die Bank hat Buchgeld oder Eigentum und Besitz an Bargeld in Höhe von 5000 Euro erlangt. Diesen vermögenswerten Vorteil müsste Cäsar geleistet haben. Leistung meint jede bewusste und zweckgerichtete Mehrung fremden Vermögens. Cäsar hat weder das Rennrad noch die 5000 Euro übereignet. Somit hat er keinen Vermögensvorteil geleistet.[28] Ein Anspruch aus § 812 Abs. 1 Satz 1, 1. Alt. BGB scheidet aus. 1113

§ 816 Abs. 1 Satz 1 BGB. Denkbar wäre ein Anspruch auf Herausgabe der 5000 Euro aus § 816 Abs. 1 Satz 1 BGB. Dann müsste der Gerichtsvollzieher im Namen des Gläubigers über Fahrrad oder die 5000 Euro verfügt haben. Verfügung meint jedes Rechtsgeschäft, durch das ein bestehendes Recht unmittelbar übertragen, aufgehoben, belastet oder inhaltlich geändert wird. Der Gerichtsvollzieher hat Fahrrad und Geld übertragen. Allerdings erfolgten die Übertragungen nicht durch Rechtsgeschäft, 1114

---

22 Vgl. oben Rn. 450 f.
23 OLG Saarbrücken, Urt. v. 5.8.2008 – 4 U 37/08 – 13, juris Rn. 22.
24 BGHZ 67, 378, juris Rn. 21.
25 Rechtswidrig nach RGZ 156, 395 (400); BGHZ 55, 20, juris Rn. 44; 118, 201, juris Rn. 12; a. A. die Lehre vom Handlungsunrecht, z. B. Raab, JuS 2002, 1041 (1045).
26 OLG Saarbrücken, Urt. v. 5.8.2008 – 4 U 37/08, juris Rn. 44.
27 BGHZ 55, 20, juris Rn. 53.
28 RGZ 156, 395 (400).

sondern durch Hoheitsakt. Eine Verfügung im Sinne des BGB liegt nicht vor.[29] Andernfalls wären die §§ 135 Abs. 1 Satz 2; 161 Abs. 1 Satz 2 BGB überflüssig.[30]
Ein Anspruch aus § 816 Abs. 1 Satz 1 BGB scheidet daher aus.

❗ Merke: Verfügungen von Vollstreckungsorganen sind grundsätzlich keine Verfügungen im Sinne des BGB. Eine Ausnahme gilt nur dort, wo das BGB beide ausdrücklich gleichstellt, z. B. in § 135 Abs. 1 Satz 2 und § 161 Abs. 1 Satz 2 BGB.

❯ Map 15.3

1115   **§ 816 Abs. 2 BGB.** Denkbar wäre ein Anspruch Cäsars gegen die B-Bank aus § 816 Abs. 2 BGB. Dann müsste der Gerichtsvollzieher den Reinerlös an die Bank geleistet haben. Leistung meint dasselbe wie in § 812 BGB. Das ergibt sich aus der systematischen Nähe. Was keine Leistung im Sinne des § 812 BGB ist, ist also auch keine im Sinne des § 816 BGB. Leistung meint jede bewusste und zweckgerichtete Mehrung fremden Vermögens. Der Zweck muss darin liegen, eine Verbindlichkeit zu erfüllen. Wegen der systematischen Stellung im BGB muss es sich um eine zivilrechtliche Verbindlichkeit handeln.[31] Dem Gerichtsvollzieher obliegt gegenüber dem Vollstreckungsgläubiger keine zivilrechtliche Pflicht. Der Gerichtsvollzieher verwaltet den Erlös vielmehr als staatlicher Treuhänder. Er hat kein freies Tilgungsbestimmungsrecht im Sinne von § 366 Abs. 1 BGB, wie es der Leistungsbegriff voraussetzt. Die Rechtsbeziehung zwischen ihm und dem Gläubiger wurzelt im öffentlichen Recht.[32] Deshalb hat der Gerichtsvollzieher nicht an die Bank geleistet. Ein Anspruch aus § 816 Abs. 2 BGB scheidet aus.

Klausurtipp

Die Anspruchsgrundlage wird in Rechtsprechung und Literatur kaum erörtert.[33] Die hiesige Lösung ist nicht zwingend. Sie ist aber gut vertretbar. Es handelt sich um die klausurtaktisch Geschickteste. Sie führt konsequent zur wichtigsten Anspruchsgrundlage: der allgemeinen Nichtleistungskondiktion aus § 812 Abs. 1 Satz 1, 2. Alt. BGB.

❯ Map 15.4

Es bleibt die Prüfung der Eingriffskondiktion.
§ 812 Abs. 1 Satz 1, 2. Alt. BGB. Cäsar könnte gegen die B-Bank einen Anspruch auf Zahlung von 5400 Euro aus Eingriffskondiktion gemäß §§ 812 Abs. 1 Satz 1, 2. Alt. BGB
1116   haben.
Wie ausgeführt, hat die B-Bank Buchgeld im Wert von 5000 Euro oder Eigentum und Besitz am Reinerlös erhalten. Damit hat sie etwas erlangt.

---

29 RGZ 156, 395 (399); BGH, Beschl. v. 24.5.2005 – IX ZR 73/03, juris Rn. 2.
30 RGZ 60, 70 (72).
31 Vgl. Ossenbühl/Cornils, Staatshaftungsrecht, 2013, 13. Teil/III/1. b) und c).
32 §§ 118 f. GVGA.
33 Eine der seltenen Ausnahmen: MüKo-BGB/Lieb, 4. Auflage 2004 (!), § 812 Rn. 321.

Fraglich ist, ob die Bank weitere 400 Euro erlangt hat. Die Befreiung von einer Verbindlichkeit kann ein erlangtes Etwas sein.[34] Nach § 13 Abs. 1 Nr. 1 GvKostG schuldet der Auftraggeber die Versteigerungskosten. Der Gerichtsvollzieher hat sie dem Versteigerungserlös entnommen.[35] Damit musste die Bank sie nicht mehr zahlen. Der Gerichtsvollzieher hat der Bank also erspart, 400 Euro an ihn zu überweisen. Man könnte denken, dies sei ein erlangtes Etwas. Das überzeugt aber nicht. Man stelle sich vor, die Bank hätte die 400 Euro gezahlt. Dann hätte sie sich diese nach § 788 ZPO bei Nero wiederholen können. Ihr Vermögen bleibt gleich. Lediglich dessen Zusammensetzung ändert sich. Vor ihrer Zahlung hatte die Bank 400 Euro in bar oder auf ihrem Konto. Nach der Zahlung hat sie eine Vollstreckungsmöglichkeit in derselben Höhe. Die Bank hätte die 400 Euro nur vorläufig zahlen müssen. Sie hat sich allenfalls die Vorschusspflicht erspart. Diese ist keine 400 Euro wert. Sie lässt sich wertmäßig nicht beziffern.

Die Bank hat also nur 5000 Euro erlangt.

> **Merke: Nach h. M. muss der Gläubiger bei der Versteigerung schuldnerfremder Sachen nur den Reinerlös herausgeben.[36]**

> **Map 15.4**

Das muss in sonstiger Weise auf Cäsars Kosten erfolgt sein. In sonstiger Weise erfolgt eine Vermögensverschiebung, wenn sie nicht durch Leistung geschieht. Anerkannte Fallgruppe ist der Eingriff in den Zuweisungsgehalt eines Rechts. Wie erörtert, hat die Bank den Erlös nicht durch Leistung erlangt. Vielmehr verlor Cäsar sein Eigentum an Fahrrad und Erlös durch hoheitliche Maßnahmen des Gerichtsvollziehers. Sie erfolgten auf Initiative der B-Bank. Durch dieselben Maßnahmen erlangte die Bank das Buch- bzw. Bargeld. Damit erfolgte die Erlösauskehr durch Eingriff auf Cäsars Kosten.[37]

Die Bank muss den Erlös ohne Rechtsgrund erhalten haben. Der Zuschlag im Sinne von § 817 Abs. 1 ZPO bildet für sie keinen Rechtsgrund im Verhältnis zu Cäsar. Der Zuschlag erlaubt nur dem Erwerber, die Sache zu behalten.[38]

Einen Rechtsgrund könnte das Pfändungspfandrecht bilden. Das setzt voraus, dass es entstanden ist. Außerdem muss es den Gläubiger berechtigen, den Erlös zu behalten.[39]   1117

Ein vertragliches Pfandrecht erlaubt dem Gläubiger, den Versteigerungserlös zu behalten. Denn § 1228 Abs. 1 BGB spricht davon, dass „die Befriedigung des Pfandgläubigers" durch den Verkauf erfolgt. Nach § 1235 Abs. 1 BGB erfolgt der Verkauf durch Versteigerung.

Man kann darüber streiten, ob diese Regel auf das Pfändungspfandrecht zu übertragen ist. Das Pfändungspfandrecht ist in § 804 ZPO geregelt. Es setzt zumindest voraus, dass der Gerichtsvollzieher das Pfandsiegel oder die Pfandanzeige anbringt.[40] Man nennt dies Verstrickung beziehungsweise Beschlagnahme.[41] Sie endet, wenn der Gerichtsvollzieher die Pfändung aufhebt (actus contrarius).

---

34 BGHZ 43, 1, juris Rn. 22; 46, 319, juris Rn. 20.
35 § 15 GVKostG.
36 BGHZ 32, 240, juris Rn. 16; 66, 150, juris Rn. 22; Büchler, JuS 2011, 779 (781).
37 BGHZ 100, 95, juris Rn. 8.
38 Siehe oben Rn. 429.
39 Büchler, JuS 2011, 779 (779).
40 Baur/Stürner/Bruns, Zwangsvollstreckungsrecht, 2006, S. 341.
41 Siehe oben Rn. 426.

Gleiches gilt, wenn der Gläubiger die Sache freigibt. Spätestens erlischt die Beschlagnahme, wenn der Gerichtsvollzieher die Sache dem Ersteher abliefert.

Entsteht das Pfändungspfandrecht allein durch die Beschlagnahme? Immerhin
erfordert das Pfandrecht des BGB mehr. Es ist nämlich akzessorisch. Der Wortlaut des
§ 1204 BGB spricht von „zur Sicherung einer Forderung". Besteht keine Forderung, kann
niemand eine Sache verpfänden. Vor allem kann man grundsätzlich nur seine eigene
Sache verpfänden. Das ergibt sich aus der Formulierung in § 1205 BGB: „der Eigentümer".

Möglicherweise gelten diese Regeln auch für das Pfandrecht der ZPO. Schließlich
ist das Pfändungspfandrecht ebenfalls ein Pfandrecht. § 804 Abs. 2 ZPO stellt es
hinsichtlich seiner Rechtsfolge dem vertraglichen Pfandrecht gleich.

Es existieren drei Theorien.[42]

❯ Map 15.5

1118   *Privatrechtliche Theorie.* Die privatrechtliche Theorie wird heute nicht mehr vertreten.
Nach ihr ist das Pfändungspfandrecht ein BGB-Pfandrecht. Es wird lediglich durch
ZPO-Vorschriften modifiziert.[43] An die Stelle der dinglichen Einigung (§ 1205 Abs. 1 BGB)
trete die Beschlagnahme. Die §§ 1204 f. BGB sind also zu prüfen. Das Wort „Eigentümer"
ist durch „Schuldner" zu ersetzen. Das bedeutet, nur an Sachen des Schuldners entstehe
ein Pfandrecht. Das Fahrrad gehörte Cäsar. Schuldner ist Nero. Somit war es schuldner-
fremd. Nach der privatrechtlichen Theorie wäre also kein Pfandrecht entstanden.

Die privatrechtliche Theorie verkennt den hoheitlichen Charakter der Zwangsvollstreckung.

Klausurtipp

Die Theorien sollte der Prüfling in beiden Examen kurz aufzählen. Im zweiten
Examen darf der Umfang jedoch nicht ausarten.

1119   *Öffentlich-rechtliche Theorie.* Der öffentlich-rechtlichen Theorie zufolge ist das
Pfändungspfandrecht abschließend in der ZPO geregelt. Es hat mit dem privatrechtlichen Pfandrecht nichts zu tun. BGB-Vorschriften sind also nicht zu prüfen. Das
Pfändungspfandrecht entstehe grundsätzlich bereits dadurch, dass der Gerichtsvollzieher die Sache wirksam beschlagnahme.[44] Auf eine Forderung des vollstreckenden

Formulierungsvorschlag

Nach der heute nicht mehr vertretenen privatrechtlichen Theorie bildet das
Pfändungspfandrecht eine besondere Art des privaten Pfandrechts. Nach dieser
Meinung erwirbt der Gläubiger an schuldnerfremden Sachen kein Pfändungspfand-
recht. Damit fehlt ihm der rechtliche Grund, den Erlös zu behalten.

---

42   Dazu: Wolf/Sonja, JuS 2003, 1180 (1180); Koch, JA 2011, 749 (753).
43   RGZ 60, 70 (73); 61, 330 (333).
44   OLG Frankfurt/a. M., Beschl. v. 4.3.1954 – 6 W 514/53 = NJW 1954, 1083. Zu den Wirksamkeitsvoraussetzungen der Verstrickung siehe oben Rn. 426.

Gläubigers komme es nicht an. Ebenso wenig auf das Eigentum des Schuldners an der gepfändeten Sache. Denn davon steht nichts in der ZPO.

Nach dieser Meinung hat die Bank vorliegend ein Pfändungspfandrecht erworben.

Nun das Seltsame an dieser Theorie: Auch nach ihr darf die Bank den Erlös nicht behalten. Das Pfändungspfandrecht regele allein die Vollstreckung. Diese ende, sobald der Gerichtsvollzieher dem Gläubiger den Erlös auskehrt. Hier geht es jedoch um die Zeit nach der Versteigerung. Es geht um die Frage, ob der Gläubiger den Erlös behalten darf. Das regelt das BGB. Die öffentlich-rechtliche Theorie unterscheidet also zwischen Erlös bekommen und Erlös behalten.

Nach der öffentlich-rechtlichen Theorie hat die B-Bank zwar ein Pfändungspfandrecht erworben. Es verschafft ihr jedoch kein Recht gegenüber Cäsar, den Erlös zu behalten.

Wer diese Ansicht kritikwürdig findet, hat in Literatur und Rechtsprechung namhafte Weggenossen.[45] Sie ist inkonsequent. Außerdem vernachlässigt sie die Interessen des Eigentümers. Überdies stellt § 50 Abs. 1 InsO das Pfändungspfandrecht den privaten Pfandrechten gleich. Es wäre merkwürdig, wenn sich die Voraussetzungen grundlegend unterscheiden würden.

Formulierungsvorschlag
Nach der öffentlich-rechtlichen Theorie entsteht und erlischt das Pfändungspfandrecht mit der Verstrickung. Es unterscheidet sich vom privatrechtlichen Pfandrecht, indem es auch an schuldnerfremden Sachen entsteht. Es verleiht dem Gläubiger jedoch kein materielles Befriedigungsrecht. Denn der zwangsweise Eingriff ermöglicht nur Vermögensverschiebungen zwischen den Parteien.

Merke: Nach der öffentlich-rechtlichen Theorie entsteht zwar an schuldnerfremden Sachen ein Pfändungspfandrecht. Es ist aber bereicherungsrechtlich irrelevant.

Map 15.5

Gemischt öffentlich-privatrechtliche Theorie. Die herrschende Meinung vertritt die   1120
gemischt öffentlich-privatrechtliche Theorie.[46] Danach ist das Pfändungspfandrecht privatrechtlicher Natur. Die Voraussetzungen der §§ 1204; 1205 BGB müssen also eingehalten werden. Insbesondere muss der Gläubiger einen Anspruch gegen den Schuldner haben. Grundlage der Verwertung ist aber die ZPO. Ob dem Gläubiger ein Anspruch im Sinne von § 1205 ZPO zusteht, richtet sich allein nach dem Titel. Relevant ist das, wenn der Titel falsch ist. Solange er in der Welt ist, besteht das Pfändungspfandrecht.

---

45 Ausführlich BGHZ 119, 75, juris Rn. 26 ff.; Baur/Stürner/Bruns, Zwangsvollstreckungsrecht, 2006, S. 343.
46 RGZ 156, 395 (397); BGHZ 119, 75, Rn. 21 ff.; OLG Oldenburg, Urt. v. 21.8.1991 – 2 U 209/89, juris Rn. 17; Baur/Stürner/Bruns, Zwangsvollstreckungsrecht, 2006, S. 345.

Nach der gemischten Theorie bildet das Pfändungspfandrecht den Rechtsgrund, dass der Gläubiger den Erlös behalten darf. Insoweit gleicht es dem BGB-Pfandrecht. Niemand kann aber im Bereicherungsprozess einwenden, der Titel sei falsch.

Formulierungsvorschlag
Nach der gemischt öffentlich-privatrechtlichen Theorie ist das Pfändungspfandrecht privatrechtlich. Grundlage der Verwertung ist aber die öffentlich-rechtliche Verstrickung. Nach dieser Auffassung bildet das Pfändungspfandrecht die Behaltenscausa für den Erlös. An schuldnerfremden Sachen entsteht kein Pfändungspfandrecht. Das ergibt sich aus § 1205 Abs. 1 BGB.

Merke: Die Voraussetzungen für die Entstehung des Pfändungspfandrechts sind nach der gemischten Theorie (h. M.):
1. Wirksame Verstrickung (Beschlagnahme)[47]
2. Das Vollstreckungsorgan hat bei der Pfändung die wesentlichen Verfahrensvorschriften beachtet (gemeint sind alle unabdingbaren Mussvorschriften, insbesondere §§ 750; 775; 811 ZPO; 89 InsO).[48]
3. Die zu sichernde Forderung besteht.
4. Der gepfändete Gegenstand gehört zum Vermögen des Schuldners.[49]

Map 15.5
Vorliegend war der Schuldner Nero nicht Eigentümer des Fahrrads. Ein Pfändungspfandrecht ist also nach der gemischten Theorie nicht entstanden.

1121   *Streitentscheidung.* Alle Auffassungen gelangen zum selben Ergebnis. Der Streit ist daher nicht zu entscheiden.

Zwischenergebnis   Die Bank hat keinen Rechtsgrund, den Erlös zu behalten.

Merke: Die Details der einzelnen Theorien sind kaum verständlich. In der heutigen Rechtsprechung werden sie nicht erörtert.[50] Auch das moderne Schrifttum geht auf sie fast nicht mehr ein. Von keinem Examenskandidaten kann daher erwartet werden, Einzelheiten zu kennen. Überdies kommen die Theorien fast immer zu identischen Ergebnissen.[51] Wer obige Ausführungen verinnerlicht hat, weiß mehr als genug.

Klausurtipp

Man kann sich die Lösung auch vom Rechtsgefühl überlegen: Wieso soll ein Unbeteiligter entschädigungslos dulden, dass jemand ihm das Eigentum an seiner Sache entzieht? Er ist schon genug dadurch „bestraft", dass er seine Sache nicht zurückbekommt.

---

47 Siehe oben Rn. 426.
48 OLG Saarbrücken, Urt. v. 13.4.2004 – 4 U 459/03, juris Rn. 29.
49 BGHZ 32, 240, juris Rn. 17; 67, 378, juris Rn. 22.
50 Vgl. BGH, Beschl. v. 6.10.2005 – IX ZR 54/03, juris Rn. 4.
51 Zu einer der seltenen Ausnahmen siehe unten Rn. 1225.

Map 15.6

Die Bank könnte gemäß § 818 Abs. 3 BGB in Höhe von 5000 Euro entreichert sein. Sie 1122
könnte insoweit ihre titulierte Forderung gegen Nero verloren haben. Immerhin gilt nach
§ 819 ZPO die Empfangnahme des Erlöses durch den Gerichtsvollzieher als Zahlung von
Seiten des Schuldners. Dadurch könnte der Anspruch der Bank erloschen sein.

Die Situation ähnelt scheinbar § 362 BGB. Allerdings kann man dessen Regeln
nicht auf § 819 ZPO übertragen. § 819 ZPO regelt nur die Gefahr, wenn der Erlös
verlorengeht.[52] § 819 Abs. 1 ZPO ist teleologisch zu reduzieren. Der titulierte Anspruch erlischt nur, wenn die versteigerte Sache aus dem Vermögen des Schuldners
stammt. Das lässt sich mit dem Zweck der Zwangsvollstreckung begründen. Sie zielt
darauf, dem Gläubiger endgültig sein Recht zu verschaffen. Bei einem Zahlungsurteil
soll sie seine Kasse dauerhaft füllen. Wie ausgeführt, ist es dazu nicht gekommen. Die
Bank muss die 5000 Euro an Cäsar herausgeben. Die Zwangsvollstreckung hat ihr Ziel
nicht erreicht. Folglich kann der Gläubiger sie fortführen. Die Bank behält also den
vollen Anspruch gegen Nero. Sie ist nicht in Höhe von 5000 Euro entreichert.

Ergebnis. Cäsar hat gegen die B-Bank einen Anspruch auf Zahlung von 5000 Euro
aus Eingriffskondiktion gemäß §§ 812 Abs. 1 Satz 1, 2. Alt. BGB.

**Merke: Versteigert der Gerichtsvollzieher eine schuldnerfremde Sache, hat der
Dritte einen Anspruch gegen den Vollstreckungsgläubiger aus Eingriffskondiktion.**

Map 15.7

Ansprüche gegenüber Nero 1123

Zu prüfen ist, welche Ansprüche Cäsar gegen Nero hat.

§ 280 Abs. 1 BGB. Cäsar kann gegen Nero einen Anspruch auf Schadensersatz in
Höhe von 8000 Euro aus §§ 280 Abs. 1; 604 BGB haben.

Nero und Cäsar haben einen Leihvertrag gemäß § 598 BGB geschlossen. Hieraus
erwuchs die Pflicht, das Rennrad zurückzugeben (§ 604 BGB). Vor allem musste Nero
verhindern, dass ein Unbeteiligter Eigentum am Fahrrad erwirbt. Diesen Pflichten ist
Nero nicht nachgekommen.

Nero hat die Pflichtverletzung nach § 280 Abs. 1 Satz 2 BGB zu vertreten. Ihm fällt
gemäß § 276 Abs. 1 BGB Fahrlässigkeit zur Last. Er hätte Cäsar von der Pfändung berichten
müssen. Dann hätte dieser erfolgreich Drittwiderspruchsklage nach § 771 ZPO erheben
können. Dadurch hätte Cäsar sein Eigentum am Fahrrad behalten. Nero hat geschwiegen.
Jetzt kann Cäsar keine Drittwiderspruchsklage mehr erheben. Der Erlös wurde ausgekehrt.
Für die Drittwiderspruchsklage besteht kein Rechtsschutzbedürfnis mehr.

Klausurtipp

An dieser Stelle können Probleme der Drittwiderspruchsklage zu prüfen sein.[53]

Map 15.7

Cäsar ist auch ein Schaden entstanden. Nach § 249 Abs. 1 BGB muss der Schädiger 1124
den Gläubiger so stellen, wie dieser ohne das schädigende Ereignis stünde. Nach

---

52 Vgl. oben Rn 194.
53 Beispiel: BGHZ 100, 95, juris Rn. 23.

§ 251 Abs. 1 BGB erhält der Gläubiger Geld, wenn es nicht möglich ist, den früheren Zustand herzustellen. Ohne die Versteigerung wäre Cäsar Eigentümer des Fahrrads. Zu ersetzen ist der sogenannte Wiederbeschaffungswert. Das meint die Kosten für eine vergleichbare Ersatzsache.[54] Das Fahrrad war 8000 Euro wert. Im Rahmen der Versteigerung hat Cäsar sein Eigentum verloren.[55] Ein gleichwertiges Fahrrad würde 8000 Euro kosten. Das ist Cäsars Schaden.

Die Pflichtverletzung war auch kausal für den Schaden. Angenommen, Nero hätte Cäsar rechtzeitig informiert. Dann hätte dieser keinen Wertverlust von 8000 Euro erlitten.

Cäsar hat gegen Nero demzufolge einen Anspruch auf Schadensersatz in Höhe von 8000 Euro aus §§ 280 Abs. 1; 604 BGB.

1125   **§§ 989; 990 BGB.** Ein Anspruch aus §§ 989; 990 BGB scheidet aus. Zum Zeitpunkt des schädigenden Ereignisses bestand keine Vindikationslage im Sinne von § 985 BGB. Vielmehr hatte Nero aus dem Leihvertrag ein Recht zum Besitz im Sinne von § 986 BGB.[56]

1126   **§ 823 Abs. 1 BGB.** Ein Anspruch aus § 823 Abs. 1 BGB besteht in Höhe von 8000 Euro. Er geht aber nicht weiter als der vertragliche Schadensersatzanspruch.

1127   **§ 812 Abs. 1, Satz 1, 2. Alt. BGB.** Ein Anspruch aus Eingriffskondiktion (§ 812 Abs. 1, Satz 1, 2. Alt. BGB) scheidet aus. Nero hat nichts erlangt.[57] Insbesondere wurde er – wie ausgeführt – nicht von seiner Verbindlichkeit gegenüber der Bank befreit.

🛈 **Merke: Bei der Versteigerung schuldnerfremder Sachen hat der Dritte regelmäßig einen vertraglichen und deliktischen Schadensersatzanspruch gegen den Vollstreckungsschuldner.**

1128 ✅ **Ansprüche gegen den Gerichtsvollzieher bzw. dessen Anstellungskörperschaft**
Man kann sich fragen, ob Ansprüche gegen staatliche Institutionen bestehen.

1129   **§ 816 Abs. 1 BGB.** Cäsar hat gegen den Gerichtsvollzieher keinen Anspruch auf Herausgabe des Erlöses oder der Versteigerungskosten aus § 816 Abs. 1 BGB. Die Vorschrift setzt eine Verfügung voraus. Daran fehlt es. Wie ausgeführt, sind hoheitliche Verfügungen in der Zwangsvollstreckung keine privatrechtlichen Verfügungen im Sinne von § 816 Abs. 1 BGB. Außerdem hat der Gerichtsvollzieher nichts erlangt.

1130   **§ 839 BGB i. V. m. Art. 34 GG.** Cäsar könnte gegen das Bundesland als Anstellungskörperschaft des Gerichtsvollziehers einen Amtshaftungsanspruch in Höhe von 8000 Euro aus § 839 BGB i. V. m. Art. 34 GG haben.[58] Dann müsste der Gerichtsvollzieher eine drittbezogene Amtspflicht verletzt haben.[59]

Der Gerichtsvollzieher prüft nach § 808 Abs. 1 ZPO nur Gewahrsam. Rechte Dritter hat er nur zu berücksichtigen, wenn sie offenkundig sind.[60] Wem das Fahrrad gehört, konnte der Gerichtsvollzieher nicht erkennen. Er hat deshalb keine Amtspflicht verletzt.[61]

---

54 BGH, Urt. v. 10.7.1984 – VI ZR 262/82 = NJW 1984, 2282 (2283).
55 Siehe oben Rn. 430.
56 Allgemein zum EBV: Roth, JuS 2003, 937.
57 Jäckel, JA 2010, 357 (363).
58 Zur Passivlegitimation des Dienstherrn: BGHZ 146, 17, juris Rn. 13; AG Kirchheim, Urt. v. 28.1.2005 – 7 C 674/04, juris Rn. 11.
59 Vgl. LG Köln, Urteil v. 9.6.1998 – 5 O 60/98: Kein Schmerzensgeldanspruch des Nichtschuldners, wenn GVZ versehentlich dessen Sache pfändet.
60 Siehe oben Rn. 726.
61 BGH, Urt. v. 5.7.2007 – III ZR 143/06, Rn. 9; LG Aschaffenburg, Urteil v. 10.5.1994 – 1 O 580/93 = DGVZ 1995, 57 (58).

Ein Amtshaftungsanspruch scheidet aus.

Klausurtipp

Möglicherweise sind in der Klausur Vorschriften der GVGA abgedruckt. Sie enthalten Amtspflichten für den Gerichtsvollzieher.[62]

! **Merke: Versteigert der Gerichtsvollzieher eine schuldnerfremde Sache, hat der Eigentümer regelmäßig keinen Anspruch gegen den Gerichtsvollzieher.**

Zusammenfassung
Der Fall ist lang und eine schwere Kost. Leider ist es erforderlich, sämtliche erörterten Punkte auswendig zu lernen. Zumindest für das erste Staatsexamen. Man sollte den Fall mehrfach zusammen mit der Mindmap durcharbeiten.

Abwandlung 1   1131

Wie Ausgangsfall (Rn. 1104). Der Bankprokurist ersteigert Fahrrad für die Mitarbeiter der B-Bank. Er möchte damit ihre Gesundheit fördern.

? Ändert sich etwas?

> Map 15.6

✓ **Ersteigerung durch den Gläubiger**
Es ändert sich lediglich die Begründung. Die Bank muss das Fahrrad nicht herausgeben. Cäsar hat aber gegen sie einen Anspruch aus Eingriffskondiktion nach § 812 Abs. 1 Satz 1, 2. Alt. BGB. Die Bank hat etwas erlangt. Normalerweise hätte sie nach § 817 Abs. 2 ZPO den Kaufpreis bar zahlen müssen. Denn sie hat die Sache ersteigert. Gemäß § 817 Abs. 4 ZPO ist sie aber von der Barzahlungspflicht befreit. Der Versteigerungserlös wird mit der titulierten Forderung verrechnet.

Die Zahlungsbefreiung kann die Bank nicht in Natur herausgeben. Deshalb hat sie gemäß § 818 Abs. 2 BGB ihren Wert zu ersetzen.[63]

Die Bank darf sich aber von ihrer Zahlungspflicht befreien, indem sie Cäsar das Fahrrad anbietet. Das ergibt sich aus Treu und Glauben in Verbindung mit dem Rechtsgedanken des § 1001 Satz 2 BGB.

---

62 BGH, Urt. v. 5.7.2007 – III ZR 143/06, Rn. 9; OLG München, Urt. v. 24.4.1980 – 1 U 1808/80, juris Rn. 11; LG Bielefeld, Urteil v. 16.4.1998 – 2 O 222/98 = DGVZ 1999, 61 (62); Glenk, NJW 2014, 2315 (2318), zum Drittschutz: VG München, Urt. v. 29.11.2016 – M 16 K 15.4523, juris Rn. 23.
63 BGHZ 100, 95, juris Rn. 8; OLG Neustadt/Weinstr., Urt. v. 20.3.1964 – 1 U 230/63 = NJW 1964, 1802 (1804).

1132

> **Abwandlung 2**
>
> Wie Ausgangsfall (Rn. 1104). Allerdings erhebt Cäsar zwischen Pfändung und Versteigerung Drittwiderspruchsklage. Cäsar gelingt nicht, sein Eigentum zu beweisen. Er geht bis zum Bundesgerichtshof. Dieser weist seine Drittwiderspruchsklage ab. Der Gerichtsvollzieher kehrt den Versteigerungserlös an die Bank aus. Cäsar erhebt Klage auf Zahlung von 5000 Euro gegen die B-Bank.

? Ist die Klage zulässig und begründet?

> Map 15.5

✓ Unzulässige Rechtsausübung

Die Zahlungsklage ist zulässig. Insbesondere scheitert sie nicht an der Rechtskraft der Drittwiderspruchsklage. Über die Zahlungsklage ist noch nicht rechtskräftig entschieden. Eine erneute Klage über einen bereits rechtskräftig abgeurteilten Streitgegenstand ist unzulässig. Das ergibt sich aus § 325 Abs. 1 ZPO. Ihr liegt ein anderer Streitgegenstand zugrunde als der Drittwiderspruchsklage. Nach § 253 Abs. 2 Nr. 2 ZPO gilt der zweigliedrige Streitgegenstandsbegriff. Danach besteht der Streitgegenstand aus einem Lebenssachverhalt und einem bestimmten Antrag. Die Drittwiderspruchsklage ist eine Gestaltungsklage. Sie zielt darauf, die Zwangsvollstreckung in einen bestimmten Gegenstand für unzulässig zu erklären. Vollstreckt wird sie nach § 775 Nr. 1 ZPO. Die zweite Klage Cäsars ist eine Leistungsklage. Sie wird nach den §§ 802a ff. ZPO vollstreckt (Zwangsvollstreckung wegen Geldforderungen).

Die Zahlungsklage ist aber unbegründet. Der Anspruch aus Eingriffskondiktion besteht zwar nach dem Wortlaut des § 812 Abs. 1 Satz 1, 2. Alt. BGB. Ihm steht aber § 242 BGB entgegen. Es handelt sich um eine unzulässige Rechtsausübung.[64] Denn der Bereicherungsausgleich ist an die Stelle der Drittwiderspruchsklage getreten. Er soll Cäsar seine Rechte erhalten. Der Bereicherungsanspruch soll ihn aber nicht besserstellen, als er bei seiner Drittwiderspruchsklage stand.[65] Diese hat er rechtskräftig verloren. Mehrere Richter haben sie geprüft. Cäsar hat erfolglos Rechtsmittel eingelegt. Irgendwann muss jeder Rechtsstreit ein Ende finden. Cäsar darf ihn nicht wieder entfachen. Die Bank hat möglicherweise auf das Wort des BGH vertraut. Vielleicht hat sie mit dem Geld längst ein Darlehen vergeben. Auch muss sie wissen, ob sie in ihrer Rechtsabteilung einen weiteren Mitarbeiter einstellen muss, um Cäsars Klagen zu bearbeiten.

! Merke: Bei der Versteigerung schuldnerfremder Sachen können Ansprüche gegen den Vollstreckungsgläubiger an § 242 BGB scheitern. Das ist der Fall, wenn das Gericht eine Klage nach § 771 ZPO rechtskräftig abgewiesen hat.[66]

---

64 Jäckel, JA 2010, 357 (363).
65 BGHZ 100, 95, juris Rn. 12 und 23.
66 Büchler, JuS 2011, 691 (693).

15.2 Beendigung der Zwangsvollstreckung während laufenden Rechtsbehelfs

 Map 15.2

15.2.1 Sachpfändung

Die Zulässigkeit einer isolierten verlängerten Klage unterliegt keinen Besonderheiten. Es handelt sich um eine normale Leistungsklage. Schwieriger wird es, wenn die Zwangsvollstreckung während des laufenden Vollstreckungsabwehr- oder Drittwiderspruchsprozesses endet.   1133

Beispiel einer Anwaltsklausur

Der Mandant hat durch seinen früheren Rechtsanwalt Drittwiderspruchsklage erhoben. Er hatte beantragt, die Zwangsvollstreckung in die gepfändete Sache für unzulässig zu erklären. Leider hat er vergessen, eine einstweilige Anordnung zu beantragen. Der Gerichtsvollzieher hat die Sache des Mandanten versteigert. Den Erlös hat er dem Vollstreckungsgläubiger überwiesen. Der Mandant ist wenig begeistert. Er wendet sich an den Klausurbearbeiter in der Rolle des neuen Rechtsanwalts. Er möchte wenigstens den Erlös.

Fest steht: Die Drittwiderspruchsklage ist unzulässig geworden. Ihr Rechtsschutzbedürfnis ist entfallen. Falsch wäre, die Klage für erledigt zu erklären. Vielmehr sollte man sie in eine Zahlungsklage umstellen. Das erlaubt § 264 Nr. 3 ZPO.[67]

Diskussionswürdig ist allerdings die örtliche Zuständigkeit. Immerhin wird die Drittwiderspruchsklage wegen §§ 771 Abs. 1; 802 ZPO normalerweise am Wohnort des Schuldners erhoben. Und für die Leistungsklage gegen den Gläubiger ist prinzipiell das Gericht an dessen Wohnort zuständig (§§ 12; 13 ZPO).[68] Nach dem BGH handelt es sich jedoch bei der hiesigen Klageumstellung um einen Fall des § 261 Abs. 3 Nr. 2 ZPO.[69] Für den BGH spricht der Wortlaut dieser Vorschrift.

Das angerufene Gericht bleibt also zuständig.

🛇 **Merke: Liegen die Voraussetzungen des § 264 Nr. 3 ZPO vor, bleibt ein ursprünglich zuständiges Gericht nach § 261 Abs. 3 Nr. 2 ZPO zuständig.[70] Anders ist dies bei einer Klageänderung nach § 263 ZPO.[71]**

Im vorliegenden Beispiel ist zusätzlich eine Schadensersatzklage gegen den früheren Rechtsanwalt zweckmäßig. Anspruchsgrundlage sind die §§ 280 Abs. 1; 675 Abs. 1 BGB. Der frühere Anwalt hat seine Pflicht verletzt. Er hätte den sichersten Weg wählen   1134

---

67 BAGE 31, 288, juris Rn. 28; OLG Saarbrücken, Urt. v. 5.8.2008 – 4 U 37/08 – 13, juris Rn. 18; Zetzsche/Nast, JA 2016, 582 (589).
68 Vgl. aber zu § 32 ZPO: LG Mannheim, Urt. v. 18.2.2011 – 7 O 100/10, juris Rn. 110.
69 BGH, Urt. v. 26.4.2001 – IX ZR 53/00, juris Rn. 12; ähnlich BayObLG, Beschl. v. 10.12.2003 – 1Z AR133/03, juris Rn. 11.
70 BGH, Urt. v. 26.4.2001 – IX ZR 53/00, juris Rn. 12.
71 BGH, Urt. v. 17. 4.2013 – XII ZR 23/12, Rn. 20.

müssen.[72] Dazu hätte ein Antrag nach §§ 771 Abs. 3; 769 ZPO gehört. Der Schaden des Mandanten liegt im Verlust seines Eigentums.

Klausurtipp

Die Klausurrelevanz der Anwaltshaftung sollte man nicht unterschätzen. Fast jede Klausur lässt sich in einen Anwaltshaftungsfall einkleiden.[73]

15.2.2 Forderungspfändung

1135

Ausgangsfall

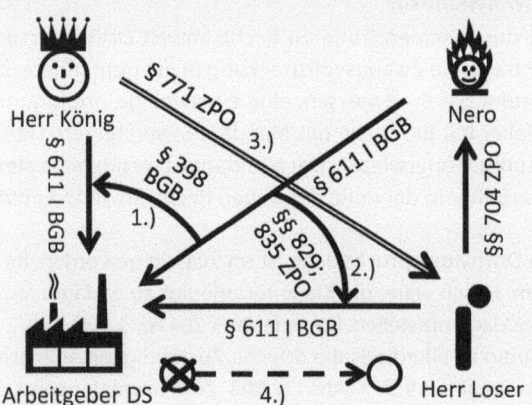

Nero arbeitet bei Arbeitgeber DS. Den pfändbaren Teil seiner Lohnforderung tritt er wirksam an Herrn König ab (§§ 398; 400 BGB; 850c ZPO). Herr Loser hat einen Titel gegen Nero. Herr Loser pfändet Neros vermeintliche Lohnforderung. Er lässt sie sich zur Einziehung überweisen. Herr König erhebt gegen Herrn Loser Drittwiderspruchsklage. Dann zahlt der Arbeitgeber an Herrn Loser.

❓ Wie sollte Herr König prozessual reagieren?

✅ Herr König sollte seine Klage nach § 264 Nr. 3 ZPO umstellen. Der Arbeitgeber hat den Betrag an den Vollstreckungsgläubiger Herrn Loser überwiesen. Das entspricht der Erlösauskehr des Gerichtsvollziehers. Die Zwangsvollstreckung endet. Dadurch entfällt das Rechtsschutzbedürfnis für die Drittwiderspruchsklage. Herr König sollte

---

72 BGH, Urt. v. 22.9.1958 – III ZR 16/58 = NJW 1959, 141; BGH, Urt. v. 28.6.1990 – IX ZR 209/89 = NJW-RR 1990, 1241 (1242).
73 Lesenswert: Bernhard, JuS 2014, 205.

von Herrn Loser verlangen, den empfangenen Lohn an ihn zu zahlen. Anspruchs-grundlage ist § 816 Abs. 2 BGB.[74]

Abwandlung   1136

Wie Ausgangsfall. Allerdings beträgt der pfändbare Teil Neros Nettolohns 1000 Euro. Die kommenden acht Monatsgehälter tritt Nero an Herrn König ab. Die titulierte Forderung Herrn Losers beträgt 5000 Euro. Der Rechtspfleger erlässt auf seinen Antrag einen Pfändungs- und Überweisungsbeschluss. Darin heißt es formularmäßig:

> „Wegen dieser Ansprüche [...] wird/werden die nachfolgend aufgeführte/-n angebliche/-n Forderung/-en des Schuldners gegenüber dem Drittschuldner – einschließlich der künftig fällig werdenden Beträge – so lange gepfändet, bis der Gläubigeranspruch gedeckt ist: Anspruch auf Zahlung des gesamten gegenwärtigen und künftigen Arbeitseinkommens."

Herr König erhebt Drittwiderspruchsklage. Arbeitgeber DS zahlt an Herrn Loser zwei Monate nacheinander jeweils 1000 Euro.

? Wie sollte Herr König prozessual reagieren?

✓ Herr König sollte die Drittwiderspruchsklage teilweise in eine Zahlungsklage umstellen. In Höhe von 2000 Euro ist seine Drittwiderspruchsklage unzulässig geworden. In Höhe der restlichen 3000 Euro ist sie zulässig geblieben.[75] Es handelt sich um eine nachträgliche objektive Klagehäufung. § 260 ZPO gestattet sie.

Formulierungsvorschlag

Der Drittschuldner hat von den titulierten 5000 Euro in den vergangenen beiden Monaten insgesamt 2000 Euro an den Beklagten ausgezahlt. Aus diesem Grund stelle ich den ursprünglichen Klageantrag um. Nunmehr beantrage ich, wie folgt zu tenorieren:

1. Die Zwangsvollstreckung des Beklagten aus dem Pfändungs- und Überweisungsbeschluss vom …, Az. … in die darin genannten künftig fällig werdenden Lohnforderungen wird für unzulässig erklärt.

2. Der Beklagte wird verurteilt, an den Kläger 2000 Euro zu zahlen nebst Zinsen hieraus in Höhe von fünf Prozentpunkten über dem jeweiligen Basiszins seit Rechtshängigkeit.

Vorab beantrage ich, gemäß § 771 Abs. 3 Satz 2 ZPO zu beschließen: Der im Klageantrag Ziffer 1. genannte Pfändungs- und Überweisungsbeschluss wird ohne, hilfsweise gegen Sicherheitsleistung mit sofortiger Wirkung aufgehoben.

---

74 Siehe oben Rn. 653.
75 OLG Stuttgart, Urt. v. 29.5.2001 – 12 U 263/00, juris Rn. 35 f.

15.2.3 § 893 ZPO

1137

Ausgangsfall

Goldschmied G leiht seiner Freundin S seinen schönsten Diamantring. S gibt ihn nicht zurück. G erstreitet vor dem Landgericht Hamburg ein Urteil auf Herausgabe. G schickt den Gerichtsvollzieher mit einem Durchsuchungsbeschluss zu S. Dieser findet den Ring nicht. S behauptet mündlich, sie wisse nicht, wo er sich befindet. S zieht von ihrer Alstervilla in Hamburg an den Starnberger See (Bezirk: Landgericht München II).

❓ Was ist G zu empfehlen?

✅ G kann nach § 883 Abs. 2 ZPO verlangen, dass S ihre Behauptung an Eides statt versichert. Hat S nicht sorgfältig gesucht, macht sie sich nach §§ 156; 161 Abs. 1 StGB wegen fahrlässiger falscher Versicherung an Eides statt strafbar. Hiervon lässt sich nicht jeder Schuldner abschrecken.

G kann S auch eine Frist nach §§ 604; 280 Abs. 1 und 3; 281 BGB setzen. Voraussichtlich wird sie fruchtlos ablaufen. S wird sich vermutlich nicht exkulpieren können (§ 280 Abs. 1 Satz 2 BGB). Nach Fristablauf kann G Schadensersatz verlangen. Er kann den Wert des Rings verlangen (§§ 249 Abs. 1; 251 Abs. 1 BGB). Diese Geldforderung muss G allerdings gesondert einklagen.[76] Der Herausgabetitel ermächtigt G nicht, seine Schadensersatzforderung zwangsweise durchzusetzen. Das stellt § 893 Abs. 2 ZPO klar. Auf der anderen Seite hat G auch keinen Nachteil von seiner Herausgabeklage. Nach § 893 Abs. 1 ZPO wird durch die Herausgabevollstreckung das Recht des Gläubigers nicht berührt, die Leistung des Interesses zu verlangen.

Die Schadensersatzklage darf G nicht am aktuellen Wohnort der S erheben. Vielmehr regeln die §§ 893 Abs. 2; 802 ZPO die Zuständigkeit.[77] Ausschließlich zuständig ist das Landgericht Hamburg. Es hat den Herausgabetitel erlassen. Hier sollte G Schadensersatz einklagen.

1138

Abwandlung

Wie Ausgangsfall. G will alle Register ziehen. Er setzt S eine zweiwöchige Frist. Sie läuft fruchtlos ab. Sodann erhebt er Schadensersatzklage. Gleichzeitig beauftragt er den Gerichtsvollzieher, S die eidesstattliche Versicherung nach § 883 Abs. 2 ZPO abzunehmen.

---

76 Die Präjudizialität des Herausgabeurteils bejahend: RGZ 109, 234 (237); Schur, NJW 2002, 2518 (2519); in dieselbe Richtung: RGZ 117, 66 (68).
77 Baur/Stürner/Bruns, Zwangsvollstreckungsrecht, 2006, S. 485.

? Was ist S zu empfehlen?

✓ Der Herausgabetitel erlischt durch die Schadensersatzklage nicht. G kann also aus beiden Titeln parallel vollstrecken.[78] Allerdings ist der Herausgabeanspruch aus § 604 BGB erloschen. Nach § 281 Abs. 4 BGB ist der Anspruch auf die Leistung ausgeschlossen, sobald der Gläubiger statt der Leistung Schadensersatz verlangt hat. G hat mit seiner Klage Schadensersatz verlangt. S hat dadurch eine materiellrechtliche Einwendung gegen den dem Herausgabetitel zugrunde liegenden Anspruch erworben. S sollte Vollstreckungsabwehrklage (§ 767 ZPO) erheben. Außerdem sollte sie eine einstweilige Anordnung nach § 769 ZPO beantragen.

! Merke: Vollstreckungsrechtlich kann der Gläubiger bei der Handlungsvollstreckung wählen. Er kann die Pflicht in Natur einklagen und erzwingen, z. B. Herausgabe nach § 883 ZPO oder Unterlassung nach § 890 Abs. 1 ZPO. Alternativ kann er Schadensersatz einklagen. Ihn vollstreckt er nach den Grundsätzen der Geldvollstreckung. Das BGB begrenzt jedoch sein Wahlrecht.

15.3 Die verlängerte Einziehungsklage

In besonderen Fällen kann der Arbeitgeber den Lohn unter Verzicht auf die Rücknahme beim Amtsgericht hinterlegen. So beispielsweise, wenn die Parteien streiten, in welchem Umfang der Lohn pfändbar ist. Der Pfändungsumfang richtet sich nämlich gemäß § 850c ZPO nach der Zahl der unterhaltspflichtigen Kinder. Je mehr Kinder der Schuldner hat, desto mehr Geld bleibt ihm. Nur den Betrag oberhalb der Pfändungsfreigrenze bekommt der Arbeitgeber. Eventuell behauptet der Schuldner, er habe vier unterhaltspflichtige Kinder. Somit sei ein großer Teil seines Arbeitseinkommens unpfändbar. Der Gläubiger behauptet hingegen, der Arbeitnehmer habe nur ein Kind. Der Arbeitgeber (Drittschuldner) findet die Wahrheit auch durch intensive Nachforschungen nicht heraus. Er ist sich unsicher, wem er welchen Teil des Gehalts auszahlen soll. Deshalb zahlt er dem Schuldner nur den Betrag für sich und ein Kind. Das Restgehalt hinterlegt er gemäß § 372 Satz 2, 2. Fall BGB. Er verzichtet gemäß § 376 Abs. 1 Nr. 1 BGB auf die Rücknahme. Als potenzielle Empfangsberechtigte benennt er den Vollstreckungsgläubiger und den Arbeitnehmer.

Das Amtsgericht darf den Betrag nach Landesrecht erst auszahlen, wenn es durch rechtskräftiges Urteil hierzu verpflichtet wird.[79] Vorher kann jeder potentiell Empfangsberechtigte die Auszahlung an den anderen blockieren. Um an das Geld zu kommen, muss der Vollstreckungsgläubiger den Arbeitnehmer auf Freigabe verklagen.[80] Zuständig sind die ordentlichen Gerichte. Denn der Anspruch auf Lohnzahlung ist nach § 378 BGB erloschen. Vollstreckungsgläubiger und -schuldner prozessieren gegeneinander. Es handelt sich nicht um eine Streitigkeit mit dem Arbeitgeber im Sinne von § 2 Nr. 3 ArbGG. Grundlage für den Freigabeanspruch ist § 812 Abs. 1 Satz 1, 2. Alt. BGB.

1139

---

78 Zur Kombination von Herausgabe- und Entschädigungsverlangen in einer Klage siehe oben Rn. 1070.
79 Z. B. §§ 22 HintG BaWü/NRW/Saarl.; Art. 20 Abs. 1 Nr. 3 BayHintG.
80 Andere Konstellation hingegen bei § 853 ZPO: §§ 872 ff. ZPO.

Schadensersatz- und Bereicherungsansprüche wegen fehlerhafter Vollstreckung

© Springer-Verlag GmbH Deutschland, ein Teil von Springer Nature 2020
M. Duchstein, *Zwangsvollstreckungsrecht*, Springer-Lehrbuch,
https://doi.org/10.1007/978-3-662-59444-5_16

1140   Im Zwangsvollstreckungsverfahren können Fehler unterlaufen. Zuweilen ziehen sie Schadensersatzansprüche nach sich. Aber selbst wenn alles verfahrenskonform abgelaufen ist, kann die Vollstreckung materiell rechtswidrig gewesen sein. Eventuell hat der Gläubiger im Widerspruch zum BGB etwas erhalten. Es kann Geld sein. Der Schuldner hätte es zinsbringend anlegen können. Es kann auch eine Sache sein. Der Gläubiger hat sie unentgeltlich genutzt. Das müssen die Parteien in manchen Fällen rückabwickeln. Eine dieser Fallgruppen betrifft die im vorherigen Kapitel behandelten verlängerten Vollstreckungsklagen. Es existieren jedoch weitere Konstellationen, in denen falsche Vollstreckungen ausgeglichen werden müssen. Hier finden sich Anspruchsgrundlagen in der ZPO.

16.1 § 717 Abs. 2 ZPO

1141   **Ausgangsfall**

S betreibt einen Elektronikladen. Er kauft bei Großhändler G Ware. Regelungen zu Vollstreckungsmodalitäten enthält der Vertrag nicht. S zahlt den Kaufpreis nicht. G erstreitet vor dem Landgericht ein Zahlungsurteil über 10.000 Euro gegen S. Das Landgericht erklärt es gegen Sicherheitsleistung in Höhe von 110 Prozent des jeweils zu vollstreckenden Betrags für vorläufig vollstreckbar. G leistet die Sicherheit. Dann lässt er bei S einen Fernseher pfänden und versteigern. Der Ersteher zahlt 500 Euro. Er möchte den Fernseher behalten. S legt Berufung ein. Das Oberlandesgericht hält das Urteil des Landgerichts aus Rechtsgründen für falsch. Es hebt es auf. G zahlt S als Ausgleich 500 Euro. S ist aber unzufrieden. Er hätte den Fernseher in seinem Laden mit einem Gewinn von 2000 Euro verkaufen können.

❓ Hat S einen Schadensersatzanspruch gegen G in Höhe von 1500 Euro?

▶ Map 16.1

✅ Ja, S hat einen Schadensersatzanspruch in Höhe von 1500 Euro.

1142   **§§ 280 Abs. 1; 433; 241 Abs. 2 BGB.** S könnte einen Schadensersatzanspruch aus §§ 280 Abs. 1; 433; 241 Abs. 2 BGB haben. Dann müsste S eine Nebenpflicht aus dem Kaufvertrag verletzt haben. Die Parteien hätten sich einigen können, dass G nur aus einem rechtskräftigen Urteil vollstrecken darf.[1] Das haben sie nicht. Also durfte G alle vom Staat angebotenen Vollstreckungsmöglichkeiten nutzen. Der Staat erlaubt in § 704 ZPO, aus einem vorläufig vollstreckbaren Urteil zu vollstrecken. Pfändung und Versteigerung beweglicher Sachen sehen die §§ 808; 814 ZPO vor. G hat damit keine Pflicht verletzt.

§ 717 Abs. 2 ZPO. S kann einen Schadensersatzanspruch aus § 717 Abs. 2 ZPO haben. Die Vorschrift ist nach dinglichen und vor deliktischen beziehungsweise Bereicherungsansprüchen zu prüfen. Es handelt sich um eine Risikohaftung.[2] Es ist gefährlich, aus einem noch nicht rechtskräftigen Urteil zu vollstrecken.

---

1   Zu vollstreckungsbeschränkenden Verträgen siehe oben Rn. 340.
2   BGHZ 69, 373, juris Rn. 13; OLG Düsseldorf, Urt. v. 25.3.2010 – I-2 U 142/08, juris Rn. 67.

§ 717 Abs. 2 ZPO setzt ein vorläufig vollstreckbares Urteil voraus. Klausurrelevant sind vor allem normale Endurteile und Versäumnisurteile. Gegen dieses Urteil legt der Verlierer einen Rechtsbehelf ein, Berufung oder Einspruch. Daraufhin hebt dasselbe Gericht oder das nächsthöhere das Urteil auf.

Vorliegend hat G in der ersten Instanz ein Urteil erstritten. Das Oberlandesgericht hat es aufgehoben. Das konnte G zwar nicht vorhersehen. Dies ist jedoch irrelevant. § 717 Abs. 2 ZPO setzt nach seinem Wortlaut kein Verschulden voraus.[3]

S muss ein kausaler Schaden entstanden sein („Schaden, der dem Beklagten durch die Vollstreckung des Urteils entstanden ist"). Gemäß § 249 Abs. 1 BGB gilt der Grundsatz der Naturalrestitution. Prinzipiell muss S gepfändete Gegenstände zu seiner freien Verfügung zurückerhalten. Das ist aber nicht mehr möglich. Denn durch die Versteigerung hat S sein Eigentum am Fernseher verloren.[4] Der Ersteigerer möchte ihn behalten. Naturalrestitution ist also nicht möglich.

Nach § 251 Abs. 1 BGB kann S Schadensersatz in Geld verlangen. Über § 252 BGB erfasst der Schadensersatz auch den entgangenen Gewinn. Dieser beträgt 2000 Euro. S ist also in dieser Höhe ein Schaden entstanden.

Klausurtipp

Beim Prüfungspunkt „kausaler Schaden" sollte man bei § 717 Abs. 2 ZPO immer genau hinschauen. Oft liegt hier ein Problem.

▶ Map 16.1

S ist als Vollstreckungsschuldner aktiv-, G als Vollstreckungsgläubiger passivlegitimiert. Auf die Rollen als Kläger und Beklagter kommt es entgegen dem Wortlaut nicht an.[5]

G hat gemäß § 362 Abs. 1 BGB bereits in Höhe von 500 Euro erfüllt. Von seinem Ablehnungsrecht aus § 266 BGB hat S keinen Gebrauch gemacht. Die restlichen 1500 Euro kann S von G verlangen.

S hat also einen Schadensersatzanspruch aus § 717 Abs. 2 ZPO in Höhe von 1500 Euro.

§ 823 Abs. 1 BGB. Ein Schadensersatzanspruch aus § 823 Abs. 1 BGB scheitert an der Rechtswidrigkeit. G hat sich gesetzeskonform verhalten. Er durfte aus dem vorläufig vollstreckbaren Urteil pfänden und versteigern lassen.[6]

§ 831 BGB. Ein Schadensersatzanspruch aus § 831 BGB greift nicht. Weder Gericht noch Gerichtsvollzieher sind Verrichtungsgehilfe des Gläubigers.[7] Sie sind nicht organisatorisch abhängig von ihm.

§ 812 BGB. Ein Bereicherungsanspruch aus § 812 Abs. 1 Satz 2, 1. Alt. BGB (condictio ob causam finitam) wird von § 717 Abs. 2 ZPO nicht verdrängt.[8] Denn

1143

---

3   BGHZ 189, 320, Rn. 15.
4   Siehe im Detail oben Rn. 422 ff.
5   RGZ 49, 411 (412); BGH, Beschl. v. 2.2.1962 – V ZR 70/60 = NJW 1962, 806 (807).
6   BGHZ 39, 77, juris Rn. 5 f. LG Frankfurt, Urt. v. 17.6.2015 – 3-13 O 23/14, juris Rn. 34.
7   BGH, Urt. v. 5.2.2009 – IX ZR 36/08, Rn. 14.
8   Vgl. BAG, Urt. v. 20.3.2014 – 8 AZR 269/13, Rn. 42; OLG Hamm, Urt. v. 26.8.2016 – I-30 U 41/15, juris Rn. 41.

§ 717 Abs. 2 ZPO will den Schuldner besserstellen, nicht schlechter. Allerdings muss G nach Bereicherungsrecht nur das Erlangte herausgeben. Dies ist der Erlös nach Abzug der Vollstreckungskosten. 1500 Euro erhält S aus Bereicherungsrecht nicht.

> ### Klausurtipp
>
> Der vorliegende Fall kann auch in einen Bürgschaftsprozess eingebettet sein: Die Bank hat eine Prozessbürgschaft abgegeben. Der Schuldner verklagt die Bank aus § 765 BGB. Die erörterten Normen sind dann im Rahmen der Hauptschuld zu prüfen, insbesondere § 717 Abs. 2 ZPO.[9]

1144

> ### Abwandlung 1
>
> Wie Ausgangsfall (Rn. 1141). Allerdings zahlt S die titulierten 10.000 Euro freiwillig. Dadurch will er verhindern, dass der vor seiner Tür stehende Gerichtsvollzieher pfändet. S hätte mit den 10.000 Euro seine Schulden bei Dritten bezahlen können. Das war ihm nicht möglich. Dadurch musste er 800 Euro Verzugszinsen zahlen.

❓ Bekommt S die 10.800 Euro von G nach § 717 Abs. 2 ZPO erstattet?

✅ Ja. Der Wortlaut des § 717 Abs. 2 ZPO gewährt auch Ersatz für einen Schaden, der durch eine zur Abwendung der Vollstreckung erbrachte Leistung entstanden ist.[10]

1145

> ### Abwandlung 2
>
> Wie vorstehende Abwandlung 1 (Rn. 1144). S befürchtet schon während des laufenden Berufungsverfahrens, dass das Oberlandesgericht das landgerichtliche Urteil aufheben wird.

❓ Auf welchem Weg sollte S den Schadensersatzanspruch einklagen?

✅ **Inzidentantrag**
S kann die 10.800 Euro in einem separaten Rechtsstreit einklagen. Dann kann er nach §§ 291 BGB; 253; 261 ZPO Zinsen ab Zustellung seiner Klage verlangen. Außerdem ist der zweite Rechtsstreit erst entscheidungsreif, wenn der Ausgangsprozess rechtskräftig abgeschlossen ist.

   § 717 Abs. 2 Satz 2 ZPO erlaubt daneben, den Anspruch im anhängigen Rechtsstreit geltend zu machen. Man spricht von einem Inzidentantrag im Ausgangsprozess. Dieser Weg ist für S besser. Er kann gemäß §§ 717 Abs. 2 Satz 2, 2. HS ZPO; 291 BGB Prozesszinsen ab Zahlung der 10.000 Euro verlangen. Übrigens stellt es gemäß § 819 ZPO eine Zahlung dar, wenn der Gläubiger den Versteigerungserlös empfängt. Entsprechendes gilt, wenn der Gerichtsvollzieher dem Schuldner Geld wegnimmt

---

9   Siehe oben Rn. 830.
10 Details bei Adam, JurBüro 1998, 569.

(§ 815 Abs. 3 ZPO). Darauf kommt es vorliegend freilich nicht an. S hat freiwillig gezahlt, wenn auch unter massivem Druck.

Der Inzidentantrag spart S überdies Kosten. Eine isolierte Klage hätte nämlich einen eigenen Streitwert. Aus ihm würden Gerichts- und Anwaltskosten anfallen. Der Inzidentantrag erhöht den dortigen Streitwert nicht. Er bildet eine Nebenforderung im Sinne von § 43 Abs. 1 GKG.[11]

Formulierungsvorschlag
Über die Berufungsanträge hinaus beantragen wir, den Kläger zu verurteilen, an den Beklagten 10.800 Euro nebst Zinsen in Höhe von fünf Prozentpunkten über dem jeweiligen Basiszinssatz seit Rechtshängigkeit zu zahlen.

Klausurtipp

Für das erste Examen hat § 717 Abs. 2 ZPO fast keine Bedeutung. Sollte er im Assessorexamen relevant sein, lohnt ein Blick in den Thomas/Putzo. Es ergibt wenig Sinn, sich in der Vorbereitungsphase mit Detailproblemen zu verzetteln. Dazu sind die Klausurrelevanz von § 717 Abs. 2 ZPO zu gering und die Vorbereitungszeit zu kostbar.

16.2 Weitere Anspruchsgrundlagen der ZPO

1146

Es mag überraschen. Aber die ZPO kennt weitere Anspruchsgrundlagen. Sie sind kaum klausurrelevant. Es genügt ein Überblick.

In der ersten Fallgruppe verlangt der Schuldner Ersatz für seinen Vollstreckungsschaden. Beispielsweise ändert das Gericht ein Vorbehaltsurteil im Nachverfahren, § 302 Abs. 4 Satz 3 ZPO. Die Vorschrift bildet eine Parallele zu § 717 Abs. 2 ZPO. Entsprechendes gilt nach § 600 Abs. 2 ZPO. Bei ihm ist im Urkundenprozess ein Urteil ergangen. Das Gericht ändert es im Nachverfahren.

In die erste Gruppe fällt auch § 945 ZPO. Er betrifft Arrest und einstweilige Verfügung.[12] Sie bieten Vorteile. Sie schaffen einen schnellen Vollstreckungstitel (§ 928 ZPO). Zuweilen wird der Gegner nicht einmal angehört (vgl. § 922 Abs. 1 ZPO).[13] Beide Eilverfahren sind aber für den Gläubiger gefährlich. Der Schuldner kann Widerspruch nach § 924 Abs. 1 ZPO oder Berufung einlegen. Dann muss der Gläubiger nach § 945 ZPO Schadensersatz leisten, wenn Verfügungsgrund oder -anspruch von Anfang an fehlten.[14]

Die zweite Konstellation regelt § 842 ZPO. Dort hat der Vollstreckungsgläubiger einen Pfändungs- und Überweisungsbeschluss erwirkt. Er holt sich aber das Geld nicht beim Drittschuldner. Vielmehr träumt er vor sich hin. Nach einem Jahr ist der Dritt-

1147

---

11 BGH, Beschl. v. 2.2.1962 – V ZR 70/60 = NJW 1962, 806 (807).
12 Dazu: Mertins, JuS 2009, 911.
13 Heuer/Schubert, JA 2005, 202 (205).
14 Zu § 958 ZPO siehe oben Rn. 689.

schuldner insolvent. Jetzt kann der Vollstreckungsschuldner verlangen, dass seine Schuld als getilgt gilt. Denn durch die Pfändung hat der Gläubiger verhindert, dass der Drittschuldner an den Schuldner zahlt (§ 829 Abs. 1 ZPO). Angenommen, der Vollstreckungsgläubiger hätte sich rechtzeitig an den Drittschuldner gewandt. Dann hätte dieser gezahlt. Damit wäre die Forderung des Schuldners erloschen. Das Unterlassen des Gläubigers soll dem Schuldner keinen Nachteil bringen.

1148   Ganz anders ist § 817 Abs. 3 Satz 2 ZPO. Dort hat der Gerichtsvollzieher eine bewegliche Sache versteigert. Der Ersteigerer holt die Sache nicht rechtzeitig ab. Alternativ zahlt er nicht. Dann darf der Gerichtsvollzieher die Sache erneut versteigern (§ 817 Abs. 3 Satz 1 ZPO). Möglicherweise bietet der zweite Ersteigerter weniger als der erste. Nun kann der Gläubiger den ersten Ersteigerer verklagen. Dieser schuldet dem Gläubiger die Differenz. Es klagt nicht etwa der Gerichtsvollzieher.

Anträge betreffend § 894 ZPO

© Springer-Verlag GmbH Deutschland, ein Teil von Springer Nature 2020
M. Duchstein, *Zwangsvollstreckungsrecht*, Springer-Lehrbuch,
https://doi.org/10.1007/978-3-662-59444-5_17

17.1 Allgemeines

1149   Die §§ 894 bis 897 ZPO können in sachenrechtlichen Klausuren eine Rolle spielen. § 894 ZPO regelt, wie eine abzugebende Willenserklärung vollstreckt wird. Sie gilt als abgegeben, wenn das Urteil rechtskräftig wird. § 894 betrifft typischerweise sachenrechtliche Erfüllungshandlungen von schuldrechtlichen Verträgen. Ein Beispiel ist die Auflassung nach § 925 BGB. Der Verkäufer schuldet sie aufgrund des Grundstückskaufvertrags. Weigert er sich, kann der Käufer den Verkäufer verklagen, der Eigentumsübertragung des Grundstücks an ihn zuzustimmen.

1150   Bei beweglichen Sachen sollte man an § 897 ZPO denken. Er betrifft etwa den Anspruch des Käufers aus § 433 Abs. 1 BGB. Danach kann der Käufer verlangen, dass der Verkäufer ihm eine Sache übereignet. Die Übereignung erfolgt klassischerweise nach § 929 Satz 1 BGB. Sie erfordert unter anderem Einigung und Übergabe. Angenommen, der Verkäufer weigert sich. Dann muss der Käufer ihn verklagen. Er muss zwei Anträge stellen: einen auf Abgabe der dinglichen Einigung, einen auf Übergabe. Das rechtskräftige Urteil ersetzt nach § 894 ZPO die dingliche Einigungserklärung des Verkäufers. Die Übergabe wird nach § 883 ZPO vollstreckt. Eigentum erwirbt der Käufer erst, wenn der Gerichtsvollzieher ihm die Sache übergibt. Insoweit ist der Wortlaut des § 897 ZPO missverständlich. § 897 ZPO regelt nur den Gefahrübergang. Er wird relevant, wenn der Gerichtsvollzieher die Sache verliert. Dann muss der Schuldner nicht nochmals leisten. Er ist nach § 897 ZPO materiellrechtlich von seiner Pflicht freigeworden. Er kann Vollstreckungsabwehrklage erheben. Auf Schadensersatz nach §§ 280 Abs. 1 und 3; 283 BGB haftet er nicht.[1]

1151   Ein weiterer Klausurklassiker ist der Grundbuchberichtigungsanspruch aus § 894 BGB. Konstellation: B steht im Grundbuch. Das Grundstück gehört aber A. A kann verlangen, dass B der Grundbuchberichtigung im Sinne von § 19 GBO zustimmt. Weigert B sich, kann A ihn auf Zustimmung verklagen.

🛈 Merke: § 894 BGB wird nach § 894 ZPO vollstreckt.

§ 894 ZPO gilt auch, wenn der Beklagte unerkannt geschäftsunfähig ist. Seine Geschäftsfähigkeit gilt als gegeben. Er kann also nicht Jahre nach dem Urteil vorbringen, er sei damals schon blöd gewesen. Seine fingierte Willenserklärung bleibt wirksam.[2]

Fingiert der Richter die Willenserklärung, gelten Formvorschriften als eingehalten. Die Parteien müssen also nicht noch einmal mit dem Urteil zum Notar. Der Käufer kann sich gleich an das Grundbuchamt wenden. Es muss ihn als Eigentümer eintragen.[3]

Es genügt jedoch nicht, dass der Richter der ersten Instanz den Klageantrag abschreibt. Sein Urteil muss nach dem Wortlaut des § 894 ZPO formell rechtskräftig werden. Beispielsweise muss die Berufungsfrist abgelaufen sein. Für Zug-um-Zug-Urteile verschiebt § 894 Satz 2 ZPO den Wirksamkeitszeitpunkt nach hinten.

---

1   Zum Prüfungsaufbau in derartigen Konstellationen siehe oben Rn. 949.
2   Vgl. aber die Aufhebungsmöglichkeit des § 579 Abs. 1 Nr. 4 ZPO.
3   OLG Hamm, Beschl. v. 13.12.2013 – I-15 W 322/13, juris Rn. 4.

17.2 Auswirkungen des § 894 ZPO auf die vorläufige Vollstreckbarkeit

---

Fall   1152

Der Bearbeiter kommt in einer Urteilsklausur zum Ergebnis, dass der Tenor in Ziffer 1.) und 2.) wie folgt lautet:
1.) *Die Beklagte wird verurteilt, in die Auszahlung des beim Amtsgericht Heidelberg zu Az. 1 HL 38/13 hinterlegten Betrags an den Kläger einzuwilligen.*
2.) *Die Kosten des Rechtsstreits trägt die Beklagte.*

❓ Wie muss der Bearbeiter bezüglich der vorläufigen Vollstreckbarkeit tenorieren?

✅ Die Vollstreckung in der Hauptsache richtet sich nach § 894 ZPO. Danach tritt die Fiktion, dass eine Willenserklärung abgegeben wurde erst ein, wenn das Urteil rechtskräftig ist. Bei § 894 ZPO gibt es also keine vorläufige Vollstreckbarkeit. Dadurch sollen irreversible Zustände geschaffen verhindert werden. Daher sollte der Tenor in Ziffer 3 lauten: „Das Urteil ist hinsichtlich der Kostenentscheidung vorläufig vollstreckbar." Je nach Kostenhöhe ist selbstverständlich eine Sicherheitsleistung festzusetzen.[4]

Der Bearbeiter sollte die Tenorierung am Ende der Entscheidungsgründe erläutern.

Fall

Der Beklagte wird verurteilt, eine Willenserklärung abzugeben.

❓ In welchen Fällen ist die Hauptsache gleichwohl vorläufig vollstreckbar?   1153

✅ Wenn Registereintragungen nötig sind. So ist es etwa bei § 16 HGB (Mitwirkung bei der Eintragung im Handelsregister). Ein weiterer Fall ist deutlich klausurrelevanter. Ihn normiert § 895 ZPO. Er betrifft vor allem Eigentumsübertragungsansprüche bei Grundstücken, Grundschuldübertragungen und den Grundbuchberichtigungsanspruch. Der Gläubiger erhält kraft Gesetzes eine Vormerkung. Das ist eine besondere Art der vorläufigen Vollstreckbarkeit.

Klausurtipp

In der Klausur sollte man sich fragen, ob der Hauptsacheanspruch durch eine Vormerkung sicherbar ist. Ist das der Fall, ist die Hauptsache für vorläufig vollstreckbar zu erklären. In den meisten Fällen ist nach § 709 Satz 1 ZPO eine Sicherheitsleistung festzusetzen. Sie ist konkret zu beziffern (keine Prozentangabe).

---

4   Vgl. §§ 708 Nr. 11, 2. Alt.; 709 ZPO.

17.3   § 894 ZPO und nicht der Rechtskraft fähige Titel

1154

Fall

Die Parteien schließen vor dem Richter einen Vergleich. Darin heißt es: „Der Beklagte verpflichtet sich, das Grundstück in der Goethestraße 4 an den Kläger aufzulassen." Anschließend weigert der Beklagte sich.

? Wie kann der Kläger aus dem Vergleich vollstrecken?

✓ Vollstreckung einer im Vergleich enthaltenen Willenserklärung
Eine Willenserklärung wird grundsätzlich nach § 894 ZPO vollstreckt. Bei einem Urteil würde der Richter anordnen: „Der Beklagte wird verurteilt, das Grundstück in der Goethestraße 4 an den Kläger aufzulassen." Mit Rechtskraft des Urteils gilt die Auflassungserklärung als abgegeben. Hier ist der Titel ein Vergleich. Vergleiche erwachsen nicht in Rechtskraft. Somit kann er nicht nach § 894 ZPO vollstreckt werden.

Nach Meinung des BGH darf der Richter gemäß § 888 ZPO gegen den Beklagten ein Zwangsgeld verhängen.[5] Dem ist zu folgen. Der Wortlaut des § 888 ZPO deckt diese Auslegung. Wer eine Willenserklärung abgeben muss, hat eine unvertretbare Handlung vorzunehmen. Außerdem fördert die Meinung des BGH die Vergleichsbereitschaft. § 894 ZPO ist auch nicht generell lex specialis für Willenserklärungen. Denn er gilt nach seinem Wortlaut nur für Urteile.

Der Kläger darf jedoch auch neu klagen. Normalerweise fehlt einer erneuten Klage zwar das Rechtsschutzbedürfnis, wenn die Parteien den Streitgegenstand durch Prozessvergleich erledigt haben. Hier ist es aber anders. Der Vergleich ist nur über den umständlichen Weg des § 888 ZPO vollstreckbar. Deshalb liegt ein Rechtsschutzbedürfnis für eine neue Klage vor.[6] Anspruchsgrundlage ist der Vergleich. Er beinhaltet nach § 779 BGB ein materielles Rechtsgeschäft. Basierend auf ihm kann der Kläger ein rechtskräftiges Urteil erwirken. Dieses wiederum kann er nach § 894 ZPO vollstrecken.

Welcher für ihn der einfachere Weg ist, kann der Gläubiger entscheiden.

---

5   BGHZ 98, 127, juris Rn. 6.
6   BGHZ 98, 127, juris Rn. 8.

17.4 § 894 ZPO und materielles Recht

Fall

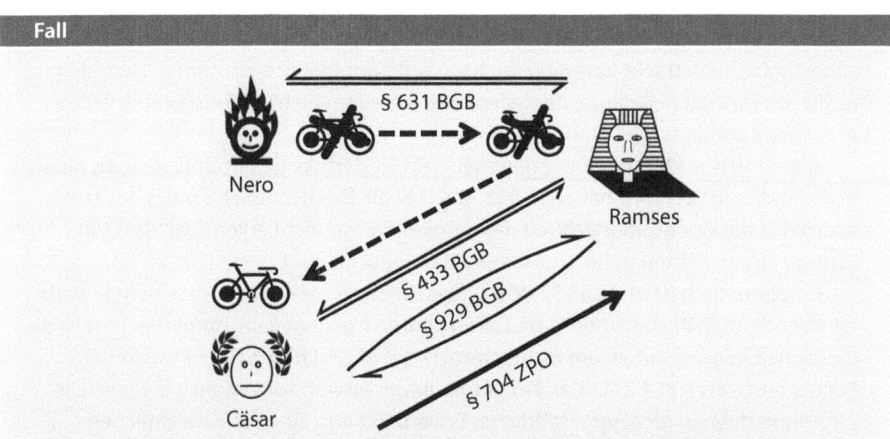

Ramses handelt mit Fahrrädern. Nero gibt ihm sein Fahrrad. Ramses soll es reparieren. Ramses stellt es in seinen Verkaufsraum. Auf dem Fahrrad befindet sich kein Hinweis auf Neros Eigentum. Gegenüber seinem Kunden Cäsar behauptet Ramses, das Fahrrad gehöre ihm. Cäsar glaubt Ramses. Er kauft das Fahrrad. Den Kaufpreis zahlt er. Cäsar kann das Fahrrad nicht transportieren. Er und Ramses vereinbaren, dass es vorübergehend im Laden bleiben soll. Der Eigentumsübergang soll erst zwei Wochen später zeitgleich mit der Übergabe erfolgen. Ramses bekommt Angst, dass Nero aus Wut über den Verkauf seinen Laden anzündet. Er weigert sich, den Kaufvertrag zu erfüllen. Cäsar verklagt Ramses auf Übergabe und Zustimmung zum Eigentumswechsel. Cäsar gewinnt. Das Urteil wird rechtskräftig. Ramses übergibt das Fahrrad an Cäsar. Cäsar hält Ramses nach wie vor für den Eigentümer.

❓ Wer ist Eigentümer des Fahrrads?

Formulierungsvorschlag im Gutachtenstil

Eigentümer ist, wer Eigentum erworben und es nicht wieder verloren hat.

Ursprünglich gehörte das Fahrrad Nero. Der Werkvertrag wirkte nur schuldrechtlich. Durch ihn hat Ramses kein Eigentum erworben.

Nero könnte sein Eigentum aber an Cäsar verloren haben, indem Ramses das Fahrrad nach §§ 929 Satz 1; 932 BGB an Cäsar übereignet hat.

§ 929 BGB setzt voraus, dass Veräußerer und Erwerber sich über den Eigentumsübergang einigen. Mit seiner Klage hat Cäsar konkludent erklärt, dass er Eigentum erwerben möchte. Die Willenserklärung des Ramses wird gemäß § 894 ZPO fingiert.

Ramses müsste berechtigt gewesen sein, Eigentum zu übertragen. Grundsätzlich kann nur der Eigentümer sein Eigentum übertragen. Ramses war Nichtberechtigter. Berechtigt war allein Nero. Er hat dem Eigentumsübergang nicht nach § 185 BGB zugestimmt. In Betracht kommt jedoch ein gutgläubiger Erwerb. Indem Nero den Besitz am Fahrrad freiwillig aufgegeben hat, ist es ihm nicht im Sinne von § 935 Abs. 1 BGB abhandengekommen.

Cäsar muss auch gutgläubig gewesen sein. Er darf die Eigentümerstellung nicht grob fahrlässig verkannt haben (§ 932 Abs. 2 BGB). Der Rechtsschein des Besitzes sprach für die Eigentümerstellung des Ramses. Es war nicht erkennbar, dass das Fahrrad einem Dritten gehört. Cäsar war damit gutgläubig.

Problematisch ist, dass § 932 BGB ungeschrieben voraussetzt, dass dem Erwerb ein Rechtsgeschäft zugrunde liegt. Daran könnte man zweifeln. Immerhin beruht die dingliche Einigung auf einem Richterspruch. § 898 ZPO hilft weiter. Er stellt die Rechtsnatur des § 894 ZPO klar. Ein gutgläubiger Erwerb soll möglich bleiben. Die ZPO fingiert einen rechtsgeschäftlicher Erwerb in Form einer privatrechtlichen Einigung.[7] Infolgedessen hat Cäsar gutgläubig Eigentum erworben. Er hat es nicht wieder verloren. Deshalb ist Cäsar Eigentümer.

---

7   MüKo-ZPO/Gruber, 2016, § 898 Rn. 1 und 4; Bendtsen, in: Kindl/Meller-Hannich/Wolf, Gesamtes Recht der Zwangsvollstreckung, 2015, § 898 Rn. 1.

Anträge bei der Zwangsvollstreckung gegen Erben

© Springer-Verlag GmbH Deutschland, ein Teil von Springer Nature 2020
M. Duchstein, *Zwangsvollstreckungsrecht*, Springer-Lehrbuch,
https://doi.org/10.1007/978-3-662-59444-5_18

1156   Sonderprobleme stellen sich, wenn der Schuldner verstorben ist.

Das Schlechte: Die Prüfungsordnungen im zweiten Examen decken diese Themengebiete. Sowohl Richter- als auch Anwaltsklausuren sind insoweit gut denkbar. Es ist zu spät, sich im Examen erstmals mit der Materie zu beschäftigen. Auf die Schnelle durchschaut man sie nicht. Die maßgebenden Normen sind über BGB und ZPO verteilt.

Das Gute: Klausuren, die Zwangsvollstreckungsrecht und Erbrecht kombinieren, sind selten. Wer die nachfolgenden Grundsätze verinnerlicht, ist bestens vorbereitet.

18.1 Erbrechtliche Grundlagen

1157   Zum besseren Verständnis sollen kurz einige Grundlagen des Erbrechts wiederholt werden. Gemäß § 1922 BGB geht die Erbschaft als Ganzes auf den oder die Erben über. Man nennt dies Universalsukzession. Sie erfolgt automatisch kraft Gesetzes.

Erbe kann man also auch werden, ohne die Erbschaft anzunehmen.

Der Erbe kann aber die Erbschaft ausdrücklich oder konkludent annehmen. Ebenfalls kann er sie nach §§ 1942; 1944 BGB binnen sechs Wochen ab Kenntnis ausschlagen. Gemäß § 1943 BGB entfällt dieses Recht, sobald er die Erbschaft ausdrücklich oder konkludent annimmt. Gibt er keine Erklärung ab, gilt die Erbschaft mit Fristablauf als angenommen. Das Gesetz fingiert seine Willenserklärung.[1] In der Klausur wird hier möglicherweise ein Auslegungs- oder Anfechtungsproblem liegen (§§ 1954 bis 1957 BGB).

> **Klausurtipp**
>
> Möglicherweise findet sich im Sachverhalt die Information, dass der potenzielle Alleinerbe einen Erbschein beantragt hat. Damit hat er die Erbschaft konkludent angenommen.

Die Rechtsfolgen der Ausschlagung finden sich in § 1953 BGB. Nach dessen Absatz 2 fällt die Erbschaft demjenigen an, welcher berufen sein würde, wenn der Ausschlagende zur Zeit des Erbfalls nicht gelebt hätte.

Beispiel

Der Erblasser ist unverheiratet. Er hat keine Kinder. Die Mutter des Erblassers lebt noch. Sein Vater ist bereits verstorben. Der Vater hatte keine weiteren Kinder. Der Erblasser setzt seinen Freund F im Testament ein. Dann stirbt er. F schlägt die Erbschaft aus. Nunmehr erbt die Mutter des Erblassers im Wege der gesetzlichen Erbfolge (§§ 1925 Abs. 1, Abs. 3; 1930 BGB).

1158   Der Vonselbsterwerb der Erbschaft ist bis zur Annahme oder bis zum Ablauf der Ausschlagungsfrist nur vorläufig. Das bedeutet, die Vermögensmassen von Erblasser und Erbe bleiben zunächst getrennt.

---

1   Vgl. § 1956 BGB, wonach die Fristversäumung anfechtbar ist.

Beispiel

Der Erblasser hatte ein Konto bei der Sparkasse. Der Erbe hatte bereits zu Lebzeiten des Erblassers ein Konto bei der Volksbank. Auf beiden Konten befinden sich jeweils 100 Euro. Der Erblasser stirbt. Dann beläuft sich das Vermögen des Erben nach wie vor nur auf 100 Euro. Erst wenn er die Erbschaft annimmt oder die Ausschlagungsfrist verstrichen ist, verschmelzen die Vermögensmassen. Dem Erben gehören dann 200 Euro. Allerdings wirken Verstreichenlassen beziehungsweise Annahme zurück. Der Erbe hatte also bereits mit dem Tod des Erblassers 200 Euro. Das weiß man jedoch erst jetzt. Denn unmittelbar nach dem Tod war unklar, ob der Erbe ausschlagen wird. Hätte er ausgeschlagen, hätte er heute nur 100 Euro.

Vom Tode zur Annahme der Erbschaft muss das Nachlassgericht den Nachlass sichern, soweit ein Bedürfnis besteht. Das Gleiche gilt, wenn der Erbe unbekannt oder wenn ungewiss ist, ob er die Erbschaft angenommen hat (§ 1960 BGB).

Beispiel

Der Erblasser vermietet eine Wohnung. Er stirbt. Das Nachlassgericht beginnt, von Amts wegen zu ermitteln, wer Erbe ist.[2] In der Wohnung platzt ein Wasserrohr. Das Nachlassgericht hat seine Ermittlungen noch nicht abgeschlossen. Nun muss das Nachlassgericht in der Regel einen Pfleger bestellen. Dieser wird einen Installateur beauftragen.

Ähnlich verhält es sich in der hier interessierenden Konstellation: Gesetzt den Fall, ein Gläubiger will in den Nachlass vollstrecken. Dann kann er nach § 1961 BGB beantragen, einen Nachlasspfleger zu bestellen. Freilich ist dies nur möglich, wenn die Voraussetzungen des § 1960 Abs. 1 BGB vorliegen.

18.1.1 Erblasserschulden

Gläubiger des Nachlasses kann man auf drei Arten werden. Zunächst ist möglich, dass der Erblasser eine Schuld begründet hat. Man spricht von Erblasserschulden. Möglicherweise hat der Erblasser kurz vor seinem Tod ein Auto gekauft. Er hatte es noch nicht bezahlt. Dann hat der Verkäufer gegen ihn einen Anspruch auf Kaufpreiszahlung aus § 433 Abs. 2 BGB. Diese Schuld geht mit dem Tod des Erblassers gemäß §§ 1922; 1967 BGB automatisch auf den Erben über. Der Erbe muss also prinzipiell den Kaufpreis bezahlen. Hierfür haftet er grundsätzlich mit der Erbmasse und seinem sonstigen Vermögen. Denn beide Vermögensmassen verschmelzen. | 1159

18.1.2 Erbfallschulden

Das Gesetz beschreibt in § 1967 Abs. 2, 2. Halbsatz BGB weiter Erbfallschulden. So muss der Erbe beispielsweise Vermächtnisse erfüllen und Pflichtteile ausbezahlen. Weiterhin muss er den nächsten Angehörigen nach § 1968 BGB die Kosten einer angemes- | 1160

---

2   §§ 342 Abs. 1 Nr. 4; 352e; 26 FamFG; 1964; 1965 BGB.

senen Beerdigung ersetzen.[3] Auch für die Erbfallschulden haften grundsätzlich Erbmasse und Privatvermögen des Erben.

18.1.3 Nachlasserbenschulden

1161   Daneben haftet der Erbe auch für sogenannte Nachlasserbenschulden. Gemeint sind Verbindlichkeiten, die der Erbe in ordnungsgemäßer Verwaltung des Nachlasses eingegangen ist.[4]

Beispiel
Der Erblasser stirbt. Der Erbe vermietet die Wohnung des Erblassers. Der Erbe haftet mit seinem Eigenvermögen. Denn er hat das Schuldverhältnis selbst begründet (Eigenverbindlichkeit). Gleichzeitig kann der Gläubiger in den Nachlass vollstrecken (Nachlassverbindlichkeit).

Hiervon zu trennen sind reine Eigenschulden des Erben. Sie entstehen unabhängig von der Erbschaft.

Beispiel
Erbe E kauft sich ein Motorrad. Den Kaufpreis zahlt er nicht. Dann erbt E. Zur Erbschaft gehört ein Konto. Auf diesem befinden sich 100.000 Euro. In dieses kann der Verkäufer pfänden. Allerdings erst, wenn Nachlass und Eigenvermögen des Erben verschmolzen sind. Das ist der Fall, wenn der Erbe die Erbschaft angenommen hat (§ 778 Abs. 2 ZPO).

1162   ### 18.1.4 Relevanz der Schuldart

Der Entstehungsgrund hat vor allem Bedeutung für die Einreden des Erben. Der Erbe kann nämlich bei Erblasserschulden und Erbfallschulden seine Haftung auf den Nachlass beschränken. Das bedeutet, der Gläubiger soll nicht mehr in das Eigenvermögen des Erben vollstrecken können. Das gilt sogar, wenn Eigenvermögen und ererbtes Vermögen bereits verschmolzen sind. Die Vermögensmassen werden dann wieder getrennt.

Allerdings greifen die Einreden prinzipiell nicht bei Nachlasserbenschulden (obige dritte Fallgruppe).[5]

Der Alleinerbe kann bei Erblasserschulden und Erbfallschulden seine Haftung auf vier Arten dauerhaft beschränken: Nachlassverwaltung (§ 1975 BGB), Nachlassinsolvenzverfahren[6], Dürftigkeitseinrede (§ 1990 BGB) und Überschwerungseinrede (§ 1992 BGB).

---

3   KG Berlin, Beschl. v. 12.10.1979 – 1 W 1261/79, juris Rn. 8; Schleswig-Holsteinisches OLG, Urt. v. 6.10.2009 – 3 U 98/08, juris Rn. 29; vgl. ferner §§ 31; 21 BestattG-BaWü.
4   RGZ 90, 91 (93 ff.); BGHZ 32, 60, juris Rn. 32.
5   BAG Urt. v. 12.11.2013 – 9 AZR 646/12, Rn. 18; OLG Düsseldorf, Beschl. v. 1.9.2009 – I-24 U 103/08, juris Rn. 32.
6   §§ 315 ff. InsO.

Klausurrelevant sind nur die Dürftigkeitseinrede und die Überschwerungseinrede. Die Überschwerungseinrede wird unten behandelt. Bei der Dürftigkeitseinrede befinden sich im Nachlass sehr wenig Aktivvermögen, aber zahlreiche Schulden. Das Aktivvermögen ist so gering, dass nicht einmal die Kosten einer Nachlassverwaltung gedeckt sind. Nachlassverwaltung bedeutet, ein Dritter kümmert sich um den Nachlass. Er ähnelt einem Insolvenzverwalter (§ 1984 BGB). Vertiefte Kenntnisse werden mit Sicherheit nicht verlangt. Sollte § 1990 BGB zu erörtern sein, wird das Nachlassgericht gemäß § 1982 BGB die Nachlassverwaltung abgelehnt haben. Der Beschluss wird rechtskräftig sein. Der Examenskandidat muss ihn nicht überprüfen. Er tut gut, ihn als richtig zu unterstellen.[7] — 1163

Besonderheiten ergeben sich bei einer Erbengemeinschaft. Sie entsteht gemäß § 2032 Abs. 1 BGB, wenn mehrere Erben existieren. Dazu kommt es etwa, wenn der Erblasser in seinem Testament seine beiden Kinder als Miterben je zur Hälfte einsetzt. Bei der Erbengemeinschaft handelt es sich um eine Gesamthandsgemeinschaft. Sie ist nicht rechtsfähig und nicht parteifähig. Vielmehr haften mehrere Erben nach § 2058 BGB als Gesamtschuldner. — 1164

Die Erbengemeinschaft soll nicht unendlich lange bestehen. Vielmehr sollen die Erben das ererbte Vermögen verteilen. Das kann jedoch dauern. Oft möchten die Gläubiger nicht so lange warten. Ihre Zugriffsmöglichkeiten unterscheiden sich. Maßgebend ist, ob sich die Miterben bereits auseinandergesetzt haben oder nicht.

Auch hierauf wird einzugehen sein.

18.2 Vollstreckungsrechtliche Besonderheiten

❯ **Map 18.1** — 1165

Es ist zu unterscheiden, wer vollstreckt.

18.2.1 Eigengläubiger

Reine Eigengläubiger sind die privaten Gläubiger des Erben. Sie haben mit dem Erbfall — 1166
nichts zu tun. Ihnen kommt lediglich der Zufall zugute, dass der Erbe von Todes wegen Vermögen erworben hat. Sie können uneingeschränkt in das Eigenvermögen des Erben vollstrecken. Dies ist das Vermögen, das er schon vor dem Erbfall hatte. Auf den Nachlass können Eigengläubiger erst zugreifen, wenn Nachlass und Eigenvermögen verschmolzen sind.

Alleinerbe

Beim Alleinerben verschmelzen Eigenvermögen und Nachlass grundsätzlich, sobald — 1167
die Erbschaft als angenommen gilt (§ 778 Abs. 2 ZPO). Ob dies geschieht, entscheidet allein der potenzielle Erbe. Nur er hat das Recht, die Erbschaft anzunehmen. Niemand kann das Recht auf Erbschaftsannahme pfänden.[8]

---

7 Eine Bindungswirkung bejaht auch BGH, Urt. v. 13.7.1989 – IX ZR 227/87 = NJW-RR 1989, 1226 (1227).
8 OLG München, Beschl. v. 19.1.2015 – 31 Wx 370/14, juris Rn. 6; allgemein zur Pfändbarkeit von Gestaltungsrechten siehe oben Rn. 645.

❶ Merke: Eigengläubiger des Alleinerben können ab Annahme der Erbschaft auf diese zugreifen.

Eine Ausnahme gilt, wenn der Erblasser einen Testamentsvollstrecker eingesetzt hat. Dann können Eigengläubiger gemäß 2214 BGB auch nach der Annahme nicht auf die Erbschaft zugreifen.[9]

1168

> **Fall**
>
> Helene
>
> §§ 1922; 1947 BGB
>
> Wilhelm ✝
>
> § 766 ZPO § 771 ZPO
>
> § 2247 BGB
>
> STOP
>
> § 803 ZPO
>
> Kaufmann G
>
> § 754 ZPO GVZ
>
> § 794 Abs. 1 Nr. 4 ZPO Herr Chaos
>
> Herr Chaos meint, er leide an Haarausfall. Deshalb bestellt er im Internet bei der Versandapotheke des Kaufmanns G große Mengen Haarwuchsmittel. Er bezahlt nicht. G erwirkt einen Vollstreckungsbescheid gegen Herrn Chaos. Erblasser Wilhelm hat Herrn Chaos in seinem handschriftlichen Testament als Alleinerben eingesetzt. Das Nachlassgericht eröffnet das Testament.[10] Herr Chaos will sich überlegen, ob er die Erbschaft annimmt. Zu diesem Zweck hat er eine wertvolle Münzsammlung Wilhelms zu sich in die Wohnung geholt. G beauftragt den Gerichtsvollzieher, bei Herrn Chaos zu pfänden. Dieser pfändet die Münzsammlung. Herr Chaos beruft sich darauf, sie gehöre ihm nicht. Der Gerichtsvollzieher nimmt die Münzen gleichwohl mit in seine Pfandkammer.
>
> Anschließend schlägt Herr Chaos form- und fristgerecht die Erbschaft aus. Sie fällt der Tochter des Erblassers Helene an. Die Münzsammlung ist noch nicht versteigert. Helene erhebt vor den zuständigen Gerichten parallel Erinnerung und Drittwiderspruchsklage. In beiden Rechtsbehelfen beruft sie sich darauf, sie sei als Erbin Eigentümerin.

❓ Haben Helenes Rechtsbehelfe Erfolg?

✅ Erinnerung

1169
Zunächst ist die Erinnerung zu prüfen.

Die Erinnerung muss zulässig sein. Dies setzt zunächst voraus, dass sie statthaft ist. Gemäß § 766 Abs. 1 Satz 1 ZPO muss der Erinnerungsführer rügen, das Vollstre-

---

9 Für das Behindertentestament: BGH, Beschl. v. 27.3.2013 – XII ZB 679/11, Rn. 10 u. v. 10.5.2017 – XII ZB 614/16, Rn. 12.

10 § 348 FamFG.

ckungsorgan habe bei einer Vollstreckungsmaßnahme eine Verfahrensvorschrift verletzt. Den einschlägigen Paragrafen muss er nicht nennen. Helene beruft sich auf ihr Eigentum. Damit gibt sie zu verstehen, der Gerichtsvollzieher habe in die falsche Vermögensmasse vollstreckt. Gemäß § 778 Abs. 2 ZPO ist wegen eigener Verbindlichkeiten des Erben eine Zwangsvollstreckung in den Nachlass vor der Annahme der Erbschaft nicht zulässig. Diese Verfahrensvorschrift ist auch bei der Mobiliarpfändung zu beachten. Auf sie beruft Helene sich indirekt. Somit ist die Erinnerung statthaft.

Helene muss auch erinnerungsbefugt sein. Ein Dritter ist erinnerungsbefugt, wenn er sich auf eine ihn schützende Norm beruft. § 778 Abs. 2 ZPO soll den wahren Erben schützen. Der Nachlass soll ihm erhalten bleiben. Helene ist nach Annahme die wahre Erbin. Sie beruft sich auf ihr nach §§ 1922; 1942 BGB erworbenes Eigentum an einem Nachlassgegenstand. Somit ist sie erinnerungsbefugt.

Indem die Pfändung noch fortdauert, liegt auch ein Rechtsschutzbedürfnis vor. Die Erinnerung ist deshalb zulässig.

Die Erinnerung muss auch begründet sein. Die Dritterinnerung ist begründet, wenn der Gerichtsvollzieher § 778 Abs. 2 ZPO verletzt hat. Hieran kann man zweifeln. Ein Gerichtsvollzieher kann vor Ort oft nicht erkennen, zu welcher Haftungsmasse ein Gegenstand gehört. Er kann nur den Gewahrsam prüfen. Darauf kommt es aber nicht an. Denn mit der Erinnerung können Verfahrensvorschriften überprüft werden. Und § 778 ZPO ist eine Verfahrensvorschrift. Ob der Gerichtsvollzieher schuldhaft gehandelt hat, spielt für die Erinnerung keine Rolle. Der Gerichtsvollzieher hat die Münzsammlung gepfändet, obwohl Herr Chaos die Erbschaft noch nicht angenommen hatte. Damit hat der Gerichtsvollzieher gegen § 778 Abs. 2 ZPO verstoßen. Folglich liegt ein formeller Fehler vor. Die Erinnerung ist also begründet. Sie hat Erfolg.

✅ Drittwiderspruchsklage

Die Drittwiderspruchsklage könnte ebenfalls Erfolg haben. Sie muss statthaft sein. 1170 Gemäß § 771 Abs. 1 ZPO ist die Drittwiderspruchsklage statthaft, wenn ein Dritter behauptet, dass ihm an dem Gegenstand der Zwangsvollstreckung ein die Veräußerung hinderndes Recht zusteht.

Ein solches Recht ist das Eigentum. Helene behauptet, Eigentümerin zu sein. Ihre Erinnerung sperrt auch nicht etwa die Drittwiderspruchsklage. Mit der Erinnerung werden Verfahrensfehler, mit der Drittwiderspruchsklage materielle Fehler gerügt. Für ein Rangverhältnis gibt es im Gesetz keinen Anhaltspunkt. Deswegen kann Helene beide Rechtsbehelfe parallel erheben. Die Drittwiderspruchsklage ist statthaft.

Indem die Vollstreckungsmaßnahme noch fortdauert, liegt auch ein Rechtsschutzbedürfnis vor.

Die Drittwiderspruchsklage ist damit zulässig.

Die Klage muss auch begründet sein. Die Drittwiderspruchsklage ist begründet, wenn die gepfändete Münzsammlung Helene gehört. Helene hat sie gemäß §§ 1922; 1942 BGB geerbt. Deshalb gehört sie ihr.

Auch die Drittwiderspruchsklage ist mithin begründet.

Klausurtipp

Keinesfalls darf man Erinnerung und Drittwiderspruchsklage in Einem prüfen.

Erbengemeinschaft

1171 Eventuell ist der Schuldner nur Miterbe. Beim Miterben verschmelzen die Vermögensmassen noch nicht dadurch, dass der Schuldner seine Erbschaft annimmt. Einheitliche
Vermögensmassen entstehen erst, wenn die Erbengemeinschaft auseinandergesetzt
ist.[11] Hierfür muss schlimmstenfalls ein Teilungsplan aufgestellt werden. Dieser Weg ist
sehr umständlich und zeitaufwändig. Jeder Nachlassgegenstand wird verplant. Sodann
müssen die Erben den Teilungsplan ausführen. Sind einem Miterben durch eine Tei-
lungsanordnung (§ 2048 BGB) Gegenstände zugewiesen, werden sie ihm übereignet.

Oft müssen aber Grundstücke oder bewegliche Sachen versteigert werden. Dann
wird der Versteigerungserlös anteilig auf das Konto der berechtigten Miterben überwiesen.

Erst wenn der Teilungsplan umgesetzt ist, kann der Eigengläubiger den zugewiesenen Gegenstand pfänden. Denn nun gehört dieser zum Eigenvermögen des Schuldners.

1172 Vor der Teilung kann der Eigengläubiger nur nach § 859 Abs. 2 i. V. m. Abs. 1 *Satz 1*
ZPO den Auseinandersetzungsanspruch des Schuldners aus § 2042 Abs. 1 BGB pfänden. Jener Anspruch gehört zum Eigenvermögen des Erben, nicht zum Nachlass. Genauer gesagt ist der Miterbenanteil als Vermögensrecht gemäß §§ 857; 829 ZPO zu
pfänden.[12] Drittschuldner sind die übrigen Miterben.[13] Der Eigengläubiger rückt teilweise in die Position seines Schuldners ein. Er soll jedoch nicht mehr Rechte als dieser
haben. Gemäß § 2033 Abs. 2 BGB kann ein Miterbe über seinen Anteil an den einzelnen
Nachlassgegenständen nicht verfügen. Dieser Wortlaut ist missverständlich. Denn einen Anteil an den einzelnen Nachlassgegenständen hat ein Miterbe nach heutigem Verständnis nicht. Das wusste der historische Gesetzgeber nicht. Er hatte keine klare Vorstellung von einer Gesamthandsgemeinschaft.[14] Nach heutigem Verständnis gehören
die Gegenstände der Erbmasse der Erbengemeinschaft als Gesamthandsgemeinschaft.
Logischerweise darf ein Miterbe nicht über Gegenstände verfügen, die ihm nicht gehören. Konsequenterweise kann nach § 859 Abs. 2 i. V. m. Abs. 1 Satz 2 ZPO sein Eigengläubiger einzelne Gegenstände aus der Erbschaft nicht pfänden. Pfändet er sie gleichwohl, verletzt er die Rechte der Miterben.[15] Jeder Miterbe kann Erinnerung einlegen.[16]
Verletzte Verfahrensvorschrift ist § 747 ZPO. Alternativ können die Miterben, die nicht
Schuldner sind, Drittwiderspruchsklage erheben.

---

11 Vgl. aber § 2060 BGB.
12 BGHZ 52, 99, juris Rn. 7; zur Verfahrensweise: RGZ 75, 179; OLG Düsseldorf, Beschl. v. 12.11.2012 –
    I-3 Wx 244/12, juris Rn. 16.
13 OLG Frankfurt, Beschl. v. 7.3.1979 – 20 W 50/79, juris Rn. 9; OLG Düsseldorf, Beschl. v. 12.11.2012 –
    I-3 Wx 244/12, juris Rn. 16; anders beim Testamentsvollstrecker: RGZ 86, 294 (295).
14 Kritisch zu den BGB-Motiven: RGZ 84, 395 (397); BGHZ 52, 99, juris Rn. 23.
15 BGH, Urt. v. 26.10.1966 – VIII ZR 283/64, juris Rn. 14; vgl. auch BFHE 88, 65, juris Rn. 5.
16 A. A. Behr, Rpfleger 2002, 2 (5): nur der Schuldner.

Durch die Pfändung erlangt der Gläubiger ein Pfändungspfandrecht am Miterben-   1173
anteil.[17] Er wird jedoch nicht Miterbe. Das kann klausurrelevant werden.

Beispiel

Der Gläubiger pfändet einen Miterbenanteil. Dieser beläuft sich auf 90 Prozent der Erbschaft. Im Nachlass befinden wertvolle Grundstücke und zehn Goldbarren. Sie lagern in
einem Bankschließfach. Jeder Miterbe verfügt über einen eigenen Schlüssel. Mit ihm
kann jeder allein das Bankschließfach öffnen. Um den Tod zu verarbeiten, gehen alle Erben auf eine mehrwöchige Segeltour. Sie sind unerreichbar. Plötzlich steigen die Gold-
preise in eine noch nie dagewesene Höhe. Alle Analysten prognostizieren, dass sie in
wenigen Tagen wieder stark fallen werden. Der Gläubiger begibt sich zur Ehewohnung
des Schuldners. Dort öffnet ihm die Ehefrau seines Schuldners. Der Gläubiger behauptet
wahrheitswidrig, ihr Mann habe ihn beauftragt, die Goldbarren abzuholen. Er wolle sie in
einem Tresor verwahren. Die Ehefrau händigt ihm den Schlüssel für die Goldbarren aus.
Dort entnimmt der Gläubiger sie. Er veräußert sie an einen Goldhändler.

In der Klausur könnte zu untersuchen sein, wer Eigentümer der Goldbarren ist. Ursprünglich gehörten sie dem Erblasser. Nach §§ 1922; 2032 Abs. 1 BGB ging das Eigentum
auf die Miterben zur gesamten Hand über.[18] Der Gläubiger war Nichtberechtigter.[19] Der
Goldhändler konnte allenfalls gutgläubig nach §§ 929; 932 BGB Eigentum erwerben. Das
scheitert jedoch an § 935 Abs. 1 BGB. Nach dieser Vorschrift scheidet ein gutgläubiger
Erwerb aus, wenn die Sache dem Eigentümer abhandengekommen ist. Eigentümer waren gesamthänderisch alle Miterben. Abhandenkommen meint unfreiwilliger Verlust des
unmittelbaren Besitzes. Die Erben waren schlichte Mitbesitzer nach § 866 BGB.[20] Während ihrer Reise war ihr Besitz lediglich gelockert. Der Gläubiger hat ihnen unfreiwillig
den Besitz entzogen. Keiner der Miterben wusste, dass der Gläubiger das Gold aus dem
Schließfach entfernt. Eigentümer sind deshalb nach wie vor die Miterben in Erbengemeinschaft.

Natürlich sieht das Gesetz für den Pfändungsgläubiger Wege vor, auf redliche Weise zu   1174
seinem Geld zu kommen. Er muss die Erbengemeinschaft auseinandersetzen lassen
(§ 2042 BGB). Wie ausgeführt, ist dies jedoch schon von Gesetzes wegen mühselig.
Hinzu kommt, dass er sich als Fremder in eine meist familiäre Gemeinschaft drängt. Er
wird nicht immer mit offenen Armen empfangen. Deshalb lohnt sich nur sehr selten,
einen Miterbenanteil zu pfänden. Der Gläubiger sollte eine hohe Forderung haben. Andere Vollstreckungsmöglichkeiten sollten aussichtslos sein. Außerdem sollte der Gläubiger den Wert des Nachlasses kennen. Dieser sollte hoch sein.

---

17 BGHZ 52, 99, juris Rn. 7; BGH, Urt. v. 12.7.1968 – V ZR 29/66, juris Rn. 12.
18 Zur fehlenden Rechtsfähigkeit der Erbengemeinschaft: BGH, Urt. v. 11.9.2002 – XII ZR 187/00, juris
    Rn. 11.
19 OLG Köln, Beschl. v. 25.8.2014 – I-2 Wx 230/14, juris Rn. 11.
20 BGH, Urt. v. 10.1.1979 – VIII ZR 302/77, juris Rn. 12; BGH, Urt. v. 14.1.1993 – IX ZR 238/91, juris
    Rn. 12; vgl. ferner BGHZ 4, 77 = NJW 1952, 303 (304) und BGHZ 199, 227, Rn. 21.

18.2.2 Nachlassgläubiger

Grundsatz

1175   Der Grundsatz lautet: Gläubiger des Erblassers, Vermächtnisnehmer und Pflichtteilsberechtigte können zunächst nur in den Nachlass vollstrecken. Erst wenn der Erbe die Erbschaft angenommen hat, dürfen sie Gegenstände aus dessen Eigenvermögen pfänden (§ 778 Abs. 1 ZPO). Denn erst dann verschmelzen Nachlass und Privatvermögen des Erben. Dem Erben stehen aber Einreden zur Verfügung. Hierdurch kann er verhindern, dass Nachlassgläubiger sein Privatvermögen wegnehmen.[21]

❯ Map 18.1

Erblasserschuld, aber noch nicht tituliert
Alleinerbe

1176

Ramses hat eine Forderung gegen Cäsar in Höhe von 1000 Euro. Cäsar verfasst ein Testament. Er setzt Nero als Erben ein. Cleopatra vermacht er 2000 Euro. Fast das gesamte Hab und Gut Cäsars wird von Unbekannten gestohlen. Cäsar hat lediglich noch 1000 Euro auf seinem Konto. Außerdem hat er noch seine Kleidung, die er am Leib trägt. Darüber wird Cäsar so traurig, dass er am 10.10.2018 stirbt. Nero nimmt die Erbschaft an. Ramses verlangt von Nero, die noch offenen tausend Euro zu zahlen. Dem kommt Nero nach. Anschließend erhebt Cleopatra Klage gegen Nero. Sie verlangt von ihm 2000 Euro wegen des Vermächtnisses. Nero trägt vor, er sei nicht bereit, mit seinem Eigenvermögen zu haften. Der Nachlass sei nahezu aufgebraucht. Die Kleidung Cäsars stelle er Cleopatra zur Verfügung. Sie sei allerdings nahezu wertlos. Cleopatra erwidert, Nero könne die Kleidung verkaufen. Sie werde in einer Versteigerung 5000 Euro bringen. Sie selbst wolle sich hierum aber nicht kümmern. Dies sei Neros Aufgabe. Immerhin seien Nachlass und Eigenvermögen durch die Erbschaftsannahme verschmolzen.

---

21 Zur Vertiefung empfehlenswert: Joachim, ZEV 2005, 99.

❓ Worauf ist in den Entscheidungsgründen einzugehen? Wie lautet der Tenor?

✅ **Einrede der beschränkten Erbenhaftung**

In den Entscheidungsgründen ist zunächst auf das Vermächtnis einzugehen. Das Vermächtnis ist gemäß § 2174 BGB ein schuldrechtlicher Anspruch. Schuldner ist in der Regel der Erbe. Dies ist hier der Nero. Er erhebt konkludent die Überschwerungseinrede des § 1992 BGB. Der Wortlaut des § 1992 BGB ist missverständlich. Gemeint ist, dass der Erbe sich weigern kann, das Vermächtnis aus seinem Privatvermögen zu bezahlen. § 1992 BGB will den Erben vor der Freigiebigkeit des Erblassers schützen. Cäsar soll sich zudem nicht seiner Schulden bei Ramses entziehen können, indem er ein Vermächtnis einsetzt. Nero durfte Ramses vorrangig befriedigen.[22]

Hier liegt eine gefährliche Klausurfalle. Besteht das Vermächtnis, ist dem Zahlungsantrag stattzugeben. Die Einreden der §§ 1990 und 1992 BGB sind im Erkenntnisverfahren nicht zu prüfen. Allerdings enthält der Tenor eine weitere Ziffer. Sie lautet: „Dem als Erben verurteilten Beklagten bleibt die Beschränkung seiner Haftung auf den Nachlass des am [Todesdatum] verstorbenen [Erblassers] vorbehalten."[23] Die Ziffer wirkt sich im Vollstreckungsverfahren aus. Sie erlaubt dem Beklagten nämlich, eine besondere Art der Vollstreckungsabwehrklage zu erheben. Sie ist in § 785 ZPO geregelt. Die Vorschrift verweist auf die Vollstreckungsabwehrklage gemäß § 767 ZPO. Das ist teilweise systemwidrig. Sofern der Schuldner sich gegen die Vollstreckung in einen konkreten Gegenstand wendet, handelt es um eine Drittwiderspruchsklage.[24]

Gemeint ist Folgendes: Mit dem Urteil kann Cleopatra den Gerichtsvollzieher beauftragen, bei Nero zu pfänden. Der Gerichtsvollzieher darf bei Nero sämtliche pfändbaren Gegenstände pfänden. Das Vollstreckungsorgan prüft die Einreden der §§ 1990; 1992 BGB nicht. Der gepfändete Gegenstand muss nicht aus dem Nachlass herrühren. Stammt der Gegenstand aus dem Eigenvermögen Neros, muss Nero aktiv werden. Gemäß §§ 781; 785 ZPO muss er klagen.

§ 785 ZPO enthält strenggenommen zwei Arten von Klagen. Einmal beinhaltet er eine Vollstreckungsabwehrvariante. Mit ihr wehrt der Schuldner allgemein die Vollstreckung in sein Eigenvermögen ab. Mit der zweiten Variante wehrt der Schuldner sich gegen die Pfändung eines konkreten Gegenstands aus seinem Eigenvermögen. Es handelt sich faktisch um eine Drittwiderspruchsklage. Beide Varianten sollte Nero gemäß § 260 ZPO kombinieren. Er sollte beantragen: „Die Zwangsvollstreckung aus dem Urteil des [Erkenntnisgerichts, Datum, Aktenzeichen] in das nicht zum Nachlass Cäsars gehörende Vermögen des Klägers und die am … erfolgte Pfändung in [gepfändeter Gegenstand] werden für unzulässig erklärt."

Erst jetzt muss Nero vortragen, dass es sich um eine Nachlassforderung handelt und der Nachlass nicht ausreicht, um die Forderung zu decken. Bei streitigem Sachverhalt muss er beweisen, dass der gepfändete Gegenstand aus seinem Eigenvermögen herrührt. Kann er dies nicht, hat er Pech. Erst im Rahmen der Klage

1177

---

22 Vgl. auch § 5 AnfG i. V. m. § 4 AnfG i. V. m. § 327 Nr. 2 InsO und §§ 1991 Abs. 4; 1992 Satz 1 BGB.
23 Vgl. ferner §§ 302; 305 ZPO.
24 Kritisch auch Behr, Rpfleger 2002, 2 (4).

nach § 785 ZPO wird also geprüft, ob die Einreden der §§ 1990; 1992 BGB begründet sind. Das Problem wird also vom Erkenntnis- auf das Zwangsvollstreckungsverfahren verschoben.[25] Gemäß § 780 ZPO kann der als Erbe des Schuldners verurteilte Beklagte die Beschränkung seiner Haftung aber nur geltend machen, wenn sie ihm im Urteil vorbehalten ist. Nero muss die Einrede also bereits im Erkenntnisverfahren erheben. Dies hat er getan.

1178   Nach dem BGH hat der Vorbehalt im Erkenntnisverfahren zwei Voraussetzungen.[26] Nur diese sind in den dortigen Entscheidungsgründen zu erörtern.

ⓘ Prüfungsschema Einrede der beschränkten Erbenhaftung

1.) Der Beklagte wird als Erbe in Anspruch genommen.
2.) Der Beklagte erhebt die Einrede aus § 1990 oder § 1992 BGB.

Der Tenor im hiesigen Erkenntnisverfahren lautet deshalb:

1.) Der Beklagte wird verurteilt, an die Klägerin 2000 Euro zu zahlen.
2.) [Kosten]
3.) [Vorläufige Vollstreckbarkeit]
4.) Dem als Erben verurteilten Beklagten bleibt die Beschränkung seiner Haftung auf den Nachlass des am 10.10.2018 verstorbenen Cäsar vorbehalten.

❗ Merke: Erhebt der Beklagte die Einrede aus § 1990 oder 1992 BGB muss im Erkenntnisverfahren *nicht* geprüft werden, ob der Nachlass ausreicht, um die klägerische Forderung zu befriedigen.

Klausurtipp

Möglicherweise wird in einer derartigen Anwaltsklausur im Erkenntnisverfahren der Beklagte vertreten. Dann sollte man unbedingt die Überschwerungseinrede des § 1992 BGB erheben.[27] Dies gilt selbst dann, wenn der Nachlass vermeintlich ausreicht, um alle Gläubiger zu befriedigen. Denn der Rechtsanwalt muss immer den sichersten Weg wählen. Der Mandant kann nie sicher sein, dass nicht irgendwann ein bislang unbekannter Gläubiger an seiner Tür klopft.

Steht man auf Seiten des Gläubigers, erhebt der Gegner möglicherweise die Einrede aus § 1990 oder § 1992 BGB. Dann sollte man den eigenen Antrag reduzieren. Man sollte nur noch Vollstreckung in den Nachlass verlangen. Auf diese Weise lassen sich unnötige Kosten im Vollstreckungsverfahren vermeiden.[28]

---

25 OLG Koblenz, Urt. v. 31.5.2005 – 3 U 1313/04 = NJW-RR 2006, 377, 378.
26 Deutlich: BGH, Urt. v. 2.2.2010 – VI ZR 82/09 = NJW-RR 2010, 664 m. w. N.; ebenso: BAG Urt. v. 12.11.2013 – 9 AZR 646/12, Rn. 16.
27 Vgl. BGH, Urt. v. 11.7.1991 – IX ZR 180/90 = NJW 1991, 2839 (2840) u. v. 2.7.1992 – IX ZR 256/91 = NJW 1992, 2694.
28 Joachim, ZEV 2005, 99 (101).

Erbengemeinschaft

> **Map 18.2**

Denkbar ist auch, dass der Klausurbearbeiter in die Rolle eines Gläubigervertreters   1179
schlüpfen soll. Dann kann es sein, dass der Schuldner des Mandanten von einer Erbengemeinschaft beerbt wurde. Die Miterben müssen nach § 1967 BGB den Anspruch des
Mandanten erfüllen.

In der Zweckmäßigkeit stellt sich die Frage, wer zu verklagen ist. Die Erbengemeinschaft ist nicht rechtsfähig und damit auch nicht parteifähig (§ 50 Abs. 1 ZPO).[29] Es wäre
ein schwerer Fehler, sie zu verklagen. Vielmehr sind einzelne oder alle Erben zu verklagen.
Wer genau, richtet sich auch nach den Vollstreckungsaussichten.

Der Gläubiger kann nämlich zwischen der sogenannten Gesamthandsklage und der
Gesamtschuldklage wählen. Verklagt der Mandant nur einen einzelnen Miterben, handelt es sich regelmäßig um eine Gesamtschuldklage. Das bedeutet, der Gläubiger nimmt
einzelne Erben auf die gesamte Leistung in Anspruch. Materiellrechtlich ist dies meist
möglich. Denn gemäß § 2058 BGB haften die Erben als Gesamtschuldner. Und nach
§ 421 BGB kann der Mandant nach Belieben mehrere oder nur einen Miterben in Anspruch nehmen. In den ungeteilten Nachlass kann er allerdings nur vollstrecken, wenn
er alle Miterben verklagt. Dies ergibt sich aus den §§ 747 ZPO; 2059 Abs. 2 BGB.

Gesetzt den Fall, im Nachlass befindet sich eine wertvolle Münzsammlung. Der   1180
Mandant will schnell Geld. Dann ist es sinnvoll, die Münzsammlung zu pfänden und zu
versteigern. In diesem Fall muss der Erblasser alle Miterben verklagen. § 747 ZPO erlaubt dies sowohl mit der Gesamtschuld- als auch mit der sogenannten Gesamthandsklage. Die Gesamthandsklage ist in § 2059 Abs. 2 BGB geregelt. Sie hat mehrere Nachteile. Zum einen kann man aus dem Titel nicht mehr erfolgreich vollstrecken, sobald die
Erbengemeinschaft auseinandergesetzt ist. Denn dann fehlt jegliche Haftungsmasse.
Zum anderen kann der Mandant mit der Gesamthandsklage nicht auf das Eigenvermögen der Erben zugreifen. Das ergibt sich schon aus dem Wortlaut des § 2059 Abs. 2 BGB
„Befriedigung aus dem ungeteilten Nachlass".

Ein weiterer Vorteil der Gesamtschuldklage ist ihr Druckpotential. Immerhin droht   1181
dem Miterben die Vollstreckung in sein privates Hab und Gut. Das steigert seine Erfül-
lungs- und Vergleichsbereitschaft. Allerdings kann der Miterbe dem Gläubiger auch bei
der Gesamtschuldklage sein Privatvermögen versperren. Das ergibt sich aus § 2059
Abs. 1 Satz 1 BGB. Hat beispielsweise einer der Miterben viel Geld auf seinem Konto, ist
dies für den Mandanten als Vollstreckungsobjekt interessant. Der Miterbe kann aber im
Erkenntnisverfahren die Einrede aus § 2059 Abs. 1 Satz 1 BGB erheben. Dann wird er
nur unter obigem Vorbehalt der Haftungsbeschränkung verurteilt. Das bedeutet, der
Miterbe kann Vollstreckungsabwehrklage aus § 785 ZPO erheben.

Die Gesamtschuldklage gegen einzelne Miterben hat einen weiteren Nachteil. Denn
gemäß § 747 ZPO kann der Mandant nicht direkt auf den Nachlass zugreifen. Die dem
Erblasser gehörende Münzsammlung kann der Mandant erst pfänden, wenn die Erbengemeinschaft sie dem verklagten Erben im Wege der Auseinandersetzung zugewiesen

---

29 BGH, Urt. v. 11.9.2002 – XII ZR 187/00, juris Rn. 12.

hat. Dies ergibt sich aus § 859 Abs. 2 i. V. m. Abs. 1 Satz 2 ZPO. Nur wenn der Gläubiger alle Miterben – auf welche Art auch immer – verklagt, kann er in den ungeteilten Nachlass vollstrecken. Allerdings steigen mit zunehmender Zahl der Klagegegner die Prozessrisiken. Stets besteht etwa die Gefahr, dass doch noch ein Testament gefunden wird, wonach einzelne Miterben enterbt sind.

1182   Die Vor- und Nachteile der jeweiligen Klageart sind in der Zweckmäßigkeit zu erörtern. Es kommt darauf an, in welcher Vermögensmasse sich die wertvollsten Gegenstände befinden. Außerdem stellt sich die Frage, wie schnell der Mandant Geld möchte. Hier wird der Klausurersteller vermutlich mit dem Zaunpfahl winken. Die Einzelheiten sind dargestellt auf der Mindmap.

Meist ist die Gesamtschuldklage vorteilhafter. Manchmal muss der Gläubiger jedoch Gesamthandsklage erheben. Das ist der Fall, wenn die Erben in ihrer Eigenschaft als Gesamthänder erfüllen müssen.

Beispiel

Der Erblasser hat dem Mandanten ein Grundstück vermacht (§§ 2147; 2174 BGB). Alle Miterben weigern sich, es dem Mandanten aufzulassen (§ 925 BGB). Hier muss der Mandant Gesamthandsklage erheben.[30]

Umgekehrt ist nur die Gesamtschuldklage sinnvoll, wenn die aktive Erbmasse bereits verteilt ist.

Die Haftungsart sollte im Klageantrag zum Ausdruck kommen.

Formulierungsvorschlag für die Gesamtschuldklage
Die Beklagten werden als Gesamtschuldner verurteilt, an die Klägerin 8000 Euro zu zahlen.

Formulierungsvorschlag für die Gesamthandsklage
Die Beklagten werden als gesamthänderisch haftende Miterben nach am 24.12.2017 verstorbenen Karl Müller verurteilt, wegen einer Forderung von 8000 Euro die Zwangsvollstreckung der Klägerin in dessen Nachlass zu dulden.

Wird der Beklagte vertreten, sollte man im Falle einer Gesamtschuldklage die Einrede aus § 2059 Abs. 1 BGB erheben. Das gilt natürlich nur, sofern der Nachlass noch ungeteilt ist. Bei einer Gesamthandsklage ist die Einrede nicht erforderlich. Schließlich will der Erbe mit ihr sein Privatvermögen schützen. Mit einem Gesamthandsurteil kann der Gläubiger jedoch ohnehin nicht in das Privatvermögen des Erben vollstrecken.

Ein weiteres Spezialproblem soll kurz angesprochen werden.

---

30   BGH, Urt. v. 24.4.1963 – V ZR 16/62 = NJW 1963, 1611 (1612) u. v. 28.9.1994 – IV ZR 95/93, juris Rn. 29.

Ausgangsfall

A, B und C sind zu je 1/3 Miterben. Ein Gläubiger hat im Wege der Gesamthandsklage einen Titel erwirkt. Der Gläubiger pfändet einen Nachlassgegenstand. C erhebt alleine und im eigenen Namen Vollstreckungsabwehrklage. Seine Miterben informiert er nicht. Er begründet die Klage damit, die Erbengemeinschaft habe gemäß § 326 BGB erfüllt.

❓ Ist die Vollstreckungsabwehrklage zulässig?

✅ Nein. C ist nicht prozessführungsbefugt. Die Prozessführungsbefugnis erfordert grundsätzlich, dass der Kläger ein eigenes Recht im eigenen Namen geltend macht. C wendet sich im eigenen Namen gegen die Vollstreckung. Der Titel besteht aber nicht gegen C, sondern gegen die Erbengemeinschaft. Deren Rechte macht C geltend. C ist mit der Erbengemeinschaft nicht identisch. Er ist lediglich zu einem Drittel an ihr beteiligt. Somit macht er ein fremdes Recht im eigenen Namen geltend. Für diese Prozessstandschaft benötigt er eine Ermächtigung analog § 185 BGB. Eine solche fehlt. Deshalb ist C nicht prozessführungsbefugt.

Abwandlung

1184

Die Erbengemeinschaft hat nicht erfüllt. C rechnet aber mit einem Anspruch der Erbengemeinschaft gegen den Gläubiger auf.

❓ Ist die Vollstreckungsabwehrklage zulässig?

▶ **Map 2.7**

✅ Ja, C kann Vollstreckungsabwehrklage erheben. Er ist prozessführungsbefugt.[31] C klagt im Wege der gesetzlichen Prozessstandschaft. Dies ergibt sich aus § 2039 Satz 1 BGB. Nach dieser Vorschrift kann ein einzelner Minderheitserbe einen Anspruch der Erbengemeinschaft einklagen. Wenn er ihn einklagen darf, muss er erst recht mit ihm aufrechnen dürfen. Denn die Aufrechnung ist eine einfachere Befriedigungsmöglichkeit. Wenn C aber aufrechnen darf, muss er auch die Rechtsfolgen der Aufrechnung durchsetzen können. Eine Möglichkeit ist die Vollstreckungsabwehrklage.

Abschließend der umgekehrte Fall

1185

Der Gläubiger hat keinen Titel. Miterbe C klagt gemäß § 2039 Satz 1 BGB den Anspruch der Erbengemeinschaft alleine ein. Er erwirkt einen Titel. Der Gläubiger bezahlt. C vollstreckt gleichwohl.

❓ Gegen wen sollte der Gläubiger Vollstreckungsabwehrklage erheben?

✅ Der Gläubiger kann und sollte gegen C alleine Vollstreckungsabwehrklage erheben. A und B braucht er nicht mitzuverklagen. Denn C ist der alleinige Titelgläubiger.

---

31 Vgl. BGHZ 167, 150, Rn. 7 mit zust. Anm. Eberl-Borges, LMK 2006, 193446.

> ⊕ Merke: Die Begriffe Prozessstandschaft und Stellvertretung sind zu trennen. Bei
> der Stellvertretung fordert der Kläger ein fremdes Recht in *fremdem* Namen ein.
> Er ist sozusagen nur der verlängerte Arm eines anderen. Bei der Prozessstand-
> schaft macht der Kläger ein fremdes Recht im *eigenen* Namen geltend. Er benutzt
> gewissermaßen seinen eigenen Arm.

Testamentsvollstrecker

1186   Eine Besonderheit besteht wiederum, wenn der Erblasser einen Testamentsvollstrecker
eingesetzt hat. Gemäß § 748 Abs. 1 ZPO benötigt der Nachlassgläubiger einen Titel gegen den Testamentsvollstrecker. Er muss diesen also verklagen. Andernfalls stehen ihm
Nachlassgegenstände erst zur Verfügung, wenn die Testamentsvollstreckung abgeschlossen ist. Das kann dauern (vgl. § 2210 BGB).[32]

Für den Pflichtteilsanspruch enthält § 748 Abs. 3 ZPO noch speziellere Voraussetzungen. Die Vorschrift widerspricht scheinbar § 2213 Abs. 1 Satz 3 BGB. Gemeint ist:
Der Pflichtteilsberechtigte muss den Erben auf Zahlung verklagen. Er darf und sollte
aber den Testamentsvollstrecker auf Duldung der Zwangsvollstreckung mitverklagen.[33]
Andernfalls kann er nicht in den Nachlass vollstrecken.

Formulierungsvorschlag

1. Der Beklagte zu 1 [Erbe] wird verurteilt, an den Kläger 1000 Euro zu zahlen.
2. Der Beklagte zu 2 [Testamentsvollstrecker] wird verurteilt, die Zwangsvollstreckung in Höhe von 1000 Euro in den Nachlass des am 01.11.2018 verstorbenen
   Erwin Erblasser zu dulden.

Bereits zu Lebzeiten des Erblassers titulierte Schuld

⊙ Map 18.1

Weitervollstreckung

1187   Der Gläubiger des Erblassers soll durch dessen Tod keinen Nachteil erleiden. Deshalb
bestimmt § 779 Abs. 1 ZPO, dass er weitervollstrecken darf. Als Haftungsmasse steht
ihm aber nur der Nachlass zur Verfügung.

§ 779 ZPO ist wörtlich zu lesen. Es genügt, dass der Gläubiger zu Lebzeiten des Erblassers irgendeine Vollstreckungsmaßnahme ergriffen hat. Es muss sich nicht um dieselbe Maßnahme handeln, die er nunmehr beantragt.[34]

---

32 Für den Insolvenzverwalter: BGHZ 167, 352, Rn. 12. Vgl. ferner VGH Mannheim, Beschl. v.
    21.12.2017 – 10 S 1972/17 = BeckRS 2017, 137192 Rn. 10.
33 BGH, Urt. v. 3.12.1968 – III ZR 2/68 = NJW 1969, 424 (425).
34 BGHZ 182, 293, Rn. 11; OLG München, Beschl. v. 20.11.2013 – 31 Wx 413/13, juris Rn. 9, LG
    Dortmund, Beschl. v. 2.11.1972 – 9 T 417/72 = NJW 1973, 374; § 52 Abs. 1 Satz 2 GVGA.

Beispiel

Der Gläubiger hat dem Erblasser bereits die Vermögensauskunft abnehmen lassen. Nunmehr möchte er in ein Konto des Verstorbenen pfänden. Dies ist möglich.

Der Gläubiger muss den Titel nicht auf den Erben umschreiben lassen.[35] Denn dazu wäre nötig, dass der Erbe die Erbschaft angenommen hat. Dies ist nach Wortlaut und Zweck des § 779 Abs. 1 ZPO gerade nicht erforderlich. § 779 Abs. 1 ZPO möchte das Verfahren zugunsten des Gläubigers beschleunigen.

 **Merke: § 779 Abs. 1 ZPO erfordert keine Rechtsnachfolgeklausel.**

Der Gläubiger darf also in jedem Fall weitervollstrecken. Dies gilt auch, wenn der Erbe die Erbschaft noch nicht angenommen hat.[36] Dann muss aber irgendjemand den späteren Erben vertreten. Denn oft muss der Schuldner an der Zwangsvollstreckung mitwirken. Etwa muss ein Pfändungs- und Überweisungsbeschluss gemäß §§ 829 Abs. 2; 835 Abs. 3 ZPO an den Erben zugestellt werden. Pfändet der Gläubiger aus dem Nachlass eine Uhr, muss der Erbe gemäß § 808 Abs. 3 ZPO benachrichtigt werden. In beiden Fällen muss der Schuldner = Erbe eine Information entgegennehmen. Während der Ausschlagungsfrist ist aber unklar, wer Erbe wird. Deswegen sieht § 779 Abs. 2 ZPO vor, dass eine Person den Erben vertritt. Dies kann ein Nachlasspfleger (§ 1961 BGB) oder ein Testamentsvollstrecker (§ 2197 BGB) sein. Existiert beides nicht, bestellt der Rechtspfleger einen sogenannten besonderen Vertreter.[37] Der jeweilige Vertreter darf alles, was der Erbe dürfte. Sein Amt endet, sobald der Erbe zugezogen werden kann. Detailkenntnisse sind in der Klausur nicht nötig.[38]

§ 779 Abs. 1 ZPO sollte man indessen genauer kennen. Die Regelung kann versteckt zu prüfen sein.

1188

▶ **Map 7.3**

Beispiel

Der Aktenauszug beinhaltet ein gegen den Erblasser ergangenes Urteil. Eine Seite weiter findet sich ein Vermögensverzeichnis des Erblassers (§ 802d ZPO). Darin nennt er ein Konto. Als Drittes enthält der Aktenauszug einen gegen die Erbin gerichteten PfÜB. Gepfändet wird in das vom Erblasser im Vermögensverzeichnis angegebene Konto. Der Gläubiger erhebt Einziehungsklage gegen die Bank. Inzident ist die Wirksamkeit des PfÜB zu prüfen. Hier werden viele Bearbeiter in die Falle tappen. Sie werden den PfÜB für nichtig halten, weil es an einem Titel gegen die Erbin fehlt.[39] Das ist falsch. § 779 Abs. 1 ZPO überwindet die fehlende Parteiidentität. Am Vermögensverzeichnis kann der Klausurbe-

---

35 BGHZ 182, 293, Rn. 7.
36 Behr, Rpfleger 2002, 2 (3).
37 § 20 Abs. 1 Nr. 17 RPflG; im Detail: OLG München, Beschl. v. 20.11.2013 – 31 Wx 413/13.
38 Zu diesem Thema für den Berufseinstieg als Rechtsanwalt: Behr, JurBüro 1996, 120 (121).
39 Siehe oben Rn. 621.

arbeiter erkennen, dass die Zwangsvollstreckung bereits zu Lebzeiten des Erblassers begonnen hat. Denn ein Toter kann keine Vermögensauskunft abgeben.

1189   Vollstreckt der Gläubiger verbotswidrig in Eigenvermögen, kann der Rechtsinhaber Drittwiderspruchsklage erheben. Daneben kann er Erinnerung einlegen. Verletzte Verfahrensvorschrift ist § 779 Abs. 1 ZPO.

Sind die Vermögensmassen bereits verschmolzen, muss der Erbe gleichwohl nicht immer mit seinem Eigenvermögen haften. Er kann die Einreden der §§ 1990; 1992 BGB erheben. Dies erfolgt gemäß § 785 ZPO im Wege der Vollstreckungsabwehrklage. Zwar sieht § 780 ZPO vor, dass der Erbe des Schuldners die Beschränkung seiner Haftung nur geltend machen kann, wenn sie ihm im Erkenntnisverfahren vorbehalten ist. Die Vorschrift betrifft aber nach ihrem Wortlaut nur den als Erbe des Schuldners verurteilten Beklagten. Verurteilt wurde der Erblasser, nicht der Erbe. Gegen ihn gab es kein Erkenntnisverfahren. § 780 ZPO betrifft deshalb nicht den Fall, dass der Titel bereits gegen den Erblasser ergangen ist.

Erstmalige Vollstreckung nach dem Erbfall

1190   Angenommen, der Gläubiger erwirkt einen Titel gegen den Erblasser. Nunmehr stirbt der Erblasser. Jetzt möchte der Gläubiger erstmals gegen den Erben vollstrecken. Dann muss er den Titel gemäß § 727 ZPO umschreiben lassen. Vorher darf der Gläubiger gemäß § 750 Abs. 1 ZPO nicht gegen ihn vollstrecken. Für die Rechtsnachfolgeklausel benötigt der Gläubiger regelmäßig einen Erbschein (§ 2353 BGB).[40] § 792 ZPO gewährt ihm ein Antragsrecht.[41]

Beispiel für eine Rechtsnachfolgeklausel

Vorstehende Ausfertigung wird dem Kläger zum Zwecke der Zwangsvollstreckung gegen [Erben] als Rechtsnachfolger des Beklagten erteilt. Die Rechtsnachfolge wurde nachgewiesen durch Erbschein.

Gruber, Rechtspfleger

Nach § 750 Abs. 2 ZPO muss dem Erben die Rechtsnachfolgeklausel zugestellt werden. Fehlt eins von beidem, kann der Erbe Erinnerung gemäß § 766 ZPO einlegen.

Möglicherweise hat der Erblasser Testamentsvollstreckung angeordnet. Dann kann der Gläubiger den Titel nach § 749 ZPO auf den Testamentsvollstrecker umschreiben lassen. Mit diesem kann der Gläubiger allerdings nicht in das Eigenvermögen des Erben vollstrecken (§ 749 Satz 2 ZPO).

1191   Als Anwaltsklausur kann sich folgende Konstellation stellen: Das Gericht hat auf den Mandanten eine Klausel umgeschrieben. Er sei Erbe und damit Rechtsnachfolger des Schuldners. Der Mandant hält die Klausel für falsch. Er behauptet, er sei nicht der Erbe. Hier sind zunächst in der Rechtsbehelfsstation Ausführungen nötig. Es ist ganz kurz auf die Klauselerinnerung gemäß § 732 ZPO einzugehen. Sie wird in der Klausur vermutlich nicht statthaft sein. Sie ist nämlich nur bei formellen Einwänden zulässig.[42]

---

40 Wahlweise auch Klauselerteilungsklage nach § 731 ZPO, VGH Baden-Württemberg, Urt. v. 12.11.2002 – 10 S 1198/02, juris Rn. 20.
41 Zum Antragsinhalt siehe § 352 FamFG.
42 Siehe oben Rn. 350 und unten Rn. 1085.

Ein formeller Einwand ist etwa, dass das Urteil entgegen § 311 Abs. 2 ZPO nicht verkündet wurde. Ein formeller Fehler wäre auch, wenn der Urkundsbeamte der Geschäftsstelle anstelle des Rechtspflegers die Rechtsnachfolgeklausel erteilt hätte. § 724 Abs. 2 ZPO erlaubt dies dem Urkundsbeamten nur für die einfache Klausel. In der Klausur werden jedoch materielle Fragen zu prüfen sein. Hierzu zählt etwa die Erbfolge. Statthaft ist hier die Klauselgegenklage gemäß § 768 ZPO.[43] Nunmehr ist die Erbfolge zu prüfen.

Ist Schuldner eine Erbengemeinschaft, kann der Gläubiger den Titel nach seiner   1192
Wahl auf einen oder mehrere Miterben umschreiben lassen.[44] Das ergibt sich aus §§ 2058 BGB; 727 ZPO. Um in ungeteilte Nachlassgegenstände zu vollstrecken, benötigt er eine Rechtsnachfolgeklausel gegen alle Miterben. Das ergibt sich aus § 747 ZPO.[45]

---

43 Siehe dazu oben Rn. 1081.
44 BayObLG, Beschl. v. 19.5.1970 – BReg. 2 Z 32/70 = NJW 1970, 1800 (1801).
45 Behr, Rpfleger 2002, 2 (4).

Die Gläubigeranfech-tungsklage

© Springer-Verlag GmbH Deutschland, ein Teil von Springer Nature 2020
M. Duchstein, *Zwangsvollstreckungsrecht*, Springer-Lehrbuch,
https://doi.org/10.1007/978-3-662-59444-5_19

19.1 Klausurrelevanz

1193   Um auf Nummer sicher zu gehen, soll kurz auf die Anfechtungsklage nach dem Anfechtungsgesetz eingegangen werden. Sie ist wenig klausurrelevant. Es mag im Examen um einen anfechtbaren Rechtserwerb gehen. Dann ist er meist inzident im Rahmen der Drittwiderspruchsklage zu prüfen. Gleichwohl kann auch die Anfechtungsklage in seltenen Fällen Prüfungsgegenstand sein. Ihre Begründetheit wurde bereits im Rahmen der Drittwiderspruchsklage dargestellt.[1] Noch zu behandeln sind Zulässigkeit und Formalien.

1194   ## 19.2 Situation

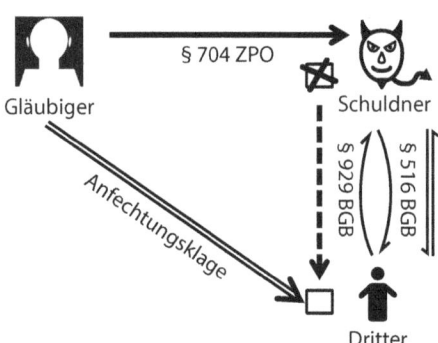

Das einfachste Beispiel für die Anfechtungsklage ist folgende Konstellation: Der Gläubiger hat ein Zahlungsurteil erwirkt. Der Schuldner verschenkt, übereignet und übergibt Vermögensgegenstände an einen Dritten. Der Gläubiger versucht, beim Schuldner zu pfänden. Bei diesem ist aber nichts mehr zu holen. Nun will der Gläubiger beim Dritten pfänden. Grundsätzlich kann er das nicht. Denn er hat keinen Titel gegen den Dritten. Ein solcher ist nach § 750 Abs. 1 ZPO erforderlich. Der Gläubiger muss den Dritten verklagen. Hierzu benötigt er einen Anspruch. Das BGB gibt ihm keinen. Unter bestimmten Umständen kann er sich jedoch auf das Anfechtungsgesetz stützen. In diesem Fall entsteht zwischen ihm und dem Dritten ein gesetzliches Schuldverhältnis. Aus diesem erwächst das Recht, den weggegebenen Gegenstand zu verwerten.[2] Freilich bedarf es eines Anfechtungsgrunds. Er ergibt sich aus § 4 AnfG. Der Schuldner hat den Gegenstand unentgeltlich weggegeben.

1195   Die Rechtsfolge der Anfechtung enthält § 11 Abs. 1 Satz 1 AnfG: Der Dritte muss dem Gläubiger den Gegenstand zur Verfügung stellen. Diese Formulierung ist missverständlich. Der Dritte muss den Gegenstand nicht dem Gläubiger übergeben. Vielmehr ist „zur Verfügung stellen" nach seinem Zweck auszulegen. Der Gläubiger soll in den Gegenstand vollstrecken dürfen. Er darf aber nicht mehr Rechte haben, als er gegen den Vollstreckungsschuldner hätte.[3] Der Vollstreckungsschuldner müsste einen pfändbaren

---

1   Siehe oben Rn. 545 ff.
2   BGH, Urt. v. 19.9.1991 – IX ZR 69/90, juris Rn. 31.
3   Müller-Christmann, jurisPR-BKR 5/2014 Anm. 4.

Gegenstand nicht dem Gläubiger übergeben. Vielmehr müsste der Vollstreckungsschuldner nur dulden, dass der Gerichtsvollzieher das Objekt pfändet und versteigert.
Das Gleiche muss der Dritte. Deshalb lautet der Klageantrag regelmäßig, dass der Dritte
die Zwangsvollstreckung in den Gegenstand dulden muss.[4] § 13 AnfG deutet dies an.
Wenn dies nach der Prüfungsordnung gestattet ist, kann man sich § 1147 BGB an § 13
AnfG kommentieren. Denn auch eine Hypothek gewährt einen Anspruch auf Duldung
der Zwangsvollstreckung.

> **Merke:** Mit einem Anfechtungsurteil kann der Gläubiger bei einem Dritten in das
> ehemalige Schuldnervermögen vollstrecken.

19.3 Zulässigkeit

> **Map 19.1**   1196
>
> In der Zulässigkeit ist stets auf Statthaftigkeit, Zuständigkeit, Anfechtungsberechti-
> gung und den bestimmten Antrag einzugehen.

19.3.1 Statthaftigkeit

Formulierungsvorschlag im Urteilsstil   1197
Die Anfechtungsklage ist statthaft. Gemäß § 1 Abs. 1 AnfG ist die Anfechtungsklage
außerhalb des Insolvenzverfahrens bei Rechtshandlungen eines Schuldners
statthaft, die seine Gläubiger benachteiligen. Diese Voraussetzungen liegen vor. Der
Kläger behauptet, der Beklagte habe das streitgegenständliche Fahrzeug durch eine
Schenkung im Sinne des § 4 AnfG erlangt. Das übrige Vermögen des Schuldners sei
unpfändbar. Über das Vermögen des Schuldners wurde noch nicht im Sinne von
§ 16 AnfG das Insolvenzverfahren eröffnet.

19.3.2 Zuständigkeit

Örtlich zuständig ist das Gericht am allgemeinen Gerichtsstand des Dritten. Man nennt   1198
ihn auch Anfechtungsgegner. Die §§ 24, 29 und 32 ZPO sind nicht anwendbar.[5]
Für die sachliche Zuständigkeit gelten obige Ausführungen zur Drittwiderspruchsklage entsprechend.[6] Maßgebend ist, was weniger wert ist, titulierte Forderung oder
übertragener Gegenstand. Das ergibt sich aus § 6 ZPO analog.

---

4   Huber, ZIP 1998, 897 (903).
5   OLG Celle, Urt. v. 11.7.1986 – 8 U 202/85= MDR 1986, 1031.
6   Siehe oben Rn. 457 ff.

19.3.3 **Anfechtungsberechtigung**

1199   Bei der Anfechtungsberechtigung ergeben sich Besonderheiten. Im Rahmen der Anfechtungsklage handelt es sich um einen Prüfungspunkt bei der Zulässigkeit. § 2 AnfG
konkretisiert insoweit das Rechtsschutzbedürfnis.[7]

Der Gläubiger muss erfolglos versucht haben, beim Schuldner zu vollstrecken.
Alternativ genügt, wenn anzunehmen ist, dass jeglicher Versuch aussichtslos ist.
Faktische Hindernisse genügen (z. B. das gesamte Schuldnervermögen befindet
sich im Ausland).[8] Das ergibt sich aus dem Wortlaut und den kurzen Anfechtungs-
fristen.

1200   Die Unzulänglichkeit des Schuldnervermögens muss der Gläubiger darlegen und
beweisen.[9] Das gelingt ihm regelmäßig mit einem Vermögensverzeichnis im Sinne von
§§ 802c; 802k ZPO. Alternativ genügt ein Pfandabstandsprotokoll im Sinne von § 762
ZPO.[10] Darin bescheinigt der Gerichtsvollzieher, dass er beim Schuldner keine pfändbaren Gegenstände gefunden hat.[11] Manche sprechen auch von Fruchtlosigkeitsbe-
scheinigung.

> **Klausurtipp**
>
> Hier kann in der Anfechtungsklage inzident die Pfändbarkeit von Gegenständen nach
> den §§ 811 ff; 850c ff. ZPO zu prüfen sein, um die es dem Gläubiger eigentlich gar
> nicht geht. Schließlich muss sich der Gläubiger nach § 2 AnfG vorrangig aus dem
> Schuldnervermögen befriedigen. Grundsätzlich steht ihm dazu jeder einzelne
> Gegenstand des Schuldners zur Verfügung. Voraussetzung ist aber, dass dieser
> pfändbar ist.

Verleiht der Schuldner eine wertvolle Sache, ist die Anfechtungsklage nach hiesiger Auffassung nicht zulässig. In diesem Fall ist anzunehmen, dass „die Zwangsvollstreckung in das Vermögen des Schuldners zu einer vollständigen Befriedigung
des Gläubigers führen würde". Zum Vermögen des Schuldners gehört nämlich dessen Rückgabeanspruch aus § 604 BGB. Der Gläubiger kann ihn nach § 846 ZPO
pfänden.

Noch ungeklärt ist die Situation, wenn der Schuldner sein Arbeitsentgelt eines ausländischen Arbeitgebers auf ein Konto eines Familienangehörigen zahlen lässt. Rechtsprechung und bisherige Literatur äußern sich hierzu nicht deutlich. Muss der Gläubiger den Anspruch des Schuldners gegen den Kontoinhaber auf Herausgabe aus § 667
BGB pfänden? Das darf er auf jeden Fall.[12] Er kann anschließend gegen den Kontoinhaber Einziehungsklage erheben. Die Möglichkeit einer Anfechtungsklage sperrt die

---

7   BGH, Urt. v. 2.3.2000 – IX ZR 285/99, juris Rn. 13.
8   OLG Köln, Urt. v. 21.9.1983 – 2 U 63/82 = ZIP 1983, 1316 (1319).
9   BGH, Urt. v. 22.9.1982 – VIII ZR 293/81, juris Rn. 15 u. v. 27.9.1990 – IX ZR 67/90, juris Rn. 5;
    Alexander Riedel, ZfIR 2017, 201 (200 f.).
10 BGH, Urt. v. 22.9.1982 – VIII ZR 293/81, juris Rn. 14; App, DGVZ 2001, 145 (146).
11 § 86 Abs. 6 GVGA.
12 Siehe oben Rn. 665.

Pfändung nicht. Aber kann der Gläubiger alternativ den Kontoinhaber direkt nach § 13 AnfG verklagen? Insolvenzrechtlich werden vergleichbare Fragen oft beim Prüfungspunkt „Gläubigerbenachteiligung" diskutiert. Im Anwendungsbereich des AnfG ist es sauberer, sie bereits in der Zulässigkeit zu verorten. Nach hiesiger Auffassung muss der Gläubiger vorrangig den Herausgabeanspruch pfänden.[13] Nur soweit der Anspruch aus tatsächlichen Gründen nicht zu realisieren ist, ist die Anfechtungsklage zulässig. Der Wortlaut des § 2 AnfG ist eindeutig.

19.3.4 Bestimmter Antrag

 Map 19.4

Die Anforderungen an den Klageantrag regelt unter anderem § 13 AnfG. Der Kläger 1201 muss angeben, aus welchem Titel wegen welchem noch offenen Betrag in welchen Gegenstand er gegen den Dritten vollstrecken will.[14]

> **Formulierungsvorschlag[15]**
> Der Beklagte wird verurteilt, wegen einer Forderung des Klägers in Höhe von … Euro auf Grund des [genaue Bezeichnung des Titels gegen den Vollstreckungsschuldner] die Zwangsvollstreckung in [genaue Bezeichnung des Gegenstands] zu dulden.

Dieser Formulierungsvorschlag entspricht dem Ideal. Einen ungenauen Antrag muss das Gericht nach allgemeinen Regeln auslegen. Hierzu darf es die Klagebegründung heranziehen.[16]

Merke: Keinesfalls darf man in der Anwaltsklausur Herausgabe an den Vollstreckungsgläubiger beantragen. Bevor der Schuldner den Gegenstand übertragen hat, konnte der Gläubiger diesen auch nicht herausverlangen. Er konnte ihn nur pfänden lassen. Gegen den Dritten darf der Gläubiger keine bessere Stellung erhalten als zuvor gegen den Schuldner.

Oft stellt der Kläger hilfsweise einen normalen Zahlungsantrag. Dieser rechtfertigt sich aus § 11 Abs. 1 Satz 2 AnfG. Der Dritte haftet auf Wertersatz, wenn er den Gegenstand weggibt. Er kann sich nach §§ 818 Abs. 4; 819 Abs. 1 BGB nicht auf Entreicherung berufen.

Eventuell hat der Schuldner dem Dritten Geld anfechtbar übertragen. Dann darf der Gläubiger auf Zahlung klagen. Der Gläubiger darf anschließend in das gesamte Vermögen des Dritten vollstrecken. Zum einen sieht das Gesetz Geld grundsätzlich als Zahlungsmittel an. Selbst Bargeld hält es nicht für eine versteigerungsfähige Sache. Dies kommt beispielsweise in § 815 Abs. 1 ZPO zum Ausdruck.[17] Zum anderen griffe ein

---

13 Vgl. BGHZ 124, 298, juris Rn. 19; 193, 129, juris Rn. 12; Haunhorst, DStR 2014, 1451.
14 BGHZ 99, 274, juris Rn. 12 f.
15 Nach Janneck, JuS 2014, 1085 (1086).
16 BGH, Urt. v. 23.11.2000 – IX ZR 155/00, juris Rn. 19.
17 Ebenfalls in Art. 10 und 11 der Verordnung (EG) Nr. 974/98.

Klageantrag auf Duldung der Zwangsvollstreckung in das Geld zu kurz. Der Gläubiger soll gegen den Dritten die gleichen Maßnahmen ergreifen dürfen, die ihm gegen den Vollstreckungsschuldner zustünden. Wegen einer Geldforderung darf der Gläubiger in das gesamte Vermögen des Vollstreckungsschuldners vollstrecken. Dann muss der Gläubiger dies auch gegen den Dritten dürfen.

19.4 Tenor

1202   Der stattgebende Hauptsachetenor orientiert sich am oben formulierten Antrag. Über Kosten und vorläufige Vollstreckbarkeit ist normal zu entscheiden. Die Sicherheitsleistung darf man prozentual angeben. Das gilt auch für die Verurteilung zur Duldung der Zwangsvollstreckung. Es handelt sich um eine Geldforderung im Sinne von § 709 Satz 2 ZPO. Denn der Gläubiger will letztlich Geld.[18] Die Zwangsvollstreckung ist nur ein Zwischenschritt. Ist der Titel ein vorläufig vollstreckbares Urteil, muss man im Tenor des Anfechtungsurteils eine zusätzliche Ziffer mit dem Wortlaut des § 14 AnfG einfügen.

---

18   Vgl. auch die identische Formulierung der Überschrift von Abschnitt 2 des 8. Buchs der ZPO.

Zwangsvollstreckungs-rechtliche Aspekte in der Strafrechtsklausur

© Springer-Verlag GmbH Deutschland, ein Teil von Springer Nature 2020
M. Duchstein, *Zwangsvollstreckungsrecht*, Springer-Lehrbuch,
https://doi.org/10.1007/978-3-662-59444-5_20

20.1 **Klausurrelevanz**

1203   Es gab bereits strafrechtliche Examensklausuren mit Bezug zum Zwangsvollstreckungsrecht. Mit hoher Wahrscheinlichkeit werden die Justizprüfungsämter in absehbarer Zeit
wieder solche stellen. Man sollte sich deshalb mit den strafrechtlichen Aspekten der
Zwangsvollstreckung beschäftigen. Das hiesige Kapitel richtet sich primär an Referendare. Es übersteigt die Anforderungen an das erste Examen.

20.2 **Strafbarkeit des Gläubigers**

1204   **Fall**

Gläubiger G erstreitet ein Urteil gegen S. Er beauftragt den Gerichtsvollzieher, bei S zu pfänden.
G weiß, dass S kaum Vermögen hat und von Sozialleistungen lebt. G schreibt dem Gerichtsvollzieher, er gebe ihm zusätzlich zu den diesem nach dem Gerichtsvollzieherkostengesetz
zustehenden Gebühren und Auslagen 100 Euro bar. Voraussetzung sei, dass der Gerichtsvollzieher entgegen § 811 ZPO bei S unpfändbare Gegenstände pfändet. Der Gerichtsvollzieher ist
empört. Er schickt das Schreiben an die Staatsanwaltschaft.

❓ Hat G sich strafbar gemacht?

✅ G kann sich nach § 334 Abs. 1 StGB wegen Bestechung strafbar gemacht haben,
indem er die 100 Euro angeboten hat. Danach ist strafbar, wer einem Amtsträger
einen Vorteil für diesen als Gegenleistung dafür anbietet oder verspricht, dass er
eine Diensthandlung künftig vornehme und dadurch seine Dienstpflichten verletzen
würde. Der Gerichtsvollzieher ist ein Amtsträger gemäß § 11 Abs. 1 Nr. 2a) StGB.[1] Das
ergibt sich aus § 154 GVG. Die 100 Euro sind ein finanzieller Vorteil für den Gerichtsvollzieher. Sie sollten auch eine Gegenleistung darstellen. G wollte mit dem Gerichtsvollzieher eine Unrechtsvereinbarung schließen. Der Gerichtsvollzieher sollte
gegen § 811 ZPO verstoßen. Dafür sollte er 100 Euro erhalten. Ob G damit rechnete,
dass der Gerichtsvollzieher sich bestechen lässt, spielt nach dem Wortlaut für den
Vorsatz keine Rolle. G hat den Tatbestand vollendet. Es liegt nicht lediglich ein
Versuch vor. Dies ergibt sich aus § 334 Abs. 3 StGB. Danach sind die Voraussetzungen
des § 334 StGB auch dann gegeben, wenn der Amtsträger die Leistung nicht
annimmt. Das gleiche gilt, wenn er die Diensthandlung nicht vornimmt.[2]
G hat sich nach § 334 StGB strafbar gemacht.

---

1   OLG Düsseldorf, Beschl. v. 12.3.1997 – 1 Ws 90/97 = NJW 1997, 2124 (2125) zur früheren Rechtslage.
2   Hecker, JuS 2012, 655 (656).

20.3 Strafbarkeit des Gerichtsvollziehers

1205

Typischer Praxisfall

Gläubiger G hat gegen Querulant Q ein Versäumnisurteil auf Zahlung von 500 Euro erstritten. Q weigert sich zu zahlen, weil er das Deutsche Rechtssystem ablehnt. Die Weimarer Reichsverfassung sei niemals förmlich aufgehoben worden. Deshalb sei kein Richter staatlich legitimiert. Überdies seien das gesamte BGB und die gesamte ZPO nichtig. G beauftragt den Gerichtsvollzieher, bei Q zu pfänden. Als der Gerichtsvollzieher bei Q klingelt, öffnet dieser nicht. Daraufhin beantragt G beim Amtsgericht einen Durchsuchungsbeschluss. Diesen erlässt das Amtsgericht antragsgemäß. Mit dem Durchsuchungsbeschluss begibt sich der Gerichtsvollzieher zu Q. Er lässt die Wohnung durch einen Schlüsseldienst öffnen. Dann durchsucht er Qs Wohnung. Er pfändet einen goldenen Füller. Diesen nimmt er mit in sein Büro. Er befürchtet nämlich, dass Q ihn ansonsten beiseiteschafft. Q erstattet gegen den Gerichtsvollzieher Strafanzeige wegen Hausfriedensbruch und Rechtsbeugung. Seinen goldenen Füller benötige er, um Beschwerdebriefe zu schreiben. Der Gerichtsvollzieher habe gegen § 808 Abs. 2 ZPO verstoßen.

❓ Hat der Gerichtsvollzieher sich strafbar gemacht?

✅ **Inzidentprüfung von Zwangsvollstreckungsrecht**

Nein. Der Gerichtsvollzieher hat sich nicht strafbar gemacht.

§ 123 StGB. Eine Strafbarkeit nach § 123 Abs. 1, 1. Alt. StGB scheitert daran, dass der Gerichtsvollzieher nicht widerrechtlich in die Räume des Q eingedrungen ist. Vielmehr gestattete der richterliche Durchsuchungsbeschluss ihm, die Wohnung öffnen zu lassen und zu betreten (§ 758a ZPO).

§ 339 StGB. Eine Strafbarkeit wegen Rechtsbeugung (§ 339 StGB) liegt ebenfalls nicht vor. Ein Gerichtsvollzieher leitet oder entscheidet nämlich keine Rechtssache.[3] Leitung oder Entscheidung einer Rechtssache setzt nämlich zumindest eine richterähnliche Funktion voraus. Der Amtsträger muss wie ein Richter unabhängig widerstreitende Interessen abwägen.[4] Ein Gerichtsvollzieher ist nicht wie ein Richter sachlich unabhängig. Er wird im Auftrag einer Seite tätig. Er vollstreckt weitgehend nach Weisung des Gläubigers. Außerdem entscheidet er überwiegend nach streng formalen Kriterien. Abwägen muss er nur in geringem Umfang.

Q täte gut daran, sich anwaltlich beraten zu lassen. Wenn er der Meinung ist, dass die Pfändung rechtswidrig war, kann er Erinnerung gemäß § 766 Abs. 1 ZPO einlegen.

1206

Fall

Der Gerichtsvollzieher erhält von zwei Gläubigern (G1 und G2) Pfändungsaufträge. Nur bezüglich des Auftrags des G1 besteht ein richterlicher Durchsuchungsbeschluss. Der Gerichtsvollzieher begibt sich zur Wohnung des Schuldners. Gegen dessen Willen durchsucht er sie. Er will für beide Gläubiger pfänden. Er findet keine pfändbaren Gegenstände. Der Schuldner zeigt ihn wegen Hausfriedensbruch an.

---

3 OLG Düsseldorf, Beschl. v. 12.3.1997 – 1 Ws 90/97 = NJW 1997, 2124 (2125).
4 BGHSt 34, 146, juris Rn. 6.

❓ Hat der Gerichtsvollzieher sich strafbar gemacht?

✅ Nein, der Gerichtsvollzieher ist keines Hausfriedensbruchs nach § 123 Abs. 1 StGB schuldig. Er ist durch den Durchsuchungsbeschluss gerechtfertigt.[5] Gemäß § 827 Abs. 3 ZPO darf der Gerichtsvollzieher für mehrere Gläubiger gleichzeitig pfänden.[6] Er durfte die Wohnung zwar nur eingeschränkt ohne Willen des Schuldners für G2 durchsuchen. Es kommt nämlich darauf an, ob der Gerichtsvollzieher die Wohnung länger durchsuchen musste, weil er für zwei Gläubiger vollstrecken musste.[7] So war es vorliegend nicht. Der Gerichtsvollzieher fand kein pfändbares Vermögen vor. Denkt man den Vollstreckungsauftrag des G2 weg, bleibt die Durchsuchungsdauer gleich.

1207

> **Fall**
>
> S gibt bei Gerichtsvollzieher GVZ die Vermögensauskunft ab. Hierzu sitzen beide am Computer des G. Beide erstellen zusammen das elektronische Dokument.[8] Anschließend vermerkt GVZ in einem Protokoll, S habe heute bei ihm die Vermögensauskunft abgegeben. Dabei verschreibt GVZ sich. Er trägt versehentlich ein, S habe am 02.01.2018 bei ihm die Vermögensauskunft abgegeben. Tatsächlich ist es aber schon der 02.01.2019.

❓ Hat GVZ sich strafbar gemacht?

✅ In Betracht kommt allein § 348 StGB. Danach macht sich ein Amtsträger strafbar, der, zur Aufnahme öffentlicher Urkunden befugt, innerhalb seiner Zuständigkeit eine rechtlich erhebliche Tatsache falsch beurkundet oder in öffentliche Register, Bücher oder Dateien falsch einträgt oder eingibt. Ein Gerichtsvollzieher ist ein zur Aufnahme öffentlicher Urkunden befugter Amtsträger.[9] Das Protokoll muss eine öffentliche Urkunde sein. Darunter versteht man solche Dokumente, die Beweis für und gegen jedermann erbringen sollen (§§ 415; 418 ZPO).[10] Nicht jeder Eintrag in einer öffentlichen Urkunde nimmt an der erhöhten Beweiskraft teil. Maßgeblich sind die gesetzlichen Bestimmungen über die Urkunde und die Verkehrsanschauung.[11] Das Gerichtsvollzieherprotokoll ist in § 762 ZPO geregelt. Danach hat der Gerichtsvollzieher über jede Vollstreckungshandlung ein Protokoll aufzunehmen. Vollstreckungshandlung ist gemäß § 802f Abs. 1 ZPO auch der Termin zur Abnahme der Vermögensauskunft.[12] Dessen Datum kommt große Bedeutung zu. Nach ihm richtet sich, wann ein Gläubiger nach § 802d ZPO eine erneute Vermögensauskunft verlangen kann. Damit ist das Datum dafür relevant, wann dem Gläubigerinteresse bei einer künftigen Zwangsvollstreckung der Vorrang vor dem Recht des Schuldners auf

---

5   Ähnlich: Reims, BRJ 01/2017, 79 (81).
6   Siehe bereits oben Rn. 873.
7   BVerfG, Beschl. v. 16.6.1987 – 1 BvR 1202/84, juris Rn. 32.
8   § 802f Abs. 5 ZPO.
9   OLG Frankfurt, Urt. v. 22.11.1962 – 1 Ss 911/62 = NJW 1963, 773.
10   BGHSt 47, 39, juris Rn. 11; BGH, Beschl. v. 30.10.2008 – 3 StR 156/08, juris Rn. 19.
11   BGHSt 22, 201 (GS, juris Rn. 9); 44, 186, juris Rn. 7.
12   Vgl. § 802a Abs. 2 Nr. 2 ZPO.

informationelle Selbstbestimmung zukommt. Als Gläubiger kommt jedermann in Betracht. Damit ist das Datum im Protokoll eine öffentliche Urkunde.[13] Es nimmt an dessen erhöhter Beweiskraft teil. G hat das Datum in sie im Sinne von § 348 StGB eingetragen. Die Eintragung war auch rechtserheblich. Rechtserheblich ist eine Tatsache, wenn der Beamte gesetzlich verpflichtet ist, sie festzustellen.[14] Nach § 762 Abs. 2 Nr. 1 ZPO war G verpflichtet, das Datum festzustellen. Damit hat er den objektiven Tatbestand erfüllt.

Strafbar ist allerdings nach § 15 StGB nur vorsätzliches Handeln. GVZ hat indessen nur fahrlässig gehandelt. Somit hat er sich nicht strafbar gemacht.

Fall 1208

Gläubiger G hat gegen S einen Titel über 5000 Euro erstritten. S ist sehr reich. Er will aber nicht zahlen. G beauftragt den Gerichtsvollzieher T, bei S zu pfänden. T führt bei S eine Taschenpfändung durch. Er pfändet 500 Euro. Das Geld nimmt er an sich. Ts Konten sind bereits bis zum Kreditlimit überzogen. Das beunruhigt ihn. Er beschließt deshalb spontan, das Geld in der Spielbank zu setzen. Er hält es für wahrscheinlich, dass er das Geld dabei verliert. Das Verlustrisiko nimmt er aber billigend in Kauf. T verspielt die gesamten 500 Euro. Er erzählt G, bei S sei nichts zu holen gewesen.

❓ Strafbarkeit des T?

✅ Mehrere Vermögensdelikte sind zu erörtern.

§ 242 StGB. T hat sich nicht wegen Diebstahl nach § 242 StGB strafbar gemacht, 1209
indem er das Geld bei S weggenommen hat. Die Wegnahme war jedenfalls nach § 808 Abs. 1 ZPO gerechtfertigt. § 808 ZPO ist ein Rechtfertigungsgrund.[15] Hierfür spricht die Einheit der Rechtsordnung. Was die ZPO dem Gerichtsvollzieher ausdrücklich erlaubt, kann ihm das StGB nicht verbieten.

§ 266 StGB. T kann sich wegen Untreue nach § 266 Abs. 1, 2. Alt. (Treubruchtatbe- 1210
stand) strafbar gemacht haben.

Objektiver Tatbestand Die Vorschrift setzt zunächst eine Vermögensbetreuungspflicht voraus. Erforderlich ist, dass die Vermögensbetreuung die Hauptpflicht des Täters ist. Es genügt nicht, dass er beiläufig auch auf die Interessen des Opfers Rücksicht nehmen muss.[16] Weiterhin muss der Täter einen erheblichen Handlungs- und Entscheidungsspielraum haben. Er muss selbstständig agieren können.[17] Gemäß § 753 Abs. 1 ZPO führt der Gerichtsvollzieher die Zwangsvollstreckung im Auftrag des Gläubigers durch. Gemäß § 754 Abs. 1 ZPO kann der Gerichtsvollzieher auf Gelder zugreifen, die eigentlich dem Gläubiger zustehen. Er darf auch nach § 802b Abs. 2 ZPO

---

13 OLG Hamm, Urt. v. 17.2.1959 – 3 Ss 1553/58 = NJW 1959, 1333; i. d. S. auch RGSt 6, 184 (185); BayObLG, Beschl. v. 19.12.1991 – RReg 2 St 175/91, juris Rn. 5 und 7.
14 RGSt 6, 361 (365).
15 Reims, BRJ 01/2017, 79 (81); a. A. Bohnert, ZStW 2015, 97.
16 BGHSt 41, 224, juris Rn. 11.
17 Mitsch, JuS 2011, 97 (100).
18 Näher oben Rn. 357.

Ratenzahlungsvereinbarungen für ihn schließen.[18] Hierdurch kann er auf die Durchsetzung einer Forderung und damit einen Vermögensbestandteil des Gläubigers einwirken. Dies ist seine Hauptaufgabe, nicht nur eine untergeordnete Nebenpflicht.[19] Ein Gerichtsvollzieher ist zudem in hohem Umfang selbstständig. Er entscheidet, wann er welchen Schuldner besucht. Er entscheidet über das Ob und Wie einer Ratenzahlungsvereinbarung. Bei einer Mobiliarvollstreckung wählt er die Vollstreckungsobjekte grundsätzlich nach eigenem Ermessen aus. Er entscheidet, wann und wie er gepfändetes Geld transportiert. Deshalb agiert er eigenverantwortlich und selbstständig. Ihm obliegt kraft Gesetzes gegenüber dem Gläubiger eine Vermögensbetreuungspflicht.[20] Diese Pflicht hat T verletzt. Nach § 815 Abs. 1 ZPO ist gepfändetes Geld dem Gläubiger abzuliefern. Das hat T nicht getan.

Weiter setzt § 266 StGB voraus, dass am Vermögen des Geschädigten ein Nachteil eingetreten ist. Hierzu muss das Vermögen nach der Pflichtverletzung geringer sein als vor der Pflichtverletzung.[21] Maßgeblich ist eine wirtschaftliche Betrachtungsweise. Vor der Pfändung hatte G einen titulierten Anspruch gegen S. Hätte G nach wie vor einen Anspruch gegen S, wäre ihm kein Nachteil entstanden. Denn S ist sehr reich. Bei ihm ist nach wie vor etwas zu holen. Dass sich die Vollstreckungschancen des G verschlechtert hätten, ist nicht ersichtlich.

Allerdings ist der Anspruch des G möglicherweise erloschen. S könnte die Forderung des G gemäß § 362 Abs. 1 BGB teilweise erfüllt haben. Erfüllung setzt voraus, dass ein Leistungserfolg eintritt.[22] Das Geld ist nicht bei G angekommen. Damit ist der Leistungserfolg nicht eingetreten. Schon aus diesem Grund ist der Anspruch des G nicht gemäß § 362 Abs. 1 BGB erloschen.

Der Anspruch kann allerdings nach § 815 Abs. 3 ZPO untergegangen sein. Nach dieser Vorschrift gilt die Wegnahme des Geldes durch den Gerichtsvollzieher als Zahlung von Seiten des Schuldners. Die Norm enthält eine Gefahrtragungsregel.[23] Sie bestimmt, dass der Gläubiger das Transportrisiko von gepfändetem Geld trägt. Der Schuldner soll nicht doppelt zahlen müssen. T hat S das Geld weggenommen. Damit ist der Anspruch des G gegen S in Höhe von 500 Euro undurchsetzbar geworden. Er ist also in Höhe von 500 Euro nunmehr wirtschaftlich wertlos.

Ein Vermögensnachteil schiede zwar aus, wenn T dem G jederzeit (andere) 500 Euro auszahlen könnte.[24] T verfügt aber nicht über ausreichendes Vermögen.

G hat also einen Vermögensnachteil in Höhe von 500 Euro erlitten.

Subjektiver Tatbestand   T handelte auch vorsätzlich.

Rechtswidrigkeit   Eine Rechtfertigung aus § 34 StGB kommt nicht in Betracht. Das Interesse des T an der Rettung seines Gerichtsvollzieherbetriebs übersteigt das Vermö-

---

19 Kritisch Ceffinato, StV 2011, 417 (418); zur Vermögensbetreuungspflicht des Rechtspflegers im Rahmen der Zwangsverwaltung: BGH, Urt. v. 28.7.2011 – 4 StR 156/11, juris Rn. 15.

20 BGH, Beschl. v. 7.1.2011 – 4 StR 409/10, juris Rn. 5; BGH, Beschl. v. 14.8.2013 – 4 StR 255/13, juris Rn. 7; OLG Celle, Beschl. v. 3.4.1990 – 1 Ss 48/90, juris Rn. 15.

21 Mitsch, JuS 2011, 97 (101).

22 BGHZ 179, 298, juris Rn. 5.

23 BGHZ 140, 391, juris Rn. 15.

24 Vgl. BGHSt 15, 342 = NJW 1961, 685; OLG Oldenburg, Beschl. v. 23.10.1995 – SS 306/95.

gensinteresse des G nicht wesentlich. Das Geschäftsinteresse fiel in den Risikobereich des T. Grundsätzlich trägt jeder das Risiko seiner finanziellen Dispositionen.[25] Damit hat T sich nach § 266 StGB strafbar gemacht.

§ 263 StGB. Indem T anschließend gegenüber G behauptet hat, bei S sei nichts zu holen gewesen, hat er sich eines Sicherungsbetrugs schuldig gemacht (§ 263 StGB). Dieser tritt als mitbestrafte Nachtat hinter der Untreue zurück.   1211

§ 246 StGB. Eine Unterschlagung gemäß § 246 Abs. 1 StGB durch das Verspielen scheitert an der Subsidiaritätsklausel. Nach § 246 Abs. 1 StGB am Ende scheidet eine Strafbarkeit wegen Unterschlagung nämlich aus, wenn die Tat in anderen Vorschriften mit schwererer Strafe bedroht ist. Das ist in § 266 StGB der Fall. Dieser sieht Freiheitsstrafe bis zu fünf Jahren vor, § 246 Abs. 1 StGB nur bis zu drei Jahren. Eine veruntreuende Unterschlagung nach § 246 Abs. 2 StGB liegt nicht vor. Weder S noch G hatten T die 500 Euro anvertraut. Er hat sie kraft hoheitlicher Befugnis an sich genommen.   1212

Ergebnis. T ist strafbar nach § 266 StGB.

Klausurtipp

Immer, wenn im Sachverhalt jemand einen anderen über etwas täuscht, muss man zumindest gedanklich § 263 StGB prüfen. Empfehlenswert ist sogar, sich stets zu fragen, ob im Sachverhalt irgendwo eine (versteckte) Täuschung enthalten ist. Diese Frage sollte man sich stellen, bevor man mit der Lösungsskizze beginnt.

20.4 Beteiligung des Gläubigers

Fall   1213

G erstreitet ein rechtskräftiges Urteil gegen S. Danach muss S ihm 1000 Euro zahlen. G beauftragt den Gerichtsvollzieher, S die Vermögensauskunft abzunehmen. S macht gegenüber dem Gerichtsvollzieher wahrheitsgemäße Angaben. Demzufolge verfügt er nur über pfändungsfreies Vermögen. Unter anderem habe er 1000 Euro auf seinem Konto. G will S unter Druck setzen, die 1000 Euro zu bezahlen. Deshalb bittet er den Gerichtsvollzieher, wahrheitswidrig zu bestätigen, S habe die Vermögensauskunft nicht abgegeben. Der Gerichtsvollzieher sagt aus Gefälligkeit zu. Daraufhin beantragt G gegenüber dem Vollstreckungsgericht einen Haftbefehl nach § 802g ZPO. Der Gerichtsvollzieher übersendet dem Gericht ein unterschriebenes Protokoll. Darin bestätigt er, dass S trotz ordnungsgemäßer Ladung nicht zum Termin in seinem Büro erschienen ist. Entschuldigt habe dieser sich auch nicht. Daraufhin erlässt der Richter den Haftbefehl. Auf Antrag des G verhaftet der Gerichtsvollzieher S. Er bringt S in das Justizvollzugsanstalt. Dort teilt er ihm mit, er komme jederzeit frei, wenn er seine Schuld begleicht. S ruft den Gerichtsvollzieher nach drei Tagen telefonisch herbei. Der Gerichtsvollzieher legt S Handschellen an. Dann fährt er S auf dessen Bitte zur Bank. Zwei Justizvollzugsbeamte fahren mit. S hebt 1000 Euro ab. Er zahlt sie an den Gerichtsvollzieher. Dieser lässt S frei.

❓ Strafbarkeit des Gerichtsvollziehers und des G? Die §§ 153 bis 160; 164; 186; 267; 274; 344; 345 StGB sind nicht zu prüfen.

---

25 Vgl. BGH, Urt. v. 27.1.1976 – 1 StR 739/75, juris Rn. 12.

✅ Strafbarkeit des Gerichtsvollziehers

Zu prüfen ist zunächst die Strafbarkeit des Gerichtsvollziehers

§ 348 StGB. Der Gerichtsvollzieher hat sich nach § 348 StGB wegen Falschbeurkundung im Amt strafbar gemacht. Der Protokollvermerk über das Nichterscheinen zum Termin ist eine öffentliche Urkunde.[26] Öffentliche Urkunden sind solche, die Beweis für und gegen jedermann erbringen. Diese Definition ist missverständlich. Es genügt, dass nur wenige Personen an der Urkunde ein Interesse haben.[27] Diese Personen dürfen allerdings nicht dem innerdienstlichen Bereich angehören.[28] Der Gerichtsvollzieher hat gemäß § 762 ZPO über Vollstreckungshandlungen ein förmliches Protokoll zu erstellen. Vollstreckungshandlung ist gemäß § 802f Abs. 1 ZPO auch der Termin zur Abnahme der Vermögensauskunft.[29] Am gesteigerten Beweiswert nimmt die Angabe teil, ob der Schuldner erschienen ist. Der Vermerk erbringt Beweis für und gegen jedermann. Er ist nicht auf den innerdienstlichen Bereich einer Behörde beschränkt. Er dient vor allem dem jeweiligen Vollstreckungsrichter. Denn dieser muss die Voraussetzungen für einen Haftbefehl nach § 802g ZPO prüfen. Der Hoheitsträger „Vollstreckungsrichter" gehört nicht derselben Behörde an wie der Hoheitsträger „Gerichtsvollzieher". Der Gerichtsvollzieher ist ein selbstständiges Organ der Rechtspflege. Er ist vom Gericht unabhängig.[30] Durch den Vermerk versetzt er den Richter in die Lage, die Voraussetzungen für einen Haftbefehl nach § 802g ZPO zu prüfen. Der Richter verlässt sich regelmäßig auf die Angabe des Gerichtsvollziehers zum Nichterscheinen des Schuldners. Unabhängig davon verpflichtet § 882c Abs. 1 Nr. 1 ZPO den Gerichtsvollzieher, das Nichterscheinen ins Schuldnerverzeichnis einzutragen. Der Schuldner wird dadurch öffentlich an den Pranger gestellt. Nach § 882f ZPO können zahlreiche Interessierte erkennen, dass der Schuldner nicht zum Termin zur Vermögensauskunft erschienen ist.[31] Das gilt insbesondere für potenzielle Vertragspartner gemäß § 882f Abs. 1 Nr. 4 ZPO. Diese Personen sind „jedermann" im Sinne der Definition der öffentlichen Urkunde (*A. A. vertretbar*).

Der Gerichtsvollzieher ist ein zur Aufnahme öffentlicher Urkunden befugter Amtsträger. Die Angaben des Gerichtsvollziehers waren inhaltlich falsch. Das genügt für § 348 StGB.

Der Gerichtsvollzieher handelte auch vorsätzlich. Einen etwaigen Subsumtionsirrtum konnte er im Sinne von § 17 StGB vermeiden.

§§ 253; 255 und 239a StGB. Der Gerichtsvollzieher hat sich nicht wegen räuberischer Erpressung nach §§ 253; 255 StGB strafbar gemacht. Es fehlt an der Rechtswidrigkeit der Bereicherungsabsicht. Denn er wollte den Gläubiger rechtmäßig bereichern. Der Gläubiger hatte einen rechtskräftig titulierten Anspruch.

1214

1215

---

26 Siehe oben Rn. 839, 959 sowie 1207 und OLG Frankfurt, Urt. v. 22.11.1962 – 1 Ss 911/62 = NJW 1963, 773; ebenso für das Verhaftungsprotokoll des Gerichtsvollziehers: OLG Hamm, Urt. v. 17.2.1959 – 3 Ss 1553/58 = NJW 1959, 1333; anders für das Dienstregister des Gerichtsvollziehers: RGSt 68, 201 (203).

27 BGH, Urt. v. 2.10.1953 – 2 StR 880/52 = NJW 1953, 1840.

28 OLG Rostock, Urt. v. 21.8.2002 – 1 Ss 93/01 I 5/02 = NStZ-RR 2004, 172 (173).

29 Siehe bereits oben Rn. 738 ff. und 936.

30 Siehe oben Rn. 14.

31 So für das notarielle Protokoll BGHSt 26, 47, juris Rn. 111.

Aus demselben Grund scheitert eine Strafbarkeit nach § 239a StGB.

§ 239b StGB.[32] Der Gerichtsvollzieher hat sich gemäß § 239b, 1. Alt. StGB strafbar gemacht. Er hat S entführt. Außerdem hat er mit einer Freiheitsentziehung von über einer Woche gedroht. Er hat nämlich das Ende der Haft offengelassen.

1216

Der BGH legt den Wortlaut des § 239b StGB wegen der hohen Mindeststrafe einschränkend aus. Die Vorschrift bestehe aus zwei Akten: erstens der Täter entführe das Opfer, zweitens er fordere etwas von ihm. Die Entführungslage müsse sich stabilisiert haben, wenn der Täter seine Forderung stellt.[33] Die abgenötigte Handlung müsse überdies während der Dauer der Zwangslage vorgenommen werden.[34] Die Anforderungen des BGH sind erfüllt. Die Entführungslage hatte sich stabilisiert, als der Gerichtsvollzieher seine Forderung stellte. Darüber hinaus befand sich S noch unter der Hoheitsgewalt des Gerichtsvollziehers, als er ihm das Geld überreichte. Immerhin hatte er noch Handschellen an. Außerdem waren zwei Justizvollzugsbeamte anwesend. Auf Weisung des Gerichtsvollziehers hätten sie ihn jederzeit ins Gefängnis zurückgebracht. S hat die abgenötigte Handlung somit während der Zwangslage vorgenommen.

Der Gerichtsvollzieher handelte auch rechtswidrig. Der Haftbefehl bildet keinen Rechtfertigungsgrund. Zwar können öffentlich-rechtliche Dienstrechte die Strafbarkeit hindern.[35] Der Haftbefehl ist aber grob rechtswidrig ergangen. Der Gerichtsvollzieher durfte S zivilprozessual gesehen nicht verhaften. Auf ein etwaiges Irrtumsprivileg von Staatsorganen kann der Gerichtsvollzieher sich nicht berufen.[36] Er wusste, dass der Haftbefehl auf einer falschen Tatsachenbasis beruht.

§§ 239; 240 StGB. Die §§ 239; 240 Abs. 1, Abs. 4 Nr. 2 StGB werden im Wege der Gesetzeskonkurrenz von § 239b StGB verdrängt.

1217

Konkurrenzen. Zwischen § 348 und § 239b StGB besteht Tatmehrheit (§ 53 StGB).

✅ Strafbarkeit des G

Es bleibt die Strafbarkeit des G zu prüfen.

§§ 348; 26 StGB. F hat sich nicht wegen täterschaftlicher Beteiligung an § 348 StGB strafbar gemacht. Denn er ist kein tauglicher Täter. Er ist kein Amtsträger im Sinne des § 11 Abs. 1 Nr. 2 StGB. Er hat sich aber nach §§ 348; 26 StGB wegen Anstiftung zur Falschbeurkundung im Amt strafbar gemacht. Seine Strafe ist nach § 28 Abs. 1 StGB zu mildern.

1218

§§ 239b; 25 Abs. 2 StGB. Schwierig ist, wie G sich hinsichtlich der Geiselnahme strafbar gemacht hat.

Mittelbare Täterschaft scheidet aus. Sie setzt grundsätzlich einen Strafbarkeitsmangel des Vordermanns voraus (sogenannte Werkzeugeigenschaft).[37] Der Gerichts-

---

32 Allgemein zu § 239b StGB: Elsner, JuS 2006, 784 – 788.
33 BGHSt 40, 350 (GS), juris Rn. 36.
34 BGH, Urt. v. 20.9.2005 – 1 StR 86/05 mit zust. Anm. Jahn/Kudlich, NStZ 2006, 340 (340); großzügiger: BGH, Urt. v. 14.1.1997 – 1 StR 507/96, juris Rn. 7 „Richter-Ehrenwort-Fall".
35 RGSt 72, 305 (309); BGHSt 26, 99, juris Rn. 8.
36 Dazu Fahl, JuS 2001, 47 (53).
37 Koch, JuS 2008, 399 (399).

vollzieher ist aber voll strafbar. G ist auch kein gegenüber dem Gerichtsvollzieher organisatorisch übergeordneter Täter hinter dem Täter.[38]

In Betracht kommt Mittäterschaft oder Anstiftung.[39] Mittäterschaft bedarf eines gemeinsamen Tatplans. Einen solchen haben der Gerichtsvollzieher und G geschmiedet. G sollte den Haftbefehl beantragen. Der Gerichtsvollzieher sollte die Verhaftung durchführen. Dass die Initiative für diesen Plan von G ausging, spricht nicht gegen die Gemeinsamkeit. Denn irgendwer muss den Anfang machen. Weitere Indizien für Mittäterschaft sind der Umfang der Tatbeteiligung, der Grad des Interesses am Taterfolg sowie die Tatherrschaft oder der Wille hierzu.[40] Einerseits ist der Gerichtsvollzieher unabhängiges Staatsorgan. Er ist an Recht und Gesetz gebunden. Der Gläubiger kann ihn nicht anweisen, wann genau er einen Vollstreckungsauftrag ausführen soll. Oft ist er außer Haus. Dann ist er für den Gläubiger nur schwer zu erreichen. Auf der anderen Seite hat G ein größeres finanzielles Interesse am Einsperren als der Gerichtsvollzieher. Außerdem kann G den Tatablauf nach seinem Willen ablaufen lassen und hemmen. In der ZPO gilt nämlich die Parteimaxime. G kann den Verhaftungsauftrag jederzeit zurücknehmen. Er hat aber den Haftbefehl beantragt und den Verhaftungsauftrag gestellt. Das waren wesentliche Tatbeiträge. Das spricht für Mittäterschaft. G hat sich also nach §§ 239b; 25 Abs. 2 StGB strafbar gemacht (a. A. vertretbar).

Konkurrenzen. Die §§ 348; 26 und 239b; 25 Abs. 2 StGB stehen in Tatmehrheit (§ 53 StGB).

20.5 Strafbarkeit des Schuldners

1219

Ausgangsfall

Schuldner S betreibt eine Autowerkstatt. Fahrzeuge verkauft er nicht. Ein Titelgläubiger von ihm beauftragt den Gerichtsvollzieher, bei S zu pfänden. Der Gerichtsvollzieher begibt sich zu S. S hat gerade ein Fahrzeug auf der Hebebühne. Der Gerichtsvollzieher erklärt, das Fahrzeug pfänden zu wollen. S beruft sich darauf, das Fahrzeug gehöre einem Kunden. Er zeigt dem Gerichtsvollzieher einen von X unterschriebenen Reparaturauftrag vor. Weiter legt er eine Zulassungsbescheinigung vor. Danach ist das Fahrzeug auf X zugelassen. Gleichwohl klebt der Gerichtsvollzieher das Pfandsiegel an das Fahrzeug. Er weist darauf hin, dass die Zwangsvollstreckung formalisiert sei und er Eigentumsverhältnisse nicht prüfen könne. S hält es für möglich, dass der Gerichtsvollzieher Recht hat. Gleichwohl möchte er seinen Kunden X nicht verlieren. Deshalb wartet er, bis der Gerichtsvollzieher weg ist. Dann kratzt er das Pfandsiegel ab.

---

38   Vgl. BGHSt 40, 218, juris Rn. 81.
39   Zur Abgrenzung: Seher, JuS 2009, 304.
40   St. Rsp., etwa BGH, Beschl. v. 21.3.2017 – 1 StR 19/17, juris.

❓ Strafbarkeit des S?

✅ S könnte sich wegen Siegelbruch nach § 136 Abs. 2 StGB strafbar gemacht haben. Danach ist strafbar, wer ein dienstliches Siegel ablöst, das angelegt ist, um Sachen in Beschlag zu nehmen. Das Pfandsiegel des Gerichtsvollziehers dient gemäß § 808 Abs. 2 Satz 2 ZPO dazu, Sachen in Beschlag zu nehmen. Das hat S auch erkannt. Somit hat S den Tatbestand des Siegelbruchs erfüllt.

Allerdings enthält § 136 Abs. 3 StGB eine objektive Bedingung der Strafbarkeit.[41] Nach diesem Absatz ist die Tat nicht strafbar, wenn die Pfändung oder die Anlegung des Siegels nicht rechtmäßig war. Das gilt sogar, wenn der Täter glaubt, die Diensthandlung sei rechtmäßig. Es gilt der strafrechtliche Rechtmäßigkeitsbegriff wie in § 113 Abs. 3 StGB. Danach ist die Diensthandlung eines Staatsorgans rechtswidrig, wenn es wesentliche Förmlichkeiten nicht einhält.[42] Dem Gerichtsvollzieher ist zuzustimmen, dass er Eigentumsverhältnisse grundsätzlich nicht prüft. Eine Ausnahme gilt aber für evidentes Dritteigentum. Sachen, die eindeutig einem anderem als dem Schuldner gehören, darf der Gerichtsvollzieher nicht pfänden. Dies ist eine wesentliche Förmlichkeit. Das Auto gehörte erkennbar X. Somit durfte der Gerichtsvollzieher es nicht pfänden. Infolgedessen durfte er auch kein Pfandsiegel anlegen. Dass S es für denkbar hielt, dass die Pfändung wirksam ist, spielt nach § 136 Abs. 3 Satz 2 StGB keine Rolle. S hat sich also nicht strafbar gemacht.

Abwandlung 1

1220

Wie Ausgangsfall (Rn. 1219). Gläubiger G hat Gerichtsvollzieher GVZ ausdrücklich beauftragt, im Falle einer Pfändung den Gegenstand mitzunehmen und nicht bei S zu belassen. S neige dazu, Gegenstände „verschwinden" zu lassen. GVZ nimmt diese Behauptung nicht ernst. Er pfändet bei S eine von mehreren Wanduhren. S trägt zutreffend vor, sie gehöre seinem Freund F. Dies ignoriert der Gerichtsvollzieher. Er klebt das Pfandsiegel darauf. Die Wanduhr lässt er bei S. Er hält es für möglich, dass S sie verschwinden lässt. Gleichwohl wäre er damit nicht einverstanden. Vielmehr hofft er, dass er die Uhr zeitnah versteigern kann. Die Wanduhr ist ein Sammlerstück. Sie hat einen Wert von 8000 Euro. S hält die Pfändung für rechtswidrig. S erzählt F nichts von der Pfändung. Vielmehr versteckt S die Uhr bei seinem anderen Freund N. N verspricht, weder F noch dem Gerichtsvollzieher etwas zu verraten.

❓ Haben sich S und GVZ wegen Beteiligung an § 136 StGB strafbar gemacht?

✅ **Strafbarkeit des S**

1221

S kann sich nach § 136 Abs. 1 StGB wegen Verstrickungsbruch strafbar gemacht haben. Dazu muss er eine gepfändete Sache der Verstrickung entzogen haben. Die Wanduhr war gemäß § 808 ZPO gepfändet. Die Pfändung muss wirksam gewesen

---

41 MüKo-StGB/Hohmann, 2017, § 136 Rn. 29; Reims, BRJ 01/2017, 79 (80); a. A. (Rechtfertigungs-grund): BeckOK-StGB/Heuchemer, 2019, § 136 Rn. 17. Zur Einordnung dieses Tatbestandsmerk-mals als objektive Strafbarkeitsbedingung bei § 113 StGB: KG Berlin, Urt. v. 15.12.1971 – (1) Ss 180/71 = NJW 1972, 781 (782).
42 BGHSt 60, 253, Rn. 25 mit Anm. Armin Engländer, NStZ 2015, 577.

sein. Der Gerichtsvollzieher prüft grundsätzlich nicht die wahre Eigentumslage. Vielmehr ist für ihn gemäß § 808 Abs. 1 ZPO nur der Gewahrsam maßgeblich. die Wanduhr stand im Gewahrsam des S. Ob er F gehörte, ist unerheblich. Deshalb war die Pfändung wirksam.

S muss die Wanduhr der Verstrickung entzogen haben. Dazu hat der Täter die hoheitliche Verfügungsgewalt über die Sache wenigstens vorübergehend aufzuheben. S hat dafür gesorgt, dass der Gerichtsvollzieher auf die Wanduhr nicht mehr zugreifen kann. Damit hat er dessen Verfügungsgewalt längerfristig aufgehoben. Er hat die Wanduhr der Verfügung entzogen.

S handelte auch vorsätzlich. Dazu genügt, dass er die Pfändung erkannt hat. S muss nicht glauben, dass die Pfändung rechtmäßig war. Ansonsten wäre § 136 Abs. 3 Satz 2 StGB entbehrlich.

§ 136 Abs. 3 StGB enthält eine objektive Bedingung der Strafbarkeit. Danach ist der Täter nicht strafbar, wenn die Diensthandlung nicht rechtmäßig war. Maßgeblich ist der strafrechtliche Rechtmäßigkeitsbegriff.[43] Erforderlich ist, dass der Gerichtsvollzieher im Rahmen seiner sachlichen und örtlichen Zuständigkeit gehandelt hat. Des Weiteren muss er die wesentlichen Verfahrensvorschriften eingehalten haben. Außerdem muss er sein Ermessen pflichtgemäß ausgeübt haben. [44] Der Gerichtsvollzieher könnte gegen die Pfändungsschutzvorschrift des § 811 Abs. 1 Nr. 5 ZPO verstoßen haben. Hierbei handelt es sich um eine wesentliche Verfahrensvorschrift zu Gunsten des Schuldners. Danach sind bei Personen, die aus ihrer körperlichen Arbeit ihren Erwerb ziehen, die zur Fortsetzung dieser Erwerbstätigkeit erforderlichen Gegenstände unpfändbar. Die Wanduhr war nicht erforderlich, damit S weiterarbeiten konnte. Vielmehr hatte er noch weitere Wanduhren. Damit hat der Gerichtsvollzieher nicht gegen § 811 Abs. 1 Nr. 5 ZPO verstoßen. Sonstige Rechtsverstöße sind nicht ersichtlich. Die Diensthandlung war damit rechtmäßig.

Auf der Ebene der Strafzumessung verweist aber § 136 Abs. 4 StGB auf § 113 Abs. 4 StGB. Danach gilt: Glaubte der Täter, die Pfändung war rechtswidrig und konnte er den Irrtum vermeiden, kann seine Strafe gemildert werden. Der Irrtum war vermeidbar. S hätte einen Rechtsanwalt fragen können, bevor er die Wanduhr versteckt hat. Deshalb kann das Gericht die Strafe mildern. Gleichwohl hat S sich nach § 136 Abs. 1 StGB strafbar gemacht.

1222 ✓ **Strafbarkeit des Gerichtsvollziehers**

GVZ könnte sich wegen Beihilfe zum Verstrickungsbruch nach §§ 136; 27 StGB strafbar gemacht haben. Es kann offenbleiben, ob er den objektiven Tatbestand einer Beihilfehandlung erfüllt hat. Jedenfalls fehlt es am Vorsatz hinsichtlich einer Haupttat, konkret am voluntativen Vorsatzelement. GVZ hat nicht gebilligt, dass S die Wanduhr verschwinden lässt. GVZ ist damit straflos.

---

43 BVerfG, Beschl. v. 30.4.2007 – 1 BvR 1090/06, Rn. 26.
44 BGHSt 60, 253, Rn. 25.

Klausurtipp

Es ist dringend davon abzuraten, im zweiten Examen irgendwelche Vorsatztheorien zu diskutieren. Der Streit ist für die deutsche Rechtsprechung seit vielen Jahren erledigt. Er ist rein akademischer Art. Viel wichtiger ist hingegen die Frage, wie man den Vorsatz nachweist.

Abwandlung 2   1223

Wie Abwandlung 1 (Rn. 1220). Gläubiger G zeigt GVZ und S bei der Polizei an. GVZ und S hätten sich abgesprochen und ihn hintergangen. Er habe den Gerichtsvollzieher ausdrücklich angewiesen, alle gepfändeten Sachen mitzunehmen. Der Gerichtsvollzieher habe absichtlich gegen seine Weisung verstoßen.
   Der Gerichtsvollzieher erklärt in seiner Vernehmung, er habe die Weisung des Gläubigers gesehen. Gleichwohl habe er es für unwahrscheinlich gehalten, dass S die Wanduhr beiseiteschafft.

❓ Wird die Staatsanwaltschaft den Gerichtsvollzieher anklagen oder das Verfahren einstellen?

✅ Die Staatsanwaltschaft wird das Verfahren einstellen. Sie kann dem Gerichtsvollzieher keinen Vorsatz nachweisen. Zwar hat er wissentlich gegen die Weisung verstoßen. Allerdings kann dies darin wurzeln, dass er gemäß § 808 Abs. 2 Satz 1, 2. Halbsatz ZPO eine eigene Ermessensentscheidung getroffen hat. Ein Motiv, dem Gläubiger zu schaden, ist nicht ersichtlich. Im Gegenteil: Hätte er dem Gläubiger schaden wollen, wäre die Pfändung unnötig gewesen. Es lässt sich kein Grund erkennen, die Wanduhr zunächst zu pfänden, nur damit der Schuldner sie anschließend verschwinden lässt. Das Verfahren gegen GVZ ist daher nach § 170 Abs. 2 StPO einzustellen. Ihm ist gemäß § 170 Abs. 2 Satz 2 StPO eine formlose Einstellungsnachricht ohne Gründe zu schicken. Der Gläubiger erhält ebenfalls gemäß § 171 StPO eine Einstellungsnachricht mit Gründen und Beschwerdebelehrung. In der Praxis wird sie aus Kostengründen zumeist formlos versandt, also nicht zugestellt.

❓ Zusatzfrage: Hat S sich auch nach § 289 StGB strafbar gemacht?   1224

ℹ️ **Prüfungsschema § 289 StGB**
Objektiver Tatbestand
1. Bestehendes Recht auf Pfand, Zurückbehaltung, etc.
2. Wegnahme
3. Widerrechtlichkeit
4. Fremde bewegliche Sache zugunsten des Eigentümers oder eigene bewegliche Sache

Subjektiver Tatbestand
1. Vorsatz
2. Rechtswidrige Absicht = mindestens dolus directus 2. Grades, das Recht zu vereiteln.

✅ Strafbarkeit des S

Zunächst muss G ein Pfandrecht an der Wanduhr zugestanden haben.

Man kann darüber streiten, ob das Pfändungspfandrecht des § 804 ZPO ein Pfandrecht im Sinne des § 289 StGB ist. Man könnte meinen, § 136 StGB sei lex specialis. Dagegen spricht aber der Wortlaut des § 289 StGB. Er differenziert nicht zwischen Pfändungspfandrecht und etwa dem Vermieterpfandrecht. Auch zeigt § 804 Abs. 2 ZPO, dass das Pfändungspfandrecht einem vertraglichen Pfandrecht gleichsteht.[45] Ein vertragliches Pfandrecht fällt aber unstreitig unter § 289 StGB.[46] Richtigerweise ist daher das Pfändungspfandrecht ein Pfandrecht gemäß § 289 StGB.[47]

1225   Fraglich ist allerdings, ob ein Pfändungspfandrecht auch an schuldnerfremden Gegenständen entsteht. Nach der öffentlich-rechtlichen Theorie ist dies der Fall. Danach bringt der Gerichtsvollzieher kraft Hoheitsakts ein Pfandrecht zum Entstehen. Es spielt keine Rolle, wem die Sache gehört. Nach der privatrechtlichen und gemischt öffentlich-privatrechtlichen Theorie entsteht ein Pfändungspfandrecht hingegen nur an schuldnereigenen Sachen.[48] Gegen die öffentlich-rechtliche Theorie spricht, dass § 50 Abs. 1 InsO das Pfändungspfandrecht den privaten Pfandrechten gleichstellt. Deshalb ist den privatrechtlichen Theorien zu folgen.

G stand also kein Pfandrecht zu.

S hat sich deswegen nicht nach § 289 StGB strafbar gemacht.

Klausurtipp

Im Rahmen von § 289 StGB kann der Streit über die Rechtsnatur eines Pfändungspfandrechts ausnahmsweise einmal entscheidungsrelevant werden.

1226   **Abwandlung 3**

Wie Abwandlung 1 (Rn. 1220). Aber die Uhr gehörte dem Schuldner S.

❓ Hat S sich jetzt nach § 289 StGB strafbar gemacht?

✅ Nun ist nach allen Theorien ein Pfändungspfandrecht entstanden.

S muss die Wanduhr weggenommen haben. In § 289 StGB genügt für Wegnehmen, dass der Täter die Sache dem Machtbereich des Berechtigten entzieht. Nach h. M. muss der Täter hierfür keinen fremden Gewahrsam brechen.[49] Der Begriff „Wegnahme" ist damit weiter auszulegen als in § 242 StGB. Hierfür spricht, dass § 289 StGB den Pfandgläubiger schützen soll. Er wäre aber nur unzureichend

---

45 Dennis Bock, ZStW 2009, 548 (550).
46 MüKo-StGB/Maier, 2019, § 289 Rn. 7; BeckOK StGB/Schmidt, 2019, § 289 Rn. 5.
47 MüKo-StGB/Maier, 2019, § 289 Rn. 11; BeckOK StGB/Schmidt, 2019, § 289 Rn. 6.
48 Siehe ausführlich oben Rn. 1117 ff.
49 BayObLG, Urt. v. 9.4.1981 – RReg 5 St 53/81; RGSt 37, 118 (126 f.); a. A. Dennis Bock, ZStW 2009, 548 (555).

geschützt, wenn sich die Sache in seinem Gewahrsamsbereich befinden müsste. Das wird am Vermieterpfandrecht des § 562 BGB deutlich. Zuweilen gelingt es einem Vermieter nicht, Gewahrsam an den Gegenständen zu begründen. Regelmäßig braucht er einen Schlüssel zur Wohnung. Gerade der Vermieter, dem der Schuldner den Zutritt zur Wohnung versperrt, verdient aber den Schutz des § 289 StGB.

S hat die Wanduhr derart weggeschafft, dass G – vermittelt durch den Gerichtsvoll-zieher – auf die Wanduhr nicht mehr zugreifen kann. Damit hat S sie weggenommen.

Die Wegnahme war auch widerrechtlich. Es war S weder nach ZPO noch nach BGB erlaubt, die Wanduhr an einen Dritten zu geben.

Das Tatobjekt des § 289 StGB ist eine eigene oder fremde bewegliche Sache. Die Wanduhr stand nicht im Eigentum des S. Sie gehörte F. Damit handelte es sich um eine fremde bewegliche Sache. Bei solchen verlangt der Wortlaut, dass der Täter sie zugunsten des Eigentümers wegnimmt. Dafür muss der Täter primär darauf zielen, dem Eigentümer Vorteile zu verschaffen.[50] Es genügt nicht, dass er in erster Linie eigene Interessen verfolgt.[51] Hier hat S die Wanduhr nicht etwa F zurückgegeben. Vielmehr hat er sie bei N versteckt. Er hat zwar auch die Interessen von F gewahrt. Denn er hat ihm erspart, eine Drittwiderspruchsklage nach § 771 ZPO zu erheben. Er hätte sie F aber auch ersparen können, wenn er ihm die Wanduhr zurückgegeben hätte. Was genau sein Motiv war, kann offenbleiben. Jedenfalls hat S primär keine Interessen von F verfolgt. Somit ist der Tatbestand des § 289 StGB nicht erfüllt.

Abwandlung 4   1227

Wie Abwandlung 1 (Rn. 1220). S benutzt die Wanduhr weiter. Er ist überzeugt, dass er dies nicht darf. Infolge eines unvorhersehbaren Defekts überhitzt die Wanduhr. Sie verschmort. Dabei geht auch das Pfandsiegel kaputt.

? Strafbarkeit des S?

✓ Fraglich ist, wie S sich strafbar gemacht hat.

§ 136 Abs. 1 StGB. Eine Strafbarkeit nach § 136 Abs. 1 StGB durch die Weiterbenut-zung scheidet aus. S durfte die Wanduhr weiterbenutzen. Ein „Entziehen der Verstrickung" im Sinne von § 136 Abs. 1 StGB liegt nicht vor. Dies ergibt sich schon aus dem Wortlaut. Zweck und Systematik stützen diese Auslegung. § 808 ZPO erlaubt dem Schuldner grundsätzlich, eine gepfändete Sache vorsichtig weiterzube-nutzen. Zuweilen dient dies dem Gläubiger. Manche Gegenstände benötigt der Schuldner, um Einkommen zu erzielen. Hiermit kann er seine Schulden bezahlen. Eine Ausnahme gilt bei Gegenständen, die leicht kaputt gehen können oder sich schnell abnutzen. Dafür ist hier aber nichts ersichtlich. Dass S glaubte, er dürfe die Wanduhr nicht mehr benutzen, stellt ein strafloses Wahndelikt dar.

Es liegt auch keine Strafbarkeit nach § 136 Abs. 1 oder 2 StGB dadurch vor, dass die Wanduhr bei der Benutzung kaputt ging. Zwar ist der objektive Tatbestand

---

50 Ausführlich: Dennis Bock, ZStW 2009, 548 (559 ff.).
51 RGSt 7, 325 (326).

beider Absätze in der Form des Zerstörens der Sache und des Beschädigens des Siegels erfüllt. S handelte aber nicht vorsätzlich.

§ 289 StGB. Eine Strafbarkeit wegen Pfandkehr scheitert schon am objektiven Tatbestand. Wer eine Sache zerstört, nimmt sie nicht im Sinne des § 289 StGB weg.[52] Eine anderweitige Auffassung würde den Wortlaut sprengen.

S ist also straflos.

20.5.1 Falsche Versicherung an Eides statt

Grundsätzliches

1228 Nach § 156 StGB wird bestraft, wer vor einer zur Abnahme einer Versicherung an Eides Statt zuständigen Behörde eine solche Versicherung falsch abgibt. § 156 StGB gehört zu den Aussagedelikten. Wie der Name schon sagt, regelt § 156 StGB etwas Ähnliches wie den Meineid nach § 154 StGB. Der Vorwurf wiegt allerdings nicht ganz so schwer. § 156 StGB gehört in allen Bundesländern zum Pflichtfachbereich im Ersten juristischen Staatsexamen. Der Prüfling muss ihn im Detail beherrschen. Im zweiten Examen ist § 156 StGB ohnehin Prüfungsstoff.

Das Prüfungsschema für § 156, 1. Alt. StGB lautet:

ⓘ Prüfungsschema § 156, 1. Alt. StGB
Objektiver Tatbestand
1. Versicherung an Eides statt
2. Zuständige Behörde
3. Falsch
4. Abgabe

Subjektiver Tatbestand
— Vorsatz

Es empfiehlt sich zumeist, Klausuren mit Bezug zu § 156 StGB primär nach Personen zu gliedern. Erst nachgeordnet sollte man nach Tatkomplexen trennen. Manchmal muss man zusätzlich differenzieren zwischen der Strafbarkeit derselben Person als Täter und als Teilnehmer. § 156 StGB ist ein eigenhändiges Delikt.

Klausurtipp

Hat der Täter im Rahmen der Vermögensauskunft gegenüber dem Gerichtsvollzieher eine falsche Versicherung an Eides statt abgegeben, ist beim Prüfungspunkt „zuständige Behörde" immer § 802c Abs. 3 ZPO zu zitieren.

---

52 H. M., z. B. RGSt 15, 434 (436).

1229

T gibt gegenüber dem Gerichtsvollzieher die Vermögensauskunft ab. Der Gerichtsvollzieher hält alle Formalien ein. T verschweigt wissentlich, dass ihm ein bebautes Grundstück im Wert von 800.000 Euro gehört. Er versichert an Eides statt zu Protokoll, dass seine Angaben richtig sind.

❓ Hat T sich nach § 156 StGB strafbar gemacht?

✅ T kann sich nach § 156 StGB strafbar gemacht haben. Er hat an Eides statt versichert, dass seine Angaben in seiner Vermögensauskunft richtig sind. Der Gerichtsvollzieher durfte gemäß § 802c Abs. 3 StGB auch eine Versicherung an Eides statt abnehmen.

Die Versicherung muss auch falsch gewesen sein. In tatsächlicher Hinsicht hat T gelogen. Im Rechtssinne falsch ist aber nur eine gelogene Angabe, die im jeweiligen Verfahren zur Erklärungs- und Wahrheitspflicht gehört. Nach § 802c Abs. 2 Nr. 1 StGB muss der Schuldner alle ihm gehörenden Vermögensgegenstände angeben. Das Grundstück gehörte damit zu den angabepflichtigen Tatsachen. Deshalb war die eidesstattliche Versicherung auch in rechtlicher Hinsicht falsch. Die Erklärung ist dem Gerichtsvollzieher zugegangen. Damit hat T objektiv eine falsche eidesstattliche Versicherung abgegeben. Des Weiteren handelte T wissentlich und damit vorsätzlich. Er hat sich nach § 156 StGB strafbar gemacht.

1230

Wie Ausgangsfall. Der Gerichtsvollzieher hält aber die Formalien nicht ein. Er setzt T nur eine Frist von drei Tagen, um die Forderung zu begleichen. Zugleich schreibt er ihm, bei Nichtzahlung erwarte er ihn in drei Tagen in seinem Büro. Dort solle T die Vermögensauskunft abgeben. T erscheint und verschweigt wissentlich das Grundstück.

❓ Hat T sich auch diesmal nach § 156 StGB strafbar gemacht?

✅ T kann sich wiederum nach § 156 StGB strafbar gemacht haben. Fraglich ist, ob der Gerichtsvollzieher zuständig war. Das Tatbestandsmerkmal „zuständige Behörde" setzt Dreierlei voraus: Erstens die Befugnis der Behörde, überhaupt eidesstattliche Versicherungen entgegenzunehmen (sogenannte allgemeine Zuständigkeit); zweitens die Befugnis, eidesstattliche Versicherungen gerade in diesem Verfahren und über diesen Gegenstand abzunehmen (besondere Zuständigkeit); drittens, dass die eidesstattliche Versicherung rechtlich nicht völlig wirkungslos ist.[53] Rechtlich völlig wirkungslos wäre vorliegend etwa eine schriftliche eidesstattliche Versicherung. Denn § 802c Abs. 3 ZPO schreibt eine mündliche vor („zu Protokoll").[54] Problematisch ist im hiesigen Fall der zweite Punkt. Fraglich ist, ob der Gerichtsvoll-

---

53 BGHSt 7, 1, juris Rn. 5; 13, 154 = NJW 1959, 1501; BGHSt 17, 303, juris Rn. 1.
54 BGH, Urt. v. 29.8.2007 – 5 StR 103/07, Rn. 22 für § 98 Abs. 1 InsO.

zieher in der konkreten Verfahrenssituation eine eidesstattliche Versicherung entgegennehmen durfte. Der Gerichtsvollzieher musste nach § 802c Abs. 1 ZPO eine Zahlungsfrist von zwei Wochen setzen. Auch durfte er den Termin zur Abgabe der Vermögensauskunft erst auf einen Zeitpunkt nach Ablauf der Zahlungsfrist setzen. Dagegen hat er verstoßen.

Einerseits könnte man hieraus ableiten, die eidesstattliche Versicherung sei unwirksam. Der Gerichtsvollzieher sei zum fraglichen Zeitpunkt noch nicht zuständig gewesen, sie entgegen zu nehmen.[55]

Andererseits würde die eidesstattliche Versicherung entwertet, wenn man derartigen Formalien materielle Folgen beimessen wollte.[56] Die Gläubiger müssen sich darauf verlassen können, dass der Schuldner richtige Angaben macht. Die Interessen des Schuldners sind hinreichend gewahrt. Er ist nicht verpflichtet, die eidesstattliche Versicherung vor Ablauf der Zweiwochenfrist abzugeben. Falschangaben seinerseits sind in keiner Weise schützenswert.

Man mag zwar einwenden, die Zweiwochenfrist diene auch als Überlegungsfrist. Sie solle sicherstellen, dass Schuldner keine Vermögenswerte vergisst. Strafrechtlich ist der Schuldner gegen ein Vergessen jedoch ausreichend geschützt. Hat er den Vermögensgegenstand vergessen, entfällt sein Vorsatz.

Die besseren Gründe sprechen deshalb dafür, derartigen formellen Fehlern keine strafrechtlichen Konsequenzen beizumessen. Der Gerichtsvollzieher war also zuständig. T hat das Grundstück wissentlich verschwiegen. Daher hat er sich gemäß § 156 StGB strafbar gemacht.

Der Vergessenseinwand

1231   In der Assessorklausur wird der Beschuldigte möglicherweise behaupten, er habe den verschwiegenen Vermögensgegenstand vergessen. Ob man ihm dies glaubt, hängt vom Einzelfall ab. Verfügt jemand über insgesamt 20 Grundstücke, ist nachvollziehbar, dass er eines vergisst. Besteht das wesentliche Vermögen des Beschuldigten aber aus einem Grundstück, ist es nahezu ausgeschlossen, dass er es bei der Frage nach Grundstücken vergessen hat.

Sehr praxisrelevant ist der Vergessenseinwand bei Konten. Der Gerichtsvollzieher fragt in der Vermögensauskunft nach Konten. Konten, die der Beschuldigte seit Jahren nicht mehr benutzt, mag er vergessen haben. Handelt es sich jedoch um sein Hauptkonto, von dem er täglich Abbuchungen tätig, ist sein Einwand unglaubhaft.

1232   **Ausgangsfall**

T ist selbstständiger Handelsvertreter. Er ist bei verschiedenen Gläubigern hoch verschuldet. T versichert in seiner Vermögensauskunft an Eides statt, er habe kein Auto. Tatsächlich gehört ihm ein Ferrari. Er nutzt ihn für Kundentermine. Der Ferrari ist sein einzig wertvoller Gegenstand. Sein Einkommen liegt unterhalb der Pfändungsfreigrenze. T glaubt, er müsse den Ferrari nicht angegeben. Dieser sei unpfändbar. Einen Rechtsanwalt hat er allerdings nicht gefragt. Er stellt auch keine Rückfrage beim Gerichtsvollzieher.

---

55 Glenk/Bauer/Antoine, StraFo 2013, 413.
56 Vgl. BGH, NJW 1953, 994 (995).

? Strafbarkeit des T?

✓ Der erfahrene Klausurbearbeiter erkennt sofort, dass hier ein Vorsatzproblem vorliegt. Gleichwohl ist zunächst auf zivilprozessuale Probleme einzugehen.

§ 156 StGB. T könnte sich nach § 156 StGB strafbar gemacht haben. T hat den objektiven Tatbestand des § 156 StGB erfüllt. Die Angabe des T war falsch. Sie war von der Wahrheitspflicht umfasst. T war verpflichtet, den Ferrari anzugeben. Nach § 802 Abs. 2 Nr. 2 Satz 2 ZPO brauchen Sachen, die nach § 811 Abs. 1 Nr. 1 ZPO der Pfändung offensichtlich nicht unterworfen sind, nicht angegeben zu werden, es sei denn, dass eine Austauschpfändung in Betracht kommt. Nach § 811 Abs. 1 ZPO sind Sachen unpfändbar, die der Schuldner für seine Berufstätigkeit braucht. Der Wortlaut beschränkt dies aber auf eine angemessene und bescheidene Lebensführung. Von einer bescheidenen Lebensführung kann bei einem Ferrari eines Verschuldeten keine Rede sein. Außerdem kommt gemäß § 811a ZPO eine Austauschpfändung in Betracht. Der Gläubiger könnte T einen Kleinwagen zur Verfügung stellen und den Ferrari pfänden.

Zweifelhaft ist aber, ob T vorsätzlich gehandelt hat. Der Vorsatz bezieht sich auf alle objektiven Tatbestandsmerkmale. Bei Rechtsbegriffen muss der Täter einen Parallelwertung in der Laiensphäre durchführen. T hätte also laienhaft erkennen müssen, dass seine Versicherung falsch war. Dazu hätte er zumindest billigen müssen, dass der Ferrari von der Wahrheitspflicht umfasst ist. T hat aber laienhaft geglaubt, den Ferrari müsse er nicht angeben.[57] Damit entfällt sein Vorsatz.

§ 161 Abs. 1 StGB. T hat sich aber wegen fahrlässiger falscher Versicherung an Eides statt nach § 161 Abs. 1 StGB strafbar gemacht. Er hätte zumindest bei einem Rechtsanwalt fragen müssen, ob er den Ferrari angeben muss.

Klausurtipp

Bleibt am Ende der Prüfung nur eine Strafbarkeit nach § 161 StGB und ist der Beschuldigte nicht vorbestraft, ist eine Anklage praxisfern. Die Staatsanwaltschaft wird fast immer einen Strafbefehl erlassen. Zu erwägen ist sogar, das Verfahren nach § 153a Abs. 1 StPO vorläufig einzustellen.

Abwandlung   1233

Wie Ausgangsfall. Gläubiger G des T hat beim Gerichtsvollzieher folgende Anträge gestellt: 1. Abnahme der Vermögensauskunft, 2., für den Fall, dass sich aus dieser pfändbare bewegliche Sachen ergeben, diese pfänden.

Schuldner T verschweigt in der Vermögensauskunft wiederum seinen Ferrari. Er weiß, dass er ihn angeben muss. Er hat aber Angst, ihn zu verlieren. Eine Woche später packt T jedoch sein Gewissen. Er sucht den Gerichtsvollzieher auf. Er fragt ihn, ob er sich schon entschieden hat, wie er weiter vorgehen will. Das verneint der Gerichtsvollzieher. Er habe in den letzten Tagen so viel um die Ohren gehabt. Er habe das Ergebnis der Vermögensauskunft noch gar nicht richtig durchdenken können. Das habe er in den nächsten Tagen aber vor. T unterbricht ihn. Er berichtet dem Gerichtsvollzieher von seinem Ferrari. Gefahren ist T ihn in der Zwischenzeit nicht. Aufgrund der Angaben des T pfändet der Gerichtsvollzieher nunmehr den Ferrari für G.

---

57   Vgl. BayObLGSt 1992, 134, juris Rn. 30.

❓ Strafbarkeit des T?

✔ Wiederum muss man die Zusammenhänge ZPO - StGB erfassen.

1234   **§ 156 StGB.** T hat den Tatbestand des § 156 StGB erfüllt. Auf der Strafzumessungs-ebene ist jedoch § 158 StGB zu prüfen. Nach dieser Vorschrift kann das Gericht die Strafe wegen falscher Versicherung an Eides statt mildern oder von Strafe absehen, wenn der Täter die falsche Angabe rechtzeitig berichtigt. Der Begriff „rechtzeitig" ist in § 158 Abs. 2 StGB umschrieben. Danach ist die Berichtigung verspätet, wenn sie bei der Entscheidung nicht mehr verwertet werden kann oder aus der Tat ein Nachteil für einen anderen entstanden ist oder gegen den Täter eine Untersuchung eingeleitet worden ist. Verspätet wäre die Berichtigung beispielsweise, wenn der Gerichtsvollzieher gemäß § 802l Abs. 2 Nr. 3 ZPO ein Auskunftsersuchen beim Kraftfahrtbundesamt über Fahrzeug- und Halterdaten gestellt hätte. Rechtzeitig ist die Berichtigung demgegenüber, wenn der Gerichtsvollzieher/Gläubiger noch keine konkreten weiteren Zwangsvollstreckungsmaßnahmen eingeleitet hat und auch sonst kein Nachteil für den Gläubiger eingetreten ist.[58] Denn § 158 StGB soll dem Täter eine goldene Brücke zurück zur Wahrheit bauen. Deshalb ist die Vorschrift weit auszulegen.[59] Hier hat der Gerichtsvollzieher aufgrund der Falschangabe noch keine konkreten Zwangsvollstreckungsmaßnahmen eingeleitet oder unterlassen. Ein Nachteil für Gläubiger G ist nicht eingetreten. G kann nach wie vor in den Ferrari vollstrecken. Dieser ist in der kurzen Zeit auch nicht wesentlich im Wert gesunken. Somit kam die Berichtigung rechtzeitig. Die Strafzumessungsvorschrift des § 158 StGB ist daher einschlägig.

1235   **§ 263 StGB.** T könnte sich wegen Betrug gegenüber dem Gerichtsvollzieher und zum Nachteil von G gemäß § 263 Abs. 1 StGB strafbar gemacht haben. Ein vollende-ter Betrug setzt eine Vermögensverfügung voraus. Vermögensverfügung meint jedes Handeln, Dulden oder Unterlassen, das sich beim Verfügenden oder einer dritten Person unmittelbar vermögensmindernd auswirkt.[60] Der Gerichtsvollzieher hat sich noch nicht überlegt, wie er weiter vorgehen will. Damit hat er nichts unterlassen. Er hat insbesondere nicht von einer Pfändung abgesehen. Zwar muss sich das Opfer in der Regel nicht bewusst sein, dass es verfügt. Es muss aber zumindest in objektiver Hinsicht eine Verfügung vorliegen. Daran fehlt es. Vielmehr liegt gar keine strafrechtlich relevante Opferhandlung vor. Wäre man anderer Meinung, müsste man sich fragen, wie sich die Noch-nicht-Entscheidung unmittel-bar vermögensmindernd ausgewirkt haben soll. Immerhin hatte der Gerichtsvollzie-her die maßgebliche – bewusste oder unbewusste – Entscheidung über etwaige Pfändungen noch nicht vorgenommen. Das gilt auch für den Gläubiger G. Auch er hat nicht etwa seinen Pfändungsauftrag zurückgenommen.[61] Eine Vermögensver-

---

58   Enger: Glenk/Bauer/Antoine, StraFo 2013, 413.
59   BGH, Urt. v. 25.8.1962 – 1 StR 328/62 = NJW 1962, 2164; HansOLG Hamburg, Beschl. v. 3.9.1980 – 2 Ss 170/80 = NJW 1981, 237.
60   BGHSt 14, 170, juris Rn. 25.
61   Vgl. BGH, Beschl. v. 30.1.2003 – 3 StR 437/02, juris Rn. 17.

fügung ist damit nicht gegeben. Selbst wenn man in der Nichtentscheidung des Gerichtsvollziehers bereits ein Unterlassen sehen wollte, wäre die Täuschung hierfür jedenfalls nicht kausal geworden. Ein vollendeter Betrug scheidet also aus.

§§ 263; 22 StGB. T könnte sich wegen versuchtem Betrug gemäß §§ 263 Abs. 1, Abs. 2; 22; 23 StGB strafbar gemacht haben. 1236

T muss Tatentschluss hinsichtlich Täuschung, Irrtum, Vermögensverfügung und Vermögensschaden gehabt haben. T wollte den Gerichtsvollzieher und G über den Umfang seines Vermögens täuschen. Er wollte beim Gerichtsvollzieher und G einen entsprechenden Irrtum hervorrufen. Damit wollte T eine Unterlassung des Gerichtsvollziehers erreichen. Er wollte verhindern, dass der Gerichtsvollzieher den Ferrari für G pfändet.[62]

T hatte auch Tatentschluss hinsichtlich eines Vermögensschadens. Das Vermögen erleidet einen Schaden, wenn sein wirtschaftlicher Gesamtwert vermindert wird. Das bejaht die Rechtsprechung bereits, wenn sich eine konkrete Vollstreckungsaussicht verschlechtert.[63] So war es hier.

T nahm in Kauf, dass G aufgrund seiner Falschangabe leer ausgeht. Denn nach lebensnaher Auslegung hoffte er, dass der Gerichtsvollzieher es unterlässt, bei ihm zu pfänden. Vom Ferrari sollten G und der Gerichtsvollzieher nichts wissen. Und über sonstiges pfändbares Vermögen verfügte T nicht. Zumindest billigte T, dass andere Gläubiger dem G zuvor kommen. Denn T hatte hohe Schulden und mehrere Gläubiger.

Weiter müssen die besonderen Voraussetzungen des versuchten Dreiecksbetrugs vorliegen. Identität zwischen Verfügendem und Geschädigtem ist nicht erforderlich. Es bedarf lediglich eines Näheverhältnisses zwischen beiden.[64] Ein solches liegt vor. Der Gerichtsvollzieher steht im Lager des Gläubigers.[65] Er führt dessen Aufträge aus. Das ist einem Schuldner üblicherweise auch klar.

T wollte sich darüber hinaus stoffgleich bereichern. Auch wenn der Täter verhindern will, einen Gegenstand zu verlieren, erstrebt er einen wirtschaftlichen Vorteil im Sinne einer Bereicherung.[66] So war es hier. Es kam T darauf an, den Ferrari zu behalten. Mithin hatte T Tatentschluss.

T hat überdies unmittelbar zur Tat angesetzt.

T kann jedoch vom Versuch zurückgetreten sein. Hierfür müsste er gemäß § 24 Abs. 1 Satz 1, 2. Alt. StGB die Vollendung verhindert haben. Der Versuch ist nicht fehlgeschlagen. Aus Sicht von T konnte sich der Gerichtsvollzieher weiterhin bewusst entscheiden, jegliche Pfändungen zu unterlassen.

Der Versuch war beendet. Aus Sicht des T war alles getan, um bei G einen Vermögensschaden entstehen zu lassen. Aus diesem Grund musste T die Vollendung verhindern. Das hat er getan. Er hat verhindert, dass beim Gerichtsvollzieher der Gedanke entsteht, T verfüge über keine pfändbaren Gegenstände.

---

62 Vgl. OLG Stuttgart, Urt. v. 19.10.1962 – 1 Ss 561/62 = NJW 1963, 825.
63 BGH, Beschl. v. 30.1.2003 – 3 StR 437/02, juris Rn. 17; OLG Düsseldorf, NJW 1994, 3366 (3367); OLG Stuttgart, Urt. v. 19.10.1962 – 1 Ss 561/62 = NJW 1963, 825 (826).
64 Rönnau, JuS 2011, 982 (983).
65 OLG Düsseldorf, Urt. v. 1.2.1994 – 2 Ss 150/93 – 57/93 II = NJW 1994, 3366 (3367).
66 RGSt 73, 294 (296).

Ts Bemühungen resultierten aus autonomen Motiven. Damit waren sie freiwillig. Deshalb ist T vom Versuch des Betrugs zurückgetreten. Er hat sich nicht nach §§ 263; 22 StGB strafbar gemacht.

> **!** Merke: Konnte der Gläubiger ursprünglich beim Schuldner etwas vollstrecken und kann er es jetzt aufgrund einer Täuschung nicht mehr, erleidet der Gläubiger einen Vermögensschaden im Sinne des § 263 StGB.

20.5.2 Vereiteln der Zwangsvollstreckung

1237

Ausgangsfall

T kauft bei O ein Auto. O übergibt den Wagen an T. Nach einigen Tagen kommt T die Idee, dass er den Kaufpreis nicht begleichen möchte. O fordert T schriftlich auf, den Kaufpreis zu zahlen. T ignoriert das Schreiben. Er glaubt zwar, dass er den Kaufpreis weiterhin zahlen muss. Er hofft aber, die Sache verlaufe im Sand. O erwirkt einen rechtskräftigen Vollstreckungsbescheid. Er beauftragt den Gerichtsvollzieher, bei T zu pfänden. T lebt von Sozialhilfe. Sein letztes Vermögen hat er in den vergangenen Tagen verbraucht. Ansonsten hat er nur Hausrat und das Auto. Das weiß er auch. Er hat Angst, dass der Gerichtsvollzieher es ihm wegnimmt. Deshalb versteckt er es bei seinem Freund F in dessen Garage. Er erzählt F von der geplanten Pfändung. F äußert, die Sache komme ihm sehr gelegen. Er verstecke das Auto gerne. Er benötige ohnehin dringend ein Auto. Immerhin könne er mit dem Auto jederzeit fahren. Den einzigen Schlüssel behalte er. Wenn es ihm aber zu gefährlich wird, werde er die Sache dem Gerichtsvollzieher melden.

> **?** Strafbarkeit von T und F? Etwa erforderliche Strafanträge sind gestellt.

> **›** Map 20.1

> **✓** Strafbarkeit des T

1238   T kann sich nach § 288 Abs. 1 StGB wegen Vereiteln der Zwangsvollstreckung strafbar gemacht haben, indem er das Auto bei F versteckt hat. Nach dieser Norm wird bestraft, wer bei einer ihm drohenden Zwangsvollstreckung Bestandteile seines Vermögens beiseiteschafft, um die Befriedigung des Gläubigers zu vereiteln.

T ist tauglicher Täter. Er ist Vollstreckungsschuldner. Denn gegen ihn hat O einen Titel erwirkt. Aus diesem Titel möchte O vollstrecken. Er hat sogar schon einen Gerichtsvollzieher beauftragt. Damit droht die Zwangsvollstreckung auch in zeitlicher Hinsicht.

Als ungeschriebenes Tatbestandsmerkmal sieht § 288 StGB vor, dass der Vollstreckungsgläubiger gegen den Täter einen materiellrechtlichen Anspruch hat.[67] Denn die Vorschrift schützt das Befriedigungsinteresse des Gläubigers. O hat gegen T einen Anspruch aus § 433 Abs. 2 BGB.

---

67 BGHZ 114, 305, juris Rn. 20 ff.; HansOLG Hamburg, Beschl. v. 29.1.2010 – 2 – 64/09 (REV), juris Rn. 12 f.

Das Fahrzeug stand überdies im Besitz des T. Es war gemäß § 808 ZPO pfändbarer Bestandteil seines Vermögens. Indem T es bei F versteckte, hat er es beiseitegeschafft.

T handelte auch vorsätzlich. Insbesondere rechnete er damit, dass O gegen ihn ein Anspruch auf Kaufpreiszahlung zusteht. Er wollte das Auto dem Zugriff des O entziehen. T wusste, dass er über kein weiteres pfändbares Vermögen verfügt. Damit war ihm klar, dass er die Vollstreckung des O vereitelt. Das genügt für die in § 288 Abs. 1 StGB genannte Absicht.

Mithin hat T sich nach § 288 StGB strafbar gemacht.

Klausurtipp für das Assessorexamen

Im Anklagesatz sollte man den Anspruch genau bezeichnen. Dies gebietet zumindest die Informationsfunktion der Anklage (§ 200 Abs. 1 StPO).[68]

✅ Strafbarkeit des F

Fraglich ist, wie F sich strafbar gemacht hat.

§§ 288; 25 Abs. 2 StGB. F könnte sich wegen mittäterschaftlichem Vereiteln der Zwangsvollstreckung gemäß §§ 288; 25 Abs. 2 StGB strafbar gemacht haben, indem er das Auto bei sich versteckt hat. Zwar hatte er Tatherrschaft und Täterwille.[69] Allerdings ist Täter nach dem Wortlaut des § 288 StGB nur, wem die Zwangsvollstreckung droht. F drohte keine Zwangsvollstreckung. Weder bestand gegen ihn ein Titel noch plante O, gegen ihn einen Titel zu erwirken. Daher ist F kein tauglicher Täter. F hat sich nicht wegen täterschaftlichem Vereiteln der Zwangsvollstreckung strafbar gemacht.

§§ 288; 27 StGB. F hat sich aber wegen Beihilfe zum Vereiteln der Zwangsvollstreckung nach §§ 288; 27 StGB strafbar gemacht. Insbesondere liegt der doppelte Gehilfenvorsatz vor. Es genügt, dass F von den Zielen des T wusste. F muss nicht selbst in der Absicht gehandelt haben, die Zwangsvollstreckung des O zu vereiteln. Fraglich ist, ob die Strafe für F nach § 28 Abs. 1 StGB zu mildern ist. Richtigerweise ist dies zu bejahen. Die Schuldnereigenschaft ist ein besonderes täterbezogenes Merkmal.[70] Das ergibt sich aus dem Wortlaut „ihm". F hat sich also nach §§ 288; 27 StGB strafbar gemacht. Seine Strafe ist nach § 28 Abs. 1 StGB zu mildern.

1239

1240

Klausurtipp

§ 288 StGB ist ein Sonderdelikt. Täter kann nur sein, wem selbst die Zwangsvollstreckung droht. Alle anderen können nur Teilnehmer sein. § 288 StGB bietet damit für den Klausurersteller besonders gute Möglichkeiten, Beteiligungsformen abzuprüfen.[71]

---

68 A. A. vertretbar.
69 Dehne-Niemann, NZWiSt 2015, 366, Fn. 11.
70 MüKo-StGB/Maier, 2019, § 288 Rn. 57.
71 Beispiele: Mitsch, JuS 2004, 323 (325); Kroiß, JuS 2005, 256 (260).

Abwandlung

1241

Wie Ausgangsfall (Rn. 1237). Das Auto hatte einen größeren reparierten Unfallschaden. Das wusste O. Gleichwohl verkaufte er T das Auto als unfallfrei. Eine Woche nach der Übergabe lässt T das Auto von einem Sachverständigen untersuchen. Dieser berichtet T von dem Vorschaden. T erklärt sofort gegenüber O die Anfechtung wegen arglistiger Täuschung. O verlangt gleichwohl von T den Kaufpreis. O erhebt Klage gegen T. Von der Anfechtung schildert O in der Klageschrift nichts. T reagiert nicht. Er glaubt zunächst, O könne ihm nichts. Dann erwirkt O ein Versäumnisurteil. Dadurch bekommt T Angst. Wiederum versteckt er das Auto bei F. Rechtsmittel gegen das Versäumnisurteil legt er jedoch nicht ein. Die Einspruchsfrist des § 339 Abs. 1 ZPO läuft ab.

? Strafbarkeit des T?

» Map 20.1

✓ T könnte sich wiederum gemäß § 288 StGB strafbar gemacht haben. Die Vorschrift verlangt als ungeschriebenes Tatbestandsmerkmal, dass dem Zwangsvollstreckungsgläubiger ein materiellrechtlicher Anspruch gegen den Vollstreckungsschuldner zusteht. Einfach ist dies, wenn der Gläubiger aus einem Vergleich oder einer notariellen Urkunde vollstreckt. Beide Titel erwachsen nicht in Rechtskraft. Bei keinem dieser Titel hat ein Zivilrichter den Anspruch geprüft. Diese Arbeit muss erstmals der Strafrichter vornehmen.

Streitig ist jedoch, wie das Strafgericht zu verfahren hat, wenn zuvor ein Gericht den Anspruch rechtskräftig zugesprochen hat.[72] So hat vorliegend das Zivilgericht über den Anspruch entschieden. Freilich basierte das Urteil einseitig auf dem Klägervortrag (§ 331 Abs. 1 ZPO). Das Versäumnisurteil ist gemäß § 705 ZPO rechtskräftig geworden. Das wirft die Frage auf, ob das Strafgericht an das Versäumnisurteil gebunden ist oder ob es über die zivilrechtliche Vorfrage selbst entscheiden muss. § 288 StGB soll nur den schützen, der wirklich im Recht ist. Daher muss das Strafgericht die materielle Zivilrechtslage prüfen. Ursprünglich stand O ein Anspruch gegen T aus § 433 Abs. 2 BGB auf Kaufpreiszahlung zu. Dieser Anspruch ist jedoch gemäß §§ 142 Abs. 1; 123 Abs. 1 BGB erloschen. Mithin fehlt es am Tatbestandsmerkmal eines wirksamen Anspruchs. T hat sich also nicht strafbar gemacht.

Klausurtipp

§ 288 StGB bietet mit dem ungeschriebenen Tatbestandsmerkmal eines materiellen Anspruchs ein Einfallstor, um zivilrechtliche Fragen zu prüfen. Im eben genannten Fall fiel die Prüfung sehr knapp aus. Es können jedoch umfangreiche zivilrechtliche Erörterungen anzustellen sein. Der Klausurbearbeiter muss dann ausführlich prüfen: 1. Anspruch entstanden, 2. Anspruch untergegangen, 3. Anspruch einredebehaftet.

---

72 Einerseits: BeckOK StGB/Schmidt, 2019, § 288 Rn. 6; andererseits: MüKo-StGB/Maier, 2019, § 288 Rn. 10.

Anwaltsklausur[73]

1242

Das Landgericht Hamburg – kleine Strafkammer – hat den Mandanten am 01.10.2015 wegen Vereiteln der Zwangsvollstreckung zum Nachteil der Gläubigerin X-OHG verurteilt. In den Entscheidungsgründen heißt es unter anderem: „Der Prokurist der Gläubigerin, der Zeuge Friedrich Müller, berichtete den Gesellschaftern der Gläubigerin am 28.12.2014 von der Vereitelungshandlung des Angeklagten. Die Gesellschafter äußerten kein Strafverfolgungsinteresse. [...] Strafantrag wurde durch den Zeugen Friedrich Müller am 03.01.2015 form- und fristgerecht gestellt". Im Aktenauszug befindet sich ein Handelsregisterauszug für die Gläubigerin. Danach ist Prokurist Friedrich Müller zusammen mit dem Prokuristen Peter Schulz gesamtvertretungsberechtigt. In der Akte befindet sich weiter der Strafantrag vom 03.01.2015. Dieser ist unterzeichnet mit „Friedrich Müller, ppa." Eine weitere Unterschrift findet sich darauf nicht.

? Welchen Revisionsantrag sollte der Verteidiger stellen?

✓ Der Verteidiger sollte beantragen, das Urteil aufzuheben und das Verfahren einzustellen, wenn ein Verfahrenshindernis besteht, § 354 Abs. 1 StPO. Verfahrenshindernisse sind in jeder Lage des Verfahrens zu berücksichtigen. In der Revisionsinstanz sind sie nach dem BGH von Amts wegen zu prüfen.[74] Bei nicht behebbaren Verfahrenshindernissen ist das Verfahren einzustellen. Die Stellung eines wirksamen Strafantrags ist eine Verfahrensvoraussetzung. Strafantragsberechtigt ist nach § 77 StGB der Verletzte. Bei § 288 StGB ist dies der Gläubiger. Zwar darf ein Prokurist Strafanträge stellen. Allerdings darf er dies nur im Umfang seiner Vertretungsmacht.[75] Der Prokurist Friedrich Müller hat aber seine Vertretungsmacht überschritten. Er war nur gesamtvertretungsberechtigt.[76] Weder aus den Entscheidungsgründen noch aus den Umständen ergibt sich, dass Herr Müller das Unternehmen ausnahmsweise ohne den anderen Prokuristen vertreten durfte. Er hat jedoch den Strafantrag alleine gestellt. Somit liegt kein wirksamer Strafantrag vor. Das wirft die Frage auf, ob dieses Verfahrenshindernis behebbar ist. Einen Strafantrag kann der Verletzte theoretisch noch während des laufenden Gerichtsverfahrens stellen.[77] Die Strafantragsfrist des § 77b Abs. 1 StGB ist jedoch mittlerweile abgelaufen. Die verletzte OHG hatte seit über drei Monaten Kenntnis von der Tat und dem Täter. Gemäß § 77b Abs. 2 Satz 3 BGB kommt es auf die Kenntnis der Gesellschafter an.[78] Somit besteht ein endgültiges Verfahrenshindernis.

Fraglich ist, wie dieses Hindernis bewiesen werden kann. Das Revisionsgericht prüft die Verfahrensvoraussetzungen selbstständig. Dabei ist es an Feststellungen, Beweiswürdigung und Bewertungen des Tatrichters nicht gebunden. Vielmehr darf es alle verfügbaren Erkenntnisquellen im Wege des Freibeweises heranziehen.[79] Hier kann das Fehlen eines wirksamen Strafantrags mit dem Handelsregisterauszug und

1243

---

73 Nach OLG Zweibrücken, Beschl. v. 27.4.1988 – 1 Ss 245/87.
74 BGHSt 20, 292, juris Rn. 5; 22, 1, juris Rn. 2; deutlicher: Meyer-Goßner, NStZ 2003, 169 (173).
75 RGSt 15, 144 (146).
76 Vgl. § 48 Abs. 2 HGB.
77 Vgl. BGHSt 32, 1, juris Rn. 23.
78 Vgl. HansOLG Hamburg, Urt. v. 27.2.1980 – 1 Ss 11/80.
79 BGHSt 16, 164, juris Rn. 4.

dem schriftlichen Strafantrag bewiesen werden. Auf diese Dokumente mitsamt Aktenseite sollte der Verteidiger in seiner Revisionsbegründung hinweisen. Nicht im Wege des Freibeweises ermittelt das Revisionsgericht zwar doppelrelevante Tatsachen.[80] Doppelrelevant sind solche Tatsachen, die sowohl für das Verfahren als auch für den Schuldspruch von Bedeutung sind. Bei ihnen ist das Revisionsgericht an die Feststellungen des Erkenntnisgerichts gebunden. Das gilt aber nicht, wenn die Feststellungen lückenhaft sind.[81] Das ist hier der Fall. Zur Frage der Strafantrags-berechtigung des Prokuristen hat das Gericht nichts festgestellt.

1244   Der Verteidiger sollte beantragen, das Urteil des Landgerichts Hamburg aufzuheben und das Verfahren einzustellen. In der Revisionsbegründungsschrift sollte er sicherheitshalber die allgemeine Sachrüge erheben.

Klausurtipp

§ 288 StGB ist ein absolutes Antragsdelikt (Absatz 3). In der Revisionsklausur aus Verteidigersicht können bei der Frage des Strafantrags erhebliche Punkte zu holen sein.

1245   **Fall**

G erstreitet ein Zahlungsurteil gegen S. Er beauftragt den Gerichtsvollzieher GVZ, bei S zu pfänden. GVZ geht zum Haus des S. Vor dem Haus steht T. Er trägt eine Tasche. GVZ glaubt, es handele sich um S. Er sagt zu T, er sei Gerichtsvollzieher. Er habe ein Urteil gegen ihn. Er werde nunmehr bei ihm eine Taschenpfändung durchführen. T denkt, GVZ spinne. Er will GVZ wegschie-ben. Das verhindert GVZ. Er hält T stehend fünf Minuten lang am Arm fest. Dann wird es T zu bunt. Er reißt seinen Arm ruckartig und fest nach unten. Dadurch löst er den Griff des GVZ. T flüchtet.

20.5.3 §§ 113; 114 StGB

❓ Strafbarkeit von GVZ und T?

1246   ✅ **Strafbarkeit des GVZ nach § 239 StGB**
GVZ hat sich nicht wegen Freiheitsberaubung nach § 239 StGB strafbar gemacht, indem er T festhielt. Er hat zwar den Tatbestand einer Freiheitsberaubung erfüllt. Allerdings glaubte er sich im Recht. Nach § 758 Abs. 1 ZPO darf ein Gerichtsvollzie-her eine Taschenpfändung durchführen. Wehrt sich der Schuldner, darf der Gerichts-vollzieher nach § 758 Abs. 3 ZPO Gewalt anwenden. § 758 ZPO bildet damit einen Rechtfertigungsgrund. Die Gewaltanwendung des GVZ war auch noch verhältnismä-ßig. GVZ ist einem Erlaubnistatbestandsirrtum erlegen. Damit fehlte ihm die Vorsatzschuld. GVZ glaubte, T sei sein Schuldner. Zwar hat er T nicht gefragt, ob er S

---

80 BGH, Beschl. v. 19.6.2007 – 1 StR 105/07; BayObLG, Beschl. v. 28.6.2000 – 4 St RR 54/2000, juris Rn. 8; OLG Düsseldorf, Beschl. v. 17.9.1987 – 5 Ss (OWi) 264/87 = MDR 1988, 253.
81 HansOLG Hamburg, Beschl. v. 29.1.2010 – 64/09, juris Rn. 25.

ist. Dies begründet aber nur einen Fahrlässigkeitsvorwurf. Die fahrlässige Freiheitsberaubung ist nicht strafbar.

Weil GVZ irrig an eine Rechtfertigungslage glaubte, scheidet auch eine Strafbarkeit wegen Nötigung nach § 240 StGB aus.

Klausurtipp

In Studium und erstem Examen sind hier die Theorien über den Erlaubnistatbestandsirrtum zu diskutieren.

✅ **Strafbarkeit des T**   1247

§ 113 Abs. 1 StGB. T kann sich nach § 113 Abs. 1 StGB wegen Widerstand gegen Vollstreckungsbeamte strafbar gemacht haben, indem er sich losriss. Der Gerichtsvollzieher ist ein Amtsträger, der zur Vollstreckung von Urteilen berufen ist.[82] Mit der Taschenpfändung nahm GVZ eine Diensthandlung vor. T muss GVZ mit Gewalt Widerstand geleistet haben. Widerstand leisten meint jede aktive Tätigkeit, die die Vollstreckungshandlung verhindern oder erschweren soll.[83] T hat sich ruckartig und fest losgerissen. Nach allgemeiner Lebenserfahrung spürte der Gerichtsvollzieher dies. Infolge der Kraftausübung konnte er T nicht länger festhalten. Deshalb hat T mit Gewalt Widerstand geleistet.[84]

T handelte auch vorsätzlich. Allerdings muss die Diensthandlung rechtmäßig gewesen sein (§ 113 Abs. 3 StGB). Es gilt der formelle Rechtmäßigkeitsbegriff. GVZ muss im Rahmen seiner Zuständigkeit vollstreckt haben. Er muss die wesentlichen Formvorschriften eingehalten haben. Weiterhin muss er sein Ermessen pflichtgemäß ausgeübt haben. Zu den wesentlichen Formvorschriften gehören die allgemeinen Vollstreckungsvoraussetzungen. Die Existenz eines Titels gegen den Schuldner ist eine allgemeine Vollstreckungsvoraussetzung.[85] Gegen T bestand kein Titel. Daher war die Diensthandlung nicht rechtmäßig. T hat sich demzufolge nicht gemäß § 113 StGB strafbar gemacht.

§ 114 StGB. T könnte sich nach § 114 StGB strafbar gemacht haben. Dazu müsste er GVZ tätlich angegriffen haben. Ein tätlicher Angriff ist die unmittelbar auf den Körper zielende, feindselige Einwirkung.[86] T hat sich nach unten losgerissen. Er hat sich nicht gegen den Körper des Gerichtsvollziehers gewendet. Von einem Angriff kann man deshalb nicht sprechen.

Eine Strafbarkeit gemäß § 114 Abs. 1 StGB scheidet deshalb aus.

§ 240 StGB. T hat sich auch nicht wegen Nötigung nach § 240 StGB strafbar gemacht. Nach richtiger Auffassung ist § 113 StGB lex specialis gegenüber § 240

82 Siehe oben Rn. 18.
83 RGSt 4, 374 (376); BGH, Beschl. v. 19.12.2012 – 4 StR 497/12, Rn. 8 u. v. 15.1.2015 – 2 StR 204/14, Rn. 6.
84 OLG Frankfurt, Urt. v. 5.12.1973 – 2 Ss 430/73 = NJW 1974, 572; OLG Dresden, Beschl. v. 1.8.2001 – 3 Ss 25/01 = NJW 2001, 3643; ähnlich RGSt 2, 411 (412); HansOLG Hamburg, Urt. v. 7.4.1976 – 1 Ss 179/75 = NJW 1976, 2174.
85 Zöller/Steffens, JA 2010, 161 (164).
86 RGSt 59, 264 (265); BSGE 90, 6, juris Rn. 16.

StGB.[87] Ansonsten würde die Wertung des § 113 StGB unterlaufen. § 113 StGB sperrt § 240 StGB sogar dann, wenn der Täter sich wegen fehlender Rechtmäßigkeit der Diensthandlung nicht strafbar gemacht hat.

Ergebnis. GVZ und T sind straflos.

Klausurtipp

Geht es in der Klausur um § 113 oder § 114 StGB, ist die Rechtmäßigkeit der Diensthandlung fast immer ausführlich zu prüfen. Hier sollte der Kandidat lieber mehr als zu wenig schreiben.

1248   **Fall**

G erstreitet ein Zahlungsurteil gegen T. Er beauftragt den Gerichtsvollzieher, T die Vermögensauskunft abzunehmen. Der Gerichtsvollzieher stellt T am 01.03. ein Schreiben zu. Er setzt ihm eine Frist bis zum 04.03., um die Forderung zu begleichen. Für den Fall, dass dieser die Forderung nicht begleichen kann oder will, fordert er T auf, am 07.03. in seinem Büro die Vermögensauskunft abzugeben. T weigert sich. Er hält die Fristen für viel zu kurz. Deswegen erscheint er am 07.03. nicht. Daraufhin beantragt G am 15.04. beim Amtsgericht einen Haftbefehl, um die Vermögensauskunft zu erzwingen. Dieser ergeht antragsgemäß. G beauftragt den Gerichtsvollzieher, T zu verhaften. Der Gerichtsvollzieher geht zur Wohnung des T. Er fragt ihn nochmals, ob er die Vermögensauskunft abgeben will. T weigert sich. Er schlägt den Gerichtsvollzieher mit der Faust ins Gesicht.

❓ Strafbarkeit des T?

✅ Auch hier stellt sich die Frage, wie sich ZPO-Verstöße auf das StGB auswirken.

1249   **§ 114 StGB.** T hat den Tatbestand des § 114 Abs. 1 StGB erfüllt.[88] Fraglich ist, ob die Diensthandlung rechtmäßig im Sinne von §§ 114 Abs. 3; 113 Abs. 3 StGB war. Es kommt nicht darauf an, ob sämtliche Vorschriften eingehalten wurden. Maßgeblich ist nur, ob die wesentlichen Formvorschriften eingehalten wurden. Rechtsgrundlage für die Festnahme ist § 802g Abs. 2 Satz 1 ZPO. Danach darf der Gerichtsvollzieher aufgrund eines Haftbefehls den Schuldner festnehmen. Bei der Frage, ob ein Haftbefehl vorliegt, handelt es sich um eine wesentliche Formvorschrift. Darum geht es hier aber nicht. Denn ein Haftbefehl lag vor. Problematisch ist allerdings, dass dieser nicht hätte ergehen dürfen. Nach § 802f Abs. 1 ZPO hätte der Gerichtsvollzieher dem Schuldner nämlich eine Frist von zwei Wochen setzen müssen. Erst wenn der Schuldner innerhalb dieser Frist die Forderung nicht beglichen hat, muss er beim Gerichtsvollzieher erscheinen. Die dreitägige Frist war zu kurz. S war nicht verpflichtet, beim Gerichtsvollzieher zu erscheinen. Der Fehler ist dem Gerichtsvollzieher auch zuzurechnen. Fraglich ist aber, ob der Gerichtsvollzieher eine wesentliche oder eine unwesentliche Formvorschrift verletzt hat. Es geht nicht an, jeden

---

87 BGHSt 30, 235, juris Rn. 7 f; BGH, Beschl. v. 4.4.2017 – 1 StR 70/17, Rn. 3.
88 Zur Neufassung: Schiemann, NJW 2017, 1846.

irgendwann im Verfahren unterlaufenen Fehler zu einem wesentlichen Formfehler aufzuwerten. Ansonsten müsste der Schuldner sich auch gegen eine Vollstreckung wehren dürfen, wenn das Urteil inhaltlich falsch war. Damit wäre aber der Gewaltanwendung gegen Gerichtsvollzieher Tür und Tor geöffnet. Das darf nicht sein. Jedenfalls können solche Verfahrensfehler nicht als wesentlich angesehen werden, die überholt sind. So ist es hier. Das Gericht hat den Haftbefehl erlassen. Die Pflichtverletzung wurzelte im Vorfeld der Festnahme. Damit hat der Gerichtsvollzieher nur eine unwesentliche Formvorschrift verletzt. T durfte sich gegen die Festnahme nicht wehren. Allenfalls kann das Gericht nach §§ 114 Abs. 3; 113 Abs. 4 Satz 1 StGB die Strafe mildern. Denn S glaubte sich im Recht. Sein Irrtum war aber vermeidbar. Wenn er kurz überlegt hätte, hätte er zu der Erkenntnis kommen können, dass Gewalt keine Lösung ist. Er soll sich mit Rechtsbehelfen wehren, nicht mit Schlägen. Hätte er den Gerichtsvollzieher gefragt oder schnell einen Anwalt angerufen, wäre er auf die Möglichkeit zur sofortigen Beschwerde gemäß § 793 ZPO hingewiesen worden.[89] T hat sich gemäß § 114 StGB strafbar gemacht.

§ 113 StGB. Der Tatbestand des § 113 StGB ist erfüllt. Er wird aber von § 114 StGB konsumiert.[90] Das ergibt sich unter anderem aus § 114 Abs. 3 StGB.

1250

§ 240 StGB. T hat den Tatbestand des § 240 StGB erfüllt. Allerdings ist dessen Konkurrenzverhältnis zu § 114 StGB ungeklärt. Früher bezweckte der Widerstand gegen Vollstreckungsbeamte, den Täter zu privilegieren. Er sollte sich gegen Hoheitsträger wehren können. Deshalb sprach man § 113 StGB eine Sperrwirkung gegenüber § 240 StGB zu.[91] § 114 StGB n.F. soll demgegenüber die Strafbarkeit verschärfen. Ein Angriff auf einen Vollstreckungsbeamten wird verwerflicher angesehen als ein Angriff auf einen Normalbürger. § 114 StGB soll Vollstreckungsbeamte besonders schützen. Die Entstehungsgeschichte liefert keine eindeutigen Hinweise zum Konkurrenzverhältnis.[92] Richtigerweise stehen beide Tatbestände in Tateinheit. Dadurch wird klargestellt, dass T den Gerichtsvollzieher geschlagen hat, um ihn an einer dienstlichen Maßnahme zu hindern.[93]

1251

Konkurrenzen. Die Strafbarkeit wegen Körperverletzung (§ 223 Abs. 1 StGB) steht zu § 114 StGB in Tateinheit.[94]

89 Vgl. § 145 Abs. 1 Satz 13 GVGA.
90 Ausführlich: König/Müller, ZJS 2018, 96.
91 BGHSt 48, 233, juris Rn. 17.
92 BT-Drucksache 18/11161.
93 Vgl. Michael Kubiciel, jurisPR-StrafR 5/2017 Anm. 1.
94 König/Müller, ZJS 2018, 96 (100).

20.6 Strafbarkeit von Dritten

1252

> **Fall**
>
> G erstreitet ein Zahlungsurteil gegen S. S ist mit T befreundet. An pfändbaren Gegenständen hat S nur einen Motorroller. Diesen pfändet der Gerichtsvollzieher in der Wohnung des S. T erfährt von alldem. Er möchte S helfen. Deshalb erzählt er wahrheitswidrig, der Roller gehöre ihm. Dabei nimmt er billigend in Kauf, dass G dauerhaft leer ausgeht. Fallvarianten:
> - Variante 1: T gibt seine Erklärung gegenüber dem Gerichtsvollzieher ab.
> - Variante 2: T erhebt Drittwiderspruchsklage. In der Klageschrift behauptet er, der Roller gehöre ihm. Dies bestreitet G. Der Richter weiß nicht, wem er glauben soll. Er weist die Klage aus Gründen der Beweislast ab.

? Wie hat T sich in den jeweiligen Fallvarianten strafbar gemacht?

✔ Die Strafbarkeit unterscheidet sich in den Varianten.

1253   In Variante 1 kann T einen versuchten Betrug gemäß §§ 263 Abs. 1 und 2; 22; 23 StGB begangen haben und zwar gegenüber dem Gerichtsvollzieher zum Nachteil des G und zum Vorteil des S. T hatte naheliegenderweise Tatentschluss. Er wollte den Gerichtsvollzieher über die Eigentumslage täuschen. T hatte auch Vorsatz hinsichtlich einer täuschungsbedingten Vermögensverfügung. Er glaubte, der Gerichtsvollzieher werde die Pfändung aufheben. Er glaubte, der Gerichtsvollzieher prüfe die materielle Eigentumslage. Ansonsten würde seine Behauptung keinen Sinn ergeben. Hier liegt nicht etwa nur ein strafloses Wahndelikt vor. Vielmehr handelt es sich um einen untauglichen Versuch. T hat nicht einen Straftatbestand ausgedehnt, sondern den Prüfungsumfang des Gerichtsvollziehers verkannt. T hatte auch Vorsatz hinsichtlich eines Vermögensschadens. Er rechnete damit, dass G dauerhaft leer ausgeht. T hatte auch Drittbereicherungsabsicht zugunsten von S. T hat sich also wegen versuchtem Betrug strafbar gemacht.

1254   In Variante 2 hat T einen versuchten Prozessbetrug gemäß §§ 263 Abs. 1 und 2; 22; 25 Abs. 1, 2. Alt. StGB begangen. Anders als in Variante 1 war der Versuch erfolgstauglich.

Serviceteil

© Springer-Verlag GmbH Deutschland, ein Teil von Springer Nature 2020
M. Duchstein, *Zwangsvollstreckungsrecht*, Springer-Lehrbuch,
https://doi.org/10.1007/978-3-662-59444-5

Literatur

Adam, Roman F.: Wann erfolgt eine Leistung zur Abwendung der Zwangsvollstreckung?, in: JurBüro 1998, S. 569–573

Ahrens, Martin: Haftbefehl ohne Folgen – Aufschiebende Wirkung der Beschwerde?, in: NZI 2005, S. 299–303

Alexander, Christian: Gesetzliche Pfandrechte an beweglichen Sachen, in: JuS 2014, S. 1–7

App, Michael: Die Anfechtung nach dem neugefassten Anfechtungsgesetz und ihre Bedeutung für die Tätigkeit des Gerichtsvollziehers, in: DGVZ 2001, S. 145–148 und 161–165

Artz, Markus: Anmerkung zu BGH, Urteil vom 06.12.2017 – XII ZR 95/16, in: WuB 2018, S. 459

Baur, Fritz/Stürner, Rolf/Bruns, Alexander: Zwangsvollstreckungsrecht, 13. Auflage 2006

Becker, Pierre: Die Vollstreckungserinnerung, § 766 ZPO, in: JuS 2011, S. 37–40

Behr, Johannes: Drittschuldnerklage (= Einziehungserkenntnisverfahren), in: JurBüro 1994, S. 647–650

Behr, Johannes: Effektive Sachpfändung durch den Gerichtsvollzieher, in: NJW 1992, S. 2738–2742

Behr, Johannes: Sicherheitsleistung (insbesondere Bankbürgschaft) und Sicherungsvollstreckung – ein Überblick –, in: JurBüro 1995, S. 568–570

Behr, Johannes: Umfang der Beschlagnahme bei der Forderungspfändung, in: JurBüro 1997, S. 397–398

Behr, Johannes: Vollstreckungsmöglichkeiten des Nachlassgläubigers – Tod des Schuldners, was nun?, in: JurBüro 1996, S. 120–122

Behr, Johannes: Vorpfändung gem. § 845 ZPO, in: JurBüro 1997, S. 623–625

Behr, Johannes: Zur Pfändung von Lohn- und Gehaltskonten, in: JurBüro 1995, S. 119–122

Behr, Johannes: Zwangsvollstreckung in den Nachlass, in: Rpfleger 2002, S. 2–8

Berlit, Uwe: Anmerkung zu BVerwG, Urteil vom 19.11.2013 – 10 C 27/12, in: jurisPR-BVerwG 6/2014 Anmerkung 2

Bernhard, Jochen: Anwaltshaftung in der Klausurbearbeitung, in: JuS 2014, S. 205–210

Bernhard, Jochen: Examensklausur Zivilrecht: Wer zu spät kommt ... haftet!, in: Jura 2012, S. 633–641

Bieber, Hans-Jürgen: Anmerkung zu BGH 1. Zivilsenat, Beschluss vom 19.3.2008 – I ZB 56/07, in: jurisPR-MietR 13/2008 Anmerkung 4.

Bischoff, Georg: Der Erfüllungseinwand in der Zwangsvollstreckung gem. § 887–890 ZPO, in: NJW 1988, S. 1957–1958

Bitter, Georg: Rechtsträgerschaft für fremde Rechnung: Außenrecht der Verwaltungstreuhand, 2006

Bock, Dennis: Pfandkehr als Gewahrsamsverschiebungsdelikt – Die fremdnützige Wegnahme „zugunsten des Eigentümers" nach § 289 StGB, in: ZStW 2009, S. 548–571

Böcker, Christian: Anmerkung zu BGH, Beschluss vom 02.11.2000 – III ZB 55/99, in: EWiR 2001, S. 345–346

Böhm, Annett: § 61 Abs. 2 ArbGG – das verkannte Druckmittel, in: ArbRB 2006, S. 93–96

Bohnert, Joachim: Macht sich ein Gerichtsvollzieher, der schuldnerfremde Gegenstände verwertet, wegen Diebstahls strafbar? – Ein Beitrag zur Einheit der Rechtsordnung und zur theoretischen Viktimologie, in: ZStW 2015, S. 97–119

Bork, Reinhard: Der Eintritt des Sicherungsgrundschuldzessionars in den Sicherungsvertrag – Anmerkung zu BGH, Urt. v. 30.03.2010, in: WM 2010, 2057–2062

Brede, Christoph: Assessorklausur „Eine folgenreiche Gefälligkeit", in: JA 2018, S. 848–865.

Breidenbach, Stephan: Computersoftware in der Zwangsvollstreckung, in: CR 1989, S. 873–880

Brox, Hans/Walker, Wolf-Dietrich: Zwangsvollstreckungsrecht, 11. Auflage 2018

Brunner, Karl-Heinz: Die Reform der Sachaufklärung: Praktische Erfahrungen – Reformen – Perspektiven, in: DGVZ 2014, S. 181–188

Büchler, Kai Uwe: Klausurrelevante Ansprüche des Dritten nach Zwangsvollstreckung in schuldnerfremde Sachen, in: JuS 2011, S. 691–697

Buciek, Klaus: Drittschuldnerzahlung und Bereicherungsausgleich, ZIP 1986, in: S. 890–900

Bülow, Peter: Ausschluss gutgläubig-einredefreien Erwerbs der Grundschuld (§ 1192 Abs. 1a BGB) bei Interzession, in: WM 2012, S. 289–291

Canaris, Claus-Wilhelm: Der Schutz obligatorischer Forderungen nach § 823 I BGB, in: Festschrift für Erich Steffen zum 65. Geburtstag am 28. Mai 1995, S. 85–100

Ceffinato, Tobias: Anmerkung zum Beschluss des BGH vom 7.1.2011 – 4 StR 409/10, in: StV 2011, S. 417–419

Christian Gomille, Fortgeschrittenenklausur Zivilrecht „Gepfändeter Triumph", in: JA 2013, S. 894–901

Cranshaw, Friedrich/Gietl, Andreas: Titel oder Klausel – Räumung gegen Mit„besitzer" nach § 93 ZVG?, in: ZfIR 2010, S. 753–760

Depré, Peter: Anmerkung zu BGH, Urteil vom 18.09.2013 – VIII ZR 297/12, in: ZfIR 2014, S. 108–109

Derleder, Peter: Die Verpflichtungen der Parteien nach Beendigung des Mietvertrags bei fortbestehender Nutzung, in: WuM 2011, S. 551–557

Diercks-Harms, Kerstin: Zweckmäßigkeit und Prozesstaktik in der zivilrechtlichen Anwaltsklausur, JA 2005, in: S. 440–446

Dominik König/Sebastian Thilo Müller: Einordnung des neuen § 114 StGB im bisherigen System der „Widerstandstaten", in: ZJS 2018, S. 96–102

Doms, Thomas: Eine Möglichkeit zur Vereinfachung der Zwangsvollstreckung bei Zug-um-Zug-Leistung, in: NJW 1984, 1340–1341

Eberl-Borges, Christina: Anmerkung zu BGHZ 167, 150, in: LMK 2006, 193446

Ebert, Ina: Anmerkung zu BGH, Beschluss vom 15.09.2009 – VI ZA 13/09, Rn. 5, in: jurisPR-BGHZivilR 22/2009 Anmerkung 1.

Elsner, Stephan: § 239a, § 239b StGB in der Fallbearbeitung – Deliktsaufbau und (bekannte und weniger bekannte) Einzelprobleme, in: JuS 2006, S. 784–788

Enders, Peter: Verfassungswidrige Zwangsvollstreckung durch das Gesetz zur Reform der Sachaufklärung in der Zwangsvollstreckung?, in: Rpfleger 2015, S. 677–683

Engelhardt, Michael: Schicksal des Anwartschaftsrechts bei der Veräußerung einer unter Eigentumsvorbehalt verkauften Sache, in: JA 2013, S. 269–273

Engländer, Armin: Anmerkung zu BGHSt 60, 253, in: NStZ 2015, S. 577

Ernst, Wolfgang: Gestaltungsrechte im Vollstreckungsverfahren, in: NJW 1986, S. 401–405

Fahl, Christian: Der praktische Fall – Strafrecht: „Schlau hilft", in: JuS 2001, S. 47–53

Faust, Florian: Anmerkung zu BGH, Urteil vom 17.07.2007 – X ZR 31/06, in: JuS 2008, S. 177–178

Fehrenbach, Markus: Vermieterpfandrecht und gutgläubiger lastenfreier Erwerb, in: NZM 2012, S. 1–6

Fervers, Matthias: Anspruch entstanden – Anspruch untergegangen – Anspruch durchsetzbar, in: ZJS 1015, S. 454–460

Feser, Magali: Die Aufrechnung im Prozess – eine Frage des Zeitpunkts, in: JA 2008, S. 525–529

Fischer, Frank O.: Aktuelles Zivilprozessrecht, JuS 2015, in: S. 517–520

Fischer, Nikolaj/Mroß, Stefan: Minimat non curat Gerichtsvollzieher? – Ein Plädoyer für die sog. Bagatellvollstreckung, in: DGVZ 2016, S. 67–73

Fischer, Robert: Aus der Praxis: Der findige Vollstreckungsgläubiger, in: JuS 2006, S. 707–708

Flatow, Beate: Anmerkung zu Anmerkung zu BGH, Urteil vom 14.10.2009 – VIII ZR 272/08, in: jurisPR-MietR 26/2009 Anmerkung 5

Foerste, Ulrich: Die Zustellung der Prozessbürgschaft, in: NJW 2010, S. 3611–3613

Geißler, Markus: Die Vollstreckungsklagen im Rechtsbehelfssystem der Zwangsvollstreckung, in: NJW 1985, S. 1865–1872

Glenk, Hartmut/Bauer, Heinz/Antoine, Björn: Strafrechtliche Aspekte der eidesstattlichen Versicherung im Verfahren zur Vermögensauskunft nach ZPO und AO (§§ 850 ff. ZPO), in: StraFo 2013, S. 413–423

Glenk, Hartmut: Last Exit Vollstreckungserinnerung – Der unterschätzte Rechtsbehelf, in: NJW 2016, S. 1864–1866

Glenk, Hartmut: Unverzichtbares Allerlei – Amt und Haftung des Gerichtsvollziehers, in: NJW 2014, S. 2315–2319

Görmer, Gerald: Der Befreiungsanspruch, in: JuS 2009, S. 7–12

Gothe, Florian: Zahlungsvereinbarungen nach § ZPO § 802 b ZPO – Die rechtliche Konstruktion und deren Folgen, in: DGVZ 2013, S. 197–202

Graja, Britta: Original-Examensklausur: „Das Haus am Timmendorfer Strand", in: JA 2013, S. 525–538

Gruber, Urs Peter/Lösche, Dirk: Die Kombination von Herausgabe- und Schadensersatzantrag im neuen Recht, in: NJW 2007, S. 2815–2819

Grunsky, Wolfgang: Rechtskraft und Schadensersatzansprüche wegen Erwirkung des Titels, in: ZIP 1987, S. 1021–1027

Grunsky, Wolfgang: Voraussetzungen und Umfang der Rechtskraftdurchbrechung nach § 826 BGB bei sittenwidrigen Ratenkreditverträgen, in: ZIP 1986, S. 1361–1374

Gsell, Beate: Anmerkung zu BGH, Urteil vom 05.03.2009 – IX ZR 141/07, in: ZJS 2009, S. 296–297

Hackenberg, Volker: Der Gerichtsvollzieher im Spannungsfeld zwischen Einzel- und Gesamtzwangsvollstreckung, ZVI 2009, in: S. 133–143

Hadding, Walther: Sind Vertriebsvergütungen von Emittenten an Kreditinstitute geschäftsbesorgungsrechtlich an den Kunden herauszugeben?, ZIP 2008, S. 529–538

Hagedorn, Niklas: Die Zwangsvollstreckung aus der notariellen Urkunde, in: JA 2012, S. 932–936

Hamacher, Anno: Ohne Zukunft: Der Klageantrag auf künftige Vergütungszahlung – Das Aus für die Drittschuldnerklage?, in: NZA 2015, S. 714–719

Hascher, Ralph/Schneider, Matthias: Die Unzulässigkeit des Rechtsbehelfs der Erinnerung gem. § 766 ZPO gegen die Terminbestimmung des Gerichtsvollziehers im Verfahren zur Abnahme der Vermögensauskunft nach § 802 f ZPO, in: JurBüro 2014, S. 60–63

Haunhorst, Sabine: Die sog. Kontoleihe – Eine Gefälligkeit mit Risiken und Nebenwirkungen!, DStR 2014, S. 1451–1456

Hecker, Bernd: Bestechung bei Beauftragung von Schulfotografen, in: JuS 2012, S. 655–657

Hecker, Mario: Die zivilrechtliche Anwaltsklausur im Zweiten juristischen Staatsexamen, in: JuS 2000, S. 794–799

Hein, Georg: Aus der Praxis: Die Einziehungsklage, in: JuS 2015, S. 35

Hein, Georg: Die Tenorierung im Zwangsvollstreckungsrecht, in: JuS 2015, S. 900–903

Heintschel-Heinegg, Bernd von: Beck'scher Onlinekommentar StGB, 41. Edition, Stand: 01.02.2019

Helms, Tobias/Zeppernick, Jens Martin: Sachenrecht I, 3. Auflage 2016

Helms, Tobias/Zeppernick, Jens Martin: Sachenrecht II, 3. Auflage 2017

Hergenröder, Curt Wolfgang: Das Schuldnerverzeichnis, in: DGVZ 2017, S. 119–127

Hergenröder, Curt Wolfgang: Die Vollstreckungsvereinbarung im System der Zwangsvollstreckung, in: DGVZ 2013, S. 145–150

Hergenröder, Curt Wolfgang: Rechts- und Vollstreckungsschutz bei „angeschwollenen" Bagatellforderungen, in: DGVZ 2009, S. 49–62

Heuer, Stefan/Schubert, Björn G.: Vorläufiger Rechtsschutz durch Eilverfahren: Arrest und einstweilige Verfügung, in: JA 2005, S. 202–206

Hintzen, Udo: Forderungspfändung, 4. Auflage 2017

Hintzen, Udo: Zwangsvollstreckung in den Grundbesitz im Insolvenzeröffnungsverfahren, in: ZInsO 1998, S. 318–321

Hippeli, Michael: Ersatzvornahme im Vollstreckungsrecht (Übungsklausur für das zweite Staatsexamen), in: JA 2016, S. 851–862

Hippler, Robert: Die Sachpfändung durch den Gerichtsvollzieher, 4. Auflage 2016

Hippler, Robert: Die Voraussetzungen der Zwangsvollstreckung, 8. Auflage 2016

Hock, Rainer/Bohner, Daniela/Christ, Ann-Kathrin/Steffen, Manfred: Immobiliarvollstreckung, 6. Auflage 2018

Hoffmann, Jan Felix: Das mobiliarsachenrechtliche Anwartschaftsrecht in der juristischen Ausbildung, in: JuS 2016, S. 289–294

Holznagel, Daniel: Vollstreckungsverzicht, insbesondere des Unterhaltsgläubigers: Entfällt das Rechtsschutzbedürfnis für Vollstreckungsgegenklage und Abänderungsantrag?, in: NZFam 2014, S. 58–64

Huber, Michael: Das neue Recht der Gläubigeranfechtung außerhalb des Insolvenzverfahrens, ZIP 1998, S. 897–904

Huber, Michael: Der praktische Fall – Vollstreckungsrecht: Vorrang des Vermieterpfandrechts?, in: JuS 2003, S. 568–572

Huber, Michael: Grundwissen – Zivilprozessrecht: Prozessvergleich, in: JuS 2017, S. 1058–1061

Huber, Michael: Grundwissen – Zivilprozessrecht: Sicherungseigentum in Zwangsvollstreckung und Insolvenz, in: JuS 2011, S. 588–591

Hupka, Jan/Kämper, Steffen: Die Zustellung im Zivilverfahren, in: JA 2012, S. 448–452

Jäckel, Holger: Die Rechtsstellung Dritter in der Zwangsvollstreckung, in: JA 2010, S. 357–364

Jäckel, Holger: Rechtsbehelfe im Klauselverfahren, in: JuS 2005, S. 610–615

Jahn, Matthias/Kudlich, Hans: Anmerkung zu BGH, Urteil vom 20.09.2005-1 StR 86/05, in: NStZ 2006, S. 340–342

Jan Dehne-Niemann: Beiseiteschaffen eines Grundstücks in der Zwangsversteigerung durch einen Nichtschuldner als Vereiteln der Zwangsvollstreckung des Vollstreckungsschuldners?, in: NZWiSt 2015, S. 366–376

Janneck, Tobias: Das Anfechtungsgesetz in der Assessorklausur, in: JuS 2014, S. 1085–1089

Joachim, Norbert: Die Haftung des Erben, in: ZEV 2005, S. 99–102

Joecks, Wolfgang/Miebach, Klaus: Münchener Kommentar zum StGB, 3. Auflage 2017 und 2019

Jülch, Christian: Der Bereicherungsausgleich im 3-Personen-Verhältnis nach § 816 Absatz 2 BGB, in: JA 2013, S. 324–330

Jungmann, Carsten: Die Pfändung in das Bankkonto, in: ZInsO 1999, S. 64–73

Jurksch, Volker: Wenn Gläubiger oder Schuldner wechseln – Rechtsnachfolgeklauseln gemäß §§ 727 ff ZPO, in: MDR 1996, S. 984–985

Kaiser, Jan: Besondere Anträge neben Zwangsvollstreckungsrechtsbehelfen des Schuldners, in: NJW 2014, S. 364–366

Kaiser, Jan: Die Abgrenzung der Vollstreckungsabwehrklage zur prozessualen Gestaltungsklage sui generis, in: NJW 2010, S. 2933–2935

Kaiser, Jan: Rechtsbehelfe bei der Zwangsvollstreckung aus Zug-um-Zug-Titeln, in: NJW 2010,
S. 2330–2331

Kaiser, Jan: Schuldrechtsreform – Der „Einwand des
Unvermögens und der „unechte Hilfsantrag"
nach Wegfall des § 283 BGB, in: MDR 2004,
S. 311–314

Kaiser, Jan: Wichtige Beweislastfälle im Assessorexamen, in: JA 2016, S. 215–218

Kaiser, Jan: Wichtige Zwangsversteigerungsfälle
im Assessorexamen, in: JA 2015, S. 208–210

Katte, Friedrich von/Danfa, Mariama: Zweckmä-
ßigkeitserwägungen in der Anwaltsklausur –
Klägervertreter, in: JA 2016, 847–851 und JA
2016, S. 932–937

Kaulbach, Ann-Marie: Materieller Ausgleich nach
beendeter Zwangsvollstreckung, in: Rpfleger
2008, S. 9–12

Keller, Ulrich: Handbuch Zwangsvollstreckungsrecht, 2013

Keller, Ulrich: Rechtspflegerklausur: Die aus-
kunftsfreudige Vollstreckungsschuldnerin, in:
RpflStud 2017, S. 57–62

Kieß, Peter: (Original-)Assessorexamensklausur –
Zivilrecht: Zwangsvollstreckungs- und Prozessrecht, Sicherheiten des Vermieters, in: JuS
2014, S. 1021–1028

Kieß, Peter: Original-Examensklausur: „Abwehr
von Zwangsvollstreckungsmaßnahmen", in:
JA 2018, S. 613–626

Kindl, Johann/Meller-Hannich, Caroline/Wolf,
Hans-Joachim: Gesamtes Recht der Zwangsvollstreckung, 3. Auflage 2015

Kittner, Oliver: § 767 ZPO – § 767 ZPO analog – Tenor im Kollisionsfall, in: JA 2010, S. 811–814

Kliebisch, René: Zwangsvollstreckungsrechtliche
Klausuren im Assessorexamen, in: JuS 2013,
S. 316–322

Knoche, Joachim/Biersack, Cornelia: Das zwangsvollstreckungsrechtliche Prioritätsprinzip
und seine Vereitelung in der Praxis, in: NJW
2003, S. 476–481

Koch, Arnd: Grundfälle zur mittelbaren Täterschaft, § 25 Absatz 1, Alt. 2 StGB, in: JuS 2008,
S. 399–402

Koch, Raphael: Der Gerichtsvollzieher ziert sich,
JA 2011, in: S. 749–755

Könen, Daniel: Der Prätendentenstreit und die
Blockierstellung im Assessorexamen (Zwangsvollstreckungsrecht) – eine klausurorientierte
Darstellung der Hinterlegungskonstellationen, in: JA 2016, S. 132–137

Körner, Peter: (Original-)Assessorexamensklau-
sur – Zivilrecht: Zwangsvollstreckung in ein
Oderkonto, JuS 2008, S. 64–69

Kroiß, Ludwig: (Original-)Assessorexamensklau-
sur – Strafrecht: Plädoyer des Verteidigers, in:
JuS 2005, S. 256–260

Kroiß, Ludwig: Assessorexamensklausur – Zwangsvollstreckungsrecht: Eine schwierige Vollstreckung, in: JuS 2007, S. 665–668

Krüger, Anja/Rahlmeyer, Niklas: Die Streitverkündung im Zivilprozess, in: JA 2014, S. 202–207

Krüger, Wolfgang/Rauscher, Thomas: Münchener
Kommentar zur Zivilprozessordnung: ZPO,
5. Auflage 2016

Kruse, Constantin/Schäfers, Dominik: Aus der Praxis: Die Zahlung zur Abwendung der Zwangsvollstreckung, in: JuS 2013, S. 896–899

Kubiciel, Michael: Der Regierungsentwurf zur
Neufassung der §§ 113, 114 StGB – Inhalt,
Hintergrund und Legitimation, in: jurisPR-
StrafR 5/2017 Anmerkung 1

Lappe, Friedrich: Die verspätete Kostenausglei-
chung, in: MDR 1983, S. 992–993

Leeb, Christina-Maria/Rackl, Gabriel: Die Zwangs-
vollstreckung in andere Vermögensrechte –
Grundlagen zur Vollstreckung in Domains und
Markenrechte, in: RpflStud 2017, S. 29–36

Leible, Stefan/Sosnitza, Olaf: Grundfälle zum
Recht des Eigentumsvorbehalts, in: JuS 2001,
S. 341–347

Leyendecker, Benjamin E.: Grundfälle zur Drittwiderspruchsklage gem. § 771 ZPO, JA 2010,
S. 725–730 und 879–886

Leyendecker, Benjamin E.: Grundfälle zur Vollstreckungsabwehrklage, in: JA 2010, S. 631–637

Lieb, Manfred: Bereicherungsrechtliche Fragen
bei Forderungspfändungen, in: ZIP 1982,
S. 1153–1158

Löhnig, Martin/Gietl, Andreas: Grundfälle zum Finanzierungsleasing, in: JuS 2009, S. 491–496

Looschelders, Dirk/Erm, Dominik: Die Erfüllung –
dogmatische Grundlagen und aktuelle Probleme, in: JA 2014, S. 161–167

Lorenz, Stephan: Grundwissen – Zivilrecht: Erfüllung (§ 362 BGB), in: JuS 2009, S. 109–111

Lorenz, Stephan: Grundwissen – Zivilrecht: Haftung für den Erfüllungsgehilfen (§ 278 BGB),
in: JuS 2007, S. 983–985

Lorenz, Stephan: Grundwissen – Zivilrecht: Rechts- und Geschäftsfähigkeit, in: JuS 2010, S. 11–13

Lorenz, Stephan: Im BGB viel Neues: Die Umsetzung der Fernabsatzrichtlinie, in: JuS 2000, S. 833–843

Makowsky, Mark: Die Präklusion materiellrechtlicher Einwendungen im Zwangsvollstreckungsverfahren, in: JuS 2014, 901–904

Medicus, Dieter: Anmerkung zu LG Bremen, Urteil vom 18.12.1970 – 1 S 406/70, in: NJW 1971, S. 1366

Meerhoff, Norbert: Der Zuschlagbeschluss als Vollstreckungstitel, in: ZfIR 2018, S. 93–97

Meerhoff, Norbert: Probleme bei der Mitversteigerung von Grundstückszubehör, in: ZfIR 2016, S. 556–563

Meller-Hannich, Caroline: Der Gerichtsvollzieher bei „ebay & Co." – Rechtsfragen, Lösungsvorschläge und Gesetzesvorhaben zur Verwertung gepfändeter Sachen im Internet, in: DGVZ 2009, S. 21–31

Mes, Peter: Becksches Prozessformularbuch, 13. Auflage 2016

Meyer-Goßner, Lutz: Sind Verfahrenshindernisse von Amts wegen zu beachten?, in: NStZ 2003, S. 169–174

Michael Bosak: Konfusion, in: JA 2009, S. 596–600

Mitsch, Wolfgang: Die Untreue, Keine Angst vor § 266 StGB!, in: JuS 2011, S. 97–103

Mitsch, Wolfgang: Referendarexamensklausur – Strafrecht: Täterschaft und Teilnahme sowie Vermögensdelikte, in: JuS 2004, S. 323–327

Mroß, Stefan/Fischer, Nikolaj: Räumungsvollstreckung gegen Mit- und Nachbesitzer: Ist alles einfacher geworden? Anmerkungen aus Rechtspraxis und -wissenschaft, in: DGVZ 2016, S. 195–203

Mroß, Stefan: Der geschäftsunfähige Schuldner – Gläubiger in der Sackgasse?, in: DGVZ 2011, S. 66–69

Mroß, Stefan: Neue Möglichkeiten in der Zwangsvollstreckung, in: AnwBl 2013, S. 16–22

Mroß, Stefan: Zur Weisungsbefugnis des Gläubigers im Zwangsvollstreckungsauftrag, in: DGVZ 2011, S. 103–105

Müller-Christmann, Bernd: Anmerkung zu OLG Celle, Urteil vom 7.3.2013 – 13 U 112/12, in: jurisPR-BKR 5/2014 Anmerkung 4

Münch, Joachim: Die Beweislastverteilung bei der Vollstreckungsgegenklage, in: NJW 1991, S. 795–805

Muscheler, Karlheinz/Bloch, Wolfgang: Erfüllung und Erfüllungssurrogate, in: JuS 2000, S. 729–740

Musielak, Hans-Joachim/Voit, Wolfgang: Zivilprozessordnung mit Gerichtsverfassungsgesetz, Kommentar, 15. Auflage 2018

Muthorst, Olaf: Grundzüge des Zwangsvollstreckungsrechts, 2. Auflage 2016

Neugebauer, Günther: Privilegierte Zwangsvollstreckung gem. § 850 f Abs. 2 ZPO – Ansprüche aus vorsätzlich begangener unerlaubter Handlung, MDR 2004, S. 1223–1228

Neugebauer, Günther: Reform der Sachaufklärung – Die gütliche Erledigung durch den Gerichtsvollzieher, in: MDR 2012, S. 1380–1383

Nies, Ingo: Rechtsmittel, Rechtsbehelfe und andere Anträge in der Zwangsvollstreckung, in: MDR 1999, S. 1418–1426

Nietsch, Michael: Grundschulderwerb nach dem Risikobegrenzungsgesetz – Der Ausschluss des gutgläubigen einredefreien Erwerbs nach § 1192 Absatz Ia BGB, in: NJW 2009, S. 3606–3610

Ossenbühl, Fritz/Cornils, Matthias: Staatshaftungsrecht, 6. Auflage 2013

Otto, Hansjörg: Die inner- und außerprozessuale Präklusion im Fall der Vollstreckungsgegenklage, in: Festschrift für Wolfram Henckel (1995), S. 615–632

Peglau, Jens: Einstweiliger Rechtsschutz bei Klagen auf Titelherausgabe nach § 826 BGB, in: MDR 1999, S. 400–401

Pfeiffer, Gero: Die laufende Rechnung (Kontokorrent), in: JA 2006, S. 105–110

Philipp, Markus: Zulässigkeit und Durchsetzbarkeit von Parteivereinbarungen in der Zwangsvollstreckung, in: RPfleger 2010, S. 456–466

Piekenbrock, Andreas: Anmerkung zu BGH, Beschluss vom 29.06.2011 – VII ZB 89/10, in: LMK 2011, 323694

Piekenbrock, Andreas/Kienle, Florian: ZPO-Examinatorium, 2. Auflage 2016

Raab, Thomas: Die Bedeutung der Verkehrspflichten und ihre systematische Stellung im Deliktsrecht, in: JuS 2002, S. 1041–1048

Reims, Raphael: Die rechtmäßige Zwangsvollstreckung im StGB, in: Bonner Rechtsjournal 01/2017, S. 79–84

Reither, Dominik: Aus der Praxis: Korrektur des „falsch" protokollierten Prozessvergleichs, in: JuS 2017, S. 125–126

Remmert, Andreas: Das Gesetz über die Internetversteigerung in der Zwangsvollstreckung, in: NJW 2009, S. 2572–2575

Riedel, Alexander: Anmerkung zu BGH, Urteil vom 15.12.2016 – IX ZR 113/15, in: ZfIR 2017, S. 201–202

Rönnau, Thomas: Grundwissen – Strafrecht: Der Verfügungsbegriff beim Betrug, in: JuS 2011, S. 982–984

Roth, Herbert: Das Eigentümer-Besitzer-Verhältnis, in: JuS 2003, S. 937–943

Rütter, Peter M.: Die „uneigentliche" Eventualklagenhäufung, in: VersR 1989, S. 1241–1244

Salger, Carsten: Anmerkung zu BGH, Urteil vom 10.02.2011 – IX ZR 49/10, in: jurisPR-BKR 10/2011 Anmerkung 2

Salten, Uwe: Das neue Gerichtsvollzieherauftragsformular, in: MDR 2016, S. 125–132

Scheidacker, Tobias: Der Zutritt zu Räumen zwecks Durchführung einer Versorgungssperre, in: NZM 2007, S. 591–593

Schenke, Wolf-Rüdiger: Verwaltungsprozessrecht, 15. Auflage 2017

Schibel, Roland: Zug um Zug-Urteile in der Zwangsvollstreckung, in: NJW 1984, 1945

Schiemann, Anja: Das Gesetz zur Stärkung des Schutzes von Vollstreckungsbeamten und Rettungskräften, in: NJW 2017, S. 1846–1849

Schilken, Eberhard: Der Gerichtsvollzieher auf dem Weg in das 21. Jahrhundert, in: DGVZ 1995, S. 133–141

Schilken, Eberhard: Verzicht auf Zustellung und Wartefrist in vollstreckbaren Urkunden?, in: DGVZ 1997, S. 81–85

Schlechtriem, Peter: Anmerkung zu BGHZ 45, 231, in: NJW 1967, S. 109

Schmidt, Hubert: Anmerkung zu BGH, Urteil vom 03.11.2015 – II ZR 446/13, in: JA 2016, S. 704

Schmidt, Karsten: Konkursanfechtung und Drittwiderspruchsklage, in: JZ 1990, S. 619–626

Schmidt, Karsten: Präklusion und Rechtskraft bei wiederholten Vollstreckungsgegenklagen, in: JR 1992, S. 89–95

Schmitt-Gaedke, Gernot/Arz, Matthias: Die Antragsfassung bei Unterlassungsklage und Unterlassungsverfügung, in: JuS 2015, S. 126–129

Schmittmann, Jens: Rechtsfragen bei der Pfändung einer Domain und Aufnahme der Domain in das Vermögensverzeichnis, in: DGVZ 2001, S. 177–180

Schöler, Hendrik: Verzugs- und Prozesszinsen trotz Zahlung zur Abwendung der Zwangsvollstreckung, in: MDR 2009, S. 360–363

Schreiber, Christoph: Anmerkung zu BGHZ 190, 1, in: JR 2012, S. 243

Schreiber, Klaus: Schuldversprechen und Schuldanerkenntnis, in: jura 2014, S. 28–33

Schubert, Werner: Anmerkung zu BGHZ 151, 127, in: JR 2003, S. 62

Schultheiß, Tilman: Der Prozessvergleich – typische Fallkonstellationen im Assessorexamen, in: JuS 2015, S. 318–321

Schultheiß, Tilman: Die Zwangsvollstreckung in das Kontokorrent am Beispiel des Girokontos, in: JuS 2014, S. 516–520

Schultheiß, Tilman: Übungsklausur im Zivilrecht: Die neuen Leiden der Frau M, in: ZJS 2013, S. 67–74

Schultze, Sven/Tenner, Sandra: Zustellungsrecht, 2. Auflage 2014

Schumann, Ekkehard: Zivilprozeßordnung mit Gerichtsverfassungsgesetz (Buchbesprechung), in: NJW 1982, S. 1862

Schur, Wolfgang: Schadensersatz nach rechtskräftiger Verurteilung zur Leistung, in: NJW 2002, S. 2518–2520

Schuschke, Winfried: Die Zwangsvollstreckung in und aus Wohnungen, die der Schuldner mit Dritten teilt, und Art. 13 Abs. 2 GG, in: DGVZ 1997, S. 49–53

Schuschke, Winfried: Sechs Stolpersteine auf dem Wege zur Zwangsräumung einer Mietwohnung, in: JuS 2008, S. 977–982

Seher, Gerhard: Grundfälle zur Mittäterschaft, in: JuS 2009, S. 304–309

Skamel, Frank: Examensklausur „Verfahrene Vollstreckung", in: JA 2016, S. 337–341

Sojka, Sonja: § 767 ZPO – Eine Gesetzeslektüre und Gesetzeskommentierung, in: ZJS 2013, S. 36–41

Spohnheimer, Frank: Zivilprozessuale Standard-Probleme in den Pflichtfachklausuren – Zwangsvollstreckungsverfahren und andere Schnittstellen zum materiellen Recht, in: JA 2018, S. 18–22

Stackmann, Nikolaus: Eilentscheidungen zur Vollstreckungsabwehr, in: JuS 2006, S. 980–983

Stackmann, Nikolaus: Ordnungsgemäße Zustellung als Grundelement des Zivilprozesses, in: JuS 2007, S. 634–639

Staudinger, Ansgar/Steinrötter, Björn: Minderjährige im Zivilrecht, in: JuS 2012, S. 97–104

Staudinger, Julius von: Kommentar zum Bürgerlichen Gesetzbuch, 2017 und 2018

Staufenbiel, Peter/Meurer, Nils: Drittwiderspruchsklage und Klage auf vorzugsweise Befriedigung, in: JA 2005, S. 796–801

Staufenbiel, Peter/Meurer, Nils: Vollstreckungserinnerung und Vollstreckungsabwehrklage, in: JA 2005, S. 879–884

Stoffregen, Ralf: Hinterlegungsfälle im Assessorexamen – Unterscheidung typischer Verfahrenskonstellationen beim Streit von Forderungsprätendenten, in: JuS 2009, S. 421–424

Sturhahn, Matthias: Anmerkung zu BGH, Beschluss vom 31.10.2003 – IXa ZB 195/03, in: LMK 2004, S. 55

Temming, Felipe: Der Ausschluss des gutgläubigen Erwerbs bei abhanden gekommenen Sachen, in: JuS 2018, S. 108–114

Thomale, Chris: Referendarexamensklausur – Zivilrecht: Briefmarken zur Sicherheit, in: JuS 2012, S. 728–734

Thomas, Heinz/Putzo, Hans u. a., Zivilprozessordnung, Kommentar, 39. Auflage 2018

Thran, Martin: Die analoge Anwendung der §§ 1362 BGB, 739 ZPO auf nichteheliche Lebensgemeinschaften, in: NJW 1995, S. 1458–1463

Tiedemann, Jens: Die ordnungsgemäße Protokollierung eines gerichtlichen Vergleichs, in: ArbRB 2015, S. 221–224

Unberath, Hannes/Cziupka, Johannes: Referendarexamensklausur – Zivilrecht: Sachen- und Zivilprozessrecht – Im Strudel der Finanzkrise, in: JuS 2010, S. 619–626

Vollkommer, Gregor: Risikohaftung des Neugläubigers bei unberechtigter Vollstreckung aus Urkunden nach § 799a ZPO, in: ZIP 2008, 2060–2064

Volp, Fromut: Änderung der Rechts- oder Sachlage bei Unterlassungstiteln, in: GRUR 1984, S. 486–493

Vortmann, Jürgen: Pfändung von Kontovollmachten, in: NJW 1991, S. 1038–1039

Waldschmidt, Gabriele: Lohnpfändung Spezial, in: JurBüro 2016, 451–454, 563–565 und 2017, S. 63–67

Walker, Wolf-Dietrich/Findeisen, Ben: Anmerkung zu BGH, Beschluss vom 28.1.2010 – VII ZB 16/09, in: FamRZ 2010, S. 552–553

Wasserl, Uwe: Die Eintragungsanordnung des Gerichtsvollziehers, in: DGVZ 2013, S. 85–92

Weller, Marc-Philippe: Die Sicherungsgrundschuld, in: JuS 2009, S. 969–975

Welzel, Stephan: Zwangsvollstreckung in Internet-Domains, in: MMR 2001, S. 131–139

Wendt, Stephan: Die Klage auf Titelherausgabe, in: JuS 2013, S. 33–36.

Werner, Jochen: Der gutgläubig lastenfreie Erwerb beweglicher Sachen, in: JA 2009, S. 411–415

Wertenbruch, Johannes: Die Parteifähigkeit der GbR – die Änderungen für die Gerichts- und Vollstreckungspraxis, in: NJW 2002, 324–329

Wever, Reinhardt: Gesamtschuldnerausgleich – mitgehangen, mitgefangen, in: FF 2015, S. 135–145

Wieser, Eberhard: Die Dispositionsbefugnis des Vollstreckungsgläubigers, in: NJW 1988, S. 665–672

Wieser, Eberhard: Gleichzeitige Klage auf Leistung und auf Schadensersatz aus § 281 BGB, in: NJW 2003, S. 2432 – 2434

Wittig, Henning: Die Vollstreckungsabwehrklage gemäß § 767 Abs. 1 ZPO, in: STUDJur 2/2015, S. 22–23

Wittschier, Johannes: (Original)Assessorexamensklausur – Zivilrecht: Rechtsschutzbedürfnis und Drittwiderspruchsklage – Der angeschlagene Reiterverein, in: JuS 2009, S. 841–874

Wittschier, Johannes: Der praktische Fall – Vollstreckungsrechtsklausur: Der „clevere" Schuldner, in: JuS 2000, S. 173–178

Woitkewitsch, Christopher: Schrottimmobilien – Haftung des Kreditinstituts bei Verstoß gegen Widerrufsbelehrungspflichten, in: MDR 2006, S. 241–243

Wolf, Christian/Lange, Sonja: Der praktische Fall – Bürgerliches Recht: Pfändung von Anwartschaftsrechten, in: JuS 2003, S. 1180 – 1187

Wolf, Christian: Die Anwaltsklausur gestalten (durch Gestaltungsrechte), in: JA 2006, S. 476–480

Wolfgang Mertins: Die einstweilige Verfügung, in: JuS 2009, S. 911–916

Zeranski, Dirk: Prinzipien und Systematik des gutgläubigen Erwerbs beweglicher Sachen, in: JuS 2002, S. 340–348

Zetzsche, Dirk/Nast, Dominik: Studienklausur „Gerichtsvollzieher mit Damenschmuck", in: JA 2016, S. 582–589

Zöller, Mark/Steffens, Marion: Grundprobleme des Widerstands gegen Vollstreckungsbeamte (§ 113 StGB), in: JA 2010, S. 161–167

Zöller, Richard: Zivilprozessordnung, 32. Auflage 2018

Stichwortverzeichnis

W

Z

The manufacturer's authorised representative in the EU is Springer
Nature Customer Service Centre GmbH, Europaplatz 3, 69115 Heidelberg,
Germany. If you have any concerns regarding our products, please
contact ProductSafety@springernature.com

Printed and bound by CPI Group (UK) Ltd, Croydon, CR0 4YY
27/04/2026
02097658-0006